艺术卷

03

中国历代图书总目

李致忠 主编

北京国图书店有限责任公司
北京广臻文化艺术有限公司 编纂

文物出版社

第三分册目录

绘　画

中国绘画作品

中国各地方绘画作品综合集

J0015913
当代艺术 （安徽师范大学艺术系教师作品选）
郑震等选编
合肥 安徽美术出版社［1988年］76页
25×25cm ISBN：7-5398-0041-1 定价：CNY32.00
　　本书共收入88幅图，有国画、油画、版画、雕塑、水彩画等。包括画家王石岭、版画家郑震的代表作；恽振霖的国画作品，以及画家翟宗祝、女画家朱迪的部分作品等。外文书名：The Works from the Depcfartment of Art，Anhui Teachers College.

J0015914
第五届全澳书画联展　梁育基译
澳门 澳门市政厅 1988年 有照片肖像 29cm（15开）
　　外文书名：Artistas De Macau, 5.

J0015915
首都市花诗书画集　首都绿化委员会办公室编
北京 北京出版社 1988年 88页 26cm（16开）
ISBN：7-80501-023-4

J0015916
云南艺术学院美术作品选集　马云等绘
昆明 云南人民出版社［1988年］96页
26cm（16开）ISBN：7-222-00170-0

J0015917
1989艺术学院美术学系教授联展
［台湾］艺术学院美术学系编
台北 台湾美术学院 1989年 40页 有图
26cm（16开）

J0015918
北京当代美术作品选　北京市美术家协会编
北京 北京美术摄影出版社 1989年 37页
35cm（18开）ISBN：7-80501-103-6
定价：［CNY65.00］
　　外文书名：Selected Paintings by Contemporary Artists in Beijing.

J0015919
滇老翰墨书画选　（一）中国老年书画研究会
云南分会，云南省老干部书画协会编
昆明 云南民族出版社 1989年 102页 20cm（32开）
精装 ISBN：7-5367-0193-4 定价：CNY50.00

J0015920
滇老翰墨书画选　（一）中国老年书画研究会
云南分会，云南省老干部书画协会编
昆明 云南民族出版社 1989年 104页 30cm（15开）
ISBN：7-5367-0193-4 定价：CNY35.00

J0015921
广东画院画集　广东画院编
广州 岭南美术出版社 1989年 100页 37cm（8开）
精装 ISBN：7-5362-0429-9 定价：CNY120.00

本书收有画院专职画家及院外画家35人的作品104件。包括关山月、黎雄才、赖少其、胡一川、王肇明、林墉、汤小铭、王玉珏等画家的国画、版画、油画等作品。

J0015922

绿化广东画展选集　广东省绿化委员会等编
广州 岭南美术出版社 1989年 84页 25cm(小16开)
ISBN：7-5362-0400-0

本书收有中国画、油画、版画、装饰画、漫画、宣传画、漆画、钢笔画等不同画种的作品80幅。题材均反映广东造林绿化新貌。

J0015923

艺海情画　（庆祝中国人民解放军建军六十周年安徽军民美术 书法作品选集）安徽省民政厅，安徽省军区政治部编
合肥 安徽美术出版社 1989年 88页 31cm(12开)
ISBN：7-5398-0031-3 定价：CNY30.00

J0015924

东方画廊藏画集　（一）广州东方书画艺术公司东方画廊编
广州 岭南美术出版社 1990年 119页 25×26cm
ISBN：7-5362-0641-5 定价：CNY80.00

J0015925

东湖书画院作品选　东湖书画院艺术委员会编
武汉 湖北美术出版社 1990年 有照片 25×26cm
ISBN：7-5394-0207-5 定价：CNY28.00

J0015926

广州画院画选　广州画院艺术委员会，广州画院理论研究室编
广州 岭南美术出版社 1990年 102页 24×26cm
精装 ISBN：7-5362-0471-X 定价：CNY50.00

本书选编广州画院1982年建院以来的国画、油画、版画、水彩画等优秀作品130幅。

J0015927

画汇　（隔山邀请赛得奖作品）
台北 淑馨出版社 1990年 109页 30cm(15开)
ISBN：957-531-108-6 定价：TWD500.00

现代台湾绘画作品画册。

J0015928

山东省女画家作品集　刘家裕等绘
济南 山东美术出版社 1990年 26×24cm
ISBN：7-5330-0248-2 定价：CNY19.50

J0015929

台湾美术图绘　徐海玲著
台北 自立晚报社文化出版部 1990年 159页
21cm(32开) ISBN：957-596-084-X
定价：TWD250.00
（台湾本土系列三 7）

外文书名：Paintings in Taiwan.

J0015930

当代贵州美术作品选　张克，杨长槐主编
贵阳 贵州人民出版社 1991年 97页
26cm(16开) ISBN：7-221-02252-6
定价：CNY68.00

J0015931

福建省画院作品集成
福州 福建美术出版社 1991年 26cm(16开)

J0015932

关东中国画集　许占志等绘
香港 集古斋公司 1991年 25cm(小16开)
定价：HKD120.00

J0015933

吉林省画院作品选　黄秋实等绘
北京 人民美术出版社［1991年］91页
26cm(16开) ISBN：7-102-00552-0
定价：CNY29.00

J0015934

辽宁美术家作品选　（年画部分）辽宁美术出版社编
沈阳 辽宁美术出版社 1991年 152页 25×26cm
精装 ISBN：7-5314-0720-5 定价：CNY49.00

J0015935

新疆画院作品集　（汉、维对照）克里木·纳思尔丁等绘
乌鲁木齐 新疆美术摄影出版社 1991年 93页
25×26cm ISBN：7-80547-083-9

定价：CNY39.00

本书从新疆画院多年创作的作品中，精选94幅汇编成册，并附有作者简介。外文书名：A Selected Works of Xinjiang Art Academy. 作者克里木·纳思尔丁(1947—2014)，维吾尔族，国家一级美术师、教授。生于新疆乌鲁木齐市。历任新疆画院院长、新疆对外文化交流协会理事、中国油画学会常务理事，新疆艺术学院美术学院院长、教授等。代表作品有《麦喜来甫》《摇篮曲》《于田人》等。

J0015936
养心怡情　（养心轩藏岭南派作品精选）陈修明编；方心平，林仲俶译
台北　艺术图书公司　1991年　173页　有图
36cm（15开）精装　定价：TWD1800.00
外文书名：Delightful Harmony & Peaceful Pleasure.

J0015937
云南画院作品集　王晋元主编；云南画院编
昆明　云南人民出版社　1991年　60页　26×25cm
ISBN：7-222-00928-0　定价：CNY25.00
本画集收袁晓岑、王晋元、张建中等15位画家的国画、版画、油画等作品60幅，作品多以云南的边疆风貌、民俗人情为创作源泉，既有传统风格的严谨，又有现代风格的抽象。
外文书名：Selected Works of Yunnan Painting Academy.

J0015938
第三波攻势　（新生代的崛起）黄步青等绘
台中　臻品艺术中心　1992年　有彩图
25cm（小16开）精装　ISBN：957-8664-00-1

J0015939
广东当代美术家作品选　黄树德主编；《广东当代美术家作品选》编委会编
广州　岭南美术出版社　1992年　288页
26×25cm　精装　ISBN：7-5362-0607-0
定价：CNY200.00
本书收入关山月、胡一川、黎雄才、刘昌潮、黄新波、杨纳维、杨秋人等画家的国画、油画、版画，水彩、年画、连环画、宣传画、漆画、漫画、雕塑等共计266件。外文书名：Selected

Works of Contemporary Artists in Guangdong.

J0015940
邳县农民画选集　（中国农民画选集之一　汉英对照）邳县文化局编
北京　农业出版社　1992年　59页　28cm（大16开）
ISBN：7-109-02677-9　定价：CNY15.00

J0015941
十年画选　（1981—1991　杭州市科普美术创作协会成立十周年）曹剑峰，方仙增主编；杭州市科普美术创作协会绘编
杭州　浙江美术学院出版社　1992年　69页
26cm（16开）ISBN：7-81019-087-3
定价：CNY38.00
本书为中国现代科普美术作品画册。作者曹剑峰（1932—2010），铜版画家。江苏溧阳人，毕业于中央美术学院华东分院绘画系。曾任浙江树人大学艺术学院院长。作品有《西湖》《土改组画——斗霸》《潮》等。出版有《铜版画艺术》。

J0015942
贵阳美术作品选　刘隆基编
贵阳　贵州人民出版社　1993年　69页
28cm（大16开）ISBN：7-221-03198-3
定价：CNY35.00
（贵阳艺苑　第2辑）
外文书名：Selected Works of Guiyang Fine Arts.

J0015943
贵州百名少儿书画集　戴亚雄，陈隆德主编
贵阳　贵州人民出版社　1993年　100页　13×19cm
ISBN：7-221-03271-8　定价：CNY8.80

J0015944
留云集　（贵阳书画院美术书法集）平治编
贵阳　贵州人民出版社　1993年　76页　有照片
28cm（大16开）ISBN：7-221-03197-5
定价：CNY40.00（贵阳艺苑　第2辑）

J0015945
汕头画院作品选　（第二辑）汕头画院编著
广州　岭南美术出版社　1993年　65页　25×26cm
ISBN：7-5362-0982-7　定价：CNY45.00

J0015946

长安芳草 （福建师范大学美术系教师作品选画册）吴启瑶等绘

福州　福建美术出版社　1993 年　96 页

28cm(大 16 开) 定价：CNY52.00

J0015947

佛山画院画集 （1984—1994）佛山画院艺术委员会［编］

广州　岭南美术出版社　1994 年　25×23cm　精装

ISBN：7-5362-1162-7　定价：CNY90.00

　　外文书名：The Painting Collection of Foshan Art Academy.

J0015948

河北少儿书画作品集 ' 93 河北书画展编委会编

保定　河北大学出版社　1994 年　66 页　25×26cm

ISBN：7-81028-267-0　定价：CNY18.00

J0015949

金山农民画 （歌谣集）李川英等绘；张铁苏撰文

上海　上海画报出版社　1994 年　35 页　20×17cm

精装　ISBN：7-80530-109-3　定价：CNY6.00

　　外文书名：Drawings and Ballads of Jinshan Countryfolk. 作者张铁苏，上海人,《金丝鸟报》主编，中国作家协会上海分会会员。

J0015950

台湾当代画家名鉴 传统与现代文教基金会编辑

台北　华视文化事业公司　1994 年　239 页　有图画

31cm（10 开）精装　ISBN：957-572-059-8

定价：TWD1200.00

J0015951

天津小书画家 （1973—1993）李志强，王志仁主编

天津　天津杨柳青画社　1994 年　486 页

26cm（16 开）精装　ISBN：7-80503-256-4

定价：CNY60.00

J0015952

新疆风俗装饰画 张俊彦编绘

乌鲁木齐　新疆美术摄影出版社　1994 年

17cm（40 开）ISBN：7-80547-239-4

定价：CNY6.80

J0015953

安徽当代美术家人名作品图录 《安徽当代美术家人名作品图录》编委会［编］

合肥　安徽美术出版社　1995 年　1094 页

20cm（32 开）精装　ISBN：7-5398-0347-9

定价：CNY88.00

J0015954

笔墨情 （甘肃省书画研究院书画集）甘肃省书画研究院，兰州市农工商公司编

兰州　甘肃人民美术出版社　1995 年　148 页

28cm（大 16 开）ISBN：7-80588-110-3

定价：CNY68.00

J0015955

河北美术家 （画册）程栋才主编

石家庄　河北美术出版社　1995 年　170 页

29×29cm　精装　ISBN：7-5310-0713-4

定价：CNY238.00

　　外文书名：Artists of Hebei.

J0015956

黑龙江省画院作品集 （1980—1995）冯建福主编

哈尔滨　黑龙江美术出版社　1995 年　87 页

29cm（16 开）ISBN：7-5318-0328-3

定价：CNY88.00, CNY108.00（精装）

　　外文书名：The Collected Works of Hei-longjiang Academy of Imperial Painting for Its 15th Anniversary.

J0015957

清风墨韵 （广东省纪委监察干部书画选）党风杂志社编

广州　岭南美术出版社　1995 年　43 页　25×26cm

ISBN：7-5362-1367-0　定价：CNY48.00

J0015958

泉州画粹 泉州晚报社编

福州　福建美术出版社　1995 年　49 页　25×26cm

ISBN：7-5393-0272-0　定价：CNY48.00

J0015959
上海新架上画派　俞晓夫等绘
上海　上海画报出版社 1995 年 60 页
28cm（大 16 开）ISBN：7-80530-132-8
定价：CNY44.00

J0015960
台湾早期书画展图录　历史博物馆展览组
编辑
台北　历史博物馆 1995 年 139 页 有图
30cm（10 开）ISBN：957-00-6496-X
定价：TWD800.00

J0015961
新桥画乡现代民间绘画作品选
福州　福建美术出版社 1995 年 25×26cm
ISBN：7-5393-0376-X 定价：CNY60.00

J0015962
烟台画院作品集　烟台画院编
北京　中国书籍出版社 1995 年 80 页 29cm（16 开）
ISBN：7-5068-0305-4 定价：CNY48.00
　　外文书名：The Works Selection from Yan-
tai Art Academy.

J0015963
中国辽宁画院　（英汉对照）赵华胜主编
北京　中国华侨出版社 1995 年 28cm（大 16 开）
ISBN：7-80074-052-8 定价：CNY150.00
　　外文书名：Liaoning Art Academy of China.

J0015964
八闽中青年艺术作品丛书　钟建东编
福州　福建美术出版社 1996 年 5 册 26cm（16 开）
ISBN：7-5393-0390-5 定价：CNY35.00
　　本书为中国现代绘画与书法画册，收入郭
辉、许聿标、陈章汉、黄燕、杨世膺等主要作品。

J0015965
滇老翰墨书画选　（三）祁山主编；云南省老
干部书画协会，云南省老年书画研究会编
昆明　云南美术出版社 1996 年 172 页
29cm（16 开）ISBN：7-80586-302-4
定价：CNY70.00

J0015966
典藏手绘封　陈淑华著
台北　立虹出版社 1996 年 238 页 有照片
31cm（15 开）精装 ISBN：957-9922-4-11
定价：TWD3600.00（台湾影像历史系列 3）

J0015967
**福建省中师第五届学生美术作品巡回展览
优秀作品选**　福建省中师美术中心教研组编
福州　福建美术出版社 1996 年 68 页
28cm（大 16 开）ISBN：7-5393-0530-4
定价：CNY40.00

J0015968
**贵州省纪念红军长征胜利 60 周年美术书
法作品集**
贵阳　贵州人民出版社 1996 年 51 页 29cm（16 开）
ISBN：7-221-04311-6 定价：CNY65.00

J0015969
湖南书画研究院作品集
长沙　湖南美术出版社 1996 年 11 册
28cm（大 16 开）函装 ISBN：7-5356-0877-9
定价：CNY148.00

J0015970
江门五邑侨乡老年书画作品选集　江门市
老龄工作委员会等编
广州　岭南美术出版社 1996 年 198 页
29cm（16 开）ISBN：7-5362-1529-0
定价：CNY118.00，CNY138.00（精装）

J0015971
金山农民画　（民谣集 怀明富专辑）怀明富
绘；张铁苏等配诗
上海　上海画报出版社 1996 年 45 页 25×26cm
精装 ISBN：7-80530-243-X
　　外文书名：Selections from Jinshan Farmers
Paintings and Ballads.

J0015972
路南现代民间绘画优秀作品集　中共路南
彝族自治县委宣传部，路南彝族自治县文化
馆编
昆明　云南美术出版社 1996 年 63 页 29cm（16 开）

ISBN：7-80586-304-0 定价：CNY50.00

外文书名：A Collection of Lunan Mordern Folk Paintings.

J0015973

上海邮票设计者美术作品选　沈世瑞，陈晓聪主编

上海　上海画报出版社　1996 年　65 页
28cm（大 16 开）ISBN：7-80530-227-8
定价：CNY44.00

J0015974

仝延魁作品集　仝延魁绘；丁济棠主编；中国农民书画研究会等编

西安　陕西人民美术出版社　1996 年　19×22cm
ISBN：7-5368-0828-3

外文书名：An Album of Paintings for Mr. Yankui Tong.

J0015975

1998：藏族民间绘画艺术　（汉藏文对照　摄影挂历）

北京　中国藏学出版社　1997 年　77×53cm
ISBN：7-80057-333-8 定价：CNY32.00

J0015976

淡水地区美术老师观摩展　初玉英［等绘］

［台北县］淡水镇公所　1997 年　49 页　有照片彩图　29cm（16 开）ISBN：957-00-9727-2
定价：TWD350.00

J0015977

福建省民盟书画学会作品选　蒋夷牧主编

福州　福建美术出版社　1997 年　104 页
29cm（16 开）ISBN：7-5393-0540-1
定价：CNY88.00

J0015978

空中大学台北书画社师生联展　陈建成，陈雅玲执行编辑

［台北县］淡水镇公所　1997 年　96 页　有照片彩图　29cm（16 开）ISBN：957-00-9726-4
定价：TWD350.00

J0015979

红河书画　《红河书画》编辑委员会编

昆明　云南美术出版社　1997 年　14+333 页
29cm（16 开）ISBN：7-80586-344-X
定价：CNY96.00

J0015980

辽宁农民书画选　辽宁农民书画研究会编

沈阳　辽宁美术出版社　1997 年　72 页　24×26cm
ISBN：7-5314-1730-8 定价：CNY88.00

J0015981

书画集英　（吉林省书画家作品）张岳琦主编

长春　吉林美术出版社　1997 年　218 页　37cm
精装　ISBN：7-5386-0418-9 定价：CNY380.00

J0015982

烟台书画作品选　（庆祝香港回归祖国）

济南　山东美术出版社　1997 年　227 页　29cm（16 开）
ISBN：7-5330-1075-2 定价：CNY136.00

J0015983

玉林市书画选集　（1997）陈家琨主编；玉林市文化局，玉林市文联编

南宁　广西美术出版社　1997 年　58 页　38cm（6 开）
精装　ISBN：7-80625-545-1 定价：CNY118.00

J0015984

重庆市梁平中青年画家作品选　重庆市梁平县民间美术博物馆编

成都　四川美术出版社　1997 年　47 页　29cm（16 开）
ISBN：7-5410-1350-1 定价：CNY40.00

J0015985

巴蜀情韵　（巴蜀书画作品精选集）四川省人民政府办公厅，四川诗书画家国际艺术交流协会编

成都　四川美术出版社　1998 年　133 页
29cm（16 开）ISBN：7-5410-1516-4
定价：CNY138.00，CNY180.00（精装）

J0015986

淮安博里农民画集

南京　江苏美术出版社　1998 年　64 页　29cm（16 开）
ISBN：7-5344-0761-3 定价：CNY49.00

J0015987

金山农民画开拓者　吴彤章，张新英绘；郑应隆译

上海　上海画报出版社　1998 年　93 页　29×29cm

精装　ISBN：7-80530-423-8　定价：CNY148.00

J0015988

昆明市少年儿童绘画作品集　窦明立主编；昆明市教育委员会编

昆明　云南美术出版社　1998 年　65 页　25×26cm

ISBN：7-80586-542-6　定价：CNY78.00

J0015989

美术考场说明书　（人物篇）刘明主编；王岩，叶鹰宇编著

沈阳　辽宁美术出版社　1998 年　48 页　26cm（16 开）

ISBN：7-5314-2057-0　定价：CNY13.00

（全国美术院校考试要点系列）

J0015990

内黄现代民间绘画　王春杰主编

郑州　河南美术出版社　1998 年　62 页

28cm（大 16 开）ISBN：7-5401-0791-X

定价：CNY80.00

J0015991

台山籍书画家名录　李毅刚，黄仁夫总编辑

澳门　澳门出版社　1998 年　182 页　有肖像图画

30cm（10 开）定价：MOP200.00

　　外文书名：The Directory of Artists of Taisan.

J0015992

天津师范大学美术系　（全国高校美术教育专业教师作品集）中国教育学会美术教育研究会编

济南　山东美术出版社　［1998 年］　32 页

29cm（16 开）ISBN：7-5330-1358-1

定价：CNY28.00

J0015993

云南江川书画集　金文武主编；政协云南省江川县委员会编

昆明　云南美术出版社　1998 年　111 页　29cm（16 开）

ISBN：7-80586-528-0　定价：CNY98.00

J0015994

中国户县农民画　中共西安市委宣传部［等］编

1998 年　168 页　29cm（16 开）

　　外文书名：Chinese Huxian Farmer Paintings.

J0015995

安塞民间绘画精品　杨宏明等主编；安塞县文化文物馆编

西安　陕西人民美术出版社　1999 年　131 页

25×26cm　ISBN：7-5368-1192-6

定价：CNY95.00

（安塞民间美术丛书）

J0015996

鞍山市政协书画作品集　谢冠军主编

沈阳　辽宁美术出版社　1999 年　128 页　25×26cm

精装　ISBN：7-5314-2242-5　定价：CNY168.00

J0015997

慈溪农民画　中共慈溪市委宣传部编

宁波　宁波出版社　1999 年　52 页　25×26cm

ISBN：7-80602-313-5　定价：CNY120.00，

CNY180.00（精装）

J0015998

大连美术家作品集　大连美术家协会编

北京　中国文联出版公司　1999 年　188 页

27×27cm　精装　ISBN：7-5059-3248-9

定价：CNY280.00

J0015999

第十六届全澳书画联展　（1999）

澳门［澳门市政厅画廊］1999 年　30cm（10 开）

ISBN：972-97509-4-7

　　外文书名：Xvi Exposicao Colectiva Dos Artis-tas De Macau.

J0016000

二十世纪四川已故著名书画家作品选集　四川省诗书画院选编；戴卫主编

成都　四川美术出版社　1999 年　189 页　37cm

精装　ISBN：7-5410-1677-2　定价：CNY325.00

J0016001

广东画院画家作品集　（广东画院建院四十

周年 1959—1999）广东画院编
广州 岭南美术出版社 1999年 173页
42cm（8开）精装 ISBN：7-5362-2066-9
定价：CNY380.00

J0016002
金山农民画　上海金山农民画院编
上海 上海画报出版社 1999年 198页 29cm（12开）
ISBN：7-80530-530-7 定价：CNY158.00，
CNY188.00（精装）

J0016003
辽宁政协委员书画集　中国人民政治协商会
议辽宁省委员会［编］
沈阳 辽宁美术出版社 1999年 191页 37cm
精装 ISBN：7-5314-2224-7 定价：CNY320.00

J0016004
临猗名家书画集
天津 天津人民美术出版社 1999年 77页
29cm（16开）ISBN：7-5305-1093-2
定价：CNY48.00
　　中国现代绘画册，版权页书名：临猗名家作
品集。

J0016005
厦门同安农民画作品选　朱艺芬主编；厦门
市同安区人民政府编
厦门 厦门大学出版社 1999年 76页 29cm（16开）
ISBN：7-5615-1512-X 定价：CNY68.00，
CNY98.00（精装）

J0016006
深圳美术家画库　骆文冠主编；深圳市美术
家协会编
深圳 海天出版社 1999年 30册 29cm（16开）
ISBN：7-80654-106-3 定价：CNY360.00［全套］

J0016007
世界屋脊行　（江苏省美术馆美术家作品集
中英文本）朱葵，马鸿增主编
北京 北京工艺美术出版社 1999年 92叶 37cm
精装 ISBN：7-80526-392-2
定价：CNY280.00
　　本画册收入江苏省美术馆所藏92幅绘画作

品，揭示了西藏高原的高原风土、风物、风情的
奇特之美，以及藏区的新气象。

J0016008
书画作品集　政协齐齐哈尔市委员会编
哈尔滨 黑龙江美术出版社 1999年 73页
28cm（大16开）精装 ISBN：7-5318-0685-1
定价：CNY120.00

J0016009
天水书画作品选集　（羲皇故里翰墨情）天水
市文化出版局，天水市文学艺术界联合会编
兰州 甘肃人民美术出版社 1999年 152页
29cm（18开）ISBN：7-80588-299-1
定价：CNY99.00，CNY129.00（精装）

J0016010
田园艺术　（嘉兴农民画作品选）浙江省嘉兴
市秀洲区人民政府［编］
杭州 浙江人民美术出版社 1999年 89页
25×26cm ISBN：7-5340-1013-6
定价：CNY72.00

J0016011
云南画院作品集　《云南画院作品集》编委会编
昆明 云南美术出版社 1999年 211页 37cm
精装 ISBN：7-80586-544-2
　　外文书名：Selected Works of Yunnan Painting
Academy.

J0016012
镇江书画五十年　朱正伦主编
北京 中国文联出版公司 1999年 80页 29cm（16开）
ISBN：7-5059-3580-1 定价：CNY88.00

J0016013
中国辽宁画院　徐萍主编
沈阳 辽宁美术出版社 1999年 228页
27×27cm ISBN：7-5314-2154-2
定价：CNY280.00，CNY320.00（精装）

中国个人绘画作品综合集

J0016014
王济远个人绘画展览会出品图目 （第 3 回）
王济远编
1914 年 13 页 有图 19cm（32 开）
　　本书为画展目录。附国画、油画 10 幅。

J0016015
海粟之画　刘海粟绘；上海美术用品社编
上海 美术用品社 1923 年 [60] 页 27cm（16 开）
　　本书内收油画、国画、素描共 28 幅。附《批评刘海粟艺术之抽绎》及蔡元培、史瑛等 3 人的评论。

J0016016
海粟近作　刘海粟绘
上海 美术用品社 1927 年 [13] 页 38cm（6 开）
　　本书收国画 7 幅，西画 6 幅。

J0016017
司徒乔去国画展　司徒乔绘
上海 艺术社 1928 年 [25] 页 有图 26cm（16 开）
　　本书为画展目录，含展出作品 140 幅。前有绘画者的自序及其作品 12 幅。

J0016018
陈树人桂林山水写生集　陈树人绘
上海 和平社 1932 年 48 页 38cm（6 开）
（陈树人画集 第 4 集）
　　本书收国画 22 幅，铅笔速写 8 幅，以及作者桂林游杂诗 44 首。作者陈树人（1884—1948），国画家。广东番禺县人，毕业于日本京都美术学校和东京立教大学，出版有《陈树人画集》《陈树人近作》《陈树人中国画选集》，诗集有《寒绿吟草》《自然美讴歌集》《战尘集》。

J0016019
国亮抒情画集　马国亮作
上海 良友图书公司 1932 年 180 页 22cm（23 开）
定价：大洋二元
　　本书为图案画集。包括抒情画、装饰画、图案字三部分。

J0016020
刘海粟　傅雷编
上海 中华书局 1932 年 影印本 [50] 页
31cm（10 开）定价：银三元
（世界名画集 第 2 集）
　　本书内收刘海粟的人物、风景、静物画 20 幅。

J0016021
刘海粟名画集　刘海粟绘
福州 福建人民出版社 1985 年 84 幅 35cm（6 开）
精装 统一书号：8173.1050 定价：CNY79.00
　　本书选辑作者各个时期的代表作 84 幅，黑白图 107 幅。绘画题材以山水、花卉、人物、走兽为主。本书与福建美术出版社合作出版。

J0016022
刘海粟画选　刘海粟绘
北京 人民美术出版社 1986 年 160 幅 19cm（32 开）
统一书号：8027.9655 定价：CNY2.45
（中国美术家丛书）
　　本画选共收图 160 幅。重点介绍现代画家刘海粟的国画和部分油画作品。

J0016023
刘海粟美术馆藏品　（刘海粟绘画作品集）刘海粟绘；干树海主编；刘海粟美术馆，上海人民美术出版社编
上海 上海人民美术出版社 1997 年 222 页
43cm（8 开）精装 ISBN：7-5322-1831-7
定价：CNY500.00
　　外文书名：Liu Haisu Art Gallery Collections: A Collection of Liu Haisu's Works.

J0016024
刘海粟游欧作品展览会　（1932）上海市政府编
上海 上海市政府 [1932 年] [68] 页 有图
[13×19cm]
　　本书为作者 1921—1932 年间游欧作品展览会目录。另收柳亚子、高鲁等人对其作品的评论性文章，以及潘公展等人的题词、题字等。

J0016025
刘海粟作品选集　刘海粟作
北京 人民美术出版社 1983 年 166 页 有图

36×27cm　精装　ISBN：7-102-01309-4
定价：CNY240.00

J0016026
郑祖纬遗作集　郑祖纬绘
杭州　西湖艺术出品社　1932年　30页　26cm（16开）
定价：一元二角

本书内收国画26幅，油画、水彩画8幅。书前有林风眠的序及郑祖纬的生平事略。

J0016027
刘海粟近作展览会
［南京］［中华书局］［1933年］［32］页　有肖像
19cm（32开）

本书系展览目录，分欧游作品、巴黎摹作、欧游归后新作、欧游前作、国画五部分，收216幅作品，于1933年6月1日至10日在南京花牌楼中华书局新屋展出。

J0016028
以俅画集　梁以俅著
北平　星云堂书店　1933年　1册　有图　26cm（16开）
定价：一元八角

本书内收30幅油画、木炭画。

J0016029
唐亮西洋画展览　欧美清华同学会编
北平　欧美同学会　［1934年］13页　18cm（32开）
定价：洋一角

本书系画展目录。所收作品于1934年2月在南河沿欧美同学会展出。内收唐亮作品7幅，闻一多的《论形体—介绍唐仲明先生的画》文章一篇。

J0016030
白龙山人精品画册　王梓园收藏
上海　商务印书馆　1936年　38cm（6开）环筒页装
定价：国币二元八角

本书为中国现代画册。

J0016031
孙多慈描集　孙多慈绘
上海　中华书局　民国二十五年［1936年］再版
有图　41cm（8开）定价：国币四元

J0016032
方君璧画集　方君璧作
长沙　商务印书馆　1938年　［52］页　38cm（6开）

本书为中国现代绘画册，内收油画、国画等24幅。

J0016033
画集　俞乃大作；浙江省抗日自卫委员会战时教育文化事业委员会老百姓旬刊社编
浙江省战时教育文化事业委员会书刊发行部
1939年　47页　18cm（15开）定价：国币一角五分
（老百姓丛书）

本书分单幅画之部和连环画之部两大部分。单幅画之部收《抗战的一天来到了》《送出征》《军民合作》等24幅图，连环画之部收《王大的血祭》《车夫勇捕汉奸》《孝子丧母抗日》等11幅图。卷首有《编者的话》。

J0016034
唐一禾画集　唐一禾绘；人民美术出版社编
北京　人民美术出版社　1957年　影印本　55页
37cm（8开）精装　统一书号：8027.1042

J0016035
唐一禾画集　唐一禾绘；人民美术出版社编
北京　人民美术出版社　1958年　影印本　55页
37cm（8开）统一书号：8027.1042

本书收作品主要是作者留法期间的人体素描习作和部分回国后创作的素描、速写和油画。书后附熊明谦编撰的《唐一禾年谱》。作者唐一禾（1903—1944），油画家、艺术教育家。曾赴法国留学，后从事艺术教育工作。

J0016036
唐一禾画集　唐一禾绘
台北　艺术家出版社　1991年　103页　30cm（10开）
定价：TWD380.00
（艺术家丛书）

J0016037
陈半丁的画　人民美术出版社编
北京　人民美术出版社　1958年
统一书号：8027.2270　定价：CNY0.04
（美术家画页）

J0016038
陈之佛的画　人民美术出版社编
北京 人民美术出版社 1958 年
统一书号：8027.2136 定价：CNY0.04
（美术家画页）

J0016039
蒋兆和的画　人民美术出版社编
北京 人民美术出版社 1958 年
统一书号：8027.2132 定价：CNY0.04
（美术家画页）

J0016040
柯华画集　柯华作
广州 广东人民出版社 1958 年 34 页 20cm（32 开）
统一书号：8111.55 定价：CNY1.00

J0016041
潘天寿的画　人民美术出版社编
北京 人民美术出版社 1958 年 定价：CNY0.04
（美术家画页）

J0016042
徐悲鸿的画　人民美术出版社编
北京 人民美术出版社 1958 年
统一书号：8027.2135 定价：CNY0.04
（美术家画页）

J0016043
徐悲鸿画辑　徐悲鸿绘；人民美术出版社编辑
北京 人民美术出版社 1978 年 12 幅 38cm（6 开）
套装 统一书号：8027.6838 定价：CNY1.10

J0016044
徐悲鸿画集　徐悲鸿绘
成都 四川人民出版社 1981 年 12 幅 39cm（8 开）
套装 统一书号：8118.617 定价：CNY1.80

J0016045
徐悲鸿画集　（1 中国画部分：人物 山水 花木）
徐悲鸿绘；徐悲鸿纪念馆，北京出版社编
北京 北京出版社 1981 年 1 册 38cm（6 开）
统一书号：8071.335 定价：CNY22.00
　　本书所辑画作是从"徐悲鸿纪念馆"1200 余
件中精选出来的中国画、素描、油画藏品。

J0016046
徐悲鸿画集　（2 中国画部分：飞禽 走兽）徐
悲鸿绘；徐悲鸿纪念馆，北京出版社编
北京 北京出版社 1984 年 100 页 38cm（6 开）
统一书号：8071.336 定价：30.00（精装），
22.00（平装）

J0016047
徐悲鸿画集　（3 素描部分：人体）徐悲鸿绘；
徐悲鸿纪念馆，北京出版社编
北京 北京出版社 1986 年 102 幅 38cm（6 开）
精装 统一书号：8071.551 定价：CNY30.00

J0016048
徐悲鸿画集　（4 素描部分：人体 速写 动
物 风景）徐悲鸿绘；徐悲鸿纪念馆，北京出版
社编
北京 北京出版社 1987 年 1 册 2 个附件
38cm（6 开）精装 ISBN：7-200-00175-9
定价：CNY45.00

J0016049
徐悲鸿画集　（5 素描部分：人像画稿）徐悲
鸿绘；徐悲鸿纪念馆，北京出版社编
北京 北京出版社 1988 年 1 册 有肖像
38cm（6 开）精装 ISBN：7-200-00177-5
定价：CNY45.00

J0016050
徐悲鸿画集　（6 油画部分）徐悲鸿绘；徐悲
鸿纪念馆，北京出版社编
北京 北京出版社 1988 年 1 册 36cm（6 开）
精装 ISBN：7-200-00623-8 定价：CNY67.00

J0016051
徐悲鸿的艺术　徐悲鸿绘；香港艺术馆编
香港 香港市政局 1988 年 154 页 有图
30cm（10 开）精装 ISBN：962-215-085-3
　　外文书名：The Art of Xu Beihong.

J0016052
徐悲鸿画集　徐悲鸿绘
台北 艺术图书公司 1988 年 222 页 21cm（32 开）
定价：TWD250.00
（艺术家丛刊）

J0016053

叶浅予的画　人民美术出版社编

北京 人民美术出版社 1958 年 定价：CNY0.04
（美术家画页）

　　作者叶浅予（1907—1995），教授、画家。浙江桐庐人。历任中国美协副主席、中国画研究院副院长、中央美术学院教授。曾为茅盾小说《子夜》、老舍剧本《茶馆》等书插图。作品有长篇漫画《王先生》《小陈留京外史》《天堂记》等。著有《画馀记画》《十年恶梦录》等。

J0016054

于非闇的画　人民美术出版社编

北京 人民美术出版社 1958 年 定价：CNY0.04
（美术家画页）

　　作者于非闇（1889—1959），满族，画家。原名于魁照，后改名于照，字仰枢，别署非闇，又号闲人等。出生于北京，祖籍山东蓬莱。历任中央美术学院民族美术研究所研究员，北京画院副院长。作品有《玉兰黄鹂》《丹柿图》《牡丹鸽子》等，著有《非闇漫墨》《中国画颜料研究》《我怎样画花鸟画》等。

J0016055

魏开泰画册　中国美术家协会武汉分会编

武汉 湖北人民出版社 1959 年 44 页 13×19cm
（32 开）统一书号：T8106.399 定价：CNY0.22

J0016056

李瑞年作品小辑　（画册）李瑞年作

上海 上海人民美术出版社 1960 年 1 套（8 幅）
19cm（32 开）统一书号：T8081.8139
定价：CNY0.40

　　本书为中国现代画册。

J0016057

萧谦中山水画册　萧谦中作

［北京］荣宝斋 1960 年 12 张（套）经折装

　　作者萧谦中（1883—1944），国画家。原名萧逊，安徽怀宁人。任教于北京美术专科学校及中国画学研究会。作品有《萧龙樵山水精品二十四帧》《课徒画稿》。

J0016058

梁永泰画集　梁永泰绘；中国美术家协会广东

分会编

广州 广东人民出版社 1961 年 60 页 有图
21cm（32 开）统一书号：8111.413
定价：CNY1.30

　　作者梁永泰（1921—1956），版画家。广东惠阳县（今惠州桥东）人。曾任中华书局美术编辑。主要作品有《血的动脉》《铁的动脉》《从前没有人到过的地方》《在动物园里》等。

J0016059

余本画集　余本绘；黄笃维编

上海 上海人民美术出版社 1961 年 影印本 28 幅
27cm（16 开）精装 统一书号：T8081.4555
定价：CNY6.00

　　本画集共收入作者在海外和香港创作的油画作品 28 幅，分为人物肖像画、风景画、静物画。其中包括《晚归》《纤夫》《农民肖像》等。作者余本（1905—1995），画家。广东台山人，别名余建本。历任广东画院副院长，中国美术家协会顾问。代表作品有《拉琴者》《黄河渡口》《万里长城》，中国画《江上卧青山》。出版有《余本画集》等。

J0016060

余本画集　余本绘

北京 人民美术出版社 1982 年 60 幅 27cm（16 开）
统一书号：8027.7978 定价：CNY19.00

　　本画集共选编作者 1930—1980 年所作的，大多以自然风光为题材的油画、水彩画作品 60 幅。

J0016061

海南岛风光　吴冠中作

上海 上海人民美术出版社 1962 年 12 张（套）
19cm（32 开）定价：CNY0.96

　　本书系中国现代绘画作品集。作者吴冠中（1919—2010），画家、美术教育家。江苏宜兴人，毕业于杭州艺术专科学校。中央工艺美术学院教授等。代表作品《长江三峡》《鲁迅的故乡》《春雪》等。

J0016062

石涛山水册叶　广州市美术馆收藏；人民美术出版社编辑

北京 人民美术出版社 1962 年 线装
定价：CNY8.50

本作品系现代中国画作品综合集。

J0016063

吴作人画集　吴作人绘
北京　人民美术出版社　1962 年　1 册（40 幅）
37cm（8 开）精装　统一书号：8027.3166
定价：CNY14.80

J0016064

吴作人画辑　吴作人绘
北京　人民美术出版社　1978 年　12 幅　38cm（6 开）
统一书号：8027.6958　定价：CNY1.10

J0016065

吴作人艺术馆藏品集　吴作人作
苏州　古吴轩出版社　1994 年　38cm（6 开）精装
ISBN：7-80574-141-7　定价：CNY220.00
　　外文书名：An Album of Pictures by Wu Zuo-
ren Collected by The Wu Zuoren Art Gallery.

J0016066

吴作人作品集　（素描速写水彩卷）吴作人绘
沈阳　辽宁美术出版社　1995 年　24+149 页
28cm（16 开）精装　ISBN：7-5314-0947-X
定价：CNY280.00

J0016067

吴作人作品集　（油画卷）吴作人绘
沈阳　辽宁美术出版社　1995 年　24+143 页
28cm（16 开）精装　ISBN：7-5314-1226-8
定价：CNY280.00

J0016068

吴作人作品集　（中国画卷）吴作人绘；艾中
信主编
沈阳　辽宁美术出版社　1995 年　26+164 页
29cm（16 开）精装　ISBN：7-5314-1040-0
定价：CNY280.00
　　作者吴作人（1908—1997），著名画家、教
授。生于江苏苏州，祖籍安徽泾县，先后就读于
苏州工业专科学校建筑系、上海艺术大学、南京
中央大学艺术系。曾任中央美术学院院长，中
国美术家协会主席等。出版有《吴作人》《吴作
人艺术馆藏品集》《吴作人画传》等。作者艾中
信（1915—2003），画家。上海人。历任中央美术

学院教授、油画系主任、副院长，《中国大百科全
书·美术》编辑委员会主任、中国美术家协会理
事等职。代表作品有《背煤》《通往乌鲁木齐》《炮
兵过雪山》等，著有《徐悲鸿研究》《读画论画》
《油画风采谈》等。

J0016069

吴作人作品集　（书法诗词卷）吴作人著
沈阳　辽宁美术出版社　1996 年　24+160 页
28cm（16 开）精装　ISBN：7-5314-0937-2
定价：CNY270.00

J0016070

吴作人作品小辑　［吴作人绘］
上海　上海人民美术出版社　1960 年　［12 幅］
19cm（32 开）统一书号：T8081.8140
定价：CNY0.60
　　本书为中国现代画册。

J0016071

长征画集　黄镇作
北京　人民美术出版社　1962 年　1 册（24 幅）
27cm（16 开）精装　统一书号：8027.3904
定价：CNY10.00

J0016072

长征画集　黄镇作
北京　人民美术出版社　1977 年　25cm（小 16 开）
统一书号：8027.3904　定价：2.70

J0016073

长征画集　黄镇作
北京　人民美术出版社　1977 年　2 版　36 页
36cm（12 开）定价：CNY2.70

J0016074

长征画集　黄镇作
北京　人民美术出版社　1982 年　3 版　274 幅
27cm（16 开）统一书号：8027.3904
定价：CNY7.00
　　本书收集长征的片段记录 20 多幅画，是真
实的革命史料。

J0016075

长征画集　黄镇绘

北京 人民美术出版社 1986 年 4 版 26cm（16 开）
精装 统一书号：CN8027.3904
定价：CNY10.00

J0016076

长征画集 黄镇绘
北京 文物出版社 1987 年 61 页 21cm（32 开）
统一书号：8068.1597 定价：CNY0.85

J0016077

姜燕画选 姜燕作；人民美术出版社编
北京 人民美术出版社 1963 年 1 册（15 幅）
37cm（8 开）精装 统一书号：8027.3866
定价：CNY9.00

　　本书共选编作者 1939—1958 年所作中国画
15 幅。其中花鸟画 4 幅，其余均为人物画，作品
多为现实生活。本书由叶浅予作序。作者姜燕
（1919—1958），女，原名刘仁燕，生于北京，祖籍
湖北武昌。

J0016078

司徒乔画集 司徒乔绘
北京 人民美术出版社 1963 年 44 页 39cm（6 开）
精装 统一书号：8027.4123
定价：CNY12.50

　　本画集收入作者的速写、素描、水彩、水墨
及油画作品，其作品主要表现旧社会的黑暗、日
本侵略者的暴行及美国资本家的残酷剥削。作
者司徒乔（1902—1958），原名司徒乔兴，广东开
平人。擅长油画、素描。曾就读于燕京大学神学
院，后赴法国留学，师从写实主义大师比鲁。主
要作品有《五个警察和一个 0》《套马图》《巩哈
饮马图》等。

J0016079

宋文治作品选集 宋文治作；中国美术家协
会，人民美术出版社编
北京 人民美术出版社 1963 年 [40]页
27cm（16 开）精装 统一书号：8027.4142
定价：CNY6.00

　　作者宋文治（1919—1999），画家。江苏太仓
人。就读于江苏省国画院。曾任南京大学教授、
江苏美协副主席、江苏省国画院副院长等职。代
表作有《白云幽涧图》《华岳积翠图》《水乡春
暖》。著作有《宋文治画集》《宋文治作品选集》等。

J0016080

海粟老人书画 刘海粟绘
香港 利孚洋行 1977 年 50 页 30cm（15 开）
　　中国现代书画作品集。书后附《海粟老人书
画》后记一篇。

J0016081

虎头山上机声隆 赵卧虎绘；向阳编文
北京 人民美术出版社 1977 年 24 幅 17×18cm
定价：CNY0.45
　　中国现代绘画作品画册。

J0016082

王雪涛画辑 王雪涛绘
北京 人民美术出版社 1977 年 12 幅 33cm（5 开）
统一书号：8027.7140 定价：CNY1.10
　　作者王雪涛（1903—1982），写意花鸟画家。
原名庭钧，字晓封，号迟园。河北成安人。历任
北京画院院长、中国美术家协会理事、美协北京
分会副主席等职。著有《王雪涛画辑》《王雪涛
画谱》《王雪涛的花鸟画》等。

J0016083

王雪涛画辑 王雪涛绘
北京 人民美术出版社 1977 年 15 幅 38cm（6 开）

J0016084

董希文作品选 董希文绘
天津 天津人民美术出版社 1978 年 31 幅
26cm（16 开）统一书号：8073.50101
定价：CNY2.50
　　中国现代绘画作品画册。作者董希文
（1914—1973），著名油画家、美术教育家。浙江
绍兴人。毕业于上海美术专科学校。曾任中央
美术学院教授。代表作品有油画《开国大典》《春
到西藏》《哈萨克牧羊女》《苗女赶场》《百万雄
师过大江》等。

J0016085

邝耀鼎 （绘画 版画 素描）邝耀鼎绘
香港 香港市政局 1978 年 有图 23cm（10 开）
ISBN：962-215-009-8 定价：HKD8.00
　　中国现代绘画作品集。外文书名：Kwong
Yeu-ting.

J0016086

梁巨廷　（绘画　素描　版画）梁巨廷绘
香港　香港市政局出版社　1978 年　有图
23cm（10 开）ISBN：962-215-006-3
定价：HKD2.00
　　　中国现代绘画作品画册。外文书名：Leung
Kui Ting.

J0016087

林风眠画集　林风眠绘
杭州　浙江人民美术出版社　1992 年　48 页
38cm（8 开）精装　ISBN：7-5340-0334-2
定价：CNY52.00
（中国画名家作品粹编）
　　　作者林风眠（1900—1991），画家、艺术教育
家。名绍琼，字凤鸣，后改风眠。广东梅县人。曾
任国立艺术学院首任院长，中国美术家协会上海分
会副主席。代表作品有《春晴》《江畔》《仕女》。

J0016088

林风眠画集　林风眠绘；浙江人民美术出版
社编
杭州　浙江人民美术出版社　1992 年　48 页
38cm（6 开）ISBN：7-5340-0330-X
定价：CNY42.00
（中国画名家作品粹编）

J0016089

林风眠画选　林风眠绘
上海　上海人民美术出版社　1978 年　20 幅
38cm（6 开）统一书号：8081.11034
定价：CNY3.50

J0016090

林风眠全集　（上卷）林风眠绘；杜滋龄主编
天津　天津人民美术出版社　1994 年　245 页
38cm（6 开）精装　ISBN：7-5305-0405-3
（中国绘画大师作品集）
　　　外文书名：The Collected Works of Lin Feng
Mian.

J0016091

林风眠全集　（下卷）林风眠绘；杜滋龄主编
天津　天津人民美术出版社　1994 年　241 页
38cm（6 开）精装　ISBN：7-5305-0406-1

（中国绘画大师作品集）
　　　外文书名：The Collected Works of Lin Feng
Mian.

J0016092

林风眠全集　林风眠绘；杜滋龄主编
天津　天津人民美术出版社　1994 年
2 册（245+241 页）38cm（6 开）精装
ISBN：7-5305-0406-1
（中国绘画大师作品集）
　　　外文书名：The Collected Works of Lin Feng
Mian.

J0016093

林风眠之路　林风眠绘；林风眠百岁诞辰纪念
画册文集编辑委员会编
杭州　中国美术学院出版社　1999 年　329 页
35cm（15 开）精装　ISBN：7-81019-803-3
定价：CNY598.00

J0016094

林风眠作品集　上海中国画院，上海林风眠
艺术研究协会编
上海　上海画报出版社　1998 年　29cm（16 开）
ISBN：7-80530-405-X　定价：CNY88.00

J0016095

唐寅画集　（明）唐寅绘；上海人民美术出版
社编辑
上海　上海人民美术出版社　1978 年　重印本 40 幅
38cm（6 开）统一书号：8081.4877
定价：CNY2.60
　　　本画集收入山水画有《事茗图》《山路松声》
《骑驴归思图》等；人物画有《孟蜀宫妓图》《蕉
花仕女图》《东方朔偷桃图》等；花鸟画有《枯槎
鸲鹆图》《梅花》《雨竹》等。

J0016096

一个抱着明丽之心的作者——司徒乔
司徒乔绘画；沈鹏编文
北京　人民美术出版社　1978 年　13 幅　38cm（6开）
统一书号：8027.6855　定价：CNY1.20
　　　中国现代绘画作品。作者沈鹏（1931—　　），
书法家、美术评论家、诗人。生于江苏江阴。历
任中国文联副主席、中国书法家协会主席、中国

美术出版总社顾问以及《中国书画》主编、炎黄书画院副院长、中国书画函授大学教授、《书法之友》杂志名誉主席等职。书法作品有著作:《书画论评》《沈鹏书画谈》《沈鹏书法作品集》。

J0016097

董希文画辑　董希文绘

北京　人民美术出版社　1979 年　12 张　38cm（6 开）

统一书号:8027.7226　定价:CNY1.10

　　中国现代绘画作品集。作者董希文（1914—1973），著名油画家、美术教育家。浙江绍兴人。毕业于上海美术专科学校。曾任中央美术学院教授。代表作品有油画《开国大典》《春到西藏》《百万雄师过大江》等。

J0016098

来楚生画集　上海人民美术出版社编辑

上海　上海人民美术出版社　1979 年　87 页　38cm（6 开）精装　统一书号:8081.11438

定价:CNY18.50

　　中国现代绘画作品集。

J0016099

李斛作品选　李斛绘

天津　天津人民美术出版社　1979 年　44 幅　26cm（16 开）统一书号:8073.50107

定价:CNY1.80

　　中国现代绘画作品集。

J0016100

林风眠画集　林风眠绘

上海　上海人民美术出版社　1979 年　62 幅　25cm（15 开）统一书号:8081.11319

定价:CNY12.00

　　本画集共收作品 62 幅，均为彩印，其中花卉 11 幅、翎毛 14 幅、人物 7 幅、静物 9 幅、风景 21 幅。作者林风眠（1900—1991），画家、艺术教育家。名绍琼，字凤鸣，后改风眠。广东梅县人。中国美术家协会上海分会副主席。代表作品有《春晴》《江畔》《仕女》。

J0016101

庞薰琹画辑　庞薰琹绘

北京　人民美术出版社　1979 年　12 页　38cm（6 开）

统一书号:8027.7200　定价:CNY1.10

　　作者庞薰琹（1906—1985），画家、工艺美术教育家。生于江苏常熟，字虞铉，笔名鼓轩。曾任中央工艺美术学院第一副院长。代表作品有《地之子》《路》《贵州山民图卷》《瓶花》等。著有《薰琹随笔》。

J0016102

浦江两岸　鲍夫华绘

上海　上海人民美术出版社　1979 年　24cm（26 开）

统一书号:8081.11564　定价:CNY5.00

　　中国现代绘画作品。

J0016103

百鸡图　（画册）韩美林作

济南　山东人民出版社　1980 年　100 页　25cm（15 开）

精装　统一书号:8099.2680　定价:CNY17.00

　　本书共收入作者描绘的 100 只各具神态的鸡的图片 100 幅，并以中、英两种文字出版。作者韩美林（1936—　），画家、艺术家、国家一级美术师。山东人。清华大学美术学院教授，中央文史馆研究员。代表作品有《北京奥运会吉祥物福娃》《国航航徽》等。出版有《山花烂漫》《美林》《韩美林自选雕塑集》《韩美林自选绘画集》。

J0016104

陈衍宁画选　陈衍宁绘

北京　人民美术出版社　1980 年　40 幅　25cm（小 16 开）统一书号:8002727.7523

定价:CNY1.00

　　本画选主要收入作者的中国画、油画及部分素描习作。作者陈衍宁（1945—　），广东博罗县人。毕业于广州美术学院舞台美术大专班。中国美术家协会会员，广东画院专业画家。擅中国人物画。代表作有《母与子》《山风》《晨光》等。

J0016105

陈衍宁画选　陈衍宁绘

石家庄　河北美术出版社　1984 年　25cm（小 16 开）

统一书号:8087.862　定价:CNY9.50

　　本画册共选入作者油画创作和习作、素描头像和人体速写等 58 幅。

J0016106

韩美林作品集　[韩美林绘]

北京　人民美术出版社　1980 年　55 页　有图

19×17cm（24 开）统一书号：8027.7443
定价：CNY3.00

　　本书为中国现代动物装饰性绘画画册。

J0016107
李铁夫画集　李铁夫绘；广州美术学院选编
上海　上海人民美术出版社　1980 年　44 幅
27cm（16 开）统一书号：8081.11736
定价：CNY9.50

　　本画集收入作者 1918—1947 年间所创作的部分作品。

J0016108
刘海粟绘画展览　中国美术家协会上海分会主办
上海［中国美术家协会上海分会］1980 年
12 页　16cm（25 开）

J0016109
刘亚兰画选　刘亚兰绘
北京　人民美术出版社 1980 年　24 页 25cm（15 开）
统一书号：8027.7400　定价：CNY1.60

J0016110
尚在人间　韩美林绘
济南　山东人民出版社 1980 年　200 页
27cm（16 开）精装　定价：CNY16.00
　　中国现代绘画作品。

J0016111
吴耘美术作品选　吴耘绘
北京　人民美术出版社 1980 年 76 页 27cm（16 开）
统一书号：8027.7156　定价：CNY4.00

　　作者吴耘（1922—1977），漫画家。上海人，就读于上海美术专科学校。历任新四军挺进纵队战地服务团美术组长、第七师政治部文工团美术股长，《漫画》月刊编辑部工作等。创作有漫画《难兄难弟》《把胜利的旗帜插遍全中国》等，出版有《吴耘美术作品选》。

J0016112
袁耀锷画选　袁耀锷绘
沈阳　辽宁美术出版社 1980 年 45 页 27cm（16 开）
统一书号：8117 1678　定价：CNY6.00

J0016113
袁运甫画集　袁运甫绘
北京　人民美术出版社 1980 年 128 页 19cm（32 开）
统一书号：8027.7300　定价：CNY4.50

　　本画集分 3 部分，收入作者的速写、水粉、彩墨、壁画、黑白画、书籍装帧、邮票设计、宣传画等。

J0016114
袁运甫画集　袁运甫绘
长沙　湖南美术出版社 1983 年　64 页
27cm（16 开）统一书号：8233.290
定价：CNY13.00，CNY17.00（精装）

　　本书收有作者的壁画作品：北京太庙国家礼器《中华和钟》，人民大会堂的《千里江山图》、香港厅的《荷塘香远》等。

J0016115
周昭坎画集　周昭坎绘
香港《艺术界》《集邮界》杂志［1980—1989 年］
29cm（16 开）ISBN：962-7579-04-1
（华夏艺术欣赏普及丛书 4）

　　外文书名：Zhou Zhao-Kan Painting.

J0016116
庄言画集　香港集泰发展有限公司，北京国际艺苑公司编辑
香港　香港集泰发展有限公司［1980—1989 年］
有图 26cm（16 开）

　　本书与北京国际艺苑公司联合出版。

J0016117
陈今言美术作品选　陈今言绘
北京　人民美术出版社 1981 年 44 页 19cm（32 开）
统一书号：8027.7683　定价：CNY0.90

J0016118
冯法祀画选　冯法祀绘
北京　人民美术出版社 1981 年 35 页 26cm（16 开）
统一书号：8027.7591　定价：CNY1.45

　　本书系中国绘画作品集。

J0016119
红楼故事　一虹编
杭州　西泠印社 1981 年　75 页 19cm（32 开）

统一书号：8.193-129　定价：CNY1.70

　　本书系中国现代绘画画册。

J0016120

红楼梦故事　一虹编

杭州　西泠印社　1981年　75页　19cm（32开）

统一书号：8.193.129　定价：CNY1.70

　　本书系中国现代绘画画册。内容选自《红楼梦》。

J0016121

倪贻德画集　倪贻德绘

上海　上海人民美术出版社　1981年　78页

19cm（32开）统一书号：8081.12034

定价：CNY9.50

　　本书共收作者画作62幅，其中油画28幅，水彩17幅，素描、速写17幅。作者倪贻德（1901—1970），著名油画家、美术理论家和美术教育家。笔名尼特，毕业于上海美术专科学校。历任浙江美术学院教授、第一副院长，全国美协理事、浙江省美协副主席等职。著作有《西洋画概论》《水彩画研究》《画人行脚》《艺术漫谈》《近代艺术》。还有小说集《玄武湖之秋》《东海之滨》《百合集》等。

J0016122

邵宇作品选集　邵宇绘

长沙　湖南美术出版社　1981年　38cm（6开）

精装　统一书号：8233.150　定价：CNY30.00

　　本画集共编选画家素描、速写、水彩、水墨、中国画等作品190幅。表现了画家对老一辈无产阶级革命家的怀念和热爱祖国的情怀。作者邵宇（1919—1992），教授。曾用名邵进德，辽宁丹东人。毕业于北平美术专科学校。代表作品有《土地》《上饶集中营》《首都速写》《选举》《早读》等。

J0016123

童画诗情集　卜镝，柯岩绘画

北京　外文出版社　1981年　定价：CNY27.00

J0016124

舞台艺术　一虹编

杭州　西泠印社　1981年　86页　19cm（32开）

统一书号：8193.127　定价：CNY1.70

J0016125

主人　（四川美术作品选）徐匡绘

成都　四川人民出版社　1981年　10幅

25cm（小16开）统一书号：8118.803

定价：CNY0.95

　　作者徐匡（1938—　），国家一级美术师。生于湖南长沙，毕业于中央美术学院附中。历任四川美术家协会常务理事、中国美术家协会会员。代表作品《走过草地》《天路》《高原的阳光》等。

J0016126

马达画集　马达绘；毕开文编

天津　天津人民美术出版社　1982年　76页

22cm（30开）统一书号：8073.50241

定价：CNY1.60

　　本画集共选编作者的57幅作品，其中包括木刻、钢笔画、砖刻等。

J0016127

梅肖青画选　梅肖青绘

昆明　云南人民出版社　1982年　33幅

25cm（小16开）统一书号：8116.1064

定价：CNY1.12

　　本画选收入国画、油画和版画作品33幅。

J0016128

钱君匋作品集　钱君匋作

长沙　湖南美术出版社　1982年　98页　37cm（8开）

精装　统一书号：8833.302　定价：CNY24.00

　　本书共收入画家写意花卉作品60幅，书法作品28件，篆刻作品30方。作者钱君匋（1907—1998），篆刻书画家。浙江桐乡人。现通用名为钱君陶。名玉堂、锦堂，字君陶，号豫堂、禹堂。毕业于上海艺术师范学校。曾任西泠印社副社长、上海文艺出版社编审、上海市政协委员等职。代表作品《长征印谱》《君长跋巨卯选》《鲁迅印谱》《钱君陶印存》。

J0016129

沙兵画集　沙兵绘

北京　人民美术出版社　1982年　111幅　19cm（32开）

统一书号：8027.7812　定价：CNY1.20

　　本画集共选收作者的木刻、速写、国画等作品100多幅。

J0016130

沈柔坚画集　沈柔坚绘

上海 上海人民美术出版社 1982 年 63 幅
27cm（16 开）精装 统一书号：8081.12218
定价：CNY16.50

本画册收入版画 21 幅，水彩、水粉画 26
幅，中国画及速写等 16 幅。作者沈柔坚（1919—
1998），画家，教授。福建诏安人。历任上海大学
美术学院教授、中国美术家协会常务理事、中国
美术家协会上海分会副主席、中国版画家协会副
主席。代表作品《拉纤者》《田野》《拾草》《为了
正义》《庆功图》等。

J0016131

王式廓画集　王式廓绘

北京 人民美术出版社 1982 年 163 幅 39cm（6 开）
精装 统一书号：8021.6424 定价：CNY28.00

本画册共收入作者的素描、油画、版画和水
彩画作品 163 幅。作者王式廓（1911—1973），画
家、教育家。山东掖县人。曾任中国美术家协会
常务理事，中央美术学院教授、研究部主任，中
国美协常务理事等职。代表作品有《参军》《井
冈山会师》《血衣》《毛主席和我们在一起》等。

J0016132

姚奎画集　姚奎绘

长沙 湖南美术出版社 1982 年 54 页 27cm（16 开）
统一书号：8233.256 定价：CNY8.00

本画集共收入作者的壁画、装饰画、国画等
作品 50 幅。

J0016133

叶浅予舞蹈画册　叶浅予著

乌鲁木齐 新疆人民出版社 1982 年 1 册
27cm（16 开）统一书号：80980.18
定价：CNY5.80

本画册选收戏剧和舞蹈作品 69 幅。

J0016134

喻仲林画集　喻仲林绘著；何恭上编

台北 强北艺术图书公司印行 1982 年 再版 220 页
35cm（12 开）精装 定价：TWD1000.00

J0016135

张仃画集　张仃绘

北京 人民美术出版社 1982 年 117 页
25cm（小 16 开）精装 统一书号：8027.7732
定价：CNY20.50

本画集按不同的绘画形式，分 5 部分选入水
墨画、装饰画、柏林组画、焦墨淡彩、焦墨画作
品 85 幅。作者张仃（1917—2010），国画家、美
术教育家、美术理论家。号它山，辽宁黑山人。
曾任黄宾虹研究会会长，中央工艺美术学院教
授、院长等。中国人民政治协商会议会徽的设计
者，中华人民共和国国徽设计提议者之一。代表
作品有《张仃水墨写生》《张仃画室》。

J0016136

安靖画辑　安靖绘

北京 人民美术出版社 1983 年 12 页（套装）
27cm（16 开）统一书号：8027.8447 定价：CNY1.80

本画辑编选了画家的油画、水粉画、水彩画
作品 12 幅。

J0016137

百鸡图　韩美林绘

济南 山东人民出版社 1983 年 100 幅 19cm（32 开）
统一书号：8099.2680 定价：CNY3.35

作者韩美林（1936—　），画家、艺术家、国
家一级美术师。山东人。清华大学美术学院教
授，中央文史馆研究员。代表作品有《北京奥运
会吉祥物福娃》《国航航徽》等。出版有《山花烂
漫》《美林》《韩美林自选雕塑集》《韩美林自选
绘画集》。

J0016138

卜维勤画选　卜维勤绘

北京 人民美术出版社 1983 年 152 页 19cm（32 开）
统一书号：48.37528 定价：CNY0.65

作者卜维勤（1933—1995），版画家。辽宁铁
岭人，毕业于哈尔滨外语学院，后入中央美术学
院版画系、美术系学习。曾任中央工艺美术学院
教授、中国版画家协会会员、中国翻译家协会会
员等。代表作品《民新村》《侗乡春雨》。出版有
《卜维勤画选》《美的原点：卜维勤艺术论文集》
《装饰绘画基本法则》。

J0016139

卜维勤画选　卜维勤绘

北京 人民美术出版社 1983 年 152 页 17cm（44 开）

统一书号：8027.8813 定价：CNY6.50

J0016140

郭钧画集　郭钧绘；希苓，予群编

天津　天津人民美术出版社　1983 年　81 页

26cm（16 开）统一书号：8073.50280

定价：CNY1.60

　　中国现代绘画画册。作者郭钧（1920—1978），版画家。四川富顺人，就读于延安鲁迅艺术学院美术系。曾任中共中央党校文艺研究室研究员、晋冀鲁豫边区文联美术工厂研究员、石家庄市美协主席，石家庄市文联《石家庄画报》主编等。作品有《可敬爱的人》《共建新家庭》《苹果丰收》等。

叔亮书画　陈叔亮作

长沙　湖南美术出版社　1983 年　72 页　39cm（6 开）

精装 统一书号：8233.423 定价：CNY17.00

　　本书为中国书画艺术画册。共选收作者各种形式的篆、行、草体书法作品 58 件，绘画作品 18 件。作者陈叔亮（1901—1991），工艺美术教育家、书画家。浙江黄岩人，名寿颐。毕业于上海美术专科学校。曾在延安鲁迅艺术学院任教，历任华东文化部艺术处副处长、中央工艺美术学院院长、中国美术家协会理事、中国书法家协会副主席。有剪纸艺术专著《窗花》《新美术运动及其他》。

J0016141

汤集祥的画　汤集祥绘

广州　岭南美术出版社　1983 年　20 幅

25cm（16 开）统一书号：8260.0688

定价：CNY1.65

　　本画册收入作品 20 幅，包括油画、中国画、版画等。

J0016142

吴友如画宝　（清）吴友如绘

上海　古籍书店　1983 年　影印本　3 册　25cm（15 开）

定价：CNY13.50，CNY28.00（精装）

　　本书据上海文瑞楼书局 1908 年石印本影印。作者吴友如（1840—1893），清代画家。名嘉猷，字友如，别署猷，江苏元和（今吴县）人，绘《点石斋画报》《飞影阁画报》。

J0016143

吴友如画宝　（清）吴友如绘

北京　中国青年出版社　1998 年　4 册 25×26cm

ISBN：7-5006-2831-5 定价：CNY200.00，

CNY250.00（精装）

J0016144

朱维民油画素描集　朱维民绘

郑州　中州书画社　1983 年　72 页　27cm（16 开）

统一书号：8219.368 定价：CNY6.00

　　本画集收入油画和素描习作、创作 71 件。

J0016145

陈福善五十年的创作历程　陈福善绘

香港　香港市政局　1984 年　65 页　有图 32cm（10 开）

ISBN：962-215-063-2 定价：HKD34.00

　　作者陈福善（1904—1995），现代画家。广东番禺人，就读于英国美术学院。历任香港美术会副会长、香港艺术馆名誉顾问、华人现代艺术协会会长等。

J0016146

陈天然画集　陈天然绘

郑州　中州书画社　1984 年　27cm（16 开）

统一书号：8219.364 定价：CNY7.20

　　本画集共收 82 幅作品，包括黑白木刻、套色木刻、中国画。炭笔速写等。作者陈天然（1926—2018），书画家、版画家、诗人。河南巩义人。历任中国美术家协会、中国书法家协会常务理事，河南省书画院院长。代表作品有《牛群》《套耙》《山地冬播》等。

J0016147

关广志画集　关广志绘

北京　人民美术出版社　1984 年　27cm（16 开）

统一书号：8027.8263 定价：CNY14.00

　　本画集所收作品为水彩、水粉画、铜版画、油画等。作者关广志（1896—1958），满族，画家、美术教育家。吉林市人。先后在燕京大学、辅仁大学、清华大学等高等学校任教。代表作《武汉长江大桥》《兴安岭伐木场》等。

J0016148

蒋兆和画选　蒋兆和绘

北京　人民美术出版社　1984 年　110 页 37cm（8 开）

精装 统一书号：8027.6853 定价：CNY32.00

　　本书选印作者有代表性的作品110幅，其中《流民图》巨幅画卷是现代中国人物画的力作。作者蒋兆和（1904—1986），国画家、美术教育家。原名万绥，改名兆和。生于四川泸州，祖籍湖北麻城。历任上海美术专科学校、中央美术学院教授，中国美术家协会理事，中国文联委员，中国画研究院院务委员，民盟中央文教委员会委员。代表作品《流民图》，出版有《蒋兆和画册》《蒋兆和画集》《蒋兆和画选》等。

J0016149

芦芒画集　芦芒绘
北京 人民美术出版社 1984年 19cm（32开）
统一书号：8027.744 定价：CNY14.50
　　本画集共收作品140多幅，其中包括版画、雕塑、素描、国画等。

J0016150

罗工柳画集　罗工柳绘
石家庄 河北美术出版社 1984年 80页 有照片
38cm（6开）精装 定价：CNY55.00
　　本画集收入作者的油画、版画、宣传画、素描等81幅。

J0016151

马基光画集　马基光绘
郑州 河南人民出版社 1984年 25cm（小16开）
统一书号：8155.293 定价：CNY2.00
　　本画集包括木刻、速写、水彩、国画。

J0016152

孙滋溪画集　孙滋溪绘
天津 天津人民美术出版社 1984年 88页
22cm（32开）精装 统一书号：8073.50258
定价：CNY3.50

J0016153

孙宗慰画选　孙宗慰绘
北京 人民美术出版社 1984年 25cm（16开）
统一书号：8027.9187 定价：CNY1.90
　　本画选共收44幅图。以作者的油画作品为主，兼收其部分国画作品。

J0016154

吴冠中画集　吴冠中绘；林日雄编
石家庄 河北美术出版社 1984年 64页
27cm（16开）统一书号：8087.861
定价：CNY6.00
　　本画集精选作者1972—1983年以来在全国各地写生和创作的风景画，其中油画39幅，国画25幅。

J0016155

吴冠中画集　吴冠中绘
石家庄 河北美术出版社 1986年 2版 64页
25cm（16开）定价：CNY14.50

J0016156

吴冠中画集　吴冠中绘；荣宝斋编辑
北京 荣宝斋 1987年 44页 25cm（16开）
ISBN：7-5003-0012-3 定价：CNY4.50
　　本画册共收录作者20世纪80年代以彩墨山水为主的作品44幅。其中有《老重庆》《滨江丛林》《湘西行》等。作者吴冠中（1919—2010），当代画家、油画家、美术教育家。江苏宜兴人。油画代表作品有《长江三峡》《北国风光》《小鸟天堂》等，个人文集有《吴冠中谈艺集》《吴冠中散文选》《美丑缘》等十余种。

J0016157

吴冠中画集　吴冠中绘
天津 天津人民美术出版社 1987年 [92]页
有照片 26cm（16开）ISBN：7-5305-0037-6
定价：CNY12.00

J0016158

吴冠中画集　吴冠中绘
成都 四川美术出版社 1990年 112页 38cm（8开）
ISBN：7-5410-0382-4
　　本画集收入水墨画、油画、水粉画、速写等作品61幅，每幅画均附有简短的心得和随感。另有卷首序文，作者自传、简历，参展简录和卷末近70幅图录。

J0016159

吴冠中画选　吴冠中绘
北京 人民美术出版社 1979年 16幅 26cm（16开）
统一书号：8027.6994 定价：CNY0.56

现代中国画、油画作品鉴赏。

J0016160

吴冠中画选　（画册）［吴冠中绘］
北京　人民美术出版社　1979 年　16 页　有图
26cm（16 开）统一书号：8027.6994
定价：CNY0.56
　　本书为现代中国画、油画作品鉴赏。

J0016161

吴冠中画选　（60's—90's）吴冠中绘
北京 中国三峡出版社 1996 年 169 页 37cm（8 开）
ISBN：7-80099-215-2 定价：CNY380.00
　　本画册为中英文版，外文书名：Art of Wu
Guanzhong.

J0016162

吴冠中作品小辑　［吴冠中绘］
上海　上海人民美术出版社　1960 年　8 幅
18cm（32 开）统一书号：T8081.8625
定价：CNY0.40
　　本书为中国现代画册。

J0016163

伍必端画集　伍必端绘
天津　天津人民美术出版社　1984 年　128 页
19cm（32 开）精装 统一书号：8073.50268
定价：CNY4.90
　　本画集包括铅笔速写、毛笔速写、铜版画、
木刻、水粉画等。伍必端（1926—　　），回族，画
家、教授。生于江苏南京。历任中央美术学院版
画系主任、教授。代表作《上甘岭上的英雄》（油
画）《寂静的草地》（水彩画）《周总理》（素描
头像）等。

J0016164

姚钟华画选　姚钟华绘
北京　人民美术出版社　1984 年　27 幅 25cm（15 开）
统一书号：8027.9072 定价：CNY1.60
　　本画选共收 27 幅图，介绍姚钟华的水粉画
和油画作品。作者姚钟华（1939—　　），画家。生
于云南昆明，毕业于中央美术学院油画系。历任
中国美术家协会理事、云南画院副院长、一级美
术师。作品有《黄河》《玉龙金川》《啊！土地》等，
出版有《姚钟华画选》《姚钟华画集》等。

J0016165

张乐平画集　张乐平绘；上海人民美术出版社
编辑
上海　上海人民美术出版社　1984 年　145 页
25cm（小 16 开）精装 统一书号：8081.13474
定价：CNY11.00
　　本画集选编作者年画、水彩画、彩墨画、铅
笔画、布画、插画、版画和分格连环漫画等共
150 幅。其中《三毛流浪记》52 幅，《三毛从军
记》23 幅，《三毛迎解放》10 幅，《三毛外传》4 幅，
《三毛日记》2 幅，《三毛学科学》4 幅，《二娃子》
10 幅，《童工泪》插图 3 幅，《百喻经》插图 4 幅。
作者张乐平（1910—1992），漫画家。浙江海盐
人。曾任中国美术家协会上海分会、解放日报社、
上海少年儿童出版社专业画家。漫画"三毛"形
象的创作者。代表作品《三毛流浪记》《三毛从
军记》。

J0016166

悲鸿画选　徐悲鸿绘
成都　四川美术出版社　1985 年　38cm（6 开）
统一书号：8373.339 定价：CNY5.50

J0016167

陈建中　陈建中绘
广州 岭南美术出版社 1985 年 88 页 25cm（15 开）
统一书号：8260.1447 定价：CNY12.00
（海外画丛）
　　本书共收作者作品 60 多幅，其中有《两扇
小窗》《出隙小叶》等。另附有书评及有关画家
创作历程的文章。作者陈建中（1939—　　），法国
华裔画家。广东龙川县人。就读于广州美术学院，
后入法国巴黎美术学院。代表作《河边树影》。

J0016168

陈建中　陈建中绘；黄天，亢笙编辑
香港　三联书店香港分店　1985 年　86 页　有图
25cm（小 16 开）ISBN：962-04-0417-3
定价：HKD65.00
（海外画丛 1）
　　本书共收作者作品 60 多幅，内附有书评
及有关画家创作历程的文章。外文书名：Chan
Kin-chung. 本书与岭南美术出版社合作出版。

J0016169

哈定画选　哈定绘

北京　人民美术出版社 1985年 24页 26cm（16开）

统一书号：8027.9582　定价：CNY3.20

　　中国现代水彩画、油画画册，共收作者的油画、水彩画作品24幅。作者哈定（1923—2004），回族，画家。别名哈弼时，江苏南京人。历任上海美术专科学校教师，上海油画雕塑院画师。代表作品《塞外风光》。出版有《哈定画选》《水彩画技法》等。

J0016170

韩美林画集　韩美林绘

合肥　安徽美术出版社 1985年 120页

24cm（16开）统一书号：8381.77

定价：CNY21.00

　　本画集收入作者1982年以前的中国画彩墨画作品124幅。包括彩墨小品、挂盘、水墨画和书法作品，以及各种动物的彩墨画等。书中说明为中英文对照。作者韩美林（1936——），画家、艺术家、国家一级美术师。山东人。清华大学美术学院教授，中央文史馆研究员。代表作品有《北京奥运会吉祥物福娃》《国航航徽》等。出版有《山花烂漫》《美林》《韩美林自选雕塑集》《韩美林自选绘画集》。

J0016171

寄情人间　（叶浅予插图速写漫画选）叶浅予绘

天津　天津人民美术出版社 1985年 190页

26cm（16开）统一书号：8073.50275

定价：CNY7.50

　　本书共收集作品约250幅，大体以插图、组画、舞台形象、漫画速写为序。作者叶浅予（1907—1995），教授、画家。浙江桐庐人。历任中国美协副主席、中国画研究院副院长、中央美院教授。曾为茅盾小说《子夜》、老舍剧本《茶馆》等书插图。作品有长篇漫画《王先生》《小陈留京外史》《天堂记》等。著有《画馀记画》《十年恶梦录》等。

J0016172

李风白画集　李风白著

长沙　湖南美术出版社 1985年 44页

25cm（小16开）统一书号：8233.745

定价：CNY9.00

　　本书收集了作者油画、水彩画40余幅。

J0016173

李铁夫　迟轲主编

广州　岭南美术出版社 1985年 125页

25cm（18开）精装 统一书号：8260.1446

定价：CNY50.00

　　本画集共收录作者油画29帧，水彩22帧，中国画及习作16帧，书画作品15幅。作者迟轲（1925—2012），著名美学家、美术批评家。原名迟雁鸣，出生于天津，祖籍山东宁津。曾任广州美术学院教授、广东美学学会会长。代表作品《西方美术史话》。

J0016174

刘仑作品选集　刘仑绘

广州　岭南美术出版社 1985年 78页 25cm（15开）

统一书号：8260.1401 定价：CNY11.00

　　本书共收录作者国画、版画作品65幅。

J0016175

刘文西画选　刘文西绘

哈尔滨　黑龙江人民出版社 1985年 有照片

25cm（15开）精装 统一书号：8093.1005

定价：CNY16.90

J0016176

施明正诗·画·金石集　施明正著

台北　前卫出版社 1985年 215页 有照片及图

21cm（32开）定价：TWD150.00

J0016177

王悦之画集　王悦之绘

北京　人民美术出版社 1985年 1册 25cm（16开）

统一书号：8027.9251 定价：CNY6.60

　　本书共收作者油画、水彩画、素描、绢本水彩、绢本油画24幅。

J0016178

夏葆元绘画作品选　夏葆元绘

郑州　河南美术出版社 1985年 1册 26cm（16开）

定价：CNY2.80

　　本书收集作者油画、素描作品63幅。

J0016179

杨善深的艺术　杨善深绘

香港　香港艺术馆　1985年　重印本　68页

24cm（16开）定价：HKD18.00

　　作者杨善深（1913—2004），国画家。字柳斋，广东台山县人。曾留学日本美术专科学校。作品有《秋山旅行》等，出版有《杨善深画集》等。

J0016180

俞云阶作品选集　俞云阶绘

北京　人民美术出版社　1985年　47页　26cm（16开）

统一书号：8027.9212　定价：CNY14.50

　　本书选收了画家的部分国画作品，及1945—1982年的部分油画，共24幅。

J0016181

毕子融纸上作品　毕子融著

澳门［澳门市政厅画廊］1986年　48页

29cm（15开）

　　中国现代绘画作品集。本书与贾梅士博物院合作出版。

J0016182

李少文人物画集　李少文绘

北京　荣宝斋　1986年　43页　26cm（16开）

统一书号：8030.1457　定价：CNY3.80

J0016183

李震坚画集　人民美术出版社编

北京　人民美术出版社　1986年　73幅　26cm（16开）

统一书号：8027.9604　定价：CNY15.00

　　本画集共收入作者作品73幅，内容以人物、山水、花鸟及素描为主。其中有《新疆老人》《村姑》《船老大》《松鹰》等。作者李震坚（1921—1992），美术家。浙江缙云人，毕业于浙江美术学院国画科，后在浙江美术学院国画系任教。代表作品《井冈山的斗争》《妈妈的新课题》。

J0016184

梁溪书画集

上海　上海人民美术出版社　1986年　75页

25cm（15开）统一书号：8081.14686

定价：CNY13.50

　　本册共收入画家作品75幅，其中包括国画、油画、水彩、版画、书法及篆刻。

J0016185

吴作人的艺术　（汉英对照画册）吴作人绘；郑经文编

北京　外文出版社　1986年　96页　有照片

31cm（15开）精装　统一书号：8050.2868

　　本书收入画家各个时期的代表作96幅，有国画、油画、素描、速写、壁画稿和书法等。诗人艾青作序。

J0016186

夏风画集　夏风绘

郑州　河南美术出版社　1986年　1册　25cm（16开）

统一书号：8386.465　定价：CNY3.95

　　本画集共收版画26幅，中国画21幅。

J0016187

杨之光　鸥洋画集　杨之光，鸥洋著

郑州　河南美术出版社　1986年　62页　25cm（16开）

统一书号：8386.436　定价：CNY6.95

J0016188

朱德群画展　朱德群著

香港　香港中华文化促进中心　1986年　有图

24cm（26开）

J0016189

胡永凯画选　胡永凯绘

石家庄　河北美术出版社　1987年　31页　有照片

25cm（小16开）ISBN：7-5310-0046-6

定价：CNY11.00

　　本书所收作品多取材于江南水乡的风土人情和中国古代的民间传说，具有浓厚的民族民间特色。人物形象多以妇女为主。作者胡永凯（1945—　），画家。生于北京。历任中国美术家协会会员、中国国家画院研究员、中央文史研究馆书画院艺术委员会委员、文化部国韵文华书画院艺委会副主席、中国人民对外友好协会艺术交流院研究员、香港新美术学会创始会长。代表作品有《消夏》《荷韵》《小米碗》《雪狮子》等。

J0016190

李桦画集　李桦绘；马克编

天津 天津人民美术出版社 1987 年 144 页
25×26cm（12 开）精装
ISBN：7-5305-0029-5 定价：CNY25.00
　　本书收入作者在各个历史时期的代表作品，
其中有《弃婴》《东北义勇军》《光明的追求》等。

J0016191

陆俨少画集　陆俨少绘
上海 上海人民美术出版社 1987 年 102 页
有肖像 37×26cm（8 开）精装 定价：CNY55.00
　　本书共选收作者 1942—1984 年间的代表作
品 118 幅。其中有《青城图》《洛神图》《杜甫入
蜀诗册》等。作者陆俨少（1909—1993），画家、
教师。又名砥，字宛若，上海嘉定县人。毕业于
无锡美术专科学校。历任上海中国画院画师、浙
江美术学院教师、浙江画院院长。代表作品有《嘉
陵江上》《峡江险水》《雁荡泉瀑》《溪山秋色》
《黄山松云》等。

J0016192

石鲁作品集　（人物卷）石鲁绘
西安 陕西人民出版社 1987 年 134 页
38cm（6 开）精装 定价：CNY45.00
　　本画册收入作者创作的人物画 176 幅。画
册编辑整体侧重于艺术的研究性和探索性，不仅
在编选作品上追求画家艺术思想的完整性，同时
在版面设计上采取各种对比手法，突出各个时期
作品的特点和画家在艺术上探索的轨迹。

J0016193

苏活冥想曲　（王福东的诗、画、报导艺术集）
王福东著
台北 雄狮图书公司 1987 年 172 页 有图 25×27cm
定价：TWD380.00

J0016194

王涛人物画　王涛绘
合肥 安徽美术出版社 1987 年 48 页 有彩照
26cm（16 开）统一书号：8381.413
定价：CNY4.50
　　本书共收入作者作品 51 幅。作品既反映了
东方艺术的审美情趣，又体现了现代艺术的强烈
节奏。

J0016195

吴世平画选　吴世平绘
深圳 海天出版社 1987 年 67 页 22cm（15 开）
ISBN：7-80542-031-9 定价：CNY11.00
　　外文书名：The Selected Oil Painting of
Wu Shiping. 作者吴世平（1946—　），教师。天
津人。毕业于山西大学艺术系，留校任教为油画
教师，中国美术家协会山西分会会员。油画作品
有《银色的柱》。

J0016196

朱乃正画集　朱乃正绘
天津 天津人民美术出版社 1987 年 89 页 有照片
22cm（30 开）精装
ISBN：7-5305-0025-2 定价：CNY17.00
　　本书系油画、水墨、水粉画作品集。作者朱
乃正（1935—2013），教授。浙江海盐人，毕业于
中央美术学院。历任中央美术学院学术委员会
主任、教授，中国美术家协会理事。代表作品有
《金色的季节》《春华秋实》《青海长云》。

J0016197

邓子敬美术作品选　邓子敬作；庄子尖编辑
广州 广东旅游出版社 1988 年 27 页 26cm（16 开）
ISBN：7-80521-057-8 定价：CNY9.80

J0016198

黑白天地　田原绘
乌鲁木齐 新疆人民出版社 1988 年 128 页
17×19cm ISBN：7-228-00634-8 定价：CNY2.30
　　中国现代绘画作品集。

J0016199

黄苗子、郁风书画展　黄苗子、郁风绘
香港 香港中华文化促进中心 19t88 年
25cm（15 开）

J0016200

黄永玉　黄永玉绘
长沙 湖南美术出版社 1988 年 38cm（6 开）
精装 ISBN：7-5356-0069-7 定价：CNY110.00
　　本书系黄永玉绘画作品集。作者黄永玉
（1924—　），土家族，教授。历任中央美术学院
教授，全国政协委员，中国美术家协会常务理
事、副主席。作品有《春潮》《百花》《人民总理

人民爱》《阿诗玛》等。出版有《黄永玉木刻集》《黄永玉画集》。

J0016201
黄永玉 （画册）黄永玉绘
北京 外文出版社 1988年 113页 38cm（6开）
精装 ISBN：7-119-00673-8
　　本画册共分3部分，第一部分有20世纪50年代创作的版画《春潮》《阿诗玛》，70年代创作的粉墨画，80年代创作的古典人物画和国外写生；第二部分是画家生活照；第三部分是画家的散文《蜜泪》。本书与湖南美术出版社合作出版。
外文书名：Huang Yongyu and His Paintings.

J0016202
君匋艺展 钱君匋著
香港 香港大学冯平山博物馆 1988年 有图 25cm（15开）
　　作者钱君匋（1907—1998），篆刻书画家。浙江桐乡人。现通用名为钱君匋。名玉堂、锦堂，字君匋，号豫堂、禹堂。毕业于上海艺术师范学校。曾任西泠印社副社长、上海文艺出版社编审、上海市政协委员等职。代表作品《长征印谱》《君长跋巨卯选》《鲁迅印谱》《钱君陶印存》。

J0016203
赖少其书画展 赖少其著
香港 香港中华文化促进中心 1988年 有图 24cm（26开）

J0016204
雷坦画册 雷坦作
广州 岭南美术出版社 1988年 20页 26cm（16开）
ISBN：7-5362-0251-2 定价：CNY4.50

J0016205
李平凡画文集 周燕丽编
沈阳 辽宁美术出版社 1988年 376页 有照片及图片 20cm（32开）精装
ISBN：7-5314-0030-8 定价：CNY12.00

J0016206
梁培龙画册 梁培龙作
广州 岭南美术出版社 1988年 20页 26cm（16开）
ISBN：7-5362-0223-7 定价：CNY4.50

　　作者梁培龙（1944—　），儿童画家。广东三水人，毕业于广州建筑工程学院。历任广东新世纪出版社编辑室主任、美术副编审，中国美术家协会会员，广东分会理事等职。出版有《梁培龙画册》《儿时的歌 — 梁培龙水墨画集》《童年的梦——梁培龙画集》等。

J0016207
吕蒙画选
上海 上海人民美术出版社 1988年 21页 22×26cm 精装 ISBN：7-5322-0177-5
定价：CNY8.00
（中国现代美术画丛）
　　本画选共收图22幅。

J0016208
明泽山水画集 王明泽绘
西安 陕西人民美术出版社 1988年 36页 26cm（16开）ISBN：7-5368-0049-5
定价：CNY5.00

J0016209
潘玉良美术作品选 潘玉良绘；安徽省博物馆编
南京 江苏美术出版社 1988年 114页 25×26cm
ISBN：7-5344-0028-7 定价：CNY22.00

J0016210
蒲国昌黑白艺术 蒲国昌绘
贵阳 贵州美术出版社 1988年 92页 19cm（32开）
ISBN：7-5413-0019-5 定价：CNY3.80
　　本书选编作者20世纪80年代以来创作的黑白画200余幅。内容包括人体速写，装饰构成，壁画、壁挂的草图，设计构图，作品插图等。作者蒲国昌（1937—　），教授。四川成都人，毕业于中央美术学院。擅长版画、中国画，现为贵州大学艺术学院教授、硕士生导师。作品有《节日》《召唤》《机器时代》系列，《石榴》列，《人—人》系列等。

J0016211
崔辉画选 崔辉绘
济南 山东美术出版社 1989年 34页 有照片 26cm（16开）ISBN：7-5330-0227-X
定价：CNY8.70

作者崔辉(1934—2008)，画家。曾用名立英、鲁然。国家一级美术师，山东美术馆专业画家，山东画院艺术顾问，山东文史馆馆员。代表作品有《雄鹰图》《崔辉画集》等。

J0016212

胡申得画选　胡申得作

呼和浩特　内蒙古教育出版社　1989年　31页　有图
29×30cm

　　本画选共收作者油画风景作品32幅。作者胡申得(1932—　)，编审，擅长版画。出生于上海，浙江宁波人。毕业于中央美术学院华东分院绘画系。历任内蒙古师范学院助教、讲师，内蒙古教育出版社副编审、编辑室主任。作品有《文化岗》《驼运》《春耕》等。出版有《胡申得画选》。

J0016213

刘绍荟画集　刘绍荟绘

南宁　广西美术出版社　1989年　126页　25×24cm
ISBN：7-80582-001-5　定价：CNY45.00

J0016214

石虎画集　石虎绘

天津　天津杨柳青画社　1989年　49页　有照片
26×26cm(12开)　精装　ISBN：7-80503-066-9
定价：CNY25.00

　　本书共收画家作品47幅。其水墨画在中国传统绘画基础上，吸收民间美术造型和西洋画特点，色墨并用，形成了自己的独特画风。其中有《松壑图》《简叠图》《蛮梦》。外文书名：Selected Paintings of Shi Hu. 作者石虎(1942—　)，画家。出生于河北徐水县，就读于北京工艺美术学校和浙江美术学院。任职于人民美术出版社创作室。出版有《石虎画集》。

J0016215

谭涤非画集　谭涤非绘

贵阳　贵州美术出版社　1989年　45页　29cm(16开)
精装　ISBN：7-5413-0076-4

　　本画册收入作者花鸟画作品48幅。其中有《赏秋图》《春花双禽》《杜鹃山雉》等。作者谭涤非(1935—　)，教授。国家一级画师。生于湖南长沙。历任贵州人民出版社美术编辑，北京新华书画院特聘画师，贵州文光书画研究会副会长，贵州国画院高级画师、花鸟画创作室主

任等。代表作《鹰击长空》《梨花月夜》《谭涤非画集》等。

J0016216

王树春书画集　王树春绘

北京　人民美术出版社　1989年　19页　26cm(16开)
定价：CNY3.80

J0016217

王树春书画集　王树春绘

北京　中国社会出版社　1992年　56页　29cm(16开)
定价：CNY25.00

　　本书收入作者的书画作品52幅。绘画多为乡村田野的梨、桃、瓜藤等；书法有隶书、行书、魏碑等。

J0016218

王一亭书画集　(清)王一亭绘；许乘炜，王忠德编

上海　上海书画出版社　[1989年]　1册
38cm(6开)　精装　ISBN：7-80512-324-1
定价：CNY68.00

　　本画集共收作者书画作品56幅，主要来源于王一亭国内亲属的收藏品和国外少量收藏品，以及朵云轩藏品。书前印有王一亭年谱简表，吴昌硕于1925年撰写的《白龙山人小传》墨迹全文，书后附有王氏常用印鉴。书中作品标题、序言与后记均为中英文对照。

J0016219

吴馥馀书画集　吴馥馀绘；邵伟尧编

南宁　广西美术出版社　1989年　1册　26cm(16开)
ISBN：7-80582-000-7

　　外文书名：Calligraphy and Paintings of Ng Fookyee. 作者邵伟尧(1938—　)，油画家。广东南海人，毕业于中央美术学院油画系。历任广西艺术学院教授、中国油画学会理事、广西美术家协会名誉主席、广西老美术家协会主席、中国美术家协会会员。代表作品有《渔歌》《新绿》《春在田间》《白云·红土地》等。专著有《素描基础训练》。

J0016220

武石画集　湖北美术学院编

武汉　湖北美术出版社　1989年　1册　有照片

35cm（8开）精装 ISBN：7-5394-0104-4
定价：CNY32.00

　　本书精选作者在革命战争年代创作的木刻、速写；中华人民共和国成立以来创作的中国画、版画等68幅。作品均以革命现实主义和浪漫主义相结合的手法，真实地反映生活。作者武石（1915—1998），画家。原名冯子树，湖南湘潭人。历任湖北美术学院教授，湖北省艺术馆副馆长，中国美术家协会湖北分会副主席。作品有《麦收》《最后一根钢梁》《田地回老家》等，著有《武石诗草》。

J0016221

蔡楚夫画集　蔡捷夫绘；邬永柳编
南宁　广西美术出版社　1990年　27cm（16开）
ISBN：7-80582-002-3 定价：CNY45.00

　　作者蔡楚夫（1942—　），美国华裔画家。原名蔡家杰，广西梧州市人。历任美国华人艺术家协会会长、美国国际文化艺术中心顾问、纽约华人书画艺术协会顾问、春风画会纽约分会会长。有《Polo Ralph Lauren》《It is not in the book》《大屠杀》等。

J0016222

陈锦芳艺术　（新意象派）陈锦芳绘
台中　台湾省美术馆　1990年　235页　有部分彩图像　27cm（大16开）精装　定价：TWD1200.00

　　外文书名：The Art of Dr.T.F. Chen：Neo-Iconography.

J0016223

方铝国画　方铝绘
福州　福建美术出版社　1990年　56页 26×25cm
精装 ISBN：7-5393-0120-X 定价：CNY45.00

　　本画集选收作者国画作品51幅。作者方铝（1945—　），国画家、油画家。广东惠来县人。汕头大学艺术学院创建人之一，历任汕头市现代画院院长，汕头大学美术设计系教授。出版有《方铝国画》《方铝现代画》《性情山水》《当代画家作品集·方铝》等。

J0016224

谷嶙画集　谷嶙绘
北京　人民美术出版社　1990年　30cm（10开）
定价：CNY48.00

　　作者谷嶙（1928—　），画家。云南昆明人，毕业于中央美术学院。中央工艺美术学院（现合并为清华大学美术学院）任教。中国美协会员，中国老教授协会艺委会委员。作品有《赶摆》《思路传友谊》《香妃》等。

J0016225

郭运娟现代绘画艺术作品集　郭运娟绘
北京　中国广播电视出版社　1990年　99页
23×26cm（15开）ISBN：7-5043-0701-7
定价：CNY22.80

　　本书系中国现代绘画画册。外文书名：Modern Painting A Collection of Works by Guo Yunjuan. 作者郭运娟，女，字云叶。中国广播电视出版社美术编辑、中国出版工作者协会装帧艺术研究会会员、中山书画社会员等。出版《郭运娟现代绘画作品集》《别把郁闷带回家》，长篇童话《叶子三兄弟》等。

J0016226

雷动春书画篆刻　雷动春作
南宁　广西美术出版社　1990年　17×19cm（24开）
ISBN：7-80582-032-5 定价：CNY9.50

　　作者雷动春，篆刻书画家。名泽寿，字石璞，艺名动春。

J0016227

黎炳昭画集　黎炳昭绘
香港　凯沙画廊　1990年　30cm（10开）
定价：HKD60.00
（凯沙文艺丛书 20）

J0016228

黎炳昭诗画集　（自然之歌）黎炳昭著
香港　凯沙画廊　1991年　40页　30cm（10开）
精装 定价：HKD180.00
（凯沙文艺丛书 22）

J0016229

李萌现代绘画艺术作品集　李萌绘
北京　中国广播电视出版社　1990年　99页
23×26cm ISBN：7-5043-0702-5 定价：CNY22.80

　　外文书名：Modern Painting a Collection of Works by Li Meng. 作者李萌（1957—　），中国广播电视出版社美术编辑、中国出版工作者协会装帧艺术研究会会员、中国书画研究社会员等。

J0016230
李樵画集　李樵绘
上海　三联书店上海分店　1990 年　28 页　有照片
21cm（32 开）ISBN：7-5426-0320-5
定价：CNY12.00
　　作者李樵（1940—　），国画家。又名李醉、阿醉。

J0016231
邵宇画集　（上）邵宇绘；人民美术出版社编辑
北京　人民美术出版社　1990 年　273 页　有照片
38cm（6 开）精装　ISBN：7-102-00342-0
　　本画集编选了作者各时期的水彩画和中国
画，有表现旧社会人民生活面貌的《盲人》《土
地》；有表现革命艰苦斗争生活的《上饶集中营》
《千山万水》；有歌颂社会主义新生活的《桃花园
中》《画壁画》，以及表现祖国大好河山的 22 幅
系列作品。作者邵宇（1919—1992），速写、水彩
画家。教授。曾用名邵进德，辽宁丹东人。毕业
于北平美术专科学校。代表作品有《土地》《上
饶集中营》《首都速写》《选举》《早读》等。

J0016232
余国宏画选　余国宏绘
南宁　广西美术出版社　1990 年　74 页　26cm（16 开）
ISBN：7-80582-027-9　定价：CNY25.00

J0016233
余启平画集　（1985—1990 年作品选）余启平绘
南京　江苏美术出版社　1990 年　有照片
25cm（小 16 开）ISBN：7-5344-0167-4
定价：CNY11.80
　　外文书名：Painting of Yu Qiping.

J0016234
余新志画集　余新志绘
成都　西南交通大学出版社　1990 年　48 页
26cm（16 开）ISBN：7-81022-206-6
定价：CNY19.00
　　本画集共收 36 幅图。

J0016235
张三友画集　张三友绘
北京　人民美术出版社　1990 年　26cm（16 开）
ISBN：7-102-00817-1　定价：CNY26.00

J0016236
祖母画家吴李玉哥全集　吴李玉哥绘
台北　雄狮图书公司　1990 年　209 页　有图
28×28cm
精装　定价：TWD1600.00

J0016237
蔡亮张自嶷油画选　蔡亮，张自嶷作
石家庄　河北美术出版社　1991 年　32 页　26×14cm
精装　ISBN：7-5310-0418-6　定价：CNY18.00
　　本画册收入两位作者的代表作品 30 多幅。
其中包括《铜墙铁壁》《花灯迎春》《威尼斯水港》
等。作者蔡亮（1932—1995），油画家。福建厦门
人，毕业于中央美术学院绘画系。中国美术家协
会会员，美协浙江分会理事，浙江油画研究会副
会长，浙江美术学院教授，中国美术学院教授。
主要作品有《延安火炬》《贫农的儿子》《红军三
大主力会师》等。作者张自嶷（1935—　），女，
画家、教授。江西萍乡人，毕业于中央美术学院
绘画系。曾在中国美术家协会陕西分会、陕西文
化局创作组从事创作，中国美术学院教授。出版
有《蔡亮、张自嶷油画选》《素描基础技法》。

J0016238
傅希林画集　傅希林绘
北京　北京工艺美术出版社　1991 年　76 页　有彩照
26×23cm　ISBN：7-80526-067-2　定价：CNY35.00
　　本画册精选傅希林的中国现代风景画作品
70 余幅。外文书名：The Paintings of Fu Xilin.

J0016239
高帝画选　高帝绘
福州　福建美术出版社　1991 年　有照片
26cm（16 开）ISBN：7-5393-0127-9
定价：CNY5.50
（福建省画院作品集成）
　　本画集包括油画、水彩画、铅笔画等作品。

J0016240
何曦画集　（1987—1991）何曦绘
台北　长江艺术中心　1991 年　71 页　有图
25cm（小 16 开）ISBN：957-8538-02-2
定价：TWD350.00

J0016241

黄笃维画集　黄笃维绘

广州 岭南美术出版社 1991 年 154 页 29cm（16 开）

精装 ISBN：7-5362-0754-9 定价：CNY116.00

　　本书收入作者从艺 50 年来的主要作品，包括中国画、水彩画、素描、书法等 170 余幅。

J0016242

江苏美术出版社编辑作品集　（汉英对照）

江苏美术出版社编辑

南京 江苏美术出版社 1991 年 96 页 26cm（16 开）

精装 ISBN：7-5344-0242-5 定价：CNY45.00

J0016243

李可染书画全集　（人物·牛卷）李可染绘；杜滋龄主编

天津 天津人民美术出版社 1991 年 199 页

38cm（8 开）精装 ISBN：7-5305-0293-X

　　本画全集共收入 553 幅图，51 方印。共 4 卷：山水卷、人物·牛卷、素描·速写卷、书法卷。本卷为人物·牛卷，其人物图和牛图，简练、超拔、透脱，独具一格。外文书名：Album of Li Keran's Calligraphy and Paintings. 作者李可染（1907—1989），国画家、诗人、教授。原名李永顺，江苏徐州人。历任中央美术学院教授、中国美术家协会副主席、中国文联委员、中国画研究院院长等。代表作品有《江山无尽图》《万山红遍》《漓江胜境图》等，画集有《李可染水墨写生画集》《李可染中国画集》《李可染画牛》等。

J0016244

李可染书画全集　（山水卷）李可染绘；杜滋龄主编

天津 天津人民美术出版社 1991 年 388 页

38cm（8 开）精装 ISBN：7-5305-0293-X

　　本画全集共收入 553 幅图，51 方印。共 4 卷：山水卷、人物·牛卷、素描·速写卷、书法卷。本卷为山水卷，共收入作者 1943—1965 年的山水画作品 149 幅。外文书名：Album of Li Keran's Calligraphy and Paintings.

J0016245

李可染书画全集　（山水卷）李可染绘；杜滋龄主编

天津 天津人民美术出版社 1994 年 重印本 388 页

38cm（8 开）精装 ISBN：7-5305-0292-1

定价：CNY610.00

J0016246

李可染书画全集　（素描·速写卷）李可染绘；杜滋龄主编

天津 天津人民美术出版社 1991 年 146 页

38cm（8 开）精装 ISBN：7-5305-0295-6

　　本画全集收入 553 幅图，51 方印。共 4 卷：山水卷、人物·牛卷、素描·速写卷、书法卷。本卷收录素描、速写作品 200 多幅。作者杜滋龄（1941—　　），教授。生于天津，毕业于中国美术学院中国画系研究生班。历任中国画学会副会长、中国艺术研究院博士生导师，南开大学教授，天津美术家协会副主席。代表作品《帕米尔初雪》《古老的歌》《大漠行》等。

J0016247

李铁夫作品展　李铁夫绘

香港 香港艺术中心 1991 年 80 页 有图

29cm（16 开）定价：HKD60.00

　　外文书名：The Art of Li Tiefu.

J0016248

刘玉山画集　刘玉山绘

上海 上海人民美术出版社 1991 年 43 幅 有照片

26×23cm ISBN：7-5322-0858-3 定价：CNY42.00

　　外文书名：Liu Yushan's Paintings. 作者刘玉山（1940—　　），美术编辑。生于北京，毕业于中央美术学院版画系。历任国家艺术教育委员会委员、中国美术家协会会员、人民美术出版社美术编辑等。出版有《刘玉山画集》《刘玉山速写集》《刘玉山黑白画作品集》《江南写生集》等。

J0016249

刘玉山画集　（中英文本）刘玉山绘

北京 北京工艺美术出版社 1998 年 128 页

23×26cm 精装 ISBN：7-80526-332-9

定价：CNY180.00

J0016250

刘玉山画盘作品选　（汉英对照）刘玉山画

南京 江苏美术出版社 1992 年 20 张 33cm

ISBN：7-5344-0226-3 定价：CNY9.60

J0016251

刘子龙画集　刘子龙绘

南京 江苏美术出版社 1991 年 36cm（15 开）精装
ISBN：7-5344-0204-2 定价：CNY208.00

　　本书系现代中国绘画画册。书名页题名：子龙画集，封面题名：刘子龙。作者刘子龙（1941—　），彩色蜡染艺术家。河北武清人。中国美术家协会会员。代表作品《染情》《姐妹》《花室春秋》等。

J0016252

罗剑钊写生·创作画集　罗剑钊绘

南京 南京出版社 1991 年 28 页 26cm（16 开）
ISBN：7-80560-449-5 定价：CNY8.90

　　本画集包括作者的中国画、速写、水印版画等。外文书名：The Album of Loujian-zhao's Sketchs and Works. 作者罗剑钊（1941—　），画家、教授。江苏南通市人，毕业于南京师范大学美术系。历任南京师范大学美术系教授，《徐悲鸿奖学金委员会》秘书长，南京美术家协会副主席，中国美术家协会会员。山版有《水印版画技法》《写生创作画集》《罗剑钊山水画集》等。

J0016253

吕胜中作品　吕胜中绘

长沙 湖南美术出版社 1991 年 69 页 35cm（15 开）精装 ISBN：7-5356-0463-3 定价：CNY99.00

　　本书收录了吕胜中的剪纸、油画、木刻等多种艺术作品，反映了作者由民间走向现代的艺术创作历程。分"生命意识""迷宫情境""招魂行动"三个阶段，对画家不同时期的艺术作品进行介绍。外文书名：The Works of Lu Shengzhong. 作者吕胜中（1952—　），教师、画家。生于山东平度县，硕士毕业于中央美术学院。中央美术学院民间美术系教师。主要作品《生命－瞬间与永恒》《行》等。著作有《中国民间剪纸》《中国木刻版画》。

J0016254

倪贻德画集　倪贻德绘

杭州 浙江美术学院出版社 1991 年 46 页 26cm（16 开）精装 ISBN：7-81019-076-8 定价：CNY80.00

　　本书为现代中国绘画画册。外文书名：Ni Yide's Paintings. 作者倪贻德（1901—1970），著名油画家、美术理论家和美术教育家。笔名尼特，毕业于上海美术专科学校。历任浙江美术学院教授、第一副院长，全国美协理事，浙江省美协副主席等职。著作有《西洋画概论》《水彩画研究》《画人行脚》《艺术漫谈》《近代艺术》。还有小说集《玄武湖之秋》《东海之滨》《百合集》等。

J0016255

宋步云画集　宋步云绘

济南 山东美术出版社 1991 年 136 页 37cm 精装
ISBN：7-5330-0206-7 定价：CNY138.00

　　本画册共收宋步云国画、水彩画、油画作品 113 幅。外文书名：The Collection of Paintings of Song Buyun.

J0016256

汤兆基书画篆刻集　汤兆基作

上海 上海人民美术出版社 1991 年 60 页 有照片 26×24cm ISBN：7-5322-0873-7 定价：CNY32.00

　　作者汤兆基（1942—　），工艺美术师。浙江湖州人。任职于上海工艺美术研究所，中国书法家协会会员、中国美术家协会上海分会会员。出版有《篆刻自学指导》《篆刻问答 100 题》《篆刻欣赏常识》《汤兆基书画篆刻集》等。

J0016257

铁扬画集　铁扬绘

石家庄 河北美术出版社 1991 年 90 页 有照片 27cm（大 16 开）ISBN：7-5310-0423-2
定价：CNY58.00

　　本画集选自作者 20 世纪 60 年代以来具有代表性的水粉画、油画、丙烯画、铅笔画作品近 90 幅，作品以风景画、花卉静物画为主。外文书名：Tie Yang's Album of Paintings. 作者铁扬（1935—　），画家。河北赵县人，毕业中央戏剧学院舞台美术系。曾在河北省文化艺术学院、中央戏剧学院任教，担任河北歌舞剧院舞台美术设计，河北画院任专业画家，一级美术师。作品有《夏日馈赠》，出版有《铁扬画集》等。

J0016258

王德威画集　王德威绘

杭州 浙江美术学院出版社 1991 年 54 页 26cm（16 开）精装 ISBN：7-81019-075-X
定价：CNY80.00

现代中国绘画画册。外文书名：Wang Dewei's Paintings. 作者王德威（1927—1984），教授。河北高阳人，毕业于杭州美术学院。历任《儿童画报》《华中少年画报》主编，浙江美术学院副教授、副院长，中国美术家协会浙江分会副主席，中国美术家协会理事。主要作品有《渡江战役》《刘少奇同志在林区》《英雄的姐妹们》等。出版有《王德威法国意大利写生（册页装）油画》。

J0016259

吴向必画册　吴向必绘；吕英主编
北京　中央民族学院出版社　1991年　103页
29cm（16开）ISBN：7-81001-241-X
定价：CNY42.00，CNY50.00（精装）

J0016260

义乌高清书画　（福建省画院作品集成）吴进书
福州　福建美术出版社　1991年　有照片　26cm（16开）
ISBN：7-5393-0128-7　定价：CNY5.50
作者吴进，原名高清。中国美术家协会会员。

J0016261

于成松画集　于成松绘
北京　中国青年出版社　1991年　25×25cm
ISBN：7-5006-1021-1　定价：CNY38.00
外文书名：Oil Paintings of Yu Chengsong. 于成松（1956—　），印刷工厂美术设计师、中国美术家协会四川分会会员等。

J0016262

张安治画集　张安治绘
北京　国际文化出版公司　1991年　128页
26×25cm　精装　ISBN：7-80049-672-4
本画集包括油画、中国画、水粉画、水彩画、速描以及书法篆刻等。作者张安治（1911—1990），艺术家、油画家。字汝进，笔名紫天、张帆，江苏扬州人，毕业于南京中央大学美术系。就职于北京师范大学、北京艺术学院、中央美术学院等。著有《中国画论纵横谈》《中国画发展史纲要》《中国绘画史纲要》《墨海精神——中国画论纵横谈》等。

J0016263

郑征泉油画、中国画　郑征泉绘

福建　福建美术出版社　1991年　26cm（16开）
ISBN：7-5393-0113-9　定价：CNY5.50
（福建省画院作品集成）

J0016264

中国民居　（民居写生·创作画集）余春明画
南昌　江西科学技术出版社　1991年　26cm（16开）
ISBN：7-5390-0433-9　定价：CNY19.80
外文书名：Selected Works Chinese Folk Houses. 余春明（1955—　），江西工业大学美术教研室讲师，中国美术家协会江西分会会员，江西漆画研究会、水彩水粉画研究会会员等。

J0016265

毕子融画集　毕子融著
香港　活动学校出版社　1992年　有图　25cm（小16开）

J0016266

陈余生画集　陈余生著
香港　活动学校出版社　1992年　25cm（小16开）

J0016267

大为画集　徐大为绘
长沙　湖南美术出版社　1992年　有图　26cm（16开）
ISBN：7-5356-0493-5　定价：CNY7.70
作者徐大为（1953—　），画家。河北承德人。毕业于中央美术学院民美系。中国民间美术学会会员、中国民俗学会会员、中国剪纸协会会员、中国艺术摄影协会会员等。代表作品有《高粱—玉米—大豆》《吉兆》《禁果》等。

J0016268

丁荦书画集　丁荦绘
北京　中国画报出版社　1992年　79页　25×24cm
精装　ISBN：7-80024-124-8　定价：CNY40.00
外文书名：Ding Luo's Calligraphy ＆ Painting Collection. 作者丁荦（1935—2008），书画家。原名德煜，字荧，江苏睢宁县人。毕业于江苏省文化干校。历任中国现代书画学会理事，中华诗词学会会员。代表作品有《丁荦书画集》。

J0016269

丁荦书画集　丁荦绘
北京　中国画报出版社　1992年　79页　25×24cm
ISBN：7-80024-123-8　定价：CNY30.00

J0016270

关明绘画选　　关明绘

北京　文化艺术出版社　1992年　33页　有照片　26×25cm ISBN：7-5039-1095-X 定价：CNY19.60

　　本辑精选作者画作30余幅。外文书名：Guan Ming' Selected Chinese. 作者关明（1946—　　），满族，美术家。又名泳义，北京人，毕业于中央美术学院附中。中国艺术研究院、文化艺术出版社美术编辑。出版有《关明绘画选》。

J0016271

关山月画辑　（第二集　山河颂）关山月绘

台北　国风出版社　1992年　134页　31cm（10开）精装　ISBN：957-9597-13-8 定价：TWD1200.00

J0016272

郭孟浩作品集　　郭孟浩著

香港　活动学校出版社　1992年　有图　25cm（小16开）

J0016273

何扬吴茜画集　　何扬，吴茜绘

北京　中国世界语出版社　1992年　66页　有照片　25×26cm ISBN：7-5052-0084-4

　　本画册收两位画家作品50余幅。外文书名：Collection of Paintings by He Yang and Wu Xi. 作者何扬（1942—　　），回族，画家。自号隐京瓦庐狂人，生于北京，毕业于北京工艺美术学校。北京市美术家协会会员。作者吴茜（1943—　　），女，苏州人。北京画院专业画家、北京市美术家协会会员。

J0016274

贺焜画选　　贺焜绘

北京　北京工艺美术出版社　1992年　70页　有照片　26×23cm ISBN：7-80526-091-5 定价：CNY45.00

　　本书为中国现代版画选集。外文书名：Selected Drawing of He Kun. 作者贺焜（1962—　），云南思茅人，结业于中央美术学院版画系。思茅市文联副主席、思茅市美术家协会主席、中国美术家协会会员、中国版画家协会会员等。

J0016275

李运辉画集　　李运辉著

香港　活动学校出版社　1992年　25cm（小16开）

J0016276

刘开渠作品集　　田东辉主编

合肥　安徽美术出版社　1992年　100页　有彩图　38cm（6开）精装　ISBN：7-5398-0137-9

定价：CNY78.00

　　本画集选入作者雕塑、国画、书法、速写等作品130幅。外文书名：Collected Works by Liu Kaiqu.

J0016277

女性人体美与造型艺术　（图集）许勇著；白素兰整理

济南　山东美术出版社　1992年　248页　有照片　26cm（16开）ISBN：7-5330-0560-0

定价：CNY29.80

　　本画册包括作者习作（色彩、素描、速写）、名作欣赏、美的偶像（立、卧、背）等15部分内容。外文书名：Beauty of Female Bodies ＆ Plastic Arts. 作者许勇（1933—　　），画家。别名许涌。生于山东青岛，毕业于东北美专并留校任教。历任鲁迅美术学院教授、研究生导师，中国美术家协会会员，中国连环画研究会常务理事，中国当代工笔画学会理事，雪庐画会副会长。代表作品有《金田起义》《郑成功收复台湾》《戚继光平倭图》等。出版有《许勇画马》。

J0016278

瞿谷量画集　　瞿谷量绘

上海　上海人民美术出版社　1992年　54页　24×26cm ISBN：7-5322-1185-1 定价：CNY40.00

　　中国现代水粉水彩画册。作者瞿谷量（1936—　　），旅美画家。上海嘉定人。曾在上海人民美术出版社工作。代表作水彩画《蓬莱三岛》《上海南京路》《上海人民公园雪景》等。

J0016279

师群画选　（1939—1985 英汉对照）师群绘

武汉　湖北美术出版社　1992年　40页　26×27cm ISBN：7-5394-0328-4 定价：CNY40.00（平装），CNY50.00（精装）

　　本书为现代中国画之工笔花鸟画画册。作者师群（1921—1991）女，教授。山东章丘人。曾入山东鲁迅艺术学院美术系学习。后历任中南文联美术组长，中南局《长江日报》摄影美术组长，湖北艺术学院副院长，中国美术家协会湖北分会副主席等职。代表作《三峡》《青江放筏》《春耕大生产》《三娘教子》《转移》等。

J0016280
宋安生画选　宋安生作
哈尔滨 黑龙江美术出版社 1992年 19cm（32开）
　　本画选收作者油画和丙烯画33幅。作者宋安生（1945— ），画家。生于辽宁瓦房店市，毕业于沈阳鲁迅美术学院。历任中国油画学会会员、大连画院画家、辽宁省油画学会副主席、大连市美协副主席、油画学会会长等职。代表作《北国的十月》《马》《初秋的松花江》等。

J0016281
苏光画集　苏光绘
太原 北岳文艺出版社 1992年 100页 17×18cm ISBN：7-5378-0590-3 定价：CNY18.00
（山西文艺家丛书）
　　中国现代版画、漫画选集。作者苏光（1918—1999），画家。原名张树森，山西洪洞县人。就读于鲁艺美术系。曾任重庆《新华日报》社编辑，《西南画报社》社长，《人民日报》文艺部副主任、美术组副组长，山西省美术家协会主席。作品有《翻砂》《秋收》《鸟儿与草人》等。

J0016282
台湾美术全集（1 陈澄波）颜娟英编
台北 艺术家出版社 1992年 268页 有图 31cm（10开）精装 ISBN：957-9500-23-1
定价：TWD1600.00
　　外文书名：Taiwan Fine Arts Series, Chen Cheng-Po.

J0016283
台湾美术全集　（2 陈进）石守谦编
台北 艺术家出版社 1992年 289页 有图 31cm（10开）精装 ISBN：957-9500-24-X
定价：TWD1600.00
　　外文书名：Taiwan Fine Arts Series, Chen Chin.

J0016284
台湾美术全集　（3 林玉山）王耀庭著
台北 艺术家出版社 1992年 293页 有图 31cm（10开）精装 ISBN：957-9500-25-8
定价：TWD1800.00

　　外文书名：Taiwan Fine Arts Series, Lin Yu Shan.

J0016285
台湾美术全集　（4 廖继春）林惺岳编著
台北 艺术家出版社 1992年 261页 有图 31cm（10开）精装 ISBN：957-9500-26-6
定价：TWD1800.00
　　外文书名：Taiwan Fine Arts Series, Liao Chi Chun.

J0016286
台湾美术全集　（5 李梅树）王庆台编著
台北 艺术家出版社 1992年 273页 有图 31cm（10开）精装 ISBN：957-9500-27-4
定价：TWD1800.00
　　外文书名：Taiwan Fine Arts Series, Li Mei Shu.

J0016287
台湾美术全集　（6 颜水龙）庄素娥编著
台北 艺术家出版社 1992年 257页 有图 31cm（10开）精装 ISBN：957-9500-28-2
定价：TWD1800.00
　　外文书名：Taiwan Fine Arts Series, Yen Shui Long.

J0016288
台湾美术全集　（7 杨三郎）林保尧编著
台北 艺术家出版社 1992年 309页 有图 31cm（10开）精装 ISBN：957-9500-33-9
定价：TWD1800.00
　　外文书名：Taiwan Fine Arts Series, Yang San Lang.

J0016289
台湾美术全集　（8 李石樵）王德育编著
台北 艺术家出版社 1993年 309页 有图 31cm（10开）精装 ISBN：957-9500-34-7
定价：TWD1800.00
　　外文书名：Taiwan Fine Arts Series, Li Shih-Ch'Iao.

J0016290
台湾美术全集　（9 郭雪湖）林柏亭编著
台北 艺术家出版社 1993年 269页 有图 31cm（10开）精装 定价：TWD1800.00

外文书名：Taiwan Fine Arts Series, Kuo Hsuen Hu.

J0016291
台湾美术全集　（10 郭柏川）黄才郎编著
台北 艺术家出版社 1993 年 302 页 有图
31cm（10 开）精装 ISBN：957-9500-36-3
定价：TWD1800.00
　　外文书名：Taiwan Fine Arts Series, Kuo Po Chuan.

J0016292
台湾美术全集　（11 刘启祥）颜娟英编著
台北 艺术家出版社 1993 年 308 页 有图
31cm（10 开）精装 ISBN：957-9500-37-1
定价：TWD1800.00
　　外文书名：Taiwan Fine Arts Series, Liu Chi Hsiang.

J0016293
台湾美术全集　（12 洪瑞麟）将勋著
台北 艺术家出版社 1993 年 302 页 有图
31cm（10 开）精装 ISBN：957-9500-38-X
定价：TWD1800.00
　　外文书名：Taiwan Fine Arts Series, Hung Jui Lin. 作者蒋勋(1947—　)，画家、诗人、作家。生于陕西西安，祖籍福建福州。毕业于台北中国文化大学史学系、艺术研究所。历任台湾东海大学美术系主任、《联合文学》社社长。代表作品有《汉字书法之美》《孤独六讲》《美的沉思》《蒋勋细说红楼梦》等。

J0016294
台湾美术全集　（13 李泽藩）黄光男著
台北 艺术家出版社 1994 年 367 页 有图
31cm（10 开）精装 ISBN：957-9500-68-1
定价：TWD1800.00
　　外文书名：Taiwan Fine Arts Series, Lee Tze Fan.

J0016295
台湾美术全集　（14 陈植棋）叶思芬著
台北 艺术家出版社 1995 年 224 页 有图
31cm（10 开）精装 ISBN：957-9500-82-7
定价：TWD1800.00

外文书名：Taiwan Fine Arts Series, Chen Chin Chi.

J0016296
台湾美术全集　（15 陈德旺）王伟光著
台北 艺术家出版社 1995 年 291 页 有图
31cm（10 开）精装 ISBN：957-9500-83-5
定价：TWD1800.00
　　外文书名：Taiwan Fine Arts Series, Chen Te Wang.

J0016297
台湾美术全集　（16 林克恭）黄朝谟著
台北 艺术家出版社 1995 年 295 页 有图
31cm（10 开）精装 ISBN：957-9500-84-3
定价：TWD1800.00
　　外文书名：Taiwan Fine Arts Series, Lim Kac-Keong.

J0016298
台湾美术全集　（17 陈慧坤）席慕蓉著
台北 艺术家出版社 1995 年 247 页 有图
31cm（10 开）精装 定价：TWD1800.00
　　外文书名：Taiwan Fine Arts Series, Chen Houei Kuen.

J0016299
台湾美术全集　（18 廖德政）颜娟英著
台北 艺术家出版社 1995 年 235 页 有图
31cm（10 开）精装 定价：TWD1800.00
　　外文书名：Taiwan Fine Arts Series, Liao De Zheng.

J0016300
台湾美术全集　（19 黄土水）何政广总编辑；王秀雄本卷著
台北 艺术家出版社 1996 年 187 页 有图照片
31cm（10 开）精装 ISBN：957-9530-44-0
定价：TWD1800.00
　　外文书名：Taiwan Fine Arts Series, Huang Tu-Shui.

J0016301
台湾美术全集　（20 林之助）何政广总编辑；倪朝龙本卷著

台北 艺术家出版社 1998 年 279 页 有图照片
31cm（10 开）精装 ISBN：957-9530-90-4
定价：TWD1800.00

外文书名：Taiwan Fine Arts Series, Lin Chih-Chu.

J0016302
台湾美术全集 （21 吕基正）何政广总编辑；
颜娟英本卷著
台北 艺术家出版社 1998 年 245 页 有图照片
31cm（10 开）精装 ISBN：957-9530-99-8
定价：TWD1800.00

外文书名：Taiwan Fine Arts Series, Lu Chi-Cheng. 作者何政广（1939—　），出生于台湾新竹县。毕业于台北师范艺术科。创办《艺术家》杂志，担任发行人。

J0016303
台湾美术全集 （22 张启华）林保尧著
台北 艺术家出版社 1998 年 263 页 有图
31cm（10 开）精装 ISBN：957-8273-03-7
定价：TWD1800.00

外文书名：Taiwan Fine Arts Series.

J0016304
韦江凡画集 （1947—1992 作品选）韦江凡绘
北京 新华出版社 1992 年 有彩照 30cm（10 开）
ISBN：7-5011-1902-3 定价：CNY54.00, CNY68.00
（精装）

本画集所收作品有风景、动物、人物 3 部分，共计 98 幅作品。外文书名：Selected Paintings of Jiangfan Wei. 作者韦江凡（1922—2016），著名画家，别名无竟、江帆，陕西澄城县人，毕业于西安私立中华美专。中国美术家协会会员、北京画院一级美术师、中国老教授协会会员。代表作品有《送上门》《时传祥》《奔腾的群马》《初上征途》等。出版画集有《韦江凡画马》《韦江凡画集》《中国近现代名家画集韦江凡》。

J0016305
夏碧泉作品集 夏碧泉著
香港 活动学校出版社 1992 年 有图
25cm（小 16 开）

J0016306
颜水龙 林淑心，刘平衡编辑
台北［台北］历史博物馆 1992 年 211 页 有图
29cm（16 开）精装 ISBN：957-00-0463-0

J0016307
彦涵彩墨画·版画 彦涵绘
沈阳 辽宁美术出版社 1992 年 82 页 有肖像
24×26cm ISBN：7-5314-0914-3 定价：CNY55.00
（画家专集 中国墨画家版画家）

外文书名：YanHan Color and Ink Paintings and Graphic Prints. 作者彦涵（1916—2011），版画家、美术教育家。江苏连云港人。中央美术学院教授，中国美术家协会艺术委员会主任。出版有《彦涵版画》《彦涵画集》《彦涵中国画集》《文学之画》等。

J0016308
张景光画集 张景光绘
香港 活动学校出版社 1992 年 25cm（小 16 开）

J0016309
周春芽作品集 周春芽绘
成都 四川美术出版社 1992 年 39 页 25×26cm
ISBN：7-5410-0617-3 定价：CNY25.00

作者周春芽，生于重庆。毕业于德国卡塞尔综合大学自由艺术系，擅长用西方的绘画媒材来表现国人的心境。1994 年作《石头系列——雅安上里（三联画）》，2007 年 3 月以桃花为主题的个展在北京成功举办。

J0016310
周淑芬画集 周淑芬绘
香港 活动学校出版社 1992 年 25cm（小 16 开）

J0016311
周正油画 周正作
西安 陕西人民美术出版社 1992 年 19cm（32 开）

本画选收油画作品 26 幅，内容包括人物、风景、静物。作者周正（1934—　），油画家、艺术理论家。江苏苏州人，毕业于西北艺术学院美术系。陕西师范大学教授、艺术系主任，中国美术家协会会员，陕西省美术家协会常务理事、艺术美学学会常务理事。出版有《油画技法》《绘画色彩学概要》《简明外国美术史》《绘画构图原理》《周正油画集》。

J0016312
"虹"的轨迹 （魏虹作画二十年）魏虹画
太原 北岳文艺出版社 1993 年 184 页 25×25cm
ISBN：7-5378-1103-2 定价：CNY48.80
　　外文书名：Brush Strokes: Wei hong's 20 Years of Artwork.

J0016313
曾宪高画集 曾宪高绘
南宁 广西美术出版社 1993 年 有肖像
29cm（16 开）ISBN：7-80582-616-1
定价：CNY60.00，CNY75.00（精装）
　　现代中国画之山水画选集。外文书名：
Selected Paintings of Zeng Xiangao. 作者曾宪高
（1937— ），国家一级美术师。广东海丰县人，
毕业于广西艺术学院。广西美术家协会副主席，
中国美术家协会会员。

J0016314
陈况悦画选 陈况悦绘
广州 岭南美术出版社 1993 年 28 页 26cm（16 开）
ISBN：7-5362-0933-9 定价：CNY18.00
　　作者陈况悦（1933— ），教授。毕业于华南
文艺学院美术系。历任华南理工大学建筑美术
副教授，广东美术家协会会员，新加坡新神州艺
术院高级荣誉顾问，东坡名画院名誉院长。著有
《陈况悦画选》。

J0016315
陈天然书画集 陈天然作
郑州 河南美术出版社 1993 年 38cm（6 开）精装
ISBN：7-5401-0079-6 定价：CNY328.00
　　现代中国画画册，中、日、英文本。作者陈
天然（1926—2018），书画家、版画家、诗人。河
南巩义人。历任中国美术家协会、中国书法家协
会常务理事，河南省书画院院长。代表作品《牛
群》《套耙》《山地冬播》等。

J0016316
陈研作品选集 陈研绘
海口 海南摄影美术出版社 1993 年 23 页
24×21cm ISBN：7-80571-632-3 定价：CNY25.00
　　作者陈研（1956— ），女，毕业于中国美术

学院版画系本科。海南大学艺术学院美术系教
授、中国美术家协会会员、中国版画家协会会员
等。代表作品有铜版画《海的女儿》《草原上的
欢乐》《冰冻的小河》和木刻作品《织》、版画作
品《椰风海韵》；出版专著有《素描札记》等。

J0016317
当代杰出画家 （杨之光）国风出版社著；朱
继荣译
台北 国风出版社 1993 年 190 页 有图
31cm（10 开）精装 ISBN：957-9597-15-4
定价：TWD1600.00
（中国风采 1）
　　作者杨之光（1930— ），画家。又名焘甫，
广东揭西人，毕业于北京中央美术学院绘画系。
历任广州美术学院教授、副院长，广州画院国画
系教授、副院长，美协广东分会理事，岭南美术
专修学院院长等职。代表作品有《毛泽东主办广
东农民运动讲习所》《浴日图》《矿山新兵》，著
作有《中国画人物画法》《杨之光画集》《杨之光
书法集》等。

J0016318
傅强画集 傅强绘
天津 天津人民美术出版社 1993 年 35 页 有照片
25×26cm ISBN：7-5305-0344-8 定价：CNY18.00
（中国当代美术家）
　　本画册收《美院风景》《画》《马蹄莲》等 30
幅作品。外文书名：Fu Qiang's Paintings. 作者傅
强（1956— ），教授、画家。出生于陕西西安
市，祖籍山西。历任西安建筑科技大学硕士研究
生导师、西安理工大学客座教授、高级室内建筑
师，获陕西工艺美术大师称号。

J0016319
国际画家蔡云程画集 蔡云程绘
台北 文化推展协会 1993 年 96 页
有图 25×26cm

J0016320
黑白艺术探索 （覃奕汉美术作品选）覃奕汉
绘；广州日报编委会主编
广州 新世纪出版社 1993 年 77 页 有照片
18×20cm ISBN：7-5405-0858-2 定价：CNY12.00
（广州日报丛书）

本书精选作者原载于报刊或结集出版过的插图、连环画及速写作品。

J0016321

胡一川画集　胡一川绘

北京 人民美术出版社 1993 年 193 页 36cm（15 开）
精装 ISBN：7-102-00957-7

作者胡一川（1910—2000），教育家、美术家。原名胡以撰。生于福建永定。曾任广州美术学院院长、中国美术家协会广东分会副主席。代表作品《饥民》《失业工人》《到前线去》，出版有《胡一川画选》。

J0016322

黄永玉画册　黄永玉绘

香港 古椿书屋 1993 年 193 页 有图 31cm（10 开）
精装

J0016323

江平画集　江平绘

北京 北京美术摄影出版社 1993 年 63 页 有彩照
25×25cm ISBN：7-80501-166-4 定价：CNY35.00

本画册收入油画 20 余幅、版画 7 幅、国画 27 幅。外文书名：Painting Album of Jiang Ping. 作者江平（1924—　　），北京画院一级美术师，中国美术家协会会员、中国版画家协会会员等。

J0016324

姜坤作品集　姜坤画

长沙 湖南美术出版社 1993 年 41 页 有照片
32×27cm 精装 ISBN：7-5356-0533-8
定价：CNY120.00

本书是中国画中的彩墨画画册。外文书名：Fine Art Works of Jiang Kun. 作者姜坤（1940—　　），画家。字荣彬，后改字坤，笔名茫野、山梦、天涯客等。生于湖南邵阳。历任湖南省文史馆员，中国美术家协会会员。代表作品《山里新人》《山外山·姜坤郑小娟画展》，出版有《名山画稿》《国画人体艺术》《当代美术家画库·姜坤卷》《姜坤中国画集》《姜坤作品集》等。

J0016325

李志强画集　（汉英对照）李志强绘

北京 人民美术出版社 1993 年 160 页 25×24cm
精装 ISBN：7-102-01194-6 定价：CNY66.00

作者李志强（1955—　　），天津人，毕业于天津美术学院国画系。历任天津美术学院教授、中国美术家协会会员、中国工笔画协会会员、天津美术家协会理事。曾任天津杨柳青画社社长、总编辑。

J0016326

娄世棠画选　娄世棠绘

北京 人民美术出版社 1993 年 39 页 有照片
26×23cm ISBN：7-102-01295-0 定价：CNY29.50

本画集收 41 幅中国画和水彩画作品。外文书名：The Paintings of Lou ShiTang. 作者娄世棠（1926—　　），画家。浙江新昌人，浙江美术学院毕业。曾任北京文化艺术总公司编审，中国美术家协会会员。作品有连环画《赵百万》《小豆儿》《毛主席视察南泥湾》等，水彩画《归牧》《燕山深处》《秋林》，中国画《故园景色》《雪》等，出版有《娄世棠画选》《铅笔画》等。

J0016327

吕复慧画集　吕复慧绘

沈阳 辽宁美术出版社 1993 年 49 页 有照片
24×26cm ISBN：7-5314-0902-X 定价：CNY68.00
（画家专集）

本书收入水彩画、水粉画、油画、素描、速写等作品 49 幅。作者吕复慧（1922—　　），女，满族，鲁迅美术学院油画系教授。

J0016328

三峡写实　李梅树著

台北 雄狮图书公司 1993 年 131 页 26cm（16 开）
ISBN：957-9420-98-X 定价：TWD60.00
（家庭美术馆 前辈美术家丛书）

J0016329

施伯云画集　施伯云绘

上海 上海外语教育出版社 1993 年 39 页
29cm（16 开）ISBN：7-81009-867-5
定价：CNY40.00, CNY55.00（精装）

外文书名：Bo-Yun Shi's Paintings.

J0016330

唐灵画集　唐灵绘

广州 岭南美术出版社 1993 年 50 页 25×26cm
ISBN：7-5362-0596-1 定价：CNY43.00

本画集收有油画、水彩画及国画作品 50 幅。作者唐灵(1941—)，广东江门人，东莞市凤台诗书画院院长，中国美术家协会广东分会会员等。

J0016331

王晖画集　王晖绘

北京 北京美术摄影出版社 1993 年 22 页 25×26cm
ISBN：7-80501-173-7 定价：CNY14.00

作者王晖，女，工笔画画家、一级美术师。生于辽宁大连。毕业于中央工艺美术学院。历任中国美术家协会会员、中国美协重彩画研究会会员、中国工笔画学会会员、中国女画家协会会员、北京重彩画会会员、国际女画家协会会员。代表作品《和谐家园》《细雨》《小莺》等。

J0016332

王兰作品集　王兰绘

上海 上海书店 1993 年 29 页 有彩照 24×26cm
ISBN：7-80569-918-6 定价：CNY22.00

本画册收入作品 29 幅。外文书名：A Collection of Artistic Works by Wang Lan.

J0016333

我的画　孟伟哉绘

太原 山西人民出版社 1993 年 98 页 29cm(16 开)
ISBN：7-203-02908-5 定价：CNY61.00

作者孟伟哉(1933—)，中国文学艺术界联合会秘书长、中国作家协会理事、国际笔会(中国中心)会员等。

J0016334

吴羲画集　吴羲绘

南京 江苏美术出版社 1993 年 26×25cm
ISBN：7-5344-0270-0 定价：CNY42.00

外文书名：Paintings of Wukui. 作者吴羲(1914—1970)，画家。号菊逸，贵州贵阳人，历任江苏人民出版社美编室副主任、江苏文艺出版社美编室编辑、中国美术家协会会员。作品有《锄小麦》等。

J0016335

徐明义国画选集　(二) 徐明义著

台北 孟焦画坊 1993 年 83 页 有彩照 25×25cm
外文书名：Chinese Paintings by Shyu Ming Yih. 2.

J0016336

姚钟华画集　姚钟华绘

北京 北京工艺美术出版社 1993 年 86 页
29×28cm ISBN：7-80526-115-6 定价：CNY100.00

本画集以油画为主，兼收国画，共约 80 幅作品。作者姚钟华(1939—)，当代画家、一级美术师。任中国美术家协会理事、云南画院副院长等。

J0016337

张金鉴画集　张金鉴绘

福州 福建美术出版社 1993 年 53 页 29cm(16 开)
ISBN：7-5393-0237-2 定价：CNY39.80

本画集收入山水画、花鸟画、人物画及速写等。作者张金鉴(1929—)，画家、教授。福建莆田人。历任福州大学教授，中国美术家协会、全国美术教育研究会会员，福州国画研究会秘书长。

J0016338

中国民居　(汉英对照) 肖加摄影

北京 北京科学技术出版社 1993 年 119 页
28×29cm 精装 ISBN：7-5340-0399-7
定价：CNY145.00

中国现代摄影作品集。

J0016339

方铝现代画　方铝绘

北京 人民美术出版社 1994 年 71 页 26×25cm
精装 ISBN：7-102-01498-8
定价：CNY75.00

外文书名：Fang Lu's Modern Paintings. 作者方铝(1945—)，国画家、油画家。广东惠来县人。汕头大学艺术学院创建人之一，历任汕头市现代画院院长，汕头大学美术设计系教授。出版有《方铝国画》《方铝现代画》《性情山水》《当代画家作品集·方铝》等。

J0016340

葛春学画集　葛春学绘

上海 上海人民美术 1994 年 27×23cm
本书收有画家绘画作品 60 余幅。

J0016341

葛春学画集　(汉英对照) 葛春学绘

上海 上海人民美术出版社 1994 年 63 页
27×24cm 精装 ISBN：7-5322-1368-4
定价：CNY78.00

　　现代中国绘画画册。作者葛春学（1938—2002），教授。山东潍坊人，毕业于中央工艺美术学院。历任上海美术电影制片厂设计、上海大学美术学院教授、中国漆画研究会理事、上海环境艺术研究会会长、现代美术设计家协会理事。出版有《葛春学画集》《葛春学装饰艺术集》《装饰艺术》等。

J0016342
金东方戏曲人物画选　金东方绘
广州 岭南美术出版社 1994 年 63 页 20×19cm
ISBN：7-5362-1085-X 定价：CNY3.40

　　外文书名：Selected Paintings of Jin Dongfang's Peking Opera Figures.

J0016343
李青作品　李青绘
西安 陕西人民美术出版社 1994 年 25×26cm
ISBN：7-5368-0655-8 定价：CNY18.00

　　中国现代绘画画册，外文书名：Paintings by Li qing. 作者李青（1959— ），山东滕州人。西安美术学院副教授、研究生导师。

J0016344
刘泽文现代绘画集
济南 山东美术出版社 1994 年 80 页
25cm（小 16 开）精装 ISBN：7-5330-0849-9
定价：CNY68.00

　　外文书名：A Collection of Modern Paintings by Liu Ze-Wen.

J0016345
潘晓玲作品集　潘晓玲绘；陕西省农民画协会，陕西省群众艺术馆编
西安 陕西人民美术出版社 1994 年 32 页
20cm（32 开）ISBN：7-5368-0616-7
定价：CNY16.00，CNY20.00（精装）

　　作者潘晓玲（1956— ），女，陕西户县农民画家协会会员，陕西省农民画家协会会员。

J0016346
王双宽四十年经典创作画集　王双宽绘

台中县 瑞成书局 1994 年 208 页 有照片
36cm（15 开）精装 ISBN：957-785-031-6
定价：TWD2850.00
（艺术经典系列）

J0016347
张映雪画集　张映雪绘
天津 天津杨柳青画社 1994 年 74 页 有照片
38cm（6 开）精装 ISBN：7-80503-206-8
定价：CNY89.60

　　本画册收入国画作品 50 余件，木刻作品 10 余幅。外文书名：Collection of Paintings by Zhang Yingxue. 作者张映雪（1916—2011），画家。山西夏县人。毕业于延安鲁迅艺术文学院美术系。历任延安《新中华报》美术编辑、中国美术家协会会员、天津美术家协会副主席、天津市文学艺术界联合会副主席。代表作品有《陕北风光》《塞外铃声》《欢庆解放》等。

J0016348
中日乡土玩具　（田原画集 日汉对照）田原绘
长沙 湖南少年儿童出版社 1994 年 195 页
20×19cm ISBN：7-5358-0958-8 定价：CNY48.00，
CNY88.00（精装）

J0016349
悲鸿画集　徐悲鸿绘；上海市对外文化交流协会编
上海 上海文艺出版社 1995 年 124 页 37cm 精装
ISBN：7-5321-1378-7 定价：CNY280.00

J0016350
常玉画集　（中英对照）常玉［绘］；高玉珍总编辑
台北［台北］历史博物馆 1995 年 132 页
36cm（15 开）精装 ISBN：957-00-6293-2
定价：TWD1200.00

J0016351
陈本画集　陈本绘
广州 岭南美术出版社 1995 年 29×41cm 精装
ISBN：7-5362-1176-7 定价：CNY186.00

　　作者陈本（1959— ），美术家。广东增城人。曾任广州保险公司美术设计、广东省美术家协会会员、广东油画会会员、广州青年美术协会会

员。出版有《陈本画集》。

J0016352
丁同成画集 丁同成绘
武汉 湖北美术出版社 1995年 42页 25×26cm
ISBN：7-5394-0596-1 定价：CNY68.00
　　外文书名：Album of Painting by Ting Tong Cheng.

J0016353
方铝现代画 方铝绘
北京 人民美术出版社 1995年 71页 25×25cm
精装 ISBN：7-102-01498-8 定价：CNY75.00

J0016354
何韵兰画集 （英汉对照）何韵兰绘
南京 江苏美术出版社 1995年 28cm（大16开）
ISBN：7-5344-0505-X 定价：CNY42.00
　　中国现代绘画画册。作者何韵兰（1937— ），女，教授、画家。浙江海宁人，历任中央戏剧学院舞台美术系副教授、中国美术家协会会员、北京市女美术家联谊会会长。作品有《信念》《溯》《京剧脸谱》等，出版有《韵兰集》《何韵兰作品集》。

J0016355
寰宇觅知音 （吴冠中九十年代作品选）吴冠中绘
北京 外文出版社 1995年 124页 33×27cm
精装 ISBN：7-119-01793-4 定价：CNY196.00
　　外文书名：Searching for the Understanding Mind: Selected Works of Wu Guanzhong in 1990s. 作者吴冠中（1919— ），江苏人。中央工艺美术学院教授、中国美术家协会理事等。

J0016356
寰宇觅知音 （吴冠中九十年代作品选 中法文本）吴冠中绘画
北京 外文出版社 1995年 124页 32cm（10开）
精装 ISBN：7-119-01794-2 定价：CNY196.00
　　本书收入作者的狮子林、泰国农家、莎士比亚故里、英国乡村酒店、九寨沟等20世纪90年代作品多幅。

J0016357
黄般若的世界 高美庆，黎淑代编辑
香港 香港中文大学文物馆 1995年 202页 有图 24cm（15开）精装 ISBN：962-7101-33-8
定价：TWD350.00

J0016358
黄昶书画 黄昶作
广州 岭南美术出版社 1995年 84页 25×26cm
ISBN：7-5362-1331-X 定价：CNY120.00
　　作者黄昶（1939— ），书画家。生于深圳。历任深圳高等职业技术学院广告系主任，中国印刷技术协会、深圳市美术家协会、书法家协会会员。代表作品有《群鹰图》《百鸟归巢图》《青玉案》等。

J0016359
金祥龙画选 金祥龙绘
上海 上海书画出版社 1995年 25×26cm
ISBN：7-80512-894-4
定价：CNY30.00，CNY50.00（精装）
　　现代中国画画册，中英文本，外文书名：Jin Xianglong's Works. 作者金祥龙（1956— ），画家。上海人。上海市南汇县文化馆馆员。作品有《故乡之四》《故乡之七》，出版有《金祥龙画选》《金祥龙版画选》。

J0016360
李剑晨画集 （赠豫作品）李剑晨绘；河南省文化厅主编
郑州 河南美术出版社 1995年 37cm（8开）
精装 ISBN：7-5401-0475-9 定价：CNY140.00
　　作者李剑晨（1900—2002），教授、画家。原名李汝骅，字剑晨，河南内黄县人。历任东南大学建筑系教授，江苏省美术家协会副主席，江苏省水彩画研究会会长，中国水彩画协会名誉会长，国际水彩画联盟理事，亚洲画会主席等。出版有《水彩画创作技法》《李剑晨中国画集》等。

J0016361
凌再型画集 凌再型绘
苏州 古吴轩出版社 1995年 54页 25×26cm
ISBN：7-80574-157-3 定价：CNY58.00
　　现代中国画、油画画册。

J0016362
刘国辉人物画教学随笔 （图册）刘国辉
[绘]
天津　天津人民美术出版社　1995 年　116 页
26cm（16 开）精装　ISBN：7-5305-0475-4
定价：CNY45.00
（名家教学手稿系列）
　　作者刘国辉（1940—　　），教师、画家。江苏
苏州人，毕业于浙江美术学院中国画系研究生
班。历任浙江美术学院副教授、中国美术学院教
授、学术委员会委员，中国人物画高级研修班工
作室导师。出版有《刘国辉画集》。

J0016363
刘国玉诗书画集　刘国玉绘
香港　香港资兴美术出版社　1995 年　83 页
30cm（10 开）定价：HKD68.00

J0016364
施展墨迹　施展作
沈阳　辽宁美术出版社　1995 年　95 页　25×26cm
精装　ISBN：7-5314-1335-3
定价：CNY100.00
　　作者施展（1912—　　），书法家。曾用名施佩
秋、施景兰、鲁白，山东临清人，曾任东北画报
社社长、辽宁省文化厅厅长、辽宁省美协主席、
全国美协理事。

J0016365
邰兆雄画集　邰兆雄绘
北京　北京工艺美术出版社　1995 年　70 页
26×23cm ISBN：7-80526-141-5　定价：CNY65.00
　　外文书名：The Selected Works of Tai Zhaox-
iong. 作者邰兆雄，字玄觞，满族。北京崇文书画
会理事、北京美术家协会会员等。

J0016366
王德亮画集　王德亮绘
天津　天津人民美术出版社　1995 年　25×26cm
ISBN：7-5305-0522-X 定价：CNY32.50
　　中国现代中国画油画作品集。作者王德亮
（1957—　　），画家。生于上海，祖籍杭州。上海
工业美术设计协会、现代漆画协会会员。

J0016367
韦康橡皮笔绘画艺术　韦康绘
上海　上海画报出版社　1995 年　48 页
28cm（大 16 开）ISBN：7-80530-168-9
定价：CNY38.00
　　外文书名：Weikang's Rubber-Pen Painting
Art. 作者韦康（1955—　　），曾任教于上海纺织高
等专科学校服装艺术系。中国美术家协会上海
分会会员。

J0016368
魏传义艺术　（图集）魏传义绘
福州　福建美术出版社　1995 年　25×25cm
ISBN：7-5393-0377-8 定价：CNY108.00
　　外文书名：The Art of Wei Chuanyi. 作者魏
传义（1928—　　），书画家、教育家。别名川一，
生于四川达县，毕业于四川省立艺术专科学校和
中央美术学院马克西莫夫油画训练班。历任厦
门书画教育研究院院长，中国美术家协会会员，
福建省副主席，福建省美术教育研究会会长。主
编出版《艺术教育学》《魏传义艺术》《魏传义中
国花鸟画选》《魏传义中国山水画选》等。

J0016369
徐灵作品选　徐灵绘；曹振峰主编；晋察冀
文艺研究会，文化部党史资料征集工作委员
会编
北京　中国书籍出版社　1995 年　71 页　26cm（16 开）
ISBN：7-5068-0422-0 定价：CNY50.00
　　作者徐灵（1918—1992），原名徐海成，天津
人。曾任《前进画报》社社长、文化部艺术局美
术处处长、辽宁画院院长。作品有《日兵之家》
《反正》《攻城》等。

J0016370
徐龙晚年艺苑　吕平等主编
乌鲁木齐　新疆美术摄影出版社　1995 年
29cm（16 开）ISBN：7-80547-351-X
定价：CNY120.00
　　中国现代艺术画册。

J0016371
徐松龄作品集　徐松龄著
台北　黎明文化事业公司　1995 年　118 页　有图
30cm（10 开）ISBN：957-16-0402-X

定价：TWD700.00

J0016372
赵士英画集 （国外风情篇）赵士英绘
北京 中国文联出版公司 1995 年 50 页
25×26cm ISBN：7-5059-1883-4 定价：CNY58.00
　　作者赵士英（1938—　　），山东烟台人，毕业
于北京艺术师范学院美术系油画科。历任《舞蹈》
美术编审，中国美术家协会、中国舞蹈家协会会
员。作品有《鹰》《舞》等，出版有《舞台速写选》
《赵士英舞台速写选》《外国艺术家访华演出速写
专辑》《速写的话与画》《赵士英画集》等。

J0016373
庄征作品集　　庄征绘
天津 天津杨柳青画社 1995 年 36 页 25×26cm
ISBN：7-80503-269-6 定价：CNY39.00
　　中国现代雕塑等美术作品集，中英文本，外
文书名：Selected Works of Art by Zhuang Zheng. 作
者庄征（1941—　　），一级美术师。原名庄贞富，
又名真。广东潮州人，毕业于广州美术学院雕塑
系。天津画院一级美术师，中国美术协会会员，
天津市城市雕塑艺术委员会委员。雕塑作品有《高
山仰止》《探海姑娘》《青春旋律》《冰上之舞》等。

J0016374
邹建源画集　　邹建源绘
北京 国际文化出版公司 1995 年 1 折（27×2 页）
19×27cm 精装 ISBN：7-80105-209-9
定价：CNY［60.00］
　　中国现代绘画画册。作者邹建源（1957—　　），
画家。号满芽子，湖南湘潭人，毕业于湖南省
轻工业学校陶瓷美术专业。历任中国农业出版
社美术编辑，中国美术家协会会员，中国连环
画研究会理事。出版有《邹建源画集》《图说
二十四节气》等。

J0016375
蔡亮作品集　　（素描卷）蔡亮绘
杭州 中国美术学院出版社 1996 年 191 页
26×26cm 精装 ISBN：7-81019-514-X
定价：CNY240.00
　　外文书名：Drawings by Cai Liang. 作者蔡亮
（1932—1995），油画家。福建厦门人，毕业于中
央美术学院绘画系。中国美术家协会会员，美协

浙江分会理事，浙江油画研究会副会长，浙江美
术学院教授，中国美术学院教授。主要作品有《延
安火炬》《贫农的儿子》《红军三大主力会师》等。

J0016376
陈锦芳 60 回顾与前瞻　（1951—1996）
台北市立美术馆展览组编辑
台北 台北市立美术馆 1996 年 191 页 有图照
片 29cm（16 开）ISBN：957-00-8276-3
　　外文书名：Dr. T. F. Chens Retrospective.

J0016377
戴开武画集　（版画、中国画）戴开武［绘］
广州 岭南美术出版社 1996 年 57 页 25×26cm
ISBN：7-5362-1485-5 定价：CNY38.00
　　外文书名：Dai Kai Wu Paintings Album. 作者
戴开武（1940—　　），画家。广东潮阳人。潮阳市
棉城建筑工程公司任职，中国版画家协会、广东
省美术家协会会员。版画代表作《沙湖之歌》《电
网织山村》《故乡乐升平》，中国山水画代表作
《泉润翠谷》《新蹬》《报春图》。

J0016378
丹青庙笔　（府城传统画师潘丽水作品集）潘
丽水绘；徐明福总编辑
台南 台南市立文化中心 1996 年 300 页 有图
31cm（10 开）ISBN：957-00-6942-2

J0016379
当代画家作品集　（陈延）陈延绘
北京 朝华出版社 1996 年 24 页 25×26cm
ISBN：7-5054-0455-5 定价：CNY18.50
　　外文书名：Paintings Chen Yan Ink & Wash Selected
Works by Modern Artists. 作者陈延（1940—　　），广
东汕头大学美术设计系教授。

J0016380
当代画家作品集　（陈志民）陈志民作
北京 朝华出版社 1996 年 24 页 25×26cm
ISBN：7-5054-0455-5 定价：CNY18.50
　　外文书名：Paintings Chen Zhimin Sculptures Selected
Works by Modern Artists.

J0016381
当代画家作品集　（方铝）方铝绘

北京 朝华出版社 1996 年 24 页 25×26cm
ISBN：7-5054-0455-5 定价：CNY18.50

外文书名：Paintings Fang Lu Oil Painting Selected Works by Modern Artists. 作者方铝（1945—　　），国画家、油画家。广东惠来县人。汕头大学艺术学院创建人之一，历任汕头市现代画院院长、汕头大学美术设计系教授。出版有《方铝国画》《方铝现代画》《性情山水》《当代画家作品集·方铝》等。

J0016382
当代画家作品集 （邵丽华）邵丽华绘
北京 朝华出版社 1996 年 24 页 25×26cm
ISBN：7-5054-0455-5 定价：CNY18.50

外文书名：Paintings Shao Lihua Oil Painting Selected Works by Modern Artists.

J0016383
当代画家作品集 （王健）王健绘
北京 朝华出版社 1996 年 23 页 25×26cm
ISBN：7-5054-0455-5 定价：CNY18.50

外文书名：Paintings Wang Jian Ink & Wash Selected Works by Modern Artists.

J0016384
当代画家作品集 （杨玲）杨玲作
北京 朝华出版社 1996 年 21 页 25×26cm
ISBN：7-5054-0455-5 定价：CNY18.50

外文书名：Paintings Yang Ling Woolen Tapestries Selected Works by Modern Artists.

J0016385
当代画家作品集 （张海如）张海如绘
北京 朝华出版社 1996 年 24 页 25×26cm
ISBN：7-5054-0455-5 定价：CNY18.50

外文书名：Paintings Zhang Hairu Woodcuts Selected Works by Modern Artists.

J0016386
当代画家作品集 （朱丽湫）朱丽湫绘
北京 朝华出版社 1996 年 25×26cm
ISBN：7-5054-0455-5 定价：CNY18.50

外文书名：Paintings Zhu Liqiu Fashion Design Selected Works by Modern Artists.

J0016387
丁聪 （漫画·插图·素描·速写·肖像·设计集）
丁聪绘
石家庄 河北教育出版社 1996 年 146 页
27×26cm 精装 ISBN：7-5434-2628-5
定价：CNY29.50

作者丁聪（1916—2009），著名漫画家、舞台美术家。生于上海。曾任《人民画报》副总编辑，中国美术家协会漫画艺术委员会主任。作品有《鲁迅小说插图》《丁聪插图》《四世同堂》《骆驼祥子》作品插图。

J0016388
关阔书画集 关阔作
北京 民族出版社 1996 年 119 页 36cm（15 开）
精装 ISBN：7-105-02717-7 定价：CNY518.00

现代中国画、书法、水彩画画册。

J0016389
胡曰龙画集 胡曰龙绘
上海 上海书画出版社 1996 年 29cm（16 开）
ISBN：7-80635-036-5 定价：CNY26.00

现代中国油画画册。

J0016390
纪金海美术作品 纪金海著
济南 山东美术出版社 1996 年 42 页 29cm（16 开）
ISBN：7-5330-0948-7 定价：CNY48.00

现代中国画作品。

J0016391
旧爱新欢 （雨弦诗书画集）雨弦著
台北 文史哲出版社 1996 年 73 页 21cm（32 开）
ISBN：957-549-024-X 定价：TWD200.00

J0016392
李伦画集 李伦绘
北京 华夏出版社 1996 年 41 页 25×26cm
ISBN：7-5080-1044-2 定价：CNY48.00

中国现代绘画画册。

J0016393
梁炜彬画选 梁炜彬绘
广州 岭南美术出版社 1996 年 56 页 22×24cm
ISBN：7-5362-1481-2 定价：CNY38.00

中国现代绘画画册。

J0016394

刘亚兰画集 刘亚兰绘

北京 新华出版社 1996 年 65 页 28cm（大 16 开）

ISBN：7-5011-3236-4 定价：CNY70.00

J0016395

马负书书画集 马负书［作］

兰州 甘肃人民美术出版社 1996 年 74 页

26cm（16 开）ISBN：7-80588-150-2

定价：CNY55.00

J0016396

孟鸣画集 孟鸣绘

沈阳 辽宁美术出版社 1996 年 28 页 25×26cm

ISBN：7-5314-1432-5 定价：CNY48.00

现代中国画水粉画画册，中英文本。

J0016397

齐白石全集 （第一卷 雕刻·绘画）齐白石绘；

郎绍君，郭天民主编

长沙 湖南美术出版社 1996 年 78+54+186 页

38cm（8 开）精装 ISBN：7-5356-0887-6

外文书名：The Collected Works of Qi Baishi.

作者齐白石（1864—1957），近现代中国绘画大

师，国画家、篆刻家。湖南湘潭人。原名纯芝，

字渭青，号兰亭，后改名璜，字濒生，号白石等。

历任国立北京艺术专科学校和京华美术专科学

校教习、教授，中央美术学院名誉教授，中国文

学艺术界联合会主席团委员、中国画研究会和中

国美术家协会主席、中国画院名誉院长。代表作

有《蛙声十里出山泉》《墨虾》等。著有《白石诗

草》《齐白石作品集》《白石老人自述》等。

J0016398

齐白石全集 （第二卷 绘画）齐白石绘；郎绍

君，郭天民主编

长沙 湖南美术出版社 1996 年 17+328+47 页

38cm（8 开）精装 ISBN：7-5356-0888-4

外文书名：The Collected Works of Qi Baishi.

J0016399

齐白石全集 （第三卷 绘画）齐白石绘；郎绍

君，郭天民主编

长沙 湖南美术出版社 1996 年 21+320+43 页

38cm（8 开）精装 ISBN：7-5356-0889-2

外文书名：The Collected Works of Qi Baishi.

J0016400

齐白石全集 （第四卷 绘画）齐白石绘；郎绍

君，郭天民主编

长沙 湖南美术出版社 1996 年 338+39 页

38cm（8 开）精装 ISBN：7-5356-0890-6

外文书名：The Collected Works of Qi Baishi.

J0016401

齐白石全集 （第五卷 绘画）齐白石绘；郎绍

君，郭天民主编

长沙 湖南美术出版社 1996 年 335+41 页

38cm（8 开）精装 ISBN：7-5356-0891-4

外文书名：The Collected Works of Qi Baishi.

J0016402

齐白石全集 （第六卷 绘画）齐白石绘；郎绍

君，郭天民主编

长沙 湖南美术出版社 1996 年 320+40 页

38cm（8 开）精装 ISBN：7-5356-0892-2

外文书名：The Collected Works of Qi Baishi.

J0016403

齐白石全集 （第七卷 绘画）齐白石绘；郎绍

君，郭天民主编

长沙 湖南美术出版社 1996 年 12+320+39 页

38cm（8 开）精装 ISBN：7-5356-0893-0

外文书名：The Collected Works of Qi Baishi.

J0016404

王泽夫画选 王泽夫绘

广州 岭南美术出版社 1996 年 29cm（16 开）

ISBN：7-5362-1373-5 定价：CNY18.00

中国现代绘画画册。作者王泽夫（1938— ），

书画家。字皓佚，艺名寿天，曾用名王达，河北

唐山人。历任河北省话剧院舞美灯光师、中国中

外名人文化研究会艺委会特级书画师，中国书画

家协会理事、研究员，中国传统艺术家协会艺

术顾问。

J0016405

吴地林美术作品选集 吴地林绘

广州 岭南美术出版社 1996 年 101 页 25×26cm
ISBN：7-5362-1542-8 定价：CNY150.00
　　本作品集是献给海南农垦创建四十五周年
的中国画画册。

J0016406
杨德举画集　杨德举绘
昆明 云南民族出版社 1996 年 93 页
29cm（16 开）ISBN：7-5367-1257-X
定价：CNY98.00，CNY126.00（精装）
　　本作品集是献给大理白族自治州建州四十
周年的中国画水粉画册。

J0016407
艺术与真实　（张和画集）张和绘
北京 中国青年出版社 1996 年 69 页 38×35cm
精装 ISBN：7-5006-2238-4
定价：CNY660.00，CNY886.00（精盒装）
　　中国现代绘画画册，中、英文本。

J0016408
邓肇成画集　邓肇成绘
广州 岭南美术出版社 1996 年 64 页
28cm（大 16 开）ISBN：7-5362-1445-6
定价：CNY68.00
　　外文书名：Deng Zhaocheng's Painting Col-
lection.

J0016409
朱者赤画集　朱者赤绘
哈尔滨 黑龙江美术出版社 1996 年 25×26cm
ISBN：7-5318-0380-1 定价：CNY39.00
　　外文书名：The Selected of Zhuzhechi. 作者朱
者赤，本名朱英刚。

J0016410
祝大年画集　祝大年绘
广州 岭南美术出版社 1996 年 29cm（16 开）
ISBN：7-5362-1512-6 定价：CNY138.00
　　现代中国绘画集，中英文本。

J0016411
宝贝你好嘢·金贝园　（1995—1996）黄国
武绘
沈阳 辽宁美术出版社 1997 年 36 页 38cm（8 开）

ISBN：7-5314-1639-5 定价：CNY30.00
（水墨新空间丛书）

J0016412
曹鸣喜作品集　曹鸣喜著
南京 南京师范大学出版社 1997 年 52 页
28×28cm ISBN：7-81047-123-6
定价：CNY80.00，CNY98.00（精装）
　　现代中国绘画画册，中、英文本。

J0016413
曹晓凌画集　曹晓凌绘
武汉 武汉出版社 1997 年 25×26cm
ISBN：7-5430-1626-5
定价：CNY45.00，CNY55.00（精装）

J0016414
陈馥初画集　陈馥初绘
广州 岭南美术出版社 1997 年 60 页 25×26cm
ISBN：7-5362-1624-6 定价：CNY63.00
　　现代中国画画册。

J0016415
方圆之间　（刘生容纪念展）李玉玲总编辑
台北 台北市立美术馆 1997 年 127 页 有照片图
28cm（16 开）ISBN：957-00-8980-6
定价：TWD500.00

J0016416
河洛风情画卷　（白春堂画集）白春堂绘
郑州 河南美术出版社 1997 年 120 页 29cm（12 开）
ISBN：7-5401-0644-1 定价：CNY150.00，
CNY180.00（精装）

J0016417
纪向画集　（1997 东方人文纪事）纪向著
台中县 台中县立文化中心 1997 年 71 页
26cm（16 开）ISBN：957-00-8615-7

J0016418
李滨声画集　（漫画卷）李滨声绘
北京 民族出版社 1997 年 169 页 26×25cm
ISBN：7-105-02849-1 定价：CNY58.00
　　作者李滨声（1925—　　），新闻漫画家。曾用
名李洛非，笔名梨园客。出生于黑龙江哈尔滨，

祖籍辽宁本溪。历任中国美术家协会会员、北京市文史研究馆馆员。代表作品《喧宾夺主》《三星铅笔》等。

J0016419
李滨声画集 （京剧卷）李滨声绘
北京 民族出版社 1998 年 167 页 26×25cm
ISBN：7-105-03137-9 定价：CNY58.00
　　作者李滨声（1925— ），新闻漫画家。曾用名李洛非，笔名梨园客。出生于黑龙江哈尔滨，祖籍辽宁本溪。历任中国美术家协会会员、北京市文史研究馆馆员。代表作品《喧宾夺主》《三星铅笔》等。

J0016420
李滨声画集 （民俗集）李滨声绘
北京 民族出版社 1999 年 170 页 26×25cm
ISBN：7-105-03607-9 定价：CNY58.00
　　中国现代漫画人物画画册。

J0016421
李永奇画集　李永奇绘
北京 中国连环画出版社 1997 年 59 页
25×26cm ISBN：7-5061-0806-2 定价：CNY68.00
　　中国现代油画水墨画画册。

J0016422
马骥画集　马骥绘
济南 山东友谊出版社 1997 年 58 页 29cm（16开）
ISBN：7-80551-595-6 定价：CNY60.00
　　中国现代绘画画册，中英文本。

J0016423
莫雄画集　莫雄绘；南京市美术家协会编
南昌 江西美术出版社 1997 年 29cm（16开）
ISBN：7-80580-402-8 定价：CNY16.00
（南京当代美术家画库）
　　中国现代绘画画册。

J0016424
潘鹤·走进时代的艺术　潘鹤著；广东美术馆编
沈阳 辽宁美术出版社 1997 年 169 页 26cm（16开）
ISBN：7-5314-1784-7 定价：CNY86.00
（现当代艺术家丛书 第一辑）

　　作者潘鹤（1925— ），雕塑家、书画家。广东南海人。别名潘思伟。曾在华南人民文艺学院学习。广州美术学院雕塑系终身教授、中国美术家协会常务理事、全国城市雕塑艺术委员会副主任。创作大型户外雕塑《珠海渔女》等一百多座，安放在国内外 60 多座城市。代表作品《潘鹤雕塑作品选集》《潘鹤水彩纪游》。

J0016425
秦龙画集　秦龙绘
哈尔滨 黑龙江美术出版社 1997 年 14+181 页
24×26cm ISBN：7-5318-0379-8
定价：CNY98.00，CNY118.00（精装）
　　现代中国工笔重彩画画册。作者秦龙（1939— ），连环画家。生于成都，毕业于中央工艺美术学院。历任中国美术家协会会员、中国美协插图装帧艺术委员会副主任、人民出版社美术编辑。连环画作品《希腊神话的故事》《秦龙画集》。

J0016426
生命的诞生与茁壮　（施并锡母与子系列画集 1984—1988）施并锡著
台北 草根出版事业公司 1997 年 91 页 有图
27cm（大16开）ISBN：957-8466-12-9
定价：TWD600.00
　　外文书名：The Birth and Growth of Life.

J0016427
王伟中画集　王伟中绘
南京 江苏美术出版社 1997 年 63 页
28cm（大16开）ISBN：7-5344-0705-2
定价：CNY38.00
　　外文书名：Selections of Wang Weizhong's Paintings.

J0016428
醒醉楹联书画集　沈芳编著
广州 中山大学出版社 1997 年 94 页 29cm（16开）
ISBN：7-306-01370-X 定价：CNY88.00

J0016429
许德民作品
上海 学林出版社 1997 年 178 页 29cm（16开）
精装 ISBN：7-80616-452-9 定价：CNY190.00

现代中国诗歌绘画画册。外文书名：The Works of Xu Demin.

J0016430
杨东风画集　杨东风绘
石家庄　河北美术出版社　1997 年　107 页
17×19cm ISBN：7-5310-1001-1 定价：CNY26.80
　　中国现代连环画与速写画册。

J0016431
原乡谱曲　（洪瑞麟逝世周年纪念展）历史博
物馆编辑委员会编辑；高玉珍主编
台北　历史博物馆　1997 年　256 页　有照片
图 30cm（10 开）ISBN：957-02-0758-2
定价：TWD1500.00

J0016432
张导曦画集　张导曦绘
武汉　湖北美术出版社　1997 年　39 页　25×26cm
ISBN：7-5394-0644-5 定价：CNY68.00
　　外文书名：A Collection of Art Works by Zhang Daoxi.

J0016433
章文熙速写作品选　章文熙绘
南京　南京师范大学出版社　1997 年　77 页
25×26cm ISBN：7-81047-130-9
定价：CNY108.00

J0016434
周加华作品集　周加华绘
上海　上海人民美术出版社　1997 年　53 页
29cm（16 开）ISBN：7-5322-1884-8
定价：CNY48.00
　　现代中国油画水粉画画册。

J0016435
蔡迪支画选　蔡迪支绘
广州　岭南美术出版社　1998 年　54 页　25×26cm
ISBN：7-5362-1785-4 定价：CNY60.00
　　现代中国绘画画册。

J0016436
曹知博画集　（水彩·油画）曹知博绘
哈尔滨　黑龙江美术出版社　1998 年　40 页
24×26cm ISBN：7-5318-0527-8 定价：CNY60.00

J0016437
陈莩画集　陈莩绘
贵阳　贵州人民出版社　1998 年　46 页
29cm（16 开）ISBN：7-221-04735-9
定价：CNY60.00
　　中国现代水彩画油画画册。

J0016438
陈孝祥画集　陈孝祥绘
昆明　云南美术出版社　1998 年　61 页　21×29cm
ISBN：7-80586-439-X 定价：CNY38.00

J0016439
当代美术家特集　（梁耀）梁耀绘
南宁　广西美术出版社　1998 年　14 页　29cm（16 开）
ISBN：7-80625-410-2 定价：JPY1700.00

J0016440
冯法祀画集　冯法祀绘
北京　中国文联出版公司　1998 年　299 页　37cm
精装　ISBN：7-5059-3017-6 定价：CNY620.00
　　现代中国绘画画册，中、英文本。

J0016441
关玉良·艺术风　（Ⅰ　墨彩集　汉英对照）关
玉良绘
哈尔滨　黑龙江美术出版社　1998 年　151 页
29cm（16 开）ISBN：7-5318-0494-8
定价：CNY138.00, CNY168.00（精装）
　　本书与台湾名冠文化艺术出版社合作出版。

J0016442
关玉良·艺术风　（Ⅱ　墨象集）关玉良绘
哈尔滨　黑龙江美术出版社　1998 年　151 页
29cm（12 开）ISBN：7-5318-0495-6
定价：CNY138.00, CNY168.00（精装）
　　本书与台湾名冠文化艺术出版社合作出版。

J0016443
郭廉夫画集　郭廉夫绘
南宁　广西美术出版社　1998 年　29cm（16 开）
ISBN：7-80625-494-3 定价：CNY14.00
　　作者郭廉夫（1938—　），编审、美术家。江苏扬中人，毕业于南京艺术学院美术系。历任江苏美术出版社副编审、副社长。代表作品《色彩美学》《王羲之评传》等。

J0016444
黄岩书画作品集
杭州 浙江人民美术出版社 1998年 129页
25×26cm ISBN：7-5340-0873-5 定价：CNY120.00

J0016445
黄永玉画集　（风景）黄永玉绘
哈尔滨 黑龙江美术出版社 1998年 120页
29cm（16开）精装 ISBN：7-5318-0550-2
定价：CNY140.00

J0016446
黄永玉画集　（花鸟）黄永玉绘
哈尔滨 黑龙江美术出版社 1998年 114页
29cm（16开）精装 ISBN：7-5318-0549-9
定价：CNY150.00

J0016447
黄永玉画集　（人物）黄永玉绘
哈尔滨 黑龙江美术出版社 1998年 122页
29cm（16开）精装 ISBN：7-5318-0548-0
定价：CNY150.00

J0016448
黄永玉画集　（版画）黄永玉著
哈尔滨 黑龙江美术出版社 1999年 142页
29cm（16开）精装 ISBN：7-5318-0652-5
定价：CNY150.00

J0016449
蒋文忠画集　蒋文忠绘
兰州 甘肃人民美术出版社 1998年 87页
26cm（16开）ISBN：7-80588-254-1
定价：CNY65.00
　　现代中国油画素描人物画册，中英文本。

J0016450
李光春画集　李光春绘
北京 中国世界语出版社 1998年 26页
28×27cm ISBN：7-5052-0390-8 定价：CNY36.00
（中国当代书画家）

J0016451
李松茂书画集　李松茂著
郑州 河南美术出版社 1998年 56页 26×26cm
ISBN：7-5401-0756-1 定价：CNY88.00

J0016452
刘蒙天画集　刘蒙天绘
西安 陕西人民美术出版社 1998年 73页
29cm（16开）ISBN：7-5368-1120-9
定价：CNY65.00
　　现代中国画版画册。

J0016453
刘岘画集　（赠豫作品）［刘岘绘］；周鸿俊主编；河南省文化厅编
郑州 河南美术出版社 1998年 有照片
28×29cm ISBN：7-5401-0703-0
定价：CNY140.00，CNY160.00（精装）
　　本书内容分肖像、插图、生活纪实、花卉、寓言、斑驳碎影、中国画等几部分。附录：主要作品及大事年表。后记为画家生平介绍。作者刘岘（1915—1990），版画家。河南兰封县人（现为兰考县）。毕业于日本东京美术学校学习。历任人民文学出版社美术编审、中国美术馆研究部主任。出版《阿Q正传画集》《怒吼吧中国之图》《罪与罚图》《子夜之图》《刘岘木刻选集》等。

J0016454
率真堂书画篆刻艺术　魏广君作；张志强等编
郑州 河南美术出版社 1998年 278页 26cm（16开）
精装 ISBN：7-5401-0714-6 定价：CNY260.00

J0016455
庞薰琹画集　庞薰琹绘
北京 人民美术出版社 1998年 199页 38cm（6开）
精装 ISBN：7-102-01902-5 定价：CNY300.00
　　作者庞薰琹（1906—1985），画家、工艺美术教育家。生于江苏常熟，字虞铉，笔名鼓轩。曾任中央工艺美术学院第一副院长。代表作品有《地之子》《路》《贵州山民图卷》《瓶花》等。著有《薰琹随笔》。

J0016456
平淡的灿烂　（蒋冠东的艺术空间）蒋冠东编著

成都　四川美术出版社　1998 年　170 页　25×29cm
ISBN：7-5410-1472-9　定价：CNY148.00

J0016457
钱平吉探索画集　钱平吉绘
上海　华东理工大学出版社　1998 年　29cm（16 开）
ISBN：7-5628-0946-1　定价：CNY36.00
　　　现代中国绘画画册。

J0016458
申东画集　申东绘
福州　海潮摄影艺术出版社　1998 年　62 页
29cm（16 开）　ISBN：7-80562-555-7
定价：CNY38.00
　　　作者申东（1962—　），画家，教师。福州师
范艺术分校常务副校长、讲师，福建省美术家教
育委员会委员。作品有《船老大》《武夷秋色》等。

J0016459
石虎画集　（第一集　水墨）石虎绘
北京　人民美术出版社　1998 年　102 页　38cm（6 开）
精装　ISBN：7-102-01950-5　定价：CNY548.00
　　　本画册收集了画家的《婉月》《果目》《候
望》《二雀》《家语》《口婴》《文模》等 102 幅水
墨画。作者石虎（1942—　），画家。出生于河北
徐水县，就读于北京工艺美术学校和浙江美术学
院。任职于人民美术出版社创作室。出版有
《石虎画集》。

J0016460
石虎画集　（第二集　油画）石虎绘
北京　人民美术出版社　1998 年　111 页　38cm（6 开）
精装　ISBN：7-102-01951-3　定价：CNY438.00
　　　本画册收集了画家的《天筝》《晴雨》《烛
花》《安鸟》《八仙》《湘君》《月殿》等 111 幅
油画。

J0016461
石虎画集　（第三集　重彩）石虎绘
北京　人民美术出版社　1998 年　100 页　38cm（6 开）
精装　ISBN：7-102-01952-1　定价：CNY466.00
　　　本画册收集了画家《牵霞》《相拥》《披红》
《还乡》《沙风》《忘魂》《上马》等 100 幅重彩画。

J0016462
石虎画集　（第四集　草图）石虎绘
北京　人民美术出版社　1998 年　110 页　38cm（6 开）
精装　ISBN：7-102-01953-X　定价：CNY360.00
　　　本画册收录了画家的《自写》《玉横》《象
化》《天骄》《叠步》《三神》《重秋》等 110 幅
草图。

J0016463
石虎画集　（第一集　水墨）石虎绘
北京　人民美术出版社　1998 年　102 页　有照片
38cm（6 开）　ISBN：7-102-01954-8
定价：CNY326.00

J0016464
石虎画集　（第二集　油画）石虎绘
北京　人民美术出版社　1998 年　111 页　有照片
38cm（6 开）　ISBN：7-102-01955-6
定价：CNY316.00

J0016465
石虎画集　（第三集　重彩）石虎绘
北京　人民美术出版社　1998 年　100 页　有照片
38cm（6 开）　ISBN：7-102-01956-4
定价：CNY318.00

J0016466
石虎画集　（第四集　草图）石虎绘
北京　人民美术出版社　1998 年　110 页　有照片
38cm（6 开）　ISBN：7-102-01957-2
定价：CNY238.00

J0016467
孙见光画集　孙见光绘
南宁　广西美术出版社　1998 年　88 页　25×26cm
ISBN：7-80625-580-X　定价：CNY110.00
（世纪回眸·名师足迹）
　　　作者孙见光（1926—2017），教授。河北肃宁
人，就读于中央美术学院。曾任广西艺术学院美
术系教授、中国美术家协会会员、广西美术家协
会常务理事。出版有《速写要领》《头像入门》《人
像入门》《孙见光画集》等。

J0016468
陶少波画集　陶少波绘

天津　天津人民美术出版社　1998 年　28 页
29cm（16 开）ISBN：7-5305-0922-5
定价：CNY25.00
　　现代中国画油画画册。

J0016469
王家民画集　王家民绘
西安　陕西人民美术出版社　1998 年　58 页
29cm（16 开）ISBN：7-5368-1026-1
定价：CNY69.00
　　中国现代绘画，中英文本。

J0016470
徐明义画集　（第三集）徐明义著
台北　孟焦书坊　1998 年　160 页　有彩照肖像
25×26cm ISBN：957-97286-3-1
定价：TWD800.00
　　外文书名：Chinese Paintings by Shyu Ming Yih. 3.

J0016471
徐希画集　徐希绘
北京　人民美术出版社　1998 年　248 页
19cm（小 32 开）ISBN：7-102-01916-5
定价：CNY39.00
（中国美术家丛书）
　　现代中国画画册。

J0016472
寻找乐园　（徐秀美的绘画空间）徐秀美著
台北　麦田出版公司　1998 年　96 页 21cm（32 开）
精装　ISBN：957-708-684-5　定价：TWD300.00
　　外文书名：Searching for Paradise.

J0016473
杨祥麟金石画集　杨祥麟著
北京　中国大地出版社　1998 年　177 页　有彩照
26cm（16 开）ISBN：7-80097-261-5
定价：CNY38.80
　　作者杨祥麟，画家。祖籍浙江绍兴，初名璘，号拙夫。

J0016474
叶文夫作品集　叶文大绘
苏州　古吴轩出版社　1998 年　28 页 29cm（16 开）

ISBN：7-80574-337-1 定价：CNY35.00
　　现代中国绘画画册。

J0016475
于新生画集　（汉英对照）于新生绘
济南　明天出版社　1998 年　72 页　25×25cm 精装
ISBN：7-5332-2807-3 定价：CNY80.00
　　作者于新生（1956—　），教授。生于山东寿光。毕业于山东艺术学院。现任山东工艺美术学院造型艺术学院教授、中国美术家协会会员、山东省美术家协会副主席等职。代表作品有《于新生画集》《吉祥腊月》《荷塘水清清》等。

J0016476
余忠为画集　余忠为绘
福州　福建美术出版社　1998 年　41 页　25×26cm
ISBN：7-5393-0739-0 定价：CNY60.00（全套）
（线描新概念）

J0016477
恽宗瀛师生美术作品集　恽宗瀛等绘；岳燕宁主编
南京　江苏美术出版社　1998 年　112 页 26×25cm
ISBN：7-5344-0870-9 定价：CNY60.00
　　本作品集为庆祝金陵中学建校 110 周年而编绘。

J0016478
张家素画集　张家素绘
上海　百家出版社　1998 年　有彩照　26×23cm
ISBN：7-80576-865-X 定价：CNY60.00

J0016479
张时中画集　（汉英对照）张时中绘
昆明　云南美术出版社　1998 年　51 页 29cm（16 开）
ISBN：7-80586-444-6 定价：CNY86.00

J0016480
赵敏画集　赵敏绘
沈阳　辽宁美术出版社　1998 年　84 页 27×27cm
精装　ISBN：7-5314-1949-1 定价：CNY86.00

J0016481
中国云南百鸟图　曾孝濂绘
昆明　云南人民出版社　1998 年　18+129 页

29cm（16 开）ISBN：7-222-02514-6
定价：CNY126.00，CNY146.00（精装）

J0016482
周红画集　周红绘
沈阳 辽宁美术出版社 1998 年 40 页 29cm（16 开）
ISBN：7-5314-1890-8 定价：CNY48.00
　　现代中国绘画画册，中英文本。

J0016483
蔡玉水画集　（1985—1995 1995—1999）蔡玉水绘
济南 山东美术出版社 1999 年 175 页
32×26cm 精装 ISBN：7-5330-1295-X
定价：CNY260.00

J0016484
柴祖舜画集　柴祖舜绘
上海 上海人民美术出版社 1999 年 42 页
38cm（6 开）精装 ISBN：7-5322-2291-8
定价：CNY228.00
（当代中国水墨画系列集 3）
　　作者柴祖舜（1935— ），国家一级美术师。浙江杭州人，毕业于上海华东艺术专科学校。历任上海戏剧学院舞台美术系副教授、上海美术家协会会员、世界书画家协会绘画理论研究部常务理事。油画作品有《毛主席1919年在上海》《周总理在上钢》《刘伯承将军》《孙中山》等。著作有《怎样画素描头像》《走兽画技法》等。

J0016485
陈守义作品集　（新意象启示）陈守义［绘］
南京 江苏美术出版社 1999 年 28×26cm
ISBN：7-5344-0952-7 定价：CNY50.00
　　作者陈守义（1944— ），浙江温州人。毕业于浙江美术学院油画系。中国美术家协会会员、浙江美术家协会理事、浙江美术教育研究会副会长。主要作品有《山城》《水乡的回忆》《巴黎春色》等。

J0016486
从写实到象征　（刘秉江现代装饰风格）刘秉江［绘］
合肥 安徽美术出版社 1999 年 40 页 29cm（16 开）
ISBN：7-5398-0728-8 定价：CNY24.00

（名画家再创辉煌系列丛书）

J0016487
戴昱综合绘画　戴昱绘著
杭州 中国美术学院出版社 1999 年 43cm
ISBN：7-81019-796-7 定价：CNY300.00
　　现代中国绘画画册。

J0016488
邓先荷画集　邓先荷［绘］
深圳 海天出版社 1999 年 16 页 29cm（16 开）
ISBN：7-80654-106-3 定价：CNY360.00［全套］
（深圳美术家画库）
　　本书为个人绘画作品选辑。作者邓先荷（1957— ），画家。生于河北，毕业于天津美术学院。历任河北师范学院美术系讲师、广东省美术家协会会员、中国版画家协会会员。出版作品有《邓先荷画集》等。

J0016489
杜荣尧画集　杜荣尧绘
上海 上海书画出版社 1999 年 99 页 26×26cm
ISBN：7-80635-607-X 定价：CNY100.00
　　本画集收入作品有：《湖上春游》《西子湖畔》《峡谷的早晨》《竹林深处》《家乡》《山寨新居》《小溪之恋》等。

J0016490
冯健亲画集　冯健亲绘
南京 江苏美术出版社 1999 年 155 页
27×28cm 精装 ISBN：7-5344-0897-0
定价：CNY116.00
　　现代中国绘画画册，中英文本。作者冯健亲（1939— ），画家。浙江海宁人，毕业于南京艺术学院美术系油画专业。历任南京艺术学院院长、南京艺术学院工艺系副教授。代表作品《冯健亲作品集》《素描》等。

J0016491
高振美画集　［高振美绘］
北京 朝华出版社 1999 年 47 页 26×23cm
ISBN：7-5054-0658-2 定价：CNY48.00
　　本画集收入作品《圆明园之魂》《天目》《小白桦》《天山狂想曲》等45幅。作者高振美（1940— ），女，画家、教授。陕西米脂县人，毕业于中央美术学院。中国美术家协会会员、中国少数民族美术促进会会员、北京市女美术家联谊会会员。著有《绘画艺术思维的新空间》《高振美画集》等，译著有《钢笔绘画艺术》等。

J0016492

后现代浪子——曾长生绘画探索四十年
（1960—1999）曾长生［绘］
屏东县　屏东县立文化中心　1999 年　120 页
25×26cm ISBN：957-02-4227-2
定价：TWD570.00
（屏东县文化产业丛书 150）

　　本画册为作者创作三十年作品展。

J0016493

建筑绘画与一般绘画　王天锡著
哈尔滨　黑龙江科学技术出版社　1999 年　198 页
25×26cm　精装　ISBN：7-5388-3428-1
定价：CNY120.00
（当代中国名家建筑创作与表现丛书）

J0016494

江汉城画集　江汉城绘；深圳市美术家协会编
深圳　海天出版社　1999 年　16 页　29cm（16 开）
ISBN：7-80654-106-3　定价：CNY360.00［全套］
（深圳美术家画库）

　　中国现代绘画画册。作者江汉城（1955—　），生于深圳。深圳市群众艺术馆美术摄影部部长等。

J0016495

可谷作品选　可谷［绘］
南昌　江西美术出版社　1999 年　19 页　26×26cm
ISBN：7-80580-653-5　定价：CNY28.60

　　现代中国版画画册。中、英文本，外文书名：The selection of Ke Gu Drawing. 作者可谷（1921—2007），版画家。又名刘荣庭，江西南昌人。历任江西省文史研究馆馆员、江西省水彩画研究会理事、宜春市美协名誉主席、中国美术家协会会员、江西省美协理事。著有《可谷作品选》等。

J0016496

李剑晨捐赠作品集　（画坛世纪之星）李剑晨绘；朱葵等主编
苏州　古吴轩出版社　1999 年　145 页　38cm（6 开）
精装　ISBN：7-80574-383-5　定价：CNY300.00

　　本作品集为中、英文本。外文书名：Compilation of Li Jianchen's Donative Artworks.

J0016497

李晴画集　（中英文本）［李晴绘］
杭州　西泠印社　1999 年　25×26cm
ISBN：7-80517-411-3　定价：CNY62.00

　　本书收入《音乐之声》系列、《结构》系列、《遗传》系列，包括《神水》《天秤座》《老藤椅》《老墙》等 46 部绘画作品。作者李晴，女，任教于深圳大学艺术学院艺术系。

J0016498

李善一画选　李善一著
上海　上海人民美术出版社　1999 年　78 页
29cm（16 开）ISBN：7-5322-2228-4
定价：CNY78.00

　　现代中国绘画画册。

J0016499

陆燕生画集　陆燕生绘
北京　中国世界语出版社　1999 年　26 页　28×27cm
ISBN：7-5052-0422-X　定价：CNY36.00
（中国当代书画家）

　　现代中国绘画画册，中英文本。

J0016500

马立华画集　（彩画卷）马立华绘
济南　山东友谊出版社　1999 年　29 页　26cm（16 开）
ISBN：7-80642-220-X　定价：CNY33.00

　　中国现代水彩画水粉画画册，中英文本。

J0016501

民间故事　（13）田原编绘
海口　海南国际新闻出版中心　1999 年
20×21cm　精装　ISBN：7-80609-824-0
定价：CNY17.00
（田原儿童画库）

　　作者田原（1925—　），漫画家，一级美术师。祖籍江苏溧水，生于上海。原名潘有炜，笔名饭牛。中国美术家协会、中国书法家协会、中国版画家协会、中国记者协会、中国漫画家协会会员、中国工艺美术协会理事，东南大学、深圳大学教授。书画作品有《陋室铭》, 出版有《中国民间玩具》《田原硬笔书法》等, 设计动画片有《熊猫百货商店》等。

J0016502
民间故事 （14）田原编绘
海口 海南国际新闻出版中心 1999 年
20×21cm
精装 ISBN: 7-80609-824-0 定价: CNY17.00
（田原儿童画库）

J0016503
民间故事 （15）田原编绘
海口 海南国际新闻出版中心 1999 年
20×21cm 精装 ISBN: 7-80609-824-0
定价: CNY17.00
（田原儿童画库）

J0016504
民间故事 （16）田原编绘
海口 海南国际新闻出版中心 1999 年
20×21cm 精装 ISBN: 7-80609-824-0
定价: CNY17.00
（田原儿童画库）

J0016505
民间故事 （17）田原编绘
海口 海南国际新闻出版中心 1999 年
20×21cm 精装 ISBN: 7-80609-824-0
定价: CNY17.00
（田原儿童画库）

J0016506
庞媛作品选 庞媛绘
北京 荣宝斋出版社 1999 年 1 套 15cm（64 开）
定价: CNY4.80
中国绘画作品集。

J0016507
启慧画集 俞启慧绘
杭州 中国美术学院出版社 1999 年 40 页
25×25cm ISBN: 7-81019-734-7 定价: CNY38.00
中国现代版画, 中英文本。

J0016508
秦汉画集 秦汉绘; 深圳市美术家协会编
深圳 海天出版社 1999 年 16 页 29cm（16 开）
ISBN: 7-80654-106-3 定价: CNY360.00［全套］
（深圳美术家画库）
中国现代绘画画册。作者秦汉（1958— ）, 生于安徽六安, 原名秦亚平。深圳大学建工学院环境艺术专业教师, 绘有《秦汉画集》等。

J0016509
宋安生油画作品优选 宋安生作
沈阳 辽宁美术出版社 1999 年 42 页 26cm（16 开）
作者宋安生（1945— ）, 画家。生于辽宁瓦房店市, 毕业于沈阳鲁迅美术学院。历任中国油画学会会员、大连画院画家、辽宁省油画学会副主席、大连市美协副主席、油画学会会长等职。代表作《北国的十月》《马》《初秋的松花江》等。

J0016510
孙大石画集 孙大石绘
天津 天津人民美术出版社 1999 年 131 页
38cm（6 开）精装 ISBN: 7-5305-1180-7
定价: CNY280.00
本画集分为水墨画、布上画, 包括素描、写生、水彩三部分, 收录作者百十余幅作品。

J0016511
孙学敏画集 孙学敏绘
北京 中国画报出版社 1999 年 29cm（16 开）
ISBN: 7-80024-547-0 定价: CNY24.80
（当代中国艺术家丛书 美术作品 2）
现代中国绘画画册, 中英文本。

J0016512
陶烈哉画集 陶烈哉绘
上海 上海画报出版社 1999 年 93 页 37cm 精装 ISBN: 7-80530-460-2 定价: CNY280.00
现代中国绘画画册, 中英文本。

J0016513
汪亚尘画集 汪亚尘绘
苏州 古吴轩出版社 1999 年 109 页 29cm（16 开）
精装 ISBN: 7-80574-429-7 定价: CNY98.00
中国画油画画集, 中英文本。作者汪亚尘

（1894—1983），美术家、美术教育家。号云隐，浙江杭州人。毕业于东京美术学校。代表作《金鱼》。

J0016514
王怀庆画集　［王怀庆绘］
澳门　澳门市政厅 / 文化暨康体部　1999 年
29cm（16 开）ISBN：972-97829-4-6
　　外文书名：Pintura De Wang Huaiqing.

J0016515
王天任画集　王天任绘
广州　广东教育出版社　1999 年　71 页 26×26cm
精装　ISBN：7-5406-4259-9　定价：CNY168.00
　　现代中国画之工笔重彩画和版画画册。

J0016516
向新元画选　向新元［绘］
成都　四川美术出版社 1999 年 60 页 29cm（16 开）
ISBN：7-5410-1695-0　定价：CNY86.00
　　现代中国绘画画册，中英文本。

J0016517
许勇画集　许勇绘
沈阳　辽宁美术出版社　1999 年　205 页
26cm（16 开）ISBN：7-5314-2144-5
定价：CNY120.00（精装），CNY150.00（特精装）
　　本书为中、英文本。作者许勇（1933—　　），画家。别名许涌。生于山东青岛，毕业于东北美专并留校任教。历任鲁迅美术学院教授、研究生导师、中国美术家协会会员、中国连环画研究会常务理事、中国当代工笔画学会理事、雪庐画会副会长。代表作品有《金田起义》《郑成功收复台湾》《戚继光平倭图》等。出版有《许勇画马》。

J0016518
杨可扬画集　杨可扬［绘］
上海　上海人民美术出版社　1999 年　100 页
30cm（10 开）精装　ISBN：7-5322-2290-X
定价：CNY220.00
　　现代中国版画中国画画册。作者杨可扬（1914—2010），版画家。原名杨嘉昌，笔名 A 扬、阿扬等，浙江遂昌人。历任中国木刻研究会浙区理事、中华全国木刻协会常务理事、上海版画会会长等。代表作品有《木合工厂》《老教师》《张老师早!》《江南古镇》《上海，您好!》等。

J0016519
应维江画集　应维江绘
呼和浩特　内蒙古人民出版社　1999 年　50 页 有图
25×25cm ISBN：7-204-04809-1　定价：CNY38.00
　　本画册收入画家的《屏障》《深山新路》《草原月色》《岸边良田》《春雨青山》等油画、水粉画作品 50 幅。作者应维江（1940—　　），生于内蒙古呼和浩特，祖籍浙江金华。曾任呼和浩特市文化馆副馆长、文联主席等职。

J0016520
云、雨、感觉　（伊思其画集）伊思其［著］
澳门　澳门市政厅 / 文化暨康体部　1999 年
有彩图 30cm（10 开）ISBN：972-97820-8-3
　　外文书名：Nuvens, Chuvas E Outros Sentimentos, Pintura De Ezequiel.

J0016521
张德禄黄河行美术作品集　张德禄绘
北京　中国文联出版公司　1999 年　97 页
29cm（16 开）ISBN：7-5059-2368-4
定价：CNY88.00
　　现代中国画画册，中英文本。

J0016522
张克仁画集　张克仁绘
重庆　重庆出版社　1999 年　88 页　29cm（16 开）
ISBN：7-5366-4363-2　定价：CNY80.00

J0016523
长城赋画集　（张文美术作品）张文绘
天津　天津人民美术出版社 1999 年 50 页 有彩照
25×26cm ISBN：7-5305-0989-6　定价：CNY68.00

J0016524
镇海籍书画家作品集　毛廷佐主编
上海　上海人民美术出版社　1999 年　110 页
25×26cm　精装　ISBN：7-5322-2248-9
定价：CNY280.00
　　外文书名：Contemporary Zhenhai Artists' Collection of China.

J0016525
中国油画大家·靳尚谊　靳尚谊［绘］；张祖英编著

南宁 广西美术出版社 1999 年 183 页 34cm（10 开）
精装 ISBN：7-80625-745-4 定价：CNY260.00
（中国油画大家系列）

　　本书收入作者的《齐淑芳肖像》《踏遍青山》《送别》《画家黄宾虹》等油画作品。作者靳尚谊（1934—　），满族，画家、教授。河南焦作人，毕业于中央美院绘画系和马克西莫夫油画训练班。曾任中央美术学院院长、教授、博士生导师，中国美协主席、中国文联副主席。代表作品有《塔吉克新娘》《青年歌手》《蓝衣少女》等，出版有《靳尚谊油画选》《靳尚谊肖像作品选集》。编者张祖英，任中国艺术研究院美术研究所研究员、中国美术家协会油画艺术委员会秘书长等。著述有《中国油画肖像艺术百年》《中国新写实主义油画的崛起》《对中国油画发展现状的思考》等。

J0016526
周菱画集　　周菱绘
哈尔滨 黑龙江美术出版社 1999 年 174 页
29cm（16 开）ISBN：7-5318-0687-8
定价：CNY88.00
　　现代中国绘画画册。

中国绘画范本、画谱

J0016527
画谱　□□辑
集雅斋 明 刻本

J0016528
农民画范
中华平民教育促进会［民国］石印本 2 册
有图 19cm（32 开）环筒页装
　　本书为习画范本。每幅画为一课，共 48 课。

J0016529
天然习画帖　（第 1 册 天然花卉）
上海 有正书局［民国］影印本 1 册 30cm（5 开）
定价：大洋八角
　　本书收国画 10 幅。

J0016530
毛笔写实图案　（一集 人物）张亦庵编

上海 商务印书馆 1924 年 40 页 有图 18×26cm
　　本书系为毛笔画范本，包括人物、花卉、风景 3 集。

J0016531
毛笔写实图案　（二集 花卉）张亦庵编
上海 商务印书馆 1924 年 40 页 有图 18×26cm

J0016532
毛笔写实图案　（三集 风景）张亦庵编
上海 商务印书馆 1924 年 40 页 有图 18×26cm

J0016533
白鹅画展　白鹅西画研究所编
上海 白鹅西画研究所［1925 年］［50］页
26cm（18 开）
　　本书为白鹅西画研究所举办的展览会展品目录，内收作品 18 幅。书前附有陈秋草的《四年来的感想》一文。

J0016534
分类画范自习画谱大全　（十五种二十二集）
马骀绘
上海 世界书局 民国十七年［1928］影印本
有图 线装
　　分二十四册。

J0016535
分类画范自习画谱大全　（十五种二十四集）
马骀绘
上海 世界书局 民国十八年［1929］影印本 线装
　　分二十四册。

J0016536
分类画范自习画谱大全　（1 花果虫鱼）马
骀绘
北京 荣宝斋 1982 年 50 页 26cm（16 开）
统一书号：8030.1307 定价：CNY1.20
　　本书系《马骀画室》的民国画谱。作者马骀（1886—1937），回族，清末民初画家、美术教育家。字企周，又字子骧，别号环中子，又号邛池渔父。四川西昌人，寓居上海。曾任上海美专教授。著有《马骀画问》。

J0016537

分类画范自习画谱大全 （2）马骀绘
北京 荣宝斋 1982 年 22cm（32 开）
统一书号：8030.1308 定价：CNY1.20（2）

　　本书初版于 20 世纪 20 年代。画谱分人物、山水、花鸟、虫鱼、走兽等一千多幅。书中把画人物的要领、画山水怎样皴染、画花鸟如何取势等概括地写在每幅范画之上。

J0016538

分类画范自习画谱大全 （3）马骀绘
北京 荣宝斋 1982 年 22cm（32 开）
统一书号：8030.1309 定价：CNY1.20（3）

J0016539

分类画范自习画谱大全 （4）马骀绘
北京 荣宝斋 1982 年 22cm（32 开）
统一书号：8030.1310 定价：CNY1.20（4）

J0016540

分类画范自习画谱大全 （5）马骀绘
北京 荣宝斋 1982 年 22cm（32 开）
统一书号：8030.1311 定价：CNY1.20（5）

J0016541

分类画范自习画谱大全 （二 花鸟走兽 1）
马骀绘
北京 荣宝斋 1985 年 50 页 26cm（16 开）
统一书号：8030.1310 定价：CNY1.40

J0016542

分类画范自习画谱大全 （三 山水树石）
马骀绘
北京 荣宝斋 1985 年 50 页 26cm（16 开）
统一书号：8030.1309 定价：CNY1.40

J0016543

分类画范自习画谱大全 （四 人物故事 1）
马骀绘
北京 荣宝斋 1985 年 50 页 26cm（16 开）
统一书号：8030.1310 定价：CNY1.40

J0016544

分类画范自习画谱大全 （五 人物故事 2）
马骀绘

北京 荣宝斋 1985 年 50 页 26cm（16 开）
统一书号：8030.1311 定价：CNY1.20

J0016545

学画初步　钱病鹤编绘
上海 大东书局 1932 年 石印本 80 页
12×19cm（36 开）定价：大洋三角

　　本书为习画范本。目录、卷首书名前加题："重订"。

J0016546

儿童画法百种　周吉士，金世荣绘编
上海 儿童书局 1933 年 108 页 13×19cm
定价：大洋四角

　　本书内容分线、器皿、建筑物、植物、动物等 8 类。

J0016547

百花写生画谱 （二集）马骀绘
上海 世界书局 民国二十三年［1934］石印本
有图 平装
（自习画谱大全）

　　本书分二册。

J0016548

古今人物画谱 （一集）马骀绘
上海 世界书局 民国二十三年［1934］石印本
有图 平装
（自习画谱大全）

J0016549

花卉草虫画法 （一集）马骀绘
上海 世界书局 民国二十三年［1934］石印本
有图 平装
（自习画谱大全）

J0016550

花鸟画谱 （二集）马骀绘
上海 世界书局 民国二十三年［1934］石印本
有图 平装
（自习画谱大全）

　　本书分二册。

J0016551

兰竹古画谱 （一集）马骀绘

上海 世界书局 民国二十三年［1934］石印本
有图 平装
（自习画谱大全）

J0016552
历代名将画谱 （二集）马骀绘
上海 世界书局 民国二十三年［1934］石印本
有图 平装
（自习画谱大全）
　　本书分二册。

J0016553
美人百态画谱 （二集）马骀绘
上海 世界书局 民国二十三年［1934］石印本
有图 平装
（自习画谱大全）
　　本书分二册。

J0016554
名胜山水画谱 （一集）马骀绘
上海 世界书局 民国二十三年［1934］石印本
有图 平装
（自习画谱大全）

J0016555
鸟兽画法 （一集）马骀绘
上海 世界书局 民国二十三年［1934］石印本
有图 平装
（自习画谱大全）

J0016556
人物画苑 （二集）马骀绘
上海 世界书局 民国二十三年［1934］石印本
有图 平装
（自习画谱大全）
　　本书分二册。

J0016557
山水画诀 （二集）马骀绘
上海 世界书局 民国二十三年［1934］石印本
有图 平装
（自习画谱大全）
　　本书分二册。

J0016558
诗情画意画谱 （二集）马骀绘
上海 世界书局 民国二十三年［1934］石印本
有图 平装
（自习画谱大全）
　　本书分二册。

J0016559
仙佛图像画谱 （二集）马骀绘
上海 世界书局 民国二十三年［1934］石印本
有图 平装
（自习画谱大全）
　　本书分二册。

J0016560
鱼虫瓜果画谱 （一集）马骀绘
上海 世界书局 民国二十三年［1934］石印本
有图 平装
（自习画谱大全）

J0016561
中外百兽画谱 （二集）马骀绘
上海 世界书局 民国二十三年［1934］石印本
有图 平装
（自习画谱大全）
　　本书分二册。

J0016562
自习画谱大全 马骀绘
上海 世界书局 民国二十三年［1934］石印本
有图 平装
　　本书分二十四册。

J0016563
自习画谱大全 （一 花鸟虫鱼）马骀绘
北京 荣宝斋 1982年 21cm（24开）
统一书号：8030.1308 定价：CNY1.20
　　本书初版于20世纪20年代。画谱分人物、
山水、花鸟、虫鱼、走兽等一千多幅。书中把画
人物的要领、画山水怎样皴染、画花鸟如何取势
等概括地写在每幅范画之上。

J0016564
自习画谱大全 （二 花鸟走兽）马骀绘
北京 荣宝斋 1982年 21cm（24开）

统一书号：8030.1308 定价：CNY1.20

J0016565
自习画谱大全 （三 山水树石画）马骀绘
北京 荣宝斋 1982 年 21cm（24 开）
定价：CNY1.20

J0016566
自习画谱大全 （四 人物故事 一）马骀绘
北京 荣宝斋 1983 年 21cm（24 开）
定价：CNY1.20

J0016567
自习画谱大全 （五 人物故事 二）马骀绘
北京 荣宝斋 1983 年 21cm（24 开）
定价：CNY1.10

J0016568
自习画谱大全 马骀绘
上海 上海书店 1993 年 影印本 重印本 3 册
21cm（24 开）ISBN：7-80569-316-1
定价：CNY19.50
　　本书又名《马骀画宝》，为民国画谱。

J0016569
大众实用图画类典 （小品画一千五百种）世
界书局编绘
上海 世界书局 1935 年 石印本 257 页 有图
19cm（32 开）定价：银一元六角
　　本书内分人物、器物、植物、动物、乘载物、
兵器、风景建筑、气象等 8 类。

J0016570
略画范本 张亦庵编绘
上海 中央书店 1935 年 162 页 21cm（32 开）
　　本书收 300 余幅画。

J0016571
略画范本 张亦庵编绘
上海 中央书店 1937 年 4 版 162 页 21cm（32 开）
　　本书收 300 余幅画。

J0016572
战时图画手册 郑川谷编绘
广州 上海杂志公司 1938 年 66 页 有图

20cm（32 开）
　　本书为习画范本，所收图均为海、陆、空军
和飞机、大炮、坦克车等。

J0016573
战时图画手册 郑川谷编绘
广州 上海杂志公司 1938 年 沪 4 版 66 页 有图
20cm（32 开）

J0016574
战时图画手册 郑川谷编绘
重庆 上海杂志公司 1939 年 5 版 66 页 有图
17cm（40 开）定价：二角

J0016575
战时图画手册 郑川谷绘
上海 上海杂志公司 1939 年 沪 4 版 66 页 有图
17cm（40 开）定价：二角
　　本书书名页加题：战时宣传参考、学校图画
教材、国民兵器常识，书前有绘者自序。所收图
画为人物头像、国旗、手枪、海陆空军、飞机、
炮队等。

J0016576
战时图画手册 郑川谷编绘
广州 上海杂志公司 1939 年 渝 5 版 66 页 有图
20cm（32 开）

J0016577
战时图画手册 郑川谷作
桂林 上海杂志公司 1941 年 重版 有图
18cm（15 开）定价：九角

J0016578
战时图画手册 郑川谷编绘
桂林 上海杂志公司 1942 年 重版 [61] 页 有图
17cm（40 开）

J0016579
动物画典 （1-2 集）沈影泉编绘
上海 大众书局 1939 年 2 册（189+211 页）有图
27cm（16 开）
　　本书为习画范本。第 1 集为走兽类，收 1940
余幅作品；第 2 集为禽虫鱼类，收 2500 余幅作品。

J0016580

动物画典 （第一册 走兽类）沈影泉作
上海 大众书店 1950 年 ［16cm］（26 开）
定价：CNY1.60
　　本书系动物画画谱。

J0016581

动物画典 （第二册 飞禽类）沈影泉作
上海 大众书店 1951 年 定价：CNY1.60

J0016582

动物画参考 沈影泉，沈自强编绘
上海 上海人民美术出版社 1957 年 影印本 116 页
15×19cm 统一书号：T8081.2870 定价：CNY0.40

J0016583

徐悲鸿选画范 （动物）徐悲鸿编选
上海 中华书局 民国二十八年 ［1939］34 页
有图 25×33cm 精装 定价：国币二元四角
　　本书内收 33 幅动物画。

J0016584

徐悲鸿选画范 （风景静物）徐悲鸿编选
上海 中华书局 民国二十八年 ［1939］21 页 有图
38cm（8 开）精装 定价：国币一元六角

J0016585

徐悲鸿选画范 （人物）徐悲鸿编选
上海 中华书局 民国二十八年 ［1939］1 册
36cm（6 开）精装 定价：国币二元
　　本书内收 31 幅中外人物画。

J0016586

抗战画范 陈尔康编绘
杭州 正中书局 1940 年 3 版 64 页 有图
19cm（32 开）定价：国币四角

J0016587

最新画汇 胡冰编绘
丽水 中华艺社 1943 年 2 版 19cm（32 开）
定价：五元五角
　　本书为习画范本，内分：名人画像、木刻、
图案、图案字、写真集、漫画、国画等 7 类。

J0016588

图画示范 袁啸声编绘
重庆 力群出版社 1945 年 渝初版 98 页 有图
15cm（40 开）
　　本书为习画范本。内分：交通工具、建筑物、
器具、人物、兽类、禽类、鱼贝昆虫、花卉菜果、
风景等 9 类。

J0016589

小朋友画宝 王德修编绘
重庆 旋风出版社 1945 年 1 册 有图
8×13cm（80 开）
　　本书为习画范本。

J0016590

战时学生画集 朱舟枫编绘
上海 霞飞书局 1945 年 38 叶 9×13cm
　　本书收 38 幅学生习画范本。

J0016591

图画手册 华北大学艺术系编绘
大众美术出版社 ［1950—1959 年］32 页
17cm（40 开）

J0016592

实用画册 （1 人物篇）邹美坚主绘
上海 春明出版社 1952 年 影印本 88 页
18cm（32 开）定价：旧币 4,500 元

J0016593

实用画册 （2 建筑·器具篇）邹美坚主编
上海 春明出版社 1952 年 影印本 88 页
18cm（32 开）定价：旧币 4,500 元

J0016594

实用画册 （3 动物篇）邹美坚主绘
上海 春明出版社 1952 年 影印本 88 页
18cm（32 开）定价：旧币 4,500 元

J0016595

实用画册 （4 植物·昆虫篇）邹美坚主编
上海 春明出版社 1952 年 影印本 88 页
18cm（32 开）定价：旧币 4,500 元

J0016596
应用美术 （人像编）费新我编绘
上海 万叶书店 1952 年 影印本 85 页
20cm（32 开）
　　本书为中国现代人物画册。

J0016597
动物画资料集 王端，刘开申合编
上海 北新书局 1953 年 影印本 103 页
15×20cm 定价：旧币 5,700 元

J0016598
儿童画资料集 刘熊编绘
上海 北新书局 1953 年 79 页 15×19cm
定价：旧币 4,500 元

J0016599
儿童画资料集 刘熊编绘
上海 四联出版社 1955 年 新 2 版 影印本
15×19cm 定价：CNY0.45

J0016600
画片样张 人民美术出版社编
北京 人民美术出版社 1953 年 影印本 116 页
15cm（40 开）

J0016601
植物画资料集 王端等编
上海 北新书局 1953 年 影印本 91 页 15×20cm
定价：旧币 5,000 元

J0016602
人物画资料集 刘开申，刘熊编
上海 四联书店 1954 年 影印本 119 页
15×19cm 定价：旧币 6,000 元

J0016603
图片画册样本 中南人民文学艺术出版社编
中南人民文学艺术出版社 1954 年 49 页
15cm（40 开）

J0016604
植物画资料集 王端作
[上海] 四联出版社 1954 年 1 张 定价：CNY0.50

J0016605
动物画资料集 刘开申，王端合编
上海 四联出版社 1955 年 新 1 版 103 页
15×20cm

J0016606
"大跃进"图画参考资料 中央美术学院国画
系二、三年级同学集体创作
天津 天津美术出版社 1958 年 40 页 13×18cm
统一书号：8073.980 定价：CNY0.13

J0016607
飞禽画参考 沈影泉，沈自强编绘
上海 上海人民美术出版社 1959 年 90 页
15×20cm 统一书号：T8081.4366 定价：CNY0.32

J0016608
荣宝斋画谱 （勾勒花卉部分）
北京 荣宝斋 1964 年 纸装宣纸本 26×38cm

J0016609
荣宝斋画谱 （写意花鸟草虫部分）王雪涛绘
北京 荣宝斋 1979 年 42 页 26×38cm（8 开）
统一书号：8030.1171 定价：CNY2.00
　　本书为现代中国画写意花鸟草虫画画册。
作者王雪涛（1903—1982），写意花鸟画家。原名
庭钧，字晓封，号迟园。河北成安人。历任北京
画院院长、中国美术家协会理事、美协北京分会
副主席等职。著有《王雪涛画集》《王雪涛画辑》
《王雪涛画谱》《王雪涛的花鸟画》等。

J0016610
荣宝斋画谱 （二 工笔花鸟部分）周天民绘
北京 荣宝斋出版社 1980 年 42 页
26×38cm（8 开）
　　本书介绍了中国画工笔花鸟画画法或禽鸟
的羽色、习性等。作者周天民（1919—1984），国
画家。字凝，号醒吾，江苏苏州人。

J0016611
荣宝斋画谱 刘继卣著
北京 荣宝斋 1981 年 42 页 26×38cm（8 开）
统一书号：48.375 定价：CNY2.70

J0016612

荣宝斋画谱　周天民著；荣宝斋编辑
北京 荣宝斋 1981 年 41 页 26×37cm（8 开）
统一书号：8030.1184 定价：CNY2.60

现代中国画画册。

J0016613

荣宝斋画谱　（四 蔬果时鲜部分）郑乃珖，荣
宝斋著
北京 荣宝斋 1983 年 40 页 26×37cm（8 开）
统一书号：8030.1314 定价：CNY3.00

本书系现代中国画之蔬果时鲜画画谱。作
者郑乃珖（1911—2005），中国画画家。生于福建
闽侯沙堤村一个以行医和教书为业的书香之家。
擅长工笔花鸟，突破了工意分离的传统蹈袭，完
成了工笔与小写意的融合。历任西北美协国画
研究室任专业画师、福州画院院长、福建省美协
副主席等。

J0016614

荣宝斋画谱　（六 人物部分）颜梅华著；荣宝
斋编辑
北京 荣宝斋 1984 年 66 页 26×38cm（8 开）
统一书号：8030.1321 定价：CNY3.00

本画谱选编了各种人物画 66 幅。作者颜梅
华（1927—　），国画家。号雪庵，斋号琴斋。浙
江乐清人。代表作品有《比目鱼》《白秋练》《白
蛇传》《风云初记》等。

J0016615

荣宝斋画谱　（五 山水部分）何海霞著
北京 荣宝斋 1984 年 48 页 26×37cm（8 开）
定价：CNY3.00

本画谱选编了画家的山水画 49 幅及其多年
的创作经验体会，以及山水画技法杂谈等。作者
何海霞（1908—1998），中国现代国画家。

J0016616

荣宝斋画谱　（七 勾勒花卉部分）于非闇等绘
北京 荣宝斋 1984 年 50 页 26×38cm（8 开）
定价：CNY3.60

本册画谱是于非闇、田世光、俞致员三位画
家所作百花诗画谱。

J0016617

荣宝斋画谱　（九 写意花卉部分）陈半丁绘
北京 荣宝斋 1985 年 40 页 26×38cm（8 开）
统一书号：8030.1362 定价：CNY3.60

现代中国画之花鸟画画册。作者陈半丁
（1876—1970），画家。浙江山阴（今绍兴）人。名
陈年，字半丁。曾就职于北京图书馆，北平艺术
专科学校。曾任中国美术家协会理事、北京画
院副院长、中国画研究会会长。代表作品有《卢
橘夏熟》《高枝带雨压雕栏》《惟有黄花是故人》
《赤壁夜游图》等。

J0016618

荣宝斋画谱　（十 动物禽鸟部分）黄胄绘；荣
宝斋编辑
北京 荣宝斋 1985 年 42 页 26×38cm（8 开）
统一书号：8030.1384 定价：CNY3.60

本书系现代中国画之花鸟走兽画画册。作
者黄胄（1925—1997），现代国画家。

J0016619

荣宝斋画谱　（八 花卉草虫部分）齐白石绘
北京 荣宝斋 1985 年 48 页 26×38cm（8 开）
定价：CNY3.90

本画谱所选的是齐白石"变法"之后的小品，
大都是晚期的佳作。

J0016620

荣宝斋画谱　（十一 写意花卉部分）郭味蕖
绘；荣宝斋编辑
北京 荣宝斋 1986 年 42 页 26×38cm（8 开）
统一书号：8030.1385 定价：CNY3.40

现代中国画之写意花卉画画册。作者郭味
蕖（1908—1971），画家。原名忻，后改慰劬、味
蕖，曾用别号汾阳王孙等。山东潍坊人，毕业于
上海美术专科学校。历任中央美术学院研究部
和徐悲鸿纪念馆研究员、中央美院中国画讲师、
中央美术学院国画系花鸟科主任等。著有《宋元
明清画家年表》《中国版画史略》《写意花鸟创作
技法十六讲》等。

J0016621

荣宝斋画谱　（十二 山水部分）张大千绘；荣
宝斋编辑
北京 荣宝斋 1986 年 82 页 26×38cm（8 开）

统一书号：8030.1444 定价：CNY3.80

　　现代中国画之山水画画册。作者张大千（1899—1983），中国泼墨画家、书法家。四川内江人，祖籍广东番禺。代表作品有《爱痕湖》等。

J0016622

荣宝斋画谱　（十三　山水部分）白雪石绘；荣宝斋编辑

北京 荣宝斋 1986 年 41 页 26×38cm（8 开）

统一书号：8030.1445 定价：CNY3.60

　　本书系现代中国画之山水画画册。作者白雪石（1915—2011），画家，教授。北京市人，斋号何须斋。自幼习画，早年师从赵梦朱，后拜梁树年为师。执教于北京师范学院、北京艺术学院、中央工艺美院，兼北京山水画研究会会长。代表作品《万壑松风》《千峰竞秀》《早春图》《漓江一曲千峰秀》等。

J0016623

荣宝斋画谱　（十四　山水花卉部分）董寿平绘；荣宝斋编辑

北京 荣宝斋 1986 年 41 页 26×38cm（8 开）

统一书号：8030.1446 定价：CNY3.40

　　本书系现代中国画之山水画花卉画作品集。作者董寿平（1904—1997），中国现代国画家。

J0016624

荣宝斋画谱　（十五　花鸟草虫部分）赵少昂绘

北京 荣宝斋 1986 年 41 页 26×38cm（8 开）

统一书号：8030.1461 定价：CNY3.90

　　本书系现代中国画之花鸟草虫画画册。作者赵少昂（1905—1998），现代中国画画家。

J0016625

荣宝斋画谱　（十六　人物部分）戴敦邦绘；荣宝斋编辑

北京 荣宝斋 1986 年 49 页 26×38cm（8 开）

统一书号：8030.1462 定价：CNY3.60

　　本书系现代中国画之人物画画册。作者戴敦邦（1938—　　），国画家，教授。号民间艺人，江苏丹徒人。毕业于上海第一师范学校。历任《中国少年报》《儿童时代》美术编辑，上海交通大学人文学院教授等。主要作品《水浒人物一百零八图》《戴敦邦水浒人物谱》《戴敦邦新绘红楼梦》《戴敦邦古典文学名著画集》等；连环画代表作品

有《一支驳壳枪》《水上交通站》《大泽烈火》《蔡文姬》等。

J0016626

荣宝斋画谱　（一二　山水部分）张大千绘

北京 荣宝斋出版社 1986 年 42 页 有图 26×38cm

ISBN：7-5003-0086-7 定价：CNY18.00

J0016627

荣宝斋画谱　（十七　花鸟人物部分 李苦禅纪念馆藏画选）李苦禅绘；荣宝斋编辑

北京 荣宝斋 1987 年 42 页 26×38cm（8 开）

ISBN：7-5003-0002-6 定价：CNY4.20

　　本书系现代中国画之花鸟人物画作品集。作者李苦禅（1899—1983），书画家、美术教育家。山东高唐人。原名李英杰，字励公。擅画花鸟和鹰。中央美术学院教授、中国美术家协会理事、中国画研究院院务委员等。代表作品有《盛荷》《群鹰图》《兰竹》等，出版有《李苦禅画辑》。

J0016628

荣宝斋画谱　（十八　山水部分）宋文治绘；荣宝斋编辑

北京 荣宝斋 1987 年 41 页 26×38cm（8 开）

ISBN：7-5003-0000-X 定价：CNY4.20

　　本书系现代中国画之山水画作品集。作者宋文治（1919—1999），画家。江苏太仓人。就读于江苏省国画院。曾任南京大学教授、江苏美协副主席、江苏省国画院副院长等职。代表作有《白云幽涧图》《蜀江云起》《华岳积翠图》《水乡春暖》。著作有《宋文治画集》《宋文治作品选集》等。

J0016629

荣宝斋画谱　（十九　山水部分）钱松喦绘

北京 荣宝斋 1987 年 41 页 26×38cm（8 开）

ISBN：7-5003-0003-4 定价：CNY4.70

　　本书系现代中国画之山水画作品集。作者钱松喦（1899—1985），画家。江苏宜兴人。曾任江苏省国画院院长、名誉院长，江苏省美术家协会主席、中国美术家协会常务理事等。画作有《红岩》《延安颂》《芙蓉湖上》《山岳颂》等。代表作品有《梅园新村》《延安颂》《红岩》《井冈大瀑布》等。著作《砚边点滴》。出版物《钱松喦画集》等。

J0016630

荣宝斋画谱 （二十　山水部分）陆俨少绘；荣宝斋编辑

北京　荣宝斋　1987年　41页　26×38cm（8开）

ISBN：7-5003-0003-4 定价：CNY4.60

　　本书系现代中国画之山水画画册。作者陆俨少（1909—1993），画家、教师。又名砥，字宛若，上海嘉定县人。毕业于无锡美术专科学校。历任上海中国画院画师、浙江美术学院教师、浙江画院院长。代表作品有《嘉陵江上》《峡江险水》《雁荡泉瀑》《溪山秋色》《黄山松云》等。

J0016631

荣宝斋画谱 （二十一　山水人物部分）傅抱石绘；荣宝斋编辑

北京　荣宝斋　1987年　40页　26×38cm（8开）

ISBN：7-5003-0005-0 定价：CNY4.70

　　本书系现代中国画之山水人物画作品集。作者傅抱石（1904—1965），画家。原名长生、瑞麟，号抱石斋主人。生于江西南昌，祖籍江西新余，早年留学日本。历任南京师范学院教授、江苏国画院院长等职。代表作品有《山阴道上》《钟馗》《屈原》《江山如此多娇》，著有《中国古代绘画之研究》《中国绘画变迁史纲》等。

J0016632

荣宝斋画谱 （二十二　山水部分）亚明绘；荣宝斋编辑

北京　荣宝斋　1987年　42页　26×38cm（8开）

ISBN：7-5003-0006-9 定价：CNY4.60

　　本书系现代中国画之山水画作品集。

J0016633

荣宝斋画谱 （二十二　山水部分）亚明绘

北京　荣宝斋　1987年　42页　26×38cm（8开）

ISBN：7-5003-0006-9 定价：CNY4.60

　　作者亚明（1924—2002），画家、教授。原姓叶，名家炳，号敬植，后改名亚明。安徽合肥人。历任无锡市美协主席、江苏省美术工作室主任、江苏省国画院副院长、中国美协常务理事、香港《文汇报》中国画版主编。出版有《访苏画辑》《亚明作品选集》《亚明画集》《三湘四水集》等。

J0016634

荣宝斋画谱 （二十三　山水部分）黄宾虹绘

北京　荣宝斋　1987年　40页　26×38cm（8开）

ISBN：7-5003-0021-2 定价：CNY4.40

　　本书系中国现代中国画之山水画作品集。作者黄宾虹（1865—1955），山水画家。初名懋质，后改名质，字朴存，号宾虹，别署予向。生于浙江金华，原籍安徽歙县，代表作《山居烟雨》《新安江舟中作》等，著有《黄山画家源流考》《虹庐画谈》《画法要旨》等作品。

J0016635

荣宝斋画谱 （二一　山水人物部分）傅抱石绘；荣宝斋出版社编

北京　荣宝斋出版社　1988年　40页　有图26×38cm

ISBN：7-5003-0186-3 定价：CNY14.80

J0016636

荣宝斋画谱 （二十四　人物部分）顾炳鑫绘；荣宝斋编辑

北京　荣宝斋　1988年　41页　26×38cm（8开）

ISBN：7-5003-0032-8 定价：CNY4.90

　　本书系现代中国画之人物画作品集。作者顾炳鑫（1923—2001），美术家。笔名甘草、朽木，江苏宝山人。历任中国美术家协会理事、上海美术家协会主席团委员、上海美协连环画艺委会主任。代表作品有连环画《渡江侦察记》《列宁在十月》等。

J0016637

荣宝斋画谱 （二十五　花鸟草虫部分）刘继卣绘；荣宝斋编辑

北京　荣宝斋　1988年　41页　26×38cm（8开）

ISBN：7-5003-0036-0 定价：CNY4.70

　　本书系现代中国画之花鸟草虫画册。作者刘继卣（1918—1983），画家。天津人。就读于天津市立美术馆西画系。曾任职于文化部艺术局、人民美术出版社，中国美术家协会理事、北京市工笔人物画研究会副会长、北京市花鸟画研究会副会长。代表作品有《大闹天宫》《雄狮图》《孔雀开屏》《鸡毛信》等。

J0016638

荣宝斋画谱 （二十六　山水花鸟部分）陈佩秋绘；荣宝斋编辑

北京　荣宝斋　1988年　42页　26×38cm（8开）

ISBN：7-5003-0040-9 定价：CNY4.80

本书系中国现代中国画之山水花鸟画作品集。作者陈佩秋(1922—　)，女，现代中国画花鸟画画家。河南南阳人。字健碧，室名秋兰室、高华阁、截玉轩。历任上海大学美术学院兼职教授、上海中国画院画师、中国美术家协会会员。主要作品有《天目山杜鹃》《水佩风裳》《红满枝头》。

J0016639

荣宝斋画谱 （二十七　山水动物部分）宋雨桂，冯大中绘
北京 荣宝斋出版社 1988年 42页
26×38cm(8开)ISBN：7-5003-0042-5
定价：CNY4.90

　　本书系现代中国画之山水动物画作品集。作者宋雨桂(1940—2017)，山水画画家、国家一级美术师。山东临邑人，后迁居东北。别名雨鬼。自幼随母习画，后毕业于鲁迅美术学院绘画系预科。擅长中国画、版画，独创北派山水画技法。曾任民革中央画院院长、辽宁美术家协会主席、辽宁美术馆馆长等。作品《故乡恋》《新富春山居图》《留得墨荷听雨声》等。

J0016640

荣宝斋画谱 （二十八　花鸟草虫部分）张辛稼绘
北京 荣宝斋出版社 1988年 42页 26×38cm(8开)
ISBN：7-5003-0043-3 定价：CNY4.90

　　本书系现代中国画之花鸟草虫画作品集。作者张辛稼(1909—1991)，花鸟画家。名国枢，字星阶，别署霜屋老农。江苏苏州人。历任苏州国画院院长、中国美术家协会会员中国美术家协会会员、江苏美协理事。作品有《洞庭秋高》《浴日扬波》《幽谷春深》，著有《花鸟画浅说》等。

J0016641

荣宝斋画谱 （二十九　人物部分）吴光宇绘；荣宝斋编辑
北京 荣宝斋 1988年 42页 26×38cm
ISBN：7-5003-0050-6 定价：CNY5.30

　　本书系中国现代中国画之人物画作品集。作者吴光宇(1908—1970)，国画家。原名显曾，以字行，浙江绍兴人。曾在北京中国画学研究会、北平国立艺术专科学校京华美术学院、北京画院

从事专业创作。代表作有《荀灌娘救父》《淝水之战》《宝琴立雪》等。

J0016642

荣宝斋画谱 （三十　人物部分）范曾绘；荣宝斋编辑
北京 荣宝斋 1988年 42页 26×38cm(8开)
ISBN：7-5003-0053-0 定价：CNY4.90

　　本书系中国现代中国画之人物画作品集。作者范曾(1938—　)，中国现代国画家。

J0016643

荣宝斋画谱 （八　花卉草虫部分）齐白石绘
北京 荣宝斋 1989年 2版 48页 有图 26×38cm
ISBN：7-5003-0066-2 定价：CNY5.60

J0016644

荣宝斋画谱 （三十一　人物部分）黄胄绘
北京 荣宝斋 1989年 42页 26×38cm(8开)
ISBN：7-5003-0063-8 定价：CNY6.30

　　本书系中国现代中国画之人物画作品集。

J0016645

荣宝斋画谱 （三十二　山水部分）吴镜汀绘
北京 荣宝斋 1989年 42页 26×38cm(8开)
ISBN：7-5003-0055-7 定价：CNY6.20

　　本书系现代中国画之山水画作品集。作者吴镜汀(1904—1972)，国画家。原名熙曾，字镜汀，号镜湖，祖籍浙江绍兴，生于北京。作品有《秦岭》《黄山人字瀑》等，出版有《吴镜汀作品选》。

J0016646

荣宝斋画谱 （三十三　山水部分）郭传璋绘
北京 荣宝斋出版社 1989年 42页
26×38cm(8开)

　　本书系现代中国画之山水画作品集。作者郭传璋(1912—1990)，画家。山东惠民县人。代表作品有《山水画册》《花鸟画谱》等。

J0016647

荣宝斋画谱 （三十四　山水范画部分）白雪石绘
北京 荣宝斋 1989年 42页 26×38cm(8开)
ISBN：7-5003-0064-6 定价：CNY6.30

　　本书系中国画之山水范画作品集。作者白

雪石(1915—2011)，画家，教授。北京市人，斋号何须斋。自幼习画，早年师从赵梦朱，后拜梁树年为师。执教于北京师范学院、北京艺术学院、中央工艺美院，兼北京山水画研究会会长。代表作品《万壑松风》《千峰竞秀》《早春图》《漓江一曲千峰秀》等。

J0016648

荣宝斋画谱　（三十五　人物山水静物部分）林风眠绘；荣宝斋编辑

北京　荣宝斋　1989年　42页　26×39cm

ISBN：7-5003-0045-X　定价：CNY6.30

　　本书系现代中国画之人物山水静物画作品集。作者林风眠(1900—1991)，画家、艺术教育家。名绍琼，字凤鸣，后改风眠。广东梅县人。曾任国立艺术学院首任院长、中国美术家协会上海分会副主席。代表作品有《春晴》《江畔》《仕女》。

J0016649

荣宝斋画谱　（三十六　山水花卉部分）朱屺瞻绘；荣宝斋编辑

北京　荣宝斋　1989年　42页　26×39cm（8开）

ISBN：7-5003-0044-1　定价：CNY6.20

　　本书系现代中国画之山水花卉画作品集。作者朱屺瞻(1892—1996)，国画家。历任上海美术专科学校教授、上海新华艺术专科学校绘画研究所主任、中国美术家协会顾问、中国书法家协会理事、上海美术家协会常务理事，上海中国画院画师、上海师范大学艺术系教授等职。代表作品《朱屺瞻画集》《癖斯居画谈》《朱屺瞻画选》。

J0016650

荣宝斋画谱　（三十七　山水人物部分）石鲁绘；荣宝斋编辑

北京　荣宝斋　1989年　42页　26×39cm（8开）

ISBN：7-5003-0062-X　定价：CNY6.30

　　本书系现代中国画之山水人物画作品集。作者石鲁(1919—1982)，画家。原名冯亚珩，四川仁寿人，就读于成都东方美专和陕北公学院。曾任中国美术家协会常务理事、陕西省美术家协会主席、陕西省书法家协会主席、陕西省国画院名誉院长、中国画研究院院委等职。著有《石鲁学画录》，电影剧本《暴风中的雄鹰》等。

J0016651

荣宝斋画谱　（三十八　山水部分）刘懋善绘；荣宝斋编辑

北京　荣宝斋　1989年　42页　26×39cm（8开）

ISBN：7-5003-0073-5　定价：CNY6.20

　　本书系现代中国画之山水画作品集。作者刘懋善(1942—　　)，山水画家、教授。江苏苏州人，毕业于苏州工艺美术专科学校。历任中国美术家协会会员、国家一级美术师、苏州国画院副院长、苏州大学教授。代表作《春风又绿江南岸》。

J0016652

荣宝斋画谱　（三十九　花鸟动物山水部分）杨善深绘

北京　荣宝斋出版社　1990年　42页　26×38cm（8开）

ISBN：7-5003-0096-4　定价：CNY6.30

　　本书系现代中国画之花鸟山水动物画作品集。作者杨善深(19136—2004)，国画家。字柳斋，广东台山县人。曾留学日本美术专科学校。作品有《秋山旅行》等，出版有《杨善深画集》等。

J0016653

荣宝斋画谱　（四十　花鸟动物部分）徐悲鸿绘

北京　荣宝斋出版社　1990年　42页

26×38cm（8开）ISBN：7-5003-0097-2

定价：CNY6.60

　　本书系现代中国画之花鸟动物作品集。

J0016654

荣宝斋画谱　（四十一　山水部分）黄秋园绘；荣宝斋编辑

北京　荣宝斋　1990年　40页　26×39cm（8开）

ISBN：7-5003-0098-0　定价：CNY6.40

　　本书是现代中国画之山水画作品集。作者黄秋园(1914—1979)，现代国画家。

J0016655

荣宝斋画谱　（四十二　花鸟部分）袁晓岑绘；荣宝斋编辑

北京　荣宝斋　1990年　42页　26×39cm（8开）

ISBN：7-5003-0099-9　定价：CNY6.20

　　本书系现代中国画之花鸟画作品集。作者袁晓岑(1915—2008)，雕塑家、画家、教授。贵州普定县人，毕业于云南大学。历任云南文联创作研究部副主任，云南艺术学院系主任、副院长，云南省画院名誉院长。出版有《袁晓岑画辑》等。

J0016656

荣宝斋画谱 （四十三 山水部分）梁树年绘；荣宝斋编辑

北京 荣宝斋 1990年 41页 26×39cm（8开）

ISBN：7-5003-0100-6 定价：CNY6.30

本书系现代中国画之山水画作品集。作者梁世雄（1933— ），画家。广东南海人，就读于广东省立艺术专科学校，毕业于华南文艺学院美术系。中国美术家协会会员、岭南画派研究室主任、岭南画派纪念馆副董事长、广东省美术家协会常务理事。代表作品有《归渔》《椰林秋晓》《不尽长江滚滚流》等。

J0016657

荣宝斋画谱 （四十四 山水部分）吴冠中绘

北京 荣宝斋 1991年 42页 26×38cm

ISBN：7-5003-0093-X 定价：CNY6.80

本书是现代中国画之山水画册。作者吴冠中（1919—2010），现代中国画画家。

J0016658

荣宝斋画谱 （四十五 工笔花鸟部分）陈之佛绘

北京 荣宝斋 1991年 41页 26×38cm

ISBN：7-5003-0094-8 定价：CNY7.20

本书是中国画工笔花鸟画册。作者陈之佛（1896—1962），画家、工艺美术家。又名陈绍本、陈杰，号雪翁。毕业于浙江省工业专门学校染织科机织专业，曾留学日本入东京美术学校工艺图案科。曾任教于上海美术专科学校及中央大学艺术系，任南京大学、南京师范学院教授，江苏美协副主席、南京艺术学院副院长、中国美术家协会理事等职。代表作品有《瑞安名胜古诗选》《旅美纪行》《江村集》等。

J0016659

荣宝斋画谱 （四十六 山水部分）陈子庄绘

北京 荣宝斋出版社 1991年 42页 有照片

26×38cm ISBN：7-5003-0095-6 定价：CNY6.80

本书系中国画山水画册。作者陈子庄（1913—1976），画家。号南原，又号石壶。出生

于四川荣昌县。历任四川省文史馆研究员、四川省政协委员。代表作有《山深林密》《秋山如醉》《溪岸图》等。著有《石壶论画语要》。

J0016660

荣宝斋画谱 （四十七 花鸟部分）于非闇绘

北京 荣宝斋 1991年 42页 有照片 26×38cm

ISBN：7-5003-0104-9 定价：CNY7.20

本书系中国花鸟画画册。作者于非闇（1889—1959），满族，画家。原名于魁照，后改名于照，字仰枢，别署非闇，又号闲人等。出生于北京，祖籍山东蓬莱。历任中央美术学院民族美术研究所研究员、北京中国画研究会副会长、北京画院副院长。作品有《玉兰黄鹂》《丹柿图》《牡丹鸽子》等，著有《非闇漫墨》《艺兰记》《中国画颜料研究》《我怎样画花鸟画》等。

J0016661

荣宝斋画谱 （四十八 山水人物部分）陈少梅绘

北京 荣宝斋出版社 1991年 42页 有照片

26×39cm ISBN：7-5003-0105-7 定价：CNY7.40

本书系中国画山水人物画画册。作者陈少梅（1909—1954），国画家。名云彰，又名云鹄，号升湖，字少梅，以字行。生于湖南衡山。曾任中国美术家协会天津分会主席、天津美术学校校长。主要作品有《江南春》《丛林远岭》等。

J0016662

荣宝斋画谱 （四十九 翎毛走兽部分）吴作人绘

北京 荣宝斋出版社 1991年 40页 有照片

26×38cm ISBN：7-5003-0126-X 定价：CNY7.60

本书系中国画翎毛走兽画画册。作者吴作人（1908—1997），著名画家、教授。生于江苏苏州，祖籍安徽泾县，先后就读于苏州工业专科学校建筑系、上海艺术大学、南国艺术学院美术系及南京中央大学艺术系。曾任中央美术学院院长、中国美术家协会主席。出版有《吴作人》《吴作人艺术馆藏品集》《吴作人画传》等。

J0016663

荣宝斋画谱 （五十 花卉部分）萧淑芳绘

北京 荣宝斋出版社 1991年 41页 有照片

26×38cm ISBN：7-5003-0127-8 定价：CNY7.40

本书系中国画之花卉画册。作者萧淑芳（1911—2005），女，国画家。广东中山人。曾任中央美术学院教授，中国美术家协会会员。出版有《走过九十——萧淑芳画集》《萧淑芳画选》《荣宝斋萧淑芳花卉画谱》《中国儿童游戏》《吴作人、萧淑芳中国画集》等。

J0016664

荣宝斋画谱 （五十一 人物部分）晏少翔绘
北京 荣宝斋出版社 1992年 40页 有照片
26×38cm ISBN：7-5003-0128-6 定价：CNY7.40

本书收入作者40余幅人物画作品，还选录4幅临摹古代名作的作品。作者晏少翔（1914—2014），工笔重彩古典人物画家。字冕翰。鲁迅美术学院教授，中国美术家协会会员、全国红学会会员等。

J0016665

荣宝斋画谱 （五十二 工笔人物部分）刘凌沧绘
北京 荣宝斋出版社 1992年 42页 有照片
26×38cm ISBN：7-5003-0143-X 定价：CNY7.80

本书系中国画工笔古典人物画画册。作者刘凌沧（1908—1989），画家、美术教育家。名恩涵，字凌沧，河北固安人。就读于北平艺术专科学校。北京工笔重彩画会名誉会长、中国美术家协会会员、中央美术学院教授。代表作品有《赤眉军起义图》《淝水之战》《文成公主》等。

J0016666

荣宝斋画谱 （五十三 写意花鸟部分）崔子范绘
北京 荣宝斋出版社 1992年 42页 有照片
26×38cm ISBN：7-5003-0144-8 定价：CNY7.70

本书作者保持了独特的民族风格，并在这个基础上加以实践和出新，积累了丰富的经验。并介绍了写意花鸟画画法。作者崔子范（1915—2011），画家。曾用名崔尚治。山东莱阳人，就读于上海美术专科学校、抗日军政大学。历任北京国画院副院长兼秘书长、中国美术家协会会员、北京市美协理事。代表作品有《麻雀枇杷》《芙蓉八哥》《金鱼》等。

J0016667

荣宝斋画谱 （五十四 人物部分）刘继卣绘

北京 荣宝斋出版社 1992年 42页 有照片
26×38cm ISBN：7-5003-0145-6 定价：CNY8.20

本书收入作者多幅中国画人物画作品。

J0016668

荣宝斋画谱 （五十六 人物部分）叶浅予绘
北京 荣宝斋出版社 1992年 37页 有照片
26×38cm ISBN：7-5003-0147-2 定价：CNY8.10

本书收入作者多幅中国画人物画作品。

J0016669

荣宝斋画谱 （五十七 山水部分）胡佩衡绘
北京 荣宝斋出版社 1992年 42页 有照片
26×38cm ISBN：7-5003-0148-0 定价：CNY8.20

本书收集作者早期教授山水画技法的画稿和临古画及其后期深入桂林写生创作的新作共70多幅。作者胡佩衡（1892—1962），蒙古族，山水画家。谱名锡铨，又名衡，字佩衡，号冷庵，外号胡涂克图，以字行。河北涿县人。历任中国画学研究会和湖社画会评议、华北大学教授、北京师范大学讲师、北平艺术专科学校教授、北京中国画研究会常务理事、北京画院画师兼院务委员。著有《山水入门》《桂林写生》《胡佩衡画集》。

J0016670

荣宝斋画谱 （五十八 工笔人物部分）潘絜兹绘
北京 荣宝斋出版社 1992年 40页 26×38cm
ISBN：7-5003-0150-2 定价：CNY8.40

本书是中国画工笔古典人物画画册。作者潘絜兹，当代中国国画家。

J0016671

荣宝斋画谱 （五十九 焦墨山水部分）张仃绘
北京 荣宝斋出版社 1992年 42页 有肖像
26×37cm ISBN：7-5003-0153-7 定价：CNY7.90

本书系现代中国画之焦墨山水作品集。作者张仃（1917—2010），国画家、美术教育家、美术理论家。号它山，辽宁黑山人。曾任黄宾虹研究会会长，中央工艺美术学院教授、院长等。中国人民政治协商会议会徽的设计者，中华人民共和国国徽设计提议者之一。代表作品有《张仃水墨写生》《张仃画室》。

J0016672

荣宝斋画谱 （六十 工笔部分）刘奎龄绘
北京 荣宝斋出版社 1992 年 42 页 有肖像
26×37cm ISBN：7-5003-0154-5 定价：CNY8.30
　　本书系现代中国画之工笔作品集。作者刘
奎龄（1885—1967），画家。字耀辰，天津人。历
任美协天津分会副主席、天津市国画研究会委
员、天津文史馆研究员、中国美术家协会会员。
代表作品有《上林春色图》《动物八屏图》《卧虎
图》等。

J0016673

荣宝斋画谱 （六十一 人物部分）刘文西绘
北京 荣宝斋出版社 1992 年 42 页 有照片
26×38cm ISBN：7-5003-0155-3 定价：CNY8.20
　　本书系现代中国画之人物作品集。作者刘
文西（1933—2019），曾任教于西安美术学院。中
国美术家协会常务理事、陕西国画院名誉院长、
延安市副市长等。

J0016674

荣宝斋画谱 （六十二 山水部分）孙克纲绘
北京 荣宝斋出版社 1992 年 41 页 有肖像
26×37cm ISBN：7-5003-0156-1 定价：CNY8.10
　　本书是现代中国画之山水画作品集。作者
孙克纲（1923—2007），画家。天津人。曾任天津
画院一级画师、中国美术家协会天津分会副主席
等。代表作品有《太行十月》《秦岭烟云》《峨眉
天下秀》等。

J0016675

荣宝斋画谱 （六十三 写意花鸟部分）孙其
峰绘
北京 荣宝斋出版社 1992 年 42 页 有照片
26×38cm ISBN：7-5003-0157-X 定价：CNY8.10
　　本书是现代中国画之写意花鸟画作品集。
作者孙其峰（1920—　 ），教授，艺术家。原名奇
峰，曾用名琪峰，山东招远人。历任天津美术学
院教授、中国书法家协会理事、中国美术家协会
理事，北京铁路局文协美术工作者、北京美协会
员。代表作品《花鸟画谱》《孙其峰画辑》《孙其
峰扇面选集》等。

J0016676

荣宝斋画谱 （六十四 花鸟山水部分）汪慎生绘

北京 荣宝斋出版社 1992 年 42 页 有肖像
26×37cm ISBN：7-5003-0152-9 定价：CNY8.10
　　本书系现代中国画之花鸟山水作品集。作
者汪慎生（1896—1972），艺术家。名溶，号满川
村人，安徽歙县人。任中央美术学院民族美术研
究所研究员、中国美术家协会会员。主要作品《番
茄丰收》。

J0016677

荣宝斋画谱 （六十五 山水部分）方济众绘
北京 荣宝斋出版社 1992 年 42 页 有照片
26×38cm ISBN：7-5003-0158-8 定价：CNY8.20
　　本书系现代中国画之山水作品集。作者方
济众（1923—1987），国画家。号雪农，陕西勉县
人。历任中国美术家协会常务理事、美协陕西分
会副主席。代表作品有《三边塞上风光》《雪漫
天山》《沙海花》等。

J0016678

荣宝斋画谱 （六十六 山水部分）萧谦中绘
北京 荣宝斋出版社 1992 年 42 页 有照片
26×38cm ISBN：7-5003-0159-6 定价：CNY8.20
　　本书系现代中国画之山水作品集。作者萧
谦中（1883—1944），国画家。原名萧逊，安徽怀
宁人。任教于北京美术专科学校及中国画学研
究会。作品有《萧龙樵山水精品二十四帧》《课
徒画稿》。

J0016679

荣宝斋画谱 （六十七 花鸟部分）康师尧绘
北京 荣宝斋 1992 年 42 页 有照片 26×38cm
ISBN：7-5003-0160-X 定价：CNY8.10
　　本书系现代中国画之花鸟作品集。作者康
师尧（1921—1985），笔名康巽，河南博爱县人，
曾任美协陕西分会创作委员会委员、陕西书法篆
刻研究会理事等。

J0016680

荣宝斋画谱 （六十八 梅花部分）蔡鹤汀绘
北京 荣宝斋出版社 1992 年 42 页 有照片
26×38cm ISBN：7-5003-0161-8 定价：CNY8.40
　　本书是现代中国画之花鸟画作品集。作者
蔡鹤汀（1909—1976），国画家。原名蔡颐元，号
枕石散人，出生于福州台江。曾任陕西省戏剧研
究院艺委会委员、西安美协分会常务理事。绘画

作品有《铁骨冰心》《月季》《雀跃》《池塘小憩》等。出版有《荻芦盦画册》《花卉写生技法》《名家花卉画谱》。

J0016681
荣宝斋画谱 （七十　山水部分）赵望云绘
北京　荣宝斋出版社　1992年　42页　26×38cm
ISBN：7-5003-0163-4　定价：CNY8.40
　　本画册收入画家山水画作品42幅。作者赵望云（1906—1977），画家。河北束鹿人。曾任西北军政委员会文化部文物处处长、中国美术家协会常务理事、陕西省美术家协会首任主席、陕西省文化局副局长等职。主要作品有《农村写生集》《西北旅行画集》《埃及写生画集》《赵望云画集》等。

J0016682
荣宝斋画谱 （七十一　花鸟部分）蔡鹤洲绘
北京　荣宝斋出版社　1992年　42页　26×38cm
ISBN：7-5003-0164-2　定价：CNY8.20
　　本画册收入画家花鸟画作品42幅。作者蔡鹤洲（1911—1971），画家。又名颐亭，字学亭，号狄芦令二郎，原名蔡学亭，号白羽。福建福州人。擅长中国画，兼事连环画、舞台美术设计。中国美术家协会会员。主要作品有《蜀道如今不再难》，出版有《花卉写生技法》《名家花卉画谱》《蔡鹤洲画辑》等。

J0016683
荣宝斋画谱 （七十二　山水部分）朱修立绘
北京　荣宝斋出版社　1992年　42页　26×39cm
ISBN：7-5003-0151-0　定价：CNY8.10
　　本书系现代中国画之山水画作品集。作者朱修立（1938—　　），中国美术家协会会员、安徽美术家协会常务理事、安徽省书画院一级画师。

J0016684
荣宝斋画谱 （六十九　工笔猫部分）曹克家绘
北京　荣宝斋出版社　1993年　42页　26×38cm
ISBN：7-5003-0162-6　定价：CNY12.80
　　本画册收入画家工笔猫作品42幅。作者曹克家（1906—1979），画家。号汝贤，北京人，毕业于上海中华职业学校。曾在轻工业部工艺美术局任职，中国美术家协会会员。作品有《耄耋图》等。著作有《怎样画猫》和《宋瓷纹样》。

J0016685
荣宝斋画谱 （七十三　山水部分）齐白石绘
北京　荣宝斋出版社　1993年　40页　有照片
26×38cm ISBN：7-5003-0175-8　定价：CNY13.80
　　本书收入白石先生山水画作品及其部分原诗。

J0016686
荣宝斋画谱 （七十四　人物部分）齐白石绘
北京　荣宝斋　1993年　40页　26×38cm
ISBN：7-5003-0185-5　定价：CNY13.80

J0016687
荣宝斋画谱 （七十五　鱼虫禽鸟部分）齐白石绘
北京　荣宝斋出版社　1993年　42页　26×36cm
ISBN：7-5003-0186-3　定价：CNY13.80

J0016688
荣宝斋画谱 （七十六　山水人物部分）徐悲鸿绘
北京　荣宝斋出版社　1993年　42页　26×38cm
ISBN：7-5003-0187-1　定价：CNY12.80
　　本画册收入徐悲鸿山水人物画作品42幅。

J0016689
荣宝斋画谱 （七十八　写意山水部分）贾又福绘
北京　荣宝斋出版社　1993年　42页　26×38cm
ISBN：7-5003-0189-8　定价：CNY11.80
　　本画册收入画家写意山水画作品42幅。作者贾又福（1942—　　），画家。河北省肃宁县人，毕业于中央美术学院。历任中央美术学院教授、博士生导师。代表作品《贾又福谈画篇》《贾又福集：苦修集、怀乡集、观化集》等。

J0016690
荣宝斋画谱 （七十九　花鸟山水部分）唐云绘
北京　荣宝斋出版社　1993年　42页　有照片
26×38cm ISBN：7-5003-0190-1　定价：CNY12.60
　　本书是现代中国画之花鸟山水画作品集。作者唐云（1910—　　），画家。字侠尘，别号药城、药尘、药翁等。历任中国画研究院院务委员，上海中国画院副院长、代院长、名誉院长等职。中国美术家协会理事、美协上海分会副主席。

J0016691

荣宝斋画谱 （八十一　山水部分）李可染绘
北京　荣宝斋出版社 1993 年　40 页　有照片
26×38cm ISBN：7-5003-0192-8 定价：CNY13.80
　　本书是现代中国画之山水画作品集。作者李可染（1907—1989），国画家、诗人、教授。原名李永顺，江苏徐州人。历任中央美术学院教授、中国美术家协会副主席、中国文联委员、中国画研究院院长等。代表作品有《江山无尽图》《万山红遍》《漓江胜境图》等，画集有《李可染水墨写生画集》《李可染中国画集》《李可染画牛》等。

J0016692

荣宝斋画谱 （八十二　速写素描部分）李可染绘
北京　荣宝斋出版社 1993 年　40 页　有照片
26×38cm ISBN：7-5003-0193-6 定价：CNY13.80

J0016693

荣宝斋画谱 （八十三　写意人物动物部分）李可染绘
北京　荣宝斋出版社 1993 年　40 页　26×38cm
ISBN：7-5003-0194-4 定价：CNY13.80

J0016694

荣宝斋画谱 （八十五　写意山水部分）谢稚柳绘
北京　荣宝斋出版社 1993 年　42 页　有照片
26×38cm ISBN：7-5003-0196-0 定价：CNY12.60
　　本书是现代中国画之写意山水画作品集。作者谢稚柳（1910—1997），书画家、书画鉴定家。原名稚，字稚柳，后以字行，晚号壮暮翁，斋名鱼饮溪堂等。江苏常州人。历任上海市文物保护委员会编纂、副主任，上海市博物馆顾问、中国书法家协会理事、国家文物局全国古代书画鉴定小组组长等。编著有《敦煌石室记》《敦煌艺术叙录》《水墨画》《唐五代宋元名迹》等。

J0016695

荣宝斋画谱 （八十六　人物风景部分）丰子恺绘；荣宝斋编辑
北京　荣宝斋出版社 1993 年 46 页　有照片
26×38cm ISBN：7-5003-0203-7 定价：CNY13.80
　　本书是中国画的人物风景画画册。作者丰子恺（1898—1975），画家、文学家、艺术教育家。

原名丰润，又名仁、仍，字子觊，后改为子恺，笔名 TK，浙江嘉兴人。作品有《缘缘堂随笔》、画集《子恺漫画》等。

J0016696

荣宝斋画谱 （八十七　兰竹部分）卢坤峰绘；荣宝斋编辑
北京　荣宝斋出版社 1993 年　42 页　有照片
26×38cm ISBN：7-5003-0201-0 定价：CNY13.60
　　本书是中国画的花鸟画画册。作者卢坤峰（1934—2018），画家。又名卢毓山，山东平邑人，毕业于浙江美术学院。浙江美术家协会理事、浙江花鸟画研究会副会长、中国美术学院教授、山东临沂画院名誉院长。出版有《卢坤峰画集》《卢坤峰画选》《卢坤峰兰竹谱》《墨竹要述》《卢坤峰墨兰说》。

J0016697

荣宝斋画谱 （八十八　花鸟部分）田世光绘
北京　荣宝斋出版社 1993 年　42 页　26×42cm
ISBN：7-5003-0202-9 定价：CNY13.80
　　本书系中国画之花鸟画画册。作者田世光（1916—1999），教授。号公炜，北京人，祖籍山东乐陵，毕业于北京京华美术学院，师承张大千、赵梦朱、吴镜汀、于非闇、齐白石诸先生。历任中国美术家协会会员、北京工笔重彩画副会长、中国画研究院第一届院务委员。代表作《和平颂》《松树白鹰》《春晖》《幽谷红妆》《山雀》。

J0016698

荣宝斋画谱 （九十一　山水花卉部分）启功绘；荣宝斋编辑
北京　荣宝斋 1993 年　40 页　有照片　26×38cm
ISBN：7-5003-0199-5 定价：CNY13.80
　　本书是现代中国画之山水花卉画作品集。作者启功（1912—2005），满族，中国现代著名书法家。字元伯，北京人。曾任北京师范大学教授、中央文史研究馆副馆长，中国书协名誉主席等职，世界华人书画家联合会创会主席，中国佛教协会、故宫博物院、国家博物馆顾问，西泠印社社长。

J0016699

荣宝斋画谱 （九十二　人物部分）徐燕孙绘
北京　荣宝斋出版社 1993 年　42 页　有照片

26×38cm ISBN：7-5003-0198-7 定价：CNY12.60

　　本书系现代中国画之人物画作品集。作者徐燕孙（1899—1961），工笔画家。河北深县人。历任人民美术出版社创作员、中国画院副院长、中国美术家协会中国画创作组组长。代表作有《兵车行》《风尘三侠》《五百罗汉图卷》等。

J0016700

荣宝斋画谱 （九十三 山水部分）溥心畬绘
北京 荣宝斋出版社 1993年 42页 有照片
26×39cm ISBN：7-5003-0195-2 定价：CNY13.80

　　本书共收溥心畬先生山水画作品42幅。作者溥心畬（1896—1972），画家，收藏家。名儒，字心畬，号羲皇上人，又号西山逸士。生于北京，毕业于北京法政大学青岛威廉帝国研修院，留学德国。曾在台湾师范大学及东海大学任教。代表作品《雪中访友图》，著有《四书经义集证》《毛诗经义集证》《尔雅释言经证》等。

J0016701

荣宝斋画谱 （一〇〇 花卉部分）林金秀绘
北京 荣宝斋出版社 1993年 50页 26×36cm
ISBN：7-5003-0206-1 定价：CNY16.80

　　本书系现代中国画之花卉画作品集。作者林金秀（1918—　　），女，笔名林枫。陕西省文史研究馆馆员、陕西省妇女书画会副主席、中国美术家协会会员。

J0016702

荣宝斋画谱 （三 动物部分）刘继卣绘
北京 荣宝斋 1994年 42页 有照片 26×39cm
ISBN：7-5003-0022-0 定价：CNY13.80

　　本书系现代中国画之动物画册。

J0016703

荣宝斋画谱 （七十七 山水部分）林曦明绘；荣宝斋编辑
北京 荣宝斋出版社 1994年 42页 有照片
26×38cm ISBN：7-5003-0188-X 定价：CNY13.80

J0016704

荣宝斋画谱 （八十 工笔人物部分）陈白一绘
北京 荣宝斋出版社 1994年 50页 26×36cm
ISBN：7-5003-0191-X 定价：CNY16.80

　　本书系现代中国画之工笔人物画作品集。

作者陈白一（1926—2014），美术师。湖南邵阳人，毕业于华中艺专。历任湖南书画研究院院长、中国当代工笔画学会副会长、湖南省美术家协会顾问、湖南师范大学艺术学院客座教授。代表作品《小港堵口图》《听壁脚》《喜丰收》《工农联盟》等。

J0016705

荣宝斋画谱 （八十四 写意人物部分）关良绘；荣宝斋编辑
北京 荣宝斋出版社 1994年 42页 有照片
26×38cm ISBN：7-5003-0223-1 定价：CNY12.60

J0016706

荣宝斋画谱 （八十九 花鸟部分）陈子奋绘；荣宝斋编辑
北京 荣宝斋出版社 1994年 38页 有照片
26×38cm ISBN：7-5003-0218-5 定价：CNY12.60

　　本书系中国画之花鸟画画册。作者陈子奋（1898—1976），画家。福建长乐。字意芗，原名起，号无寐，晚年别署水叟。历任福建省文史研究馆馆员、国画研究会理事长、美术家协会福建分会副主席、福州美协主席等职。著有《寿山石小志》《甲骨文集联》《籀文汇联》《古钱币文字类纂》等。

J0016707

荣宝斋画谱 （九十 人物部分）王子武绘；荣宝斋编辑
北京 荣宝斋出版社 1994年 42页 有照片
26×38cm ISBN：7-5003-0219-3 定价：CNY12.60

　　本书系中国画之人物画册。作者王子武（1936—　　），画家。生于陕西西安，毕业于西安美术学院中国画系。中国美术家协会陕西分会从事专业创作，中国美术家协会会员、广东省美协常务理事，中国画研究院院委。作品有《平型关大捷》《悼红轩主像》《壮怀激烈》《黄陵古柏》《白石山翁》等。

J0016708

荣宝斋画谱 （九十四 课徒画稿部分）贺天健绘
北京 荣宝斋出版社 1994年 42页 有照片
26×39cm ISBN：7-5003-0227-4 定价：CNY14.80

　　本书系现代中国画之课徒画稿部分。作者

贺天健(1891—1977)，国画家、书法家。原名贺骏，又名贺炳南，字健叟，阿难等。江苏无锡人，毕业于西安美术学院。书法作品有《东风吹到好江山》，出版有《贺天健画集》《贺天健山水册》《学山水画过程自述》等。

J0016709

荣宝斋画谱 （九十五　写意山水部分）贺天健绘
北京　荣宝斋出版社　1994年　40页　有照片
26×39cm ISBN：7-5003-0248-7
定价：CNY14.80

J0016710

荣宝斋画谱 （九十六　写意花鸟部分）潘天寿绘
北京　荣宝斋出版社　1994年　40页　有照片
26×39cm ISBN：7-5003-0231-2　定价：CNY14.80
　　本书系现代中国画之写意花鸟画作品集。作者潘天寿(1897—1971)，现代著名国画家，美术教育家。字大颐，号寿者。浙江宁海县人。擅画花鸟、山水，兼善指画，亦能书法、诗词、篆刻。曾任中国文联委员、中国美术家协会副主席、浙江省文联副主席、中国美协浙江分会主席，浙江美术学院院长、教授等职。著有《中国绘画史》《听天阁画谈随笔》等。

J0016711

荣宝斋画谱 （九十七　花鸟部分）吴茀之绘
北京　荣宝斋出版社　1994年　40页　有照片
26×39cm ISBN：7-5003-0229-0　定价：CNY14.80
　　本书系现代中国画之花鸟画作品集。作者吴茀之(1900—1977)，画家。初名士绥，改名溪，字茀之，号溪子，又号逸道人。浙江浦江县人。代表作品《画论笔记》《中国画十讲》《画微随笔》《吴谿吟草》等。

J0016712

荣宝斋画谱 （九十八　写意花鸟部分）诸乐三绘
北京　荣宝斋出版社　1994年　40页　有照片
26×39cm ISBN：7-5003-0228-2　定价：CNY14.80
　　本书是现代中国画之写意花鸟作品集。作者诸乐三(1902—1984)，书画篆刻家、艺术教育家。原名文萱、字乐三、号希斋，别署南屿山人。

历任中国美术学院教授、研究生导师，西泠印社副社长、中国书法家协会名誉理事、中国美术家协会浙江分会副主席等。代表作《蜀葵》《红梅图》《九秋风露》等。

J0016713

荣宝斋画谱 （九十九　花鸟部分）陆抑非绘
北京　荣宝斋出版社　1994年　42页　有照片
26×39cm ISBN：7-5003-0230-4　定价：CNY14.80
　　本书系现代中国画之花鸟作品集。作者陆抑非(1908—1997)，美术教育家。名翀，初字一飞，改字抑非，号非翁，又号苏叟。江苏常熟人。历任中国美术学院教授、研究生导师，西泠书画院副院长、常熟书画院名誉院长。作品有《花好月圆》《春到农村》《寿桃图》等，著有《非翁画语录》。

J0016714

荣宝斋画谱 （一〇一　民俗风情部分）齐白石绘
北京　荣宝斋出版社　1994年　40页　有照片
26×38cm ISBN：7-5003-0234-7　定价：CNY14.80
　　本书系现代中国画之民俗风情作品集。

J0016715

荣宝斋画谱 （一〇四　人物部分）傅抱石绘
北京　荣宝斋出版社　1994年　42页　26×38cm
ISBN：7-5003-0252-5　定价：CNY14.80
　　本书系现代中国画之人物作品集。作者傅抱石(1904—1965)，画家。原名长生、瑞麟，号抱石斋主人。生于江西南昌，祖籍江西新余，早年留学日本。历任南京师范学院教授、江苏国画院院长等职。代表作品有《山阴道上》《钟馗》《屈原》《江山如此多娇》，著有《中国古代绘画之研究》《中国绘画变迁史纲》等。

J0016716

荣宝斋画谱 （古代部分　一　清·龚贤绘　一课徒画谱）（清）龚贤绘
北京　荣宝斋出版社　1995年　51页　27×39cm
ISBN：7-5003-0312-2　定价：CNY26.00
　　本书系清代中国画之课徒画谱作品集。作者龚贤(1618—1689)，明末清初画家。又名岂贤，字半千，又字野遗，岂贤，号半亩等。江苏昆山人。著有《香草堂集》《画诀》《柴丈人画稿》《龚半千课徒画说》。

J0016717

荣宝斋画谱 （古代部分　五　宋·无名氏绘百花图卷）（宋）无名氏绘

北京　荣宝斋出版社　1995 年　54 页　27×39cm

ISBN：7-5003-0301-7 定价：CNY28.00

本书系宋代中国画之花卉作品集。

J0016718

荣宝斋画谱 （一○二　山水部分）赖少其绘

北京　荣宝斋出版社　1995 年　42 页　有照片

26×38cm ISBN：7-5003-0249-5 定价：CNY14.80

本书系现代中国画之山水作品集。作者赖少其（1915—2000），艺术家。斋号木石斋，广东普宁市人。毕业于广州美术专科学校。历任上海美协副主席、中共安徽省委宣传部副部长、广州市美术家协会名誉主席、中国版画家协会副主席。

J0016719

荣宝斋画谱 （一○三　蔬果杂画部分）来楚生绘

北京　荣宝斋出版社　1995 年　42 页　有照片

26×38cm ISBN：7-5003-0250-9

定价：CNY14.80

本书系现代中国画蔬果杂画画谱。作者来楚生（1903—1975），画师。浙江萧山人，原名来稷勋、号负翁，笔名然犀室、安处楼等。曾任上海美专、新华艺专教师，中国美术家协会会员。主要作品有《来楚生画集》《来楚生法书集》《来楚生篆书千字文》《来楚生草书千字文》等。

J0016720

荣宝斋画谱 （一○五　写意人物部分）方增先绘

北京　荣宝斋出版社　1995 年　42 页　有照片

26×38cm ISBN：7-5003-0275-4

定价：CNY14.80

本书系现代中国画之写意人物作品集。作者方增先（1931—　　），国画家。浙江兰溪人，毕业于浙江杭州国立艺术专科学校。历任上海美术馆馆长、中国美术家协会常务理事。出版画集《方增先人物画》《方增先水墨画诗意画》《方增先古装人物画集》等，专著有《怎样画水墨人物

画》《结构素描》《人物画的造型问题》等。

J0016721

荣宝斋画谱 （一○六　花鸟山水部分）张大壮绘

北京　荣宝斋出版社　1995 年　42 页　26×38cm

ISBN：7-5003-0290-8 定价：CNY16.00

本书系现代中国画花鸟山水画谱。

J0016722

荣宝斋画谱 （一○七　人物部分）李斛绘

北京　荣宝斋出版社　1995 年　42 页　有照片

26×38cm 定价：CNY16.00

本画谱选编了画家的人物画作品。作者李斛（1919—1975），画家、美术教育家。四川大竹县人，号柏风，毕业于四川省立成都师范学校和中央大学艺术系。任教于中央美术学院国画系、中央工艺美术学院装潢系。代表作品《侦察》《广州起义》《披红斗篷的老人》《关汉卿像》《齐白石像》等。

J0016723

荣宝斋画谱 （一○八　写意花鸟部分）来楚生绘

北京　荣宝斋出版社　1995 年　42 页　26×38cm

ISBN：7-5003-0289-4 定价：CNY16.00

本书系现代中国画写意花鸟画谱。作者来楚生（1903—1975），画师。浙江萧山人，原名来稷勋、号负翁，笔名然犀室、安处楼等。曾任上海美专、新华艺专教师，中国美术家协会会员。主要作品有《来楚生画集》《来楚生法书集》《来楚生篆书千字文》《来楚生草书千字文》等。

J0016724

荣宝斋画谱 （一○九　写意山水部分）关山月绘

北京　荣宝斋出版社　1995 年　42 页　26×38cm

ISBN：7-5003-0291-6 定价：CNY16.00

本书是现代中国画之写意山水画作品集。作者关山月（1912—2000），国画家、教育家。原名关泽霈。生于广东阳江。历任广州市艺专教授、广州美术学院教授兼院长、广东画院院长、中国美术家协会副主席、广东省美术家协会副主席等职。代表作《江山如此多娇》《俏不争春》《绿色长城》《长河颂》等。

J0016725

荣宝斋画谱 （一一〇　写意花鸟部分）江寒汀绘

北京　荣宝斋出版社　1995年　42页　26×38cm

ISBN：7-5003-0292-4　定价：CNY16.00

　　本书系现代中国画之写意花鸟画作品集。作者江寒汀（1903—1963），花鸟画家、教育家。名上渔，又名渔，字寒汀、寒艇，号石溪，江苏常熟人。历任上海美术学院专科学校教师、上海中国画院画师、中国美术家协会会员、上海分会理事。出版有《江寒汀百兽图》《当代名画家江寒汀》《江寒汀百兽图画册》等。

J0016726

荣宝斋画谱 （古代部分　二　清·任颐绘　一　人物）（清）任颐绘

北京　荣宝斋出版社　1996年　52页　26×38cm

ISBN：7-5003-0305-X　定价：CNY30.00

　　本书系近代中国画之人物作品集。作者任颐（1840—1896），清末画家。初名润，字次远，号小楼，后改名任颐，字伯年，以字行，浙江山阴航坞山（今杭州市萧山区）人。主要作品有《东津话别图》《三友图》《苏武牧羊图》《蕉阴纳凉图》《池畔窥鱼图》等。

J0016727

荣宝斋画谱 （古代部分　三　清·任颐绘　二　花鸟）（清）任颐绘

北京　荣宝斋出版社　1996年　42页　26×38cm

ISBN：7-5003-0306-8　定价：CNY28.00

　　本书系近代中国画之花鸟作品集。作者任颐（1840—1896），国画家。山阴（今浙江绍兴）人，字伯年，号小楼。

J0016728

荣宝斋画谱 （古代部分　四　清·任颐绘　三　花鸟）（清）任颐绘

北京　荣宝斋出版社　1996年　42页　26×38cm

ISBN：7-5003-0307-6　定价：CNY28.00

J0016729

荣宝斋画谱 （古代部分　六　清·吴昌硕绘　一　花卉）吴昌硕绘

北京　荣宝斋出版社　1996年　51页　26×38cm

ISBN：7-5003-0302-5　定价：CNY28.00

　　本书系清代中国画之花卉画作品集。作者吴昌硕（1844—1927），晚清民国时期国画家、书法家、篆刻家。原名俊，俊倾，字昌硕。浙江安吉人。代表作品有《瓜果》《灯下观书》《姑苏丝画图》等，出版有《吴昌硕画集》《吴昌硕作品集》《苦铁碎金》《缶庐近墨》《吴苍石印谱》《缶庐印存》等。

J0016730

荣宝斋画谱 （古代部分　八　清·龚贤绘　二　山水）（清）龚贤绘

北京　荣宝斋出版社　1996年　49页　26×38cm

ISBN：7-5003-0310-6　定价：CNY28.00

　　本书系清代中国画之山水画作品集。作者龚贤（1618—1689），明末清初画家。又名岂贤，字半千，又字野遗，岂贤，号半亩等。江苏昆山人。著有《香草堂集》《画诀》《柴丈人画稿》《龚半千课徒画说》。

J0016731

荣宝斋画谱 （一一一　写意山水部分）黎雄才绘

北京　荣宝斋出版社　1996年　42页　26×38cm

ISBN：7-5003-0336-X　定价：CNY16.00

　　本书系现代中国画之写意山水画作品集。作者黎雄才（1910—2001），国画家、美术教育家。广东肇庆人，毕业于广州烈风美术学校，曾留日习画。历任广州美术学院副院长兼国画系主任、教授，中国美术家协会理事、广州美术学院教授、岭南画派纪念馆馆长。代表作品有《武汉防汛图卷》等，出版有《黎雄才山水画谱》《黎雄才画选》《黎雄才作品欣赏》等画集。

J0016732

荣宝斋画谱 （一一二　动物部分）冯大中绘

北京　荣宝斋出版社　1996年　42页　26×38cm

ISBN：7-5003-0328-9　定价：CNY16.00

　　本书系现代中国画之动物画画册。作者冯大中（1949—　），号伏虎草堂主人。中国美术家协会会员、中国工笔画学会理事等。

J0016733

荣宝斋画谱 （一一三　写意人物部分）周思聪绘

北京　荣宝斋出版社　1996年　42页　26×38cm

ISBN：7-5003-0364-5 定价：CNY16.00

　　本书系现代中国画之写意人物作品集。作者周思聪(1939—1996)，女，画家。天津宁河县人，毕业于中央美术学院中国画系。中国美术家协会原副主席，北京画院一级美术师。代表作品有《矿工图》《高原风情画》《荷之系列》等。

J0016734

荣宝斋画谱 （古代部分 七 清·吴昌硕绘 二 花卉）吴昌硕绘

北京 荣宝斋出版社 1997 年 50 页 26×38cm

ISBN：7-5003-0303-3 定价：CNY28.00

J0016735

荣宝斋画谱 （古代部分 九 清·虚谷绘 一 花鸟）(清)虚谷绘

北京 荣宝斋出版社 1997 年 40 页 26×38cm

ISBN：7-5003-0341-6 定价：CNY28.00

　　本书系清代中国画之花鸟画作品集。作者虚谷(1823—1896)，清代画家。俗姓朱，名怀仁，僧名虚白，字虚谷，别号紫阳山民、倦鹤等。祖籍新安(今安徽歙县)。传世作品有《梅花金鱼图》《枇杷图》等。

J0016736

荣宝斋画谱 （古代部分 十 花鸟）(明)林良绘

北京 荣宝斋出版社 1997 年 54 页 26×38cm

ISBN：7-5003-0370-X 定价：CNY30.00

　　本书系明代中国画之花鸟作品集。作者林良(约 1428—1494)，明代画家。字以善，广东佛山人。代表作品《百鸟朝凤图》《灌木集禽图》《双鹰图》《松鹤图》等。

J0016737

荣宝斋画谱 （古代部分 十一 山水）(清)袁江绘

北京 荣宝斋出版社 1997 年 42 页 26×38cm

ISBN：7-5003-0371-8 定价：CNY28.00

　　作者袁江(1662—1735)，清代画家。字文涛，号岫泉，生于江都(今江苏扬州)。代表作品《梁园飞雪图》《东园胜概图》《汉宫秋月图》。

J0016738

荣宝斋画谱 （古代部分 十二 清明上河图）

(宋)张择端绘

北京 荣宝斋出版社 1997 年 48 页 26×38cm

ISBN：7-5003-0372-6 定价：CNY30.00

　　本书系宋代中国画之民俗作品集。作者张择端(1085—1145)，北宋绘画大师。字正道，琅琊东武(今山东诸城)人。存世作品有《清明上河图》《金明池争标图》等。

J0016739

荣宝斋画谱 （古代部分 十四 山水）(清)袁耀绘

北京 荣宝斋出版社 1997 年 42 页 26×38cm

ISBN：7-5003-0382-3 定价：CNY28.00

　　本书系清代中国画之山水画作品集。作者袁耀(1618—1689)，清代国画家。

J0016740

荣宝斋画谱 （古代部分 十五 清·石涛绘 一 山水）(清)石涛绘

北京 荣宝斋出版社 1997 年 58 页 26×38cm

ISBN：7-5003-0383-1 定价：CNY30.00

　　本书系清代中国画之山水作品集。作者石涛(1642—1708)，清初书画家、绘画理论家。广西桂林人，祖籍安徽凤阳。本姓朱，名若极，系明代靖江王朱赞仪的第十世孙朱亨嘉之子。朱亨嘉死后年幼的石涛被送至全州当和尚，法名道济，又字石涛，号苦瓜和尚、大涤子、靖江后人、清湘陈人、零丁老人等等。著有《苦瓜和尚画语录》。存世作品有《石涛罗汉百开册页》《山水清音图》《竹石图》等。

J0016741

荣宝斋画谱 （古代部分 十六 清·石涛绘 二 花卉）(清)石涛绘

北京 荣宝斋出版社 1997 年 47 页 26×38cm

ISBN：7-5003-0384-X 定价：CNY30.00

　　本书系清代中国画之花卉作品集。

J0016742

荣宝斋画谱 （一一四 写意花鸟部分）于希宁绘

北京 荣宝斋出版社 1997 年 42 页 26×38cm

ISBN：7-5003-0397-1 定价：CNY16.00

　　本书系现代中国画之写意花鸟画作品集。作者于希宁(1913—2007)，教授、画家。山东潍坊人，毕业于上海新华艺术专科学校国画系。曾任山东艺术学院教授、名誉院长，中国画研究院院委、山东画院院长等职。主要作品《北魏石窟拓片选》《殷周青铜花纹演变初探》《论画梅》《写意画花》等。

J0016743

荣宝斋画谱　（一一五　花鸟部分）钟质夫绘
北京　荣宝斋出版社　1997年　42页　26×38cm
ISBN：7-5003-0400-5　定价：CNY16.00

　　本书系现代中国画之花鸟画作品集。作者钟质夫（1914—1994），满族，教授、国画家。字鸿毅，北京人。鲁迅美术学院中国画系副主任、教授，辽宁省文联、美协理事，辽宁省政协委员。作品有《荷塘烟雨》《十二月令，四扇屏》《桃花四喜图》《雪树寒鸦》《荷花鸳鸯》等。

J0016744

荣宝斋画谱　（八　花卉草虫部分）齐白石绘
北京　荣宝斋出版社　1998年　6版　48页
26×38cm ISBN：7-5003-0066-2　定价：CNY16.00

　　本书收录作者《寻春》《秋塘》《秋海棠》《秋色》《花开蝶来》《柳蝉》等64幅花卉草虫作品。作者齐白石（1864—1957），近现代中国绘画大师，国画家、篆刻家。湖南湘潭人。原名纯芝，字渭青，号兰亭，后改名璜，字濒生，号白石等。历任国立北平艺术专科学校和京华美术专科学校教习、教授，中央美术学院名誉教授、中国文学艺术界联合会主席团委员、中国画研究会和中国美术家协会主席、中国画院名誉院长。代表作有《蛙声十里出山泉》《墨虾》等。著有《白石诗草》《齐白石作品集》《白石老人自述》等。

J0016745

荣宝斋画谱　（古代部分　十七　花鸟）（明）徐渭绘
北京　荣宝斋出版社　1998年　42页　26×38cm
ISBN：7-5003-0419-6　定价：CNY28.00

　　本书系明代中国画之花鸟作品集。徐渭（1521—1593），明代书画家、文学家。初字文清，改字文长，号天池，又号青藤道人，田水月等，浙江山阴（今绍兴）人。传世之作《墨葡萄图》《山水人物花鸟》《牡丹蕉石图》《墨花》《黄甲图》等；主要著作有《四声猿》《南词叙录》《徐文长全集》等。

J0016746

荣宝斋画谱　（古代部分　十八　明·沈周绘　一山水）（明）沈周绘
北京　荣宝斋出版社　1998年　60页　26×38cm
ISBN：7-5003-0420-X　定价：CNY30.00

　　本书系古代中国画之山水作品集。作者沈周（1427—1509），明代书画家。字启南，号石田、白石翁、有居竹居主人等。长洲（今江苏苏州）人。传世作品有《庐山高图》《秋林话旧图》《沧州趣图》。著有《石田集》《客座新闻》等。

J0016747

荣宝斋画谱　（古代部分　十九　清·金农绘　一花卉蔬果）（清）金农绘
北京　荣宝斋出版社　1998年　50页　26×38cm
ISBN：7-5003-0421-8　定价：CNY30.00

　　本书系清代中国画之花卉蔬果画作品集。作者金农（1687—1763），清代书画家。字寿门、司农、吉金，钱塘（今浙江杭州）人，扬州八怪之首。代表作品有《东萼吐作图》《空捍如洒图》《腊梅初绽图》《玉蝶清标图》等，著有《冬心诗集》《冬心随笔》《冬心杂著》等。

J0016748

荣宝斋画谱　（古代部分　二十　山水）（清）王原祁绘
北京　荣宝斋出版社　1998年　42页　26×38cm
ISBN：7-5003-0437-4　定价：CNY28.00

　　本书系清代中国画之山水画作品集。作者王原祁（1642—1715），清代画家。字茂京，号麓台、石师道人，苏州府太仓人。代表作品有《佩文斋书画谱》《万寿盛典图》《雨窗漫笔》《落霞孤鹜图》《麓台题画稿》等。

J0016749

荣宝斋画谱　（古代部分　二十一　花鸟）（明）吕纪绘
北京　荣宝斋出版社　1998年　50页　26×38cm
ISBN：7-5003-0443-9　定价：CNY30.00

　　本书系明代中国画之花鸟画作品集。作者吕纪（1477—?），明代宫廷画家。生于鄞（今浙江宁波），字廷振，号乐愚。代表作品《新春双雉图》《桂花山禽图》《残荷鹰鹭图》《五德大吉图》等。

J0016750

荣宝斋画谱　（古代部分　二十二　清·朱耷绘一　花鸟）（清）朱耷绘

北京　荣宝斋出版社　1998年　42页　26×38cm

ISBN：7-5003-0444-7　定价：CNY28.00

　　本书系清代中国画之花鸟画作品集。作者朱耷（1626—1705），明末清初著名画家。本名朱统托，字雪个，号八大山人、个山、人屋、道朗等，江西南昌人。代表作有《水木清华图》《荷花水鸟图》《松石图》《河上花图卷》《杨柳浴禽图》《仿倪山水》《八大山人诗抄》等。

J0016751

荣宝斋画谱　（古代部分　二十三　清·朱耷绘二　花鸟）（清）朱耷绘

北京　荣宝斋出版社　1998年　42页　26×38cm

ISBN：7-5003-0445-5　定价：CNY28.00

　　本书系清代中国画之花鸟画作品集。

J0016752

荣宝斋画谱　（古代部分　二十四　花鸟）（清）李鱓绘

北京　荣宝斋出版社　1998年　42页　26×38cm

ISBN：7-5003-0446-3　定价：CNY28.00

　　本书系清代中国画之花鸟画作品集。作者李鱓（1686—1762），清代著名画家。字宗扬，号复堂，江苏扬州府兴化人（今江苏泰州兴化市人）。扬州八怪之一。传世画《土墙蝶花图》《松藤图》等，代表作《李鱓花鸟册》《李鱓花卉册》。

J0016753

荣宝斋画谱　（古代部分　二十五　花鸟）（清）郑燮绘

北京　荣宝斋出版社　1998年　42页　26×38cm

ISBN：7-5003-0447-1　定价：CNY28.00

　　本书系清代中国画之花鸟画作品集。作者郑燮，清代中国画画家。

J0016754

荣宝斋画谱　（古代部分　二十六　清·黄慎绘一　人物）（清）黄慎绘

北京　荣宝斋出版社　1998年　42页　26×38cm

ISBN：7-5003-0448-X　定价：CNY28.00

　　本书系清代中国画之人物作品集。作者黄慎（1687—1772），清代书画家。初名盛，字恭寿，躬懋、菊壮，号瘿瓢子，别号东海布衣。福建宁化人。代表画作《十二司月花神图》《商山四皓图》《伏生授经图》《醉眠图》《芦鸭图》《蛟湖诗草》等。

J0016755

荣宝斋画谱　（古代部分　二十七　山水）（明）唐寅绘

北京　荣宝斋出版社　1998年　42页　26×38cm

ISBN：7-5003-0449-8　定价：CNY28.00

　　本书系明代中国画之山水作品集。作者唐寅（1470—1524），明代画家、书法家、诗人。名寅，字伯虎，又字子畏，号六如居士等，江苏苏州人。作品有《骑驴思归图》《山路松声图》《李端端落籍图》《秋风纨扇图》《枯槎鹳鸰图》等。

J0016756

荣宝斋画谱　（古代部分　二十八　明·董其昌绘一　山水）（明）董其昌绘

北京　荣宝斋出版社　1998年　42页　26×38cm

ISBN：7-5003-0450-1　定价：CNY28.00

　　本书系明代中国画之山水作品集。作者董其昌（1555—1636），明代著名书画家。字玄宰，号思白，别号香光居士，松江华亭（今上海）人。主要作品有《岩居图》《秋兴八景图》《昼锦堂图》等。

J0016757

荣宝斋画谱　（一一六　花鸟山水部分）陈师曾绘

北京　荣宝斋出版社　1998年　42页　26×38cm

ISBN：7-5003-0431-5　定价：CNY16.00

　　作者陈师曾（1876—1923），近代著名书画篆刻家。本名陈衡恪，字师曾，号槐堂。江西义宁（今江西省修水县）人。曾留学日本。任教于通州师范学校、长沙第一师范、北京女子高等师范学校、北京美术专门学校。代表作品有《中国绘画史》《文人画之价值》。

J0016758

荣宝斋画谱　（一一七　泼绘山水部分）何海霞绘

北京　荣宝斋出版社　1998年　40页　26×38cm

ISBN：7-5003-0433-1　定价：CNY16.00

　　作者何海霞（1908—1998），中国现代国画家。

J0016759

荣宝斋画谱 （一一八 工笔人物部分）任率英绘

北京 荣宝斋出版社 1998年 42页 26×38cm

ISBN：7-5003-0436-6 定价：CNY16.00

本书系现代中国画之工笔人物作品集。作者任率英(1911—1989)，画家。原名敬表，河北束鹿人。擅长工笔画、连环画、年画。历任中国美术家协会会员、中国连环画研究会顾问、北京东方书画研究社社长、北京工笔重彩画协会副会长、北京中国画研究会理事、北京工业大学书画协会顾问。代表作品《嫦娥奔月》《洛神图》《梁红玉击鼓战金山》等。

J0016760

荣宝斋画谱 （一一九 工笔人物部分）黄均绘

北京 荣宝斋出版社 1998年 42页 26×38cm

ISBN：7-5003-0454-4 定价：CNY16.00

作者黄均(1914—2011)，教授。字懋忱，北京人，祖籍台湾淡水。历任中央美术学院国画系教授、中国美术家协会会员、中国美术家协会会员、北京工笔重彩画会副会长、东方书画社顾问，诗书画社顾问。

J0016761

荣宝斋画谱 （现代篇 三十 人物部分）范曾绘

北京 荣宝斋出版社 1999年 42页 26×38cm

ISBN：7-5003-0053-0 定价：CNY14.80

作者范曾(1938—)，画家、学者。字十翼，别署抱冲斋主，江苏南通人。毕业于中央美术学院中国画系。历任中央工艺美术学院讲师、副教授，南开大学东方艺术系教授、博士生导师，中国艺术研究院终身研究员等。代表作品有《庄子显灵记》《范曾自述》《老子出关》《钟馗神威》等。

J0016762

荣宝斋画谱 （古代部分 三十 清·高凤翰绘 一 花鸟）(清)高凤翰绘

北京 荣宝斋出版社 1999年 42页 26×38cm

ISBN：7-5003-0468-4 定价：CNY28.00

作者高凤翰(1683—1749)，清代国画家。字

西园，号南阜，山东胶州人。代表作品《砚史》《南阜集》等。

J0016763

荣宝斋画谱 （古代部分 三十一 清·高凤翰绘 二 山水）(清)高凤翰绘

北京 荣宝斋出版社 1999年 42页 26×38cm

ISBN：7-5003-0471-4 定价：CNY28.00

J0016764

荣宝斋画谱 （一二〇 山水部分）宋雨桂绘

北京 荣宝斋出版社 1999年 42页 26×38cm

ISBN：7-5003-0457-9 定价：CNY16.00

作者宋雨桂(1940—2017)，山水画名家。别名雨鬼，山东临邑人，后迁居东北。鲁迅美术学院绘画系预科毕业。曾任民革中央画院院长、辽宁美术家协会主席、辽宁美术馆馆长、国家一级美术师等。作品《故乡恋》《新富春山居图》《留得墨荷听雨声》等。

J0016765

荣宝斋画谱 （一二一 人物部分）蒋兆和绘

北京 荣宝斋出版社 1999年 42页 26×38cm

ISBN：7-5003-0458-7 定价：CNY16.00

作者蒋兆和(1904—1986)，国画家、美术教育家。原名万绥，改名兆和。生于四川泸州，祖籍湖北麻城。历任上海美术专科学校、中央美术学院教授，中国美术家协会理事、中国文联委员、中国画研究院院务委员、民盟中央文教委员会委员。代表作品《流民图》，出版有《蒋兆和画册》《蒋兆和画集》《蒋兆和画选》等。

J0016766

荣宝斋画谱 （一二二 花鸟部分）俞致贞，刘力上绘

北京 荣宝斋出版社 1999年 42页 26×38cm

ISBN：7-5003-0451-X 定价：CNY16.00

作者俞致贞(1915—1995)，花鸟画家。字一云，北京人。历任中国美术家协会会员、中国老年书画会顾问、中国书画函授大学教授、北京工笔重彩画会副会长、北京花鸟画会名誉会长等。代表作品《沙果双鹊》《荷花》《耄耋图》等。作者刘力上(1916—2007)，画家、教授。又名力尚，别名刘岂，江苏江都人。历任北京工笔重彩画会顾问、川西文联美术协会国画组组长、北京中国

美术研究学院教师、中央工艺美术学院教授、中国书画函授大学教授、北京中国画研究会名誉会长等。代表作品《岱山旭日》《荷塘清趣》，出版有《俞致贞刘力上花鸟画集》等。

J0016767

荣宝斋画谱 （一二三　工笔人物部分）王叔晖绘

北京　荣宝斋出版社　1999年　42页　26×37cm
ISBN：7-5003-0476-5　定价：CNY16.00

　　作者王叔晖（1912—1985），女，国画家。字郁芬，生于天津，祖籍浙江绍兴。历任出版总署美术科员、新华书店总管理处美术室图案组组长、人民美术出版社连环画创作组组长。代表作《西厢记》《林黛玉》《夜宴桃李园》《杨门女将》等。

J0016768

农业生产工具参考资料 （图册）上海人民美术出版社编辑

上海　上海人民美术出版社　1965年　62页
13×18cm　统一书号：T8081.5570　定价：CNY0.20
　　本书系中国现代绘画临本。

J0016769

农业生产工具参考资料

上海　上海人民出版社　1972年　1张　17cm（40开）
定价：CNY0.12
　　本书系农业生产工具图案。

J0016770

农业生产工具参考资料 （原人美版）上海人民出版社编辑

上海　上海人民出版社　1972年　新1版　62页
13×18cm　统一书号：8.3.445　定价：CNY0.12
　　本书系农业机械图案集。

J0016771

人物画资料　南昌市工农兵文艺工作站编

南昌　江西人民出版社　1972年　106页　19cm（32开）
统一书号：8110.268　定价：CNY0.32
（美术资料丛书）

J0016772

上海　阳泉　旅大工人画展览目录

北京　1974年　16页　19cm（32开）

J0016773

上海山东安徽江西江苏浙江福建肖像画展览图录 （1978）上海人民美术出版社编辑

上海　上海人民美术出版社　1979年　175幅
18cm（32开）统一书号：8081.11418
定价：CNY1.40
　　本书系肖像画作品展览会图录。

J0016774

传统题材图稿　戴敦邦绘

兰州　甘肃人民出版社　1980年　136幅
25cm（小16开）统一书号：8096.688
定价：CNY1.45
　　本书系中国现代画谱，美术参考资料。作者戴敦邦（1938—　），国画家，教授。号民间艺人，江苏丹徒人。毕业于上海第一师范学校。历任《中国少年报》《儿童时代》美术编辑、上海交通大学人文学院教授等。主要作品《水浒人物一百零八图》《戴敦邦水浒人物谱》《戴敦邦新绘红楼梦》《戴敦邦古典文学名著画集》等；连环画代表作品有《一支驳壳枪》《水上交通站》《大泽烈火》《蔡文姬》等。

J0016775

传统题材图稿　张孝友绘

上海　上海工艺美术研究所　1980年　15页
26cm（16开）

J0016776

山水画稿

天津　天津人民美术出版社　1980年　92页
19cm（32开）统一书号：8073.50164
定价：CNY1.00

J0016777

有趣的动物　少年儿童出版社编

上海　少年儿童出版社　1980年　140页　20cm（32开）
统一书号：R8024.5　定价：CNY0.55
（少年儿童美术资料丛书）

J0016778

宋刻梅花喜神谱 （宋）宋伯仁编绘

北京　文物出版社　1982年　27cm（16开）

定价：CNY1.50

　　本书曾于1960年选择巢勋临本影印出版。作者宋伯仁（1199—？），宋代诗人、画家。字器之，号雪岩。广平（今属河北）人，一作湖州人。嘉熙时为盐运司属官。工诗，善画梅。作有《梅花喜神谱》上下卷，著有《西塍集》《烟波渔隐词》等。

J0016779

历代名画大成　（明）顾炳纂

北京 书目文献出版社影印 1983年 212页

19cm（32开）定价：CNY1.50

（艺术文献丛书）

　　本书所收作品系顾氏摹仿历代名画家的绘画作品，故名《顾氏画谱》，又称《历代名公画谱》。所收录的画家共计106人。由于原画多不存于世，因而顾炳所摹，方使其风神得以保留传世。书中有200名人题跋。作者顾炳，明代书画艺术家。字黯然，号懔泉，浙江钱塘人。

J0016780

静物画临本　河北美术出版社编

石家庄 河北美术出版社 1986年 34cm（10开）

统一书号：8087.1674 定价：CNY4.20

　　本书收图20幅，有水彩、水粉、油画几种表现形式，展示出多种表现方法和技巧，还介绍了静物画的基本步骤和方法。

J0016781

幼儿动物画资料　陈力萍编绘

上海 上海书画出版社 1987年 137页 有图

19cm（32开）ISBN：7-80512-043-9

定价：CNY1.10

（大世界画库 儿童美术编）

J0016782

彩色花卉资料　（一）薄贯休编

北京 对外贸易教育出版社［1988年］

20cm（32开）统一书号：8321.36 定价：CNY4.20

J0016783

古今花鸟画范　丁宝书著

北京 荣宝斋 1988年 200页 22×22cm

ISBN：7-5003-0035-2 定价：CNY3.20

　　本书作者将中国古代花鸟画家徐熙、黄筌、陈道复、郑板桥等人作品，以线描的方式临摹印制成书，所摹名家作品200幅，其临摹作品轮廓清晰，神韵完好。作者丁宝书（1866—1936），国画家。江苏无锡人。上海文明书局编辑。代表作品有《芸轩画粹》《丁芸轩题画诗集》。

J0016784

美术画典　（工具）舞星，晶君编绘

天津 天津人民美术出版社 1988年 200页 有图

19cm（32开）ISBN：7-5305-0120-8 定价：CNY2.25

（美术画典）

J0016785

美术画典　（禽鸟）薛世等编绘

天津 天津人民美术出版社 1988年 276页

19cm（32开）ISBN：7-5305-0132-1

定价：CNY2.85

（美术画典）

　　中国现代动物画临本。

J0016786

美术画典　（世界现代建筑）蒋广喜，晓明编绘

天津 天津人民美术出版社 1988年 271页 有图

19cm（32开）ISBN：7-5305-0123-2

定价：CNY2.80

（美术画典）

　　中国现代建筑绘画临本。作者晓明，主要改编的连环画作品有《中计脱靴》《昏君试探》《狱中曙光》等。

J0016787

美术画典　（中国古代服饰）刘建平，姚仲新编绘

天津 天津人民美术出版社 1988年 232页 有图

19cm（32开）ISBN：7-5305-0121-6

定价：CNY2.50

（美术画典）

J0016788

美术院校高考练习挂图　区础坚等编

桂林 漓江出版社 1988年 36×51cm

ISBN：7-5407-0285-0 定价：CNY3.60

J0016789

动物走兽画谱　刘继卣绘著

台北 艺术图书出版社 1989 年 2 版 77 页 有图
28cm（大 16 开）ISBN：9576723094
定价：TWD280.00
（画好国画）
　　外文书名：Anthology of Paintings of Animals.

J0016790
动物走兽画谱　刘继卣绘著
台北 艺术图书公司 1999 年 再版 77 页
30cm（10 开）ISBN：957-672-309-4
定价：TWD380.00
（画好国画 60）
　　外文书名：Anthology of Painting of Animals.

J0016791
美术教学示范作品　（2 色彩）
杭州 浙江美术学院出版社 1990 年 53cm（4 开）
ISBN：7-81019-042-3 定价：CNY7.20
　　中国现代临本绘画画册。

J0016792
美术教学示范作品　（3 中国画）
杭州 浙江美术学院出版社 1990 年 53cm（4 开）
ISBN：7-81019-026-1 定价：CNY7.20

J0016793
白雪石　（山水）谢云，刘玉山主编
北京 人民美术出版社 1992 年 91 页 26cm（16 开）
ISBN：7-102-01083-4 定价：CNY18.00
（中国现代名家画谱）
　　本书共收入白雪石的山水画作品 50 余幅，
并附有创作介绍。作者白雪石（1915—2011），画
家，教授。北京市人，斋号何须斋。自幼习画，
早年师从赵梦朱，后拜梁树年为师。执教于北京
师范学院、北京艺术学院、中央工艺美院，兼北
京山水画研究会会长。代表作品《万壑松风》《千
峰竞秀》《早春图》《漓江一曲千峰秀》等。

J0016794
高考美术指导范本　（水粉画静物）骆阳能编
南宁 广西美术出版社 1992 年 48×36cm
ISBN：7-80582-422-3 定价：CNY16.00
　　本书附有全国各大美术院校招生情况、各科
考试评分要求。

J0016795
高考美术指导范本　（水粉画肖像）何宗成编
南宁 广西美术出版社 1992 年 48cm（13 开）
ISBN：7-80582-423-1 定价：CNY16.00
　　本书附有全国各大美术院校招生情况、各科
考试评分要求、指南性文章。

J0016796
高考美术指导范本　（素描人像）骆阳能编
南宁 广西美术出版社 1992 年 48×36cm
ISBN：7-80582-420-7 定价：CNY12.00

J0016797
高考美术指导范本　（素描石膏像）何宗成编
南宁 广西美术出版社 1992 年 48cm
ISBN：7-80582-421-5 定价：CNY12.00

J0016798
美术院校高考美术辅导作品　（白描写生）
王同仁编绘
济南 山东美术出版社 1992 年 12 页 38cm（6 开）
ISBN：7-5330-0454-X 定价：CNY2.80
　　作者王同仁（1937—　　），教授、画家。甘肃
兰州人，毕业于中央美术学院。任中央美术学院
教授，中国美术家协会、中国书法家协会会员、
炎黄艺术馆艺委会原副主任、北京国际艺术博览
会基金会理事等。出版《王同仁作品集》《中国
画大家——王同仁》《王同仁速写》等。

J0016799
美术院校高考美术辅导作品　（速写）王同
仁编绘
济南 山东美术出版社 1992 年 20 页 38cm（6 开）
ISBN：7-5330-0453-1 定价：CNY4.00

J0016800
田世光　（工笔花鸟）谢云，刘玉山主编
北京 人民美术出版社 1992 年 91 页 26cm（16 开）
ISBN：7-102-01081-8 定价：CNY18.00
（中国现代名家画谱）
　　本书收入作者花鸟绘画作品 90 幅，并附有
画家的创作介绍等。作者田世光（1916—1999），
教授。号公炜，北京人，祖籍山东乐陵，毕业于
北京京华美术学院，师承张大千、赵梦朱、吴镜
汀、于非闇、齐白石诸先生。历任中国美术家协

会会员、北京工笔重彩画副会长、中国画研究院第一届院务委员。代表作《和平颂》《松树白鹰》《春晖》《幽谷红妆》《山雀》。

J0016801

齐白石 （花鸟虫鱼）齐白石绘
北京 人民美术出版社 1993 年 87 页 26cm（16 开）
ISBN：7-102-01082-6 定价：CNY15.00
（中国现代名家画谱）

作者齐白石（1864—1957），近现代中国绘画大师，国画家、篆刻家。湖南湘潭人。原名纯芝，字渭青，号兰亭，后改名璜，字濒生，号白石等。历任国立北京艺术专科学校和京华美术专科学校教习、教授，中央美术学院名誉教授、中国文学艺术界联合会主席团委员、中国画研究会和中国美术家协会主席、中国画院名誉院长。代表作有《蛙声十里出山泉》《墨虾》等。著有《白石诗草》《齐白石作品集》《白石老人自述》等。

J0016802

王叔晖 （工笔人物）王叔晖绘；谢云，刘玉山主编；孟庆江，蒲以庄编著
北京 人民美术出版社 1993 年 91 页 26cm（16 开）
ISBN：7-102-01142-3 定价：CNY18.00
（中国现代名家画谱）

作者王叔晖（1912—1985），女，国画家。字郁芬，生于天津，祖籍浙江绍兴。历任出版总署美术科员、新华书店总管理处美术室图案组组长、人民美术出版社连环画创作组组长。代表作《西厢记》《林黛玉》《夜宴桃李园》《杨门女将》等。

J0016803

徐悲鸿 （动物 山水 人物）徐悲鸿绘；徐庆平著文
北京 人民美术出版社 1993 年 92 页 有照片
26cm（16 开）ISBN：7-102-01131-8
定价：CNY18.00
（中国现代名家画谱）

J0016804

刘凌沧 （工笔人物）郭慕熙编著
北京 人民美术出版社 1994 年 92 页 26cm（16 开）
ISBN：7-102-01289-6 定价：CNY18.00
（中国现代名家画谱）

J0016805

王雪涛 （花鸟）王雪涛绘；谢云，刘玉山主编
北京 人民美术出版社［1994 年］91 页
26cm（16 开）ISBN：7-102-01110-5
定价：CNY18.00
（中国现代名家画谱）

作者王雪涛（1903—1982），写意花鸟画家。原名庭钧，字晓封，号迟园。河北成安人。历任北京画院院长、中国美术家协会理事、美协北京分会副主席等职。著有《王雪涛画集》《王雪涛画辑》《王雪涛画谱》《王雪涛的花鸟画》等。

J0016806

姚有多 （水墨人物）姚有多绘；谢云，刘玉山主编
北京 人民美术出版社 1994 年 90 页 26cm（16 开）
ISBN：7-102-01347-7 定价：CNY18.00
（中国现代名家画谱）

J0016807

山水画稿 陈金章著
郑州 河南美术出版社 1996 年 2 版 171 页
26cm（16 开）ISBN：7-5401-0256-X
定价：CNY18.00

作者陈金章（1929— ），教授。广东化州县人。广州美术学院教授，硕士生导师。中国美术家协会会员、岭南画派纪念馆馆长。代表作品有《南方的森林》《秋声》《春晓》。出版有《中国当代名家·陈金章》。

J0016808

孙克纲 （山水）谢云，刘玉山主编；人民美术出版社编
北京 人民美术出版社 1996 年 91 页 26cm（16 开）
ISBN：7-102-01529-1 定价：CNY20.00
（中国现代名家画谱）

本书选辑画家孙克纲的真迹，循序渐进、由浅入深地讲授画家风格之基础技法，并收其代表作品多幅。作者孙克纲（1923—2007），画家。天津人。曾任天津画院一级画师、中国美术家协会天津分会副主席等。代表作品有《太行十月》《秦岭烟云》《峨眉天下秀》等。

J0016809

当代美术教学范画集 （当代花鸟 上）梅忠

智编著
重庆 西南师范大学出版社 1997 年 38 页
37cm（8 开）ISBN：7-5621-1788-8
定价：CNY39.00

J0016810
当代美术教学范画集 （当代花鸟 中）梅忠智编著
重庆 西南师范大学出版社 1997 年 43 页
37cm（8 开）ISBN：7-5621-1788-8
定价：CNY39.00
　　本书收录中国当代名家王炜、王有志、陈运权、李彤、金纳、胡明哲等21位的花鸟画作品43幅，讲述了花鸟画技法。

J0016811
当代美术教学范画集 （当代花鸟 下）梅忠智编著
重庆 西南师范大学出版社 1997 年 38 页
37cm（8 开）ISBN：7-5621-1788-8
定价：CNY39.00

J0016812
当代美术教学范画集 （色彩静物）刘曙光编著
重庆 西南师范大学出版社 1997 年 36 页
37cm（8 开）ISBN：7-5621-1668-7
定价：CNY39.00

J0016813
当代美术教学范画集 （素描 一）朱万芳编著
重庆 西南师范大学出版社 1997 年 36 页
37cm（8 开）ISBN：7-5621-1669-5
定价：CNY36.00

J0016814
当代美术教学范画集 （素描 二）戴政生编著
重庆 西南师范大学出版社 1997 年 36 页
37cm（8 开）ISBN：7-5621-1670-9
定价：CNY36.00

J0016815
当代美术教学范画集 （当代山水）季若霄

编著
重庆 西南师范大学出版社 1998 年 38 页
37cm（8 开）ISBN：7-5621-1809-4
定价：CNY39.00

J0016816
当代美术教学范画集 （人体素描）钱平政编著
重庆 西南师范大学出版社 1998 年 38 页
37cm（8 开）ISBN：7-5621-2040-4
定价：CNY36.00

J0016817
当代美术教学范画集 （白描艺术）符易本，钟定强主编；刘源编著
重庆 西南师范大学出版社 1999 年 38 页
37cm（8 开）ISBN：7-5621-2099-4
定价：CNY39.00

J0016818
当代美术教学范画集 （当代人物）符易本，钟定强主编；梅忠智编著
重庆 西南师范大学出版社 1999 年 43 页
37cm（8 开）ISBN：7-5621-2113-3
定价：CNY39.00

J0016819
当代美术教学范画集 （意象山水）梅忠智编著
重庆 西南师范大学出版社 1999 年 38 页
37cm（8 开）ISBN：7-5621-1866-3
定价：CNY39.00

J0016820
美术高考临摹范本 韩玮等绘
济南 山东美术出版社 1997 年 38 张 38cm（6 开）
ISBN：7-5330-1088-4 定价：CNY28.00

J0016821
中国历代画谱汇编 （1）吴树平编
天津 天津古籍出版社 1997 年 影印本 608 页
26cm（16 开）精装 ISBN：7-80504-547-X
定价：CNY4200.00（全套）

J0016822

中国历代画谱汇编 （2）吴树平编

天津　天津古籍出版社　1997 年　影印本　616 页
26cm（16 开）精装　ISBN：7-80504-547-X
定价：CNY4200.00（全套）

J0016823

中国历代画谱汇编 （3）吴树平编

天津　天津古籍出版社　1997 年　影印本　642 页
26cm（16 开）精装　ISBN：7-80504-547-X
定价：CNY4200.00（全套）

　　本书汇编内容有：《画学简明》（清）郑绩绘
撰、《任伯年课徒画稿》（清）任颐绘、《画谱采
新》（清）慎思主人选辑。

J0016824

中国历代画谱汇编 （4-8　三希堂画谱分类
大观）吴树平编；叶九如辑选

天津　天津古籍出版社　1997 年　影印本　5 册
26cm（16 开）精装　ISBN：7-80504-547-X
定价：CNY4200.00（全套）

J0016825

中国历代画谱汇编 （9-10）吴树平编

天津　天津古籍出版社　1997 年　影印本　2 册（706；
702 页）26cm（16 开）精装
ISBN：7-80504-547-X 定价：CNY4200.00（全套）

J0016826

中国历代画谱汇编 （11）吴树平编

天津　天津古籍出版社　1997 年　影印本　627 页
26cm（16 开）精装　ISBN：7-80504-547-X
定价：CNY4200.00（全套）

J0016827

中国历代画谱汇编 （12）吴树平编

天津　天津古籍出版社　1997 年　影印本　668 页
26cm（16 开）精装　ISBN：7-80504-547-X
定价：CNY4200.00（全套）

J0016828

中国历代画谱汇编 （13）吴树平编

天津　天津古籍出版社　1997 年　影印本　680 页
26cm（16 开）精装　ISBN：7-80504-547-X
定价：CNY4200.00（全套）

J0016829

中国历代画谱汇编 （14）吴树平编

天津　天津古籍出版社　1997 年　影印本　802 页
26cm（16 开）精装　ISBN：7-80504-547-X
定价：CNY4200.00（全套）

J0016830

中国历代画谱汇编 （15）吴树平编

天津　天津古籍出版社　1997 年　影印本　720 页
26cm（16 开）精装　ISBN：7-80504-547-X
定价：CNY4200.00（全套）

　　本书汇编内容有：《竹波轩梅册》（清）郑
小樵著、《冶梅梅谱》（清）王寅绘著、《九畹
遗容》（明）周履靖绘著、《兰谱菊谱竹谱梅谱》
（清）黄谦绘、《读画斋墨兰谱》（清）陈逵绘。

J0016831

中国历代画谱汇编 （16）吴树平编

天津　天津古籍出版社　1997 年　影印本　762 页
26cm（16 开）精装　ISBN：7-80504-547-X
定价：CNY4200.00（全套）

J0016832

中国历代画谱八大家 （第一册）于玉安编

北京　中国世界语出版社　1998 年　622 页
26cm（16 开）精装　ISBN：7-5052-0379-7
定价：CNY348.00（全套）

　　作者于玉安，主要编辑作品有《中国历代画
史汇编》《中国历代书法论著汇编》。

J0016833

中国历代画谱八大家 （第二册）于玉安编

北京　中国世界语出版社　1998 年　544 页
26cm（16 开）精装　ISBN：7-5052-0379-7
定价：CNY348.00（全套）

J0016834

中国历代画谱八大家 （第三册）于玉安编

北京　中国世界语出版社　1998 年　612 页
26cm（16 开）精装　ISBN：7-5052-0379-7
定价：CNY348.00（全套）

J0016835

中国历代画谱八大家 （第四册）于玉安编

北京　中国世界语出版社　1998 年　640 页

26cm（16开）精装 ISBN：7-5052-0379-7
定价：CNY348.00（全套）

J0016836
八十七神仙卷　荣宝斋出版社编辑
北京 荣宝斋出版社 1999年 1套 15cm（40开）
定价：CNY4.80

J0016837
儿童学画范本　陈永镇等编绘
上海 少年儿童出版社 1999年 190页 19×26cm
ISBN：7-5324-3941-0 定价：CNY18.00
　　作者陈永镇（1936—　），浙江乐清人。毕业
于中国美术学院（浙江美院）。中国美术家协会
理事、中国儿童美术艺委会委员、安徽省美协副
主席。主要作品有《还是一样》《再给你带上一
个》等。

J0016838
美术高考3小时范画　（工业设计）邹晓松，
余建荣编著
南昌 江西美术出版社 1999年 38cm（6开）
ISBN：7-80580-529-6 定价：CNY15.00

J0016839
美术高考半小时范画　（人物速写）李夏编著
南昌 江西美术出版社 1999年 38cm（6开）
ISBN：7-80580-530-X 定价：CNY17.00

J0016840
中国传世画谱　（百尺楼丛画）（清）汪鑅绘
北京 中国戏剧出版社 1999年 影印本 475页
21cm（32开）精装 ISBN：7-104-01185-4
定价：CNY1680.00（全套）

J0016841
中国传世画谱　（点石斋丛画）
北京 中国戏剧出版社 1999年 影印本
2册（556；572页）21cm（32开）精装
ISBN：7-104-01185-4 定价：CNY1680.00（全套）

J0016842
中国传世画谱　（画家三昧）（清）释竹禅撰
并绘
北京 中国戏剧出版社 1999年 影印本 189页

21cm（32开）精装 ISBN：7-104-01185-4
定价：CNY1680.00（全套）

J0016843
中国传世画谱　（画学简明）（清）郑绩著
北京 中国戏剧出版社 1999年 影印本 481页
21cm（32开）精装 ISBN：7-104-01185-4
定价：CNY1680.00（全套）

J0016844
中国传世画谱　（芥子园画传）（清）诸升等
编绘
北京 中国戏剧出版社 1999年 影印本 174页
21cm（32开）精装 ISBN：7-104-01185-4
定价：CNY1680.00（全套）

J0016845
中国传世画谱　（马骀画宝）马骀著
北京 中国戏剧出版社 1999年 影印本
2册（600；600页）21cm（32开）精装
ISBN：7-104-01185-4 定价：CNY1680.00（全套）

J0016846
中国传世画谱　（人物画稿三千法）王鹤绘篆
北京 中国戏剧出版社 1999年 影印本
80+76+66页 21cm（32开）精装
ISBN：7-104-01185-4
定价：CNY1680.00（全套）

J0016847
中国传世画谱　（任渭长画传四种）（清）任熊著
北京 中国戏剧出版社 1999年 影印本 80+128页
21cm（32开）精装 ISBN：7-104-01185-4
定价：CNY1680.00（全套）
　　作者任熊（1823—1857），清晚期画家。字渭
长，一字湘浦，号不舍，浙江萧山人。"海派"艺
术的代表人物之一。少时得遇著名文人姚燮，在
其家"大梅山馆"学画，深得宋人笔法。绘画全才。
画法宗陈洪绶，与弟任薰，儿子任预、侄任颐合
称"海上四任"。绘制的《高士传》《于越先贤传》
《烈先酒牌》《剑侠传》合称为《任渭长四种》。

J0016848
中国传世画谱　（三希堂画谱 草虫 花卉 石
谱）（清）叶九如选辑

北京 中国戏剧出版社 1999 年 影印本 296+276 页
21cm（32 开）精装 ISBN：7-104-01185-4
定价：CNY1680.00（全套）

J0016849
中国传世画谱 （三希堂画谱 梅谱 兰谱）
（清）叶九如选辑
北京 中国戏剧出版社 1999 年 影印本 338+283 页
21cm（32 开）精装 ISBN：7-104-01185-4
定价：CNY1680.00（全套）

J0016850
中国传世画谱 （三希堂画谱 人物）（清）叶
九如选辑
北京 中国戏剧出版社 1999 年 影印本 484 页
21cm（32 开）精装 ISBN：7-104-01185-4
定价：CNY1680.00（全套）

J0016851
中国传世画谱 （三希堂画谱 山水）（清）叶
九如选辑
北京 中国戏剧出版社 1999 年 影印本 566 页
21cm（32 开）精装 ISBN：7-104-01185-4
定价：CNY1680.00（全套）

J0016852
中国传世画谱 （三希堂画谱 仕女 翎毛 花
卉）（清）叶九如选辑
北京 中国戏剧出版社 1999 年 影印本 388+305 页
21cm（32 开）精装 ISBN：7-104-01185-4
定价：CNY1680.00（全套）

J0016853
中国传世画谱 （三希堂画谱 竹谱 菊谱）
（清）叶九如选辑
北京 中国戏剧出版社 1999 年 影印本 266+168 页
21cm（32 开）精装 ISBN：7-104-01185-4
定价：CNY1680.00（全套）

J0016854
中国传世画谱 （诗画舫）
北京 中国戏剧出版社 1999 年 影印本 2 册（885页）
21cm（32 开）精装 ISBN：7-104-01185-4
定价：CNY1680.00（全套）

国画作品

J0016855
法帖名画神品目 （一卷）（明）杨慎撰
明 刻本
（杨升庵杂著）
　　作者杨慎（1488—1559），文学家。字用修，
号升庵，又号逸史氏、博南山人、洞天真逸等。
四川新都（今成都市新都区）人，祖籍庐陵。主
要作品有《升庵集》《江陵别内》《宝井篇》
《滇池涸》等。本卷收于《杨升庵杂著十四种
四十三卷》。

J0016856
名画表 （一卷）（明）张丑撰
李瓘叟 清 抄本
　　本书由《真迹日录三卷》《清河秘箧书画表
一卷》《名画表一卷》《法书名画见闻表一卷》
（明）张丑撰、《清秘藏一卷》（明）张应文撰合
订。作者张丑（1577—1643），明代收藏家、文学
家。原名张谦德，字青甫，号米庵。江苏昆山人。
主要作品有《清河书画舫》《瓶花谱》《论
墨》等。

J0016857
南阳名画表 （一卷）（明）张应文撰；（明）张
丑编
［明］抄本
　　本书由《清秘藏二卷》《法书名画见闻表一
卷》《南阳法书表一卷》《清河秘箧书画表一卷》
《南阳名画表一卷》（明）张应文撰；（明）张丑编
合订。

J0016858
南阳名画表 （一卷）（明）张丑撰
李瓘叟 清 抄本

J0016859
南阳名画表 （一卷）（明）张丑撰
内府 清乾隆 写本
（四库全书）

J0016860

南阳名画表 （一卷）（明）张丑撰
古冈刘氏藏修书屋　清同治至光绪　刻本
（述古丛钞）

　　本书由《南阳法书表一卷》《南阳名画表一卷》《法书名画见闻表一卷》《清河秘箧书画表一卷》（明）张丑撰合订。

J0016861

南阳名画表 （一卷）（明）张丑撰
古冈刘氏藏修书屋　清同治至光绪　刻本
（述古丛钞）

J0016862

清河秘箧书画表 （一卷）（明）张丑撰
李瘅叟　清　抄本

J0016863

清河秘箧书画表 （一卷）（明）张丑撰
古冈刘氏藏修书屋　清同治至光绪　刻本
（述古丛钞）

　　本书由《南阳法书表一卷》《南阳名画表一卷》《法书名画见闻表一卷》《清河秘箧书画表一卷》（明）张丑撰合订。

J0016864

清河秘箧书画表 （一卷）（明）张应文撰；
（明）张丑编
［明］抄本

　　本书由《清秘藏二卷》《法书名画见闻表一卷》《南阳法书表一卷》《清河秘箧书画表一卷》《南阳名画表一卷》（明）张应文撰；（明）张丑编合订。

J0016865

书画金汤 （一卷）（明）陈继儒撰
聚奎楼　明　刻本
（陈眉公先生十集）

　　作者陈继儒（1558—1639），明代文学家、书画家。字仲醇，号眉公，又号麋公。华亭（今上海市松江县）人。主要作品有：诗文集《眉公十集》，词集《晚香堂词》2卷和《邵康节外纪》等。

J0016866

书画金汤 （一卷）
沈氏尚白斋　明万历　刻本
（尚白斋镌陈眉公宝颜堂秘籍）

　　八行十八字白口四周单边。收于《尚白斋镌陈眉公宝颜堂秘籍十七种四十九卷》。

J0016867

书画金汤 （一卷）（明）陈继儒撰
绣水沈氏　明万历至泰昌　刻本
（宝颜堂秘笈）

J0016868

书画金汤 （一卷）（明）陈继儒撰
明末　刻本
（八公游戏丛谈）

J0016869

书画金汤 （一卷）（明）陈继儒撰
竹屿　明崇祯　刻本
（雪堂韵史）

J0016870

书画金汤 （一卷）（明）陈继儒撰
李际期宛委山堂　清初　刻本　重修　线装
（说郛）

　　明末刻清初李际期宛委山堂重修汇印本。本卷收于《说郛续》卷第三十五。

J0016871

书画金汤 （一卷）（明）陈继儒撰
两浙督学周南李际期宛委山堂　清　刻本　重印
线装
（说郛续）

　　九行二十字小字双行同白口左右双边单鱼尾。本卷收于《说郛续》卷第三十五。

J0016872

书画金汤 （一卷）（明）陈继儒撰
清顺治　刻本　线装
（说郛）

　　本卷收于《说郛续》卷第三十二。

J0016873

书画金汤 （一卷）（明）陈继儒撰

上海 文明书局 民国十一年［1922］石印本
（宝颜堂秘笈）

　　作者陈继儒（1558—1639），明代文学家、书画家。字仲醇，号眉公，又号麋公。华亭（今上海市松江县）人。主要作品有：诗文集《眉公十集》，词集《晚香堂词》2卷和《邵康节外纪》等。

J0016874
宝绘录　（二十卷）（明）张泰阶辑
明崇祯　刻本
　　分五册。九行二十字白口四周单边。

J0016875
宝绘录　（二十卷）（明）张泰阶辑
清末　抄本

J0016876
宝绘录　（二十卷）（明）张泰阶辑
双峰书屋 清光绪六年［1880］刻本

J0016877
山水闻见纪　（一卷）（明）郭端撰
明崇祯元年［1628］刻本

J0016878
［读书斋题画诗］（清）顾修著
清　刻本　有图　线装
　　本书分二册。十行十九字，小字双行同白口左右双边单鱼尾。

J0016879
别下斋书画录　（不分卷　补阙一卷）（清）蒋光煦辑
［清］手稿本
　　有清管庭芬跋。

J0016880
别下斋书画录　（七卷）（清）蒋光煦辑
清末　抄本

J0016881
别下斋书画录　（七卷　补阙一卷）（清）蒋光煦辑
管庭芬 清同治四年［1865］抄本

J0016882
别下斋书画录　（七卷　补阙一卷）（清）蒋光煦辑
管庭芬 清同治四年［1865］抄本
　　本书由《别下斋书画录七卷补阙一卷》（清）蒋光煦辑、《南屏行箧录残本一卷》（清）释达受辑合订。

J0016883
不可必录　（一卷）（清）顾大昌辑
清　稿本

J0016884
楚游寓目编　（二卷）（清）顾承之撰
清　抄本

J0016885
二百兰亭斋鉴藏书画录　（一卷）（清）吴云撰
［清］手稿本

J0016886
二妙竹谱
清　刻本　有图　线装

J0016887
法墨珍图记　（十卷）（清）潘应椿辑
清　抄本

J0016888
高宗御制题书画诗目录　（不分卷）（清）祁寯藻辑
［清］稿本

J0016889
庚辛寓赏编　（一卷）（清）李玉棻撰
［清］手稿本

J0016890
庚子书画记　（不分卷）（清）沈复粲撰
沈氏鸣野山房 清　抄本

J0016891
古墨缘　（十三卷）（清）陈长吉辑
［清］稿本
　　本书由《逸庐鉴藏书画录四卷》《古墨缘

十三卷》《书画估十二卷》（清）陈长吉辑合订。

J0016892
归实斋画计 （一卷）（清）顾大昌辑
清 稿本

J0016893
归我室翰墨记 （一卷）（清）沈复粲撰
［清］手稿本

J0016894
过云楼书画记 （不分卷）（清）顾文彬撰
［清］稿本

J0016895
过云楼书画记 （四卷）（清）顾文彬撰
［清］稿本

J0016896
过云楼书画记 （十卷）（清）顾文彬撰
清光绪八年［1882］刻本

J0016897
过云楼书画记 （清）顾文彬撰
南京 江苏古籍出版社 1990年 1册（176+74页）
20cm（32开）ISBN：7-80519-015-1
定价：CNY6.00

　　本书与（清）顾麟士、（清）顾文彬撰，顾荣木点校的《过云楼续书画记》合订。《过云楼书画记》共收古代书法58件，绘画188件，中有隋唐宋元名迹，更多明清书画，而于明四家、清初四王、董其昌、恽寿平等人的作品收载尤多。于每件作品鉴别真伪，考订源流，历叙师承流绪、轶事遗闻等，并加以品评。

J0016898
过云楼书画记 （清）顾文彬撰
南京 江苏古籍出版社 1999年 17+195+81页
20cm（32开）ISBN：7-80643-225-6
定价：CNY12.50
（江苏地方文献丛书）

J0016899
过云楼续书画记 （六卷）顾麟士撰
民国十六年［1927］

J0016900
吉光片羽 （八卷）（清）陆绍曾辑
清 抄本

J0016901
嘉兴钱氏世藏书画录 （一卷）（清）钱泰吉辑
［清］手稿本

J0016902
江村书画目 （不分卷）（清）高士奇撰并藏
清 抄本
　　有清吴锡麒跋。八行小字双行蓝口蓝格左右双边。
　　作者高士奇(1645—1704)，清代官员、史学家。字澹人，号瓶庐，又号江村。浙江绍兴府余姚县樟树乡高家村(今慈溪匡堰镇高家村)人。历任翰林院侍讲、侍读、侍读学士，《大清一统志》副总裁官、詹事府少詹事、《明史》纂修官。平生学识渊博，能诗文，擅书法，精考证，善鉴赏，所藏书画甚富。著有《左传纪事本末》《春秋地名考略》《清吟堂全集》等。

J0016903
江村书画目 （不分卷）（清）高士奇撰
［清］稿本
　　有吴锡麒跋

J0016904
江村销夏录 （三卷）（清）高士奇撰
博文堂 清 刻本

J0016905
江村销夏录 （三卷）（清）高士奇撰
清 刻本

J0016906
江村销夏录 （三卷）（清）高士奇撰
清 抄本

J0016907
江村销夏录 （三卷）（清）高士奇撰
清康熙三十二年［1693］刻本

J0016908
江村销夏录 （三卷）（清）高士奇撰
清康熙三十二年［1693］刻本
　　据清康熙三十二年刻本宝芸堂印

J0016909
江村销夏录 （三卷）（清）高士奇撰
清康熙三十二年［1693］刻本
　　据清康熙三十二年刻本朗润堂印

J0016910
江村销夏录 （三卷）（清）高士奇撰
内府 清乾隆 写本
（四库全书）

J0016911
江村销夏录 （六卷）（清）高士奇撰
清乾隆 刻本

J0016912
江村销夏录 （六卷）（清）高士奇撰
修洁斋 清乾隆四年［1739］刻本

J0016913
江村销夏录 （三卷）（清）高士奇撰
清宣统二年［1910］

J0016914
江村销夏录 （三卷）（清）高士奇撰
台北 商务印书馆 1983 年 影印本
（景印文渊阁四库全书 子部 132 第 826 册）

J0016915
江皋过眼录 （一卷）□□辑
滕逸湖 清 抄本
　　清沈维裕跋

J0016916
今画偶录 （四卷）（清）王谔撰
清 刻本

J0016917
今画偶录 （四卷）（清）王谔撰
清乾隆四十八年［1783］刻本

J0016918
今画偶录 （四卷）（清）王谔撰
清道光二十三年［1843］刻本

J0016919
金石书画杂记 （不分卷）（清）李鸿裔撰
［清］手稿本

J0016920
揽古轩书画录 （四卷）（清）于祉撰
［清］稿本

J0016921
历代画谱 （不分卷）（清）王国正撰
清 抄本

J0016922
历代名画题跋录 （一卷）（明）顾炳辑
清 抄本
（论画五种）
　　作者顾炳，明代书画艺术家。字黯然，号懔
泉，浙江钱塘人。

J0016923
刘湄书画记 （二卷）（清）王礼撰
［清］稿本
　　本书由《刘湄书画记二卷》（清）王礼撰、
《刘镇诗人徵诗节略一卷》（清）毛宜信撰；（清）
王礼辑合订。

J0016924
刘镇诗人徵诗节略 （一卷）（清）毛宜信撰；
（清）王礼辑
［清］稿本
　　本书由《刘湄书画记二卷》（清）王礼撰，
《刘镇诗人徵诗节略一卷》（清）毛宜信撰；（清）
王礼辑合订。

J0016925
邵亭书画经眼录 （不分卷）（清）莫友芝撰
［清］稿本

J0016926
名画录 （不分卷）□□辑
清初 抄本

J0016927
墨兰梅石四种画谱 （清）佚名编
清 刻本 彩色套印 线装
　　本书共分四册。

J0016928
南斋校勘书画记 （不分卷）□□辑
[清]抄本

J0016929
内府书画编纂稿 （不分卷）□□辑
[清]稿本

J0016930
平生壮观 （十卷）（清）顾复辑；（清）魏锡曾，
（清）周星诒校
清 抄本
　　清周星诒跋

J0016931
平生壮观 （十卷）（清）顾复著
上海 上海人民美术出版社 1962 年 4 册
20cm（32 开）统一书号：8081.5220
定价：CNY6.10（全四册）
　　中国古代美术作品综合集目录。本书共 10
卷，书法名画各半，皆依时代编次。

J0016932
钤山堂书画记 （一卷）（明）文嘉撰
清 抄本

J0016933
钤山堂书画记 （一卷）（明）文嘉撰
长塘鲍氏 清乾隆三十七年至道光三年 [1772—
1823] 刻本 汇印
（知不足斋丛书）
　　清乾隆三十七年至道光三年长塘鲍氏刻汇
印本。

J0016934
钤山堂书画记 （一卷）（明）文嘉撰
清光绪 刻本
（胜朝遗事）

J0016935
钤山堂书画记 （一卷）（明）文嘉撰
上海 古书流通处 民国十年 [1921] 影印本
（知不足斋丛书）
　　据清鲍氏刻本影印。

J0016936
钦定秘殿珠林三编 （不分卷）（清）英和
等辑
内府 清嘉庆 抄本

J0016937
钦定秘殿珠林石渠宝笈三编 （不分卷）
（清）英和等辑
内府 清嘉庆 抄本

J0016938
钦定秘殿珠林石渠宝笈续编 （不分卷）
（清）王杰等辑
内府 清乾隆 抄本

J0016939
钦定佩文斋书画雅集 （不分卷）（清）
张璘辑
清 抄本

J0016940
钦定石渠宝笈续编 （八十八卷 目录三卷）
（清）王杰等辑
内府 清 抄本

J0016941
钦定石渠宝笈续编 （八十八卷 目录三卷）
（清）王杰等辑
[清]稿本

J0016942
钦定石渠宝笈续编 （八十八卷 目录三卷）
（清）王杰等辑
内府 清乾隆 抄本

J0016943
钦定石渠宝笈三编总目 （十卷）（清）英和
等辑
内府 清嘉庆 抄本

J0016944

穰梨馆过眼续录 （十六卷）（清）陆心源撰
清 刻本

J0016945

桑梓之遗书画册目录 （一卷）（清）郭廷翕，陈介锡辑
[清]稿本

有清陈介锡,清王懿荣跋。

J0016946

赏奇轩四种合编 □□辑
清 刻本

本丛书包括:《竹谱一卷》《官子谱一卷》《东坡遗意一卷》（明）顾杲,(明) 邹德基书;《南陵无双谱一卷》（清）金史撰。

J0016947

赏奇轩四种合编 （四卷）
清 刻本

本书共分四册。

J0016948

赏奇轩合编 □□辑
清 刻本

本丛书包括:《南陵无双谱一卷》（清）金史绘《兰谱一卷》（清）陈楖绘《竹谱一卷》《东坡遗意二卷》（明）顾杲(明)邹德基书《官子谱一卷》。

J0016949

赏奇轩合编 □□辑
文富堂 清末 刻本

J0016950

赏奇轩合编 □□辑
上海 同文书局 清光绪十二年 [1886] 石印本

J0016951

石渠宝笈三编 （不分卷）（清）英和等辑
[清]稿本

J0016952

式古堂朱墨书画纪 （八十卷）（清）卞永誉辑;(清)林一璘考订

清 抄本

本书共分一百二十册。七行十三字小字双行十六字米格白口四周双边。作者卞永誉（1645—1712）,清代书画鉴藏家、画家。盖州(今辽宁盖平）人。字令之(一作合之),号仙客,室名式古堂。博学好古,性好书画。能书法,工于绘画,喜画水仙、柏石等。著有《式古堂书画汇考》《式古堂朱墨书画纪》等。

J0016953

式古堂书画考 （六十卷,目录四卷,卷首一卷,卷末一卷）（清）卞永誉纂辑
王氏鉴古书社 民国八年 [1919] 影印本 线装

本书共分六十四册。

J0016954

书画估 （十二卷）（清）陈长吉辑
[清]稿本

本书由《逸庐鉴藏书画录四卷》《古墨缘十三卷》《书画估十二卷》（清）陈长吉辑合订。

J0016955

书画鉴影 （二十四卷）（清）李佐贤编
清 稿本

分十二册。九行二十四字白口四周双边单鱼尾。

J0016956

书画鉴影 （二十四卷）（清）李佐贤编
利津李佐贤 清同治十年 [1871] 刻本 线装

J0016957

书画经眼录 （不分卷）（清）莫友芝撰
[清]稿本

J0016958

书画经眼录 （四卷,附二卷）（清）莫友芝撰
清 稿本 线装

本书共分四册。

J0016959

书画涉记 （一卷）（清）陈撰撰
[清] 手稿本

J0016960
书画所见录 （一卷）（清）谢堃撰
扫叶山房 清 刻本

J0016961
书画所见录 （三卷）（清）谢堃撰
清光绪六年［1880］刻本

J0016962
书画同珍二刻 （不分卷）（清）邹圣脉辑
清 刻本

J0016963
书画同珍二刻 （不分卷）（清）邹圣脉辑
清乾隆 刻本

J0016964
书画同珍二刻 （清）邹圣脉汇订
梧冈邹圣脉 清乾隆七年［1742］刻本 朱墨套
印 有图 线装
　　本书共分四册。

J0016965
遂初堂收藏书画目录 （二十八卷）□□辑
清 抄本

J0016966
菪亭画记 （一卷）（清）柳公衣撰
清 抄本

J0016967
闻妙香室书画目 （不分卷）（清）李宗昉撰
［清］稿本

J0016968
我川寓赏编 （不分卷）（清）□□辑
沈氏鸣野山房 清 抄本

J0016969
卧庵藏书画目 （一卷）（清）朱之赤藏并撰
顾氏艺海楼 清 抄本
　　八行黑格黑口四周单边。

J0016970
西畇寓目编 （四卷）（清）陈墫辑

顾文彬 清 抄本

J0016971
西畇寓目编 （十六卷）（清）陈墫辑
归牧庵 清 抄本

J0016972
西畇寓目编 （不分卷）（清）陈墫辑
韩氏宝铁斋 清 抄本

J0016973
西畇寓目编 （七卷）（清）陈墫辑
清 抄本
　　分六册。有清蒋凤藻批注并跋。九行二十
字白口蓝格四周双边。

J0016974
燹馀所见录 （三卷）（清）宗源瀚撰；宗舜
年校
宗氏颐情馆 清 抄本

J0016975
潇洒书斋书画述 （十一卷）（清）张家驹辑
［清］抄本

J0016976
潇洒书斋书画述 （十一卷）（清）张家驹辑
清末至民国初 抄本 线装

J0016977
续入石渠宝笈奏定入书目录 （不分卷）□□辑
清 抄本
　　本书由《御制石渠宝笈不分卷》《续入石渠
宝笈奏定入书目录不分卷》。

J0016978
雪泥爪印 （一卷）（清）顾大昌辑
清 稿本
　　有清潘钟瑞跋

J0016979
烟云供养录 （一卷）（清）吴骞辑
［清］稿本
　　作者吴骞（1733—1813），清代藏书家、文学
家。浙江海宁人。字槎客、葵里，号愚谷，别号

免床、漫叟等。所辑《拜经楼丛书》校勘精审，著名于世。著有《拜经楼诗集》《拜经楼诗集续编》《愚谷文存》等。

J0016980
严氏书画记　（一卷）（明）文嘉撰
清　抄本

J0016981
逸庐鉴藏书画录　（四卷）（清）陈长吉辑
[清]稿本
　　本书由《逸庐鉴藏书画录四卷》《古墨缘十三卷》《书画估十二卷》（清）陈长吉辑合订。

J0016982
御制石渠宝笈　（不分卷）□□辑
清　抄本
　　本书由《御制石渠宝笈不分卷》《续入石渠宝笈奏定入书目录不分卷》合订。

J0016983
寓意录　（四卷）（清）缪曰藻撰
清　刻本

J0016984
元人破临安所得故宋书画目　（一卷）（元）王恽撰
清　抄本

J0016985
元破临安所得故宋书画　（一卷）（元）王恽撰
宁埜堂　清　抄本

J0016986
元破临安所得故宋书画目　（一卷）（元）王恽撰；（清）德仪校注
德仪　清光绪　抄本

J0016987
元书画考　（二卷）（清）高士奇撰
周氏鸽峰草堂　清　抄本

J0016988
昀匏所见金石书画随录　（九卷）（清）李玉棻撰
[清]抄本

J0016989
郑氏影园扇册目　（不分卷）（清）翁方纲撰
清　稿本
　　十二行。
　　作者翁方纲（1733—1818），清代金石学家、文学家、书法家。字正三，号覃溪，晚号苏斋，北京大兴人，乾隆十七年进士。著有《粤东金石略》《苏米斋兰亭考》《复初斋诗文集》《小石帆亭著录》等。

J0016990
朱卧庵藏书画目　（清）朱之赤藏并撰
赵氏竹崦庵　清　抄本

J0016991
朱卧庵藏书画目　（一卷）（清）朱之赤藏并撰
清　抄本

J0016992
拙尊园画存录　（一卷）（清）黎庶昌藏并撰
[清]稿本

J0016993
醉墨轩书画录　（一卷）（清）程士椿撰
[清]稿本
（醉墨轩三种）

J0016994
历代名画录　（三卷）（清）佚名撰
内府　清康熙　抄本
　　本书由《历代名画录三卷》《法书举要一卷》合订。

J0016995
宋中兴馆阁储藏图画记　（一卷）（宋）杨王休辑
上海　神州国光社　民国十七年至民国二十五年[1928—1936]
（美术丛书）

J0016996
宋中兴馆阁储藏图画记　（一卷）（宋）杨王

休辑
清雍正六［1728］铜活字印本
（古今图书集成）

J0016997
宋中兴馆阁储藏图画记 （一卷）（宋）杨王
休辑
清光绪 石印本
（古今图书集成）

J0016998
秘殿珠林续编 （不分卷）（清）王杰等辑
内府 清乾隆 抄本

J0016999
十百斋书画录 （二十二卷）（清）金瑗辑
清乾隆 抄本

J0017000
书画搜奇 （清）蒋和辑
清乾隆 刻本 线装
　　本书共分二册。九行二十字白口左右双
边单鱼尾。

J0017001
云烟过眼续录 （一卷）（元）汤允谟撰
陆烜奇晋斋 清乾隆三十四年［1769］刻本
（奇晋斋丛书）
　　本卷有清吴翌凤校。八行十九字白口左右
双边。收于《奇晋斋丛书十九卷》。

J0017002
云烟过眼续录 （元）汤允谟撰
冰雪山房 民国元年［1912］石印本 线装
（奇晋斋丛书）

J0017003
四朝宝绘录 （二十卷）（明）张泰阶辑
长塘鲍氏汇印 清乾隆三十七年至道光三年
［1772—1823］刻本
（知不足斋丛书）

J0017004
湘管斋寓赏续编 （六卷）（清）陈焯撰
清嘉庆六年［1801］刻本

J0017005
湘管斋寓赏编 （六卷）（清）陈焯辑
吴兴陈氏听香读画楼 清乾隆四十七年［1882］
刻本 重修 线装
　　九行二十字黑口左右双边。

J0017006
湘管斋寓赏编 （六卷）（清）陈焯辑
乌程陈焯 清乾隆四十七年［1782］刻本 线装
　　本书共分十二册。九行二十字黑口左右
双边。

J0017007
湘管斋寓赏编 （六卷）（清）陈焯撰
清乾隆四十七年［1782］刻本

J0017008
续入秘殿珠林挂轴 （一卷）□□辑
清乾隆五十七年［1792］写本

J0017009
须静斋云烟过眼录 （一卷）（清）潘世璜撰；
潘遵祁辑
清嘉庆五年［1800］刻本

J0017010
须静斋云烟过眼录 （一卷）（清）潘世璜撰；
（清）潘遵祁录
吴县潘氏 清宣统三年［1911］刻本 有图及像
线装
　　十行二十一字小字双行同黑口左右双边单
鱼尾。

J0017011
须静斋云烟过眼录 （一卷）（清）潘世璜撰；
（清）潘遵祁辑
吴县潘氏 清宣统三年［1911］刻本 朱印

J0017012
须静斋云烟过眼录 （一卷）（清）潘世璜撰；
（清）潘遵祁辑
吴县潘氏 清宣统三年［1911］刻本

J0017013
须静斋云烟过眼录 （一卷）（清）潘世璜撰；

（清）潘遵祁录

山阴吴氏　民国三年［1914］木活字本　线装

（遯盦丛编）

　　　收于《遯盦丛编》二集中。

J0017014

笔啸轩书画录　（二卷）（清）胡积堂辑

徽州　清道光　刻本

J0017015

读画斋偶辑　（清）鲍廷博等辑

石门顾氏读画斋　清道光　刻本　有图　毛装

　　　本书共分四册。十行十九字小字双行同白

口左右双边单鱼尾。

J0017016

平津馆鉴藏书画记　（一卷）（清）孙星衍撰

金陵陈氏　清道光　刻本

（独抱庐丛刻）

J0017017

平津馆鉴藏书画记　（一卷）（清）孙星衍撰

清光绪二十一年［1895］

J0017018

三万六千顷湖中画船录　（一卷）（清）

迮朗撰

吴江沈氏世楷堂　清道光　刻本

（昭代丛书）

J0017019

听帆楼书画记　（五卷　续编二卷）（清）潘正炜撰

清道光　刻本

J0017020

听帆楼书画记　（五卷）（清）潘正炜撰

清道光二十三年［1843］刻本

J0017021

听帆楼书画记续刻　（二卷）（清）潘正炜撰

上海　神州国光社　民国十七年至民国二十五年

［1928—1936］

（美术丛书）

J0017022

寓意录　（四卷）（清）缪曰藻撰

上海徐渭仁　清道光　刻本

（春晖堂丛书）

J0017023

自怡悦斋书画录　（三十卷）（清）张大镛撰

虞山张氏　清道光　刻本

J0017024

瞆瞆斋书画记　（四卷）（清）谢诚钧撰

清道光十八年［1838］刻本

J0017025

珊网一隅　（四卷）（清）陈曰霁撰

清道光二十年［1840］刻本

　　　本书共分二册。八行二十字白口左右双边。

J0017026

海日楼书画目　（一卷）沈曾植藏并撰

［清末］手稿本

　　　作者沈曾植（1850—1922），学者、诗人、书

法家。字子培，号乙庵，清末浙江嘉兴人，精于

史学掌故和书法。代表作品有《元秘史笺注》《蒙

古源流笺证》等，编著有《海日楼题跋》《淳化阁

帖》等。

J0017027

画谱　（二卷）□□辑

清末　刻本

　　　本书由《书画竞秀二卷》《画谱二卷》合订。

J0017028

绘龙录　（二卷）马桂赟资撰

清末　稿本

J0017029

名山图　（明）墨绘斋辑

清末　刻本

J0017030

瓯钵罗室书画过目考　（四卷　首一卷　附一

卷）（清）李玉棻辑

上海　江南图书局　清末　石印本

J0017031

瓯钵罗室书画过目考 （四卷，卷首一卷，附卷一卷）（清）李玉棻辑
上海 鸿文斋 清光绪二十三年［1897］石印本
线装
　　本书共分四册。十二行二十八字黑口四周双边单鱼尾。

J0017032

瓯钵罗室书画过目考 （四卷 首一卷 附一卷）（清）李玉棻辑
上海 鸿文斋 清光绪二十三年［1897］石印本

J0017033

瓯钵罗室书画过目考 （四卷 首一卷 附一卷）（清）李玉棻辑
清光绪二十三年［1897］刻本

J0017034

瓯钵罗室书画过目考 （四卷 首一卷 附一卷）（清）李玉棻辑
北京 晋华书局 清宣统三年［1911］石印本

J0017035

瓯钵罗室书画过目考 （清）李玉棻编
台北 新文丰出版公司 1979年 19cm（32开）
定价：TWD70.00
（零玉碎金集刊 32）

J0017036

书画竞秀 （二卷）□□辑
清末 刻本
　　本书由《书画竞秀二卷》《画谱二卷》合订。

J0017037

书画目录 （一卷）□□辑
清末 抄本

J0017038

玉雨堂书画记 （四卷）（清）韩泰华撰
仁和韩氏 清咸丰 刻本 巾箱
（玉雨堂丛书）

J0017039

玉雨堂书画记 （四卷）（清）韩泰华撰

清末 刻本

J0017040

瞋瞋斋书画记 （四卷）（清）谢诚钧撰
清咸丰二年［1852］刻本

J0017041

书画涉笔 （一卷）（清）陈撰撰
管庭芬 清咸丰二年［1852］抄本

J0017042

澹复虚斋画缘录 （一卷）（清）金凤清撰
清咸丰八年［1858］刻本

J0017043

采药第三图 （清）陆懋修辑
清同治 写本 有像 经折装

J0017044

穰梨馆过眼录 （四十卷 续录十六卷）（清）陆心源撰
清同治至光绪 刻本
（潜园总集）

J0017045

南屏行箧录残本 （一卷）（清）释达受辑
管庭芬 清同治四年［1865］抄本
　　本书由《别下斋书画录七卷补阙一卷》（清）蒋光煦辑、《南屏行箧录残本一卷》（清）释达受辑合订。

J0017046

桐园卧游录 （一卷）（清）金凤清撰
清同治十一年［1872］刻本

J0017047

迟鸿轩所见书目录 （四卷）（清）杨岘辑
清同治十二年［1873］刻本
　　杨岘（1819—1896），清代书法家。字见山，号庸斋、藐翁行。

J0017048

寓意录 （四卷）（清）缪曰藻撰
吴莲舟 清同治十二年［1873］抄本
（春晖堂丛书）

J0017049
点石斋丛画　（十卷）（清）尊闻阁主人辑
上海　点石斋　清光绪　石印本　有图　线装
　　　本书共分十册。白口四周单边单鱼尾。

J0017050
点石斋丛画　（十卷）（清）尊闻阁主人辑
上海　点石斋　清光绪十一年［1885］石印本　第2次　线装
　　　本书共分八册。白口四周单边单鱼尾。

J0017051
点石斋丛画
北京　中国书店　1989年　影印本　2册　20cm（32开）
　　　本画册选取名家作品1000多幅，共有10卷。第一卷匡庐面目；第二卷穷源竟委；第三卷明月前身；第四卷人伦之至；第五、六卷六朝金粉；第七卷活色生香；第八、九卷丛深林密；第十卷妙契同神。

J0017052
点石斋丛画
北京　中国书店　1991年　影印本　2册（558+572页）
有图　19cm（小32开）ISBN：7—80568—350—6
定价：CNY19.00

J0017053
点石斋丛画
北京　中国书店　1995年　影印本　2册（556+572页）
20cm（32开）ISBN：7—80568—663—7
定价：CNY47.00
（中国历代书画丛书）

J0017054
眼福编　（初集十四卷　二集十五卷　三集七卷）
（清）杨恩寿撰
长沙杨氏　清光绪　刻本
（坦园全集）

J0017055
恽王吴题画集录　（一卷）（清）陆时化辑
清光绪　抄本
　　　作者陆时化（1714—1779），字润之，号听松，室名翠华轩、听松山房。江苏太仓人。著有《吴越所见书画录》《书画说铃》《赏鉴杂说》《作

伪日奇说》。

J0017056
梦园书画录　（二十五卷）（清）方濬颐撰
清光绪三年［1877］刻本

J0017057
古今名人书画扇谱集锦　上海点石斋编
上海　点石斋　清光绪四年［1878］影印本　有图
线装
　　　据晋铜鼓斋主人藏扇谱影印。

J0017058
古芬阁书画记　（十八卷）（清）杜瑞联辑
太谷杜氏　清光绪七年［1881］刻本

J0017059
诸家藏画簿　（十卷）（清）李调元撰
广汉钟登甲乐道斋　清光绪七至八年［1881—1882］刻本
（函海）

J0017060
红豆树馆书画记　（八卷）（清）陶樑辑
吴县潘霨韡园　清光绪八年［1882］刻本

J0017061
安素轩读画集　（不分卷）（清）鲍家瑞撰
清光绪十八年［1892］刻本

J0017062
新增六法留痕画谱　（不分卷）（清）爱石斋主人辑
上海书局　清光绪十九年［1893］石印本　有图
线装
　　　本书共分四册。

J0017063
丁玄烬遗录　（四卷）（清）桂馥辑
黔垣　清光绪二十二年［1896］刻本
　　　作者桂馥（1736—1805），学者、戏曲作家、文字训诂学家。字冬卉，号未谷，山东曲阜人。乾隆庚戌（1790）进士。著有《说文解字义证》《札朴》《缪篆分韵》等。

J0017064
味笋轩藏顾画录 （不分卷）（清）邓元鏻撰
清光绪二十二年［1896］刻本

J0017065
澄兰室古缘萃录 （十八卷）邵松年辑
上海 鸿文书局 清光绪三十年［1904］石印本

J0017066
莆画录 （不分卷）（清）刘尚文撰
清光绪三十年［1904］刻本

J0017067
增补书画舫 （不分卷）□□辑
上海 清光绪三十年［1904］铜版印本

J0017068
最新书画谱 （清）锦文堂书庄辑
锦文堂书庄 清光绪三十四年［1908］石印本
有图 线装
　　本书共分二册。

J0017069
左庵一得初录 （一卷 续录一卷）（清）李佳
继昌撰
清光绪三十四年［1908］铅印本

J0017070
［瓯香馆题画］ 恽寿平书
清宣统 影印本 线装
（南田丛帖）

J0017071
虚斋名画录 （十六卷 续录四卷，补遗一卷）
庞元济辑
上海 庞氏 清宣统 刻本

J0017072
宣统西清书画记 （不分卷）□□辑
清宣统 抄本

J0017073
宣统西清书画续纪 （不分卷）□□辑
清宣统至民国初 抄本

J0017074
张氏书画四表 （四卷）（明）张丑撰
清宣统元年［1909］铅印本

J0017075
爱日吟庐书画录 （四卷）（清）葛金烺撰
上海 葛氏 清宣统二年至民国二年［1910—
1913］刻本
　　本书由《爱日吟庐书画录四卷》（清）葛金
烺撰、《爱日吟庐书画补录一卷》《爱日吟庐书画
续录八卷》《爱日吟庐书画别录四卷》（清）葛
嗣浵撰合订。

J0017076
爱日吟庐书画续录 （八卷）（清）葛嗣浵撰
上海 葛氏 清宣统二年至民国二年［1910—
1913］刻本
　　本书由《爱日吟庐书画录四卷》（清）葛金
烺撰、《爱日吟庐书画补录一卷》《爱日吟庐书画
续录八卷》《爱日吟庐书画别录四卷》（清）葛
嗣浵撰合订。

J0017077
爱日吟庐书画补录 （一卷）（清）葛嗣浵撰
上海 葛氏 清宣统二年至民国二年［1910—
1913］刻本

J0017078
爱日吟庐书画别录 （四卷）（清）葛嗣浵撰
上海 葛氏 清宣统二年至民国二年［1910—
1913］刻本

J0017079
爱日吟庐书画续录 （八卷）（清）葛嗣浵撰
民国二年［1913］刻本

J0017080
爱日吟庐书画别录 （四卷）（清）葛嗣浵撰
葛氏 民国二年［1913］刻本

J0017081
爱日吟庐书画录 葛金烺编著
台北 文史哲出版社 1977年 330页 21cm（32开）
精装 定价：TWD320.00
（金石书画丛刊）

　　本书录载葛金烺所藏历代书画作品,以明、清之迹为多, 间加按语, 颇见精当, 抉择著录较为严谨。

J0017082
百美图新咏
上海 琅环仙馆 民国 石印本 有图 线装
　　本书由《百美图新咏》《古今仕女画谱》合订, 共分四册。

J0017083
北宋武宗元笔朝元仙仗图
民国 影印本 有图 毛装

J0017084
古今仕女画谱
上海 琅环仙馆 民国 石印本 有图 线装
　　分四册。

J0017085
广堪斋藏画 (一卷)(清)毕泷撰;吴辟疆辑
吴县吴氏画山楼 民国
(画苑秘笈)

J0017086
国朝名画集锦册
上海 有正书局 民国 影印本 有图 线装
(中国名画集外册)
　　本书共分二册。据蔡伯浩藏本影印。

J0017087
国朝名画集锦册　有正书局编
上海 有正书局 民国 影印本 有图 线装

J0017088
画中九友集册
民国 影印本 有图 经折装

J0017089
画中九友真迹　博文堂审定
博文堂 民国 影印本 有图 经折装
　　据吴伟业等人真迹影印。

J0017090
及时行乐　艺苑真赏社编;(清)清内府藏

上海 艺苑真赏社 民国 影印本 有图 线装

J0017091
晋唐宋元明清名画宝鉴 (晋)顾恺之等绘;
刘海粟编辑
上海 申报馆 民国 影印本 线装
　　作者顾恺之(348—409), 东晋画家、绘画理论家。字长康, 小字虎头, 晋陵无锡人(今江苏无锡市)。主要作品有《洛神赋图》《女史箴图》《斫琴图》《魏晋胜流画赞》《论画》等。

J0017092
名人书画集　有正书局辑
上海 有正书局 民国 影印本 有图 线装

J0017093
名人书画扇面集 (第1册)
上海 商务印书馆 1911年 [12]页 27cm(16开)
　　本书共分二册, 收蒋廷锡、王文治、周仪、徐光启、费晓楼、陈南园、顾螺峰、张子青、张子祥等人的书画22幅。

J0017094
名人书画扇面集 (第2册)
上海 商务印书馆 民国三年 [1914]再版
1册(12张) 24×35cm 定价: 大洋壹元

J0017095
蓬莱居士珍藏书画目录 (二卷)□□辑
[民国]抄本

J0017096
茜窗小品 (十四种)(元)赵孟頫,(清)邵弥等绘
上海 同文书局 民国 影印本 有图及像 线装
　　本书共分二册。

J0017097
茜窗小品画谱 (十四种)(元)赵孟頫,(清)邵弥等绘
上海 会文堂 民国 影印本 有图及像 线装
　　本书共分二册。主要包括:《赵松雪画九歌》(元)赵孟頫绘、《邵僧弥山水》(清)邵弥绘、《大涤子山水八帧》(清)释原济绘、《南田草衣花卉》(清)恽寿平绘、《林屋山人山水画谱》(清)

王愫绘、《翁小海草虫》（清）翁雒绘等。

J0017098
清圣祖南巡回銮图记略　青冰馆主人撰
民国　抄本　线装

J0017099
似升所收书画录　（一卷）（清）周嵩尧撰
清宣统三年［1911］刻本

J0017100
书画心赏日录　（一卷）（清）沈树镛撰
吴县吴氏画山楼　民国
（画苑秘笈）

J0017101
王酉室仿宋人山水写生册
北京　富晋书社　民国　影印本　有图　经折装

J0017102
西域画（上辑）说明　郑振铎撰
民国　毛装
　　作者郑振铎（1898—1958），社会活动家、作家、学者、翻译家、收藏家。生于浙江永嘉县，祖籍福建长乐。毕业于北京铁路管理学校。历任全国文联福利部部长、全国文协研究部长、中国科学院考古研究所所长、文化部副部长、中国作家协会理事等。代表作品有《插图本中国文学史》《中国文学研究》《中国版画史图录》《猫》《我们是少年》等。

J0017103
小万柳堂明清两朝书画扇存目录　（不分卷）
廉泉辑
清宣统三年［1911］影印本

J0017104
域外所藏中国古画集　（一　西域画　三辑）郑振铎编
民国　影印本　有图　线装
　　本书共分三册。

J0017105
域外所藏中国古画集　（二　汉晋六朝画）郑振铎编

民国　影印本　有图　线装

J0017106
域外所藏中国古画集　（三　唐五代画）郑振铎编
民国　影印本　有图　线装

J0017107
域外所藏中国古画集　（四　宋画　三辑）郑振铎编
民国　影印本　有图　线装

J0017108
域外所藏中国古画集　（五　元画　三辑）郑振铎编
民国　影印本　有图　线装

J0017109
域外所藏中国古画集　（六　明画　三辑）郑振铎编
民国　影印本　有图　线装

J0017110
域外所藏中国古画集　（七　明遗民画　二辑）郑振铎编
民国　影印本　有图　线装
　　本书共分二册。

J0017111
域外所藏中国古画集　（八　清画　四辑）郑振铎编
民国　影印本　有图　线装
　　本书共分四册。

J0017112
域外所藏中国古画集　（续集）郑振铎编
民国　影印本　有图　线装
　　本书共分四册。

J0017113
域外所藏中国古画集　（八集）郑振铎辑
上海　上海出版公司　民国三十六年［1947］影印本　有图　线装
　　本书共分二十四册。

J0017114

域外所藏中国古画集　郑振铎辑；钱鹤龄摄
上海　上海出版公司　民国三十七年［1948］
影印本　8函509页　有图　散页

J0017115

域外所藏中国古画集续集　（第一辑）郑振
铎编
［民国］［影印本］64叶　有图　39cm（4开）
　　本书为中国古代绘画影印本画谱。

J0017116

域外所藏中国古画集续集　（四辑）郑振
铎编
上海　上海出版公司　民国三十六年［1947］
影印本　有图　线装
（域外所藏中国古画集）
　　本书共分四册。

J0017117

韫辉斋藏唐宋以来名画集　郑振铎编辑
民国　影印本　有图　线装

J0017118

韫辉斋藏唐宋以来名画集　郑振铎编辑
上海［上海出版公司］民国三十六年［1947］
影印本　有图　线装
　　本书共分二册。

J0017119

韫辉斋藏唐宋以来名画集　郑振铎编
上海　上海出版公司　民国三十六年［1947］
影印本　有图　折装

J0017120

韫辉斋藏唐宋以来名画集　郑振铎编辑
上海　上海出版公司　民国三十七年［1948］
影印本　再版　有图　线装

J0017121

墨林存粹　（四集）曹氏求自揣斋集
神州国光社　民国元年［1912］影印本
有像及图　线装
　　本书共分四册。

J0017122

图画宝鉴　（五卷　补遗一卷）（元）夏文彦撰
民国二年［1913］重修本　线装
（榕园丛书）
　　本书共分二册。据清同治光绪真州张允颐
刻本重修。作者夏文彦，元代书画理论家、鉴赏
家。字士良，号兰渚生，吴兴（今浙江湖州）人，
后迁居云间（今上海松江）。撰有《图绘宝鉴》《图
绘宝鉴续编》。

J0017123

海王村所见书画录　（一卷）（清）李葆恂撰
京师　李放　民国五年［1916］刻本
（义州李氏丛刻）

J0017124

景氏收藏名画录　景氏（P.S.King）编
著者自刊　1916年　30页　27cm（16开）
　　本书为私人收藏国画目录，附中、英文
说明。

J0017125

名人书画　（第一集）商务印书馆编译所编
上海　商务印书馆　1916年　影印本［14］页
36cm（6开）定价：大洋一元
　　本书为中国名人书画选集。

J0017126

名人书画　（第一集）商务印书馆编译所编辑
上海　商务印书馆　1917年　再版　35cm（6开）
定价：大洋一元

J0017127

名人书画　（第二集）商务印书馆编译所编
上海　商务印书馆　1917年　影印本［12］页
38cm（6开）定价：大洋一元

J0017128

名人书画　（第二集）商务印书馆编译所编辑
上海　商务印书馆　1917年　再版　36cm（6开）
　　本书为中国名人书画选集。

J0017129

名人书画　（第三集）商务印书馆编译所编
上海　商务印书馆　1917年　影印本［11］页

38cm（6开）定价：大洋一元

J0017130
名人书画 （第四集）商务印书馆编译所编
上海 商务印书馆 1917年 影印本 ［10］页
36cm（6开）定价：大洋一元
　　本书为民国时期文献，中国书画选集影印本。

J0017131
名人书画 （第六集）商务印书馆编译所编
上海 商务印书馆 1917年 影印本 ［13］页
38cm（6开）定价：大洋一元

J0017132
名人书画 （第七集）商务印书馆编
上海 商务印书馆 民国七年 ［1918］影印本
有图 线装

J0017133
名人书画 （第四集）
上海 商务印书馆 民国十二年 ［1923］4版
影印本 12叶 有图 40cm（小8开）
定价：银币壹元贰角

J0017134
名人书画 （第五集）
上海 商务印书馆 民国十二年 ［1923］4版
影印本 12叶 有图 40cm（小8开）
定价：银币壹元贰角
　　本书收入明代至清代的书画作品。

J0017135
名人书画 （第十四集）吴待秋藏；商务印书馆编
上海 商务印书馆 民国十二年 ［1923］影印本
再版 有图 线装

J0017136
名人书画 （第十五集）
上海 商务印书馆 民国十二年 ［1923］再版
影印本 12叶 有图 40cm（小8开）
定价：银币壹元贰角

J0017137
名人书画 （第十八集）

上海 商务印书馆 民国十二年 ［1923］再版
影印本 12叶 有图 40cm（小8开）
定价：银币壹元贰角

J0017138
名人书画 （第二十集）
上海 商务印书馆 民国十二年 ［1923］再版
影印本 12叶 有图 40cm（小8开）
定价：银币壹元贰角

J0017139
名人书画 （第二十一集）
上海 商务印书馆 民国十二年 ［1923］再版
影印本 12叶 有图 40cm（小8开）
定价：银币壹元贰角

J0017140
名人书画 （第二十二集）
上海 商务印书馆 民国十二年 ［1923］再版
影印本 12叶 有图 40cm（小8开）
定价：银币壹元叁角

J0017141
名人书画 （第二十四集）
上海 商务印书馆 民国十二年 ［1923］影印本
12叶 有图 40cm（小8开）定价：银币壹元贰角

J0017142
名人书画 （第一集）
上海 商务印书馆 民国十三年 ［1924］5版
影印本 12叶 有图 40cm（小8开）
定价：银币壹元贰角
　　本书收有宋代至清代作品。

J0017143
名人书画 （第三集）
上海 商务印书馆 民国十三年 ［1924］4版
影印本 12叶 有图 40cm（小8开）
定价：银币壹元贰角

J0017144
名人书画 （第七集）
上海 商务印书馆 民国十三年 ［1924］3版
影印本 12叶 有图 40cm（小8开）
定价：银币壹元贰角

J0017145
名人书画 （第十二集）
上海 商务印书馆 民国十三年［1924］再版
影印本 12 叶 有图 40cm（小 8 开）
定价：银币壹元贰角
　　本书收入的是明代至清代的书画作品。

J0017146
名人书画 （第二十三集）
上海 商务印书馆 民国十三年［1924］再版
影印本 14 叶 有图 40cm（小 8 开）
定价：银币壹元肆角

J0017147
名人书画 （第二十五集）
上海 商务印书馆 民国十三年［1924］影印本
12 叶 有图 40cm（小 8 开）定价：银币壹元贰角

J0017148
名人书画 （第十集）
上海 商务印书馆 民国十四年［1925］4 版
影印本 12 叶 有图 40cm（小 8 开）
定价：银币壹元贰角

J0017149
名人书画 （第十一集）
上海 商务印书馆 民国十四年［1925］3 版
影印本 12 叶 有图 40cm（小 8 开）
定价：银币壹元贰角

J0017150
名人书画 （第十九集）
上海 商务印书馆 民国十五年［1926］3 版
影印本 14 叶 有图 40cm（小 8 开）
定价：银币壹元肆角
　　本书收入的是明代至清代的书画作品。

J0017151
名人书画 （第八集）吴待秋藏；商务印书
馆编
上海 商务印书馆 民国十七年［1928］影印本
五版 有图 线装

J0017152
名人书画集 （第二十九集） 上海商务印书

馆编
上海 商务印书馆 民国十六年［1927］影印本
线装

J0017153
孙氏书画钞 （二卷）（明）孙凤撰
上海 商务印书馆 民国五至十五年［1916—1926］
（涵芬楼秘笈）

J0017154
茶库藏贮图像目（一卷）□□辑
仁和吴氏双照楼 民国六至七年［1917—1918］
刻本
（松邻丛书）

J0017155
南薰殿尊藏图像目 （一卷）□□辑
仁和吴氏双照楼 民国六至七年［1917—1918］
刻本
（松邻丛书）

J0017156
名画目录
上海 有正书局［1919 年］［72］页 21cm（32 开）
　　本书除收目录外，内容还包括唐、宋、元、
明、清各代画家小传、丛帖介绍，以及书籍介
绍等。

J0017157
苏香画录 （一卷）（清）陆惠撰
南汇朱益明 民国九年［1920］抄本

J0017158
我川书画记 （一卷 附录一卷）（清）□□撰
上海 神州国光社 民国九年［1920］
（美术丛书）

J0017159
中国名人画史　钱化佛编辑并绘图
俭德储蓄会 民国十年［1921］影印本 有像
线装
　　本书共分二册。

J0017160
迟鸿轩所见书目录 （四卷）（清）杨岘辑

苏州 文学山房 民国十三年［1924］木活字印本
（文学山房丛书）

J0017161
江村书画目 （不分卷）（清）高士奇撰
东方学会 民国十三年［1924］

　　作者高士奇(1645—1704)，清代官员、史学家。字澹人，号瓶庐，又号江村。浙江绍兴府余姚县人。历任翰林院侍讲、侍读、侍读学士，《大清一统志》副总裁官、詹事府少詹事、《明史》纂修官。著有《左传纪事本末》《春秋地名考略》《清吟堂全集》等。

J0017162
历代名画大成 （明）顾炳辑
上海书画会 民国十三年［1924］石印本 有图 线装
　　本书共分六册。
　　作者顾炳，明代书画艺术家。字黯然，号懔泉，浙江钱塘人。

J0017163
三希堂菊花谱大观 （二卷）莫厘山人编
大华书局 民国十三年［1924］影印本 有图 线装

J0017164
四朝选藻 延光室辑
北京 延光室 民国十三年［1924］影印本 平装

J0017165
鼎脔同人书画展览会纪念册 鼎脔周刊社编
上海 鼎脔周刊社［1926年］24页 有图 23cm（10开）
　　本书内容为书画展览目录。书前有"启"，以及季宗绮、齐白石、黄宾虹等人的画、篆共13幅。

J0017166
百梅集 陈叔通编
上海 商务印书馆 民国十六年［1927］影印本 线装
　　本书共分二册。

J0017167
环郼画稿 韩环村绘
上海 慎修书社 民国十六年［1927］影印本 线装

J0017168
悦生所藏书画别录 （一卷）（宋）佚名撰
上海 神州国光社 民国十七年至民国二十五年［1928—1936］
（美术丛书）

J0017169
赵兰坡所藏书画目录 （一卷）（宋）□□撰
上海 神州国光社 民国十七年至民国二十五年［1928—1936］
（美术丛书）

J0017170
历朝名人扇集 邹登鳌辑
苏州 振新书社 民国十八年［1929］影印本 线装

J0017171
古今大观 （第三集）冯趣园辑
上海 华商书局 民国二十年［1931］影印本 有图 线装

J0017172
宋元明清名画大观 （二卷）日华古今绘画展览会辑
民国二十年［1931］影印本 有图 线装
　　本书共分二册。

J0017173
名古书画集 名古书画会编
上海 华商书局 民国二十一年［1932］影印本 有图 线装

J0017174
澹远楼图 （第1册）费慧茂辑并藏
民国二十二年［1933］影印本 平装

J0017175
定川草堂文集小品 （一卷）（清）张文泣撰
民国二十二年［1933］

（艺海一勺）

J0017176
三虞堂书画目 （二卷）（清）完颜景贤撰
民国二十二年［1933］

J0017177
名人翎毛草虫集 丁鹤庐编辑；西泠印社社
员藏
上海 西泠印社书店 民国二十三年［1934］
影印本 线装

J0017178
名人山水集 丁鹤庐编辑；西泠印社社员藏
上海 西泠印社书店 民国二十三年［1934］
影印本 线装

J0017179
西京金石书画集 （五期）西京金石书画学会
编辑
西安 西京金石书画学会 民国二十三至二十五
年［1934—1936］铅印暨影印本 有图 线装
　　本书共分五册。

J0017180
中国画学研究会第十一次成绩展览目录
中国画学研究会［编］
北平 中国画学研究会 1934年 28页 19cm（32开）
　　本书为民国时期中国画专题目录。

J0017181
百梅集 陈百梅集
上海 商务印书馆 民国二十四年［1935］
影印本 有图 线装

J0017182
百砚室珍藏名画真迹 （第二集）百砚室收藏
百研室 民国二十四年［1935］影印本 线装

J0017183
北平荣宝斋诗笺谱 （二卷）荣宝斋辑
北平 荣宝斋 民国二十四年［1935］影印本
彩色套印 有图 线装
　　本书共分二册。

J0017184
肥遯庐藏名人花卉画轴 商务印书馆编
上海 商务印书馆 民国二十四年［1935］
影印本 有图 精装

J0017185
故宫日历图画 国立北平故宫博物院编辑
北平 故宫博物院出版物发行所 民国二十四年
［1935］影印本 有图 折装
　　本书共分四册。

J0017186
故宫日历图画 国立北平故宫博物院编辑
北平 故宫博物院出版物发行所 民国二十五年
［1936］影印本 有图 折装

J0017187
伏庐书画录 客庚编
北平 燕京大学考古学社 民国二十五年［1936］
影印暨铅印本 有图 线装

J0017188
媚秋堂藏名人书画
上海 商务印书馆 民国二十五年［1936］
影印本 线装

J0017189
艺舟书画谱 艺舟书画会编
艺舟书画会 民国二十五年［1936］影印本
有图 线装

J0017190
中华书局精印书画目录 中华书局编
上海 中华书局 1936年 47页 有图 19cm（32开）
　　本书为中国书画专题目录。

J0017191
宝绘集 （十二帧）（法国）杜让（Dubosc，J.P）编
民国二十六年［1937］影印本 线装
　　外文书名：Pao Hvi Chi.

J0017192
瘦竹山房诗画合稿 （六卷，卷首一卷，卷末
一卷）许其郁撰并绘
上海 锦章局 民国二十六年［1937］影印本

有图 线装
　　本书共分四册。

J0017193

艺光国画传习所画刊　北京私立艺光国画传
习所主编
北平 北京私立艺光国画传习所［1938年］［30］页
［19×26cm］（16开）定价：八角
　　本书包括三部分。第一部分收元明清古画6
幅；第二部分收该所董事教授创作的国画13幅；
第三部分为学生作品，收国画22幅。

J0017194

岭东名画集　（第一辑）汕头文华美术图书
公司
广东 开明出版部 民国二十九年［1940］
影印本 有图 线装

J0017195

名人花卉集锦　（二集）
［上海］环翠山房 民国二十九年［1940］
影印本 有图 线装
　　本书共分二册。

J0017196

中国历代名画大观　（晋）顾恺之等绘；刘海
粟编辑
上海 美术专科学校 民国二十九年［1940］
影印本 平装

J0017197

故宫名画梅集　（第一集）故宫博物院辑
北京 故宫博物院 民国三十一年［1942］
影印本 再版 有图 线装

J0017198

诗婢家诗残谱　郑伯英藏板
成都 诗婢家 民国三十四年［1945］再版 有图
30cm（12开）
　　本书为中国画临摹画集，共分2册，置于一
盒中。函书签题：成都诗婢家诗残谱，2册均有
"辛笛藏书"章。

J0017199

益州书画录　（一卷，续编一卷，补遗一卷，附

录一卷）薛天沛纂
成都崇礼堂 民国三十四至三十五年
［1945—1946］刻本 线装
　　本书共分三册。

J0017200

汉晋六朝画　郑振铎编
上海 上海出版公司 民国三十六年［1947］
影印本 有图 线装
（域外所藏中国古画集）

J0017201

汉晋六朝画　郑振铎编；钱鹤龄摄
上海 上海出版公司 民国三十七年［1948］
影印本 1函68页 有图 散页
（域外所藏中国古画集）

J0017202

三国唐五代画　郑振铎编
上海 上海出版公司 民国三十六年［1947］
影印本 有图 线装
（域外所藏中国古画集）

J0017203

倪瓒画之著录及其伪作　容庚著
广州 清华印书馆 1948年 29~238页 26cm（16开）

J0017204

新画册　余所亚，梁琛编
香港 民华出版社 1950年 2册 15×19cm（28开）
定价：CNY4.00（全8册）
　　本书为中国画作品画册。

J0017205

北京荣宝斋诗笺谱　（二集）荣宝斋编辑
北京 荣宝斋 1952年 刻本 彩色套印 有图 线装
　　本书共分二册。

J0017206

人物画谱　（儿童编）王子均［编］
香港 上海印书馆 1954年 116页 19cm（32开）

J0017207

金匮藏画集　陈仁涛辑
香港 统营公司 1956年 影印本 有图 线装

本书共分二册。

J0017208

中国人物画汇宗　台湾东方书店编辑
台湾　东方书店　1956 年　19cm（32 开）
　　本书系中国现代人物画作品。

J0017209

上海博物馆藏画　上海博物馆，上海人民美术出版社编
上海　上海人民美术出版社　1959 年　影印本　118 页
38cm（8 开）精装　统一书号：8081.4505
定价：CNY125.00
　　本书从馆藏中选辑宋元至近代以来 88 位画家的 100 幅作品。彩色精印，与《故宫博物院藏画》《南京博物院藏画》成为姐妹篇。

J0017210

上海博物馆藏画　上海博物馆编
上海　上海博物馆　1961 年　38cm（8 开）线装
定价：CNY6.00

J0017211

上海博物馆藏画　上海人民美术出版社［编］
上海　上海人民美术出版社　1999 年　118 页
38cm（8 开）精装　ISBN：7-5322-2028-1
定价：CNY280.00
（中国博物馆藏画）
　　本画册是中英文本，外文书名：A Shanghai
Museum Collection of Paintings.

J0017212

古今名画大观　吴鸣时选辑
香港　泰昌安记书局　1960 年　70 幅　有图
19cm（32 开）

J0017213

苏州博物馆藏画集　（一卷）苏州博物馆编
北京　文物出版社　1963 年　影印本　1 函 1 册 118 页
有图　38cm（6 开）线装
统一书号：7068.217　定价：CNY35.00

J0017214

故宫博物院藏花鸟画选　文物出版社编
北京　文物出版社　1965 年　影印本　1 册（100 幅）

39cm（4 开）精装　统一书号：7068.267
定价：CNY200.00

J0017215

广东博物馆藏绘画　广东博物馆编辑
北京　文物出版社　1965 年　8 幅　16cm（25 开）
统一书号：7068.1091　定价：CNY0.64

J0017216

［1972 年年历］（国画《韶山毛主席旧居》）
上海　上海东方红书画社［1971 年］［1］张
26cm（16 开）定价：CNY0.06

J0017217

澳门贾梅士博物院国画目录　陈何智华编
香港　香港大学亚洲研究中心　1977 年　27cm（16 开）

J0017218

万木草堂藏中国画目　康有为著
台北　文史哲出版社　1977 年　111 页
19×27cm（16 开）定价：TWD180.00
　　作者康有为（1858—1927），中国近代思想家、政治家、书法家。原名祖诒，字广厦，号长素，又号更生。广东南海县人，清光绪年间进士。代表作品《新学伪经考》《孔子改制考》《人类公理》《广艺舟双楫》《康子篇》等。

J0017219

鸣喜图　陈之佛作
北京　人民美术出版社　1978 年　53cm（4 开）
定价：CNY0.14
　　本书系现代中国画作品。作者陈之佛（1896—1962），画家、工艺美术家。又名陈绍本、陈杰，号雪翁。毕业于浙江省工业专门学校染织科机织专业，曾留学日本入东京美术学校工艺图案科。曾任教于上海美术专科学校及中央大学艺术系，任南京大学、南京师范学院教授，江苏美协副主席、南京艺术学院副院长、中国美术家协会理事等职。代表作品有《瑞安名胜古诗选》《旅美纪行》《江村集》等。

J0017220

内务部古物陈列所书画目录　（一）　黄成助［编］
台北　成文出版社有限公司　1978 年　影印本

396 页　19cm（32 开）精装

J0017221

内务部古物陈列所书画目录 （二）黄成
助［编］

台北　成文出版社有限公司　1978 年　影印本
397–888 页　19cm（32 开）精装

J0017222

内务部古物陈列所书画目录 （三）黄成助
［编］

台北　成文出版社有限公司　1978 年　影印本
889–1378 页　19cm（32 开）精装

J0017223

内务部古物陈列所书画目录 （四）　黄成
助［编］

台北　成文出版社有限公司　1978 年　影印本
1379—1812+49 页　19cm（32 开）精装

J0017224

国泰美术馆书画精选 （第一集　民初画坛三
杰黄宾虹、徐悲鸿、陈师曾书画辑）蔡辰男编

台北　国泰美术馆　1979 年　有图　34cm（10 开）
精装　定价：TWD800.00, HKD100.00, USD25.00
　　本书为中国画画册、法书选集。外文书名：
The Selected Works of Cathay Art Museum.

J0017225

国泰美术馆书画精选 （第二集　近百年金石
八家书画辑）蔡辰男编著

台北　国泰美术馆　1979 年　有图　34cm（10 开）
精装　定价：TWD800.00, HKD100.00, USD25.00

J0017226

国泰美术馆书画精选 （第三集　明清五百年
名家书画辑）蔡辰男编

台北　国泰美术馆　1979 年　有图　34cm（10 开）
精装　定价：TWD1000.00, HKD150.00, USD30.00

J0017227

国泰美术馆书画精选 （第四集　西山逸士溥
心畲先生书画辑续编）蔡辰男编著

台北　国泰美术馆　1979 年　155 页　有图
34cm（10 开）精装

定价：TWD1000.00, HKD150.00, USD300.00

J0017228

国泰美术馆书画精选 （第五集　明清民初花
鸟名家辑）蔡辰男编著

台北　国泰美术馆　1980 年　169 页　有图
34cm（10 开）精装

定价：TWD1000.00, HKD150.00, USD300.00

J0017229

国泰美术馆书画精选 （第六集　近代名家山
水辑）蔡辰男编

台北　国泰美术馆　1980 年　有图　34cm（10 开）
精装　定价：TWD1000.00, HKD150.00, USD300.00

J0017230

国泰美术馆选集 （第二辑　明清民初百家书
画集）蔡辰男编著

台北　国泰美术馆　1977 年　92 页　有图 34cm（10 开）
定价：TWD500.00, TWD700.00（精装）

J0017231

国泰美术馆选集 （第七辑　海上名家书画集）
蔡辰男编著

台北　国泰美术馆　1978 年　101 页　有图
34cm（10 开）定价：TWD500.00, TWD700.00
（精装）

J0017232

国泰美术馆选集 （第十一辑　明清民初名家
书画集）蔡辰男编著

台北　国泰美术馆　1979 年　99 页
有图　34cm（10 开）
定价：TWD500.00, TWD700.00（精装）

J0017233

国泰美术馆选集 （第一辑　中国近代名家书
画集）蔡辰男编著

台北　国泰美术馆　1980 年　再版　91 页
有图　34cm（10 开）
定价：TWD600.00, HKD85.00, USD180.00

J0017234

国泰美术馆选集（第三辑　近五百年中国美术
集粹）蔡辰男编著

台北 国泰美术馆 1980 年 再版 96 页
有图 34cm（12 开）
定价：TWD600.00, HKD85.00, USD18.00

J0017235
国泰美术馆选集 （第五辑 中国扇面艺术选粹）蔡辰男编著
台北 国泰美术馆 1980 年 再版 91 页
有图 34cm（10 开）
定价：TWD600.00, HKD85.00, USD18.00

J0017236
国泰美术馆选集 （第六辑 明清名家手卷集粹）蔡辰男编著
台北 国泰美术馆 1980 年 3 版 117 页
有图 34cm（10 开）
定价：TWD600.00, HKD85.00, USD18.00

J0017237
国泰美术馆选集 （第四辑 中国美术反传统画家选集）蔡辰男编著
台北 国泰美术馆 1981 年 再版 99 页
有图 34cm（10 开）
定价：TWD600.00, TWD800.00（精装）

J0017238
国泰美术馆选集 （第八辑 明清名家楹帖百联集）蔡辰男编著
台北 国泰美术馆 1981 年 再版 199 页
有图 34cm（10 开）
定价：TWD600.00, TWD800.00（精装）

J0017239
国泰美术馆选集 （第十二辑 海上派十家书画集）蔡辰男编著
台北 国泰美术馆 1981 年 再版 100 页
有图 38cm（8 开）
定价：TWD600.00, TWD800.00（精装）

J0017240
涉事画册 （清）朱耷作
北京 荣宝斋 1980 年

J0017241
［1982 年美术挂历］

南京 江苏人民出版社 1981 年 78cm（2 开）
定价：CNY4.00

J0017242
［1982 年美术挂历］ （岭南名画）
广州 岭南美术出版社 1981 年 54cm（4 开）
定价：CNY4.20

J0017243
历代仕女画选集 故宫博物馆著
天津 天津人民美术出版社 1981 年 50 幅
39cm（4 开）统一书号：8073.50168
定价：CNY6.00

J0017244
历代著录画目 福开森编
台北 文史哲出版社 1982 年 581+34 页
21cm（32 开）精装 定价：旧台币 15.00

J0017245
林间 （中国画 1983 年年历）王晋元摄影
昆明 云南人民出版社 1982 年 76cm（2 开）
定价：CNY0.25

J0017246
和庵百花画谱
长春 长春市古籍书店 1983 年 影印本
26cm（16 开）定价：CNY2.10
　　本书系中国花鸟画画册。

J0017247
历代美人画选 何恭上主编；沈以正撰文
台北 艺术图书公司 1984 年 164 页 29cm（16 开）
精装 定价：TWD650.00
（彩色美人画选丛书 1）
　　本书是现代中国画人物画画册。外文书名：
Selected Paintings of Beauties Through the Ages.

J0017248
中国古代画精品录 （一）中国古代书画鉴定组鉴选
北京 文物出版社 1984 年 42cm（8 开）
定价：CNY98.00

J0017249
中国古代书画目录　中国古代书画鉴定组编
北京　文物出版社 1984 年　25cm（16 开）
定价：CNY1.00

J0017250
中国古代书画目录　（第一册）中国古代书画
鉴定组编
北京　文物出版社 1984 年　64 页　28cm（16 开）
统一书号：8068.1299 定价：CNY1.00
　　本目录收录北京地区 12 个有关单位收存的
古画真迹，共计 2230 件。

J0017251
中国古代书画目录　（第二册）中国古代书画
鉴定组编
北京　文物出版社 1985 年　160 页　26cm（16 开）
统一书号：8068.1450 定价：CNY3.60

J0017252
中国古代书画目录　（第三册）中国古代书画
鉴定组编
北京　文物出版社 1987 年　119 页　26cm（16 开）
统一书号：8068.1573 定价：CNY3.20

J0017253
中国古代书画目录　（第五册）中国古代书画
鉴定组编
北京　文物出版社 1988 年　127 页　28cm（16 开）
ISBN：7-5010-0031-X 定价：CNY4.80

J0017254
中国古代书画目录　（第七册）中国古代书画
鉴定组编
北京　文物出版社 1990 年　77 页　26cm（16 开）
ISBN：7-5010-0280-0 定价：CNY7.00

J0017255
中国古代书画目录　（第四册）中国古代书画
鉴定组编
北京　文物出版社 1991 年　61 页　28cm（16 开）
ISBN：7-5010-0173-1 定价：CNY6.00

J0017256
中国古代书画目录　（第九册）中国古代书画

鉴定组编
北京　文物出版社 1991 年　53 页　28cm（16 开）
ISBN：7-5010-0423-4 定价：CNY5.50

J0017257
中国古代书画目录　（第六册）中国古代书画
鉴定组编
北京　文物出版社 1993 年　79 页　26cm（16 开）
ISBN：7-5010-0450-1 定价：CNY7.20
　　本目录介绍了浙江、安徽两省 3 千余件中国
古代书画藏品。

J0017258
中国古代书画目录　（第八册）中国古代书画
鉴定组编
北京　文物出版社 1993 年　68 页　28cm（16 开）
ISBN：7-5010-0682-2 定价：CNY6.50
　　本书以鉴定的时间为序，以收存书画的机构
为单元，对时存古代的书画进行了全面系统的考
查、鉴定、编目。

J0017259
中国古代书画目录　（第十册）中国古代书画
鉴定组编
北京　文物出版社 1993 年　58 页　28cm（16 开）
ISBN：7-5010-0640-7 定价：CNY5.50
　　本书收古代书画真迹佳品 2164 件，其中有
东晋至唐代经卷 887 件，宋元字画 37 件，其余为
明清两代字画。

J0017260
台北故宫宝笈　（名画）台北故宫博物院编辑
委员会编辑
台北　台北故宫博物院 1985 年　2 册（204+214 页）
有图 16cm（25 开）
　　本书系中国画画册。

J0017261
黄君璧先生捐赠文物特展目录　台北故宫
博物院编辑委员会编辑
台北　台北故宫博物院 1985 年　有图版
30cm（15 开）精装

J0017262
江苏省美术馆藏画辑　江苏省美术馆编辑

南京　江苏美术出版社　1985年　12页　30cm（10开）
定价：CNY1.70

　　现代中国画。

J0017263

曲阜古今书画选　政协曲阜县文史资料研究
委员会，山东友谊书社编
济南　山东人民出版社　1985年　30页　26cm（16开）
统一书号：12099.27　定价：CNY0.78

　　本书收有几代衍圣工手笔的丹青、墨宝；曲
阜文人士子的手札、诗文，以及现代艺苑书画老
人的作品。

J0017264

荣宝斋三十五周年纪念册　荣宝斋编辑
北京　荣宝斋　1985年　124页　有彩图 28×21cm
统一书号：8030—1459

J0017265

草虫画特展图录　台北故宫博物院编辑委员
会编辑
台北　台北故宫博物院　1986年　82页
30cm（15开）

J0017266

广东省博物馆藏画集　广东省博物馆编
北京　文物出版社　1986年　38cm（6开）精装
统一书号：9088.827　定价：CNY150.00
（《博物馆藏画集》系列画册 1）

　　本书所收的我国古代 180 位画家的 200 多
件珍品，是从广东博物馆馆藏 2000 多种绘画藏
品中精选而出。其中有南宋画家陈容的《云龙
图》；广东早期画家颜宗、钟学及林良等画作；
清末"二苏""二居"等岭南派先驱的佳作，以及
"清初六家""金陵八家"和"扬州八怪"画家的
作品。

J0017267

界画特展图录　台北故宫博物院编辑委员会
编辑
台北　台北故宫博物院出版社　1986年　70页
30cm（10开）

J0017268

李初梨珍藏书画选　徐文彬编撰

重庆　重庆出版社　1986年　35cm（15开）精装
定价：CNY60.00

J0017269

林文杰书画集　林文杰著
广州　花城出版社　1986年　32页　26cm（16开）
统一书号：8261.190　定价：CNY15.00

　　本书收美国华裔科学家与医学教授林文杰
画作 30 幅。

J0017270

林宗毅先生捐赠书画目录　台北故宫博物院
编辑委员会编辑
台北　台北故宫博物院　1986年　30cm（10开）
精装

J0017271

桃花源书画集　桃花源文物管理所编
长沙　湖南美术出版社　1986年　125页　26cm（16开）
统一书号：8233.1042　定价：CNY19.30

J0017272

伍渴长列仙洒牌　上海书画社编
上海　上海书画出版社　1986年　48页　20cm（32开）
统一书号：8172.1448　定价：CNY0.87

　　中国现代白描人物画作品。

J0017273

粤画萃珍　高美庆主编
香港　香港中文大学文物馆　1986年　86页
有彩图 36cm（6开）ISBN：962-7101-06-0

　　外文书名：Paintings by Guangdong Artists.

J0017274

浙江花鸟画选　西泠印社编
杭州　西泠印社　1986年　61页　25cm（小16开）
统一书号：8191.441　定价：CNY4.20

　　本书选入 50-80 年代浙江花鸟画之精髓，共
收 42 位画家的 70 余幅作品。其中有潘天寿、吴
茀之、诸乐三、邓白、陆抑非等老一辈花鸟画家
的作品，还有朱颖人、卢坤峰等中青年画家
的作品。

J0017275

中国古代书画图目　（一）中国古代书画鉴定

组编

北京　文物出版社　1986年　305+93页　37cm（8开）

精装　ISBN：7-5010-0032-8

定价：CNY140.00

　　本图目收入北京地区中国历史博物馆、故宫博物院、中国美术馆、中国文物商店总店、荣宝斋等13个单位的部分书画藏品，共1020件。是中国首次出版的全面系统介绍中国古代书画的多卷本大型工具书。

J0017276

中国古代书画图目　（九）中国古代书画鉴定组编

北京　文物出版社　1986年　305页　26cm（16开）

精装　定价：CNY140.00

　　本图目收广东省博物馆、福建省博物馆、广西壮族自治区博物馆等18个单位通过鉴定的古代书画藏品目录。

J0017277

中国古代书画图目　（二）中国古代书画鉴定组编

北京　文物出版社　1987年　366页　37cm（8开）

精装　ISBN：7-5010-0032-8　定价：CNY150.00

　　本图目选载故宫博物院馆藏书画目录，收有黑白图版1610幅。

J0017278

中国古代书画图目　（六）中国古代书画鉴定组编

北京　文物出版社　1988年　428页　35cm（8开）

精装　ISBN：7-5010-0088-3　定价：CNY185.00

　　本图目共收入浙江省博物馆、安徽省博物馆等50个单位通过鉴定的书画真迹珍品目录。

J0017279

中国古代书画图目　（七）中国古代书画鉴定组编

北京　文物出版社　1989年　302页　35cm（8开）

精装　ISBN：7-5010-0213-4　定价：CNY150.00

　　本图目收入河北省博物馆、河南省博物馆、山西省博物馆、天津市艺术博物馆等23个单位的馆藏书画珍品目录。

J0017280

中国古代书画图目　（三）中国古代书画鉴定组编

北京　文物出版社　1990年　361页　35cm（8开）

精装　ISBN：7-5010-0290-8　定价：CNY185.00

　　本图目收入上海博物馆的馆藏明代书画作品907件，黑白图版1850幅。

J0017281

中国古代书画图目　（四）中国古代书画鉴定组编

北京　文物出版社　1990年　470页　35cm（8开）

精装　ISBN：7-5010-0409-9　定价：CNY265.00

　　本图目收入上海博物馆收藏的明清时期书画作品998件，其中黑白图版2998幅。

J0017282

中国古代书画图目　（五）中国古代书画鉴定组编

北京　文物出版社　1990年　487页　35cm（8开）

精装　ISBN：7-5010-0410-2　定价：CNY260.00

　　本图目收入上海博物馆收藏的清代书画作品1017件，其中黑白图版3097幅。

J0017283

中国古代书画图目　（八）中国古代书画鉴定组编

北京　文物出版社　1990年　342页　35cm（8开）

精装　ISBN：7-5010-0406-4　定价：CNY170.00

　　本图目精选了河北省博物馆、河南省博物馆、山西省博物馆、天津历史博物馆等27个单位通过鉴定的古代书画藏品目录。其中唐代至清代作品723件、黑白图版1802幅。

J0017284

中国古代书画图目　（九）中国古代书画鉴定组编

北京　文物出版社　1992年　287页　36cm（8开）

精装　ISBN：7-5010-0626-1　定价：CNY200.00

　　本书收录天津艺术博物馆的部分中国书画藏品580件，其中有古代书画作品85件，北齐至五代的经卷18件。统一按中国历史朝代编排，各朝代作品均以作者生存年代为序。

J0017285

中国古代书画图目 （十）中国古代书画鉴定组编

北京　文物出版社　1993 年　294 页　36cm（8 开）
精装　ISBN：7-5010-0695-4　定价：CNY240.00

　　本书收录四川省博物馆、重庆博物馆、贵州省博物馆、湖南省博物馆、湖北省博物馆、江西省博物馆、甘肃省博物馆、敦煌研究院、新疆维吾尔自治区博物馆等多家单位经鉴定的藏品目录。

J0017286

中国古代书画图目 （十二）中国古代书画鉴定组编

北京　文物出版社　1993 年　389 页　36cm（8 开）
精装　ISBN：7-5010-0730-6　定价：CNY290.00

J0017287

中国古代书画图目 （一）中国古代书画鉴定组编

北京　文物出版社 1994 年 2 版 392 页 36cm（8 开）
精装　ISBN：7-5010-0355-6　定价：CNY209.00

　　本册收录中国古代书画鉴定组 1983—1984 年在北京地区鉴定的部分藏品 1020 件。

J0017288

中国古代书画图目 （十一）中国古代书画鉴定组编

北京　文物出版社　1994 年　358 页　35cm（8 开）
精装　ISBN：7-5010-0772-1　定价：CNY280.00

　　本册收录中国古代书画鉴定组 1987 年在浙江地区 35 家单位鉴定的部分藏品，共计 938 件。

J0017289

中国古代书画图目 （十三）中国古代书画鉴定组编

北京　文物出版社　1996 年　359 页　36cm（8 开）
精装　ISBN：7-5010-0891-4　定价：CNY330.00

J0017290

中国古代书画图目 （十四）中国古代书画鉴定组编

北京　文物出版社　1996 年　312 页　35cm（8 开）
精装　ISBN：7-5010-0871-X　定价：CNY290.00

J0017291

中国古代书画图目 （十五）中国古代书画鉴定组编

北京　文物出版社　1997 年　352 页　35cm（8 开）
精装　ISBN：7-5010-0943-0　定价：CNY340.00

J0017292

中国古代书画图目 （十六）中国古代书画鉴定组编

北京　文物出版社 1997 年 392 页　有图版
35cm（8 开）精装　ISBN：7-5010-0925-2
定价：CNY360.00

J0017293

中国古代书画图目 （十七）中国古代书画鉴定组编

北京　文物出版社　1997 年　289 页　35cm（8 开）
精装　ISBN：7-5010-0970-8　定价：CNY300.00

J0017294

中国古代书画图目 （十八）中国古代书画鉴定组编

北京　文物出版社　1998 年　301 页　35cm（8 开）
精装　ISBN：7-5010-1039-0　定价：CNY320.00

J0017295

中国古代书画图目 （十九）中国古代书画鉴定组编

北京　文物出版社　1999 年　350 页　35cm（8 开）
精装　ISBN：7-5010-1048-X　定价：CNY320.00

J0017296

中国古代书画图目 （二十）中国古代书画鉴定组编

北京　文物出版社　1999 年　417 页　35cm（8 开）
精装　ISBN：7-5010-1049-8　定价：CNY350.00

J0017297

海外遗珍绘画　台北故宫博物院编辑委员会编辑

台北　台北故宫博物院编辑委员会　1987 年
再版 246 页　有图 30cm（15 开）

　　外文书名：Hai-wai Yi-Chen Chinese Art in Overseas Collections Painting.

J0017298
金石书画　（合订本）余绍宋主编
杭州　杭州古籍书店 1987 年 影印本 39cm（4 开）
精装 定价：CNY24.00
　　版权页题名：金石书画合订本（一、二、三册）杭州东南日报特刊。

J0017299
孔子像·衍圣公及夫人肖像　山东省曲阜市文物管理委员会编
济南　山东友谊书社 1987 年 60 页 26cm（16 开）
统一书号：8511.18 ISBN：7-80551-047-4
定价：CNY8.00
（孔府文物选）
　　外文书名：Portraits of Confucius, Portraits of Dukes of Yansheng and Their Wives.

J0017300
兰千山馆名画目录　台北故宫博物院编辑委员会编辑
台北　台北故宫博物院 1987 年 265 页 有图 30cm（10 开）精装

J0017301
林中　许占惠作
北京　人民美术出版社 1987 年 26cm（16 开）
定价：CNY0.55

J0017302
荣宝斋　（87.1）荣宝斋编辑部编辑
北京　荣宝斋 1987 年 64 页 26cm（16 开）
ISBN：7-5003-0007-7 定价：CNY2.40
（金石书画丛书）

J0017303
山水画墨法特展图录　台北故宫博物院编辑委员会编辑
台北　台北故宫博物院 1987 年 74 页 30cm（12 开）

J0017304
莆田历代书画选集　中国人民政治协商会议福建省莆田县委员会编
福州　福建美术出版社 1988 年 168 页 26cm（16 开）
ISBN：7-5393-0019-1 定价：CNY28.00

本画集收入唐朝至现代已故的莆田籍 84 位书画家的书画篆刻作品 271 件，按年代先后编录。作者有唐代的林藻，宋代的蔡襄、刘克庄和陈文龙，明代的曾鲸、宋珏，清代的郭尚先、江春霖、吴鸿宾，以及现代的宋增矩、朱铎、李可佰等。

J0017305
冬景山水画特展目录　台北故宫博物院编辑委员会编辑
台北　台北故宫博物院编辑委员会 1989 年 74 页 有图 30cm（12 开）
　　外文书名：Special Exhibition of Winter Landscapes.

J0017306
秋景山水画特展图录　台北故宫博物院编辑委员会编辑
台北　台北故宫博物院出版社 1989 年 91 页 30cm（15 开）ISBN：957-562-006-2
　　外文书名：Special Exhibition of Autumn Landscapes.

J0017307
王新衡先生遗赠书画展目录　台北故宫博物院编辑委员会编辑
台北　台北故宫博物院 1989 年 52 页 30cm（15 开）
精装 定价：CNY612.68

J0017308
杨抱林画集　杨抱林绘
贵阳　贵州美术出版社 1989 年 44 页 29cm（大 16 开）ISBN：7-5413-0077-2
定价：CNY50.00, CNY68.00（精装）
　　本书收入山水画《雨后青山》《家乡水》《故乡情》《山河生辉》《千里逐浪》等 17 幅；人物画《大江东去》《江风》《山民》《斗龙》等 20 幅。

J0017309
赐荃堂藏画集　赐荃堂编
台北　赐荃堂 1990 年 64 页 37cm（8 开）
定价：TWD500.00

J0017310
画马名品特展图录　台北故宫博物院编辑委

员会编辑
台北 台北故宫博物院出版社 1990 年 119 页
30cm（15 开）ISBN：957-562-018-6
　　外文书名：Special Exhibition of Horse Paint-
ings.

J0017311
李氏文物书画展览专辑　刘平衡总编辑
［台北］世界李氏宗亲总会 1990 年 222 页
有图肖像 30cm（10 开）精装

J0017312
旅顺博物馆藏画选　龚继先主编
［旅顺］［旅顺博物馆］［1990—1999 年］48 页
有图版 37cm（8 开）
　　本书除旅顺博物馆藏约 50 幅画外，还收入
五篇文章：《浅谈新疆吐鲁番地区的几幅佛教绘
画》、《竹石图》（刘秉谦）、《青园园》（沈周）、《休
园园》、《阳羡帖》（苏轼）等。

J0017313
四高僧画集　谢雅柳主编；罗月琳译
上海 上海人民美术出版社 1990 年
43cm（14 开）精装 ISBN：962-7239-275
　　外文书名：The Four Monks Painters. 本书与
大业公司合作出版。

J0017314
龙虎山诗词书画　张炜等选编
南昌 江西美术出版社 1991 年 50 页 有插图
19cm（小 32 开）ISBN：7-80580-069-3
定价：CNY3.50
　　本书选辑历代咏龙虎山诗词 50 首，并配有
书法、图画等。

J0017315
南京博物院藏画　南京博物院编
上海 上海人民美术出版社 1991 年 重印本
53×39cm 精装 ISBN：7-5322-0942-3
定价：CNY350.00
　　本书收入宋代至现代的中国画作品一百件。

J0017316
鸟语花香 （摄影）
上海 上海人民美术出版社 1991 年 4 张

76cm（2 开）定价：CNY4.40
　　本作品系中国摄影年画。

J0017317
扇面百图　西泠印社编
杭州 西泠印社 1991 年 100 页 19×26cm
ISBN：7-80517-079-7 定价：CNY24.00
　　外文书名：A Hundred of Paintings of Fans.

J0017318
诗境
香港 中华书局（香港）公司 1991 年 有彩图
21cm（32 开）ISBN：962-231-426-0

J0017319
夏衍珍藏书画选集　浙江省博物馆编
杭州 浙江人民美术出版社 1991 年 63 页
36cm（15 开）精装 ISBN：7-5340-0269-9
定价：CNY79.00
　　本选集收有"扬州八家"和吴昌硕、齐白石、
陈衡恪、黄宾虹、张大千的书画作品 43 件。

J0017320
徐悲鸿藏画选集
天津 天津人民美术出版社 1991 年 38cm（8 开）
精装 ISBN：7-5305-0290-5
定价：CNY268.00
　　本书共选徐悲鸿的藏画 142 幅。外文书名：
Selections from Xu Beihong's Collection of Paintings.

J0017321
徐悲鸿藏画选集
天津 天津人民出版社 1992 年 38cm（8 开）
　　本书分两卷，包括徐悲鸿收藏的精品藏画
271 幅。其中有：唐画《八十七神仙卷》、宋画《朱
云折槛图》、元画《浴马图》、明画《右军书扇图》、
清画《竹林》等。外文书名：Selections from Xu
Beihong's Collection of Paintings.

J0017322
徐悲鸿藏画选集
天津 天津人民美术出版社 1992 年 38cm（8 开）
精装 ISBN：7-5305-0314-6 定价：CNY248.00
　　本书共选徐悲鸿的藏画 129 幅，由徐悲鸿纪
念馆供稿。外文书名：Selections from Xu Beihong's

Collection of Paintings.

J0017323
中国古代绘画图录 （宋辽金元部分）梁济海编
北京 人民美术出版社 1991 年 3 册（394；273；226 页）19cm（小 32 开）ISBN：7-102-00549-0 定价：CNY40.00
　　本书第一册为宋代卷轴画，选收黑白图版 225 幅；第二册分 3 部分，收入元代卷轴画 137 幅、辽金大理吐蕃卷轴画 18 幅、宋金元版画 53 幅；第三册分 3 部分，收入宋金元寺观壁画 79 幅、宋西夏元回鹘和回鹘石窟壁画 68 幅、宋辽金元墓室壁画 75 幅。

J0017324
蔡辰男先生捐赠书画目录 台北故宫博物院编辑委员会编辑
台北 台北故宫博物院 1992 年 133 页 30cm（10 开）
精装 ISBN：957-562-124-7 定价：[TWD650.00]

J0017325
福建积翠园艺术馆藏书画集 （第一集）李联明主编
北京 文物出版社 1992 年 115 页 36cm（15 开）
精装 ISBN：7-5010-0671-7 定价：CNY120.00
　　本画集收录古代和近代藏品 104 件。

J0017326
福建积翠园艺术馆藏书画集 （第二集）李联明主编
北京 文物出版社 1992 年 153 页 38cm（6 开）
精装 ISBN：7-5010-0672-5 定价：CNY180.00
　　本画集选编当代作品 150 件。

J0017327
古萃今承 （Ⅰ 虚白斋藏中国书画选）朱锦鸾等编辑
香港 香港艺术馆 1992 年 412 页 36cm（15 开）
ISBN：962-215-109-4 定价：HKD1068.00

J0017328
古萃今承 （Ⅱ 虚白斋藏中国书画选）朱锦鸾等编辑
香港 香港艺术馆 1992 年 122 页 36cm（15 开）

定价：HKD1068.00

J0017329
华夏书画集锦 张以永主编
合肥 安徽美术出版社 1992 年 126 页 26cm（16 开）
ISBN：7-5398-0251-0 定价：CNY35.00
　　作者张以永，安徽省合肥无线电二厂任职。

J0017330
名家藏扇集 张瑞林主编；古吴轩出版社编辑
苏州 古吴轩出版社 1992 年 103 页 38cm（8 开）
精装 ISBN：7-80574-008-9 定价：CNY150.00
　　本书汇集画家吴作人、刘开渠、程十发等收藏家的扇面珍品百余件。有《平湖秋色》《柳荫听泉》《暗香浮动》等。

J0017331
太乙楼藏广东香港名家书画 朱锦鸾等编辑；关家驹等摄影
香港 香港市政局 1992 年 224 页 30cm（10 开）
精装 ISBN：962-215-112-4 定价：HKD292.00
　　外文书名：Chinese Painting and Calligraphy by Guangdong and Hong Kong Artists from the Taiyilou Collection.

J0017332
中国扇面书画集锦 周金品主编；《中国扇面书画集锦》编辑委员会编
郑州 河南美术出版社 1992 年 108 页 42cm（8 开）
精装 ISBN：7-5401-0257-8 定价：CNY258.00
　　本书收入近代书画家程璋个人收藏的历代扇面书画作品 108 幅，外文书名：A Choice Collection of Chinese FancoverCalligraphic Works and Paintings.

J0017333
中国书画 （33）沈鹏主编
北京 人民美术出版社 1992 年 32 页 38cm（8 开）
ISBN：7-102-01063-X 定价：CNY8.00
　　本书内容包括：中国画(人物、山水、花鸟等)；书法(楷、隶、行、草、篆各体)；篆刻(朱文、白文、边款等)。

J0017334

中国书画 （34）沈鹏主编

北京 人民美术出版社 1992 年 32 页 36cm（15 开）

ISBN：7-102-01127-X 定价：CNY8.00

J0017335

中国众画堂珍藏墨宝集 （第 1 集）姚佐庭主编

北京 今日中国出版社 1992 年 133 页 38cm（6 开）

ISBN：7-5072-0312-3 定价：CNY80.00

　　作者姚佐庭，画家。

J0017336

集雅斋藏画 （一九八三至一九九三）邝根明等编辑

广州 岭南美术出版社 1993 年 100 页 29cm（16 开）

J0017337

中国画年鉴 （1992）杨悦浦主编；《中国画年鉴》编委会编

北京 新华出版社 1993 年 269 页 有彩图 30cm（10 开）ISBN：7-5011-1978-3 定价：CNY180.00

　　作者杨悦浦（1938—　），油画家。北京人，毕业于北京艺术学院美术系油画专业。历任中国美术家协会《美术家通讯》主编、编审，中国美术家协会、科普作家协会会员。代表作品有《珠穆朗玛峰科学考察》《迹》《门外絮语》等。

J0017338

中华名家墨宝　陈柏坚主编；香港浩鹏发展有限公司等编

广州 广州出版社 1993 年 2 册（137；141 页）有图 29cm（16 开）精装 ISBN：7-80592-079-6 定价：HKD480

　　本书分二集，收编宋代至 20 世纪 90 年代初期的书画精品。第一集为宋代至 1900 年；第二集为 1901 至 90 年代初。

J0017339

白描花鸟画集　高翔编著

长沙 湖南美术出版社 1994 年 207 页 26cm（16 开）

ISBN：7-5356-0659-8 定价：CNY13.00

　　本书内容分为：序、作品、白描花鸟发展概况 3 部分。

J0017340

博古斋藏书画集

上海 上海书店出版社 1994 年 151 页 38cm（6 开）

精装 ISBN：7-80569-881-3 定价：CNY360.00

　　外文书名：A Selection of Calligraphy and Painting Collected by Bogu Zhai.

J0017341

朵云轩藏书画精品集　上海书画出版社编

上海 上海书画出版社 1994 年 38cm（6 开）

精装 ISBN：7-80512-865-0 定价：CNY398.00

　　外文书名：A Selection Collection of Chinese Painting and Calligraphy in Duo Yun Xuan Studio.

J0017342

花之歌 （摄影）

北京 中国电影出版社 1994 年 1 张 77×53cm

定价：CNY1.80

　　中国现代摄影年画。

J0017343

画苑遗珍 （近五百年中国画选）杨光河等编

北京 外文出版社 1994 年 197 页 38cm（6 开）

精装 ISBN：7-119-01605-9

　　外文书名：A World in Art: Masterworks from the Last Five Centuries of Traditional Chinese Paintings.

J0017344

近百年中国书画精品集　荣宝斋出版社编辑

北京 荣宝斋出版社 1994 年 229 页 29cm（16 开）精装 ISBN：7-5003-0246-0

定价：CNY258.00

　　外文书名：A Collection of Precious Chinese Painting and Calligraphy of the Last Hundred Years.

J0017345

昆仑堂藏书画集　薛永年编选

北京 人民美术出版社 1994 年 176 页 38cm（6 开）

精装 ISBN：7-102-01359-0

　　外文书名：The Collected Works of Painting and Calligraphy from Kunluntang.

J0017346

历代名人在楚墨迹　杨春茂主编；《历代名人在楚墨迹》编委会编

昆明 云南大学出版社 1994 年 260 页
26cm（16 开）精装 ISBN：7-81025-428-6
定价：CNY25.00
　　本书收录从唐、宋、元、明、清到近现代，凡
在云南楚雄州境内留有墨迹的 150 位历史名人
的 200 多幅作品。作者杨春茂，曾任楚雄州志副
总编、副编审等。

J0017347
中国画名作类编　（荷花编）沈明权等编著
上海 上海书画出版社 1994 年 263 页 26cm（16 开）
ISBN：7-80512-805-7 定价：CNY34.00

J0017348
中国画名作类编　（鹤编）周昉等编著
上海 上海书画出版社 1994 年 180 页
26cm（16 开）定价：CNY25.00

J0017349
中国画名作类编　（虎编）石恪，张善子编著
上海 上海书画出版社 1994 年 196 页 26cm（16 开）
ISBN：7-80512-808-1 定价：CNY27.00

J0017350
中国画名作类编　（马编）沈明权等编著
上海 上海书画出版社 1994 年 225 页 26cm（16 开）
ISBN：7-80512-801-4 定价：CNY30.00

J0017351
中国画名作类编　（梅花编）沈明权等编著
上海 上海书画出版社 1994 年 272 页 26cm（16 开）
ISBN：7-80512-802-2 定价：CNY35.00

J0017352
中国画名作类编　（牡丹编）沈明权等编著
上海 上海书画出版社 1994 年 252 页 26cm（16 开）
ISBN：7-80512-806-5 定价：CNY33.00

J0017353
中国画名作类编　（松树编）沈明权等编著
上海 上海书画出版社 1994 年 235 页 26cm（16 开）
ISBN：7-80512-803-0 定价：CNY31.00

J0017354
中国画名作类编　（竹编）沈明权等编著

上海 上海书画出版社 1994 年 244 页
26cm（16 开）ISBN：7-80512-804-9
定价：CNY32.00

J0017355
宫藏扇画选珍　潘深亮，上官丰选编；马晓旋
摄影；故宫博物院藏
北京 中国文学出版社 1995 年 212 页 27×29cm
ISBN：7-5071-0270-X 定价：CNY220.00，CNY280.00
（精装）

J0017356
陕西省文史研究馆书画珍品选　陕西省文
史研究馆编
广州 岭南美术出版社 1995 年 38cm（6 开）
精装 ISBN：7-5362-1238-0 定价：CNY198.00
　　外文书名：Selected Works of Art Treasures of
Calligraphy and Painting of the Research Institute of
Culture and History of Shanxi Province.

J0017357
上海中国画院藏画　程十发等编著
上海 上海书画出版社 1995 年 38cm（6 开）
精装 ISBN：7-80512-919-3 定价：CNY300.00
　　外文书名：A Collection of Paintings from the
Shanghai Traditional Chinese Painting Institute. 作者
程十发（1921—2007），画家。出生于上海金山，
毕业于上海美术专科学校国画系。代表作品有
《丽人行》《迎春图》《列宁的故事》《孔乙己》等。
出版有《程十发近作选》《程十发花鸟习作选》
《程十发作品展》。

J0017358
四季花鸟　（国画四条屏）郑连群绘
天津 天津人民美术出版社 1995 年 4 轴
154×38cm 定价：CNY13.80
　　现代中国画作品。

J0017359
虚白斋藏中国书画·册页　（藏品目录 绘画）
朱锦鸾，司徒元杰，邓庆燊编辑
香港 香港市政局 1995 年 151 页 36cm（8 开）
ISBN：962-215-131-0 定价：HKD240.00
　　外文书名：Xubaizhai Collection of Chinese
Painting and Calligraphy.

J0017360

云阁仙境 （国画四条屏）冯毅绘
天津 天津人民美术出版社 1995 年 4 轴
154×38cm 定价：CNY13.80
　　现代中国画作品。

J0017361

冬景山水画特展图录 台北故宫博物院编辑
委员会编辑；林莉娜，张华芝执行编辑
台北 台北故宫博物院 1996 年 74 页 30cm（12 开）
ISBN：957-562-184-0
定价：[TWD300.00]
　　外文书名：Special Exhibition of Winter Land-
scapes.

J0017362

画中家具特展 台北故宫博物院编辑委员会
编辑；林杰人，崔学国摄影
台北 台北故宫博物院 1996 年 154 页
30cm（10 开）ISBN：957-562-271-5
　　外文书名：Special Exhibition of Furniture in
Paintings.

J0017363

金一如先生书画作品集 金一如著
台北 逸鹅书屋 1996 年 136 页 39cm（8 开）
精装 ISBN：957-97177-3-7 定价：TWD1500.00

J0017364

刘海粟美术馆藏品 （中国历代书画集）干树
海主编
上海 上海人民美术出版社 1996 年 220 页
42cm（8 开）精装 ISBN：7-5322-1576-8
　　中英文本，外文书名：Liu Haisu Art Gallery
Collections. 作者刘海粟（1896—1994），画家、美
术教育家。名槃，字季芳，号海翁。江苏武进人。
参与创办上海私立美术学院。曾任华东艺术专
科学校校长、南京艺术学院院长。代表作《黄山
云海奇观》《披狐皮的女孩》《九溪十八涧》等，
有画集《黄山》《海粟老人书画集》等。

J0017365

罗家伦夫人张维桢女史捐赠书画目录 台
北故宫博物院编辑委员会编辑；何传馨执行
编辑

台北 台北故宫博物院 1996 年 180 页 30cm（10 开）
精装 ISBN：957-562-282-0 定价：[TWD1400.00]

J0017366

仕女画之美 台北故宫博物院编辑委员会
编辑
台北 台北故宫博物院编辑委员会 1996 年 再版
97 页 有图 30cm（10 开）ISBN：957-562-248-0

J0017367

天一阁藏书画选 洪可尧主编；《天一阁藏书
画选》编委会编
宁波 宁波出版社 1996 年 119 页 37cm 精装
ISBN：7-80602-103-5 定价：CNY298.00

J0017368

长生的世界 （道教绘画特展图录）台北故宫
博物院编辑委员会编辑
台北 台北故宫博物院 1996 年 89 页 有图
30cm（10 开）ISBN：957-562-266-9

J0017369

中国牡丹 张风雷主编
郑州 河南美术出版社 1996 年 37cm（8 开）
精装 ISBN：7-5401-0595-X 定价：CNY320.00，
CNY360.00（豪华精装）

J0017370

中国书画选 （1893—1993）《中国书画选》
编委会编
北京 长城出版社 1996 年 240 页
28cm（大 16 开）精装 ISBN：7-80017-312-7
定价：CNY180.00

J0017371

古今名画集粹 （荷）古吴轩出版社编
苏州 古吴轩出版社 1997 年 26cm（16 开）
ISBN：7-80574-300-2 定价：CNY10.00

J0017372

古今名画集粹 （兰）古吴轩出版社编
苏州 古吴轩出版社 1997 年 26cm（16 开）
ISBN：7-80574-301-0 定价：CNY10.00

J0017373
古今名画集粹 （梅）古吴轩出版社编
苏州 古吴轩出版社 1997年 26cm（16开）
ISBN：7-80574-302-9 定价：CNY10.00

J0017374
古今名画集粹 （牡丹）古吴轩出版社编
苏州 古吴轩出版社 1997年 26cm（16开）
ISBN：7-80574-299-5 定价：CNY10.00

J0017375
古今名画集粹 （菊）孙国彬，亚农编
苏州 古吴轩出版社 1998年 95页 26cm（16开）
ISBN：7-80574-353-3 定价：CNY38.80

J0017376
古今名画集粹 （清供）张继馨编
苏州 古吴轩出版社 1998年 96页 26cm（16开）
ISBN：7-80574-355-X 定价：CNY38.80

J0017377
古今名画集粹 （松）孙国彬，亚农编
苏州 古吴轩出版社 1998年 96页 26cm（16开）
ISBN：7-80574-354-1 定价：CNY38.80

J0017378
古今名画集粹 （竹）孙国彬，亚农编
苏州 古吴轩出版社 1998年 95页 26cm（16开）
ISBN：7-80574-352-5 定价：CNY38.80

J0017379
广州美术馆藏中国画精品集 苏小华主编
广州 新世纪出版社 1997年 36cm（15开）
精装 ISBN：7-5405-1565-1 定价：CNY480.00

J0017380
金陵诸家绘画 单国强主编
香港 商务印书馆(香港)公司 1997年 294页
29cm（16开）精装 ISBN：962-07-5226-0
（故宫博物院藏文物珍品全集 10）
　　外文书名：Paintings of Jinling Region.

J0017381
辽北历史名人书画选 阎吉喆，高文主编
沈阳 春风文艺出版社 1997年 100页 29cm（16开）

精装 ISBN：7-5313-1796-6 定价：CNY100.00

J0017382
上海中国画院程十发藏画陈列馆藏品 上
海中国画院编
上海 上海人民美术出版社 1997年 42cm（8开）
精装 ISBN：7-5322-1837-6 定价：CNY650.00

J0017383
童邱龙捐献书画集 武汉市博物馆编
武汉 湖北人民出版社 1997年 107页 有照片
29cm（16开）ISBN：7-216-02116-9
定价：CNY150.00

J0017384
王铎书画全集 （王铎绘画珍品）(清)王铎绘；
杨新主编
郑州 河南美术出版社 1997年 37cm（8开）
精装 ISBN：7-5401-0643-3 定价：CNY320.00
　　作者王铎(1592—1652年)，明末清初书画
家。字觉斯，号十樵、嵩樵，又号痴庵、痴仙道
人，别署烟潭渔叟，河南孟津人。作品有《拟
山园帖》《琅华馆帖》《雪景竹石图》等。杨新
(1940—　)，书法家。湖南湘阴人，毕业于中央
美术学院。历任故宫博物院副院长、研究员，中
国书法家协会会员、北京市博物馆学会副理事
长。出版有《杨新美术论文集》《扬州八怪》《中
国传统线描人物画》《中国绘画三千年》等。

J0017385
武进馆藏书画 秦蔚诚主编
南京 江苏古籍出版社 1997年 98页 26cm（16开）
精装 ISBN：7-80519-940-X 定价：CNY68.00

J0017386
迎江寺珍藏书画集 皖峰主编
合肥 安徽美术出版社 1997年 26cm（16开）
ISBN：7-5398-0587-0 定价：CNY［40.00］

J0017387
浙江图书馆馆藏书画选 沈才土主编
杭州 浙江人民美术出版社 1997年 105页 37cm
精装 ISBN：7-5340-0734-8 定价：CNY280.00

J0017388
诸城书画精品集　李增坡主编
济南　山东美术出版社 1997 年 89 页 29cm(16 开)
精装　ISBN：7-5330-1059-0 定价：CNY76.00

J0017389
成都武侯祠馆藏书画集　成都武侯祠博物馆
选编
成都　四川美术出版社 1998 年 116 页 29cm(16 开)
ISBN：7-5410-1477-X 定价：CNY140.00

J0017390
虫　齐林编选
天津　天津人民美术出版社 1998 年 90 页
13×13cm 精装　ISBN：7-5305-0955-1
定价：CNY18.50
(中国历代名家绘画撷珍)

J0017391
蝶　齐林编选
天津　天津人民美术出版社 1998 年 90 页
13×13cm 精装　ISBN：7-5305-0956-X
定价：CNY18.50
(中国历代名家绘画撷珍)

J0017392
杜甫草堂珍藏书画集　成都杜甫草堂博物
馆编
成都　四川美术出版社 1998 年 96 页 38cm(6 开)
精装　ISBN：7-5410-1540-7 定价：CNY300.00
　　外文书名：Selections of Paintings and Cal-
ligraphy Collected by Du Fu's Thatched Cottage
Museum.

J0017393
鹅　张宝林编选
天津　天津人民美术出版社 1998 年 90 页
13×13cm 精装　ISBN：7-5305-0968-3
定价：CNY18.50
(中国历代名家绘画撷珍)

J0017394
海外藏中国历代名画　(第一卷　原始社会至
唐)林树中总主编；林树中卷主编
长沙　湖南美术出版社 1998 年 15+54+252 页

30cm(10 开) 精装　ISBN：7-5356-1216-4
定价：CNY3000.00(全套)
　　本套书主要是对海外所藏中国名画(包括山
水画、人物画、花鸟画等)进行鉴赏。该卷收录
原始社会至唐代的绘画作品。

J0017395
海外藏中国历代名画　(第二卷　五代至北宋)
林树中总主编；林树中卷主编
长沙　湖南美术出版社 1998 年 15+32+274 页
30cm(10 开) 精装　ISBN：7-5356-1216-4
定价：CNY3000.00(全套)
　　本卷收录五代北宋的名画。

J0017396
海外藏中国历代名画　(第三卷　南宋)林树
中总主编；李凇卷主编
长沙　湖南美术出版社 1998 年 17+30+274 页
30cm(10 开) 精装　ISBN：7-5356-1216-4
定价：CNY3000.00(全套)
　　本卷收录南宋时代的绘画作品。

J0017397
海外藏中国历代名画　(第四卷　辽　金　西夏
元)林树中总主编；杨振国卷主编
长沙　湖南美术出版社 1998 年 17+30+290 页
30cm(10 开) 精装　ISBN：7-5356-1216-4
定价：CNY3000.00(全套)
　　本卷收录辽、金、西夏、元代的绘画作品。

J0017398
海外藏中国历代名画　(第五卷　明　上)林树
中总主编；阮荣春卷主编
长沙　湖南美术出版社 1998 年 17+30+274 页
30cm(10 开) 精装　ISBN：7-5356-1216-4
定价：CNY3000.00(全套)
　　本卷收录明代宫廷院体与浙派的绘画作品。

J0017399
海外藏中国历代名画　(第六卷　明　下)林树
中总主编；胡光华卷主编
长沙　湖南美术出版社 1998 年 17+30+274 页
30cm(10 开) 精装　ISBN：7-5356-1216-4
定价：CNY3000.00(全套)
　　本卷收录明四家与吴门画派、松江画派的绘

画及明代晚期的山水画与人物画等。

J0017400
海外藏中国历代名画　（第七卷　清　上）林树
中总主编；阮荣春卷主编
长沙　湖南美术出版社　1998 年　17+30+274 页
30cm（10 开）精装　ISBN：7-5356-1216-4
定价：CNY3000.00（全套）
　　本卷收录清代初期的绘画作品。

J0017401
海外藏中国历代名画　（第八卷　清　下）林树
中总主编；聂危谷卷主编
长沙　湖南美术出版社　1998 年　17+30+274 页
30cm（10 开）精装　ISBN：7-5356-1216-4
定价：CNY3000.00（全套）
　　本卷收录"扬州八怪"画派及海派、晚清的
绘画作品。

J0017402
荷花　齐林编选
天津　天津人民美术出版社　1998 年　90 页
13×13cm　精装　ISBN：7-5305-0952-7
定价：CNY18.50
（中国历代名家绘画撷珍）

J0017403
绘画　鲁力编撰；汪清，季倩翻译；郭群等摄影
上海　上海古籍出版社　1998 年　50 页　26cm（16 开）
ISBN：7-5325-2454-X　定价：CNY50.00
（南京博物院珍藏系列）
　　外文书名：Chinese Painting.

J0017404
兰草　姚重庆编选
天津　天津人民美术出版社　1998 年　90 页
13×13cm　精装　ISBN：7-5305-0962-4
定价：CNY18.50
（中国历代名家绘画撷珍）

J0017405
龙之舞　（中国历代名画大典　珍藏版）南兆旭
主编
北京　龙门书局　1998 年　913 页　42cm（6 开）
精装　ISBN：7-80111-487-6　定价：CNY1998.00

J0017406
梅花　姚重庆编选
天津　天津人民美术出版社　1998 年　90 页
13×13cm　精装　ISBN：7-5305-0963-2
定价：CNY18.50
（中国历代名家绘画撷珍）

J0017407
牡丹　姚重庆编选
天津　天津人民美术出版社　1998 年　90 页
13×13cm　精装　ISBN：7-5305-0960-8
定价：CNY18.50
（中国历代名家绘画撷珍）

J0017408
牡丹百家　闻玉智编著
哈尔滨　黑龙江美术出版社　1998 年　32+10+233 页
有图　20cm（32 开）ISBN：7-5318-0510-3
定价：CNY30.00

J0017409
千秋中华魂　（诗书画集）广东省文史研究
馆编
广州　广东教育出版社　1998 年　205 页　20cm（32 开）
ISBN：7-5406-4068-5　定价：CNY18.00

J0017410
青铜器　张敏编撰；汪清，季倩翻译；郭群等
摄影
上海　上海古籍出版社　1998 年　50 页　26cm（16 开）
ISBN：7-5325-2455-8　定价：CNY50.00
（南京博物院珍藏系列）
　　外文书名：Bronze.

J0017411
秋卉　姚重庆编选
天津　天津人民美术出版社　1998 年　90 页
13×13cm　精装　ISBN：7-5305-0961-6
定价：CNY18.50
（中国历代名家绘画撷珍）

J0017412
雀　张宝林编选
天津　天津人民美术出版社　1998 年　90 页
13×13cm　精装　ISBN：7-5305-0966-7

定价：CNY18.50
（中国历代名家绘画撷珍）

J0017413
书画注录　（绘画卷）辽宁省博物馆编委会编
沈阳　辽宁美术出版社　1998 年　552 页
26cm（16 开）精装　ISBN：7-5314-0999-2
定价：CNY130.00

J0017414
书画作品集　天津文史研究馆编
北京　北京工艺美术出版社　1998 年　103 页
38cm（6 开）精装　ISBN：7-80526-335-3
定价：CNY280.00

J0017415
蔬果　姚重庆编选
天津　天津人民美术出版社　1998 年　90 页
13×13cm　精装　ISBN：7-5305-0959-4
定价：CNY18.50
（中国历代名家绘画撷珍）

J0017416
蜓　齐林编选
天津　天津人民美术出版社　1998 年　90 页
13×13cm　精装　ISBN：7-5305-0953-5
定价：CNY18.50
（中国历代名家绘画撷珍）

J0017417
鹰　张宝林编选
天津　天津人民美术出版社　1998 年　90 页
13×13cm　精装　ISBN：7-5305-0965-9
定价：CNY18.50
（中国历代名家绘画撷珍）

J0017418
鱼　齐林编选
天津　天津人民美术出版社　1998 年　90 页
13×13cm　精装　ISBN：7-5305-0954-3
定价：CNY18.50
（中国历代名家绘画撷珍）

J0017419
中国历代梅兰竹菊精品集

济南　山东美术出版社　1998 年　38cm（6 开）
精装　ISBN：7-5330-1184-8

J0017420
中国历代名家绘画撷珍
天津　天津人民美术出版社　1998 年　18 册
13×13cm

J0017421
中国历代仕女画集
天津　天津人民美术出版社　1998 年　38cm（6 开）
精装　ISBN：7-5305-0843-1
定价：CNY580.00
　　本书与河北教育出版社合作出版。

J0017422
中国人民革命军事博物馆书画藏品选集
袁伟主编
北京　人民美术出版社　1998 年　37cm　精装
ISBN：7-102-01892-4

J0017423
竹藤　姚重庆编选
天津　天津人民美术出版社　1998 年　90 页
13×13cm　精装　ISBN：7-5305-0958-6
定价：CNY18.50
（中国历代名家绘画撷珍）

J0017424
传世画藏　郑工，欧阳启名主编
北京　九州图书出版社　1999 年　14+388 页
37×50cm　精装　ISBN：7-80114-368-X
定价：CNY［4800.00］
（中华国宝大典）
　　本书与天津人民美术出版社合作出版。

J0017425
虎　姚重庆编选
天津　天津人民美术出版社　1999 年　90 页
13×13cm　精装　ISBN：7-5305-1074-6
定价：CNY18.50
（中国历代名家绘画撷珍　虎　豹　狮）

J0017426
花笺掇英　王树村编著

哈尔滨　黑龙江美术出版社　1999年　2册
（320+314页）29cm（16开）
ISBN：7-5318-0590-1　定价：CNY498.00
　　现代中国画画册。作者王树村（1923—
2009），画家。天津人，毕业于华北大学美术科。
曾在中国美术研究所、中国艺术研究院从事创
作、编辑、研究工作，任中国民间美术协会副会
长，中国民俗学会理事、顾问、研究员。主要著
作《杨柳青年画资料集》《中国美术全集·石刻线
画、民间年画》。

J0017427
**纪念刘少奇同志诞辰100周年艺术展作品
集**　纪念刘少奇同志诞辰100周年艺术展组委
会编
北京　中国文联出版公司　1999年　196页
37cm（8开）精装　ISBN：7-5059-2810-4
定价：CNY600.00

J0017428
**纪念刘少奇同志诞辰100周年艺术展作品
集**　纪念刘少奇同志诞辰100周年艺术展组委
会编
北京　中国文联出版公司　1999年　196页
37cm（8开）ISBN：7-5356-1250-4
定价：CNY7.00

J0017429
历代名人咏吴江书画集　徐静柏主编
苏州　古吴轩出版社　1999年　149页　29cm（16开）
精装　ISBN：7-80574-467-X　定价：CNY150.00

J0017430
马　张宝林编选
天津　天津人民美术出版社　1999年　90页
13×13cm　精装　ISBN：7-5305-1078-9
定价：CNY18.50
（中国历代名家绘画撷珍　马）

J0017431
山西省博物馆藏书画精品选　刘永生，夏路
主编；山西省博物馆编
太原　山西古籍出版社　1999年　204页
29cm（16开）精装　ISBN：7-80598-325-9
定价：CNY280.00

　　本书共收录山西省博物馆馆藏书画文物147
件，并介绍了书画的年代、作者、名称、质地、尺
寸、收藏经过、艺术特点、历史价值等。

J0017432
艺苑珍赏　（清代山水画巨匠　袁江）（清）袁
江绘
合肥　安徽美术出版社　1999年　28cm（16开）
ISBN：7-5398-0718-0　定价：CNY12.00

J0017433
艺苑珍赏　（清代山水画巨匠　袁耀）（清）袁
耀绘
合肥　安徽美术出版社　1999年　28cm（16开）
ISBN：7-5398-0719-9　定价：CNY12.00
　　作者袁耀（1618—1689），清代画家。字昭
道，江都人。出生于江都（今江苏扬州）。代表作
品有《骊山避夏十二景》《阿房宫图》《秋江楼
观图》等。

J0017434
云南省博物馆馆藏画集　张永康主编；云南
省博物馆编
昆明　云南美术出版社　1999年　215页38cm（6开）
精装　ISBN：7-80586-634-1　定价：CNY360.00
　　本书为云南省博物馆绘画藏品的综合画册。
共收124人的178件（套）作品，且以古代作品
为主，近现代作品较少。

J0017435
甄藏　（99中国书画春季拍卖会）[甄藏国际艺
术有限公司主办]
[台北][甄藏国际艺术有限公司][1999年]
有彩图　30cm（10开）定价：TWD650.00

J0017436
中国古今名家书画烟台藏品选　[张铭元
主编]
天津　天津人民美术出版社　1999年　335页
29cm（16开）ISBN：7-5305-1105-X
定价：CNY268.00，CNY308.00（精装）
　　本书精选烟台地区收藏的古代作品，以及现
代书画名家的作品392件，其中绘画作品231件、
书法作品152件、碑拓作品9件。

J0017437
中国近代书画目录　王建宇，邱东联编著
海口 南方出版社 1999 年 2 册（218+221 页）
20cm（32 开）ISBN：7-80609-946-8
定价：CNY98.00
（老古董收藏系列丛书）
　　本书共收录主要活动在 1840—1949 年间
的 300 多位书画家的 900 多幅书画作品，展示了
这一时期的时代特征和每位书画家的艺术风格。
每一作品均标明其名称、形式、质地、尺寸以及
创作年代等，并附有最新的市场价格评估等。

J0017438
中国民间喜爱人物图像　沈发根，李祖定
主编
上海 上海书店出版社 1999 年 175 页
28cm（大 16 开）ISBN：7-80622-420-3
定价：CNY30.00
　　本书收集了雕刻、印刷、绣品、绘画、电影、
电视、戏剧等艺术作品中的人物图像 200 余幅。

J0017439
中国青绿山水　郑州·大河画廊编著
郑州 河南美术出版社 1999 年 120 页 38cm（6 开）
精装 ISBN：7-5401-0817-7
定价：CNY320.00
　　本书收有《青绿山水图》《山水图》《听泉
图》《秋山红树图》等 120 余幅中国画山水画
作品。

历代国画作品综合集

J0017440
陈眉公先生订正画谱　（八卷）（明）孙丕
显撰
宝鼎斋 明 刻本
　　本书共分二册。十行二十字白口四周单边。

J0017441
陈眉公先生订正画谱　（四卷）（明）孙丕显辑
宝鼎斋 明 刻本

J0017442
画梅谱　（一卷）（元）华光道人撰

明 刻本 线装
（百川学海）
　　九行二十字小字双行同白口左右双边单鱼尾。

J0017443
画梅谱　（一卷）（宋）释仲仁撰
明 刻本
（续百川学海）

J0017444
画梅谱　（一卷）（宋）华光道人撰
李际期宛委山堂 清初 刻本 续刻 线装
（说郛）
　　明末刻清初李际期宛委山堂续刻汇印本。

J0017445
画梅谱　（一卷）（宋）释仲仁撰
李际期宛委山堂 清初 刻本 续刻
（说郛）

J0017446
画梅谱　（一卷）（宋）仲仁撰
许焯家 清 抄本
（说部新书）

J0017447
画梅谱　（一卷）（宋）华光道人撰
清顺治 刻本 线装
（说郛）
　　本卷收于《说郛》卷第九十二中。

J0017448
画梅谱　（一卷）（宋）华光道人撰
清 刻本 重修 线装
（说郛）
　　九行二十字白口左右双边单鱼尾。收于《说
郛》卷第九十一中。

J0017449
画梅谱　（一卷）（宋）仲仁撰
［清］稿本
（艺苑丛钞）

J0017450
画梅谱　（一卷）（宋）释仲仁撰

清初 印本

（水边林下）

　　据明末刻本重编印。

J0017451

历代名公画谱 （四卷）（明）顾炳辑
明 刻本

J0017452

历代名公画谱 （四卷）（明）顾炳辑
双桂堂 明万历 刻本

J0017453

历代名公画谱 （四卷）（明）顾炳辑
顾三聘、顾三锡 明万历三十一年［1603］刻本

J0017454

历代名公画谱 （明）顾炳纂
上海 中国版画史社 民国三十年［1941］影印
本 有插图 线装
　　本书共分四册。

J0017455

历代名人画谱 （四卷）（明）顾炳辑
上海 鸿文书局 清光绪十四年［1888］石印本

J0017456

墨竹谱 （一卷）（元）管道升辑
明 刻本 线装
（百川学海）
　　九行二十字小字双行同白口左右双边单鱼尾。

J0017457

墨竹谱 （一卷）（元）管道升撰
明 刻本
（续百川学海）

J0017458

墨竹谱 （一卷）（元）管道升撰
明末 刻本 心远堂印
（绿窗女史）

J0017459

墨竹谱 （一卷）（元）管道升撰
李际期宛委山堂 清初 刻本 续刻

（说郛）
　　明末刻清初李际期宛委山堂续刻汇印本。

J0017460

墨竹谱 （一卷）（元）管道升撰
许焞家 清 抄本
（说部新书）
　　书中附有清许仁沐、丁丙跋。

J0017461

墨竹谱 （一卷）（元）管道升撰
清顺治 刻本 线装
（说郛）
　　本卷收于《说郛》卷第九十二中。

J0017462

墨竹谱 （一卷）（元）管道升撰
［清］稿本
（艺苑丛钞）

J0017463

感剑堂选书画扇谱 （不分卷）题本妙居士辑
明万历 刻本

J0017464

闺情图 （一卷）□□辑
明万历 刻本

J0017465

家藏书画题咏 （不分卷）（清）费善庆辑
［清］稿本
　　本书由《家藏书画题咏不分卷》《折扇书画
册二卷》（清）费善庆辑合订。

J0017466

奇人像 （不分卷）□□辑
清 刻本 彩绘

J0017467

石渠宝笈 （四十四卷）（清）张照等辑
［清］稿本
　　本书系四库全书底本。作者张照（1691—
1745），清藏书家、书法家、戏曲家。字得天，号
泾南，亦号天瓶居士，江南娄县人。

J0017468

石渠宝笈 （四十四卷）（清）张照等辑
内府 清乾隆 抄本

J0017469

石渠宝笈 （四十四卷）（清）张照等辑
内府 清乾隆 写本
（四库全书）

J0017470

石渠宝笈 （四十四卷）（清）张照等撰
台北 商务印书馆 1983 年 影印本 2 册
（景印文渊阁四库全书 子部 一三〇至一三一
第 824–825 册）

　　本书是清乾隆、嘉庆年间的大型书画著录
文献，初编成书于乾隆十年（1745），共编 44 卷，
著录了清廷内府所藏历代书画藏品，分书画卷、
轴、册 9 类。负责编撰的人员均为当时的书画大
家或权威书画研究专家。

J0017471

石渠宝笈 （清）张照,（清）梁诗正等撰
上海 上海古籍出版社 1991 年 2 册（584；669 页）
19cm（32 开）精装 ISBN：7–5325–1041–7
定价：CNY30.65
（四库艺术丛书）

　　本书是清乾隆、嘉庆年间的大型著录文献，
初编成书于乾隆十年（1745），共编 44 卷，著录
了清廷内府所藏历代书画藏品，分书画卷、轴、
册等 9 类。本书经过初编、续编和三编，收录藏
品计有数万件之多。一套现存北京故宫博物院
图书馆，一套现存台北。

J0017472

石渠宝笈三编 （一百五卷 总目十卷）（清）英
和等辑
内府 清嘉庆 抄本

J0017473

折扇书画册 （二卷）（清）费善庆辑
［清］稿本

　　本书由《家藏书画题咏不分卷》《折扇书画
册二卷》（清）费善庆辑合订。

J0017474

中国名山图 （不分卷）□□辑
清 刻本

J0017475

神州国光集 （不分卷）神州国光社编
上海 神州国光社 清光绪至宣统 影印本

J0017476

神州国光集 （第一集）邓秋枚编录
上海 神州国光社 1908 年 30cm（15 开）
定价：大洋一元五角

J0017477

神州国光集 （第二集）邓秋枚编录
上海 神州国光社 1908 年 30cm（15 开）
定价：大洋一元五角

J0017478

神州国光集 （第三集）邓秋枚编录
上海 神州国光社 1908 年 30cm（15 开）
定价：大洋一元五角

J0017479

神州国光集 （第四集）邓秋枚编录
上海 神州国光社 1908 年 30cm（15 开）
定价：大洋一元五角

J0017480

神州国光集 （第五集）邓秋枚编录
上海 神州国光社 1908 年 30cm（15 开）
定价：大洋一元五角

J0017481

神州国光集 （第六集）邓秋枚编录
上海 神州国光社 1909 年 30cm（15 开）
定价：大洋一元五角

J0017482

神州国光集 （第七集）神州国光社编
上海 神州国光社 清光绪三十四年至宣统元年
［1908—1909］影印本 线装

　　无行款。

J0017483
神州国光集 （第八集）邓秋枚编录
上海 神州国光社 1909 年 30cm（15 开）
定价：大洋一元五角

J0017484
神州国光集 （第九集）邓秋枚编录
上海 神州国光社 1909 年 30cm（15 开）
定价：大洋一元五角

J0017485
神州国光集 （第十集）邓秋枚编录
上海 神州国光社 1909 年 30cm（15 开）
定价：大洋一元五角

J0017486
神州国光集 （第十一集）邓秋枚编录
上海 神州国光社 1909 年 30cm（15 开）
定价：大洋一元五角

J0017487
神州国光集 （第十二集）邓秋枚编录
上海 神州国光社 1909 年 30cm（15 开）
定价：大洋一元五角

J0017488
神州国光集 （第十三集）邓秋枚编录
上海 神州国光社 1910 年 30cm（15 开）
定价：大洋一元五角

J0017489
神州国光集 （第十四集）邓秋枚编录
上海 神州国光社 1910 年 30cm（15 开）
定价：大洋一元五角

J0017490
神州国光集 （第十五集）邓秋枚编录
上海 神州国光社 1910 年 30cm（15 开）
定价：大洋一元五角

J0017491
神州国光集 （第十八集）邓秋枚编录
上海 神州国光社 1910 年 30cm（15 开）
定价：大洋一元五角

J0017492
神州国光集 （第七集）邓秋枚编录
上海 神州国光社 1912 年 30cm（15 开）
定价：一元五角
　　本书为中国古代书画。

J0017493
神州国光集 （第六辑）（明）胡士昆等书
上海 神州国光社 民国二十五年［1936］再版
影印本 有图 线装

J0017494
新安名画扇册 （不分卷）□□辑
清光绪至宣统 影印本

J0017495
古今名人书画扇谱集锦 （不分卷） 点石
斋辑
上海 点石斋 清光绪四年［1878］影印本
　　据印晋铜鼓斋主人藏扇谱本影印

J0017496
古今名人画稿 （不分卷）（清）王翚等绘
上海 点石斋 清光绪十五年［1889］影印本

J0017497
古今名人画稿 （清）王翚等绘
上海 点石斋 清光绪十五年［1889］影印本
2 版 线装
　　本书共分二册。

J0017498
古今名人画稿 （三集 不分卷）（清）刘海
屏辑
上海 鸿宝斋 清光绪十七至二十一年［1891—
1895］影印本
　　本书与积山书局合作出版。

J0017499
古今名人画稿 （清）王翚等绘
上海 上海文瑞楼 清光绪二十一年［1895］
影印本 线装
　　本书共分四册。

J0017500
古今名人画稿 （三集　不分卷）（清）刘海屏辑
清光绪二十三年至宣统元年［1897—1909］石印本

J0017501
国粹学报 （第三年　第一册　图画　博物图　美术图　附）
［1907 年］21cm（32 开）
　　本书系中国古籍丛书、古代绘画画册第三年第一册。

J0017502
国粹学报 （第四年　第一册　祝辞　图画）
［1906 年］20cm（32 开）
　　本书系中国古籍丛书、古代绘画画册、古代格言汇编第四年第二册。

J0017503
国粹学报 （第四年　第二册　图画）
［1906 年］20cm（32 开）
　　本书系中国古籍丛书、古代绘画画册第四年第二册。

J0017504
名画扇册　邓秋枚辑
上海　神州国光社　1908 年　15 页　14×23cm
定价：大洋八角
（神州国光集增刊 5）
　　本书为中国古代扇子画画册专著。

J0017505
名画扇册 （第三集）邓秋枚辑
上海　神州国光社　1909 年　15 页　22×31cm
定价：洋一元五角
（神州国光集外增刊 66）
　　本书为中国古代扇子画画册专著，风雨楼藏。

J0017506
古今画萃 （第一册）陈恭甫编录
［北京］古今画萃社　1909 年　27×39cm
定价：大洋一元五角
　　本书系中国古代中国画画册。

J0017507
古今画萃　陈恭甫编辑
醒华报馆　清宣统元年［1909］影印本　3 函　散页

J0017508
历朝名画共赏集 （第一集）槎客编印
上海　世界社　1909 年　38cm（6 开）
定价：洋一元二角五分

J0017509
历朝名画共赏集 （第二集）槎客编印
上海　世界社　1909 年　38cm（6 开）
定价：洋壹元二角五分

J0017510
历朝名画共赏集 （一集不分卷，二集不分卷，三集不分卷）（清）张槎客辑
上海　世界社　清宣统元年［1909］刻本

J0017511
中国名画集 （不分卷）狄平子辑
清宣统元年［1909］影印本

J0017512
风雨楼扇粹 （第一集）邓秋枚辑
上海　神州国光社　清宣统三年［1911］影印本
有图　线装

J0017513
风雨楼扇粹 （第二集）邓秋枚辑
上海　神州国光社　清宣统三年［1911］影印本
有图　线装

J0017514
风雨楼扇粹 （第三集）邓秋枚辑
上海　神州国光社　清宣统三年［1911］影印本
有图　线装

J0017515
风雨楼扇粹 （第四集）邓秋枚辑
上海　神州国光社　清宣统三年［1911］影印本
有图　线装

J0017516
风雨楼扇粹 （第五集）邓秋枚辑

上海　神州国光社　清宣统三年［1911］影印本
有图　线装

J0017517

风雨楼扇粹　（第六集）邓秋枚辑
上海　神州国光社　清宣统三年［1911］影印本
有图　线装

J0017518

风雨楼扇粹　（第七集）邓秋枚辑
上海　神州国光社　民国四年［1915］影印本
有图　平装

J0017519

风雨楼扇粹　（第八集）邓秋枚辑
上海　神州国光社　民国四年［1915］影印本
有图　线装

J0017520

古今名人画稿　（清）天南遯叟编
上海　铸记书局　民国　5册　15cm（40开）

J0017521

古今名人画稿
民国　石印本　线装

J0017522

古今名人画稿　（三集）
民国　石印本　有图　线装
　　本书共分六册。

J0017523

西域画　郑振铎编
上海［上海出版公司］［民国］［影印本］有图
39cm（8开）
（域外所藏中国古画集）
　　本书共分三册。收于《域外所藏中国古画集》
第一本。

J0017524

西域画　（三辑）郑振铎编
上海　上海出版公司　民国三十六年［1947］
影印本　有图　线装
（域外所藏中国古画集）
　　本书共分三册。

J0017525

西域画　郑振铎编；钱鹤龄摄
上海　上海出版公司　民国三十七年［1948］
影印本　3函188页　有图　散页
（域外所藏中国古画集）

J0017526

西域画　郑振铎编；钱鹤龄摄
上海　上海出版公司　民国三十七年［1948］
影印本　3函188页　有图　1册　线装
（域外所藏中国古画集）

J0017527

中国名画　（第一集）美术研究会审定
上海　有正书局［民国］37cm（8开）
定价：银一元五角
　　全书共25集，收唐、宋、元、明、清各代名
画432幅，作者有杨升、王叔明、陆天游、恽南
田、刘石庵、丁南羽、黄媛介、马守贞、马湘兰、
唐寅等375人。

J0017528

中国名画　（第一集）有正书局辑
上海　有正书局　民国七年［1918］影印本　再版
有图　线装

J0017529

中国名画　（第二集）美术研究会审定
上海　有正书局［民国］38cm（6开）
定价：一元五角

J0017530

中国名画　（第二集）有正书局辑
上海　有正书局　民国八年［1919］影印本　有图
线装

J0017531

中国名画　（第三集）美术研究会审定
上海　有正书局［1916年］影印本　38cm（6开）
定价：一元五角

J0017532

中国名画　（第四集）美术研究会审定
上海　有正书局［民国］影印本　38cm（6开）
定价：一元五角

　　本书共25集，收唐、宋、元、明、清各代名画432幅，作者有杨升、王叔明、陆天游、恽南田、刘石庵、丁南羽、黄媛介、马守贞、马湘兰、唐寅、王石谷、王烟客、仇英、赵松雪等375人。书前有画家小传。

J0017533
中国名画　（第四集）有正书局辑
上海　有正书局　民国　影印本　有图　线装

J0017534
中国名画　（第五集）美术研究会审定
上海　有正书局［1916年］影印本　38cm（6开）
定价：银一元五角

　　全书共25集，收唐、宋、元、明、清各代名画432幅，作者有杨升、王叔明、陆天游、恽南田、刘石庵、丁南羽、黄媛介、马守贞、马湘兰、唐寅等375人。

J0017535
中国名画　（第六集）美术研究会审定
上海　有正书局［1916年］影印本　38cm（6开）
定价：银一元五角

J0017536
中国名画　（第七集）美术研究会审定
上海　有正书局［1916年］影印本　38cm（6开）
定价：银一元五角

J0017537
中国名画　（第八集）美术研究会审定
上海　有正书局［1916年］影印本　38cm（6开）
定价：银一元五角

J0017538
中国名画　（第九集）美术研究会审定
上海　有正书局［1916年］影印本　38cm（6开）
定价：银一元五角

J0017539
中国名画　（第十集）美术研究会审定
上海　有正书局［1916年］影印本　38cm（6开）
定价：银一元五角

J0017540
中国名画　（第十一集）美术研究会审定
上海　有正书局［1916年］影印本　38cm（6开）
定价：银一元五角

J0017541
中国名画　（第十二集）美术研究会审定
上海　有正书局［1916年］影印本　38cm（6开）
定价：一元五角

J0017542
中国名画　（第十三集）美术研究会审定
上海　有正书局［1916年］影印本　38cm（6开）
定价：银一元五角

J0017543
中国名画　（第十四集）美术研究会审定
上海　有正书局［1916年］影印本　38cm（6开）
定价：银一元五角

J0017544
中国名画　（第十五集）美术研究会审定
上海　有正书局［1916年］影印本　38cm（6开）
定价：银一元五角

J0017545
中国名画　（第十六集）美术研究会审定
上海　有正书局［1916年］影印本　38cm（6开）
定价：银一元五角

J0017546
中国名画　（第十七集）美术研究会审定
上海　有正书局［1916年］影印本　38cm（6开）
定价：银一元五角

J0017547
中国名画　（第十八集）美术研究会审定
上海　有正书局［1916年］影印本　38cm（6开）
定价：大洋一元五角

　　全书共25集，收唐、宋、元、明、清各代名画432幅，作者有杨升、王叔明、陆天游、恽南田、刘石庵、丁南羽、黄媛介、马守贞、马湘兰、唐寅等375人。

J0017548
中国名画 （第十九集）美术研究会审定
上海 有正书局 1916年 影印本 ［16］页
38cm（6开） 定价：一元五角

J0017549
中国名画 （第二十集）美术研究会审定
上海 有正书局 1917年 影印本 ［15］页
38cm（6开） 定价：一元五角

J0017550
中国名画 （第二十一集）美术研究会审定
上海 有正书局 1918年 影印本 ［14］页
38cm（6开） 定价：大洋一元五角

J0017551
中国名画 （第二十二集）美术研究会审定
上海 有正书局 1919年 影印本 ［16］页
38cm（6开） 定价：银一元五角

J0017552
中国名画 （第二十三集）美术研究会审定
上海 有正书局 1922年 影印本 38cm（6开）
定价：大洋一元五角

J0017553
中国名画 （第二十四集）美术研究会审定
上海 有正书局 1923年 影印本 38cm（6开）
定价：一元五角

J0017554
中国名画 （第二十五集）有正书局辑
上海 有正书局 民国 影印本 有图

J0017555
中国名画 （第二十五集）美术研究会审定
上海 有正书局 1924年 影印本 ［16］页
38cm（6开） 定价：一元五角

J0017556
中国名画 （第二十六集）有正书局辑
上海 有正书局 民国十四年［1925］影印本
11版 有图

J0017557
中国名画 （第二十七集）有正书局辑
上海 有正书局 民国十四年［1925］
影印本 11版 有图

J0017558
中国名画 （第二十八集）有正书局辑
上海 有正书局 民国十五年［1926］影印本
有图

J0017559
中国名画 （第二十九集）有正书局辑
上海 有正书局 民国十五年［1926］影印本
有图

J0017560
中国名画 （第三十集）有正书局辑
上海 有正书局 民国十八年［1929］影印本
有图

J0017561
中国名画 （第三十一集）有正书局编
上海 有正书局 民国 影印本 有图 线装

J0017562
中国名画 （第三十二集）有正书局辑
上海 有正书局 民国 影印本 有图

J0017563
中国名画 （第三十三集）有正书局辑
上海 有正书局 民国十八年［1929］影印本
有图

J0017564
中国名画 （第三十四集）有正书局辑
上海 有正书局 民国十九年［1930］影印本
有彩图

J0017565
中国名画 （第三十五集）有正书局辑
上海 有正书局 民国 影印本 有图

J0017566
中国名画 （第三十六集）有正书局辑
上海 有正书局 民国 影印本 有图

J0017567

中国名画 （第三十七集）有正书局辑
上海 有正书局 民国 影印本 有图

J0017568

中国名画 （第三十八集）有正书局辑
上海 有正书局 民国 影印本 有图

J0017569

中国名画 （第三十八集）有正书局编
上海 有正书局 民国 影印本 有图 线装

J0017570

中国名画 （第三十九集）有正书局辑
上海 有正书局 民国 影印本 有图

J0017571

中国名画 （第四十集）有正书局辑
上海 有正书局 民国 影印本 有图

J0017572

中国名画集　美术研究会编
上海 有正书局 民国 影印本 线装
　　本书共分九册。

J0017573

中国名画集　有正书局辑
上海 有正书局 民国 影印本 有图 线装
　　本书共分八册。

J0017574

中国名画集 （第十二集）有正书局辑
上海 有正书局 民国七年［1918］5 版 影印本
有图 线装

J0017575

中国名画集 （第二十一集）有正书局辑
上海 有正书局 民国七年［1918］影印本 有图
线装

J0017576

中华名画 （史德匿藏品影本 中英文对照）
（英）史德匿（E.A.Strehlneek）编
上海 商务印书馆（印）1914 年［400］页
28cm（大 16 开）精装

本书内收史德匿珍藏的中国自唐至清各代的名画 150 余幅，每幅画均有中、英文文字说明。书前有历代帝王纪（中外纪年表）、"史德匿先生珍藏" 等字样。书末附所收名画题跋故实、书画目录、金石陶瓷名品照片 30 余幅。

J0017577

古画大观 （第一集）陆养晦编
上海 国华书局 1921 年 4 版 影印本 26cm（16 开）
定价：大洋一元六角
　　本书共 3 集。收陆天游、仇十洲、蓝瑛、金东心、石涛、刘石庵、徐文长、李醉鸥、蒋恒轩、钱献之、王廉州、王怀存、倪云林、唐寅、文徵明等人的书画 166 幅。

J0017578

古画大观 （第二集）陆养晦编
上海 国华书局 1922 年 4 版 影印本 29 页
27cm（16 开）定价：大洋一元六角

J0017579

古画大观 （第三集）陆养晦编
上海 国华书局 1922 年 影印本 22 页
27cm（16 开）

J0017580

古画大观 （第四集）沈石公编
上海 国华书局 1923 年 26cm（16 开）
定价：大洋一元六角

J0017581

宋元明清四朝名画留真　北平延寿堂编
北平 延寿堂 1927 年 影印本 12 页 34cm（6 开）
定价：大洋一元五角
　　本书收蒋延锡、华嵒、金农等人的国画 12 幅。

J0017582

书画真迹大全 （唐宋元明清五代名人　第
1–11 集）席锡蕃编
上海 文华美术图书印刷公司 1929 年 11 册
28cm（15 开）定价：大洋十六元五角
　　本书共 21 集，收 169 人的书画 171 幅。书前有编者（收藏者）的《书画谱改装略述》一文。

J0017583
书画真迹大全 （唐宋元明清五代名人　第 17
集）席锡蕃编
上海　文华美术图书印刷公司　1930 年［12］页
29cm（15 开）定价：大洋一元五角

J0017584
书画真迹大全 （唐宋元明清五代名人　第 21
集）席锡蕃编
上海　文华美术图书印刷公司　1930 年［12］页
28cm（15 开）定价：大洋一元五角

J0017585
书画真迹大全 （唐宋元明清五代名人　第 14
集）席锡蕃编
上海　文华美术图书印刷公司 1933 年 2 版［12］页
28cm（15 开）定价：大洋一元五角

J0017586
书画真迹大全 （二十集）席锡藩藏
上海　文华美术图书印刷公司　民国二十二年
［1933］影印本　有图　线装
　　　本书共分二十册。

J0017587
故宫书画集　北平故宫博物院编辑
北平　故宫博物院出版物发行所　民国十九至
二十年［1930—1931］影印本　线装
　　　本书共分四册。

J0017588
中国名画集　（唐）王维等绘；平等阁藏
上海　有正书局　民国十九年［1930］影印本
线装
　　　本书共分二册。

J0017589
故宫名扇集　（第九集）北平故宫博物院编
北平　故宫博物院出版物发行所　民国二十一年
［1932］影印本　有图　线装
　　　本书共分九册。

J0017590
故宫名扇集　（第十集）北平故宫博物院编
北平　北平故宫博物院　民国二十四年［1935］

影印本　有图　线装

J0017591
故宫书画集　北平故宫博物院古物馆编辑
北平　故宫博物院出版物发行所　民国二十一至
三十一年［1932—1942］再版　影印本　线装
　　　本书共分四十五册。

J0017592
故宫书画集　（第二期）北平故宫博物院编辑
北平　故宫博物院出版物发行所　民国二十六年
［1937］3 版　有图　42cm（8 开）线装
定价：二元五角

J0017593
故宫书画集　（第二期）北平故宫博物院编辑
北平　故宫博物院出版物发行所　民国三十三年
［1944］4 版　有图　42cm（8 开）线装
定价：国币二十元

J0017594
故宫书画集　（第四期）北平故宫博物院编辑
北平　故宫博物院出版物发行所　民国三十一年
［1942］3 版　有图　42cm（8 开）线装
定价：国币七元

J0017595
故宫书画集　（第五期）北平故宫博物院编辑
北平　故宫博物院出版物发行所　民国二十一年
［1932］再版　有图　42cm（8 开）线装
定价：二元五角

J0017596
故宫书画集　（第六集）北平故宫博物院编辑
北平　故宫博物院出版物发行所　民国二十一年
［1932］再版　影印本　有图　线装
　　　本书共分五册。

J0017597
故宫书画集　（第七期）北平故宫博物院编辑
北平　故宫博物院出版物发行所　民国二十年
［1931］有图　42cm（8 开）线装　定价：二元

J0017598
故宫书画集　（第八期）北平故宫博物院编辑

北平　故宫博物院出版物发行所　民国三十三年
[1944]再版 有图 42cm（8开）线装
定价：国币二十元

J0017599
故宫书画集　（第九期）北平故宫博物院编辑
北平　故宫博物院出版物发行所　民国二十年
[1931] 有图 42cm（8开）线装 定价：二元

J0017600
故宫书画集　（第九期）北平故宫博物院编辑
北平　故宫博物院出版物发行所　民国三十三年
[1944]再版 有图 42cm（8开）线装
定价：国币二十元

J0017601
故宫书画集　（第十期）北平故宫博物院编辑
北平　故宫博物院出版物发行所　民国二十年
[1931] 有图 42cm（8开）线装 定价：二元

J0017602
故宫书画集　（第十一期）北平故宫博物院
编辑
北平　故宫博物院出版物发行所　民国二十年
[1931] 有图 42cm（8开）线装 定价：二元

J0017603
故宫书画集　（第十一期）北平故宫博物院
编辑
北平　故宫博物院出版物发行所　民国三十三年
[1944]再版 有图 42cm（8开）线装
定价：国币二十元

J0017604
故宫书画集　（第十二期）北平故宫博物院
编辑
北平　故宫博物院出版物发行所　民国二十年
[1931] 有图 42cm（8开）线装 定价：二元

J0017605
故宫书画集　（第十三期）北平故宫博物院
编辑
北平　故宫博物院出版物发行所　民国二十年
[1931] 有图 42cm（8开）线装 定价：二元

J0017606
故宫书画集　（第十四期）北平故宫博物院
编辑
北平　故宫博物院出版物发行所　民国二十年
[1931] 有图 42cm（8开）线装 定价：二元

J0017607
故宫书画集　（第十四期）北平故宫博物院
编辑
北平　故宫博物院出版物发行所　民国三十三年
[1944]再版 有图 42cm（8开）线装
定价：国币二十元

J0017608
故宫书画集　（第十五期）北平故宫博物院
编辑
北平　故宫博物院出版物发行所　民国二十年
[1931] 有图 42cm（8开）线装 定价：二元

J0017609
故宫书画集　（第十五期）北平故宫博物院
编辑
北平　故宫博物院出版物发行所　民国三十三年
[1944]再版 有图 42cm（8开）线装
定价：国币二十元

J0017610
故宫书画集　（第十六期）北平故宫博物院
编辑
北平　故宫博物院出版物发行所　民国二十一年
[1932] 有图 42cm（8开）线装 定价：二元

J0017611
故宫书画集　（第十七期）北平故宫博物院
编辑
北平　故宫博物院出版物发行所　民国二十一年
[1932] 有图 42cm（8开）线装 定价：二元五角

J0017612
故宫书画集　（第十八期）北平故宫博物院
编辑
北平　故宫博物院出版物发行所　民国二十一年
[1932] 有图 42cm（8开）线装 定价：二元五角

J0017613

故宫书画集 （第十九期）北平故宫博物院
编辑

北平　故宫博物院出版物发行所　民国二十一年
［1932］有图　42cm（8开）线装　定价：二元五角

J0017614

故宫书画集 （第二十期）北平故宫博物院
编辑

北平　故宫博物院出版物发行所　民国二十一年
［1932］有图　42cm（8开）线装　定价：二元五角

J0017615

故宫书画集 （第二十一期）北平故宫博物院
编辑

北平　故宫博物院出版物发行所　民国二十一年
［1932］有图　42cm（8开）线装　定价：二元五角

J0017616

故宫书画集 （第二十二期）北平故宫博物院
编辑

北平　故宫博物院出版物发行所　民国二十一年
［1932］有图　42cm（8开）线装　定价：二元五角

J0017617

故宫书画集 （第二十三期）北平故宫博物院
编辑

北平　故宫博物院出版物发行所　民国二十一年
［1932］有图　42cm（8开）线装　定价：二元五角

J0017618

故宫书画集 （第二十四期）北平故宫博物院
编辑

北平　故宫博物院出版物发行所　民国二十一年
［1932］有图　42cm（8开）线装　定价：二元五角

J0017619

故宫书画集 （第二十五期）北平故宫博物院
编辑

北平　故宫博物院出版物发行所　民国二十一年
［1932］有图　42cm（8开）线装　定价：二元五角

J0017620

故宫书画集 （第二十六期）北平故宫博物院
编辑

北平　故宫博物院出版物发行所　民国二十一年
［1932］有图　42cm（8开）线装
定价：国币二元五角

J0017621

故宫书画集 （第二十七期）北平故宫博物院
编辑

北平　故宫博物院出版物发行所　民国二十一年
［1932］有图　42cm（8开）线装
定价：国币二元五角

J0017622

故宫书画集 （第二十八期）北平故宫博物院
编辑

北平　故宫博物院出版物发行所　民国二十二年
［1933］有图　42cm（8开）线装
定价：国币二元五角

J0017623

故宫书画集 （第二十九期）北平故宫博物院
编辑

北平　故宫博物院出版物发行所　民国二十二年
［1933］有图　42cm（8开）线装
定价：国币二元五角

J0017624

故宫书画集 （第三十期）北平故宫博物院
编辑

北平　故宫博物院出版物发行所　民国二十二年
［1933］有图　42cm（8开）线装
定价：国币二元五角

J0017625

故宫书画集 （第三十一期）北平故宫博物院
编辑

北平　故宫博物院出版物发行所　民国二十一年
［1932］有图　42cm（8开）线装
定价：国币二元五角

J0017626

故宫书画集 （第三十二期）北平故宫博物院
编辑

北平　故宫博物院出版物发行所　民国二十一年
［1932］有图　42cm（8开）线装
定价：国币二元五角

J0017627

故宫书画集 （第三十三期）北平故宫博物院
编辑

北平　故宫博物院出版物发行所　民国二十一年
［1932］有图　42cm（8开）线装

定价：国币二元五角

J0017628

故宫书画集 （第三十四期）北平故宫博物院
编辑

北平　故宫博物院出版物发行所　民国二十一年
［1932］有图　42cm（8开）线装

定价：国币二元五角

J0017629

故宫书画集 （第三十五期）北平故宫博物院
编辑

北平　故宫博物院出版物发行所　民国二十一年
［1932］有图　42cm（8开）线装

定价：国币二元五角

J0017630

故宫书画集 （第三十六期）北平故宫博物院
编辑

北平　故宫博物院出版物发行所　民国二十一年
［1932］有图　42cm（8开）线装

定价：国币二元五角

J0017631

故宫书画集 （第三十七期）北平故宫博物院
编辑

北平　故宫博物院出版物发行所　民国二十一年
［1932］有图　42cm（8开）线装

定价：国币二元五角

J0017632

故宫书画集 （第三十八期）北平故宫博物院
编辑

北平　故宫博物院出版物发行所　民国二十一年
［1932］有图　42cm（8开）线装

定价：国币二元五角

J0017633

故宫书画集 （第四十期）北平故宫博物院编辑
北平　故宫博物院出版物发行所　民国三十三年
［1944］3版　有图　42cm（8开）线装

定价：国币二十元

J0017634

故宫书画集 （第四十一期）北平故宫博物院
编辑

北平　故宫博物院出版物发行所　民国三十年
［1941］再版　有图　42cm（8开）线装

定价：国币四元伍角

J0017635

故宫书画集 （第四十二期）北平故宫博物院
编辑

北平　故宫博物院出版物发行所　民国三十年
［1941］再版　有图　42cm（8开）线装

定价：国币四元伍角

J0017636

故宫书画集 （第四十三期）北平故宫博物院
编辑

北平　故宫博物院出版物发行所　民国三十一年
［1942］再版　有图　42cm（8开）线装

定价：国币肆元伍角

J0017637

故宫书画集 （第四十四期）北平故宫博物院
编辑

北平　故宫博物院出版物发行所　民国三十一年
［1942］再版　有图　42cm（8开）线装

定价：国币肆元伍角

J0017638

故宫书画集 （第四十四期）北平故宫博物院
编辑

北平　故宫博物院出版物发行所　民国三十三年
［1944］3版　有图　42cm（8开）线装

定价：国币二十元

J0017639

故宫书画集 （第四十五期）北平故宫博物
院编

北平　故宫博物院出版物发行所　民国二十二年
［1933］3版　影印本　有图　线装
　　　本书共分四十五册。

J0017640

故宫书画集 （第四十五期）北平故宫博物院
编辑
北平　故宫博物院出版物发行所　民国三十一年
［1942］3 版　影印本　有图　线装
　　本书共分四十五册。

J0017641

故宫书画集 （第四十五期）北平故宫博物院
编辑
北平　故宫博物院出版物发行所　民国三十三年
［1944］3 版　有图　42cm（8 开）线装
定价：国币二十元

J0017642

故宫书画集 （第四十六期）北平故宫博物院
编辑
北平　故宫博物院出版物发行所　民国三十三年
［1944］有图　42cm（8 开）线装
定价：国币二元五角

J0017643

故宫书画集 （第四十七期）北平故宫博物院
编辑
北平　故宫博物院出版物发行所　民国三十三年
［1944］有图　42cm（8 开）线装
定价：国币二元五角

J0017644

故宫名画竹集　北平故宫博物院编辑
北平　故宫博物院出版物发行所　民国二十二年
［1933］影印本　线装

J0017645

故宫名画竹集 （二集）北平故宫博物院辑
北平　故宫博物院出版物发行所　民国二十五年
［1936］影印本　有图　线装　定价：国币二元
　　本书共分二册。

J0017646

名画大观 （晋唐宋元明清）刘海粟编
上海　中华书局　1935 年　4 册（［400］页）
26cm（16 开）定价：银二元五角（每册）
（海粟丛刊　国画苑 1-4）
　　本书第 1 册为国画概论，第 2 至 4 册收国画

222 幅。

J0017647

名画大观 （晋唐宋元明清）刘海粟编
上海　中华书局　1936 年　再版　4 册（［400］页）
26cm（16 开）定价：银二元五角（每册）
（海粟丛刊　国画苑 1-4）

J0017648

晋唐五代宋元明清名家书画集 （中英文对
照）教育部第二次全国美术展览会管理委员
会编
上海　商务印书馆 ［1937 年］70+406 页
30cm（10 开）精装
（教育部第二次全国美术展览会专集　第一种）
　　本书选辑晋至清末民初的书画，共 406 幅，
依年代先后编排。各幅画下均注英文译名。外文
书名：The Famous Chinese Painting and Calligraphy
ofTsin, T'ang, Five Dynasties, Sung, Yuan, Ming,
andCh'ing Dynasties.

J0017649

古今名人画稿　鸿文书局编
上海　鸿文书局 1940 年　2 版　275 页
16cm（横 44 开）定价：一元
　　本书为中国画册，收编者所藏人物、山水、
花卉、翎毛走兽等类作品 200 余幅。

J0017650

梅景画笈 （第二集）
［1943 年］有图　42cm（8 开）线装

J0017651

金匮藏画评释 （选印画册）J.D.Chen ［编］
［1950—1959 年］26cm（16 开）
　　外文书名：Notes and Comments on the Paint-
ings of King Kwei Collection Plates of Selected Paint-
ings.

J0017652

画苑掇英 （上）上海市文物保管委员会编辑
上海　上海美术人民出版社 1955 年　85 页　有画
38cm（6 开）定价：CNY70.00（全 3 册）
　　本书选辑上海博物馆和南京博物院收藏的
中国古代绘画艺术优秀作品 124 件（其中纸本 76

件、绢本 48 件）。全书分"轴之属""卷之属""册之属"上、中、下 3 大册，合计 245 页。

J0017653

画苑掇英 （中）上海市文物保管委员会编辑
上海　上海美术人民出版社 1955 年 22 页 有画
38cm（6 开）定价：CNY70.00（全 3 册）

J0017654

画苑掇英 （下）上海市文物保管委员会编辑
上海　上海美术人民出版社 1955 年 17 页 有画
38cm（6 开）定价：CNY70.00（全 3 册）

J0017655

故宫书画录 台北故宫管理处,台北博物院管理处编辑
台北 [台湾]中华丛书委员会 1956 年 3 册
23cm（10 开）定价：TWD150.00,TWD185.00
（精装）
（[台湾]中华丛书）

J0017656

古代画家的儿童画选集 王伯敏,夏与参编
天津　天津美术出版社 1957 年 影印本 [45]页
26cm（16 开）统一书号：8073.805
定价：CNY1.50

　　作者王伯敏(1924—2013)，美术史论家、画家、诗人。浙江台州人。曾担任中国美术学院教授、美术学博士生导师。著有《中国绘画通史》《中国版画史》《中国美术通史》等。

J0017657

浙江古代画家作品选集 王伯敏,黄涌泉编
杭州　浙江人民出版社 1958 年 104 页 38cm（6 开）
精装 统一书号：8103.55 定价：CNY24.00

　　本画集共收入 102 幅图，选自唐代至清代画家 88 人的作品。

J0017658

中国的绘画 （上辑）傅抱石编著
北京 中国古典艺术出版社 1958 年 98+97 页
20cm（32 开）统一书号：T8029.82
定价：CNY1.50

J0017659

故宫名画三百种 台北故宫博物院，台湾博物院编
台北　台北故宫博物院台湾博物院共同理事会
1959 年 2 函 39cm（8 开）定价：TWD5400.00

J0017660

宣古愚　杨无恙　汤定之　姚茫父画选
北京 中国古典艺术出版社 1959 年 11 幅
39cm（8 开）活页套装 统一书号：8029.103
定价：CNY1.65

J0017661

中国历代名画集 （前编）中国历代名画集编辑委员会编
北京 人民美术出版社 1959 年 2 册 精装
统一书号：8027.3163 定价：CNY105.00

J0017662

中国历代名画集 （前编　上卷）中国历代名画集编辑委员会编；故宫博物院藏
北京 人民美术出版社 1959 年 1 册（284 幅）
37cm（8 开）统一书号：8027.3091
定价：CNY35.00（乙种），CNY105.00（甲种）
（全套）

J0017663

中国历代名画集 （前编　下卷）中国历代名画集编辑委员会编；故宫博物院藏
北京 人民美术出版社 1959 年 1 套 37cm（8 开）
统一书号：8027.3163 定价：CNY30.00（乙种），
CNY105.00（甲种）（全套）

J0017664

中国历代名画集 （前编　下卷）中国历代名画集编辑委员会编；故宫博物院藏
北京 人民美术出版社 1960 年 248 幅 40cm（8 开）
精装 统一书号：8027.3478 定价：CNY30.00

　　本画集收图 248 幅，第一版 2 册，第二版 6 册。所收的是部分原藏于北京故宫博物院后转至台北的中国古代绘画。分上、下两册。上册所收为唐代至元代的绘画；下册所收为明、清时期的绘画。

J0017665

中国历代名画集 （故宫博物院所藏 第一卷
唐 五代 宋）中国历代名画集编辑委员会编
北京 人民美术出版社 1964 年 2 版 [153]页
39cm（4 开）精装 统一书号：8027.3899
定价：CNY31.00

J0017666

中国历代名画集 （故宫博物院所藏 第二卷
宋）中国历代名画集编辑委员会编
北京 人民美术出版社 1965 年 2 版 37cm（8 开）
精装 统一书号：8027.3991 定价：CNY28.00

J0017667

中国历代名画集 （故宫博物院所藏 第三卷
元）中国历代名画集编辑委员会编
北京 人民美术出版社 1965 年 37cm（8 开）
精装 统一书号：8027.4034 定价：CNY39.00

J0017668

中国历代名画集 （故宫博物院所藏 第四卷
明）中国历代名画集编辑委员会编
北京 人民美术出版社 1965 年 37cm（8 开）
精装 统一书号：8027.4059 定价：CNY35.00
　明代中国画作品。

J0017669

中国历代名画集 （故宫博物院所藏 第五卷
清）中国历代名画集编辑委员会编
北京 人民美术出版社 1965 年 37cm（8 开）
精装 统一书号：8027.4060 定价：CNY22.00

J0017670

中国历代名画集 （故宫博物院所藏 第五卷
清）中国历代名画集编辑委员会编
北京 人民美术出版社 1965 年 2 版 修订本 73 幅
39cm（4 开）精装 统一书号：8027.4060
定价：CNY22.00
　清代中国画作品。

J0017671

唐宋元明清画选 （唐）孙位等绘
上海 上海人民美术出版社 1960 年 影印本
[156]页 40cm（8 开）精装
统一书号：8081.3359 定价：CNY18.00

　本画选收图 108 幅，选编自唐代至清代的历
代绘画作品，以朝代先后为序。

J0017672

道子墨宝
北京 人民美术出版社 1963 年 50 幅 34×38cm
统一书号：8027.3156 定价：CNY70.00
　本书为先秦时代中国画。

J0017673

中国古代绘画选集 中国古代绘画选集编辑
委员会编
北京 人民美术出版社 1963 年 38cm（6 开）
精装 统一书号：8027.2724 定价：CNY36.50
　本书由中国历代具有代表性的 100 多位画
家的作品编选而成，上起战国（前 403—221），下
迄晚清（1616—1911）。所收作品主要来自国内
各大博物馆的藏品。有的手卷很长，只发表了其
中某些部分。全书共有 108 幅图。

J0017674

故宫博物院藏画 （第二集 隋·唐）故宫博物
院藏画编辑委员会编
北京 人民美术出版社 1964 年 53cm（4 开）
精装 统一书号：8027.3721 定价：CNY90.00
　本书系故宫博物院藏古代中国画画册，选辑
隋代展子虔《游春图》、唐代阎立本《步辇图》、周
昉《挥扇仕女图》、韩滉《文苑图》《五牛图》，佚
名画家《宫苑图卷》《百马图》等，共 9 幅作品。
每幅都印有全图，另有许多精彩的局部图。

J0017675

南京博物馆藏画 南京博物馆编
上海 上海人民美术出版社 1981 年 100 幅
53cm（4 开）精装 统一书号：8081.12206
定价：CNY200.00
　本画集收入宋代至清代的中国画作品 100
件。其中有元代黄公望、明代的沈周、文徵明、
现代的傅抱石等人的作品。

J0017676

南京博物院藏画 南京博物院编
上海 上海人民美术出版社 1981 年 53cm（4 开）
精装 统一书号：8081.12206 定价：CNY980.00

J0017677

南京博物院藏画集　（一函二册）南京博物院编

北京　文物出版社　1966 年　38cm（6 开）线装

定价：CNY67.00

　　本书分上、下两集，选录南京博物院院藏宋、元、明、清 171 位画家作品 241 件。上集选画家阎次平、黄公望、林良、吕纪、沈周、文徵明、唐寅等画家的代表作品；下集为清代画家朱耷、原济、髡残、"金陵八家"、"四王"、"扬州八家"和任颐等人的作品。附有图版 322 幅。

J0017678

清宫旧藏历代花鸟集珍　庄严主编

台北　成文出版社有限公司　1977 年　109 页　47cm

　　外文书名：Rare Bird-Flowers Paintings Selected from the Ch'Ing Palace Collections.

J0017679

清宫旧藏历代花鸟集珍　庄严主编

台北　成文出版社有限公司　1978 年　109 页　38cm（6 开）精装　定价：TWD700.00

　　外文书名：Rare Bird-Flowers PaintingsSelected from the Ch'Ing Palace Collections.

J0017680

大风堂名迹　（第一集　珍藏本）

台北　联经出版事业公司　1978 年　26×38cm

　　本书是张大千一生收藏古画的结集。本集收唐至清古画 38 幅。

J0017681

大风堂名迹　（第二集　珍藏本）

台北　联经出版事业公司　1978 年　26×38cm

　　本书是张大千一生收藏古画的结集。本集收石涛画作 40 幅。

J0017682

大风堂名迹　（第三集　珍藏本）

台北　联经出版事业公司　1978 年　26×38cm

　　本书是张大千一生收藏古画的结集。本集收八大山人画作 40 幅。

J0017683

大风堂名迹　（第四集　珍藏本）

台北　联经出版事业公司　1978 年　26×38cm

　　本书是张大千一生收藏古画的结集。本集收唐至清初画作 40 幅。

J0017684

中国古代绘画百图　天津艺术学院美术理论教研组编

北京　人民美术出版社　1978 年　19cm（32 开）

统一书号：8027.6749　定价：CNY1.25

　　本书选编原始社会的彩陶绘画、战国的帛画、汉代的石刻画、隋唐的壁画、五代至清的卷轴画，计 100 幅图。每幅图均附有图版说明，一般介绍所列图版的时代、作者、画名，并简要叙述作者的生平、画学源流，以及画面的内容和表现特色。全书兼顾各时期中人物、花鸟、山水绘画的各个科目，使其从整体上表现了美术发展史的完整性。

J0017685

中国历代绘画　（故宫博物院藏画集）故宫博物院藏画集编辑委员会编

北京　人民美术出版社　1978 年　100+18 页　40cm（8 开）布面精装　统一书号：8027.6858

定价：CNY100.00

J0017686

中国历代绘画　（故宫博物院藏画集　Ⅰ　东晋隋　唐　五代部分）故宫博物院藏画集编辑委员会编

北京　人民美术出版社　1978 年　118 页　53cm（4 开）

精装　定价：CNY70.00

J0017687

中国历代绘画　（故宫博物院藏画集　Ⅱ　宋代部分　一）故宫博物院藏画集编辑委员会编

北京　人民美术出版社　1981 年　128+144 页　52cm（4 开）精装　定价：CNY145.00

J0017688

中国历代绘画　（故宫博物院藏画集　Ⅲ　宋代部分　二）故宫博物院藏画集编辑委员会编

北京　人民美术出版社　1982 年　97+13 页　52cm（4 开）精装　定价：CNY125.00

J0017689

中国历代绘画 （故宫博物院藏画集 Ⅳ 元代部分）故宫博物院藏画集编辑委员会编

北京 人民美术出版社 1983 年 38cm（6 开）精装 统一书号：8027.8127 定价：CNY120.00

J0017690

中国历代绘画 （故宫博物院藏画集 Ⅴ 明代部分 一）故宫博物院藏画集编辑委员会编

北京 人民美术出版社 1986 年 172+20 页 38cm（6 开）精装 ISBN：7-102-01096-6

定价：CNY300.00

J0017691

中国历代绘画 （故宫博物院藏画集）故宫博物院藏画集编辑委员会编

北京 人民美术出版社 1986 年 172 页 34cm（10 开）精装 统一书号：8027.9642

定价：CNY235.00

J0017692

中国历代绘画 （故宫博物院藏画集 Ⅵ 明代部分 二）故宫博物院藏画集编辑委员会编

北京 人民美术出版社 1990 年 148 页 38cm（6 开）精装 ISBN：7-102-00440-0 定价：CNY285.00

J0017693

中国历代绘画 （故宫博物院藏画集 Ⅶ 清代部分 一）故宫博物院藏画集编辑委员会编

北京 人民美术出版社 1991 年 132+26 页 38cm（8 开）精装 ISBN：7-102-00386-2

定价：CNY580.00

J0017694

中国历代绘画 （故宫博物院藏画集 Ⅷ 清代部分 二）故宫博物院藏画集编辑委员会编

北京 人民美术出版社 1991 年 127+21 页 38cm（8 开）精装 ISBN：7-102-00515-6

定价：CNY540.00

J0017695

菊谱 冯凭绘

济南 山东人民出版社 1979 年 100 页 22cm（30 开）统一书号：8099.1846 定价：CNY1.50

　　本书系中国菊花白描写生画册。作者冯凭

（1910—2013），书画家、美术教育家。山东莱阳人。别名冯寄禅、冯子祥，号展公。历任中国美术家协会会员、山东画院名誉院长、青岛画院名誉院长、青岛工艺美术学校教授兼副校长等。代表作品有《百花谱》《诗忆画印》《冯凭书画集》等。

J0017696

台北故宫名画三百种 王世杰主编

台北 台北故宫博物院 1980 年 2 版 2 函（6 册）31×44cm 线装 定价：TWD12000.00

　　外文书名：Three Hundred Masterpieces of Chinese Painting in the Palace Museum.

J0017697

台北故宫名画三百种 王世杰编

台北 台北故宫博物院 1980 年 2 版 影印本 有图 线装

　　本书共分六册。

J0017698

台北故宫藏画精选 台北故宫博物院编著

香港 读者文摘亚洲公司 1981 年 327 页 36cm（6 开）精装

　　本书系台北故宫博物院的古代中国画画册。

J0017699

中国传统线描人物画 杨新编

长沙 湖南美术出版社 1982 年 157 页 25cm（小 16 开）统一书号：8233.318

定价：CNY3.60

　　本书选录从战国至清代的传统线描人物画 109 幅。书前有编者写的《中国传统人物画线描及其他》一文。

J0017700

古今名人画稿 （人物山水花卉翎毛走兽）

（清）天南遯叟编著

新北 武陵出版社 1983 年 192 页 有图 19cm（32 开）定价：TWD70.00

（艺术丛书）

J0017701

诗画舫

北京 北京市中国书店 1983 年 影印本 2 册

19cm（32 开）定价：CNY3.00

　　本书共两册：第一册，山水、人物、花鸟；第二册，梅兰菊竹、草虫、扇谱。据清光绪三十年点石斋石印本影印。

J0017702
诗画舫
北京 中国书店 1995 年 影印本 2 册（886 页）
20cm（32 开）ISBN：7-80568-664-5
定价：CNY37.00
（中国历代书画丛书）

J0017703
中国历代名画选　上海书画出版社编
上海 上海书画出版社 1983 年 40 幅 78cm（2 开）
　　本书分山水、、花鸟、人物 3 大部分，选编上海博物馆所藏历代名画 40 幅，其中大多数作品属该馆的一级收藏品。

J0017704
赤壁赋书画特展　台北故宫博物院编辑委员会编辑
台北 台北故宫博物院 1984 年 79+22 页
有图版 30cm（10 开）精装
　　外文书名：The Red Cliff.

J0017705
古今名人画稿　各家编
北京 北京纺织印刷厂 1984 年 2 册 26cm（16 开）
定价：CNY2.80

J0017706
古今名人画稿
北京 北京市中国书店 1984 年 26cm（16 开）
定价：CNY4.70
　　本书系荣宝斋著中国画画册，始刊于清光绪十四年（1888），全书完成于清光绪二十一年（1895）。以花鸟、兰竹，山水、人物等为序，分为上、下两册重编影印出版。

J0017707
古今名人画稿　荣宝斋著
北京 荣宝斋 1984 年 2 册 26cm（16 开）
统一书号：8030.1330 定价：CNY2.80

J0017708
中国古代绘画故事　温廷宽编
北京 文化艺术出版社 1984 年 180 页
19cm（32 开）定价：CNY0.70
　　本书根据我国历代绘画论著及有关画家和作品的文献加以译编，内容包括：绘画史料、通俗画论、画家修养、作品介绍和评论、绘画趣闻等。

J0017709
中国古代书画　上海人民美术出版社《艺苑掇英》丛刊编辑部编
北京 朝华出版社 1984 年 167 页 40cm（8 开）
　　本书所收作品是北京故宫博物院、辽宁、上海、南京、广东、湖南、四川、山东等省博物馆和美术馆的藏品，包括从战国至近代 2500 余年间的书画珍品，并附《中国绘画艺术》《中国书法的欣赏》《中国玺印的使用及其发展》《装裱艺术》4 篇短文及画家、书法家简介，中英文对照。

J0017710
中国古代书画　上海人民美术出版社《艺苑掇英》丛刊编辑部编
北京 朝华出版社 1995 年 2 版 167 页
40cm（小 8 开）精装 ISBN：7-5054-0421-0
定价：CNY260.00
　　外文书名：Chinese Painting & Calligraphy.

J0017711
中国古代书画精品录　（一）中国古代书画鉴定组鉴选
北京 文物出版社 1984 年 37cm（8 开）精装
统一书号：1068.1357 定价：CNY98.00
　　本书是中国画画册。

J0017712
重彩花鸟画选　朱惠良等撰
台北 艺术图书公司 1984 年 148 页
28cm（大 16 开）精装 定价：TWD650.00
　　外文书名：Selected Masterpieces of Bird and Flower Painting.

J0017713
历代写意人物画欣赏　杨永青著
上海 上海人民美术出版社 1985 年 176 页

20cm（32 开）统一书号：8081.14057
定价：CNY2.40

　　本书介绍了历代写意人物画家及其表现技巧。作者杨永青（1928—2011），画家。上海浦东人。历任中国美术家协会儿童美术艺术委员会主任、中国版画家协会会员，中国少年儿童出版社美术编辑、编审。人物画有《屈原九歌长卷》《观音造像》等，连环画作品有《女拖拉机手》《刘胡兰》《王二小》《高玉宝》等。

J0017714
中国古代山水画百图　令狐彪编著
北京　人民美术出版社　1985 年　19cm（32 开）
统一书号：8027.8898　定价：CNY2.45
（美术百图丛书）

　　本画册选入中国自汉代至清代的山水画 100 图。每幅图都配有描述画的名称、尺寸、时代、内容、艺术特色的说明。

J0017715
中国历代绘画　（天津艺术博物馆藏画集　I　宋元明清作品）天津艺术博物馆编选
天津　天津人民美术出版社　1985 年　100+21 页
38cm（6 开）精装　统一书号：8073.50217
定价：CNY100.00

　　本画册收入宋、元、明、清 70 多位画家的 75 幅作品。其中有北宋范宽的《雪景寒林图》；明代戴进的《雪岩栈道图》；清代朱耷的《河上花图卷》等。书中另附画家生平及其艺术特征和成就。

J0017716
中国历代人物画选　袁烈洲编著
南京　江苏美术出版社　1985 年　252 页
26cm（16 开）精装　统一书号：8353.6.031
定价：CNY12.00

J0017717
中国历代山水画选　袁烈洲编著
桂林　漓江出版社　1985 年　209 页　26cm（16 开）
统一书号：8256.202　定价：CNY20.00

　　本书共选编隋、唐、五代、宋、元、明、清各代山水画作品 209 幅，同时对中国山水画发展史及山水画艺术风格的革新作了简要介绍。

J0017718
梅兰竹菊画谱　《艺苑掇英》编辑部编
上海　上海人民美术出版社　1986 年　447 页
26cm（16 开）精装　统一书号：8081.13651
定价：CNY11.70

　　本书从五代徐熙开始，至宋元明清，集中了 120 余位擅长梅兰竹菊的画家之作 500 余幅。

J0017719
梅兰竹菊画谱　《艺苑掇英》编辑部编
上海　上海人民美术出版社　1992 年　2 版　447 页
26cm（16 开）ISBN：7532203093

J0017720
三苏祠藏书画选　四川人民出版社编
成都　四川人民出版社　1986 年　15 幅
35cm（15 开）统一书号：8118.1829
定价：CNY4.80

J0017721
中国古代花鸟画百图　刘玉山编著
北京　人民美术出版社　1986 年　19cm（32 开）
统一书号：8027.9563　定价：CNY2.35
（美术百图丛书）

　　本书选编中国古代时期的花鸟画作品 100 幅，并将中国花鸟画的发展分成三个阶段：原始社会至秦汉的雏形阶段；魏晋南北朝至宋代的发展繁荣阶段；元明清的成熟阶段。图版部分介绍了作品时代、作者、作品名称、题材和艺术风格。

J0017722
中国古代绘画名品　石守谦等著
台北　雄狮图书公司　1986 年　160 页
26cm（16 开）定价：TWD240.00
（艺术精览）

J0017723
中国画款题常识　王振德著
太原　山西人民出版社　1986 年　45 页　有附图
24cm（26 开）定价：CNY1.00

　　本书主要介绍中国绘画中的款题知识，包括：款题的作用、款题的由来、款题的章法、款题的内容以及写作款题的其他有关知识。内附插图和中国画作品 18 幅。

J0017724

中国历代花鸟画选　袁烈州编著

郑州 河南美术出版社 1986 年 168 页 26cm（16 开）

统一书号：8386.450 定价：CNY6.10

J0017725

1988：中国台北故宫博物院藏历代山水画选 （挂历）

上海 上海人民美术出版社 1987 年（3 开）

定价：CNY9.50

　　中国现代工艺美术作品。

J0017726

园林名画特展图录　台北故宫博物院编辑委员会编辑

台北 台北故宫博物院 1987 年 91 页 30cm（10 开）

J0017727

菊花精品二百图　吕如达编绘

北京 轻工业出版社 1988 年 212 页 26cm（16 开）

ISBN：7-5019-0426-X 定价：CNY4.70

　　本书用中国画传统白描和工艺重彩形式，以菊花的结构、花型、花式和提炼、创作等 5 个章节编绘而成，并配以菊花冠顶诗 152 首。

J0017728

王素　李万才编

北京 人民美术出版社 1988 年 40 页 26cm（16 开）

ISBN：7-102-00243-2 定价：CNY2.40

（中国古代美术作品介绍丛书）

　　本书收作者画作 43 幅。作者王素（1794—1877），画家。甘泉（今江苏扬州）人，字小梅，晚号逊之。自幼师从鲍芥田，凡人物、花鸟、走兽、虫鱼，无不入妙，尤善人物。代表作品有《清画家诗史》《墨林今话续编》《扬州画苑录》等。

J0017729

渊明逸致画特展图录　台北故宫博物院编辑委员会编辑

台北 台北故宫博物院 1988 年 123 页 30cm（10 开）

J0017730

中国的绘画　何恭上编著

台北 艺术图书公司 1988 年 有图 19cm（32 开）

定价：TWD600.00

外文书名：Chinese Painting.

J0017731

中国古代白描人物　晓夫编

天津 天津人民美术出版社 1988 年 198 页 19cm（32 开）ISBN：7-5305-0135-6

定价：CNY3.50

J0017732

台北故宫书画图录　（二）台北故宫博物院编辑委员会编辑

台北 台北故宫博物院 1989 年 320 页 31cm（10 开）

精装 ISBN：957-562-001-1

　　古代中国画、书法作品选集。

J0017733

台北故宫书画图录　（三）台北故宫博物院编辑委员会编辑

台北 台北故宫博物院 1989 年 320 页 31cm（10 开）

精装 ISBN：957-562-003-8

J0017734

台北故宫书画图录　（四）台北故宫博物院编辑委员会编辑

台北 台北故宫博物院 1990 年 376 页 31cm（10 开）

精装 ISBN：957-562-023-2

J0017735

台北故宫书画图录　（五）台北故宫博物院编辑委员会编辑

台北 台北故宫博物院 1990 年 378 页 31cm（10 开）精装 ISBN：957-562-024-0

J0017736

台北故宫书画图录　（六）台北故宫博物院编辑委员会编辑

台北 台北故宫博物院 1991 年 360 页 31cm（10 开）精装 ISBN：957-562-065-8

J0017737

台北故宫书画图录　（七）台北故宫博物院编辑委员会编辑

台北 台北故宫博物院 1991 年 356 页 31cm（10 开）精装 ISBN：957-562-076-3

J0017738

台北故宫书画图录 （八）台北故宫博物院编辑委员会编辑

台北 台北故宫博物院 1991年 388页

31cm（10开）精装 ISBN：957-562-085-2

J0017739

台北故宫书画图录 （九）台北故宫博物院编辑委员会编辑

台北 台北故宫博物院 1992年 356页

31cm（10开）精装 ISBN：957-562-093-3

J0017740

台北故宫书画图录 （十）台北故宫博物院编辑委员会编辑

台北 台北故宫博物院 1992年 384页

31cm（10开）精装 ISBN：957-562-122-0

J0017741

台北故宫书画图录 （十一）台北故宫博物院编辑委员会编辑

台北 台北故宫博物院 1993年 424页 31cm（10开）

精装 ISBN：957-562-133-6 定价：TWD1300.00

J0017742

台北故宫书画图录 （十二）台北故宫博物院编辑委员会编辑

台北 台北故宫博物院 1993年 416页

31cm（10开）精装 ISBN：957-562-153-0

J0017743

台北故宫书画图录 （十三）台北故宫博物院编辑委员会编辑

台北 台北故宫博物院 1994年 438页

31cm（10开）精装 ISBN：957-562-177-8

J0017744

台北故宫书画图录 （十四）台北故宫博物院编辑委员会编辑

台北 台北故宫博物院 1994年 440页

31cm（10开）精装 ISBN：957-562-188-3

J0017745

台北故宫书画图录 （十五）台北故宫博物院编辑委员会编辑

台北 台北故宫博物院 1995年 384页

31cm（10开）精装 ISBN：957-562-221-9

J0017746

台北故宫书画图录 （十六）台北故宫博物院编辑委员会编辑

台北 台北故宫博物院 1997年 434页

31cm（10开）精装 ISBN：957-562-304-5

J0017747

台北故宫书画图录 （十七）台北故宫博物院编辑委员会编辑

台北 台北故宫博物院 1998年 398页

31cm（10开）精装 ISBN：957-562-326-6

J0017748

台北故宫书画图录 （十八）台北故宫博物院编辑委员会编辑

台北 台北故宫博物院 1999年 445页

31cm（10开）精装 ISBN：957-562-357-6

J0017749

四味书屋珍藏书画集 国家地质矿产部文化基金会，安徽省博物馆编

合肥 安徽美术出版社 1989年 225页

38cm（6开）精装 ISBN：7-5398-0030-5

定价：CNY180.00

　　本书收入四味书屋捐赠安徽省博物馆的古代绘画、书法、篆刻及陶瓷、砚墨珍品220幅。

J0017750

中国民间秘藏绘画珍品 江苏美术出版社编

南京 江苏美术出版社 1989年 183页

30cm（12开）ISBN：7-5344-0036-8

定价：CNY115.00，CNY188.00（精装）

　　本书分3卷：第一卷收录陶心华、孙大光、章敬夫等10位收藏家的135幅作品；第二卷由书画鉴定家谢稚柳作序，收录周培源、王蒂激夫妇以及周怀民、陶心华、薛处、诸健秋等8位收藏的古代名画157幅；第三卷即《李一氓藏画选》（另条介绍）。该套丛书既是抢救、发掘、整理民族优秀文化遗产的成果，也是研究中国古代绘画艺术的宝贵资料。

J0017751

中国民间秘藏绘画珍品 （2）无锡市博物馆藏
南京 江苏美术出版社 1992年 192页
38cm（8开）精装 ISBN：7-5344-0246-8
定价：CNY155.00
　　古代中国画作品。

J0017752

中国民间秘藏绘画珍品 （3 李一氓藏画选）
吴泰昌主编
南京 江苏美术出版社 1996年 重印本 199页
29cm（12开）精装 ISBN：7-5344-0247-6
定价：CNY218.00
　　本书收录188幅明、清代古画精品，为李一氓生前收藏，其中72幅被鉴定为国家甲级文物字画。

J0017753

朵云轩藏画选 上海书画出版社编
上海 上海书画出版社 1990年 92页
39cm（4开）精装 ISBN：7-80512-435-3
定价：CNY90.00
　　本画选辑录明清至近、现代名家绘画精品92件,143幅。入选的作品有中堂、立轴、屏条、手卷、册页、扇面等多种形式；山水、人物、鸟、走兽、鱼虾等多种题材和水墨、浅绛、青绿、写意、工笔等多种技法。

J0017754

历代山水画选集 （明清作品部分）（明）王履等绘
天津 天津人民美术出版社 1990年 58页
36cm（6开）ISBN：7-5305-0140-2
定价：CNY52.00

J0017755

婴戏图 刘芳如，葛婉章编辑；梅尔清，苏笃仁译
台北 台北故宫博物院 1990年 97页 30cm（10开）
　　本书为中国古代人物画册。

J0017756

域外所藏中国古画集 郑振铎编
成都 成都古籍书店 1990年 影印本 7册（1函）

37cm（9开）定价：CNY400.00
　　本书收录域外所藏中国西域画189幅，汉晋六朝画、唐五代画132幅，宋画188幅，元画180幅，明画305幅，清画256幅。

J0017757

中国皇帝书画选 王化成主编
北京 华文出版社 1990年 279页 26cm（16开）
精装 ISBN：7-5075-0062-4 定价：CNY150.00
　　本书共收汉章帝至清宣统帝历代43位皇帝的书法100件、画作20件。

J0017758

中国名人书画集 （莆田县珍藏卅年代墨宝）
林梦星等主编
北京 华艺出版社 1990年 120页 26cm（16开）
ISBN：7-80039-267-8 定价：CNY38.00
　　本书共收20世纪30年代124位名人的125幅书画作品。

J0017759

名家画艺撷秀
杭州 浙江人民美术出版社 1991年 26cm（16开）

J0017760

周培源王蒂澂收藏古代书画选 葛骞，胡大庆编
北京 中国友谊出版公司 1991年 80页
37cm（8开）精装 ISBN：7-5057-0392-7
定价：CNY125.00

J0017761

周培源王蒂澂收藏古代书画选 葛骞，胡大庆编
北京 中国友谊出版公司 1991年 80页
37cm（8开）ISBN：7-5057-0377-3
定价：CNY98.00

J0017762

徐悲鸿藏齐白石画选 齐白石作；徐悲鸿藏
武汉 湖北美术出版社 1992年 2册 38cm（4开）
　　本画选所收16幅作品，均是当年齐白石为徐悲鸿所画。

J0017763

徐悲鸿藏张大千画选　　张大千作；徐悲鸿藏
武汉　湖北美术出版社　1992 年　38cm（4 开）

　　本画选所收作品 8 幅，均是当年张大千为徐
悲鸿所画。其中有《墨荷》《东坡》等。

J0017764

故宫博物院藏画　　上海人民美术出版社，故
宫博物院编
上海　上海人民美术出版社　1993 年　53cm（4 开）
精装　ISBN：7-5322-1169-X
定价：CNY800.00

J0017765

台北故宫藏画大系（一）　　台北故宫博物院编
辑委员会编辑
台北　台北故宫博物院　1993 年　219 页
45cm（4 开）精装　ISBN：957-562-144-1

　　本书中英对照。锦缎装裱，采用四开版式
（45×31cm），每册计约 230 页。同时采用超级雪
铜纸彩色精印，含彩色图版约 120 页。分为唐五
代名画、两宋名画、赵氏一门、元四大家、元画
墨妙、明四大家、吴门余韵、华亭英彦、明贤妙
绘（一至五）、清六大家、清画聚珍、西洋传教士、
院画集绘、名画萃珍。

J0017766

台北故宫藏画大系（二）　　台北故宫博物院编
辑委员会编辑
台北　台北故宫博物院　1993 年　212 页
45cm（4 开）精装　ISBN：957-562-144-1

J0017767

台北故宫藏画大系（三）　　台北故宫博物院编
辑委员会编辑
台北　台北故宫博物院　1993 年　222 页
45cm（4 开）精装　ISBN：957-562-144-1

J0017768

台北故宫藏画大系（四）　　台北故宫博物院编
辑委员会编辑
台北　台北故宫博物院　1993 年　200 页
45cm（4 开）精装　ISBN：957-562-144-1

J0017769

台北故宫藏画大系（五）　　台北故宫博物院编
辑委员会编辑
台北　台北故宫博物院　1993 年　200 页　45cm（4 开）
精装　ISBN：957-562-144-1

J0017770

台北故宫藏画大系（六）　　台北故宫博物院编
辑委员会编辑
台北　台北故宫博物院　1993 年　200 页
45cm（4 开）精装　ISBN：957-562-144-1

J0017771

台北故宫藏画大系（七）　　台北故宫博物院编
辑委员会编辑
台北　台北故宫博物院　1993 年　200 页
45cm（4 开）精装　ISBN：957-562-144-1

J0017772

台北故宫藏画大系（八）　　台北故宫博物院编
辑委员会编辑
台北　台北故宫博物院　1993 年　200 页　45cm（4 开）
精装　ISBN：957-562-144-1

J0017773

台北故宫藏画大系（九）　　台北故宫博物院编
辑委员会编辑
台北　台北故宫博物院　1995 年　228 页　45cm（4 开）
精装

J0017774

台北故宫藏画大系（十）　　台北故宫博物院编
辑委员会编辑
台北　台北故宫博物院　1995 年　240 页　45cm（4 开）
精装　ISBN：957-562-204-9

J0017775

台北故宫藏画大系（十一）　　台北故宫博物院
编辑委员会编辑
台北　台北故宫博物院　1995 年　249 页　45cm（4 开）
精装　ISBN：957-562-213-8

J0017776

台北故宫藏画大系（十二）　　台北故宫博物院
编辑委员会编辑

台北 台北故宫博物院 1995年 268页 45cm（4开）
精装 ISBN：957-562-216-2

J0017777
台北故宫藏画大系（十三）　台北故宫博物院
编辑委员会编辑
台北 台北故宫博物院 1998年 201页 45cm（4开）
精装 ISBN：957-562-144-1

J0017778
台北故宫藏画大系（十四）　台北故宫博物院
编辑委员会编辑
台北 台北故宫博物院 1998年 188页 45cm（4开）
精装 ISBN：957-562-144-1

J0017779
台北故宫藏画大系（十五）　台北故宫博物院
编辑委员会编辑
台北 台北故宫博物院 1998年 235页 45cm（4开）
精装 ISBN：957-562-144-1

J0017780
台北故宫藏画大系（十六）　台北故宫博物院
编辑委员会编辑
台北 台北故宫博物院 1998年 191页 45cm（4开）
精装 ISBN：957-562-144-1

J0017781
夏景山水画特展图录　台北故宫博物院编辑
委员会编辑；何傅馨，许郭璜执行编辑
台北 台北故宫博物院 1993年 重印本 116页
30cm（10开）精装 ISBN：957-562-069-0
定价：［TWD600.00］
　　外文书名：A Special Exhibition of Summer
Landscape Paintings.

J0017782
海上中国画选　（汉英对照）韩碧池编
上海 上海书画出版社 1994年 38cm（6开）
精装 ISBN：7-80512-820-0 定价：CNY300.00
　　中国画作品选。

J0017783
中国古代人物画风　袁欣等编
重庆 重庆出版社 1994年 26cm（16开）精装

ISBN：7-5366-2943-5 定价：CNY40.00

J0017784
中国名书画选　（陕西师范大学图书馆藏　中
英日对照）畅广元，康万武主编
西安 陕西师范大学出版社 1994年 156页
33cm（12开）精装 ISBN：7-5613-1154-0
定价：CNY360.00

J0017785
画里珍禽　谭怡令执行编辑
台北 台北故宫博物院 1995年 重印本 104页
30cm（12开）精装 ISBN：957-562-234-0
定价：TWD700.00

J0017786
中国历代梅花写意画风　曾莉等编
重庆 重庆出版社 1995年 26cm（16开）精装
ISBN：7-5366-3272-X 定价：CNY48.00
（中国古代绘画大师画风系列）

J0017787
中国名人书画集　刘绍霆收藏；刘远致选编
西安 陕西人民出版社 1995年 216页
38cm（6开）精装 ISBN：7-224-03500-9
定价：CNY150.00

J0017788
古今名人画谱
上海 上海书店 1996年 重印本 358页
13×19cm ISBN：7-80569-064-2
定价：CNY11.50

J0017789
台北故宫书画菁华特辑　台北故宫博物院编
辑委员会编辑
台北 台北故宫博物院 1996年 202页 有图
30cm（10开）

J0017790
洛神赋图　故宫博物院藏
天津 天津人民美术出版社 1996年 1轴
37cm（14开）定价：CNY98.00
　　现代中国画作品。

J0017791

牡丹名画特展图录　台北故宫博物院编辑委员会编辑

台北　台北故宫博物院　1996 年　重印本　58 页
30cm（15 开）ISBN：957-562-178-6
定价：[TWD400.00]
　　本书为中国古代花卉画册。外文书名：
Special exhibition of peony paintings.

J0017792

上海博物馆中国历代绘画馆　（中英文本）上海博物馆［编］

上海　上海博物馆　1996 年　29cm（16 开）
　　外文书名：Shanghai Museum Chinese Painting Gallery.

J0017793

搜山图　挥扇仕女图　故宫博物院藏

天津　天津人民美术出版社　1996 年　1 轴
37×988cm　定价：CNY68.00
　　中国古代绘画名卷。

J0017794

簪花仕女图　虢国夫人游春图　故宫博物院藏

天津　天津人民美术出版社　1996 年　1 轴
37×572cm　定价：CNY48.00
　　中国古代绘画名卷。

J0017795

中国历代绘画图谱　（山水 一）上海人民出版社《中国历代绘画图谱》编写组［编］

上海　上海人民美术出版社　1996 年　443 页
26cm（16 开）精装　ISBN：7-5322-1608-X
定价：CNY68.00

J0017796

中国历代绘画图谱　（山水 二）上海人民美术出版社《中国历代绘画图谱》编辑组［编］

上海　上海人民美术出版社　1996 年　448 页
27cm（大 16 开）精装　ISBN：7-5322-1607-1
定价：CNY68.00

J0017797

中国历代绘画图谱　（花鸟走兽）上海人民美术出版社《中国历代绘画图谱》编辑组编

上海　上海人民美术出版社　1996 年　440 页
26cm（16 开）精装　ISBN：7-5322-1584-9
定价：CNY68.00

J0017798

中国历代绘画图谱　（人物鞍马）上海人民美术出版社《中国历代绘画图谱》编辑组［编］

上海　上海人民美术出版社　1996 年　443 页
26cm（16 开）精装　ISBN：7-5322-1583-0
定价：CNY68.00

J0017799

台北故宫鸟谱　（一）台北故宫博物院编辑委员会编辑

台北　台北故宫博物院　1997 年　89 页 29×31cm
精装　ISBN：957-562-308-8

J0017800

台北故宫鸟谱　（二）台北故宫博物院编辑委员会编辑

台北　台北故宫博物院　1997 年　89 页 29×31cm
精装　ISBN：957-562-309-6

J0017801

台北故宫鸟谱　（三）台北故宫博物院编辑委员会编辑

台北　台北故宫博物院　1997 年　89 页 29×31cm
精装　ISBN：957-562-310-X

J0017802

台北故宫鸟谱　（四）台北故宫博物院编辑委员会编辑

台北　台北故宫博物院　1997 年　89 页 29×31cm
精装　ISBN：957-562-311-8

J0017803

台北故宫书画图录　（一）台北故宫博物院编辑委员会编辑

台北　台北故宫博物院　1997 年　重印本　324 页
31cm（10 开）精装　ISBN：957-562-002-X
　　中国古代中国画、书法作品选集。

J0017804

海上名家绘画　潘深亮主编；冯辉，刘志岗，

赵山摄影

香港 商务印书馆(香港) 有限公司 1997 年 294 页
29cm(16 开) 精装 ISBN：962-07-5210-4
(故宫博物院藏文物珍品全集 15)

J0017805

海上名家绘画　潘深亮主编
上海 上海科学技术出版社 1999 年 25+294 页
29cm(16 开) 精装 ISBN：7-5323-5198-X
定价：CNY320.00
(故宫博物院藏文物珍品大系)
　　本书与商务印书馆(香港) 有限公司合作
出版。

J0017806

历代名画大观　(花鸟人物册页) 上海书店出
版社编
上海 上海书店出版社 1997 年 302 页 28cm(大 16 开)
精装 ISBN：7-80622-212-X 定价：CNY50.00

J0017807

历代名画大观　(花鸟人物轴) 上海书店出版
社编
上海 上海书店出版社 1997 年 372 页
28cm(大 16 开) 精装 ISBN：7-80622-215-4
定价：CNY58.00

J0017808

历代名画大观　(山水册页) 上海书店出版
社编
上海 上海书店出版社 1997 年 407 页
28cm(大 16 开) 精装 ISBN：7-80622-211-1
定价：CNY65.00

J0017809

历代名画大观　(山水轴)上海书店出版社编
上海 上海书店出版社 1997 年 389 页
28cm(大 16 开) 精装 ISBN：7-80622-214-6
定价：CNY60.00

J0017810

历代名画大观　(扇画小品) 上海书店出版
社编
上海 上海书店出版社 1997 年 356 页
28cm(大 16 开) 精装 ISBN：7-80622-213-8

定价：CNY58.00

J0017811

历代名画大观　(题跋书法) 上海书店出版
社编
上海 上海书店出版社 1997 年 2 册(300；300 页)
28cm(大 16 开) 精装 ISBN：7-80622-216-2
定价：CNY110.00

J0017812

中国历代绘画精品　(百梅集) 纪宏章，孙以
年编
北京 国际文化出版公司 1997 年 10+222 页
38cm(6 开) 精装 ISBN：7-80105-313-3
定价：CNY290.00

J0017813

故宫藏画——雪景故事图
长春 吉林摄影出版社 1998 年 55cm(4 开)
ISBN：7-80606-203-3 定价：CNY48.00

J0017814

可爱动物区　陈慧霞著；陈维霖插画
台北 台北故宫博物院 1998 年 有图 25×26cm
精装 ISBN：957-562-329-0
(娃娃入宝山 古画博览会 2)

J0017815

兰草　齐林编选
天津 天津人民美术出版社 1998 年 90 页
13×13cm 精装 ISBN：7-5305-0957-8
定价：CNY18.50
(中国历代名家绘画撷珍)

J0017816

历代花鸟画精品集
上海 上海书画出版社 1998 年 38cm(6 开)
精装 ISBN：7-80635-203-1 定价：CNY380.00

J0017817

历代诗人画传　刘旦宅画；天炜书
上海 上海辞书出版社 1998 年 132 页
38cm(6 开) 精装 ISBN：7-5326-0527-2
定价：CNY380.00

J0017818
清代官藏书画集
北京 中国书店 1998年 4册 38cm（6开）精装
ISBN：7-80568-885-0 定价：CNY960.00

J0017819
人物生活馆　　陈慧霞著；张振松插画
台北 台北故宫博物院 1998年 有图 25×26cm
精装 ISBN：957-562-328-2
（娃娃入宝山 古画博览会 1）

J0017820
台北故宫博物院藏画
福州 海潮摄影艺术出版社 1998年 2册（121；
131页）37cm（8开）精装 ISBN：7-80562-473-9
定价：CNY595.00

J0017821
台北故宫博物院藏画　　李毅峰主编
天津 天津人民美术出版社 1998年 251页
38cm（6开）精装 ISBN：7-5305-0921-7
定价：CNY370.00
　　　本书与山东美术出版社合作出版。

J0017822
张伯驹潘素捐献收藏书画集　　杨新主编
北京 紫禁城出版社 1998年 86页 38cm（6开）
精装 ISBN：7-80047-245-0 定价：CNY360.00

J0017823
中国古代名家线描　　（任渭长）（清）任渭长
绘；南飞编
南昌 江西美术出版社 1998年 80页 26cm（16开）
ISBN：7-80580-500-8 定价：CNY12.00

J0017824
中华诗书画三绝　　张晨主编
沈阳 辽宁美术出版社 1998年 871页 29cm（16开）
精装 ISBN：7-5314-1381-7
定价：CNY215.00

J0017825
百花植物园　　陈慧霞著；曹俊彦插画
台北 台北故宫博物院 1999年 有图 25×26cm
精装 ISBN：957-562-351-7 定价：TWD250.00

（娃娃入宝山 古画博览会 3）

J0017826
辽宁省博物馆藏画　　上海人民美术出版社［编］
上海 上海人民美术出版社 1999年 146页
38cm（6开）精装 ISBN：7-5322-2032-X
定价：CNY300.00
（中国博物馆藏画）

J0017827
楼阁　　姚重庆编选
天津 天津人民美术出版社 1999年 90页
13×13cm 精装 ISBN：7-5305-1073-8
定价：CNY18.50
（中国历代名家绘画撷珍 楼阁 亭台 舟桥）

J0017828
猫　　张宝林编选
天津 天津人民美术出版社 1999年 90页
13×13cm 精装 ISBN：7-5305-1077-0
定价：CNY18.50
（中国历代名家绘画撷珍 猫 犬 兔 猴 鼠）

J0017829
名画大观暨技法　　（花草卷）
北京 中国华侨出版社 1999年 104页
26cm（16开）ISBN：7-80120-247-3
定价：CNY10.00

J0017830
名画大观暨技法　　（鸟兽卷）
北京 中国华侨出版社 1999年 100页
26cm（16开）ISBN：7-80120-248-1
定价：CNY10.00

J0017831
名画大观暨技法　　（山水卷）
北京 中国华侨出版社 1999年 100页
26cm（16开）ISBN：7-80120-239-2
定价：CNY10.00

J0017832
牛　　姚重庆编选
天津 天津人民美术出版社 1999年 90页
13×13cm 精装 ISBN：7-5305-1075-4

定价：CNY18.50
（中国历代名家绘画撷珍　牛　羊　鹿）

J0017833
人物　张宝林编选
天津　天津人民美术出版社　1999 年　90 页
13×13cm　精装　ISBN：7-5305-1076-2
定价：CNY18.50
（中国历代名家绘画撷珍　人物）

J0017834
山石　（一）张跃编选
天津　天津人民美术出版社　1999 年　90 页
13×13cm　精装　ISBN：7-5305-1070-3
定价：CNY18.50
（中国历代名家绘画撷珍　山石）

J0017835
山石　（二）张跃编选
天津　天津人民美术出版社　1999 年　90 页
13×13cm　精装　ISBN：7-5305-1071-1
定价：CNY18.50
（中国历代名家绘画撷珍　山石）

J0017836
山石　（三）张跃编选
天津　天津人民美术出版社　1999 年　90 页
13×13cm　精装　ISBN：7-5305-1072-X
定价：CNY18.50
（中国历代名家绘画撷珍　山石）

J0017837
山西省古代书画珍品　（山西省博物馆藏珍）
《山西省古代书画珍品》编委会编
北京　文物出版社　1999 年　1 盒 37cm　盒装
ISBN：7-5010-1180-X

J0017838
树　（一）齐林编选
天津　天津人民美术出版社　1999 年　90 页
13×13cm　精装　ISBN：7-5305-1067-3
定价：CNY18.50
（中国历代名家绘画撷珍　树木）

J0017839
树　（二）齐林编选
天津　天津人民美术出版社　1999 年　90 页
13×13cm　精装　ISBN：7-5305-1068-1
定价：CNY18.50
（中国历代名家绘画撷珍　树木）

J0017840
树　（三）齐林编选
天津　天津人民美术出版社　1999 年　90 页
13×13cm　精装　ISBN：7-5305-1069-X
定价：CNY18.50
（中国历代名家绘画撷珍　树木）

J0017841
四僧绘画　杨新主编
香港　商务印书馆（香港）有限公司　1999 年 287 页
29cm（16 开）精装　ISBN：962-07-5233-3
（故宫博物院文物珍品全集 11）

J0017842
娃娃入宝山古画博览会　（4　儿童游戏区）
陈慧霞文；皮建良图
台北　台北故宫博物院　1999 年　24×25cm　精装
ISBN：957-562-352-5　定价：TWD250.00

J0017843
珍本中国美术全集　张大鸣，高峰主编
北京　中国对外翻译出版公司　1999 年　2 册（479 页）
38cm（6 开）精装　ISBN：7-5001-0622-X
定价：CNY1580.00
　　　　　古代中国画画册。

J0017844
中国古代名画资料类编　（花鸟）崔良德编
合肥　安徽美术出版社　1999 年　60 页
28cm（大 16 开）ISBN：7-5398-0721-0
定价：CNY15.00

J0017845
中国古代名画资料类编　（山水）崔良德编
合肥　安徽美术出版社　1999 年　60 页
28cm（大 16 开）ISBN：7-5398-0720-2
定价：CNY15.00

J0017846
中国古代名家线描 （任伯年）（清）任伯年绘；李永文编著
南昌 江西美术出版社 1999 年 104 页
26cm（16 开）ISBN：7-80580-569-5
定价：CNY13.80
　　本书另一书名：《任伯年线描人物造型》。作者任伯年（1840—1896），清末画家。浙江山阴航坞山（今杭州市萧山区）人。改名任颐，字伯年，以字行。初名润，字次远，号小楼。主要作品有《东津话别图》《三友图》《苏武牧羊图》《蕉阴纳凉图》《池畔窥鱼图》等。

J0017847
中国古代婴戏造型图典 王连海编著
南昌 江西美术出版社 1999 年 196 页
26cm（16 开）ISBN：7-80580-605-5
定价：CNY21.80

隋唐五代时期国画作品

J0017848
五代名画补遗 （一卷）（宋）刘道醇撰
明 刻本
（王氏画苑）
　　十一行二十字白口左右双边。收于《王氏画苑十五种三十七卷》。

J0017849
五代名画补遗 （一卷）（宋）刘道醇撰
明 刻本
　　本书由《唐朝名画录一卷》（唐）朱景玄撰、《五代名画补遗一卷》（宋）刘道醇撰合订。十一行二十字白口左右双边。

J0017850
五代名画补遗 （一卷）（宋）刘道醇撰
明 刻本
（王氏画苑）
　　本书收于《王氏画苑十五种三十七卷》。

J0017851
五代名画补遗 （宋）刘道醇撰
台北 商务印书馆 1983 年 影印本

（景印文渊阁四库全书 子部 118 第 812 册）

J0017852
汉画 （第一辑二卷）狄葆贤编
上海 有正书局 清光绪 影印本 有图 线装
　　本书共分二册。

J0017853
汉画 （第一辑二卷）狄葆贤辑
上海 有正书局 清光绪 影印本

J0017854
唐王摩诘关山霁雪图卷 （唐）王维绘
上海 艺苑真赏社 清光绪至民国初 影印本 线装

J0017855
唐王摩诘关山霁雪图卷 （一卷）（唐）王维绘
上海 艺苑真赏社 民国 影印本
　　王维（701—761），唐代诗人、画家。字摩诘，号摩诘居士。河东蒲州（今山西运城）人，祖籍山西祁县。代表诗作有《相思》《山居秋暝》等。著作有《王右丞集》《画学秘诀》。

J0017856
［董北苑山水］ （五代）董源绘
民国 摄影本 线装
　　作者董源（934—约 962），五代南唐画家。又名董元，字叔达，江西钟陵（今江西进贤县）人。代表作品《夏景山口待渡图》《潇湘图》《夏山图》《龙宿郊民图》。作者巨然，五代画家、僧人。江苏南京人。传世作品《万壑松风图》《秋山问道图》《山居图》《层崖丛树》等。

J0017857
清宫藏吴道子释迦降生图 （唐）吴道玄绘
上海 有正书局 ［民国］影印本 ［9］页 26×38cm
　　本书收作品 6 幅，有题字。吴道子（680—759），唐代画家。又名道玄，河南禹州人。主要作品《送子天王图》《明皇受箓图》《十指钟馗图》等。

J0017858
宋元以来名画集 郭威编辑
台北 雅蕴堂 ［1911—1999 年］38cm（6 开）
定价：TWD150.00

J0017859
唐人画罗汉供佛图
上海　有正书局　民国　影印本　平装

J0017860
唐五代画　郑振铎编
上海［上海出版公司］［民国］［影印本］63叶
有图　39cm（8开）
（域外所藏中国古画集）
　　　本书收于《域外所藏中国古画集》第三卷。

J0017861
唐阎立本帝王图真迹　（唐）阎立本绘
上海　商务印书馆　民国六年［1917］36cm（6开）
　　　本书为中国唐代人物画册。

J0017862
唐阎立本帝王图真迹　（唐）阎立本绘
上海　商务印书馆　民国六年［1917］影印本
有像　线装
　　　据作者原迹影印。

J0017863
唐阎立本帝王图真迹　（唐）阎立本绘
上海　商务印书馆　民国六年［1917］影印本
再版　有图　线装

J0017864
唐阎立本帝王真迹　渭渔林氏珍藏
上海　商务印书馆　民国六年［1917］影印本
有图　平装

J0017865
四朝选藻　（唐）李思训等绘
北京　延光室　民国十三年［1924］影印本　有图
线装
　　　据原绘本影印。

J0017866
徐熙百花图长卷　（一卷）（南唐）徐熙绘
文明书局　民国十四年［1925］影印本　［9］页
30cm（10开）
　　　作者徐熙，五代南唐画家。金陵（今南京）
人，一说钟陵（今江西进贤）人。代表作品有《玉
堂富贵图》《石榴图》《春燕戏花图》。

J0017867
唐宋名绘集册　（五代）关仝等绘
北京　延光室　民国十六年［1927］影印本　有图
线装
　　　据清内府藏本影印。

J0017868
卢鸿草堂十志图　（一卷）（唐）卢鸿绘
北平　延光堂　民国十八年［1929］影印本

J0017869
刁光胤写生花卉册　（唐）刁光胤绘；北平故
宫博物院藏并编
北平　北平故宫博物院　民国二十年［1931］影
印本　线装

J0017870
赵干江行初雪图　（一卷）（五代）赵干绘；北
平故宫博物院藏并编
北平　北平故宫博物院　民国二十一年［1932］
影印本　线装

J0017871
汉晋六朝画　郑振铎编
［1948年］［影印本］68叶　有图　39cm（4开）
（域外所藏中国古画集）
　　　本书收于《域外所藏中国古画集》第二卷。

J0017872
唐人纨扇仕女图　文物出版社编辑
北京　文物出版社　［1950—1959年］影印本
［9］页　38cm（6开）

J0017873
唐人纨扇仕女图　文物出版社编辑
北京　文物出版社　1958年　影印本　9幅
38cm（6开）统一书号：7068.43　定价：CNY9.00

J0017874
唐人纨扇仕女图　文物出版社编辑
北京　文物出版社　1959年　影印本　9页
10×15cm　统一书号：7068.1026　定价：CNY0.50

J0017875
唐孙位高逸图　（唐）孙位绘

上海　上海博物馆［1950—1959年］影印本　1轴

J0017876
唐孙位高逸图卷　（图片）（唐）孙位作
上海　上海博物馆　1955年　［1］张
定价：CNY30.00（精简装），CNY7.20（简装）

J0017877
汉代绘画选集　常任侠辑
北京　朝花美术出版社　1955年　影印本
25cm（15开）定价：旧币26,000元
　　中国汉代国画作品画册。作者常任侠（1904—1996），著名艺术考古学家、东方艺术史研究专家、诗人。别名季青，生于安徽颍上县。毕业于南京中央大学文学院，并留校任教。历任国立北平艺术专科学校特级教授、中央美术学院教授、国家文物鉴定委员会委员。代表作品有《毋亡草》《祝梁怨》《亚细亚之黎明》等。

J0017878
中国画坛的南宗三祖　陈仁涛编著
香港　统营公司　1955年　影印本　60页　有插图
36cm（6开）
（金匮室丛书　1）

J0017879
周昉簪花仕女图　（部分之二）（唐）周昉作
［北京］荣宝斋　1955年　［1］张　定价：CNY38.50
　　本书系唐代周昉绘制的粗绢本设色画《簪花仕女图》的局部。该画作描写了六位贵族妇女及其侍女于春夏之交赏花游园的情景。

J0017880
周昉簪花仕女图　（部分之三）（唐）周昉作
［北京］荣宝斋　1955年　［1］张　定价：CNY38.50

J0017881
周昉簪花仕女图　（部分之四）（唐）周昉作
［北京］荣宝斋　1955年　［1］张　定价：CNY38.50

J0017882
周昉簪花仕女图　（部分之一）（唐）周昉作
［北京］荣宝斋　1955年　［1］张　定价：CNY38.50

J0017883
簪花仕女　（第三人）（唐）周昉作
北京　荣宝斋出版社　1956年　定价：CNY38.50

J0017884
簪花仕女　（第四人）（唐）周昉作
北京　荣宝斋出版社　1956年　定价：CNY38.50

J0017885
簪花仕女图　（唐）周昉绘；杨仁恺著文
北京　人民美术出版社　1981年　19页
25cm（小16开）统一书号：8027.7641
定价：CNY1.10
（中国古代美术作品介绍丛书）
　　本书主要介绍唐代画家周昉的绘画艺术。附图10幅（黑白）。

J0017886
簪花仕女图　（唐）周昉绘；杨仁恺撰文
上海　上海人民美术出版社　1985年　19页
46×180cm
　　本书主要介绍唐代画家周昉的绘画艺术。附彩图17幅，黑白图2幅。

J0017887
唐五代宋元名迹　谢稚柳编
上海　古典文学出版社　1957年　影印本　107幅
38cm（8开）精装　统一书号：118
定价：CNY16.00

J0017888
唐代人物画　刘凌沧编著
北京　中国古典艺术出版社　1958年　76页
26cm（16开）统一书号：8029.91
定价：CNY1.60
　　本书结合作品与文字材料，对唐代人物画进行了简明的叙述，并对这一时期的画家及代表作进行了重点介绍。

J0017889
唐韩滉五牛图　文物出版社编辑；（唐）韩滉绘
北京　文物出版社　1958年　影印本　38cm（6开）
定价：CNY7.00
　　作者韩滉（723—787），唐代画家。京兆长

安(今陕西西安)人，字太冲。主要作品《五牛图》《左氏通例》等，著有《春秋通例》《天文事序议》等。

J0017890
唐韩滉五牛图　（唐）韩滉绘；故宫博物院藏
北京　文物出版社　1958 年　26×38cm
统一书号：7068.67　定价：CNY7.00

J0017891
唐韩滉五牛图　（唐）韩滉绘；文物出版社编辑
北京　文物出版社　1959 年　5 页　10×16cm
统一书号：7068.1025　定价：CNY0.35

J0017892
唐阎立本步辇图　（唐）阎立本绘
北京　文物出版社　1959 年　11 幅　38×52cm　活页
统一书号：7068.106　定价：CNY10.00
　　阎立本（601—673），唐代画家。雍州万年(今陕西临潼)人。太宗时为司封郎中。官至中书令。现存重要作品有《步辇图》等。

J0017893
张萱和周昉　（唐）张萱，周昉作；徐邦达编
北京　人民美术出版社　1959 年 ［23 页］
17cm（40 开）统一书号：8027.2472
定价：CNY0.16

J0017894
五代董北苑夏山图真迹神品
上海　上海人民美术出版社　1960 年 ［1 张］

J0017895
高逸图　（唐）孙位作
上海　上海人民美术出版社　1962 年 ［1 幅］
53cm（4 开）定价：CNY0.50

J0017896
韩熙载夜宴图　（南唐）顾闳中绘；李松撰文
北京　人民美术出版社　1979 年　18 页
26cm（16 开）统一书号：8027.7019　定价：CNY1.10
（中国古代美术作品介绍丛书）
　　本书是五代十国时期南唐画家顾闳中的绘画作品。附图 14 幅(黑白)。分为琵琶独奏、六

么独舞、宴会小憩、管乐合奏、夜宴五个场景。

J0017897
韩熙载夜宴图　（南唐）顾闳中绘
北京　人民美术出版社　1979 年　29×34cm
统一书号：8027.7019　定价：CNY1.10

J0017898
韩熙载夜宴图　（南唐）顾闳中绘
北京　紫禁城出版社　1990 年　8 张　15cm（40 开）
ISBN：7-80047-101-2　定价：CNY1.50
　　本书与中国邮票总公司合作出版。

J0017899
韩熙载夜宴图　（南唐）顾闳中绘；故宫博物院藏
天津　天津人民美术出版社　1996 年　1 轴
37×936cm　定价：CNY72.00

J0017900
五代顾闳中画韩熙载夜宴图
［上海］朵云轩　1965 年 ［1 张］

J0017901
五代顾闳中画韩熙载夜宴图　（木版水印、绫裱画轴）
北京　荣宝斋　1979 年 ［1 轴］78cm（2 开）
定价：CNY50000.00

J0017902
双骑图　（绫裱卷轴）（唐）韦偃作
［北京］朵云轩　1967 年 ［1 轴］

J0017903
唐宋元明名画大观　（续足本　上册）
台北　成文出版社有限公司　1976 年　264 页
31cm（8 开）精装　定价：TWD600.00（全 2 册）
　　外文书名：A Collection of Famous Chinese Paintings：Tang, Sunh, Yuan, & Ming Dynasties.

J0017904
唐宋元明名画大观　（续足本　下册）
台北　成文出版社有限公司　1976 年　265–536 页
31cm（10 开）精装　定价：TWD600.00（全 2 册）
　　外文书名：A Collection of Famous Chinese

Paintings: Tang, Sunh, Yuan, & Ming Dynasties.

J0017905
唐宋元明名画大观 （唐宋之部）
台北 成文出版社有限公司 1976 年 109 页
52cm（4 开）精装 定价：TWD16000.00

J0017906
唐宋元明名画大观 （元明之部）
台北 成文出版社有限公司 1976 年 110–221 页
52cm（4 开）精装 定价：TWD16000.00

J0017907
历代画马特展 （唐·宋·元·明·清）台北故宫
博物院编纂
台北 台北故宫博物院 1978 年 有图
30cm（15 开）精装
　　外文书名：Special Exhibition of Horse Paint-
ing.

J0017908
虢国夫人游春图 （名画鉴赏）（唐）张萱绘
上海 上海人民美术出版社 1979 年 7 幅 38cm
（6 开）统一书号：8081.11414 定价：CNY1.75
　　本书描绘唐天宝年间杨贵妃之姊妹虢国夫
人、韩国夫人坐骑游春的情景。共有 7 幅图，系
中国名画鉴赏作品之一。

J0017909
虢国夫人游春图 （木版水印）（唐）张萱绘
北京 荣宝斋 1992 年 38cm（6 开）
　　本书系唐代画家张萱的国画作品。图中描
绘唐天宝年间杨贵妃之姊妹虢国夫人、韩国夫人
坐骑游春的情景。

J0017910
明清近代名画选集 郭昌伟编辑
台北 华正书局 1980 年 30cm（10 开）精装
定价：TWD1200.00

J0017911
五代周文矩重屏会棋图卷 （五代）周文
矩绘
天津 天津人民美术出版社 1981 年 4 张
38cm（8 开）统一书号：8073.70021

定价：CNY1.30

J0017912
五代周文矩重屏会棋图卷 （五代）周文
矩绘
天津 天津人民美术出版社 1987 年 2 张
52cm（4 开）统一书号：8073.70021
定价：CNY1.30

J0017913
古帝王图 金维诺编著
北京 人民美术出版社 1982 年 21 页 25cm（16 开）
统一书号：8027.8073 定价：CNY1.10
（中国古代美术作品介绍丛书）
　　本书又名《历代帝王图》《列帝图》《十三帝
图》《古列帝图卷》。作品刻画了 13 个古帝王像，
附图 23 幅（黑白）。

J0017914
五代北宋的绘画 高木森编
台北 文史哲出版社 1982 年 236 页 有图
20cm（32 开）
（艺术丛刊 1）

J0017915
董源巨然合集 （五代）董源,（五代）巨然绘；
谢稚柳编
上海 上海人民美术出版社 1984 年 51 页
37cm（8 开）统一书号：8081.13650
定价：CNY2.50
　　本书选编了两位作者所绘图画 49 幅。其中
包括董源的《夏山图》等 5 件；巨然的《山居图》
4 件。并附有赵干的《江行初雪图》、卫贤的《高
士图》。作者董源（934—约 962），五代南唐画家。
又名董元，字叔达，江西钟陵（今江西进贤县）
人。代表作品《夏景山口待渡图》《潇湘图》《夏
山图》《龙宿郊民图》。作者巨然，生卒年不详，
五代著名画家、僧人。江宁（江苏南京）人。代
表作品《万壑松风图》《秋山问道图》《山居图》等。

J0017916
韩滉五牛图 （唐）韩滉绘
北京 人民美术出版社 1984 年 珂罗版印本
1 卷轴 21×140cm
　　《五牛图》是唐代传世纸绢画作品真迹，是

现存最古老的纸本中国画。作者韩滉(723—787)，唐代画家。京兆长安(今陕西西安)人，字太冲。主要作品《五牛图》《左氏通例》等，著有《春秋通例》《天文事序议》等。

J0017917

历代线描佛像图 （唐）吴道子等绘；王崇礼等临摹

上海 上海书画出版社 1988年 36页 26cm(16开)

ISBN：7-80512-145-1 定价：CNY0.70

(中国画传统线描资料)

J0017918

徐熙雪竹图 （南唐）徐熙绘；谢稚柳编

上海 上海人民美术出版社 1989年 17页

37cm(8开) ISBN：7-5322-0176-7

定价：CNY2.30

　　全书以24幅局部图版介绍画中竹石、树木的画法，辑录资料中有谢稚柳论证文章两篇。作者徐熙，五代南唐画家。金陵(今南京)人，一说钟陵(今江西进贤)人。一生布衣，专心绘事，与后蜀黄筌的花鸟画为五代两大流派。代表作品有《玉堂富贵图》《石榴图》《春燕戏花图》等。

J0017919

中国人物画线描图谱 （古代人物画选辑）黄均，任梦龙，任梦熊编绘

北京 中国和平出版社 1992年 12张 38cm(8开)

ISBN：7-80037-680-X 定价：CNY3.50

　　本书精选部分古代人物画家线描的代表作(局部)，经当代画家任梦龙、任梦熊精心摹绘，勾描。本辑有线描的基本练习，五官、头部、手足的线描练习，清代任梦熊的6幅人物，敦煌壁画人物"独舞""软舞"，八十七神仙卷(局部)，搜山图(局部)，道子墨宝(地狱变相图)局部，共40余幅图稿。作者黄均，国画家、教授。

J0017920

中国人物画线描图谱 （《道子墨宝》选辑）黄均主编；任梦龙，任梦熊编绘

北京 中国和平出版社 1994年 12页

38cm(8开) ISBN：7-80101-186-4 定价：CNY7.00

　　作者任梦龙(1942—1989)，教师。河北束鹿人，北京工艺美术学校高级讲师，中国工艺美术协会会员等。代表作有《蔡文姬》《杨宗保与

穆桂英》《窃符救赵》等。作者任梦熊(1945—1989)，美术编辑。河北束鹿人。历任中国和平出版社美编室副主任、美术编辑，中国出版工作者协会装帧艺术研究会会员等。

J0017921

唐·十大诗人诗画雅鉴 陈东华，贺飞白主编

武汉 湖北美术出版社 1995年 252页

29cm(16开) 精装 ISBN：7-5394-0488-4

定价：CNY280.00

J0017922

宋元明清书画

成都 四川人民出版社 1996年 163页

38cm(6开) 精装 ISBN：7-220-03423-7

定价：CNY400.00

J0017923

顾恺之　萧绎绘画长卷四款 江苏省美术馆编著

南京 江苏美术出版社 1997年 4折(1函) 29cm(16开) 经折装 ISBN：7-5344-0662-5

定价：CNY58.00

J0017924

五牛图·步辇图 故宫博物院藏

天津 天津人民美术出版社 1997年 1轴

1040×38cm 定价：CNY96.00

　　《五牛图》是唐朝韩滉创作的黄麻纸本设色画，又名《唐韩滉五牛图》。《步辇图》是唐朝画家阎立本的名作之一。

J0017925

晋唐风韵 （晋唐五代绘画）陈传席编著

天津 天津人民美术出版社 1998年 57页

29cm(16开) ISBN：7-5305-0932-2

定价：CNY30.00

(海外珍藏中国名画 1)

　　作者陈传席(1950—)，教授。江苏睢宁人，毕业于南京师范大学美术学院，获博士学位。中国人民大学艺术学院教授、博士生导师，中国美术家协会会员、中国美术学院客座教授，兼任中国佛教艺术研究所所长、中国美术家协会理论委员会副主任等。代表作有《陈传席文集》《中国山水画史》《中国绘画美学史》等。

J0017926

五代北宋画集 （五代）荆浩等绘
天津　天津人民美术出版社　1998 年
38cm（6 开）精装　ISBN：7-5305-0943-8

J0017927

隋代绘画 陈滞冬著
成都　巴蜀书社　1999 年　29cm（16 开）
ISBN：7-80523-951-7　定价：CNY8.00
（图说中国艺术史　绘画传世名作 6 1）

　　作者陈滞冬（1951—　），画家、书法家、艺
术史学者。四川成都人。硕士毕业于四川师范
大学中国古代文学研究所。出版《陈滞冬画集》
《中国书画与文人意识》《中国书学论著提要》
等著作。

J0017928

隋唐绘画
成都　巴蜀书社　1999 年　10 册　29cm（16 开）
（图说中国艺术史　绘画传世名作）

J0017929

唐代绘画 （菩萨.1）陈滞冬著
成都　巴蜀书社　1999 年　29cm（20 开）
ISBN：7-80523-955-X　定价：CNY8.00
（图说中国艺术史　绘画传世名作 6 5）

J0017930

唐代绘画 （菩萨.2）陈滞冬著
成都　巴蜀书社　1999 年　29cm（20 开）
ISBN：7-80523-956-8　定价：CNY8.00
（图说中国艺术史　绘画传世名作 6 6）

J0017931

唐代绘画 （鞍马走兽）陈滞冬著
成都　巴蜀书社　1999 年　29cm（16 开）
ISBN：7-80523-958-4　定价：CNY8.00
（图说中国艺术史　绘画传世名作 6 8）

J0017932

唐代绘画 （佛像）陈滞冬著
成都　巴蜀书社　1999 年　29cm（16 开）
ISBN：7-80523-954-1　定价：CNY8.00
（图说中国艺术史　绘画传世名作 6 4）

J0017933

唐代绘画 （人物山水）陈滞冬著
成都　巴蜀书社　1999 年　29cm（16 开）
ISBN：7-80523-952-5　定价：CNY8.00
（图说中国艺术史　绘画传世名作 6 2）

J0017934

唐代绘画 （神怪花鸟）陈滞冬著
成都　巴蜀书社　1999 年　29cm（16 开）
ISBN：7-80523-959-2　定价：CNY8.00
（图说中国艺术史　绘画传世名作 6 9）

J0017935

唐代绘画 （仕女）陈滞冬著
成都　巴蜀书社　1999 年　29cm（16 开）
ISBN：7-80523-953-3　定价：CNY8.00
（图说中国艺术史　绘画传世名作 6 3）

J0017936

唐代绘画 （天王罗汉）陈滞冬著
成都　巴蜀书社　1999 年　29cm（16 开）
ISBN：7-80523-957-6　定价：CNY8.00
（图说中国艺术史　绘画传世名作 6 7）

J0017937

唐代绘画 （晚唐画风）陈滞冬著
成都　巴蜀书社　1999 年　29cm（16 开）
ISBN：7-80523-960-6　定价：CNY8.00
（图说中国艺术史　绘画传世名作 6 10）

J0017938

中国高等美术院校藏画精选 （宋元明清卷）
沈阳　辽宁美术出版社　1999 年　317 页
29cm（16 开）精装　ISBN：7-5314-2287-5
定价：CNY240.00
　　外文书名：Selection of Best Paintings Stored in
China Art Colleges.

宋元时期国画作品

J0017939

蜀笺谱 （一卷）（元）费著撰
明　刻本　线装
（百川学海）

九行二十字小字双行同白口左右双边单鱼尾。作者费著(生卒年不详),元代史学家。华阳(今成都双流县)人。进士出身,官至太史院都事、翰林学士。编有大量史著。整理编纂有《岁华纪丽谱》《蜀锦谱》《笺纸谱》《蜀名画记》等。

J0017940
蜀笺谱 （一卷）（元）费著撰
明　刻本
（续百川学海）

J0017941
蜀笺谱 （一卷）（元）费著撰
李际期宛委山堂　清初　刻本　重修　线装
（说郛）
　　明末刻清初李际期宛委山堂重修汇印本。收于《说郛》卷第九十八。

J0017942
蜀笺谱 （一卷）（元）费著撰
李际期宛委山堂　清初　刻本　续刻
（说郛）
　　明末刻清初李际期宛委山堂续刻汇印本。

J0017943
蜀笺谱 （一卷）（元）费著撰
清顺治　刻本　线装
（说郛）
　　本书收于《说郛》卷第九十八中。

J0017944
蜀笺谱 （一卷）（元）费著撰
清　刻本　重修　线装
（说郛）
　　九行二十字白口左右双边单鱼尾。

J0017945
蜀笺谱 （一卷）（元）费著撰
海虞张海鹏　清嘉庆十三至十六年［1808—1811］刻本
（墨海金壶）
　　清嘉庆十三至十六海虞张海鹏刻二十二年汇印本。

J0017946
蜀笺谱 （一卷）（元）费著撰
上海　神州国光社　民国五年［1916］线装
（美术丛书后集）
　　本书收于《美术丛书后集》第五集。

J0017947
蜀笺谱 （一卷）（元）费著撰
上海　博古斋　民国十年［1921］影印本
（墨海金壶）
　　据清嘉庆十三至十六年海虞张氏刻本影印。作者费著(生卒年不详),元代史学家。华阳(今成都双流县)人。进士出身,官至太史院都事、翰林学士。编有大量史著。整理编纂有《岁华纪丽谱》《蜀锦谱》《笺纸谱》《蜀名画记》等。

J0017948
画梅谱 （一卷）题（元）华光道人撰
清初　刻本
（水边林下）
　　本书收于《水边林下五十九种五十九卷》。

J0017949
辋川图 （宋）郭忠恕绘
［1645—1911年］拓本　1轴

J0017950
［**耕织图**］ （清）清圣祖撰文
清末　影印本　有图　经折装

J0017951
宝积经 （元）李公麟绘;（元）赵孟頫书
清末　影印本　有图　线装

J0017952
柯丹丘临颜真卿书 （一卷）（元）柯九思书
上海　有正书局　清末至民国初　石印本
　　作者柯九思(1290—1343),元代著名画家。字敬仲,号丹丘、丹丘生、五云阁吏等,浙江仙居县人。存世书迹有《老人星赋》《读诛蚊赋诗》《重题兰亭独孤本》等,代表作《竹石图》《清閟阁墨竹图》《双竹图》。

J0017953
元柯九思画竹谱 （一卷）（元）柯九思绘

上海　有正书局　清末至民国初　石印本

J0017954

元柯九思画竹谱　（元）柯九思绘
上海　有正书局　民国　影印本　有图　线装

J0017955

元柯九思画竹谱　（元）柯九思绘
上海　有正书局　民国　影印本　有图　线装

J0017956

元柯九思画竹谱　（元）柯九思绘
上海　有正书局　民国十二年［1923］再版
34cm（12开）

J0017957

赵松雪画九歌　（元）赵孟頫绘
清光绪　刻本　有图　线装

J0017958

赵松雪画九歌　（不分卷）（元）赵孟頫绘
清光绪　刻本

J0017959

赵松雪画九歌　（元）赵孟頫绘
上海　同文书局　民国　影印本　有图　线装
（茜窗小品）
　　据北平孙氏研山斋藏本影印。

J0017960

宋高宗书马侍郎绘唐风图　（一卷）
上海　神州国光社　清光绪三十四年［1908］
影印本

J0017961

唐风图　（一卷）（宋）高宗赵构书；（宋）马和
之绘
上海　神州国光社　清光绪三十四年［1908］珂
罗版印本　有图　线装

J0017962

元吴仲圭松泉图　（一卷）（元）吴镇绘
神州国光社　清光绪三十四年［1908］影印本
　　作者吴镇（1280—1354），元代著名画家。字
仲圭，号梅花道人，尝署梅道人。浙江嘉善人。

存世作品有《渔父图》《双松平远图》《洞庭渔隐
图》等。

J0017963

柯丹丘竹册　（不分卷）（元）柯九思绘
清宣统　影印本　有图　经折装

J0017964

元王孤云女孝经图卷　（一卷）（元）王振
鹏绘
上海　世界社　清宣统元年［1909］影印本　有图
线装

J0017965

赵子固水仙卷　（一卷）（宋）赵孟坚绘
上海　神州国光社　清宣统元年［1909］
珂罗版印本

J0017966

增集宋元宝绘　（不分卷）裴景福辑
清宣统二年［1910］影印本

J0017967

［燕文贵秋山萧寺图］　（宋）燕文贵绘
民国　摄影本　线装

J0017968

［元明四家山水］　（元）倪瓒,（明）文徵明,
（明）沈周,（明）唐寅绘
北平　古物陈列所　民国　影印本　线装

J0017969

［元赵子昂画马］　（元）赵孟頫绘
民国　影印本　7幅　有图　散页

J0017970

北宋易元吉灵狐神品　（一卷）（宋）易元吉绘
民国　影印本

J0017971

画鉴　（第四册）（宋）马公显等绘
民国　影印本　有图　线装

J0017972

黄大痴富春山图卷真迹　（元）黄公望绘

上海　有正书局　民国　影印本　有图　线装

J0017973
黄公望富春山居图　（元）黄公望绘
北平　北平故宫博物院　民国二十四年［1935］
影印本　有图　线装

J0017974
黄公望富春山居图　（元）黄公望绘
上海　上海人民美术出版社　1991年　48页
38cm（8开）ISBN：7-5322-0518-5
定价：CNY7.50
（名画鉴赏丛书）
　　本图册除收录《富春山居图》外，还辑录有
历代对此图和黄公望绘画的评价。作者黄公望
（1269—1354），元代画家。本姓陆，名坚，江苏
苏州人。因改姓名，字子久，号大痴、大痴道人、
一峰道人。传世作品有《富春山居图》《九峰雪
霁图》《丹崖玉树图》《天池石壁图》等。

J0017975
黄子久富春山居图　（元）黄公望绘
民国　影印本　有图　线装
　　据原绘本影印。

J0017976
黄子久富春山色图卷　（不分卷）（元）黄公
望绘
民国　影印本

J0017977
黄子久秋山无尽图卷　（元）黄公望绘；美术
研究会审定
上海　有正书局　民国　［6］页　26×35cm
定价：大洋五角
（中国名画集外册19）
　　本书书前有绘者小传，书末附清溪道人等
人的题跋。

J0017978
黄子久秋山无尽图卷　（一卷）（元）黄公望绘
上海　有正书局　民国　影印本　有图　线装

J0017979
黄子久秋山无尽图卷　（元）黄公望绘；陶斋

先生藏
上海　有正书局　民国十九年［1930］影印本　平装

J0017980
黄子久山水长卷　（元）黄公望绘
上海　神州国光社　民国二十年［1931］影印本
线装

J0017981
清宫藏宋元宝绘　（不分卷）□□辑
上海　有正书局　民国　影印本

J0017982
清宫藏宋元宝绘
民国　影印本　平装

J0017983
宋画　（上辑）郑振铎编
［民国］60叶　有图及肖像　39cm（4开）
（域外所藏中国古画集）
　　本书收于《域外所藏中国古画集》第四集。

J0017984
宋画　（中辑）郑振铎编
［民国］60叶　有图　39cm（4开）
（域外所藏中国古画集）
　　本书收于《域外所藏中国古画集》第四集。

J0017985
宋画　（下辑）郑振铎编
［民国］60叶　有图及肖像　39cm（4开）
（域外所藏中国古画集）

J0017986
宋画　（三辑）郑振铎编
上海　上海出版公司　民国三十六年［1947］
影印本　有图　线装
（域外所藏中国古画集）
　　本书共分三册。

J0017987
宋画　（三辑）郑振铎编；钱鹤龄摄
上海［上海出版公司］民国三十七年［1948］
影印本　3函188页　有图　散页
（域外所藏中国古画集）

J0017988
宋刻梅花喜神谱 （二卷）（宋）宋伯仁撰并绘；吴湖帆藏
吴湖帆、潘静淑［自刊］民国 影印本 有图 线装
　　本书共分二册。作者宋伯仁（1199—？），宋代诗人、画家。字器之，号雪岩。广平（今属河北）人，一作湖州人。嘉熙时为盐运司属官。工诗，善画梅。作有《梅花喜神谱》上下卷，著有《西塍集》《烟波渔隐词》等。

J0017989
宋刻梅花喜神谱 （二卷）（宋）宋伯仁撰并绘
北京 文物出版社 1981 年 影印本 乙种 线装
定价：CNY5.00
　　本书据上海博物馆藏宋景定二年（1261）刻本影印。

J0017990
宋刻梅花喜神谱 （二卷）（宋）宋伯仁撰并绘
北京 文物出版社 1981 年 影印本 甲种 线装
定价：CNY14.00
　　本书据上海博物馆藏宋景定二年（1261）刻本影印。共分二册。

J0017991
宋李龙眠白描九歌 （宋）李公麟绘
上海 文明书局［1911—1932 年］［10］页 26cm（16 开）
　　本书由《宋李龙眠白描九歌》（宋）李公麟绘、《元赵仲穆行楷题辞》（元代）赵仲穆书合订，收画 10 幅。

J0017992
宋李龙眠白描九歌 （宋）李公麟绘
文明书局 民国 影印本 12 页 有图 散页
　　本书据霍邱裴氏藏本影印。作者李公麟（1040—1106），北宋著名画家。字伯时，号龙眠居士。安徽舒城人。神宗熙宁三年（1070）进士。传世作品《五马图》《维摩居士像》《免胄图》等。

J0017993
宋李营丘山水真迹 （宋）李成绘
民国 影印本 线装

J0017994
宋刘松年蚕织图卷 （宋）刘松年绘
民国 影印本 1 函 有图 散页

J0017995
宋燕肃寒岩积雪图 （宋）燕肃绘
北京 延光室 民国 影印本 1 幅 线装

J0017996
宋元宝绘
民国 影印本 有图 线装
　　本书共分二册。

J0017997
宋元画萃 （1–2 册）北平故宫博物院编
北平 北平故宫博物院［1911—1949 年］影印本 2 册（18+16 页）［19×26cm］
　　本书第 1 册为花鸟画，第 2 册为山水画，共收国画 28 幅。

J0017998
宋元名画 （宋）刘松年等绘
民国 摄影本 经折装

J0017999
宋赵子固兰谱 （一卷）（宋）赵孟坚绘
上海 艺苑真赏社 民国 影印本

J0018000
元郭伯达春园宴乐图卷 （元）郭敏绘
民国 影印本

J0018001
元画 郑振铎编
［民国］［影印本］有图 39cm（4 开）
（域外所藏中国古画集）
　　本书分三册。收于《域外所藏中国古画集》第五集。

J0018002
元画 （三辑）郑振铎编
上海 上海出版公司 民国三十六年［1947］影印本 有图 线装
（域外所藏中国古画集）
　　本书共分三册。

J0018003
元阎仲彬惠山复隐图 （一卷）（元）阎骧绘
上海 文明书局 清宣统三年［1911］影印本
有图 线装

J0018004
赵仲穆临李伯时人马卷 （元）赵雍绘
中华书局 民国 影印本

J0018005
曹大家女箴九章 （宋）陈居中绘；（宋）宋高宗御书
上海 文明书局 1913年 影印本［15］页
53cm（4开）
　　本书收9幅书画。

J0018006
名人画册 （李龙眠九歌图人物）（宋）李公麟绘
上海 文明书局 1915年 珂罗版印本 改订版
11帧 21×30cm 定价：银圆八角
　　本书书后附赵仲穆写的评价，书前有作者小传。

J0018007
宋李迪山水册 （宋）李迪绘
宝山李钟珏平泉书屋 民国四年［1915］影印本
线装

J0018008
清宫藏宋宣和六鹤图
上海 有正书局 1918年 影印本［6］页
23×33cm 定价：大洋八角
　　本书为宋代中国画册，版权页题：清内府收藏。

J0018009
宣和临古十七家 （宋）赵佶绘
上海 有正书局 1919年 影印本［48］页
38cm（6开）
　　本书共收16幅画。作者赵佶（1082—1135），即宋徽宗，北宋书画家。擅长花鸟画，兼善瘦金体书法。组织编撰《宣和书谱》《宣和画谱》，存世画迹有《芙蓉锦鸡》《池塘秋晚》《四禽》《雪江归棹》等。

J0018010
宣和临古十七家 （宋）宋徽宗绘
上海 有正书局 民国八年［1919］影印本 平装

J0018011
李龙眠蜀川胜概图 （一卷）（宋）李公麟绘
上海 有正书局 民国九年［1920］影印本

J0018012
内府藏李龙眠蜀川胜概图 （宋）李公麟绘
上海 有正书局 民国九年［1920］影印本 平装

J0018013
天籁阁旧藏宋人画册 （宋）佚名绘
上海 商务印书馆 民国十一年［1922］影印本
线装

J0018014
天籁阁旧藏宋人画册 （宋）佚名绘
上海 商务印书馆 民国二十年［1931］影印本
精装

J0018015
天籁阁旧藏宋人画册
北京 商务印书馆 1953年 7页 21cm（32开）
　　本书以索引目录的形式介绍了《天籁阁旧藏宋人画册》15幅画的内容。外文书名：A Collection of Famous Pictures of the Sung Dynasty.

J0018016
天籁阁旧藏宋人画册
北京 商务印书馆 1955年 影印本 1册
48cm（5开）精装 统一书号：8017.1

J0018017
天籁阁旧藏宋人画册
北京 商务印书馆［1960—1969年］影印本
1册（15幅）

J0018018
李龙眠九歌图人物册 （宋）李公麟绘
上海 文明书局 民国十二年［1923］影印本
再版 有图 线装

J0018019
赵文敏鹊华秋色图卷 （一卷）（元）赵孟頫绘
北京　延光室　民国十二年［1923］影印本

J0018020
赵文敏鹊华秋色图影本 （元）赵孟頫绘；
（清）清内府藏
北京　延光室　民国十二年［1923］影印本　平装

J0018021
元明人山水集景 北京延光室编
北京　延光室　民国十三年［1924］影印本　平装

J0018022
元明人山水集景
北京　延光室　民国十三年［1924］影印本　线装

J0018023
黄大痴沈石田山水　八大山人山水花卉合册 （元）黄公望,（明）沈周,（明）朱耷绘
上海　慎修书社　民国十四年［1925］影印本

J0018024
郭忠恕辋川图卷 （宋）郭忠恕绘
上海　商务印书馆　民国十五年［1926］影印本
有图　线装

J0018025
倪高士狮子林图 （一卷）（元）倪瓒绘
北平　延光室　民国十六年［1927］影印本
　　作者倪瓒（1301—1374），元末明初画家、诗人。初名倪珽，字泰宇，别字元镇，号云林子、荆蛮民、幻霞子。江苏无锡人。擅长画山水，亦工墨竹，亦擅诗文。主要作品有《渔庄秋霁图》《六君子图》《容膝斋图》《清閟阁集》等。

J0018026
倪瓒狮子林图神品 （元）倪瓒绘
北京　延光室　民国十六年［1927］影印本　有图
线装

J0018027
李龙眠九歌图人物册 （一卷）（宋）李公麟绘
上海　文明书局　民国十七年［1928］影印本

J0018028
［名画琳琅］ （北宋）范宽等绘；北平故宫博物院藏并编
北平　故宫博物院　民国十九年［1930］影印本
线装
　　作者范宽（950—1032），宋代绘画大师。名中正，字中立。陕西华原（今陕西铜川耀州区）人。代表作品有《溪山行旅图》《雪山萧寺图》《雪景寒林图》。

J0018029
故宫周刊 （双十号）故宫博物院编辑
北平　故宫博物院出版物发行所　1930年　有图
38cm（6开）定价：大洋一角
　　本书系宋代中国画画册。

J0018030
宋人花卉册 神州国光社辑
上海　神州国光社　民国十九年［1930］影印本
有图　线装

J0018031
倪云林九龙山居图 （一卷）（元）倪瓒绘
无锡　理工制版所　民国二十年［1931］影印本

J0018032
夏珪长江万里图 （宋）夏珪绘；故宫博物院编
北平　故宫博物院　民国二十年［1931］影印本
线装

J0018033
历朝画幅集册 （宋）李成瑶等绘；北平故宫博物院藏并编
北平　北平故宫博物院　民国二十一年［1932］
影印本　线装

J0018034
宋牟益捣衣图 （宋）牟益绘
北平　故宫博物院出版物发行所　民国二十五年
［1936］影印本　二版　线装

J0018035
宋牟益捣衣图卷 （一卷）（宋）牟益绘
北平　故宫博物院出版物发行所　民国二十一年

[1932] 影印本　有图　线装

J0018036
宋朱锐赤壁图　（宋）朱锐绘；北平故宫博物院古物馆藏并编
北平　北平故宫博物院　民国二十一年［1932］影印本　线装

J0018037
元钱选并笛图　（元）钱选绘；宝蕴楼藏
北平　古物陈列所　民国二十一年［1932］影印本 2 版　平装

J0018038
名画琳琅　（北宋）范宽等绘；北平故宫博物院藏并编
北平　北平故宫博物院　民国二十三年［1934]2 版　影印本　有图　线装

J0018039
元黄公望富春山居图卷　（元）黄公望绘
北平　故宫博物院出版物发行所　民国二十四年［1935］影印本　线装

J0018040
宋人画册　（中英文对照说明）
［上海］商务印书馆 1936 年　定价：CNY60.00

J0018041
吴仲圭渔父图卷　（一卷）（明）吴镇绘
上海　商务印书馆　民国二十五年［1936］影印本　有图　线装

J0018042
吴仲圭渔父图卷　（元）吴镇绘；吴湖帆藏
上海　商务印书馆　民国二十六年［1937］影印本　二版　线装

J0018043
宋本梅花喜神谱　（二卷）（宋）宋伯仁编
长沙　商务印书馆　民国二十七年［1938］影印本　有图　线装
（续古逸斋丛书）
　　据吴县吴化梅景书屋藏宋本影印。

J0018044
李唐伯夷叔齐采薇图　（宋）李唐绘；徐悲鸿鉴定
九龙　中华书局　民国二十八年［1939］影印本　有图　线装

J0018045
李唐伯夷叔齐采薇图　（一卷）（宋）李唐绘
昆明　中华书局　民国二十八年［1939］影印本　线装

J0018046
龙眠居士画册　（宋）李公麟绘
民国二十八年［1939］影印本　有图　线装

J0018047
宋人江天胜览图长卷　（宋）佚名绘
民国二十八年［1939］影印本　平装

J0018048
田溪书屋藏画　（元）王蒙等绘；徐悲鸿选辑
昆明　中华书局　民国二十八年［1939］影印本　线装

J0018049
宋巨然山水长卷神品　（一卷）（宋）巨然绘
上海　发定珂罗版社　民国二十九年［1940］影印本

J0018050
赵子昂画集　（一卷）（元）赵孟頫绘
民国二十九年［1940］影印本
　　作者赵孟頫（1254—1322），元代著名书画家、诗人。字子昂，号松雪道人等。浙江吴兴（今浙江湖州市）人。能诗善文，精绘艺，工书法，"楷书四大家"之一。作品有《秋郊饮马图》《秀石疏林图》《松石老子图》等，著有《松雪斋文集》等。

J0018051
元吴镇墨竹谱　（元）吴镇绘；故宫博物院藏
北平　故宫博物院出版物发行所　民国三十年［1941］影印本　二版　线装

J0018052
宋人画册　郭威编辑

台北 雅蕴堂［1950—1990年］38cm（6开）
定价：TWD200.00

J0018053
宋李嵩西湖图 （宋）李嵩绘
上海 上海博物馆［1952—1959年］影印本 1轴
　　宋代中国画作品，卷轴装。

J0018054
宋人画八高僧故实 （南宋）梁楷绘
上海 上海博物馆［1952—1959年］影印本
1轴
　　宋代中国画，卷轴装。

J0018055
宋人画册 故宫博物院编
北京 故宫博物院［1955—1959年］影印暨铅
印本 经折装
　　本书共分十三册。附有中、俄、英、法目次
13幅。外文书名：Paintings of the Sung Dynasty.

J0018056
宋人画册 （一）故宫博物院编辑
北京 故宫博物院 1955年 影印本 2册
（10幅）37cm（8开）经折装

J0018057
宋人画册 （二）故宫博物院编辑
北京 故宫博物院 1955年 影印本 30幅（3套）
37cm（8开）经折装
　　本书内容选自故宫博物院。

J0018058
宋人画册 （三）故宫博物院藏
北京 故宫博物院 1955年 10幅 38cm（6开）
　　本书1-12集选自故宫博物院

J0018059
宋人画册 （公元九六〇年至一二七九年 第四
辑）故宫博物院编
北京 故宫博物院 1955年 10幅（套）
37cm（8开）经折装（绢本）

J0018060
宋人画册 （四）故宫博物院藏

北京 故宫博物院 1955年 10幅 38cm（6开）

J0018061
宋人画册 （五）故宫博物院编辑
北京 故宫博物院 1955年 影印本 3册（10幅）
37cm（8开）经折装

J0018062
宋人画册 （公元九六〇年至一二七九年 第六
辑）故宫博物院编
北京 故宫博物院［1955年］10幅 37cm（8开）
经折装（绢本）定价：CNY60.00
　　本书与中国北京国际书店［国外发行者］
合作出版。

J0018063
宋人画册 （六）故宫博物院编辑
北京 故宫博物院 1956年 30幅（3套）
37cm（8开）经折装 定价：CNY40.00（绫裱锦面），
CNY35.00（纸裱锦面），CNY20.00（绫盒式），
CNY7.00（简装铜版纸）

J0018064
宋人画册 （七）故宫博物院编辑
北京 故宫博物院 1956年 30幅（3套）
37cm（8开）经折装 定价：CNY40.00（绫裱锦面），
CNY35.00（纸裱锦面），CNY20.00（绫盒式）
　　宋代中国画画册。

J0018065
宋人画册 （八）故宫博物院编辑
北京 故宫博物院 1956年 2册（10幅）
39cm（4开）经折装 定价：CNY40.00（绫裱锦
面），CNY35.00（纸裱锦面），CNY20.00（绫盒
式），CNY7.00（简装铜版纸）
　　宋代中国画作品画册。

J0018066
宋人画册 （公元九六〇年至一二七九年 第七
辑）故宫博物院编
北京 故宫博物院［1955年］10幅 37cm（8开）
经折装 定价：CNY60.00（绢本）
　　本书与中国北京国际书店［国外发行者］
合作出版。

J0018067

宋人画册 （公元九六〇年至一二七九年 第八辑）故宫博物院编

北京 故宫博物院［1955年］10幅 37cm（8开）

经折装 定价：CNY60.00（绢本）

　　本书与中国北京国际书店［国外发行者］合作出版。

J0018068

宋人画册 （第十三辑：公元九六〇年至一二七九年）故宫博物院编

北京 故宫博物院［1955年］37cm（8开）

经折装（绢本）定价：CNY60.00

J0018069

宋人画册 （第十四辑：公元九六〇年至一二七九年）故宫博物院编

北京 故宫博物院［1955年］37cm（8开）

经折装（绢本）定价：CNY60.00

J0018070

宋人画册 （公元九六〇年至一二七九年 第一集）故宫博物院藏

北京 文物出版社 1954年 缩印版 12幅（套）

15cm（40开）定价：CNY1.20

J0018071

宋人画册 （公元九六〇年至一二七九年 第二集）故宫博物院藏

北京 文物出版社 1957年 缩印版 12幅

15cm（40开）定价：CNY1.20

J0018072

宋人画册 （第三集：公元九六〇年至一二七九年）故宫博物院藏

北京 文物出版社 1958年 缩印版 10幅

15cm（40开）统一书号：7068.1006

定价：CNY1.20

J0018073

宋人画册 （公元九六〇年至一二七九年 第四集）故宫博物院藏

北京 文物出版社 1958年 缩印版 12幅

15cm（40开）统一书号：7068.1007

定价：CNY1.20

J0018074

宋人画册 （公元九六〇年至一二七九年 第五集）故宫博物院藏

北京 文物出版社 1958年 缩印版 12幅

15cm（40开）统一书号：7068.1008

定价：CNY1.20

J0018075

宋人画册 （公元九六〇年至一二七九年 第六集）故宫博物院藏

北京 文物出版社 1958年 缩印版 12幅

15cm（40开）

J0018076

宋人画册 （公元九六〇年至一二七九年 第七集）故宫博物院藏

北京 文物出版社 1958年 缩印版 12幅

15cm（40开）统一书号：7068.1016

定价：CNY1.20

J0018077

宋人画册 （公元九六〇年至一二七九年 第八集）故宫博物院藏

北京 文物出版社 1958年 缩印版 12幅

15cm（40开）统一书号：7068.1021

定价：CNY1.20

J0018078

宋人画册 （公元九六〇年至一二七九年 第九集）故宫博物院藏

北京 文物出版社 1959年 影印本 12张（套）

15cm（40开）统一书号：7068.1027

定价：CNY1.20

J0018079

宋人画册 （公元九六〇年至一二七九年 第十集）故宫博物院藏

北京 文物出版社 1959年 影印本 1套（12张）

15cm（40开）统一书号：7068.1028

定价：CNY1.20

J0018080

宋人画册 （第十一集）故宫博物院藏

北京 文物出版社 1958年 37cm（8开）

统一书号：7068.59 定价：CNY8.00

本书1-12集选自故宫博物院。

J0018081

宋人画册　（第十二集）故宫博物院藏

北京　文物出版社　1958年　37cm（8开）

统一书号：7068.60　定价：CNY8.00

　　本书1-12集选自故宫博物院。

J0018082

宋人画册　（公元九六〇年至一二七九年　第
十二集）文物出版社编

北京　文物出版社　1960年　1套（10张）

15cm（40开）统一书号：7068.1054 定价：CNY0.80

　　本书系中国宋代画册。

J0018083

宋人画册　（第十三集）故宫博物院藏

北京　文物出版社　1958年　10幅　38cm（6开）

统一书号：7068.87　定价：CNY8.00

J0018084

宋人画册　（第十四集）故宫博物院藏

北京　文物出版社　1959年　10幅　38cm（6开）

统一书号：7068.91　定价：CNY8.00

　　本书第十四、五集选自故宫博物院和上海市
文物保管委员会。

J0018085

宋人画册　（第十五集）故宫博物院藏

北京　文物出版社　1959年　10张（套）52cm（4开）

统一书号：7068.100　定价：CNY8.00

J0018086

宋人画册　（第十六集）故宫博物院藏

北京　文物出版社　1959年　10张（套）52cm（4开）

统一书号：7068.103　定价：CNY8.00

　　本册内容选自上海博物馆、四川省博物馆、
天津市艺术博物馆。

J0018087

宋人画册　（第十七集）故宫博物院藏

北京　文物出版社　1962年　10张（套）

53cm（4开）定价：CNY8.00

J0018088

宋人画册　（第十八集）故宫博物院藏

北京　文物出版社　1962年　珂罗版印本　10张
（套）53cm（4开）定价：CNY8.00

　　本册内容选自辽宁省博物馆。

J0018089

宋人画册　（第十九集）故宫博物院藏

北京　文物出版社　1962年　珂罗版印本
10张（套）52cm（4开）定价：CNY8.00

　　本册内容选自故宫博物院、上海博物馆、天
津市艺术博物馆、辽宁省博物馆、苏州市文物保
管委员会等。

J0018090

梨花鳜鱼图　（彩墨画）（北宋）李延之作

上海　上海人民美术出版社　1955年　［1］张

定价：CNY0.20

J0018091

南宋耕织图　（彩墨画）［宋人作品］

上海　上海人民美术出版社　1955年　［1］张

定价：CNY0.20

J0018092

南宋桃花鸂鶒图　（彩墨画）

上海　上海人民美术出版社　1955年　［1］张

定价：CNY0.20

J0018093

宋人画八高僧故实图卷　（南宋）梁楷绘

上海　上海博物馆　1955年　［1］张

定价：CNY14.70（简装），CNY49.00（精简装）

　　作者梁楷（1150—？），南宋画家。祖籍山东，
浙江杭州人。传世作品《六祖伐竹图》《李白行
吟图》《泼墨仙人图》《八高僧故事图卷》等，以
《泼墨仙人图》最为有名。

J0018094

宋宣和柳鸦芦雁图卷　（图片）（宋）赵佶作

上海　上海博物馆　1955年　［1］张

定价：CNY7.50（简装），CNY30.00（精简装）

J0018095
郭熙溪山行旅　（宋）郭熙作
北京 荣宝斋出版社 1956 年 定价：CNY8.50
　　北宋国画作品。郭熙（约 1000—约 1090），北宋画家、绘画理论家。字淳夫，河阳（今河南温县）人。代表作品《早春图》《关山春雪图》《窠石平远图》《幽谷图》等。

J0018096
宋人四喜图
北京 荣宝斋出版社 1956 年 定价：CNY16.00
　　宋代中国画作品。

J0018097
宋元名画选
上海 上海人民美术出版社 1956 年 10 幅
17cm（32 开）统一书号：T8081.2036
定价：CNY0.40
　　宋代中国画作品画册。

J0018098
王诜玉楼春思　（宋）王诜作
北京 荣宝斋出版社 1956 年 定价：CNY8.50
　　宋代中国画作品。作者王诜，宋朝画家、词人。字晋卿，太原（今属山西）人。作品有《金碧图》《溪山秋霁图》《渔村小景》等。

J0018099
萧照秋山红树　（宋）萧照作
北京 荣宝斋出版社 1956 年 定价：CNY8.50
　　宋代中国画作品。

J0018100
张顺礼江亭揽胜（宋）张顺礼作
北京 荣宝斋出版社 1956 年 定价：CNY8.50
　　宋代中国画作品。

J0018101
清明上河图　（宋）张择端绘
北京 朝花美术出版社 1957 年 影印本 32 页
17cm（32 开）统一书号：T8028.1398
定价：CNY0.19
（群众美术画库）
　　作者张择端（1085—1145），北宋绘画大师。字正道，琅琊东武（今山东诸城）人。存世作品有《清明上河图》《金明池争标图》等。

J0018102
清明上河图　（宋）张择端绘
北京 文物出版社 1958 年 有图 42cm（8 开）
统一书号：7068.39 定价：CNY3.00
　　中国十大传世名画，作品以长卷形式，生动记录了中国北宋都城东京（又称汴京，今河南开封）的城市面貌和当时社会各阶层人民的生活状况，是北宋时期都城汴京当年繁荣的见证，也是北宋城市经济情况的写照。

J0018103
清明上河图　北京历史博物馆主编
上海 上海教育出版社 1959 年 1 页 75×114cm
（中国历史挂图（古代史部分）第二辑）

J0018104
清明上河图　（宋）张择端绘；张安治著
北京 人民美术出版社 1979 年 20 页 26cm（16 开）
统一书号：8027.7020 定价：CNY1.35
　　本书是北宋中国风俗画。介绍宋代张择端的绘画艺术。附黑白图 18 幅。

J0018105
清明上河图　（风俗画长卷）（宋）张择端绘
郑州 河南美术出版社 1985 年 9 张
85cm（3 开）定价：CNY6.00
　　北宋中国画之风俗画。

J0018106
清明上河图　（宋）张择端绘
北京 人民美术出版社 1990 年 珂罗版印本 1 幅
25×528cm
　　中国十大传世名画，作品以长卷形式，生动记录了中国北宋都城东京（又称汴京，今河南开封）的城市面貌和当时社会各阶层人民的生活状况，是北宋时期都城汴京当年繁荣的见证，也是北宋城市经济情况的写照。

J0018107
清明上河图　（宋）张择端绘
天津 天津人民美术出版社 1990—1999 年
影印本 1 轴
　　宋代中国画作品，卷轴装。

J0018108
清明上河图　故宫博物院藏
天津　天津人民美术出版社　1996 年　1 轴
37×1404cm　定价：CNY98.00
　　北宋中国画作品。

J0018109
清明上河图　（宋）张择端绘
广州　岭南美术出版社　1999 年　1 张
14×176cm　定价：CNY26.00
　　北宋中国画之风俗画。

J0018110
清明上河图卷　（宋）张择端绘
北京　中国古典艺术出版社　1958 年　影印本
19 页　37×26cm　统一书号：8029.117
定价：CNY5.00
　　中国宋代风俗画作品。

J0018111
清明上河图卷　（宋）张择端绘；故宫博物院
收藏中国历代名画集编辑委员会编辑
北京　中国古典艺术出版社　1959 年　19 幅
39cm（4 开）活页　统一书号：8029.117
定价：CNY5.00

J0018112
清明上河图卷　（宋）张择端绘；荣宝斋出版
社编辑
北京　荣宝斋出版社　1999 年　1 套　15×10cm
定价：CNY4.80
　　北宋中国画之风俗画。

J0018113
宋代小品画　张安治编
北京　朝花美术出版社　1957 年　影印本　20 页
17cm（32 开）统一书号：T8028.1405
定价：CNY0.16
（群众美术画库）

J0018114
宋人画册　郑振铎，张珩，徐邦达编
北京　中国古典艺术出版社　1957 年　影印本　240 页
37cm（8 开）精装精印　定价：CNY100.00

J0018115
李公麟　徐邦达编
北京　人民美术出版社　1958 年　19 页　有图
18cm（15 开）统一书号：T8027.1561
定价：CNY0.16
（群众美术画库）
　　北宋中国画画册。

J0018116
宋马远水图　（宋）马远绘
北京　文物出版社　1958 年　27×38cm
统一书号：7068.56　定价：CNY2.50

J0018117
宋马远水图　（宋）马远绘；故宫博物院藏
北京　文物出版社　1959 年　2 版　影印本
27×39cm　统一书号：7068.56　定价：CNY2.50

J0018118
宋人百花图　文物出版社编辑
北京　文物出版社　1958 年　影印本　27×39cm
统一书号：7068.58　定价：CNY8.00

J0018119
宋人百花图　故宫博物院藏
北京　文物出版社　1959 年　[45]帧
39cm（4 开）活页
　　宋代花卉画册。

J0018120
宋人画选　谢稚柳编
上海　上海人民美术出版社　1958 年　10 页
38cm（6 开）统一书号：T8081.2727
定价：CNY1.60

J0018121
宋张择端清明上河图卷　（宋）张择端绘
北京　文物出版社　1958 年　影印本　42cm（8 开）
统一书号：7068.39　定价：CNY3.00

J0018122
婴戏图与货郎图　陈鹏编
北京　人民美术出版社　1958 年　影印本　20 页
17cm（40 开）统一书号：T8027.1403
定价：CNY0.18

（群众美术画库）

中国宋代绘画影印本。

J0018123

赵佶的画　秦岭云编

北京 朝花美术出版社 1958 年 影印本 ［18］页

有肖像 17cm（40 开）统一书号：T8028.1688

定价：CNY0.16

（群众美术画库）

J0018124

寒雀图卷　（宋）崔白绘；中国历代名画集编辑

委员会编辑

北京 中国古典艺术出版社 1959 年 1 套（7 幅）

25×38cm 统一书号：8029.118 定价：CNY1.00

宋代中国画作品画册。作者崔白（1004—

1088），北宋画家。字子西，濠州（今安徽凤阳）人。

代表作《双喜图》《寒雀图》《秋蒲蓉宾图》等。

J0018125

宋代的小品画　（续集）张安治编

北京 人民美术出版社 1959 年 影印本 ［24 页］

17cm（32 开）统一书号：T8027.2587

定价：CNY0.16

（群众美术画库）

J0018126

元人画册　（第一册）文物出版社编

北京 文物出版社 1959 年 影印本 10 幅

39cm（4 开）活页 统一书号：7068.126

定价：CNY8.00

J0018127

元人画册　（第二册）文物出版社编

北京 文物出版社 1959 年 影印本 10 幅

39cm（4 开）活页 统一书号：7068.127

定价：CNY8.00

J0018128

元赵孟頫人骑图　（元）赵孟頫作

北京 文物出版社 1959 年 1 册（11 幅）

36×59cm 平装 统一书号：7068.140

定价：CNY10.00

J0018129

龙舟图　（宋）张择端［作］

天津 天津美术出版社 1960 年 ［1 张］

定价：CNY0.20

现代中国画作品。

J0018130

南宋江天楼阁图

［上海］朵云轩 1960 年 ［1 张］

南宋中国画作品。

J0018131

宋杨无咎雪梅图　（宋）杨无咎绘；故宫博物

院藏

北京 文物出版社 1960 年 20 张（套）34×37cm

线装 统一书号：7068.140 定价：CNY3.50

J0018132

宋杨无咎雪梅图　文物出版社编

［北京］文物出版社 1960 年 20 张（套）

定价：CNY3.50

J0018133

宋元山水画册

［沈阳］辽宁美术出版社 1960 年 14 张（套）

定价：CNY0.38

J0018134

宋赵昌蛱蝶图　（宋）赵昌绘；故宫博物院藏

北京 文物出版社 1960 年 5 张 37×53cm

活页 统一书号：7068.143 定价：CNY10.00

J0018135

宋赵昌蛱蝶图　文物出版社编；故宫博物院藏

［北京］文物出版社 1960 年 5 张（套）

定价：CNY10.00

J0018136

楼台殿阁　（元）赵子昂作

［天津］德裕公 1961 年

中国元代国画作品。

J0018137

四景山水图卷　（宋）刘松年绘；故宫博物院

收藏编辑

北京 朝花美术出版社 1961年 10幅 37cm（8开）
活页 统一书号：8028.1830 定价：CNY2.60
（中国古代绘画选辑）

　　本书重点介绍宋代画家刘松年的绘画艺术。
作者刘松年（约1155—1218），南宋孝宗、光宗、
宁宗三朝的宫廷画家。钱塘（今浙江杭州）人。
代表作品有《罗汉图》《醉僧图》《雪山行旅图》
《中兴四将图》《西湖春晓图》等。

J0018138
宋阎次平牧牛图卷
上海 朵云轩 1961年 [1幅]
　　中国现代国画作品。

J0018139
宋赵孟坚水仙图卷　（宋）赵孟坚绘；天津市
艺术博物馆编
北京 文物出版社 1961年 影印本 25幅
34×39cm 活页 统一书号：7068.176
定价：CNY5.40

J0018140
鹊梅　（卷轴）（宋）崔白绘
[天津]德裕公 1962年 1轴
　　本书系北宋国画作品。作者崔白（1004—
1088），北宋画家。字子西，濠州（今安徽凤阳）
人。代表作《双喜图》《寒雀图》《秋蒲蓉
宾图》等。

J0018141
宋人画选
[上海]朵云轩 1962年 [1幅]经折装
　　本书系宋代中国画作品。

J0018142
元任仁发张果见明皇图　（元）任仁发绘
北京 文物出版社 1962年 5幅 39×54cm
统一书号：7068.194 定价：CNY12.00
　　作者任仁发（1254—1327），元代画家，水
利家。字子明，号月山道人。代表作品有《出圉
图》《二马图》《五王醉归图》，晚年著有《水
利集》。

J0018143
元任仁发张果见明皇图　（故宫博物院藏）

（元）任仁发绘
[北京]文物出版社 1962年 [1张]53cm（4开）
统一书号：7068.194 定价：CNY12.00
　　这是元代画家任仁发创作的一幅人物故事
画，描绘唐玄宗李隆基与传说中的"八仙"之一
张果老及其弟子相见的传奇故事。

J0018144
北宋巨然万壑松风图　（卷轴）
上海 朵云轩 1963年 [1轴]
　　北宋中国画作品。

J0018145
古桧黄鹰图　（元）雪界翁，（元）师夔绘
北京 人民美术出版社 1963年 [1张]
54cm（4开）定价：CNY0.60
　　元代中国画作品。

J0018146
李公麟圣贤图石刻　李公麟绘；黄涌泉编
北京 人民美术出版社 1963年 73页 26cm（16开）
统一书号：8027.3531 定价：CNY4.10

J0018147
两宋名画册　文物出版社编辑
北京 文物出版社 1963年 [120]页 42cm（8开）
精装 统一书号：7068.183 定价：CNY100.00

J0018148
两宋名画册　文物出版社编辑
北京 文物出版社 1963年 38cm（6开）精装
统一书号：7068.188 定价：CNY100.00
　　本书选收两宋绘画精品60幅，其中39幅系
新发现，历来未见著录。所选作品有描写宋代社
会生活的风俗画，如《蕉石戏婴图》《婴戏图》；
有描写自然风物各种变化的山水画，如《茶花蝴
蝶图》《仙山楼阁图》等。绘画作者有赵佶、朱锐、
杨无咎、马和之、林椿、马远、马麟、赵孟坚等。
图版说明对佚名画家的作品作了比较和鉴定，确
定其创作时代，具有重要的研究价值。

J0018149
两宋名画册　文物出版社编辑
北京 文物出版社 1979年 重印本 40cm（6开）
精装 统一书号：7068.188 定价：CNY110.00

J0018150
两宋名画册
台北　艺术图书公司　1983 年　112 页　26cm（16 开）
外文书名：Masterpieces of Sung Painting.

J0018151
宋耕获图
北京　荣宝斋　1963 年［1 张］
宋代中国画作品。

J0018152
宋李迪雪树寒禽图
上海　朵云轩　1963 年
宋代中国画作品。

J0018153
宋林椿梅竹蜡嘴　（卷轴）
上海　朵云轩　1963 年［1 轴］
宋代中国画作品。

J0018154
宋人鹌鹑　（卷轴）
上海　朵云轩　1963 年［1 轴］
宋代中国画作品。

J0018155
宋人白鹤猿猴　（卷轴）
上海　朵云轩　1963 年［1 轴］
宋代中国画作品。

J0018156
宋人峰岫楼阁　（卷轴）
上海　朵云轩　1963 年［1 轴］
宋代中国画作品。

J0018157
宋人枯荷鹡鸰（卷轴）
上海　朵云轩　1963 年［1 轴］
宋代中国画作品。

J0018158
宋人蜀葵图　（卷轴）
上海　朵云轩　1963 年［1 轴］
宋代中国画作品。

J0018159
宋人松溪话旧　（卷轴）
上海　朵云轩　1963 年［1 轴］
宋代中国画作品。

J0018160
宋人雪麓早行图　（卷轴）
上海　朵云轩　1963 年［1 轴］
宋代中国画作品。

J0018161
宋朱锐雪山行车　（卷轴）
上海　朵云轩　1963 年［1 轴］
宋代中国画作品。

J0018162
元人广寒宫图　（卷轴）
上海　朵云轩　1963 年［1 轴］
元代中国画作品。

J0018163
元人杏花鸳鸯图　（卷轴）
上海　朵云轩　1963 年［1 轴］
元代中国画作品。

J0018164
元任仁发秋水凫鹭图　（卷轴）
上海　朵云轩　1963 年［1 轴］
元代中国画作品。

J0018165
元盛懋秋舸清啸图　（卷轴）
上海　朵云轩　1963 年［1 轴］
元代中国画作品。

J0018166
元赵孟頫洞庭东山图　（卷轴）
上海　朵云轩　1963 年［1 轴］
元代中国画作品。

J0018167
宋元画册　（3）
北京　荣宝斋　1964 年

J0018168
消夏图 （卷轴）宋人作
[上海]朵云轩 1964年 [1张]
　　宋代中国画作品。

J0018169
元张逊双钩竹图卷 （元）张逊作
北京 文物出版社 1964年 19幅 34cm（12开）
统一书号：7068.234 定价：CNY5.20

J0018170
岳阳楼图 （卷轴）（元）夏永作
[北京]荣宝斋 1964年 [1张]
　　元代中国画作品。

J0018171
宋人作出水芙蓉 （绫裱卷轴）
[北京]荣宝斋 1965年 1轴
　　宋代中国画作品。

J0018172
宋人作海棠蛱蝶 （绫裱卷轴）
[北京]荣宝斋 1965年 1轴
　　宋代中国画作品。

J0018173
幽篁戴胜 （元）赵子昂作
[北京]荣宝斋 1965年 [1张]

J0018174
南京博物院藏画集 （宋）阎次平等绘；南京
博物院编
北京 文物出版社 1966年 影印暨铅印本 线装
　　分二册。

J0018175
宋人花鸟 上海博物馆藏
北京 文物出版社 1966年 10幅 38cm（6开）
统一书号：7068.287 定价：CNY10.00

J0018176
（景印）吴镇竹谱 （元）吴镇绘
台北 台北故宫博物院 1976年 影印本 有图
52cm（4开）
　　本书系元代画家吴镇的墨竹国画。

J0018177
（景印）吴镇竹谱 （元）吴镇绘
台北 台北故宫博物院 1980年 再版 影印
有图
52cm（4开）精装

J0018178
北宋四大家 （李成、范宽、郭熙、米芾）陈金
溪编辑
台北 伟文图书出版社 1977年 461页
21cm（32开）精装 定价：TWD500.00，
USD14.00
（中国历代艺术家研究资料汇编 第1辑）
　　本书系中国北宋绘画作品综合集。

J0018179
李龙眠九歌人物图册 （宋）李龙眠绘
台北 华正书局 1977年 26×38cm
定价：TWD120.00

J0018180
雷楚早行图 宋人作
上海 上海人民美术出版社 1978年 53cm（4开）
定价：CNY0.30
　　上海博物馆藏，宋代中国画作品。

J0018181
宋赵昌写生蛱蝶图 故宫博物院藏
北京 文物出版社 1978年 重印本 1幅
38×53cm 统一书号：7068.143
　　北宋中国画画册。

J0018182
宋赵昌写生蛱蝶图 （绫裱单片）
北京 文物出版社 1978年 [1幅]
　　故宫博物院藏，宋代中国画作品。

J0018183
元任仁发二马图
北京 文物出版社 1978年 3张 53cm（4开）
定价：CNY8.00
　　本作品系元代中国画作品，故宫博物院藏，
二马图卷，绢本设色，纵29.1cm、横142.7cm，接
绢有任仁发自己的行书题记。彩色铜版精印，有
盒装和袋装两种装帧形式。

J0018184

元任仁发二马图 （绫裱单片）

北京 文物出版社 1978 年［1 幅］

　　本作品为元代中国画作品，故宫博物院藏。

J0018185

元任仁发二马图 （元）任仁发作

北京 文物出版社 1980 年 3 幅 78cm（2 开）

统一书号：8068.553 定价：CNY8.00

　　作者任仁发(1254—1327)，元代画家，水利家。字子明，号月山道人。代表作品优《出圉图》《二马图》《五王醉归图》，晚年著有《水利集》。

J0018186

范宽山水画 （北宋）范宽绘

天津 天津人民美术出版社 1979 年 10 张

38cm（6 开）统一书号：8073.50111

定价：CNY1.50

　　北宋山水画国画作品选。作者范宽(950—1032)，宋代绘画大师。名中正，字中立。陕西华原(今陕西铜川耀州区)人。代表作品有《溪山行旅图》《雪山萧寺图》《雪景寒林图》。

J0018187

古木遥山图 （绫裱单片）（北宋）郭熙作

上海 上海人民美术出版社 1979 年 53cm（4 开）

　　北宋国画作品选。

J0018188

李公麟 张安治著

北京 人民美术出版社 1979 年 24 页 有图

26cm（16 开）统一书号：8027.7021

定价：CNY1.25

　　本书主要介绍北宋画家李公麟的绘画艺术，书中附黑白图 19 幅。作者李公麟(1049—1106)，北宋著名画家。字伯时，号龙眠居士。安徽舒城人。神宗熙宁三年(1070)进士。传世作品《五马图》《维摩居士像》《免冑图》等。

J0018189

宋人花鸟

北京 文物出版社 1979 年 10 幅 40cm（5 开）

统一书号：8068.758 定价：CNY15.00

　　宋代花鸟画画册。

J0018190

宋人画册 上海博物馆，上海人民美术出版社编辑

上海 上海人民美术出版社 1979 年 60 页

40cm（5 开）精装 统一书号：8081.11580

定价：CNY65.00

　　本书系宋代中国画画册。内容包括上海博物馆历年所藏宋人册页的一部分，其中人物画有梁楷《布袋和尚图》、无款《倚松赏月图》《寒林策蹇图》《人物故事图》等。

J0018191

刘松年画罗汉 （宋）刘松年绘

台北 台北故宫博物院 1980 年 80 页 30cm（10 开）

J0018192

宋李公麟维摩演教图卷 （宋）李公麟绘；故宫博物馆编

天津 天津人民美术出版社 1980 年 6 幅（套）

19cm（32 开）统一书号：8073.70018

定价：CNY1.00

J0018193

宋李公麟维摩演教图卷 （故宫博物院藏画介绍）（宋）李公麟绘；故宫博物馆编

天津 天津人民美术出版社 1980 年［7］张

53cm（1 张),38cm（6 张）（4 开）

定价：CNY1.00

　　本书是中国画画册。

J0018194

宋人画册

北京 荣宝斋 1980 年 6 幅 19cm（32 开）

统一书号：8030.1209 定价：CNY0.84

J0018195

竹石图 （木版水印 绫裱立轴）（元）王蒙作

上海 朵云轩 1981 年 定价：CNY35.00

J0018196

马远 张蔷编著

北京 人民美术出版社 1982 年 45 页

25cm（小 16 开）统一书号：8027.8070

定价：CNY1.50

　　本书介绍宋代画家马远(1140—1225)的绘

画艺术。附图 35 幅(黑白)。

J0018197
宋马麟静听松风图 （宋）马麟绘
台北 台北故宫博物院 1982 年 87 页
30cm（15 开）

J0018198
宋赵芾江山万里图卷 （宋）赵芾绘
北京 文物出版社 1982 年 14 幅(套) 25cm（16 开）
统一书号：8068.1069 定价：CNY2.10
　　作者赵芾，宋代画家。京口（今江苏镇江）
人。传世作品有《江山万里图》卷。

J0018199
宋赵芾江山万里图卷 （宋）赵芾绘
北京 文物出版社 1982 年 14 幅(套)
25cm（15 开）定价：CNY2.10

J0018200
赵黻江山万里图卷 （宋）赵黻绘
北京 文物出版社 1982 年 14 张 26cm（16 开）
定价：CNY2.10
　　《江山万里图卷》是以万里长江为题材的一
幅大型水墨画，故宫博物院收藏。

J0018201
崔白双喜图 （宋）崔白绘
台北 台北故宫博物院 1983 年 再版 52 页
30cm（10 开）
　　作者崔白（1004—1088），北宋画家。字子西，
濠州（今安徽凤阳）人。代表作《双喜图》《寒雀
图》《秋蒲蓉宾图》等。

J0018202
崔白双喜图 （宋）崔白绘
上海 上海人民美术出版社 1991 年 32 页 38cm
（8 开）ISBN：7-5322-0519-3 定价：CNY5.60
（名画鉴赏丛书）
　　本图有 45 幅局部图版，介绍画中的飞禽、
走兔、树竹、枯草的画法，另附有收藏印章 18
枚，以及历代对崔白化的评论。作者崔白（1004—
1088），北宋画家。濠州（今安徽凤阳）人，字子
西。其擅花竹、翎毛，亦长于佛道壁画，画佛道
鬼神、山水、人物亦精妙绝伦，尤长于写生。代

表作品有《双喜图》《寒雀图》《秋蒲蓉宾图》等。

J0018203
崔白双喜图 （宋）崔白绘
上海 上海人民美术出版社 1994 年 32 页
38cm（8 开）ISBN：7-5322-0519-3 定
价：CNY5.60
（名画鉴赏丛书）

J0018204
范宽溪山行旅 （北宋）范宽绘
台北 台北故宫博物院 1983 年 3 版 44 页 有图
30cm（15 开）
　　作者范宽（950—1032），宋代绘画大师。名
中正，字中立。陕西华原（今陕西铜川耀州区）人。
代表作品有《溪山行旅图》《雪山萧寺图》《雪景
寒林图》。

J0018205
富春山居图卷 （元）黄公望绘
天津 天津人民美术出版社 1983 年 19cm（32 开）
统一书号：8073.70045 定价：CNY1.50
　　元代水墨画画卷。

J0018206
花鸟图 （元）沈恢作
北京 文物出版社 1983 年 76cm（2 开）
定价：CNY0.35

J0018207
梅 （宋）杨无咎等画
杭州 西泠印社 1983 年 74 页 26cm（16 开）
定价：CNY1.40
（梅兰竹菊画谱）
　　本书选编杨无咎、王冕、王谦、陈洪绶、朱
耷、石涛等名家画梅作品共 60 余幅。

J0018208
梅 （宋）杨无咎等绘
杭州 西泠印社 1986 年 74 页 26cm（16 开）
统一书号：8191.242 定价：CNY1.60
（梅兰竹菊画谱）
　　宋代中国画画册。

J0018209

梅　（宋）杨无咎等绘

杭州　西泠印社　1987年　重印本　74页

19×26cm ISBN：7-80517-024-X

定价：CNY1.90

（梅兰竹菊画谱）

　　本书为中国宋代梅兰竹菊画谱中梅的画册专著。

J0018210

宋人梅竹聚禽图　台北故宫博物院编辑委员会编辑

台北　台北故宫博物院　1983年　80页　30cm（15开）

J0018211

元王振朋伯牙鼓琴图卷　（元）王振朋著

天津　天津人民美术出版社　1983年　3张

39cm（4开）统一书号：8073.70047

定价：CNY1.30

　　本书对作者生平及其艺术成就、技法特点等均作详细介绍。

J0018212

北宋王希孟千里江山图　文物出版社编

北京　文物出版社　1984年　1幅　1192×52cm

　　本图采用彩色铜版精印。作者王希孟（1096—1119），北宋晚期画家。18岁时在宋徽宗画院学徒，经宋徽宗赵佶亲授指点笔墨技法，用了半年时间绘成名垂千古之鸿篇杰作《千里江山图》长卷。这是此天才画家的唯一传世作品，收藏在故宫博物院。

J0018213

四景山水图卷　（宋）刘松年绘；故宫博物院编辑

北京　人民美术出版社　1984年　2版　9幅

38cm（6开）统一书号：8027.9283

定价：CNY7.50

　　南宋山水画画册。

J0018214

芙蓉锦鸡图　（绫裱卷轴）（宋）赵佶作

上海　朵云轩［1985年］［1轴］

J0018215

郭熙早春图　（宋）郭熙绘

台北　台北故宫博物院　1985年　3版　88页

30cm（15开）

　　北宋国画作品。

J0018216

郭熙早春图　（宋）郭熙绘

上海　上海人民美术出版社　1989年　40页

37cm（8开）ISBN：7-5322-0174-0

定价：CNY5.00

（名画鉴赏丛书）

　　本书通过57个局部画面，介绍了全图的具体技法和艺术成就，另附印收藏印章31枚，并辑录有《早春图》之历代著录和历代对郭熙绘画之评论。

J0018217

暮色兰竹图　（绫裱卷轴）（元）赵雍作

上海　朵云轩［1985年］［1轴］

J0018218

宋人寒鸦图　（绫裱卷轴）

北京　文物出版社　1985年［1轴］27×113cm

　　本画卷是辽宁博物馆藏的藏品。

J0018219

八十七神仙卷　上海书画出版社编

上海　上海书画出版社　1986年　8页　24cm（26开）

统一书号：8172.1432　定价：CNY0.45

（中国画传统线描资料）

　　宋代白描人物画作品。

J0018220

八十神仙卷　上海书画社编

上海　上海书画出版社　1986年　8页　20cm（32开）

统一书号：8173.1432　定价：CNY0.45

　　宋代白描人物画作品。

J0018221

梁楷　（南宋）梁楷绘；李福顺编

北京　人民美术出版社　1986年　43页　26cm（16开）

统一书号：8027.8074　定价：CNY2.00

（中国古代美术作品介绍）

　　本书为南宋画家梁楷中国画作品集。作者

梁楷(生卒年不详),南宋画家。祖籍山东,南渡后流寓钱塘(今浙江杭州)。善画山水、佛道、鬼神。宋宁宗嘉泰年间(1201—1204),曾为画院待诏。传世作品有《六祖伐竹图》《李白行吟图》《泼墨仙人图》等。

J0018222

梁楷全集 (南宋)梁楷绘;谢稚柳编

上海 上海人民美术出版社 1986年 38cm(6开)

定价:CNY3.00

本书收入作品有《黄庭经神像图卷》《云山猎骑图》《雪景山水图》《水禽图》等。作者梁楷(生卒年不详),南宋画家。祖籍山东,南渡后流寓钱塘(今浙江杭州)。善画山水、佛道、鬼神。宋宁宗嘉泰年间(1201—1204),曾为画院待诏。传世作品有《六祖伐竹图》《李白行吟图》《泼墨仙人图》等。

J0018223

马远 (南宋)马远绘;张蔷编著

北京 人民美术出版社 1986年 45页 有图

26cm(16开)统一书号:8027.8070

定价:CNY2.00

(中国古代美术作品介绍)

本书介绍宋代画家马远的绘画艺术。附图35幅(黑白)。

J0018224

燕文贵范宽合集 (北宋)燕文贵,(北宋)范宽绘;谢稚柳编

上海 上海人民美术出版社 1986年 49页

38cm(6开)定价:CNY3.00

本画册收入两位作者的传世作品7部。其中燕文贵作品有《溪山楼观图》《江山楼观图卷》《烟岚水殿图卷》等;范宽作品有《溪山行旅》《雪山楼观图》。作者燕文贵(967—1044),北宋画家。吴兴(今浙江湖州)人,文贵一作贵,又名燕文季。擅画山水、人物等。作者范宽(950—1032),宋代绘画大师。名中正,字中立。陕西华原(今陕西铜川耀州区)人。代表作品有《溪山行旅图》《雪山萧寺图》《雪景寒林图》。

J0018225

竹 (元)吴镇等绘

杭州 西泠印社 1986年 74页 26cm(16开)

统一书号:8191.243 定价:CNY1.60

元代中国画作品。

J0018226

竹 (元)吴镇等绘

杭州 西泠印社 1987年 重印本 74页

19×26cm ISBN:7-80517-022-3 定价:CNY1.90

(梅兰竹菊画谱 三)

本画集梅兰竹菊画谱之三,收入元代、明清时期的墨竹画作43幅。

J0018227

兰 (宋)赵孟坚等绘

杭州 西泠印社 1987年 重印本 74页

19×26cm ISBN:7-80517-023-1

定价:CNY1.90

(梅兰竹菊画谱 二)

本画集收入宋代、明清时代至现代的兰花画作61幅。

J0018228

宋李唐万壑松风图 (宋)李唐绘

台北 台北故宫博物院 1987年 再版

30cm(15开)

J0018229

宋元扉页选 辽宁省博物院藏

北京 文物出版社 1987年 6幅 10cm(64开)

ISBN:7-5010-0025-5 定价:CNY0.80

J0018230

中国台北故宫博物院藏宋元画选 (一)

杭州 浙江人民美术出版社 1987年 38cm(6开)

精装 ISBN:7-5340-0036-7 定价:CNY39.00

本画册精选台北故宫博物院所藏宋元绘画珍品84幅。

J0018231

李成茂林远岫图 (宋)李成绘;杨仁恺编

上海 上海人民美术出版社 1989年 32页

37cm(8开)ISBN:7-5322-0175-9

定价:CNY4.10

(名画鉴赏丛书)

本书除展现整体画面外,还将全画划分为29个局部,介绍峰峦、林木、亭馆、舟车以及渔

人、行旅。同时辑录不同时期对《茂林远岫图》和李成绘画的评论。作者李成（917—967），五代宋初画家。原籍长安（今陕西西安）。字咸熙。代表作品有《寒林平野图》《读碑窠石图》《晴峦萧寺图》等。

J0018232
刘松年罗汉图 （宋）刘松年绘
上海 上海人民美术出版社 1989年 40页
37cm（8开）ISBN：7-5322-0192-9
定价：CNY5.00
（名画鉴赏丛书）
　　本书共收作者作品38个局部图版，对画中的人物、猿猴、双鹿、树石等画法进行了介绍。附有印章16枚，《罗汉图》2幅和不同时期对刘松年及其绘画的评论。

J0018233
宋徽宗赵佶全集 （宋）赵佶绘；谢稚柳编
上海 上海人民美术出版社 1989年 63页
38cm（6开）ISBN：7-5322-0448-0
定价：CNY10.00
　　本书收集作者现藏国内、外的全部作品，有《雪江归棹图卷》《瑞鹤图卷》《柳鸦芦雁图卷》等13幅;《芙蓉锦鸡图轴》《听琴图轴》《虢国夫人游春图卷》等御题画6幅。

J0018234
南宋卤簿玉辂图卷 辽宁省博物馆藏
北京 文物出版社 1990年 1卷

J0018235
郭熙王诜合集 （宋）郭熙,（宋）王诜绘；谢稚柳编
上海 上海人民美术出版社 1993年 60页
38cm（6开）ISBN：7-5322-1184-3
定价：CNY12.50

J0018236
卢鸿草堂十志图册 上海书画出版社编著
上海 上海书画出版社 1993年 37cm（8开）
ISBN：7-80512-709-3 定价：CNY18.00
（中国画名家范本系列）

J0018237
宋人画册 郑振铎等编
北京 人民美术出版社 1994年 2版 38cm（8开）
精装 ISBN：7-102-01440-6
定价：CNY380.00

J0018238
宋人院体画风 徐流等编
重庆 重庆出版社 1994年 26cm（16开）精装
ISBN：7-5366-2957-5 定价：CNY40.00

J0018239
元四家画集 （黄公望 吴镇 倪瓒 王蒙）（元）黄公望等绘
天津 天津人民美术出版社 1994年 36cm（15开）
精装 ISBN：7-5305-0426-6

J0018240
宋·十大词人词画雅鉴 陈东华，贺飞白主编
武汉 湖北美术出版社 1995年 252页
29cm（16开）精装 ISBN：7-5394-0489-2
定价：CNY280.00

J0018241
宋代书画册页名品特展 台北故宫博物院编辑委员会编辑
台北 台北故宫博物院 1995年 310页
29×30cm 精装 ISBN：957-562-235-9
定价：[TWD2400.00]
　　外文书名：Famous Album Leaves of the Sung Dynasty.

J0018242
赵孟頫画集 （元）赵孟頫绘；上海书画出版社编
上海 上海书画出版社 1995年 151页
38cm（6开）精装 ISBN：7-80512-890-1
定价：CNY280.00

J0018243
赵孟頫画集 （元）赵孟頫绘
南京 江苏美术出版社 1997年 46页
28cm（大16开）ISBN：7-5344-0692-7
定价：CNY28.00
（中国历代大师名作丛书）

J0018244

元朝名画精华 何恭上编著
台北 艺术图书公司 1996年 251页 有图
21cm（32开）ISBN：957-672-249-7
定价：TWD450.00
（中华艺术导览 3）

J0018245

南宋四家画集 （南宋）李唐等绘
天津 天津人民美术出版社 1997年
38cm（6开）精装 ISBN：7-5305-0767-2

J0018246

千里江山图 北京故宫博物院藏
天津 天津人民美术出版社 1997年 1轴
882×38cm 定价：CNY88.00
  本作品是北宋王希孟创作的绢本设色画，现
收藏于北京故宫博物院。

J0018247

宋画集粹 朱秀选编；李其容，童教英撰文
杭州 浙江人民美术出版社 1997年 243+24页
28cm（大16开）ISBN：7-5340-0731-3
定价：CNY88.00
（名家画艺挹秀）

J0018248

王蒙 倪瓒画集 （元）王蒙，（元）倪瓒绘
南京 江苏美术出版社 1997年 46页
28cm（大16开）ISBN：7-5344-0691-9
定价：CNY28.00
（中国历代大师名作丛书）
  作者王蒙（1308—1385），元末明初画家。字
叔明，号黄鹤山樵、香光居士。吴兴（今浙江湖州）
人。赵孟頫外孙。存世作品有《青卞隐居图》《葛
稚川移居图》《夏山高隐图》《丹山瀛海图》《太
白山图》等。作者倪瓒（1301—1374），元末明初
画家、诗人。初名倪珽，字泰宇，别字元镇，号
云林子、荆蛮民、幻霞子。江苏无锡人。擅长画
山水，亦工墨竹，亦擅诗文。主要作品有《渔庄
秋霁图》《六君子图》《容膝斋图》《清閟阁集》等。

J0018249

溪山风雨图册 （元）王蒙绘；陈履生编著
南宁 广西美术出版社 1997年 38cm（6开）

ISBN：7-80625-300-9 定价：CNY16.00
（一品堂系列丛书 一品堂册页精品）

J0018250

元人画风 李一等编
重庆 重庆出版社 1997年 162页 26cm（16开）
精装 ISBN：7-5366-3573-7
定价：CNY58.00
（中国古代绘画大师画风系列）

J0018251

百代标程 （宋代绘画）陈传席编著
天津 天津人民美术出版社 1998年 73页
29cm（16开）ISBN：7-5305-0933-0
定价：CNY38.00
（海外珍藏中国名画 2）
  作者陈传席（1950— ），教授。江苏睢宁人，
毕业于南京师范大学美术学院，获博士学位。中
国人民大学艺术学院教授、博士生导师，中国美
术家协会会员，中国美术学院客座教授。兼任中
国佛教艺术研究所所长、中国美术家协会理论委
员会副主任等。代表作有《陈传席文集》《中国
山水画史》《中国绘画美学史》等。

J0018252

画外笛声扬 （元明清绘画名品欣赏）罗青著
台北 雄狮图书股份有限公司 1998年 173页
26cm（16开）ISBN：957-8980-72-8
定价：TWD450.00
（绝妙好画系列 1）

J0018253

罗汉图轴 （蕃王进宝）（宋）刘松年绘
天津 天津人民美术出版社 1998年 1张
72cm（2开）定价：CNY12.00
  南宋中国画作品。

J0018254

罗汉图轴 （猿猴献果）（宋）刘松年绘
天津 天津人民美术出版社 1998年 1张
72cm（2开）定价：CNY12.00
  南宋中国画作品。

J0018255

南宋·马远《水图》册 （南宋）马远绘

天津　天津人民美术出版社　1998年　37cm　精装
统一书号：85305.1560 定价：CNY80.00

J0018256
平淡天真 （元代绘画）陈传席编著
天津　天津人民美术出版社　1998年　69页
29cm（16开）ISBN：7-5305-0934-9
定价：CNY36.00
（海外珍藏中国名画 3）

J0018257
秋山行旅图 （北宋）范宽绘
天津　天津人民美术出版社　1998年　1张
65cm（3开）定价：CNY8.00
　　　　北宋国画作品。作者范宽（950—1032），宋
代绘画大师。名中正，字中立。陕西华原（今陕
西铜川耀州区）人。代表作品有《溪山行旅图》
《雪山萧寺图》《雪景寒林图》。

J0018258
鹊华秋色图 （元）赵孟頫书；陈履生编著
南宁　广西美术出版社　1998年　38cm（6开）
ISBN：7-80625-468-4 定价：CNY26.00
（一品堂系列丛书 一品堂手卷精品）
　　　　作者陈履生（1956—　　），画家、美术理论
家。江苏镇江人。号平生。硕士毕业于南京艺
术学院美术系。中国美术家协会会员，中国、日
本美术交流协会会员，装帧艺术研究会会员。主
要著作有《神画主神研究》《明清花鸟画 题画诗
选注》《台湾现代美术运动》等。

J0018259
宋词画谱 （二卷）（明）汪氏辑
北京　北京古籍出版社　1998年　影印本　有插图
线装 ISBN：7-5300-0169-8
定价：CNY230.00
　　　　本书共分二册。据明宛陵汪氏刻本影印。

J0018260
宋人小品 （花卉·鱼虫编）
广州　岭南美术出版社　1998年　16页　37cm
ISBN：7-5362-1775-7 定价：CNY15.00
（中国历代名画宝库）

J0018261
宋人小品 （翎毛编）
广州　岭南美术出版社　1998年　16页　37cm
ISBN：7-5362-1774-9 定价：CNY15.00
（中国历代名画宝库）

J0018262
宋人小品 （人物·走兽编）
广州　岭南美术出版社　1998年　16页　37cm
ISBN：7-5362-1772-2 定价：CNY15.00
（中国历代名画宝库）

J0018263
宋人小品 （山水编）
广州　岭南美术出版社　1998年　16页　37cm
ISBN：7-5362-1773-0 定价：CNY15.00
（中国历代名画宝库）

J0018264
雪景寒林图 （北宋）范宽绘
天津　天津人民美术出版社　1998年　1张
72cm（2开）定价：CNY14.00
　　　　北宋国画作品。

J0018265
瑶池献寿图 （宋）刘松年绘
天津　天津人民美术出版社　1998年　1张
72cm（2开）定价：CNY12.00
　　　　南宋中国画作品。

明代国画作品

J0018266
杜氏画谱 （三卷）（明）杜浚撰
明　刻本　补修
（杜氏四谱）

J0018267
高松竹谱 （一卷）（明）高松绘
明　刻本

J0018268
酣酣斋洒牌 （不分卷）□□辑
明　刻本

J0018269
画学南宗 （一卷）（明）汪建功撰
明　彩绘本

J0018270
状元酒筹 （一卷）□□辑
明　刻本

J0018271
画谱 （二卷）（明）高松绘
明嘉靖　刻本
　　分二册。

J0018272
程氏竹谱 （二卷）（明）程大宪撰
程氏滋苏馆　明万历三十六年［1608］刻本
　　本书共分二册。

J0018273
素园石谱 （四卷）（明）林有麟撰
林有麟［自刊］明万历四十一年［1613］刻本
有图
　　本书共分四册。有郑振铎跋。八行十八字
白口四周单边。

J0018274
素园石谱 （四卷）（明）林有麟辑
北平　北平故宫博物院图书馆　民国二十二年
［1933］影印本　有图　线装
　　本书共分四册。

J0018275
金石昆虫草木状 （二十七卷）（明）文俶绘
明万历四十五至四十八年［1617—1620］稿本
彩绘

J0018276
［**十竹斋**］石谱 （一卷）（明）胡正言撰
胡氏十竹斋　明崇祯　刻本　套印
　　作者胡正言，明末书画篆刻家、出版家。字
曰从，号十竹，原籍安徽休宁。代表作品《印存玄
览》《十竹斋笺谱》《六书正伪》《印存初集》等。

J0018277
［**十竹斋画谱**］（明）胡正言辑

明崇祯　刻本　彩色套印　有图　线装
　　本书共分三册。

J0018278
［**十竹斋书画谱**］（八种）（明）胡正言辑
明末　刻本　彩色套印　有图
　　本书共分八册。

J0018279
［**十竹斋书画谱**］（八种）（明）胡正言辑
明崇祯　刻本　彩色套印　有图　包背装
　　本书共分十六册。

J0018280
梨云馆竹谱 （一卷）（明）胡曰从辑
明末　刻本　彩色套印

J0018281
明刊十竹斋画谱 （明）胡正言辑并绘
明末　刻本　彩色套印　有图　线装
　　本书共分二册。

J0018282
十竹斋果谱 （明）胡正言辑
明崇祯　刻本　彩色套印　有图　包背装
（十竹斋书画谱）
　　本书共分三册。

J0018283
十竹斋果谱 （明）胡正言绘
上海　江东书局　民国　影印本　彩色套印　有图
线装
（十竹斋书画谱）

J0018284
十竹斋画稿 （明）胡正言编
清　刻本　彩色套印　有图　经折装

J0018285
十竹斋画谱 （八卷）（明）胡正言辑
胡氏十竹斋　明崇祯　刻本　套印
　　本书共分十六册。

J0018286
十竹斋画谱 （六卷）（明）胡正言辑

胡氏十竹斋 明崇祯 刻本 套印

　　本书共分七册。

J0018287
十竹斋画谱 （八卷）（明）胡正言辑
胡氏十竹斋 明崇祯 刻本 套印

　　本书共分七册。

J0018288
十竹斋画谱 （明）胡正言编
北京 中国书店 1990年 影印本 有图
26cm（16开）线装

J0018289
十竹斋笺谱 （明）胡正言编
版画丛刊会 民国二十三年［1934］刻本
彩色套印 有图

　　据通县王孝慈明崇祯年间藏本翻印。

J0018290
十竹斋笺谱 （明）胡正言编
上海 良友复兴图书印刷公司 民国三十一年
［1942］影印本 彩印 有图 线装
（中国版画史图录）

　　本书共分四册。

J0018291
十竹斋笺谱 （明）胡正言编；周树人，郑振铎
重编；王荣麟绘
北京 荣宝斋 1952年 刻本 彩色套印 有图
线装

　　本书共分四册。

J0018292
十竹斋笺谱 （明）胡曰从编制
［北京］荣宝斋 1952年 定价：CNY26.00

　　本书为我国传统木刻画，在刻版印刷术以前
就已出现，至今有一千年的历史。1644年，胡曰
从运用当时流行的"饾版""拱花"技术，印出此
书。1934年，鲁迅与郑振铎先生又委托荣宝斋
重刻《十竹斋笺谱》，使这部笺谱得以原式新貌面
世。作者胡正言，中国明代末年书画篆刻家、出
版家。字曰从，号十竹，原籍安徽休宁，寄居南
京鸡笼山侧。

J0018293
十竹斋笺谱初集 （四卷）（明）胡正言辑
胡氏十竹斋 明崇祯 刻本 套印

　　本书共分二册。

J0018294
十竹斋笺谱初集 （不分卷）（明）胡正言辑
胡氏十竹斋 明崇祯十七年［1644］刻本 套印

　　本书共分四册。

J0018295
十竹斋笺谱初集 （四卷）（明）胡正言辑
胡氏十竹斋 明崇祯十七年［1644］刻本
彩色套印

J0018296
十竹斋笺谱初集 （四卷）（明）胡正言辑
胡氏十竹斋 明崇祯十七年［1644］刻本 套印

　　本书共分四册。

J0018297
十竹斋兰谱 （明）胡正言辑
明末 刻本 彩色套印 有图 包背装
（十竹斋书画谱）

J0018298
十竹斋兰谱 （一卷）（明）胡正言辑
胡氏十竹斋 明崇祯 刻本 套印

　　本书共分二册。

J0018299
十竹斋兰谱 （明）胡正言辑
明崇祯 刻本 彩色套印 有图 包背装
（十竹斋书画谱）

J0018300
十竹斋兰谱 （明）胡正言绘
上海 江东书局 民国 影印本 彩色套印 有图
线装
（十竹斋书画谱）

J0018301
十竹斋翎毛谱 （明）胡正言辑
明末 刻本 彩色套印 有图 包背装
（十竹斋书画谱）

J0018302
十竹斋翎毛谱 （明）胡正言辑
明崇祯 刻本 彩色套印 有图 包背装
（十竹斋书画谱）
　　本书共分三册。

J0018303
十竹斋翎毛谱 （明）胡正言绘
上海 江东书局 民国 影印本 彩色套印 有图
线装
（十竹斋书画谱）

J0018304
十竹斋梅谱 （明）胡正言辑
明末 刻本 彩色套印 有图 包背装
（十竹斋书画谱）

J0018305
十竹斋梅谱 （明）胡正言辑
明崇祯 刻本 彩色套印 有图 包背装
（十竹斋书画谱）
　　本书共分二册。

J0018306
十竹斋梅谱 （明）胡正言绘
上海 江东书局 民国 影印本 彩色套印 有图
线装
（十竹斋书画谱）

J0018307
十竹斋墨华册 （明）胡正言辑
明末 刻本 彩色套印 有图 包背装
（十竹斋书画谱）

J0018308
十竹斋墨华册 （明）胡正言辑
明崇祯 刻本 彩色套印 有图 包背装
（十竹斋书画谱）

J0018309
十竹斋墨华谱 （明）胡正言绘
上海 江东书局 民国 影印本 彩色套印 有图
线装
（十竹斋书画谱）

J0018310
十竹斋石谱 （明）胡正言辑
明末 刻本 彩色套印 有图 包背装
（十竹斋书画谱）

J0018311
十竹斋石谱 （一卷）（明）胡正言辑
胡氏十竹斋 明崇祯 刻本 套印
　　本书共分二册。

J0018312
十竹斋石谱 （明）胡正言辑
明崇祯 刻本 彩色套印 有图 包背装
（十竹斋书画谱）
　　本书共分三册。

J0018313
十竹斋石谱 （八种）（明）胡正言辑并绘
清 刻本 彩色套印 蝴蝶装
　　本书共分八册。

J0018314
十竹斋石谱 （明）胡正言绘
上海 江东书局 民国 影印本 彩色套印 有图
线装
（十竹斋书画谱）

J0018315
十竹斋书画册 （明）胡正言辑并书
明末 刻本 彩色套印 有图 包背装
（十竹斋书画谱）

J0018316
十竹斋书画册 （明）胡正言辑
明崇祯 刻本 彩色套印 有图 包背装
（十竹斋书画谱）

J0018317
十竹斋书画谱 （明）胡正言辑并绘
清 刻本 彩色套印 有图
　　本书共分九册。

J0018318
十竹斋书画谱 （八种）（明）胡正言辑并绘
清 刻本 彩色套印 有图 包背装

本书共分八册。

J0018319

十竹斋书画谱 （八种）（明）胡正言辑并绘

清 刻本 彩色套印 有图 包背装

　　本书共分十六册。

J0018320

十竹斋书画谱 （八种）（明）胡正言辑并绘

秀水王概芥子园 清嘉庆二十二年［1817］刻本

彩色套印 蝴蝶装

　　本书共分十六册。

J0018321

十竹斋书画谱 （八种）（明）胡正言辑并绘

秀水王概芥子园 清嘉庆二十二年至宣统

［1817—1911］刻本 彩色套印 蝴蝶装

　　本书包括：《十竹斋书画谱》《十竹斋墨华

谱》《十竹斋果谱》《十竹斋翎毛谱》《十竹斋兰

谱》《十竹斋竹谱》《十竹斋梅谱》《十竹斋石

谱》。分八册。

J0018322

十竹斋书画谱 （八种）（明）胡正言辑并绘；

（清）张学畊校

绣水王氏芥子园 清嘉庆二十二年［1817］刻本

彩色套印 有图 包背装

　　本书共分十六册。

J0018323

十竹斋书画谱 （八种）（明）胡正言辑并绘

吴县朱记荣校经山房 清光绪五年［1879］刻本

彩色套印 蝴蝶装

　　本书共分八册。

J0018324

十竹斋书画谱 （八种）（明）胡正言摹；（清）

张学耕校

元和邱瑞麟 清光绪五年［1879］刻本 彩色套

印本 有图 包背装

J0018325

十竹斋书画谱 （八种）（明）胡正言辑并绘

上海 江东书局 民国 影印本 彩色套印 有图

线装

本书据清光绪五年重刻本影印，共分七册。

J0018326

十竹斋书画谱 （明）胡正言辑

民国 影印本 彩色套印 有图 线装

　　本书共分四册。

J0018327

十竹斋书画谱 （明）胡正言辑

北京 北京市中国书店 1982 年 影印本

26cm（16 开）定价：CNY4.00

　　本书分为《书画谱》《墨华谱》《果谱》《翎

毛谱》《兰谱》《竹谱》《梅谱》《石谱》，收入胡正

言的绘画作品和复制古人及明代的名作 30 家。

每谱中大约有 40 幅左右的画，每幅都配有题词

和诗，总共 180 幅画和 140 件书法作品。

J0018328

十竹斋书画谱 （明）胡正言辑选

上海 朵云轩 1985 年 影印本　27×27cm

　　本书是由朵云轩校勘遴选刊行，收入《书画

册》《竹谱》《墨华册》《石谱》《翎毛谱》《梅谱》

《兰谱》《果谱》，水墨画 75 幅，彩色作品 110 幅，

配诗墨迹 140 幅。书中附有《复制十竹斋画谱序》

《朵云轩后记》。

J0018329

十竹斋书画谱 （明）胡正言撰并绘

北京 中国书店 1991 年 影印本 有图 线装

定价：CNY500.00

　　本书共分四册，据校经山房本影印。

J0018330

十竹斋书画谱 ［（明）胡正言辑］

北京 中国书店 1995 年 影印本 重印 19×26cm

ISBN：7-80568-154-6 定价：CNY24.00

　　本书分为《书画谱》《墨华谱》《果谱》《翎

毛谱》《兰谱》《竹谱》《梅谱》《石谱》等 8 大

类，收入胡正言本人的绘画作品和复制古人及明

代的名作 30 家。每谱中大约有 40 幅左右的画，

每幅都配有题词和诗，总共 180 幅画和 140 件书

法作品。据清光绪五年校经山房刻本影印。

J0018331

十竹斋书画谱册 （明）胡正言摹

上海　江东书局　民国　影印本　彩色套印　有图
线装
（十竹斋书画谱）

J0018332
十竹斋竹谱　（明）胡正言辑
明末　刻本　彩色套印　有图　包背装
（十竹斋书画谱）

J0018333
十竹斋竹谱　（明）胡正言辑
明崇祯　刻本　彩色套印　有图　包背装
（十竹斋书画谱）
　　　分二册。

J0018334
唐解元仿古今画谱　（明）唐寅绘
陈继儒集雅斋　明天启　刻本　有图　线装
（集雅斋画谱）

J0018335
唐解元仿古今画谱　（不分卷）（明）唐寅绘
文海书局　清光绪十九年［1893］石印本

J0018336
唐解元仿古今画谱　（不分卷）（明）唐寅绘
清绘斋　明末　刻本

J0018337
萝轩变古笺谱　（二卷）（明）吴发祥辑
明天启六年［1626］刻本　彩色套印本
　　　中国最早的彩套水印笺谱。

J0018338
萝轩变古笺谱　（明）吴发祥编；上海博物
馆藏
上海　朵云轩　1981年　影印本　彩色　有图　线装
　　　中国最早的彩套水印笺谱。分二册。

J0018339
萝轩变古笺谱　（明）吴发祥编
上海　朵云轩　1984年　木板彩色水印　40张
26cm（16开）
　　　本书底本刻印于明天启六年（1626），是我国
最早的套色水印笺谱。

J0018340
果谱　（一卷）（明）胡正言辑
胡氏十竹斋　明崇祯　刻本　套印
（十竹斋画谱）
　　　收于《十竹斋画谱六卷》中。

J0018341
果谱　（一卷）（明）胡正言辑
胡氏十竹斋　明崇祯　刻本　套印
（十竹斋画谱）
　　　收于《十竹斋画谱八卷》中。

J0018342
果谱　（一卷）（明）胡正言辑
明崇祯　刻本
（十竹斋书画谱）

J0018343
果谱　（一卷）（明）胡正言辑
清嘉庆　刻本
（十竹斋书画谱）

J0018344
果谱　（一卷）（明）胡正言辑
清末　刻本
（十竹斋书画谱）

J0018345
果谱　（一卷）（明）胡正言辑
清光绪　刻本
（十竹斋书画谱）

J0018346
兰谱　（一卷）（明）胡正言辑
胡氏十竹斋　明崇祯　刻本　套印
（十竹斋画谱）
　　　收于《十竹斋画谱八卷》中。

J0018347
兰谱　（一卷）（明）胡正言辑
胡氏十竹斋　明崇祯　刻本　套印
（十竹斋画谱）
　　　收于《十竹斋画谱六卷》中。

J0018348
兰谱 （一卷）（明）胡正言辑
明崇祯 刻本
（十竹斋书画谱）

J0018349
兰谱 （一卷）（明）胡正言辑
清嘉庆 刻本
（十竹斋书画谱）

J0018350
兰谱 （一卷）（明）胡正言辑
清末 刻本
（十竹斋书画谱）

J0018351
兰谱 （一卷）（明）胡正言辑
清光绪 刻本
（十竹斋画谱）

J0018352
翎毛谱 （一卷）（明）胡正言辑
胡氏十竹斋 明崇祯 刻本 套印
（十竹斋画谱）
　　　收于《十竹斋画谱八卷》中。

J0018353
翎毛谱 （一卷）（明）胡正言辑
明崇祯 刻本
（十竹斋画谱）

J0018354
翎毛谱 （一卷）（明）胡正言辑
清嘉庆 刻本
（十竹斋画谱）

J0018355
翎毛谱 （一卷）（明）胡正言辑
清末 刻本
（十竹斋书画谱）

J0018356
翎毛谱 （一卷）（明）胡正言辑
清光绪 刻本
（十竹斋书画谱）

J0018357
梅谱 （一卷）（明）胡正言辑
胡氏十竹斋 明崇祯 刻本 套印
（十竹斋画谱）
　　　收于《十竹斋画谱六卷》中。

J0018358
梅谱 （一卷）（明）胡正言辑
胡氏十竹斋 明崇祯 刻本 套印
（十竹斋画谱）
　　　收于《十竹斋画谱八卷》中。

J0018359
梅谱 （一卷）（明）胡正言辑
明崇祯 刻本
（十竹斋书画谱）

J0018360
梅谱 （一卷）（明）胡正言辑
清嘉庆 刻本
（十竹斋书画谱）

J0018361
梅谱 （一卷）（明）胡正言辑
清末 刻本
（十竹斋书画谱）

J0018362
梅谱 （一卷）（明）胡正言辑
清光绪 刻本
（十竹斋书画谱）

J0018363
墨华册 （一卷）（明）胡正言辑
胡氏十竹斋 明崇祯 刻本 套印
（十竹斋画谱）
　　　收于《十竹斋画谱八卷》中。

J0018364
墨华册 （一卷）（明）胡正言辑
清末 刻本
（十竹斋书画谱）

J0018365
石谱 （一卷）（明）胡正言辑

胡氏十竹斋　明崇祯　刻本　套印
（十竹斋画谱）
　　　　收于《十竹斋画谱八卷》中。

J0018366
石谱　（一卷）（明）胡正言辑
胡氏十竹斋　明崇祯　刻本　套印
（十竹斋画谱）
　　　　收于《十竹斋画谱六卷》中。

J0018367
石谱　（一卷）（明）胡正言辑
明崇祯　刻本
（十竹斋书画谱）

J0018368
石谱　（一卷）（明）胡正言辑
清嘉庆　刻本
（十竹斋书画谱）

J0018369
石谱　（一卷）（明）胡正言辑
清末　刻本
（十竹斋书画谱）

J0018370
书画册　（一卷）（明）胡正言辑
胡氏十竹斋　明崇祯　刻本　套印
（十竹斋画谱）
　　　　收于《十竹斋画谱八卷》中。

J0018371
书画册　（一卷）（明）胡正言辑
胡氏十竹斋　明崇祯　刻本　套印
（十竹斋画谱）
　　　　收于《十竹斋画谱六卷》中。

J0018372
竹谱　（一卷）（明）胡正言辑
胡氏十竹斋　明崇祯　刻本　套印
（十竹斋画谱）
　　　　收于《十竹斋画谱六卷》中。

J0018373
竹谱　（一卷）（明）胡正言辑

胡氏十竹斋　明崇祯　刻本　套印
（十竹斋画谱）
　　　　收于《十竹斋画谱八卷》中。

J0018374
竹谱　（一卷）（明）胡正言辑
清末　刻本
（十竹斋书画谱）

J0018375
陈老莲水浒叶子　（明）陈洪绶绘
清　有图　34cm（10开）
　　　本书收入40幅图，为苏州工艺美术研究室
藏版，名工叶金生用拳刀刻制，由苏州桃花坞运
用木刻传统印刷技艺，以宣纸印刷而成。有线订
平装、绫裱经摺装（又称梵夹装）和单页绫裱盒
装三种不同装帧。郭沫若题笺，傅抱石作序。

J0018376
陈老莲水浒叶子　（明）陈洪绶绘
民国　影印本　线装
　　　作者陈洪绶（1598—1652），明末清初著名书
画家，诗人。字章侯，幼名莲子，一名胥岸，号
老莲，别号小净名，晚号老迟、悔迟，又号悔僧、
云门僧。出生于浙江绍兴。代表作品有《九歌图》
（含《屈子行吟图》）《〈西厢记〉插图》《水浒叶
子》《博古叶子》等版刻传世，工诗善书，有《宝
纶堂集》。

J0018377
陈老莲水浒叶子　（明）陈老莲画
南京　江苏人民出版社　1959年　影印本
33cm（5开）线装　定价：CNY7.20

J0018378
明朝生动画园　（三卷）（明）文徵明等绘
清　刻本　彩色套印

J0018379
息影轩画谱　（不分卷）（明）崔子忠绘并撰
清康熙十二年［1673］刻本　有图　线装

J0018380
息影轩画谱　（明）崔忠顺绘
清同治二年［1863］刻本　有图　线装

J0018381
[**吴山涛画册**]　（明）吴山涛绘
清末　影印本　有图　线装

J0018382
仇十洲人物册　（不分卷）（明）仇英绘
清末至民国初　影印本
　　　作者仇英（约 1497—1552），明代绘画大师。
字实父，号十洲，原籍太苍，后移居苏州。存世
画迹有《汉宫春晓图》《桃园仙境图》《赤壁图》
《玉洞仙源图》等。

J0018383
山水集册　（明）董其昌,（清）王树明,（清）戴
熙绘
清末　影印本　彩色套印　有图　线装
　　　作者董其昌（1555—1636），明代著名书画
家。字玄宰，号思白，别号香光居士，松江华亭
（今上海）人。主要作品有《岩居图》《秋兴八景
图》《昼锦堂图》等。

J0018384
水浒图赞　（明）杜堇绘
清末　石印本

J0018385
水浒图赞　（明）杜堇绘
清光绪八年［1882］刻本

J0018386
水浒图赞　（明）杜堇绘图;（清）刘晚荣辑
民国　石印本　有图　线装

J0018387
邵僧弥山水　（不分卷）（明）邵弥绘
清光绪　刻本　有图　线装

J0018388
邵僧弥山水　（明）邵弥绘
上海　同文书局　民国　影印本　有图　线装
（茜窗小品）
　　　本书据雍佰青藤书屋藏本影印。

J0018389
邵僧弥山水真迹　（明）邵弥绘;吴湖帆藏

上海　商务印书馆　民国二十八年［1939］
影印本　线装

J0018390
新安名画扇册
清光绪至宣统　影印本　有图　线装

J0018391
五彩十竹斋书画谱　（明）胡正言摹绘
上海　江东书局　清光绪五年［1879］影印本
彩色套印　有图　线装
　　　本书共分八册。

J0018392
水浒全图　（明）杜堇绘
粤东藏修堂　清光绪六至八年［1880—1882］刻本
有图　线装
　　　本书共分二册。

J0018393
蓝田叔山水册　邓秋枚辑
上海　神州国光社　1908 年　8 页　22×30cm
定价：洋一元
（神州国光集增刊 12）

J0018394
蓝田叔山水册　（明）蓝瑛绘;有正书局审定
上海　有正书局　民国　影印本　[16]页
26cm（16 开）
（中国名画集外编 10）
　　　本书收有画家山水作品 16 幅。书前有绘画
者小传。

J0018395
蓝田叔山水册　（明）蓝瑛绘
上海　有正书局　民国　影印本　有图　线装

J0018396
明蓝田叔山水册　（明）蓝瑛绘;（清）邓实辑
上海　神州国光社　清光绪三十四年［1908］
珂罗版印本

J0018397
徐青藤山水花鸟虫鱼合册　（明）徐青藤绘
上海　神州国光社　1908 年　22×30cm

定价：洋二元二角

（神州国光集外增刊 41）

　　作者徐渭（1521—1593），明代书画家、文学家。初字文清，改字文长，号天池，又号青藤道人，田水月等，浙江山阴（今绍兴）人。传世之作《墨葡萄图》《山水人物花鸟》《牡丹蕉石图》《墨花》《黄甲图》等；主要著作有《四声猿》《南词叙录》《徐文长全集》等。

J0018398

徐青藤山水花鸟虫鱼合册　（一卷）（明）徐渭绘

上海　神州国光社　清宣统元年［1909］珂罗版印本

J0018399

陈白阳墨花册　（一卷）（明）陈淳绘

上海　神州国光社　清宣统元年［1909］珂罗版印本

　　作者陈淳（1483—1544），明代书画家。初名淳，字道复，后改字复甫，号白阳山人，长州（今江苏吴县）人。代表作品有《红梨诗画图》《山茶水仙图》《葵石图》《瓯画图》等。

J0018400

明宋比玉长亭秋暮卷　（一卷）（明）宋珏绘

上海　神州国光社　清宣统元年［1909］影印本　有图

J0018401

明徐青籐水墨花卉卷　（九帧）（明）徐渭绘；邓秋枚集印

上海　神州国光社　清宣统元年［1909］影印本

J0018402

沈石天山水册　（明）沈颢绘

上海　神州国光社　清宣统元年［1909］珂罗版印本　31cm（10 开）定价：洋一元

（神州国光集外增刊）

J0018403

沈石田溪山秋霁卷　（一卷）（明）沈周绘

上海　神州国光社　清宣统元年［1909］影印本　有图　平装

　　作者沈周（1427—1509），明代书画家。字启

南，号石田、白石翁、有居竹居主人等。长洲（今江苏苏州）人。传世作品有《庐山高图》《秋林话旧图》《沧州趣图》。著有《石田集》《客座新闻》等。

J0018404

沈文唐三先生画卷　（明）沈周,（明）文徵明,（明）唐子畏绘；邓秋枚辑

上海　清宣统元年［1909］影印本　有图

J0018405

沈文唐三先生画卷　（不分卷）（明）沈周,（明）文徵明,（明）唐寅绘；邓实辑

上海　神州国光社　清宣统元年［1909］珂罗版影印本

J0018406

项孔彰刘玄晖合册　（明）项圣谟,（明）刘光远绘

上海　神州国光社　清宣统元年［1909］影印本　有图　线装

J0018407

项孔彰刘玄晖合册　（一卷）（明）项圣谟绘,（明）刘光远绘

上海　神州国光社　清宣统元年［1909］影印本

J0018408

徐青藤水墨花卉卷　（一卷）（明）徐渭绘

上海　神州国光社　清宣统元年［1909］影印本

J0018409

明张元春山水卷　邓秋枚辑

上海　神州国光社　1910 年　8 页　22×30cm

定价：洋一元

（神州国光集外增刊 68）

　　本书系中国明代山水画专著。

J0018410

明张元春山水卷　（一卷）（明）张复绘

上海　神州国光社　清宣统二年［1910］影印本

J0018411

［观世音菩萨三十相］　（明）丁楠羽绘

民国　刻本　有图　线装

　　本书据明刻本翻刻。

J0018412

[黄石斋松石] （明）黄道周绘

民国 摄影本 线装

　　作者黄道周(1585—1646)，明代书法家。初名螭若，字玄度，更字幼平、号石斋等。福建漳浦铜山人。代表作品有《儒行集传》《石斋集》《易象正义》《春秋揆》《孝经集传》等。

J0018413

陈白阳花卉精品 （不分卷）（明）陈淳绘

天绘阁 民国十八年［1929］影印本

　　作者陈淳(1483—1544)，明代书画家。初名淳，字道复，后改字复甫，号白阳山人，长州(今江苏吴县)人。代表作品有《红梨诗画图》《山茶水仙图》《葵石图》《罨画图》等。

J0018414

陈白阳花卉精品 （明）陈淳绘

上海 天绘阁 民国 影印本 线装

J0018415

陈洪绶工笔画册页 （明）陈洪绶绘；四川省博物院编

成都 四川美术出版社 1985年 8幅 38cm(6开)

统一书号：8373.389 定价：CNY2.80

　　本书系明代工笔画画册。

J0018416

陈老莲花鸟册 （明）陈老莲绘

长沙 湖南美术出版社 1985年 38cm(6开)

精装 统一书号：8233.764 定价：CNY22.00

　　本书共收入画家陈老莲花鸟精品10幅，均为真迹。

J0018417

陈老莲离骚人物景刊本 （明）陈洪绶绘

海上经学院 民国 刻本 蓝印 有像 线装

J0018418

陈眉公梅花诗册 （不分卷）（明）陈继儒绘

上海 中华书局 民国 影印本

　　作者陈继儒(1558—1639)，明代文学家、书画家。字仲醇，号眉公，又号麋公。华亭(今上海市松江县)人。主要作品有：诗文集《眉公十集》，词集《晚香堂词》2卷和《邵康节外纪》等。

J0018419

仇十洲画文衡山写西厢记合册 （明）仇英绘；（明）文徵明书

上海 文明书店 清宣统三年［1911］影印本

有图

　　本书共分二册。

J0018420

仇十洲仕女册 （一卷）（明）仇英绘

民国 影印本

J0018421

董思翁山水两种合册 （明）董其昌绘

上海 有正书局 民国 影印本 有图 线装

J0018422

董思翁山水两种合册 （明）董其昌绘；有正书局审定

上海 有正书局［民国］影印本［11］页

25cm(15开) 定价：大洋0.80

　　本书收16幅，后6幅均有题跋。

J0018423

董思翁山水两种合册 （不分卷）（明）董其昌绘

民国 影印本

J0018424

董思翁山水两种合册 （明）董其昌绘

上海 有正书局 民国二十四年［1935］影印本

3版 有图 线装

J0018425

董文敏山水无上神品 （一卷）（明）董其昌绘

上海 有正书局 民国 影印本

J0018426

董香光山水册 （明）董其昌绘

上海 有正书局 民国 影印本 有图 线装

J0018427

董香光山水册 （明）董其昌绘

上海 有正书局 1911年 影印本 1册

（8幅）38cm(6开) 定价：大洋一元二角

（中国名画集外册 1）

本书收 8 幅画，每幅均附手书一幅。书末附罗振玉等人的题跋。

J0018428
董香光山水册 （不分卷）（明）董其昌绘
中华书局 民国 影印本

J0018429
董香光山水册 （明）董其昌绘；平等阁藏
上海 有正书局 民国十年［1921］影印本 再版
平装

J0018430
董香光山水册 （明）董其昌绘；顾逸农藏
上海 慎修书社 民国二十年［1931］影印本 线装

J0018431
董香光山水册 （明）董其昌绘；吴湖帆藏
长沙 商务印书馆 民国二十八年［1939］影印本
线装

J0018432
董香光山水画册 （明）董其昌绘
上海 有正书局［民国］影印本［18］页
38cm（6 开）

J0018433
高澹游山水册六帧 （明）高澹游绘
上海 文明书局［民国］影印本［6］页 38cm（8 开）
本书内收 6 幅作品。

J0018434
衡山先生三绝册 （明）文徵明画
民国 影印本 有图 线装

J0018435
画中九友山水合璧 宝华庵收藏；有正书局审定
上海 有正书局 民国 影印本 11 页 38cm（6 开）
（中国名画集外册 8）
本书收吴梅村、董思翁、王烟客、王廉州、李流芳、杨龙友、张尔唯、程孟阳、卞文瑜、邵弥等人的国画 10 幅。末附"吴骏公画中九歌"。

J0018436
画中九友山水合璧 有正书局辑

上海 有正书局 民国十二年［1923］3 版 影印本
有图 线装

J0018437
画中九友山水合璧 （明）董其昌,（清）吴伟业等绘；宝华庵藏
上海 有正书局 民国十四年［1925］影印本 平装
作者董其昌（1555—1636），明代著名书画家。字玄宰，号思白，别号香光居士，松江华亭（今上海）人。主要作品有《岩居图》《秋兴八景图》《昼锦堂图》等。

J0018438
蓝田叔傲梅道人山水卷 （一卷）（明）蓝瑛绘
上海 商务印书馆 民国 影印本 有图

J0018439
蓝田叔仿梅道人山水卷 （一卷）（明）蓝瑛绘
上海 商务印书馆 民国 影印本
作者蓝瑛（1585—1664），明代画家。字田叔，号蝶叟，晚号石头陀。浙江杭州人。代表作品有《秋壑霜林图》《江皋话古图》《证观图》等。

J0018440
蓝瑛仿古山水画册 （明）蓝瑛绘
上海 上海博物馆 民国 影印本 线装

J0018441
蓝瑛仿古山水画册 （明）蓝瑛作
上海 上海博物馆 1955 年［1］张 线装
定价：CNY1.60

J0018442
明仇十州琴图 （一卷）（明）仇英绘
上海 艺苑真赏社 民国 影印本
作者仇英（约 1497—1552），明代绘画大师。字实父，号十洲，原籍太苍，后移居苏州。存世画迹有《汉宫春晓图》《桃园仙境图》《赤壁图》《玉洞仙源图》等。

J0018443
明代名画集锦 有正书局编
上海 有正书局 民国 影印本 有图 线装

J0018444
明代名人书画扇翰集 （明）周之冕等绘
上海 有正书局 民国 影印本 平装

J0018445
明关九思石谱 （一卷）（明）关九思绘
上海 艺苑真赏社 民国 影印本

J0018446
明沈士充山水册 （明）沈士充绘；秦清曾藏
上海 艺苑真赏社 民国 影印本 有图 线装

J0018447
明张君度苏台十景册 （明）张宏绘；（明）范
允临书
上海 有正书局 民国 影印本 平装

J0018448
沈颢山水册 （一卷）（明）沈颢绘
民国 影印本

J0018449
沈石田灵隐山图卷 （明）沈周绘；刘氏养晦
堂藏
民国 影印本 有图 线装

J0018450
沈石田灵隐山图卷 （一卷）（明）沈周绘
上海 文明书局 民国十七年［1928］影印本

J0018451
沈石田灵隐山图卷十四帧 （明）沈周绘
上海 文明书局 1911 年 影印本［14］页
38cm（18 开）
　　本书为明代山水画册影印本，封面、版权页
题：刘氏养晦堂藏本。作者沈周（1427—1509），
明代书画家。字启南，号石田、白石翁、有居竹
居主人等。长洲（今江苏苏州）人。传世作品有
《庐山高图》《秋林话旧图》《沧州趣图》。著有《石
田集》《客座新闻》等。

J0018452
沈石田山水册 （一卷）（明）沈周绘
上海 艺苑真赏社 民国 影印本 有图 毛装
　　本书据古润戴氏珍藏本影印。

J0018453
沈石田山水册 （明）沈周绘；邓秋枚集印
上海 神州国光社 1912 年 影印本［7］页
27cm（16 开）
（神州国光集外名品）
　　本书收 7 幅画。

J0018454
沈石田山水册 （明）沈周绘
北平 北平故宫博物院 民国二十一年［1932］
影印本 有图 线装

J0018455
沈石田移竹图 （不分卷）（明）沈周绘；（清）
翁方纲藏
上海 文明书局 清宣统三年［1911］影印本
有图 线装

J0018456
唐六如山水人物册 （明）唐寅绘
上海 有正书局 民国 影印本 线装

J0018457
匋斋藏名画集 （明）董其昌等绘
上海 有正书局 民国 影印本 平装
　　作者董其昌（1555—1636），明代著名书画
家。字玄宰，号思白，别号香光居士，松江华亭
（今上海）人。主要作品有《岩居图》《秋兴八景
图》《昼锦堂图》等。

J0018458
文待诏拙政园图 （一卷）（明）文徵明绘
上海 中华书局 1929 年 影印本 36cm（12 开）
精装

J0018459
文衡山山水花鸟册 （一卷）（明）文徵明绘；
邓秋枚辑
上海 神州国光社 清宣统三年［1911］珂罗版
印本［24］页 27cm（16 开）
（神州国光集外名品）
　　本书收 12 幅画，每幅均有绘者题词。

J0018460
文衡山竹林高士图卷 （一卷）（明）文徵明绘

上海 神州国光社 民国 影印本

J0018461
文徵明扇面双绝神品 （一卷）（明）文徵明绘
民国 影印本

J0018462
文徵明潇湘八景册 （明）文徵明绘；文明书
局审定
上海 文明书局 1911 年 影印本 ［8］页
30cm（12 开）
　　本书收 8 幅画。

J0018463
西厢记合册 （明）仇英绘；（明）文徵明书
上海 文明书局 1911 年 影印本 2 册（［39］页）
38cm（6 开）
　　本书收书画作品 19 幅。作者仇英（约
1497—1552），明代绘画大师。字实父，号十洲，
原籍太苍，后移居苏州。存世画迹有《汉宫春晓
图》《桃园仙境图》《赤壁图》《玉洞仙源图》等。
作者文徵明（1470—1559），明代画家、书法家、
道家、文学家。原名壁（或作璧），字徵明。江苏
苏州人。主要作品有《真赏斋图》《绿荫草堂图》
《甫田集》等。

J0018464
项孔彰山水人物册 （明）项圣谟绘
上海 有正书局 ［民国］影印本 ［6］页
38cm（6 开）
（中国名画集外册 61）
　　本书收 6 幅。

J0018465
项孔彰山水人物册 （明）项圣谟绘
上海 有正书局 民国 影印本 有图 线装

J0018466
项孔彰山水人物册 （一卷）（明）项圣谟绘
上海 有正书局 民国 影印本

J0018467
徐青藤墨笔花卉 （明）徐渭绘
上海 有正书局 民国 影印本 有图 线装
　　作者徐渭（1521—1593），明代书画家、文学

家。初字文清，改字文长，号天池，又号青藤道
人，田水月等，浙江山阴（今绍兴）人。传世之作
《墨葡萄图》《山水人物花鸟》《牡丹蕉石图》《墨
花》《黄甲图》等；主要著作有《四声猿》《南词
叙录》《徐文长全集》等。

J0018468
徐青藤墨笔花卉 （明）徐渭绘；美术研究会
审定
上海 有正书局［民国］影印本 ［12］页
26×37cm（8 开）定价：九角
（中国名画集外册 34）
　　本书收 10 幅。书前有绘画者小传。

J0018469
燕寝怡情 （不分卷）（明）□□绘
上海 艺苑真社 民国［1911—1949］年 影印本

J0018470
艺景 （明）文徵明等绘
［民国］影印本 ［74］页［19cm］（32 开）经折装
　　本书收文徵明、杨晋等人的国画 7 幅。

J0018471
御赐竹炉山房王孟端画卷 （明）王绂绘
上海 有正书局 民国 影印本 有图 线装
　　作者王绂，明初画家。字孟端，号友石生，
别号九龙山人。参与编纂《永乐大典》。代表作
品有《明史本传》《画史会要》《无声诗史》《珊瑚
网》等。传世有《王舍人诗集》《友石山房集》《潇
湘秋意图》《卢沟晓月图》等。

J0018472
御赐竹炉山房王孟端画卷 （一卷）（明）王
绂绘
上海 有正书局 民国 影印本 ［16］页
14×26cm
（中国名画集外册）
　　本书末附吴宽手书、绘画者生平、秦缃业等
人手书，以及有关竹炉山房的始末记述。收于
《中国名画集外册》第七卷。

J0018473
周服卿花卉 （明）周之冕绘
民国 影印本 线装

J0018474
唐六如桐庵图卷　（明）唐寅绘；邓秋枚集印
上海　神州国光社　1912 年　影印本　[6]页
27cm（16 开）
　　本书末有绘者手书题词《桐庵记》。

J0018475
赵飞燕外传　（明）仇英绘；（明）文徵明书
上海　文明书局　1913 年　影印本　[11]页
26×37cm　定价：二元
　　作者仇英（约 1497—1552），明代绘画大师。
字实父，号十洲，原籍太苍，后移居苏州。存世
画迹有《汉宫春晓图》《桃园仙境图》《赤壁图》
《玉洞仙源图》等。

J0018476
名人画册　（仇文合璧西厢会真记）（明）仇英，
（明）文徵明绘
上海　文明书局　1915 年　改订版 [40]页
38cm（6 开）
　　明代中国画作品集。钱塘程氏收藏。

J0018477
西厢会真记　（明）仇英，（明）文徵明绘
上海　文明书局　民国四年 [1915]影印本　有图
线装
　　分二册。

J0018478
黄鹤山樵溪亭观瀑图　（一卷）（明）王蒙绘
秋心楼　民国五年 [1916]影印本

J0018479
邵瓜畴东南名胜图册　（明）邵弥绘
上海　神州国光社　1916 年　影印本　[8]页
27cm（16 开）
（神州大观集外名品）
　　本书收 8 幅画，每幅均有文肃手书题词。

J0018480
石田仿宋元各家册　（一卷）（明）沈周绘
上海　有正书局　民国五年 [1916]影印本　有图
线装

J0018481
张君度仿宋元诸家册　（不分卷）（明）张宏绘
上海　有正书局　民国五年 [1916]影印本 [9]页
38cm（6 开）
　　本书收 8 幅画，书末有狄学耕手书题跋。

J0018482
张元春桐庐山水手卷　（一卷）（明）张复绘
上海　有正书局　民国五年 [1916]影印本

J0018483
张元春桐庐山水手卷　（明）张复绘；李墨
巢藏
长沙　商务印书馆　民国二十七年 [1938]影印本
再版　线装

J0018484
张元春桐庐山水手卷　（明）张复绘
长沙　商务印书馆　民国二十七年 [1938]影印本
有图　线装

J0018485
陆包山秋夜六景图册　（明）陆治绘
上海　神州国光社　1917 年　影印本　[6]页
27cm（16 开）
（神州大观集外名品）
　　本书收 6 幅画。作者陆治（1496—1576），明
代画家。吴县（今江苏苏州）人。字叔平，自号
包山。主要作品有《端阳即景图》《彭泽高踪图》
《花溪鱼隐图》等。

J0018486
沈石田八段锦册　（明）沈周绘；神州国光社
审定
上海　神州国光社　1917 年　影印本　[10]页
27cm（16 开）
（神州大观集外名品）
　　本书收 8 幅画。书末附绘者及他人的手书
题跋。

J0018487
姚公绶心赏山水册　（明）姚绶绘；谢氏百练
盦藏
上海　文明书局　民国六年 [1917]影印本　有图
线装

J0018488
姚公绶心赏山水册 （明）姚绶绘；谢氏百练
盦藏
上海　文明书局　民国十二年［1923］影印本
二版　线装

J0018489
姚公绶心赏山水册 （一卷）（明）姚绶绘
上海　文明书局　民国二十年［1931］影印本
二版

J0018490
倪鸿宝山水画石册 （明）倪元璐绘
上海　神州国光社　1918年　影印本　［8］页
27cm（16开）
（神州大观集外名品）
　　本书收3幅画，附手札德茞书7帧。作者倪
元璐（1593—1644），明代书法家、政治家、文学
家。字玉汝、鸿宝。浙江上虞人。代表作品有《舞
鹤赋卷》《行书诗轴》《金山诗轴》等。

J0018491
倪鸿宝山水画石册 （明）倪元璐绘；风雨
楼藏
上海　神州国光社　民国七年［1918］影印本
平装

J0018492
宋明之画石谱 （明）宋懋晋绘
上海　神州国光社　民国七年［1918］影印本
平装

J0018493
仇实父画六家细楷册 （明）仇英绘；高野侯
鉴定
上海　中华书局　1919年　影印本　［52］页
26cm（16开）经折装
　　本书为书画集。书末附周天球、翁方纲的
"题记"各一篇。作者仇英（约1497—1552），明
代绘画大师。字实父，号十洲，原籍太苍，后移
居苏州。存世画迹有《汉宫春晓图》《桃园仙境
图》《赤壁图》《玉洞仙源图》等。作者高野侯
（1878—1952），画家、出版家。字时显，号欣木、
可庵，浙江余杭人。清末举人，曾任中华书局董
事、美术部主任。精于鉴定，收藏甚富，兼工隶

书，篆刻亦佳。辑有《方寸铁斋印存》等。

J0018494
明文五峰山水册 （明）文伯仁绘
上海　神州国光社　民国八年［1919］影印本
平装

J0018495
明胡元润金陵名胜图册 （明）胡玉昆绘
上海　神州国光社　民国九年［1920］影印本
线装

J0018496
明孙雪居画石谱 （一卷）（明）孙克弘绘
上海　神州国光社　民国九年［1920］影印本

J0018497
石田生平第一仿宋元各家册 （明）沈周绘；
清道人藏
上海　有正书局　民国九年［1920］影印本　十版
平装

J0018498
明沈石田水村图长卷 （明）沈周绘
上海　神州国光社　民国十年［1921］影印本
有图　平装

J0018499
明张铁桥画马卷 （明）张穆绘；风雨楼藏
上海　神州国光社　民国十年［1921］影印本　平装

J0018500
项易庵仿右丞蓝田山庄图卷 （明）项圣谟
绘；周莲甫藏
上海　中华书局　民国十年［1921］影印本　线装

J0018501
项易庵仿右丞蓝田山庄图卷 （不分卷）
（明）项圣谟绘
上海　中华书局　民国十年［1921］影印本

J0018502
项易庵仿右丞蓝田山庄图卷 （一卷）（明）
项圣谟绘
上海　中华书局　民国十二年［1923］影印本

本书由《查士标山水册一卷》（清）查士标绘、《项易庵仿右丞蓝田山庄图卷一卷》（明）项圣谟绘合订。

J0018503
项易庵仿右丞蓝田山庄图卷 （一卷）（明）项圣谟绘
上海　中华书局　民国十八年［1929］影印本
本书由《查士标山水册一卷》（清）查士标绘、《项易庵仿右丞蓝田山庄图卷一卷》（明）项圣谟绘合订。

J0018504
白阳山人花草画册 （明）陈淳绘
上海　文明书局　民国十一年［1922］再版影印本　有图　线装
作者陈淳（1483—1544），明代书画家。初名淳，字道复，后改字复甫，号白阳山人，长州（今江苏吴县）人。代表作品有《红梨诗画图》《山茶水仙图》《葵石图》《卷画图》等。

J0018505
蓝田叔仿古山水册 （明）蓝瑛绘
上海　文明书局　民国十一年［1922］
珂罗版印本　有图

J0018506
蓝田叔仿古山水册 （明）蓝瑛绘
上海　文明书局　民国十四年［1925］影印本
有图　线装

J0018507
明仇十洲仕女真迹 （一卷）（明）仇英绘；陆养晦辑
上海　国华书局　民国十一年［1922］影印本
作者仇英（约1497—1552），明代绘画大师。字实父，号十洲，原籍太苍，后移居苏州。存世画迹有《汉宫春晓图》《桃园仙境图》《赤壁图》《玉洞仙源图》等。

J0018508
明方密之画四妙图 （明）方密之绘
上海　有正书局　1922年　影印本［14］页
26×31cm 定价：大洋八角
本书收4幅画，附诞真居士张可仕的赋

（墨迹）。

J0018509
明方密之画四妙图 （明）方以智绘
上海　有正书局　民国十一年［1922］影印本
有图　线装

J0018510
明李僧筏山水册 （明）李杭之绘；（明）沈白书
上海　神州国光社　民国十一年［1922］影印本
平装

J0018511
明沈子居仿古山水册 （明）沈士充绘；风雨楼藏
上海　神州国光社　民国十一年［1922］影印本
平装

J0018512
明沈子居仿古山水册 （明）沈士充绘
上海　神州国光社　民国十一年［1922］影印本
有图　平装

J0018513
明沈子居仿古山水十帧 （不分卷）（明）沈士充绘
上海　神州国光社　民国十一年［1922］影印本

J0018514
陈白阳花草册 （明）陈淳绘
上海　文明书局　民国十三年［1924］4版　影印本
有图　线装
作者陈淳（1483—1544），明代书画家。初名淳，字道复，后改字复甫，号白阳山人，长州（今江苏吴县）人。代表作品有《红梨诗画图》《山茶水仙图》《葵石图》《卷画图》等。

J0018515
陈白阳花草册 （不分卷）（明）陈淳绘
文明书局　民国十七年［1928］影印本

J0018516
陈白阳花卉册 （明）陈淳绘
上海　中华书局　民国十八年［1929］三版影印本　线装

J0018517

仇十洲移居图卷 （明）仇英绘
上海 有正书局 1924 年 影印本 20×26cm
定价：大洋七角

　　本书为中国元代画册影印本。作者仇英（约1497—1552），明代绘画大师。字实父，号十洲，原籍太苍，后移居苏州。存世画迹有《汉宫春晓图》《桃园仙境图》《赤壁图》《玉洞仙源图》等。

J0018518

仇文合璧西厢记会真记全册 （不分卷）
（明）仇英绘；（明）文徵明书
上海 文明书店 民国十三年［1924］影印本

J0018519

仇文合璧赵飞燕外传全册 （一卷）（明）仇英绘；（明）文徵明书
上海 文明书局 民国十三年［1924］影印本

J0018520

滇南书画集 云南图书博物馆编
昆明 云南图书博物馆 1924 年 影印本 1 册（60 页）26cm（16 开）

　　本书为明代安宁杨文襄公与镇江太守滕危言五札墨迹。

J0018521

董文敏秋兴八景画册
上海 文明书局 清宣统元年［1909］38cm（6 开）
定价：大洋一元五角

J0018522

董文敏秋兴八景 （明）董其昌绘；辛氏芋花盦藏
上海 文明书局 民国十三年［1924］影印本 3 版 线装

J0018523

董文敏秋兴八景册 （一卷）（明）董其昌绘；辛氏芋花盦藏
上海 文明书局 民国十四年［1925］影印本 4 版 线装

J0018524

董文敏秋兴八景册 （一卷）（明）董其昌绘
上海 文明书局 民国十九年［1930］影印本

J0018525

董文敏秋兴八景册 （一卷）（明）董其昌绘
上海 文明书局 民国二十九年［1940］影印本

J0018526

陈老莲归去来图卷 （不分卷）（明）陈洪绶绘
中华书局 民国十四年［1925］影印本

　　作者陈洪绶（1598—1652），明末清初著名书画家，诗人。字章侯，幼名莲子，一名胥岸，号老莲，别号小净名，晚号老迟、悔迟，又号悔僧、云门僧。出生于浙江绍兴。代表作品有《九歌图》（含《屈子行吟图》）《〈西厢记〉插图》《水浒叶子》《博古叶子》等版刻传世，工诗善书，有《宝纶堂集》。

J0018527

陈老莲归去来图卷 （明）陈洪绶绘
上海 中华书局 民国二十二年［1933］影印本 线装

J0018528

陈老莲画册 （不分卷）（明）陈洪绶绘
上海 商务印书馆 民国十四年［1925］影印本

J0018529

明钱忠敏公山水画册 （不分卷）（明）钱旭绘
上海 商务印书馆 民国十四年［1925］影印本 有图

J0018530

明钱忠敏公山水画册 （不分卷）（明）钱旭绘
上海 商务印书馆 民国十四年［1925］影印本

J0018531

明钱忠敏公山水画册 （明）钱旭绘；肥遯庐藏
上海 商务印书馆 民国二十三年［1934］影印本 有图 线装

J0018532

明钱忠敏公山水画册 （明）钱旭绘
长沙 商务印书馆 民国二十三年［1934］影印本 有图 线装

J0018533

明人花鸟集妙　神州国光社辑

上海 神州国光社 民国十四年［1925］影印本

有图 线装

　　本书共分二册。

J0018534

文衡山山水册　（一卷）（明）文徵明绘

上海 文明书局 民国十四年［1925］影印本

J0018535

文衡山潇湘八景册　（明）文徵明绘；裴氏壮陶阁藏

上海 文明书局 民国十四年［1925］影印本 五版

有图 线装

J0018536

文衡山潇湘八景册　（一卷）（明）文徵明绘

上海 文明书局 民国十八年［1929］影印本

J0018537

文衡山写景山水册　（明）文徵明绘

上海 文明书局 民国十四年［1925］影印本

有图 线装

J0018538

文衡山写景山水册　（一卷）（明）文徵明绘

上海 文明书局 民国十八年［1929］影印本

J0018539

金俊明画梅花册　（明）金俊明绘

上海 有正书局 民国十五年［1926］影印本

四版 平装

J0018540

明邵瓜畴梅花册　（明）邵弥书并绘

上海 神州国光社 民国十五年［1926］影印本

平装

J0018541

明邵瓜畴梅花册　（一卷）（明）邵弥绘

上海 神州国光社 民国十五年［1926］影印本

J0018542

沈石田墨笔山水册　（一卷）（明）沈周绘

上海 有正书局 民国十五年［1926］影印本

有图 线装

J0018543

王元章梅花卷　（二十叶）（明）王冕绘；五百画梅精舍藏；高野侯鉴定

上海 中华书局 民国十五年［1926］影印本

有图 线装

　　据元至正十五年（1355）手迹影印。

J0018544

王元章梅花卷　（明）王冕绘

上海 中华书局 民国二十五年［1936］影印本

三版 线装

J0018545

张二水画十八罗汉像　（不分卷）（明）张瑞图绘

美术制版社 民国十五年［1926］影印本 有像

线装

J0018546

松江派山水　（十二帧）（明）沈士充等绘；周氏今觉庵藏

上海 商务印书馆 民国十六年［1927］影印本

有图 线装

J0018547

徐贲狮子林图　（一卷）（明）徐贲绘

北平 延光室 民国十七年［1928］影印本 线装

J0018548

董香光仿北苑夏山图卷　（一卷）（明）董其昌绘；吴湖帆藏

上海 天绘阁 民国十八年［1929］影印本 线装

J0018549

李长蘅山水　（一卷）（明）李流芳绘

上海 商务印书馆 民国十八年［1929］影印本

J0018550

李长蘅山水册　（明）李流芳绘；林磊斋藏

上海 商务印书馆 民国二十五年［1936］影印本

线装

J0018551

李长蘅山水册 （明）李流芳绘；吴湖帆藏

长沙　商务印书馆　民国二十八年［1939］影印本
线装

J0018552

明周白川泼墨山水 （不分卷）（明）周用绘

上海　神州国光社　民国十八年［1929］影印本

J0018553

沈石田唐六如张梦晋花卉卷册 （明）张灵，
（明）唐寅,(明）沈周等绘

上海　神州国光社　民国十八年［1929］影印本
线装

J0018554

沈石田唐六如张梦晋花卉卷册 （一卷）
（明）沈周绘,(明）唐寅绘,(明）张灵绘

上海　神州国光社　民国十八年［1929］石印本

J0018555

泰山残石楼藏画 （五种）

上海　美术制版社　民国十八年［1929］影印本
有图　线装
　　分八册。

J0018556

泰山残石楼藏画集锦 （不分卷）（明）葛龙
等绘

上海　美术制版社　民国十八年［1929］影印本
　　分八册。

J0018557

天绘阁扇粹第一集 （明）文徵明等绘；程瑶
笙藏

上海　天绘阁　民国十八年［1929］影印本　线装

J0018558

王翘草虫花卉册 （明）王翘绘

上海　神州国光社　民国十八年［1929］影印本
线装

J0018559

周公瑕墨兰 （明）周天球绘

上海　神州国光社　民国十八年［1929］影印本

线装

J0018560

胡元清墨兰 （明）胡士昆绘

上海　神州国光社　民国十九年［1930］影印本
线装

J0018561

名人写竹 （明）夏昶等绘；陈伏庐藏

上海　商务印书馆　民国十九年［1930］影印本
线装

J0018562

沈石田吴中奇境卷 （明）沈周绘

上海　神州国光社　民国十九年［1930］影印本
线装

J0018563

天绘阁画粹 （第二集）（明）陆冶等绘；邹
仁远辑

上海　天绘阁　民国十九年［1930］影印本　线装

J0018564

王仲山水墨画册 （明）王仲山绘并书

上海　神州国光社　民国十九年［1930］影印本
线装

J0018565

王子裕山水合卷 （明）王仲山绘

上海　神州国光社　民国十九年［1930］影印本
线装

J0018566

文衡山姑苏写景山水册 （明）文徵明绘

上海　文明书局　民国十九年［1930］影印本
再版　有图　线装

J0018567

文衡山姑苏写景山水册 （一卷）（明）文徵
明绘

上海　文明书局　民国二十九年［1940］影印本

J0018568

［陈沱江花卉册］ （明）陈栝绘

上海　神州国光社　民国二十年［1931］影印本

线装

J0018569
南苹老人画册 （明）沈周绘
上海 西泠印社 民国二十年 ［1931］影印本
线装

J0018570
钱罄室山水卷 （明）钱谷绘
上海 神州国光社 民国二十年 ［1931］影印本
线装

J0018571
邵僧弥画册 （明）邵弥绘
上海 神州国光社 民国二十年 ［1931］影印本
线装

J0018572
松柏名画集 （明）胡靖等绘；陈伏庐藏
上海 商务印书馆 民国二十年 ［1931］影印本
线装

J0018573
汪海云山水卷 （明）汪肇绘
上海 神州国光社 民国二十年 ［1931］影印本
线装

J0018574
新安名画扇册 （明）郑重等绘
上海 神州国光社 民国二十年 ［1931］影印本
线装
　　本书共分二册。

J0018575
张穆山水花卉走兽合册 （明）张穆绘
上海 神州国光社 民国二十年 ［1931］影印本
线装

J0018576
明清名人兰竹合册 吴熙辑
上海 慎修书社 民国二十一年 ［1932］铅印暨
影印本 再版 有图 线装

J0018577
明陈洪绶杂画册 （明）陈洪绶绘；国立北平

故宫博物院藏并编
北平 故宫博物院 民国二十二年 ［1933］
影印本 线装

J0018578
明陈章侯隐居十六观 （明）陈洪绶绘；国立
北平故宫博物院藏并编
北平 北平故宫博物院 民国二十二年 ［1933］
影印本 线装

J0018579
明陈章侯杂画册 （不分卷）（明）陈洪绶绘
北平 故宫博物院 民国二十二年 ［1933］
铜版印本

J0018580
项孔彰梅花册 （明）项圣谟绘；高野侯藏
上海 西泠印社 民国二十二 ［1933］影印本
线装

J0018581
项圣谟梅花册 （明）项圣谟绘
上海 西泠印社 民国二十二 ［1933］影印本
有图 线装

J0018582
名人花卉集 （明）文彭等绘；丁鹤庐编；西泠
印社各社员藏
上海 西泠印社 民国二十三年 ［1934］影印本
线装

J0018583
明陆治蔡羽书画合璧 （明）陆治,（明）蔡羽绘
北平 故宫博物院出版物发行所 民国二十三年
［1934］影印本 有图 平装

J0018584
明陆治蔡羽书画合璧 （故宫周刊第五年双
十号）故宫博物院编
北平 故宫博物院出版物发行所出版物发行处
1934年 ［44］页 38cm（8开）定价：大洋二元
　　本书内收陆治的画 10 幅，蔡羽用草体书写
的题画诗 11 幅。

J0018585
沈石田山水三卷合影 （明）沈周绘
上海 商务印书馆 民国二十三年［1934］影印本
线装

J0018586
徐天池墨笔山水人物花卉册 （明）徐渭绘；
肥遯庐藏
上海 商务印书馆 民国二十三年［1934］影印本
线装

J0018587
百砚室藏名人画轴 （明）徐贲等绘；百砚
室编
百研室 民国二十四年［1935］影印本 有图
线装

J0018588
肥遯庐藏名人花卉画轴 （明）文徵明等绘
上海 商务印书馆 民国二十四年［1935］影印本
线装

J0018589
虚静斋所藏名画集 （明）周启等绘
上海 商务印书馆 民国二十四年［1935］影印本
再版 线装

J0018590
明文伯仁诗意图 （明）文伯仁绘；北平故宫
博物院藏
北平 北平故宫博物院 民国二十五年［1936］
影印本 线装

J0018591
董文敏山水册 （明）董其昌绘
长沙 商务印书馆 民国二十七年［1938］影印本
有图 线装
　　据沈慈护藏本影印。作者董其昌(1555—
1636)，明代著名书画家。字玄宰，号思白，别号
香光居士，松江华亭(今上海)人。主要作品有
《岩居图》《秋兴八景图》《昼锦堂图》等。

J0018592
董文敏山水册 （明）董其昌绘；沈慈护藏
长沙 商务印书馆 民国二十八年［1939］影印本

2版 线装

J0018593
卞润甫山水册 （明）卞文瑜绘；吴湖帆藏
长沙 商务印书馆 民国二十八年［1939］影印本
线装

J0018594
存天阁秘笈 （第一集 不分卷）（明）徐渭
等绘
上海 艺苑真赏社 民国二十八年［1939］影印本

J0018595
杨龙友山水册 （明）杨文骢绘
上海 商务印书馆 民国二十八年［1939］影印本
有图 线装

J0018596
杨龙友山水册 （明）杨文骢绘；吴湖帆藏
长沙 商务印书馆 民国二十八年［1939］影印本
有图 线装

J0018597
仇十洲画册精品 （明）仇英绘；潘博山藏
长沙 商务印书馆 民国二十九年［1940］影印本
线装
　　作者仇英(约1497—1552)，明代绘画大师。
字实父，号十洲，原籍太苍，后移居苏州。存世
画迹有《汉宫春晓图》《桃园仙境图》《赤壁图》
《玉洞仙源图》等。

J0018598
仇十洲画册精品 （明）仇英绘
上海 商务印书馆 民国二十九年［1940］影印本

J0018599
金俊明梅花册 （明）金俊明绘
民国二十九年［1940］影印本 有图 线装

J0018600
沈石田两江名胜图册 （明）沈周绘；潘博山藏
长沙 商务印书馆 民国二十九年［1940］影印本
线装

J0018601
沈石田两江名胜图册 （一卷）（明）沈周绘
上海 商务印书馆 民国二十九年［1940］影印本

J0018602
明卞文瑜摹古山水册 （明）卞文瑜绘；北平
故宫博物院藏并编
北平 北平故宫博物院 民国三十年［1941］
影印本 线装

J0018603
明画 （三辑）郑振铎编
上海 上海出版公司 民国三十六年［1947］
影印本 有图 线装
（域外所藏中国古画集）
　　分三册。

J0018604
明遗民画 （上辑）郑振铎编；钱鹤龄摄影
上海 上海出版公司 民国三十六年［1947］
［影印本］65叶 有图 39cm（4开）
（域外所藏中国古画集）
　　本书收于《域外所藏中国古画集》第七册。

J0018605
明遗民画 （上辑）郑振铎编；钱鹤龄摄
上海 上海出版公司 民国三十六年［1947］
影印本 65叶 有图 散页
（域外所藏中国古画集）

J0018606
明遗民画 （一辑，续集一辑）郑振铎编
上海 上海出版公司 民国三十六年［1947］
影印本 有图 线装
（域外所藏中国古画集）
　　本书共分二册。

J0018607
明遗民画 郑振铎编；钱鹤龄摄
上海 上海出版公司 民国三十七年［1948］
影印本 65叶 有图 散页
（域外所藏中国古画集）

J0018608
明遗民画续集 郑振铎编

［1949—1966年］［影印本］60叶 有图
39cm（4开）
（域外所藏中国古画集）

J0018609
明代名画集锦册
上海 有正书局 民国 影印本 线装
（中国名画集外册）
　　本书据蔡伯浩藏本影印。

J0018610
明画 （三辑）郑振铎编
［1949—1966年］［影印本］有图 39cm（4开）
（域外所藏中国古画集）
　　本书分三册。收于《域外所藏中国古画集》
第六册。

J0018611
沈石田卧游册 （明）沈周绘
北京 荣宝斋新记 1953年 32×43cm
定价：CNY9.50
　　明代中国画画册，本册选其作品12幅，有
山水、动物、花鸟等，木版水印。

J0018612
仇英山水 （明）仇英作
［北京］荣宝斋 1955年［1］张 定价：CNY10.00
　　明代中国画作品。

J0018613
洞箫仕女图 （彩墨画）（明）唐寅作
上海 上海人民美术出版社 1955年［1］张
定价：CNY0.20
　　明代中国画作品。

J0018614
蓝瑛秋林晚鸦 （明）蓝瑛作
［北京］荣宝斋 1955年［1］张 定价：CNY6.50

J0018615
蓝瑛听泉图 （明）蓝瑛作
［北京］荣宝斋 1955年［1］张 定价：CNY6.50
　　明代国画作品。

J0018616
蓝瑛夏景山水 （明）蓝瑛作
［北京］荣宝斋 1955 年 ［1］张 定价：CNY6.50

J0018617
蓝瑛雪岑萧寺 （明）蓝瑛作
［北京］荣宝斋 1955 年 ［1］张 定价：CNY6.50

J0018618
明代名画选 （明）吴伟等绘
上海 上海人民美术出版社 1956 年 1 袋（10 幅）
18cm（15 开）统一书号：T8081.2037
定价：CNY0.40
　　明代中国画作品。

J0018619
陈洪绶画册 南京博物院编著
北京 文物出版社 1959 年 ［12］幅 26cm（16 开）
统一书号：7068.63 定价：CNY1.20

J0018620
陈洪绶画册 ［明］陈洪绶作
北京 文物出版社 1964 年 8 幅 34cm（5 开）活页
统一书号：7068.232 定价：CNY8.00
　　本作品为故宫博物院藏。

J0018621
陈洪绶画册 ［明］陈洪绶绘
北京 文物出版社 1980 年 10 幅（套）
25cm（小 16 开）统一书号：7068.232
定价：CNY12.00
　　明末中国画画册。

J0018622
明清扇面画选集 上海人民美术出版社编辑
上海 上海人民美术出版社 1959 年 100 幅
26×38cm 活页精装 统一书号：8081.4578
定价：CNY80.00

J0018623
明清扇面集锦 （明）蓝瑛等作
保定 河北人民美术出版社 1959 年 22 幅
27×39cm 精装 统一书号：T8087.650
定价：CNY8.00
　　本书选入明代多位画家扇面珍品 22 帧。

J0018624
沈周写生册 （明）沈周绘
上海 朵云轩 1959 年 12 幅 37cm（8 开）折页
精装

J0018625
春景山水 （明）蓝瑛作；浙江省博物馆藏
［上海］朵云轩 1960 年 ［1 张］
　　明代中国画作品。

J0018626
枯槎鸲鹆图 （明）唐寅作
［上海］朵云轩 1960 年 ［1 张］
　　明代中国画作品。

J0018627
秋林晚鸦 （国画）（明）蓝瑛作
北京 人民美术出版社 1960 年 ［1 张］
定价：CNY0.10
　　现代中国画作品。

J0018628
收网图 （明）蒋三松作
［北京］荣宝斋 1960 年 ［1 张］
　　明代中国画作品。

J0018629
唐六如画集 （明）唐寅绘；上海人民美术出
版社编辑
上海 上海人民美术出版社 1960 年 40 幅 39cm
（4 开）统一书号：T8081.4877 定价：CNY4.80
　　作者唐寅（1470—1524），明代画家、书法
家、诗人。名寅，字伯虎，又字子畏，号六如居
士等，江苏苏州人。作品有《骑驴思归图》《山路
松声图》《李端端落籍图》《秋风纨扇图》《枯槎
鹦鹆图》等。

J0018630
纨扇仕女图 （明）陈洪绶作；苏州市文管会
收藏
［上海］朵云轩 1960 年 ［1 张］
　　明代中国画作品。

J0018631
溪阁观泉 （明）仇英作

[北京]荣宝斋 1960 年［1 张］

　　本书系明代中国画作品。作者仇英(约1497—1552)，明代绘画大师。字实父，号十洲，原籍太苍，后移居苏州。存世画迹有《汉宫春晓图》《桃园仙境图》《赤壁图》《玉洞仙源图》等。

J0018632

沧洲趣图卷　（明）沈周绘；故宫博物院收藏编辑

北京 朝花美术出版社 1961 年 影印本 36 幅 37cm（8 开）活页 统一书号：8028.1826 定价：CNY7.80

　　明代绘画选辑。

J0018633

沧洲趣图卷　（明）沈周绘；故宫博物院编辑

北京 人民美术出版社 1984 年 2 版 39 幅 38cm（6 开）统一书号：8027.2974 定价：CNY21.50

（中国古代绘画选辑）

　　明代国画山水画作品。共有 39 幅图。

J0018634

春泉小隐图卷　（明）周臣绘；故宫博物院收藏编辑

北京 朝花美术出版社 1961 年 4 幅 37cm（8 开）活页 统一书号：8028.1833 定价：CNY1.40

（中国古代绘画选辑）

J0018635

古贤诗意图卷　（明）金琮书；（明）杜堇绘；故宫博物院收藏并编辑

北京 朝花美术出版社 1961 年 36 幅 37cm（8 开）统一书号：8028.1828 定价：CNY7.80

（中国古代绘画选辑）

　　明代国画作品选。

J0018636

古贤诗意图卷　（明）金琮书；（明）杜堇绘；故宫博物院编辑

北京 人民美术出版社 1984 年 2 版 36 张 38cm（6 开）统一书号：8027.2973 定价：CNY20.00

　　明代国画、书法作品。

J0018637

胡笳十八拍　（画集）南京博物院编

上海 上海人民美术出版社 1961 年［39］页 19×26cm 统一书号：T8081.4716 定价：CNY3.50

　　本画册翻印时藏南京博物院的《胡笳十八拍》全图，共 18 幅，绢本设色，每幅后面有书写的原诗；据初步鉴定为明代晚期作品。

J0018638

明遗民书画录　劳天庇编

香港 何氏至乐楼 1962 年 100 页 有图 19cm（小 32 开）

（何氏至乐楼丛书 1）

J0018639

孙龙花鸟草虫册　（明）孙龙绘

上海 上海书画出版社 1962 年 1 函（8 幅）有图 39cm（4 开）

J0018640

稻蟹　（明）徐渭作

上海 朵云轩 1963 年

　　明代中国画作品。

J0018641

对弈　（明）徐渭作

上海 朵云轩 1963 年

　　明代中国画作品。

J0018642

海棠竹石　（明）唐寅作

上海 朵云轩 1963 年［1 张］39cm（8 开）

　　现代中国画作品。

J0018643

荷花　（明）徐渭作

上海 朵云轩 1963 年

　　明代中国画作品。

J0018644

胡笳十八拍　路易·爱黎译

北京 新世纪出版社 1963 年 18 页 19×26cm 精装

　　明代晚期国画作品。

J0018645
蕉荫读书 （明）陈洪绶作
上海 朵云轩 1963 年
　　明代中国画作品。

J0018646
林良画古树寒鸦 （卷轴）
上海 朵云轩 1963 年［1 轴］
　　明代中国画作品。

J0018647
明边文进春禽花木图 （卷轴）
上海 朵云轩 1963 年［1 轴］
　　明代中国画作品。

J0018648
明陈洪绶雪蕉图 （卷轴）
上海 朵云轩 1963 年［1 轴］
　　明代中国画作品。

J0018649
明仇十洲秋原猎骑图 （卷轴）
上海 朵云轩 1963 年［1 轴］
　　明代中国画作品。

J0018650
明仇英观瀑图 （卷轴）
上海 朵云轩 1963 年［1 轴］
　　明代中国画作品。

J0018651
明戴进春山积翠图 （卷轴）
上海 朵云轩 1963 年［1 轴］
　　明代中国画作品。

J0018652
明杜堇梅下横琴图 （卷轴）
上海 朵云轩 1963 年［1 轴］
　　明代中国画作品。

J0018653
明李在琴高乘鲤图 （卷轴）
上海 朵云轩 1963 年［1 轴］
　　明代中国画作品。

J0018654
明林良山茶白羽图 （卷轴）
上海 朵云轩 1963 年［1 轴］
　　明代中国画作品。

J0018655
明吕纪锦鸡图 （卷轴）
上海 朵云轩 1963 年［1 轴］
　　明代中国画作品。

J0018656
明吕纪浴凫图 （卷轴）
上海 朵云轩 1963 年［1 轴］
　　明代中国画作品。

J0018657
明吕纪竹枝鹦鸽图 （卷轴）
上海 朵云轩 1963 年［1 轴］
　　明代中国画作品。

J0018658
明钱谷山家勺水图 （卷轴）
上海 朵云轩 1963 年［1 轴］
　　明代中国画作品。

J0018659
明沈石田乔木慈鸟图 （卷轴）
上海 朵云轩 1963 年［1 轴］
　　明代中国画作品。

J0018660
明唐六如秋风纨扇图 （卷轴）
上海 朵云轩 1963 年［1 张］39cm（8 开）
　　现代中国画作品。

J0018661
明文徵明碧树成荫图 （卷轴）
上海 朵云轩 1963 年［1 轴］
　　明代中国画作品。作者文徵明(1470—
1559)，明代画家、书法家、道家、文学家。原名
壁(或作璧)，字徵明。江苏苏州人。主要作品有
《真赏斋图》《绿荫草堂图》《甫田集》等。

J0018662
明文徵明春深高树图 （卷轴）

上海 朵云轩 1963 年［1 轴］
　　明代中国画作品。

J0018663
明周臣山斋客至图 （卷轴）
上海 朵云轩 1963 年［1 轴］
　　明代中国画作品。

J0018664
人物 （明）徐渭作
上海 朵云轩 1963 年
　　明代中国画作品。

J0018665
山水 （明）唐伯虎作
北京 北京出版社 1963 年［1 张］54cm（4 开）
定价：CNY0.40
　　明代中国画作品。作者唐伯虎（1470—
1524），明代画家、书法家、诗人。名寅，字伯虎，
又字子畏，号六如居士等，江苏苏州人。作品有
《骑驴思归图》《山路松声图》《李端端落籍图》
《秋风纨扇图》《枯槎鹳鹆图》等。

J0018666
沈周画册 （明）沈周绘
北京 文物出版社 1963 年 12 幅 35cm（6 开）
活页 统一书号：7068.224 定价：CNY10.00
　　本书为苏州博物馆藏。作者沈周（1427—
1509），明代书画家。长洲（今江苏苏州）人，字
启南，号石田、有居竹居主人等。专事诗文、书
画。传世作品有《庐山高图》《秋林话旧图》《沧
州趣图》；著有《石田集》《客座新闻》等。

J0018667
沈周画册 （明）沈周绘
北京 文物出版社 1980 年 重印本 12 幅
38cm（6 开）套装 统一书号：7068.224
定价：CNY15.00

J0018668
捕鱼图 （明）蒋三松作
北京 人民美术出版社 1964 年［1 张］
54cm（4 开）定价：CNY1.00
　　明代中国画作品。

J0018669
菊石图 （卷轴）（明）徐渭作
［上海］朵云轩出版社 1964 年［1 张］
　　明代中国画作品。

J0018670
看泉听风图 （明）唐寅作
上海 上海人民美术出版社 1964 年［1 张］
54cm（4 开）定价：CNY0.30
　　明代中国画作品。

J0018671
双鹤图 （明）边景昭作
北京 人民美术出版社 1964 年［1 张］
54cm（4 开）定价：CNY0.60
　　明代中国画作品。

J0018672
垂虹桥 （绫裱卷轴）（明）沈周作
［上海］朵云轩 1965 年 1 轴
　　明代中国画作品。

J0018673
高邮 （绫裱卷轴）（明）沈周作
［上海］朵云轩 1965 年 1 轴
　　明代中国画作品。

J0018674
瓜州 （绫裱卷轴）（明）沈周作
［上海］朵云轩 1965 年 1 轴
　　明代中国画作品。

J0018675
淮阴 （绫裱卷轴）（明）沈周作
［上海］朵云轩 1965 年 1 轴
　　明代中国画作品。

J0018676
昆山 （绫裱卷轴）（明）沈周作
［上海］朵云轩 1965 年 1 轴
　　明代中国画作品。

J0018677
两江名胜图册 （经折装）（明）沈周作
上海 朵云轩 1965 年

J0018678
两江名胜图册 （明）沈周绘
南宁 广西美术出版社 1997 年 38cm（6 开）
ISBN：7-80625-314-9 定价：CNY16.00
（一品堂系列丛书 一品堂册页精品）

J0018679
明王冕墨梅图 （绫裱卷轴）
[上海]朵云轩 1965 年 [1 张]
明代中国画作品。

J0018680
墨竹 （绫裱卷轴）（明）夏昶作
[北京]荣宝斋 1965 年 1 轴
明代中国画作品。

J0018681
三茅峰 （绫裱卷轴）（明）沈周作
[上海]朵云轩 1965 年 1 轴
明代中国画作品。

J0018682
天平 （绫裱卷轴）（明）沈周作
[上海]朵云轩 1965 年 1 轴
明代中国画作品。

J0018683
天竺 （绫裱卷轴）（明）沈周作
[上海]朵云轩 1965 年 1 轴
明代中国画作品。

J0018684
扬州 （绫裱卷轴）（明）沈周作
[上海]朵云轩 1965 年 1 轴
明代中国画作品。

J0018685
岳飞墓 （绫裱卷轴）（明）沈周作
[上海]朵云轩 1965 年 1 轴
明代中国画作品。

J0018686
沈周东庄图册 （明）沈周作；南京博物院编
北京 文物出版社 1966 年 1 册（21 幅）33cm（5 开）
统一书号：7068.279 定价：CNY5.50

明代中国画作品。作者沈周（1427—1509），明代书画家。字启南，号石田、白石翁、有居竹居主人等。长洲（今江苏苏州）人。传世作品有《庐山高图》《秋林话旧图》《沧州趣图》。著有《石田集》《客座新闻》等。

J0018687
春禽花木图 （明）边文进作
上海 上海人民美术出版社 1978 年 53cm（4 开）
定价：CNY0.30
明代中国画作品。上海博物馆藏。作者边文进，明代画家。字景昭，福建沙县人，明永乐年间武英殿待诏。

J0018688
剑阁图 （明）仇英作
上海 上海人民美术出版社 1978 年 53cm（4 开）
定价：CNY0.30
上海博物馆藏，明代中国画作品。作者仇英（约 1497—1552），明代绘画大师。字实父，号十洲，原籍太苍，后移居苏州。存世画迹有《汉宫春晓图》《桃园仙境图》《赤壁图》《玉洞仙源图》等。

J0018689
明代花鸟画 文物出版社编辑
北京 文物出版社 1978 年 20 幅 19cm（32 开）
统一书号：8068.689 定价：CNY2.00
明代国画作品画册。

J0018690
明邵弥画山水人物册 （明）邵弥绘
台北 台北故宫博物院 1978 年 有图
38cm（6 开）精装
本书系山水人物画册。内附明代画家邵弥的生平事迹介绍。

J0018691
唐寅画集 上海人民美术出版社编辑
上海 上海人民美术出版社 1978 年 40 页
38cm（6 开）定价：CNY2.60

J0018692
明人肖像画 南京博物院供稿
上海 上海人民美术出版社 1979 年 12 幅
38cm（6 开）统一书号：8081.11427

定价：CNY2.50

　　本书共收图 12 幅。

J0018693

双雉图 （明）吕纪作

上海 上海人民美术出版社 1979 年 ［1 张］

53cm（4 开）定价：CNY0.30

　　明代中国画作品。

J0018694

台北故宫书画简辑 （仇英）（明）仇英绘

台北 台北故宫博物院 1980 年 20 页 30cm（15 开）

J0018695

台北故宫书画简辑 （沈周）（明）沈周绘

台北 台北故宫博物院 1980 年 20 页 30cm（15 开）

J0018696

台北故宫书画简辑 （唐寅）（明）唐寅绘

台北 台北故宫博物院 1980 年 20 页 30cm（15 开）

J0018697

台北故宫书画简辑 （晚明诸家）（明）陈淳

等绘

台北 台北故宫博物院 1980 年 20 页 30cm（15 开）

J0018698

台北故宫书画简辑 （文徵明）（明）文徵

明绘

台北 台北故宫博物院 1980 年 20 页 30cm（15 开）

J0018699

台北故宫书画简辑 （王宠）（明）王宠绘

台北 台北故宫博物院 1985 年 20 页 30cm（15 开）

　　作者王宠（1494—1533），明代书法家。字履

仁，后字履吉，号雅宜山人，江苏吴县人。著有

《雅宜山人集》，传世书迹有《诗册》。

J0018700

台北故宫书画简辑 （祝允明）（明）祝允

明绘

台北 台北故宫博物院 1985 年 65 页 30cm（15 开）

　　作者祝允明（1461—1527），明代书法家。字

希哲，自号枝山，世人称为"祝京兆"。江苏吴县人。

主要作品《枝山文集》《祝氏集略》《祝氏小集》等。

J0018701

百鹤图卷 四川省博物馆编

成都 四川人民出版社 1981 年 7 幅 25cm（15 开）

统一书号：8118.806 定价：CNY0.95

　　本书是四川珍藏古画选编。

J0018702

董其昌宋元人缩本画跋 （明）董其昌绘

台北 台北故宫博物院 1981 年 55 页 52cm（4 开）

精装

J0018703

环翠堂园景图 （明）李登题签；（明）钱贡绘

图；黄应组刻

北京 人民出版社 1981 年 影印本 37cm（8 开）

精装 定价：CNY400.00

J0018704

品茶图 （木版水印 绫裱立轴）（明）陈洪绶作

上海 朵云轩 1981 年 定价：CNY143.00

J0018705

百鹤图（部分） （明）佚名作

北京 文物出版社 1982 年 107cm（全开）

定价：CNY0.60

　　明代国画作品。

J0018706

百鹤图（部分） （胶印画轴）（明）佚名作

北京 文物出版社 1982 年 ［1 轴］107cm（全开）

定价：CNY1.30

　　明代国画作品。

J0018707

春山积翠图 （明）戴进明作

北京 文物出版社 1982 年 78cm（2 开）

定价：CNY0.25

　　中国画作品。

J0018708

蓝瑛山水 （明）蓝瑛绘

北京 文物出版社 1982 年 8 幅 39cm（4 开）

统一书号：8068.940 定价：CNY12.00

　　明代国画山水画作品。

J0018709

明陈录推篷春意图卷 （明）陈录绘

北京 文物出版社 1982 年 13 页 19cm（32 开）

统一书号：8068.871 定价：CNY2.00

　　明代国画作品。广东省博物馆收藏。

J0018710

明杜堇古贤诗意图卷 （明）杜堇著

天津 天津人民美术出版社 1982 年 37cm（8 开）

统一书号：8073.70037 定价：CNY1.80

　　杜堇是明代画家。本画辑收入杜堇的艺术精品《古贤诗意图》一卷，全卷分为九段。画辑中还收入杨新的《杜堇〈古贤诗意图〉》一文。

J0018711

明蓝瑛花卉兰石册 （明）蓝瑛绘；中国历史博物馆编

北京 文物出版社 1982 年 12 页 19cm（32 开）

统一书号：8068.894 定价：CNY1.40

　　明清时期花卉画册。作者蓝瑛（1585—1664），明代画家。字田叔，号蝶叟，晚号石头陀。浙江杭州人。代表作品有《秋銮霜林图》《江皋话古图》《证观图》等。

J0018712

明清人物肖像画选 上海人民美术出版社著

上海 上海人民美术出版社 1982 年 83 页 19cm（32 开）统一书号：8081.11619 定价：30.00

　　本书系中国明清时代画家曾鲸、黄慎、三任等的人物肖像画册。

J0018713

明文徵明清兰竹石图卷 （明）文徵明绘

北京 文物出版社 1982 年 11 张 26cm（16 开）

定价：CNY1.80

J0018714

明文徵明漪兰竹石图卷

北京 文物出版社 1982 年 11 页 26cm（16 开）

定价：CNY1.80

　　明代国画花卉画作品。

J0018715

秋林归鸦图 （明）项圣谟作

北京 文物出版社 1982 年 76cm（2 开）

定价：CNY0.30

　　明代国画作品。

J0018716

李卓吾先生批评西游记插图 中州书画社辑

河南 中州书画社 1983 年 影印本 有图 线装

定价：CNY10.00

　　本书据明刻本影印。

J0018717

明代宫廷与浙派绘画选集 故宫博物院编

北京 文物出版社 1983 年 101 页 25cm（15 开）

统一书号：8068.1119 定价：CNY8.00，CNY10.00（精装）

　　本画集共收入作品 82 幅，其中 11 幅彩版为少见之传世精品，有名款可考的为 36 位画家。

J0018718

明林良灌木集禽图卷 （明）林良绘

天津 天津人民美术出版社 1983 年 38cm（6 开）

定价：CNY2.00

J0018719

明林良灌木集图卷 （明）林良绘

天津 天津人民美术出版社 1983 年 37cm（8 开）

统一书号：8073.70046 定价：CNY2.00

　　明代国画作品。

J0018720

明清扇面选 四川省博物馆著

成都 四川人民出版社 1983 年 14 页 19cm（32 开）定价：CNY3.20

　　本书系明清时代扇面作品选。

J0018721

上海博物馆藏明清折扇书画集 上海博物馆编辑

上海 上海人民美术出版社 1983 年 150 幅 19cm（32 开）盒装 统一书号：8081.12467

定价：CNY330.00

　　本书收入的折扇书画明代绘画 76 帧，法书 24 帧；清代绘画 40 帧，法书 10 帧，共 150 帧，入选作品反映出明清书画艺术的风貌。

J0018722

谢时臣水墨小景册页 （明）谢时臣绘
成都 四川人民出版社 1983 年 8 幅 37cm（8 开）
套装 统一书号：8118.1500 定价：CNY2.00
（四川珍藏书画选编）
　　本书系中国画画册。

J0018723

明代沈周文徵明唐寅仇英四大家书画集
（明）沈周等绘
台北 历史博物馆 1984 年 107 页
34cm（10 开）精装
　　本书系明代书画作品选集。外文书名：The
Four Masters of the Ming: Shen Chou, Wen Cheng-
Ming, T'ang Yin, Ch'iu Ying.

J0018724

游春图 （明）唐寅作
上海 上海书画出版社 1984 年 107cm（全开）
定价：CNY0.40
　　明代国画作品。

J0018725

故宫博物院藏明清扇面书画集 （第一集）
故宫博物院《明清扇面书画集》编辑组编辑
北京 人民美术出版社 1985 年 36cm（9 开）
精装 定价：CNY120.00
　　明清时期国画扇面作品选。

J0018726

故宫博物院藏明清扇面书画集 （第二集）
故宫博物院《明清扇面书画集》编辑组编选
北京 人民美术出版社 1985 年 36cm（9 开）
精装
统一书号：8027.6768 定价：CNY120.00
　　明清时期国画扇面作品选。

J0018727

故宫博物院藏明清扇面书画集 （第三集）
故宫博物院《明清扇面书画集》编辑组编
北京 人民美术出版社 1989 年 38cm（9 开）精装
ISBN：7-102-00616-0 定价：CNY200.00
　　本书系明清时代国画扇面作品选。

J0018728

故宫博物院藏明清扇面书画集 （第四集）
故宫博物院《明清扇面书画集》编辑组编选
北京 人民美术出版社 1991 年 36cm（9 开）精装
定价：CNY200.00
　　本书收有周臣的《山水》、文徵明的《兰石》、
黄山寿《焚番图》等 100 件作品。

J0018729

故宫博物院藏明清扇面书画集 （第五集）
故宫博物院《明清扇面书画集》编辑组编选
北京 人民美术出版社 1995 年 36cm（9 开）精装
ISBN：7-102-00242-4
　　明清时代国画扇面作品选。

J0018730

蓝瑛《澄观图册》 （明）蓝瑛绘
北京 文物出版社 1985 年 26cm（16 开）
统一书号：8068.1210 定价：CNY3.50
　　中国画画册。

J0018731

林良中国画选集 （明）林良作
广州 岭南美术出版社 1985 年 38cm（6 开）
统一书号：8260.1415 定价：CNY13.00
　　本画集共收入作者的中国画作品 36 幅，其
水墨禽鸟、树石，继承了南宋院体画派放纵简括
笔法。作者林良（约 1428—1494），明代画家。字
以善，广东佛山人。代表作品《百鸟朝凤图》《灌
木集禽图》《双鹰图》《松鹤图》等。

J0018732

明清画家黄山画册 安徽美术出版社编
合肥 安徽美术出版社 1985 年 42 页 25cm（16 开）
统一书号：8381.2 定价：CNY4.30
　　本书收集了渐江、梅清、石涛、萧云从、戴
本孝等 15 位明清画家的 60 多帧以黄山为画题
的作品。

J0018733

明周之冕写生画册 （明）周之冕绘
台北 台北故宫博物院 1985 年 10 幅 41cm（8 开）
精装
　　本书为周之冕写生画册，内附其生平事迹
介绍。

J0018734

秋葵 （绫裱卷轴）（明）陈道复作

上海 朵云轩［1985年］［1轴］

　　作者陈淳（1483—1544），明代书画家。初名淳，字道复，后改字复甫，号白阳山人，长州（今江苏吴县）人。代表作品有《红梨诗画图》《山茶水仙图》《葵石图》《瓶画图》等。

J0018735

沈周山水 （明）沈周绘

台北 艺术图书公司 1985年 95页 有图
30cm（15开）精装 定价：TWD600.00

　　外文书名：Landscape Paintings of Shen Chou. 作者沈周（1427—1509），明代书画家。字启南，号石田、白石翁、有居竹居主人等。长洲（今江苏苏州）人。传世作品有《庐山高图》《秋林话旧图》《沧州趣图》。著有《石田集》《客座新闻》等。

J0018736

孙龙写生姚公绶题合璧 （明）孙龙,（明）姚绶绘

台北 台北故宫博物院 1985年 24幅（函）有图
39cm（8开）

J0018737

文徵明书画简表 周道振编

北京 人民美术出版社 1985年 400页 20cm（32开）
定价：CNY2.20
（中国古代美术资料丛书）

　　本书将明代书画家文徵明的书画作品分为《编年》《别录》两类。

J0018738

陈老莲的人物画 （明）陈老莲绘；路明编

长沙 湖南美术出版社 1986年 168页 有肖像
26cm（16开）统一书号：8233.1071
定价：CNY3.90

　　本书多侧面、多角度地对画家陈老莲的创作历程及绘画特点进行了评价。书后附作者人物画111幅。

J0018739

陈老莲绘博古叶子 （明）陈老莲绘；上海书画出版社编

上海 上海书画出版社 1986年 54页

24cm（26开）统一书号：8172.1594
定价：CNY0.87
（中国画传统线描资料）

　　清代白描人物画作品。

J0018740

仇英《人物故事图册》 （明）仇英绘

北京 文物出版社 1986年 10幅 26cm（16开）
统一书号：8068.1441 定价：CNY2.90

　　明代国画人物画作品。作者仇英（约1497—1552），明代绘画大师。字实父，号十洲，原籍太苍，后移居苏州。存世画迹有《汉宫春晓图》《桃园仙境图》《赤壁图》《玉洞仙源图》等。

J0018741

广州美术馆藏明清绘画 广州美术馆，香港中文大学文物馆主办

广州 广州美术馆 1986年 318页 28cm（16开）
ISBN：962-7101-07-9

　　外文书名：Paintings of the Ming and Qing Dynasties from the Guangzhou Art Gallery. 本书与香港中文大学文物馆合作出版。

J0018742

梅石图 （绫裱卷轴）（明）陈老莲作

上海 朵云轩 1986年 1轴

　　本书系明代中国画作品。

J0018743

山水花鸟扇面 四川省博物馆编

北京 文物出版社 1986年 影印本 12张
38cm（6开）定价：CNY12.00

　　明清时代山水花鸟画扇面。

J0018744

水浒人物全图 （明）杜堇绘

上海 上海书画出版社 1986年 54页 20cm（32开）
统一书号：8172.1433 定价：CNY0.85

J0018745

西厢记人物画选 上海书画出版社编

上海 上海书画出版社 1986年 37页 26cm（16开）
统一书号：8172.1462 定价：CNY0.60
（中国画传统线描资料）

J0018746
陈洪绶蓝瑛画集 （明）陈洪绶,（明）蓝瑛绘；荣宝斋编辑
北京 荣宝斋 1987 年 44 页 25cm（15 开）
ISBN：7-5003-0011-5 定价：CNY2.30
　　本画册所收作品分人物和山水两大部分。其中有陈洪绶的《布袋和尚像》《仕女》等；蓝瑛的《秋山林屋》《山居图》等。

J0018747
陈老莲任渭长白描人物 （明）陈老莲,（清）任渭长绘；汪子藏编
南昌 江西人民出版社 1987 年 80 页 23cm（10 开）
定价：CNY1.30
　　作者任熊（1823—1857），清晚期画家。字渭长，一字湘浦，号不舍，浙江萧山人。"海派"艺术的代表人物之一。少时得遇著名文人姚燮，在其家"大梅山馆"学画，深得宋人笔法。绘画全才。画法宗陈洪绶，与弟任薰、儿子任预、侄任颐合称"海上四任"。绘制的《高士传》《于越先贤传》《烈先酒牌》《剑侠传》合称为《任渭长四种》。

J0018748
菊 （明）沈周等绘
杭州 西泠印社 1987 年 重印本 74 页
19×26cm ISBN：7-80517-021-5
定价：CNY1.90
（梅兰竹菊画谱 四）
　　本画集收入明代至现代的菊花画作 44 幅。

J0018749
明清扇面画选
北京 紫禁城出版社 1987 年 15cm（40 开）
ISBN：7-80047-016-4 定价：CNY1.50

J0018750
牡丹亭人物集 上海书画出版社编
上海 上海书画出版社 1987 年 40 页
26cm（16 开）定价：CNY0.75
（中国画传统线描资料）
　　本书系明清时期白描人物画作品。

J0018751
牡丹亭人物图 上海书画出版社编
上海 上海书画出版社 1987 年 40 页

26cm（16 开）定价：CNY0.75
（中国画传统线描资料）
　　明清时期白描人物画作品。

J0018752
十竹斋 十竹斋艺术研究部编
1987 年 有图 25×26cm

J0018753
台北故宫博物院藏明代绘画 高美庆编辑
台北 台北故宫博物院 1988 年 283 页 有图
28cm（26 开）精装 ISBN：962-7101-12-5
　　本书系明代中国画作品。本书与香港中文大学文物馆合作出版。

J0018754
淮安明墓出土书画 江苏省淮安县博物馆,中国古代书画鉴定组编
北京 文物出版社 1988 年 34×26cm
ISBN：7-5010-0156-1 定价：CNY24.00
　　本书收有 1982 年 4 月从江苏省淮安县东郊闸口村明王镇墓中出土的明初书画作品 25 幅，其中 23 幅为真迹,2 幅赝品。卷首有中国古代书画鉴定组和淮安县博物馆撰写的《前言》和《淮安明王镇墓简介》。全书附彩色图版 43 幅。

J0018755
明清安徽画家作品选 （纪念渐江大师逝世三百廿周年《渐江暨黄山画派名作联展》）《明清安徽画家作品选》编辑委员会编
合肥 安徽美术出版社 1988 年 161 页 有图
30cm（10 开）ISBN：7-5398-0047-X
　　本书选收明清时代安徽 11 位画家的山水画和书法作品 83 幅，包括作者有黄山画派安徽籍画家渐进、汪之瑞、孙逸、查士标、萧云从、程邃、戴本孝、祝昌、江注、郑旼、姚宋等。

J0018756
董其昌画集 （明）董其昌作
上海 上海书画出版社 [1989 年]39×27cm（8 开）
精装 ISBN：7-80512-351-9 定价：CNY200.00
　　本画集收入作者山水画作品 174 幅。

J0018757
明清绘画选辑 李仲元编

沈阳 辽宁美术出版社 1989年 97幅 53cm（4开）
精装 ISBN：7-5314-0027-8 定价：CNY300.00

J0018758
明徐渭榴实图 （明）徐渭绘
北京 荣宝斋［1989年］1张（卷轴）
107cm（全开）

J0018759
沈阳故宫博物院藏明清绘画选辑 （汉英日对照）李仲元编
沈阳 辽宁美术出版社 1989年 53cm（4开）
精装 定价：CNY300.00

J0018760
王铎《设色山水图册》 （明）王铎绘；辽宁省博物馆编
北京 文物出版社 1989年 6张 26cm（16开）
定价：CNY2.90

J0018761
文徵明诗书画三绝卷 （明）文徵明书并绘
上海 上海书店 1989年 26×37cm
ISBN：7-80569-143-6 定价：CNY2.80

J0018762
陈洪绶作品集 （明）陈洪绶著
杭州 西泠印社 1990年 38cm（8开）精装
ISBN：7-80517-027-4 定价：CNY140.00
　　本画册共收有作者作品101件，其中有《西厢记》插图，《水浒叶子》《博古叶子》《九歌图》等画作，有书法6件，书后附有《陈洪绶年表》。

J0018763
故宫博物院藏历代山水画选集 （明清作品部分）
天津 天津人民美术出版社 1990年 58页
39cm（8开）定价：CNY52.00

J0018764
故宫藏明清扇面选粹 （第一集 文徵明专辑）
（明）文徵明绘
天津 天津市古籍书店 1990年 影印本 25页
19×33cm 定价：CNY4.00
　　中国明清时代扇面中国画及扇面法书选集。

J0018765
故宫藏明清扇面选粹 （第二集 董其昌专辑）
（明）董其昌绘
天津 天津市古籍书店 1990年 影印本 20页
19×33cm 定价：CNY4.00
　　本书系明清时代国画扇面和扇面书法作品选集。据1932年故宫博物院出版的《故宫名扇集》重新编排影印。作者董其昌（1555—1636），明代著名画家。字玄宰，号思白，别号香光居士，松江华亭（今上海）人。主要作品有《岩居图》《秋兴八景图》《昼锦堂图》等。

J0018766
故宫藏明清扇面选粹 （第五集）（清）王时敏等绘
天津 天津市古籍书店 1992年 影印本 20页
19×33cm 定价：CNY7.50
　　本书收录故宫博物院珍藏的明、清两代书画家的折扇书画作品。据1932年故宫博物院出版的《故宫名扇集》重新编排影印。

J0018767
故宫藏明清扇面选粹 （第六集）（明）陆治等绘
天津 天津市古籍书店 1992年 影印本 22页
19×33cm 定价：CNY7.50
　　作者陆治，明代画家。

J0018768
故宫藏明清扇面选粹 （第七集）（明）周臣等绘
天津 天津市古籍书店 1992年 影印本 22页
19×33cm 定价：CNY8.00
　　作者周臣（1460—1535），明代书画家。字舜卿，号东村，吴（今江苏苏州）人。代表作《春山游骑图》《春泉山隐图》等。

J0018769
明代吴门绘画 故宫博物院编
香港 商务印书馆 1990年 247页 29cm（15开）
精装 ISBN：962-07-4142-0 定价：CNY320.00
　　本书从故宫博物院所藏明代吴门绘画作品中，遴选44位画家的102件画作。由（香港）商务印书馆和（北京）故宫博物院紫禁城出版社联合出版。

J0018770

禅宗六代祖师像卷　（明）戴进绘;（明）唐寅题

香港 中华书局(香港)公司 1991年 36cm(15开)
经折装 ISBN:962-231-558-5

　　作者戴进(1388—1462),明代画家。字文进,号静庵、玉泉山人。钱塘(今浙江杭州)人。擅画山水、人物、花鸟、虫草。作品有《春山积翠图》《风雨归舟图》《三顾茅庐图》等。

J0018771

明清百家画梅

上海 上海书店 1991年 187页 38cm(6开)
ISBN:7-80569-385-4 定价:CNY50.00

J0018772

明清名家写竹

上海 上海书店 1991年 影印本 29页 38cm(6开)
ISBN:7-80569-386-2 定价:CNY4.00

J0018773

青岛市博物馆藏画集　青岛市博物馆编

北京 文物出版社 1991年 124+17页 38cm(8开)
精装 ISBN:7-5010-0581-8 定价:CNY150.00

　　本画集是从青岛市博物馆收藏的千余件作品中精选的明清代表性作品120幅。有明代浙派画家吴伟的《观瀑读书图》、山水名家谢时臣的《太行晴雪图》《武当南岩雪霁图》、写梅高手陈英的《岁寒不替图》、写意花卉家陈淳的《百卉图》等。

J0018774

徐渭画集　（明）徐渭绘;浙江人民美术出版社编

杭州 浙江人民美术出版社 1991年 47页
36cm(15开) 精装 ISBN:7-5340-0273-7
定价:CNY38.00
(中国画名家作品粹编)

J0018775

明陆治作品展览图录　台北故宫博物院编辑委员会编辑

台北 台北故宫博物院 1992年 91页
30cm(10开) 精装 ISBN:957-562-126-3
定价:CNY233.81

J0018776

至乐楼藏明清书画　高美庆编辑;黄锦忠摄

香港 中文大学文物馆 1992年 164页
29cm(16开) 精装 ISBN:962-7101-22-2

　　外文书名:Paintings and Calligraphy of the Ming and Qing Dynasties from the Chih Lo Lou Collection.

J0018777

明四家画集　（沈周、文徵明、唐寅、仇英）故宫博物院等藏画

天津 天津人民美术出版社 1993年 37cm 精装
ISBN:7-5305-0353-7 定价:CNY358.00

　　本画集从故宫博物院、上海博物馆、南京博物馆、辽宁省博物馆、天津市艺术博物馆、徐悲鸿纪念馆、天津市历史博物馆等6大博物馆遴选120余件藏品。

J0018778

董其昌　八大山人山水画风　（明）董其昌,（明）八大山人绘;刘朴等编

重庆 重庆出版社 1994年 150页 26cm(16开)
精装 ISBN:7-5366-2944-3 定价:CNY40.00

J0018779

故宫博物院藏明清绘画　杨新主编

北京 紫禁城出版社 [1994年]174页
28cm(26开) ISBN:7-80047-197-7
定价:CNY180.00

　　本书收入明代绘画图67幅、清代绘画图37幅。

J0018780

故宫博物院藏明清绘画　杨新主编

北京 紫禁城出版社 1996年 174页
28cm(大16开) ISBN:7-80047-197-7
定价:CNY180.00
　　明清中国画作品。

J0018781

明清扇画选(吉林省博物馆藏)　苏兴钧编著

长春 吉林美术出版社 1994年 199页 38cm(8开)
精装 ISBN:7-5386-0411-1 定价:CNY350.00

　　本书与香港乐天出版社合作出版。外文书名:Fan Painting Album of Ming and Qing Dynasties. 作者苏兴钧,吉林省博物馆副馆长。

J0018782
明清扇面选粹　辽宁省博物馆编
沈阳 辽宁美术出版社 1994 年 200 张
38×52cm 盒装 ISBN：7-5314-1225-X
定价：CNY1500.00

J0018783
水浒人物图谱　（明）杜堇绘
南宁 广西美术出版社 [1994 年]影印本 59 页
26cm（16 开）线装 ISBN：7-80582-739-7
定价：CNY15.00

J0018784
边文进三友百禽图　（明）边文进绘；上海人
民美术出版社编
上海 上海人民美术出版社 1995 年 46 页
38cm（6 开） ISBN：7-5322-1241-6
定价：CNY18.00
（名画鉴赏丛书）
　　作者边文进，明代画家。字景昭，福建沙县
人，明永乐年间武英殿待诏。

J0018785
仇英画风　（明）仇英绘；田军等编
重庆 重庆出版社 1995 年 26cm（16 开）精装
ISBN：7-5366-3273-8 定价：CNY48.00
（中国古代绘画大师画风系列）
　　作者仇英（约 1497—1552），明代绘画大师。
字实父，号十洲，原籍太苍，后移居苏州。存世
画迹有《汉宫春晓图》《桃园仙境图》《赤壁图》
《玉洞仙源图》等。

J0018786
仇英作品展图录　台北故宫博物院编辑委员
会编辑
台北 台北故宫博物院 1995 年 105 页 31cm（12 开）
精装 ISBN：957-562-233-2
　　明代国画作品。

J0018787
吕纪花鸟画特展　（明）吕纪绘；台北故宫博
物院编辑委员会编辑
台北 台北故宫博物院 1995 年 170 页 30cm（10 开）
精装 ISBN：957-562-211-1 定价：TWD1000.00

J0018788
明代山水画风　张晓凌等编
重庆 重庆出版社 1995 年 141 页 26cm（16 开）
精装 ISBN：7-5366-3267-3 定价：CNY48.00
（中国古代绘画大师画风系列）

J0018789
明清山水画选集　上海人民美术出版社编
上海 上海人民美术出版社 1995 年 220 页
38cm（6 开）精装 ISBN：7-5322-1304-8
定价：CNY420.00

J0018790
沈周画风　（明）沈周绘；田军等编
重庆 重庆出版社 1995 年 26cm（16 开）精装
ISBN：7-5366-3270-3 定价：CNY68.00
（中国古代绘画大师画风系列）

J0018791
沈周庐山高图　（明）沈周绘；上海人民美术
出版社编
上海 上海人民美术出版社 1995 年 46 页 38cm
（6 开）ISBN：7-5322-1240-8 定价：CNY18.00
（名画鉴赏丛书）

J0018792
沈周山水册　何恭上主编；（明）沈周绘著
台北 艺术图书公司 1995 年 再版 133 页 有图
30cm（10 开）ISBN：957-672-201-2
定价：TWD580.00
（画好国画 42）
　　外文书名：Landscape Paintings of Shen Chou.

J0018793
唐寅画风　（图集）（明）唐寅绘；王剑等编
重庆 重庆出版社 1995 年 26cm（16 开）精装
ISBN：7-5366-3269-X 定价：CNY48.00
（中国古代绘画大师画风系列）

J0018794
文徵明画风　（明）文徵明绘；梁江等编
成都 重庆出版社 1995 年 26cm（16 开）精装
ISBN：7-5366-3266-5 定价：CNY48.00
（中国古代绘画大师画风系列）

J0018795
徐渭、石涛花鸟画风　（明）徐渭,（清）石涛
绘；刘朴等编
重庆　重庆出版社　1995 年　140 页　26cm（16 开）
精装　ISBN：7-5366-3247-9　定价：CNY48.00
（中国古代绘画大师画风系列）

J0018796
董其昌书画集　（明）董其昌作
天津　天津人民美术出版社　1996 年　149 页
38cm（6 开）精装　ISBN：7-5305-0563-7

J0018797
沈周书画集　（上卷）（明）沈周绘
天津　天津人民美术出版社　1996 年　38cm（12 开）
精装　ISBN：7-5305-0683-8

J0018798
沈周书画集　（下卷）（明）沈周绘
天津　天津人民美术出版社　1996 年　38cm（12 开）
精装　ISBN：7-5305-0684-6

J0018799
陈老莲画集　（明）陈洪绶绘；程大利主编
南京　江苏美术出版社　1997 年　46 页　26cm（16 开）
ISBN：7-5344-0621-8　定价：CNY28.00
（中国历代大师名作丛书）

J0018800
仇英画集　（明）仇英绘
南京　江苏美术出版社 1997 年　46 页　28cm（大 16 开）
ISBN：7-5344-0697-8　定价：CNY28.00
（中国历代大师名作丛书）

J0018801
董其昌、丁卯小景图册　（明）董其昌绘
南宁　广西美术出版社　1997 年　38cm（6 开）
ISBN：7-80625-301-7　定价：CNY14.00
（一品堂系列丛书　一品堂册页精品）

J0018802
董其昌画集　（明）董其昌绘
南京　江苏美术出版社　1997 年　46 页
28cm（大 16 开）ISBN：7-5344-0696-X
定价：CNY28.00

（中国历代大师名作丛书）

J0018803
董其昌作品　（明）董其昌绘
西安　陕西人民美术出版社　1997 年　34 页
26cm（16 开）ISBN：7-5368-0981-6
定价：CNY18.00
（中国画名家作品精选）

J0018804
林良吕纪画集　（明）林良,（明）吕纪绘
天津　天津人民美术出版社　1997 年
38cm（6 开）精装　ISBN：7-5305-0686-2
　　明代中国画之花鸟画画册。

J0018805
明代人物画风　刘晓宁等编
重庆　重庆出版社　1997 年　26cm（16 开）精装
ISBN：7-5366-3630-X　定价：CNY48.00
（中国古代绘画大师画风系列）

J0018806
明清扇面画风　张晓凌等编
重庆　重庆出版社　1997 年　26cm（16 开）精装
ISBN：7-5366-3643-1　定价：CNY48.00
（中国古代绘画大师画风系列）

J0018807
南京博物院藏明清扇面书画集　南京博物
院编
北京　人民美术出版社　1997 年　156 页　37cm　精装
ISBN：7-102-01806-1　定价：CNY480.00

J0018808
沈周画集　（明）沈周绘
南京　江苏美术出版社 1997 年　46 页　28cm（大 16 开）
ISBN：7-5344-0656-0　定价：CNY28.00
（中国历代大师名作丛书）

J0018809
沈周精品集　（明）沈周绘
北京　人民美术出版社　1997 年　38cm（6 开）
精装　ISBN：7-102-01746-4　定价：CNY380.00

J0018810
圣迹之图　（孔府文物选）孔祥林等执笔
海口　南海出版公司 1997 年 36 页 18×26cm
ISBN：7-5442-0313-1 定价：CNY18.00

J0018811
文徵明画集　（明）文徵明绘
南京 江苏美术出版社 1997 年 46 页 28cm(大 16 开)
ISBN：7-5344-0690-0 定价：CNY28.00
（中国历代大师名作丛书）

J0018812
文徵明精品集　（明）文徵明绘；杨新编著
北京 人民美术出版社 1997 年 38cm（6 开）
精装　ISBN：7-102-01747-2 定价：CNY350.00

J0018813
徐渭画集　（明）徐渭绘
南京 江苏美术出版社 1997 年 46 页 28cm(大 16 开)
ISBN：7-5344-0657-9 定价：CNY28.00
（中国历代大师名作丛书）

J0018814
澄观图册　（明）蓝瑛绘；陈履生编著
南宁 广西美术出版社 1998 年 38cm（6 开）
ISBN：7-80625-448-X 定价：CNY18.00
（一品堂系列丛书 一品堂册页精品）

J0018815
仿宋人画册　（明）仇英绘；陈履生编著
南宁 广西美术出版社 1998 年 38cm（6 开）
ISBN：7-80625-445-5 定价：CNY20.00
（一品堂系列丛书 一品堂册页精品）

J0018816
仿宋元八家册　（清）王鉴绘；陈履生编著
南宁 广西美术出版社 1998 年 38cm（6 开）
ISBN：7-80625-464-1 定价：CNY14.00
（一品堂系列丛书 一品堂册页精品）

J0018817
古怪清圆　（明末怪杰绘画）陈传席编著
天津 天津人民美术出版社 1998 年 58 页
29cm（16 开）ISBN：7-5305-0938-1
定价：CNY32.00

（海外珍藏中国名画 7）
　　作者陈传席（1950—　），教授。江苏睢宁人，毕业于南京师范大学美术学院，获博士学位。中国人民大学艺术学院教授、博士生导师，中国美术家协会会员、中国美术学院客座教授，兼任中国佛教艺术研究所所长、中国美术家协会理论委员会副主任等。代表作有《陈传席文集》《中国山水画史》《中国绘画美学史》等。

J0018818
海外藏明清绘画珍品　（沈周卷）吴成槐，阮荣春主编；（明）沈周绘
沈阳 辽宁美术出版社 1998 年 303 页 有图
29cm（16 开）精装 ISBN：7-5314-2050-3
定价：CNY98.00

J0018819
海外藏明清绘画珍品　（陈洪绶·华嵒卷）阮荣春，吴成槐主编；（清）陈洪绶，（清）华嵒绘
沈阳 辽宁美术出版社 1999 年 239 页
29cm（16 开）精装 ISBN：7-5314-2231-X
定价：CNY98.00
　　本书简要介绍了我国明清时期的绘画历史及陈洪绶与华嵒的绘画艺术，以卷轴、手卷、册页、扇面四个方面收选了国外及台湾收藏的明清绘画珍品。

J0018820
海外藏明清绘画珍品　（龚贤·金陵诸家卷）阮荣春，吴成槐主编；（清）龚贤等绘
沈阳 辽宁美术出版社 1999 年 239 页
29cm（16 开）精装 ISBN：7-5314-2216-6
定价：CNY94.00
　　本册为龚贤和金陵诸家的作品，其中以龚贤的作品居多。

J0018821
海外藏明清绘画珍品　（文徵明卷）吴成槐，阮荣春主编；（明）文徵明绘
沈阳 辽宁美术出版社 1999 年 192 页 29cm（16 开）
精装　ISBN：7-5314-2162-3 定价：CNY75.00

J0018822
黄山灵奇　（新安派绘画）陈传席编著
天津 天津人民美术出版社 1998 年 61 页

29cm（16 开）ISBN：7-5305-0939-X
定价：CNY32.00
（海外珍藏中国名画 8）

J0018823
庐山高 （明）沈周绘
天津 天津人民美术出版社 1998 年 1 张
72cm（2 开）定价：CNY12.00
　明代中国画作品。

J0018824
明清官像画图录 台湾艺术教育馆编；熊宜
中总编辑
台北 台湾艺术教育馆 1998 年 215 页 30cm（10 开）
ISBN：957-02-2339-1 定价：TWD500.00
（艺术展览专辑 9）
　外文书名：The Great Exhibition of Portraits of
the Ming and Ching Officials.

J0018825
秋兴八景图册 （明）董其昌绘；陈履生编著
南宁 广西美术出版社 1998 年 38cm（6 开）
ISBN：7-80625-461-7 定价：CNY14.00
（一品堂系列丛书 一品堂册页精品）
　作者董其昌（1555—1636），明代著名书画
家。字玄宰，号思白，别号香光居士，松江华亭
（今上海）人。主要作品有《岩居图》《秋兴八景
图》《昼锦堂图》等。作者陈履生（1956— ），画
家、美术理论家。江苏镇江人。号平生。硕士毕
业于南京艺术学院美术系。中国美术家协会会
员，中国、日本美术交流协会会员、装帧艺术研
究会会员。主要著作有《神画主神研究》《明清
花鸟画 题画诗选注》《台湾现代美术运动》等。

J0018826
水墨苍劲 （浙派与宫廷绘画）陈传席编著
天津 天津人民美术出版社 1998 年 61 页
29cm（16 开）ISBN：7-5305-0935-7
定价：CNY32.00
（海外珍藏中国名画 4）
　作者陈传席（1950— ），教授。江苏睢宁人，
毕业于南京师范大学美术学院，获博士学位。中
国人民大学艺术学院教授、博士生导师、中国美
术学院客座教授，兼任中国佛教艺术研究所所长、中国美术家协会理论委

员会副主任等。代表作有《陈传席文集》《中国
山水画史》《中国绘画美学史》等。

J0018827
松江清远 （松江派绘画）陈传席编著
天津 天津人民美术出版社 1998 年 50 页
29cm（16 开）ISBN：7-5305-0937-3
定价：CNY22.00
（海外珍藏中国名画 6）

J0018828
吴门秀润 （吴门派绘画）陈传席编著
天津 天津人民美术出版社 1998 年 65 页
29cm（16 开）ISBN：7-5305-0936-5
定价：CNY34.00
（海外珍藏中国名画 5）

J0018829
永锡难老图卷 （明）文徵明作；陈履生编著
南宁 广西美术出版社 1998 年 38cm（6 开）
ISBN：7-80625-469-2 定价：CNY18.00
（一品堂系列丛书 一品堂手卷精品）

J0018830
纸上飘清香 （明清绘画名品欣赏）罗青著
台北 雄狮图书公司 1998 年 187 页 有图
26cm（16 开）ISBN：957-8980-77-9
定价：TWD450.00
（雄狮丛书 01-022）

J0018831
陈洪绶作品 （明）陈洪绶绘
西安 陕西人民美术出版社 1999 年 33 页
29cm（16 开）ISBN：7-5368-1214-0
定价：CNY18.00
（中国画名家作品精选）
　外文书名：Selected Paintings of Chen Hong-
shou.

J0018832
仇英斗丽图手卷 张温纯，金保书编
天津 天津杨柳青社 1999 年 影印本 1 轴
卷轴装 ISBN：7-80503-433-8 定价：CNY40.00
　作者张温纯（1957— ），美术编审。生于天
津，祖籍山东莱州。中国美术家协会天津分会会

员，天津市杨柳青画社从事绘画工作，书刊编辑出版发行事业部经理。编辑出版有《冯骥才画集》《书画装裱艺术》《黄胄中国现代人物画》《范曾精选集》《徐悲鸿作品选》等。

J0018833
明代山水画集　徐湖平，刘建平主编
天津　天津人民美术出版社　1999 年　152 页
37cm（8 开）精装　ISBN：7-5305-1177-7
定价：CNY228.00

J0018834
明四家扇面选　（明）沈周等绘
杭州　西泠印社　1999 年　30 幅　25×38cm
ISBN：7-80517-324-9　定价：CNY36.00

J0018835
孙氏家族捐赠上海博物馆明清书画集萃
（孙志飞先生藏书画集　中英文本）
上海　上海书画出版社　1999 年　29cm（16 开）
精装　ISBN：7-80635-409-3　定价：CNY48.00
　　作者孙志飞，上海工商实业界人士，自幼攻读历史、文学古籍，培育了对艺术的浓厚兴趣。

J0018836
唐伯虎竹谱　（明）唐伯虎绘
北京　中国和平出版社　1999 年　82 页 26cm（16 开）
ISBN：7-80101-963-6　定价：CNY16.00

J0018837
项圣谟精品集　（明）项圣谟绘；杨新编著
北京　人民美术出版社　1999 年　255 页 38cm（6 开）
精装　ISBN：7-102-01971-8
　　杨新（1940—　），书法家。湖南湘阴人，毕业于中央美术学院。历任故宫博物院副院长、研究员，中国书法家协会会员、北京市博物馆学会副理事长。出版有《杨新美术论文集》《扬州八怪》《中国传统线描人物画》《中国绘画三千年》等。

清代国画作品

J0018838
[**彩绘山水图**]
清　彩绘本　12 幅　散页

J0018839
[**曹鹏翊先生画谱**]　（清）曹鹏翊绘
清　刻本　毛装
　　分二册。

J0018840
[**刺绣花样**]　（清）佚名绘
清　刻本　有图　线装
　　清代中国画作品。黑口四周单边。

J0018841
[**蝴蝶杯图**]
清　彩绘本　6 页　散页

J0018842
[**薛丁山征西图**]　（清）佚名绘
清　彩绘本　经折装

J0018843
[**薛仁贵征东图**]　（清）佚名绘
清　彩绘本　经折装

J0018844
[**中国名山图**]
清　刻本　43 幅　散页

J0018845
[**钟绣谷花卉图册**]　（清）司马钟绘
清　彩绘本　经折装

J0018846
八龙山人画谱　（不分卷）（清）戴熙等绘
清　刻本
　　作者戴熙（1801—1860），画家。字醇士，号鹿床、鹿床、榆庵、榆庵等，清钱塘（今杭州）人。道光十二年进士，改翰林院庶吉士，授编修。工诗书画，治印。著有《习苦斋画絮・诗文集》《赐砚斋题画偶录》《宋元四家诗选》《粤雅集》等。

J0018847
保定名胜图咏　（不分卷）
清　刻本

J0018848
澄怀八友图　（不分卷）（清）常铣绘

清　拓本　线装

J0018849
戴文节公花卉册　（不分卷）（清）戴熙绘
戴氏　清　彩绘本

J0018850
东洲草堂金石书画诗钞　（五卷）（清）何绍基撰
清　抄本　绿丝栏　线装
　　　作者何绍基（1799—1873），清代诗人、书法家。字子贞，号东洲、晚号猿叟（一作蝯叟）。湖南道州（今道县）人。曾任翰林院编修、国史馆总纂。代表作品有《惜道味斋经说》《说文段注驳正》《东洲草堂诗钞》等。

J0018851
峨眉山景志图　（一卷）□□绘
清　刻本

J0018852
古华山二十四景　（不分卷）（清）杜椿绘
清　刻本　有插图　经折装
　　　四周双边。

J0018853
归帆图　（一卷）（清）潘奕隽撰
吴县潘氏三松堂　清　刻本
　　　本书由《归帆图一卷》《探梅图一卷》（清）潘奕隽撰合订。

J0018854
濠梁乐趣画册　（不分卷）（清）恽珠绘
［清］彩绘本

J0018855
吉云居书画补遗　（一卷）（清）陈骥德撰
民国三十二年［1943］石印本
（合众图书馆丛书）

J0018856
吉云居书画录　（不分卷　续录二卷　补遗一卷）（清）陈骥德辑
［清］手稿本

J0018857
吉云居书画录　（二卷　续录二卷　补遗一卷）
（清）陈骥德撰
民国三十一年［1942］石印本　线装
（合众图书馆丛书）

J0018858
吉云居书画续录　（二卷）（清）陈骥德撰
民国三十二年［1943］石印本　线装
（合众图书馆丛书）

J0018859
兰谱　（不分卷）（清）陈逵绘
文富堂　清　刻本
（赏奇轩合编）
　　　作者陈逵，清顺治年间指头画师。《虞初新志》载其擅用指头画兰花，兼长竹石、山石。

J0018860
兰谱　（不分卷）（清）陈逵绘
清　刻本

J0018861
兰石画册　（不分卷）（清）蒋薰绘
清　彩色套印本

J0018862
梁山泊英雄图像　（不分卷）□□绘
清　绘本

J0018863
明太祖功臣图　（清）上官周编绘
清　刻本　有像　线装
　　　作者上官周（1665—1752），清代画家。原名世显，后改名周，字文佐，号竹庄。福建长汀南山官坊人。山水和人物画造诣很高。代表作品有《樵归图》《罗浮山图》《珠江挂帆图》等，其中《晚笑堂画传》最为著名，成为后人临习人物画的范本。

J0018864
明太祖功臣图　（一卷）（清）上官周编绘
清乾隆　刻本　有像　线装
　　　分二册。
　　　作者上官周（1665—1752），清代画家。福建长汀南山官坊人，原名世显，后改名周，字文佐，号竹庄。擅长山水和人物画。代表作品《晚笑堂画传》为后人临习人物画的范本。

J0018865

明太祖功臣图 （清）上官周编绘

清同治二年［1863］石印本 有像 线装

　　行款不一白口左右双边单鱼尾。

J0018866

明太祖功臣图 （一卷）（清）上官周绘

清同治二年［1863］刻本

J0018867

明太祖功臣图 （一卷）（清）上官周绘

清光绪 刻本

　　本书据清乾隆刻本影印。本书由《晚笑堂画传一卷》《明太祖功臣图一卷》（清）上官周绘合订。作者上官周（1665—1752），清代画家。原名世显，后改名周，字文佐，号竹庄。福建长汀南山官坊人。山水和人物画造诣很高。代表作品有《樵归图》《罗浮山图》《珠江挂帆图》等，其中《晚笑堂画传》最为著名，成为后人临习人物画的范本。

J0018868

墨兰梅石四种画谱 （不分卷）□□辑

清 刻本 彩色套印

J0018869

墨兰谱 （清）陈逵绘

清 刻本 线装

　　作者陈逵，清顺治年间指头画师。《虞初新志》载其擅用指头画兰花，兼长竹石、山石。

J0018870

墨兰谱 （不分卷）（清）陈逵绘

清 刻本

J0018871

墨兰谱 （清）陈逵绘

清嘉庆三年至宣统［1798—1911］刻本 后印线装

J0018872

墨兰谱 （清）陈逵绘；乐铎藏

清嘉庆三年［1798］刻本 有图 线装

　　本书共分四册。

J0018873

墨兰谱 （不分卷）（清）陈逵绘

清嘉庆三年［1798］刻本

J0018874

墨兰谱 （清）陈逵绘

清咸丰八年［1858］刻本 有图 线装

　　本书共分二册。

J0018875

墨兰谱 （不分卷）（清）陈逵绘

清咸丰八年［1858］刻本

J0018876

南陵无双谱 （清）金史绘

清 刻本 有图 线装

（赏奇轩四种合编）

　　本书共分二册。

　　本书收于《赏奇轩四种合编四卷》。作者金史，清初画家。名史，字古良，号射堂，浙江山阴人。

J0018877

南陵无双谱 （清）金史绘

清末 刻本 有图 线装

（赏奇轩四种）

J0018878

南陵无双谱 （一卷）（清）金史绘

上海 同文书局 清光绪十二年［1886］石印本有图 线装

（赏奇轩合编）

J0018879

南陵无双谱 （一卷）（清）金史绘

民国 石印本 有图 线装

J0018880

生香乐意 （不分卷）（清）高宗弘历撰并绘

［清］手稿本

J0018881
书画册　（不分卷）（清）袁树书;（清）袁枚题诗清
　　本书有清姚鼐、王文治、梁同书、梅钺、孙
效曾跋。

J0018882
探梅图　（一卷）（清）潘奕隽撰
吴县潘氏三松堂 清 刻本
　　本书由《归帆图一卷》《探梅图一卷》（清）潘
奕隽撰合订。

J0018883
陶陶室声画卷　（一卷）（清）陶怀玉绘
陶怀玉［自刊］清 彩绘本
　　潘奕隽署首。有清黄丕烈跋。

J0018884
天乐图二集　（不分卷）（清）石成金绘并撰
清 刻本

J0018885
晚笑堂画传　（一卷）（清）上官周绘
清光绪 刻本
　　据清乾隆刻本影印。本书由《晚笑堂画传一
卷》《明太祖功臣图一卷》（清）上官周绘合订。

J0018886
晚笑堂画传　（清）上官周绘；胡佩衡选订
北京 人民美术出版社 1959 年 241 页 25cm（16 开）
精装 统一书号：8027.173 定价：CNY2.48
　　本书系清代人物画画册。

J0018887
晚笑堂画传　（清）上官周编绘
北京 中国书店 1984 年 影印本 26cm（16 开）
定价：CNY3.20
　　清代中国画画册。据清乾隆庚午年涉园陶
氏刊本影印。

J0018888
晚笑堂画传　（清）上官周编绘
北京 中国书店 1994 年 重印本 1 册 26cm（16 开）
ISBN：7-80568-542-8 定价：CNY18.00
　　本书系清代人物画画册。

J0018889
晚笑堂画传　（清）上官周绘
石家庄 河北美术出版社 1996 年 89 页
29cm（16 开）ISBN：7-5310-0814-9
定价：CNY39.00
（中国古代版画精品系列丛书）

J0018890
晚笑堂画传　（清）上官周绘
清乾隆 刻本
　　本书又名《笑晚堂竹庄画传》。作者上官周
（1665—1752），清代画家。原名世显，后改名周,
字文佐，号竹庄。福建长汀南山官坊人。山水和
人物画造诣很高。代表作品有《樵归图》《罗浮
山图》《珠江挂帆图》等，其中《晚笑画传》最
为著名，成为后人临习人物画的范本。

J0018891
晚笑堂画传图　（清）上官周绘
上海 上海书画出版社 1987 年 影印本 76 页
26×15cm（21 开）定价：CNY1.40

J0018892
晚笑堂竹庄画传　（清）上官周绘
五车楼 清 刻本

J0018893
晚笑堂竹庄画传　（清）上官周画
清乾隆八年［1743］

J0018894
辋冈上遴画册　（不分卷）（清）万上遴绘
［清］彩绘本

J0018895
席子园画石册　（不分卷）（清）席子园绘
［清］稿本

J0018896
心地芝兰　（不分卷）（清）王秉蓦绘
［清］稿本

J0018897
学画临画　（五卷）（清）冯楚花绘
［清］稿本

J0018898
烟霞供养 （清）王启磊画
清 稿本 彩绘 有图 折装

J0018899
张雪鸿书画册 （不分卷）（清）张敬绘并书
［清］稿本

J0018900
白岳凝烟 （一卷）（清）吴镕绘
清康熙 刻本
　　本书共分二册。

J0018901
白岳凝烟 （一卷）（清）吴镕绘
清康熙五十三年［1714］刻本

J0018902
白岳凝烟 （清）吴镕绘
民国 影印本 有图 线装

J0018903
白岳凝烟 （清）吴镕绘；中华书局上海编辑所
编辑
北京 中华书局 1960年 98页 有图 28cm（16开）
线装 统一书号：10018.264 定价：CNY1.70
（中国古代巅迎丛刊）

J0018904
画余谱 （一卷）（清）华胥撰
绿荫堂 清康熙 刻本
（百名家词钞）
　　本书收于《百名家词钞一百卷》。

J0018905
清宫精绘各国人物妆饰图 （不分卷）（清）
焦秉贞绘
清康熙 彩绘本

J0018906
西厢觞政 （不分卷）（清）童质侯绘
清康熙 刻本 有图 线装

J0018907
凌烟阁图 （一卷）（清）刘源绘

柱笏堂 清康熙七年［1668］刻本
　　作者刘源，清代版画家。字伴阮，号猿仙，
河南祥符(今开封)人。作品有《墨竹图》。

J0018908
耕织图 （一卷）（清）焦秉贞绘
内府 清康熙三十五年［1696］刻本 有红章

J0018909
耕织图 （一卷）（清）焦秉贞绘
内府 清康熙三十五年［1696］刻本

J0018910
耕织图 （清）焦秉贞绘
北京 北京图书馆出版社 1999年 38×30cm
函装 ISBN：7-5013-1662-7 定价：CNY680.00

J0018911
江山无尽图 （清）龚御绘
清雍正八年［1730］手绘本 1轴 有图

J0018912
古歙山川图 （一卷）（清）吴逸绘
阮溪水香园 清乾隆 刻本

J0018913
冷枚山水画册 （七帧）（清）冷枚绘
清乾隆 绢画本 有图 经折装

J0018914
御制耕织图 （不分卷）（清）焦秉贞绘
清乾隆 刻本

J0018915
御制耕织图 （不分卷）（清）焦秉贞绘
上海 点石斋 清光绪五年［1879］石印本

J0018916
御制耕织图 （不分卷）（清）焦秉贞绘
上海 上海文瑞楼 清光绪十一年［1885］石印本

J0018917
御制耕织图 （清）焦秉贞绘
北京 中国书店 1998年 函装
ISBN：7-80568-870-2 定价：CNY600.00

J0018918

御制七十二候诗画册 （清）永瑢绘
清乾隆四十七年［1782］手绘本　折装

J0018919

［画兰赠言］ （清）陈旭绘
清嘉庆　刻本　有图　线装

J0018920

大观园图 （清）苕溪渔隐绘
清嘉庆　刻本　有图　线装
（痴人说梦）

J0018921

泛槎图 （六卷　续一卷）（清）张宝绘
清嘉庆至道光　刻本

J0018922

泛槎图 （不分卷）（清）张宝绘
尚古斋　清嘉庆二十四年［1819］刻本
　　　本书由《泛槎图不分卷》《续泛槎图不分卷》
（清）张宝绘合订。

J0018923

泛槎图 （清）张宝绘
上海　点石斋　清光绪六年［1880］影印本　有图
线装
　　　本书共分四册。据嘉庆年刻本影印。

J0018924

泛槎图 （六卷　续一卷）（清）张宝绘
上海　点石斋　清光绪六年［1880］影印本
　　　本书据清嘉庆刻本影印。

J0018925

泛槎图 （清）张宝绘
北京　北京古籍出版社　1988年　影印本　2册
20cm（32开）精装　定价：CNY14.00
　　　本书内收风景名胜画103幅，共6辑，其中
有《卢沟晓骑》《秦淮留别》等；此外还收有当时
的书法名流、知名学者、名公巨卿300多家的题
咏。作者张宝（1763—1832），清代画家。江苏上
元（今南京）人。字仙槎，一字梅痴。作品集有《泛
槎图》。

J0018926

兰竹谱 （一卷）（清）陈旭撰
清嘉庆　刻本
　　　兰竹谱，又名新增墨兰竹谱。

J0018927

清逸山房竹谱 （二卷）（清）魏容撰
清嘉庆　刻本

J0018928

续泛槎图 （不分卷）（清）张宝绘
尚古斋　清嘉庆二十四年［1819］刻本
　　　本书由《泛槎图不分卷》《续泛槎图不分卷》
（清）张宝绘合订。

J0018929

［青野书画］ （清）翟齐绘
清道光至咸丰　彩绘本　4幅　散页

J0018930

东桥兰谱 （不分卷）（清）陈逯绘
清道光　绘本
　　　作者陈逯，清顺治年间指头画师。《虞初新
志》载其擅用指头画兰花，兼长竹石、山石。

J0018931

李跃门百蝶图 （四卷）（清）李国龙绘
南海李氏　清道光　刻本　线装
　　　本书共分二册。

J0018932

李跃门百蝶图 （清）李国龙绘
清道光　刻本　有图　线装
　　　行款不一白口四周单边单鱼尾。

J0018933

蒙演百孝图 （一卷　续编一卷）（清）沈三贤绘
绍兴　清道光元年［1821］刻本

J0018934

悟芗亭画稿 （三卷）（清）刘惁绘
清道光　刻本　线装
　　　本书共分二册。

J0018935
舣槎图 （四集不分卷）（清）张宝绘
清道光六年［1826］刻本

J0018936
六法管见 （一卷）（清）刘悰绘
梅钟澍募 清道光十八至二十年［1838—
1840］刻本
　　　　本书由《悟芗亭画稿二卷》《六法管见一卷》
（清）刘悰绘合订。

J0018937
悟芗亭画稿 （二卷）（清）刘悰绘
梅钟澍募 清道光十八至二十年［1838—
1840］刻本
　　　　本书由《悟芗亭画稿二卷》《六法管见一卷》
（清）刘悰绘合订。

J0018938
悟香亭画稿 （二卷）（清）刘悰绘
梅钟澍募 清道光十八至二十年［1838—
1840］刻本
　　　　本书由《悟香亭画稿二卷》《六法管见一卷》
（清）刘悰绘合订。

J0018939
此君山房竹谱 （不分卷）（清）秦岐山绘
清道光二十年［1840］绘本

J0018940
悟芗亭全集 （三卷）（清）刘悰绘
清道光二十年［1840］刻本 有图 线装
　　　　本书共分二册。白口半页四周单边。

J0018941
金鱼图谱 （不分卷）（清）句曲山农撰
景行书屋 清道光二十八年［1848］刻本
彩色套印
　　　　八行二十字白口四周花边。

J0018942
［绘图］施公案
清末至民国初 石印本 有图 经折装

J0018943
［苗族风俗图］ 佚名绘
清末至民国初 手绘本 彩色 经折装

J0018944
［平定回部张格尔图咏］ （清）内廷绘；（清）
清宣宗撰诗
清末 摄影本 经折装

J0018945
［山水画集］ （清）管念慈绘
清末 手绘本 10幅 散页

J0018946
［通俗谐语图画］
清末 手绘本 彩色 有图 经折装

J0018947
［图案］ （清）佚名绘
清末 刻本 线装

J0018948
［晚清画报］
清末 石印本 有图 线装
　　　　本书共分二册。

J0018949
［竹兰二妙］ （清）陈逵绘
清末 刻本 有图 线装
　　　　本书共分二册。
　　　　作者陈逵，清顺治年间指头画师。《虞初新
志》载其擅用指头画兰花，兼长竹石、山石。

J0018950
百幅梅华图画谱 （一卷）（清）王寅绘
清末 石印本
　　　　作者王寅（约1830—？），清代画家。上元
（今江苏南京）人，后留寓上海。字冶梅，以字行，
王静夫弟。工人物、山水、木石、禽鱼及兰竹，
尤以画梅著称。著有《兰竹谱》《冶梅石谱》《海
上墨林》《冶梅兰竹谱序》《兰言》等。

J0018951
二妙 （不分卷）（清）陈逵绘
清末 刻本

J0018952
海国丛谈图 （二卷）（清）吴嘉猷绘
上海 璧园 清末 石印本 有图
（吴友如画宝）

　　作者吴嘉猷（？ —约1893），清代桃花坞年画艺术家。江苏元和（今吴县）人。字友如。主要作品有《点石斋画报》《飞影阁画报》《吴友如画宝》画册。传世作品有《豫园燕集图》《五子图》。

J0018953
江左三大家诗画合璧 （一卷）（清）钱谦益，（清）吴伟业,（清）龚鼎孳书并绘
上海 有正书局 清末 影印本

J0018954
菊谱 （不分卷）（清）黄谦绘
清末 刻本

　　本书由《兰谱不分卷》《菊谱不分卷》《竹谱不分卷》《梅谱不分卷》（清）黄谦绘合订。

J0018955
兰谱 （不分卷）（清）黄谦绘
清末 刻本

　　本书由《兰谱不分卷》《菊谱不分卷》《竹谱不分卷》《梅谱不分卷》（清）黄谦绘合订。

J0018956
梅谱 （不分卷）（清）黄谦绘
清末 刻本

　　本书由《兰谱不分卷》《菊谱不分卷》《竹谱不分卷》《梅谱不分卷》（清）黄谦绘合订。

J0018957
梦迹图 （不分卷）（清）葛梦莲绘
上海 点石斋 清末 石印本

J0018958
瓶水间情秋波小影 （清）舒位绘并书
上海 有正书局 民国 影印本 线装

J0018959
瓶水闲情秋波小影 （一卷）（清）舒位绘
上海 有正书局 清末至民国初 石印本

J0018960
任渭长人物花鸟册 （一卷）（清）任熊绘
清末至民国初 影印本

　　作者任熊（1823—1857），清晚期画家。字渭长，一字湘浦，号不舍，浙江萧山人。"海派"艺术的代表人物之一。少时得遇著名文人姚燮，在其家"大梅山馆"学画，深得宋人笔法。绘画全才。画法宗陈洪绶，与弟任薰，儿子任预、侄任颐合称"海上四任"。绘制的《高士传》《于越先贤传》《烈先酒牌》《剑侠传》合称为《任渭长四种》。

J0018961
任渭长人物花鸟册 （清）任熊绘
民国 影印本 线装

J0018962
石谷仿古山水十五幅 （不分卷）（清）王翚绘
清末 影印本 线装

J0018963
松年山水花卉杂册 （不分卷）（清）松年绘
清末 彩绘本

J0018964
松鼠图 （不分卷）（清）虚谷绘
清末 彩绘本

J0018965
文美斋画谱 （一卷）（清）钱慧安绘
文美斋 清末 刻本

J0018966
乌目山人画册 （不分卷）（清）王翚绘
清末 影印本 线装

J0018967
吴山涛画册 （不分卷）（清）吴山涛绘
清末 影印本

J0018968
续无双谱 （不分卷）周权绘
清末 石印本 有图 线装

　　本书由《续无双谱》《红薇馆稗史集锦》合订。

J0018969
杨韫华梅花册 （不分卷）（清）杨韫华绘
清末 影印本

J0018970
冶梅梅谱 （清）王寅绘
上海 朝记书庄 清光绪十八年［1892］石印本
有图 线装
　　本书共分四册。九行二十一字白口半页四
周单边。

J0018971
冶梅梅谱 （不分卷）（清）王寅绘
清光绪十八年［1892］石印本

J0018972
冶梅梅谱（不分卷）（清）王寅绘
上海 朝记书庄 清末 石印本

J0018973
张廷竹册 （清）张廷绘
清末 稿本 经折装

J0018974
中兴名将图 （一卷）（清）吴嘉猷绘
清末 石印本 有图

J0018975
云湘画谱 （二卷）（清）邹骏撰
清咸丰八年［1858］刻本

J0018976
盼云轩画传 （四卷）（清）李若昌绘
清同治三年［1864］刻本 有图 包背装
　　本书共分四册。

J0018977
云台三十二将图 （不分卷）（清）张士保绘
清同治十年［1871］刻本 有图 线装

J0018978
［百鸟图］ （清）谢仰坡绘
清光绪 手绘本 线装

J0018979
［飞影阁画报］ （清）吴嘉猷绘
清光绪 石印本 有图 线装
　　本书共分三册。白口半页四周单边。

J0018980
［耕野山房藏人物画册］ （清）王浩等绘
清光绪至民国初 彩绘本 经折装

J0018981
［画扇集］ 陈倩等绘
清光绪至民国初 彩绘本 4幅 有彩图 散页

J0018982
［冶梅石谱］ （清）王寅绘
清光绪 刻本 有图 经折装

J0018983
［张肇源画集］ 张肇源绘
清光绪至民国初 彩绘本 15幅 有彩图 散页

J0018984
百花图咏 （一卷）（清）吴淑娟绘
清光绪 影印本

J0018985
大涤子山水 （清释）道济绘
清光绪 刻本 有图 线装
　　作者道济（1642—1708），清初书画家、绘画
理论家。法名道济，又字石涛，号苦瓜和尚、大
涤子、靖江后人、清湘陈人、零丁老人等等。本
姓朱，名若极，系明代靖江王朱赞仪的第十世孙
朱亨嘉之子。著有《苦瓜和尚画语录》。存世作
品有《石涛罗汉百开册页》《山水清音图》《竹
石图》等。

J0018986
大涤子山水 （不分卷）（清释）道济绘
清光绪 刻本

J0018987
飞影阁丛画 （二集八卷）（清）吴嘉猷辑绘
清光绪 石印本 线装
　　　　分八册。

J0018988

飞影阁画报 （清）吴嘉猷绘

上海 飞影阁 清光绪 石印本 平装

　　本书共分一百二十七册。

J0018989

飞影阁画报 （六卷）（清）吴嘉猷绘

上海 鸿宝斋 清光绪 石印本 线装

　　本书共分六册。

J0018990

改琦画稿 （清）改琦绘

清光绪 刻本 有图 线装

J0018991

改琦画稿 （清）改琦绘

上海 同文书局 民国 影印本 有图 线装
（茜窗小品）

　　本书据阳江紫藤仙馆藏本影印。

J0018992

高西园诗画录 （一卷，附录一卷）（清）高凤
翰撰；（清）邓元鏶编

清光绪 刻本 线装

　　十行十八字小字双行同黑口四周双边单
鱼尾。

J0018993

海上名人画稿 （清）张熊等绘

上海 同文书局 清光绪 影印本 线装

　　本书共分二册。

J0018994

海上名人画稿 （清）张熊等绘；同文书局编

上海 同文书局 清光绪十一年［1885］影印本
石印 有插图 线装

　　本书共分二册，据武林梦槐书屋藏本影印。
底本年代不详。

J0018995

红楼梦图咏 （不分卷）（清）改琦绘

浙江 文元堂杨氏 清光绪 影印本 线装

J0018996

红楼梦图咏 （清）改琦绘

清光绪 刻本 线装

　　本书共分四册。

J0018997

红楼梦图咏 （清）改琦绘；月楼轩刻

北京 中国书店 1984 年 25cm（小 16 开）

定价：CNY1.30

　　本书系改琦绘，月楼轩刻中国清代插图
画册。

J0018998

红楼梦图咏 （清）改琦绘

石家庄 河北美术出版社 1996 年 127 页
29cm（16 开） ISBN：7-5310-0817-3

定价：CNY25.00
（中国古代版画精品系列丛书）

　　作者改琦，清代画家。西域人，字伯蕴，号
香白，又号七芗，别号玉壶外史。

J0018999

红楼梦图咏 （一卷）（清）改琦绘

杭州 浙江文艺出版社 1996 年 影印本 有图
线装 ISBN：7-5339-0927-5 定价：CNY198.00

　　本书据清刻本影印。

J0019000

湖北汉湖渔子画稿 （清）黄石绘

清光绪 影印本 线装

　　本书共分二册，据清光绪间黄石画稿影印。

J0019001

蝴蝶秋斋藏册 （清）唐光照辑

清光绪 刻本 线装

　　本书共分二册。

J0019002

蝴蝶秋斋藏册 （清）蝴蝶秋斋主人辑

清光绪五年［1879］刻本 有图 线装

J0019003

画稿 （不分卷）□□辑

清光绪 刻本 有图 线装

J0019004

画谱采新 （不分卷）（清）张熊等绘

畜经堂 清光绪 影印本

　　本书由《画谱采新不分卷》(清)张熊等绘、《西湖十八景图不分卷》(清)杨伯润绘合订。

J0019005
画谱采新 (清)张熊等绘
畜经堂 清光绪十一至十二年[1885—1886]影印本 有图 线装

J0019006
环球胜地名画录 (不分卷)(清)□□辑
上海 商务印书馆 清光绪至宣统 影印本

J0019007
江南北水灾流民图 (一卷)(清)朱梓绘
上海 广仁堂 清光绪 刻本

J0019008
兰竹名卉 (清)吴鸿勋绘;(清)吴馨摹
清光绪 刻本 有图 线装
　　本书共分二册。

J0019009
林屋山人山水画谱 (不分卷)(清)邹元斗绘
清光绪 刻本

J0019010
聋道人百种诗笺 (一卷)(清)刘锡玲绘
荣宝斋 清光绪 刻本 有图 线装

J0019011
芦雁画谱 (一卷)金敏之绘
清光绪 石印本

J0019012
梦迹图 (清)宝琳绘
上海 点石斋 清光绪元年[1875]石印本 有图 线装
　　白口四周单边单鱼尾。

J0019013
梦迹图 (清)宝琳绘
民国十二年[1923]石印本 线装
　　白口四周单边单鱼尾。

J0019014
梦迹图 (不分卷)(清)宝琳绘
清光绪 石印本

J0019015
南田花卉 (不分卷)(清)恽格绘
清光绪 刻本 有图 线装
　　作者恽格(1633—1690),画家。字寿平、号南田等,武进(今属江苏)上店人。主要作品有《山水花鸟》《恽南田花果册》《南田花卉》等。

J0019016
任阜长精绘历代名将 (二卷)(清)任薰绘;(清)笔花馆主人撰傅
清光绪 石印本
　　作者任薰(1835—1893),画家。浙江萧山人。字舜琴,又字阜长,其父任椿,兄任熊都是画家。代表作品《苏武牧羊图》《天女散花图》《松鹤图》。

J0019017
纫斋画剩 (清)陈允升绘
甬上陈氏得古欢室 清光绪 刻本 线装
　　本书共分二册。作者陈允升(1820—1884),清代画家,字仲升,号纫斋、金峨山民、壶舟道人,浙江宁波人。擅长山水,兼能花卉、人物,精治印。"海上画派"代表人物,著有《纫斋画剩》。

J0019018
纫斋画剩 (不分卷)(清)陈允升绘
四明陈氏得古欢室 清光绪二年[1876]刻本 有图 线装
　　本书共分四册。

J0019019
纫斋画剩 (清)陈允升绘
甬上[宁波]陈氏得古欢室 清光绪三年[1877]刻本 有图 线装
　　分四册。

J0019020
纫斋画剩 (清)陈允升绘
清光绪四年[1878]刻本 有图 线装

J0019021
纫斋画剩 （二卷）（清）陈允升绘
清光绪四年［1878］刻本 有图 线装
　　分二册。

J0019022
三万六千顷湖中画船录 （一卷）（清）迮朗撰
吴江沈氏世楷堂 清光绪 刻本 重印 线装
（昭代丛书）
　　九行二十字小字双行同白口左右双边单鱼
尾。收于《昭代丛书》癸集。

J0019023
三万六千顷湖中画船录 （一卷）（清）迮朗撰
吴江沈廷镛 民国八年［1919］重修本 线装
（昭代丛书）
　　本书系清道光吴江沈氏世楷堂刻民国八年
吴江沈廷镛重修本。收于《昭代丛书》癸集。

J0019024
诗画舫 （六卷）（清）点石斋辑
上海 点石斋 清光绪 石印本

J0019025
石谱 （不分卷）（清）王寅绘
清光绪 刻本

J0019026
石涛山水册 （不分卷）（清释）道济绘
上海 有正书局 清光绪至宣统 影印本 线装

J0019027
翁小海草虫 （清）翁雒绘
清光绪 刻本 有图 线装

J0019028
吴伯滔画册 （不分卷）（清）吴滔绘
清光绪 影印本

J0019029
吴伯滔画册 （清）吴滔绘
清光绪末 影印本 有图 线装

J0019030
西湖十八景图 （不分卷）（清）杨伯润绘

畚经堂 清光绪 影印本
　　本书由《画谱采新不分卷》（清）张熊等绘、
《西湖十八景图不分卷》（清）杨伯润绘合订。

J0019031
西湖十八景图 （清）杨伯润绘
畚经堂 清光绪十一至十二年［1885—1886］影
印本 2册 有图 线装
　　本书由《画谱采新》（清）张熊等绘、《西湖
十八景图》（清）杨伯润绘合订。

J0019032
西湖十八景图 （清）杨伯润绘
畚经堂 清光绪十二年［1886］刻本 有图 线装

J0019033
瑶华道人真迹 （清）弘旿绘
清光绪 刻本 有图 线装

J0019034
冶梅石谱 （二卷）（清）王寅绘
上海 朝记书庄 清光绪至宣统 影印本 有图
线装
　　本书共分二册，据金陵王氏清光绪六年刻本
影印。

J0019035
冶梅石谱 （二卷）（清）王寅绘
金陵 王氏 清光绪六年［1880］刻本

J0019036
冶梅石谱 （二卷）（清）王寅绘
上洋肇记书局 清光绪二十年［1894］石印本

J0019037
东轩吟社画像 （清）费丹旭绘；（清）黄士珣
记；（清）诸可宝传
钱塘汪氏振绮堂 清光绪二年［1876］刻本
有图及像 线装
　　十一行二十四字小字双行同黑口四周双边
单鱼尾。
　　作者费丹旭（1802—1850），清代画家。字子
苕，号晓楼，别号环溪生等。浙江湖州人。主要
作品有《十二金钗图》《果园感旧图》等。

J0019038
茹烟吐椴 （一卷）（清）陈允升绘
清光绪二年［1876］刻本

J0019039
董米山水画谱 （清）陈允升绘
清光绪三年［1877］刻本 有图 线装
黄纸本。

J0019040
可园宦迹诗画册 （不分卷）（清）潘霨等绘撰；（清）志颜等补绘
清光绪三年［1877］绘本

J0019041
性安庐画稿 （四卷）（清）姚钟葆绘
上海 读画斋 清光绪二十九年［1877］石印本

J0019042
豫饥铁泪图
清光绪五年［1879］刻本 朱蓝套印 有图 线装

J0019043
兰竹名世 （一卷）（清）吴子嘉绘
吴杏芬 清光绪七年［1881］刻本

J0019044
南画独学挥毫自在 （不分卷）（清）琴石主人绘
清光绪七年［1881］刻本 有图 线装
分四册。

J0019045
三国画像 （二卷）（清）潘锦绘；（清）秦祖永鉴定
桐阴馆 清光绪七年［1881］刻本 有图 线装
本书共分二册。黑口左右双边。

J0019046
红楼纪略 （一卷）（清）青山山农撰
上海 点石斋 清光绪八年［1882］石印本
本书由《增刻红楼梦图咏一卷》（清）王芸阶绘并辑、《红楼纪略一卷》《红楼梦广义二卷》（清）青山山农撰、《红楼梦论赞一卷》（清）读花人撰合订。

J0019047
红楼梦广义 （二卷）（清）青山山农撰
上海 点石斋 清光绪八年［1882］石印本
本书由《增刻红楼梦图咏一卷》（清）王芸阶绘并辑、《红楼纪略一卷》《红楼梦广义二卷》（清）青山山农撰、《红楼梦论赞一卷》（清）读花人撰合订。

J0019048
红楼梦论赞 （一卷）（清）读花人撰
上海 点石斋 清光绪八年［1882］石印本
本书由《增刻红楼梦图咏一卷》（清）王芸阶绘并辑、《红楼纪略一卷》《红楼梦广义二卷》（清）青山山农撰、《红楼梦论赞一卷》（清）读花人撰合订。

J0019049
兰谱 （一卷）（清）王寅绘
合肥 李氏 清光绪八年［1882］刻本
本书由《兰谱一卷》《竹谱一卷》（清）王寅绘合订。

J0019050
兰谱 （一卷）（清）王寅绘
金陵 王氏东瀛 清光绪八年［1882］石印本
本书由《兰谱一卷》《冶梅梅竹谱》（清）王寅绘合订。

J0019051
兰谱 （不分卷）（清）陈逵绘
上海 同文书局 清光绪十二年［1886］石印本
（赏奇轩合编）

J0019052
兰谱 （一卷）（清）陈逵绘
上海 同文书局 清光绪十二年［1886］石印本 有图 线装
（赏奇轩合编）

J0019053
冶梅梅竹谱 （清）王寅绘
金陵王氏东瀛 清光绪八年［1882］石印本
本书由《兰谱一卷》《冶梅梅竹谱》（清）王寅绘合订。

J0019054
增刻红楼梦图咏 （不分卷）（清）王墀绘；
（清）姜祺题诗
上海 点石斋 清光绪八年［1882］石印本 线装
　　本书共分二册。

J0019055
增刻红楼梦图咏 （一卷）（清）王芸阶绘并辑
上海 点石斋 清光绪八年［1882］石印本
　　本书由《增刻红楼梦图咏一卷》（清）王芸
阶绘并辑、《红楼纪略一卷》《红楼梦广义二卷》
（清）青山山农撰、《红楼梦论赞一卷》（清）读花
人撰合订。

J0019056
竹谱 （一卷）（清）王寅绘
合肥李氏 清光绪八年［1882］刻本
　　本书由《兰谱一卷》《竹谱一卷》（清）王寅
绘合订。

J0019057
名山图 （一卷）□□辑
锦文斋 清光绪九年［1883］重摹本

J0019058
疏园菊谱 （一卷）（清）沈履言绘
清光绪九年［1883］刻本

J0019059
毓秀堂画传 （四卷）（清）王墀绘
上海 点石斋 清光绪九年［1883］石印本 有图
线装
　　本书共分四册。

J0019060
申江胜景图 ［（清）吴友如绘；申报馆编
上海 申报馆 清光绪十年［1884］

J0019061
新增墨兰竹谱 （一卷）（清）陈旭撰
清光绪十年［1884］刻本

J0019062
新增墨兰竹谱 （清）陈迏绘
清光绪十年［1884］刻本 有图 线装

本书共分四册。白口四周单边。

J0019063
幽阰雪鸿 （清）冯玉衡绘
上海 同文书局 清光绪十年［1884］影印本 线装

J0019064
海上名人画稿
存古斋 清光绪十一年［1885］
　　本书共收胡远、张熊、邓铁仙、杨伯润、周
云峰、任阜长、徐小仓、沈心海八大名家的人物、
山水、虫草、花鸟册页一百余幅。

J0019065
诗中画 （二卷）（清）马涛绘
清光绪十一年［1885］影印本 线装
　　本书共分二册。

J0019066
诗中画 （二卷）（清）马涛绘
清光绪十七年［1891］石印本 有图 线装
　　本书共分二册。白口半页四周单边。

J0019067
停云小单色画胜 （不分卷）（清）马涛绘
清光绪十一年［1885］石印本 有图

J0019068
木版初印任伯年扇册 （清）任颐绘
清光绪十三年［1887］刻本 线装
　　本书共分二册。作者任伯年（1840—1896），
清末画家。浙江山阴航坞山（今杭州市萧山区）
人。改名任颐，字伯年，以字行。初名润，字次
远，号小楼。主要作品有《东津话别图》《三友图》
《苏武牧羊图》《蕉阴纳凉图》《池畔窥鱼图》等。

J0019069
木版初印任伯年扇册 （不分卷）（清）任颐绘
清光绪十三年［1887］石印本

J0019070
淞滨花影 （二卷）（清）徐月樵绘；（清）花影
楼主人辑
清光绪十三年［1887］石印本

J0019071
水浒画谱 （二卷）（清）颠道人绘
清光绪十四年［1888］石印本 有图 线装
本书共分四册。

J0019072
太平欢乐图 （清）方兰坻绘
积山书局 清光绪十四年［1888］石印本 有图
线装
白口四周单边单鱼尾。

J0019073
太平欢乐图 （一卷）（清）方薰绘
积山书局 清光绪十四年［1888］石印本
方薰（1735—1799），清画家、绘画理论家。
浙江石门（今崇德）人。字兰士，一字懒儒，号兰
坻，又号兰如，樗盦生、语儿乡农等。擅长诗、
书、画，尤工写生画。主要著作有《山静居集》，
绘画美学思想反映在《山静居画论》中。

J0019074
补云外史芦雁全图 （一卷）（清）金熙绘
上海 秀文书局 清光绪十五年［1889］石印本

J0019075
俞氏画稿 （二卷）（清）俞礼绘
上海 秀文书局 清光绪十五年［1889］石印本

J0019076
翰墨园画谱汇新 （清）翰墨园主人编辑
上海 鸿宝斋 清光绪十六年［1890］影印本 线装
本书共分四册。

J0019077
翰墨园画谱汇新 （不分卷）（清）翰墨园主人辑
上海 鸿宝斋 清光绪十六年［1890］影印本

J0019078
守正庵画谱 （四卷）（清）崔崃绘
武陵 清光绪十六年［1890］刻本 线装
分四册。

J0019079
长洲沙山春先生画谱 （不分卷）（清）沙山
春绘

上海 绘古今斋 清光绪十六年［1890］石印本
有图

J0019080
兰蕙同心录 （不分卷）（清）许霱龢撰
清光绪十七年［1891］石印本 有图 线装
分二册。白口半页四周双边。

J0019081
飞影阁画册合编 （四集 十九卷）（清）吴嘉
猷绘
上海 清光绪十九年［1893］石印本 线装
分四册。

J0019082
文美斋诗笺谱 （清）张兆祥绘
文美斋 清光绪十九年［1893］刻本 朱印 有图
线装
分二册。

J0019083
文美斋诗笺谱 （不分卷）（清）张兆祥绘
清光绪十九年［1893］刻本 套印

J0019084
吴友如绘图平长毛书 （不分卷）（清）吴嘉
猷绘
上海 清光绪十九年［1893］石印本 有图

J0019085
兰石画谱 （四卷）（清）吴焕采绘
古莲池华南砚北草堂 清光绪二十年［1894］
刻本 线装
分四册。

J0019086
兰石画谱 （四卷）（清）吴焕采绘
清光绪二十年［1894］刻本

J0019087
兰石画谱 （不分卷）（清）吴焕采绘
上海 文选楼书庄 清光绪二十二年［1896］
石印本

J0019088
兰石画谱　（四卷）（清）吴焕采绘；佚名临
民国 稿本 线装
　　分四册。

J0019089
历代百美图　（一卷）（清）顾希源辑
上海书局 清光绪二十年［1894］影印本

J0019090
俞氏画稿　（二卷）（清）俞礼绘
上海 文林书局 清光绪二十年［1894］石印本
有图 线装
　　本书共分二册。白口半页四周单边。

J0019091
飞影阁士记画册　（清）吴嘉猷绘
清光绪二十一年［1895］石印本 有图 线装

J0019092
飞影阁士记画册　（一卷）周权绘
清光绪二十一年［1895］石印本

J0019093
玲珑雪月山房　（不分卷）（清）鲍莹绘
清光绪二十二年［1896］石印本

J0019094
荣宝斋制诗笺谱　（不分卷）（清）荣宝主人绘
荣宝斋 清光绪二十三年［1897］刻本 朱印 有图
线装

J0019095
海上四大名家画谱　（二卷）（清）任颐等绘
上海 顺成书局 清光绪二十四年［1898］石印本
　　作者任颐（1840—1896），清末画家。初名润，
字次远，号小楼，后改名任颐，字伯年，以字行，
浙江山阴航坞山（今杭州市萧山区）人。主要作
品有《东津话别图》《三友图》《苏武牧羊图》《蕉
阴纳凉图》《池畔窥鱼图》等。

J0019096
可耕可读图　（不分卷）（清）□□辑
清光绪二十四年［1898］石印本

J0019097
七十二候笺　（清）清溪樵子绘；文美斋编
上海 上海华文书局 清光绪二十四年［1898］
石印本 有图 线装
　　本书共分二册。白口四周单边单鱼尾。

J0019098
百美图　（不分卷）同文沪报辑
同文沪报 清光绪二十六年［1900］石印本

J0019099
孙景墨兰　（清）孙景绘
上海 游艺图书社［1900—1910年］影印本［12］页
［19×26cm］
（历朝名画观增刊 3）
　　本书收 12 幅画。

J0019100
王石谷画王梦楼题合册
上海 世界社［1900—1910年］影印本 23×32cm
定价：大洋一元四角

J0019101
王石谷庐山白云图卷　（清）王石谷绘
上海 世界社［1900—1910年］26×40cm
定价：大洋五角

J0019102
虞山十八景画册　（一卷）（清）李德绘；（清）
李佳辑诗
清光绪二十六年［1900］刻本 朱墨套印

J0019103
湘军平定粤匪战图　（一卷）（清）吴嘉猷等
绘；（清）彭鸿年撰傅
上海 世界书局 清光绪二十七年［1901］石印本
有图
　　本书由《湘军平定粤匪战图一卷》《紫光阁
功臣小像一卷》（清）吴嘉猷等绘；（清）彭鸿年
撰傅合订。

J0019104
新绘百美图咏　（一卷）（清）沈心海绘
天津 文美斋 清光绪二十七年［1901］石印本

J0019105
语石斋画谱 （不分卷）（清）杨伯润绘
天津 文美斋 清光绪二十七年［1901］石印本
有图 线装
　　白口四周单边单鱼尾。

J0019106
紫光阁功臣小像 （一卷）（清）吴嘉猷等绘；
（清）彭鸿年撰傅
上海 世界书局 清光绪二十七年［1901］石印本
有图
　　本书由《湘军平定粤匪战图一卷》《紫光阁功臣小像一卷》（清）吴嘉猷等绘；（清）彭鸿年撰傅合订。

J0019107
百种花笺谱 （清）松小梦绘
天津 文美斋 清光绪二十八年［1902］石印本
有图 线装
　　白口半页四周单边。

J0019108
云间杨小庵临古画册 （不分卷）（清）杨昌运绘
清光绪二十九年［1903］石印本

J0019109
蚓蓬斋兰竹谱 （不分卷）（清）谢鉴礼绘
清光绪三十年［1904］刻本 有图 线装
　　本书共分二册。

J0019110
吴墨井画王石谷小影留耕图卷 （一卷）
（清）吴历绘
上海 有正书局 清光绪三十一年［1905］
珂罗版印本
　　吴历（1632—1718），清代书画家。字渔山，号墨井道人、桃溪居士，江南常熟（今属江苏）人。代表作品有《湖天春色图》《人物故事图》《山邨邮密图》，著有《墨井诗钞》《三巴集》《桃溪集》《墨井画跋》。

J0019111
吴墨井画王石谷小影留耕图卷 （清）墨井道人绘；有正书局审定

上海 有正书局［民国］影印本［7］页 52cm（4开）
（中国名画集外册 52）
　　本书书末附翁同龢、邵松平等人的题跋。

J0019112
吴墨井画王石谷小影留耕图卷 （清）墨井
道人绘；有正书局审定
上海 有正书局［民国］影印本［7］页
35×73cm（2开）定价：大洋一元
（中国名画集外册 52）

J0019113
吴墨井画王石谷小影留耕图卷 （清）墨井
道人绘；有正书局审定
上海 有正书局 民国 影印本 有图

J0019114
百花诗笺谱 （清）张兆祥绘；查铁青题词
天津 文美斋 清光绪三十二年［1906］刻本
朱印 有图 线装

J0019115
百花诗笺谱 （不分卷）（清）张兆祥绘
文美斋 清光绪三十二年［1906］刻本

J0019116
百花诗笺谱 （不分卷）（清）张兆祥撰
文美斋 清宣统三年［1911］刻本 彩色套印本
2 册

J0019117
百花诗笺谱 （清）张兆祥绘
清宣统三年［1911］刻本 彩色套印 线装

J0019118
百花诗笺谱 （清）张兆祥绘
北京 中国书店 1992 年 影印本 彩印 2 册
33cm（5开）线装 ISBN：7-80568-319-0
定价：CNY120.00
　　清代国画作品。

J0019119
宗室觉罗八旗高等学堂丙午年图画范本
清光绪三十二年［1906］油印本 线装

J0019120
顾横波夫人兰竹卷 （清）顾横波夫人［绘］
上海 有正书局 1907年 有图 17×30cm
（中国名画集外册 39）

J0019121
玲珑雪月山房百梅图 （不分卷）（清）鲍莹绘
清光绪三十三年［1907］石印本 有图 线装
　　本书共分四册。

J0019122
梦庐画谱 （清）朱偁绘
上海 点石斋 清光绪三十三年［1907］影印本
有图 线装
　　本书共分二册。

J0019123
梦庐画谱 （不分卷）（清）朱偁绘
上海 点石斋 清光绪三十三年［1907］影印本
有图

J0019124
梦庐画谱 （清）朱偁绘
上海 集益书画会 民国十七年［1928］影印本
线装

J0019125
种菊轩画谱 （八卷）（清）方炳南绘
清光绪三十三年［1907］刻本

J0019126
戴醇士山水花卉合册 （一卷）（清）戴熙绘
上海 神州国光社 清光绪三十四年［1908］
影印本

J0019127
戴醇士山水花卉合册 （清）戴醇士绘
上海 神州国光社 1909年 22×30cm
定价：洋一元二角
（神州国光集增刊 8）

J0019128
方环山画册 方环山［绘］
上海 神州国光社 1908年 31cm（10开）
定价：五角

J0019129
方环山画册 （一卷）（清）方士庶绘
上海 神州国光社 清光绪三十四年［1908］
珂罗版印本

J0019130
方环山画册 （清）方士庶绘；邓秋枚藏
上海 神州国光社 清宣统元年［1909］影印本
线装

J0019131
方环山画册 （清）方士庶绘
上海 神州国光社 民国十八年［1929］影印本
线装

J0019132
李谷斋山水人物册 李谷斋［绘］
上海 神州国光社 1908年 22×31cm
定价：洋一元二角
（神州国光集外增刊 56）

J0019133
李谷斋山水人物册 （清）李世倬绘
上海 神州国光社 清宣统元年［1909］影印本
有图

J0019134
清湘老人山水册
上海 神州国光社 1908年 15页 22cm（10开）
定价：大洋八角
（神州国光集增刊 小种 3）

J0019135
清湘老人山水册 （一卷）（清释）道济绘
上海 神州国光社 清光绪三十四年［1908］
铜版印本

J0019136
清湘老人山水册
上海 神州国光社 宣统元年［1909］15页
22cm（10开）定价：大洋一元二角
（神州国光集外增刊 57）

J0019137
清湘老人山水册 （一卷）（清释）道济绘

上海 神州国光社 清宣统元年［1909］
铜版印本

J0019138

王麓台山水画册 （清）王原祁绘；邓秋枚辑
上海 神州国光社 清光绪三十四年［1908］
影印本 线装

邓实（1877—1951），晚清著名报人。字秋
枚，生于上海，祖籍广东顺德。致力于珍本古籍
的收藏，曾在上海创办国学保存会藏书楼，收藏
大量的珍本古籍。代表作品《国粹学》。

J0019139

王麓台山水画册 （一卷）（清）王原祁绘
上海 神州国光社 清光绪三十四年［1908］
影印本

J0019140

王石谷山水册 （一卷）（清）王翚绘
上海 神州国光社 清光绪三十四年［1908］
珂罗版印本

J0019141

王石谷山水册 （一）邓秋枚辑
上海 神州国光社 1909年 22×30cm
定价：洋一元二角
（神州国光集增刊 6）

J0019142

王石谷山水册 （清）王翚绘
上海 神州国光社 清宣统元年［1909］影印本
（神州国光集增刊 之十四）

J0019143

王石谷山水册 （一卷）（清）王翚绘
上海 神州国光社 清宣统元年［1909］
珂罗版印本

J0019144

王石谷山水册 （清）王翚绘
上海 神州国光社 1915年 影印本［12］页
27cm（16 开）
（神州大观集外名品）
本书共收 12 幅画。

J0019145

王石谷山水册 （清）王翚绘
上海 神州国光社 民国八年［1919］影印本 线装

J0019146

王石谷山水册 （清）王翚绘
上海 中华书局 民国九年［1920］影印本 再版
线装

J0019147

王石谷山水画册 （其二）（清）王石谷绘
上海 神州国光社 1908年 26×37cm（8 开）
定价：洋壹元二角
（神州国光集刊 44）

王翚（1632—1717），清代画家。江苏常熟人，
字石谷，号耕烟散人、剑门樵客、乌目山人、清
晖老人。主要作品有《秋山萧寺图》《虞山枫林
图》《秋树昏鸦图》等。

J0019148

王烟客山水册 （清）王时敏绘；邓秋枚辑
上海 神州国光社 清光绪三十四年［1908］
影印本 有图及像 线装

J0019149

王烟客山水册 （不分卷）（清）王时敏绘
上海 神州国光社 清宣统元年［1909］

J0019150

王圆照仿云林小景册
上海 神州国光社 清光绪三十四年［1908］
6 叶 39cm（8 开）
（神州国光集增刊 11）

J0019151

［徐花农画册］ （清）徐琪绘
清宣统元年［1909］彩绘本 有图 经折装
本书共分二册。

J0019152

边颐公花卉芦雁合册 （不分卷）（清）边寿
民绘
上海 神州国光社 清宣统元年［1909］影印本
作者边寿民（1684—1752），清代著名花鸟
画画家。江苏淮安人。初名维祺，字颐公，又字

渐僧、墨仙，号苇间居士，晚年又号苇间老民等。工诗词、精书法。代表作品有《芦雁图全套八幅册页》《碧梧双峙图》《老圃秋容图》等。

J0019153
查画王题合璧　邓秋枚辑
上海　神州国光社　清宣统元年［1909］8页
23×31cm　定价：大洋一元
（神州国光集增刊 29）
　　邓实（1877—1951），晚清著名报人。字秋枚，生于上海，祖籍广东顺德。致力于珍本古籍的收藏，曾在上海创办国学保存会藏书楼，收藏大量的珍本古籍。代表作品《国粹学》。

J0019154
查画王题合璧　（一卷）（清）查士标绘；（清）王文治书
上海　神州国光社　清宣统元年［1909］
珂罗版印本
（神州国光集增刊）
　　作者查士标(1615—1698)，清代书画家。号梅壑山人，安徽休宁人。代表作品《云山图》《空山结屋图》《秋林远岫图》《云山烟树图》等。作者王文治(1730—1802)，清代文学家、书画家。江苏丹徒人，字禹卿，号梦楼。乾隆二十五年（1760）进士，授翰林院编修，官至云南临安知府。好戏曲，精音律。作有《三农得澍》《龙井茶歌》《海宇歌恩》等；又善画，尤精书法，著有《梦楼诗集》《赏雨轩题跋》等。

J0019155
陈章侯人物册　邓秋枚辑
上海　神州国光社　1909年　23×32cm
定价：洋一元二角

J0019156
戴醇士仿倪高士避暑图精册　邓秋枚辑
上海　神州国光社　1909年　影印本 22×32cm
定价：洋一元二角

J0019157
戴醇士仿倪高士避暑图精册　（清）戴熙绘
上海　神州国光社　清宣统元年［1909］影印本
有图　平装
　　作者戴熙（1801—1860），画家。字醇士，号

鹿林、鹿床、榆庵、榆庵等，清钱塘（今杭州）人。道光十二年进士，改翰林院庶吉士，授编修。工诗书画，治印。著有《习苦斋画絮·诗文集》《赐砚斋题画偶录》《宋元四家诗选》《粤雅集》等。

J0019158
戴醇士仿倪高士避暑图精册　（一卷）（清）戴熙绘
上海　神州国光社　清宣统元年［1909］影印本

J0019159
戴醇士仿石谷册
上海　神州国光社　1909年　23×31cm
定价：洋一元二角
（神州国光集外增刊 49）

J0019160
戴醇士仿石谷册　（清）戴熙绘；邓秋枚集印
上海　神州国光社　清宣统元年［1909］影印本
定价：洋一元二角　毛装

J0019161
戴醇士仿石谷册　（一卷）（清）戴熙绘
上海　神州国光社　清宣统元年［1909］影印本

J0019162
戴子高梦隐图　（一卷）（清）戴望绘
上海　神州国光社　清宣统元年［1909］影印本
（神州国光集增刊）

J0019163
董东山仿元人山水　邓秋枚辑
上海　神州国光社　清宣统元年［1909］8页
23×31cm　定价：洋一元
（神州国光集外增刊 24）

J0019164
董东山仿元人山水册　不分卷（清）董邦达绘
上海　神州国光社　清宣统元年［1909］影印本
有图　平装

J0019165
费晓楼补景美人册　（其二）（清）费晓楼绘；邓秋枚集印
上海　神州国光社　1909年　影印本 23×30cm

定价：洋一元

J0019166
费晓楼补景美人册　邓秋枚集印
上海　神州国光社　清宣统元年［1909］影印本
23×30cm　定价：洋一元二角

J0019167
费晓楼补景美人册　邓秋枚辑
上海　神州国光社　清宣统元年［1909］12页
23×31cm　定价：洋一元二角
（神州国光集外增刊 44）

J0019168
费晓楼美人册　邓秋枚辑
上海　神州国光社　清宣统元年［1909］重印本
12页　23×31cm　定价：洋一元二角
（神州国光集外增刊 40）

J0019169
费晓楼美人册　（一卷）（清）费丹旭绘
上海　神州国光社　清宣统元年［1909］影印本
　　作者费丹旭（1802—1850），清代画家。字子
苕，号晓楼，别号环溪生等。浙江湖州人。主要
作品有《十二金钗图》《果园感旧图》等。

J0019170
顾西眉画册
上海　神州国光社　1909年　26×37cm　定价：洋0.07
（中国名画集外册 54）
　　本书系中国清代中国画画册。

J0019171
顾西眉画册　（清）顾洛绘
上海　有正书局　民国　影印本　有图　线装

J0019172
海上九家画谱　（不分卷）（清）杨伯润等绘
上海　天爵堂　清宣统元年［1909］铜板印本
有图　线装
　　分二册。

J0019173
黄小松山水册神品　龙城居士收藏
上海　文明书局　1909年　1册（8幅）26×39cm

定价：银八角

J0019174
黄孝子寻亲图　（不分卷）（清）黄向坚绘
上海　文明书局　清宣统元年［1909］影印本

J0019175
黄孝子寻亲图二十四帧　（清）黄孝子绘
上海　文明书局　1909年　21×31cm
定价：银一元八角

J0019176
绘图杂报选集　（清）点石斋辑
清宣统　石印本　有图　线装

J0019177
金冬心花果册　（清）金农绘；邓秋枚集印
上海　神州国光社　1909年　13幅　31cm（10开）
定价：洋一元四角

J0019178
金冬心花果册　（一卷）（清）金农绘
上海　神州国光社　清宣统元年［1909］珂罗版印本

J0019179
金冬心花果册　（清）金农绘
上海　西泠印社　民国二十一年［1932］12幅
27×33cm

J0019180
金冬心花果册　（清）金农绘；南林张葱玉藏
上海　一云印刷社　民国二十一年［1932］
影印本　线装

J0019181
金冬心墨梅册　邓秋枚辑
上海　神州国光社　清宣统元年［1909］12页
23×31cm　定价：洋一元二角

J0019182
金冬心墨梅册　（不分卷）（清）金农绘
上海　神州国光社　清宣统元年［1909］影印本

J0019183
李毅斋山水人物册　（不分卷）（清）李世倬绘

上海 神州国光社 清宣统元年［1909］影印本

J0019184
柳如是山水册　（不分卷）（清）柳如是绘
上海 神州国光社 清宣统元年［1909］影印本

J0019185
柳如是山水画　邓秋枚辑
上海 神州国光社 1909 年 9 幅 22×30cm
定价：洋一元
（神州国光集外增刊 59）

J0019186
罗两峰鬼趣图　罗两峰绘
上海 文明书局 1909 年 2 册 38cm（6 开）
定价：银三元二角
　　本书系清代中国画画册专著。

J0019187
罗两峰鬼趣图　（不分卷）（清）罗聘绘
上海 文明书局 清宣统元年［1909］珂罗版印本
　　作者罗聘（1733—1799），清代画家。字遯夫，
号两峰，又号衣云、师莲老人等。祖籍安徽歙县。
代表作有《物外风标图》《两峰蓑笠图》《丹桂秋
高图》《谷清吟图》《画竹有声图》等。著有《香
叶草堂集》。

J0019188
罗两峰九秋图册
上海 神州国光社 1909 年 23×31cm
定价：洋一元二角
（神州国光集外增刊 25）
　　本书系清代山水画、法书画册选集。

J0019189
罗两峰九秋图册　（一卷）（清）罗聘绘
上海 神州国光社 清宣统元年［1909］影印本

J0019190
吕半隐山水十二帧　（清）吕潜绘
上海 文明书局 1909 年 26×38cm
定价：银一元
　　本书系清代山水画画册。

J0019191
吕半隐山水十二帧　（一卷）（清）吕潜绘
上海 文明书局 清宣统元年［1909］珂罗版印本

J0019192
茅屋盗诗图　（一卷）（清）汤贻汾，（清）戴熙，
（清）张子万绘
北京 名人书画社 清宣统元年［1909］
珂罗版印本

J0019193
茅屋盗诗图　（清）汤雨生等画
上海 世界社 宣统元年［1909］28×39cm
定价：五角
　　本书系清代中国画画册。

J0019194
茅屋盗诗图　（清）汤贻汾，（清）戴熙，（清）张
子万绘
上海 名人书画社 民国 影印本 线装

J0019195
梅瞿山梅鹿墅山水合册　（清）梅清，（清）梅
翀绘
上海 神州国光社 清宣统元年［1909］影印本
有图
（神州国光集增刊 之二十三）
　　作者梅清（1623—1697），明末清初画家。江
南宣城（今属安徽）人。字渊公，一字润公，号瞿
山。清顺治十一年（1654）举人，考授内阁中书。
善画理，墨松尤苍雄拔秀。著有《天延阁集》《瞿
山诗略》《黄山画册》等。

J0019196
梅瞿山梅鹿墅山水合册　邓秋枚辑
上海 神州国光社 清宣统元年［1909］
23×31cm 定价：洋一元
（神州国光集增刊 23）
　　本书系清代山水画画册。

J0019197
梅瞿山梅鹿墅山水合册　（不分卷）（清）梅
清绘，（清）梅翀绘
上海 神州国光社 清宣统元年［1909］
珂罗版印本

J0019198
阮芸台珠湖草堂图
上海 神州国光社 1909年 23×31cm
定价：大洋一元五角
（神州国光集外增刊 33）

J0019199
王麓台山水卷 （一卷）（清）王原祁绘
上海 神州国光社 清宣统元年［1909］
珂罗版印本

J0019200
王麓台扇册 （清）王麓台绘
上海 文明书局 1909年 26×39cm 定价：银壹元
　　作者王麓台（1642—1715），本名王原祁，清
代画家。字茂京，号麓台、石师道人，苏州府太仓
人。代表作品有《佩文斋书画谱》《万寿盛典图》
《雨窗漫笔》《落霞孤鹜图》《麓台题画稿》等。

J0019201
王石谷田居图长卷
上海 世界社 1909年 26×37cm 定价：银一元

J0019202
王小梅人物册 （清）王素绘
上海 神州国光社 清宣统元年［1909］影印本
有图 平装

J0019203
王小梅人物册 邓秋枚辑
上海 神州国光社 清宣统元年［1909］影印本
22×30cm 定价：洋八角
（神州国光集外增刊 47）

J0019204
王小梅人物册 （不分卷）（清）王素绘
上海 神州国光社 清宣统元年［1909］影印本

J0019205
王小梅人物册神品
上海 文明书局 1909年 26×37cm
定价：银一元二角

J0019206
王恽合册 （一卷）（清）王翚，（清）恽格绘

上海 神州国光社 清宣统元年［1909］影印本
（神州国光集增刊）

J0019207
翁小海花草虫鱼册 （清）翁小海绘
上海 神州国光社 1909年 23×31cm
定价：洋一元二角
（神州国光集外增刊 53）

J0019208
翁小海花草虫鱼册 （一卷）（清）翁雏绘
上海 神州国光社 清宣统元年［1909］
珂罗版印本 有图 线装

J0019209
翁小海花鸟草虫册 （清）翁雏绘
上海 文明书局 民国十一年［1922］影印本
再版 有图 线装

J0019210
翁小海花鸟草虫册 （清）翁雏绘
上海 文明书局 民国十四年［1925］影印本 平装

J0019211
翁小海花鸟草虫册 （清）翁雏绘
上海 文明书局 民国十八年［1929］影印本 线装
　　本书与中华书局合作出版。

J0019212
吴友如画宝 （十二集）（清）吴嘉猷绘
清宣统元年［1909］石印本 有图 线装
　　本书共分二十五册。

J0019213
吴友如画宝 （十二集）（清）吴嘉猷绘
上海 璧园会社 清宣统二年［1910］石印本
有图 线装

J0019214
奚铁生画册 （清）奚冈绘
清宣统 影印本 有图 线装
　　作者奚冈（1746—1803），清代篆刻家、书画
家。字纯章、铁生，号萝龛、蝶野子、散木居士
等。原籍歙县（今属安徽），一作黟县（今属安徽）。
曾作《冬花庵烬馀稿》《溪山素秋图》《蕉竹幽兰

图》《春林归翼图》等。

J0019215
奚铁生山水自题册
上海 神州国光社 1909 年 23×31cm
定价：洋一元六角
（神州国光集外增刊 30）
　　附仿九龙山人卷。

J0019216
奚铁生山水自题册 （一卷）（清）奚冈绘
上海 神州国光社 清宣统元年［1909］影印本

J0019217
项东井梅华逸品 （一卷）（清）项奎绘
上海 神州国光社 清宣统元年［1909］影印本

J0019218
项东井山水册 （一卷）（清）项奎绘
上海 神州国光社 清宣统元年［1909］影印本

J0019219
项东井山水册 （清）项东井绘
上海 神州国光社 1911 年 23×31cm
定价：洋一元二角
（神州国光集外增刊 69）

J0019220
新罗山人人物山水花鸟草虫合册 （一卷）
（清）华嵒绘
上海 神州国光社 清宣统元年［1909］影印本

J0019221
新罗山人山水人物花鸟草虫册
上海 神州国光社 1909 年 26×37cm
定价：洋一元五角
（神州国光集外增刊 62）

J0019222
恽南田仿古山水册 （清）恽格绘；李煜瀛藏
上海 世界社 清宣统元年［1909］影印本 平装
　　作者恽南田（1633—1690），清代画家、书法
家。名格，字寿平、正叔，号南田，江苏武进人。
主要作品有《红梅山茶图》《梅竹图》《玉堂富贵
图》《桃花图》《三友图》《梧轩图》《蓼汀渔藻

图》《林居高士图》等。

J0019223
恽南田仿古山水册 （不分卷）（清）恽格绘
上海 世界社 清宣统元年［1909］影印本

J0019224
恽南田花卉册 （清）恽南田作
上海 神州国光社 1909 年 32cm（10 开）
定价：洋一元二角
（神州国光集外增刊 之五十七）

J0019225
恽南田花卉册 （清）恽寿平绘；邓秋枚辑
上海 神州国光社 清宣统元年［1909］影印本
有图 平装

J0019226
恽南田花卉册 （清）恽南田作
上海 神州国光社 1910 年 27×38cm
定价：洋一元二角

J0019227
恽南田花卉山水合册 （清）恽南田绘；邓秋
枚辑
上海 神州国光社 清宣统元年［1909］24 页
30cm（10 开）定价：洋二元五角
（神州国光集增刊 18）

J0019228
恽王合璧 （清）恽格,（清）王翚绘
上海 文明书局 清宣统元年［1909］影印本
有图 线装
　　本书据顺德辛氏藏本影印。

J0019229
翟云屏山水册 邓秋枚辑
上海 神州国光社 清宣统元年［1909］12 页
23×31cm 定价：洋一元二角
（神州国光集外增刊 46）

J0019230
翟云屏山水册 （不分卷）（清）翟大坤绘
上海 神州国光社 清宣统元年［1909］影印本

J0019231

张尔唯程穆倩山水合册

上海 神州国光社 1909 年 31cm（10 开）

定价：洋一元二角

（神州国光集外增刊 26）

J0019232

张尔唯程穆倩山水合册 （一卷）（清）张学
曾绘,（清）程邃绘

上海 神州国光社 清宣统元年［1909］

珂罗版印本

　　作者程邃（1607—1692），明末清初篆刻家、
书画家。字穆倩、朽民，号垢区、青溪，生于上
海松江，祖籍安徽歙县。代表作品有《仿黄子久
深岩飞瀑图》《知鱼堂书画录》《山水图》等，著
有《会心吟》。

J0019233

张子青画扇册

上海 神州国光社 1909 年 26×37cm

定价：洋一元

（神州国光集外增刊 45）

J0019234

张子青画扇册 （一卷）（清）张之万绘

上海 神州国光社 清宣统元年［1909］影印本

J0019235

张子青山水册

上海 神州国光社 1909 年 26×37cm

定价：洋一元五角

（神州国光集外增刊 36）

J0019236

郑板桥书画合册 （不分卷）（清）郑燮书并绘

上海 世界社 清宣统元年［1909］影印本

J0019237

朱子颖潘莲巢山水花卉合册

上海 世界社 1909 年 珂罗版印本 26×37cm

定价：银一元四角

J0019238

珠湖草堂图 （一卷）（清）阮元绘

上海 神州国光社 清宣统元年［1909］

珂罗版印本

　　作者阮元（1764—1849），清代著名学者。字
伯元，号芸台、雷塘庵主，晚号怡性老人。江苏
仪征人。在经史、数学、天算、舆地、编纂、金石、
校勘等方面都有造诣，代表作品有《经籍纂诂》
《畴人传》《小沧浪笔谈》《耄年自述卷》等。

J0019239

邹小山画册 （清）邹一桂绘

上海 神州国光社 清宣统元年［1909］

珂罗版印本

（神州国光集外增刊 之五十四）

　　作者邹一桂（1686—1772），清代官员，画
家。字原褒，号小山，晚号二知老人。生于江苏
武进，祖籍江苏无锡。著有《小山画谱》《大雅
续稿》。代表作品有《春华秋实图》《百花诗卷》
《五君子图》。

J0019240

八大山人山水画册 邓秋枚辑

上海 神州国光社 清宣统二年［1910］影印本

珂罗版

　　邓实（1877—1951），晚清著名报人。字秋
枚，生于上海，祖籍广东顺德。致力于珍本古籍
的收藏，曾在上海创办国学保存会藏书楼，收藏
大量的珍本古籍。代表作品《国粹学》。

J0019241

八大山人山水画册 （一卷）（清）朱耷绘；邓
实辑

上海 神州国光社 清宣统二年［1910］

珂罗版印本

J0019242

边寿民鱼雁花卉册 （清）边寿民绘

上海 文明书局 清宣统二年［1910］影印本

线装

　　作者边寿民（1684—1752），清代著名花鸟
画画家。江苏淮安人。初名维祺，字颐公，又字
渐僧、墨仙，号苇间居士，晚年又号苇间老民等。
工诗词、精书法。代表作品有《芦雁图全套八幅
册页》《碧梧双峙图》《老圃秋容图》等。

J0019243

边寿民鱼雁花卉册 （不分卷）（清）边寿民绘

上海 文明书局 清宣统二年［1910］影印本

J0019244
边寿民鱼雁花卉册 （清）边寿民绘
上海 文明书局 民国十七年［1928］影印本
线装
　　本书据无锡周氏藏本影印。

J0019245
改七香补景美人册 （不分卷）（清）改琦绘
上海 神州国光社 清宣统二年［1910］影印本
　　作者改琦(1773—1828)，回族，清代画家。
字伯蕴，号香白，又号七芗，别号玉壶外史。松
江(今上海市)人。主要作品有《玉壶山房词选》
《张夫人晓窗点黛图》《元机诗意图》《仕女别泪
忧伤图》等。

J0019246
龚半千山水册
上海 文明书局 1910年 26×37cm
定价：银一元二角
　　本书系明代龚贤山水画册。宿迁王氏信芳
阁藏本。作者龚半千(1619—1689)，清初著名画
家。又名岂贤，字半千，又字野遗等。江苏昆山
人。著有《香草堂集》。

J0019247
龚半千山水册 （清）龚贤绘
上海 文明书局 民国十一年［1922］3 版
影印本 线装
　　作者龚贤(1618—1689)，明末清初画家。又
名岂贤，字半千，又字野遗，岂贤，号半亩等。
江苏昆山人。著有《香草堂集》《画诀》《柴丈人
画稿》《龚半千课徒画说》。

J0019248
龚半千山水册 （一卷）（清）龚贤绘
文明书局 民国二十年［1931］影印本

J0019249
梅瞿山黄山胜迹图 （清）梅清绘
上海 文明书局 民国十三年［1924］3 版 影印本
线装
　　本书据裴氏藏本影印。作者梅清(1623—
1697)，明末清初画家。江南宣城(今属安徽)

人。字渊公，一字润公，号瞿山。清顺治十一年
(1654)举人，考授内阁中书。善画理，墨松尤苍
雄拔秀。著有《天延阁集》《瞿山诗略》《黄山画
册》等。

J0019250
梅瞿山黄山胜迹图册
上海 文明书局 清宣统二年［1910］
38cm(6 开)定价：银一元八角
　　本书为清代山水画画册。

J0019251
梅瞿山黄山胜迹图册 （清）梅清绘
上海 文明书局 民国十四年［1925］4 版 影印本
线装
　　本书据裴氏藏本影印。

J0019252
墨井书画集 （一卷）（清）吴历绘
清宣统二年［1910］影印本

J0019253
七十二候图 （清）刘业村绘
清宣统二年［1910］影印本 线装

J0019254
七十二候图 （不分卷）（清）刘绪曾绘
清宣统二年［1910］石印本 线装

J0019255
石涛和尚花果册 （清）石涛画
上海 文明书局 1910年 26×37cm
定价：银八角

J0019256
石涛和尚花果册 （不分卷）（清释）道济绘
上海 文明书局 清宣统三年［1910］影印本

J0019257
石涛和尚花果册 （清释）道济绘
上海 文明书局 民国十一年［1922］3 版 影印本
线装

J0019258
王石谷仿古山水册 （一卷）（清）王翚绘

上海 世界社 清宣统二年［1910］影印本

J0019259

王石谷仿古山水册 （清）王翚绘
上海 文明书局 清宣统三年［1911］影印本
有图 毛装

J0019260

王石谷仿古山水册 （清）王翚绘；有正书局
审定
上海 有正书局［民国］影印本［13］页
26cm（16开）
（中国名画集外册 13）
　　本书共收图12幅。

J0019261

王石谷仿古山水册 （清）王翚绘
上海 有正书局 民国 影印本 有图 线装

J0019262

王石谷仿古山水册 （清）王翚绘
无锡 无锡理工制版所 民国十一年［1922］
影印本 线装
　　本书据裴氏藏本影印。作者王翚（1632—
1717），清代著名画家。字石谷，号耕烟散人、乌
目山人、清晖老人等。江苏常熟人。传世作品有
《秋山萧寺图》《虞山枫林图》《秋树昏鸦图》《芳
洲图》等。

J0019263

王石谷仿古山水册 （第二册）（清）王翚绘
上海 文明书局 民国十四年［1925］4版 影印本
线装

J0019264

王石谷仿古山水册 （清）王翚绘
上海 文明书局 民国十五年［1926］5版 影印本
线装

J0019265

王石谷临安山色图卷 （一卷）（清）王翚绘
上海 神州国光社 清宣统二年［1910］
珂罗版印本

J0019266

王石谷临安山色图卷 （清）王翚绘
上海 中华书局 民国 影印本 线装

J0019267

王石谷临安山色图卷 （清）王翚绘；高野侯
鉴定
上海 中华书局 民国十八年［1929］3版 影印本
线装

J0019268

恽南田山水册 （清）恽寿平绘；邓秋枚辑
上海 神州国光社 1910年 影印本 32cm（10开）
定价：洋一元二角
　　作者恽寿平（1633—1690），清代画家、书法
家。名格，字寿平，以字行，又字正叔，别号南
田等。江苏武进人。主要作品有《红梅山茶图》
《梅竹图》《玉堂富贵图》《桃花图》《三友图》
《梧轩图》《蓼汀渔藻图》《林居高士图》等。

J0019269

张船山先生诗画册 （一卷）（清）张问陶书
并绘
上海 游艺图书社 清宣统二年［1910］影印本
　　作者张问陶（1764—1814），清代书画家、诗
人、诗论家。字仲冶，一字柳门，号船山、蜀山
老猿。四川遂宁人。代表作品《船山诗草》。

J0019270

［**黎二樵山水**］（清）黎简绘
民国 影印本 5帧 线装

J0019271

［**王烟客晴岚暖翠图**］（清）王时敏绘
民国 摄影本 线装

J0019272

［**载书图**］（清）黄易绘
民国 摄影本 线装
　　作者黄易（1744—1802），字大易，号小松、
秋盦，又号秋影庵主、散花滩人。浙江钱塘人，
兼擅篆刻，与丁敬都并称“丁黄”，为“西泠八家”
之一。曾任监生、官济宁同知。绘有《访碑图》，
著有《小蓬莱阁金石文字》等。

J0019273
八大山人工笔应真渡海图　（一卷）（清）朱耷绘
民国　影印本

J0019274
八大山人书画　（清）朱耷绘
民国　影印本　有图　线装

J0019275
八大山人书画集　（一卷）（清）朱耷书并绘
民国　影印本

J0019276
卞润甫西湖八景　（不分卷）（清）卞瑜绘
上海　艺苑真赏社　民国　影印本

J0019277
陈玉几画册　（清）陈撰绘
民国　影印本　线装

J0019278
陈章侯会真记图　（一卷）
民国　影印本

J0019279
萃新画谱　（清）朱偁等绘
民国　石印本　有图　线装

J0019280
大涤子兰竹画册　（清）清湘老人绘
上海　有正书局　民国　影印本　平装

J0019281
大涤子山水八帧　（清）释原济绘
上海　同文书局　民国　影印本　有图　线装
（茜窗小品）
　　本书据香山徐氏藏本影印。

J0019282
大涤子山水册　（清）石涛绘
上海　有正书局　民国　影印本［12］页
39cm（4开）定价：大洋一元
（中国名画集外册 55）
　　本书共收图 12 幅。

J0019283
大涤子山水册　（清释）道济绘
上海　有正书局　民国　影印本　有图　线装

J0019284
大涤子山水册　（清释）道济绘
上海　文明书局　民国十一年［1922］影印本　线装

J0019285
戴醇士三卷合册　（清）戴熙绘
上海　有正书局　民国　影印本　线装
（中国名画集外册）
　　本书据作者手迹影印。

J0019286
戴醇士三卷合册　（清）戴熙绘
上海　有正书局　民国　影印本　有图　线装
　　作者戴熙（1801—1860），画家。字醇士，号
鹿林、鹿床、榆庵、榆庵等，清钱塘（今杭州）人。
道光十二年（1832）进士，改翰林院庶吉士，授编
修。工诗书画，治印。著有《习苦斋画絮·诗文集》
《赐砚斋题画偶录》《宋元四家诗选》《粤雅集》等。

J0019287
戴醇士山水册　（清）戴熙绘
民国　影印本　有图　线装

J0019288
戴醇士山水花卉　（清）戴熙绘
上海　有正书局　民国　影印本　有图　线装

J0019289
戴文节仿古山水　（清）戴熙绘
上海　文明书局　民国六年［1917］影印本　有图
线装

J0019290
戴文节仿古山水册　（清）戴熙绘
上海　文明书局 1911年　影印本［11］页 38cm（6开）
　　本书收 10 幅画。书末附绘者自记。

J0019291
戴文节销寒画课　（清）戴熙绘
文明书局　民国　影印本　10 页　有图　散页
　　本书据文节后裔竹藏本影印。

J0019292

戴文节纸本山水册 （清）戴熙绘；吴清卿藏

上海 有正书局 民国 影印本 线装

J0019293

戴文节纸本山水册 （清）戴熙绘

上海 有正书局 民国十四年［1925］影印本
彩色套印 有图 线装

本书据吴清卿藏本影印。

J0019294

戴务旃山水册 （清）戴本孝绘

上海 神州国光社 清宣统三年［1911］影印本
［11］页 27cm（16开）

（神州国光集外名品）

本书共收11幅画。

J0019295

丁莲峰先生菊谱 （清）丁善长撰并绘

民国 影印本 线装

J0019296

东霞写生 （清）杨灿绘

上海 同文书局 民国 影印本 有图 线装

（茜窗小品）

本书据恩赐福寿堂藏本影印。

J0019297

董文恪公山水画稿 （清）董邦达绘

上海 同文书局 民国 影印本 有图 线装

（茜窗小品）

本书据孙文定公家藏本影印。

J0019298

费晓楼临耕烟十万图 （清）费晓楼绘；美术
研究会审定

上海 有正书局 民国 影印本［10］页 21×27cm

（中国名画集外册 42）

J0019299

费晓楼仕女册 （清）费晓楼绘

上海 文明书局［民国］影印本［12］页
30cm（10开）

本书收图12幅。

J0019300

改七芗红楼梦临本 （清）改琦绘；美术研究
会审定

上海 有正书局 民国 影印本［12］页
26cm（16开）

（中国名画集外册 41）

本书收图12幅。书前有绘画者小传。作者
改琦（1773—1828），回族，清代画家。字伯蕴，
号香白，又号七芗，别号玉壶外史。松江（今上
海市）人。主要作品有《玉壶山房词选》《张夫人
晓窗点黛图》《元机诗意图》《仕女别泪忧伤
图》等。

J0019301

改七香百美嬉春图长卷 （清）改琦绘

上海 有正书局 民国 影印本 有图 线装

J0019302

改七香红楼梦临本 （清）改琦绘

上海 有正书局 民国 影印本 有图 线装

J0019303

高澹游山水长卷 （不分卷）（清）高简绘

民国 影印本

J0019304

耕烟溪山无尽图卷 （清）王翚绘

民国 影印本 平装

J0019305

龚半千细笔画册 （清）龚贤绘

上海 有正书局 1911年 影印本 10幅

23×33cm

定价：大洋八角

（中国名画集外册 44）

本书收10幅画。书末附龚贤的跋。作者龚
贤（1618—1689），明末清初画家。又名岂贤，字
半千，又字野遗，岂贤，号半亩等。江苏昆山人。
著有《香草堂集》《画诀》《柴丈人画稿》《龚半千
课徒画说》。

J0019306

龚半千细笔画册 （清）龚贤绘

上海 有正书局 民国 影印本 有图 线装

J0019307
龚高士山水册 （清）龚贤绘
民国 刻本 木版浮水印 有图 线装

J0019308
顾处士画集 （不分卷）（清）颜嗣荣绘
民国 影印本

J0019309
顾鹤逸仿宋元山水十二帧 （清）顾麟士绘；
吴子深藏
天绘阁 民国 影印本 线装

J0019310
顾西眉仕女人物大册 （清）顾洛绘
上海 有正书局 民国 影印本 ［4］页 38cm（6 开）
（中国名画集外册 53）
　　本书收图 4 幅。

J0019311
顾西眉仕女人物大册 （清）顾洛绘
上海 有正书局 民国 影印本 有图 线装

J0019312
红楼梦写真 （三十二回）（清）王钊绘
云声雨梦楼 民国 影印本 有图 线装

J0019313
花鸟画范三集 （不分卷）（清）秦清曾辑
上海 艺苑真赏社 民国 影印本

J0019314
华新罗八段锦画册 （清）华嵒绘
上海 有正书局 民国 影印本 有图 线装
　　作者华岩（1682—1756），清代画家。一作华
嵒，字德嵩，更字秋岳，号新罗山人、白沙道人
等。福建上杭白砂里人。画作有《高山云鹤》《水
国浮牛》《青松悬崖》《倚马题诗》等。

J0019315
华新罗八段锦画册 （清）华嵒绘；美术研究
会审定
上海 有正书局 民国十至十八年［1921—1929年］
影印本 26×38cm 定价：七角
（中国名画集外册 35）

本书收 8 幅。书前有绘者小传。

J0019316
华新罗仕女人物花鸟山水大册 （清）华嵒
绘；美术研究会审定
上海 有正书局 民国 影印本 有图

J0019317
华新罗写景山水册 （清）华嵒绘；文明书局
审定
上海 文明书局 1911 年 影印本 ［12］页
38cm（6 开）
　　本书收 12 幅画。

J0019318
华新罗养素园图 （清）华嵒绘；六莹堂藏
上海 墨缘堂 民国 影印本线装

J0019319
黄尊古仿古山水册 （清）黄鼎绘；文明书局
审定
上海 文明书局 1911 年 影印本 ［8］页
38cm（6 开）
　　本书收 8 幅画。

J0019320
黄尊古仿古山水册 （清）黄鼎绘
上海 文明书局 清宣统三年［1911］影印本
有图 线装
　　本书据严氏小长庐馆藏本影印。

J0019321
黄尊古仿古山水册 （清）黄鼎绘
上海 文明书局 民国十二年［1923］3 版 影印本
线装
　　本书据严氏小长芦馆藏本影印。

J0019322
蒋南沙花鸟草虫册 （清）蒋廷锡绘；樊樊山
藏；美术研究会审定
上海 有正书局 民国 影印本 线装

J0019323
蒋南沙花鸟草虫册 （清）蒋廷锡绘
上海 文明书局 民国十一年［1922］3 版 影印本

线装

J0019324

蒋南沙花鸟草虫册 （清）蒋廷锡绘

上海 文明书局 民国十四年［1925］影印本 线装

　　本书据霍邱裴氏壮陶阁藏本影印。

J0019325

倦圃［画册］ （清）周之恒绘

民国 影印本 有图 线装

　　本书据清乾隆间作者手迹影印。

J0019326

李复堂画小册 （清）李复堂绘

上海 有正书局［民国］13×15cm

定价：大洋六角

（袖珍名画册子 3）

J0019327

李谷斋临古六马图册 （清）李世倬绘；顾氏藏

上海 艺苑真赏社 民国 影印本 线装

J0019328

李晴江花卉册 （清）李方膺绘

上海 有正书局 民国 影印本 线装

　　作者李方膺（1695—1755），清代诗画家。字虬仲，号晴江，别号秋池，白衣山人等。江苏南通人。为"扬州八怪"之一。代表作品有《题画梅》《风竹图》，辑有《梅花楼诗草》。

J0019329

廉州仿云林山水册 （清）王鉴绘

上海 有正书局 民国 影印本 有图 线装

J0019330

林屋山人山水画谱 （清）王愫绘

上海 同文书局 民国 影印本 有图 线装

（茜窗小品）

　　本书据徐氏随轩藏本影印。

J0019331

临宋元十二景 （清）王翚绘

上海 有正书局 民国 影印本 彩色套印 有图 线装

J0019332

凌烟阁功臣图像 （清）刘源绘

武进陶氏涉园 民国 影印本 有图 线装

J0019333

刘子和花卉翎毛册 （清）刘德六绘

上海 同文书局 民国 影印本 有图 线装

（茜窗小品）

　　本书据香山遁世元闷斋主人藏本影印。

J0019334

卢鸿草堂十志图 ［（清）王原祁绘］

延光室 民国 影印本 有图 线装

J0019335

罗两峰画册 （清）罗聘绘；美术研究会审定

上海 有正书局 民国 影印本［10］页

26cm（16 开）

（中国名画集外册 17）

　　本书收图 10 幅。每幅画均有樊山、樊嘉等人的题词。书前有罗两峰小传。作者罗聘（1733—1799），清代画家。字遯夫，号两峰，又号衣云、师莲老人等。祖籍安徽歙县。代表作有《物外风标图》《两峰蓑笠图》《丹桂秋高图》《谷清吟图》《画竹有声图》等。著有《香叶草堂集》。

J0019336

马扶曦花鸟草虫册 （清）马元驭绘

上海 文明书局 民国十年［1921］影印本 再版 有图 线装

J0019337

马扶曦花鸟草虫册 （清）马元驭绘；裴氏壮陶阁藏

上海 文明书局 民国十九年［1930］影印本 五版 线装

J0019338

马扶曦花鸟草虫拟古册 （清）马元驭绘

上海 文明书局 1911 年 印本［12］页

38cm（6 开）

　　本书收 12 幅画。

J0019339

马扶曦花鸟草虫拟古册 （一卷）（清）马元

驭绘

上海　文明书局　清宣统三年［1911］印本

J0019340

马扶曦花鸟草虫拟古册

上海　文明书局　1912 年　26×37cm

定价：银一元二角

　　本书系清代花鸟草虫画画册。

J0019341

马江香女士草虫花卉册　（清）马荃绘

上海　文明书局　清宣统三年［1911］印本

　　本书据宿迁王氏信芳阁藏本影印。

J0019342

马江香女士草虫画册　（清）马荃绘

上海　文明书局　民国十一年［1922］再版

影印本　线装

J0019343

马江香女士花鸟册　（清）马荃绘

上海　文明书局　1911 年　影印本［10］页

38cm（6 开）

　　本书收 10 幅画。

J0019344

马江香女士花鸟册　（一卷）（清）马荃绘

上海　文明书局　清宣统三年［1911］影印本

J0019345

马江香女士花鸟册　（清）马荃绘

上海　文明书局　民国十八年［1929］影印本

线装

　　本书据宿迁王氏信芳阁藏本影印。

J0019346

马江香女士花鸟画册　（清）马荃绘

上海　文明书局　民国十一年［1922］再版

影印本　线装

J0019347

默盦集锦　（清）伊秉绶作

［民国］［58］页 40cm（小 8 开）环筒页装

　　本书收百余幅书画。作者伊秉绶（1754—1815），清代书法家。字组似，号墨卿，晚号墨庵。

福建汀州府宁化县人。作品有《默庵集锦》《节临唐宋人书屏》《衡方碑》，出版有《清伊秉绶作品集》《隶书墨迹选》。

J0019348

南楼老人花鸟山水册　（清）陈书绘

上海　有正书局［民国］影印本［7］页

26cm（16 开）

（中国名画集外册 38）

　　本书收 6 幅。书前有绘画者小传。

J0019349

南田草衣花卉　（清）恽寿平绘

上海　同文书局　民国　影印本　有图　线装

（茜窗小品）

　　本书据阮氏白圭诗馆藏本影印。

J0019350

南田花卉册　（清）恽格绘

民国　影印本　有图　经折装

　　作者恽格（1633—1690），画家。字寿平、号南田等，武进（今属江苏）上店人。主要作品有《山水花鸟》《恽南田花果册》《南田花卉》等。

J0019351

南田花卉山水合册　（清）恽格绘

上海　有正书局　民国　影印本　彩色套印　有图　线装

J0019352

南田花卉山水合册　（清）恽寿平绘；中国金石书画会审定

上海　有正书局［民国］影印本［8］页

［19×26cm］

（中国名画集外册 6）

　　本书收 8 幅。书前有恽寿平小传。

J0019353

南田花卉山水合册　（清）恽格绘；程听彝藏

上海　有正书局　民国　影印本　平装

J0019354

南田花卉山水合册　（清）恽格绘

上海　有正书局　民国十二年［1923］影印本

线装

J0019355

南田山水花果册　（清）恽格绘

上海　有正书局　民国　影印本　平装

J0019356

瓯香馆写生册　（清）恽寿平绘

上海　有正书局　民国　影印本　彩色套印　有图　线装

J0019357

瓯香馆写生册　（清）恽恪绘

上海　有正书局　民国十年［1921］影印本　彩色套印　线装

J0019358

瓯香馆写生册　（清）恽格绘

上海　有正书局　民国十四年［1925］8版　影印本

据庞氏虚斋藏本影印。

J0019359

钱吉生先生人物画谱　（清）钱慧安绘；题怀古山房主人辑

上海　文宝书局　清宣统三年［1911］石印本　有像

分二册。

J0019360

钱母费太夫人花卉画册　（清）费氏绘

民国　影印本　有图　线装

J0019361

秦谊庭山水松鹤画典　（清）秦炳文绘

上海　同文书局　民国　影印本　有图　线装

（茜窗小品）

本书据益蒂莲馆藏本影印。

J0019362

清代名家山水册　中国金石书画赛会编

中国金石书画赛会　民国　影印本　有图　线装

J0019363

清宫藏耕烟画册精品　（一卷）（清）王翚绘

上海　有正书局　民国　彩色套印本

J0019364

清画　（第一辑）郑振铎编

［上海］［上海出版公司］［民国］60叶　有图

39cm（4开）

（域外所藏中国古画集）

本书收于《域外所藏中国古画集》第八册。

J0019365

清画　（第二辑）郑振铎编

上海　［上海出版公司］［民国］60叶　有图

39cm（4开）

（域外所藏中国古画集）

J0019366

清画　（第三辑）郑振铎编

上海　［上海出版公司］［民国］60叶　有图

39cm（4开）

（域外所藏中国古画集）

J0019367

清画　（第四辑）郑振铎编

上海　［上海出版公司］［民国］64叶　有图

39cm（4开）

（域外所藏中国古画集）

J0019368

清画　（四辑）郑振铎编

上海　上海出版公司　民国三十六年［1947］影印本　有图　线装

（域外所藏中国古画集）

本书共分四册。

J0019369

清於女史仿宋人花果真迹　（清）恽冰绘

民国　影印本　彩色套印　线装

J0019370

任熊画本　（清）任熊绘

上海　同文书局　民国　影印本　有图　线装

（茜窗小品）

本书据阳江徐氏藏本影印。作者任熊（1823—1857），清晚期画家。字渭长，一字湘浦，号不舍，浙江萧山人。"海派"艺术的代表人物之一。少时得遇著名文人姚燮，在其家"大梅山馆"学画，深得宋人笔法。绘画全才。画法宗陈洪绶，与弟任薰、儿子任预、侄任颐合称"海上四任"。绘制的《高士传》《于越先贤传》《烈先酒牌》《剑侠传》合称为《任渭长四种》。

J0019371
十万图 （一卷）（清）王翚绘
民国 影印本

J0019372
石谷洞庭秋色 （清）王翚绘
[民国]影印本 [6]页 38cm（6 开）

J0019373
石谷洞庭秋色图长卷 （清）王翚绘；有正书
局审定
上海 有正书局 [民国]影印本 [6]页
26cm（16 开）
（中国名画集外册 4）

J0019374
石谷洞庭秋色图长卷 （一卷）（清）王翚绘
上海 有正书局 民国 珂罗版印本

J0019375
石谷洞庭秋色图长卷 （清）王翚绘
上海 有正书局 民国十三年［1924］4 版
影印本 线装

J0019376
石谷老年拟古册 （清）王翚绘
上海 有正书局 民国 影印本 有图 线装

J0019377
石谷老年拟古册
上海 有正书局 [1923 年]影印本 38cm（6 开）
定价：大洋八角
（中国名画集外册 58）
　　本书收画 8 幅。

J0019378
石谷老年拟古册 （不分卷）（清）王翚绘
上海 有正书局 民国十二年［1923］影印本

J0019379
石谷临安山色图长卷 （清）王翚绘；美术研
究会审定
上海 有正书局 [民国]影印本 [9]页 38cm（6 开）
（中国名画集外册 26）
　　本书有绘画者小传。

J0019380
石谷临安山色图长卷 （清）王翚绘
上海 有正书局 民国十年［1921］影印本 线装

J0019381
石谷生平第一精品临宋元十二景 （清）
王翚临；美术研究会鉴定
上海 有正书局 民国 影印本 有彩图

J0019382
石谷生平第一精品临宋元十二景 （清）
王翚临
上海 有正书局 民国十五年［1926］影印本 线装

J0019383
石谷太白观泉图长卷 （清）王翚绘；美术研
究会审定
上海 有正书局 [民国]影印本 [6]页 38cm（6 开）
（中国名画集外册 14）
　　本书前有绘画者小传。

J0019384
石谷太白观泉图长卷 （不分卷）（清）王翚绘
上海 有正书局 民国十一年［1922］影印本

J0019385
石谷竹林渔村图长卷 （清）王翚绘；美术研
究会审定
上海 有正书局 [民国]影印本 [11]页 38cm（6 开）
（中国名画集外册 23）
　　本书前有绘画者小传。

J0019386
石谷竹林渔村图长卷 （一卷）（清）王翚，
（清）杨晋绘
上海 有正书局 民国 影印本

J0019387
石涛和尚兰竹册 （清释）道济绘
上海 泰山残石楼 民国 影印本 线装
　　作者道济（1642—1708），清初书画家、绘画
理论家。法名道济，又字石涛，号苦瓜和尚、大
涤子、靖江后人、清湘陈人、零丁老人等等。本
姓朱，名若极，系明代靖江王朱赞仪的第十世孙
朱亨嘉之子。著有《苦瓜和尚画语录》。存世作

品有《石涛罗汉百开册页》《山水清音图》《竹石图》等。

J0019388
石涛名画册 （清释）道济绘
民国 石印本 精装

J0019389
石涛山水 （清释）道济绘
民国 影印本 线装

J0019390
石涛山水册 （清释）道济绘
[民国] 影印本 线装

J0019391
石涛上人山水册 （清释）道济绘
上海 有正书局 民国 影印本 线装
（中国名画集外册 5）

J0019392
四王吴恽山水合册 （不分卷）（清）王时敏等绘
上海 有正书局 民国 影印本

J0019393
汤雨生全家夫妇子女画 美术研究会审定
上海 有正书局 [民国] 影印本 [15]页
26cm（16开）
（中国名画集外册 24）
　　本书由《汤雨生全家夫妇子女画》《山水花鸟仕女草虫合册》合订。收15幅国画。书前有汤雨生小传。

J0019394
汪巢林梅花册 （清）汪士慎绘
上海 中华书局 民国 影印本 线装

J0019395
汪巢林梅花册 （清）汪士慎绘；高野侯鉴定
上海 中华书局 民国十八年 [1929]3版 影印本
线装
　　本书据横香室藏本影印。

J0019396
汪巢林梅花册 （清）汪士慎绘；横香室藏；高野侯鉴定
上海 中华书局 民国二十五年 [1936] 影印本
线装
　　作者高野侯（1878—1952），画家、出版家。字时显，号欣木、可庵，浙江余杭人。清末举人，曾任中华书局董事、美术部主任。精于鉴定，收藏甚富，兼工隶书，篆刻亦佳。辑有《方寸铁斋印存》等。

J0019397
汪近人梅花册 （十三页）（清）汪士慎绘
上海 中华书局 民国十四年 [1925] 影印本 线装
　　本书据高野侯藏本影印。

J0019398
汪近人梅花册 （十三页）（清）汪士慎绘；高野侯藏
上海 中华书局 民国二十五年 [1936] 影印本
线装

J0019399
王汉藻人物山水 （不分卷）（清）王云绘
上海 艺苑真赏社 民国 影印本

J0019400
王廉州山水册 （一卷）（清）王鉴绘
上海 有正书局 民国 影印本

J0019401
王麓台山水册 （不分卷）（清）王原祁绘
吴幼潜 民国 影印本

J0019402
王蓬心父子合璧 （不分卷）（清）王宸绘,（清）王岵孙绘
天绘阁 民国 影印本

J0019403
王蓬心父子合璧 （清）王宸等绘；吴湖帆藏
天绘阁 民国二十年 [1931] 影印本 线装

J0019404
王石谷仿巨然长江万里图 （清）王翚绘；平

泉书屋藏
上海 中华书局 民国 影印本 线装

J0019405
王石谷仿燕文贵江岸图 （一卷）（清）王翚绘
上海 有正书局 民国 影印本

J0019406
王石谷画册 （清）王翚绘
民国 摄影本 有照片 经折装

J0019407
王石谷画南巡回銮图 （清）王翚绘
民国 摄影本 有图 平装
　　本书共分四册。

J0019408
王石谷江山纵览图 （一卷）（清）王翚绘
上海 艺苑真赏社 民国 珂罗版印本

J0019409
王石谷山水十二幅 （清）王翚绘
民国 影印本 有图 平装

J0019410
王石谷溪山霁雪卷 （清）王翚绘；邓秋枚辑
上海 神州国光社 1911 年 影印本 ［13］页
27cm（16 开）
（神州国光集外名品）
　　本书末附讷翁老宗台先生的手书题跋。

J0019411
王石谷溪山霁雪卷 （一卷）（清）王翚绘
上海 神州国光社 清宣统三年 ［1911］
珂罗版印本
（神州国光集外名品）

J0019412
王石谷溪山霁雪图卷 （清）王翚绘
上海 有正书局［民国］影印本 ［4］页 34cm（8 开）
　　本书有手书题字一幅。

J0019413
王石谷溪山霁雪图卷 （清）王翚绘
上海 有正书局［民国］影印本 ［4］页

38cm（6 开）定价：大洋五角

J0019414
王石谷溪山霁雪图卷 （一卷）（清）王翚绘
上海 有正书局 民国十一年 ［1922］珂罗版印本

J0019415
王石谷溪山霁雪图卷 （清）王翚绘
上海 商务印书馆 民国十五年 ［1926］影印本
线装
　　本书据颜韵伯藏本影印。

J0019416
王石谷溪山无尽图卷 （一卷）（清）王翚绘
天绘阁 民国 影印本

J0019417
王小梅人物册 （清）王素绘
上海 有正书局 民国 影印本 平装

J0019418
王烟客临元人八家卷册 （不分卷）（清）王
时敏绘
上海 艺苑真赏社 民国 影印本

J0019419
王烟客山水册 （清）王时敏绘
上海 有正书局 民国 影印本 有图 线装

J0019420
王烟客山水册
上海 有正书局 ［1912 年］38cm（6 开）
定价：大洋一元
（中国名画集外册 49）

J0019421
王圆照仿古山水册 （一卷）（清）王鉴绘
上海 文明书局 清宣统三年 ［1911］珂罗版印本

J0019422
王仲初仿宋元山水真迹 （清）王仲初绘
［1911—1949 年］影印本 ［12］页
［19×26cm］（16 开）经折装
　　本书收图 12 幅。

J0019423

任立凡抚古山水册 （清）任预绘
民国 影印本 平装

J0019424

文美斋百花诗笺谱 （不分卷）（清）张兆祥绘
文美斋 清宣统三年［1911］刻本 彩色套印
　　本书共分二册。

J0019425

文美斋诗笺谱 张兆祥编并绘
张氏文美斋 清宣统三年［1911］刻本 朱印
有图 线装

J0019426

翁松禅人物山水册 （清）翁同龢绘
上海 有正书局 民国 影印本 有图 线装
　　作者翁同龢（1830—1904），清代书法家。江苏常熟人。字叔平，一字声甫，晚号松禅、瓶斋居士。清咸丰六年状元。同治、光绪帝师，官至工部尚书、军机大臣，卒谥文恭。工诗文书画，以书法称名于时。著有《翁文恭公日记》《瓶庐诗文稿》。

J0019427

翁小海草虫 （清）翁雒绘
上海 同文书局 民国 影印本 有图 线装
（茜窗小品画谱）
　　本书据筱沤主人藏本影印。

J0019428

吴渔山雪山图卷 （清）吴渔山绘；邓秋枚辑
上海 神州国光社 1911年 影印本 ［9］页
27cm（16开）
（神州国光集外名品）
　　本书收有绘画者手书2幅。

J0019429

萧尺木山水神品 （清）萧云从绘
民国 影印本 平装
　　作者萧云从（1596—1673），明末清初画家。字尺木，号无闷道人，安徽芜湖人。代表作品《梅花堂遗稿》《易存》《韵通》《太平山水图》等。

J0019430

萧尺木松下纳凉图卷 （清）萧云从绘；邓秋枚辑
上海 神州国光社 1911年 影印本 ［17］页
27cm（16开）
（神州国光集外名品）
　　本书书前有绘画者小传，后附友人的题词手书等。

J0019431

小绿天庵简明竹谱 （一卷）（清）窦镇绘
锡山窦氏 清宣统三年［1911］刻本

J0019432

小松山水 （清）黄易绘
民国 影印本 线装
　　作者黄易（1744—1802），字大易，号小松、秋盒，又号秋影庵主、散花滩人。浙江钱塘人，兼擅篆刻，与丁敬都并称"丁黄"，为"西泠八家"之一。曾任监生、官济宁同知。绘有《访碑图》，著有《小蓬莱阁金石文字》等。

J0019433

新罗山人山水精册 （清）华嵒绘；邓秋枚辑
上海 神州国光社 清宣统三年［1911］影印本
平装

J0019434

新罗山人山水精册 （一卷）（清）华嵒绘
上海 神州国光社 清宣统三年［1911］影印本
（神州国光集外名品）

J0019435

修书图 （一卷）（清）江标辑
苏州 振新书社 民国 影印本

J0019436

雪江老人仿诸家山水册 （清）赵澄绘
民国 影印本 线装

J0019437

杨西亭仿古山水册 （清）杨晋绘；邓秋枚辑
上海 神州国光社 1911年 影印本 ［12］页
27cm（16开）
（神州国光集外名品）

本书收 12 幅画。书前有绘画者小传。

J0019438
杨西亭仿古山水册　（一卷）（清）杨晋绘
上海　神州国光社　清宣统三年［1911］影印本

J0019439
姚梅伯题任渭长人物十二帖　（清）任熊绘；
（清）姚燮书
民国　影印本　有图　线装

J0019440
姚梅伯题任渭长人物十二帧　（不分卷）
（清）任熊绘；（清）姚燮书
上海　商务印书馆　民国十六年［1927］
珂罗版印本

J0019441
瑶华道人真迹　（清）弘旿绘
上海　同文书局　民国　影印本　有图　线装
（茜窗小品）
　　本书据武林远读书楼藏本影印。

J0019442
虞山毛氏汲古阁图　（清）王咸绘
民国　影印本　2 幅　线装

J0019443
御题南田山水花卉册　（清）恽寿平绘；美术
研究会审定
上海　有正书局［民国］影印本　26×38cm
定价：0.20
（中国名画集外册 36）
　　本书收图 10 幅。书前有绘画者小传。

J0019444
御题南田山水花卉册　（一卷）（清）恽格绘
上海　有正书局　民国六年［1917］珂罗版印本

J0019445
恽南田工笔花卉蒋南沙草花虫蝶合册　（清）
恽格,（清）蒋廷锡绘
上海　有正书局　民国　影印本　平装

J0019446
恽南田花果册　（清）恽格绘
上海　西泠印社　民国　影印本　有图　线装

J0019447
恽南田墨华册　（清）恽格绘；顾氏过云楼藏
上海　艺苑真赏社　民国　影印本　平装

J0019448
恽南田山水画册　（清）恽寿平绘
上海　有正书局［民国］影印本　16 页 38cm（6 开）
　　本书收图 16 幅。作者恽寿平（1633—1690），
清代画家、书法家。名格，字寿平，以字行，又字
正叔，别号南田生。江苏武进人。主要作品有《红
梅山茶图》《梅竹图》《玉堂富贵图》《桃花图》《三
友图》《梧轩图》《蓼汀渔藻图》《林居高士图》等。

J0019449
张子青山水册　（清）张之万绘
民国　影印本　线装

J0019450
张子祥画梅花册　（清）张熊绘；秦清曾藏
上海　艺苑真赏社　民国　影印本　线装

J0019451
赵之谦画册　（清）赵之谦绘
民国　影印本　有图　线装
　　作者赵之谦（1829—1884），晚清书画家。浙
江绍兴人，初字益甫，号冷君，号悲庵、梅庵、无
闷等。著有《六朝别字记》《悲庵居士文存》等，
篆刻有《二金蝶堂印存》等。

J0019452
重得乔楮堂绘西浦图诗　（清）乔崇让绘
民国　影印暨铅印本　有图　毛装

J0019453
壮游图　（不分卷）（清）庐为霖辑
民国　石印本

J0019454
子衡花卉
上海　同文书局　民国　影印本　线装
（茜窗小品）

本书据尺木楼藏本影印。

J0019455
绘林集妙 （上册）邓秋枚辑
上海 神州国光社 1912 年 12 页 23×31cm
定价：洋一元二角
　　清代国画作品。

J0019456
绘林集妙 （下册）邓秋枚辑
上海 神州国光社 1912 年 12 页 23×31cm
定价：洋一元二角
　　清代国画作品。

J0019457
钱叔美燕园八景册 （清）钱杜绘；邓秋枚辑
上海 神州国光社 1912 年 影印本 23×31cm
（神州国光集外名品）
　　本书收 8 幅画。书前有程庭鹭的"松壶先生
轶事"一文。

J0019458
王石谷仿唐宋元明山水册 （清）王翚绘；邓
秋枚辑
上海 神州国光社 1912 年 影印本 ［12］页
27cm（16 开）
（神州国光集外名品）
　　本书收 12 幅画。王翚（1632—1717），清代
著名画家。字石谷，号耕烟散人、乌目山人、清
晖老人等。江苏常熟人。传世作品有《秋山萧寺
图》《虞山枫林图》《秋树昏鸦图》《芳洲图》等。

J0019459
翟琴峰先生临赵吴兴饮中八仙图 （清）翟
继昌绘
民国元年［1912］影印本 有图 线装

J0019460
费晓楼补景仕女册 （清）费晓楼绘；邓秋
枚辑
上海 神州国光社 1913 年 影印本 ［10］页
27cm（16 开）
（神州大观集外名品）
　　本书收 10 幅画。

J0019461
黄瘿瓢人物册 （清）黄慎绘；文明书局审定
上海 文明书局 1913 年 影印本 ［12］页
37cm（8 开）定价：银一元二角
　　本书收 12 幅画。

J0019462
黄瘿瓢人物册 （清）黄慎绘
上海 文明书局 民国十二年［1923］影印本 线装

J0019463
黄瘿瓢人物册 （清）黄慎绘
上海 文明书局 民国十六年［1927］6 版 影印本
线装
　　本书据无锡秦氏藏本影印。

J0019464
黄瘿瓢人物册 （清）黄慎绘
上海 上海书画出版社 1982 年 10 幅 37cm（8 开）
套装 统一书号：8172.678 定价：CNY3.50
　　清代中国人物画画册。

J0019465
黄瘿瓢人物册 （清）黄慎绘
上海 上海书画出版社 1984 年 12 幅 37cm

J0019466
金冬心人物山水册 （清）金农绘；邓秋枚辑
上海 神州国光社 1913 年 影印本 ［12］页
27cm（16 开）
（神州大观集外名品）
　　本书收 12 幅画。

J0019467
王安节山水册 （清）王概绘；邓秋枚辑
上海 神州国光社 1913 年 影印本 ［8］页
27cm（16 开）
（神州大观集外名品）
　　本书收 8 幅画。作者王概（1645—约 1710），
清初画家。秀水（今浙江嘉兴）人，久居江苏金陵
（今南京）。初名匄，亦名丐，字东郭、安节，后改
今名。以花鸟擅名，兼善诗文、治印。辑有《王
安节王宓草印谱》。传世有《玉山观画图》《幽
溪积雪图》《山卷晴云图》等，编绘有《芥子园画
传》，著有《画学浅说》《山飞泉立草堂集》。

J0019468

王安节山水册 （清）王概绘

上海 神州国光社 民国二年［1913］影印本 线装

J0019469

恽南田山水对题册 （清）恽寿平绘；邓秋枚辑

上海 神州国光社 1913年 影印本［11］页
27cm（16开）

　　本书收11幅书画。

J0019470

戴醇士赠何蝯叟山水册 （清）戴熙绘；邓秋
枚辑

上海 神州国光社 1914年 影印本［7］页
27cm（16开）

（神州大观集外名品）

　　本书收国画6幅，墨迹1幅。

J0019471

顾禹功画万年少书东海志交册 （清）顾殷
绘；（清）万寿祺书；神州国光社审定

上海 神州国光社 1914年 影印本［16］页
30cm（15开）

（神州大观集外名品）

　　本书收8幅书画。书前有戴易、顾殷、万寿
祺等6人的小传；书末有汪琬、徐枋等人的手书。

J0019472

清於女史恽冰仿宋人花果真迹 （清）恽冰绘

上海 商务印书馆 1914年［12］页 27cm（16开）

　　本书收12幅画。

J0019473

清於女史恽冰仿宋人花果真迹 （清）恽冰绘

小说月报社 民国十六年［1927］影印本
彩色套印 线装

J0019474

石涛墨笔山水精册 （清）石涛绘；邓秋枚编录

上海 神州国光社 1914年 影印本［11］页
30cm（15开）

（神州大观集外名品 55）

　　本书收11幅画。

J0019475

听雨楼画谱 （清）俞礼绘

长沙楚益图书局 民国三年［1914］影印本 线装

　　本书共分二册。

J0019476

郑慕倩仿古山水十二帧 （清）郑慕倩绘；邓
秋枚编录

上海 神州国光社 1914年 影印本［12］页
27cm（16开）

（神州大观集外名品）

　　本书收12幅画。书前有绘者小传。

J0019477

改七香红楼梦图 （清）改琦绘

上海 神州国光社 民国四年［1915］影印本
有图 线装

　　作者改琦（1773—1828），回族，清代画家。
字伯蕴，号香白，又号七芗，别号玉壶外史。松
江（今上海市）人。主要作品有《玉壶山房词选》
《张夫人晓窗点黛图》《元机诗意图》《仕女别泪
忧伤图》等。

J0019478

顾若波山水册 （清）顾沄绘；神州国光社审定

上海 神州国光社 1915年 影印本［12］页
27cm（16开）

（神州大观集外名品）

　　本书收12幅画。

J0019479

顾若波山水册 （清）顾沄绘

上海 神州国光社 民国四年［1915］影印本
有图 平装

J0019480

顾若波山水册 （清）顾沄绘

上海 有正书局 民国十五年［1926］影印本
平装

J0019481

顾若波山水册 （清）顾沄绘

苏州 振新书社 民国十七年［1928］影印本
线装

J0019482
顾若波山水集册　（清）顾沄绘
上海　有正书局　民国十五年［1926］影印本
线装

J0019483
幻园许君德配宋梦仙遗画　（清）宋贞绘
民国四年［1915］影印本　有像及图　线装

J0019484
名人画册　（黄瘿瓢人物花卉山水）（清）黄瘿
瓢绘
上海　文明书局　1915年　影印本　12帧
21×29cm　定价：银一元
　　本书收书画12幅。书前有绘画者小传。

J0019485
王安节山水册　（不分卷）（清）王概绘
上海　艺苑真赏社　民国四年［1915］影印本

J0019486
王耕烟画西陂六景册　（清）王翚绘
上海　有正书局　1915年　影印本　［13］页
38cm（6开）
（中国名画集外册51）
　　本书收6幅画。

J0019487
王耕烟西陂六景册　（一卷）（清）王翚绘
上海　有正书局　民国四年［1915］影印本

J0019488
王石谷溪山晴霭图卷　（清）王翚绘
上海　神州国光社　1915年　影印本　［8］页
21×34cm（11开）定价：银一元二角
（神州大观集外名品）

J0019489
云溪山馆画稿　（清）佚名绘
上海　同文书局　民国四年［1915］影印本　线装

J0019490
查梅壑山水袖卷　（清）查士标绘
上海　神州国光社　1916年　影印本　［12］页
23×34cm　定价：银一元二角

（神州大观集外名品）
　　作者查士标（1615—1698），清代书画家。号
梅壑山人，安徽休宁人。代表作品《云山图》《空
山结屋图》《秋林远岫图》《云山烟树图》等。

J0019491
冬花庵题画绝句　（一卷）（清）奚冈撰
上海　神州国光社　民国五年［1916］线装
（美术丛书后集）
　　本书收于《美术丛书后集》第五集。

J0019492
花草习画帖　（蒋廷锡画口外花卉四十一种）
（清）蒋廷锡绘
上海　有正书局　民国五年［1916］影印本　平装

J0019493
清宫秘藏南田墨戏册　（清）恽寿平绘
上海　有正书局　1916年　影印本　30×34cm
定价：大洋一元五角
　　本书收10幅画。

J0019494
清宫秘藏南田墨戏册　（清）恽格绘
上海　有正书局　民国六年［1917］影印本　再版

J0019495
任渭长范湖草堂图　（清）任熊绘
上海　有正书局　1916年　影印本　［8］页
25×60cm
　　本书收8幅画。

J0019496
王奉常仿古山水册　（不分卷）（清）王时敏绘
上海　有正书局　民国五年［1916］影印本

J0019497
王奉常仿古山水册　（清）王时敏绘
上海　有正书局　民国十四年［1925］影印本　线装

J0019498
王廉州仿古山水精册　（清）王廉州绘；神州
国光社审定
上海　神州国光社　1916年　影印本　［18］页
27cm（16开）

（神州大观集外增刊名品）

　　本书收 12 幅作品，并有王抉庵、温翰初等人的手书题词 5 幅。

J0019499

萧尺木山水 （清）萧云从绘；（清）王渔洋题

上海 神州国光社 1916 年 影印本 ［10］页 27cm（16 开）

（神州大观集外增刊名品）

　　本书由《萧尺木山水》（清）萧云从绘、《王渔洋对题双绝册》（清）王渔洋题合订。

J0019500

程序伯精细山水图册 （清）程庭鹭绘；神州国光社审定

上海 神州国光社 1917 年 影印本 ［10］页 30cm（12 开）

（神州大观集外名品）

　　本书收 7 幅画。书末附绘画者及友人手书题词。

J0019501

董东山山水册 （清）董邦达绘；程松卿藏

上海 神州国光社 民国六年 ［1917］影印本 线装

J0019502

黄孝子万里寻亲图卷 （清）黄向坚绘

上海 神州国光社 1917 年 影印本 ［12］页 27cm（16 开）

（神州大观集外名品）

　　本书末附朱彝尊等人的题跋。

J0019503

金俊明画梅花册 （不分卷）（清）金俊明绘

上海 有正书局 民国六年 ［1917］影印本

J0019504

憩斋临黄小松司马嵩洛访碑图二十四种
（清）吴大澂临摹

上海 有正书局 民国六年 ［1917］影印本 有图 线装

J0019505

乾隆御题董东山山水册 （清）董邦达绘；神

州国光社审定

上海 神州国光社 1917 年 影印本 ［8］页 27cm（16 开）

（神州大观集外名品）

　　本书收 8 幅画。每幅均有乾隆题词。

J0019506

王麓台山水扇面 （不分卷）（清）王原祁绘

上海 商务印书馆 民国六年 ［1917］影印本

J0019507

王麓台山水扇面 （不分卷）（清）王原祁绘

上海 商务印书馆 民国六年 ［1917］影印本

J0019508

板桥竹谱 （清）郑燮绘

民国七年 ［1918］影印本 有图 线装

J0019509

改七芗人物山水花果册 （清）改琦绘

上海 神州国光社 1918 年 影印本 ［12］页 27cm（16 开）

（神州大观集外名品）

　　本书收 12 幅画。作者改琦（1773—1828），回族，清代画家。字伯蕴，号香白，又号七芗，别号玉壶外史。松江（今上海市）人。主要作品有《玉壶山房词选》《张夫人晓窗点黛图》《元机诗意图》《仕女别泪忱伤图》等。

J0019510

近世一百名家画集 （四卷）钱辛编

图书研究会 民国七年 ［1918］石印本 有图 线装

　　本书共分二册。

J0019511

近世一百名家画集 钱辛辑

上海 大东书局 民国十年 ［1921］石印本 再版 有图 线装

　　本书共分二册。

J0019512

近世一百名家画集 （四卷）钱病鹤编

上海 大东书局 民国十年 ［1921］影印本 线装

J0019513

近世一百名家画集 （四卷）（清）王时敏等
绘；钱辛编
上海　大东书局　民国二十一年［1932］影印本
线装
　　本书共分二册。

J0019514

李檀园兰花册 （清）李流芳绘
上海　神州国光社　1918年　影印本　［8］页
27cm（16开）
（神州大观集外名品）
　　本书收7幅画。

J0019515

禹之鼎人物真迹 （清）禹之鼎绘
上海　商务印书馆　1918年　影印本　［11］页
36cm（6开）统一书号：大洋一元
　　本书收11幅人物画。

J0019516

［**南楼老人花卉**］ （清）陈书绘
上海　商务印书馆　民国八年［1919］影印本
线装

J0019517

戴醇士山水 （清）戴熙绘
上海　商务印书馆　民国八年［1919］影印本
线装
　　作者戴熙（1801—1860），画家。字醇士，号
鹿林、鹿床、榆庵、榆庵等，清钱塘（今杭州）人。
道光十二年进士，改翰林院庶吉士，授编修。工
诗书画，治印。著有《习苦斋画絮·诗文集》《赐
砚斋题画偶录》《宋元四家诗选》《粤雅集》等。

J0019518

黄小松山水册 （清）黄易绘
上海　商务印书馆　民国八年［1919］影印本
线装

J0019519

蒋南沙花卉册 （清）蒋廷锡绘；高野侯鉴定
上海　中华书局　民国八年［1919］影印本　线装
　　作者高野侯（1878—1952），画家、出版家。
字时显，号欣木、可庵，浙江余杭人。清末举人，

曾任中华书局董事、美术部主任。精于鉴定，收
藏甚富，兼工隶书，篆刻亦佳。辑有《方寸铁斋
印存》等。

J0019520

钱松壶西溪田居图卷 （清）钱杜绘
上海　中华书局　民国八年［1919］影印本　线装
　　本书据吴待秋藏本影印。作者钱杜（1764—
1845），初名榆，字叔枚，更名杜，字叔美，号松
壶小隐，亦号松壶，亦称壶公，号居士。钱塘（今
浙江杭州）人。著有《松壶画诀》《松壶画忆》《松
壶画赘》等。

J0019521

钱竹初山水画册 （清）钱维乔绘
上海　商务印书馆　民国八年［1919］影印本
线装
　　作者钱维乔（1739—1806），清文学家、戏曲
家。字树参，号曙川，又号竹初、半园，别署林
楼居士。江苏武进人。乾隆壬午举孝廉为鄞县令，
能诗善画，工曲。精于音律，晚通禅理。著有《竹
初诗文钞》《乐府》。

J0019522

清操轩画剩 （清）赵鹤琴绘
上海　大德书局　民国八年［1919］影印本　线装
　　本书共分二册。

J0019523

任渭长人物 （清）任熊绘；（清）姚燮题
上海　商务印书馆　民国八年［1919］影印本
平装
　　作者任熊（1823—1857），清晚期画家。字渭
长，一字湘浦，号不舍，浙江萧山人。“海派”艺
术的代表人物之一。少时得遇著名文人姚燮，在
其家“大梅山馆”学画，深得宋人笔法。绘画全才。
画法宗陈洪绶，与弟任薰，儿子任预、侄任颐合
称“海上四任”。绘制的《高士传》《于越先贤传》
《烈先酒牌》《剑侠传》合称为《任渭长四种》。

J0019524

王麓台仿宋元山水册 （清）王原祁绘
上海　有正书局　民国八年［1919］影印本　有图
线装

J0019525

王麓台仿宋元山水册 （不分卷）（清）王原祁绘

上海　有正书局　民国十一年［1922］影印本

J0019526

王麓台仿宋元山水册 （清）王原祁绘

上海　有正书局　1925年5版　珂罗版印本　22页　38cm（6开）

　　本书收10幅画。

J0019527

五石山房盆梅景 曹垂灿绘

上海　神州国光社　民国八年［1919］影印本　有冠像　平装

J0019528

徐俟斋吴山名胜十二图 （清）徐枋绘

上海　有正书局　1919年　影印本　［12］页　27cm（16开）

　　本书共收12幅画。

J0019529

徐俟斋吴山名胜十二图 （清）徐枋绘

上海　有正书局　民国八年［1919］影印本　平装

J0019530

徐俟斋吴山名胜十二图 （清）徐枋绘

上海　有正书局　民国八年［1919］影印本　有图　线装

J0019531

周临芥子园画传 （五卷）（清）周庸临

民国八年［1919］石印本　有图　线装

　　本书共分四册。

J0019532

戴鹿床金笺着色写生册 （清）戴熙绘

上海　有正书局　民国九年［1920］影印本　线装

　　本书据吴清卿藏本影印。作者戴熙（1801—1860），画家。字醇士，号鹿林、鹿床、榆庵、榆庵等，清钱塘（今杭州）人。道光十二年进士，改翰林院庶吉士，授编修。工诗书画，治印。著有《习苦斋画絮·诗文集》《赐砚斋题画偶录》《宋元四家诗选》《粤雅集》等。

J0019533

戴文节芰芦庵图卷 （清）戴熙绘；高野侯鉴定

上海　中华书局　民国九年［1920］影印本　线装

　　本书据庞虚斋藏本影印。

J0019534

董邦达山水真迹 （清）董邦达绘

上海　国华书局　民国九年［1920］影印本　有图　线装

J0019535

费晓楼仕女册页 （清）费晓楼绘

上海　国华书局　1920年　影印本　再版　［12］页　26cm（16开）

　　本书收12幅。

J0019536

费晓楼仕女画册 （清）费丹旭绘；王显屏藏

上海　文明书局　民国九年［1920］影印本　线装

　　作者费丹旭（1802—1850），清代画家。字子苕，号晓楼，别号环溪生等。浙江湖州人。主要作品有《十二金钗图》《果园感旧图》等。

J0019537

费晓楼仕女画册 （清）费丹旭绘

上海　文明书局　民国九年［1920］影印本　再版　有图　线装

J0019538

费晓楼写景仕女册 （清）费丹旭绘

上海　商务印书馆　民国九年［1920］影印本　线装

J0019539

黄小松山水精品 （清）黄易绘

上海　商务印书馆　民国九年［1920］影印本　有图　线装

　　作者黄易（1744—1802），字大易，号小松、秋盦，又号秋影庵主、散花滩人。浙江钱塘人，兼擅篆刻，与丁敬都并称"丁黄"，为"西泠八家"之一。曾任监生、官济宁同知。绘有《访碑图》，著有《小蓬莱阁金石文字》等。

J0019540

蒋南沙摹宣和写生册 （清）蒋廷锡绘；高野侯鉴定

上海 中华书局 民国九年［1920］影印本 线装
　　本书据蒋乐庵藏本影印。

J0019541
李谷斋山水册　（清）李世倬绘；高野侯鉴定
上海 中华书局 民国九年［1920］影印本 线装
　　本书据高野侯藏本影印。

J0019542
李谷斋山水册　（清）李世倬绘；高野侯鉴定
上海 中华书局 民国十八年［1929］3版 影印本
线装

J0019543
鹿床画絮　（一卷）（清）戴熙撰
上海 中华书局 民国九年［1920］影印本
　　作者戴熙（1801—1860），画家。字醇士，号
鹿林、鹿床、榆庵、榆庵等，清钱塘（今杭州）人。
道光十二年进士，改翰林院庶吉士，授编修。工
诗书画，治印。著有《习苦斋画絮·诗文集》《赐
砚斋题画偶录》《宋元四家诗选》《粤雅集》等。

J0019544
钱竹初山水精品　（清）钱维乔绘
上海 商务印书馆 民国九年［1920］再版
影印本 27×38cm 定价：银币一元二角
　　作者钱维乔（1739—1806），清文学家、戏
曲家。字树参，号曙川，又号竹初、半园，别署
林楼居士。江苏武进人。乾隆壬午举孝廉为鄞
县令，能诗善画，工曲。精于音律，晚通禅理。
著有《竹初诗文钞》《乐府》。

J0019545
钱竹初山水精品　（清）钱维乔绘
上海 商务印书馆 民国十二年［1923］再版
影印本 线装

J0019546
钱竹初山水精品　（清）钱维乔绘
上海 商务印书馆 民国十四年［1925］影印本
线装
　　本书据黄子林藏本影印。

J0019547
沈石天山水真迹　（清）沈颢绘

上海 国华书局 民国九年［1920］影印本 有图
线装

J0019548
王椒畦先生诗画　（清）王学浩绘
上海 商务印书馆 民国九年［1920］影印本
有图 线装

J0019549
王鹿公人物真迹　（清）王树谷绘
上海 国华书局 民国九年［1920］影印本 有图
线装
　　本书据吴兴陆叔同藏本影印。

J0019550
王小梅山水册　（清）王素绘
上海 文明书局 民国九年［1920］影印本 线装
　　本书据龙城居士藏本影印。

J0019551
奚蒙泉诗书画册　（清）奚冈绘
上海 商务印书馆 民国九年［1920］影印本 24叶
26×37cm 定价：银币贰元贰角
　　作者奚冈（1746—1803），清代篆刻家、书画
家。字纯章、铁生，号萝龛、蝶野子、散木居士
等。原籍歙县（今属安徽），一作黟县（今属安徽）。
曾作《冬花庵烬馀稿》《溪山素秋图》《蕉竹幽兰
图》《春林归翼图》等。

J0019552
奚蒙泉诗书画册　（清）奚冈书并绘
上海 商务印书馆 民国二十二［1933］影印本
有图 线装
　　本书据周雨青藏画影印。

J0019553
张篁村山水册　（清）张宗苍绘
上海 神州国光社 民国九年［1920］影印本
线装

J0019554
张子祥真迹虫鸟花卉册　（一卷）（清）张
熊绘
上海 会文堂书局 民国九年［1920］影印本

J0019555
邹小山花鸟草虫册　（清）邹一桂绘
上海 神州国光社 民国九年［1920］影印本 线装

J0019556
邹小山诗画册　（清）邹一桂绘；高野侯鉴定
上海 中华书局 民国九年［1920］影印本 线装
　　本书据玉虹楼藏本影印。

J0019557
八大山人石涛上人画合册　（清）朱耷,（清释）道济绘
上海 有正书局 民国十年［1921］影印本 线装

J0019558
查梅壑山水册　（清）查士标绘；高野侯鉴定
上海 中华书局玻璃版部 民国十年［1921］
影印本 线装
　　作者查士标(1615—1698),清代书画家。号梅壑山人,安徽休宁人。代表作品《云山图》《空山结屋图》《秋林远岫图》《云山烟树图》等。

J0019559
黄尊古仿大痴山水卷　（清）黄鼎绘
上海 神州国光社 民国十年［1921］影印本
有图 平装

J0019560
钱吉生先生人物画谱　（清）钱慧安绘
上海 尚文书店 民国十年［1921］3 版 影印本
有像 线装
　　本书共分二册。

J0019561
王麓台仿古山水册　（不分卷）（清）王原祁绘
上海 文明书局 民国十年［1921］影印本

J0019562
恽南田花卉册　（清）恽格绘
上海 文明书局 民国十年［1921］再版 影印本
线装

J0019563
恽南田花卉册　（清）恽格绘
上海 文明书局 民国十六年［1927］5 版 影印本

线装
　　本书据宫氏藏本影印。

J0019564
边寿民芦雁册　（清）边寿民绘
上海 文明书局 民国十一年［1922］3 版 影印本
线装
　　作者边寿民(1684—1752),清代著名花鸟画画家。江苏淮安人。初名维祺,字颐公,又字渐僧、墨仙,号苇间居士,晚年又号苇间老民等。工诗词、精书法。代表作品有《芦雁图全套八幅册页》《碧梧双峙图》《老圃秋容图》等。

J0019565
费晓楼临耕烟十万图　（一卷）（清）费丹旭绘
上海 有正书局 民国十一年［1922］影印本
　　作者费丹旭(1802—1850),清代画家。字子苕,号晓楼,别号环溪生等。浙江湖州人。主要作品有《十二金钗图》《果园感旧图》等。

J0019566
蒋子延山水册　（清）蒋宝龄绘
上海 神州国光社 民国十一年［1922］影印本
（神州大观集外名品）
　　本书据旧藏本影印。

J0019567
金冬心画人物册　（清）金农绘
上海 有正书局 民国十一年［1922］影印本
线装

J0019568
李似山墨竹谱　（一卷）（清）李景黄绘
北京 中华书局 民国十一年［1922］影印本

J0019569
滦水联吟图　（不分卷）（清）王学浩绘；（清）顾廷纶辑
民国十一年［1922］影印本

J0019570
萝庐画谱　（清）朱偁绘
上海 集益书画会 民国十一年［1922］影印本
线装

本书共分二册。

J0019571
诗品画谱大观 （清）诸乃方临
上海 启新书局 民国十一年［1922］石印本
线装
　　本书共分二册。

J0019572
诗品画谱大观 （不分卷）（清）诸乃方辑
上海 启新书局 民国十三年［1924］石印本

J0019573
石谷临宋元十二景 （一卷）（清）王翚绘
上海 有正书局 民国十一年［1922］珂罗版印本

J0019574
石谷临宋元十二景 （一卷）（清）王翚绘
上海 有正书局 民国十五年［1926］珂罗版印本

J0019575
石涛写东坡时序诗意册 （清）石涛绘
上海 文明书局 民国十一年［1922］再版 影印本
12帧 线装
　　本书据小万柳堂藏本影印。

J0019576
王石谷仿古山水 （清）王翚绘
上海 文明书局 民国十一年［1922］影印本
三版 有图 线装
　　本书据泰州宫氏藏本影印。

J0019577
王石谷仿李营丘古木寒山卷 （一卷）（清）
王翚绘
北京 中华书局 民国十一年［1922］珂罗版印本

J0019578
王石谷仿李营丘古木寒山卷 （清）王翚绘；
高野侯鉴定
上海 中华书局 民国十八年［1929］3版 影印本
线装

J0019579
王石谷仿李营丘古木寒山卷 （清）王翚绘

上海 中华书局 民国二十三年［1934］影印本
四版 有图 线装

J0019580
王石谷写王右丞诗意山水册 （一卷）（清）
王翚绘
上海 神州国光社 民国十一年［1922］
珂罗版印本

J0019581
吴墨井仿宋元山水影本 （清）吴历绘
北京 延光室 民国十一年［1922］影印本 线装
　　本书据清内府藏本影印。

J0019582
吴渔山仿古山水册 （清）吴历绘
上海 文明书局 民国十一年［1922］影印本 线装

J0019583
吴渔山仿古山水册 （清）吴历绘
上海 文明书局 民国十七年［1928］4版 影印本
线装
　　本书据王瑞峰藏本影印。

J0019584
吴渔山仿古山水册 （清）吴历绘；王瑞峰藏
上海 文明书局玻璃版部 民国二十九年［1940］
影印本 线装

J0019585
吴渔山石谷小像补图 （清）吴历绘
上海 文明书局 民国十一年［1922］影印本
再版 线装

J0019586
吴渔山石谷小像补图 （清）吴历绘
上海 文明书局 民国十三年［1924］3版 影印本
线装
　　本书据王瑞峰藏本影印。

J0019587
吴渔山石谷小像补图册 （清）吴历绘；王瑞
峰藏
上海 文明书局 民国十九年［1930］影印本 线装

J0019588
张雪鸿花草画册 （清）张敬绘
上海 文明书局 民国十一年［1922］影印本
再版 有图 线装

J0019589
八大山人石涛上人画合册
上海 有正书局［1923年］24×37cm
定价：旧币一元二角
（中国名画集外册 43）
　　本书为明末清初大画家朱耷（八大山人）与
石涛上人画的合册。

J0019590
查士标山水册 （一卷）（清）查士标绘
上海 中华书局 民国十二年［1923］影印本
　　本书由《查士标山水册一卷》（清）查士标
绘、《项易庵仿右丞蓝田山庄图卷一卷》（明）项
圣谟绘合订。作者查士标（1615—1698），清代书
画家。号梅壑山人，安徽休宁人。代表作品《云
山图》《空山结屋图》《秋林远岫图》《云山烟树
图》等。

J0019591
查士标山水册 （一卷）（清）查士标绘
上海 中华书局 民国十八年［1929］影印本
　　本书由《查士标山水册一卷》（清）查士标
绘、《项易庵仿右丞蓝田山庄图卷一卷》（明）项
圣谟绘合订。

J0019592
改七香红楼梦临本 （清）改琦绘
上海 有正书局 民国十二年［1923］影印本
线装

J0019593
耕烟散人绢本着色山水册 （不分卷）（清）
王翚绘
上海 有正书局 民国十二年［1923］影印本

J0019594
黄尊古山水册 （清）黄鼎绘
上海 中华书局 民国十二年［1923］再版
影印本 线装

J0019595
黄尊古山水册 （清）黄鼎绘
上海 慎修书社 民国二十年［1931］影印本
珂罗版 有图 毛装

J0019596
罗两峰画罗汉册 （不分卷）（清）罗聘绘
中华书局 民国十二年［1923］影印本

J0019597
沙山春人物画谱 （清）沙馥绘
育材书局 民国十二年［1923］影印本 线装
　　本书共分二册。

J0019598
扇面第三册 （一卷）（清）王翚绘
上海 有正书局 民国十二年［1923］珂罗版印本

J0019599
铁玉鱼画册 （清）钱东绘
上海 有正书局 民国十二年［1923］影印本 线装

J0019600
童原山花鸟册 （清）童原绘
上海 中华书局 民国十二年［1923］再版 影印本
线装
　　本书据吴凤臣藏本影印。

J0019601
王麓台山水扇集 （不分卷）（清）王原祁绘
民国十二年［1923］影印本

J0019602
吴墨井山水册 （清）吴历绘；高野侯鉴定
上海 中华书局玻璃版部 民国十二年［1923］
影印本 线装

J0019603
百丈楼丛画 （八卷）汪耀如绘
上海 大通书局 民国十三年［1924］影印本 线装
　　本书共分八册。

J0019604
费晓楼写景仕女册 （清）费丹旭绘；无锡王
氏藏

上海 文明书局 民国十三年［1924］影印本 线装

　　作者费丹旭（1802—1850），清代画家。字子
苕，号晓楼，别号环溪生等。浙江湖州人。主要
作品有《十二金钗图》《果园感旧图》等。

J0019605

蒋铁琴地支十二属图 （清）蒋璋绘
上海 文明书局 民国十三年［1924］影印本 线装
　　本书据宿迁王氏信芳阁藏本影印。

J0019606

廖织云女士蛱蝶花草册 （不分卷）（清）廖
云锦绘
上海 有正书局 民国十三年［1924］影印本

J0019607

鹿床墨戏小册 （清）戴熙绘
上海 有正书局 民国十三年［1924］影印本 线装
　　作者戴熙（1801—1860），画家。字醇士，
号鹿林、鹿床、榆庵、榆庵等，清钱塘（今杭州）
人。道光十二年进士，改翰林院庶吉士，授编修。
工诗书画，治印。著有《习苦斋画絮·诗文集》《赐
砚斋题画偶录》《宋元四家诗选》《粤雅集》等。

J0019608

**汤雨生全家夫妇子女画山水花鸟仕女草虫
合册** （清）汤贻汾等绘
上海 有正书局 民国十三年［1924］影印本 线装

J0019609

王麓台仿古山水册二种 （不分卷）（清）王
原祁绘
上海 文明书局 民国十三年［1924］影印本

J0019610

抱蜀老人山水册 （清）张度绘
长兴王氏泉园 民国十四年［1925］影印本 线装

J0019611

边颐公画册 （清）边寿民绘
上海 中华书局 民国十四年［1925］影印本 线装
　　本书据高弋虬藏本影印。作者边寿民
（1684—1752），清代著名花鸟画画家。江苏淮安
人。初名维祺，字颐公，又字渐僧、墨仙，号苇
间居士，晚年又号苇间老民等。工诗词、精书法。

代表作品有《芦雁图全套八幅册页》《碧梧双峙
图》《老圃秋容图》等。

J0019612

边颐公画册 （清）边寿民绘；高野侯鉴定
上海 中华书局 民国十八年［1929］再版
影印本 线装
　　本书据高弋虬藏本影印。

J0019613

戴文节销寒小景册 （清）戴熙绘
上海 文明书局 民国十四年［1925］3版 影印本
线装

J0019614

高南阜左手书画合璧 （不分卷）（清）高凤翰
书并绘
上海 商务印书馆 民国十四年［1925］石印本
　　作者高凤翰（1683—1749），清代国画家。字
西园，号南阜，山东胶州人。代表作品《砚史》
《南阜集》等。

J0019615

李复堂写生册 （清）李鱓绘
上海 有正书局 民国十四年［1925］影印本 线装

J0019616

吕半隐山水册 （清）吕潜撰
上海 文明书局 民国十四年［1925］4版 影印本
线装

J0019617

吕半隐山水册 （不分卷）（清）吕潜绘
文明书局 民国十四年［1925］影印本

J0019618

钱松壶画山水卷 （清）钱杜绘
上海 有正书局 民国十四年［1925］影印本 线装
　　作者钱杜（1764—1845），初名榆，字叔枚，
更名杜，字叔美，号松壶小隐，亦号松壶，亦称
壶公，号居士。钱塘（今浙江杭州）人。著有《松
壶画诀》《松壶画忆》《松壶画赞》等。

J0019619

秦谊庭山水册 （清）秦炳文绘

北京 京华印书局 民国十四年［1925］影印本
　　本书据旧藏本影印。

J0019620
清十二名家山水集　吴修闇编
上海 慎修书社 民国十四年［1925］影印本
珂罗版 线装

J0019621
王蓬心仿宋元诸家山水册　（清）王宸绘；肥
遯阁藏
上海 商务印书馆 民国二十三年［1934］影印本
线装

J0019622
王蓬心仿宋元诸家山水册　（不分卷）（清）
王宸绘
上海 商务印书馆 民国十四年［1925］影印本

J0019623
王石谷载竹图卷　（一卷）（清）王翚绘
上海 商务印书馆 民国十四年［1925］
珂罗版印本

J0019624
王石谷载竹图卷　（清）王翚绘
上海 商务印书馆 1934年 影印本 20页
28×38cm（8开）定价：大洋一元五角
　　本书收画5幅，另有诗词10余种。

J0019625
王石谷载竹图卷　（清）王翚绘
上海 商务印书馆 民国二十三年［1934］影印本
线装

J0019626
怡府藏石谷精品　（一卷）（清）王翚绘
上海 有正书局 民国十四年［1925］珂罗版印本

J0019627
恽南田花卉王石谷山水合璧　（清）恽格，
（清）王翚绘
上海 文明书局 民国十四年［1925］影印本 线装

J0019628
费晓楼百美画谱　（二卷）（清）费丹旭绘
上海 世界书局 民国十五年［1926］石印本 有图
　　本书共分二册。作者费丹旭（1802—1850），
清代画家。字子苕，号晓楼，别号环溪生等。浙
江湖州人。主要作品有《十二金钗图》《果园感
旧图》等。

J0019629
耕烟散人拟宋元遗意山水　（一卷）（清）王
翚绘
上海 有正书局 民国十五年［1926］珂罗版印本

J0019630
陆廉夫花卉十六幅　（清）陆恢绘
上海 有正书局 民国十五年［1926］影印本 平装
　　作者陆恢（1851—1921），清末民初画家。原
名友恢，一名友奎，字廉夫，号狷叟，一字狷盦，
自号破佛盦主人。出生于江苏苏州，祖籍江苏吴
江。出版《陆廉夫冷香居记事图册》《陆廉夫先
生编年画册》等。

J0019631
陆廉夫临董思翁山水册　（清）陆恢绘
苏州 振新书社 民国十五年［1926］影印本 线装

J0019632
梅瞿山画册　（清）梅清绘
上海 有正书局 民国十五年［1926］影印本 线装
　　作者梅清（1623—1697），明末清初画家。江
南宣城（今属安徽）人。字渊公，一字润公，号瞿
山。清顺治十一年（1654）举人，考授内阁中书。
善画理，墨松尤苍雄拔秀。著有《天延阁集》《瞿
山诗略》《黄山画册》等。

J0019633
闽县洪磏矶先生梅谱　（清）洪亮书并绘
北京 闽县洪毅 民国十五年［1926］石印本
有图及像 线装

J0019634
清宫藏渔山画册神品　（清）吴历绘
上海 有正书局 民国十五年［1926］影印本 彩印
线装

J0019635
人物画范 （二卷）（清释）竹禅绘
上海 中华新教育社 民国十五年［1926］石印本
有照片 线装
　　分二册。

J0019636
王蓬心山水册 （不分卷）（清）王宸绘
上海 有正书局 民国十五年［1926］影印本

J0019637
吴友如百美画谱 （二卷）（清）吴嘉猷绘
上海 世界书局 民国十五年［1926］影印本 有图

J0019638
恽南田写生册 （清）恽格绘
上海 中华书局 民国十五年［1926］3 版 影印本
线装
　　本书据裴氏藏本影印。

J0019639
恽南田写生册 （十二叶）（清）恽格绘；裴氏藏
上海 中华书局 民国十八年［1929］影印本
四版 有图 线装

J0019640
周牧山君山水精品 （清）周牧山绘
上海 西泠印社 民国十五年［1926］影印本 线装

J0019641
老莲汇稿 （清）丁启喆临摹
潍县 博文石印局 民国十六年［1927］影印本
线装

J0019642
四王吴恽画册 （不分卷）（清）王时敏等绘
上海 商务印书馆 民国十六年［1927］影印本

J0019643
王烟客仿宋元山水真迹神品 （清）王时敏
绘；壮陶阁藏
无锡理工社制版所 民国十六年［1927］影印本
线装

J0019644
吴秋农任伯年山水花鸟合册 （清）吴毅祥,
（清）任颐绘
上海 有正书局 民国十六年［1927］影印本 平装

J0019645
中华名人扇面大观 （清）王原祁等绘
上海 中华新教育社 民国十六年［1927］影印本
线装

J0019646
戴文节山水册 （清）戴熙绘
上海 中华书局 民国十七年［1928］3 版 影印本
线装
　　本书据静霞馆藏本影印。卷前附作者小传。
作者戴熙（1801—1860），画家。字醇士，号鹿林、
鹿床、榆庵、榆庵等，清钱塘（今杭州）人。道光
十二年进士，改翰林院庶吉士，授编修。工诗书
画，治印。著有《习苦斋画絮·诗文集》《赐砚斋
题画偶录》《宋元四家诗选》《粤雅集》等。

J0019647
戴文节山水册 （清）戴熙绘；高野侯鉴定
上海 中华书局 民国十九年［1930］影印本 5 版
有图 线装

J0019648
戴文节山水卷 （清）戴熙绘
上海 中华书局 民国十七年［1928］3 版 影印本
毛装
　　本书据静霞馆藏本影印。

J0019649
高澹游写景山水册 （不分卷）（清）高简绘
文明书局 民国十七年［1928］影印本

J0019650
高澹游写景山水册 （清）高简绘
上海 文明书局 民国二十九年［1940］影印本 7 版
有图 线装

J0019651
顾弢庵画册 （清）顾鹤庆绘
上海 商务印书馆 民国十七年［1928］影印本
线装

本书据刘公鲁藏本影印。

J0019652
姜颖生藏石谷画稿　（清）王翚绘
上海 有正书局 民国十七年［1928］影印本 平装
　　据姜颖生藏本影印。王翚（1632—1717），清代著名画家。字石谷，号耕烟散人、乌目山人、清晖老人等。江苏常熟人。传世作品有《秋山萧寺图》《虞山枫林图》《秋树昏鸦图》《芳洲图》等。

J0019653
金孝章梅花册　（清）金俊明绘；高野侯鉴定
上海 中华书局 民国十七年［1928］再版 影印本
10叶 线装
　　本书据吴氏藏本影印。

J0019654
金孝章梅花册　（不分卷）（清）金俊明绘
上海 中华书局 民国十七年［1928］影印本

J0019655
王石谷溪山无画图卷　（清）王翚绘
北京 㓤庵书屋 民国十七年［1928］影印本
平装

J0019656
吴渔山山水册　（清）吴历绘；高野侯鉴定
上海 中华书局 民国十七年［1928］3版 影印本
线装
　　本书据裴氏壮陶阁藏本影印。

J0019657
吴渔山山水册　（清）吴历绘
上海 中华书局玻璃版部 民国二十年［1931］
4版 影印本 线装

J0019658
吴渔山上洋留别图卷王石谷石亭图卷合册
（清）吴历,（清）王翚绘
古香楼 民国十七年［1928］影印本 线装

J0019659
禹之鼎人物真迹　（清）禹之鼎绘
上海 商务印书馆 民国十七年［1928］影印本
线装

本书据闽中陈氏藏本影印。

J0019660
恽南田花卉册　（清）恽格绘
上海 中华书局 民国十七年［1928］3版 影印本
线装
　　本书据白葭道人藏本影印。

J0019661
张子祥画谱　（二集）（清）张熊绘
上海 西泠印社 民国十七年［1928］影印本 线装
　　本书共分三册。

J0019662
赵撝叔花卉册　（清）赵之谦绘；陈简园藏
上海 中华书局 民国十七年［1928］影印本 线装

J0019663
陈道山花卉册　（清）陈舒绘
上海 神州国光社 民国十八年［1929］影印本
线装

J0019664
陈蓝洲山水花卉册　（清）陈豪绘
上海 文明书局 民国十八年［1929］影印本 线装

J0019665
程青溪释石涛山水卷　（清）程正揆,（清释）
道济绘
上海 神州国光社 民国十八年［1929］影印本
线装

J0019666
大涤子画宋元吟韵　（清释）道济绘
上海 神州国光社 民国十八年［1929］再版
影印本 线装

J0019667
戴文节公山水册　（清）戴熙绘
上海 中华书局 民国十八年［1929］4版 影印本
线装
　　本书据静霞馆藏本影印。作者戴熙（1801—1860），画家。字醇士，号鹿林、鹿床、榆庵、榆庵等，清钱塘（今杭州）人。道光十二年［1832］进士，改翰林院庶吉士，授编修。工诗书画，治印。著有《习苦斋画絮·诗文集》《赐砚斋题画偶录》《宋元四家诗选》《粤雅集》等。

J0019668

戴文节苤芦图卷　（清）戴熙绘；高野侯鉴定

上海　中华书局　民国十八年［1929］4版　影印本　线装

本书据庞虚斋藏本影印。

J0019669

顾若波生平第一精品　（上集）（清）顾沄绘；吴湖帆藏

上海　天绘阁　民国十八年［1929］影印本　线装

J0019670

黄凤六村居山水　（清）黄吕绘

上海　神州国光社　民国十八年［1929］影印本　线装

J0019671

黄凤六村居山水　（不分卷）（清）黄吕绘

上海　神州国光社　民国十八年［1929］影印本

J0019672

黄谷原山水集册　（清）黄均绘

上海　天绘阁　民国十八年［1929］影印本　线装

J0019673

黄尊古名山写真册　（清）黄鼎绘

上海　文明书局　民国十八年［1929］5版　影印本　线装

J0019674

刘石芙先生山水精册　（清）刘嘉颖绘

青岛　潍县学生营业部　民国十八年［1929］影印本　线装

本书据潍县丁锡纶藏本影印。

J0019675

潘星斋山水册　（清）潘曾莹绘

上海　商务印书馆　民国十八年［1929］影印本　有图　线装

J0019676

清湘老人山水卷　（清）清湘老人绘

上海　邹任远　民国十八年［1929］影印本　线装

本书据吴湖帆藏本影印。

J0019677

人物十八描　（清）王赢撰并绘

上海　神州国光社　民国十八年［1929］影印本　线装

J0019678

石涛上人山水册　（清）石涛绘

上海　美术制版社　民国十八年［1929］影印本　线装

（泰山残石楼藏画）

本书共分三册。

J0019679

石溪上人山水卷　（清）髡残绘

上海　美术制版社　民国十八年［1929］影印本　有图　线装

（泰山残石楼藏画）

作者髡残（1612—1673），清画家。本姓刘，出家为僧后名髡残，字介丘，号石溪、白秃、石道人、石溪道人，残道者、电住道人。湖广武陵（今湖南常德）人。存世作品有《层岩叠壑图》《卧游图》《苍翠凌天图》《清髡残江上垂钓图》等。

J0019680

随园湖楼请业图　（清）汪恭，（清）尤诏绘

上海　神州国光社　民国十八年［1929］影印本　线装

J0019681

王安节、王宓草诗画合册　（清）王概，（清）王蓍绘

上海　神州国光社　民国十八年［1929］影印本　线装

作者王蓍（1649—1737），清代诗画家、篆刻家。浙江秀水（今嘉兴）人。寓居江宁。字宓草，号湖村。善花卉、翎毛，兼工书法、篆刻，与其兄以诗画擅名于时。与王概、王臬合编《芥子园画谱》，传世作品有《归去来辞图》《杂画合册》。

J0019682

王东庄仿古山水十帧　（不分卷）（清）王昱绘

天绘阁 民国十八年［1929］影印本

J0019683
吴伯滔山水册　（清）吴滔绘
上海 文明书局 民国十八年［1929］影印本 再版
有图 线装

　　本书据静霞馆藏本影印。

J0019684
吴伯滔山水册　（清）吴滔绘
上海 文明书局 民国十八年［1929］影印本 再版
有图 线装

　　本书共分二册。据清同治十年（1871）手迹
影印。

J0019685
吴伯滔山水册　（清）吴滔绘
文明书局 民国二十九年［1940］影印本 线装

J0019686
吴渔山仿方方壶山水卷　（清）吴历绘
上海 邹任远 民国十八年［1929］影印本 线装

J0019687
吴远度人物山水册　（清）吴宏绘
上海 神州国光社 民国十八年［1929］影印本
线装

J0019688
小百梅集　（清）改琦绘
上海 商务印书馆 民国十八年［1929］影印本
线装

　　本书据百梅书屋主人藏本影印。作者改琦
（1773—1828），回族，清代画家。字伯蕴，号香
白，又号七芗，别号玉壶外史。松江（今上海市）
人。主要作品有《玉壶山房词选》《张夫人晓窗
点黛图》《元机诗意图》《仕女别泪忧伤图》等。

J0019689
新罗山人山水册　（清）华嵒绘
上海 美术制版社 民国十八年［1929］影印本
线装
（泰山残石楼藏画）

J0019690
杨稚云墨梅册　（清）杨蕴华绘；高野侯鉴定
上海 中华书局 民国十八年［1929］3版 影印本
线装

　　本书据横香室藏本影印。

J0019691
杨稚云墨梅册　（清）杨韫华绘；横香室藏
上海 中华书局 民国二十二年［1933］影印本
线装

J0019692
恽南田花卉　（清）恽格绘；汪竹坪临摹
上海 神州国光社 民国十八年［1929］影印本
线装

J0019693
恽南田山水集锦册　（清）恽南田绘；林氏乐
志堂藏
上海 天绘阁 民国十八年［1929］影印本 线装

J0019694
张研樵玉溪梦隐图卷序雁联珠图卷合册　（清）
张培敦绘；陈燕伯藏
上海 天绘阁 民国十八年［1929］影印本 线装

J0019695
赵撝叔梅石画法册　（清）赵之谦绘；王秋蘅藏
上海 中华书局 民国十八年［1929］影印本 线装

J0019696
赵撝叔梅石画法册　（清）赵之谦绘；王秋蘅
藏；高野侯鉴定
上海 中华书局 民国十八年［1929］影印本 3版
有图 线装

J0019697
陈蓝洲画册　（清）陈豪绘
上海 商务印书馆 民国十九年［1930］影印本
线装

J0019698
陈曼生花卉册　（清）陈鸿寿绘
上海 中华书局 民国十九年［1930］影印本 线装

J0019699

丁莲峰先生十八尊者图 （清）丁善长绘；丁叔言藏

潍县 潍县学生营业部 民国十九年［1930］影印本 线装

J0019700

丁莲峰先生诸神朝天图 （清）丁善长绘；丁叔言藏

青岛 天主堂印书局 民国十九年［1930］影印本 线装

J0019701

华新罗花鸟册 （清）华嵒绘；高野侯藏

上海 文明书局 民国十九年［1930］影印本 线装

J0019702

黄松庵山水册 （清）黄桂菜绘

上海 文明书局 民国十九年［1930］影印本 线装

J0019703

黄小松仿古山水册 （清）黄易绘

上海 文明书局 民国十九年［1930］影印本 有图 线装

　　作者黄易（1744—1802），字大易，号小松、秋盦，又号秋影庵主、散花滩人。浙江钱塘人，兼擅篆刻，与丁敬都并称"丁黄"，为"西泠八家"之一。曾任监生、官济宁同知。绘有《访碑图》，著有《小蓬莱阁金石文字》等。

J0019704

黄瘿瓢人物花卉山水册 （清）黄慎绘；无锡周氏藏

上海 文明书局 民国十九年［1930］影印本 线装

J0019705

莲瑞老人画册 （清）恽元复绘

上海 中华书局 民国十九年［1930］影印本 有图 线装

　　本书共分三册。

J0019706

罗两峰兰竹 （清）罗聘绘；陈伏庐藏

上海 商务印书馆 民国十九年［1930］影印本 线装

　　作者罗聘（1733—1799），清代画家。字遯夫，号两峰，又号衣云、师莲老人等。祖籍安徽歙县。代表作有《物外风标图》《两峰蓑笠图》《丹桂秋高图》《谷清吟图》《画竹有声图》等。著有《香叶草堂集》。

J0019707

罗两峰双钩水仙册 （清）罗聘绘；大风堂藏；张大千，郑午昌鉴定

上海 文明书局 民国十九年［1930］影印本 线装

J0019708

任渭长人物 （初集 二集 不分卷）（清）任熊绘

慎修书社 民国十九年［1930］影印本

J0019709

石涛和尚山水集 （清释）道济绘；张善孖，郑午昌鉴定

上海 中华书局 民国十九年［1930］影印本 10叶（1册）有图 线装

J0019710

石涛画东坡时序诗册 （清释）道济绘；小万柳堂藏

上海 文明书局 民国十九年［1930］影印本 四版 有图 线装

J0019711

石涛画东坡时序诗册 （清释）道济绘

文明书局 民国二十九年［1940］影印本 线装

　　本书据小万柳堂藏本影印。

J0019712

童西爽花鸟草虫册 （清）童垲绘；叶氏藏

上海 文明书局 民国十九年［1930］影印本 四版 线装

J0019713

童西爽花鸟草虫册 （清）童垲绘；文明书局审定

上海 文明书局 1940 影印本 ［44］页［19×26cm］

　　本书据平江叶氏藏本影印。

J0019714

童西爽花鸟草虫册 （不分卷）（清）童垲绘

上海　文明书局　民国二十九年［1940］影印本

J0019715

汪巢林花卉画册　（清）汪士慎绘

上海　神州国光社　民国十九年［1930］影印本
线装

J0019716

王圆照仿古山水册　（第二集）（清）王鉴绘

上海　文明书局　民国十九年［1930］影印本　六版
有图　线装

J0019717

吴友如真迹画集　（六集）（清）吴嘉猷绘

上海　大东书局　民国十九年［1930］石印本
线装

　　本书共分五册。

J0019718

吴友如真迹画集　（六集）（清）吴嘉猷绘

上海　大东书局　民国二十二［1933］影印本　再版
有图　线装

　　本书共分六册，据上海颐庐珍藏本影印。

J0019719

奚铁生山水集册　（清）奚冈绘

上海　中华书局　民国十九年［1930］影印本　五版
有图　线装

J0019720

萧尺木归寓一元图　（清）萧云从绘

上海　神州国光社　民国十九年［1930］影印本
线装

J0019721

圆明园图　（清）唐岱绘

上海　中华书局　民国十九年［1930］影印本　有图
线装

　　本书共分二册，据作者墨迹影印。作者唐岱，
清代画家、绘画理论家。字毓东，号静岩，又号
知生、爱庐、默庄，满洲正蓝旗人。师从江南山
水画家焦秉贞、王原祁。官至内务府总管，以画
祗候内廷。康熙帝甚赏其画，常召作画，赐称"画
状元"。代表作有《乐善堂集》《绘事发微》。

J0019722

张老姜山水画册　（清）张鏐绘；杭县丁鹤庐
藏；高野侯鉴定

上海　中华书局　民国十九年［1930］影印本　线装

J0019723

周牧山山水精品　（清）周笠绘

上海　西泠印社　民国十九年［1930］影印本　有图
线装

J0019724

邹黎眉梅花卷　（清）邹显吉绘；高野侯鉴定

上海　中华书局　民国十九年［1930］影印本　线装

J0019725

巴园山水扇集　卓孝复绘

上海　商务印书馆　民国二十年［1931］影印本
有图　线装

J0019726

傅青主花鸟册　（清）傅山绘

上海　神州国光社　民国二十年［1931］影印本
线装

　　作者傅山(1607—1684)，明清之际思想家、
书法家、医学家。初名鼎臣，字青竹，改字青主，
又有浊翁、观化等别名，生于山西太原。主要作
品有《庄子翼批注》《逍遥游》《庄子理字》《庄子
情字》《荀卿评庄子》等。

J0019727

古今名人书画金石真迹初集　（清）王原祁
等绘

吴门朱震　民国二十年［1931］影印本　有图　线装

J0019728

顾鹤逸山水册　（清）顾麟士绘；陈伏庐藏

上海　西泠印社　民国二十年［1931］影印本　线装

J0019729

蒋酉君花卉册　（清）蒋廷锡绘

上海　神州国光社　民国二十年［1931］影印本
有图　线装

J0019730

马扶羲花卉册　（清）马元驭绘

上海　神州国光社　民国二十年［1931］影印本
线装

J0019731
马扶羲梅花册　（清）马元驭绘；横香室藏
上海　中华书局　民国二十年［1931］影印本　三版
线装

J0019732
任伯年画册　（清）任颐绘
上海　西泠印社　民国二十年［1931］影印本
有图　线装

J0019733
王小梅写景人物册　（不分卷）（清）王素绘
文明书局　民国二十年［1931］影印本

J0019734
吴秋农人物山水精品　（清）吴毂祥绘；李秋
君藏
上海　中华书局　民国二十年［1931］影印本　线装

J0019735
吴秋农人物山水精品　（不分卷）（清）吴毂
祥绘
中华书局　民国二十五年［1936］影印本

J0019736
尤英花卉　（清）尤英绘
上海　神州国光社　民国二十年［1931］影印本
线装

J0019737
臧窈卿女士花果册　（清）臧淑如绘
民国二十年［1931］影印本　线装

J0019738
张若霭山水册　（清）张若霭绘；许清簌，郑午
昌鉴定
上海　文明书局　民国二十年［1931］影印本　有图
线装

J0019739
邹一桂联芳谱花卉册　（清）邹一桂绘；宝鉴
楼藏

北平　古物陈列所　民国二十年［1931］影印本
线装

J0019740
金耿庵梅花册　（不分卷）（清）金俊明绘
西泠印社　民国二十一年［1932］影印本

J0019741
清余穉花鸟草虫册　（清）余穉绘；宝蕴楼藏
北平古物陈列所　民国二十一年［1932］影印本
线装

J0019742
王原祁仿古山水　（清）王原祁绘；故宫博物
院编
北平　故宫博物院出版物发行所　民国二十一年
［1932］影印本　有图　线装
　　　作者王原祁(1642—1715)，清代画家。字茂
京，号麓台、石师道人，苏州府太仓人。代表作
品有《佩文斋书画谱》《万寿盛典图》《雨窗漫笔》
《落霞孤鹜图》《麓台题画稿》等。

J0019743
王原祁仿古山水册　（清）王原祁绘；故宫博
物院编
北平　故宫博物院出版物发行所　民国二十一年
［1932］影印本　有图　线装

J0019744
恽寿平画山水　（清）恽格绘
北平　故宫博物院出版物发行所　民国二十一年
［1932］影印本　线装

J0019745
恽寿平画山水　（清）恽格绘；北平故宫博物
院古物馆藏并编
北平　北平故宫博物院　民国二十一年［1932］
影印本　线装

J0019746
郑板桥题高南阜画册　（不分卷）（清）高凤
翰绘
愿斋书社　民国二十一年［1932］影印本

J0019747

［新罗山人尺页］（十九帧）（清）华嵒绘；鲁
石藏；朱舟澄鉴定
上海 有正书局 民国二十二年［1933］影印本
线装

J0019748

华新罗人物山水画册 （清）华嵒绘；两峰草
堂藏；黄般若，郑午昌鉴定
上海 中华书局 民国二十二年［1933］影印本
线装

　　郑午昌（1894—1952），名昶，号弱龛、丝鬓
散人。浙江嵊县（今嵊州）人。中国著名美术史
家和画学家，人称"郑杨柳"。曾获纽约世界艺术
博览会金质奖章。著有《中国画学全史》等理
论著作。

J0019749

蒋南沙蒋恒轩父子花卉合册 （清）蒋廷锡，
（清）蒋溥绘
上海慎修书社 民国二十二年［1933］影印本
线装

J0019750

鲁石珍藏名画 （二集）（清）恽格等绘；鲁石藏
上海 菰城书屋 民国二十二年［1933］影印本
线装

　　本书共分二册。

J0019751

鲁石珍藏名画 （上集）鲁石辑
上海 菰城书屋 民国二十二年［1933］影印本
有图 线装

J0019752

罗两峰花鸟草虫画册 （清）罗聘绘
上海 西泠印社 民国二十二年［1933］影印本
有图 线装

　　作者罗聘（1733—1799），清代画家。字遯夫，
号两峰，又号衣云、师莲老人等。祖籍安徽歙县。
代表作有《物外风标图》《两峰蓑笠图》《丹桂秋
高图》《谷清吟图》《画竹有声图》等。著有《香
叶草堂集》。

J0019753

潘王合璧 （清）潘莲巢绘；（清）王文治书
上海 商务印书馆 民国二十二年［1933］影印本
有图 线装

J0019754

清艾启蒙八骏图 （清）艾启蒙绘
北平 北平古物陈列所（印行）民国二十二年
［1933］再版 有图 29×33cm 定价：洋一元二角

J0019755

清十大家山水扇集 丁鹤庐集
吴修闇 民国二十二年［1933］影印本 有图
线装

J0019756

奚铁生树木山石水画法册 （清）奚冈绘；高
野侯鉴定
上海 中华书局 民国二十二［1933］影印本
线装

　　本书共分二册。

J0019757

八大山人山水册 （清）朱耷绘；鲁鲁山藏
上海 商务印书馆 民国二十三年［1934］影印本
线装

J0019758

戴醇士为何子贞画山水册 （清）戴熙绘；肥
遯庐藏
上海 商务印书馆 民国二十三年［1934］影印本
线装

　　作者戴熙（1801—1860），画家。字醇士，
号鹿林、鹿床、榆庵、楡庵等，清钱塘（今杭州）
人。道光十二年进士，改翰林院庶吉士，授编
修。工诗书画，治印。著有《习苦斋画絮·诗文
集》《赐砚斋题画偶录》《宋元四家诗选》《粤雅
集》等。

J0019759

戴醇士为何子贞画山水册 （清）戴熙绘
上海 商务印书馆 民国二十四年［1935］影印本
线装

J0019760

黄端木万里寻亲图册 （清）黄向坚绘；肥遯庐藏

上海 商务印书馆 民国二十三年［1934］影印本 线装

J0019761

黄端木寻亲图山水册 （清）黄向坚绘

上海 文明书局 民国二十三年［1934］影印本 三版 有图 线装

J0019762

黄尊古侍初堂图真迹 （清）黄鼎绘

上海 商务印书馆 民国二十三年［1934］影印本 有图 线装

J0019763

黄尊古侍初堂图真迹 （清）黄鼎绘；肥遯庐藏

上海 商务印书馆 民国二十三年［1934］影印本 线装

J0019764

黄尊古侍初堂图真迹 （清）黄鼎绘

上海 商务印书馆 民国二十三年［1934］影印本 线装

J0019765

黎鹤廉先生山水册 黎长牲绘

［北平大北印书局］民国二十三年［1934］影印本 有图 线装

J0019766

李梅生画册 （清）李育绘

上海 商务印书馆 民国二十三年［1934］影印本 有图 线装

J0019767

梅瞿山画册 （清）梅清绘

上海 商务印书馆 民国二十三年［1934］影印本 有图 线装

　　作者梅清（1623—1697），明末清初画家。江南宣城（今属安徽）人。字渊公，一字润公，号瞿山。清顺治十一年（1654）举人，考授内阁中书。善画理，墨松尤苍雄拔秀。著有《天延阁集》《瞿

山诗略》《黄山画册》等。

J0019768

梅瞿山黄山十九景册 （清）梅清绘

上海 商务印书馆 民国二十三年［1934］影印本 有图 线装

J0019769

梅瞿山墨笔山水册 （清）梅清绘；肥遯庐藏

上海 商务印书馆 民国二十三年［1934］影印本 线装

J0019770

清十二名家山水集 （清）王鉴等绘；吴颐编

吴县吴颐 民国二十三年［1934］影印本 四版 有图 线装

J0019771

石溪山水石涛书画合册 （清）髡残，（清）石涛绘

上海 慎修书社 民国二十三年［1934］影印本 线装

J0019772

石溪溪山无尽图卷 （清）髡残绘

上海 商务印书馆 民国二十三年［1934］影印本 线装

　　本书据肥遯庐藏本影印。

J0019773

双辛夷楼书画 （清）李格绘

上海 商务印书馆 民国二十三年［1934］影印本 有图 精装

J0019774

王麓台山水卷 （清）王原祁绘

上海 商务印书馆 民国二十三年［1934］影印本 线装

J0019775

八大山人书画扇集 （清）朱耷书

上海 商务印书馆 民国二十四年［1935］影印本 有图 线装

J0019776

肥遯庐藏名人山水画轴 （清）梅清等绘
上海 商务印书馆 民国二十四年［1935］影印本
线装

J0019777

肥遯庐藏名人山水画轴 （清）梅清等绘
上海 商务印书馆 民国二十四年［1935］影印本
线装

J0019778

高且园书画扇集 （清）高其佩绘；孙陟甫藏
上海 商务印书馆 民国二十四年［1935］影印本
线装

J0019779

龚半千授徒画稿 （清）龚贤绘；张昌伯藏
上海 商务印书馆 民国二十四年［1935］影印本
线装

　　作者龚贤（1618—1689），明末清初画家。又
名岂贤，字半千，又字野遗，岂贤，号半亩等。
江苏昆山人。著有《香草堂集》《画诀》《柴丈人
画稿》《龚半千课徒画说》。

J0019780

石谷诸人画虞山游宴册 （一卷）（清）王翚绘
上海 中华书局 民国二十四年［1935］珂罗版
印本

J0019781

松禅戏墨 （清）翁同龢绘；钟冲父藏
上海 商务印书馆 民国二十四年［1935］影印本
线装

J0019782

翁松禅遗画 （清）翁同龢绘；翁克斋藏
上海 商务印书馆 民国二十四年［1935］影印本
线装

J0019783

谢文侯罗汉册 （不分卷）（清）谢彬绘
中华书局 民国二十四年［1935］影印本

J0019784

柴翁书画集锦 （清）郑珍绘

上海 商务印书馆 民国二十五年［1936］影印本
有图及像 线装

J0019785

沈芥舟山水册 （一卷）（清）沈宗骞绘
墨缘堂 民国二十五年［1936］影印本

　　作者沈宗骞（1736—1820），清代乾嘉时人。
字熙远，号芥舟，又号研湾老圃，浙江乌程（今湖
州）庠生。生平杰作《汉宫春晓》《万竿烟雨》等。

J0019786

汤雨生罗浮十二景 （清）汤贻汾绘；刘崧生藏
上海 商务印书馆 民国二十五年［1936］影印本
线装

　　作者汤贻汾（1778—1853）。清代画家。字
若仪，号雨生、粥翁，江苏武进（今常州）人。著
有《琴隐园诗词集》《琴隐园词集》《书荃析览》
《逍遥巾》等。

J0019787

邹黎眉梅花残卷 （清）邹显吉绘；高野侯鉴定
上海 中华书局 民国二十五年［1936］影印本
线装

J0019788

清二十家画梅集册 （清）王翚,（清）王鉴等
绘；丁鹤庐鉴定
上海 中华书局 民国二十六年［1937］影印本
线装

J0019789

王烟客仿古山水册 （清）王时敏绘
上海 商务印书馆 1937年 影印本 38（8开）
定价：国币二元
　　本书系清代山水画画册，共收8幅画。作
者王时敏（1592—1680），清初山水画家。本名
赞虞，字逊之，号烟客，晚号归村，世称西田先
生。江苏太仓人。代表作品《仿山樵山水图》《层
峦叠嶂图》等。

J0019790

王烟客仿古山水册 （清）王时敏绘；孙陟甫藏
上海 商务印书馆 民国二十六年［1937］影印本
线装

J0019791

查梅壑山水画册 （清）查士标绘；顾公雄藏

上海 商务印书馆 民国二十八年［1939］影印本
线装

　　作者查士标(1615—1698)，清代书画家。号
梅壑山人，安徽休宁人。代表作品《云山图》《空
山结屋图》《秋林远岫图》《云山烟树图》等。

J0019792

龚半千山水册精品 （一卷）（清）龚贤绘

上海 商务印书馆 民国二十八年［1939］影印本
　　作者龚贤(1618—1689)，明末清初画家。又
名岂贤，字半千，又字野遗，岂贤，号半亩等。
江苏昆山人。著有《香草堂集》《画诀》《柴丈人
画稿》《龚半千课徒画说》。

J0019793

龚半千山水精品 （清）龚半千绘；顾公雄藏

长沙 商务印书馆 民国二十八年［1939］影印本
线装

J0019794

梅渊公黄山胜景全图 （清）梅清绘

上海 商务印书馆 民国二十八年［1939］
珂罗版印本 29×36cm 定价：国币贰元
　　作者梅清(1623—1697)，明末清初画家。江
南宣城（今属安徽）人。字渊公，一字润公，号瞿
山。清顺治十一年(1654)举人，考授内阁中书。
善画理，墨松尤苍雄拔秀。著有《天延阁集》《瞿
山诗略》《黄山画册》等。

J0019795

梅渊公黄山胜景全图 （清）梅清绘；周今觉藏

长沙 商务印书馆 民国二十八年［1939］影印本
线装

J0019796

王廉州仿古山水十二帧 （清）王时敏绘；吴
湖帆藏

商务印书馆 民国二十八年［1939］影印本 线装

J0019797

王烟客山水册 （清）王时敏绘；韫辉斋藏

商务印书馆 民国二十八年［1939］影印本 线装

J0019798

王圆照山水册 （清）王鉴绘；吴湖帆藏

商务印书馆 民国二十八年［1939］影印本 线装

J0019799

吴梅村画中九友画簏 吴湖帆藏

上海 商务印书馆 民国二十八年［1939］影印本
有图 线装

J0019800

吴梅村画中九友画簏 （清）吴伟业绘

长沙 商务印书馆 民国二十八年［1939］影印本
有图 线装

J0019801

新罗山人画册精品 （清）华嵒绘；顾公雄藏

上海 商务印书馆 民国二十八年［1939］影印本
线装

J0019802

清释瀞睿仿宋元山水册 （清释）瀞睿绘

北平 故宫博物院出版物发行所 民国二十九年
［1940］影印本 线装

J0019803

王石谷谿山晴霭卷 （一卷）（清）王翚绘

上海 墨缘堂 民国二十九年［1940］影印本

J0019804

王圆照仿古山水册 （清）王鉴绘

上海 文明书局 民国二十九年［1940］8版

J0019805

吴氏书画集 （清）吴大澂等书并绘

吴氏梅影书局 民国二十九年［1940］影印本
有图 线装

J0019806

王原祁山水画册 （清）王原祁绘

北平 北平故宫博物院 民国三十年［1941］
影印本 有图 线装

J0019807

清处士颜令瞻先生画集 （不分卷）（清）颜
嗣荣绘

颜氏大海明月楼 民国三十一年［1942］影印本

J0019808
中国清代名画集　上海市美术馆编
胡颂高 民国三十七年［1948］影印本 有图 线装

J0019809
黄易丁巳随录手稿　（清）黄易绘
［1949—1966年］影印本 有图 线装
　　分三册。
　　作者黄易（1744—1802），字大易，号小松、秋盦，又号秋影庵主、散花滩人。浙江钱塘人，兼擅篆刻，与丁敬都并称"丁黄"，为"西泠八家"之一。曾任监生、官济宁同知。绘有《访碑图》，著有《小蓬莱阁金石文字》等。

J0019810
黄易丁巳随录手稿　（清）黄易绘
［1949—1966年］影印本 3册 有图 线装
　　本书由《黄易嵩洛访碑图册》《黄易丁巳随录手稿》（清）黄易绘合订。

J0019811
黄易嵩洛访碑图册　（清）黄易绘
［1949—1966年］影印本 有图 线装
　　本书由《黄易嵩洛访碑图册》《黄易丁巳随录手稿》（清）黄易绘合订。分三册。

J0019812
旧石印画　（清）嵩山道人画
民国 影印本 彩色套印 37帧 有图 散页

J0019813
陆廉夫衡山纪游图　（二集）（清）陆恢绘
天绘阁 民国 影印本 有图 线装

J0019814
陆廉夫山水八景　（清）陆恢绘
上海 有正书局 民国 影印本 平装

J0019815
秦逸芬羊城八景图册　（清）秦祖永绘
上海 艺苑真赏社 民国 影印本 线装
　　作者秦祖永（1825—1884），字逸芬，又字撷芬，号桐阴、桐阴生、邻烟外史等。江苏梁溪（今

无锡）人。著有《咸丰六年自序》《桐阴论画》《桐阴画诀》，辑有《画学心印》等。

J0019816
吴大澂衡岳纪游　（十卷）（清）吴大澂绘；吴湖帆藏
上海 天绘阁 民国 影印本 线装
　　本书书名页吴大澂自题衡岳纪游十图，古代名画之八，据吴湖帆藏本影印。作者吴大澂（1835—1902），清代官员、学者、金石学家、书画家。原名大淳，字止敬、清卿，号恒轩，别号白云山樵等。江苏吴县人，同治进士。主要作品《说文古籀补》《皇华纪程》等。

J0019817
戴本孝山水画册　（清）戴本孝绘；上海市文物管理委员会藏
上海 上海博物馆［1950—1959年］影印本 线装

J0019818
戴本孝山水画册　（清）戴本孝作
上海 上海博物馆 1955年 珂罗版印本［1］张
线装 定价：CNY1.80

J0019819
王鉴仿古山水画册　（清）王鉴绘
上海 上海博物馆［1950—1959年］影印本 线装

J0019820
王鉴仿古山水画册　（清）王鉴作
上海 上海博物馆 1955年 珂罗版印本［1］张
线装 定价：CNY3.20

J0019821
原板芥子图画谱
九龙 学林出版社［1950—1985年］有图
20cm（32开）定价：HKD25.00

J0019822
梅清仿古山水画册　（清）梅清绘
上海 上海博物馆［1952—1959年］影印本 线装
　　作者梅清（1623—1697），明末清初画家。江南宣城（今属安徽）人。字渊公，一字润公，号瞿山。清顺治十一年（1654）举人，考授内阁中书。善画理，墨松尤苍雄拔秀。著有《天延阁集》《瞿

山诗略》《黄山画册》等。

J0019823
梅清仿古山水画册 （清）梅清作
上海　上海博物馆　1955 年　珂罗版印本［1］张
线装　定价：CNY1.50

J0019824
新罗山人花鸟 （清）华嵒作
北京　荣宝斋　1953 年　定价：CNY10.00
　　清代中国画画册．

J0019825
任伯年画册 （清）任颐作
北京　荣宝斋　1954 年　9 页　有彩图　38cm（8 开）
定价：CNY9.80
　　本书系木版水印，前有吴俊清题云："此册花朵如风露中折来，百读不厌。"

J0019826
任伯年画册 （清）任伯年绘
北京　荣宝斋［1986 年］影印本　38cm（6 开）

J0019827
任伯年芦鸭 （清）任颐作
北京　荣宝斋　1954 年　有图［38×69cm］精装
定价：CNY3.20
　　本书系木版水印，镜心绫裱。

J0019828
道济蔬果册 （清释）道济作
上海　上海博物馆　1955 年　珂罗版印本［1］张
线装　定价：CNY2.00

J0019829
絲幛高鸣图 （彩墨画）（清）恽寿平作
上海　上海人民美术出版社　1955 年［1］张
定价：CNY0.20
　　彩墨中国画作品。

J0019830
桃花鸳鸯图 （彩墨画）（清）华嵒作
上海　上海人民美术出版社　1955 年［1］张
定价：CNY0.20
　　本书系彩墨中国画作品。

J0019831
恽南田花卉 （清）恽南田作
北京　荣宝斋　1955 年　4 幅　36×50cm
定价：CNY8.00

J0019832
恽南田花卉册 （清）恽寿平作
［北京］荣宝斋　1955 年［1］张　定价：CNY8.00
　　本书系中国画作品。收选桃花、荷花、老少年、菊花 4 幅，木版水印，活页袋装。

J0019833
朱耷书画合册 （第一种）（清）朱耷作
上海　上海博物馆　1955 年　珂罗版印本［1］张
线装　定价：CNY2.60

J0019834
朱耷书画合册 （第二种）（清）朱耷作
上海　上海博物馆　1955 年　珂罗版印本［1］张
线装　定价：CNY2.70

J0019835
鸡 （国画）（清）任伯年作
上海　上海人民美术出版社　1956 年　1 张
定价：CNY0.14
　　清代中国画作品。作者任伯年（1840—1896），清末画家。浙江山阴航坞山（今杭州市萧山区）人。改名任颐，字伯年，以字行。初名润，字次远，号小楼。主要作品有《东津话别图》《三友图》《苏武牧羊图》《蕉阴纳凉图》《池畔窥鱼图》等。

J0019836
清代名画选
上海　上海人民美术出版社　1956 年　10 幅
17cm（32 开）统一书号：T8081.2018
定价：CNY0.40
　　清代中国画作品选集。

J0019837
新罗山人枫鹰 （清）华嵒作
北京　荣宝斋出版社　1956 年　1 张
定价：CNY16.00
　　清代中国画作品。

J0019838

恽南田花卉册 （清）恽南田作
上海 图片出版社 1957 年 8 张 38cm（6 开）
统一书号：T8085.051 定价：CNY1.40

J0019839

八大山人画集 （清）朱耷绘
上海 上海人民美术出版社 1958 年 影印本 28 幅
38cm（6 开）

J0019840

八大山人画集 （清）八大山人绘
上海 上海人民美术出版社 ［1958 年］28 页
38cm（6 开）统一书号：8081.4168
定价：CNY3.30
　　作者朱耷（1626—1705），明末清初著名画
家。本名朱统托，字雪个，号八大山人、个山 、
人屋、道朗等，江西南昌人。代表作有《水木清
华图》《荷花水鸟图》《松石图》《河上花图卷》
《杨柳浴禽图》《仿倪山水》《八大山人诗抄》等。

J0019841

点石斋画报的时事风俗画 吴庠铸编
北京 人民美术出版社 1958 年 20 页
18cm（15 开）
（群众美术画库）

J0019842

金冬心画选 （清）金农绘
北京 中国古典艺术出版社 1958 年 12 幅
26cm（16 开）

J0019843

金冬心画选 （清）金农绘；故宫博物院编辑
北京 人民美术出版社 1984 年 2 版 12 幅
38cm（6 开）统一书号：8027.9282 定价：CNY8.00
　　清代国画作品选。

J0019844

任伯年的画 （清）任伯年绘；张宜健编
北京 人民美术出版社 1958 年 影印本 20 页
有肖像 17cm（32 开）统一书号：T8027.1380
定价：CNY0.16
（群众美术画库）
　　清代中国画画册。

J0019845

任伯年画册 （清）任伯年绘
天津 天津美术出版社 1958 年 影印本 12 页
53cm（4 开）

J0019846

王石谷画集 （清）王石谷绘
北京 中国古典艺术出版社 1958 年 10 页 有图版
26cm（16 开）

J0019847

［**道济蔬果画册**］ （清释）道济绘；上海博物
馆藏
上海 上海博物馆 1950—1959 年 影印本 线装

J0019848

费晓楼传神佳品 （画集）（清）费丹旭绘；黄
涌泉，孙元超编
北京 人民美术出版社 1959 年 影印本 ［44］页
20cm（32 开）统一书号：8029.179
定价：CNY0.78
　　作者费丹旭（1802—1850），清代画家。字子
苕，号晓楼，别号环溪生等。浙江湖州人。主要
作品有《十二金钗图》《果园感旧图》等。

J0019849

费晓楼仕女画 （清）费丹旭作
北京 中国古典艺术出版社 1959 年 影印本
12 幅（套）38cm（6 开）统一书号：8029.158
定价：CNY1.70

J0019850

高其佩画册 （清）高其佩绘；王敦编
北京 文物出版社 1959 年 8 帧 有图
26cm（16 开）统一书号：7068.51
定价：CNY1.00

J0019851

红楼梦人物画谱 （清）改琦绘；江苏文艺出
版社编
南京 江苏文艺出版社 1959 年 影印本 线装
　　作者改琦（1773—1828），回族，清代画家。
字伯蕴，号香白，又号七芗，别号玉壶外史。松
江（今上海市）人。主要作品有《玉壶山房词选》
《张夫人晓窗点黛图》《元机诗意图》《仕女别泪

忧伤图》等。

J0019852
任伯年群仙祝寿图　（清）任伯年绘
上海　上海人民美术出版社　1959 年　12 幅
51cm（4 开）经折装　统一书号：T8081.1714
定价：CNY20.00
　　本书分前后 2 部分，前半部为八仙及寿星等
在仙童的簇拥下向画面中部的西王母仰望拱寿，
西王母一行乘凤翔行于祥云间；后半部为瑶池庆
典宴乐的场面。篇幅宏伟，构图严谨，12 幅屏条
可分可合，线条坚挺道媚，赋色明丽动人。

J0019853
石涛画选　（清）石涛绘
北京　中国古典艺术出版社　1959 年　36cm（6 开）
统一书号：8029.157　定价：CNY1.50

J0019854
萧尺木山水卷　（清）萧尺木绘；中国古典艺
术出版社编
北京　中国古典艺术出版社　1959 年　影印本　6 幅
38cm（6 开）统一书号：8029.159　定价：CNY0.90
　　作者萧云从（1596—1673），明末清初画家。
字尺木，号无闷道人，安徽芜湖人。代表作品《梅
花堂遗稿》《易存》《韵通》《太平山水图》等。

J0019855
扬州八家画集　许莘农编
北京　文物出版社　1959 年　影印本　30 页
26cm（16 开）统一书号：7068.52
定价：CNY1.60

J0019856
恽寿平画册　（清）恽格绘
北京　文物出版社　1959 年　1 册（10 幅）30×38cm
统一书号：7068.116　定价：CNY2.50
　　作者恽格（1633—1690），画家。字寿平、号
南田等，武进（今属江苏）上店人。主要作品有
《山水花鸟》《恽南田花果册》《南田花卉》等。

J0019857
采莲图　（清）任伯年作
[北京]荣宝斋　1960 年　[1 张]定价：CNY16.00
　　现代中国画。

J0019858
道济画册　（清）朱若极绘
北京　文物出版社　1960 年　31×38cm
统一书号：7068.155　定价：CNY3.00

J0019859
风竹　（清）李方膺作
[北京]荣宝斋　1960 年　[1 张]
　　本书系清代中国画作品。作者李方膺
（1695—1755），清代诗画家。字虬仲，号晴江，
别号秋池，白衣山人等。江苏南通人。为"扬州
八怪"之一。代表作品有《题画梅》《风竹图》，
辑有《梅花楼诗草》。

J0019860
风竹　（清）李方膺作
[北京]荣宝斋　1962 年　[1 张]134×54cm
　　本书系清代木版水印画作品。

J0019861
近代国画选　（清）赵之谦等作
天津　天津美术出版社　1960 年　26 幅 40cm（6 开）
统一书号：8073.2411　定价：CNY3.27

J0019862
兰花　（清）郑板桥作
[北京]荣宝斋　1960 年　[1 张]
　　清代中国画作品。

J0019863
梅清黄山图册　故宫博物院藏
北京　文物出版社　1960 年　15 幅 30×39cm
统一书号：7068.138　定价：CNY3.00
　　本书为中国山水画画册。作者梅清（1623—
1697），明末清初画家。江南宣城（今属安徽）
人。字渊公，一字润公，号瞿山。清顺治十一年
（1654）举人，考授内阁中书。善画理，墨松尤苍
雄拔秀。著有《天延阁集》《瞿山诗略》《黄山画
册》等。

J0019864
梅瞿山画集　（清）梅瞿山绘；上海人民美术出
版社编辑
上海　上海人民美术出版社　1960 年　46 幅
36cm（6 开）统一书号：T8081.4876

定价: CNY3.40

　　本书为清代山水画画册。

J0019865

清朱耷山水花鸟册 （清）朱耷绘；上海博物馆藏

上海　上海博物馆［1960 年］影印本　8 幅

39cm（4 开）定价: CNY2.70

J0019866

清朱耷山水花鸟册 （清）朱耷绘

上海　上海博物馆［1961］影印本［18 页］

38cm（6 开）定价: CNY2.70

J0019867

清朱耷山水花鸟集 （清）朱耷绘

上海　上海博物馆　1961 年　38cm（6 开）

定价: CNY2.70

　　本书为上海博物馆藏。

J0019868

人物 （1-4）（清）任伯年作

［北京］荣宝斋　1960 年［1 张］

　　清代中国画作品。作者任伯年(1840—

1896)，清末画家。浙江山阴航坞山（今杭州市萧

山区）人。改名任颐，字伯年，以字行。初名润，

字次远，号小楼。主要作品有《东津话别图》《三

友图》《苏武牧羊图》《蕉阴纳凉图》《池畔窥鱼

图》等。

J0019869

任伯年画集 （清）任伯年绘；蔡若虹编

北京　人民美术出版社　1960 年　166 幅　37cm（8 开）

精装　统一书号: 8027.3491 定价: CNY26.00

　　本书所收作品分人物和花鸟两部分，共 166

幅图，其中人物画有 81 幅，花鸟画有 85 幅。作

品来源于北京和上海两地中国美术家协会、徐悲

鸿纪念馆以及一些个人的收藏品。

J0019870

任伯年画选 （清）任伯年绘

天津　天津美术出版社　1960 年　影印本

38cm（6 开）活页　定价: CNY1.75

J0019871

任伯年课徒画稿 （清）任伯年作

［北京］荣宝斋　1960 年　8 张(套) 38cm（8 开）

J0019872

石涛画集 （清）石涛绘

上海　上海人民美术出版社　1960 年　68 幅

38cm（6 开）统一书号: T8081.4926

定价: CNY6.40

　　本画集共收编 68 幅图，主要为作者 28-62

岁所作的山水、花果、人物画作品，并对其各种

艺术风格作了简要介绍。

J0019873

石涛画集 （清）石涛绘

上海　上海人民美术出版社　1960 年　38cm（6 开）

统一书号: 8081.4926 定价: CNY3.40

J0019874

石涛画集 （清）石涛绘；上海人民美术出版社编辑

上海　上海人民美术出版社　1978 年　重印　68 幅

38cm（6 开）统一书号: 8081.4926

定价: CNY3.40

J0019875

松鼠蔬果 （清）虚谷作

［北京］荣宝斋　1960 年［1 张］

　　本书系晚清国画作品。

J0019876

新罗山人翎毛画册 （清）华嵒绘

上海　朵云轩　1960 年　10 幅　40cm（6 开）折页

精装　定价: CNY85.00

　　本画册为缎面绢纸册页，包括《画眉》《红

叶绿羽》《翠鸟》《双燕》《凤凰》《天鹅》《锦鸡》

《秋水鹅群》等 10 幅画。作者华嵒，"扬州画派"

之一。福建南汀人，字秋岳，号新罗山人等。擅

长山水、人物，尤以花鸟画著称。

J0019877

赵之谦画集 （清）赵之谦作

天津　天津美术出版社　1960 年　8 幅　37cm（8 开）

定价: CNY0.95

J0019878

八大山人画册　朝花美术出版社编

北京 朝花美术出版社 1961 年［11］页

43cm（6 开）线装 定价：CNY7.00

　　本书为明末清初画家朱耷（八大山人）的画册。

J0019879

八大山人画册　（清）朱耷绘；朝花美术出版

社编

北京 朝花美术出版社 1961 年 影印本 12 叶 有图

43cm（6 开）线装 定价：CNY7.00

　　本书半叶无框无竖栏行款不一。

J0019880

高其佩人物指画　（清）高其佩绘

上海 朵云轩 1961 年 4 幅 35cm（18 开）活页

定价：CNY4.00

　　清代国画之人物画。

J0019881

瓜禽图　（清）任伯年作

［北京］荣宝斋 1961 年［1 幅］

　　本书为清代国画作品。作者任伯年（1840—

1896），清末画家。浙江山阴航坞山（今杭州市萧

山区）人。改名任颐，字伯年，以字行。初名润，

字次远，号小楼。主要作品有《东津话别图》《三

友图》《苏武牧羊图》《蕉阴纳凉图》《池畔窥鱼

图》等。

J0019882

海屋添筹　（清）袁江著

［北京］荣宝斋 1961 年［1 幅］

　　本书系清代国画作品。

J0019883

华喦杂画册　（清）华喦绘；故宫博物院编辑

北京 朝花美术出版社 1961 年 12 幅 37cm（8 开）

活页 统一书号：8028.1831 定价：CNY3.00

（中国古代绘画选辑）

　　本画册收图 18 幅，主要介绍清代画家华

喦的绘画艺术。为故宫博物院收藏。作者华岩

（1682—1756），清代画家。一作华喦，字德嵩，

更字秋岳，号新罗山人、白沙道人等。福建上杭

白砂里人。画作有《高山云鹤》《水国浮牛》《青

松悬崖》《倚马题诗》等。

J0019884

黄瘿瓢花果　（清）黄慎作

上海 朵云轩 1961 年 4 张

　　本作品为清代时期中国画。

J0019885

黄瘿瓢花果　（清）黄慎作

上海 朵云轩 1961 年 4 轴

　　本作品为清代时期中国画。作者黄慎

（1687—1772），清代书画家。初名盛，字恭寿，躬

懋、菊壮，号瘿瓢子，别号东海布衣。福建宁化人。

代表画作《十二司月花神图》《商山四皓图》《伏

生授经图》《醉眠图》《芦鸭图》《蛟湖诗草》等。

J0019886

李鱓花卉册页　（清）李鱓绘；故宫博物院

编辑

北京 朝花美术出版社 1961 年 8 幅 36cm（6 开）

统一书号：8028.1827 定价：CNY2.20

（中国古代绘画选辑）

　　本书为故宫博物院收藏。作者李鱓（1686—

1762），清代著名画家。字宗扬，号复堂，江苏扬

州府兴化人（今江苏泰州市兴化市人）。扬州八怪之

一。传世画《土墙蝶花图》《松藤图》等，代表作

《李鱓花鸟册》《李鱓花卉册》。

J0019887

李鱓花卉册页　（清）李鱓绘

北京 人美术出版社 1984 年 2 版 8 幅 36cm（6 开）

定价：CNY6.00

（中国古代绘画选辑）

　　本书系清代国画作品。

J0019888

李鱓花卉册页　（清）李鱓绘；故宫博物院编

辑收藏

北京 人民美术出版社 1984 年 8 幅 37cm（8 开）

统一书号：8037.15637 定价：CNY2.00

（中国古代绘画选辑丛书）

　　本书共收 8 幅图。介绍清代画家李鱓的绘

画艺术。

J0019889

李鱓花卉册页　（清）李鱓绘

上海 上海人民美术出版社 1984 年 2 版 10 张

38cm（6开）定价：CNY6.00
（中国古代绘画选辑）

J0019890
清居廉"二十四番花信风"画册 （清）居廉画
北京 文物出版社 1961年 8幅 有图 35×39cm
统一书号：7068.180 定价：CNY10.00
　　　　作者居廉（1828—1904），清代花鸟画画家。
字士刚，号古泉、隔山樵子、罗湖散人。广东番
禺人。代表作品有《十二分春色》。

J0019891
清居廉二十四番花信风图 （清）居廉绘
北京 文物出版社 1961年 38cm（6开）
定价：CNY10.00
　　　　本书系清后期花卉作品图集。

J0019892
清石涛山水人物画册 （清）石涛绘
上海 上海博物馆 1961年 38cm（6开）
定价：CNY3.00
　　　　本书为上海博物馆藏。

J0019893
清湘书画稿卷 （清）石涛绘；故宫博物院编辑
北京 朝花美术出版社 1961年 影印本 15幅
38cm（6开）活页 统一书号：8028.1829
定价：CNY3.60
（中国古代绘画选辑）
　　　　本书介绍清代画家石涛的绘画艺术。故宫
博物院收藏。

J0019894
任伯年荷塘双侣 （清）任伯年绘
［北京］荣宝斋 1961年 ［1幅］
　　　　晚清国画作品。

J0019895
任伯年团扇集锦 （第2集）
上海 朵云轩 1961年 8张（套）33×37cm 精装

J0019896
袁耀画唐人诗意
［北京］荣宝斋 1961年 ［1幅］
　　　　清代国画作品。

J0019897
恽南田花卉 （清）恽南田绘
上海 朵云轩 1961年 4幅 34cm（10开）活页
定价：CNY7.00
　　　　本作品系清代花卉画画册。

J0019898
紫燕迎春 （清）任伯年作
［北京］荣宝斋 1961年 ［1幅］111×20cm
　　　　本书系清代中国画，木板套色。

J0019899
八大山人荷花水鸟
［北京］荣宝斋 1962年 1轴 卷轴
　　　　本书系清代国画作品。作者朱耷（1626—
1705），明末清初著名画家。本名朱统鑘，字雪
个，号八大山人、个山 、人屋、道朗等，江西南
昌人。代表作有《水木清华图》《荷花水鸟图》《松
石图》《河上花图卷》《杨柳浴禽图》《仿倪山水》
《八大山人诗抄》等。

J0019900
担当山水册叶 （清释）通荷绘；陈叔通藏
北京 人民美术出版社 1962年 影印本 22幅
45cm（5开）线装 定价：CNY19.70
　　　　作者释担当 （1593—1673），诗人、画家书
法家。俗姓唐，名泰，字大来，出家后僧名普荷，
号担当。云南晋宁人。著有诗歌集《修园集》《橛
庵草》等。

J0019901
傅山书画选 山西省文物管理委员会等编
北京 人民美术出版社 1962年 26页 72cm（2开）
折装 定价：CNY10.00

J0019902
傅山书画选 （一卷）（清）傅山书并绘；山西
省文物管理委员会，山西晋祠文物管理所，山
西省博物馆编
北京 人民美术出版社 1962年 影印本 有图及
像 44cm（6开）线装 定价：CNY10.00
　　　　作者傅山（1607—1684），明清之际思想家、
书法家、医学家。初名鼎臣，字青竹，改字青主，
又有浊翁、观化等别名，生于山西太原。主要作
品有《庄子翼批注》《逍遥游》《庄子理字》《庄子

情字》《荀卿评庄子》等。

J0019903

龚半千课徒画稿 （清）龚贤著；四川省博物馆编

成都 四川人民出版社 1962年 34cm（10开）折装

统一书号：8118.409 定价：CNY2.00

　　清代国画作品。作者龚贤（1618—1689），明末清初画家。又名岂贤，字半千，又字野遗，岂贤，号半亩等。江苏昆山人。著有《香草堂集》《画诀》《柴丈人画稿》《龚半千课徒画说》。

J0019904

居巢作品选集 居巢作品选集编辑委员会编

广州 岭南美术出版社 1962年 定价：CNY17.00（甲种本）

　　作者居巢（1811—1889），清代书画家。原名易，字士杰，号梅生、梅巢、今夕庵主等。广东番禺县（今广州市海珠区）人。代表作品《梨花》《含笑花图》等。

J0019905

居巢作品选集 居巢绘；居巢作品选集编辑委员会编辑

广州 岭南美术出版社 1962年 12幅 38cm（8开）精装 统一书号：8111.416 定价：CNY10.00（乙种本）

J0019906

罗聘人物山水册 （清）罗聘绘

北京 朝花美术出版社 1962年 影印本 12幅 38cm（6开）定价：CNY3.00

　　本书为清代人物画、山水画画册。故宫博物院收藏。作者罗聘（1733—1799），清代画家。字遯夫，号两峰，又号衣云、师莲老人等。祖籍安徽歙县。代表作有《物外风标图》《两峰蓑笠图》《丹桂秋高图》《谷清吟图》《画竹有声图》等。著有《香叶草堂集》。

J0019907

罗聘人物山水册页 （清）罗聘绘；故宫博物院编辑

北京 朝花美术出版社 1962年 12幅 38cm（6开）活页 统一书号：8027.2971 定价：CNY3.00（中国古代绘画选辑）

J0019908

清金农墨梅

［上海］朵云轩 1962年 1轴 有卷轴

　　本作品系清代中国画。

J0019909

任伯年画选 （清）任伯年画

北京 人民美术出版社 1962年 10幅 37cm（8开）活页 统一书号：8027.3921 定价：CNY3.00

　　清代中国画册。作者任伯年（1840—1896），清末画家。浙江山阴航坞山（今杭州市萧山区）人。改名任颐，字伯年，以字行。初名润，字次远，号小楼。主要作品有《东津话别图》《三友图》《苏武牧羊图》《蕉阴纳凉图》《池畔窥鱼图》等。

J0019910

任伯年小品 （清）任伯年作

［上海］朵云轩 1962年 10张（套）19cm（32开）

　　本书系清后期任伯年中国画小品集。

J0019911

石涛花卉册 （清）石涛绘

上海 上海书画出版社 1962年 8幅 38cm（6开）

　　本书收作者花卉作品8幅，包括《水仙》《桃花》《石榴花》《墨梅》等。作者石涛（1642—1708），清初书画家、绘画理论家。广西桂林人，祖籍安徽凤阳。本姓朱，名若极，系明代靖江王朱赞仪的第十世孙朱亨嘉之子。朱亨嘉死后年幼的石涛被送至全州当和尚，法名道济，又字石涛，号苦瓜和尚、大涤子、靖江后人、清湘陈人、零丁老人等等。著有《苦瓜和尚画语录》。存世作品有《石涛罗汉百开册页》《山水清音图》《竹石图》等。

J0019912

石涛花卉册 （清）石涛绘

上海 上海书画出版社 1985年 12幅 38cm（6开）

统一书号：8172.1242 定价：CNY1.60

　　本书收作者的松、竹、兰、梅画12幅。

J0019913

石涛山水册页 （清）石涛绘

北京 人民美术出版社 1962年 印影本 8幅 44cm（5开）线装 定价：CNY8.50

J0019914

石涛山水册页 （清）石涛绘
北京 人民美术出版社 1962 年 影印本
44cm（12 开）线装 定价：CNY8.50
　　本书系广东博物馆（广州市美术馆）藏品，
共有山水画 8 幅。

J0019915

石涛山水册页 （一卷）（清）石涛绘；人民美
术出版社编
北京 人民美术出版社 1962 年 影印本 10 叶
43cm（8 开）线装 定价：CNY8.50
　　本书为广州市美术馆藏。半叶无框无竖栏
行款不一。

J0019916

松风流水 （清）袁江作
北京 人民美术出版社 1962 年［1 幅］53cm（4 开）
定价：CNY0.60
　　清代国画作品。

J0019917

新罗山人画集 （清）华嵒绘
上海 上海人民美术出版社 1962 年 42 幅
38cm（6 开）统一书号：T8081.4289 定价：CNY6.00
　　本画集共收华氏山水、人物、花鸟共 41 幅，
由画家贺天健撰写的《华秋岳绘画风格、理法的
评述》一文作为代序。作者华岩（1682—1756），
清代画家。一作华嵒，字德嵩，更字秋岳，号新
罗山人、白沙道人等。福建上杭白砂里人。画作
有《高山云鹤》《水国浮牛》《青松悬崖》《倚马题
诗》等。

J0019918

新罗山人翎毛画册 （清）华嵒作
上海 上海书画出版社 1962 年 10 幅
40cm（10 开）
　　本画册为缎面绢纸册页，收有《画眉》《红
叶绿羽》《翠鸟》《双燕》《凤凰》《天鹅》《锦鸡》
《秋水鹅群》《鹰》《翠禽秋实》等 10 幅画。

J0019919

雪里送炭图 （清）任伯年作
南京 江苏人民出版社 1962 年［1 幅］78cm（2 开）
定价：CNY0.18

本作品为清代中国画。

J0019920

燕子 （清）任伯年作
北京 人民美术出版社 1962 年［1 幅］45cm（9 开）
定价：CNY0.50
　　本作品为清代中国画。

J0019921

郑板桥竹石 （清）郑板桥作
［上海］朵云轩 1962 年 1 轴 卷轴
　　本作品为清代国画作品。

J0019922

八大山人花鸟册页 朱耷绘
上海 上海人民美术出版社 1963 年 12 页
39cm（4 开）活页袋装 统一书号：T8081.8866
定价：CNY2.20
　　作者朱耷（1626—1705），明末清初著名画
家。本名朱统托，字雪个，号八大山人、个山、
人屋、道朗等，江西南昌人。代表作有《水木清
华图》《荷花水鸟图》《松石图》《河上花图卷》
《杨柳浴禽图》《仿倪山水》《八大山人诗抄》等。

J0019923

粗笔山水 （清）石涛作
上海 朵云轩 1963 年［1 轴］
　　本作品为清代国画。

J0019924

担当书画集 （清）担当作；云南省博物馆编著
北京 文物出版社 1963 年 65 页 37cm（8 开）
线装 统一书号：7068.213 定价：CNY19.00
　　本书据云南省博物馆以丽江文化馆及有关
藏家的部分藏品影印，前附说明及目录，后附担
当年谱节录。作者释担当（1593—1673），诗人、
画家书法家。俗姓唐，名泰，字大来，出家后僧
名普荷，号担当。云南晋宁人。著有诗歌集《修
园集》《橛庵草》等。

J0019925

黄晓楼仕女 （清）费晓楼作
上海 朵云轩 1963 年［1 轴］
　　本作品为清代国画作品。

J0019926

居廉扇面画选 （清）居廉著
广州 岭南美术出版社 1963年 13幅 38cm（6开）
精装 统一书号：8111.480 定价：CNY10.00
　　本作品为清后期中国画。作者居廉（1828—1904），清代花鸟画画家。字士刚，号古泉、隔山樵子、罗湖散人。广东番禺人。代表作品有《十二分春色》。

J0019927

兰花 （清）郑燮作
上海 朵云轩 1963年［1轴］
　　本作品为清代国画作品。

J0019928

兰石 （清）石涛作
上海 朵云轩 1963年［1轴］
　　本作品为清代国画。

J0019929

李方膺墨竹册
上海 上海书画出版社 1963年

J0019930

李复堂秋柳鸣禽 （卷轴）
上海 朵云轩 1963年［1轴］
　　本作品为清代国画。

J0019931

临流濯足 （清）任伯年作
上海 朵云轩 1963年
　　本作品为清代中国画。

J0019932

清八大山人果熟来禽图 （卷轴）
上海 朵云轩 1963年［1轴］
　　清代国画作品。

J0019933

清八大山人芦雁图 （卷轴）
上海 朵云轩 1963年［1轴］
　　清代国画作品。

J0019934

清八大山人双鹰图 （卷轴）

上海 朵云轩 1963年［1轴］
　　清代国画作品。

J0019935

清黄慎花卉册
北京 荣宝斋 1963年 8张(套)
　　清代国画作品。作者黄慎（1687—1772），清代书画家。初名盛，字恭寿，躬懋、菊壮，号瘿瓢子，别号东海布衣。福建宁化人。代表画作《十二司月花神图》《商山四皓图》《伏生授经图》《醉眠图》《芦鸭图》《蛟湖诗草》等。

J0019936

清髡残苍山结茅图 （卷轴）（清）髡残绘
上海 朵云轩 1963年［1轴］
　　作者髡残（1612—1673），清画家。本姓刘，出家为僧后名髡残，字介丘，号石溪、白秃、石道人、石溪道人，残道者、电住道人。湖南武陵（今湖南常德）人。存世作品有《层岩叠壑图》《卧游图》《苍翠凌天图》《清髡残江上垂钓图》等。

J0019937

清李复堂富贵多寿图 （卷轴）
上海 朵云轩 1963年［1轴］
　　清代国画作品。

J0019938

清任伯年小品 （一 卷轴）（清）任伯年绘
上海 朵云轩 1963年［1轴］
　　晚清国画作品。

J0019939

清任伯年小品 （二 卷轴）（清）任伯年绘
上海 朵云轩 1963年［1轴］
　　晚清国画作品。

J0019940

清石涛仿米颠山水 （卷轴）
上海 朵云轩 1963年［1轴］
　　清代国画作品。

J0019941

清石涛华阳山居图 （卷轴）
上海 朵云轩 1963年［1轴］
　　清代国画作品。

J0019942
清石涛山水 （卷轴）
上海　朵云轩　1963 年［1 轴］
　　清代国画作品。

J0019943
清石涛听泉图 （卷轴）
上海　朵云轩　1963 年［1 轴］
　　清代国画作品。

J0019944
清石涛细雨虬松图 （卷轴）
上海　朵云轩　1963 年［1 轴］
　　清代国画作品。

J0019945
清王鉴仿三赵山水 （卷轴）
上海　朵云轩　1963 年［1 轴］
　　清代国画作品。

J0019946
清新罗山人秋枝鹦鹉 （卷轴）
上海　朵云轩　1963 年［1 轴］
　　清代国画作品。

J0019947
清新罗山人山水 （卷轴）
上海　朵云轩　1963 年［1 轴］
　　清代中国画作品。

J0019948
清新罗山人松鼠图 （卷轴）
上海　朵云轩　1963 年［1 轴］
　　清代国画作品。

J0019949
清虚谷春波鱼戏图 （卷轴）（清）虚谷绘
上海　朵云轩　1963 年［1 轴］
　　晚清国画作品。

J0019950
清袁江秋涉图
北京　荣宝斋　1963 年［1 轴］
　　清代国画作品。

J0019951
清袁江水殿春深图 （卷轴）
上海　朵云轩　1963 年［1 轴］
　　清代国画作品。

J0019952
清恽寿平落花游鱼图 （卷轴）
上海　朵云轩　1963 年［1 轴］
　　清代国画作品。

J0019953
清赵之谦积书岩图 （卷轴）
上海　朵云轩　1963 年［1 轴］
　　清代国画作品。

J0019954
清赵之谦瘦梅 （卷轴）
上海　朵云轩　1963 年［1 轴］
　　清代国画作品。

J0019955
清郑板桥兰石图 （卷轴）
上海　朵云轩　1963 年［1 轴］
　　清代国画作品。

J0019956
任伯年花鸟 （1-4）（清）任伯年作
上海　上海人民美术出版社　1963 年　4 幅
102cm（3 开）定价：CNY0.48
　　清代中国画作品。

J0019957
溪畔纳凉 （清）任伯年作
上海　朵云轩　1963 年
　　清代中国画。

J0019958
仙山楼阁 （清）袁江作
北京　人民美术出版社　1963 年［1 张］54cm（4 开）
定价：CNY1.50
　　清代国画作品。

J0019959
浔阳夜月 （清）任伯年作
上海　朵云轩　1963 年

清代中国画作品。

J0019960

游鱼　（卷轴）（清）恽南田作
上海 朵云轩 1963年［1轴］
　　清代国画作品。

J0019961

竹雀　（清）新罗山人作
上海 朵云轩 1963年［1轴］
　　清代国画作品。

J0019962

芭蕉白鸡图　（卷轴）（清）任伯年作
［北京］荣宝斋 1964年［1张］
　　清代中国画。

J0019963

白鸡玉米　（卷轴）（清）任伯年作
天津 荣宝斋 1964年［1张］
　　清代中国画作品。

J0019964

观虹图　（清）石涛作
［上海］朵云轩 1964年［1张］
　　清代国画作品。此画出版有卷轴和镜片两
种形式。

J0019965

花猫金鱼　（卷轴）（清）任伯年作
［上海］朵云轩 1964年［1张］
　　清代中国画作品。

J0019966

华嵒花鸟册　（清）华嵒绘
北京 文化出版社 1964年 影印本 8幅 38cm（6开）
定价：CNY8.000

J0019967

华嵒花鸟册　（清）华嵒绘
北京 文物出版社 1964年 8幅 34cm（10开）
统一书号：7068.233 定价：CNY8.00

J0019968

菊花　（卷轴）（清）赵之谦作

［上海］朵云轩 1964年［1张］
　　清代中国画作品。

J0019969

李鱓花卉册　（清）李鱓绘
北京 文物出版社 1964年 10幅 34cm（10开）
统一书号：7068.242 定价：CNY10.00
　　清代花卉画画册，中国历史博物馆藏。

J0019970

李鱓花卉册　（清）李鱓绘
北京 文物出版社 1980年 40cm（6开）
统一书号：7068.242 定价：CNY14.00

J0019971

李鱓花卉册　（清）李鱓绘；《艺苑掇英》编辑
部编
上海 上海人民美术出版社 1984年 10幅
38cm（8开）定价：CNY2.00
　　本书是清代花鸟画画册。

J0019972

李鱓花卉册　（清）李鱓绘；《艺苑掇英》编辑
部编
上海 上海人民美术出版社 1984年 10幅
38cm（6开）套装 统一书号：8081.13637
定价：CNY2.00
　　本书系清代花卉画册，题材包括松树、白
菜、萝卜、竹石等。

J0019973

李鱓花卉册　（清）李鱓绘；《艺苑掇英》编
辑部编
上海 上海人民美术出版社 1984年 10幅（套）
39cm（4开）统一书号：8081.13637 定价：CNY2.00

J0019974

清石涛花卉册
［上海］朵云轩 1964年 锦面经折装
　　清代国画花卉作品。

J0019975

双鹅图　（清）新罗山人作
［上海］朵云轩 1964年［1张］
　　清代国画作品。有卷轴和镜片两种出版形式。

J0019976

水木清华图 （清）朱奋作

上海 上海人民美术出版社 1964 年 ［1 张］

54cm（4 开）定价：CNY0.30

　　清代中国画作品。

J0019977

中馗菌 （卷轴）（清）赵之谦作

［上海］朵云轩 1964 年 ［1 张］

　　清代中国画作品。

J0019978

翠鸟 （清）新罗山人作

［上海］朵云轩 1965 年 ［1 张］

　　清代中国画作品。

J0019979

翠禽秋实 （清）新罗山人作

［上海］朵云轩 1965 年 ［1 张］

　　清代中国画作品。

J0019980

凤凰 （清）新罗山人作

［上海］朵云轩 1965 年 ［1 张］

　　清代中国画作品。

J0019981

傅山画集 山西晋词文物保管所编辑

上海 上海人民美术出版社 1965 年 1 册（30 幅）

38cm（6 开）统一书号：8081.5425

定价：CNY7.50

　　本画集所选作品，有以写实的手法来描绘家乡山水的，如《文笔双峰》《瓮泉难志》《土堂怪柏》《天门积雪》等；有表现四季景色的，如《阳泉春晓》等。共收图 30 幅。作者傅山（1607—1684），明清之际思想家、书法家、医学家。初名鼎臣，字青竹，改字青主，又有浊翁、观化等别名，生于山西太原。主要作品有《庄子翼批注》《逍遥游》《庄子理字》《庄子情字》《荀卿评庄子》等。

J0019982

傅山画集 山西晋词文物保管所编辑

上海 上海人民美术出版社 1982 年 30 幅

37cm（8 开）统一书号：8081.5425

定价：CNY7.50

　　本书是中国画画册。

J0019983

红叶绿羽 （清）新罗山人作

［上海］朵云轩 1965 年 ［1 张］

　　清代中国画作品。

J0019984

画眉 （清）新罗山人作

［上海］朵云轩 1965 年 ［1 张］

　　清代中国画作品。

J0019985

锦鸡 （清）新罗山人作

［上海］朵云轩 1965 年 ［1 张］

　　清代中国画作品。

J0019986

清高其佩什画册 （清）高其佩绘

上海 上海博物馆 1965 年 35×42cm

定价：CNY3.00

　　作者高其佩（1660—1734），清代官员、画家。字韦之，号且园、南村、书且道人，别号颇多，另有山海关外人、创匠等。奉天辽阳（今属辽宁）人。代表作品有《饱虎图》《雁行图》《怒容钟馗图》《梧桐喜鹊图》。

J0019987

秋水鹅群 （清）新罗山人作

［上海］朵云轩 1965 年 ［1 张］

　　清代中国画作品。

J0019988

双燕 （清）新罗山人作

［上海］朵云轩 1965 年 ［1 张］

　　清代中国画作品。

J0019989

天鹅 （清）新罗山人作

［上海］朵云轩 1965 年 ［1 张］

　　清代中国画作品。

J0019990

鹰 （清）新罗山人作

［上海］朵云轩 1965 年［1 张］
　　清代中国画作品。

J0019991
春兰竹鸡　（绫裱卷轴）（清）任伯年作
［上海］朵云轩 1966 年［1 轴］
　　清代中国画作品。

J0019992
荷塘消暑　（绫裱卷轴）（清）任伯年作
［上海］朵云轩 1966 年［1 轴］
　　清代中国画作品。

J0019993
红叶画眉　（绫裱卷轴）（清）新罗山人作
［上海］朵云轩 1966 年［1 轴］
　　清代中国画作品。

J0019994
梅竹双清　（绫裱卷轴）（清）任伯年作
［上海］朵云轩 1966 年［1 轴］
　　清代中国画作品。

J0019995
水仙鹊鸰　（绫裱卷轴）（清）任伯年作
［北京］朵云轩 1966 年［1 轴］
　　清代中国画作品。

J0019996
天竹幽禽　（绫裱卷轴）（清）任伯年作
［北京］朵云轩 1966 年［1 轴］
　　清代中国画作品。

J0019997
小鸡秋菊　（绫裱卷轴）（清）任伯年作
［北京］朵云轩 1966 年［1 轴］
　　清代中国画作品。

J0019998
浔阳江头　（绫裱卷轴）（清）任伯年作
［上海］朵云轩 1966 年［1 轴］
　　清代中国画作品。

J0019999
倚石吟诗　（绫裱卷轴）（清）任伯年作

［上海］朵云轩 1966 年［1 轴］
　　清代中国画作品。

J0020000
碧桃小鸟　（绫裱卷轴）（清）任伯年作
［上海］朵云轩 1967 年［1 轴］
　　清代中国画作品。

J0020001
清代学者象传　叶氏编
［台北县］文海出版社 1969 年 372 页 有图
26cm（16 开）精装 定价：TWD400.00

J0020002
鹭鸶　林风眠作
北京 荣宝斋 1977 年［1 轴］120×33cm

J0020003
清末上海名家扇面　香港艺术馆编
香港 香港市政局 1977 年 有图 25cm（小 16 开）
定价：HKD7.50
　　外文书名：Fan Paintings by Late Ching Shang-
hai Masters.

J0020004
湖天春色图　（清）吴历作
上海 上海人民美术出版社 1978 年 53cm（4 开）
定价：CNY0.30
　　清代中国画作品。

J0020005
落花游鱼图　（清）恽寿平作
上海 上海人民美术出版社 1978 年 53cm（4 开）
定价：CNY0.30
　　清代国画作品。上海博物馆藏。

J0020006
梅　（清）石涛作
天津 天津人民美术出版社 1978 年 53cm（4 开）
定价：CNY0.20
　　清代中国画作品。

J0020007
清代花鸟画　文物出版社编辑
北京 文物出版社 1978 年 20 幅 19cm（32 开）

统一书号：8068.690 定价：CNY2.00

J0020008
任伯年画辑 （清）任伯年绘
北京 人民美术出版社 1978年 12叶 有彩图
36cm（6开）统一书号：8027.6843
定价：CNY1.10

J0020009
石涛《墨竹》卷 （清）石涛绘
天津 天津人民美术出版社 1978年 5幅
38cm（6开）统一书号：8073.50110
定价：CNY1.00

J0020010
双勾竹 （清）虚谷作
天津 天津人民美术出版社 1978年 1张
53cm（4开）定价：CNY0.20
　　晚清国画作品。

J0020011
松鹤 （清）任伯年作
天津 天津人民美术出版社 1978年 1张
53cm（4开）定价：CNY0.20
　　清代中国画。

J0020012
松林僧话图 （清）邹喆作
上海 上海人民美术出版社 1978年 1张
53cm（4开）定价：CNY0.30
　　清代国画作品。上海博物馆藏。

J0020013
张开元画 （清）张开元绘
台北 上海大学同学会 1978年 64页 26cm（16开）
定价：TWD150.00
　　外文书名：Chang Kai-yuan's Paintings.

J0020014
郑板桥书画选 何恭上编选
台北 艺术图书公司 1978年 104页 26cm（16开）
定价：TWD90.00

J0020015
郑板桥书画选 何恭上编选

台北 艺术图书公司 1990年 104页 21cm（32开）
定价：TWD130.00

J0020016
八大山人花鸟册 （清）朱耷绘
上海 上海书画出版社 1979年 12页 39cm（4开）
　　本书包括《葡萄》《竹》《瓶荔》《鹌鹑》《荷花》《松》《芙蓉》等花鸟作品。

J0020017
八大山人画册 （清）朱耷绘；江西人民出版社编辑
南昌 江西人民出版社 1979年 40页 26cm（16开）
统一书号：8110.313 定价：CNY0.61

J0020018
白凤 （清）任伯年作
石家庄 河北人民出版社 1979年 ［1张］
78cm（2开）统一书号：8036.1170
定价：CNY0.10
　　清代中国画。

J0020019
台北故宫书画简辑 （清人集粹）（清）俞笙等绘
台北 台北故宫博物院 1979年 20页 30cm（10开）

J0020020
台北故宫书画简辑 （王翚）（清）王翚绘
台北 台北故宫博物院 1979年 20页 30cm（15开）
　　王翚（1632—1717），清代著名画家。字石谷，号耕烟散人、乌目山人、清晖老人等。江苏常熟人。传世作品有《秋山萧寺图》《虞山枫林图》《秋树昏鸦图》《芳洲图》等。

J0020021
台北 故宫书画简辑 （王鉴）（清）王鉴绘
台北 台北故宫博物院 1979年 20页 30cm（15开）
　　作者王鉴（1598—1677），明末清初画家。字玄照，后改字元照、圆照，号湘碧、染香庵主。出生于江苏太仓。主要作品《画中九友歌》。

J0020022
台北故宫书画简辑 （王原祁）（清）王原祁绘
台北 台北故宫博物院 1979年 20页

30cm（15 开）

J0020023
台北故宫书画简辑 （恽寿平）（清）恽寿平绘
台北 台北故宫博物院 1979 年 20 页
30cm（15 开）

J0020024
花果 （清）居巢作
广州 广东人民出版社 1979 年 ［1 张］
78cm（2 开）定价：CNY0.25
　　清代中国画作品。

J0020025
兰花 （木版水印、绫裱画轴）（清）李鱓作
上海 朵云轩 1979 年 ［1 轴］
　　清代中国画作品。

J0020026
柳枝鹦鸰图 （木版水印、绫裱画轴）（清）高
其佩作
上海 朵云轩 1979 年 ［1 轴］
　　清代中国画作品。作者高其佩（1660—
1734），清代官员、画家。字韦之，号且园、南村、
书且道人，别号颇多，另有山海关外人、创匠等。
奉天辽阳（今属辽宁）人。代表作品有《饱虎图》
《雁行图》《怒容钟馗图》《梧桐喜鹊图》。

J0020027
牡丹 （清）居廉作
广州 广东人民出版社 1979 年 ［1 张］
78cm（2 开）定价：CNY0.25
　　清后期中国画。

J0020028
任伯年人物花鸟册 （清）任颐绘；故宫博物
院供稿
上海 上海人民美术出版社 1979 年 12 幅
38cm（8 开）统一书号：8081.11415
定价：CNY2.45
　　清后期中国画画册。

J0020029
山水 （清）髡残作
石家庄 河北人民出版社 1979 年 ［1 张］

78cm（2 开）定价：CNY0.10
　　清代国画山水画作品。

J0020030
石涛山水册 （清）石涛绘；故宫博物院供稿
上海 上海人民美术出版社 1979 年 8 幅
38cm（6 开）统一书号：8081.11416 定价：CNY1.85
　　本书系清代山水画册。纸本，水墨设色，纵
23.3cm，横 16.5cm，以唐代张说、王维、李白等
诗人的诗篇为题材，拟古人张僧繇、关仝、周文
矩、范宽诸家先进技法图之，形象生动地再现诗
的意境，可谓"诗中有画，画中有诗"。

J0020031
松鹤 （清）虚谷作
石家庄 河北人民出版社 1979 年 ［1 张］
78cm（2 开）定价：CNY0.10
　　晚清国画作品。

J0020032
溪桥策杖图 （清）髡残作
上海 上海书画出版社 1979 年 ［1 张］
53cm（4 开）定价：CNY0.10
　　清代国画作品。

J0020033
幽鸟鸣春图 （1980 年年历）（清）任颐作
南京 江苏人民出版社 1979 年 ［1 张］
53cm（4 开）定价：CNY0.10
　　中国晚清国画作品。作者任颐（1840—
1896），清末画家。初名润，字次远，号小楼，改
名任颐，字伯年，以字行，浙江山阴航坞山（今
杭州市萧山区）人。主要作品有《东津话别图》
《三友图》《苏武牧羊图》《蕉阴纳凉图》《池畔窥鱼
图》等。

J0020034
八大山人涉事册
北京 荣宝斋 1980 年 22 页 ［40cm］（6 开）
经折装 定价：CNY125.00
　　本书共 10 幅图。作者朱耷（1626—1705），
明末清初著名画家。本名朱统𨨏，字雪个，号八
大山人、个山 、人屋、道朗等，江西南昌人。代
表作有《水木清华图》《荷花水鸟图》《松石图》
《河上花图卷》《杨柳浴禽图》《仿倪山水》《八大

山人诗抄》等。

J0020035
凤仙李子 （木版水印，绫裱画轴）（清）赵之谦作
上海 朵云轩［1980 年］［1 轴］定价：CNY20.00
　　本作品系清代中国画。

J0020036
龚半千山水长卷 （清）龚贤绘
天津 天津人民美术出版社 1980 年 10 页
38cm（6 开）统一书号：8073.70013
定价：CNY1.80
　　明代山水画画册。作者龚贤(1618—1689)，
明末清初画家。又名岂贤，字半千，又字野遗，
岂贤，号半亩等。江苏昆山人。著有《香草堂集》
《画诀》《柴丈人画稿》《龚半千课徒画说》。

J0020037
海棠 （木版水印，绫裱画轴）（清）赵之谦作
上海 朵云轩［1980 年］［1 轴］定价：CNY20.00
　　本作品系清代中国画。

J0020038
红楼梦人物图 （清）改琦绘
上海 上海古籍书店 1980 年 50 页 26cm（16 开）
定价：CNY0.80
　　清代国画人物画作品。作者改琦(1773—
1828)，回族，清代画家。字伯蕴，号香白，又号
七芗，别号玉壶外史。松江（今上海市）人。主
要作品有《玉壶山房词选》《张夫人晓窗点黛图》
《元机诗意图》《仕女别泪忧伤图》等。

J0020039
红桃 （木版水印，绫裱画轴）（清）赵之谦作
上海 朵云轩［1980 年］［1 轴］定价：CNY20.00
　　本作品系清代中国画。

J0020040
鸡 （清）任伯年画
石家庄 河北人民出版社 1980 年 ［1］张
78cm（2 开）定价：CNY0.26
　　清代中国画。

J0020041
梅清黄山图册 （清）梅清绘；上海人民美术

出版社编辑；故宫博物院供稿
上海 上海人民美术出版社 1980 年 16 幅
39cm（4 开）套装 统一书号：8081.11579
定价：CNY3.20
　　本书为清代中国山水画画册。作者梅清
（1623—1697），明末清初画家。江南宣城（今属
安徽）人。字渊公，一字润公，号瞿山。清顺治
十一年（1654）举人，考授内阁中书。善画理，
墨松尤苍雄拔秀。著有《天延阁集》《瞿山诗略》
《黄山画册》等。

J0020042
潘天寿 潘天寿绘；浙江美术学院，浙江人民
美术出版社编辑
杭州 浙江人民美术出版社 1980 年 38cm（8 开）
精装 统一书号：8156.2 定价：CNY29.00
（浙江历代名画家作品集）
　　本书收入作者 1928—1966 年作品 120 幅，分
为绘画和书法篆刻 2 个部分。作者潘天寿(1897—
1971)，现代著名国画家，美术教育家。字大颐，
号寿者。浙江宁海县人。擅画花鸟、山水，兼善
指画，亦能书法、诗词、篆刻。曾任中国文联委员、
中国美术家协会副主席、浙江省文联副主席、中
国美协浙江分会主席，浙江美术学院院长、教授
等职。著有《中国绘画史》《听天阁画谈随笔》等。

J0020043
清李鱓花鸟册 （清）李鱓绘；文物出版社编辑
北京 文物出版社 1980 年 12 幅 19cm（32 开）
统一书号：8068.846 定价：CNY1.40

J0020044
清李鱓花鸟册 （清）李鱓绘
北京 文物出版社 1982 年 另附说明书 1 册
19cm（小 32 开）经折装
　　本书系李鱓成熟时期的优秀作品。

J0020045
清恽寿平瓯香馆写生册 文物出版社编辑
北京 文物出版社 1980 年 10 张 19cm（32 开）
定价：CNY1.20
　　本书系中国画画册。

J0020046
清恽寿平瓯香馆写生册 （清）恽寿平绘

北京 文物出版社 1982 年 另附说明书 1 册
19cm（32 开）经折装

本书是中国画写生画册，包括：春夏秋冬四季花卉，桃花、二月兰、榴花、牡丹、枇杷、百合、竹石剪秋萝，凤仙、菊花、松梅等。

J0020047

清恽寿平欧香馆写生册 （清）恽寿平绘
北京 文物出版社 1980 年 10 幅 19cm（32 开）
套装 统一书号：8068.867 定价：CNY1.20

作者恽寿平（1633—1690），清代画家、书法家。名格，字寿平，以字行，又字正叔，别号南田等。江苏武进人。主要作品有《红梅山茶图》《梅竹图》《玉堂富贵图》《桃花图》《三友图》《梧轩图》《蓼汀渔藻图》《林居高士图》等。

J0020048

芍药图 （木版水印，绫裱画轴）（清）李鱓作
上海 朵云轩 [1980 年][1 轴] 定价：CNY25.00
本作品系现代中国画。

J0020049

石涛山水册页 （清）石涛绘；四川省博物馆选编
成都 四川人民出版社 1980 年 8 幅 39cm（8 开）
套装 统一书号：R8118.805 定价：CNY1.50

J0020050

松鹤图 （清）虚谷作
上海 上海书画出版社 1980 年 [1] 张
107cm（全开 ）定价：CNY0.32
晚清国画作品。

J0020051

松林僧话图 （1981 年年历）（清）邹喆作
上海 上海人民美术出版社 1980 年 53cm（4 开）
定价：CNY0.19
中国清代国画作品。

J0020052

御制丁观鹏五百尊罗汉册 （清）丁观鹏画
[大同] 华严寺 1980 年

J0020053

郑板桥孤竹画 （木版水印，绫裱画轴）
北京 荣宝斋 [1980 年][1 轴] 定价：CNY30.00

本作品系清代中国画。

J0020054

竹 （清）郑板桥作
太原 山西人民出版社 1980 年 [1] 张
76cm（2 开）定价：CNY0.18
清代国画作品。

J0020055

紫薇玉簪 （木版水印，绫裱画轴）（清）赵之谦作
上海 朵云轩 [1980 年][1 轴] 定价：CNY20.00
本作品系清代中国画。

J0020056

百鹤画卷 （清）龚贤绘；四川省博物院编
成都 四川人民出版社 1981 年 38cm（6 开）
定价：CNY0.95

本书系四川珍藏古画选编。作者龚贤（1618—1689），明末清初画家。又名岂贤，字半千，又字野遗，岂贤，号半亩等。江苏昆山人。著有《香草堂集》《画诀》《柴丈人画稿》《龚半千课徒画说》。

J0020057

得鲤图 （木版水印 绫裱立轴）（清）李方膺作
上海 朵云轩 1981 年 定价：CNY36.00

J0020058

荷花翠鸟 （木版水印 绫裱立轴）（清）八大山人作
上海 朵云轩 1981 年 定价：CNY27.00

J0020059

荷花翠鸟 （清）八大山人作
南昌 江西人民出版社 [1985 年] 1 张（卷轴）
76cm（2 开）定价：CNY1.20

J0020060

一九八二（任伯年作群仙祝寿图）
上海 上海书画出版社 1981 年 78cm（2 开）
定价：CNY5.00

本书系中国现代工艺美术作品，内容为晚清国画。

J0020061

猫 （木版水印 绫裱立轴）（清）牛石慧作

上海　朵云轩　1981 年　定价：CNY28.00

J0020062
墨兰　（木版水印　绫裱立轴）（清）郑板桥作
上海　朵云轩　1981 年　定价：CNY27.00

J0020063
清高凤翰花卉册　（清）高凤翰绘；文物出版
社编辑
北京　文物出版社　1981 年　7 幅（套）19cm（32 开）
统一书号：8068.888 定价：CNY0.90
　　本书系中国画画册。作者高凤翰（1683—
1749），清代国画家。字西园，号南阜，山东胶州
人。代表作品《砚史》《南阜集》等。

J0020064
清高凤翰山水册　（清）高凤翰绘；文物出版
社编辑
北京　文物出版社　1981 年　12 幅（套）25cm（16 开）
统一书号：8068.874 定价：CNY2.40
　　本书系中国画画册。

J0020065
清高凤翰花卉册　（清）高凤翰绘
北京　文物出版社　1982 年　另附说明书 1 册
19cm（小 32 开）经折装
　　本书系清代国画画册，是作者晚年左手所作
佳品之一。

J0020066
清高凤翰山水册　（清）高凤翰绘
北京　文物出版社　1982 年　另附说明书 1 册
19cm（小 32 开）经折装
　　本书系中国画画册，共收图 6 幅。

J0020067
清李鱓写生花卉册　（清）李鱓绘
北京　文物出版社　1981 年　8 幅　19cm（32 开）
统一书号：8068.875 定价：CNY1.00
　　本书是中国画画册。

J0020068
清李鱓写生花卉册　（清）李鱓绘
北京　文物出版社　1981 年　8 幅（套）19cm（32 开）
统一书号：8068.875 定价：CNY1.00

本书系清代花卉作品。

J0020069
清李鱓写生花卉册　（清）李鱓绘
北京　文物出版社　1982 年　另附说明书 1 册
19cm（小 32 开）经折装
　　本书创作于 1728 年，作者吸收了各家笔墨
的长处，形成了自己的风格，是其走向成熟时期
的作品。

J0020070
清恽寿平仿古山水册　（清）恽寿平绘
北京　文物出版社　1981 年　12 幅（套）19cm（32 开）
统一书号：8068.866 定价：CNY1.40
　　清代国画山水画作品。

J0020071
清恽寿平仿古山水册　（清）恽寿平绘
北京　文物出版社　1982 年　另附说明书 1 册
19cm（小 32 开）经折装
　　本书系中国画画册。

J0020072
任熊《姚燮诗意图册》　（清）任熊绘
上海　上海人民美术出版社　1981 年　18 幅（套）
39cm（8 开）套装　统一书号：8081.12145
定价：CNY3.20
　　本书为中国画画册，是作者为友人姚燮所
作。作品题材广泛，有人物鬼神、花鸟虫鱼、山
海奇兽、仙山楼阁、月榭风亭等。

J0020073
新狐图　（1982〈农历壬戌年〉年历）（清）任
颐作
北京　文物出版社　1981 年　[1 张]78cm（2 开）
定价：CNY0.20
　　1982 年历书，晚清国画作品。作者任颐
（1840—1896），清末画家。初名润，字次远，号
小楼，后改名任颐，字伯年，以字行，浙江山阴
航坞山（今杭州市萧山区）人。主要作品有《东津
话别图》《三友图》《苏武牧羊图》《蕉阴纳凉图》
《池畔窥鱼图》等。

J0020074
八大山人书画册　（清）朱耷作

杭州 西泠印社 1982 年 20 页 19cm（32 开）
统一书号：8191.190 定价：CNY0.80

　　作者朱耷(1626—1705)，明末清初著名画家。本名朱统托，字雪个，号八大山人、个山 、人屋、道朗等，江西南昌人。代表作有《水木清华图》《荷花水鸟图》《松石图》《河上花图卷》《杨柳浴禽图》《仿倪山水》《八大山人诗抄》等。

J0020075
仿六如山水图 （清）沈铨作
北京 文物出版社 1982 年 76cm（2 开）
定价：CNY0.30
　　清代国画作品。

J0020076
花鸟画参考资料 （画册）（清）任伯年等作
上海 上海人民美术出版社 1982 年 80 页
25cm（15 开）统一书号：8172.590 定价：CNY0.92
　　本书选印清代画家所作的花鸟画 80 幅。画作有劲圆清丽的工笔双勾画；也有粗放泼辣的写意画。笔法多样，章法奇巧。

J0020077
黄慎 （清）黄慎绘；李万才编
北京 人民美术出版社 1982 年 48 页 26cm（16 开）
统一书号：8027.7782 定价：CNY1.60
　　本书主要介绍清代画家黄慎的绘画艺术。附图 56 幅(黑白)。

J0020078
锦石秋花图 （清）恽寿作
北京 文物出版社 1982 年 78cm（2 开）
定价：CNY0.25
　　本作品是中国画。

J0020079
兰竹图 （清）郑板桥作
太原 山西人民出版社 1982 年 76cm（2 开）
定价：CNY0.16
　　本作品是清代中国画。

J0020080
兰竹图 （胶印画轴）（清）郑板桥作
南昌 江西人民出版社 ［1983 年］［1 轴］
76cm（2 开）定价：CNY1.10

J0020081
兰竹图 （胶印画轴）（清）郑板桥作
南昌 江西人民出版社 ［1983 年］［1 轴］
76cm（2 开）定价：CNY0.60

J0020082
兰竹图 （清）郑板桥绘
西安 陕西人民美术出版社 1989 年 1 张
107cm（全开）定价：CNY2.40
　　现代中国画作品。

J0020083
篷山取乐图 （清）苏六朋作
北京 文物出版社 1982 年 76cm（2 开）
定价：CNY0.30
　　清代国画作品。作者苏六朋(1791—1862)，清代画家，字枕琴，号怎道人，别署罗浮道人。广东顺德人。代表作品有《清平调图》《东山报捷图》《太白醉酒图》等。

J0020084
任伯年人物花鸟 钟天山编选
台北 艺术图书公司 1982 年 112 页 有彩图
28cm（16 开）ISBN：957-9045-45-3
定价：TWD480.00
　　本书是清代后期中国画集。外文书名：Jen Po-nien：Selected Figure，Flower and Bird Paintings.

J0020085
松鹤图 （清）沈铨作
北京 文物出版社 1982 年 1 张 107cm（全开）
定价：CNY0.50
　　清代国画作品。

J0020086
松鹤图 （清）沈铨作
北京 文物出版社 1982 年 1 张 107cm（全开）
定价：CNY0.25
　　清代国画作品。

J0020087
松鹤图 （胶印画轴）（清）沈铨作
北京 文物出版社 1982 年 ［1 轴］附对联
107cm（全开）定价：CNY1.40
　　清代国画作品。

J0020088
吴友如百鸟花草画集 （清）吴友如画
天津 天津市古籍书店 1982 年 影印本 1 册
26cm（16 开）定价：CNY1.80
　　本书系清代国画作品集。据上海大东书局
1930 年版本影印。

J0020089
吴友如百鸟花草画集 （清）吴友如画
天津 天津市古籍书店 1988 年 26cm（16 开）
定价：CNY1.80

J0020090
吴友如人物仕女画集 （真迹）（清）吴友如绘
天津 天津市古籍书店 1988 年 2 版 影印本 212 页
18×26cm（16 开）定价：CNY5.20

J0020091
吴友如人物仕女画集 （清）吴友如绘
天津 天津市古籍书店 1982 年 影印本
25cm（16 开）定价：CNY2.00
　　本作品是晚清中国画。

J0020092
扬州八家画选　天津艺术博物馆编
天津 天津人民美术出版社 1982 年 54 幅
37cm（8 开）统一书号：8073.50200
定价：CNY2.30
　　本画册收入清代扬州画派的代表人物汪士
慎、黄慎、金农、高翔、李鱓、郑燮、李方膺、罗
聘的绘画作品 54 幅。

J0020093
云山楼阁图　（清）陈卓作
北京 文物出版社 1982 年 76cm（2 开）
定价：CNY0.30
　　本作品是清代中国画。

J0020094
竹石图　（胶印画轴）（清）郑板桥作
北京 文物出版社 1982 年 ［1 轴］76cm（2 开）
定价：CNY0.30
　　本书是清代中国画画册。

J0020095
八大山人书画集　（第一集）（清）汪子豆著
北京 人民美术出版社 1983 年 19cm（32 开）
统一书号：8027.7962（1）定价：CNY2.50
（中国美术家丛书）
　　本书有 460 余幅图。画集共分六集，一至四
集为作品集，选辑国内外收藏的和出版的八大山
人书画作品；五六集为文字资料，收集八大山人
的诗文，生平和史料，作品著录和评论，以及研
究八大山人的文章。

J0020096
八大山人书画集　（第二集）（清）汪子豆著
北京 人民美术出版社 1983 年 295 页 19cm（32 开）
统一书号：8027.7963（2）定价：CNY2.75
（中国美术家丛书）

J0020097
北京民间风俗百图　（北京图书馆藏清代民间
艺人画稿）［书目文献出版社编辑部编辑］
北京 书目文献出版社 1983 年 100 幅 有图
17cm（40 开）统一书号：8201.2 定价：CNY2.90
（艺术文献丛书）
　　本书为晚清民间艺人之佳作，据原作用彩色
精印。

J0020098
点石斋画报
广州 广东人民出版社 1983 年 影印本 44 册（5 函）
19cm（32 开）线装
　　本画报共 5 函 44 册，其中：初集 10 册、二
集 12 册、三集 8 册、四集 14 册。

J0020099
荷花翠鸟图　（胶印画轴）（清）朱梦庐作
武汉 长江文艺出版社 1983 年 ［1 轴］76cm（2 开）
定价：CNY0.50
　　本作品是清代中国画。

J0020100
金农山水人物　（清）金农绘
北京 文物出版社 1983 年 12 幅 39cm（4 开）
套装 统一书号：8068.939 定价：CNY18.00
　　本画集据故宫博物院藏画选编。

J0020101
墨竹通屏 （清）郑板桥作
武汉 长江文艺出版社 1983 年 4 张 76cm（2 开）
统一书号：8107.406 定价：CNY2.60
　　作者郑板桥（1693—1765），清代书画家、文学家。原名郑燮，字克柔，号理庵，又号板桥，人称板桥先生。生于江苏兴化，祖籍苏州。乾隆元年（1736 年）进士。官山东范县、潍县县令。代表作品《修竹新篁图》《清光留照图》《丛兰荆棘图》《甘谷菊泉图》等，著有《郑板桥集》。

J0020102
墨竹图 （清）郑板桥作
太原 山西人民出版社 1983 年 76cm（2 开）
定价：CNY0.18
　　清代国画作品。

J0020103
任伯年群仙祝寿图 （清）任颐绘
上海 上海书画出版社 1983 年 12 幅 53cm（4 开）
盒装 统一书号：8172.745 定价：CNY10.00
　　本书是中国画画册。全图系泥金通景屏，全部工笔重彩。以册页的形式装裱。其内容取材于民间神话故事，描绘了各路神仙为西王母祝寿的场面。共 12 幅图。

J0020104
任伯年群仙祝寿图 （清）任颐绘
上海 上海书画出版社 1986 年 14 页 24cm（26 开）
统一书号：8172.1463 定价：CNY0.45
（中国画传统线描资料）
　　中国清代白描人物画。

J0020105
任伯年扇面画册 （清）任颐绘
上海 上海古籍书店 1983 年 97 页 26cm（16 开）
统一书号：918.1 定价：CNY0.75
　　本书是中国画中的扇面画画册。

J0020106
苏六朋中国画选集 （清）苏六朋绘
广州 岭南美术出版社 1983 年 39cm（4 开）
统一书号：8260.0521 定价：CNY8.00
（岭南名画家画丛）
　　本书共收作品 33 幅。有年款较早的作于道

光五年（1825）的《文姬归汉图卷》；也有较晚的作于成丰十一年（1861）的人物扇面。作者苏六朋（1791—1862），清代画家，字枕琴，号怎道人，别署罗浮道人。广东顺德人。代表作品有《清平调图》《东山报捷图》《太白醉酒图》等。

J0020107
虚谷画册 （清）虚谷绘；上海博物馆编
成都 四川人民出版社 1983 年 29 张 38cm（6 开）
定价：CNY4.00
　　晚清国画作品。

J0020108
虚谷画选 （清）虚谷绘；上海博物馆编
成都 四川人民出版社 1983 年 29 幅（套）
19cm（32 开）套装 统一书号：8118.1249
定价：CNY4.00
　　晚清国画作品选。

J0020109
竹 （胶印画轴）（清）郑板桥作
石家庄 河北美术出版社 1983 年 1 轴 附对联
107cm（全开）定价：CNY2.20
　　本作品是清代中国画。

J0020110
竹石兰花 （胶印画轴）（清）郑板桥作
天津 天津杨柳青画店 [1983 年][1 轴]
76cm（2 开）定价：CNY0.60

J0020111
1985（郑板桥书画月历）
上海 上海书画出版社 1984 年 78cm（2 开）
定价：CNY3.80
　　中国现代工艺美术作品。

J0020112
八大石涛书画集 （清）八大山人,（清）石涛绘
台北 历史博物馆 1984 年 245 页 有图
26cm（16 开）精装

J0020113
避暑山庄三十六景 李一氓撰文；章东磐编辑
北京 人民美术出版社 1984 年 2 版 影印本 线装
定价：CNY3.90

本作品是清代山水画，据康熙《御制诗》原刊本复印。

J0020114
居廉花鸟草虫册 （清）居廉绘
上海 上海书画出版社 1984年 35cm（12开）
精装
　　本书收《蓝菊》《夜来香》等8幅图。作者居廉（1828—1904），清代花鸟画画家。字士刚，号古泉、隔山樵子、罗湖散人。广东番禺人。代表作品有《十二分春色》。

J0020115
李方膺水墨画册 （清）李方膺绘
上海 上海书画出版社 1984年 40cm（小8开）
精装
　　本书系木版水印，推蓬式锦面精装册页。收画8幅：《墨竹》《葡萄》《墨梅》《满谷春风》《游鱼》《梅竹双清》《芍药》《涧底松》。作者李方膺（1695—1755），清代诗画家。字虬仲，号晴江，别号秋池，白衣山人等。江苏南通人。为"扬州八怪"之一。代表作品有《题画梅》《风竹图》，辑有《梅花楼诗草》。

J0020116
李鱓花卉册页 （清）李鱓绘；故宫博物院编辑
北京 人民美术出版社 1984年 2版 8幅
38cm（6开）定价：CNY6.00

J0020117
陆廉夫蔬果册 （清）陆廉夫绘
上海 上海书画出版社 1984年 12幅 12cm（60开）
统一书号：8172.1221 定价：CNY1.45
　　本书是晚清花鸟画册。作者陆恢，晚清画家。字廉夫。工花鸟，兼擅山水。

J0020118
罗聘人物山水册页 （清）罗聘绘；故宫博物院编辑
北京 人民美术出版社 1984年 12幅 38cm（6开）
统一书号：8027.2971 定价：CNY8.00
（中国古代绘画选辑）
　　清代国画作品。作者罗聘（1733—1799），清代画家。字遁夫，号两峰，又号衣云、师莲老人等。祖籍安徽歙县。代表作有《物外风标图》《两峰蓑笠图》《丹桂秋高图》《谷清吟图》《画竹有声图》等。著有《香叶草堂集》。

J0020119
罗聘人物山水册页 （清）罗聘绘
北京 人民美术出版社 1984年 2版 10张
38cm（6开）定价：CNY8.00
（中国古代绘画选辑）
　　清代国画作品。

J0020120
任伯年花鸟四屏条 （清）任伯年作
上海 上海书画出版社 ［1984年］4张 54cm（4开）
定价：CNY1.15

J0020121
山水 （清）石涛作
太原 山西人民出版社 1984年 76cm（2开）
定价：CNY0.18
　　清代山水画集。

J0020122
天津人民美术出版社藏画选
天津 天津人民美术出版社 1984年 37cm（8开）
精装 统一书号：8073.50279 定价：CNY22.00
　　本画册选刊了天津人民美术出版社藏画中的近百年来36位画家的92幅作品，其中包括任熊《元女授经图》、任颐《木兰从军》、徐悲鸿《奔马》等的中国画作。赵沨宾撰写前言《继承和发展民族的优良艺术传统》。

J0020123
王鉴《山水册》 （清）王鉴绘
北京 文物出版社 1984年 1册 25cm（16开）
统一书号：8068.1211 定价：CNY2.40
　　本书为清代画家王鉴山水画的代表作品之一。

J0020124
虚谷画册 （清）虚谷绘；富华，蔡耕编
北京 人民美术出版社 1984年 1册 19cm（32开）
精装 统一书号：8027.7827 定价：CNY33.00
　　本书系清代中国画画册。前言以不同的主题对虚谷其人其画进行介绍。分别为似僧非僧、艺苑挚友、作品魅力、为人写照、书法脱俗、诗稿墨迹、六合同春。有彩色、黑白图版152幅。

作者虚谷(1823—1896)，清代画家。俗姓朱，名怀仁，僧名虚白，字虚谷，别号紫阳山民、倦鹤等。祖籍新安(今安徽歙县)。传世作品有《梅花金鱼图》《枇杷图》等。

J0020125

虚谷画册　(清)虚谷绘；蔡耕，富华编
北京　人民美术出版社　1986年　1册　35cm(8开)
精装　统一书号：8027.7827　定价：CNY46.00

J0020126

郑板桥书画　(清)郑板桥书绘；山东省文物局潍坊地区出版办公室编
济南　山东美术出版社　1984年　48页
25cm(小16开)　统一书号：8332.156
定价：CNY2.00

　　本书所选作品，为郑板桥在山东做官期间所作，大部分作品是第一次发表，其中将部分"呈批"作为书法艺术选入此书，为研究郑板桥思想提供了珍贵资料。

J0020127

竹石图　(清)郑板桥作
上海　上海书画出版社　1984年　107cm(全开)
定价：CNY0.40

　　本作品是清代花鸟画之翠竹与叠石。

J0020128

1986：郑板桥书画　(清)郑板桥作
南京　江苏少年儿童出版社　1985年　85cm(3开)
定价：CNY5.00

　　本书系中国现代工艺美术作品。作者郑燮(1693—1765)，清代书画家、文学家。字克柔，号理庵，又号板桥，人称板桥先生。生于江苏兴化，祖籍苏州。乾隆元年(1736年)进士。官山东范县、潍县县令。代表作品《修竹新篁图》《清光留照图》《丛兰荆棘图》《甘谷菊泉图》等，著有《郑板桥集》。

J0020129

八大山人画集　(清)朱耷绘
南昌　江西人民出版社　1985年　157页　38cm(6开)
精装　统一书号：8110.979　定价：CNY60.00

　　本画集收入作者作品250幅图，其中画作有《竹山图轴》《杂画卷》《书画册》，书法作品有

《石鼓文》《禹王碑文》等。

J0020130

曹州牡丹专题书画选　山东美术出版社编
济南　山东美术出版社　1985年　159页　有图
26cm(16开)　精装　统一书号：8332.554
定价：CNY22.50

　　清代书法、中国画画册。

J0020131

廛间之艺　(清)钱廉成绘
成都　四川人民出版社　1985年　26cm(16开)
定价：CNY8.50
(龙门阵丛书)

　　本画册为清代风俗画，共收21幅，画的风格略近黄瘿瓢，描写清代成都的民情风俗，各种民间技艺人物着墨不多，每幅画题诗一首。

J0020132

程邃山水册　(清)程邃绘；安徽歙县博物馆著
北京　文物出版社　1985年　38cm(6开)
统一书号：8068.1092　定价：CNY12.00

　　本书系清代山水册，作于1672年。收画12幅，单帧高25.6厘米，宽33.4厘米。纸本水墨形式。山水册每幅均用隶书题写杜甫诗句，画面描绘的是与题句相应的诗意图景。作者程邃(1607—1692)，明末清初篆刻家、书画家。字穆倩、朽民，号垢区、青溪，生于上海松江，祖籍安徽歙县。代表作品有《仿黄子久深岩飞瀑图》《知鱼堂书画录》《山水图》等，著有《会心吟》。

J0020133

龚贤册页　(清)龚贤绘
南京　江苏古籍出版社　1985年　14幅
统一书号：8354.011　定价：CNY18.00

　　清代中国山水画画册。

J0020134

龚贤册页　(清)龚贤绘
南京　江苏古籍出版社　1985年　影印本　26页
26cm(15开)　匣装　统一书号：8354.011
定价：CNY18.00

　　清代山水画画册。作者龚贤(1618—1689)，明末清初画家。又名岂贤，字半千，又字野遗，

岂贤，号半亩等。江苏昆山人。著有《香草堂集》《画诀》《柴丈人画稿》《龚半千课徒画说》。

J0020135
虎　（卷轴）（清）马德昭作
郑州　中原农民出版社 1985 年　1 轴 附对联 1 副
107cm（全开）定价：CNY2.00
　　　清代国画作品。

J0020136
花鸟屏　（清）任薰作
石家庄　河北美术出版社 1985 年　4 张（卷轴）
76cm（2 开）定价：CNY1.20
　　　清代中国画之花鸟画。作者任薰（1835—1893），画家。浙江萧山人。字舜琴，又字阜长，其父任椿，兄任熊都是画家。代表作品《苏武牧羊图》《天女散花图》《松鹤图》。

J0020137
绘虎图　（清）张泽作
北京　文物出版社 1985 年　1 张 78cm（3 开）
定价：CNY0.30
　　　清代国画之走兽画。

J0020138
蕉石图　（清）八大山人作
南昌　江西人民出版社 [1985 年] 1 张（卷轴）
76cm（2 开）定价：CNY1.20

J0020139
金冬心梅花册　（清）金农作
北京　荣宝斋 [1985 年] 2 版 40 张 38cm（6 开）
定价：CNY40.00
　　　本书是清代画家的中国花鸟画画册。作者金农（1687—1764），清代中国画画家。字寿门，号冬心。"扬州八怪"之一，也是"浙西三高士"之一。

J0020140
金农册页　（清）金农绘
南京　江苏古籍出版社 1985 年 14 幅 25cm（16 开）
盒装 统一书号：8354.010 定价：CNY13.00
　　　本书系中国画画册。

J0020141
麻姑献寿图　（清）任熊作
石家庄　河北美术出版社 1985 年　1 张（卷轴）
107cm（全开）定价：CNY1.20
　　　中国现代工艺美术年画作品，清代中国画。

J0020142
密山万林图　（清）袁江作
郑州　河南美术出版社 1985 年　1 张（卷轴）
107cm（全开）定价：CNY1.00
　　　清代中国画之山水画。

J0020143
民间艺人方炳南画稿　（清）方炳南绘；王树村编
成都　四川人民出版社 1985 年 26 页 26cm（16 开）
统一书号：8118.1128 定价：CNY1.50
（民族民间艺术丛书）
　　　清代中国画之画稿，共收图 27 幅。

J0020144
墨梅　（绫裱卷轴）（清）汪士慎作
北京　荣宝斋 [1985 年][1 轴]

J0020145
蒲华　（清）蒲华绘
杭州　浙江人民美术出版社 1985 年 134 页
38cm（6 开）精装 统一书号：8156.717
定价：CNY47.00
（浙江历代名画家作品集）
　　　本画册收入作者作品 134 幅。其中有 40 幅为墨竹画，代表性作品有《墨竹》《快雨》《青琅玕》《乌丝兰上十三行》《空谷幽香》等。

J0020146
清任渭长白描人物　（清）任熊绘；梁树成，李福亮编
哈尔滨　黑龙江美术出版社 1985 年　铅印暨影印本 有图 线装 定价：CNY2.85

J0020147
清任渭长白描人物　梁树成，李福亮编
哈尔滨　黑龙江美术出版社 1985 年 2 版 70 页
27cm（16 开）线装 定价：CNY2.85
　　　清代中国画之白描人物画。

J0020148

秋庭集艳图 （清）程璋,（清）蒲华作
北京 文物出版社 1985 年 1 张 58cm（3 开）
定价: CNY0.30
　　清代国画作品。

J0020149

任渭长画传 任渭长绘
北京 北京市中国书店 1985 年 影印本
20cm（32 开）定价: CNY2.55
　　清代中国画之人物画画册。

J0020150

山川竞秀 （卷轴）（清）项奎作
郑州 河南美术出版社 1985 年 6 轴 附对联 1 副
76cm（2 开）定价: CNY2.50
　　清代国画作品。

J0020151

山水屏 （卷轴）（清）任颐作
石家庄 河北美术出版社 1985 年 4 轴 76cm（2 开）
定价: CNY1.30
　　晚清国画作品之山水画。作者任颐（1840—1896），清末画家。初名润，字次远，号小楼，后改名任颐，字伯年，以字行，浙江山阴航坞山（今杭州市萧山区）人。主要作品有《东津话别图》《三友图》《苏武牧羊图》《蕉阴纳凉图》《池畔窥鱼图》等。

J0020152

扬州八怪画集 （清）汪士慎等绘
南京 江苏美术出版社 1985 年 125 页
26cm（16 开）ISBN: 7-5344-0018-X
定价: CNY20.00（精装）CNY24.00
　　本画册把历史上曾经被称为"八怪"的画家全部列入，简要介绍了他们的生平事迹，并选择了 140 余幅有代表性的作品影印出版。

J0020153

扬州八怪画集
南京 江苏美术出版社 1987 年 125 页
25×26cm（12 开）定价: CNY16.00
　　本画册收入"八怪"的 15 位画家的作品 72 幅。作品以花卉小品居多，兼及山水、人物。

J0020154

扬州八家丛话 秦岭云编著
上海 上海人民美术出版社 1985 年 201 页
有插图 26cm（16 开）定价: CNY1.15
　　本书汇集以散见于李鱓、汪士慎、高翔、金农、黄慎、郑燮、李方膺、罗聘等扬州八家的诗文集、信札、题跋及当时文人阐述的史料，附有图 36 幅。

J0020155

钟馗 （清）任颐作
天津 天津人民美术出版社 1985 年 1 张
［78cm］（3 开）定价: CNY0.20
　　中国现代年画作品。

J0020156

钟馗图 （绫裱卷轴）（清）任伯年作
上海 朵云轩［1985 年］［1 轴］

J0020157

竹石图 （清）郑板桥作
济南 山东美术出版社 1985 年 1 张（卷轴）
附对联 1 副 107cm（全开）定价: CNY2.20
　　清代中国画作品。

J0020158

百梅图 （清）鲍筱安绘; 陈思, 杨池选编
石家庄 河北美术出版社 1986 年 100 页
20cm（32 开）统一书号: 8087.287
定价: CNY1.20
　　本画册收有作者墨梅图 100 幅。全称为《玲珑雪月山房百梅图》。初印于光绪二十二年（1896），是晚清颇有艺术价值的梅谱。

J0020159

风竹 （清）尤荫作
太原 山西人民出版社 1986 年 1 张
76cm（2 开）定价: CNY0.46
　　清代中国画作品。

J0020160

改琦白描仕女画稿 （清）改琦绘
上海 上海书画出版社 1986 年 42 页 20cm（32 开）
统一书号: 8172.1434 定价: CNY0.70
　　作者改琦（1773—1828），回族，清代画家。

字伯蕴，号香白，又号七芗，别号玉壶外史。松江(今上海市)人。主要作品有《玉壶山房词选》《张夫人晓窗点黛图》《元机诗意图》《仕女别泪忧伤图》等。

J0020161
光绪皇帝《大婚图》
北京　紫禁城出版社 1986 年　15cm(40 开)
统一书号：8314.041 定价：CNY1.20
　　　清代中国画画册。

J0020162
华嵒山水册　　(清)华嵒绘
上海　上海书画出版社 1986 年　影印本　16 页
38cm(6 开)统一书号：8172.1253
定价：CNY2.35
　　　作者华岩(1682—1756)，扬州画派代表人物之一。福建上杭白砂里人。一作华喦，字德嵩，更字秋岳，号新罗山人、东园生、布衣生、白沙道人等，工画人物、山水、花鸟、草虫。善书，能诗。

J0020163
华嵒书画集　　单国霖主编；(清)华嵒绘
上海　上海书画出版社 1986 年　16 页 38cm(6 开)
定价：CNY2.35

J0020164
华嵒书画集　　单国霖主编；(清)华嵒绘
北京　文物出版社 1987 年　144 页 37cm(8 开)
精装　ISBN：7-5010-0038-7 定价：CNY90.00

J0020165
康熙六旬万寿庆典图卷
北京　紫禁城出版社 1986 年　10×31cm
统一书号：8314.043 定价：CNY2.50
　　　清代中国画画册。

J0020166
凌烟阁功臣图　　(清)刘源绘；(清)朱圭刻
成都　四川美术出版社 1986 年　30 页 19cm(32 开)
统一书号：8373.17 定价：CNY0.80
　　　清代传统线描资料作品。

J0020167
猫　　(清)倪墨耕作
上海　朵云轩 1986 年　1 张(绫裱卷轴)
　　　清代中国画作品。

J0020168
乾隆时代绘画展　　(1735—1795)香港艺术馆编
香港　香港市政局 1986 年　192 页　有图
33cm(5 开)定价：HKD56.00
　　　外文书名：The Elegant Brush: Chinese Painting under the Qianlong Emperor, 1735—1795.

J0020169
清湘书画稿　　(清)石涛作
北京　人民美术出版社 1986 年　珂罗版印本
1 卷轴 38cm(6 开)
　　　本画稿集作者绘画、书法为一体。

J0020170
深山松瀑图　　(清)佚名作
西安　三秦出版社 1986 年　1 张(卷轴)76cm(2 开)
定价：CNY1.00
　　　清代中国画作品。

J0020171
盛世滋生图　　(清)徐扬绘；辽宁省博物馆等编
北京　文物出版社 1986 年　36×26cm(9 开)
精装 统一书号：8068.1567 定价：CNY70.00
　　　本图为清代工笔风俗画长卷，其名称为《姑苏繁华图》，题跋中称其为《盛世滋生图》。全图长 1225 厘米，宽 35.8 厘米，时藏于辽宁省博物馆，属国家一级文物。作者徐扬，清代画家。字云亭，江苏苏州人。作品有《乾隆南巡图》《盛世滋生图》《京师生春诗意图》《王羲之写经换鹅图》等。

J0020172
诗中画　　荣宝斋编
北京　荣宝斋 1986 年　31 页 26cm(16 开)
统一书号：8030.1455 定价：CNY1.50
　　　中国清代白描人物画。

J0020173
石涛画选　　(清)石涛绘
北京　荣宝斋 1986 年　68 页 25cm(16 开)

统一书号：8030.1464 定价：CNY4.00
　　清代中国画作品选集。

J0020174
烟江叠嶂图　（清）查士标作
上海 朵云轩 1986 年 1 张（绫裱卷轴）
　　清代中国画作品。作者查士标（1615—
1698），清代书画家。号梅壑山人，安徽休宁人。
代表作品《云山图》《空山结屋图》《秋林远岫图》
《云山烟树图》等。

J0020175
郑板桥花卉　（清）郑板桥作
南京 江苏美术出版社 1986 年 4 轴（卷轴）
76cm（2 开）定价：CNY2.70

J0020176
郑板桥竹　（清）郑板桥画
天津 天津人民美术出版社 1986 年 1 张（卷轴）
107cm（全开）定价：CNY0.90
　　清代中国画作品。

J0020177
钟馗　（清）任伯年作
郑州 河南美术出版社 1986 年 1 张（卷轴）
107cm（全开）定价：CNY1.10
　　清后期中国画作品。

J0020178
竹　（清）郑板桥作
兰州 甘肃人民出版社 1986 年 1 张
［78cm］（3 开）定价：CNY0.32
　　清代中国画作品。

J0020179
竹　（清）郑板桥画
天津 天津人民美术出版社 1986 年 1 张（卷轴）
107cm（全开）定价：CNY0.90
　　清代中国画作品。

J0020180
1988：艺苑珍品——王石谷山水册　（清）王
石谷绘
上海 上海书画出版社 1987 年（3 开）
定价：CNY6.30

中国现代工艺美术作品。作者王石谷
（1632—1717），清代画家。字石谷，号耕烟散人、
乌目山人等。曾受清康熙帝之命主绘《南巡图》。
晚年的山水画，在简练中求苍茫；偶画花卉，秀
隽有致。与同时代的画家太仓王时敏、王鉴、王
原祁并称"四王"；合吴历、恽寿平，世称"清六
家"。代表作品有《山水图》《长江万里图》《秋
山草堂图》等。

J0020181
樊圻《山水图册》　（清）樊圻绘
北京 文物出版社 1987 年 1 册（8 幅）26cm（16 开）
统一书号：8068.1599 定价：CNY2.90

J0020182
改琦红楼梦人物图　（清）改琦绘；上海书画
出版社编
上海 上海书画出版社 1987 年 49 页 26cm（16 开）
统一书号：8172.1888 定价：CNY0.95
（中国画传统线描资料）
　　作者改琦（1773—1828），回族，清代画家。
字伯蕴，号香白，又号七芗，别号玉壶外史。松
江（今上海市）人。主要作品有《玉壶山房词选》
《张夫人晓窗点黛图》《元机诗意图》《仕女别泪
忱伤图》等。

J0020183
凌烟阁功臣图　（清）刘源绘
上海 上海书画出版社 1987 年 34 页 26cm（24 开）
定价：CNY0.70
（中国画传统线描资料）
　　清代白描人物画作品。

J0020184
梅竹图　（清）石涛作
上海 朵云轩［1987 年］1 张（卷轴）

J0020185
清王芸阶人物图　（清）王芸阶绘；上海书画
出版社编
上海 上海书画出版社 1987 年 65 页 26cm（16 开）
ISBN：7-80512-054-4 定价：CNY1.15
（中国画传统线描资料）

J0020186

邱寿岩仕女图　（清）邱寿岩绘

上海　上海书画出版社 1987年 46页 26cm（16开）

ISBN：7-80512-087-0 定价：CNY0.85

（中国画传统线描资料）

J0020187

任颐《仕女图册》　（清）任颐绘

北京 文物出版社 1987年 1册（12幅）26cm（16开）

统一书号：8068.1608 定价：CNY3.90

　　作者任颐（1840—1896），清末画家。初名润，字次远，号小楼，后改名任颐，字伯年，以字行，浙江山阴航坞山（今杭州市萧山区）人。主要作品有《东津话别图》《三友图》《苏武牧羊图》《蕉阴纳凉图》《池畔窥鱼图》等。

J0020188

三国画像选　（清）潘画堂绘

上海　上海书画出版社 1987年 74页 26×15cm

定价：CNY1.30

（中国画传统线描资料）

　　中国清代白描人物画作品。

J0020189

三清图　（清）郑板桥作

北京 荣宝斋［1987年］1轴 129×54cm

定价：CNY80.00

　　本作品的"三清"指"竹、菊、兰"。画中的竹子和兰花插入瓶中，菊花侧置入束口的瓷盂，画的左上角题有七言诗一首，借以名其画意。作者郑板桥（1693—1765），江苏兴化人，祖籍苏州。原名郑燮，字克柔，号理庵，又号板桥。"扬州八怪"重要代表人物。代表作品有《修竹新篁图》《清光留照图》《兰竹芳馨图》《甘谷菊泉图》等，著有《郑板桥集》。

J0020190

山水楼阁图册　（清）袁江绘

北京 文物出版社 1987年 27cm（16开）

定价：CNY2.90

J0020191

山水图册　（清）樊圻绘

北京 文物出版社 1987年 27cm（16开）

定价：CNY1.25

J0020192

石谱　（清）周棠绘

北京 紫禁城出版社 1987年 106页 26cm（16开）

ISBN：7-80047-017-2 定价：CNY10.00

　　作者周棠（1806—1876），清代画家。字名伯，又字少白，号兰亭西客。浙江绍兴人。

J0020193

石涛画册　（清）石涛绘

成都 四川美术出版社 1987年 54页 38cm（6开）

ISBN：7-5410-0071-X 定价：CNY7.00

J0020194

石涛书画集　（第一集）（清）石涛绘

北京 人民美术出版社 1987年 288页 19cm（32开）

统一书号：8027.9685 定价：CNY3.70

　　本书选编清代画家石涛在1661—1707年间有纪年的作品39件，无纪年的作品59件，约有图版280幅，对于重要作品，书中还加印了局部图。

J0020195

晚笑堂明太祖功臣图　（清）上官周绘；上海书画出版社编

上海　上海书画出版社 1987年 影印本 44页

26cm（16开）定价：CNY0.72

（中国画传统线描资料）

　　中国清代白描人物画作品。作者上官周（1665—1752），清代画家。原名世显，后改名周，字文佐，号竹庄。福建长汀南山官坊人。山水和人物画造诣很高。代表作品有《樵图》《罗浮山图》《珠江挂帆图》等，其中《晚笑堂画传》最为著名，成为后人临习人物画的范本。

J0020196

王时敏画集　（清）王时敏绘；劳继雄编

上海　上海人民美术出版社 1987年 46页

26cm（16开）定价：CNY3.70

　　本画集选收作者25-85岁的代表作76幅，多为山水画。介绍画家在不同时期的艺术追求和创作特色。作者王时敏（1592—1680），清初山水画家。本名赞虞，字逊之，号烟客，晚号归村，世称西田先生。江苏太仓人。代表作品《仿山樵山水图》《层峦叠嶂图》等。

J0020197

虚谷画集 （清）虚谷绘
台北 艺术图书公司 1987年 104页 26cm（16开）
精装 定价：TWD600.00

　　晚清国画作品集。外文书名：Hsu Ku Collected Paintings.

J0020198

袁江《山水楼阁图册》 （清）袁江绘
北京 文物出版社 1987年 1册（8幅）26cm（16开）
统一书号：8068.1598 定价：CNY2.90

　　中国清代山水画作品。作者袁江（1662—1735），清代画家。字文涛，号岫泉，生于江都（今江苏扬州）。代表作品《梁园飞雪图》《东园胜概图》《汉宫秋月图》。

J0020199

原济山水图册 （清）原济绘
北京 文物出版社 1987年 8幅 10cm（64开）
ISBN：7-5010-0081-6 定价：CNY1.00

　　中国清代山水画作品。

J0020200

圆明园图咏 河北美术出版社编
石家庄 河北美术出版社 1987年 26cm（16开）
统一书号：8087.1993 ISBN：7-5310-0004-0
定价：CNY7.00

　　本书共 40 幅图。清雍正时期（1723—1735）由朝中诸大臣们主持绘制并赋诗作序，将圆明园的 40 处名景详尽绘出。

J0020201

恽寿平书画集 （清）恽寿平作；承名世主编
北京 文物出版社 1987年 230 页 35cm（15开）
统一书号：8068.1645 精装 ISBN：7-5010-0037-9
定价：CNY95.00

　　本书所收作品，是从上海博物馆书画藏品中精选出来的，共 179 幅，基本上反映出恽寿平一生各个时期的艺术面貌。作者恽寿平（1633—1690），清代画家、书法家。名格，字寿平，以字行，又字正叔，别号南田等。江苏武进人。主要作品有《红梅山茶图》《梅竹图》《玉堂富贵图》《桃花图》《三友图》《梧轩图》《蓼汀渔藻图》《林居高士图》等。

J0020202

赵之谦 （清）赵之谦书绘；钱君匋编
杭州 浙江人民美术出版社 1987年 38cm（6开）
精装 ISBN：7-5340-0020-3 定价：CNY39.00

　　本书包括绘画、书法、篆刻、图版简释、赵之谦大事记等 5 部分。赵之谦（1829—1884），艺术家；作者钱君匋（1907—1998），篆刻书画家。浙江桐乡人。现通用名为钱君陶。名玉堂、锦堂，字君陶，号豫堂、禹堂。毕业于上海艺术师范学校。曾任西泠印社副社长、上海文艺出版社编审、上海市政协委员等职。代表作品《长征印谱》《君长跋巨卯选》《鲁迅印谱》《钱君陶印存》。

J0020203

赵之谦 （清）赵之谦作；钱君匋编著
杭州 浙江人民美术出版社 1987年 有图
43cm（8开）精装 ISBN：7-5340-0021-1
定价：CNY59.00

　　本书包括绘画、书法、篆刻、图版简释、赵之谦大事记等 5 部分。赵之谦（1829—1884），晚清书画家。字益甫，别号铁三、冷君。

J0020204

1989：袁江山水画 （挂历）（清）袁江绘
郑州 河南美术出版社 1988年 76cm（2开）
定价：CNY10.00

　　本书系中国现代工艺美术作品。作者袁江（1662—1735），清代画家。字文涛，号岫泉，生于江都（今江苏扬州）。代表作品《梁园飞雪图》《东园胜概图》《汉宫秋月图》。

J0020205

1989：郑板桥书画 （挂历）
上海 上海书画出版社 1988年 78cm（3开）
定价：CNY7.50

　　本书系中国现代工艺美术作品。作者郑板桥（1693—1765），江苏兴化人，祖籍苏州。原名郑燮，字克柔，号理庵，又号板桥。"扬州八怪"重要代表人物。代表作品有《修竹新篁图》《清光留照图》《兰竹芳馨图》《甘谷菊泉图》等，著有《郑板桥集》。

J0020206

费晓楼仕女画谱 （清）费晓楼绘
上海 上海书店 1988年 98 页 19cm（32开）

ISBN：7-80569-034-0 定价：CNY1.60

J0020207
费晓楼仕女画谱 （清）费晓楼绘
北京 大众文艺出版社 1996年 100页
19cm（小32开）ISBN：7-80094-183-3
定价：CNY12.80

J0020208
龚贤山水卷 （清）龚贤绘
天津 天津人民美术出版社 1988年 1轴 有画册
30cm（10开）ISBN：7-5305-0156-9
定价：CNY45.00
　　清代山水画作品，卷轴装。作者龚贤（1618—
1689），明末清初画家。又名岂贤，字半千，又字
野遗，岂贤，号半亩等。江苏昆山人。著有《香
草堂集》《画诀》《柴丈人画稿》《龚半千课徒
画说》。

J0020209
姑苏繁华图 （清）徐扬绘；徐秉琨著
香港 商务印书馆（香港）公司 1988年 36cm（6开）
精装 ISBN：962-07-5113-2
　　清代中国画作品。外文书名：Prosperous Su-
zhou.

J0020210
刘晖书画选 （清）刘晖绘
西安 三秦出版社 1988年 68页 26cm（16开）
ISBN：7-80546-027-2

J0020211
芦雁 （清）边寿民作
北京 荣宝斋 1988年 120cm（1开）
　　作者边寿民（1684—1752），清代著名花鸟
画画家。江苏淮安人。初名维祺，字颐公，又字
渐僧、墨仙，号苇间居士，晚年又号苇间老民等。
工诗词、精书法。代表作品有《芦雁图全套八幅
册页》《碧梧双峰图》《老圃秋容图》等。

J0020212
任伯年 （清）任颐绘
天津 天津人民美术出版社 1988年 37cm（8开）
精装 ISBN：7-5305-0102-X 定价：CNY180.00
　　本书系清代中国画作品，共包括人物画、花

鸟画和山水画作品130幅。作者任颐（1840—
1896），清末画家。浙江山阴航坞山（今杭州市萧
山区）人。改名任颐，字伯年，以字行。初名润，
字次远，号小楼。主要作品有《东津话别图》《三
友图》《苏武牧羊图》《蕉阴纳凉图》《池畔窥鱼
图》等。

J0020213
任伯年画集 （清）任伯年绘
天津 天津人民美术出版社 1988年 28cm（16开）
ISBN：7-5344-0597-1 定价：CNY28.00
　　本画集收有作者人物画37幅，花鸟画86幅，
山水画7幅。作者任伯年（1840—1896），清末画
家。浙江山阴航坞山（今杭州市萧山区）人。改
名任颐，字伯年，以字行。初名润，字次远，号
小楼。主要作品有《东津话别图》《三友图》《苏
武牧羊图》《蕉阴纳凉图》《池畔窥鱼图》等。

J0020214
石涛世界 （清）石涛绘
北京 荣宝斋 1988年 92页 17cm（32开）
ISBN：7-5003-0009-3 定价：CNY5.00
　　清代中国画作品。

J0020215
吴友如仕女百图 吴友如绘
上海 上海书画出版社 1988年 96页
26×15cm（21开）ISBN：7-80512-196-6
定价：CNY1.75
（中国画传统线描资料）
　　作者吴友如（1840—1893），清代画家。名嘉
猷，字友如，别署猷，江苏元和（今吴县）人，绘
《点石斋画报》《飞影阁画报》《点石斋画报》。

J0020216
瘿瓢山人黄慎书画册 丘幼宣，谢从荣编
福州 福建美术出版社 1988年 121页 33cm
ISBN：7-5393-0010-8 定价：CNY50.00
　　作者黄慎（1687—1772），清代书画家。初名
盛，字恭寿，躬懋、菊壮，号瘿瓢子，别号东海布
衣。福建宁化人。代表画作《十二司月花神图》
《商山四皓图》《伏生授经图》《醉眠图》《芦鸭
图》《蛟湖诗草》等。

J0020217

瘿瓢山人黄慎书画册 （清）黄慎作；谢从荣，丘幼宣编

福州 福建美术出版社 1988年 189页

19cm（小32开）ISBN：7-5393-0010-8

定价：CNY50.00（平装），CNY68.00（精装）

本书共收绘画及书法作品167幅，其中有人物画61幅，翎毛花卉53幅，山水29幅，书法24幅。

J0020218

郑板桥兰竹册 （清）郑燮作

上海 上海书画出版社 1988年 36×50cm

本画册收录作者作品《兰竹》《瓶菊》《兰竹石》《竹石》《蒲草》《双兰》6幅画，以及1幅字。作者郑板桥（1693—1765），江苏兴化人，祖籍苏州。原名郑燮，字克柔，号理庵，又号板桥。"扬州八怪"重要代表人物。代表作品有《修竹新篁图》《清光留照图》《兰竹芳馨图》《甘谷菊泉图》等，著有《郑板桥集》。

J0020219

郑板桥墨竹四屏条 （清）郑板桥作

上海 上海书画出版社［1988年］2轴（卷轴）

76cm（2开）定价：CNY4.20

J0020220

郑板桥墨竹四屏条 （直开双画四轴 年画小样）（清）郑板桥作

上海 上海书画出版社［1988年］重版 2轴

19cm（22开）卷轴 统一书号：8172.1101

定价：CNY1.35

清代国画作品。

J0020221

1990年任伯年画选月历

北京 文物出版社 1989年 54cm（4开）

定价：CNY6.50

中国现代工艺美术作品，内容为晚清国画。

J0020222

高其佩画集 杨仁恺主编

上海 上海书画出版社 1989年 38cm（6开）精装

ISBN：7-80512-394-2 定价：CNY160.00

本书收辑故宫博物院、辽宁省博物馆等公私庋藏高氏作品169件。其中有《饱虎图》《雁行图》《怒容钟馗图》等。作者高其佩（1660—1734），清代官员、画家。字韦之，号且园、南村、书且道人，别号颇多，另有山海关外人、创匠等。奉天辽阳（今属辽宁）人。代表作品有《饱虎图》《雁行图》《怒容钟馗图》《梧桐喜鹊图》。

J0020223

黄慎画集 （清）黄慎绘；荣宝斋编辑

北京 荣宝斋 1989年 24页 25cm（15开）

ISBN：7-5003-0047-6 定价：CNY3.90

本书系清代国画作品。

J0020224

金农花卉图册 （清）金农绘；辽宁省博物馆编

北京 文物出版社 1989年 8张 26cm（16开）

定价：CNY3.40

J0020225

金农书画集 （清）金农绘；荣宝斋编辑

北京 荣宝斋 1989年 25cm（12开）

ISBN：7-5003-0076-X 定价：CNY3.90

本画集共收有梅花册页10幅，扇面书画3幅，漆书册页20幅。作者金农（1687—1763），清代书画家，扬州八怪之首。钱塘（今浙江杭州人），字寿门，又字司农、吉金，号冬心先生。代表作品有《东萼吐华图》《空捍如洒图》《腊梅初绽图》等。

J0020226

清代学者象传合集 叶衍兰，叶恭绰编

上海 上海古籍出版社 1989年 578页 20cm（32开）

精装 ISBN：7-5325-0318-6 定价：CNY12.90

清代人物工笔画作品。

J0020227

清恽寿平画花卉册 （清）恽寿平绘

台北 台北故宫博物院 1989年 再版 12幅（函）

33cm（5开）

J0020228

任熊《十万画册》 （清）任熊绘

北京 文物出版社 1989年 10张 26cm（16开）

定价：CNY3.50

中国晚清国画作品。

J0020229

郑板桥画选　（清）郑板桥绘；荣宝斋编辑
北京　荣宝斋　1989 年　24 页　25cm（小 16 开）
ISBN：7-5003-0046-8　定价：CNY4.30

J0020230

竹石图　（清）郑板桥绘
北京　荣宝斋［1989 年］1 张（卷轴）107cm（全开）

J0020231

采莲图　（清）任伯年作
北京　荣宝斋　1990 年　1 张
　　　现代中国画。

J0020232

戴煦干笔山水册　（清）戴煦绘
天津　天津市古籍书店　1990 年　影印本　10 页
26×38cm　定价：CNY3.50
　　　本书据中国历史博物馆顾问史树青藏本影
印。作者戴煦（1805—1860），清代数学家，画家。
初名邦棣，字鄂士，钱塘人。

J0020233

上海博物馆藏四高僧画集　谢稚柳主编
上海　上海人民美术出版社　1990 年　94 页
38cm（8 开）精装
　　　本画集是根据上海博物馆举办的《清初四画
僧精品展览》作品中选编的 94 幅图画，主要作品
有：弘仁的《黄海松石图》《林泉图》；髡残的《茅
屋白云图》《清江一曲图卷》；石涛的《竹石梅花
图》《山窗研读图》等。本书与香港大业公司合
作出版。

J0020234

石涛　郑为编
上海　上海人民美术出版社　1990 年　145 页
37cm（8 开）精装　ISBN：7-5322-0047-7
定价：CNY62.00

J0020235

石涛绘罗汉图册　（清）石涛绘
天津　天津市古籍书店　1990 年　影印本　16 页
26cm（16 开）定价：CNY1.30

J0020236

石涛蔬果画册　（清）石涛绘
天津　天津市古籍书店　1990 年　影印本　8 页
26×37cm　定价：CNY3.50

J0020237

苏六朋、苏仁山书画　高美庆编辑
广州　广州美术馆　1990 年　327 页　28cm（16 开）
精装　定价：HKD250.00
　　　外文书名：The Art of Su Liupeng & Su Renshan.
本书与香港中文大学文物馆合作出版。作者苏
六朋，字枕琴，号怎道人，别署罗浮道人，广东
顺德人。善人物、山水。画人物师法元人物和
清代画家黄慎。多以社会现实生活为题材，生
动逼真。

J0020238

八大山人花鸟画手卷　（卷轴）
［北京］荣宝斋　1991 年　1 轴
　　　本书系清代国画花鸟画手卷，全长 5 米，通
高 26 厘米。

J0020239

浙江　髡残　石涛　八大山人四僧画集
（清）浙江等绘
天津　天津人民美术出版社　1991 年　186 页
38cm（9 开）精装　ISBN：7-5305-0265-4
定价：CNY322.00
　　　本画集选收故宫博物院、上海博物馆、天津
市艺术博物馆、南京博物院、安徽省博物馆收藏
的四僧画作精品 187 幅。

J0020240

蒲华墨竹选　（清）蒲华绘
杭州　浙江人民美术出版社　1991 年　48 页
26cm（16 开）ISBN：7-5340-0239-7
定价：CNY3.00
（名家画艺把秀）
　　　本画选收作品 21 幅，每幅都有局部放大，
黑白版。作者蒲华（1832—1911），清代文人画
家。浙江嘉兴人。字作英，亦作竹英、竹云，号
胥山野史、胥山外史、种竹道人，斋名九琴十砚
斋、九琴十研楼、芙蓉庵，夫蓉盒、剑胆琴心室
等。传世作品有《倚篷人影出菰芦图》《荷花图》
《竹菊石图》《桐荫高士图》。

J0020241

蒲华书画集 （清）蒲华绘；蔡耕，富华编
北京 人民美术出版社 1991年 350页 有图
19cm（小32开）ISBN：7-102-00516-4
定价：CNY15.00

　　本画集收有作者花卉作品180多幅，山水作品百幅，书法作品40余件。书后附有吴昌硕书《蒲华墓志》等。

J0020242

任伯年画集 （清）任颐绘；董玉龙，胡孟炎编
杭州 浙江人民美术出版社 1991年 47页 36cm
（10开）ISBN：7-5340-0270-2 定价：CNY38.00
（中国画名家作品粹编）

J0020243

王石谷重江叠嶂图卷 （清）王石谷绘；上海
书画出版社编
上海 上海书画出版社 1991年 31幅 38cm（6开）
ISBN：7-80512-530-9 定价：CNY12.00
（中国画名家范本系列）

J0020244

扬州八怪现存画目 卞孝萱主编；王凤珠，
周积寅编
南京 江苏美术出版社 1991年 523页 21cm（32开）
精装 ISBN：7-5344-0207-7 定价：CNY8.90
（扬州八怪研究资料丛书）

J0020245

赵之谦画集 （清）赵之谦绘；钱君匋编
杭州 浙江人民美术出版社 1991年 48页
38cm（6开）ISBN：7-5340-0271-0
定价：CNY38.00
（中国画名家作品粹编）

　　作者赵之谦（1829—1884），浙江绍兴人，近代艺术家。编者钱君匋（1907—1998），篆刻书画家。浙江桐乡人。现通用名为钱君陶。名玉堂、锦堂，字君陶，号豫堂、禹堂。毕业于上海艺术师范学校。曾任西泠印社副社长、上海文艺出版社编审、上海市政协委员等职。代表作品《长征印谱》《君长跋巨卯选》《鲁迅印谱》《钱君陶印存》。

J0020246

赵之谦书画集 （清）赵之谦绘；阮荣春编
北京 人民美术出版社 1991年 2册 有图
19cm（小32开）ISBN：7-102-00532-6
定价：CNY30.50

　　本书收录清代书画家赵之谦绘画作品243件；各体书法作品226件。

J0020247

郑板桥书画集 （清）郑板桥书绘；周积寅编
北京 人民美术出版社 1991年 2册（322；297页）
19cm（32开）ISBN：7-102-00070-7 定价：CNY21.50

　　本书收辑作者书画作品500多幅，书前有《郑板桥以及艺术》一文。

J0020248

八大山人画集 （清）朱耷绘
南昌 江西美术出版社 1992年 38cm（6开）
精装 ISBN：7-80580-052-9 定价：CNY150.00
　　本书共收录清代八大山人书画作品80余幅。

J0020249

董继宁画集 董继宁绘；陈东华主编
武汉 湖北美术出版社 1992年 26cm（大16开）
ISBN：7-5394-0280-6 定价：CNY60.00

　　本书收有作者山水作品60幅，每幅图都有英文介绍。作者董继宁（1955—　），教授。湖北咸宁人，毕业于湖北美术学院。历任湖北省美术院院长、教授、硕士生导师，湖北省美术家协会副主席、中国画艺委会主任、湖北省国际文化交流中心理事等。代表作品《长河落日圆》《春醒》《史诗中的三峡》等。

J0020250

海上四任精品 （故宫博物院藏任熊、任薰、任颐、任预绘画选集）（清）任熊等绘；潘深亮等编
石家庄 河北美术出版社 1992年 173页
38cm（6开）精装 ISBN：7-5310-0480-1
定价：CNY680.00

　　本画册共收入清末活跃于上海画坛的任熊、任薰、任颐、任预的绘画精品132幅，其他画家作品6幅。其中有：任熊的《麻姑献寿图》、任薰的《饲马图》等，每幅图有文字说明和中英文对照说明。本书与亚洲艺术出版社合作出版。

J0020251

任伯年作品集　（清）任颐绘；王靖宪编著
北京　人民美术出版社　1992 年　2 册（512 页）
有画像　19cm（32 开）　ISBN：7-102-00320-X
定价：CNY20.00
　　清代中国画画册。

J0020252

四王画集　（清）王时敏等绘
上海　上海书画出版社　1992 年　38cm（6 开）
精装　ISBN：7-80512-661-5　定价：CNY345.00
　　本画册收录清初画坛王时敏、王鉴、王翚、王原祁的绘画作品 104 幅图。分 5 部分为：序言、四王作品、前部分图版附录、四王年表、编者后记。

J0020253

四王画集　（王时敏　王鉴　王翚　王原祁）（清）王时敏等绘
天津　天津人民美术出版社　1992 年　191 页
38cm（8 开）精装　ISBN：7-5305-0312-X
定价：CNY352.00
　　本画集收入清代画家王时敏作品 9 件 29 幅；王鉴作品 18 件 25 幅；王翚 39 件 72 幅；王原祁 22 件 65 幅，共有作品 88 件 191 幅。为故宫博物院、南京博物院、首都博物馆等单位的藏画。作者王时敏（1592—1680），清初山水画家。本名赞虞，字逊之，号烟客，晚号归村，世称西田先生。江苏太仓人。代表作品《仿山樵山水图》《层峦叠嶂图》等。作者王鉴（1598—1677），明末清初画家。字玄照，后改字元照、圆照，号湘碧、染香庵主。出生于江苏太仓。主要作品《画中九友歌》。作者王翚（1632—1717），清代著名画家。字石谷，号耕烟散人、乌目山人、清晖老人等。江苏常熟人。传世作品有《秋山萧寺图》《虞山枫林图》《秋树昏鸦图》《芳洲图》等。作者王原祁（1642—1715），清代画家。字茂京，号麓台、石师道人，苏州府太仓人。代表作品有《佩文斋书画谱》《万寿盛典图》《雨窗漫笔》《落霞孤鹜图》《麓台题画稿》等。

J0020254

王石谷画集　（清）王石谷绘；陈履生编著
北京　人民美术出版社　1992 年　有图版
26cm（16 开）统一书号：7-102-06984-1
定价：CNY10.00

　　本画集收录清代画家王石谷 1653—1717 年间的画作 112 幅。作者王石谷（1632—1717），清代画家。广东普宁市乌目山人，名翚，字石谷。代表作品有《山水图》《南巡图》《长江万里图》等。

J0020255

方山庶山水册　杜用庭编辑
香港　集古斋　1993 年　有图　29cm（16 开）
定价：HKD120.00

J0020256

高凤翰书画集　（清）高凤翰绘；山东省博物馆编
北京　人民美术出版社　1993 年　36cm（15 开）精装
ISBN：7-102-00893-7
　　作者高凤翰（1683—1749），清代国画家。字西园，号南阜，山东胶州人。代表作品《砚史》《南阜集》等。

J0020257

黎简谢兰生书画　［黎简，谢兰生］作
香港　香港中文大学文物馆　1993 年　265 页
有地图　28cm（大 16 开）精装
ISBN：962-7101-25-7　定价：HKD280.00
　　本书由香港中文大学文物馆、广东省博物馆、广州美术馆联合出版。外文书名：The Art of Li Jian and Xie Lansheng.

J0020258

蒲华山水图册　蒲华绘；上海书画出版社编著
上海　上海书画出版社　1993 年　37cm
ISBN：7-80512-708-7　定价：CNY18.70
（中国画名家范本系列）
　　本画册绘于 1888 年 12 月，共 12 幅。作者蒲华（1832—1911），清代文人画家。浙江嘉兴人。字作英，亦作竹英、竹云，号胥山野史、胥山外史、种竹道人，斋名九琴十砚斋、九琴十研楼、芙蓉庵，夫蓉盦、剑胆琴心室等。传世作品有《倚篷人影出菰芦图》《荷花图》《竹菊石图》《桐荫高士图》。

J0020259

任伯年精品集　（清）任颐绘；董玉龙主编；中国美术馆编
北京　人民美术出版社　1993 年　215+53 页
37cm（8 开）精装　ISBN：7-102-01193-8

定价：CNY37.12

　　本书系清后期中国画画册。

J0020260

郑板桥书画精品册　钟克豪藏版
广州 世界图书出版公司广州分公司 1993 年 96 页
26cm（16 开）ISBN：7-5062-2378-3
定价：CNY7.10

J0020261

郑板桥书画精品选　郑板桥艺术节组织委员
会编
北京 文物出版社 1993 年 94 页 26cm（大 16 开）
ISBN：7-5010-0743-8 定价：CNY68.00，
CNY88.00（精装）

J0020262

华嵒画集　（清）华嵒绘；程锡瀛编著
北京 人民美术出版社 1994 年 255 页
19cm（32 开）ISBN：7-102-01371-X
定价：CNY15.00

　　本书收有绘画作品 255 幅。

J0020263

兰道人百兰谱　（清）吴焕彩绘
石家庄 河北美术出版社 1994 年 101 页
25×26cm ISBN：7-5310-0642-1 定价：CNY33.00
　　作者吴焕彩，清代画家。字文渊，别号兰石、
兰道人，又署宛溪吟客、琴溪渔隐，安徽古歙州
（今泾县西）人。著有《兰道人百兰谱》。

J0020264

蒲华画集　（清）蒲华绘
杭州 浙江人民美术出版社 1994 年 47 页
38cm（6 开）精装 ISBN：7-5340-0425-X
定价：CNY72.00
（中国画名家作品粹编）

J0020265

王时敏　王鉴　王翚　王原祁山水画风　（清）
王时敏等绘；王剑等编
重庆 重庆出版社 1994 年 186 页 26cm（16 开）
精装 ISBN：7-5366-2938-9 定价：CNY40.00

J0020266

虚谷画集　（清）虚谷绘
石家庄 河北美术出版社 1994 年 37cm（8 开）
精装 ISBN：7-5310-0636-7

　　本书系晚清国画作品集。外文书名：Xugu's
Album of Paintings. 本书与亚洲艺术出版社合作
出版。作者虚谷（1823—1896），清代画家。俗姓
朱，名怀仁，僧名虚白，字虚谷，别号紫阳山民、
倦鹤等。祖籍新安（今安徽歙县）。传世作品有《梅
花金鱼图》《枇杷图》等。

J0020267

虚谷画集　潘深亮主编
石家庄 河北美术出版社 1994 年 346 页
37cm（8 开）精装 ISBN：7-5310-0636-7
定价：CNY780.00

　　本书系晚清国画作品。

J0020268

扬州八家画家　（汪士慎 李鱓 黄慎 金农 高翔
郑燮 李方膺 罗聘）（清）汪士慎等绘
天津 天津人民美术出版社 1994 年 36cm（15 开）
精装 ISBN：7-5305-0388-X

J0020269

中国近现代名家画集　（任伯年）（清）任颐绘
台北 锦绣文化企业 1994 年 214 页 有肖像
37cm（8 开）精装 ISBN：957-768-009-7

J0020270

百美图谱　（清）王钵池绘
石家庄 河北美术出版社 1995 年 影印本
26cm（16 开）ISBN：7-5310-0669-3
定价：CNY21.00

　　本书原名：《百美新咏图传》，据清嘉庆年间
版影印，收有历代仕女图百幅。

J0020271

李鱓　高凤翰　李方膺画风　（清）李鱓等
绘；巫晓文等编
重庆 重庆出版社 1995 年 26cm（16 开）精装
ISBN：7-5366-3265-7 定价：CNY48.00
（中国古代绘画大师画风系列）

J0020272
清代人物画风　施达夫等编
重庆　重庆出版社　1995 年　150 页　26cm（16 开）
精装　ISBN：7-5366-3271-1　定价：CNY48.00
（中国古代绘画大师画风系列）

J0020273
清代山水画风　李一等编
重庆　重庆出版社　1995 年　26cm（16 开）　精装
ISBN：7-5366-3268-1　定价：CNY48.00
（中国古代绘画大师画风系列）

J0020274
任熊　任薰　任颐　任预　精品　赵贵德，
吴守明主编
石家庄　河北美术出版社　1995 年　291 页
38cm（6 开）精装　ISBN：7-5310-0724-X
定价：CNY790.00

J0020275
任熊　任薰　任颐　任预扇面精品　（图集）
（清）任熊等绘
石家庄　河北美术出版社　1996 年　46 页
25×26cm
ISBN：7-5310-0837-8　定价：CNY26.00

J0020276
石涛山水画风　（清）石涛绘；李一等编
重庆　重庆出版社　1995 年　143 页　26cm（16 开）
精装　ISBN：7-5366-3264-9　定价：CNY48.00
（中国古代绘画大师画风系列）

J0020277
石涛书画全集　（清）石涛作
天津　天津人民美术出版社　1995 年　2 册
（209+428 页）37cm　精装　ISBN：7-5305-0491-6

J0020278
王鉴画集　（清）王鉴绘；陈履生，李老十编著
北京　人民美术出版社　1995 年　260 页　19cm（32 开）
ISBN：7-102-01496-1　定价：CNY25.00
　　本书系清代中国画画册。作者王鉴（1598—1677），明末清初画家。字玄照，后改字元照、圆照，号湘碧、染香庵主。出生于江苏太仓。主要作品《画中九友歌》。

J0020279
王时敏画集　（清）王时敏绘；陈履生，李老十编著
北京　人民美术出版社　1995 年　250 页
19cm（小 32 开）ISBN：7-102-01493-7
定价：CNY25.00
　　本书系清代中国画画册。作者王时敏（1592—1680），清初山水画家。本名赞虞，字逊之，号烟客，晚号归村，世称西田先生。江苏太仓人。代表作品《仿山樵山水图》《层峦叠嶂图》等。

J0020280
虚谷画风　（清）虚谷绘；田军等编
重庆　重庆出版社　1995 年　128 页　26cm（16 开）
精装　ISBN：7-5366-3248-7　定价：CNY48.00
（中国古代绘画大师画风系列）
　　作者虚谷（1823—1896），清代画家。俗姓朱，名怀仁，僧名虚白，字虚谷，别号紫阳山民、倦鹤等。祖籍新安（今安徽歙县）。传世作品有《梅花金鱼图》《枇杷图》等。

J0020281
恽南田画风　（清）恽南田绘；李一等编
重庆　重庆出版社　1995 年　26cm（16 开）精装
ISBN：7-5366-3246-0　定价：CNY40.00
（中国古代绘画大师画风系列）

J0020282
八大山人山水画选　（清）朱耷绘
南昌　江西美术出版社　1996 年　53cm（4 开）
ISBN：7-80580-336-6　定价：CNY24.00
（中国画名家名作）

J0020283
改琦仕女画谱　（清）改琦绘
北京　大众文艺出版社　1996 年　100 页
19cm（小 32 开）ISBN：7-80094-184-1
定价：CNY12.80
　　作者改琦（1773—1828），回族，清代画家。字伯蕴，号香白，又号七芗，别号玉壶外史。松江（今上海市）人。主要作品有《玉壶山房词选》《张夫人晓窗点黛图》《元机诗意图》《仕女别泪忧伤图》等。

J0020284
金农书画集 （清）金农绘；上海书画出版社，西泠印社［编］
上海 上海书画出版社 1996 年 38cm（6 开）
精装 ISBN：7-80512-928-2 定价：CNY360.00
　　本书与西泠印社合作出版。作者金农（1687—1763），清代书画家。浙江仁和人，字寿门，又字司农，号冬心等。

J0020285
清代名人画稿
北京 中国书店 1996 年 影印本 有图 线装
ISBN：7-80568-776-5 定价：CNY120.00
　　本书共分二册。

J0020286
清代名人画稿
北京 中国书店 1996 年 2 册 14×17cm 线装
ISBN：7-80568-776-5 定价：CNY120.00
　　本书系清代中国画作品。

J0020287
四王吴恽绘画 萧燕翼主编
香港 商务印书馆（香港）有限公司 1996 年 298 页
29cm（16 开）精装 ISBN：962-07-5205-8
（故宫博物院藏文物珍品全集 12）

J0020288
太平欢乐图 （清）金鄂岩绘
北京 中国书店 1996 年 影印本 有图 23cm 线装
ISBN：7-80568-778-1 定价：CNY60.00
　　清代中国画作品。

J0020289
晚清社会风俗百图 （清）吴友如绘；孙继林编
上海 学林出版社 1996 年 100 页 25×26cm 精装
ISBN：7-80510-811-0 定价：CNY50.00
　　作者吴友如（1840—1893），清代画家。名嘉猷，字友如，别署猷，江苏元和（今吴县）人，绘《点石斋画报》《飞影阁画报》《点石斋画报》。

J0020290
王翚画集 （清）王翚绘；邵琦编
上海 上海人民美术出版社 1996 年 116 页
26cm（16 开）ISBN：7-5322-1579-2

定价：CNY21.00
（清六家画丛）

J0020291
王鉴画集 （清）王鉴绘；郑威编
上海 上海人民美术出版社 1996 年 103 页
26cm（16 开）ISBN：7-5322-1439-7
定价：CNY20.00
（清六家画丛）

J0020292
王时敏画集 王运天编
上海 上海人民美术出版社 1996 年 113 页
26cm（16 开）ISBN：7-5322-1577-6
定价：CNY21.00
（清六家画丛）
　　作者王时敏（1592—1680），清初山水画家。本名赞虞，字逊之，号烟客，晚号归村，世称西田先生。江苏太仓人。代表作品《仿山樵山水图》《层峦叠嶂图》等。

J0020293
王原祁画集 （清）王原祁绘；陈履生，李老十编
北京 人民美术出版社 1996 年 2 册（259+211 页）
19cm（小 32 开）ISBN：7-102-01499-6
定价：CNY45.00

J0020294
王原祁画集 （清）王原祁绘；徐建融编
上海 上海人民美术出版社 1996 年 99 页
26cm（16 开）ISBN：7-5322-1440-0
定价：CNY19.00
（清六家画丛）
　　作者王原祁（1642—1715），清朝画家。江苏太仓人，字茂京，号麓台。

J0020295
吴历画集 （清）吴历绘；郑威编
上海 上海人民美术出版社 1996 年 112 页
26cm（16 开）ISBN：7-5322-1581-4
定价：CNY21.00
（清六家画丛）
　　作者吴历（1632—1718），清代书画家。字渔山，号墨井道人、桃溪居士，江南常熟（今属江

苏）人。代表作品有《湖天春色图》《人物故事图》《山邨邨密图》，著有《墨井诗钞》《三巴集》《桃溪集》《墨井画跋》。

J0020296
扬州八怪绘画精品录　李万才，周积寅编
南京　江苏美术出版社　1996 年　15+27+476 页
20cm（32 开）精装　ISBN：7–5344–0585–8
定价：CNY45.00
（扬州八怪研究资料丛书）

J0020297
扬州画派书画全集　（金农）（清）金农绘
天津　天津人民美术出版社　1996 年　2 册
38cm（10 开）精装　ISBN：7–5305–0638–2

J0020298
扬州画派书画全集　（高凤翰）（清）高凤翰绘
天津　天津人民美术出版社　1998 年　332+16 页
38cm（10 开）精装　ISBN：7–5305–0975–6
定价：CNY560.00

J0020299
扬州画派书画全集　（华嵒）（清）华嵒绘
天津　天津人民美术出版社　1998 年　38cm（10 开）

J0020300
扬州画派书画全集　（黄慎）（清）黄慎绘
天津　天津人民美术出版社　1998 年　330 页
38cm（10 开）精装　ISBN：7–5305–0942–X
定价：CNY630.00

J0020301
扬州画派书画全集　（李鱓）（清）李鱓绘
天津　天津人民美术出版社　1998 年　11+317 页
38cm（10 开）精装　ISBN：7–5305–0784–2

J0020302
扬州画派书画全集　（郑燮）（清）郑燮绘
天津　天津人民美术出版社　1998 年　11+299 页
38cm（10 开）精装　ISBN：7–5305–0970–5
定价：CNY540.00

J0020303
扬州画派书画全集　（罗聘）（清）罗聘绘

天津　天津人民美术出版社　1999 年　26+224+10 页
38cm（10 开）精装　ISBN：7–5305–0998–5
定价：CNY400.00
　　作者罗聘（1733—1799），清代画家。字遯夫，号两峰，又号衣云、师莲老人等。祖籍安徽歙县。代表作有《物外风标图》《两峰蓑笠图》《丹桂秋高图》《谷清吟图》《画竹有声图》等。著有《香叶草堂集》。

J0020304
袁江袁耀画集　（清）袁江,（清）袁耀［绘］
天津　天津人民美术出版社　1996 年　38cm（6 开）
精装　ISBN：7–5305–0533–5　定价：CNY440.00
　　作者袁江（1662—1735），清代画家。字文涛，号岫泉，生于江都（今江苏扬州）。代表作品《梁园飞雪图》《东园胜概图》《汉宫秋月图》。

J0020305
恽寿平画集　（清）恽寿平绘；刘一闻编
上海　上海人民美术出版社　1996 年　104 页
26cm（16 开）ISBN：7–5322–1582–2
定价：CNY20.00
（清六家画丛）
　　作者恽寿平（1633—1690），清代画家、书法家。名格，字寿平，以字行，又字正叔，别号南田等。江苏武进人。主要作品有《红梅山茶图》《梅竹图》《玉堂富贵图》《桃花图》《三友图》《梧轩图》《蓼汀渔藻图》《林居高士图》等。

J0020306
赵之谦书画集　（清）赵之谦作
天津　天津古籍出版社　1996 年　39cm（8 开）精装
ISBN：7–80504–500–3　定价：CNY210.00

J0020307
中国近现代名家画集　（任伯年）（清）任颐绘
天津　天津人民美术出版社　1996 年　38cm（8 开）
精装　ISBN：7–5305–0607–2
　　近代中国画画册。作者任伯年（1840—1896），清末画家。浙江山阴航坞山（今杭州市萧山区）人。改名任颐，字伯年，以字行。初名润，字次远，号小楼。主要作品有《东津话别图》《三友图》《苏武牧羊图》《蕉阴纳凉图》《池畔窥鱼图》等。

J0020308
中国历代帝王名臣像真迹
石家庄 河北美术出版社 1996 年 600 页
29cm（16 开）精装 ISBN：7-5310-0811-4
定价：CNY450.00

J0020309
1998：清风 （扇面精品挂历）（清）任颐，（清）
虚谷绘
石家庄 河北美术出版社 1997 年 96cm（2 开）
ISBN：7-5310-0896-3 定价：CNY27.50

J0020310
八大山人花卉册 （清）八大山人绘；陈履生
编著
南宁 广西美术出版社 1997 年 38cm（6 开）
ISBN：7-80625-310-6 定价：CNY16.00
（一品堂系列丛书 一品堂册页精品）

J0020311
八大山人书画集 （上册）（清）朱耷绘
天津 天津人民美术出版社 1997 年 38cm（6 开）
精装 ISBN：7-5305-0681-1

J0020312
八大山人书画集 （下册）（清）朱耷绘
天津 天津人民美术出版社 1997 年 38cm（6 开）
精装 ISBN：7-5305-0682-X

J0020313
八大山人作品 （清）朱耷绘
西安 陕西人民美术出版社 1997 年 37 页
26cm（16 开）ISBN：7-5368-0946-8
定价：CNY18.00
（中国画名家作品精选）

J0020314
担当山水画风 （清）担当绘；云南省博物馆编
重庆 重庆出版社 1997 年 26cm（16 开）精装
ISBN：7-5366-3574-5 定价：CNY48.00
（中国古代绘画大师画风系列）
　　作者释担当（1593—1673），诗人、画家书
法家。俗姓唐，名泰，字大来，出家后僧名普荷，
号担当。云南晋宁人。著有诗歌集《修园集》《撷
庵草》等。

J0020315
改琦红楼梦图咏 （清）改琦绘
上海 百家出版社 1997 年 268 页 19cm（小 32 开）
精装 ISBN：7-80576-760-2 定价：CNY20.00
（松江文献系列丛书 绘画专辑 1）
　　本书由《改琦红楼梦图咏》（清）改琦绘、
《云间邦彦画像》（清）徐璋绘合订。

J0020316
龚贤精品集 （清）龚贤绘；萧平编著
北京 人民美术出版社 1997 年 38cm（6 开）精装
ISBN：7-102-01822-3
　　作者龚贤（1618—1689），明末清初画家。又
名岂贤，字半千，又字野遗，岂贤，号半亩等。
江苏昆山人。著有《香草堂集》《画诀》《柴丈人
画稿》《龚半千课徒画说》。

J0020317
弘仁画集 （清释）弘仁绘
南京 江苏美术出版社 1997 年 46 页
28cm（大 16 开）ISBN：7-5344-0694-3
定价：CNY28.00
（中国历代大师名作丛书）

J0020318
华喦精品 （清）华喦绘
杭州 浙江人民美术出版社 1997 年 84 页
29cm（16 开）精装 ISBN：7-5340-0728-3
定价：CNY104.00
　　本书系清代国画作品选。君匋艺术院藏。
作者华喦（1682—1756），清代画家。一作华嵒，
字德嵩，更字秋岳，号新罗山人、白沙道人等。
福建上杭白砂里人。画作有《高山云鹤》《水国
浮牛》《青松悬崖》《倚马题诗》等。

J0020319
金农画集 （清）金农绘
南京 江苏美术出版社 1997 年 46 页
28cm（大 16 开）ISBN：7-5344-0658-7
定价：CNY28.00
（中国历代大师名作丛书）

J0020320
孔子圣迹图 彭连熙供稿
天津 天津杨柳青画社 1997 年 97 页 26×38cm

ISBN：7-80503-312-9 定价：CNY17.30
（中国画孤本欣赏丛书）

J0020321
髡残画集　（清）髡残绘
南京　江苏美术出版社　1997 年　46 页
28cm（大 16 开）ISBN：7-5344-0693-5
定价：CNY28.00
（中国历代大师名作丛书）

J0020322
髡残山水册　（清）髡残绘
南宁　广西美术出版社　1997 年　38cm（6 开）
ISBN：7-80625-302-5 定价：CNY16.00
（一品堂系列丛书　一品堂册页精品）

J0020323
李鱓画册　（清）李鱓绘
南宁　广西美术出版社　1997 年　38cm（6 开）
ISBN：7-80625-309-2 定价：CNY18.00
（一品堂系列丛书　一品堂册页精品）

J0020324
李鱓画集　（清）李鱓绘
南京　江苏美术出版社　1997 年　46 页
28cm（大 16 开）ISBN：7-5344-0699-4
定价：CNY28.00
（中国历代大师名作丛书）

J0020325
梅清山水画册　（清）梅清绘；陈履生编著
南宁　广西美术出版社　1997 年　38cm（6 开）
ISBN：7-80625-303-3 定价：CNY18.00
（一品堂系列丛书　一品堂册页精品）
　　作者梅清（1623—1697），明末清初画家。江南宣城（今属安徽）人。字渊公，一字润公，号瞿山。清顺治十一年（1654）举人，考授内阁中书。善画理，墨松尤苍雄拔秀。著有《天延阁集》《瞿山诗略》《黄山画册》等。

J0020326
蒲华画集　（清）蒲华绘
南京　江苏美术出版社　1997 年　46 页
28cm（大 16 开）ISBN：7-5344-0695-1
定价：CNY28.00

（中国历代大师名作丛书）
　　作者蒲华（1832—1911），清代文人画家。浙江嘉兴人。字作英，亦作竹英、竹云，号胥山野史、胥山外史、种竹道人，斋名九琴十砚斋、九琴十研楼、芙蓉庵、夫蓉盒、剑胆琴心室等。传世作品有《倚篷人影出菰芦图》《荷花图》《竹菊石图》《桐荫高士图》。

J0020327
钱慧安画集　（清）钱慧安绘
天津　天津人民美术出版社　1997 年　122 页
38cm（6 开）精装　ISBN：7-5305-0693-5

J0020328
清王原祁画山水　（画轴特展）台北故宫博物院编辑委员会编辑
台北　台北故宫博物院　1997 年　138 页
30cm（10 开）ISBN：957-562-301-0

J0020329
任伯年人物画风　（清）任颐绘；胡启昆等编
重庆　重庆出版社　1997 年　26cm（16 开）精装
ISBN：7-5366-3642-3 定价：CNY48.00
（中国古代绘画大师画风系列）

J0020330
任伯年作品　（清）任伯年绘
西安　陕西人民美术出版社　1997 年　33 页
26cm（16 开）ISBN：7-5368-0975-1
定价：CNY18.00
（中国画名家作品精选）

J0020331
书画册　（清）黄慎绘
南宁　广西美术出版社　1997 年　38cm（6 开）
ISBN：7-80625-308-4 定价：CNY18.00
（一品堂系列丛书　一品堂册页精品）

J0020332
晚清民初水墨画集　高玉珍主编
台北　历史博物馆　1997 年　276 页
30cm（10 开）精装　ISBN：957-00-8495-2

J0020333
王翚仿古山水册　（清）王翚绘

南宁　广西美术出版社　1997 年　38cm（6 开）
ISBN：7-80625-311-4　定价：CNY18.00
（一品堂系列丛书　一品堂册页精品）

J0020334
王翚仿古山水册　（清）王翚绘；陈履生编著
南宁　广西美术出版社　1997 年　38cm（6 开）
ISBN：7-80625-304-1　定价：CNY14.00
（一品堂系列丛书　一品堂册页精品）

J0020335
王翚画集　（清）王翚绘；陈履生编著
北京　人民美术出版社　1997 年　2 册
19cm（小 32 开）ISBN：7-102-01497-X
定价：CNY45.00

J0020336
王时敏作品　（清）王时敏绘
西安　陕西人民美术出版社　1997 年　35 页
28cm（大 16 开）ISBN：7-5368-0980-8
定价：CNY18.00
（中国画名家作品精选）

J0020337
王原祁作品　（清）王原祁绘
西安　陕西人民美术出版社　1997 年　34 页
28cm（大 16 开）ISBN：7-5368-0979-4
定价：CNY18.00
（中国画名家作品精选）

J0020338
王源祁仿古山水册　（清）王原祁绘
南宁　广西美术出版社　1997 年　38cm（6 开）
ISBN：7-80625-305-X　定价：CNY18.00
（一品堂系列丛书　一品堂册页精品）

J0020339
吴毂祥山水册　（清）吴毂祥绘
南宁　广西美术出版社　1997 年　38cm（6 开）
ISBN：7-80625-312-2　定价：CNY18.00
（一品堂系列丛书　一品堂册页精品）

J0020340
虚谷画集　（清）虚谷绘
南京　江苏美术出版社　1997 年　46 页

28cm（大 16 开）ISBN：7-5344-0698-6
定价：CNY28.00
（中国历代大师名作丛书）

J0020341
恽寿平花鸟册　（清）恽寿平绘；陈履生编著
南宁　广西美术出版社　1997 年　38cm（6 开）
ISBN：7-80625-307-6　定价：CNY16.00
（一品堂系列丛书　一品堂册页精品）

J0020342
恽寿平临各家山水册　（清）恽寿平绘
南宁　广西美术出版社　1997 年　38cm（6 开）
ISBN：7-80625-313-0　定价：CNY16.00
（一品堂系列丛书　一品堂册页精品）

J0020343
赵之谦　蒲华　吴昌硕画风　（清）赵之谦等
绘；子敏等编
重庆　重庆出版社　1997 年　26cm（16 开）精装
ISBN：7-5366-3632-6　定价：CNY48.00
（中国古代绘画大师画风系列）

J0020344
中国近代绘画　（清末篇）石允文编著
石家庄　河北教育出版社　1997 年　200 页
37cm（8 开）精装　ISBN：7-5434-2994-2
定价：CNY400.00
（中华之美系列）

J0020345
邹喆山水册　（清）邹喆绘；陈履生编著
南宁　广西美术出版社　1997 年　38cm（6 开）
ISBN：7-80625-306-8　定价：CNY18.00
（一品堂系列丛书　一品堂册页精品）

J0020346
点石斋画报　吴友如等绘
上海　上海文艺出版社　1998 年　影印本
2 册（42+2734 页）26cm（16 开）精装
ISBN：7-5321-1693-X　定价：CNY180.00
（中国古典精品影印集成）

J0020347
仿古山水册　（清）王鉴绘；陈履生编著

南宁 广西美术出版社 1998年 38cm（6开）
ISBN：7-80625-463-3 定价：CNY14.00
（一品堂系列丛书 一品堂册页精品）

J0020348
仿古山水册　（清）王时敏绘；陈履生编著
南宁 广西美术出版社 1998年 38cm（6开）
ISBN：7-80625-462-5 定价：CNY16.00
（一品堂系列丛书 一品堂册页精品）

J0020349
仿古山水册　（清）王翚绘；陈履生编著
南宁 广西美术出版社 1998年 38cm（6开）
ISBN：7-80625-465-X 定价：CNY16.00
（一品堂系列丛书 一品堂册页精品）

J0020350
冯远作品　（清）冯远绘
西安 陕西人民美术出版社 1998年 29cm（16开）
ISBN：7-5368-1036-9 定价：CNY18.00
（中国画名家作品精选）
　　　作者冯远（1952—　　），教授、画家。生于上海，祖籍江苏无锡。作品有《望夫妹》《母子图》《新疆风情写生》《今生来世》。出版有《二十一世纪中国艺术家·冯远》《笔墨尘缘》。

J0020351
高凤翰画集　（清）高凤翰绘
南京 江苏美术出版社 1998年 46页
28cm（大16开）ISBN：7-5344-0790-7
定价：CNY28.00
（中国历代大师名作丛书）
　　　作者高凤翰（1683—1749），清代国画家。字西园，号南阜，山东胶州人。代表作品《砚史》《南阜集》等。

J0020352
龚贤画集　（清）龚贤绘
南京 江苏美术出版社 1998年 46页
28cm（大16开）ISBN：7-5344-0789-3
定价：CNY28.00
（中国历代大师名作丛书）

J0020353
龚贤作品　（清）龚贤绘

西安 陕西人民美术出版社 1998年 29cm（16开）
ISBN：7-5368-1048-2 定价：CNY18.00
（中国画名家作品精选）
　　　作者龚贤（1618—1689），明末清初画家。又名岂贤，字半千，又字野遗，岂贤，号半亩等。江苏昆山人。著有《香草堂集》《画诀》《柴丈人画稿》《龚半千课徒画说》。

J0020354
古今百美图　吴友如著；庄子湾编
长沙 湖南美术出版社 1998年 102页 25×26cm
ISBN：7-5356-1141-9 定价：CNY19.00
（十九世纪中国风情画）

J0020355
古今人物百图　（清）吴友如［绘］；庄子湾编
长沙 湖南美术出版社 1998年 102页
25×26cm ISBN：7-5356-1145-1
定价：CNY19.00
（十九世纪中国风情画）

J0020356
古今谈丛二百图　吴友如著；庄子湾编
长沙 湖南美术出版社 1998年 181页
25×26cm ISBN：7-5356-1146-X
定价：CNY36.00
（十九世纪中国风情画）

J0020357
海国丛谈百图　吴友如著；庄子湾编
长沙 湖南美术出版社 1998年 102页
25×26cm ISBN：7-5356-1144-3
定价：CNY19.00
（十九世纪中国风情画）

J0020358
海上百艳图　吴友如著；庄子湾编
长沙 湖南美术出版社 1998年 102页 25×26cm
ISBN：7-5356-1140-0 定价：CNY19.00
（十九世纪中国风情画）

J0020359
花鸟二百图　吴友如著；庄子湾编
长沙 湖南美术出版社 1998年 172页 25×26cm
ISBN：7-5356-1148-6 定价：CNY36.00

（十九世纪中国风情画）

J0020360
街巷奇闻百图　（清）吴友如［绘］；庄子湾编
长沙　湖南美术出版社　1998 年　83 页　25×26cm
ISBN：7-5356-1139-7　定价：CNY17.00
（十九世纪中国风情画）

J0020361
金农书画集　（清）金农作；季伏昆，孙原平编
北京　人民美术出版社　1998 年　2 册（760 页）
19cm（小 32 开）ISBN：7-102-01492-9
定价：CNY45.00

J0020362
民俗风情二百图　（清）吴友如［绘］；庄子湾编
长沙　湖南美术出版社　1998 年　177 页　25×26cm
ISBN：7-5356-1147-8　定价：CNY36.00
（十九世纪中国风情画）

J0020363
名胜新闻百图　吴友如著；庄子湾编
长沙　湖南美术出版社　1998 年　70 页　25×26cm
ISBN：7-5356-1142-7　定价：CNY19.00
（十九世纪中国风情画）

J0020364
蒲华书画　（清）蒲华［作］
杭州　西泠印社　1998 年　42cm（8 开）
ISBN：7-80517-269-2　定价：CNY20.00
（西泠印社书画名作丛编）
　　作者蒲华（1832—1911），清代文人画家。浙
江嘉兴人。字作英，亦作竹英、竹云，号胥山野
史、胥山外史、种竹道人，斋名九琴十砚斋、九
琴十研楼、芙蓉庵，夫蓉盦、剑胆琴心室等。传
世作品有《倚篷人影出菰芦图》《荷花图》《竹菊
石图》《桐荫高士图》。

J0020365
清代帝后像
北京　中国书店　1998 年　120 页　28cm（大 16 开）
ISBN：7-80568-871-0　定价：CNY40.00

J0020366
人物册　（清）任伯年绘；陈履生编著

南宁　广西美术出版社　1998 年　38cm（8 开）
ISBN：7-80625-460-9　定价：CNY14.00
（一品堂系列丛书　一品堂册页精品）

J0020367
任伯年册页　（清）任伯年绘；中国美术馆编
杭州　浙江人民美术出版社　1998 年　48 页
38cm（8 开）精装　ISBN：7-5340-0761-5
定价：CNY90.00
（中国画名家册页典藏）

J0020368
任伯年工笔人物画选　（清）任颐绘；洪云选编
南昌　江西美术出版社　1998 年　43 页
29cm（16 开）ISBN：7-80580-516-4
定价：CNY20.00

J0020369
山水册　（清）龚贤绘；陈履生编著
南宁　广西美术出版社　1998 年　38cm（6 开）
ISBN：7-80625-449-8　定价：CNY26.00
（一品堂系列丛书　一品堂册页精品）

J0020370
山水人物册　（清）金农绘；陈履生编著
南宁　广西美术出版社　1998 年　38cm（6 开）
ISBN：7-80625-466-8　定价：CNY18.00
（一品堂系列丛书　一品堂册页精品）

J0020371
十万图册　（清）任熊绘；陈履生编著
南宁　广西美术出版社　1998 年　38cm（6 开）
ISBN：7-80625-446-3　定价：CNY16.00
（一品堂系列丛书　一品堂册页精品）
　　作者任熊（1823—1857），清晚期画家。字渭
长，一字湘浦，号不舍，浙江萧山人。“海派”艺
术的代表人物之一。少时得遇著名文人姚燮，在
其家“大梅山馆”学画，深得宋人笔法。绘画全才。
画法宗陈洪绶，与弟任薰，儿子任预、侄任颐合
称“海上四任”。绘制的《高士传》《于越先贤传》
《烈先酒牌》《剑侠传》合称为《任渭长四种》。

J0020372
石涛作品　（清）石涛绘
西安　陕西人民美术出版社　1998 年　29cm（16 开）

ISBN：7-5368-0982-4　定价：CNY18.00
（中国画名家作品精选）

J0020373
王翚画集　（清）王翚绘
南京　江苏美术出版社　1998 年　46 页
28cm（大 16 开）ISBN：7-5344-0791-5
定价：CNY28.00
（中国历代大师名作丛书）

J0020374
王翚作品　〔清〕王翚绘
西安　陕西人民美术出版社　1998 年　33 页
29cm（16 开）ISBN：7-5368-1097-0
定价：CNY18.00
（中国画名家作品精选）
　　外文书名：Selected Paintings of Wang Hui.

J0020375
王鉴作品　（清）王鉴绘
西安　陕西人民美术出版社　1998 年　29cm（16 开）
ISBN：7-5368-1047-4　定价：CNY18.00
（中国画名家作品精选）

J0020376
溪山晴霭图卷　（清）王翚绘；陈履生编著
南宁　广西美术出版社　1998 年　38cm（6 开）
ISBN：7-80625-471-4　定价：CNY20.00
（一品堂系列丛书　一品堂手卷精品）

J0020377
夏山烟雨图卷　（清）王翚绘；陈履生编著
南宁　广西美术出版社　1998 年　38cm（6 开）
ISBN：7-80625-472-2　定价：CNY20.00
（一品堂系列丛书　一品堂手卷精品）

J0020378
野逸奔放　（八大、八怪绘画）陈传席编著
天津　天津人民美术出版社　1998 年　64 页
29cm（16 开）ISBN：7-5305-0941-1
定价：CNY34.00
（海外珍藏中国名画 10）
　　作者陈传席（1950—　），教授。江苏睢宁人，毕业于南京师范大学美术学院，获博士学位。中国人民大学艺术学院教授、博士生导师，中国美

术家协会会员，中国美术学院客座教授。兼任中国佛教艺术研究所所长、中国美术家协会理论委员会副主任等。代表作有《陈传席文集》《中国山水画史》《中国绘画美学史》等。

J0020379
一代正宗　（清初正统派绘画）陈传席编著
天津　天津人民美术出版社　1998 年　54 页
29cm（16 开）ISBN：7-5305-0940-3
定价：CNY30.00
（海外珍藏中国名画 9）

J0020380
恽寿平画集　（清）恽寿平绘
南京　江苏美术出版社　1998 年　46 页
28cm（大 16 开）ISBN：7-5344-0792-3
定价：CNY28.00
（中国历代大师名作丛书）

J0020381
走兽百图　吴友如著；庄子湾编
长沙　湖南美术出版社　1998 年　102 页
25×26cm ISBN：7-5356-1143-5　定价：CNY19.00
（十九世纪中国风情画）

J0020382
八大山人画语录图释　石泠编著
杭州　西泠印社　1999 年　119 页　有图
28cm（大 16 开）ISBN：7-80517-282-X
定价：CNY30.00
　　本书研究八大山人的作品，全书分七章：境生象外、宗生万法、技进于道、名家论赞、法书评析、印乃心印、薪火传承。外文书名：The Quotations on Painting from Ba Da Shan Ren with Illustrations.

J0020383
八大山人精品集　（清）朱耷绘；单国霖，钟银兰编著
北京　人民美术出版社　1999 年　38cm（6 开）
精装　ISBN：7-102-02044-9　定价：CNY350.00

J0020384
奉使图　（清）阿克敦著；黄有福，千和淑校注
沈阳　辽宁民族出版社　1999 年　130 页　42cm（8 开）

精装 ISBN：7-80644-190-5 定价：CNY480.00
（中韩文化交流史料丛书 1）

　　本书系清代古典诗词与中国画画册。

J0020385
龚贤书画精品选 （清）龚贤绘；萧平编
南京 江苏美术出版社 1999 年 128 页
29cm（16 开）ISBN：7-5344-0921-7
定价：CNY44.00

J0020386
姑苏繁华图 （清）徐扬绘
苏州 古吴轩出版社 1999 年 1 轴
ISBN：7-80574-442-4

　　本作品系清代风俗画。

J0020387
姑苏繁华图 苏州市城建档案馆，辽宁省博物
馆编
北京 文物出版社 1999 年 99 页 35cm（15 开）
精装 ISBN：7-5010-1168-0 定价：CNY240.00

　　清代中国画之风俗画画册。

J0020388
黄慎书画集 （清）黄慎作；李万才编著
北京 人民美术出版社 1999 年 189 页
19cm（小 32 开）ISBN：7-102-02023-6
定价：CNY19.80

　　清代中国画与书法画册。

J0020389
金陵八家画集 （清）龚贤等绘
天津 天津人民美术出版社 1999 年 331 页
38cm（6 开）精装 ISBN：7-5305-0976-4
定价：CNY620.00

　　龚贤（1618—1689），明末清初画家。祖籍江
苏昆山，寓江宁。字岂贤、半千，号野遗，一号
半亩，又号柴丈人。著有《画诀一卷》《香草堂集》
《半亩园诗草》《半亩园尺牍》等。

J0020390
金瓶梅全图 （清）佚名著
海拉尔 内蒙古文化出版社 1999 年 337 页
37cm（8 开）精装 ISBN：7-80506-553-5
定价：CNY796.00

J0020391
南巡盛典名胜图录 （清）高晋等［绘］；张维
明选编
苏州 古吴轩出版社 1999 年 167 页 26×37cm
ISBN：7-80574-437-8 定价：CNY35.00

J0020392
毗陵汤氏书画集 （汤雨生 汤定之等书画集）
汤心仪主编
上海 上海三联书店 1999 年 85 页 29cm（16 开）
ISBN：7-5426-1266-2 定价：CNY98.00

J0020393
七十二景诗画情 陈振远主编
北京 地质出版社 1999 年 72 页 26cm（16 开）
精装 ISBN：7-116-02770-X 定价：CNY108.00

J0020394
清代宫廷绘画 聂崇正主编
香港 商务印书馆（香港）有限公司 1999 年
重印 298 页 29cm（18 开）精装
ISBN：962-07-5206-6
（故宫博物院藏文物珍品全集 14）

　　外文书名：Paintings by the Court Artists of the
Qing Court.

J0020395
清代宫廷绘画 聂崇正主编
上海 上海科学技术出版社 1999 年 21+298 页
29cm（16 开）精装 ISBN：7-5323-5195-5
定价：CNY320.00
（故宫博物院藏文物珍品大系）

　　本书与商务印书馆（香港）有限公司合作出版。

J0020396
任伯年画集 （清）任伯年绘
南京 江苏美术出版社 1999 年 重印本 46 页
28cm（16 开）ISBN：7-5344-0597-1
定价：CNY28.00
（中国历代大师名作丛书）

J0020397
石涛画语录图释 杨成寅编著
杭州 西泠印社 1999 年 126 页 有图
28cm（大 16 开）ISBN：7-80517-282-X

定价：CNY30.00

本书内容包括石涛画语录及题画诗文的重
要原文；对原文中较生僻的的词语、独特而重要
的概念做必要的注释和解析；对石涛画语录中
提出的基本概念和基本命题做出解释分析。外
文书名：The Quotations on Painting from Shi Tao
with Illustrations. 作者杨成寅(1926—2016)，美术
理论家、雕塑家。河南南阳市人，毕业于中央美
院研究生班并留校任教。曾任《美术理论资料》
《美术译丛》等刊物编辑、中国美术学院教授、中
国美术家协会会员。雕塑作品有《晨读》《汤显
祖像》《谢文锦像》等。

J0020398

释迦牟尼佛会图　（清）丁观鹏绘
香港　商务印书馆(香港)公司　1999 年　1 幅
35 × 68cm ISBN：962-07-5267-8
　　本书为《法界源流图》的局部。

J0020399

王翚精品集　（清）王翚绘；徐邦达，薛永年编
北京　人民美术出版社　1999 年　38cm（6 开）
　　清代国画山水画画册。

J0020400

王鉴精品集　（清）王鉴绘；单国强编著
北京　人民美术出版社　1999 年　68 页　38cm（6 开）
精装　ISBN：7-102-02118-6　定价：CNY400.00
　　作者王鉴（1598—1677），明末清初画家。字
玄照，后改字元照、圆照，号湘碧、染香庵主。
出生于江苏太仓。主要作品《画中九友歌》。

J0020401

艺苑珍赏　（新安画派名作选　浙江）（清）浙
江绘
合肥　安徽美术出版社　1999 年　28cm（16 开）
ISBN：7-5398-0716-4　定价：CNY12.00

J0020402

云台二十八将　（清）张鞠如绘
北京　中国书店　1999 年　26cm（21 开）线装
ISBN：7-80568-922-9　定价：CNY70.00
　　清代中国画之人物画作品集。

近代国画作品

J0020403

海上名画谱　□□辑
清末至民国初　石印本　有图　线装

J0020404

白龙山人临天池墨花卷　（不分卷）王震绘
上海　有正书局　清光绪至宣统　影印本

J0020405

心清老人画石册　王振声绘
王振声　清光绪　手绘本　经折装

J0020406

叶氏息园画谱　叶鸿业绘
清光绪十二年［1886］刻本　有图　线装
　　本书共分二册。

J0020407

叶氏息园画谱　（不分卷）叶鸿业绘
清光绪十二年［1886］石刻本　有图
　　分二册。

J0020408

兰谱　（一卷）（清）黄葆谦撰
黄葆谦［自刊］清光绪二十年［1894］刻本
　　作者黄葆谦（1850—1928），字益如，号墨
岑，别署听竹居士，晚年又号黄柏。祖籍浙江绍
兴人。有《渭川风雨图》。

J0020409

兰谱　（一卷）（清）黄葆谦撰
黄葆谦［自刊］清光绪二十年［1894］刻本
　　本书由《艺兰一卷》《兰谱一卷》（清）黄葆
谦撰合订。

J0020410

艺兰　（一卷）（清）黄葆谦撰
黄葆谦［自刊］清光绪二十年［1894］刻本

J0020411

张大千笔　张大千绘
［1900—1999 年］8 幅　有图　52 × 38cm　套装

J0020412
［历代名贤画像］　黄维绘；任中书
民国　手绘本　彩色　48幅　散页

J0020413
［砂子灯画稿］　佚名绘
民国　稿本　有图　线装

J0020414
［四明遗韵画集］（二十一幅）
民国　彩绘本　21幅　有彩图　线装

J0020415
白龙山人佛像图　王震绘
上海　有正书局　民国　影印本　有图　线装

J0020416
白龙山人花鸟册　（二）王震绘
上海　有正书局　民国　影印本　平装

J0020417
白龙山人花鸟神品　王震绘
上海　有正书局　民国　影印本　平装

J0020418
白龙山人画仙佛像　王震绘
上海　有正书局　民国　影印本　平装

J0020419
北楼临董画册　金城绘
民国　影印本　有像及图　线装
　　本书共分二册。

J0020420
陈佩珩先生人物画册　陈佩珩绘
长沙　藻华印刷局　民国　影印本　有图及像　平装

J0020421
陈师曾北京风俗画写真　陈师曾绘
民国　影印本　有图　经折装
　　作者陈师曾（1876—1923），近代著名书画篆刻家。本名陈衡恪，字师曾，号槐堂。江西义宁（今江西省修水县）人。曾留学日本。任教于通州师范学校、长沙第一师范、北京女子高等师范学校、北京美术专门学校。代表作品有《中国绘画史》《文人画之价值》。

J0020422
范生赠金
民国　刻本　线装

J0020423
海上名家画辑　何维朴等绘；佚名辑
民国　影印本　平装

J0020424
杭郡程仲立先生遗册　程仲立绘
民国　影印本　有图　线装

J0020425
绘图五百罗汉　（四卷）孙玉山绘
民国　彩绘本　有像　经折装
　　本书共分四册。

J0020426
金拱北遗墨　金城绘；美丽柯罗板印刷公司摄印
可读庐　民国　影印本　线装
　　本书共分八册。

J0020427
金拱北遗墨　（四集）金城绘
金氏可读庐　民国十六年［1927］影印本　有图　线装
　　本书共分四册。

J0020428
近代名人画集　马晋等绘
北京　豹文斋　民国　影印本　10帧　散页

J0020429
林文直公登岱图　何维朴绘
［民国］影印本　［40］页　38cm（6开）
　　本书收何雄朴为林文直公作的国画一幅，并有20余人为此画题词墨迹20余幅。

J0020430
林文直公登岱图　何维朴绘
民国　影印本　平装

J0020431
梅影书屋画集　吴湖帆，潘静淑绘
民国　影印本　彩色套印　有图　线装

J0020432
南湖四美
上海　文明书局［1911—1932年］影印本　［4］页
38cm（6开）
　　本书收国画4幅。

J0020433
清道人拟古画册　李瑞清绘
上海　有正书局　民国　影印本
　　作者李瑞清（1867—1920），教育家、美术
家、书法家。字仲麟，号梅庵，晚号清道人，戏
号李百蟹。江西抚州人。曾出任两江优级师范
学堂监督。著述有《左氏问难》《春秋大事表》《历
代帝王年表》《和陶诗》等。

J0020434
扇面　（第一册）有正书局编
上海　有正书局　民国　影印本　有图　线装

J0020435
扇面　（第二册）有正书局编
上海　有正书局　民国　影印本　有图　线装

J0020436
扇面　（第三册）有正书局编
上海　有正书局　民国　影印本　有图　线装

J0020437
扇面　（第四册）有正书局编
上海　有正书局　民国　影印本　有图　线装

J0020438
扇面　（第五册）有正书局编
上海　有正书局　民国　影印本　有图　线装

J0020439
扇面　（第4册）
上海　有正书局［民国］影印本　10页　38cm（6开）
（中国名画集外册28）
　　本书收有民国时期的扇面画10幅。

J0020440
时贤书画集
［民国］26cm（16开）

J0020441
水竹村人花卉扇图册　徐世昌绘
民国　影印本　有图　线装

J0020442
水竹村人山水画册　徐世昌绘
民国　影印本　有图　线装

J0020443
王一亭画册　王震绘
上海　有正书局　民国　影印本　有图　线装

J0020444
王一亭居士画集　王震绘
上海　有正书局　民国　影印本　平装

J0020445
许翔皆先生画集　（第二集　山水人物花鸟）
许翔皆绘
许翔皆［民国］1册　27cm（16开）环筒页装

J0020446
雪泥画集　孙鸿绘
民国　影印本　有图　线装

J0020447
玉章画集　（一卷）端玉章绘
清宣统三年［1911］珂罗版印本

J0020448
正化集成　焦达庵，王慎之绘
民国　石印本　有图　毛装

J0020449
中东闺秀书画合璧　陈榘编
贵阳陈榘　民国　影印本　有图　平装

J0020450
中国现代名画　刘海粟编
上海　有正书局　［民国］影印本　［80］页
38cm（6开）

本书内收刘海粟、吴湖帆、高剑文、高奇峰、王一亭、齐白石、郑午昌、冯超然、谢公展、李树森、潘天寿、吴昌硕、张大千等人的国画50幅。书前有《欧洲中国画展始末》(刘海粟)。

J0020451
周栎园手辑名人画册　邓秋枚辑
上海 神州国光社 1911年 16页 27cm(16开)
　　本书收胡玉昆、陈洪绶、高岑等人的画作8幅。每幅画均有题词。书前有画者、题词者的小传。

J0020452
新新百美图续集　沈明绘图；张蚿题识
上海 国学书室 民国二年［1913］石印本
有肖像 线装
　　本书共分二册。

J0020453
集艳图　翰园绘
华国书局 民国三年［1914］石印本 有图 线装

J0020454
历史图　翰园绘
华国书局 民国三年［1914］石印本 有图 线装

J0020455
石头记新评　翰园绘；觉生评
华国书局 民国三年［1914］石印本 有图 线装

J0020456
吴迪生红楼梦七十二钗画笺　吴岳绘
民国三至五年［1914—1916］刻本 线装
　　本书系彩色画笺粘贴

J0020457
蛱蝶花草册　(五彩精印)廖织云绘
上海 有正书局 1916年 36×34cm 定价：七角
　　本书为民国时期中国画花鸟画册。

J0020458
恪斋临黄小松司马嵩洛访碑图二十四图
吴清卿编
上海 有正书局 1917年 珂罗版印本 25×38cm
定价：大洋三元六角
　　本书为中国画近代画册。

J0020459
吴昌硕花卉十二帧　吴昌硕绘
上海 商务印书馆 民国八年［1919］影印本 线装

J0020460
吴昌硕先生花卉画册　［吴昌硕绘］
上海 商务印书馆 1919年 5版 1册 27cm(16开)
定价：大洋五角
　　本书内收20幅画。

J0020461
吴昌硕先生花卉画册
上海 商务印书馆 1926年 8版 1册 27cm(16开)
定价：大洋五角
　　本书内收20幅画。

J0020462
王一亭十八应真像　王震绘；吴昌硕书
上海 商务印书馆 民国九年［1920］影印本
有图 线装

J0020463
［吴待秋画稿］　吴征绘
上海 商务印书馆 民国十年［1921］影印本 线装

J0020464
［吴待秋画稿］　吴征绘
上海 商务印书馆 民国十三年［1924］三版
影印本 线装

J0020465
香艳花影　钱辛绘；刘景苏书并编辑
上海 澄江陈群 民国十年［1921］影印本 线装
　　本书与美育珍赏社合作出版。

J0020466
飞影阁丛画　周权绘
上海 锦文堂书局 民国十一年［1922］石印本
有插图 线装
　　本书共分八册。

J0020467
飞影阁丛画　周权绘
锦文堂书局 民国十六年［1927］石印本 再版
有图 线装

本书共分八册。

本书共分四册。

J0020468

古鉴阁校碑图 （第一集）秦淦绘
上海 艺苑真赏社 民国十一年［1922］影印本
有图 线装

J0020469

画萃 寒匏簃编
编者刊 1922 年 影印本［30］页 27cm（16 开）
定价：大洋三元
　　本书内收齐白石、陈半丁、吴昌硕、陈师曾
等 6 人的花卉画 28 幅。书前有绘画者小传。

J0020470

画学秘旨大观 （四卷）陈敏编
四明还读楼 民国十一年［1922］影印本 有图
线装
　　本书共分六册。

J0020471

画学秘旨大观 （四卷）陈敏编
四明还读楼 民国十一年［1922］影印本 有图
线装
　　本书共分六册。

J0020472

企周画胜 （第一集）马骀绘
烂漫社 民国十一年［1922］影印本 线装

J0020473

万古楼丛画 （八卷）汪鏢绘；沈月波辑
泰华图书馆 民国十一年［1922］石印本 有图
线装
　　本书共分八册。

J0020474

映雪庐画稿 （四卷）汪琨绘
民国十一年［1922］石印本 有图 线装
　　本书共分四册。

J0020475

病鹤丛画 （四卷）钱病鹤绘
上海 会文堂 民国十二年［1923］再版 影印本
有图 线装

J0020476

春水草堂遗墨 俞原绘；吕万编
上海 停云书画社 民国十二年［1923］影印本
线装

J0020477

缶庐写生妙品 吴俊卿绘
上海 西泠印社 民国十二年［1923］影印本
有图 线装

J0020478

胡佩衡画存 （第一集）胡佩衡绘
清苑刘奉奇 民国十二年［1923］影印本 有图
平装

J0020479

胡佩衡画存 （第二集）胡佩衡绘
清苑刘奉奇 民国十三年［1924］影印本 有图
线装

J0020480

可竹轩画谱 可竹轩主人辑
上海 育智书局 民国十二年［1923］石印本
线装
　　本书共分二册。

J0020481

王念慈先生山水画谱 （二集）王念慈绘
上海 香雪楼 民国十二年［1923］石印本 有图
线装
　　本书共分四册。作者王念慈，清末民国画家。
字务敏，江苏吴县人。曾在安徽省为官，作品有
《王念慈山水画谱》等。

J0020482

陈师曾先生遗墨 （十二辑）陈衡恪绘
北京 淳菁阁 民国十三至十七年［1924—1928］
影印本 有图 线装
　　本书共分十二册。作者陈衡恪(1876—
1923)，近代著名书画篆刻家。字师曾，号槐堂。
江西义宁（今江西省修水县）人。曾留学日本。
任教于通州师范学校、长沙第一师范、北京女子
高等师范学校、北京美术专门学校。代表作品有

《中国绘画史》《文人画之价值》。

J0020483

舣庐画萃　吴观岱绘

无锡　文华书局　民国十三年［1924］影印本

线装

J0020484

吴昌硕画宝　吴俊卿绘

上海　上海书画会　民国十三年［1924］影印本

有图　线装

J0020485

烟雨楼丛画　（六卷）邵敬之，高不危，沈伯

鉴，高伯英绘

嘉兴图书馆　民国十三年［1924］石印本　有图

线装

　　本书共分六册。

J0020486

由里山人菊谱　缪莘孙绘

上海　中华书局　民国十三年［1924］影印本

有像及图　线装

　　本书共分二册。

J0020487

中国书画精选　（中文、法文、拉丁文对照）

（沈初鸣）编

［1924年］影印本　［82］页　20×26cm

　　本书收吴历、徐泰、郭福衡、蒋树木、郑板

桥、姚鸿等24人的书画24幅。另有书画家小传，

中文、法文、拉丁文文字对照。

J0020488

胡佩衡画存　（第三集）胡佩衡绘

长兴王氏泉园　民国十四年［1925］影印本　有图

线装

J0020489

胡佩衡万壑千岩图长卷　胡佩衡绘

商务印书馆　民国十四年［1925］影印本　平装

J0020490

黄雉山樵山水遗迹　李肃铭绘

定海李氏　民国十四年［1925］影印本　珂罗版

有图　线装

J0020491

务敏庐山水画宝　（三卷）王屺绘

民国十四年［1925］石印本　有图　线装

　　本书共分三册。

J0020492

袁励准山水画册　袁励准绘

民国十四年［1925］影印本　有图　线装

J0020493

志圆梅谱　（释）志圆绘

上海　千顷堂书局　民国十四年［1925］影印本

有图　线装

　　本书共分二册。

J0020494

中国现代名画　吴昌硕等绘

上海　商务印书馆　1925年　19页　27cm（16开）

　　本书为现代中国画册。

J0020495

采伯画存　汪孔祁绘

民国十五年［1926］影印本　线装

J0020496

郭屺庭仿古山水册　郭兰枝绘；吴熊编辑

上海　西泠印社　民国十五年［1926］影印本　线装

J0020497

海上十大名家画谱　沈心海等绘

上海　世界书局　1926年　金属版影印本

2册（60；60页）20cm（32开）线装

定价：洋九角

　　本书系白描中国画画册。

J0020498

马骀画宝　马骀绘

上海　世界书局　民国十五年［1926］2册

20cm（32开）

　　本书系中国美术技法专著。

J0020499

马骀画宝　马骀绘

上海 世界书局 民国十五年［1926］影印本
线装

　　本书共分十册。

J0020500

茫父风画集　姚华绘

贵阳姚氏 民国十五年［1926］影印本 有图 线装

　　作者姚华(1876—1930)，学者、文学家、书
画家和教育家。字重光、一鄂，号茫茫、茫父，
贵州贵筑(今贵阳市)人。曾任贵州省参议院议
员、北京女子师范学校校长。代表作品有《弗
堂类稿》《莲花庵书画集》《贵阳姚华茫父颖拓》
《金石系》《黔语》等。

J0020501

汪鸥客先生画册　汪洛年绘

上海 商务印书馆 民国十五年［1926］影印本
有图 线装

J0020502

吴昌硕花果册　(清)吴昌硕绘

上海 西泠印社 民国十五年［1926］影印本 线装

J0020503

吴昌硕屏条画册　吴昌硕绘

上海 有正书局 民国十五年［1926］影印本 再版
平装

　　本书共分二册。作者吴昌硕(1844—1927)，
晚清民国时期国画家、书法家、篆刻家。原名俊，
俊倾，字昌硕。浙江安吉人。代表作品有《瓜果》
《灯下观书》《姑苏丝画图》等，出版有《吴昌硕
画集》《吴昌硕作品集》《苦铁碎金》《缶庐近墨》
《吴苍石印谱》《缶庐印存》等。

J0020504

萧屋泉画稿　(第一集)萧俊贤绘

衡阳［湖南］衡阳萧俊贵天和室 民国十五年
［1926］影印本 线装

J0020505

赵子云山水册　赵子云绘

上海 有正书局 1926年 影印本［24］页 15×54cm

　　本书内收12幅画。

J0020506

赵子云山水册　赵起绘

上海 有正书局 民国十五年［1926］影印本 线装

J0020507

赵子云山水册　赵云壑绘

上海 有正书局 民国十五年［1926］影印本 3版
有图 线装

J0020508

白龙山人画册　王震绘

上海 西泠印社 民国十六年［1927］影印本 15幅
散页

J0020509

白龙山人墨妙　(第四集)王震绘；吴熊编

上海 西泠印社 民国十六年［1927］石印本
有图 线装

J0020510

王念慈山水画谱　(二集)王念慈绘

上海 香雪楼 民国十六年［1927］石印本 再版
有图 线装

　　本书共分四册。

J0020511

陈师曾先生遗墨　陈师曾绘

北京 淳菁阁 民国十七年［1928］影印本 线装

　　本书共分二册。作者陈师曾(1876—1923)，
近代著名书画篆刻家。本名陈衡恪，字师曾，号
槐堂。江西义宁(今江西省修水县)人。曾留学
日本。任教于通州师范学校、长沙第一师范、北
京女子高等师范学校、北京美术专门学校。代表
作品有《中国绘画史》《文人画之价值》。

J0020512

陈树人画集　(第一辑)陈树人绘

上海 民智书局 民国十七年［1928］影印本 线装

　　本书与和平社合作出版。作者陈树人
(1884—1948)，中国近代著名国画家。广东番禺
县人，毕业于日本京都美术学校和东京立教大
学。出版有《陈树人画集》《陈树人近作》《陈树
人中国画选集》，诗集有《寒绿吟草》《自然美讴
歌集》《战尘集》。

J0020513

衡山方舟画集　方舟绘

北京　艺术专门学校　民国十七年［1928］影印本

有图　线装

J0020514

近代名画大观　（四集）天贶生选辑

上海　大东书局　民国十七年［1928］影印本　平装

　　分四册。

J0020515

十二金钗图　张泽绘

上海　烂漫社　民国十七年［1928］影印本　平装

J0020516

唐会俘遗墨　唐会俘作

唐会俘［发行者］［1928年］有肖像 30cm（10开）

精装

　　本书收作者手书墨迹、国画 46 幅。

J0020517

汀鹭画集　胡振绘

无锡　理工制版所　民国十七年［1928］影印本

线装

J0020518

微云草堂画存

［北京］［京城印书局］1928年［10］页

19cm（32开）定价：大洋五角

　　本书内收图 10 幅。

J0020519

榆园旧主课画杂缀　李树智绘

民国十七年［1928］影印本　线装

J0020520

沧浪外史书画扇册　可濯轩主编辑

上海　上海美术制版社出版部　1929年［86］页

27cm（16开）

　　本书为扇面画集，包括书法、山水、花卉、

鱼虫等。有胡适及日人犬养毅等人的题字。

J0020521

陈树人画集　（第3辑）陈树人绘

上海　和平社　1929年　影印本　［27］页

38cm（6开）定价：大洋二元

　　本书收 24 幅画，其中 2 幅为彩色。书前有

陈大年写的作者小传。

J0020522

古佛画谱　黄语皋绘；高野侯审定

上海　中华书局　民国十八年［1929］石印本

有图　线装

　　本书共分二册。作者高野侯（1878—1952），

画家、出版家。字时显，号欣木、可庵，浙江余

杭人。清末举人，曾任中华书局董事、美术部主

任。精于鉴定，收藏甚富，兼工隶书，篆刻亦佳。

辑有《方寸铁斋印存》等。

J0020523

顾鹤逸中年山水精品　顾麟士绘

天绘阁　民国十八年［1929］影印本　线装

J0020524

鹤巢人物画稿三千法　（六卷）王云轩绘

上海　求古斋　民国十八年［1929］石印本　有图

线装

　　本书共分六册。

J0020525

苦禅望云画选　（第一辑）李苦禅绘

北平　吼虹社　1929年　影印本 39cm（4开）

定价：大洋一元

　　本书为中国画现代画册。

J0020526

茂斋之画　（第1辑）周茂斋绘

上海　嘤鸣社　1929年　影印本 26页 27cm（16开）

　　本书内收 12 幅。

J0020527

蜀中三张画集　张善孖，张大千，张君绶绘

上海　大东书局　民国十八年［1929］影印本　平装

J0020528

吴待秋花卉册　吴征绘

上海　文明书局　民国十八年［1929］影印本　再版

有图　线装

　　本书据静霞馆藏本影印。

J0020529

萧谦中课徒画稿　萧愻绘；钱葆昂辑
北平 琉璃厂崇文斋 民国十八年［1929］影印本
有图 线装

J0020530

许征白画集　许昭绘
上海 生生美术公司 民国十八年［1929］影印本
平装

J0020531

郭尚斋画册　（不分卷）郭兰祥绘
民国十九年［1930］影印本

J0020532

郭尚斋山水花卉册　郭兰祥绘；张泽珩辑
西泠印社 民国十九年［1930］影印本 线装

J0020533

海滨二妙册临本　丁启喆临绘；李肇恩书；丁
叔言藏
潍县 潍县同志画社 民国十九年［1930］影印本
线装

J0020534

倪墨耕人物　倪田绘
苏州 振新书社 民国十九年［1930］影印本 二版
线装

J0020535

巴园老人墨迹　（第三集）卓宏谋编
北平 卓宏谋 1931 年 38 页 18×26cm
定价：大洋二元
　　本书为书画集。书前有巴园老人的前言。

J0020536

巴园老人扇面册　（第二集）卓宏谋编
北平 卓宏谋 1931 年 17×25cm
定价：大洋二元
　　本书为扇面画册。另有印谱1页。

J0020537

当代名人画海　（甲编）蜜蜂画社编
上海 中华书局 1931 年［220］页 38cm（6 开）
精装

　　本书内收有山水、花卉、人物、仕女、动
物等类国画 127 幅，作者有陈宝琛、商笙伯、
徐世昌、经亨颐、张宗祥、吴湖帆、郑午昌等
120 余人。

J0020538

当代名人画海　（甲编）蜜蜂画社征集并编辑
上海 中华书局 民国二十年［1931］影印本 平装

J0020539

当代名人画海　（甲编）陈宝琛等绘；蜜蜂画
社编辑
上海 中华书局 民国二十五年［1936］影印本
再版 精装

J0020540

当代名人画海　（甲编）蜜蜂画社编
上海 中华书局 1936 年 5 版［220］页
38cm（6 开）
　　本书内收有山水、花卉、人物、仕女、动物
等类国画 127 幅，作者有陈宝琛、商笙伯、徐世
昌、经亨颐、张宗祥、吴湖帆、郑午昌等 120 余人。

J0020541

湖社成绩号
北平 湖社画会 1931 年 28 页 26cm（16 开）
　　本书内收湖社同人国画作品 50 余幅。

J0020542

凯成作品　（第一集）王凯成绘
绘画者刊 1931 年 10 页 20cm（32 开）
　　本书为现代中国画，收 10 幅作品。

J0020543

凯成作品　（第二集）王凯成绘
绘画者刊 1931 年 10 页 19cm（32 开）
定价：大洋五角
　　本书为现代中国画册。

J0020544

南丰汤氏兰林百种　汤燮绘
汤本殷 民国二十年［1931］影印本
有图及照片 线装
　　本书共分二册。

J0020545

奇峰画集 （二辑）高奇峰绘

广州美学苑 民国二十年［1931］影印本 有图
线装

　　本书共分二册。

J0020546

王显诏山水册　王显诏绘

上海 西泠印社 民国二十年［1931］影印本 再版
有图 线装

J0020547

陈少鹿首创回文梅花画册　陈少鹿著

北平 陈少鹿［发行者］1932年［20］页
25×53cm 定价：银三元

　　本书收38幅画，每幅画均有回文。

J0020548

陈树人桂林山水写生集　陈树人绘

上海 上海和平社 民国二十一年［1932］影印本
彩色 有图 线装

J0020549

澹远楼图 （第1册）南通费氏编

南通费氏［自刊］1932年 影印本 20页
53cm（4开）

　　本书收国画10幅，系黄宾虹等人为南通费
师洪家祖传澹远楼而创作。

J0020550

故宫　故宫博物院编

北京 故宫博物院 民国二十一年［1932］影印本
有图 线装

J0020551

金陶陶女士画册　金荫湖编订

北平 湖社画会［1932年］［74］页 22×26cm

　　本书收国画16幅，每幅画后有樊樊山等人
的题咏。

J0020552

傅光普先生画法 （第一集）傅瞵安绘

北平 傅氏剑霞阁 民国二十二年［1933］影印本
线装

J0020553

胡友葛居士画集　胡友葛绘

上海［天一珂罗版印刷社］民国二十二年
［1933］影印本 线装

J0020554

马骀画问　马骀绘

上海 校经山房成记书局 民国二十二年［1933］
影印本 再版 有图及像 线装

　　本书共分四册。

J0020555

萧屋泉画稿 （第二集）萧俊贤绘

净念楼 民国二十二［1933］影印本 线装

　　本书共分四册。

J0020556

胡佩衡画存 （第五集）胡佩衡绘并撰绘馀
随笔

北平 豹文斋 民国二十三年［1934］影印本 平装

J0020557

林畏庐遗迹 （二集）林舒绘

上海 商务印书馆 民国二十三年［1934］影印本
有图 线装

　　本书共分二册。

J0020558

廋石山水集 （第一集）孙廋石著

上海 东台电报局 1934年 26cm（16开）

定价：大洋二元

　　本书为中国山水画画册。

J0020559

笃言画集　张笃言［作］

1935年 有肖像 26cm（16开）

J0020560

高奇峰先生遗画集 （第一辑）高奇峰绘

上海 华侨图书印刷有限公司 民国二十四年
［1935］影印本 有图 线装

J0020561

青山农书画集　黄葆钺绘；黄聿丰藏

上海 商务印书馆 民国二十四年［1935］影印本

线装

作者黄葆钺(1880—1968),现代书法家、篆刻家。字蔼农,小名破钵,别号青山农,青山下村人。历任福建省图书馆馆长、上海文史馆首批馆员。出版有《青山农篆书百家姓》《青山农分书千字文》《青山农书画集》《暖日庐摹印集》《青山农一知录》等。

J0020562

王闲影画集 (第一册)王之静绘
皖怀王之静 民国二十四年[1935]影印本 线装

J0020563

轩然轩画品 (第二集)王戴中绘;拜石轩藏
上海 有正书局 民国二十四年[1935]影印本 平装

J0020564

张善子大千兄弟画册 张善子,张爱同绘
北京 集粹山房 民国二十四年[1935]影印本 线装

J0020565

白龙山人画选 王个簃编
上海 上海孤儿院 民国二十五年[1936]影印本 有图 线装

J0020566

白龙山人精品画册 王震绘
上海 商务印书馆 民国二十五年[1936]影印本 线装

J0020567

柏林人文博物馆所藏中国现代名画集 吴昌硕等绘;刘海粟编
上海 商务印书馆 民国二十五年[1936]影印本 有照片 线装

J0020568

蝉嫣集 (第一辑)赵少昂绘;区达文集印
广州 岭南艺苑 1936年 33cm(5开)
本书为现代中国画画册,收16幅作品。

J0020569

莲华庵书画 (第一集)姚华绘

贵州姚苍均 民国二十五年[1936]影印本 有图 线装

J0020570

少昂画集 (第四辑 花鸟虫鱼册页)赵少昂绘;陈子和集印
广州 岭南艺苑 1936年 20页 27cm(16开)
本书为中国现代花鸟草虫画册,收20幅作品。

J0020571

小楼画集 张小楼绘
上海 量才流通图书馆 1936年[52]页 27cm(16开)
本书收国画20余幅,最后2幅为作者女儿所作。

J0020572

语霜先生遗墨 俞原绘
上海 文明书局 民国二十五年[1936]影印本 再版 线装

J0020573

赵望云旅行印象画选集 赵望云绘
上海 大公报社 1936年[68]页 27cm(16开)
本书为中国现代水墨画册,收水墨画32幅。

J0020574

壮游画会旅京画展特刊 壮游画会编辑委员会编
苏州 壮游画会事务股 1936年 30页 19cm(32开)
本书内收江载曦、李炎、宋杰、周邦遽、李伯英、汪宗华、吴钟英等15人的国画15幅,每幅画旁均有作者小史,书末附该会作品目录。

J0020575

陈树人近作 陈树人绘
上海 商务印书馆 民国二十六年[1937]影印暨铅印本 再版 线装

J0020576

大观楼丛画 (八卷)汪鏷绘
上海 大德书局 民国二十六年[1937]石印本 有图 线装
本书共分八册。

J0020577
黄海卧游集　汪采白绘
黄山 天都文物社 1937 年 影印本 [36] 页
38×26cm 定价：六十元
　　本书为现代中国画画册，收 36 幅作品。作者
汪采白（1887—1940 年），教授。名孔祁，字采白，
一字采伯，号澹庵，别号洗桐居士。安徽歙县人，
曾入两江师范学堂国画手工科。先后任武昌高等
师范学校教授、北京师范学校教授、南京中央大
学国画系主任、安徽省立第二中学校长、北平艺
术专科学校教授。代表作《风柳鸣蝉图》《鬼说》。

J0020578
平社画册　王子振等著
苏州 平社画会 1937 年 23cm（10 开）
定价：大洋一角
　　本书为现代中国画画册，内收王子振、杨介
溪、朱梅邨、杨元栋、朱骥英等 11 人的国画 22 幅。

J0020579
讱盦填词图
[1937 年] [23] 页 24×31cm
　　本书前有讱盦填词图 4 幅，后收"讱盦填词
图题咏" 70 余首，由陈三立、陈衍等人作。

J0020580
王妙如女士遗墨　王妙如书并绘
中华书局 民国二十六年 [1937] 影印本
有图及像 线装
　　本书卷前附有《王妙如女士传及墓志铭》
一文。

J0020581
藻斌花鸟草虫画帖　胡藻斌编著
上海 形象艺术社 1937 年 2 册（56+72 页）
22×26cm
　　本书书前有陈树人、何香凝等人题辞。

J0020582
中国当代画集　（陈树人近作）陈树人绘
上海 商务印书馆 1937 年 24 页 38cm（6 开）
定价：国币三元五角
（中法文化丛书）
　　本书为现代中国画画册，收 24 幅，其中部
分为彩印。

J0020583
梅影书屋画集　潘静淑绘
民国二十八年 [1939] 影印本 有图及像 线装

J0020584
沈蒨玉山水花卉画册　（第一集）沈蒨玉绘
中华书局 民国二十八年 [1939] 影印本 有图
线装

J0020585
孙泮石画选　（第一集）孙德育绘
上海 西泠印社书店 民国二十八年 [1939]
影印本 有肖像 线装

J0020586
赈灾画刊　（第一集）
济南 鲁北道佛教总会赈灾部 1939 年
27cm（16 开）定价：国币一元
　　本书为中国现代画册，收国画 18 幅。

J0020587
绿遍池塘草图咏　吴湖帆辑
上海 梅影书屋 1940 年 影印本 124 页
[19×26cm]
定价：国币五元
　　本书收 120 人以"绿遍池塘草"为题作的书
画 120 幅。（"绿遍池塘草"为辑者亡妻生前所作
"千岁词"中的一句。）书前有潘景承的"归延陵
姑母传"。

J0020588
梅花馆画谱大全　梅花馆主人绘
上海 鸿文书局 1940 年 4 版 160 页 11×15cm
　　本书为现代中国花卉画册。

J0020589
梅影书屋画集　（吴湖帆、潘静淑画册 第 1 辑）
吴氏梅影书屋藏
上海 梅影书屋出版社 1940 年 [32] 页 38cm（6 开）
　　本书为现代中国画册，收山水花卉国画 16
幅。其中 4 幅为朱梅邨等私人藏版。附吴湖帆、
潘静淑传略。

J0020590
嵩山画集　[冯超然画]；袁安圃 [等] 编辑

上海　嵩社　民国三十年［1941］有图
34cm（15 开）定价：五十元

J0020591
雪斋画集　溥伒绘
民国三十年［1941］影印本　平装

J0020592
张万里花卉册　（第一集）张恺骥绘
北京　艺光国画传习所　民国三十年［1941］影印本
有图　线装

J0020593
张万里画册　（第一集）张恺骥绘
北京　艺光国画传习所　民国三十年［1941］
影印本　线装

J0020594
故宫　（第九期）故宫博物院编
故宫博物院　民国三十一年［1942］影印本
三版　有图　线装

J0020595
成都诗婢家诗笺谱　（二卷）郑伯英选
成都　诗婢家　民国三十二年［1943］刻本
彩色套印　有图　线装
　　本书共分二册。

J0020596
霜红屚画剩　徐燕孙绘；厉南溪题识；李桂
埏编
北平　著者刊　1943年　影印本　36页　26cm（16 开）
定价：聊银币五元
　　本书收国画36幅，每幅均有南溪题诗的简
要说明。
　　作者徐燕孙（1899—1961），工笔画家。河北
深县人。历任人民美术出版社创作员、中国画院
副院长、中国美术家协会中国画创作组组长。代表
作有《兵车行》《风尘三侠》《五百罗汉图卷》等。

J0020597
周湘山水画谱　周湘绘并撰
寿世草堂　民国三十五年［1946］影印本
有插图　线装
　　本书共分四册。

J0020598
老蔗回甘　劳敬修辑
上海　辑者刊［1947年］79 页　23cm（10 开）
　　本书辑者在其八十岁后，将历年征得的贺寿
诗、画，刊印成册，并自写“老蔗回甘”歌作跋。

J0020599
组字画　东北画报社编
［哈尔滨］东北画报社　1947 年　60 页
13cm（60 开）
（通俗美术小丛书）
　　本书收 30 幅组字画。作者有张化根、赵江
来、王玉林等。书前有编者的“几句说明”。所收
画曾发表于《东北画报》的“大众俱乐部”中。

J0020600
组字画　东北画报社编
［哈尔滨］东北书店　1948 年　27 页　11×13cm
（战地俱乐部小丛书 2）

J0020601
［蒲石居士画集］　蒲石居士绘
上海　安定珂罗版社　民国三十七年［1948］影印本
线装

J0020602
陈师曾画选　陈师曾绘；人民美术出版社编
北京　人民美术出版社　1959 年　影印本　15 幅
37cm（8 开）活页　统一书号：8027.2141
定价：CNY2.37
　　作者陈师曾（1876—1923），近代著名书画篆
刻家。本名陈衡恪，字师曾，号槐堂。江西义宁
（今江西省修水县）人。曾留学日本。任教于通
州师范学校、长沙第一师范、北京女子高等师范
学校、北京美术专门学校。代表作品有《中国绘
画史》《文人画之价值》。

J0020603
吴昌硕画集　吴昌硕绘
天津　天津美术出版社　1959 年　1 套（12 幅）
37cm（8 开）统一书号：8073.1320
定价：CNY1.59

J0020604
吴昌硕画集　吴昌硕绘；张谔，吴一舸编

北京 中国古典艺术出版社 1959年 1册（80帧）
38cm（6开）统一书号：8029.89 定价：CNY12.50，
CNY14.00（精装）

　　本画集收选作者的 80 幅作品（其中 20 幅彩
色版）为 1903—1927 年所作，概括地展示了其
整体艺术风貌和特色。

J0020605
吴昌硕画选　吴昌硕绘
上海 上海人民美术出版社 1959年 19页
39cm（6开）统一书号：T8081.4546
定价：CNY3.80

J0020606
葫芦　吴昌硕作
［北京］荣宝斋 1960年［1张］
　　现代中国画作品。

J0020607
花卉　吴昌硕作
北京 人民美术出版社 1960年 影印本
1套（8幅）有图片 15cm（64开）
统一书号：T8027.2869 定价：CNY0.40
　　民国中国画作品。

J0020608
菊花　吴昌硕作
［北京］荣宝斋 1960年［1张］
　　中国近代国画作品。

J0020609
茶花　吴昌硕作
上海 朵云轩 1961年［1张］
　　中国近代国画作品。

J0020610
桂花　吴昌硕作
上海 朵云轩 1961年［1幅］
　　中国近代国画作品。

J0020611
吴昌硕花果册　（第2集）
上海 朵云轩 1961年 8张（套）

J0020612
吴昌硕花果册
上海 朵云轩 1961年 精装

J0020613
吴昌硕画桃
［北京］荣宝斋 1961年［1幅］
　　中国近代国画作品。

J0020614
白玉兰　吴昌硕作
北京 人民美术出版社 1962年［1幅］
45cm（9开）定价：CNY0.50
　　中国近代国画作品。

J0020615
蔬菜　吴昌硕作
上海 上海人民美术出版社 1962年［1幅］
79cm（3开）定价：CNY0.40
　　中国近代国画作品。

J0020616
吴昌硕画选　吴昌硕画
北京 人民美术出版社 1962年 10幅 38cm（6开）
活页 统一书号：8027.3922 定价：CNY3.00

J0020617
吴昌硕菊花　（卷轴）
上海 朵云轩 1963年［1轴］
　　中国近代国画作品。

J0020618
吴昌硕画辑　（清）吴昌硕绘
北京 人民美术出版社 1978年 13幅 38cm（6开）
统一书号：8027.6844 定价：CNY1.10

J0020619
猴　高奇峰作
广州 广东人民出版社 1979年［1张］78cm（2开）
定价：CNY0.25
　　民国时期中国画作品。

J0020620
葫芦　吴昌硕作
上海 上海书画出版社 1979年［1张］53cm（4开）

定价：CNY0.10
　　中国近代国画作品。

J0020621
桃　吴昌硕作
北京 人民美术出版社 1979 年［1 张］38cm（6 开）
　　现代中国画作品。

J0020622
陈树人的艺术　陈树人绘画
香港 香港艺术馆 1980 年 115 页 26cm（16 开）
ISBN：962-215-027-6 定价：HKD20.00
　　本书收入陈树人创作的中国画作品、年表、
题画诗、中国画作品及收藏总目，较详尽地介绍
了他的一生及其艺术面貌。

J0020623
水仙牡丹　吴昌硕画
石家庄 河北人民出版社 1980 年［1］张
78cm（2 开 ）定价：CNY0.26
　　中国近代国画作品。

J0020624
中国近代美术百图　阎丽川，张明远编
天津 天津人民美术出版社 1981 年 215 页
25cm（小 16 开）统一书号：8073.50154
定价：CNY3.50
　　本图集选编 1940—1949 年中华人民共和国
成立前夕的美术作品 100 幅，介绍了有影响的美
术家、美术教育家 97 人。画集基本概括了近一
个世纪中国美术创作活动的面貌。

J0020625
白荷花　吴昌硕作
太原 山西人民出版社 1982 年 76cm（2 开）
定价：CNY0.16
　　本作品系中国画年画。

J0020626
白龙山人王震书画大观　（一 山水人物篇）
王震绘；国泰美术馆编著
台北 国泰美术馆 1982 年 276 页 38cm（6 开）
精装 定价：TWD8000.00
　　外文书名：Calligraphy and Paintings of Pai-
lung Shan-jen Wang Chen.

J0020627
白龙山人王震书画大观　（二 花鸟篇）王震
绘；国泰美术馆编著
台北 国泰美术馆 1982 年 231 页 有图 38cm（6 开）
精装 定价：TWD8000.00
　　外文书名：Calligraphy and Paintings of Pai-
lung Shan-jen Wang Chen.

J0020628
白龙山人王震书画大观　（三 书法、扇面、
册页篇）王震绘；国泰美术馆编著
台北 国泰美术馆 1982 年 267 页 38cm（6 开）
精装 定价：TWD8000.00
　　外文书名：Calligraphy and Paintings of Pai-
lung Shan-jen Wang Chen.

J0020629
陈树人中国画选集　陈树人绘
广州 岭南美术出版社 1982 年 30 幅 37cm（8 开）
统一书号：8260.0129 定价：CNY8.00
（岭南名画家画丛）
　　本画册收入画家的代表作 30 幅，并有何香
凝先生写的《陈树人先生小记》和陈真魂写的《回
忆我的父亲》等文章。

J0020630
近代中国画选　（第一集）周敏生编选
台北 艺术图书公司 1982 年 100 页
28cm（大 16 开）定价：TWD480.00
　　外文书名：Masterpieces of Modorn Chinese
Painting.

J0020631
马骀画宝　（第一集 人物）马骀绘
上海 上海古籍书店 1982 年 21cm（32 开）
定价：CNY1.70
　　本书系中国美术技法专著。

J0020632
马骀画宝　（第二集 花鸟走兽）马骀绘
上海 上海古籍书店 1982 年 21cm（32 开）
定价：CNY1.90

J0020633
马骀画宝　（第三集 山水）马骀绘

上海　上海古籍书店　1982 年　21cm（32 开）
定价：CNY1.00

J0020634
山水画扇集　荣宝斋编辑
北京　荣宝斋　1982 年　62 幅　39cm（8 开）
统一书号：8030.1292 定价：CNY3.20
　　本书是继《花鸟画扇集》后的又一本扇面
画册，选有近代、现代 60 余位山水画家的作品
62 幅。

J0020635
山水画扇集
北京　荣宝斋出版社　1999 年　重印本　62 页
26×38cm ISBN：7–5003–0262–2 定价：CNY14.80

J0020636
双狮图　张善孖作
上海　上海书画出版社　1982 年　1 张　78cm（2 开）
定价：CNY0.12
　　本作品系现代中国画。

J0020637
张善孖国画选　（第一集）张善孖绘
成都　四川美术出版社　1982 年　20 张　38cm（6 开）
定价：CNY3.20
　　本书系中国画画册。共分 3 集。第一集收
入国画虎、狮、猿、马等及山水作品 21 幅；第二
集收入以虎为题材的国画 26 幅（四川美术出版
社 1985 年 1 月版）；第三集收入国画山水、人物、
动物作品 20 幅（四川美术出版社 1985 年 1 月版）。

J0020638
张善孖国画选　（第二集）张善孖绘
成都　四川美术出版社　1985 年　26 幅　38cm（6 开）
　　现代中国画画册。

J0020639
张善孖国画选　（第三集）张善孖绘
成都　四川人民出版社　1985 年　26 幅　38cm（6 开）
定价：CNY5.00
　　现代中国画画册。

J0020640
花卉四条屏　吴昌硕作

北京　文物出版社　1983 年　2 张　76cm（2 开）
定价：CNY0.50
　　中国现代年画作品。

J0020641
寿桃　（胶印画轴）吴昌硕作
武汉　长江文艺出版社　1983 年　[1 轴]
107cm（全开）定价：CNY0.80

J0020642
近代名画大观　王念慈鉴选
北京　北京市中国书店　1984 年　26cm（16 开）
定价：CNY6.00
　　本书系近代画家所绘中国画画册。原名《当
代名画大观正集》，据碧梧山庄 1925 年版影印。

J0020643
李野屋花卉册　李野屋绘
广州　岭南美术出版社　1984 年　55 幅　27cm（16 开）
统一书号：8260.1402 定价：CNY10.50
　　本画册收入作者花鸟精品 55 帧，均为作者
为妻子学画临摹用之《百花画册》之部分。作者
李野屋（1899—1938），号尘、野仙、荒山、饨根
上人，广州海珠人。作品有《桃花》《春归》《澹
园紫藤图》等。

J0020644
吴昌硕花卉屏　吴昌硕作
上海　上海人民美术出版社　1984 年　4 轴
76cm（2 开）定价：CNY2.50

J0020645
吴昌硕扇面画选　吴昌硕绘
杭州　西泠印社　1984 年　20 幅　37cm（8 开）
统一书号：3191.199 定价：CNY3.50
　　本书是中国画之扇面画画册。本集共选印
吴昌硕 44–84 岁不同时期画的花卉扇面 21 幅。

J0020646
吴昌硕作品集　（绘画）吴昌硕等绘；上海人
民美术出版社，西泠印社编辑
上海　上海人民美术出版社　1984 年　139 幅
37cm（8 开）精装　统一书号：8081.12980
定价：CNY44.00
　　本书与西泠印社合作出版。全书分上、下二

册，上册为绘画；下册为书法篆刻。本册收录吴昌硕的中国画绘画作品 139 幅，以写意花卉、蔬果为主。

J0020647
吴昌硕作品集　（续集）吴昌硕绘；王辛大主编
杭州　西泠印社　1994 年　37cm（12 开）精装
ISBN：7-80517-143-2　定价：CNY495.00

J0020648
续近代名画大观　王念慈著
北京　北京市中国书店　1984 年　影印本　1 册
25cm（16 开）定价：CNY6.00
　　本书是近代中国画，原名《当代名画大观续集》，据碧梧山庄 1925 年版影印。

J0020649
瑶池仙果图　（胶印轴画）吴昌硕作
上海　上海人民美术出版社　1984 年　3 轴　附对联
108cm（全开）定价：CNY1.90
　　中国现代年画作品。

J0020650
玉堂富贵图　（胶印轴画）吴昌硕作
上海　上海人民美术出版社　1984 年　3 轴　附对联
108cm（全开）定价：CNY1.90
　　中国现代年画作品。

J0020651
北京风俗图　陈师曾画
北京　北京古籍出版社　1986 年　26cm（16 开）精装
统一书号：8205.2　定价：CNY15.00
　　民国时期风俗画作品。

J0020652
北京风俗图　陈师曾绘
北京　北京古籍出版社　1986 年　38cm（8 开）
统一书号：8205.1　定价：CNY12.00

J0020653
胡藻斌画集　胡藻斌绘
香港　伍惠珍　1986 年　有图　29cm（16 开）

J0020654
吴昌硕花卉屏　（写意花卉 1-4）（清）吴昌硕作

武汉　湖北少年儿童出版社　1986 年　4 张（卷轴）
76cm（2 开）定价：CNY4.60
　　中国画作品。

J0020655
姚茫父书画集　《姚茫父书画集》编委会编
贵阳　贵州美术出版社　1986 年　107 页
10cm（64 开）统一书号：8396.0075　定价：CNY32.00
　　本画集收入作者的山水画 29 幅，花卉画 34 幅，人物画 4 幅，楷书、行书、隶书、篆书、金文等书法作品 24 幅。

J0020656
八十年画集　南京师范大学美术系，上海人民美术出版社编
上海　上海人民美术出版社　1987 年　100 页
38cm（6 开）精装　ISBN：7-5322-0096-5
定价：CNY54.00
　　中国近现代油画和中国画作品集。

J0020657
神仙贵寿　吴昌硕作
北京　荣宝斋［1987 年］1 轴（卷轴）
定价：CNY58.00

J0020658
桃实图　吴昌硕作
上海　朵云轩［1987 年］1 轴（卷轴）

J0020659
延安文艺丛书　（第十二卷　美术卷）古元，李树声主编；李浩章编辑
长沙　湖南文艺出版社　1987 年　224 页　有图版
20cm（24 开）ISBN：7-5404-0168-0
定价：CNY4.25

J0020660
高剑父陈树人高奇峰画选　陈树人纪念馆编
广州　岭南美术出版社　1988 年　26cm（16 开）
ISBN：7-5362-0361-6　定价：CNY3.70
　　本书所收为民国时期中国画作品。

J0020661
汪采白画集　江采白绘画；江采白诞生一百周年筹委会供稿

合肥　安徽美术出版社　1988 年　1 册　有图
29cm（16 开）ISBN：7-5398-0038-0

　　本画集收入作者作品 83 幅。作者汪采白
（1887—1940 年），教授。名孔祁，字采白，一字
采伯，号澹庵，别号洗桐居士。安徽歙县人，曾
入两江师范学堂国画手工科。先后任武昌高等
师范学校教授、北京师范学校教授、南京中央大
学国画系主任、安徽省立第二中学校长、北平艺
术专科学校教授。代表作《风柳鸣蝉图》《鬼说》。

J0020662

吴昌硕花卉　吴昌硕作
南京　江苏美术出版社　1988 年　4 张（卷轴）
76cm（2 开）定价：CNY4.80
　　中国现代年画作品。

J0020663

霞映梅林　（绫裱卷轴）吴昌硕作
北京　荣宝斋［1988 年］1 轴

J0020664

珍藏龙虎图画本
［香港］龙和出版公司 1988 年 120 页 26cm（16 开）
（灵感艺术系列 2）

J0020665

吴昌硕作品集　（绘画）吴昌硕绘
上海　上海人民美术出版社　1989 年　139 页
39cm（8 开）定价：CNY78.00

J0020666

陈树人的艺术　郑经文，黄渭渔编著
北京　人民美术出版社　1990 年　164 页　有照片
及图 20cm（32 开）ISBN：7-102-00528-8
定价：CNY5.90

　　本书收入陈树人的中国画作品 150 幅，题画
诗 200 首，对陈树人的一生及其艺术面貌进行了
详尽的介绍。作者陈树人（1884—1948），中国近
代著名国画家。广东番禺县人，毕业于日本京都
美术学校和京东立教大学。出版有《陈树人画集》
《陈树人近作》《陈树人中国画选集》，诗集有《寒
绿吟草》《自然美讴歌集》《战尘集》。

J0020667

虎痴张善子画选　张善孖绘

北京　人民美术出版社　1990 年　有肖像及图版
19cm（32 开）ISBN：7-102-00628-4
定价：CNY8.00

　　作者张善孖（1882—1940），著名画家。原
名张正兰，更名张仲、张泽，字善孖、善之，号虎
痴，别署虎公、榕骏斋主，堂号大风堂。四川内
江人。著名国画大师张大千二兄。

J0020668

石磊园画集　［石成璿绘］；宋平，石林芳主编
西安　陕西人民美术出版社［1990—1999 年］
72 页 36cm（6 开）ISBN：7-5368-1221-3
定价：CNY80.00

　　外文书名：The Selected Works of Shi Leiyuan.
作者石成璿（1877—1946），画家。字宝斋，号磊
园，陕西华阴义合村人。民国时期曾任陕西省财
政督办等。出版有《艺舟书画谱》《明清山水画幅》
《云社翰墨缘》《名古书画集》《石磊园画集》。

J0020669

吴昌硕画集　吴昌硕绘
天津　天津人民美术出版社　1990 年　1 册
38cm（6 开）精装　ISBN：7-5305-0233-6
定价：CNY152.00

　　作者吴昌硕（1844—1927），晚清民国时期国
画家、书法家、篆刻家。原名俊，俊倾，字昌硕。
浙江安吉人。代表作品有《瓜果》《灯下观书》《姑
苏丝画图》等，出版有《吴昌硕画集》《吴昌硕作
品集》《苦铁碎金》《缶庐近墨》《吴苍石印谱》
《缶庐印存》等。

J0020670

浙江近代书画选集　黄湧泉主编
杭州　浙江人民美术出版社　1990 年　145 页
37cm（8 开）精装　ISBN：7-5340-0163-3
定价：CNY85.00

　　本选集选入 115 位浙籍书画家的作品 163 件，
其中绘画 73 幅，书作 32 幅，篆刻 58 方，全书分
为绘画、书法和篆刻三大类。主要包括：赵之谦、
吴昌硕、黄宾虹、潘天寿、丰子恺等画家的作品。

J0020671

近代名人画海
天津　天津古籍出版社　1991 年　37cm（8 开）
ISBN：7-80504-442-2　定价：CNY32.00

J0020672
马骀画宝　马骀绘
北京 中国书店 1991 年 影印本 2 册（600 页）
19cm（32 开）ISBN：7-80568-325-5 定价：CNY20.00
　　本书收集作者 1400 幅作品，题材包括人物、
山水、花卉、博古、鱼虫、鸟兽等各式画法。

J0020673
马骀画宝　马骀编绘
北京 中国书店 1995 年 影印本 2 册（600；600 页）
20cm（32 开）ISBN：7-80568-662-9 定价：CNY50.00
（中国历代书画丛书）

J0020674
陈师曾画选　陈师曾绘；龚产兴编
北京 人民美术出版社 1992 年 255 页
19cm（小 32 开）ISBN：7-102-00729-9
定价：CNY9.80
　　本书精选画家人物、山水花鸟绘画作品 255
幅。作者陈师曾（1876—1923），近代著名书画篆
刻家。本名陈衡恪，字师曾，号槐堂。江西义宁
（今江西省修水县）人。曾留学日本。任教于通
州师范学校、长沙第一师范、北京女子高等师范
学校、北京美术专门学校。代表作品有《中国绘
画史》《文人画之价值》。

J0020675
寿者相　吴昌硕作
北京 荣宝斋 ［1992 年］1 轴 230×82cm
　　中国近代国画作品。

J0020676
吴昌硕画集　吴昌硕绘
杭州 浙江人民美术出版社 1992 年 48 页 38cm（8 开）
精装 ISBN：7-5340-0331-8 定价：CNY52.00
（中国画名家作品粹编）
　　本书系民国时代中国画画册。

J0020677
吴昌硕画集　吴昌硕绘；浙江人民美术出版
社编
杭州 浙江人民美术出版社 1992 年 48 页
38cm（6 开）ISBN：7-5340-0327-X
定价：CNY42.00
（中国画名家作品粹编）

J0020678
色笼墨染　（近代中国绘画）译艺轩制作
香港 联斋古玩号 ［1993 年］152 页 28cm（大 16 开）
精装
　　外文书名：The Infinite Palette, Modern Chi-
nese Painting.

J0020679
吴昌硕书画选　吴昌硕作；东夷民编著
北京 人民美术出版社 1993 年 332 页 19cm（小 32 开）
ISBN：7-102-01159-8 定价：CNY9.50
　　本书收有吴昌硕书法作品 66 幅；绘画作品
20 余幅。作者吴昌硕（1844—1927），晚清民国
时期国画家、书法家、篆刻家。原名俊，俊倾，
字昌硕。浙江安吉人。代表作品有《瓜果》《灯
下观书》《姑苏丝画图》等，出版有《吴昌硕画集》
《吴昌硕作品集》《苦铁碎金》《缶庐近墨》《吴苍
石印谱》《缶庐印存》等。

J0020680
吴昌硕花果册　吴昌硕绘；刘靖基供稿
上海 上海人民美术出版社 1994 年 12 张
33×37cm ISBN：7-5322-1321-8
定价：CNY23.00（散页套装）
　　本书收有绘画作品 12 幅。

J0020681
吴昌硕彩墨精选　吴昌硕绘著
台北 艺术图书公司 1995 年 再版 112 页 有图
30cm（10 开）ISBN：957-672-206-3
定价：TWD480.00
（画好国画 43）
　　现代中国画之彩墨画画册。

J0020682
续近代名画大观　王念慈著
北京 中国书店 1995 年 影印本 重印本 1 册
26cm（16 开）ISBN：7-80568-322-0
定价：CNY30.00
　　本书系近代中国画，原名《当代名画大观续
集》，据碧梧山庄 1925 年版影印。

J0020683
陈师曾画铜　陈师曾绘；陈封雄，谷溪编
北京 人民美术出版社 1996 年 93 页 23×26cm

ISBN：7–102–01743–X 定价：CNY34.80

J0020684
近代名画 （1840—1949 年）刘赦著
济南 山东科学技术出版社 1997 年 114 页
19cm（小 32 开）ISBN：7–5331–1877–4
定价：CNY16.00
（中国收藏小百科）
　　本书系近代中国画画册。

J0020685
民国名画大观 王念慈编
北京 中国青年出版社 1997 年 2 册（542 页）
20cm（32 开）ISBN：7–5006–2191–4
定价：CNY27.00
　　本书原名为《当代名画大观正集》，共分上、
下两卷。上卷：山水·人物；下卷：梅花·花卉·鸟
兽·竹石。

J0020686
民国名画大观 王念慈编
北京 中国青年出版社 1997 年 2 册（542 页）
20cm（32 开）精装 ISBN：7–5006–2192–2
定价：CNY37.00

J0020687
吴昌硕画菊 吴昌硕绘
杭州 西泠印社 1997 年 54 页 37cm
ISBN：7–80517–148–3 定价：CNY31.00
（名家技法画谱）

J0020688
吴昌硕作品 吴昌硕绘
西安 陕西人民美术出版社 1997 年 29cm（16 开）
ISBN：7–5368–0983–2 定价：CNY18.00
（中国画名家作品精选）

J0020689
豫园馆藏书画集 （第一集）吴荣光主编
上海 上海书画出版社 1997 年 38cm（8 开）精装
ISBN：7–80635–093–4 定价：CNY250.00

J0020690
中国工笔画 （1900—1997）郑小娟主编
长沙 湖南美术出版社 1997 年 2 册（663 页）

37cm（8 开）精装 ISBN：7–5356–1026–9
定价：CNY1200.00

J0020691
中国近代绘画 （民初篇）石允文编著
石家庄 河北教育出版社 1997 年 200 页
37cm（8 开）精装 ISBN：7–5434–2995–0
定价：CNY400.00
（中华之美系列）

J0020692
中国近现代人物画风 子敏等编
重庆 重庆出版社 1997 年 26cm（16 开）精装
ISBN：7–5366–3629–6 定价：CNY40.00
（中国古代绘画大师画风系列）

J0020693
陈树人画集 陈树人绘；广州美术馆编
广州 广东旅游出版社 1998 年 20+367 页
38cm（6 开）精装 ISBN：7–80521–936–2
定价：CNY430.00
　　本书系现代中国画画册。

J0020694
民初十二家：上海画坛 台湾历史博物馆编
辑委员会编辑；苏启明主编
台北 台湾历史博物馆编 1998 年 293 页 有彩图
29cm（16 开）ISBN：957–02–1619–0
定价：TWD100.00

J0020695
吴昌硕册页 吴昌硕绘；潘天寿纪念馆编
杭州 浙江人民美术出版社 1998 年 48 页
38cm（6 开）精装 ISBN：7–5340–0762–3
定价：CNY90.00
（中国画名家册页典藏）

J0020696
百家梅书画珍集 王加林主编
石家庄 河北教育出版社 1999 年 140 页
有照片 29×29cm ISBN：7–5434–3085–1
定价：CNY218.00
　　本书收录了自晚清、民国至当代的关山月、
白雪石、孙其峰等国画大师和一百多位中青年
画家的梅画精品，他们或工笔，或写意，绘出了

红梅、黄梅、绿梅、墨梅的各种风采。外文书名：
Plum Blossoms of A Hundred Schools.

J0020697
二十世纪中国书画艺坛湖州十家　王似锋
主编；湖州市文化局编
杭州　西泠印社　1999年　107页　28cm（大16开）
ISBN：7-80517-442-3
定价：CNY120.00, CNY180.00（精装）
　　本书收录了吴昌硕、王一亭、金城、沈尹默、
诸闻韵、沈迈士、谭建丞、诸乐三、费新我、潘韵
十位湖州书画艺术家的书画作品。

J0020698
近代国画名家　启功主编；全国政协办公厅编
北京　中国文史出版社　1999年　348页
42cm（8开）精装　ISBN：7-5034-1031-0
定价：CNY680.00, CNY780.00（布面精装）
　　本书收录自清末任熊以来的国画名家72位、
作品174幅，简要介绍了他们的生平与成就，以
及他们代表的各历史时期的代表性风格和代表
性作品。作品均包括画题、尺寸、收藏单位、题
跋、印章等著录资料。外文书名：The Famous
Painters of Traditional Chinese Paintings. 本书与人
民美术出版社合作出版。

J0020699
近现代名家书画品鉴　邓明著
上海　上海科学技术出版社　1999年　488页
29cm（16开）精装　ISBN：7-5323-5385-0
定价：CNY300.00

J0020700
世纪丹青　（中国书画名家纪念馆馆藏精品）
潘公凯，董小明主编；中国书画名家纪念馆联
会，深圳文化局编
杭州　中国美术学院出版社　1999年　170页
29cm（16开）精装　ISBN：7-81019-718-5
定价：CNY299.00

J0020701
吴昌硕精品集　吴昌硕绘；董玉龙编著
北京　人民美术出版社　1999年　有照片38cm（8开）
精装　ISBN：7-102-01986-6
　　本书系民国时代中国画画册。

J0020702
艺苑珍赏　（新安画派名作选　汪采白）汪采白绘
合肥　安徽美术出版社　1999年　8页　28cm（16开）
ISBN：7-5398-0717-2　定价：CNY12.00

J0020703
诸闻韵作品　诸闻韵绘
西安　陕西人民美术出版社　1999年　29cm（16开）
ISBN：7-5368-1160-8　定价：CNY18.00
（中国画名家作品精选）
　　外文书名：Masterpieces of Chinese Famous Paint-
ers Selected Paintings of Zhu Wenyun.

J0020704
白石老人小册　齐璜绘
民国　影印本　有图　线装

J0020705
滨虹纪游画册　黄滨虹绘
民国　影印本　蓝印　有图　线装

J0020706
冯谆湖仿郎世宁画图　冯谆绘
启新照相制版局　民国　影印本　12帧　散页

J0020707
关友声画集　关友声绘
北平［民国］38cm（6开）定价：一元
　　本书系关友声绘中国山水画画册。

J0020708
缋园画册　何遂绘
何遂［自刊］［民国］油印本　17×26cm
　　本书为油印本中国画册。

J0020709
蒋兆和画册　（第一集）蒋兆和绘
民国　石印本　有图　线装

J0020710
五月血泪史　上海市学生联合会编
上海　上海市学生联合会［民国］14页
13×19cm（32开）

J0020711
谢稚柳画集　谢稚柳绘
民国 影印本 有图 线装

　　作者谢稚柳(1910—1997)，书画家、书画鉴定家。原名稚，字稚柳，后以字行，晚号壮暮翁，斋名鱼饮溪堂等。江苏常州人。历任上海市文物保护委员会编纂、副主任，上海市博物馆顾问、中国书法家协会理事、国家文物局全国古代书画鉴定小组组长等。编著有《敦煌石室记》《敦煌艺术叙录》《水墨画》《唐五代宋元名迹》等。

J0020712
张大千画集　张大千绘并临
九龙 国际摄影公司 民国 摄影暨影印本 12 幅散页

J0020713
建德周含曜女士诗画稿　周德蕴撰并绘；周明焯编
民国十年［1921］影印本 有图 线装

J0020714
陈朗斋先生画谱　陈敏绘
四明还读楼 民国十一年［1922］影印本 有图 线装

　　本书共分二册。作者陈敏(1957—　)，教师。浙江人民警察学校语文教研室主任、浙江省硬笔书法家协会副主席兼秘书长、中国书法家协会理事兼《中国硬笔书法家协会通讯》主席等。

J0020715
江浙直奉血战画宝大全　胡亚光等绘；上海战事写真馆编
上海 上海战事写真馆 民国十三年［1924］影印本 线装

　　本书共分四册。

J0020716
当代名画大观　王念慈编
碧梧山庄 民国十四年［1925］石印本 有图 线装

J0020717
梅艇画稿　葛洛绘
上海 慎修书社 民国十四年［1925］影印本 线装

J0020718
赵梦晓画图春秋　［赵梦晓绘］
1925 年 22cm（30 开）定价：CNY1.20
　　本书为现代中国山水画册。

J0020719
中国现代名画　商务印书馆编
上海 商务印书馆 民国十四年［1925］影印本 线装

J0020720
中国现代名画　商务印书馆编
上海 商务印书馆 民国十四年［1925］影印本 线装

J0020721
崔巢画萃初集　王崔绘
无锡 理工社制版所 民国十五年［1926］影印本 线装
　　本书共分二册。

J0020722
黄君璧仿古人物山水花鸟画集　（第一集）
黄君璧绘；丽君斋藏
上海 神州国光社 民国十五年［1926］影印本 平装

J0020723
冷月画集　（袖珍本 第一册）陶冷月绘
苏州 新中国画社 1926 年 再版 48 页 15cm（40 开）定价：大洋一元
　　本书内收 10 幅画。

J0020724
楼辛壶西湖十景画册　楼邨绘
上海 慎修书社 民国十五年［1926］影印本 有图 线装

J0020725
赵子云花卉册　赵起绘
上海 有正书局 民国十五年［1926］影印本 线装

J0020726
齐白石画册初集　齐璜绘
胡氏石墨居 民国十七年［1928］影印本

有像及图 线装

　　作者齐白石（1864—1957），近现代中国绘画大师，国画家、篆刻家。湖南湘潭人。原名纯芝，字渭青，号兰亭，后改名璜，字濒生，号白石等。历任国立北平艺术专科学校和京华美术专科学校教习、教授，中央美术学院名誉教授、中国文学艺术界联合会主席团委员、中国画研究会和中国美术家协会主席、中国画院名誉院长。代表作有《蛙声十里出山泉》《墨虾》等。著有《白石诗草》《齐白石作品集》《白石老人自述》等。

J0020727
吴湖帆临石涛烂石堆云图卷冯超然临文待诏山水卷合册　吴湖帆，冯超然绘；嵩山草堂藏
上海 天绘阁 民国十八年［1929］影印本 线装

J0020728
一镫楼扇面　林实馨绘
北京 京城印刷局崇文斋 民国十九年［1930］影印本 平装

J0020729
何香凝画集　（第二辑）何香凝绘
［1931年］38cm（6开）环筒页装
　　本书收23幅国画。作者何香凝（1878—1972），革命家、画家。广东南海人，出生在香港。民革主要创始人，曾任中国国民党革命委员会中央副主席、主席，中华人民共和国创始人之一。曾就读于东京本乡女子美术学校日本画高等科。代表作品《狮》《梅花》《高松图》等，著有《何香凝诗画集》。

J0020730
赵西岩画册　赵锡塈绘；李克生辑
北京 京城印书局 民国二十年［1931］影印本 有肖像 平装

J0020731
白石画集　齐白石绘
上海 中华书局 民国二十一年［1932］影印本 有像 线装

J0020732
悲鸿画集　徐悲鸿绘

上海 中华书局 民国二十一年［1932］影印本 线装
　　本书共分二册。

J0020733
痴洪梅谱　洪毅绘；洪利鑫等藏
北京 清秘阁 民国二十一年［1932］影印本 有肖像 线装
　　本书与淳菁阁合作出版。

J0020734
凤先生仕女册　吕凤子绘
上海 中华书局 民国二十二年［1933］影印本 线装

J0020735
海粟油画　刘海粟绘
上海 商务印书馆 民国二十二年［1933］摄影本 线装

J0020736
刘海粟国画　刘海粟绘
上海 商务印书馆 民国二十二至二十六年［1933—1937］影印本 线装
　　本书共分三册。

J0020737
刘海粟国画　（第一集）刘海粟绘
上海 商务印书馆 民国二十二年［1933］影印本 线装

J0020738
齐白石画册　齐白石绘
中华书局 民国二十二年［1933］影印本 再版 有图及像 线装

J0020739
王雪涛花鸟画集　王雪涛绘
怀英制版局 民国二十二年［1933］影印本 有图 线装

J0020740
张大千画册　张大千绘
北平 豹文斋 民国二十三年［1934］影印本 平装

J0020741

高剑父画集　高剑父绘

上海　商务印书馆　民国二十四年［1935］影印本
线装

　　作者高剑父（1879—1951），国画家、美术教育家。名仑，字剑父，后以字行，生于广东番禺县，毕业于东京美术学院。岭南画派创始人之一。著作有《中国现代的绘画》《印度艺术》《国画新路向》《蛙声集》《佛国记》等。

J0020742

剑父画集　高仑绘

上海　商务印书馆　民国二十四年［1935］影印本
线装

J0020743

贺天健画册　贺天健绘

上海　安定社　民国二十五年［1936］影印本　有图
线装

J0020744

黄宾虹纪游画册　（第二辑）黄宾虹绘

上海　神州国光社　民国二十五年［1936］影印本
10页　有图　散页

　　作者黄宾虹（1865—1955），山水画家。初名懋质，后改名质，字朴存，号宾虹，别署予向。生于浙江金华，原籍安徽歙县，代表作《山居烟雨》《新安江舟中作》等，著有《黄山画家源流考》《虹庐画谈》《画法要旨》等作品。

J0020745

济远水墨画集　（第一辑）王济远绘

上海　中华书局　民国二十五年［1936］影印本
线装

J0020746

剑父画集　高仑绘

上海　商务印书馆　民国二十五年［1936］影印本
再版　线装

J0020747

西河村书画集　（第一集）张丕振绘

北平　中华印书局　民国二十六年［1937］影印本
三版　有图像　线装

J0020748

陆元鼎画集　陆元鼎绘

上海　安定珂罗版社　民国二十七年［1938］
影印本　珂罗版　有图　线装

J0020749

西山逸士画集　溥心畬绘；李墨巢藏

长沙　商务印书馆　民国二十八年［1939］影印本
再版　线装

　　作者溥心畬（1896—1972），画家，收藏家。名儒，字心畬，号羲皇上人，又号西山逸士。生于北京，毕业于北京法政大学青岛威廉帝国研修院，留学德国。曾在台湾师范大学及东海大学任教。代表作品《雪中访友图》，著有《四书经义集证》《毛诗经义集证》《尔雅释言经证》等。

J0020750

梅景书屋画集　（第一辑）吴湖帆，潘静淑绘；
吴询权辑

上海　梅景书屋出版社　民国二十九年［1940］
影印本　有图　平装

J0020751

悲鸿近作　徐悲鸿绘

昆明　中华书局　民国三十年［1941］五版　影印本
12幅　散页

J0020752

定山居士画集　（第一集）定山居士绘

上海　栩园编辑社　民国三十年［1941］影印本
线装

J0020753

吴镜汀山水画册　（第一集）吴熙曾绘

北京　蕴宝斋　民国三十一年［1942］影印本　线装

J0020754

大风堂临摹敦煌壁画　（第二集）张大千临

西南印书局　民国三十三年［1944］影印本　有图
线装

J0020755

六姐妹运军粮　魏紫熙画

［山东］［1945—1949年］20页　13×19cm

　　本书描写了解放战争时期山东解放区诸城

县福台庄五姐妹送军粮的故事，左图右文，图文并茂。

J0020756
张大千临摹敦煌壁画　（第一集　十三页）张大千绘
大风堂　民国三十六年［1947］影印本　彩色 13 页　有彩图　散页

J0020757
张大千临摹敦煌壁画　（第一集）张大千临
内江张氏大风堂　民国三十六年［1947］影印本 12 幅　散页

J0020758
陈从周画集　陈运彰绘
民国三十八年［1949］影印本　有图　线装

J0020759
闹天宫
北京　人民美术出版社［1950—1959 年］8 页 15×38cm
　　　本书为中国现代中国画。

J0020760
杨之光画册　杨之光绘
上海萑庐　1950 年　影印本　玻璃版　有图　线装

J0020761
美术手册　梦一等绘
重庆　西南军区政治部　1952 年 102 页 13×18cm（人民战士图画丛书）

J0020762
齐白石画集　齐白石原绘
北京　荣宝斋　1952 年　刻本　彩色套印　折装

J0020763
齐白石画集　齐白石作
［北京］荣宝斋　1952 年　定价：CNY12.50
　　　本书收画 22 幅，木版水印，锦面精装．其内容均为写意花卉和工笔草虫，集中反映了齐白石的画风。

J0020764
白石老人画册　齐白石绘
北京　荣宝斋　1953 年 10 幅 32×43cm

J0020765
孔雀东南飞画集　潘絜兹绘
上海　华东人民美术出版社　1953 年　影印本 20cm（32 开）定价：旧币 28,000 元

J0020766
齐白石茶花　齐白石作
［北京］荣宝斋　1953 年　定价：CNY8.00

J0020767
现代国画
北京　荣宝斋新记　1953 年　影印本 6 叶　有图　散页

J0020768
现代毛笔画　张令涛［编］
［上海］大众书局　1953 年［31］页 13×19cm 定价：CNY0.26
　　　作者张令涛（1903—1988），连环画艺术家。浙江宁波人。历任上海文史馆馆员、中国美术家协会会员、商务印书馆编辑所美术编辑，代表作品有《杨家将》《红楼梦》《猎虎记》《三国归晋》《女娲补天》《东周列国志》等。

J0020769
安徽省博物馆筹备处庆祝一九五四年元旦图书展览目录　安徽省博物馆筹备处编
合肥　安徽省博物馆筹备处［1954 年］26 页 18cm（15 开）

J0020770
悲鸿墨画选集　徐悲鸿绘
北京　人民美术出版社　1954 年　定价：CNY3.80

J0020771
何香凝画集　何香凝绘；人民美术出版社编辑
北京　人民美术出版社　1954 年　影印本 1 册（26 幅）37cm（8 开）精装　定价：旧币五万元
　　　本书收入何香凝先生创作的国画 26 幅。

J0020772
何香凝画集
北京 人民美术出版社 1954年 定价: CNY5.00

J0020773
和平之春　陈之佛作
[北京] 朝花出版社 1954年 78cm(2开)
定价: CNY0.18
　　中国现代国画作品。作者陈之佛(1896—1962), 画家、工艺美术家。又名陈绍本、陈杰, 号雪翁。毕业于浙江省工业专门学校染织科机织专业, 曾留学日本入东京美术学校工艺图案科。曾任教于上海美术专科学校及中央大学艺术系, 任南京大学、南京师范学院教授, 江苏美协副主席、南京艺术学院副院长、中国美术家协会理事等职。代表作品有《瑞安名胜古诗选》《旅美纪行》《江村集》等。

J0020774
和平之春　陈之佛作
[北京] 朝花出版社 1954年 39cm(6开)
定价: CNY0.12
　　中国现代国画作品。

J0020775
解冻　关山月作
[北京] 朝花出版社 1954年 76cm(2开)
定价: CNY0.16
　　中国画作品。

J0020776
九方皋　徐悲鸿作
北京 人民美术出版社 1954年 1幅
定价: CNY0.12
　　中国画作品。

J0020777
马群　尹瘦石作
[北京] 朝花出版社 1954年 定价: CNY0.10
　　中国画作品。作者尹瘦石(1919—1998), 书画艺术家。江苏宜兴人, 毕业于江苏省立宜兴陶瓷职业学校。作品有《屈原》《郑成功立海师规取留都图》《史可法督师扬州图》《伯夷叔齐》《巨赞法师像》等。

J0020778
梅花双鹊　齐白石作
北京 人民美术出版社 1954年 1幅
定价: CNY0.12
　　国画作品。

J0020779
牡丹　于非闇作
[北京] 朝花出版社 1954年 定价: CNY0.16
　　中国画作品。

J0020780
祁连山　关山月作
[北京] 朝花出版社 1954年 76cm(2开)
定价: CNY0.16
　　中国画作品。作者关山月(1912—2000), 国画家、教育家。原名关泽霈。生于广东阳江。历任广州市艺专教授、广州美术学院教授兼院长、广东画院院长、中国美术家协会副主席、广东省美术家协会副主席等职。代表作《江山如此多娇》《俏不争春》《绿色长城》《长河颂》等。

J0020781
全国国画展览会纪念画集　全国国画展览会筹委会编
北京 人民美术出版社 1954年 影印本 63页 25cm(16开) 定价: 旧币 23,000元

J0020782
群马　徐悲鸿作
北京 人民美术出版社 1954年 1幅
定价: CNY0.12
　　中国画作品。

J0020783
日长如小年　徐悲鸿作
北京 人民美术出版社 1954年 定价: CNY0.12
　　中国画作品。

J0020784
森林　黎雄才作
[北京] 朝花出版社 1954年 1张 38cm(8开)
定价: CNY0.12
　　中国画作品。

现代国画作品

J0020785

四季花　田世光作

[北京] 朝花出版社 1954 年 定价: CNY0.36

　　中国画作品。作者田世光(1916—1999), 教授。号公炜, 北京人, 祖籍山东乐陵, 毕业于北京京华美术学院, 师承张大千、赵梦朱、吴镜汀、于非闇、齐白石诸先生。历任中国美术家协会会员、北京工笔重彩画副会长、中国画研究院第一届院务委员。代表作《和平颂》《松树白鹰》《春晖》《幽谷红妆》《山雀》。

J0020786

田横五百士　徐悲鸿作

北京 人民美术出版社 1954 年 定价: CNY0.16

　　中国画作品。

J0020787

现代国画　徐悲鸿, 陈半丁等作

[北京] 荣宝斋 1954 年 定价: CNY7.00

　　作者陈半丁(1876—1970), 画家。浙江山阴(今绍兴)人。名陈年, 字半丁。曾就职于北京图书馆、北平艺术专科学校。曾任中国美术家协会理事、北京画院副院长、中国画研究会会长。代表作品有《卢橘夏熟》《高枝带雨压雕栏》《惟有黄花是故人》《赤壁夜游图》等。

J0020788

小孩和鸽子　沈涛作

上海 上海人民美术出版社 1954 年
定价: CNY0.03

　　中国画

J0020789

徐悲鸿奔马图　徐悲鸿作

[北京] 荣宝斋 1954 年 1 幅 定价: CNY10.00

J0020790

徐悲鸿遗作集　徐悲鸿作

新加坡徐悲鸿遗作展览会筹备委员会 1954 年
30 页 26cm(16 开)

J0020791

鸳鸯　王雪涛作

[北京] 朝花出版社 1954 年 定价: CNY0.18
(78cm), CNY0.12 (6 开)

　　中国画作品。

J0020792

鸳鸯　王雪涛作

[北京] 朝花出版社 1954 年 39cm)6 开)
定价: CNY0.12

　　中国画作品。

J0020793

蔡嘉雪屋寒林图　蔡嘉作

[北京] 荣宝斋 1955 年 [1] 张 定价: CNY6.50

J0020794

潮水落下去的傍晚　董义方作

[北京] 朝花出版社 1955 年 [1] 张 38cm(6 开)
定价: CNY0.10

　　中国画作品。作者董义方(1925—2006), 中国画山水画家、美学家。生于河北遵化。自署青山白云楼主。毕业于北平艺术专科学校绘画系。历任大连工学院绘画讲师、中华全国美学学会会员等。代表作品有《中南海荷花》《潮水落下去的傍晚》《巍然巨人》, 著有《桂林山水画集》《中国现代中国画集》等。

J0020795

陈师曾山水册　陈师曾作

[北京] 荣宝斋 1955 年 [1] 张 定价: CNY4.50

　　作者陈师曾(1876—1923), 近代著名书画篆刻家。本名陈衡恪, 字师曾, 号槐堂。江西义宁(今江西省修水县)人。曾留学日本。任教于通州师范学校、长沙第一师范、北京女子高等师范学校、北京美术专门学校。代表作品有《中国绘画史》《文人画之价值》。

J0020796

晨曲　徐悲鸿作

北京 人民美术出版社 1955 年 1 张 38cm(6 开)
定价: CNY0.10

　　中国画作品。

J0020797

城乡交流 （彩墨画）钱松喦作

上海　上海人民美术出版社　1955 年　[1] 张

定价：CNY0.20

　　彩墨中国画作品。作者钱松喦（1899—1985），画家。江苏宜兴人。曾任江苏省国画院院长、名誉院长，江苏省美术家协会主席、中国美术家协会常务理事等。画作有《红岩》《延安颂》《芙蓉湖上》《山岳颂》等。代表作品有《梅园新村》《延安颂》《红岩》《井冈大瀑布》等。著作《砚边点滴》。出版物《钱松喦画集》等。

J0020798

春假中的中山公园 （彩墨画）李可染作

上海　上海人民美术出版社　1955 年　[1] 张

定价：CNY0.20

　　中国画作品。

J0020799

第二届全国美术展览会彩墨画选集 人民美术出版社编

北京　人民美术出版社　1955 年　影印本

21cm（ 32 开）定价：CNY2.00

J0020800

敦煌之春 叶浅予作

[北京] 朝花出版社　1955 年　[1] 张　54cm（4开）

定价：CNY0.16

　　中国画作品。作者叶浅予（1907—1995），教授、画家。浙江桐庐人。历任中国美协副主席、中国画研究院副院长、中央美院教授。曾为茅盾小说《子夜》、老舍剧本《茶馆》等书插图。作品有长篇漫画《王先生》《小陈留京外史》《天堂记》等。著有《画馀记画》《十年恶梦录》等。

J0020801

飞鹰 徐悲鸿作

北京　人民美术出版社　1955 年　1 张　38cm（6 开）

定价：CNY0.10

　　中国画作品。

J0020802

富春江卢茨溪 （彩墨画）李可染作

上海　上海人民美术出版社　1955 年　[1] 张

定价：CNY0.20

　　中国画作品。

J0020803

古柏 徐悲鸿作

北京　人民美术出版社　1955 年　1 张　38cm（6 开）

定价：CNY0.10

　　中国画作品。

J0020804

古长城外 石鲁作

[北京] 朝花出版社　1955 年　[1] 张　38cm（6 开）

定价：CNY0.10

　　中国画作品。

J0020805

灌县都江堰 岑学恭作

[北京] 朝花出版社　1955 年　[1] 张　38cm（6 开）

定价：CNY0.10

　　中国画作品。作者岑学恭（1917—2009），满族。画家，一级美术师。内蒙古呼和浩特人，毕业于国立中央大学艺术系。历任中国美术家协会会员、中国诗书画研究院院士、北京大学东方书画家协会常务理事、人民日报神州书画院顾问、白书画研究会顾问、满族书画家联谊会顾问、四川省政协书画研究院院长等职。国画作品有《巫山云》《三峡》《秋林群鹿》等。

J0020806

和平颂 齐白石等作

北京　人民美术出版社　1955 年　1 张　39cm（8 开）

定价：CNY0.17（厚），CNY0.12（薄）

　　中国画作品。

J0020807

红杏山鹧 于非闇作

[北京] 朝花出版社　1955 年　[1 幅]　76cm（2 开）

定价：CNY0.15

　　中国画作品。作者于非闇（1889—1959），满族，画家。原名于魁照，后改名于照，字仰枢，别署非闇，又号闲人等。出生于北京，祖籍山东蓬莱。历任中央美术学院民族美术研究所研究员、北京中国画研究会副会长、北京画院副院长。作品有《玉兰黄鹂》《丹柿图》《牡丹鸽子》等，著有《非闇漫墨》《艺兰记》《中国画颜料研究》《我怎样画花鸟画》等。

J0020808
红杏山鹧　于非闇作
［北京］朝花出版社 1955年［1幅］38cm（6开）
定价：CNY0.10

J0020809
猴　王云作
天津 天津美术出版社 1955年［1］张 38cm（6开）
定价：CNY0.15
　　中国画作品。

J0020810
虎跑泉　（彩墨画）刘海粟作
上海 上海人民美术出版社 1955年［1］张
定价：CNY0.20
　　彩墨中国画作品。

J0020811
黄山天门坎　罗铭作
［北京］朝花出版社 1955年［1］张 53cm（4开）
定价：CNY0.16
　　中国画作品。作者罗铭（1912—1998）。著名画家、美术教育家。字西甫，别号西父，广东普宁南径人。曾在广州烈风艺专学西洋绘画，上海美专学西画。历任中央美术学院国画系讲师、陕西省国画院副院长等。作品有《飞越秦岭》《漓江》《竹林麻雀》等，画集有《罗铭先生国画集》《罗铭纪游画集》《罗铭画集》等。

J0020812
黄山文殊望天都峰　（彩墨画）李可染作
上海 上海人民美术出版社 1955年［1］张
定价：CNY0.20
　　彩墨中国画作品。

J0020813
鸡与牡丹　刘奎龄作
天津 天津美术出版社 1955年［1］张 38cm（6开）
定价：CNY0.15
　　中国画作品。

J0020814
金山风雨　贺天健作
［北京］朝花出版社 1955年［1］张 38cm（6开）
定价：CNY0.10

中国画作品。作者贺天健（1891—1977），国画家、书法家。原名贺骏，又名贺炳南，字健叟，阿难等。江苏无锡人，毕业于西安美术学院。书法作品有《东风吹到好江山》，出版有《贺天健画集》《贺天健山水册》《学山水画过程自述》等。

J0020815
进水塔工程　李斛绘
［北京］朝花出版社 1955年［1］张 38cm（6开）
定价：CNY0.10
　　中国画作品。作者李斛（1919—1975），画家、美术教育家。四川大竹县人，号柏风，毕业于四川省立成都师范学校和中央大学艺术系。任教于中央美术学院国画系、中央工艺美术学院装潢系。代表作品《侦察》《广州起义》《披红斗篷的老人》《关汉卿像》《齐白石像》等。

J0020816
菊花　陈半丁作
天津 天津美术出版社 1955年［1］张 38cm（6开）
定价：CNY0.15
　　中国画作品。作者陈半丁（1876—1970），画家。浙江山阴（今绍兴）人。名陈年，字半丁。曾就职于北京图书馆，北平艺术专科学校。曾任中国美术家协会理事、北京画院副院长、中国画研究会会长。代表作品有《卢橘夏熟》《高枝带雨压雕栏》《惟有黄花是故人》《赤壁夜游图》等。

J0020817
拉卜楞舞　叶浅予作
［北京］朝花出版社 1955年［1］张 38cm（8开）
定价：CNY0.10（38cm）
　　中国画作品。

J0020818
猫　徐悲鸿作
北京 人民美术出版社 1955年 1 张 38cm（6开）
定价：CNY0.10
　　中国画作品。

J0020819
猫　徐悲鸿作
［北京］荣宝斋 1955年 1 张 定价：CNY8.20

J0020820

梅花　徐悲鸿作

北京 人民美术出版社 1955 年 1 张 38cm（6 开）

定价：CNY0.10

中国画作品。

J0020821

美人蕉　王霞宙作

［北京］朝花出版社 1955 年［1］张 78cm（2 开）

定价：CNY0.11

中国画作品。

J0020822

美人蕉　王霞宙作

［北京］朝花出版社 1955 年［1］张 38cm（6 开）

定价：CNY0.10

J0020823

牡丹　张兆祥作

天津 天津美术出版社 1955 年［1］张 38cm（6 开）

定价：CNY0.15

中国画作品。

J0020824

木兰从军　刘旦宅绘

上海 上海人民美术出版社 1955 年 影印本

19×25cm 定价：旧币 16,000 元

中国现代国画作品画册。

J0020825

牧笛　（彩墨画）周昌谷作

上海 上海人民美术出版社 1955 年［1］张

定价：CNY0.14

中国画作品。

J0020826

南方村头　张仃作

［北京］朝花出版社 1955 年［1］张 53cm（4 开）

定价：CNY0.16

中国画作品。

J0020827

南京梅花山　魏紫熙作

［北京］朝花出版社 1955 年［1］张 38cm（6 开）

定价：CNY0.10

中国画作品。作者魏紫熙（1915—2002），画家。河南遂平县人，河南艺术师范学院毕业。历任河南艺术师范学校教师、河南大学讲师、江苏省国画院画师、徐州市国画院名誉院长等。代表作品《黄洋界》《温课》《巡逻》《同劳动同协商》《魏紫熙画集》。

J0020828

齐白石的画　（画册）齐白石作；邹雅，陈鹏编

北京 朝花出版社 1955 年 1 张 定价：CNY0.16

J0020829

齐白石的画　齐白石绘；邹雅，陈鹏编辑

北京 朝花美术出版社 1955 年 影印本

17cm（40 开）定价：CNY0.16

（群众美术画库）

J0020830

齐白石老公公的画　齐白石绘；少年儿童出版社编辑

上海 少年儿童出版社 1955 年 影印本

26cm（16 开）定价：CNY0.40

J0020831

牵牛花　齐白石作

天津 天津美术出版社 1955 年 1 张 78cm（2 开）

定价：CNY0.11

中国画作品。

J0020832

黔灵夕照　吴一峰作

［北京］朝花出版社 1955 年［1］张 38cm（6 开）

定价：CNY0.10

中国画作品。

J0020833

秋丛虫鸟　程璋作

天津 天津美术出版社 1955 年［1］张 76cm（2 开）

定价：CNY0.15

中国画作品。

J0020834

鸧鸹　徐悲鸿作

北京 人民美术出版社 1955 年 1 张 38cm（6 开）

定价：CNY0.10

中国画作品。

J0020835
鹊 徐悲鸿作
北京 人民美术出版社 1955年 1张 38cm（6开）
定价：CNY0.10
　　中国画作品。

J0020836
群马 徐悲鸿作
北京 人民美术出版社 1955年 1张 38cm（6开）
定价：CNY0.10
　　中国画作品。

J0020837
三潭印月 （彩墨画）李可染作
上海 上海人民美术出版社 1955年 [1]张
定价：CNY0.20
　　中国画作品。

J0020838
上林春色 刘奎龄绘
天津 天津美术出版社 1955年 影印本 1轴 有图
中国现代国画作品，卷轴装。

J0020839
狮 何香凝作
北京 人民美术出版社 1955年 1张 38cm（6开）
定价：CNY0.10
　　中国画作品。

J0020840
石窟艺术的创造者石窟艺术的创造者 潘
絜兹作
[北京] 朝花出版社 1955年 1幅 38cm（6开）
定价：CNY0.10
　　中国画作品。作者潘絜兹（1915—2002），著
名工笔人物画家。浙江宣平人，原名昌邦。毕业
于北京京华美术学院。历任中国历史博物馆美
术组组长、《美术》月刊编辑、《中国画》主编、北
京画院专业画师及艺术委员会副主任、北京工笔
画会会长、中国美术家协会北京分会副主席等
职。代表作品《石窟艺术的创造者》《岳飞抗金
图》《白居易卖炭翁诗意》等。

J0020841
拾麦穗 （彩墨画）魏紫熙作
上海 上海人民美术出版社 1955年 [1]张
定价：CNY0.14
　　中国画作品。

J0020842
四季山水——春夏秋冬 （彩墨画）傅抱石作
上海 上海人民美术出版社 1955年 [4]张
定价：CNY0.20（每张）
　　彩墨中国画作品。作者傅抱石（1904—
1965），画家。原名长生、瑞麟，号抱石斋主人。
生于江西南昌，祖籍江西新余，早年留学日本。
历任南京师范学院教授、江苏国画院院长等职。
代表作品有《山阴道上》《钟馗》《屈原》《江山如
此多娇》，著有《中国古代绘画之研究》《中国绘
画变迁史纲》等。

J0020843
松下吹箫 何香凝作
北京 人民美术出版社 1955年 1张 38cm（6开）
定价：CNY0.10
　　中国画作品

J0020844
松鹰 齐白石作
天津 天津美术出版社 1955年 1张 38cm（6开）
定价：CNY0.15
　　中国画作品。作者齐白石（1864—1957），近
现代中国绘画大师，国画家、篆刻家。湖南湘潭
人。原名纯芝，字渭青，号兰亭，后改名璜，字
濒生，号白石等。历任国立北京艺术专科学校和
京华美术专科学校教习、教授，中央美术学院名
誉教授、中国文学艺术界联合会主席团委员、中
国画研究会和中国美术家协会主席、中国画院名
誉院长。代表作有《蛙声十里出山泉》《墨虾》等。
著有《白石诗草》《齐白石作品集》《白石老人自
述》等。

J0020845
岁朝图 齐白石作
北京 人民美术出版社 1955年 1张 78cm（2开）
定价：CNY0.11
　　中国画作品。

J0020846

铁锚兰　徐悲鸿作

北京　人民美术出版社　1955 年　1 张　38cm（6 开）

定价：CNY0.10

　　中国画作品。

J0020847

为祖国寻找更多的矿源　黎雄才作

[北京] 朝花出版社　1955 年　1 张　38cm（6 开）

定价：CNY0.10

　　中国画作品。

J0020848

西湖堤畔　（彩墨画）张仃作

上海　上海人民美术出版社　1955 年　[1] 张

定价：CNY0.20

　　中国画作品。

J0020849

夏河之夏　叶浅予作

[北京] 朝花出版社　1955 年　[1] 张　54cm（4 开）

定价：CNY0.16

　　中国画作品。

J0020850

现代国画选辑　陈少梅 [等] 作

[北京] 荣宝斋　1955 年　[1] 张　定价：CNY4.80

　　作者陈少梅（1909—1954），国画家。名云彰，又名云鹮，号升湖，字少梅，以字行。生于湖南衡山。曾任中国美术家协会天津分会主席、天津美术学校校长。主要作品有《江南春》《丛林远岭》等。

J0020851

现代毛笔画　张听涛编

上海　大众书局　1955 年　重印本　31 页

13×19cm（32 开）定价：二角四分

J0020852

新开发的公路　关山月作

[北京] 朝花出版社　1955 年　[1 幅] 38cm（6 开）

定价：CNY0.10

　　中国画作品。作者关山月（1912—2000），国画家、教育家。原名关泽霈。生于广东阳江。历任广州市艺专教授、广州美术学院教授兼院长、

广东画院院长、中国美术家协会副主席、广东省美术家协会副主席等职。代表作《江山如此多娇》《俏不争春》《绿色长城》《长河颂》等。

J0020853

星期日在天平山　（彩墨画）余彤甫作

上海　上海人民美术出版社　1955 年　[1] 张

定价：CNY0.20

　　彩墨中国画作品。

J0020854

徐悲鸿的彩墨画　（画册）陈晓南编

[北京] 朝花出版社　1955 年　1 张　19cm（小 32 开）

定价：CNY0.16

J0020855

徐悲鸿的彩墨画　徐悲鸿绘；陈晓南编

北京　朝花美术出版社　1955 年　影印本　1 册

17cm（32 开）定价：CNY0.16

（群众美术画库）

J0020856

雪天驮运　赵望云作

[北京] 朝花出版社　1955 年　[1] 张　38cm（6 开）

定价：CNY0.10

　　中国画作品。作者赵望云（1906—1977），画家。河北束鹿人。曾任西北军政委员会文化部文物处处长、中国美术家协会常务理事、陕西省美术家协会首任主席、陕西省文化局副局长等职。主要作品有《农村写生集》《西北旅行画集》《埃及写生画集》《赵望云画集》等。

J0020857

移山　石鲁作

[北京] 朝花出版社　1955 年　[1] 张　38cm（6 开）

定价：CNY0.10

　　中国画作品。

J0020858

饮马　徐悲鸿作

北京　人民美术出版社　1955 年　1 张　38cm（6 开）

定价：CNY0.10

　　中国画作品。

J0020859

玉米　刘子久作

天津　天津美术出版社　1955年　[1]张　38cm（6开）

定价：CNY0.15

中国画作品。

J0020860

月夜飞凫　王渔父作

[北京]朝花出版社　1955年　[1]张　78cm（2开）

定价：CNY0.11

中国画作品。创作于1948年，时藏于中国美术馆。作者王渔父（1909—1974），教授。河北涿县人，原名王柳汀。就读于北京大学艺术系和北平京华美术学院。历任贵州省文化局艺术科科长、省文联美工室主任，任教于贵州大学艺术系、贵州省艺术学校、贵阳师范学院等。代表作品《大地春深》《春雨鸠鸣》《柳枝喜鹊》《荷塘乳鸭》《梅鹤迎春》等。出版有《王柳汀画集》《王渔父花鸟画集》。

J0020861

月夜飞凫　王渔父作

[北京]朝花出版社　1955年　[1]张　38cm（6开）

定价：CNY0.10

J0020862

云横秦岭　石鲁作

[北京]朝花出版社　1955年　[1]张　54cm（4开）

定价：CNY0.08

中国画作品。

J0020863

在草地上　周昌谷作

[北京]朝花出版社　1955年　[1]张　76cm（2开）

定价：CNY0.15（76cm）

中国画作品。作者周昌谷（1929—1985），浙江乐清人，号老谷。自幼喜爱诗文书画。主要作品有《荔枝熟了》《春》等，著有《意笔人物画技法探索》《妙语与创造》《周昌谷画选》等。

J0020864

在草地上　周昌谷作

[北京]朝花出版社　1955年　[1]张　38cm（2开）

定价：CNY0.10（38cm）

J0020865

在修建中的苏州市容　（彩墨画）费新我作

上海　上海人民美术出版社　1955年　[1]张

定价：CNY0.14

彩墨中国画作品。作者费新我（1903—1992），书法家、画家。学名斯恩，原字省吾，字立千、号立斋，后改名新我，湖州南浔双林镇人。毕业于上海白鹅绘画学校。代表作品有《怎样画毛笔画》《怎样学书法》《楷书初阶》《怎样画铅笔画》。

J0020866

造船　（彩墨画）李硕卿作

上海　上海人民美术出版社　1955年　[1]张

定价：CNY0.14

彩墨中国画作品。

J0020867

中南国画创作选集　湖北人民出版社选编

武汉　湖北人民出版社　1955年　26cm（16开）

定价：CNY1.10

J0020868

中南国画创作选集　汤文选[等]作

武汉　湖北人民出版社　1955年　11张（套）

定价：CNY1.10

J0020869

[松鼠嬉戏图]　刘奎龄绘

天津　天津美术出版社　1956年　影印本　1轴　有图

J0020870

八十七神仙卷　（七页）徐悲鸿藏画

北京　人民美术出版社　1956年　53cm（4开）

定价：CNY10.00

本书是徐悲鸿藏现代中国画作品。

J0020871

巴山松云　（国画）傅抱石作

上海　上海人民美术出版社　1956年　1张

38cm（6开）定价：CNY0.14

现代中国画作品。

J0020872

白石老人画册　（花卉工虫册）齐白石作

天津　天津美术出版社　1956 年　影印本　12 幅
26×38cm　统一书号：8073.513　定价：CNY0.12
　　作者齐白石（1864—1957），近现代中国绘画
大师，国画家、篆刻家。湖南湘潭人。原名纯芝，
字渭青，号兰亭，后改名璜，字濒生，号白石等。
历任国立北京艺术专科学校和京华美术专科学
校教习、教授，中央美术学院名誉教授、中国文
学艺术界联合会主席团委员、中国画研究会和中
国美术家协会主席、中国画院名誉院长。代表作
有《蛙声十里出山泉》《墨虾》等。著有《白石诗
草》《齐白石作品集》《白石老人自述》等。

J0020873
苞米　齐白石作
天津　天津美术出版社　1956 年　1 张　53cm（4 开）
定价：CNY0.20
　　现代中国画作品。

J0020874
报喜　（彩墨画）周凡作
上海　上海人民美术出版社　1956 年　1 张
27cm（大 16 开）定价：CNY0.08
　　现代中国画作品。

J0020875
贝叶草虫　齐白石作
天津　天津美术出版社　1956 年　1 张　53cm（4 开）
定价：CNY0.20
　　现代中国画作品。

J0020876
贝叶草虫　齐白石作
天津　天津美术出版社　1956 年　1 张　76cm（2 开）
定价：CNY0.13
　　现代中国画作品。

J0020877
贝叶蚱蜢　齐白石作
天津　天津美术出版社　1956 年　1 张　38cm（6 开）
定价：CNY0.10
　　现代中国画作品。

J0020878
扁豆　齐白石作
天津　天津美术出版社　1956 年　1 张　53cm（4 开）

定价：CNY0.20
　　现代中国画作品。

J0020879
不肯伤廉　齐白石作
天津　天津美术出版社　1956 年　1 张　53cm（4 开）
定价：CNY0.20
　　现代中国画作品。

J0020880
柴达木的风雪　黄胄作
北京　朝花美术出版社　1956 年　1 张　38cm（6 开）
定价：CNY0.10
　　现代中国画作品。

J0020881
稻穗蝗虫　齐白石作
天津　天津美术出版社　1956 年　1 张　38cm（6 开）
定价：CNY0.10
　　现代中国画作品。

J0020882
第一回胜利　程十发作
北京　朝花美术出版社　1956 年　1 张　38cm（6 开）
定价：CNY0.10
　　现代中国画作品。作者程十发（1921—
2007），画家。出生于上海金山，毕业于上海美术
专科学校国画系。代表作品有《丽人行》《迎春图》
《列宁的故事》《孔乙己》等。出版有《程十发近作选》
《程十发花鸟习作选》《程十发作品展》。

J0020883
动物屏　刘奎龄绘
天津　天津美术出版社　1956 年　影印本　2 轴　有图
　　本作品为卷轴装。

J0020884
杜甫草堂　吴一峰作
［成都］四川人民出版社　1956 年　1 张　78cm（2 开）
定价：CNY0.12
　　现代中国画作品。

J0020885
杜甫诗意画展专刊　杜甫草堂辑
成都　杜甫草堂　1956 年　影印本　18 页　有图

25cm（15 开）

J0020886
丰沙钱之秋　周怀民作
北京 朝花美术出版社 1956 年 1 张 38cm（6 开）
定价：CNY0.10
　　现代中国画作品。作者周怀民（1906—
1996），美术家。又名周仁，字顺根，斋号双柳
书屋、水云阁等，江苏无锡人。历任北平京华美
术学院、北平国立艺术专科学校教授、北京画院
一级画师、中国美协会员、中山书画社副社长等
职。代表作品有《山水》《芦塘》《葡萄》等。

J0020887
风雨归舟　傅抱石作
北京 朝花美术出版社 1956 年 1 张 38cm（6 开）
定价：CNY0.10
　　现代中国画作品。

J0020888
芙蓉花　陈之佛作
北京 朝花美术出版社 1956 年 1 张 38cm（6 开）
定价：CNY0.10
　　现代中国画作品。作者陈之佛（1896—
1962），画家、工艺美术家。又名陈绍本、陈杰，
号雪翁。毕业于浙江省工业专门学校染织科机
织专业，曾留学日本入东京美术学校工艺图案
科。曾任教于上海美术专科学校及中央大学艺
术系，任南京大学、南京师范学院教授、江苏美
协副主席、南京艺术学院副院长、中国美术家协
会理事等职。代表作品有《瑞安名胜古诗选》《旅
美纪行》《江村集》等。

J0020889
涪江新貌　吴一峰作
［成都］四川人民出版社 1956 年 1 张
53cm（4 开）定价：CNY0.09
　　现代中国画作品。

J0020890
富春江畔　应野平作
北京 朝花美术出版社 1956 年 1 张 38cm（6 开）
定价：CNY0.10
　　现代中国画作品。

J0020891
富春江严陵濑朝雾　（国画）刘海粟作
上海 上海人民美术出版社 1956 年 1 张
53cm（4 开）定价：CNY0.20
　　现代中国画作品。

J0020892
高原晴雪　张介民作
北京 朝花美术出版社 1956 年 1 张 38cm（6 开）
定价：CNY0.10
　　现代中国画作品。

J0020893
工间活动　宋惠元作
北京 朝花美术出版社 1956 年 1 张 38cm（6 开）
定价：CNY0.10
　　现代中国画作品。

J0020894
海棠、玉簪　齐白石作
天津 天津美术出版社 1956 年 1 张 53cm（4 开）
定价：CNY0.20
　　现代中国画作品。

J0020895
行云流水　柯横作
北京 朝花美术出版社 1956 年 1 张 53cm（4 开）
定价：CNY0.16
　　现代中国画作品。

J0020896
红萝卜蝼蛄　齐白石作
天津 天津美术出版社 1956 年 1 张 38cm（6 开）
定价：CNY0.10
　　现代中国画作品。

J0020897
红叶秋蝉　齐白石作
天津 天津美术出版社 1956 年 1 张 38cm（6 开）
定价：CNY0.10
　　现代中国画作品。

J0020898
葫芦蚱蜢　齐白石作
天津 天津美术出版社 1956 年 1 张 76cm（2 开）

定价: CNY0.13

　　现代中国画作品。

J0020899

湖边早春　孙奇峰,刘子久作

北京 朝花美术出版社 1956年 1张 38cm(6开)

定价: CNY0.10

　　现代中国画作品。

J0020900

蝴蝶兰蛾子　齐白石作

天津 天津美术出版社 1956年 1张 38cm(6开)

定价: CNY0.10

　　现代中国画作品。

J0020901

花鸟争春　胡伯祥作

[成都]四川人民出版社 1956年 1张 53cm(4开)

定价: CNY0.12

　　现代中国画作品。作者胡伯祥(1923—2010),当代著名书画家、诗人。字葭萌,四川昭化人。中国美术家协会会员。精通中国工笔画,善书,能诗,通史,鼓琴等。曾先后在四川华西大学博物馆、四川大学博物馆任职,成都画院画师、顾问。出版《胡伯祥、胡涛美术作品集》画册、《胡伯祥诗词选集》。

J0020902

黄梅彩蝶　齐白石作

天津 天津美术出版社 1956年 1张 38cm(6开)

定价: CNY0.10

　　现代中国画作品。

J0020903

黄山天都峰　董寿平作

北京 朝花美术出版社 1956年 1张 38cm(6开)

定价: CNY0.10

　　现代中国画作品。作者董寿平(1904—1997),国画家、书法家。原名揆,字谐伯,山西洪洞县人。毕业于天津南开大学。历任中国书法家协会顾问、中国美术家协会会员、北京荣宝斋顾问、全国政协书画室主任、北京中国画研究会名誉会长。出版有《董寿平画辑》《董寿平书画集》《书画大师董寿平》《董寿平谈艺录》。

J0020904

火车通过明月峡　吴一峰作

[成都]四川人民出版社 1956年 1张 53cm(4开)

定价: CNY0.09

　　现代中国画作品。

J0020905

火焰山　任率英绘;羡智编词

石家庄 河北人民美术出版社 1956年 影印本

定价: CNY0.60

　　现代中国画作品。作者任率英(1911—1989),画家。原名敬表,河北束鹿人。擅长工笔画、连环画、年画。历任中国美术家协会会员、中国连环画研究会顾问、北京东方书画研究社社长、北京工笔重彩画协会副会长、北京中国画研究会理事、北京工业大学书画协会顾问。代表作品《嫦娥奔月》《洛神图》《梁红玉击鼓战金山》等。

J0020906

鸡冠花　齐白石作

天津 天津美术出版社 1956年 1张 53cm(4开)

定价: CNY0.20

　　现代中国画作品。

J0020907

锦江春色　伍瘦梅作

[成都]四川人民出版社 1956年 1张 78cm(2开)

定价: CNY0.12

　　现代中国画作品。

J0020908

九歌图　徐邦达绘图

北京 朝花美术出版社 1956年 [11]页 有图 17cm(40开) 统一书号: T8028.1096

定价: CNY0.16

(群众美术画库)

　　现代中国画作品。作者徐邦达(1911—2012),画家、书画鉴定家。字孚尹,号李庵等。浙江海宁人。代表作品有《古书画鉴定概论》《古书画伪讹考辨》《古书画过眼要录》等。

J0020909

九秋图　齐白石作

天津 天津美术出版社 1956年 1张 53cm(4开)

定价: CNY0.20

现代中国画作品。作者齐白石(1864—1957),近现代中国绘画大师,国画家、篆刻家。湖南湘潭人。原名纯芝,字渭青,号兰亭,后改名璜,字濒生,号白石等。历任国立北平艺术专科学校和京华美术专科学校教习、教授,中央美术学院名誉教授、中国文学艺术界联合会主席团委员、中国画研究会和中国美术家协会主席、中国画院名誉院长。代表作有《蛙声十里出山泉》《墨虾》等。著有《白石诗草》《齐白石作品集》《白石老人自述》等。

J0020910

孔雀藤萝　郑乃珖,林金秀作

天津 天津美术出版社 1956 年 1 张 76cm(2 开)

定价: CNY0.40

　　现代中国画作品。

J0020911

蓝花天牛　齐白石作

天津 天津美术出版社 1956 年 1 张 38cm(6 开)

定价: CNY0.10

　　现代中国画作品。

J0020912

篱菊、牡丹　齐白石作

天津 天津美术出版社 1956 年 1 张 53cm(4 开)

定价: CNY0.20

　　现代中国画作品。

J0020913

梁山伯与祝英台　杨逸麟绘

上海 新艺术出版社 1956 年 影印本 40 页 有图 15cm(40 开) 统一书号: T8082.1681

定价: CNY0.20

　　现代中国画作品。作者杨逸麟(1931—),画家、教授。河北迁安人。毕业于中央美术学院绘画系。曾任中国美术家协会会员、中央美术学院教授。代表作品有《一颗铜钮扣》《卡门》《周恩来画卷》等。

J0020914

凌霄花　(国画)王个簃作

上海 上海人民美术出版社 1956 年 1 张 53cm(4 开) 定价: CNY0.18

　　现代中国画作品。

J0020915

龙溪河拦河坝工程　宗其香作

北京 朝花美术出版社 1956 年 1 张 38cm(6 开)

定价: CNY0.10

　　现代中国画作品。作者宗其香(1917—1999),江苏南京人。毕业于中央大学艺术系。历任国立北平艺术专科学校讲师,中央美术学院教授、水彩教研室主任、中国画系山水科主任,中国美术家协会会员。代表作品有《艺君像》《漓江夜》《寺前小集》等,出版有《宗其香画集》。

J0020916

鲁迅与青年　蒋兆和作

天津 天津美术出版社 1956 年 1 张 38cm(6 开)

定价: CNY0.10

　　现代中国画作品。

J0020917

猫蝶　赵蕴玉作

[成都] 四川人民出版社 1956 年 1 张 78cm(2 开)

定价: CNY0.12

　　现代中国画作品。

J0020918

茂荷　齐白石作

天津 天津美术出版社 1956 年 1 张 53cm(4 开)

定价: CNY0.20

　　现代中国画作品。

J0020919

美人蕉　于非闇作

北京 朝花美术出版社 1956 年 1 张 38cm(6 开)

定价: CNY0.10

　　现代中国画作品。

J0020920

蜜蜂、蝴蝶、蟋蟀　齐白石作

天津 天津美术出版社 1956 年 1 张 53cm(4 开)

定价: CNY0.20

　　现代中国画作品。

J0020921

蘑菇冬笋、南瓜慈姑　齐白石作

大津 大津美术出版社 1956 年 1 张 53cm(4 开)

定价: CNY0.20

现代中国画作品。作者齐白石(1864—1957),近现代中国绘画大师,国画家、篆刻家。湖南湘潭人。原名纯芝,字渭青,号兰亭,后改名璜,字濒生,号白石等。历任国立北平艺术专科学校和京华美术专科学校教习、教授,中央美术学院名誉教授、中国文学艺术界联合会主席团委员、中国画研究会和中国美术家协会主席、中国画院名誉院长。代表作有《蛙声十里出山泉》《墨虾》等。著有《白石诗草》《齐白石作品集》《白石老人自述》等。

J0020922
墨荷 (国画)唐云作
上海 上海人民美术出版社 1956 年 1 张
53cm(4 开)定价:CNY0.20
　　现代中国画作品。

J0020923
牡丹 钱汉庭作
北京 朝花美术出版社 1956 年 1 张 38cm(6 开)
定价:CNY0.10
　　现代中国画作品。

J0020924
牧区医疗队 (彩墨画)宋忠元作
上海 上海人民美术出版社 1956 年 1 张
72cm(2 开)定价:CNY0.22
　　现代中国画作品。

J0020925
南瓜与螳螂 齐白石作
天津 天津美术出版社 1956 年 1 张 76cm(2 开)
定价:CNY0.13
　　现代中国画作品。

J0020926
婆罗多舞 叶浅予作
北京 人民美术出版社 1956 年 1 张 38cm(6 开)
定价:CNY0.10
　　现代中国画作品。

J0020927
葡萄 齐白石作
天津 天津美术出版社 1956 年 1 张 53cm(4 开)
定价:CNY0.20

　　现代中国画作品。

J0020928
齐白石画集 齐白石作
天津 天津美术出版社 1956 年 影印本 1 册(25 幅)
51×37cm 活页 统一书号:8073.553
定价:CNY [5.00]
　　现代中国画作品。

J0020929
牵牛花 齐白石作
济南 山东美术出版社 1956 年 1 张 76cm(2 开)
定价:CNY0.13
　　现代中国画作品。

J0020930
牵牛花粉蝶 齐白石作
天津 天津美术出版社 1956 年 1 张 38cm(6 开)
定价:CNY0.10
　　现代中国画作品。

J0020931
牵牛蜻蜓 齐白石作
天津 天津美术出版社 1956 年 1 张 76cm(2 开)
定价:CNY0.13
　　现代中国画作品。

J0020932
钱塘江写生 (国画)潘天寿作
上海 上海人民美术出版社 1956 年 1 张
53cm(4 开)定价:CNY0.20
　　现代中国画作品。作者潘天寿(1897—1971),现代著名国画家,美术教育家。字大颐,号寿者。浙江宁海县人。擅画花鸟、山水,兼善指画,亦能书法、诗词、篆刻。曾任中国文联委员、中国美术家协会副主席、浙江省文联副主席、中国美协浙江分会主席、浙江美术学院院长、教授等职。著有《中国绘画史》《听天阁画谈随笔》等。

J0020933
青藤萝 齐白石作
天津 天津美术出版社 1956 年 1 张 53cm(4 开)
定价:CNY0.20
　　现代中国画作品。作者齐白石(1864—

1957），近现代中国绘画大师，国画家、篆刻家。湖南湘潭人。原名纯芝，字渭青，号兰亭，后改名璜，字濒生，号白石等。历任国立北平艺术专科学校和京华美术专科学校教习、教授，中央美术学院名誉教授、中国文学艺术界联合会主席团委员、中国画研究会和中国美术家协会主席、中国画院名誉院长。代表作有《蛙声十里出山泉》《墨虾》等。著有《白石诗草》《齐白石作品集》《白石老人自述》等。

J0020934
青蛙　齐白石作
天津　天津美术出版社 1956年 1张 76cm（2开）
定价：CNY0.10
　　现代中国画作品。

J0020935
鹊桥会　朱竹修等作
[成都] 四川人民出版社 1956年 1张 53cm（4开）
定价：CNY0.09
　　现代中国画作品。

J0020936
荣花双鸡　何芳华作
北京　朝花美术出版社 1956年 1张 38cm（6开）
定价：CNY0.10
　　现代中国画作品。

J0020937
入社　黄子曦作
北京　朝花美术出版社 1956年 1张 38cm（6开）
定价：CNY0.10
　　现代中国画作品。

J0020938
山茶　齐白石作
天津　天津美术出版社 1956年 1张 76cm（2开）
定价：CNY0.10
　　现代中国画作品。

J0020939
山村新貌　陶一清作
北京　朝花美术出版社 1956年 1张 38cm（6开）
定价：CNY0.10
　　现代中国画作品。

J0020940
山水　齐白石作
天津　天津美术出版社 1956年 1张 53cm（4开）
定价：CNY0.20
　　现代中国画作品。

J0020941
石榴、芭蕉　齐白石作
天津　天津美术出版社 1956年 1张 53cm（4开）
定价：CNY0.20
　　现代中国画作品。

J0020942
柿子、枇杷　齐白石作
天津　天津美术出版社 1956年 1张 53cm（4开）
统一书号：8073.563 定价：CNY0.20
　　现代中国画作品。

J0020943
蜀山行旅　（国画）傅抱石作
上海　上海人民美术出版社 1956年 1张 38cm（6开）定价：CNY0.14
　　现代中国画作品。作者傅抱石（1904—1965），画家。原名长生、瑞麟，号抱石斋主人。生于江西南昌，祖籍江西新余，早年留学日本。历任南京师范学院教授、江苏国画院院长等职。代表作品有《山阴道上》《钟馗》《屈原》《江山如此多娇》，著有《中国古代绘画之研究》《中国绘画变迁史纲》等。

J0020944
霜林古刹　柯横作
北京　朝花美术出版社 1956年 1张 53cm（4开）
定价：CNY0.16
　　现代中国画作品。

J0020945
水乡春色　郑乃珖作
北京　朝花美术出版社 1956年 1张 38cm（6开）
定价：CNY0.10
　　现代中国画作品。

J0020946
丝瓜、葫芦　齐白石作
天津　天津美术出版社 1956年 1张 53cm（4开）

定价：CNY0.20

　　现代中国画作品。作者齐白石（1864—1957），近现代中国绘画大师，国画家、篆刻家。湖南湘潭人。原名纯芝，字渭青，号兰亭，后改名璜，字濒生，号白石等。历任国立北平艺术专科学校和京华美术专科学校教习、教授，中央美术学院名誉教授、中国文学艺术界联合会主席团委员、中国画研究会和中国美术家协会主席、中国画院名誉院长。代表作有《蛙声十里出山泉》《墨虾》等。著有《白石诗草》《齐白石作品集》《白石老人自述》等。

J0020947

松鹰　齐白石作

天津　天津美术出版社　1956年　1张　53cm（4开）

定价：CNY0.20

　　现代中国画作品。

J0020948

铜罐驿　杨鸿坤作

北京　朝花美术出版社　1956年　1张　38cm（6开）

定价：CNY0.10

　　现代中国画作品。

J0020949

倭瓜花蝈蝈　齐白石作

天津　天津美术出版社　1956年　1张　38cm（6开）

定价：CNY0.10

　　现代中国画作品。

J0020950

乌桕白老　张守成作

北京　朝花美术出版社　1956年　1张　38cm（6开）

定价：CNY0.10

　　现代中国画作品。

J0020951

无锡小景　杨之光作

天津　天津美术出版社　1956年　1张　38cm（6开）

定价：CNY0.10

　　现代中国画作品。

J0020952

仙鹤　徐悲鸿作

天津　天津美术出版社　1956年　1张　76cm（2开）

定价：CNY0.13

　　现代中国画作品。

J0020953

蟹蛙　齐白石作

天津　天津美术出版社　1956年　1张　53cm（4开）

统一书号：8073.555　定价：CNY0.20

　　现代中国画作品。

J0020954

绣　宋吟可作

北京　朝花美术出版社　1956年　1张　38cm（6开）

定价：CNY0.10

　　现代中国画作品。

J0020955

悬崖秋色　柯横作

北京　朝花美术出版社　1956年　1张　53cm（4开）

定价：CNY0.16

　　现代中国画作品。

J0020956

胭脂蝴蝶　齐白石作

天津　天津美术出版社　1956年　1张　38cm（6开）

定价：CNY0.10

　　现代中国画作品。

J0020957

扬州瘦西湖　钱松喦作

北京　朝花美术出版社　1956年　1张　38cm（6开）

定价：CNY0.10

　　现代中国画作品。作者钱松喦（1899—1985），画家。江苏宜兴人。曾任江苏省国画院院长、名誉院长，江苏省美术家协会主席，中国美术家协会常务理事等。画作有《红岩》《延安颂》《芙蓉湖上》《山岳颂》等。代表作品有《梅园新村》《延安颂》《红岩》《井冈大瀑布》等。著作《砚边点滴》。出版物《钱松喦画集》等。

J0020958

杨梅　齐白石作

天津　天津美术出版社　1956年　1张　53cm（4开）

定价：CNY0.20

　　现代中国画作品。

J0020959
杨排风　羡智，雪生绘；齐修林编词
石家庄 河北人民美术出版社 1956年 影印本 1册
17×25cm（16开）定价：六角
　　现代中国画作品画册。

J0020960
鱼　朱佩君作
[成都] 四川人民出版社 1956年 1张 53cm（4开）
定价：CNY0.09
　　现代中国画作品。

J0020961
鱼虾　齐白石作
天津 天津美术出版社 1956年 1张 53cm（4开）
定价：CNY0.20
　　现代中国画作品。

J0020962
鱼鹰　（国画）林风眠作
上海 上海人民美术出版社 1956年 1张
53cm（4开）定价：CNY0.18
　　现代中国画作品。

J0020963
玉兰黄鹂　于非闇作
北京 朝花美术出版社 1956年 1张 38cm（6开）
定价：CNY0.10
　　现代中国画作品。

J0020964
玉兰蜜蜂　齐白石作
天津 天津美术出版社 1956年 1张 38cm（6开）
定价：CNY0.10
　　现代中国画作品。

J0020965
芋叶双鸡　齐白石，徐悲鸿合作
北京 荣宝斋出版社 1956年 1张
定价：CNY15.00
　　现代中国画作品。

J0020966
赵叔孺先生遗墨　（逝世十一周年纪念展览特
刊）赵叔孺[作]

1956年 60页 有图 30cm（10开）

J0020967
重庆港　宗其香作
北京 朝花美术出版社 1956年 1张 38cm（6开）
定价：CNY0.10
　　现代中国画作品。作者宗其香（1917—
1999），画家、美术教育家。江苏南京人，毕业于
中央大学艺术系。曾任北平国立艺专讲师、中央
美术学院水彩教研组主任，中央美术学院国画系
山水科主任、教授等。代表作品有《嘉陵江上》
《巧渡金沙江》《重庆夜色》《艺君像》《漓江
夜》等。

J0020968
竹鸡　齐白石作
天津 天津美术出版社 1956年 1张 76cm（2开）
定价：CNY0.20, CNY0.10（3开）
　　现代中国画作品。

J0020969
竹鸡　齐白石作
天津 天津美术出版社 1956年 1张 77cm（3开）
定价：CNY0.10
　　现代中国画作品。

J0020970
紫藤八哥　齐白石作
天津 天津美术出版社 1956年 1张 76cm（2开）
定价：CNY0.13
　　现代中国画作品。

J0020971
棕和小鸡　齐白石作
天津 天津美术出版社 1956年 1张 53cm（4开）
定价：CNY0.20
　　现代中国画作品。

J0020972
悲鸿墨画选集　徐悲鸿作
北京 人民美术出版社 1957年 20页 有图
37cm（8开）统一书号：8027.657 定价：CNY2.30
　　作者徐悲鸿（1895—1953），著名画家、美术
教育家。原名徐寿康，江苏宜兴市屺亭镇人，毕
业于巴黎国立美术学校。曾任教于国立中央大

学艺术系、北平大学艺术学院和北平艺专，后任
中央美术学院院长。代表作品《愚公移山图》《八
骏图》《负伤之狮》《田横五百士》等。

J0020973
彩墨画集　（第二辑）齐白石等绘
北京　国际书店［1957年］38cm（6开）

J0020974
第二届全国美术展览会的国画　陈鹏编
北京　朝花美术出版社　1957年　影印本　20页
17cm（40开）统一书号：T8028.1041
定价：CNY0.16
（群众美术画库）

J0020975
国画写生集　潘天寿等绘
上海　上海人民美术出版社　1957年　影印本　70页
25cm（15开）统一书号：T8081.3358
定价：CNY2.40
　　潘天寿中国画写生画册。作者潘天寿
（1897—1971），现代著名国画家，美术教育家。
字大颐，号寿者。浙江宁海县人。擅画花鸟、山
水，兼善指画，亦能书法、诗词、篆刻。曾任中
国文联委员、中国美术家协会副主席、浙江省文
联副主席、中国美协浙江分会主席，浙江美术学
院院长、教授等职。著有《中国绘画史》《听天阁
画谈随笔》等。

J0020976
贺天健画集　贺天健绘
上海　上海人民美术出版社　1957年　影印本　25幅
38cm（6开）统一书号：8081.2890
定价：CNY4.00
　　本书共收94幅图，均为山水画家贺天健各
个时期的代表作品，有水墨、浅绛、青绿、金碧
等技法，能基本反映作者艺术创作的全貌。

J0020977
林风眠　林风眠绘
北京　人民美术出版社　1957年　24cm（26开）
统一书号：8027.1290　定价：CNY2.20
　　现代中国画作品画册。

J0020978
刘奎龄画集　刘奎龄绘
天津　天津美术出版社　1957年　69幅　38cm（6开）
精装

J0020979
刘奎龄画集　刘奎龄绘
天津　天津美术出版社　1957年　影印本　1册（14幅）
53cm（4开）活页（精装）定价：CNY［2.80］

J0020980
齐白石遗作展览会纪念册　中国美术家协会编
北京　人民美术出版社　1957年　影印本　39页
25cm（小16开）统一书号：8027.1332
定价：CNY0.55

J0020981
漳河水画册　吴静波绘；阮章竞作诗
北京　人民美术出版社　1957年　影印本　70页
20cm（32开）统一书号：8027.1273
定价：CNY1.40
　　现代中国画画册。

J0020982
悲鸿墨画　徐悲鸿作
北京　人民美术出版社　1958年　10幅　36cm（6开）
统一书号：8027.1297　定价：CNY1.50

J0020983
傅抱石访问捷克斯洛伐克写生作品选集
傅抱石绘
南京　江苏文艺出版社　1958年　影印本　8页
38cm（6开）统一书号：8141.308　定价：CNY1.60

J0020984
傅抱石访问罗马尼亚写生作品选集　傅抱
石绘
南京　江苏文艺出版社　1958年　8幅　38cm（6开）
统一书号：8141.309　定价：CNY1.60

J0020985
傅抱石访问罗马尼亚写生作品选集　傅抱
石绘
南京　江苏文艺出版社　1958年　9页［38cm］（8开）
　　本选集所收8幅图，为国画家傅抱石访问罗

马尼亚时的写生作品。主要描写罗马尼亚劳动
人民的生活和建设情景。

J0020986

傅抱石画集　傅抱石作
北京 人民美术出版社 1958年 1册(40幅)
37cm(8开)精装 统一书号:8027.1334
定价:CNY12.00
　　本书选印作者的绘画作品40幅。

J0020987

歌唱总路线　贺天健等作
上海 上海人民美术出版社 1958年[35]页
21cm(32开)统一书号:8081.3940 定价:CNY1.10
(国画新选 1)
　　现代中国画作品画册。

J0020988

胡佩衡的画　人民美术出版社编
北京 人民美术出版社 1958年 定价:CNY0.04
(美术家画页)

J0020989

黄宾虹的画　人民美术出版社编
北京 人民美术出版社 1958年 定价:CNY0.04
(美术家画页)
　　作者黄宾虹(1865—1955),山水画家。初
名懋质,后改名质,字朴存,号宾虹,别署予向。
生于浙江金华,原籍安徽歙县,代表作《山居烟
雨》《新安江舟中作》等,著有《黄山画家源流考》
《虹庐画谈》《画法要旨》等作品。

J0020990

蒋兆和画集　蒋兆和绘;文怀沙编
上海 上海人民美术出版社 1958年 49页
26cm(16开)精装 统一书号:8081.2810
定价:CNY6.50

J0020991

蒋兆和画集　(影印本)蒋兆和绘;文怀沙编
上海 上海人民美术出版社 1958年 影印本49页

J0020992

孔乙己　程十发画
北京 人民美术出版社 1958年 24页 20cm(24开)

统一书号:T8027.1330 定价:0.58
　　现代中国画作品画册。作者程十发(1921—
2007),画家。出生于上海金山,毕业于上海美术
专科学校国画系。代表作品有《丽人行》《迎春图》
《列宁的故事》《孔乙己》等。出版有《程十发近作选》
《程十发花鸟习作选》《程十发作品展》。

J0020993

齐白石的画　人民美术出版社编
北京 人民美术出版社 1958年 定价:CNY0.04
(美术家画页)

J0020994

齐白石画册　(花卉工虫册)齐白石绘
沈阳 辽宁画报社 1958年 影印本 10幅(合订1册)
38cm(6开)定价:CNY0.80

J0020995

齐白石画选　(花卉工虫册)齐白石绘
沈阳 辽宁画报社 1958年 影印本 10幅
26×38cm 统一书号:T8117.205 定价:CNY0.80

J0020996

书旂小品　张书旂作
上海 上海人民美术出版社 1958年 影印本 8页
38cm(6开)统一书号:T8081.3764 定价:CNY1.20
　　现代中国画画册。

J0020997

萧史和弄玉　刘逸风编绘
天津 天津美术出版社 1958年 影印本 24页
16×24cm(21开)统一书号:8073.933
定价:CNY0.32
　　现代中国画作品画册。

J0020998

一九五七年广西省国画展览会作品选集
广西省群众艺术馆辑
南宁 广西人民出版社 1958年 影印本 30页
26cm(16开)统一书号:8113.23 定价:CNY1.30

J0020999

张仃水墨写生画　张仃绘
北京 朝花美术出版社 1958年 影印本[30]页
26cm(16开)统一书号:8028.1616 定价:CNY2.90

J0021216

白石墨妙　齐白石作

北京　荣宝斋　1959年　12折　33cm（5开）精装

定价：CNY20.00

　　本书系现代中国画作品集。其中有以花鸟虫蝶、虾蟹鱼鸡为题材的作品12幅，木版水印。

J0021000

常书鸿　常书鸿绘

北京　人民美术出版社　1959年　12幅

25cm（小16开）统一书号：8027.1535

定价：CNY2.00

　　本书系现代中国画作品集。

J0021001

陈半丁画册　陈半丁绘；人民美术出版社编辑

北京　人民美术出版社　1959年　47页

38cm（6开）精装　统一书号：8027.1285

定价：CNY10.80

　　本书共收集山水、花鸟、人物作品47幅。作者陈半丁（1876—1970），画家。浙江山阴（今绍兴）人。名陈年，字半丁。曾就职于北京图书馆、北平艺术专科学校。曾任中国美术家协会理事、北京画院副院长、中国画研究会会长。代表作品有《卢橘夏熟》《高枝带雨压雕栏》《惟有黄花是故人》《赤壁夜游图》等。

J0021002

杜甫诗意画选　成都杜甫草堂编

成都　四川人民出版社　1959年　1套21幅

38cm（6开）统一书号：8118.290

定价：CNY5.00

J0021003

杜甫诗意画选　（三吏三别）成都杜甫草堂编

成都　四川人民出版社　1959年　影印本　1套（6幅）

18cm（15开）统一书号：8118.291

定价：CNY0.20

　　现代中国画作品集。

J0021004

风雪无阻　魏紫熙等作

天津　天津美术出版社　1959年　影印本　1套（14幅）

38cm（6开）统一书号：8073.2079

定价：CNY1.55

（新国画选辑　1）

　　现代中国画作品集。

J0021005

关广志　关广志绘

北京　人民美术出版社　1959年　24cm（26开）

统一书号：8027.2392　定价：CNY2.35

　　现代中国画作品集。作者关广志（1896—1958），满族，画家、美术教育家。吉林市人。先后在燕京大学、辅仁大学、清华大学等高等学校任教。代表作《武汉长江大桥》《兴安岭伐木场》等。

J0021006

关山月画集　关山月绘

上海　上海人民美术出版社　1959年　影印本　24幅

38cm（6开）统一书号：T8081.4370　定价：CNY5.50

　　本画集收作品24幅，大多是建筑工地、工厂、集市、渔港等日常所见景物，还有少量人物画和山水画。

J0021007

国画　（彩色小画片）张寒杉等作

西安　长安美术出版社　1959年　影印本　1套（8幅）

15cm（40开）统一书号：8146.177

定价：CNY0.40

J0021008

国画画片　黄安仁，赵崇正等作

广州　广东人民出版社　1959年　13张　15cm（40开）

统一书号：T8111.272　定价：CNY0.60

　　作者黄安仁（1924—2018），书画家。广东阳江人，广州健力宝海日书画会、广州友声诗书画会、广州离退休美术家协会会长。代表作品有《大地新弦》等。出版有《黄安仁画选》《黄安仁速写集》《美加写生集》《北美风情录》等。

J0021009

国画集　山西省美协筹委会编

太原　山西人民出版社　1959年　37cm（8开）

统一书号：8088.61

J0021010

国画书片　黄安仁，赵崇正等作

广州　广东人民出版社　1959年　1套　16cm（25开）

统一书号：T8111.272 定价：CNY0.60

J0021011
寒杉画选　张寒杉绘
西安 长安美术出版社 1959 年 8 幅 38cm（6 开）
统一书号：8146.490 定价：CNY2.50
　　　现代中国画画册。

J0021012
护送 （画片集）李有光等作
天津 天津美术出版社 1959 年 1 套（16 幅）
38cm（6 开）统一书号：8073.2113
定价：CNY1.35
（新国画选辑 5）
　　　现代中国画画册。

J0021013
黄胄画集　黄胄绘
天津 天津美术出版社 1959 年 38cm（6 开）

J0021014
江南春光　金志远等作
天津 天津美术出版社 1959 年 影印本 1 套（12 幅）
38cm（6 开）统一书号：8073.1434
定价：CNY1.35
（新国画选辑 6）
　　　现代中国画作品集。

J0021015
京口新貌　宋文治等作
天津 天津美术出版社 1959 年 影印本 1 套（9 幅）
26cm（16 开）统一书号：8073.1410 定价：CNY1.05
（新国画选辑 3）
　　　现代中国画作品集。

J0021016
李苦禅画选　李苦禅作
北京 人民美术出版社 1959 年 1 套（6 幅）
26cm（16 开）统一书号：8027.1094
定价：CNY0.60

J0021017
牛 （画片集）李可染作
北京 人民美术出版社 1959 年 影印本 1 套（10 幅）
17cm（40 开）统一书号：8027.2440 定价：CNY0.80

现代中国画画册。

J0021018
齐白石画集　齐白石作
长沙 湖南人民出版社 1959 年 影印本 1 册（16 幅）
52cm（4 开）

J0021019
齐白石扇面　齐白石绘
天津 天津美术出版社 1959 年 影印本 14 幅
38cm（6 开）定价：CNY1.83

J0021020
齐白石作品选集 （画册）齐白石作；黎锦熙编
北京 人民美术出版社 1959 年 影印本 37cm（8 开）
精装 定价：CNY22.60

J0021021
上海风貌　朱屺瞻等作；上海中国画院编
上海 上海人民美术出版社 1959 年 14 幅
19cm（32 开）统一书号：T8081.8164
定价：CNY0.84
　　　现代中国画作品集。

J0021022
石工　魏紫熙等作
天津 天津美术出版社 1959 年 影印本 1 套（10 幅）
26cm（16 开）定价：CNY0.80
（新国画选辑 8）
　　　现代中国画画册。

J0021023
首都中国画选　北京市文联美术组编
北京 北京出版社 1959 年 56 页 37cm（8 开）
精装 统一书号：8071.87 定价：CNY6.00

J0021024
苏州彩画　苏州市文管会编；薛仁生临摹
上海 上海人民美术出版社 1959 年 37 页 有图
18cm（32 开）统一书号：T8081.4458
定价：CNY0.95
（工艺美术丛书）

J0021025
王梦白画选　王梦白绘

北京 人民美术出版社 1959 年 1 册（8 幅）
37cm（8 开）统一书号：8027.2142
定价：CNY1.55

J0021026

为钢而战　陆抑非等绘
上海 上海人民美术出版社 1959 年 25 幅
20cm（32 开）统一书号：T8081.4359
定价：CNY1.20
（国画新选 三）
　　现代中国画画册。

J0021027

现代中国画选集　张雪父等绘
上海 上海人民美术出版社 1959 年 61 幅
39cm（8 开）精装 统一书号：T8081.4368
定价：CNY15.00

J0021028

现代中国画选集　（影印本）张雪父等作
上海 上海人民美术出版社 1959 年 影印本
［81 页］38cm（6 开）精装 统一书号：T8081.4368
定价：CNY15.00

J0021029

新貌　亚明等作
上海 上海人民美术出版社 1959 年 25 幅 有图
21cm（32 开）统一书号：T8081.4486
定价：CNY1.00
（国画新选 2）
　　现代中国画画册。

J0021030

徐悲鸿彩墨画　徐悲鸿绘；人民美术出版社
编辑
北京 人民美术出版社 1959 年 影印本 1 册
（107 幅）38cm（6 开）精装 统一书号：8027.1310
定价：CNY21.00
　　本书共收图 107 幅，包括人物、山水、花鸟、
走兽各类题材，蒋兆和作序。

J0021031

雪天　朱枫等作
天津 天津美术出版社 1959 年 影印本 1 套（14 幅）
26cm（16 开）定价：CNY1.08

（新国画选辑 9）
　　现代中国画画册。

J0021032

雪天　（画片）天津美术出版社编
天津 天津美术出版社 1959 年 1 套 27cm（16 开）
活页 统一书号：8073.2197—2210
定价：CNY1.08
（新国画选辑 9）

J0021033

颜元摹任伯年画稿　颜文梁编
杭州 浙江人民出版社 1959 年 60 页 有肖像
26cm（16 开）统一书号：8103.63 定价：CNY0.45
　　作者颜文梁（1893—1988），画家、美术教育
家。字栋臣，小名二官。生于江苏苏州，曾入商
务印书馆画图室和法国巴黎高等美术专科学校
学习。历任苏州美术专科学校教师、中央美术学
院华东分院副院长、浙江美术学院顾问、中国美
术家协会顾问。代表作《画室》《美术用透视学》
《色彩琐谈》，出版有《颜文梁画集》《欧游小品》
《苏杭风景》等。

J0021034

夜战　费新我等作
天津 天津美术出版社 1959 年 影印本
1 套（12 幅）38cm（6 开）统一书号：8073.2094
定价：CNY1.35
（新国画选辑 2）
　　现代中国画画册。作者费新我（1903—
1992），书法家、画家。学名斯恩，原字省吾，
字立千、号立斋，后改名新我，湖州南浔双林镇
人。毕业于上海白鹅绘画学校。代表作品有《怎
样画毛笔画》《怎样学书法》《楷书初阶》《怎样
画铅笔画》。

J0021035

长恨歌诗画　都水如作画
北京 人民美术出版社 1959 年 影印本
1 套（10 幅）页 15cm（40 开）
统一书号：8027.2421 定价：CNY0.55

J0021036

中国画小辑　（1）陈子毅等作
上海 上海人民美术出版社 1959 年 12 幅（套）

有图片　15cm（40 开）统一书号：T8081.4346
定价：CNY0.48

J0021037
中国画小辑　（4）董兆禄等作
上海　上海人民美术出版社　1959 年　8 幅（套）
有图片　15cm（40 开）统一书号：T8081.8024
定价：CNY0.32

J0021038
中国画小辑　（5）叶白凡等作
上海　上海人民美术出版社　1959 年　影印本
12 幅（套）有图片　15cm（40 开）
统一书号：T8081.8084　定价：CNY0.40

J0021039
中国画小辑　（6）叶白凡等作
上海　上海人民美术出版社　1960 年　影印本
12 幅（套）有图片　19cm（32 开）
统一书号：T8081.8205　定价：CNY0.40

J0021040
中国画小辑　（7）宋忠元等作
上海　上海人民美术出版社　1960 年　影印本
12 幅（套）有图片　19cm（32 开）
统一书号：T8081.8206　定价：CNY0.60
　　作者宋忠元（1932—2013），教授。上海奉
贤人，毕业于浙江美术学院，留校任教。历任
中国美术学院教授、副院长，中国美术家协会
理事、浙江美术协会副主席、浙江省文联委员等
职。代表作品《文成公主入藏图》《游春图》《邓
白像》等。

J0021041
中国画小辑　（8）金志远等作
上海　上海人民美术出版社　1963 年　9 幅
19cm（32 开）活页　统一书号：T8081.8630
定价：CNY0.72

J0021042
中国画小辑　（第 9 辑）张文俊等作
上海　上海人民美术出版社　1963 年　8 张（套）
19cm（32 开）定价：CNY0.64

J0021043
中国画小辑　（第 10 辑）孙雪泥等作
上海　上海人民美术出版社　1963 年　8 张（套）
19cm（32 开）定价：CNY0.64

J0021044
中国画小辑　（第 11 辑）应野平等作
上海　上海人民美术出版社　1963 年　8 张（套）
19cm（32 开）定价：CNY0.64

J0021045
中国画小辑　（第 12 辑）贺天健等作
上海　上海人民美术出版社　1963 年　12 张（套）
19cm（32 开）定价：CNY0.96

J0021046
中国画小辑　（13）钱松喦等作
上海　上海人民美术出版社　1965 年　10 张（套）
19cm（32 开）定价：CNY0.80
　　作者钱松喦（1899—1985），画家。江苏宜兴
人。曾任江苏省国画院院长、名誉院长，江苏省
美术家协会主席，中国美术家协会常务理事等。
画作有《红岩》《延安颂》《芙蓉湖上》《山岳颂》
等。代表作品有《梅园新村》《延安颂》《红岩》
《井冈大瀑布》等。著作《砚边点滴》。出版物《钱
松喦画集》等。

J0021047
［田蔼生草木花卉册］　田蔼生绘
1960 年　彩绘本　有图　经折装

J0021048
百花齐放　（1-6）郭沫若诗；于非闇等画
［北京］荣宝斋　1960 年　6 册　线装本
　　现代中国画作品。

J0021049
百花齐放　张寒杉作
［西安］长安美术出版社　1960 年　［1 张］
定价：CNY0.10
　　现代中国画作品。

J0021050
百花齐放　罗晓帆作
1960 年　［1 张］

现代中国画作品。

J0021051
百花齐放万年长青　（国画）于希宁画
北京 人民美术出版社 1960 年［1 张］
定价：CNY0.10
　　现代中国画作品。

J0021052
奔马图　徐悲鸿作
［上海］朵云轩 1960 年［1 张］
　　现代中国画作品。

J0021053
桄榔江上洗衣声　杨青作
［昆明］云南人民出版社 1960 年［1 张］
定价：CNY0.08
　　现代中国画作品。

J0021054
捕鱼归来图　黄子曦作
上海 上海人民美术出版社 1960 年［1 张］
定价：CNY0.10
　　现代中国画作品。

J0021055
不要糟蹋粮食
［天津］德裕公 1960 年［1 张］
　　现代中国画作品。

J0021056
尝新图
［沈阳］辽宁美术出版社 1960 年［1 张］
　　现代中国画作品。

J0021057
陈师曾画集　陈师曾作
天津 天津美术出版社 1960 年 影印本 1 册（12 幅）
38cm（6 开）定价：CNY1.83
　　作者陈师曾（1876—1923），近代著名书画篆
刻家。本名陈衡恪，字师曾，号槐堂。江西义宁
（今江西省修水县）人。曾留学日本。任教于通
州师范学校、长沙第一师范、北京女子高等师范
学校、北京美术专门学校。代表作品有《中国绘
画史》《文人画之价值》。

J0021058
春到江南大地锦绣　贺天健作
上海 上海人民美术出版社 1960 年［1 张］
定价：CNY0.10
　　现代中国画作品。

J0021059
春风立马　徐悲鸿作
天津 天津荣宝斋 1960 年［1 张］
　　现代中国画作品。

J0021060
春光月月遍人间　（国画）陈子奋作
北京 人民美术出版社 1960 年［1 张］
定价：CNY0.10
　　现代中国画作品。作者陈子奋（1898—
1976），画家。福建长乐人。字意芗，原名起，号
无寐，晚年别署水叟。历任福建省文史研究馆
馆员、国画研究会理事长、美术家协会福建分
会副主席、福州美协主席等职。著有《寿山石小
志》《甲骨文集联》《籀文汇联》《古钱币文字类
纂》等。

J0021061
春花怒放　钟道泉作
［重庆］重庆人民出版社 1960 年［1 张］
定价：CNY0.15
　　现代中国画作品。

J0021062
春满乾坤　陈半丁作
［沈阳］［辽宁美术出版社］1960 年［1 张］
定价：CNY0.08
　　现代中国画作品。作者陈半丁（1876—
1970），画家。浙江山阴（今绍兴）人。名陈年，
字半丁。曾就职于北京图书馆、北平艺术专科
学校。曾任中国美术家协会理事、北京画院副
院长、中国画研究会会长。代表作品有《卢橘夏
熟》《高枝带雨压雕栏》《惟有黄花是故人》《赤
壁夜游图》等。

J0021063
春暖花开　田世光作
［沈阳］辽宁美术出版社 1960 年［1 张］
定价：CNY0.12

现代中国画作品。

J0021064
从"克鲁什"仰望古城堡 （访问罗马尼亚写生）傅抱石作
［沈阳］辽宁美术出版社 1960 年 ［1 张］
定价：CNY0.08
　　现代中国画作品。作者傅抱石（1904—1965），画家。原名长生、瑞麟，号抱石斋主人。生于江西南昌，祖籍江西新余，早年留学日本。历任南京师范学院教授、江苏国画院院长等职。代表作品有《山阴道上》《钟馗》《屈原》《江山如此多娇》，著有《中国古代绘画之研究》《中国绘画变迁史纲》等。

J0021065
从此蜀道不再难　三峡夜航　引水上山草原新貌 （四扇屏）萧建初等作
［成都］四川人民出版社 1960 年 ［4 页］
定价：CNY0.32
　　现代中国画作品。

J0021066
党支书的试验田 鲁迅美术学院教育系二年级作
［沈阳］辽宁美术出版社 1960 年 ［1 张］
定价：CNY0.12
　　现代中国画作品。

J0021067
灯蛾 齐白石作
天津 天津荣宝斋 1960 年 ［1 张］
　　现代中国画作品。作者齐白石（1864—1957），近现代中国绘画大师，国画家、篆刻家。湖南湘潭人。原名纯芝，字渭青，号兰亭，后改名璜，字濒生，号白石等。历任国立北平艺术专科学校和京华美术专科学校教习、教授，中央美术学院名誉教授、中国文学艺术界联合会主席团委员、中国画研究会和中国美术家协会主席、中国画院名誉院长。代表作有《蛙声十里出山泉》《墨虾》等。著有《白石诗草》《齐白石作品集》《白石老人自述》等。

J0021068
丰沙之春 陶一清绘

［石家庄］河北人民美术出版社 1960 年 ［1 张］
定价：CNY0.08
　　现代中国画作品。

J0021069
丰收 樊少云等绘
上海 上海人民美术出版社 1960 年 30 幅
21cm（32 开）统一书号：T8081.4642
定价：CNY1.40
（国画新选 4）

J0021070
芙蓉 齐白石作
天津 天津荣宝斋 1960 年 ［1 张］
　　现代中国画作品。

J0021071
芙蓉双鸽 （国画）张书旂作
北京 人民美术出版社 1960 年 ［1 张］
定价：CNY0.12
　　中国现代国画作品。

J0021072
高空金花 黄钧绘
［石家庄］河北人民美术出版社 1960 年 ［1 张］
定价：CNY0.12
　　现代中国画作品。

J0021073
高山仰止 （国画）石鲁作
北京 人民美术出版社 1960 年 ［1 张］
定价：CNY0.10
　　现代中国画作品。

J0021074
高原春晓 雷荣厚作
［成都］四川人民出版社 1960 年 ［1 张］
定价：CNY0.10
　　现代中国画作品。

J0021075
谷穗青蝗 齐白石作
天津 天津荣宝斋 1960 年 ［1 张］
　　现代中国画作品。

J0021076
瓜虫图 齐白石作
[上海]朵云轩 1960 年 [1 张]
　　现代中国画作品。

J0021077
归帆 胡佩衡作
[沈阳]辽宁美术出版社 1960 年 [1 张]
定价: CNY0.08
　　现代中国画作品。

J0021078
国画集 山西省美协筹委会编
郑州 河南人民出版社 1960 年 1 套(14 幅)
38cm(4 开) 统一书号: 8088.61

J0021079
国画集 (影印本)河南人民出版社编辑
郑州 河南人民出版社 1960 年 影印本 1 套(14 幅)
38cm(6 开) 统一书号: T8105.250
定价: CNY1.60

J0021080
海棠寒虫 齐白石作
天津 天津荣宝斋 1960 年 [1 张]
　　现代中国画作品。

J0021081
荷塘白鹅 白铭作
1960 年 [1 张]
　　现代中国画作品。作者白铭(1926—2002),
国画家。蒙古族,内蒙古包头人。字雄堂。毕业
于北京京华美术学院国画系。擅花鸟,兼作山水、
人物。中国美术家协会会员,曾任内蒙古美术家
协会副主席、包头师范专科学校教师、高级工艺
美术设计师。主要作品有《梅雀图》《芍药》《白
梅》等。

J0021082
猴 王梦白绘
[石家庄]河北人民美术出版社 1960 年 [1 张]
定价: CNY0.15
　　现代中国画作品。

J0021083
花开千里香 周铁衡作
[沈阳]辽宁美术出版社 1960 年 [1 张]
定价: CNY0.10
　　现代中国画作品。

J0021084
欢呼苏联宇宙火箭上天
[天津]德裕公 1960 年 [1 张]
　　现代中国画作品。

J0021085
嘉陵江 (国画)吴镜汀作
北京 人民美术出版社 1960 年 [1 张]
定价: CNY0.16
　　现代中国画作品。

J0021086
建厂 (国画)龙廷坝作
[南宁]广西人民出版社 1960 年 [1 张]
定价: CNY0.03
　　现代中国画作品。

J0021087
建设繁荣首都春满 惠孝同等绘
[石家庄]河北人民美术出版社 1960 年 [1 张]
定价: CNY0.10
　　现代中国画作品。

J0021088
江山胜览 (国画)朱梅邨作
北京 人民美术出版社 1960 年 [1 张]
定价: CNY0.10
　　现代中国画作品。

J0021089
江苏省国画院画集 江苏省国画院编
南京 江苏文艺出版社 1960 年 影印本 1 套(48 幅)
38cm(6 开)精装 统一书号: 8141.830 定价: CNY20.00

J0021090
金鱼 吴作人作
天津 天津荣宝斋 1960 年 [1 张]
　　现代中国画作品。

J0021091

锦葵双凫 （国画）陈佩秋画
北京　人民美术出版社　1960年［1张］
定价：CNY0.12
　　　现代中国画作品。作者陈佩秋（1922—　），女，现代中国画花鸟画画家。河南南阳人。字健碧，室名秋兰室、高华阁、截玉轩。历任上海大学美术学院兼职教授，上海中国画院画师，中国美术家协会会员。主要作品有《天目山杜鹃》《水佩风裳》《红满枝头》。

J0021092

京戏人物水墨画　关良作
［上海］朵云轩　1960年　8张(套)
　　　作者关良(1900—1986)，画家。广东番禺人，毕业于东京太平洋美术学院。曾任浙江美术学院教授、上海中国画院画师。著有《关良艺事随谈》《关良回忆录》，出版《关良京戏人物水墨画》《关良油画集》等。

J0021093

菊　陈师曾作
［北京］荣宝斋　1960年［1张］
　　　现代中国画作品。作者陈师曾(1876—1923)，近代著名书画篆刻家。名衡恪，字师曾，号槐堂。江西义宁(今江西省修水县)人。曾留学日本。任教于通州师范学校、长沙第一师范、北京女子高等师范学校、北京美术专门学校。代表作品有《中国绘画史》《文人画之价值》。

J0021094

菊花　钱松喦作
［南京］江苏文艺出版社　1960年［1张］
定价：CNY0.12
　　　现代中国画作品。作者钱松喦(1899—1985)，画家。江苏宜兴人。曾任江苏省国画院院长、名誉院长，江苏省美术家协会主席、中国美术家协会常务理事等。画作有《红岩》《延安颂》《芙蓉湖上》《山岳颂》等。代表作品有《梅园新村》《延安颂》《红岩》《井冈大瀑布》等。著作《砚边点滴》。出版物《钱松喦画集》等。

J0021095

菊花　石泊夫作
［沈阳］辽宁美术出版社　1960年［1张］

定价：CNY0.06
　　　现代中国画作品。

J0021096

可爱的动物　刘奎龄作
天津　天津少儿美术出版社　1960年　10张(套)
定价：CNY0.55
　　　现代中国画作品。

J0021097

可惜无声　齐白石作
天津　天津荣宝斋　1960年　12张(套)
定价：CNY25.00
　　　现代中国画作品。

J0021098

腊梅孔雀图　钟质夫作
［沈阳］辽宁美术出版社　1960年［1张］
定价：CNY0.12
　　　现代中国画作品。

J0021099

兰　陈师曾作
［北京］荣宝斋　1960年［1张］
　　　现代中国画作品。作者陈师曾(1876—1923)，近代著名书画篆刻家。名衡恪，字师曾，号槐堂。江西义宁(今江西省修水县)人。曾留学日本。任教于通州师范学校、长沙第一师范、北京女子高等师范学校、北京美术专门学校。代表作品有《中国绘画史》《文人画之价值》。

J0021100

兰花　齐白石作
［北京］荣宝斋　1960年［1张］
　　　现代中国画作品。

J0021101

老虎　区丽庄作
［西安］长安美术出版社　1960年［1张］
定价：CNY0.10
　　　现代中国画作品。

J0021102

老饲养员　蔡鹤汀绘
［石家庄］河北人民美术出版社　1960年［1张］

定价：CNY0.12

现代中国画作品。作者蔡鹤汀（1909—1976），国画家。原名蔡颐元，号枕石散人，出生于福州台江。曾任陕西省戏剧研究院艺委会委员、西安美协分会常务理事。绘画作品有《铁骨冰心》《月季》《雀跃》《池塘小憩》等。出版有《荻芦盦画册》《花卉写生技法》《名家花卉画谱》。

J0021103
乐不够
天津　天津荣宝斋　1960年［1张］
现代中国画作品。

J0021104
荔枝　齐白石作
［北京］荣宝斋　1960年［1张］
现代中国画作品。

J0021105
连生贵子
天津　天津荣宝斋　1960年［1张］
现代中国画作品。

J0021106
连云港渔船　张晋作
上海　上海人民美术出版社　1960年［1张］
定价：CNY0.10
现代中国画作品。

J0021107
刘奎龄扇面集　刘奎龄绘
天津　天津美术出版社　1960年　12幅　38cm（6开）
统一书号：8073.2180　定价：CNY1.59

J0021108
刘子久画集　刘子久绘
天津　天津美术出版社　1960年　1册（12幅）
38cm（6开）活页　统一书号：8073.2331–42
定价：CNY1.59
作者刘子久（1891—1975），教育家、博物学家。天津人，别名饮湖、光城。历任天津市美术馆馆长、中国美术家协会天津分会副主席、中国美术家协会理事。作品有《支援前线》《长城放牧》等。

J0021109
六兽图　张其翼作
［沈阳］辽宁美术出版社　1960年［1张］
定价：CNY0.12
现代中国画作品。

J0021110
鸬鹚　齐白石作
［北京］荣宝斋　1960年［1张］
现代中国画作品。

J0021111
罗工柳留苏习作选　罗工柳绘
北京　人民美术出版社　1960年　15幅
25cm（小16开）统一书号：8027.2814
定价：CNY2.40
中国现代国画作品。作者罗工柳（1916—2004），画家、教授。广东开平县人，毕业于杭州艺术专科学校和鲁迅艺术文学院美术系。中央美术学院教授。著有《罗工柳画集》《巨匠周刊·罗工柳·专集》《罗工柳艺术对话录》等。

J0021112
萝卜蝈蝈　齐白石作
天津　天津荣宝斋　1960年［1张］
现代中国画作品。

J0021113
马　徐悲鸿作
天津　天津荣宝斋　1960年［1张］
现代中国画作品。

J0021114
满堂红　（国画）张郐丞作
［济南］山东人民出版社　1960年［1张］
定价：CNY0.08
现代中国画作品。

J0021115
满园春色　钱松嵒等合作
［南京］江苏人民出版社　1960年［1张］
定价：CNY0.12
现代中国画作品。作者钱松嵒（1899—1985），画家。江苏宜兴人。曾任江苏省国画院院长、名誉院长，江苏省美术家协会主席、中国美术家协会常务理事等。画作有《红岩》《延安颂》《芙蓉湖上》《山岳颂》等。代表作品有《梅园新村》《延安颂》《红岩》《井冈大瀑布》等。著作《砚边点滴》。出版物《钱松嵒画集》等。

J0021116
梅 陈师曾作
［北京］荣宝斋 1960 年［1 张］
　　现代中国画作品。

J0021117
梅 梁书农作
［昆明］云南人民出版社 1960 年［1 张］
定价：CNY0.08
　　现代中国画作品。

J0021118
梅花山茶 张寒杉作
［西安］长安美术出版社 1960 年［1 张］
定价：CNY0.10
　　现代中国画作品。

J0021119
梅花玉兰 张寒杉作
［西安］长安美术出版社 1960 年［1 张］
定价：CNY0.10
　　现代中国画作品。

J0021120
民校散学 （国画）张直生，吴彤章合作
北京 人民美术出版社 1960 年［1 张］
定价：CNY0.10
　　现代中国画作品。

J0021121
墨鸡 徐悲鸿作
［上海］朵云轩 1960 年［1 张］
　　现代中国画作品。

J0021122
牡丹孔雀 喻继高作
1960 年［1 张］
　　现代中国画作品。

J0021123
牡丹小猫 杨清我，林金秀合作
［西安］长安美术出版社 1960 年［1 张］
定价：CNY0.13
　　现代中国画作品。

J0021124
牧牛图 李可染作
［上海］朵云轩 1960 年［1 张］
　　现代中国画作品。

J0021125
鸟语花香 （1-4）周铁衡作
［沈阳］辽宁美术出版社 1960 年［1 张］
定价：CNY0.24
　　现代中国画作品。

J0021126
潘天寿画册 潘天寿作
［上海］朵云轩 1960 年 8 张(套)
　　作者潘天寿(1897—1971)，现代著名国画家，美术教育家。字大颐，号寿者。浙江宁海县人。擅画花鸟、山水，兼善指画，亦能书法、诗词、篆刻。曾任中国文联委员、中国美术家协会副主席、浙江省文联副主席、中国美协浙江分会主席，浙江美术学院院长、教授等职。著有《中国绘画史》《听天阁画谈随笔》等。

J0021127
迁往新居的途中 蔡振辉作
［成都］四川民族出版社 1960 年［1 张］
定价：CNY0.04
　　现代中国画作品。

J0021128
钱松嵒画集 钱松嵒作
上海 上海人民美术出版社 1960 年 26 幅
24cm（27 开）统一书号：T8081.4886
定价：CNY2.00
　　画集收有 26 幅图。选编江苏省国画院画师钱松嵒中国画 26 幅，其中彩色版 4 幅，黑白版 22 幅。作者钱松嵒(1899—1985)，画家。江苏宜兴人。曾任江苏省国画院院长、名誉院长，江苏省美术家协会主席、中国美术家协会常务理事等。画作有《红岩》《延安颂》《芙蓉湖上》《山岳

颂》等。代表作品有《梅园新村》《延安颂》《红岩》《井冈大瀑布》等。著作《砚边点滴》。

J0021129

钱松嵒画选　钱松嵒画；无锡人民出版社编辑
无锡　无锡人民出版社　1960 年　8 幅
39cm（4 开）统一书号：8100.（黔）43
定价：CNY1.70,
CNY1.80（精装活页）

J0021130

钱松嵒画选　（国画）无锡人民出版社编辑
无锡　无锡人民出版社　1960 年　30 幅　37cm（8 开）
统一书号：8100.（锡）42　定价：CNY7.00

J0021131

青年突击队　鲁迅美术学院中国画系集体创作
［沈阳］辽宁美术出版社　1960 年　［1 张］
　　现代中国画作品。

J0021132

秋　傅抱石作
［沈阳］辽宁美术出版社　1960 年　［1 张］
定价：CNY0.08
　　现代中国画作品。作者傅抱石（1904—1965），画家。原名长生、瑞麟，号抱石斋主人。生于江西南昌，祖籍江西新余，早年留学日本。历任南京师范学院教授、江苏国画院院长等职。代表作品有《山阴道上》《钟馗》《屈原》《江山如此多娇》，著有《中国古代绘画之研究》《中国绘画变迁史纲》等。

J0021133

秋光好　姜毅然作
天津　天津美术出版社　1960 年　［1 张］
定价：CNY0.13
　　现代中国画作品。

J0021134

群仙庆祝　陈半丁作
［沈阳］辽宁美术出版社　1960 年　［1 张］
定价：CNY0.08
　　现代中国画作品。作者陈半丁（1876—1970），画家。浙江山阴（今绍兴）人。名陈年，字半丁。曾就职于北京图书馆、北平艺术专科学

校。曾任中国美术家协会理事、北京画院副院长、中国画研究会会长。代表作品有《卢橘夏熟》《高枝带雨压雕栏》《惟有黄花是故人》《赤壁夜游图》等。

J0021135

瑞雪　（国画）黄胄作
北京　人民美术出版社　1960 年　［1 张］
定价：CNY0.10
　　现代中国画作品。

J0021136

山水　黄宾虹作
［上海］朵云轩　1960 年　［1 张］
　　现代中国画作品。

J0021137

上课了别迟到
［天津］德裕公　1960 年　［1 张］
　　现代中国画作品。

J0021138

韶山　（国画）傅抱石作
北京　人民美术出版社　1960 年　［1 张］
定价：CNY0.16
　　现代中国画作品。

J0021139

韶山图意　（国画）段千湖作
北京　人民美术出版社　1960 年　［1 张］
定价：CNY0.10
　　现代中国画作品。

J0021140

拾不闲
天津　天津荣宝斋　1960 年　［1 张］
　　现代中国画作品。

J0021141

寿带海棠　唐云，江寒汀作
上海　上海人民美术出版社　1960 年　［1 张］
定价：CNY0.12
　　现代中国画作品。

J0021142
绶带牡丹 齐白石作
天津 天津荣宝斋 1960 年［1 张］
现代中国画作品。

J0021143
暑天 刘旦宅绘
［石家庄］河北人民美术出版社 1960 年［1 张］
定价：CNY0.12
现代中国画作品。

J0021144
双雏鸡 王梦白绘
［石家庄］河北人民美术出版社 1960 年［1 张］
定价：CNY0.15
现代中国画作品。

J0021145
水仙 陈师曾作
［北京］荣宝斋 1960 年［1 张］
现代中国画作品。作者陈师曾(1876—
1923)，近代著名书画篆刻家。名衡恪，字师曾，
号槐堂。江西义宁(今江西省修水县)人。曾留
学日本。任教于通州师范学校、长沙第一师范、
北京女子高等师范学校、北京美术专门学校。代
表作品有《中国绘画史》《文人画之价值》。

J0021146
水仙花 乌蜜风作
［沈阳］辽宁美术出版社 1960 年［1 张］
定价：CNY0.05
现代中国画作品。

J0021147
水乡放鸭 黄子曦作
［福州］福建人民出版社 1960 年［1 张］
定价：CNY0.08
现代中国画作品。

J0021148
睡莲 周绍森作
［沈阳］辽宁美术出版社 1960 年［1 张］
定价：CNY0.05
现代中国画作品。

J0021149
松鹰 徐悲鸿作
［上海］朵云轩 1960 年［1 张］
现代中国画作品。

J0021150
宋人物故事图卷
上海 上海人民出版社 1960 年［1 张］
现代中国画作品。

J0021151
苏州国画选 苏州市文联编
江苏 苏州人民出版社 1960 年 影印本［28 幅］
39cm(8 开) 精装 统一书号：8100 苏(7)
定价：CNY15.00

J0021152
藤萝蛾子 齐白石作
天津 天津荣宝斋 1960 年［1 张］
现代中国画作品。

J0021153
瓦岗军开仓分粮 （中国画）贲庆余作
［沈阳］辽宁美术出版社 1960 年［1 张］
定价：CNY0.10
现代中国画作品。作者贲庆余(1929—
2004)，美术理论家、画家，鲁迅美术学院教授。
生于哈尔滨，毕业于东北鲁迅文艺学院美术部。
作品有《瓦岗军分粮》《李自成》等。

J0021154
万紫千红总是春 陆抑非作
上海 上海人民美术出版社 1960 年［1 张］
定价：CNY0.12
现代中国画作品。

J0021155
万紫千红总是春 中国美术家协会云南分会
国画组集体创作
［昆明］云南人民出版社 1960 年［1 张］
定价：CNY0.15
现代中国画作品。

J0021156
吴石仙画集 吴石仙绘

天津　天津美术出版社　1960 年　影印本　12 幅
38cm（6 开）统一书号：8073.2319
定价：CNY1.35

J0021157
洗猪　黎正国作
［南宁］广西人民出版社　1960 年　［1 张］
定价：CNY0.12
　　现代中国画作品。

J0021158
戏月　赵蕴玉作
［成都］四川人民出版社　1960 年　［1 张］
定价：CNY0.10
　　现代中国画作品。

J0021159
夏夜　郑乃珖作
［兰州］敦煌文艺出版社　1960 年　［1 张］
定价：CNY0.12
　　现代中国画作品。

J0021160
现代中国画　人民美术出版社辑
北京　人民美术出版社　［1960—1969 年］
38cm（6 开）

J0021161
小鸭出笼　齐白石作
［北京］荣宝斋　1960 年　［1 张］
　　现代中国画作品。

J0021162
谢之光写生选集　谢之光作
天津　天津美术出版社　1960 年　1 套（12 幅）页
38cm（6 开）统一书号：8073.2279
定价：CNY1.35
　　作者谢之光（1900—1976），美术家、画家。
浙江余姚人，毕业于上海美术专科学校。曾任
上海中国画院画师。代表作品有《铁水奔流》
《洛神》。

J0021163
欣欣向荣　陈半丁作
［沈阳］辽宁美术出版社　1960 年　［1 张］

定价：CNY0.08
　　现代中国画作品。作者陈半丁（1876—
1970），画家。浙江山阴（今绍兴）人。名陈年，
字半丁。曾就职于北京图书馆、北平艺术专科学
校。曾任中国美术家协会理事、北京画院副院长、
中国画研究会会长。代表作品有《卢橘夏熟》《高
枝带雨压雕栏》《惟有黄花是故人》《赤壁夜游
图》等。

J0021164
新疆姑娘　黄胄作
［北京］荣宝斋　1960 年　［1 张］
　　现代中国画作品。

J0021165
新添牲口　（国画）叶德昌作
北京　人民美术出版社　1960 年　［1 张］
定价：CNY0.10
　　现代中国画作品。

J0021166
幸福的种子　马岳作
［沈阳］辽宁美术出版社　1960 年　［1 张］
定价：CNY0.08
　　现代中国画作品。

J0021167
旭日东升　（国画）丁士青等合作
北京　人民美术出版社　1960 年　［1 张］
定价：CNY0.10
　　现代中国画作品。

J0021168
玄武湖畔　傅抱石作
［南京］江苏文艺出版社　1960 年　［1 张］
定价：CNY0.08
　　现代中国画作品。

J0021169
荀灌娘突围救父　（国画）吴光宇作
北京　人民美术出版社　1960 年　［1 张］
定价：CNY0.16
　　现代中国画作品。

J0021170
验钢 （国画）金家骥作
北京 人民美术出版社 1960 年［1 张］
定价：CNY0.10
　　现代中国画作品。

J0021171
燕子花　于非闇作
［北京］荣宝斋 1960 年［1 张］
　　现代中国画作品。

J0021172
养鸡姑娘　金志远，徐孅绘
［石家庄］河北人民美术出版社 1960 年［1 张］
定价：CNY0.10
　　现代中国画作品。

J0021173
野草蚱蜢　齐白石作
天津 天津荣宝斋 1960 年［1 张］
　　现代中国画作品。

J0021174
饮马图　徐悲鸿作
天津 天津荣宝斋 1960 年［1 张］
　　现代中国画作品。

J0021175
樱花孔雀 （国画）张书旂作
北京 人民美术出版社 1960 年［1 张］
定价：CNY0.10
　　现代中国画作品。

J0021176
鹰　王梦白绘
［石家庄］河北人民美术出版社 1960 年［1 张］
定价：CNY0.10
　　现代中国画作品。

J0021177
鹰　周铁衡作
［沈阳］辽宁美术出版社 1960 年［1 张］
定价：CNY0.08
　　现代中国画作品。

J0021178
游鱼戏水　凌霖绘
［石家庄］河北人民美术出版社 1960 年［1 张］
定价：CNY0.12
　　现代中国画作品。

J0021179
鱼蟹图　齐白石作
［上海］朵云轩 1960 年［1 张］
　　现代中国画作品。

J0021180
雨花台颂　傅抱石作
上海 上海人民美术出版社 1960 年［1 张］
定价：CNY0.10
　　现代中国画作品。作者傅抱石(1904—1965)，画家。原名长生、瑞麟，号抱石斋主人。生于江西南昌，祖籍江西新余，早年留学日本。历任南京师范学院教授、江苏国画院院长等职。代表作品有《山阴道上》《钟馗》《屈原》《江山如此多娇》，著有《中国古代绘画之研究》《中国绘画变迁史纲》等。

J0021181
玉堂富贵
天津 天津荣宝斋 1960 年［1 张］
　　现代中国画作品。

J0021182
鸳鸯　齐白石作
［北京］荣宝斋 1960 年［1 张］
　　现代中国画作品。

J0021183
远望大特达山 （于捷克斯洛伐克写生）傅抱石作
［沈阳］辽宁美术出版社 1960 年［1 张］
定价：CNY0.08
　　现代中国画作品。

J0021184
运煤　卢振寰作
［广州］广东人民出版社 1960 年［1 张］
定价：CNY0.08
　　现代中国画作品。

J0021185
战胜石山　石鲁作
［西安］长安美术出版社 1960 年 ［1 张］
定价：CNY0.14
　　现代中国画作品。

J0021186
赵子谦画集　赵子谦绘
天津 天津美术出版社 1960 年 8 幅 39cm（4 开）
活页 统一书号：8073.2236—2243 定价：CNY0.95

J0021187
珍珠舞　王文铨作
［沈阳］辽宁美术出版社 1960 年 ［1 张］
定价：CNY0.06
　　现代中国画作品。

J0021188
支援　曹延路绘
［石家庄］河北人民美术出版社 1960 年 ［1 张］
定价：CNY0.16
　　现代中国画作品。作者曹延路（1930—　　），国画家。生于河南内黄县，毕业于华北军政大学。中国美术家协会会员。代表作《深情融透三尺雪》《狼牙山五壮士》《爱民模范》。出版有《爱地球画集》。

J0021189
中苏团结世界和平
［天津］德裕公 1960 年 ［1 张］
　　现代中国画作品。

J0021190
猪场小景　吴懋祥绘
［石家庄］河北人民美术出版社 1960 年 ［1 张］
定价：CNY0.12
　　现代中国画作品。作者吴懋祥（1932—　　），画家，国家一级美术师。河南温县人。别名彼岸，字铁矛。历任《河南日报》社美术组组长、高级编辑、中国连环画研究会理事、中国美术家协会河南分会理事、河南书画院院外画师、嵩阳书画院副院长等职。画作《老石工》《麦收季节》《鹤舞》等，连环画有《战火中的青春》《人欢马叫》《月婆婆》等。

J0021191
主席走遍全国　李琦作
北京 人民美术出版社 1960 年 ［1 张］
定价：CNY0.32
　　中国现代国画作品。

J0021192
紫藤·牡丹　陈半丁作
［沈阳］辽宁美术出版社 1960 年 ［1 张］
定价：CNY0.08
　　现代中国画作品。作者陈半丁（1876—1970），画家。浙江山阴（今绍兴）人。名陈年，字半丁。曾就职于北京图书馆、北平艺术专科学校。曾任中国美术家协会理事、北京画院副院长、中国画研究会会长。代表作品有《卢橘夏熟》《高枝带雨压雕栏》《惟有黄花是故人》《赤壁夜游图》等。

J0021193
宗其香作品选　［宗其香作］
北京 人民美术出版社 1960 年 8 张（套）
定价：CNY0.40
　　作者宗其香（1917—1999），江苏南京人。毕业于中央大学艺术系。历任国立北平艺术专科学校讲师，中央美术学院教授、水彩教研室主任、中国画系山水科主任，中国美术家协会会员。代表作品有《艺君像》《漓江夜》《寺前小集》等，出版有《宗其香画集》。

J0021194
棕榈小鸡　齐白石作
［武汉］湖北人民出版社 1960 年 ［1 张］
定价：CNY0.10
　　现代中国画作品。作者齐白石（1864—1957），近现代中国绘画大师，国画家、篆刻家。湖南湘潭人。原名纯芝，字渭青，号兰亭，后改名璜，字濒生，号白石等。历任国立北平艺术专科学校和京华美术专科学校教习、教授，中央美术学院名誉教授、中国文学艺术界联合会主席团委员、中国画研究会和中国美术家协会主席、中国画院名誉院长。代表作有《蛙声十里出山泉》《墨虾》等。著有《白石诗草》《齐白石作品集》《白石老人自述》等。

J0021195
祖国万岁　齐白石作
[北京] 荣宝斋 1960 年 [1 张]
　　现代中国画作品。

J0021196
艾中信作品小辑
上海　上海人民美术出版社 1961 年 10 张(套)
定价: CNY0.50
　　现代中国画作品画册。作者艾中信(1915—
2003), 画家。上海人。历任中央美术学院教授、
油画系主任、副院长,《中国大百科全书·美术》
编辑委员会主任、中国美术家协会理事等职。代
表作品有《背煤》《通往乌鲁木齐》《炮兵过雪山》
等, 著有《徐悲鸿研究》《读画论画》《油画风采
谈》等。

J0021197
爱和平　志学, 昨非合作
[哈尔滨] 黑龙江美术出版社 1961 年 [1 张]
76cm(2 开) 定价: CNY0.20
　　本作品为年画形式的中国现代国画作品。

J0021198
爱晚亭　黎雄才作
[长沙] 湖南人民出版社 1961 年 [1 张]
76cm(2 开) 定价: CNY0.08
　　本作品为现代中国水墨画作品。

J0021199
八十七神仙卷
上海　朵云轩 1961 年 8 幅 29cm(13 开) 活页
定价: CNY2.80
　　本书为中国现代国画作品。

J0021200
百花齐放　江苏省国画院集体创作
[南京] 江苏人民出版社 1961 年 [1 张]
定价: CNY0.10
　　本作品为现代中国画。

J0021201
百花齐放　郭沫若诗; 于非闇等画
[北京] 荣宝斋 1961 年 [1 套] 锦缎套装
　　本作品系现代中国画画册。

J0021202
百花齐放　武汉市国画家二十六人作
[武汉] 长江文艺出版社 1961 年 [1 张]
定价: CNY0.25
　　本作品为现代中国画。

J0021203
北平解放　叶浅予作
北京　人民美术出版社 1961 年 [1 张]
定价: CNY0.08
　　本书为现代中国画作品。

J0021204
比力图　刘济荣, 蒋启宁合作
上海　上海人民美术出版社 1961 年 [1 张]
定价: CNY0.10
　　本书为现代中国画作品。

J0021205
扁豆　齐白石作
天津　天津荣宝斋 1961 年 [1 张]
　　本书为现代中国画作品。

J0021206
曹冲称象　黄子希, 王柳影绘
石家庄　河北人民美术出版社 1961 年 [1 张]
定价: CNY0.13
　　本作品为年画形式的中国现代国画作品。
作者王柳影(1917—　　), 画家。浙江湖州人。曾
任苏州美术专科学校沪校国画专修科教授、上
海市美术家协会会员、上海市文史研究馆馆员。
擅长人物、山水、走兽、花鸟等。作品有《杨贵
妃·沉香亭》《九如图》《螺祖育蚕图》(与友人合
作)等。

J0021207
草原春暖　刘继卣作
天津　天津美术出版社 1961 年 [1 张]
定价: CNY0.13
　　本作品是现代中国画。

J0021208
厂社挂钩　(四扇屏) 张秀山作
北京　人民美术出版社 1961 年 [4 幅]
定价: CNY0.26

本作品为年画形式的中国现代国画作品。

J0021209

陈少梅画选　陈少梅绘

北京　人民美术出版社　1961年　14幅　37cm（8开）

活页　统一书号：8027.3445　定价：CNY3.90

　　本书为现代中国画作品。作者陈少梅（1909—1954），国画家。名云彰，又名云鹣，号升湖，字少梅，以字行。生于湖南衡山。曾任中国美术家协会天津分会主席、天津美术学校校长。主要作品有《江南春》《丛林远岭》等。

J0021210

晨鸡图　徐悲鸿作

上海　朵云轩　1961年　[1幅]

J0021211

初晴　潘天寿作

北京　人民美术出版社　1961年　[1幅]

定价：CNY0.60

　　本书为现代中国画作品。作者潘天寿（1897—1971），现代著名国画家，美术教育家。字大颐，号寿者。浙江宁海县人。擅画花鸟、山水，兼善指画，亦能书法、诗词、篆刻。曾任中国文联委员、中国美术家协会副主席、浙江省文联副主席、中国美协浙江分会主席，浙江美术学院院长、教授等职。著有《中国绘画史》《听天阁画谈随笔》等。

J0021212

打猪草　刘长恩画

[长春] 吉林人民出版社　1961年　[1张]

定价：CNY0.20

　　本作品为年画形式的中国现代国画作品。作者刘长恩（1936—1996），吉林通榆人，吉林美术出版社美术编辑。代表作品《咱队的好猎手》《再请战》《巧妈妈》等。

J0021213

洞庭春色　宋文治作

石家庄　河北人民美术出版社　1961年　[1幅]

定价：CNY0.10

　　现代中国画作品。作者宋文治（1919—1999），画家。江苏太仓人。就读于江苏省国画院。曾任南京大学教授、江苏美协副主席、江苏省国

画院副院长等职。代表作有《白云幽涧图》《蜀江云起》《华岳积翠图》《水乡春暖》。著作有《宋文治画集》《宋文治作品选集》等。

J0021214

洞庭珍果　张星阶作

[南京] 江苏人民出版社　1961年　[1幅]

定价：CNY0.13

　　本作品为现代中国画。

J0021215

丰收的喜悦　陆鸿年绘

石家庄　河北人民美术出版社　1961年　[1张]

定价：CNY0.30

　　本作品为年画形式的中国现代国画作品。

J0021216

芙蓉水鸟　来楚生作

上海　上海人民美术出版社　1961年　[1幅]

定价：CNY0.10

　　本书为现代中国画作品。

J0021217

服务组　中央美术学院附中高三班集体创作

上海　上海人民美术出版社　1961年　[1幅]

定价：CNY0.10

　　本书为现代中国画作品。

J0021218

高原春晓　雷荣厚作

上海　上海人民美术出版社　1961年　[1幅]

定价：CNY0.10

　　本作品为现代中国画。

J0021219

鸽　黎葛民作

[广州] 广东人民出版社　1961年　[1幅]

定价：CNY0.13

　　本作品为现代中国画。

J0021220

工地捷报　亚明等作

上海　朵云轩　1961年　[1幅]

　　本书为现代中国画作品。

J0021221

"公社"产院　黄旭作

[南宁] 广西人民出版社 1961 年 [1 幅]

定价：CNY0.02

　　本作品为现代中国画。

J0021222

"公社" 游记 （1–4）回眈画；甲锐诗

[哈尔滨] 黑龙江美术出版社 1961 年 [4 幅]

定价：CNY0.40

　　本作品为年画形式的中国现代国画作品。

J0021223

河边　黄旭作

[南宁] 广西人民出版社 1961 年 [1 幅]

定价：CNY0.12

　　本作品为现代中国画。

J0021224

红莲翠羽　唐云作

北京 人民美术出版社 1961 年 [1 幅]

定价：CNY0.60

　　本书为现代中国画作品。

J0021225

红莲鸣蝉　齐白石作

[南京] 江苏人民出版社 1961 年 [1 幅]

定价：CNY0.10

　　本书为现代中国画作品。

J0021226

红旗颂　潘天寿等绘；上海人民美术出版社编辑

上海 上海人民美术出版社 1961 年 43 幅

19cm（32 开）精装 统一书号：T8081.5077

定价：CNY6.60

　　本书系中国现代绘画画册。作者潘天寿
（1897—1971），现代著名国画家，美术教育家。
字大颐，号寿者。浙江宁海县人。擅画花鸟、山
水，兼善指画，亦能书法、诗词、篆刻。曾任中
国文联委员、中国美术家协会副主席、浙江省文
联副主席、中国美协浙江分会主席，浙江美术学
院院长、教授等职。著有《中国绘画史》《听天阁
画谈随笔》等。

J0021227

洪荒风雪　黄胄作

北京 人民美术出版社 1961 年 [1 幅]

定价：CNY1.00

　　本书为现代中国画作品。

J0021228

湖山小景　钱松嵒作

上海 上海人民美术出版社 1961 年 8 张(套)

定价：CNY0.40

　　本作品系现代中国画作品。作者钱松嵒
（1899—1985），画家。江苏宜兴人。曾任江苏
省国画院院长、名誉院长，江苏省美术家协会主
席，中国美术家协会常务理事等。画作有《红岩》
《延安颂》《芙蓉湖上》《山岳颂》等。代表作品
有《梅园新村》《延安颂》《红岩》《井冈大瀑布》
等。著作《砚边点滴》。出版物《钱松嵒画集》等。

J0021229

剪枝分苗　谢慕连画

[长春] 吉林人民出版社 1961 年 [1 张]

定价：CNY0.20

　　本作品为年画形式的中国现代国画作品。

J0021230

江苏风光 （1–4）钱松嵒作

[南京] 江苏人民出版社 1961 年 [4 幅]

定价：CNY0.28

　　本作品为现代中国画。

J0021231

讲卫生身体好　黄宝荪绘

[石家庄] 河北人民美术出版社 1961 年 [1 张]

定价：CNY0.13

　　本作品为年画形式的中国现代国画作品。

J0021232

蒋兆和作品选　蒋兆和绘；朱章超编

北京 人民美术出版社 1961 年 [24] 页 17cm
（40 开）统一书号：8027.3355 定价：CNY0.21
（群众美术画库）

J0021233

锦上添花　张其翼绘

[石家庄] 河北人民美术出版社 1961 年 [1 张]

定价: CNY0.08

　　本作品为年画形式的中国现代国画作品。

J0021234

井冈山的斗争　李震坚作

上海　上海人民美术出版社　1961 年［1 幅］

定价: CNY0.10

　　本书为现代中国画作品。

J0021235

菊花　齐白石作

［北京］荣宝斋　1961 年［1 幅］

　　本书为现代中国画作品。

J0021236

开门红　周铁衡作

［沈阳］辽宁美术出版社　1961 年［1 幅］

定价: CNY0.10

　　本作品为中国画。

J0021237

看谁洗的白　张瑞恒绘

［石家庄］河北人民美术出版社　1961 年［1 张］

定价: CNY0.13

　　本作品为年画形式的中国现代国画作品。作者张瑞恒，连环画艺术家。绘有连环画《青梅煮酒论英雄》《四化连年富有余》《三年早知道》等。

J0021238

孔雀玉兰　喻继高作

［南京］江苏人民出版社　1961 年［1 幅］

定价: CNY0.13

　　本作品为现代中国画。作者喻继高（1932— ），国家一级美术师。江苏铜山人，毕业于南京大学艺术系和南京师范学院美术系。江苏省国画院副院长、江苏省美术家协会副主席、中国画研究院院委、中国工笔画学会副会长、徐悲鸿奖学金委员会委员。代表作品有《梨花春雨》《玉兰锦鸡》《春江水暖》等。

J0021239

崂山潮音瀑　张彦青作

［济南］山东人民出版社　1961 年［1 幅］

定价: CNY0.04

　　本作品为现代中国画。

J0021240

李时珍采药图　李剑晨作

［南京］江苏人民出版社　1961 年［1 幅］

定价: CNY0.10

　　中国现代国画作品。

J0021241

连年丰收　魏瀛洲画

［长春］吉林人民出版社　1961 年［1 张］

定价: CNY0.20

　　本作品为年画形式的中国现代国画作品。

J0021242

陵园春色　陈烟桥，刘锡永合作

［南宁］广西人民出版社　1961 年［1 幅］

定价: CNY0.12

　　现代中国画作品。作者陈烟桥（1911—1970），版画家。曾用名陈炳奎，笔名李雾城、米启郎。就读于广州市立美术专科学校西画科和上海新华艺术专科学校西洋画系。历任《新华日报》美术科主任、中国美术家协会上海分会副秘书长、美协广西分会主席等。代表作品有木刻《建设中的佛子岭》《鲁迅和他的伙伴们》等。

J0021243

鲁赤水墨菊

上海　朵云轩　1961 年［1 幅］

　　本作品为现代中国画。

J0021244

路遇　莫更原作

［南宁］广西人民出版社　1961 年［1 幅］

定价: CNY0.12

　　本作品为现代中国画。

J0021245

吕凤子画集　吕凤子绘；上海人民美术出版社编辑

上海　上海人民美术出版社　1961 年　38cm（6 开）

统一书号: 8081.3763　定价: CNY5.50

　　作者吕凤子（1886—1959），画家、艺术教育家。生于江苏丹阳。历任苏南文化教育学院、江苏师范学院教授，江苏省国画院筹委会主任委员、江苏省美术家协会副主席等。著有《美术史讲稿》《中国画法研究》《吕凤子仕女画册》《吕凤子华山速写集》等。

J0021246
梅鹤迎春　陈之佛作
[南京] 江苏人民出版社 1961 年 [1 幅]
定价: CNY0.13

　　　　中国现代国画作品。作者陈之佛(1896—
1962),画家、工艺美术家。又名陈绍本、陈杰,
号雪翁。毕业于浙江省工业专门学校染织科机
织专业,曾留学日本入东京美术学校工艺图案
科。曾任教于上海美术专科学校及中央大学艺
术系,任南京大学、南京师范学院教授,江苏美
协副主席、南京艺术学院副院长、中国美术家协
会理事等职。代表作品有《瑞安名胜古诗选》《旅
美纪行》《江村集》等。

J0021247
墨猴　赵梦朱作
[沈阳] 辽宁美术出版社 1961 年 [1 幅]
定价: CNY0.08

　　　　中国现代国画作品。作者赵梦朱(1892—
1985),花鸟画家、教授。原名恩熹,号明湖,河
北雄县人。历任京华美术学院、华北艺专教授,
中国美术家协会会员。

J0021248
牧童吹笛　李可染作
上海 朵云轩 1961 年 [1 幅]
　　　　中国现代国画作品。

J0021249
南瓜鸡　张家瑶作
[南宁] 广西人民出版社 1961 年 [1 幅]
定价: CNY0.05
　　　　中国现代国画作品。

J0021250
鸟叔养作品小辑　上海人民美术出版社编
上海 上海人民美术出版社 1961 年 8 张(套)
定价: CNY0.40
　　　　本作品系现代中国画。

J0021251
齐白石草虫册
[上海] 朵云轩 1961 年 38cm(6 开) 精装

J0021252
齐白石红莲鸣蝉图
上海 朵云轩 1961 年 [1 幅]
　　　　中国现代国画作品。

J0021253
齐白石画册　齐白石绘;辽宁省博物馆编
沈阳 辽宁美术出版社 1961 年 影印本 1 册(75 幅)
39cm(4 开) 精装 统一书号: 578 定价: CNY18.00
(辽宁省博物馆藏画集 之二。)

J0021254
齐白石蜻蜓老少年
上海 朵云轩 1961 年 [1 幅]
　　　　中国现代国画作品。

J0021255
齐白石群蛙
上海 朵云轩 1961 年 [1 幅]
　　　　中国现代国画作品。

J0021256
齐白石丝瓜
[北京] 荣宝斋 1961 年 [1 幅]
　　　　中国现代国画作品。

J0021257
齐白石先生画墨荷翠鸟
天津 天津荣宝斋 1961 年 [1 幅]
　　　　中国现代国画作品。

J0021258
齐白石先生画竹篱秋菊
天津 天津荣宝斋 1961 年 [1 幅]
　　　　中国现代国画作品。

J0021259
亲如一家　单柏钦绘
[石家庄] 河北人民美术出版社 1961 年 [1 幅]
定价: CNY0.08
　　　　本作品为年画形式的中国现代国画作品。

J0021260
青蛙茨菇　齐白石作
上海 朵云轩 1961 年 [1 幅]

中国现代国画作品。

J0021261
庆寿图 徐德森，吴冰玉画
[长春]吉林人民出版社 1961年 [1幅]
定价：CNY0.20
　　　本作品为年画形式的中国现代国画作品。作者吴冰玉(1934—)，江苏无锡人。毕业于华东艺专。上海美术家协会会员、上海人民美术出版社画家、上海连环画研究会会员。擅长连环画、中国画。多次参加全国美展及上海市美展。作品绢本彩色藏族连环画《青蛙骑手》多次获奖。

J0021262
全家福 林涛绘
[石家庄]河北人民美术出版社 1961年 [1幅]
定价：CNY0.13
　　　本作品为年画形式的中国现代国画作品。

J0021263
全家送我上学堂 黄永玉作
上海 朵云轩 1961年 [1幅]
　　　中国现代国画作品。

J0021264
赛花灯 徐德润画
[长春]吉林人民出版社 1961年 [1幅]
定价：CNY0.20
　　　本作品为年画形式的中国现代国画作品。

J0021265
三猴图 刘继卣作
[石家庄]河北人民美术出版社 1961年 [1幅]
定价：CNY0.13
　　　本作品为年画形式的中国现代国画作品。

J0021266
三女夺牌 (1-4)王叔晖绘；郑洵词
北京 人民美术出版社 1961年 [4幅]
定价：CNY0.56
　　　本作品为年画形式的中国现代国画作品。

J0021267
山海奇观 陈维信作
[济南]山东人民出版社 1961年 [1幅]

定价：CNY0.04
　　　中国现代国画作品。

J0021268
山区秋晓 李国华作
[广州]广东人民出版社 1961年 [1幅]
定价：CNY0.13
　　　中国现代国画作品。

J0021269
韶山——毛主席的故居 宋文治作
[南京]江苏人民出版社 1961年 [1幅]
定价：CNY0.13
　　　中国现代国画作品。

J0021270
社员之家 罗工柳工作室绘
[石家庄]河北人民美术出版社 1961年 [1幅]
定价：CNY0.20
　　　本作品为年画形式的中国现代国画作品。

J0021271
深情融透三尺雪 曹延路作
上海 上海人民美术出版社 1961年 [1幅]
定价：CNY0.10
　　　中国现代国画作品。作者曹延路(1930—)，国画家。生于河南内黄县，毕业于华北军政大学。中国美术家协会会员。代表作《深情融透三尺雪》《狼牙山五壮士》《爱民模范》。出版有《爱地球画集》。

J0021272
神门放舟 谢瑞阶作
北京 人民美术出版社 1961年 [1幅]
定价：CNY0.20
　　　中国现代国画作品。

J0021273
帅旗飘飘 鲁迅美术学院中国画系集体创作
[沈阳]辽宁美术出版社 1961年 [1幅]
定价：CNY0.06
　　　中国现代国画作品。

J0021274
松龄鹤寿 陈之佛作

[南京] 江苏人民出版社 1961 年 [1 幅]
定价: CNY0.10
　　　中国现代国画作品。作者陈之佛(1896—1962),画家、工艺美术家。又名陈绍本、陈杰,号雪翁。毕业于浙江省工业专门学校染织科机织专业,曾留学日本入东京美术学校工艺图案科。曾任教于上海美术专科学校及中央大学艺术系,任南京大学、南京师范学院教授、江苏美协副主席、南京艺术学院副院长、中国美术家协会理事等职。代表作品有《瑞安名胜古诗选》《旅美纪行》《江村集》等。

J0021275
送饭　徐奸作
北京 人民美术出版社 1961 年 [1 幅]
定价: CNY0.40
　　　中国现代国画作品。

J0021276
岁朝图　(蒙汉文对照) 邱石冥作
[呼和浩特] 内蒙古人民出版社 1961 年 [1 幅]
定价: CNY0.14
　　　中国现代国画作品。

J0021277
踏平南海浪　单柏钦作
上海 上海人民美术出版社 1961 年 [1 幅]
定价: CNY0.10
　　　中国现代国画作品。

J0021278
太湖风光　钱松喦作
上海 上海人民美术出版社 1961 年 10 张(套)
定价: CNY0.50
　　　本作品系现代中国画作品画册。作者钱松喦(1899—1985),画家。江苏宜兴人。曾任江苏省国画院院长、名誉院长,江苏省美术家协会主席,中国美术家协会常务理事等。画作有《红岩》《延安颂》《芙蓉湖上》《山岳颂》等。代表作品有《梅园新村》《延安颂》《红岩》《井冈大瀑布》等。著作《砚边点滴》。出版物《钱松喦画集》等。

J0021279
桃　齐白石作

天津 天津荣宝斋 1961 年 [1 幅]
　　　中国现代国画作品。

J0021280
藤萝　齐白石作
天津 天津荣宝斋 1961 年 [1 幅]
　　　中国现代国画作品。

J0021281
天鹅图　(蒙汉文对照) 白铭作
[呼和浩特] 内蒙古人民出版社 1961 年 [1 幅]
定价: CNY0.18
　　　中国现代国画作品。作者白铭(1926—2002),国画家。蒙古族,内蒙古包头人。字雉堂。毕业于北京京华美术学院国画系。擅花鸟,兼作山水、人物。中国美术家协会会员,曾任内蒙古美术家协会副主席、包头师范专科学校教师、高级工艺美术设计师。主要作品有《梅雀图》《芍药》《白梅》等。

J0021282
万岁光照幸福花　(1—4) 刘逸枫绘
[石家庄] 河北人民美术出版社 1961 年 [4 幅]
定价: CNY0.26
　　　本作品为年画形式的中国现代国画作品。

J0021283
王蒙青卞隐居图真迹
上海 朵云轩 1961 年 [1 幅]
　　　中国现代国画作品。

J0021284
喂鸡　张世简绘
[石家庄] 河北人民美术出版社 1961 年 [1 幅]
定价: CNY0.12
　　　本作品为年画形式的中国现代国画作品。

J0021285
五马图　马晋,关松房绘
[石家庄] 河北人民美术出版社 1961 年 [1 幅]
定价: CNY0.08
　　　中国现代国画作品。

J0021286
舞蹈人

天津　天津荣宝斋 1961 年［1 幅］
　　中国现代国画作品。

J0021287
洗澡　沈涛，陈景宝绘
［石家庄］河北人民美术出版社 1961 年［1 幅］
定价：CNY0.13
　　本作品为年画形式的中国现代国画作品。

J0021288
喜丰收　吴景文画
［长春］吉林人民出版社 1961 年［1 幅］
定价：CNY0.20
　　本作品为年画形式的中国现代国画作品。

J0021289
下乡演出　金雪尘绘
［石家庄］河北人民美术出版社 1961 年［1 幅］
定价：CNY0.13
　　本作品为年画形式的中国现代国画作品。
作者金雪尘（1904—1996），画家。上海嘉定人。
曾任上海图片出版社、上海人民美术出版社特约
记者。代表作有《武松打虎》《春江花月夜》《金
鱼舞》。

J0021290
下战表　徐启雄绘
［石家庄］河北人民美术出版社 1961 年［1 幅］
定价：CNY0.13
　　本作品为年画形式的中国现代国画作品。

J0021291
夏日　殷象益绘
［石家庄］河北人民美术出版社 1961 年［1 幅］
定价：CNY0.08
　　本作品为年画形式的中国现代国画作品。

J0021292
现代国画　（3）
［北京］荣宝斋 1961 年 10 张（套）
　　现代中国画作品集．

J0021293
小河边　（蒙汉文对照）金高作
［呼和浩特］内蒙古人民出版社 1961 年［1 幅］

定价：CNY0.08
　　中国现代国画作品。

J0021294
小河淌水　程十发作
上海　朵云轩 1961 年 1 张 53cm（4 开）
　　中国现代国画作品。作者程十发（1921—
2007），画家。出生于上海金山，毕业于上海美术
专科学校国画系。代表作品有《丽人行》《迎春
图》《列宁的故事》《孔乙己》等。出版有《《程
十发近作选》《程十发花鸟习作选》《程十发作
品展》。

J0021295
小小宣传队　成国权，叶洪祥绘
［石家庄］河北人民美术出版社 1961 年［1 幅］
定价：CNY0.13
　　本作品为年画形式的中国现代国画作品。

J0021296
小鱼都来　齐白石作
［北京］荣宝斋 1961 年［1 幅］
　　中国现代国画作品。作者齐白石（1864—
1957），近现代中国绘画大师，国画家、篆刻家。
湖南湘潭人。原名纯芝，字渭青，号兰亭，后改
名璜，字濒生，号白石等。历任国立北平艺术专
科学校和京华美术专科学校教习、教授，中央美
术学院名誉教授、中国文学艺术界联合会主席团
委员、中国画研究会和中国美术家协会主席、中
国画院名誉院长。代表作有《蛙声十里出山泉》
《墨虾》等。著有《白石诗草》《齐白石作品集》《白
石老人自述》等。

J0021297
幸福院的老人　黄辉作
［济南］山东人民出版社 1961 年［1 幅］
定价：CNY0.04
　　中国现代国画作品。

J0021298
延安　钱松嵒作
［南京］江苏人民出版社 1961 年［1 幅］
定价：CNY0.13
　　中国现代国画作品。作者钱松嵒（1899—
1985），画家。江苏宜兴人。曾任江苏省国画院

院长、名誉院长，江苏省美术家协会主席，中国
美术家协会常务理事等。画作有《红岩》《延安
颂》《芙蓉湖上》《山岳颂》等。代表作品有《梅
园新村》《延安颂》《红岩》《井冈大瀑布》等。著
作《砚边点滴》。出版物《钱松嵒画集》等。

J0021299
英雄树与喜鹊　邵一萍作
[长沙]湖南人民出版社 1961 年 [1 幅]
定价：CNY0.09
　　中国现代国画作品。作者邵一萍(1910—
1965)，女，画家。原名慧卿，号浙东女史，别号
萍庐主人、紫溪馆主。浙江东阳人。曾任湖南省
湘绣一厂一级技工、湖南省工艺美术研究所技
工。作品有《萱花》《高粱》《梅竹》等。

J0021300
幼儿园早操　刘逸枫绘
[石家庄]河北人民美术出版社 1961 年 [1 幅]
定价：CNY0.13
　　本作品为年画形式的中国现代国画作品。

J0021301
鱼乐　卢传远作
[广州]广东人民出版社 1961 年 [1 幅]
定价：CNY0.13
　　中国现代国画作品。作者卢传远(1903—
1972)，国画家。顺德勒流人。广东省文史研究
馆馆员、美协会员。代表作品有《米贵如珠》《难
童》《塘鱼丰收图》著有《画鱼者说》等。

J0021302
渔集　钱松嵒作
上海 朵云轩 1961 年 1 张 53cm(4 开)
　　中国现代国画作品。作者钱松嵒(1899—
1985)，画家。江苏宜兴人。曾任江苏省国画院
院长、名誉院长，江苏省美术家协会主席，中国
美术家协会常务理事等。画作有《红岩》《延安
颂》《芙蓉湖上》《山岳颂》等。代表作品有《梅
园新村》《延安颂》《红岩》《井冈大瀑布》等。著
作《砚边点滴》。出版物《钱松嵒画集》等。

J0021303
渔集　钱松嵒作
上海 朵云轩 1961 年 1 轴(卷轴)

中国现代国画作品。

J0021304
育新苗　(蒙汉文对照)高授予作
[呼和浩特]内蒙古人民出版社 1961 年 [1 幅]
定价：CNY0.10
　　中国现代国画作品。

J0021305
载歌行　黄胄作
上海 上海人民美术出版社 1961 年 [1 幅]
定价：CNY0.10
　　中国现代国画作品。

J0021306
帐篷食堂　朱乃正作
上海 上海人民美术出版社 1961 年 [1 幅]
定价：CNY0.10
　　中国现代国画作品。

J0021307
郑成功收复台湾　许勇作
[沈阳]辽宁美术出版社 1961 年 [1 幅]
定价：CNY0.10
　　中国现代作品国画。

J0021308
中国画汇编
北京 荣宝斋 1961 年 线装本

J0021309
中国画汇编　(上、下集)
北京 荣宝斋 1963 年 线装

J0021310
中国画选编　(1949—1959)人民美术出版社
编辑
北京 人民美术出版社 1961 年 影印本 [104]页
39cm(4 开) 精装 统一书号：8027.3630
定价：CNY21.00

J0021311
主席走遍全国　李琦作
北京 人民美术出版社 1961 年 [1 幅]
定价：CNY0.16

中国现代国画作品。

J0021312
祖祖辈辈愿望要实现　曾晓虎作
上海　上海人民美术出版社　1961 年［1 幅］
定价：CNY0.10
　　中国现代国画作品。

J0021313
鞍钢工人闹革命　鲁迅美术学院国画系集体
创作
沈阳　辽宁美术出版社　1962 年［1 幅］
38cm（6 开）定价：CNY0.10
　　本作品系现代中国画。

J0021314
八月的延安　李梓盛作
［西安］长安美术出版社　1962 年［1 幅］
53cm（4 开）定价：CNY0.60
　　本作品系现代中国画。

J0021315
白石老人写意画册
［北京］荣宝斋　1962 年［1 张］19cm（32 开）

J0021316
百花枝上闹春光　陈懒云作
兰州　甘肃人民出版社　1962 年［1 幅］78cm（2 开）
定价：CNY0.15
　　本作品系现代中国画。

J0021317
不老松　甲锐作
哈尔滨　黑龙江美术出版社　1962 年［1 幅］
78cm（2 开）定价：CNY0.13
　　本作品系现代中国画。

J0021318
陈半丁画选　陈半丁画；人民美术出版社编辑
室编
北京　人民美术出版社　1962 年　10 幅　37cm（8 开）
活页　统一书号：8027.3916　定价：CNY3.00
　　作者陈半丁（1876—1970），画家。浙江山阴
（今绍兴）人。名陈年，字半丁。曾就职于北京图
书馆、北平艺术专科学校。曾任中国美术家协会

理事、北京画院副院长、中国画研究会会长。代
表作品有《卢橘夏熟》《高枝带雨压雕栏》《惟有
黄花是故人》《赤壁夜游图》等。

J0021319
陈师曾兰
［上海］朵云轩　1962 年［1 幅］有卷轴
　　本作品系现代中国画。

J0021320
陈树人红棉小鸟
［上海］朵云轩　1962 年［1 幅］有卷轴
　　本作品系现代中国画。

J0021321
晨曦呼渡图　吉梅魂作
广州　广东人民出版社　1962 年［1 幅］38cm（6 开）
定价：CNY0.30
　　本作品系现代中国画。

J0021322
出工　蔡本坤作
西宁　青海人民出版社　1962 年［1 幅］53cm（4 开）
定价：CNY0.10
　　本作品系现代中国画。

J0021323
出牧　席兆宾作
兰州　甘肃人民出版社　1962 年［1 幅］53cm（4 开）
定价：CNY0.12
　　本作品系现代中国画。

J0021324
春风　袁晓岑作
昆明　云南人民出版社　1962 年［1 幅］53cm（4 开）
定价：CNY0.18
　　本作品系现代中国画。

J0021325
春寒　赵崇正作
广州　广东人民出版社　1962 年［1 幅］
38cm（6 开）定价：CNY0.30
　　本作品系现代中国画。

J0021326
大家都来唱"六一"　赵静东绘
石家庄　河北人民美术出版社　1962年［1张］
76cm（2开）定价：CNY0.12
　　本作品为年画形式的中国现代国画作品。作者赵静东（1930—　），人物画家，天津人，毕业于中央美术学院。历任北京通俗读物出版社编辑、天津人民美术出版社副编审。作品《中华女儿经》《战斗的青春》《连心镇》《儿女风尘记》等。出版有《赵静东人物画选》《五个儿童抓特务》等。

J0021327
大闹天宫　万籁鸣编绘
上海　上海人民美术出版社　1962年［1张］
76cm（2开）定价：CNY0.18
（西游记故事）
　　本作品为年画形式的中国现代国画作品。

J0021328
丹果　黄遐举作
长沙　湖南人民出版社　1962年［1幅］53cm（4开）
定价：CNY0.13
　　本作品系现代中国画。

J0021329
东方歌舞　陈洞庭绘
广州　岭南美术出版社　1962年　12幅
29cm（15开）活页袋装　统一书号：T8111.476
定价：CNY1.60
　　本书系现代中国画作品。

J0021330
东方红　刘秉亮作
沈阳　辽宁美术出版社　1962年［1幅］
38cm（6开）定价：CNY0.08
　　本作品系现代中国画。

J0021331
东方欲晓　石鲁作
［西安］长安美术出版社　1962年［1幅］
53cm（4开）定价：CNY0.60
　　本作品系现代中国画。

J0021332
东风送暖大地回春　李超雄画
长春　吉林人民出版社　1962年［1幅］
76cm（2开）定价：CNY0.25
　　本作品系现代中国画。

J0021333
读西厢　郑慕康，黄子曦绘
石家庄　河北人民美术出版社　1962年［1张］
76cm（2开）定价：CNY0.18
　　本作品为年画形式的中国现代国画作品。

J0021334
飞越秦岭　罗铭作
［西安］长安美术出版社　1962年［1幅］
53cm（4开）定价：CNY0.60
　　本作品系现代中国画。

J0021335
丰满道上　傅抱石作
沈阳　辽宁美术出版社　1962年［1幅］
38cm（6开）定价：CNY0.08
　　本作品系现代中国画。

J0021336
芙蓉幽禽图　陈之佛作
南京　江苏人民出版社　1962年［1幅］
78cm（2开）定价：CNY0.12
　　本作品系现代中国画。作者陈之佛（1896—1962），画家、工艺美术家。又名陈绍本、陈杰，号雪翁。毕业于浙江省工业专门学校染织科机织专业，曾留学日本入东京美术学校工艺图案科。曾任教于上海美术专科学校及中央大学艺术系，任南京大学、南京师范学院教授，江苏美协副主席、南京艺术学院副院长、中国美术家协会理事等职。代表作品有《瑞安名胜古诗选》《旅美纪行》《江村集》等。

J0021337
傅抱石画选　傅抱石画
北京　人民美术出版社　1962年　10幅　25×37cm
活页套装　统一书号：8027.3914　定价：CNY3.00
　　作者傅抱石（1904—1965），画家。原名长生、瑞麟，号抱石斋主人。生于江西南昌，祖籍江西新余，早年留学日本。历任南京师范学院教授、江苏国画院院长等职。代表作品有《山阴道上》《钟馗》《屈原》《江山如此多娇》，著有《中国古代绘画之研究》《中国绘画变迁史纲》等。

J0021338

富饶美丽的赋春　王锡良作

南昌　江西人民出版社　1962 年［1 幅］

53cm（4 开）定价：CNY0.09

本作品系现代中国画。

J0021339

甘蔗林　谭荫甜作

广州　广东人民出版社　1962 年［1 幅］

38cm（6 开）定价：CNY0.30

本作品系现代中国画。

J0021340

赶花会　李星武作

成都　四川人民出版社　1962 年［1 幅］

38cm（6 开）定价：CNY0.06

本作品系现代中国画。

J0021341

赶驴　黄胄作

北京　人民美术出版社　1962 年［1 幅］

45cm（9 开）定价：CNY0.50

本作品系现代中国画。

J0021342

高剑父椰子

［上海］朵云轩　1962 年［1 幅］有卷轴

本作品系现代中国画。

J0021343

鸽赞牡丹春　喻继高绘

石家庄　河北人民美术出版社　1962 年［1 幅］

76cm（2 开）定价：CNY0.30

本作品系现代中国画。

J0021344

归帆　林丹，白秋吟绘

福州　福建人民出版社　1962 年［1 张］

53cm（4 开）定价：CNY0.10

本作品为年画形式的中国现代国画作品。

J0021345

国画写生小辑　吴镜汀等作

上海　上海人民美术出版社　1962 年　7 张（套）

20cm（32 开）定价：CNY0.35

J0021346

国画选辑　钱松嵒等作

上海　上海人民美术出版社　1962 年［80］页　有图

25cm（15 开）统一书号：T8081.5261　定价：CNY3.10

本书系现代中国画画册。作者钱松嵒（1899—1985），画家。江苏宜兴人。曾任江苏省国画院院长、名誉院长，江苏省美术家协会主席，中国美术家协会常务理事等。画有《红岩》《延安颂》《芙蓉湖上》《山岳颂》等。代表作品有《梅园新村》《延安颂》《红岩》《井冈大瀑布》等。著作《砚边点滴》。出版物《钱松嵒画集》等。

J0021347

果林闹春　陆新森绘

石家庄　河北人民美术出版社　1962 年［1 张］

76cm（2 开）定价：CNY0.18

本作品为年画形式的中国现代国画作品。

J0021348

海棠小鸡　周秀岐作

昆明　云南人民出版社　1962 年［1 幅］38cm（6 开）

定价：CNY0.10

本作品系现代中国画。

J0021349

荷塘白鹭　（蒙汉文对照）白铭作

呼和浩特　内蒙古人民出版社　1962 年［1 幅］

79cm（3 开）定价：CNY0.25

本作品系现代中国画。作者白铭（1926—2002），国画家。蒙古族，内蒙古包头人。字雄堂。毕业于北京京华美术学院国画系。擅花鸟，兼作山水、人物。中国美术家协会会员，曾任内蒙古美术家协会副主席、包头师范专科学校教师、高级工艺美术设计师。主要作品有《梅雀图》《芍药》《白梅》等。

J0021350

红柿斑鸠　杨应修作

长沙　湖南人民出版社　1962 年［1 幅］

38cm（6 开）定价：CNY0.12

本作品系现代中国画。

J0021351
洪湖赤卫队　曹辅銮作
南京 江苏人民出版社 1962 年［1 幅］
76cm（2 开）定价：CNY0.18
　　本作品系现代中国画。作者曹辅銮（1935.11— ），画家。上海人。毕业于南京师范学院美术系。南京艺术学院教授、硕士研究生导师。作品有水彩粉画《白绣球》《玉兰花》《睡莲》等，出版著作有《曹辅銮水粉画集》《环境艺术概论》《水粉基础》等。

J0021352
花献先进生产者　陈懒云作
兰州 甘肃人民出版社 1962 年［1 幅］
78cm（2 开）定价：CNY0.15
　　本作品系现代中国画。

J0021353
黄宾虹故居　方济众作
［西安］长安美术出版社 1962 年［1 幅］
53cm（4 开）定价：CNY0.60
　　本作品系现代中国画。作者方济众（1923—1987），国画家。号雪农，陕西勉县人。历任中国美术家协会常务理事、美协陕西分会副主席。代表作品有《三边塞上风光》《雪漫天山》《沙海花》等。

J0021354
活水常流　周霖作
昆明 云南人民出版社 1962 年［1 幅］
78cm（2 开）定价：CNY0.24
　　本作品系现代中国画。

J0021355
剪指甲　鲁君绘
石家庄 河北人民美术出版社 1962 年［1 张］
76cm（2 开）定价：CNY0.18
　　本作品为年画形式的中国现代国画作品。

J0021356
江山如此多娇　傅抱石、关山月作
石家庄 河北人民美术出版社 1962 年［1 幅］
38cm（6 开）定价：CNY0.20

本作品系现代中国画。

J0021357
金鱼　王正作
长沙 湖南人民出版社 1962 年［1 幅］
53cm（4 开）定价：CNY0.18
　　本作品系现代中国画。

J0021358
金鱼　吴作人作
北京 人民美术出版社 1962 年［1 幅］45cm
定价：CNY0.50
　　本作品系现代中国画。

J0021359
菊花　袁醉庵作
长沙 湖南人民出版社 1962 年［1 幅］
53cm（4 开）定价：CNY0.13
　　本作品系现代中国画。

J0021360
菊花　王冰如作
［西安］长安美术出版社 1962 年［1 幅］
78cm（2 开）定价：CNY0.20
　　本作品系现代中国画。

J0021361
菊花图　吴茀之作
杭州 浙江人民美术出版社 1962 年［1 幅］
78cm（2 开）定价：CNY0.18
　　本作品系现代中国画。

J0021362
孔雀　常炳辉作
郑州 河南人民出版社 1962 年［1 幅］
78cm（2 开）定价：CNY0.18
　　本作品系现代中国画。

J0021363
孔雀　房润兰作
济南 山东人民出版社 1962 年［1 幅］
76cm（2 开）道林纸 定价：CNY0.25
　　本作品系现代中国画。作者房润兰，女，花鸟画家。师承徐操大师。

J0021364

孔雀　房润兰作

济南　山东人民出版社　1962年［1幅］

76cm（2开）招贴纸　定价：CNY0.18

　　本作品系现代中国画。

J0021365

孔雀　郑乃珖作，蔡鹤汀合作

［西安］长安美术出版社　1962年［1幅］

78cm（2开）定价：CNY0.20

　　本作品系现代中国画。作者蔡鹤汀（1909—1976），国画家。原名蔡颐元，号枕石散人，出生于福州台江。曾任陕西省戏剧研究院艺委会委员、西安美协分会常务理事。绘画作品有《铁骨冰心》《月季》《雀跃》《池塘小憩》等。出版有《荻芦盦画册》《花卉写生技法》《名家花卉画谱》。

J0021366

孔雀杜鹃　田世光作

石家庄　河北人民美术出版社　1962年［1幅］

76cm（2开）定价：CNY0.30

　　本作品系现代中国画。

J0021367

孔雀梅花　田世光作

石家庄　河北人民美术出版社　1962年［1幅］

38cm（6开）定价：CNY0.20

　　本作品系现代中国画。

J0021368

孔雀图　郑乃珖，蔡鹤汀合作

［西安］长安美术出版社　1962年［1幅］

76cm（2开）定价：CNY0.25

　　本作品系现代中国画。

J0021369

崂山头　黄鞠庵作

济南　山东人民出版社　1962年［1幅］

78cm（2开）定价：CNY0.12

　　本作品系现代中国画。

J0021370

黎明　陈金章作

广州　广东人民出版社　1962年［1幅］

38cm（6开）定价：CNY0.30

　　本作品系现代中国画。作者陈金章（1929—　），教授。广东化州县人。广州美术学院教授，硕士生导师。中国美术家协会会员、岭南画派纪念馆馆长。代表作品有《南方的森林》《秋声》《春晓》。出版有《中国当代名家·陈金章》。

J0021371

李亨草虫秋树图

［北京］荣宝斋　1962年［1幅］有卷轴

　　作者李亨（711—762），即唐肃宗，初名李嗣升，又名李浚、李玙、李绍，唐玄宗李隆基第三子，唐朝第七位皇帝。主要作品《赐梨李泌与诸王联句》《梦丹书》等。

J0021372

李清照连舻渡江图　王凤年作

济南　山东人民出版社　1962年［1幅］

78cm（2开）定价：CNY0.12

　　本作品系现代中国画。

J0021373

莲蓬　齐白石作

北京　人民美术出版社　1962年［1幅］

45cm（9开）定价：CNY0.50

　　本作品系现代中国画。

J0021374

柳塘牧马

［北京］荣宝斋　1962年［1幅］

　　本作品系现代中国画。

J0021375

柳燕　刘雨岭作

南昌　江西人民出版社　1962年［1幅］

53cm（4开）定价：CNY0.13

　　本作品系现代中国画。

J0021376

六盘山上高峰　周怀民作

银川　宁夏回放自治区人民出版社　1962年

［1幅］78cm（2开）定价：CNY0.17

　　本作品系现代中国画。

J0021377
鹭鸶　余蔚作
广州　广东人民出版社 1962 年［1 幅］
38cm（6 开）定价：CNY0.30
　　本作品系现代中国花鸟画。

J0021378
落户　刘济荣，蒋启宇作
广州　广东人民出版社 1962 年［1 幅］
38cm（6 开）定价：CNY0.30
　　本作品系现代中国画。

J0021379
马得，田原小品　高马得，田原作
上海　朵云轩 1962 年 12 张（套）19cm（32 开）
　　本套系现代中国画小品画作品。

J0021380
满山红旗飘　段千湖作
长沙　湖南人民出版社 1962 年［1 幅］
38cm（6 开）定价：CNY0.12
　　本作品系现代中国画。作者高马得（1917—
2007），国画家。江苏南京人，毕业于天津河北省
立水产专科学校。江苏省国画院一级美术师，中
国美术家协会会员、江苏分会理事。代表作品《画
戏话戏》《画碟余墨》《马得水墨小品》等。

J0021381
耄耋长春　俞致贞作
沈阳　辽宁美术出版社 1962 年［1 幅］
76cm（2 开）定价：CNY0.18
　　本作品系现代中国画。

J0021382
梅兰芳绘牵牛花　梅兰芳绘
［北京］荣宝斋 1962 年［1 幅］有卷轴
　　本作品系现代中国画。作者梅兰芳（1894—
1961），中国京剧表演艺术大师。生于北京，祖
籍江苏泰州。名澜，字畹华。擅演青衣、花旦、
刀马旦各种角色的剧本，世称"梅派"，为"四大
名旦"之一。历任中国京剧院院长、中国戏曲研
究院院长、中国戏剧家协会副主席等职。代表剧
目有《宇宙锋》《贵妃醉酒》《双奇会》《霸王别
姬》等，出版有《梅兰芳文集》《舞台生活四十年》
《梅兰芳演出剧本选集》等。

J0021383
梅兰芳绘人物　梅兰芳绘
［北京］荣宝斋 1962 年［1 幅］有卷轴

J0021384
梅玉配　（1-4）李成勋绘画；朱羽配诗
福州　福建人民出版社 1962 年 4 张 53cm（4 开）
定价：CNY0.26
　　本作品为年画形式的中国现代国画作品。

J0021385
梅竹图　邵一萍作
长沙　湖南人民出版社 1962 年［1 幅］
38cm（6 开）定价：CNY0.07
　　本作品系现代中国画。作者邵一萍（1910—
1965），女，画家。原名慧卿，号浙东女史，别号
萍庐主人、紫溪馆主。浙江东阳人。曾任湖南省
湘绣一厂一级技工、湖南省工艺美术研究所技
工。作品有《萱花》《高粱》《梅竹》等。

J0021386
密林幽泉　赵望云作
［西安］长安美术出版社 1962 年［1 幅］
53cm（4 开）定价：CNY0.60
　　本作品系现代中国画。

J0021387
牡丹　龚铁梅作
南京　江苏人民出版社 1962 年［1 幅］
78cm（2 开）定价：CNY0.17
　　本作品系现代中国画。

J0021388
牡丹　于非闇作
北京　人民美术出版社 1962 年［1 幅］
45cm（9 开）定价：CNY0.50
　　本作品系现代中国画。

J0021389
牡丹百蝶　肖士英作
昆明　云南人民出版社 1962 年［1 幅］
53cm（4 开）定价：CNY0.18
　　本作品系现代中国画。

J0021390
牡丹鸽子　王雪涛画
长春　吉林人民出版社　1962 年［1 幅］
78cm（2 开）定价：CNY0.13
　　本作品系现代中国画。

J0021391
牡丹鸽子　喻继高作
南京　江苏人民出版社　1962 年［1 幅］
53cm（4 开）定价：CNY0.12
　　本作品系现代中国画。

J0021392
牡丹水仙　郑乃珖作
福州　福建人民出版社　1962 年［1 幅］
76cm（2 开）定价：CNY0.18
　　本作品系现代中国画。

J0021393
牡丹玉兰　陈懒云作
兰州　甘肃人民出版社　1962 年［1 幅］
78cm（2 开）定价：CNY0.15
　　本作品系现代中国画。

J0021394
拿鱼　莫测作
［上海］朵云轩　1962 年［1 幅］
　　本作品系现代中国画。作者莫测（1928—　），
一级美术师，出生于江苏盱眙。历任中共常熟县
委宣传部干事、共青团常熟市委宣传部副部长、
水利电力报刊美术总编辑、治淮陈列馆和水利部
展览设计、中国美术家协会理事、中国美术家协
会版画艺术委员会委员、中国版画家协会常务理
事和对外联络部主任等职。代表作《拿鱼》《峡
江春闹》。出版有《莫测木刻选集》《莫测黑白木
刻》《莫测版画集》等。

J0021395
南泥湾途中　石鲁作
北京　人民美术出版社　1962 年［1 幅］
53cm（4 开）定价：CNY0.60
　　本作品系现代中国画。

J0021396
评膘回来　吴懋祥作

郑州　河南人民出版社　1962 年［1 幅］
76cm（2 开）定价：CNY0.18
　　本作品系现代中国画。

J0021397
葡萄　徐警凡作
南昌　江西人民出版社　1962 年［1 幅］
53cm（4 开）定价：CNY0.13
　　本作品系现代中国画。

J0021398
栖息　方人定作
广州　广东人民出版社　1962 年［1 幅］
38cm（6 开）定价：CNY0.30
　　本作品系现代中国画。

J0021399
齐白石白菜蘑菇
［上海］朵云轩　1962 年［1 幅］有卷轴
　　本作品系现代中国画。

J0021400
齐白石白菜秋虫
［上海］朵云轩　1962 年［1 幅］有卷轴
　　本作品系现代中国画。

J0021401
齐白石荷花翠鸟
［北京］荣宝斋　1962 年［1 幅］有卷轴
　　本作品系现代中国画。

J0021402
齐白石画选　齐白石绘
北京　人民美术出版社　1962 年　1 套 10 幅
38cm（6 开）活页　统一书号：8027.3915
定价：CNY3.00
　　作者齐白石（1864—1957），近现代中国绘画
大师，国画家、篆刻家。湖南湘潭人。原名纯芝，
字渭青，号兰亭，后改名璜，字濒生，号白石等。
历任北平艺术专科学校和京华美术专科学校教
习、教授，中央美术学院名誉教授、中国文学艺
术界联合会主席团委员、中国画研究会和中国美
术家协会主席、中国画院名誉院长。代表作有《蛙
声十里出山泉》《墨虾》等。著有《白石诗草》《齐
白石作品集》《白石老人自述》等。

J0021403
齐白石墨梅
［上海］朵云轩 1962 年 ［1 幅］有卷轴
　　本作品系现代中国画。

J0021404
齐白石群虾
［上海］朵云轩 1962 年 ［1 幅］有卷轴
　　本作品系现代中国画。

J0021405
祁连山色　周怀民作
上海 上海人民美术出版社 1962 年 ［1 幅］
38cm（6 开）定价：CNY0.25
　　本作品系现代中国画。

J0021406
千山竞秀　傅抱石，关山月合作
沈阳 辽宁美术出版社 1962 年 ［1 幅］
53cm（4 开）定价：CNY0.11
　　本作品系现代中国画。

J0021407
千山龙泉寺南望　傅抱石作
沈阳 辽宁美术出版社 1962 年 ［1 幅］
38cm（6 开）定价：CNY0.08
　　本作品系现代中国画。作者傅抱石（1904—1965），画家。原名长生、瑞麟，号抱石斋主人。生于江西南昌，祖籍江西新余，早年留学日本。历任南京师范学院教授、江苏国画院院长等职。代表作品有《山阴道上》《钟馗》《屈原》《江山如此多娇》，著有《中国古代绘画之研究》《中国绘画变迁史纲》等。

J0021408
牵牛花　齐白石作
济南 山东人民出版社 1962 年 ［1 幅］
78cm（2 开）定价：CNY0.17
　　本作品系现代中国画。

J0021409
塞上春光　钱松喦画
南京 江苏人民出版社 1962 年 16 幅 27cm（16 开）
活页 统一书号：8100.772 定价：CNY2.60
　　本作品系现代中国画画册。作者钱松喦

（1899—1985），画家。江苏宜兴人。曾任江苏省国画院院长、名誉院长，江苏省美术家协会主席、中国美术家协会常务理事等。画作有《红岩》《延安颂》《芙蓉湖上》《山岳颂》等。代表作品有《梅园新村》《延安颂》《红岩》《井冈大瀑布》等。著作《砚边点滴》。出版物《钱松喦画集》等。

J0021410
三打祝家庄　（1-4）宗静草绘
石家庄 河北人民美术出版社 1962 年 2 张
76cm（2 开）定价：CNY0.50
　　本作品为年画形式的中国现代国画作品。作者宗静草，江苏美术出版社美编，与其兄合作有《宗静风宗静草连环画作品》，包括《十五贯》《包公审石》《放鸭姑娘》《黑黑和白白》《蝴蝶杯》等。

J0021411
三骏图　张一尊作
长沙 湖南人民出版社 1962 年 ［1 幅］
38cm（6 开）定价：CNY0.05
　　本作品系现代中国画。

J0021412
山城雄姿　傅抱石作
南京 江苏人民出版社 1962 年 ［1 幅］
53cm（4 开）定价：CNY0.08
　　本作品系现代中国画。

J0021413
山东国画选　中国美术家协会山东分会，山东人民出版社编辑
济南 中国美术家协会山东分会 1962 年
39cm（4 开）精装 统一书号：8099.473
定价：CNY30.00
　　本书选辑山东画家和部分青年美术工作者的优秀国画作品，内容有人物、山水、花鸟画等，共 50 幅。本书与山东人民出版社合作出版。

J0021414
山河新貌　傅抱石等作
南京 江苏人民出版社 1962 年 40 幅 41cm（8 开）
套装活页 统一书号：8100.917
定价：CNY30.00
　　中国画现代画册。

J0021415
山河新貌 （第1组）傅抱石等作
南京 江苏人民出版社 1962年 10张(套)
38cm（6开）定价：CNY4.00
　　本作品系现代中国画画册。

J0021416
山河新貌 （第2组）傅抱石等作
南京 江苏人民出版社 1962年 10张(套)
38cm（6开）定价：CNY4.00
　　本作品系现代中国画画册。

J0021417
山河新貌 （第3组）傅抱石等作
南京 江苏人民出版社 1962年 10张(套)
38cm（6开）定价：CNY4.00
　　本作品系现代中国画画册。

J0021418
山河新貌 （第4组）傅抱石等作
南京 江苏人民出版社 1962年 10张(套)
38cm（6开）定价：CNY4.00
　　本作品系现代中国画画册。

J0021419
山河新貌 （第5组）傅抱石等作
南京 江苏人民出版社 1962年 10张(套)
38cm（6开）定价：CNY4.00
　　本作品系现代中国画。作者傅抱石（1904—
1965），画家。原名长生、瑞麟，号抱石斋主人。
生于江西南昌，祖籍江西新余，早年留学日本。
历任南京师范学院教授、江苏国画院院长等职。
代表作品有《山阴道上》《钟馗》《屈原》《江山如
此多娇》，著有《中国古代绘画之研究》《中国绘
画变迁史纲》等。

J0021420
山楼云起 张炎夫作
上海 上海人民美术出版社 1962年 [1幅]
38cm（6开）定价：CNY0.25
　　本作品系现代中国画。

J0021421
山水 岳祥书作
济南 山东人民出版社 1962年 [1幅]

38cm（6开）定价：CNY0.07
　　本作品系现代中国画。

J0021422
山雨初晴 关山月作
沈阳 辽宁美术出版社 1962年 [1幅]
38cm（6开）定价：CNY0.08
　　本作品系现代中国画。

J0021423
首都之春 惠孝同等绘
保定 河北人民出版社 1962年 15帧
28cm（16开）活页 统一书号：T8087.2010
定价：CNY20.00
　　本作品系现代中国画画册。

J0021424
绶带与牡丹 郭昭华作
福州 福建人民出版社 1962年 [1幅]
76cm（2开）定价：CNY0.18
　　本作品系现代中国画。

J0021425
双虎 光元鲲作
合肥 安徽人民出版社 1962年 [1幅]
76cm（2开）定价：CNY0.25
　　本作品系现代中国画。

J0021426
双鹭图 孙奇峰绘
石家庄 河北人民美术出版社 1962年 [1幅]
76cm（2开）定价：CNY0.30
　　本作品系现代中国画。

J0021427
水仙小鸟 周铁衡作
沈阳 辽宁美术出版社 1962年 [1幅]
38cm（6开）定价：CNY0.08
　　本作品系现代中国画。

J0021428
松鹤 （朝汉文对照）文虎范作
延吉 延边人民出版社 1962年 [1幅]
76cm（2开）定价：CNY0.25
　　本作品系现代中国画。

J0021429
岁朝图　王个簃作
上海　上海人民美术出版社　1962 年［1 幅］
76cm（2 开）定价：CNY0.25
　　　本作品系现代中国画。

J0021430
踏遍青山人未老　王信作
沈阳　辽宁美术出版社　1962 年［1 幅］
38cm（6 开）定价：CNY0.10
　　　本作品系现代中国画。作者王信（1925—　），
画家。河北承德人。历任辽宁美术出版社专职
画家、承德市群艺馆研究馆员、河北水彩画会名
誉会长、河北省美协顾问。画作有《早雾》《原始
森林》《深山情》《山家》等。出版有《王信水彩
画选辑》《王信水彩选集》《王信水彩画专辑》等。

J0021431
桃花飞燕　王渔父作
贵阳　贵州人民出版社　1962 年［1 幅］
78cm（2 开）定价：CNY0.17
　　　本作品系现代中国画。

J0021432
桃花鸽子　黎葛民作
广州　广东人民出版社　1962 年［1 幅］
38cm（6 开）定价：CNY0.30
　　　本作品系现代中国画。

J0021433
晚秋　（汉维文对照）徐庶之作
乌鲁木齐　新疆人民出版社　1962 年［1 幅］
53cm（4 开）定价：CNY0.13
　　　本作品系现代中国画。

J0021434
万古长青　关山月作
广州　广东人民出版社　1962 年［1 幅］
38cm（6 开）定价：CNY0.30
　　　本作品系现代中国画。

J0021435
王雪涛画册
［北京］荣宝斋　1962 年　8 张（套）

J0021436
问计　马西光作
西宁　青海人民出版社　1962 年［1 幅］
53cm（4 开）定价：CNY0.10
　　　本作品系现代中国画。作者马万里（1904—
1979），原名瑞图，字允甫，晚号大年，别署曼
庐、曼福堂等，江苏常州人。曾任广西文史馆副
馆长、中国美术家协会广西分会理事。

J0021437
卧薪尝胆　吴光宇绘
石家庄　河北人民美术出版社　1962 年［1 张］
76cm（2 开）定价：CNY0.12
　　　本作品为年画形式的中国现代国画作品。

J0021438
吴湖帆画辑　吴湖帆绘
上海　上海人民美术出版社　1962 年　11 页
39cm（8 开）活页　统一书号：T8081.2940
定价：CNY2.00
　　　作者吴湖帆（1894—1968），山水画家、书法
家、鉴定家。江苏苏州人。名倩，又名万，号倩庵，
别署丑簃、翼燕。历任上海中国画院筹备委员、
画师，上海大学美术学院副教授、中国美术家协
会上海分会副主席。代表作品有《云表奇峰》《渔
浦桃花》等。

J0021439
五谷丰登　徐凤明绘
石家庄　河北人民美术出版社　1962 年［1 张］
76cm（2 开）定价：CNY0.18
　　　本作品为年画形式的中国现代国画作品。

J0021440
西樵龙崧阁　卢子枢作
广州　广东人民出版社　1962 年［1 幅］
38cm（6 开）定价：CNY0.30
　　　本作品系现代中国画。

J0021441
峡谷晨雾　李文信作
成都　四川人民出版社　1962 年［1 幅］
78cm（2 开）定价：CNY0.17
　　　本作品系现代中国画。

J0021442
夏河晨曦 姜豪，陈克健作
兰州 甘肃人民出版社 1962 年 [1 幅]
78cm（2 开）定价：CNY0.15
　　本作品系现代中国画。

J0021443
先睹为快 张幼兰作
广州 广东人民出版社 1962 年 [1 幅]
38cm（6 开）定价：CNY0.30
　　本作品系现代中国画。

J0021444
现代国画 （4）
[北京] 荣宝斋 1962 年 10 张(套)

J0021445
晓风 关山月作
沈阳 辽宁美术出版社 1962 年 [1 幅]
53cm（4 开）定价：CNY0.13
　　本作品系现代中国画。

J0021446
杏柳山鹊 田世光作
石家庄 河北人民美术出版社 1962 年 [1 幅]
30cm（10 开）定价：CNY0.15
　　本作品系现代中国画。

J0021447
绣脯红 （红旗谱插图）黄胄作
[北京] 荣宝斋 1962 年 [1 幅] 有卷轴
　　本作品系现代中国画。

J0021448
徐悲鸿彩墨画选 徐悲鸿画
北京 人民美术出版社 1962 年 10 幅
38cm（6 开）活页 统一书号：8027.3919
定价：CNY3.00

J0021449
漩心河畔 杜宗甫作
济南 山东人民出版社 1962 年 [1 幅]
78cm（2 开）定价：CNY0.12
　　本作品系现代中国画。

J0021450
学习毛主席著作 刘傅辉作
昆明 云南人民出版社 1962 年 [1 幅]
38cm（6 开）定价：CNY0.12
　　本作品系现代中国画。

J0021451
雪夜送饭 杨之光作
广州 广东人民出版社 1962 年 [1 幅]
38cm（6 开）定价：CNY0.30
　　本作品系现代中国画。

J0021452
鸭 许奇高作
广州 广东人民出版社 1962 年 [1 幅]
38cm（6 开）定价：CNY0.30
　　本作品系现代中国画。

J0021453
延边风光 关山月作
沈阳 辽宁美术出版社 1962 年 [1 幅]
53cm（4 开）定价：CNY0.13
　　本作品系现代中国画。作者关山月（1912—
2000），国画家、教育家。原名关泽霈。生于广东
阳江。历任广州市艺专教授、广州美术学院教授
兼院长、广东画院院长、中国美术家协会副主席、
广东省美术家协会副主席等职。代表作《江山如此
多娇》《俏不争春》《绿色长城》《长河颂》等。

J0021454
演乐图 赵蕴玉作
北京 人民美术出版社 1962 年 [1 张]
76cm（2 开）定价：CNY0.25
　　中国现代年画作品。

J0021455
杨家岭 何海霞作
[西安] 长安美术出版社 1962 年 [1 幅]
53cm（4 开）定价：CNY0.60
　　本作品系现代中国画。

J0021456
叶浅予西藏高原之舞
[北京] 荣宝斋 1962 年 [1 幅] 有卷轴
　　本作品系现代中国画。

J0021457

鹦鹉牡丹　佟雪凡画

长春 吉林人民出版社 1962 年［1 幅］

38cm（6 开）定价：CNY0.07

　　本作品系现代中国画。

J0021458

鹦鹉与桃花　章培筠作

杭州 浙江人民美术出版社 1962 年［1 幅］

76cm（2 开）定价：CNY0.18

　　本作品系现代中国画。

J0021459

幽谷春深　袁晓岑作

昆明 云南人民出版社 1962 年［1 幅］

53cm（4 开）定价：CNY0.18

　　本作品系现代中国画。

J0021460

鱼戏春水　孔小瑜作

合肥 安徽人民出版社 1962 年［1 幅］

76cm（2 开）定价：CNY0.18

　　本作品系现代中国画。作者孔小瑜（1899—
1984），画家、教授。原名宪英，生于浙江慈溪。
历任安徽画院副院长、安徽艺术学校教授。代表
作品有《牡丹》《四季平安》《欣欣向荣》《百花争
艳》《战袍诗》等。

J0021461

玉簪花　郑乃珖作

福州 福建人民出版社 1962 年［1 幅］

38cm（6 开）定价：CNY0.05

　　本作品系现代中国画。

J0021462

岳飞　宋忠元作

杭州 浙江人民美术出版社 1962 年［1 幅］

76cm（2 开）定价：CNY0.18

　　本作品系现代中国画。

J0021463

摘丝瓜　何溯作

兰州 甘肃人民出版社 1962 年［1 幅］

78cm（2 开）定价：CNY0.15

　　本作品系现代中国画。

J0021464

种痘防病　于雁，朱迪绘作

合肥 安徽人民出版社 1962 年［1 幅］

76cm（2 开）定价：CNY0.18

　　本作品系现代中国画。

J0021465

竹林探幽　康师尧作

［西安］长安美术出版社 1962 年［1 幅］

53cm（4 开）定价：CNY0.60

　　本作品系现代中国画。

J0021466

转战陕北　石鲁作

石家庄 河北人民美术出版社 1962 年［1 幅］

38cm（6 开）定价：CNY0.20

　　本作品系现代中国画。

J0021467

自己事自己做　金培庚绘

石家庄 河北人民美术出版社 1962 年［1 张］

76cm（2 开）定价：CNY0.25

　　本作品为年画形式的中国现代国画作品。

J0021468

坐飞船游太空　张瑞恒绘

石家庄 河北人民美术出版社 1962 年［1 张］

76cm（2 开）定价：CNY0.18

　　本作品为年画形式的中国现代国画作品。

J0021469

爱科学　盛此君作

北京 人民美术出版社 1963 年［1 张］

76cm（2 开）定价：CNY0.18

　　本作品为年画形式的中国现代国画作品。
作者盛此君（1915—1996），广西贵县人，在上
海美专毕业后赴日本新宿洋画研究所学习。中
华人民共和国成立后，历任新闻出版总署美术
室干部、人民美术出版社专业画家。作品有年
画《1981 年农历图》，绘画版连环画《小玲玲找
弟弟》，宣传画《祖国建设花怒放，提高警惕防
虎狼》等。

J0021470

百花与和平鸽　齐白石作

北京 人民美术出版社 1963 年［1 张］
39cm（8 开）定价：CNY0.15

　　现代中国画作品。作者齐白石（1864—1957），近现代中国绘画大师，国画家、篆刻家。湖南湘潭人。原名纯芝，字渭青，号兰亭，后改名璜，字濒生，号白石等。历任国立北平艺术专科学校和京华美术专科学校教习、教授，中央美术学院名誉教授、中国文学艺术界联合会主席团委员、中国画研究会和中国美术家协会主席、中国画院名誉院长。代表作有《蛙声十里出山泉》《墨虾》等。著有《白石诗草》《齐白石作品集》《白石老人自述》等。

J0021471
胞波友谊图　　程十发作
上海 上海人民美术出版社 1963 年［1 张］
39cm（8 开）定价：CNY0.25

　　现代中国画作品。作者程十发（1921—2007），画家。出生于上海金山，毕业于上海美术专科学校国画系。代表作品有《丽人行》《迎春图》《列宁的故事》《孔乙己》等。出版有《程十发近作选》《程十发花鸟习作选》《程十发作品展》。

J0021472
悲鸿画马　（组画）徐悲鸿作
天津 天津美术出版社 1963 年［1 张］
39cm（8 开）定价：CNY2.10
　　现代中国画作品。

J0021473
北平解放　　叶浅予作
北京 人民美术出版社 1963 年 54cm（4 开）
定价：CNY0.13
　　本作品为年画形式的中国现代国画作品。

J0021474
采莲谣　　周作民作
北京 人民美术出版社 1963 年 54cm（4 开）
定价：CNY0.10
　　本作品为年画形式的中国现代国画作品。

J0021475
苍山云色　　关松房作
石家庄 河北人民美术出版社 1963 年
39cm（8 开）定价：CNY0.10

　　现代中国画作品。

J0021476
草原处处读书声　（蒙、汉文对照）杜之遽作
呼和浩特 内蒙古人民出版社 1963 年
39cm（8 开）定价：CNY0.09

　　现代中国画作品。作者杜之遽（1932—1996），教授。毕业于天津美术学院。历任中国美术教育研究会理事、河北师范学院美术系教授。作品有中国画《消夏图》，水彩画《风雪漫太行》《雨中柳》等。

J0021477
草原赛马会　　刘勃舒作
北京 人民美术出版社 1963 年 76cm（2 开）
定价：CNY0.18
　　本作品为年画形式的中国现代国画作品。

J0021478
柴达木的风雪　　黄胄作
北京 人民美术出版社 1963 年［1 张］
39cm（8 开）定价：CNY0.15
　　现代中国画作品。

J0021479
陈半丁芙蓉
北京 荣宝斋 1963 年［1 轴］
　　现代中国画作品。

J0021480
晨曲　　徐悲鸿作
北京 人民美术出版社 1963 年［1 张］
39cm（8 开）定价：CNY0.15
　　现代中国画作品。

J0021481
春郊牧马
上海 朵云轩 1963 年［1 张］
　　现代中国画作品。

J0021482
丹柿　　于非闇作
北京 人民美术出版社 1963 年［1 张］
54cm（4 开）定价：CNY0.60
　　现代中国画作品。

J0021483
东方红 （蒙、汉文对照）关和璋作
呼和浩特 内蒙古人民出版社 1963 年
39cm（8 开）定价: CNY0.09
　　现代中国画作品。

J0021484
洞天漓影 胡佩衡作
北京 人民美术出版社 1963 年［1 张］
54cm（4 开）定价: CNY0.60
　　现代中国画作品。

J0021485
杜牧寻春图 贺天健作
上海 朵云轩 1963 年［1 张］
　　现代中国画作品。

J0021486
峨嵋积雪 秦仲文作
石家庄 河北人民美术出版社 1963 年［1 张］
39cm（8 开）定价: CNY0.10
　　现代中国画作品。作者秦仲文(1896—
1974)，画家、美术家。原名秦裕荣，号仲文，后
又以秦裕为笔名，别署梁子河村人，画室名群
峰扶翠之居。河北遵化县人。毕业于北京大学。
代表作品有《沙丰路上写生》《岷山遇雨》《岳阳
楼》《乌江天险》等。

J0021487
峨嵋积雪 秦仲文作
北京 人民美术出版社 1963 年［1 张］
39cm（8 开）定价: CNY0.60
　　现代中国画作品。

J0021488
帆船 秦仲文作
上海 朵云轩 1963 年［1 张］30cm（10 开）袋装
　　现代中国画作品。

J0021489
飞来凤 陆抑非作
杭州 浙江人民美术出版社 1963 年
39cm（8 开）定价: CNY0.25
　　现代中国画作品。

J0021490
风雨归牧 赵望云作
西安 长安美术出版社 1963 年 54cm（4 开）
定价: CNY0.60
　　现代中国画作品。

J0021491
芙蓉湖上 钱松喦作
北京 人民美术出版社 1963 年［1 张］
39cm（8 开）定价: CNY0.15
　　现代中国画作品。作者钱松喦(1899—
1985)，画家。江苏宜兴人。曾任江苏省国画院
院长、名誉院长，江苏省美术家协会主席，中国
美术家协会常务理事等。画作有《红岩》《延安
颂》《芙蓉湖上》《山岳颂》等。代表作品有《梅
园新村》《延安颂》《红岩》《井冈大瀑布》等。著
作《砚边点滴》。出版物《钱松喦画集》等。

J0021492
高剑父鹭鸶 （卷轴）
上海 朵云轩 1963 年［1 轴］
　　现代中国画作品。

J0021493
高剑僧双鹿图 （卷轴）
上海 朵云轩 1963 年［1 轴］
　　现代中国画作品。

J0021494
高其佩花卉册
上海 朵云轩 1963 年 8 张(套)

J0021495
高奇峰鹰 （卷轴）
上海 朵云轩 1963 年［1 轴］
　　现代中国画作品。

J0021496
高原子弟兵 黄胄作
北京 人民美术出版社 1963 年［1 张］
54cm（4 开）定价: CNY0.60
　　现代中国画作品。

J0021497
工农兵中堂对联 江南春画；马公愚书

上海 上海人民美术出版社 1963 年 3 张（套）
定价：CNY0.50
　　本作品为年画形式的中国现代国画作品。

J0021498
公园一角　孙雪泥作
上海 朵云轩 1963 年［1 张］
　　现代中国画作品。

J0021499
蝈蝈丝瓜　唐云作
上海 朵云轩 1963 年［1 张］
　　现代中国画作品。

J0021500
国画集锦
沈阳 辽宁美术出版社 1963 年 12 张（套）
19cm（32 开）定价：CNY0.50
　　本作品系现代中国画。

J0021501
国画小画片　（汉、维文对照）
乌鲁木齐 新疆人民出版社 1963 年 13 张（套）
15cm（40 开）定价：CNY0.65
　　本作品系现代中国画。

J0021502
国画选　中国美术家协会西安分会国画研究
室编
西安 长安美术出版社 1963 年 30 幅
44cm（15 开）活页 统一书号：8146.843
定价：CNY17.00

J0021503
寒江钓雪图　秦仲文作
上海 朵云轩 1963 年［1 张］
　　现代中国画作品。作者秦仲文（1896—
1974），画家、美术家。原名秦裕荣，号仲文，后
又以秦裕为笔名，别署梁子河村人，画室名群
峰扶翠之居。河北遵化县人。毕业于北京大学。
代表作品有《沙丰路上写生》《岷山遇雨》《岳阳
楼》《乌江天险》等。

J0021504
寒山苍翠　秦仲文作

石家庄 河北人民美术出版社 1963 年［1 张］
39cm（8 开）定价：CNY0.10
　　现代中国画作品。

J0021505
何香凝诗画集　何香凝绘；人民美术出版社编
北京 人民美术出版社 1963 年 54 幅 有图
37cm（8 开）精装 统一书号：8027.4085
定价：CNY21.50
　　本书系现代中国画画册。共收图 54 幅，诗
篇 36 章。作者何香凝（1878—1972），革命家、
画家。广东南海人，出生在香港。民革主要创始
人，曾任中国国民党革命委员会中央副主席、主
席，中华人民共和国创始人之一。曾就读于东京
本乡女子美术学校日本画高等科。代表作品《狮》
《梅花》《高松图》等，著有《何香凝诗画集》。

J0021506
红岩　钱松嵒作
北京 人民美术出版社 1963 年［1 张］
54cm（4 开）定价：CNY0.60
　　现代中国画作品。作者钱松嵒（1899—
1985），画家。江苏宜兴人。曾任江苏省国画院
院长、名誉院长，江苏省美术家协会主席、中国
美术家协会常务理事等。画作有《红岩》《延安
颂》《芙蓉湖上》《山岳颂》等。代表作品有《梅
园新村》《延安颂》《红岩》《井冈大瀑布》等。著
作《砚边点滴》。出版物《钱松嵒画集》等。

J0021507
红叶吟风处　䕒叟作
上海 朵云轩 1963 年［1 张］
　　现代中国画作品。

J0021508
洪湖赤卫队　（1–4）同炳鑫编绘
上海 上海人民美术出版社 1963 年 4 张
54cm（4 开）定价：CNY0.36
　　本作品为年画形式的中国现代国画作品。

J0021509
湖上渔帆　古元作
北京 人民美术出版社 1963 年［1 张］
39cm（8 开）定价：CNY0.60
　　现代中国画作品。作者古元（1919—1996），

画家。字帝源，生于广东珠海。曾就读于鲁迅艺术学院。历任中央美术学院教授、院长，中国美术家协会协会副主席、中国版画家协会主席。作品有《减租会》《烧毁旧地契》《人桥》《刘志丹和赤卫军》《枣园灯光》等。出版有《古元木刻选》《古元水彩画选》等。

J0021510
黄宾虹桂林山水 （卷轴）
上海 朵云轩 1963 年 [1 轴]
　　现代中国画作品。

J0021511
黄宾虹画集　黄宾虹绘
天津 天津美术出版社 1963 年 14 幅
39cm（4 开）活页 统一书号：8073.2495
定价：CNY4.50

J0021512
黄宾虹江岸石矶图 （卷轴）
上海 朵云轩 1963 年 [1 轴]
　　现代中国画作品。

J0021513
黄幻吾小品
上海 上海人民美术出版社 1963 年 10 张（套）
19cm（32 开）定价：CNY0.80
　　本作品系现代中国画。作者黄幻吾(1906—1985)，花鸟画家。名罕，字幻吾，号罕僧，晚年称罕翁。广东新会人。历任中国美术家协会会员、中国美术家协会上海分会理事、上海文史研究馆馆员等职。出版有《幻吾画集》《幻吾小品画集》《怎样画走兽》《中国画技法》等。

J0021514
黄胄作品选集　黄胄作；中国美术家协会，人民美术出版社编
北京 人民美术出版社 1963 年 1 册（20 幅）
35cm（18 开）精装 统一书号：8027.3971
定价：CNY6.00

J0021515
冀北山旅　秦仲文作
石家庄 河北人民美术出版社 1963 年 [1 张]
39cm（8 开）定价：CNY0.10

现代中国画作品。作者秦仲文(1896—1974)，画家、美术家。原名秦裕荣，号仲文，后又以秦裕为笔名，别署梁子河村人，画室名群峰扶翠之居。河北遵化县人。毕业于北京大学。代表作品有《沙丰路上写生》《岷山遇雨》《岳阳楼》《乌江天险》等。

J0021516
江邨烟霭　关松房作
石家庄 河北人民美术出版社 1963 年
39cm（8 开）定价：CNY0.10
　　现代中国画作品。

J0021517
江邨欲雨　关松房作
石家庄 河北人民美术出版社 1963 年
39cm（8 开）定价：CNY0.10
　　现代中国画作品。

J0021518
江南春朝　宋文治作
北京 人民美术出版社 1963 年 [1 张]
54cm（4 开）定价：CNY0.60
　　现代中国画作品。

J0021519
江南春早　孙雪泥作
上海 朵云轩 1963 年 [1 张]
　　现代中国画作品。

J0021520
江山积雪　秦仲文作
石家庄 河北人民美术出版社 1963 年 [1 张]
39cm（8 开）定价：CNY0.10
　　现代中国画作品。作者秦仲文(1896—1974)，画家、美术家。原名秦裕荣，号仲文，后又以秦裕为笔名，别署梁子河村人，画室名群峰扶翠之居。河北遵化县人。毕业于北京大学。代表作品有《沙丰路上写生》《岷山遇雨》《岳阳楼》《乌江天险》等。

J0021521
金鱼睡莲　谢海燕作
石家庄 河北人民美术出版社 1963 年
39cm（8 开）定价：CNY0.10

现代中国画作品。

J0021522
鹫峰　关松房作
石家庄 河北人民美术出版社 1963 年
39cm（8 开）定价：CNY0.10
　　现代中国画作品。

J0021523
卷丹　王霞宙作
北京 人民美术出版社 1963 年［1 张］
39cm（8 开）定价：CNY0.15
　　现代中国画作品。

J0021524
老牧民　（蒙、汉文对照）旺亲作
呼和浩特 内蒙古人民出版社 1963 年
39cm（8 开）定价：CNY0.09
　　现代中国画作品。

J0021525
漓江日晚　秦仲文作
石家庄 河北人民美术出版社 1963 年［1 张］
39cm（8 开）定价：CNY0.10
　　现代中国画作品。作者秦仲文（1896—
1974），画家、美术家。原名秦裕荣，号仲文，后
又以秦裕为笔名，别署梁子河村人，画室名群
峰扶翠之居。河北遵化县人。毕业于北京大学。
代表作品有《沙丰路上写生》《岷山遇雨》《岳阳
楼》《乌江天险》等。

J0021526
黎雄才旅行写生　黎雄才绘
北京 朝花美术出版社 1963 年 10 幅
25cm（小 16 开）统一书号：8028.1868
定价：CNY2.30

J0021527
李密挂角　杨俊生绘
石家庄 河北人民美术出版社 1963 年
76cm（2 开）定价：CNY0.18
　　本作品为年画形式的中国现代国画作品。作
者杨俊生（1909—1981），出生于安徽安庆。曾任
上海人民美术出版社、上海画版出版社特约作者，
上海美协年画组组长等职。代表作品有《岳母刺

字》《夜战马超》《大闹天宫》《贵妃醉酒》等。

J0021528
荔枝　齐白石作
北京 人民美术出版社 1963 年［1 张］
39cm（8 开）定价：CNY0.15
　　现代中国画作品。作者齐白石（1864—
1957），近现代中国绘画大师，国画家、篆刻家。
湖南湘潭人。原名纯芝，字渭青，号兰亭，后改
名璜，字濒生，号白石等。历任国立北平艺术专
科学校和京华美术专科学校教习、教授，中央美
术学院名誉教授、中国文学艺术界联合会主席团
委员、中国画研究会和中国美术家协会主席、中
国画院名誉院长。代表作有《蛙声十里出山泉》
《墨虾》等。著有《白石诗草》《齐白石作品集》
《白石老人自述》等。

J0021529
灵鹫　徐悲鸿作
北京 人民美术出版社 1963 年［1 张］
39cm（8 开）定价：CNY0.15
　　现代中国画作品。

J0021530
六榕寺内之补榕亭　谢之光作
上海 上海人民美术出版社 1963 年［1 张］
39cm（8 开）定价：CNY0.25
　　现代中国画作品。

J0021531
马　马晋作
石家庄 河北人民美术出版社 1963 年
76cm（2 开）定价：CNY0.18
　　现代中国画作品。

J0021532
毛笔画册　张一尊等作
长沙 湖南人民出版社 1963 年 53 页
12×19cm 定价：CNY0.36
　　本书为中国现代画画册专著。

J0021533
梅竹　邵一萍作
北京 人民美术出版社 1963 年［1 张］
54cm（4 开）定价：CNY0.60

现代中国画作品。作者邵一萍(1910—
1965)，女，画家。原名慧卿，号浙东女史，别号
萍庐主人、紫溪馆主。浙江东阳人。曾任湖南省
湘绣一厂一级技工、湖南省工艺美术研究所技
工。作品有《萱花》《高粱》《梅竹》等。

J0021534
棉麻丰收　吴茀之作
杭州 浙江人民美术出版社 1963 年
39cm（8 开）定价：CNY0.25
　　现代中国画作品。

J0021535
岷江欲雨　秦仲文作
石家庄 河北人民美术出版社 1963 年［1 张］
76cm（2 开）定价：CNY0.18
　　现代中国画作品。作者秦仲文(1896—
1974)，画家、美术家。原名秦裕荣，号仲文，后
又以秦裕为笔名，别署梁子河村人，画室名群
峰扶翠之居。河北遵化县人。毕业于北京大学。
代表作品有《沙丰路上写生》《岷山遇雨》《岳阳
楼》《乌江天险》等。

J0021536
墨色山水　吴湖帆作
上海 朵云轩 1963 年［1 张］
　　现代中国画作品。

J0021537
墨竹　秦仲文作
石家庄 河北人民美术出版社 1963 年［1 张］
76cm（2 开）定价：CNY0.18
　　现代中国画作品。

J0021538
牡丹　诸乐三作
上海 朵云轩 1963 年［1 张］
　　现代中国画作品。

J0021539
牡丹　齐白石作
北京 人民美术出版社 1963 年［1 张］
39cm（8 开）定价：CNY0.60
　　现代中国画作品。

J0021540
牡丹和鸽子　于非闇作
北京 人民美术出版社 1963 年［1 张］
39cm（8 开）定价：CNY0.15
　　现代中国画作品。

J0021541
牡丹银雉　喻继高作
石家庄 河北人民美术出版社 1963 年
76cm（2 开）定价：CNY0.18
　　现代中国画作品。

J0021542
牛浴　徐悲鸿
北京 人民美术出版社 1963 年［1 张］
39cm（8 开）定价：CNY0.15
　　现代中国画作品。

J0021543
农村新景　（画册）关山月等绘
上海 上海人民美术出版社 1963 年 60 幅
21cm（32 开）统一书号：8081.5101
定价：CNY5.00
　　本书为中国现代中国画画册。

J0021544
潘岚花卉
北京 荣宝斋 1963 年［4 轴］
　　现代中国画作品。

J0021545
潘天寿画集　潘天寿绘
上海 上海人民美术出版社 1963 年 84 幅
38cm（6 开）精装 统一书号：T8081.4650
定价：CNY14.00
　　本书收有《石榴》《竹菊》《江山如此多娇》
等 84 幅图。作者潘天寿(1897—1971)，现代著
名国画家，美术教育家。字大颐，号寿者。浙江
宁海县人。擅画花鸟、山水，兼善指画，亦能书
法、诗词、篆刻。曾任中国文联委员、中国美术
家协会副主席、浙江省文联副主席、中国美协浙
江分会主席，浙江美术学院院长、教授等职。著
有《中国绘画史》《听天阁画谈随笔》等。

J0021546

潘天寿山水

上海　朵云轩　1963年　4张(套)

J0021547

齐白石大寿图 （卷轴）

上海　朵云轩　1963年［1张］

　　现代中国画作品。

J0021548

齐白石红牵牛 （卷轴）

上海　朵云轩　1963年［1张］

　　现代中国画作品。

J0021549

齐白石牵牛花 （卷轴）

上海　朵云轩　1963年［1张］

　　现代中国画作品。

J0021550

齐白石秋荷 （卷轴）

上海　朵云轩　1963年［1张］

　　现代中国画作品。

J0021551

齐白石作品集 （第一集　绘画）齐白石作；齐
白石作品集编辑委员会编辑

北京　人民美术出版社　1963年［198幅］有图

37cm(8开) 精装　统一书号：8027.2851

定价：CNY45.50

　　本书收入画家各时期作品198幅，王朝闻作
序。作者齐白石(1864—1957)，近现代中国绘画
大师，国画家、篆刻家。湖南湘潭人。原名纯芝，
字渭青，号兰亭，后改名璜，字濒生，号白石等。
历任国立北平艺术专科学校和京华美术专科学
校教习、教授，中央美术学院名誉教授、中国文
学艺术界联合会主席团委员、中国画研究会和中
国美术家协会主席、中国画院名誉院长。代表作
有《蛙声十里出山泉》《墨虾》等。著有《白石诗
草》《齐白石作品集》《白石老人自述》等。

J0021552

齐白石作品集 （第二集　印谱　书法）齐白石
作；齐白石作品集编辑委员会编辑

北京　人民美术出版社　1963年　37cm(8开) 精装

统一书号：8027.3867　定价：CNY21.00

　　本书共收录篆刻印章388方，书法(包括条幅、
楹联、扇面、题辞 等形式)43件，傅抱石作序。

J0021553

牵牛花　齐白石作

北京　人民美术出版社　1963年［1张］

39cm(8开) 定价：CNY0.15

　　现代中国画作品。

J0021554

钱松嵒作品选集　钱松嵒绘；中国美术家协
会，人民美术出版社编

北京　人民美术出版社　1963年　1册(20幅)

35cm(15开) 精装　统一书号：8027.4143

定价：CNY6.00

　　本书是由作者的当代山水画代表作编绘而
成，共20幅图。作者钱松嵒(1899—1985)，画家。
江苏宜兴人。曾任江苏省国画院院长、名誉院长，
江苏省美术家协会主席，中国美术家协会常务理
事等。画作有《红岩》《延安颂》《芙蓉湖上》《山
岳颂》等。代表作品有《梅园新村》《延安颂》《红
岩》《井冈大瀑布》等。著作《砚边点滴》。出版
物《钱松嵒画集》等。

J0021555

浅予画舞　叶浅予绘

天津　河北人民美术出版社　1963年　16幅

39cm(4开) 活页　统一书号：T8087.2128

定价：CNY3.00

　　本书选入作者中国画舞蹈人物作品16幅，
包括《孔雀》《延边泽畔》《在内蒙古草原上》等。
作者叶浅予(1907—1995)，教授、画家。浙江桐
庐人。历任中国美协副主席、中国画研究院副院
长、中央美院教授。曾为茅盾小说《子夜》、老舍
剧本《茶馆》等书插图。作品有长篇漫画《王先生》
《小陈留京外史》《天堂记》等。著有《画馀记画》
《十年恶梦录》等。

J0021556

茄子蚱蜢　来楚生作

上海　朵云轩　1963年［1张］

　　现代中国画作品。

J0021557
秦仲文作品选集　秦仲文绘；中国美术家协
会，人民美术出版社编
北京　人民美术出版社　1963 年［40］页
25cm（16 开）精装　统一书号：8027.3933
定价：CNY6.00
　　作者秦仲文（1896—1974），画家、美术家。
原名秦裕荣，号仲文，后又以秦裕为笔名，别署
梁子河村人，画室名群峰扶翠之居。河北遵化县
人。毕业于北京大学。代表作品有《沙丰路上写
生》《岷山遇雨》《岳阳楼》《乌江天险》等。

J0021558
青山烈火　（蒙、汉文对照）高授予作
呼和浩特　内蒙古人民出版社　1963 年
39cm（8 开）定价：CNY0.09
　　现代中国画作品。

J0021559
青衣江览　秦仲文作
石家庄　河北人民美术出版社　1963 年［1 张］
39cm（8 开）定价：CNY0.10
　　现代中国画作品。

J0021560
晴晨　潘天寿作
杭州　浙江人民美术出版社　1963 年［1 张］
39cm（8 开）定价：CNY0.25
　　现代中国画作品。作者潘天寿（1897—
1971），现代著名国画家，美术教育家。字大颐，
号寿者。浙江宁海县人。擅画花鸟、山水，兼善
指画，亦能书法、诗词、篆刻。曾任中国文联委
员、中国美术家协会副主席、浙江省文联副主
席、中国美协浙江分会主席，浙江美术学院院
长、教授等职。著有《中国绘画史》《听天阁画谈
随笔》等。

J0021561
秋江夕照　秦仲文作
石家庄　河北人民美术出版社　1963 年［1 张］
39cm（9 开）定价：CNY0.10
　　现代中国画作品。

J0021562
秋葵纺织娘　张大壮作

上海　朵云轩　1963 年［1 张］
　　现代中国画作品。

J0021563
秋葵花　来楚生作
上海　朵云轩　1963 年［1 张］
　　现代中国画作品。

J0021564
秋鹭　林风眠作
北京　人民美术出版社　1963 年［1 张］
39cm（8 开）定价：CNY0.60
　　现代中国画作品。

J0021565
秋容晓露　吴弗之作
沈阳　辽宁美术出版社　1963 年　39cm（8 开）
定价：CNY0.08
　　现代中国画作品。

J0021566
群狮　徐悲鸿作
北京　人民美术出版社　1963 年［1 张］
39cm（8 开）定价：CNY0.15
　　现代中国画作品。

J0021567
山村暮霭　关松房作
石家庄　河北人民美术出版社　1963 年
39cm（8 开）定价：CNY0.10
　　现代中国画作品。

J0021568
山雨欲来　樊少云作
上海　朵云轩　1963 年［1 张］
　　现代中国画作品。

J0021569
杉林栾鹿　赵望云作
西安　长安美术出版社　1963 年　54cm（4 开）
定价：CNY0.60
　　现代中国画作品。

J0021570
扇面集锦

天津 天津美术出版社 1963 年 12 幅（1 套）
39cm（4 开）活页 统一书号：8073.2535
定价：CNY3.90

J0021571
十发小品
上海 上海人民美术出版社 1963 年 10 张（套）
19cm（32 开）定价：CNY0.80
　　本作品系现代中国画。

J0021572
蜀宫乐伎　赵蕴玉作
成都 四川人民出版社 1963 年 78cm（2 开）
定价：CNY0.25
　　现代中国画作品。

J0021573
水仙　屺瞻作
上海 朵云轩 1963 年［1 张］
　　现代中国画作品。

J0021574
松鹤图　喻继高作
石家庄 河北人民美术出版社 1963 年
76cm（2 开）定价：CNY0.25
　　现代中国画作品。

J0021575
孙雪泥梅花
上海 朵云轩 1963 年 4 张（套）
　　本作品系现代中国画。

J0021576
桃　齐白石作
北京 人民美术出版社 1963 年［1 张］
39cm（8 开）定价：CNY0.15
　　现代中国画作品。

J0021577
藤花蜜蜂　诸乐三作
沈阳 辽宁美术出版社 1963 年［1 张］
39cm（8 开）定价：CNY0.08
　　现代中国画作品。

J0021578
天竹腊梅　王个簃作
上海 朵云轩 1963 年［1 张］
　　现代中国画作品。

J0021579
铁锚兰　徐悲鸿作
北京 人民美术出版社 1963 年［1 张］
39cm（8 开）定价：CNY0.15
　　现代中国画作品。

J0021580
桐庐花卉　吴茀之作
杭州 浙江人民美术出版社 1963 年
39cm（8 开）定价：CNY0.25
　　现代中国画作品。

J0021581
万紫千红总是春图　贺天健作
上海 上海人民美术出版社 1963 年［1 张］
39cm（8 开）定价：CNY0.40
　　现代中国画作品。

J0021582
吴镜汀作品选集　吴镜汀作；中国美术家协
会，人民美术出版社编
北京 人民美术出版社 1963 年 20 幅
34cm（15 开）精装 统一书号：8027.3939
定价：CNY6.00
　　本作品系现代中国画选集。

J0021583
西安道上　关松房作
石家庄 河北人民美术出版社 1963 年
39cm（8 开）定价：CNY0.10
　　现代中国画作品。

J0021584
夏仲昭坡石幽篁
北京 荣宝斋 1963 年［1 轴］
　　现代中国画作品。

J0021585
现代国画　（第 5 集）
北京 荣宝斋 1963 年 10 张（套）

J0021586
小篱图 潘天寿作
北京 荣宝斋 1963 年［1 张］39cm（8 开）
　　现代中国山水画作品，皮纸水印。作者潘天寿（1897—1971），现代著名国画家，美术教育家。字大颐，号寿者。浙江宁海县人。擅画花鸟、山水，兼善指画，亦能书法、诗词、篆刻。曾任中国文联委员、中国美术家协会副主席、浙江省文联副主席、中国美协浙江分会主席，浙江美术学院院长、教授等职。著有《中国绘画史》《听天阁画谈随笔》等。

J0021587
新芽 邹宗绪作
石家庄 河北人民美术出版社 1963 年
76cm（2 开）定价：CNY0.18
　　现代中国画作品。作者邹宗绪（1933—2010），又名阿工，河南开封人。毕业于中央美术学院绘画系。历任陕西人民美术出版社编辑、编辑部主任、副总编、编审。陕西省美协副主席，陕西国画院特聘画师、西安美术学院研究院研究员。作品有《喜报丰年》，出版有《中国历代雕塑·秦俑群》《千年古都西安》《洛川民间美术》等。

J0021588
徐悲鸿白马 （卷轴）
上海 朵云轩 1963 年［1 张］
　　现代中国画作品。

J0021589
徐悲鸿彩墨画 （美术画片）徐悲鸿画
北京 人民美术出版社 1963 年 2 版 10 张（套）
15cm（40 开）定价：CNY0.50

J0021590
徐悲鸿小品
上海 朵云轩 1963 年 8 张（套）
　　现代中国画作品。

J0021591
玄中寺 秦仲文作
石家庄 河北人民美术出版社 1963 年［1 张］
76cm（2 开）定价：CNY0.18
　　现代中国画作品。作者秦仲文（1896—

1974），画家、美术家。原名秦裕荣，号仲文，后又以秦裕为笔名，别署梁子河村人，画室名群峰扶翠之居。河北遵化县人。毕业于北京大学。代表作品有《沙丰路上写生》《岷山遇雨》《岳阳楼》《乌江天险》等。

J0021592
雪夜送饭 杨之光作
北京 人民美术出版社 1963 年［1 张］
39cm（8 开）定价：CNY0.15
　　现代中国画作品。

J0021593
亚明作品选集 亚明绘；中国美术家协会，人民美术出版社编
北京 人民美术出版社 1963 年 1 册 26cm（16 开）
精装 统一书号：8027.3976 定价：CNY6.00
　　现代中国画作品选集。

J0021594
严濑流江滩 贺天健作
上海 朵云轩 1963 年［1 张］
　　现代中国画作品。

J0021595
演乐图 （汉、藏文对照版）赵蕴玉作
北京 人民美术出版社 1963 年 1 张
76cm（2 开）定价：CNY0.25
　　中国现代年画作品。

J0021596
演乐图 （汉、朝文对照版）赵蕴玉作
北京 人民美术出版社 1963 年 1 张
76cm（2 开）定价：CNY0.25
　　中国现代年画作品。

J0021597
演乐图 （汉、德傣、西双版纳傣、景颇、拉祜文对照版）赵蕴玉作
北京 人民美术出版社 1963 年 1 张
76cm（2 开）定价：CNY0.25
　　中国现代年画作品。

J0021598
演乐图 （汉、傈僳文对照版）赵蕴玉作

北京 人民美术出版社 1963 年 1 张
76cm（2 开）定价：CNY0.25
　中国现代年画作品。

J0021599
演乐图 （汉、蒙文对照版）赵蕴玉作
北京 人民美术出版社 1963 年 1 张
76cm（2 开）定价：CNY0.25
　中国现代年画作品。

J0021600
演乐图 （汉、僮文对照版）赵蕴玉作
北京 人民美术出版社 1963 年 1 张
76cm（2 开）定价：CNY0.25
　中国现代年画作品。

J0021601
演乐图 （汉、佤文对照版）赵蕴玉作
北京 人民美术出版社 1963 年 1 张
76cm（2 开）定价：CNY0.25
　中国现代年画作品。

J0021602
演乐图 （汉、维、哈文对照版）赵蕴玉作
北京 人民美术出版社 1963 年 1 张
76cm（2 开）定价：CNY0.25
　中国现代年画作品。

J0021603
扬州瘦西湖 孙雪泥作
上海 上海人民美术出版社 1963 年［1 张］
39cm（8 开）定价：CNY0.25
　现代中国画作品。

J0021604
叶浅予作品选集 叶浅予绘；中国美术家协
会，人民美术出版社编
北京 人民美术出版社 1963 年 20 幅 35cm（8 开）
精装 统一书号：8027.3974 定价：CNY6.00

J0021605
一天花雨万家红 张星阶作
南京 江苏人民出版社 1963 年 39cm（8 开）
定价：CNY0.07
　现代中国画作品。

J0021606
移山填谷 李硕卿作
北京 人民美术出版社 1963 年［1 张］
39cm（8 开）定价：CNY0.15
　现代中国画作品。

J0021607
鹦鹉 王雪涛作
石家庄 河北人民美术出版社 1963 年
76cm（2 开）定价：CNY0.18
　现代中国画作品。

J0021608
鹰图 宋人作
北京 人民美术出版社 1963 年［1 张］
54cm（4 开）定价：CNY0.60
　现代中国画作品。

J0021609
渔船 贺天健作
上海 朵云轩 1963 年［1 张］
　现代中国画作品。

J0021610
虞美人 陆抑非作
杭州 浙江人民美术出版社 1963 年
39cm（8 开）定价：CNY0.25
　现代中国画作品。

J0021611
玉兰 郑集宾作
上海 朵云轩 1963 年［1 张］
　现代中国画作品。

J0021612
芋头与白菜 诸乐三作
杭州 浙江人民美术出版社 1963 年［1 张］
39cm（8 开）定价：CNY0.25
　现代中国画作品。

J0021613
岳云 （1-4）任率英绘；白宇编
北京 人民美术出版社 1963 年 4 张
54cm（4 开）定价：CNY0.36
　本作品为年画形式的中国现代国画作品。

作者任率英（1911—1989），画家。原名敬表，河北束鹿人。擅长工笔画、连环画、年画。历任中国美术家协会会员、中国连环画研究会顾问、北京东方书画研究社社长、北京工笔重彩画协会副会长、北京中国画研究会理事、北京工业大学书画协会顾问。代表作品《嫦娥奔月》《洛神图》《梁红玉击鼓战金山》等。编者白宇（1952—　），画家。河南安阳人。安阳师专艺术系毕业。鹤壁市青年美术家协会副主席、鹤壁黄河书画院院长、河南省美术家协会会员。主要作品有《高山有情》《轻音图》等。

J0021614
云涌玉屏峰　魏紫熙作
石家庄　河北人民美术出版社 1963 年
39cm（8 开）定价：CNY0.10
　　现代中国画作品。

J0021615
郑成功收复台湾　（1–4）程十发作
石家庄　河北人民美术出版社 1963 年　4 张
54cm（4 开）定价：CNY0.36
　　本作品为年画形式的中国现代国画作品。作者程十发（1921—2007），画家。出生于上海金山，毕业于上海美术专科学校国画系。代表作品有《丽人行》《迎春图》《列宁的故事》《孔乙己》等。出版有《程十发近作选》《程十发花鸟习作选》《程十发作品展》。

J0021616
主席走遍全国　（汉、藏文对照版）李琦作
北京　人民美术出版社 1963 年［1 张］
76cm（2 开）定价：CNY0.25
　　现代中国画作品。

J0021617
主席走遍全国　（汉、朝文对照版）李琦作
北京　人民美术出版社 1963 年［1 张］
76cm（2 开）定价：CNY0.25
　　现代中国画作品。

J0021618
主席走遍全国　（汉、德傣、西双版纳傣、景颇、拉祜文对照版）李琦作
北京　人民美术出版社 1963 年［1 张］

76cm（2 开）定价：CNY0.25
　　现代中国画作品。

J0021619
主席走遍全国　（汉、傈僳文对照版）李琦作
北京　人民美术出版社 1963 年［1 张］
76cm（2 开）定价：CNY0.25
　　现代中国画作品。

J0021620
主席走遍全国　（汉、蒙文对照版）李琦作
北京　人民美术出版社 1963 年［1 张］
76cm（2 开）定价：CNY0.25
　　现代中国画作品。

J0021621
主席走遍全国　（汉、僮文对照版）李琦作
北京　人民美术出版社 1963 年［1 张］
76cm（2 开）定价：CNY0.25
　　现代中国画作品。

J0021622
主席走遍全国　（汉、佤文对照版）李琦作
北京　人民美术出版社 1963 年［1 张］
76cm（2 开）定价：CNY0.25
　　现代中国画作品。

J0021623
主席走遍全国　（汉、维、哈文对照版）李琦作
北京　人民美术出版社 1963 年［1 张］
76cm（2 开）定价：CNY0.25
　　现代中国画作品。

J0021624
紫藤鲤鱼　唐原道作
南京　江苏人民出版社 1963 年　39cm（8 开）
定价：CNY0.07
　　现代中国画作品。

J0021625
安装　林雪岩，林令作
上海　上海人民美术出版社 1964 年［1 张］
19cm（小 32 开）定价：CNY0.08
　　现代中国画作品。

J0021626

保俶塔 傅抱石作

［杭州］浙江人民美术出版社 1964 年［1 张］
38cm（6 开）定价：CNY0.15

　　现代中国画作品。

J0021627

贝叶蚱蜢 齐白石作

天津 天津荣宝斋 1964 年［1 张］

　　作者齐白石（1864—1957），近现代中国绘画大师，国画家、篆刻家。湖南湘潭人。原名纯芝，字渭青，号兰亭，后改名璜，字濒生，号白石等。历任国立北平艺术专科学校和京华美术专科学校教习、教授，中央美术学院名誉教授、中国文学艺术界联合会主席团委员、中国画研究会和中国美术家协会主席、中国画院名誉院长。代表作有《蛙声十里出山泉》《墨虾》等。著有《白石诗草》《齐白石作品集》《白石老人自述》等。

J0021628

不爱红装爱武装 赵信芳绘；贾世海刻

［石家庄］河北人民美术出版社 1964 年［1 张］
76cm（2 开）定价：CNY0.10

　　本作品为年画形式的中国现代国画作品。作者赵信芳（1927—　　），一级美术师。号半须，生于河北安新，就读于河北艺校美术班。历任河北画院一级美术师、河北省群艺馆副馆长、河北省美术工作室副主任。作品有《雁翎队》《赵半须扇画选》等。

J0021629

晨妆 林风眠作

［上海］朵云轩 1964 年［1 张］

　　现代中国画作品。

J0021630

城隍山 傅抱石作

［杭州］浙江人民美术出版社 1964 年［1 张］
38cm（6 开）定价：CNY0.15

　　现代中国画作品。作者傅抱石（1904—1965），画家。原名长生、瑞麟，号抱石斋主人。生于江西南昌，祖籍江西新余，早年留学日本。历任南京师范学院教授、江苏国画院院长等职。代表作品有《山阴道上》《钟馗》《屈原》《江山如此多娇》，著有《中国古代绘画之研究》《中国绘

画变迁史纲》等。

J0021631

大连老虎滩 傅抱石作

［沈阳］辽宁美术出版社 1964 年［1 张］
53cm（4 开）定价：CNY0.14

　　现代中国画作品。

J0021632

大熊猫图 （卷轴）吴作人绘

［北京］荣宝斋 1964 年［1 张］

　　现代中国画作品。

J0021633

大学之年　大比之年 王兴邦绘；李万章刻

［石家庄］河北人民美术出版社 1964 年 2 张
53cm（4 开）定价：CNY0.10

　　本作品为年画形式的中国现代国画作品。

J0021634

丹霞海螺峰 黎葛民作

上海 上海人民美术出版社 1964 年［1 张］
19cm（小 32 开）定价：CNY0.08

　　现代中国画作品。

J0021635

东风吹得满园春 孔小瑜作

［合肥］安徽人民出版社 1964 年［1 张］
76cm（2 开）定价：CNY0.15

　　现代中国画作品。

J0021636

东山帆影 宋文治作

上海 上海人民美术出版社 1964 年［1 张］
38cm（8 开）定价：CNY0.15

　　现代中国画作品。

J0021637

冬笋白菜 贺天健作

［上海］朵云轩 1964 年［1 张］

　　现代中国画作品。

J0021638

翻身姐妹 崔振国作

北京 人民美术出版社 1964 年［1 张］

53cm（4 开）定价：CNY0.30
　　现代中国画作品。

J0021639
风雨鸡鸣　徐悲鸿作
北京　人民美术出版社 1964 年 ［1 张］
76cm（2 开）定价：CNY0.15
　　现代中国画作品。

J0021640
福禄鸳鸯　（卷轴）齐白石作
天津　天津荣宝斋 1964 年 ［1 张］
　　现代中国画作品。

J0021641
傅抱石东北写生画选　傅抱石作
南京　江苏人民出版社 1964 年 37cm（8 开）
精装　统一书号：8100.956 定价：CNY5.00

J0021642
傅抱石关山月东北写生画选　傅抱石，关山
月作
沈阳　辽宁美术出版社 1964 年 37cm（8 开）精装
统一书号：T8117.723 定价：CNY12.00

J0021643
富春江　傅抱石作
［杭州］浙江人民美术出版社 1964 年 ［1 张］
38cm（6 开）定价：CNY0.15
　　现代中国画作品。

J0021644
古松　贺天健作
［上海］朵云轩 1964 年 ［1 张］
　　现代中国画作品。

J0021645
关山月作品选集　关山月作；中国美术家协
会广东分会编
广州　岭南美术出版社 1964 年 26cm（16 开）精装
统一书号：8111.581 定价：CNY6.00
　　本书系现代中国画画册。

J0021646
归牧图　（卷轴）可染作

［北京］荣宝斋 1964 年 ［1 张］
　　现代中国画作品，主要描绘晚霞初上，牧童
骑于牛背，悠然回归的景象。作者李可染，中国
现代国画家，善山水、尤精水牛。

J0021647
国画小辑
［沈阳］辽宁美术出版社 1964 年 10 张（套）
19cm（小 32 开）定价：CNY0.30

J0021648
国画作品选集　中国美术家协会山东分会编
济南　山东人民出版社 1964 年 32 幅
39cm（4 开）活页精装 统一书号：8099.495
定价：CNY20.00
　　本书精选京、沪、宁国画家与山东国画家在
青岛创作的优秀作品 100 幅。

J0021649
果硕禽鸣　张其翼作
［沈阳］辽宁美术出版社 1964 年 ［1 张］
76cm（2 开）定价：CNY0.15
　　现代中国画作品。

J0021650
荷塘过雨　谢稚柳作
上海　上海人民美术出版社 1964 年 ［1 张］
38cm（6 开）定价：CNY0.20
　　现代中国画作品。

J0021651
荷乡清暑图　（卷轴）齐白石作
［上海］朵云轩 1964 年 ［1 张］76cm（2 开）
　　现代中国画作品。

J0021652
红岩　宋文治作
［沈阳］辽宁美术出版社 1964 年 ［1 张］
76cm（2 开）定价：CNY0.30
　　现代中国画作品。

J0021653
红岩　（卷轴）钱松嵒作
［北京］荣宝斋 1964 年 ［1 张］
　　现代中国画作品。作者钱松嵒（1899—

1985），画家。江苏宜兴人。曾任江苏省国画院院长、名誉院长，江苏省美术家协会主席、中国美术家协会常务理事等。画作有《红岩》《延安颂》《芙蓉湖上》《山岳颂》等。代表作品有《梅园新村》《延安颂》《红岩》《井冈大瀑布》等。著作《砚边点滴》。出版物《钱松喦画集》等。

J0021654
红叶秋蝉　齐白石作
天津　天津荣宝斋　1964年［1张］
　　现代中国画作品，有卷轴和镜片两种出版形式。

J0021655
虎跑　傅抱石作
［杭州］浙江人民美术出版社　1964年［1张］
38cm（6开）定价：CNY0.15
　　现代中国画作品。

J0021656
荒山开垦　朱瞻作
北京　人民美术出版社　1964年［1张］
53cm（4开）定价：CNY0.30
　　现代中国画作品。

J0021657
家有初雪　陈天然作
［武汉］湖北人民出版社　1964年［1张］
38cm（6开）定价：CNY0.25
　　现代中国画作品。作者陈天然（1926—2018），书画家、版画家、诗人。河南巩义人。历任中国美术家协会、中国书法家协会常务理事，河南省书画院院长。代表作品有《牛群》《套耙》《山地冬播》等。

J0021658
假日　单柏钦，刘昌潮作
上海　上海人民美术出版社　1964年［1张］
19cm（小32开）定价：CNY0.08
　　现代中国画作品。

J0021659
建明湖　田辛甫作
［石家庄］河北人民美术出版社　1964年［1张］
76cm（2开）定价：CNY0.15

　　现代中国画作品。

J0021660
江南春　宋文治作
北京　人民美术出版社　1964年［1张］
76cm（2开）定价：CNY0.15
　　现代中国画作品。

J0021661
镜泊飞泉　傅抱石作
［沈阳］辽宁美术出版社　1964年［1张］
53cm（4开）定价：CNY0.14
　　现代中国画作品。作者傅抱石（1904—1965），画家。原名长生、瑞麟，号抱石斋主人。生于江西南昌，祖籍江西新余，早年留学日本。历任南京师范学院教授、江苏国画院院长等职。代表作品有《山阴道上》《钟馗》《屈原》《江山如此多娇》，著有《中国古代绘画之研究》《中国绘画变迁史纲》等。

J0021662
九溪　傅抱石作
［杭州］浙江人民美术出版社　1964年［1张］
38cm（6开）定价：CNY0.15
　　现代中国画作品。

J0021663
孔雀　朱文侯作
上海　上海人民美术出版社　1964年［1张］38cm（6开）定价：CNY0.15
　　现代中国画作品。

J0021664
孔雀　刘奎龄作
天津　天津美术出版社　1964年［1张］
107cm（全开）定价：CNY1.50
　　现代中国画作品。

J0021665
孔雀　刘奎龄作
天津　天津美术出版社　1964年［1张］
53cm（4开）定价：CNY0.4
　　现代中国画作品。

J0021666
腊梅彩蝶　齐白石作
天津　天津荣宝斋 1964 年［1 张］
　　现代中国画作品，此画出版有卷轴和镜片两种形式。作者齐白石（1864—1957），近现代中国绘画大师，国画家、篆刻家。湖南湘潭人。原名纯芝，字渭青，号兰亭，后改名璜，字濒生，号白石等。历任国立北平艺术专科学校和京华美术专科学校教习、教授，中央美术学院名誉教授、中国文学艺术界联合会主席团委员、中国画研究会和中国美术家协会主席、中国画院名誉院长。代表作有《蛙声十里出山泉》《墨虾》等。著有《白石诗草》《齐白石作品集》《白石老人自述》等。

J0021667
兰花天牛　齐白石作
天津　天津荣宝斋 1964 年［1 张］
　　现代中国画作品，有卷轴和镜片两种出版形式。

J0021668
老饲养员的喜悦　申申作
［沈阳］辽宁美术出版社 1964 年［1 张］
38cm（6 开）定价：CNY0.08
　　现代中国画作品。

J0021669
漓江春雨　（缩本 卷轴）徐悲鸿作
［北京］荣宝斋 1964 年［1 张］
　　现代中国画作品。

J0021670
黎雄才旅桂写生画选集　黎雄才作
南宁　广西壮族自治区人民出版社 1964 年
1 册（16 幅）26×37cm（8 开）活页
统一书号：8113.186 定价：CNY3.50
　　本书系现代中国画画册。作者黎雄才（1910—2001），国画家、美术教育家。广东肇庆人，毕业于广州烈风美术学校，曾留日习画。历任广州美术学院副院长兼国画系主任、教授、中国美术家协会理事、广州美术学院教授、岭南画派纪念馆馆长。代表作品有《武汉防汛图卷》等，出版有《黎雄才山水画谱》《黎雄才画选》《黎雄才作品欣赏》等画集。

J0021671
荔枝　（中、英、法文对照版）齐白石作
北京　人民美术出版社 1964 年［1 张］38cm（6 开）
　　现代中国画作品。

J0021672
荔枝蜜蜂　（卷轴）齐白石作
天津　天津荣宝斋 1964 年［1 张］
　　现代中国画作品。

J0021673
莲花峰　贺天健作
［上海］朵云轩 1964 年［1 张］
　　现代中国画作品。

J0021674
龙井初春　傅抱石作
［杭州］浙江人民美术出版社 1964 年［1 张］
38cm（6 开）定价：CNY0.15
　　现代中国画作品。

J0021675
龙井道上　傅抱石作
［杭州］浙江人民美术出版社 1964 年［1 张］
38cm（6 开）定价：CNY0.15
　　现代中国画作品。

J0021676
芦林晓云　杨石朗作
［南昌］江西人民出版社 1964 年［1 张］
53cm（4 开）定价：CNY0.10
　　现代中国画作品。作者杨石朗（1915—2000），画家、摄影记者。浙江海宁人。曾任职于江西省工艺美术研究所，江西书画院顾问、中国美术家协会会员。作品有《井冈山》《匡庐奇秀》《三峡奇观》等。出版有《杨石朗画集》。

J0021677
觅刍　（徐悲鸿画马）
［上海］朵云轩 1964 年［1 张］
　　现代中国画作品，有卷轴和镜片两种出版形式。

J0021678
墨荷　（卷轴）鲁赤水作

［上海］朵云轩 1964 年［1 张］
　　现代中国画作品。

J0021679
牡丹鸽子 （中、英、法文对照版）于非闇作
北京 人民美术出版社 1964 年［1 张］
38cm（6 开）
　　现代中国画作品。

J0021680
南湖晓霁 钱松嵒作
北京 人民美术出版社 1964 年［1 张］
76cm（2 开）定价：CNY0.15
　　现代中国画作品。作者钱松嵒（1899—
1985），画家。江苏宜兴人。曾任江苏省国画院
院长、名誉院长，江苏省美术家协会主席、中国
美术家协会常务理事等。画作有《红岩》《延安
颂》《芙蓉湖上》《山岳颂》等。代表作品有《梅
园新村》《延安颂》《红岩》《井冈大瀑布》等。著
作《砚边点滴》。出版物《钱松嵒画集》等。

J0021681
起步 （徐悲鸿画马）
［上海］朵云轩 1964 年［1 张］
　　现代中国画作品，有卷轴和镜片两种出版
形式。

J0021682
千里驹 （徐悲鸿画马）
［上海］朵云轩 1964 年［1 张］
　　现代中国画作品，此画出版有卷轴和镜片两
种形式。

J0021683
千山竞秀 傅抱石作
［沈阳］辽宁美术出版社 1964 年［1 张］
53cm（4 开）定价：CNY0.14
　　现代中国画作品。

J0021684
牵牛粉蝶 齐白石作
天津 天津荣宝斋 1964 年［1 张］
　　现代中国画作品，有卷轴和镜片两种出版
形式。

J0021685
钱塘江 傅抱石作
［杭州］浙江人民美术出版社 1964 年［1 张］
38cm（6 开）定价：CNY0.15
　　现代中国画作品。

J0021686
秦岭新城 钱松嵒作
北京 人民美术出版社 1964 年［1 张］
76cm（2 开）定价：CNY0.15
　　现代中国画作品。作者钱松嵒（1899—
1985），画家。江苏宜兴人。曾任江苏省国画院
院长、名誉院长，江苏省美术家协会主席、中国
美术家协会常务理事等。画作有《红岩》《延安
颂》《芙蓉湖上》《山岳颂》等。代表作品有《梅
园新村》《延安颂》《红岩》《井冈大瀑布》等。著
作《砚边点滴》。出版物《钱松嵒画集》等。

J0021687
青虾 （卷轴）齐白石作
天津 天津荣宝斋 1964 年［1 张］
　　现代中国画作品。

J0021688
清漓渔歌 （可染画桂林山水 卷轴）
［北京］荣宝斋 1964 年［1 张］
　　现代中国画作品。

J0021689
群马 （徐悲鸿画马）
［上海］朵云轩 1964 年［1 张］

J0021690
山居消夏图 （卷轴）黄宾虹作
［上海］朵云轩 1964 年［1 张］
　　现代中国画作品。

J0021691
山水 王霞宙作
［武汉］湖北人民出版社 1964 年［1 张］
38cm（6 开）定价：CNY0.25
　　现代中国画作品。

J0021692
陕北江南 钱松嵒作

北京 人民美术出版社 1964 年［1 张］
76cm（2 开）定价：CNY0.15

　　现代中国画作品。作者钱松嵒（1899—
1985），画家。江苏宜兴人。曾任江苏省国画院
院长、名誉院长、江苏省美术家协会主席、中国
美术家协会常务理事等。画作有《红岩》《延安
颂》《芙蓉湖上》《山岳颂》等。代表作品有《梅
园新村》《延安颂》《红岩》《井冈大瀑布》等。著
作《砚边点滴》。出版物《钱松嵒画集》等。

J0021693

绍兴东湖　傅抱石作

［杭州］浙江人民美术出版社 1964 年［1 张］
38cm（6 开）定价：CNY0.15

　　现代中国画作品。

J0021694

石林幽奇　潘絜兹作

［昆明］云南人民出版社 1964 年［1 张］
85cm（1 开）定价：CNY0.16

　　现代中国画作品。

J0021695

石鲁作品选集　石鲁作；中国美术家协会，人
民美术出版社编

北京 人民美术出版社 1964 年 50 页
26cm（16 开）精装 统一书号：8027.3903
定价：CNY6.00

　　作者石鲁（1919—1982），画家。原名冯亚
珩，四川仁寿人，就读于成都东方美专和陕北公
学院。曾任中国美术家协会常务理事、陕西省美
术家协会主席、陕西省书法家协会主席、陕西省
国画院名誉院长、中国画研究院院委等职。著有
《石鲁学画录》，电影剧本《暴风中的雄鹰》等。

J0021696

双虎　朱文侯作

上海 上海人民美术出版社 1964 年［1 张］
38cm（6 开）定价：CNY0.15

　　现代中国画作品。

J0021697

嘶马立幅　（卷轴）徐悲鸿作

天津 天津荣宝斋 1964 年［1 张］

　　现代中国画作品。

J0021698

宋文治山水小辑

上海 上海人民美术出版社 1964 年 8 张（套）
19cm（小 32 开）定价：CNY0.64

　　现代中国山水国画。作者宋文治（1919—
1999），画家。江苏太仓人。就读于江苏省国画院。
曾任南京大学教授、江苏美协副主席、江苏省国
画院副院长等职。代表作有《白云幽涧图》《蜀
江云起》《华岳积翠图》《水乡春暖》。著作有《宋
文治画集》《宋文治作品选集》等。

J0021699

天池瀑布　傅抱石作

［沈阳］辽宁美术出版社 1964 年［1 张］
53cm（4 开）定价：CNY0.14

　　现代中国画作品。作者傅抱石（1904—
1965），画家。原名长生、瑞麟，号抱石斋主人。
生于江西南昌，祖籍江西新余，早年留学日本。
历任南京师范学院教授、江苏国画院院长等职。
代表作品有《山阴道上》《钟馗》《屈原》《江山如
此多娇》，著有《中国古代绘画之研究》《中国绘
画变迁史纲》等。

J0021700

听得秋林铃铛声　周韶华作

［武汉］湖北人民出版社 1964 年［1 张］
38cm（6 开）定价：CNY0.25

　　现代中国画作品。

J0021701

桐庐　傅抱石作

［杭州］浙江人民美术出版社 1964 年［1 张］
38cm（6 开）定价：CNY0.15

　　现代中国画作品。

J0021702

沃地无垠　陈天然作

［武汉］湖北人民出版社 1964 年［1 张］
38cm（6 开）定价：CNY0.25

　　现代中国画作品。作者陈天然（1926—
2018），书画家、版画家、诗人。河南巩义人。历
任中国美术家协会、中国书法家协会常务理事，
河南省书画院院长。代表作品有《牛群》《套耙》
《山地冬播》等。

J0021703

夕照　武石作

［武汉］湖北人民出版社 1964 年 ［1 张］

38cm（6 开）定价：CNY0.25

　　现代中国画作品。

J0021704

西泠暮韵　傅抱石作

［杭州］浙江人民美术出版社 1964 年 ［1 张］

38cm（6 开）定价：CNY0.15

　　现代中国画作品。

J0021705

新安江印象　傅抱石作

［杭州］浙江人民美术出版社 1964 年 ［1 张］

38cm（6 开）定价：CNY0.15

　　现代中国画作品。

J0021706

新农村　徐寄萍，王柳影绘

［石家庄］河北人民美术出版社 1964 年 4 张

53cm（4 开）定价：CNY0.30

　　本作品为年画形式的中国现代国画作品。作者徐寄萍（1919—2005），上海人。曾任上海美术家协会会员、上海人民美术出版社特约年画作者等职。主要作品有《帮妈妈做事》《学雷锋做好事》《擦亮眼睛》等。

J0021707

旭日东升　应野平作

上海 上海人民美术出版社 1964 年 ［1 张］

76cm（2 开）

　　现代中国画作品。

J0021708

胭脂蝴蝶　齐白石作

天津 天津荣宝斋 1964 年 ［1 张］

　　现代中国画作品，此画出版有卷轴和镜片两种形式。作者齐白石（1864—1957），近现代中国绘画大师，国画家、篆刻家。湖南湘潭人。原名纯芝，字渭青，号兰亭，后改名璜，字濒生，号白石等。历任国立北平艺术专科学校和京华美术专科学校教习、教授，中央美术学院名誉教授、中国文学艺术界联合会主席团委员、中国画研究会和中国美术家协会主席、中国画院名誉院长。代表作有《蛙声十里出山泉》《墨虾》等。著有《白石诗草》《齐白石作品集》《白石老人自述》等。

J0021709

延安枣园　钱松嵒作

［沈阳］辽宁美术出版社 1964 年 ［1 张］

38cm（6 开）定价：CNY0.14

　　现代中国画作品。作者钱松嵒（1899—1985），画家。江苏宜兴人。曾任江苏省国画院院长、名誉院长，江苏省美术家协会主席、中国美术家协会常务理事等。画作有《红岩》《延安颂》《芙蓉湖上》《山岳颂》等。代表作品有《梅园新村》《延安颂》《红岩》《井冈大瀑布》等。著作《砚边点滴》。出版物《钱松嵒画集》等。

J0021710

雨后　武石作

［武汉］湖北人民出版社 1964 年 ［1 张］

38cm（6 开）定价：CNY0.25

　　现代中国画作品。

J0021711

玉兰花　贺天健作

［上海］朵云轩 1964 年 ［1 张］

　　现代中国画作品。

J0021712

支书与老农　刘文西作

北京 人民美术出版社 1964 年 ［1 张］

53cm（4 开）定价：CNY0.30

　　现代中国画作品。

J0021713

周霖作品选　周霖作

北京 人民美术出版社 1964 年 10 幅

19cm（32 开）统一书号：T8027.4249

定价：CNY0.80

　　现代中国画画册。作者周霖（1902—1977），纳西族，国画家、诗人。字慰苍，云南丽江人。画作《金沙水拍云崖暖》《玉龙金川》等。

J0021714

朱文侯画辑　朱嘉绘

上海 上海人民美术出版社 1964 年 15 幅

39cm（4 开）活页 统一书号：T8081.8876

定价: CNY2.70

　　　现代中国画画册。

J0021715

主席走遍全国 （汉、朝文对照版）李琦作
北京　人民美术出版社　1964 年 ［1 张］
76cm（2 开）定价: CNY0.20
　　　中国现代国画作品。

J0021716

主席走遍全国 （汉、傣纳、傣仂、景颇、拉
祜、傈僳、佤文对照版）李琦作
北京　人民美术出版社　1964 年 ［1 张］
76cm（2 开）定价: CNY0.20
　　　中国现代国画作品。

J0021717

主席走遍全国 （汉、蒙文对照版）李琦作
北京　人民美术出版社　1964 年 ［1 张］
76cm（2 开）定价: CNY0.20
　　　中国现代国画作品。

J0021718

主席走遍全国 （汉、僮文对照版）李琦作
北京　人民美术出版社　1964 年 ［1 张］
76cm（2 开）定价: CNY0.20
　　　中国现代国画作品。

J0021719

主席走遍全国 （汉、维、哈、锡伯文对照版）
李琦作
北京　人民美术出版社　1964 年 ［1 张］
76cm（2 开）定价: CNY0.20
　　　中国现代国画作品。

J0021720

主席走遍全国 （汉、臧文对照版）李琦作
北京　人民美术出版社　1964 年 ［1 张］
76cm（2 开）定价: CNY0.20
　　　中国现代国画作品。

J0021721

祖孙四代　刘文西作
北京　人民美术出版社　1964 年 ［1 张］
38cm（6 开）定价: CNY0.15

现代中国画作品。

J0021722

安全行车　万里奔驰　卢沉作
上海　上海人民美术出版社　1965 年
53cm（4 开）定价: CNY0.10
　　　现代中国画作品。

J0021723

白石老人画册　齐白石作
天津　天津美术出版社 ［1965 年］13 幅
39cm（4 开）活页装　定价: CNY2.00
　　　作者齐白石（1864—1957），近现代中国绘画
大师，国画家、篆刻家。湖南湘潭人。原名纯芝，
字渭青，号兰亭，后改名璜，字濒生，号白石等。
历任国立北平艺术专科学校和京华美术专科学
校教习、教授，中央美术学院名誉教授、中国文
学艺术界联合会主席团委员、中国画研究会和中
国美术家协会主席、中国画院名誉院长。代表作
有《蛙声十里出山泉》《墨虾》等。著有《白石诗
草》《齐白石作品集》《白石老人自述》等。

J0021724

宝钗扑蝶　刘旦宅作
［上海］朵云轩　1965 年 ［1 张］
　　　现代中国画作品。

J0021725

宝琴立雪　刘旦宅作
［上海］朵云轩　1965 年 ［1 张］
　　　现代中国画作品。

J0021726

常熟田　钱松嵒作
上海　上海人民美术出版社　1965 年
38cm（6 开）定价: CNY0.15
　　　现代中国画作品。作者钱松嵒（1899—
1985），画家。江苏宜兴人。曾任江苏省国画院
院长、名誉院长，江苏省美术家协会主席、中国
美术家协会常务理事等。画作有《红岩》《延安
颂》《芙蓉湖上》《山岳颂》等。代表作品有《梅
园新村》《延安颂》《红岩》《井冈大瀑布》等。著
作《砚边点滴》。出版物《钱松嵒画集》等。

J0021727

春雷初动　徐欣民作
北京　人民美术出版社　1965 年　53cm（4 开）
定价：CNY0.10
　　现代中国画作品。

J0021728

大学讲坛　张文瑞作
［沈阳］辽宁美术出版社　1965 年　［1 张］
76cm（2 开）定价：CNY0.15
　　现代中国画作品。

J0021729

大学讲坛　张文瑞作
北京　人民美术出版社　1965 年　38cm（6 开）
定价：CNY0.05
　　现代中国画作品。

J0021730

读好书　学好样　江风绘
上海　上海人民美术出版社　1965 年
76cm（2 开）定价：CNY0.15
　　本作品为年画形式的中国现代国画作品。

J0021731

朵朵葵花向太阳　（绫裱卷轴）唐云作
［上海］朵云轩　1965 年　1 轴
　　现代中国画作品。

J0021732

飞机运鱼苗　张大昕绘
上海　上海人民美术出版社　1965 年　［1 张］
76cm（2 开）定价：CNY0.15
　　本作品为年画形式的中国现代国画作品。

J0021733

风雪铁骑　张碧梧绘
上海　上海人民美术出版社　1965 年　［1 张］
53cm（4 开）定价：CNY0.08
　　本作品为年画形式的中国现代国画作品。
作者张宝元（1941—　），山东青岛人。毕业于山
东艺术专科学校。曾任山东美术家协会会员、潍
坊市美术家协会第一届副主席等职。主要作品
有《梅鹤图》《鸣春图》《群鹤飞鸣》等。

J0021734

芙蓉国里尽朝晖　（绫裱卷轴）傅抱石作
［上海］朵云轩　1965 年　1 轴
　　现代中国画作品。作者傅抱石（1904—
1965），画家。原名长生、瑞麟，号抱石斋主人。
生于江西南昌，祖籍江西新余，早年留学日本。
历任南京师范学院教授、江苏国画院院长等职。
代表作品有《山阴道上》《钟馗》《屈原》《江山如
此多娇》，著有《中国古代绘画之研究》《中国绘
画变迁史纲》等。

J0021735

国画作品选辑　张辛国等作
天津　天津美术出版社　1965 年　9 幅
20cm（32 开）统一书号：8073.70001
定价：CNY0.90
　　作者张辛国（1926—　），编辑。河北安平人，
就读于中央美术学院。历任河北美术出版社总
编辑、编审，中国美术家协会会员、河北美术家
协会顾问。出版有《怎样画鹿》《张辛国动物画
集》《百鹿图》等。

J0021736

红柿图　（绫裱卷轴）齐白石作
［上海］朵云轩　1965 年　1 轴
　　现代中国画作品。

J0021737

红霞　（绫裱卷轴）罗祺作
［上海］朵云轩　1965 年　1 轴
　　现代中国画作品。

J0021738

红霞　罗祺作
上海　上海人民美术出版社　1965 年
38cm（6 开）定价：CNY0.06
　　现代中国画作品。

J0021739

红装素裹　钱松嵒作
上海　上海人民美术出版社　1965 年
38cm（6 开）定价：CNY0.15
　　现代中国画作品。

J0021740
化工城　傅抱石等作
上海 上海人民美术出版社 1965 年
53cm（4 开）定价：CNY0.10
　　现代中国画作品。

J0021741
嘉陵新城　钱松喦作
［上海］朵云轩 1965 年 53cm（4 开）
　　现代中国画作品。

J0021742
嘉陵新城　（卷轴）钱松喦作
［上海］朵云轩 1965 年 1 轴
　　现代中国画作品。

J0021743
江村帆影　（绫裱卷轴）黄宾虹作
［北京］荣宝斋 1965 年 1 轴
　　现代中国画作品。

J0021744
江南春朝　（绫裱卷轴）宋文治作
［北京］荣宝斋 1965 年 1 轴
　　现代中国画作品。作者宋文治(1919—
1999），画家。江苏太仓人。就读于江苏省国画院。
曾任南京大学教授、江苏美协副主席、江苏省国
画院副院长等职。代表作有《白云幽涧图》《蜀
江云起》《华岳积翠图》《水乡春暖》。著作有《宋
文治画集》《宋文治作品选集》等。

J0021745
井冈山光荣敬老院　宋文治作
南昌 江西人民出版社 1965 年 38cm（6 开）
定价：CNY0.06
　　现代中国画作品。

J0021746
井冈山黄洋界哨口　傅抱石作
南昌 江西人民出版社 1965 年 38cm（6 开）
定价：CNY0.06
　　现代中国画作品。

J0021747
井冈山双马石哨口　张安治作

南昌 江西人民出版社 1965 年 38cm（6 开）
定价：CNY0.06
　　现代中国画作品。

J0021748
井冈山五马景色　张安治作
南昌 江西人民出版社 1965 年 38cm（6 开）
定价：CNY0.06
　　现代中国画作品。

J0021749
井冈山朱砂冲哨口　宋文治作
南昌 江西人民出版社 1965 年 38cm（6 开）
定价：CNY0.06
　　现代中国画作品。

J0021750
刘奎龄画集　刘奎龄作
天津 天津美术出版社［1965 年］彩色影印本
幅 53cm（4 开）

J0021751
刘奎龄作品选集　刘奎龄绘；中国美术家协
会天津分会，天津美术出版社编
天津 天津美术出版社 1965 年 1 册（20 幅）
30cm（10 开）精装 统一书号：8073.1857
定价：CNY6.00
　　现代中国画作品。

J0021752
刘子久作品选集　刘子久绘；中国美术家协
会天津分会，天津美术出版社编
天津 天津美术出版社 1965 年 1 册（20 幅）
30cm（10 开）精装 统一书号：8073.1860
定价：CNY6.00
　　现代中国画作品。

J0021753
庐山含鄱口　吴齐作
南昌 江西人民出版社 1965 年 38cm（6 开）
定价：CNY0.06
　　现代中国画作品。

J0021754
庐山五老峰　白雪石作

南昌 江西人民出版社 1965 年 38cm（6 开）
定价：CNY0.06

现代中国画作品。作者白雪石（1915—2011），画家，教授。北京市人，斋号何须斋。自幼习画，早年师从赵梦朱，后拜梁树年为师。执教于北京师范学院、北京艺术学院、中央工艺美院。兼北京山水画研究会会长。代表作品《万壑松风》《千峰竞秀》《早春图》《漓江一曲千峰秀》等。

J0021755
庐山小天池 燕鸣作
南昌 江西人民出版社 1965 年 38cm（6 开）
定价：CNY0.06

现代中国画作品。

J0021756
路遇 莫更原作
南宁 广西壮族自治区人民出版社 1965 年
38cm（6 开）定价：CNY0.20

现代中国画作品。

J0021757
毛主席词意 （韶山 绫裱卷轴）傅抱石作
［北京］荣宝斋 1965 年 1 轴

现代中国画作品。作者傅抱石（1904—1965），画家。原名长生、瑞麟，号抱石斋主人。生于江西南昌，祖籍江西新余，早年留学日本。历任南京师范学院教授、江苏国画院院长等职。代表作品有《山阴道上》《钟馗》《屈原》《江山如此多娇》，著有《中国古代绘画之研究》《中国绘画变迁史纲》等。

J0021758
农场新兵 王玉珏作
上海 上海人民美术出版社 1965 年
53cm（4 开）定价：CNY0.10

现代中国画作品。

J0021759
欧阳海舍身救列车 杨胜荣作
北京 人民美术出版社 1965 年 53cm（4 开）
定价：CNY0.10

现代中国画作品。

J0021760
欧阳海舍身救列车 杨胜荣作
上海 上海人民美术出版社 1965 年 38cm（6 开）
定价：CNY0.06

现代中国画作品。

J0021761
平原奔马 （绫裱卷轴）徐悲鸿作
［北京］荣宝斋 1965 年 1 轴

现代中国画作品。

J0021762
齐白石画集 齐白石作
天津 天津美术出版社 ［1965 年］25 幅
54cm（4 开）活页 定价：CNY7.80

作者齐白石（1864—1957），近现代中国绘画大师，国画家、篆刻家。湖南湘潭人。原名纯芝，字渭青，号兰亭，后改名璜，字濒生，号白石等。历任国立北平艺术专科学校和京华美术专科学校教习、教授，中央美术学院名誉教授、中国文学艺术界联合会主席团委员、中国画研究会和中国美术家协会主席、中国画院名誉院长。代表作有《蛙声十里出山泉》《墨虾》等。著有《白石诗草》《齐白石作品集》《白石老人自述》等。

J0021763
钱松嵒画辑 钱松嵒绘
上海 上海人民美术出版社 1965 年 1 册（12 幅）
39cm（4 开）统一书号：T8081.9173
定价：CNY2.20（活页）

现代中国画作品。作者钱松嵒（1899—1985），画家。江苏宜兴人。曾任江苏省国画院院长、名誉院长，江苏省美术家协会主席、中国美术家协会常务理事等。画作有《红岩》《延安颂》《芙蓉湖上》《山岳颂》等。代表作品有《梅园新村》《延安颂》《红岩》《井冈大瀑布》等。著作《砚边点滴》。出版物《钱松嵒画集》等。

J0021764
钱松嵒画辑
上海 上海人民美术出版社 1965 年 12 张（套）
38cm（6 开）定价：CNY2.20

J0021765
晴麓横云 黄宾虹作

[北京]荣宝斋 1965 年［1 张］
　　现代中国画作品。

J0021766
秋忙　（绫裱卷轴）陈立言作
[北京]荣宝斋 1965 年 1 轴
　　现代中国画作品。

J0021767
全民皆兵　保卫祖国　王德娟等作
上海 上海人民美术出版社 1965 年 12 张(套)
19cm(32 开) 定价：CNY0.60
(民兵美术作品小辑)
　　中国现代绘画作品。作者王德娟(1932—　)，
教授。江苏武进人，毕业于中央美术学院。中央
美术学院附中副教授、中国美术家协会会员。代
表作品有《毛主席和女民兵》《芬芳满人间》等。
出版有《王德娟油画选》《毕克官、王德娟油画、
素描、漫画集》《王德娟画集》。

J0021768
泉　韩樾作
北京 人民美术出版社 1965 年 53cm(4 开)
定价：CNY0.10
　　现代中国画作品。

J0021769
泉　韩樾作
上海 上海人民美术出版社 1965 年
38cm(6 开) 定价：CNY0.06
　　现代中国画作品。

J0021770
群山万壑一城新　钱松喦作
上海 上海人民美术出版社 1965 年
38cm(6 开) 定价：CNY0.15
　　现代中国画作品。

J0021771
人民战士爱人民　忻礼良绘
上海 上海人民美术出版社 1965 年［1 张］
76cm(2 开) 定价：CNY0.15
　　本作品为年画形式的中国现代国画作品。
作者忻礼良（1913—?），浙江鄞县人。擅长年
画。曾任上海画片出版社特约作者、上海人民美

术出版社创作人员等职。代表作品有《毛主席和
我们在一起》《姑嫂选笔》《拾到五分钱》等。

J0021772
瑞雪迎春　陈开民作
北京 人民美术出版社 1965 年 38cm(6 开)
定价：CNY0.05
　　现代中国画作品。

J0021773
山村医生　王玉珏作
沈阳 辽宁美术出版社 1965 年 53cm(4 开)
定价：CNY0.15
　　现代中国画作品。

J0021774
送电进山村　李广滨作
北京 人民美术出版社 1965 年 38cm(6 开)
定价：CNY0.05
　　现代中国画作品。

J0021775
踏遍高原千里雪　（绫裱卷轴）梅肖青作
[上海]朵云轩 1965 年 1 轴
　　现代中国画作品。

J0021776
踏遍高原千里雪　梅肖青作
上海 上海人民美术出版社 1965 年
38cm（6 开) 定价：CNY0.06
　　现代中国画作品。

J0021777
踏遍高原千里雪　梅肖青作
昆明 云南人民出版社 1965 年 53cm(4 开)
定价：CNY0.08
　　现代中国画作品。

J0021778
铁堤　张德育作
北京 人民美术出版社 1965 年 38cm(6 开)
定价：CNY0.05
　　现代中国画作品。

J0021779

童年当长工的地方 陈培光作

上海 上海人民美术出版社 1965 年

38cm（6 开）定价：CNY0.06

现代中国画作品。

J0021780

土高炉，土专家 曾日文作

南宁 广西壮族自治区人民出版社 1965 年

38cm（6 开）定价：CNY0.20

现代中国画作品。

J0021781

夏木垂荫 （绫裱卷轴）黄宾虹作

［北京］荣宝斋 1965 年 1 轴

现代中国画作品。

J0021782

现代国画 （第 6 辑）

北京 荣宝斋 1965 年 10 张（套）26cm（16 开）

定价：CNY0.30

J0021783

现代国画选 朗卓红等作

沈阳 辽宁美术出版社 1965 年 10 幅 27cm（16 开）

活页 统一书号：8117.1018 定价：CNY0.60

J0021784

湘云眠芍 刘旦宅作

［上海］朵云轩 1965 年［1 张］

现代中国画作品。

J0021785

新安江水电站 宋文治作

沈阳 辽宁美术出版社 1965 年 30cm（10 开）

定价：CNY0.10

现代中国画作品。

J0021786

新路 张有作

沈阳 辽宁美术出版社 1965 年 38cm（6 开）

定价：CNY0.12

现代中国画作品。

J0021787

烟岚古宇 （绫裱卷轴）黄宾虹作

［北京］荣宝斋 1965 年 1 轴

现代中国画作品。

J0021788

延安颂 （绫裱卷轴）钱松嵒作

［北京］荣宝斋 1965 年 76cm（2 开）

定价：CNY0.15

现代中国画作品。作者钱松嵒（1899—1985），画家。江苏宜兴人。曾任江苏省国画院院长、名誉院长，江苏省美术家协会主席、中国美术家协会常务理事等。画作有《红岩》《延安颂》《芙蓉湖上》《山岳颂》等。代表作品有《梅园新村》《延安颂》《红岩》《井冈大瀑布》等。著作《砚边点滴》。出版物《钱松嵒画集》等。

J0021789

英雄赴会 张振发，姚天沐作

北京 人民美术出版社 1965 年 38cm（6 开）

定价：CNY0.05

现代中国画作品。

J0021790

营业之前 王守宜作

沈阳 辽宁美术出版社 1965 年 38cm（6 开）

定价：CNY0.12

现代中国画作品。

J0021791

又是优秀 王永年作

南宁 广西壮族自治区人民出版社 1965 年

38cm（6 开）定价：CNY0.20

现代中国画作品。

J0021792

鱼水情 胡今叶作

北京 人民美术出版社 1965 年 38cm（6 开）

定价：CNY0.15

现代中国画作品。

J0021793

正是练兵三九天 王文里作

上海 上海人民美术出版社 1965 年

38cm（6 开）定价：CNY0.06

现代中国画作品。

J0021794
中国人民解放军第三届美术作品展览会中国画选集　中国人民解放军总政治部编辑
上海　上海人民美术出版社　1965 年　84 幅
28cm（大 16 开）精装　统一书号：T8081.5526
定价：CNY12.00
　　本书从展出的国画作品中精选有反映学习毛主席著作的《泉》《明灯》《一对红》等作品；有《人民军队好作风》和《南京路上好八连》组画；有从各个侧面反映军民鱼水情和反映海防、边防斗争，练兵野营，发扬革命传统以及表扬英模人物的作品。共收图 84 幅，其中 22 幅为得奖作品。

J0021795
中华儿女多奇志　不爱红装爱武装　韩樾作
上海　上海人民美术出版社　1965 年　38cm（6 开）
定价：CNY0.06
　　现代中国画作品。

J0021796
珠江春晓　（绫裱卷轴）钱松喦作
[北京]荣宝斋　1965 年　1 轴
　　现代中国画作品。作者钱松喦（1899—1985），画家。江苏宜兴人。曾任江苏省国画院院长、名誉院长，江苏省美术家协会主席、中国美术家协会常务理事等。画作有《红岩》《延安颂》《芙蓉湖上》《山岳颂》等。代表作品有《梅园新村》《延安颂》《红岩》《井冈大瀑布》等。著作《砚边点滴》。出版物《钱松喦画集》等。

J0021797
主席著作随身带，有空拿出学起来　张培础作
上海　上海人民美术出版社　1965 年
38cm（6 开）定价：CNY0.06
　　现代中国画作品。

J0021798
主席走遍全国　（汉、蒙文对照版）李琦作
北京　人民美术出版社　1965 年　53cm（4 开）
定价：CNY0.08
　　中国现代国画作品。

J0021799
主席走遍全国　（卷轴）李琦作
天津　天津杨柳青画店　1965 年［1 轴］
　　中国现代国画作品。

J0021800
风雪铁骑　张碧梧绘
上海　上海人民美术出版社　1966 年［1 张］
38cm（6 开）定价：CNY0.04
　　本作品为年画形式的中国现代国画作品。

J0021801
供销社来了新货　徐寄萍绘
上海　上海人民美术出版社　1966 年［1 张］
76cm（2 开）定价：CNY0.15
　　本作品为年画形式的中国现代国画作品。

J0021802
江姐　（绫裱卷轴）顾炳鑫画
[上海]朵云轩　1966 年［1 轴］
　　清代中国画作品。作者顾炳鑫（1923—2001），美术家。笔名甘草、朽木，江苏宝山人。历任中国美术家协会理事、上海美术家协会主席团委员、上海美协连环画艺委会主任。代表作品有连环画《渡江侦察记》《列宁在十月》等。

J0021803
送货上门全心全意为人民服务　吴哲夫绘
上海　上海人民美术出版社　1966 年［1 张］
76cm（2 开）定价：CNY0.15
　　本作品为年画形式的中国现代国画作品。作者吴哲夫，画家。擅长年画。师从杭穉英，在上海"穉英画室"工作，长期共事，集体创作，被称为"杭派"月份牌画家。作品有《节日的食堂》《向解放军叔叔致敬》《老手带新手》等。

J0021804
萱草　（中、德文对照）邵一萍作
北京　人民美术出版社　1966 年［1 轴］
78cm（2 开）定价：CNY0.30
　　清代中国画作品。

J0021805
鹰击长空　（绫裱卷轴）吴作人画
[上海]朵云轩　1966 年［1 轴］

清代中国画作品。

J0021806
陕北丰收 （绫裱卷轴）钱松嵒作
［上海］朵云轩 1967 年 ［1 轴］

　　现代中国画作品。作者钱松嵒（1899—1985），画家。江苏宜兴人。曾任江苏省国画院院长、名誉院长，江苏省美术家协会主席、中国美术家协会常务理事等。画作有《红岩》《延安颂》《芙蓉湖上》《山岳颂》等。代表作品有《梅园新村》《延安颂》《红岩》《井冈大瀑布》等。著作《砚边点滴》。出版物《钱松嵒画集》等。

J0021807
长恨歌图 李鸿球编
台北 大中书局 1967 年 38 页 25cm（小 16 开）
定价：TWD80.00，USD2.50

　　现代中国画作品。外文书名：Illustrations of the Ballad of Everlasting Regret.

J0021808
黄般若 黄般若绘
香港 香港博物美术馆 1969 年 有图
26cm（16 开）定价：HKD7.50

　　外文书名：Wong Po-Yeh. 作者黄般若（1901—1968），水墨画家。广东东莞人，名鉴波，字般若，号万千，别号"四无恙斋主"。有《黄般若美术文集》。

J0021809
现代中国画 人民美术出版社辑
北京 人民美术出版社 ［1960—1969 年］
影印本 1 册 37cm（8 开）

J0021810
革命现代京剧《沙家浜》 （共产党就象天上的太阳一样 国画）浙江美术学院供稿
杭州 浙江人民美术出版社 1970 年 ［1 张］
76cm（2 开）定价：CNY0.14

　　中国画现代国画作品。

J0021811
革命现代京剧《沙家浜》 （军民一家鱼水情 国画）浙江美术学院供稿
杭州 浙江人民美术出版社 1970 年 ［1 张］

76cm（2 开）定价：CNY0.10

　　中国画现代国画作品。

J0021812
革命现代京剧《沙家浜》 （毛主席党中央指引方向 国画）浙江美术学院供稿
杭州 浙江人民美术出版社 1970 年 ［1 张］
76cm（2 开）定价：CNY0.14

　　中国画现代国画作品。

J0021813
革命现代京剧《沙家浜》 （胸怀红日战胜顽敌 国画）浙江美术学院供稿
杭州 浙江人民美术出版社 1970 年 ［1 张］
76cm（2 开）定价：CNY0.10

　　中国画现代国画作品。

J0021814
革命现代京剧《沙家浜》 （郭建光）鸡西革命样板戏学习班供稿
哈尔滨 黑龙江人民出版社 1971 年 ［1 张］
76cm（2 开）定价：CNY0.10

　　本作品为中国现代国画。主题是京剧《沙家浜》人物郭建光。

J0021815
革命现代京剧《沙家浜》 （捣敌巢擒贼擒王）浙江美术学院供稿
杭州 浙江人民出版社 1971 年 ［1 张］
76cm（2 开）定价：CNY0.14

　　中国现代京剧《沙家浜》之国画作品。

J0021816
革命现代京剧《沙家浜》 （十八棵青松耸云天）浙江美术学院供稿
杭州 浙江人民出版社 1971 年 ［1 张］
76cm（2 开）定价：CNY0.14

　　本作品为中国现代国画。

J0021817
革命现代京剧《沙家浜》 （困难吓不倒英雄汉）
杭州 浙江人民美术出版社 1971 年 ［1 张］
76cm（2 开）定价：CNY0.14

　　中国现代京剧《沙家浜》之国画作品。

J0021818

红工医 （国画）苏州市国画社"革命委员会"
供稿
南京 江苏省"革命委员会"出版发行局 1970年
1张 76cm（2开）定价：CNY0.10
　　本书为中国现代国画作品。

J0021819

敬祝毛主席万寿无疆　浙江美术学院供稿
杭州 浙江人民美术出版社 1970年 1张
76cm（2开）定价：CNY0.14
　　本作品为中国现代人物画。

J0021820

抗严寒化冰雪我胸有朝阳　（革命现代京剧
《智取威虎山》杨子荣画像）上海文化系统五营
二连美术"革命组"作
上海 上海人民美术出版社 1970年 ［1张］
76cm（2开）定价：CNY0.12

J0021821

抗严寒化冰雪我胸有朝阳　（革命现代京剧
《智取威虎山》杨子荣画像）看今朝创作组作
杭州 浙江人民美术出版社 1970年 ［1张］
78cm（2开）定价：CNY0.10

J0021822

百万工农齐奋起　朱绘英作
广州 广东人民出版社 1971年 ［1］张
76cm（2开）定价：CNY0.12
　　本作品为年画形式的中国现代国画作品。

J0021823

峨嵋处处有歌声　（木版水印）傅抱石作
北京 荣宝斋（印制）1971年 1幅
　　现代中国画作品。作者傅抱石（1904—
1965），画家。原名长生、瑞麟，号抱石斋主人。
生于江西南昌，祖籍江西新余，早年留学日本。
历任南京师范学院教授、江苏国画院院长等职。
代表作品有《山阴道上》《钟馗》《屈原》《江山如
此多娇》，著有《中国古代绘画之研究》《中国绘
画变迁史纲》等。

J0021824

革命现代京剧《智取威虎山》（杨子荣）鸡

西市革命样板戏学习班供稿
哈尔滨 黑龙江人民出版社 1971年 ［1张］
76cm（2开）定价：CNY0.10
　　本书为中国现代国画专著，收1张作品，主
题是京剧《智取威虎山》中的杨子荣。

J0021825

红日照延安
上海 上海人民出版社 1971年 38cm（6开）
定价：CNY0.10
　　本书系中国现代油画《红日照延安》。

J0021826

梅花欢喜漫天雪
上海 上海人民出版社 1971年 ［1张］
39cm（4开）定价：CNY0.10
　　中国现代国画作品

J0021827

韶山
上海 上海人民出版社 1971年 ［1张］
39cm（8开）定价：CNY0.10
　　中国现代中国画作品

J0021828

深山起宏图　奉新县"革命委员会"政治部供稿
南昌 江西省新华书店 1971年 ［1张］
76cm（2开）定价：CNY0.10
　　中国现代国画作品

J0021829

延安精神放光芒
北京 人民出版社 1971年 1张 76cm（2开）
定价：CNY0.14
　　本书为中国现代国画作品

J0021830

延安精神永放光芒　中国出口商品陈列馆供稿
广州 广东人民出版社 1971年 1张
76cm（2开）定价：CNY0.14
　　本书为中国现代国画作品

J0021831

阳光雨露育新人　沈阳市"五·七"教师学校供稿
沈阳 辽宁省新华书店 1971年 1张

76cm（2 开）定价：CNY0.12

　　中国现代国画作品。

J0021832

一桥飞南北　天堑变通途　江苏省"五·七"干校创作组创作

南京 江苏人民出版社 1971 年 1 张 108cm（全开）定价：CNY0.28

　　中国现代国画作品

J0021833

重洋无阻隔　银针传友谊　陈立人，左毅作

广州 广东人民出版社 1971 年 76cm（2 开）定价：CNY0.11

　　中国现代国画作品

J0021834

"六二六"战士在农村　刘生仁作

哈尔滨 黑龙江人民出版社 1972 年［1 幅］76cm（2 开）定价：CNY0.16

　　本作品为年画形式的中国现代国画作品。

J0021835

《6.26 指示》是明灯　（四条屏）杨光铣画

成都 四川人民出版社 1972 年 2 张 76cm（2 开）定价：CNY0.24

　　本作品为年画形式的中国现代国画作品。

J0021836

爱晚亭　（木版水印，绫裱卷轴）钱松嵒作

上海 上海书画社(印制) 1972 年［1 轴］76cm（2 开）

　　中国现代水墨画作品。作者钱松嵒(1899—1985)，画家。江苏宜兴人。曾任江苏省国画院院长、名誉院长，江苏省美术家协会主席、中国美术家协会常务理事等。画作有《红岩》《延安颂》《芙蓉湖上》《山岳颂》等。代表作品有《梅园新村》《延安颂》《红岩》《井冈大瀑布》等。著作《砚边点滴》。出版物《钱松嵒画集》等。

J0021837

俺社创造了打井机　张和荣，蔡旭画

济南 山东人民出版社 1972 年［1 张］76cm（2 开）定价：CNY0.11

　　本作品为年画形式的中国现代国画作品。

J0021838

白毛女　（画册）上海人民出版社编辑

上海 上海人民出版社 1972 年 55 页 17×18cm

　　革命现代歌舞剧画册。

J0021839

报矿　魏紫熙作

上海 上海人民出版社 1972 年 38cm（6 开）定价：CNY0.10

　　现代中国画作品。

J0021840

冰封雪飘新渠长　江苏省"五·七"干校创作组作

南京 江苏人民出版社 1972 年 72cm（2 开）定价：CNY0.14

　　现代中国画作品。

J0021841

苍山如海残阳如血　钱松嵒作

北京 荣宝斋（印制）1972 年 定价：CNY16.00

　　现代中国画作品。作者钱松嵒(1899—1985)，画家。江苏宜兴人。曾任江苏省国画院院长、名誉院长，江苏省美术家协会主席、中国美术家协会常务理事等。画作有《红岩》《延安颂》《芙蓉湖上》《山岳颂》等。代表作品有《梅园新村》《延安颂》《红岩》《井冈大瀑布》等。著作《砚边点滴》。出版物《钱松嵒画集》等。

J0021842

草原新歌　（甘肃省纪念毛主席《在延安文艺座谈会上的讲话》发表三十周年美术作品选）秦文作

兰州 甘肃人民出版社 1972 年 78cm（2 开）定价：CNY0.12

　　现代中国画作品。

J0021843

草原新歌　江苏省"五·七"干校供稿

南京 江苏人民出版社 1972 年 76cm（2 开）定价：CNY0.11

　　现代中国画作品。

J0021844

插秧季节　徐升隆作

福州　福建人民出版社　1972 年　54cm（4 开）
定价：CNY0.14
　　　现代中国画作品。

J0021845
畅通无阻　栾万珠，温崇圣作
沈阳　辽宁人民出版社　1972 年　76cm（2 开）
定价：CNY0.12
　　　现代中国画作品。作者温崇圣（1938—　　），
画家。祖籍山东莱州市，历任鲁迅美术学院教授、
中国美术家协会会员、辽宁省美术家协会理事、
辽宁中国画研究会副会长、大连市中国画研究会
会长。作品有《畅通无阻》《掠夺》《铁证》等。

J0021846
畅通无阻　栾万珠，温崇圣作
上海　上海人民出版社　1972 年　38cm（6 开）
定价：CNY0.10
　　　现代中国画作品。

J0021847
除虫图　许铁铮作；衢县正文办公室供稿
杭州　浙江人民出版社　1972 年　53cm（4 开）
定价：CNY0.07
　　　现代中国画作品。

J0021848
代代红　王信画
石家庄　河北人民出版社　1972 年　76cm（2 开）
定价：CNY0.12
　　　本作品为年画形式的中国现代国画作品。

J0021849
倒海翻江卷巨澜　上海中国画院"造船工业
打翻身仗"组画创作组作
上海　上海人民出版社　1972 年　38cm（6 开）
定价：CNY0.10
　　　现代中国画作品。

J0021850
东风送暖　崔振国作
西宁　青海人民出版社　1972 年 ［1 张］
76cm（2 开）定价：CNY0.14
　　　现代中国画作品。

J0021851
侗寨妇女　周秀清作
北京　人民出版社　1972 年　38cm（6 开）
定价：CNY0.10
　　　现代中国画作品。

J0021852
都有一颗红亮的心　张义生画
济南　山东人民出版社　1972 年　76cm（2 开）
定价：CNY0.11
　　　本作品为年画形式的中国现代国画作品。

J0021853
飞雪迎春　（纸裱卷轴）王雪涛作
天津　天津人民美术出版社东方红画店　1972 年
［78cm］（2 开）定价：CNY0.28
　　　现代中国画作品。

J0021854
飞雪迎春　方克林作
昆明　云南人民出版社　1972 年　76cm（2 开）
定价：CNY0.11
　　　现代中国画作品。

J0021855
风展红旗如画　（木版水印，绫裱卷轴）傅抱
石作
北京　荣宝斋（印制）1972 年 ［78cm］（2 开）
　　　现代中国画作品。作者傅抱石（1904—
1965），画家。原名长生、瑞麟，号抱石斋主人。
生于江西南昌，祖籍江西新余，早年留学日本。
历任南京师范学院教授、江苏国画院院长等职。
代表作品有《山阴道上》《钟馗》《屈原》《江山如
此多娇》，著有《中国古代绘画之研究》《中国绘
画变迁史纲》等。

J0021856
风筝越海　李舒云作
福州　福建人民出版社　1972 年　54cm（4 开）
定价：CNY0.14
　　　现代中国画作品。

J0021857
芙蓉国里尽朝晖　（木版水印，绫裱卷轴）傅
抱石作

北京　荣宝斋(印制) 1972 年　78cm(2 开)
　　现代中国画作品。

J0021858
高举红灯打豺狼 (百年青松傲风霜, 一代新苗正茁壮。继承先辈革命志, 高举红灯打豺狼)
北京工农兵画院供稿
北京　人民出版社 1972 年　76cm(2 开)
定价: CNY0.14
　　本作品为年画形式的中国现代国画作品。

J0021859
革命现代京剧沙家浜 (国画)浙江美术学院《沙家浜》国画创作组编绘
杭州　浙江人民出版社 1972 年　48 页　17×19cm
统一书号: 72–4.15 定价: CNY0.50
　　现代中国画作品。

J0021860
"公社" 假日 (木版水印, 林裱卷轴)林丰俗作
北京　荣宝斋(印制) 1972 年　定价: CNY26.00
　　本书系现代中国画作品, 选自一九七二年全国美术作品展览会展品。

J0021861
广阔天地 (四条屏)雷金池画
石家庄　河北人民出版社 1972 年　2 张
76cm(2 开)定价: CNY0.24
　　本作品为年画形式的中国现代国画作品。

J0021862
荷香鸭肥 喻继高作
南京　江苏人民出版社 1972 年　76cm(2 开)
定价: CNY0.14
　　现代中国画作品。

J0021863
红旗传友谊 第一汽车制造厂工人美术创作组画
长春　吉林人民出版社 1972 年　76cm(2 开)
定价: CNY0.16
　　本作品为年画形式的中国现代国画作品。

J0021864
红旗渠 (四条屏)人民美术出版社编绘

北京　人民美术出版社 1972 年　2 张
76cm(2 开)单面胶版纸 定价: CNY0.22
　　本作品为年画形式的中国现代国画作品。

J0021865
红旗渠 (四条屏)人民美术出版社编绘
北京　人民美术出版社 1972 年　2 张
76cm(2 开)双面胶版纸 定价: CNY0.28
　　本作品为年画形式的中国现代国画作品。

J0021866
红旗渠 (纸裱卷轴)北京画院作
天津　天津人民美术出版社 1972 年
78cm(2 开)定价: CNY0.28
　　现代中国画作品。

J0021867
红日照延安 (木版水印, 绫裱卷轴)黄润华作
北京　荣宝斋(印制) 1972 年　78cm(2 开)
定价: CNY170.00
　　现代中国画作品。作者黄润华(1932—2000), 教授。河北正定人。毕业于中央美术学院中国画系。历任中央美术学院中国画系主任、中央美术学院学术委员会委员、中国美术家协会会员、中国书画函授大学名誉教授。出版有《黄润华山水画集》《黄润华画集》。

J0021868
红日照延安
上海　上海人民出版社 1972 年　53cm(4 开)
定价: CNY0.06
　　现代中国画作品。

J0021869
红心铁臂改山河 井冈山地区《红心铁臂改山河》创作组编绘
南昌　江西人民出版社 1972 年　2 张
76cm(2 开)定价: CNY0.28
　　本作品为年画形式的中国现代国画作品。

J0021870
假日 仲济和绘
呼和浩特　内蒙古自治区人民出版社 1972 年
76cm(2 开)定价: CNY0.11
　　本作品为年画形式的中国现代国画作品。

J0021871

江山女民兵　湖北省军区政治部业余美术创作组作

武汉　湖北人民出版社　1972 年　76cm（2 开）

定价：CNY0.13

现代中国画作品。

J0021872

精心培育　王俊亮画

石家庄　河北人民出版社　1972 年　76cm（2 开）

定价：CNY0.12

本作品为年画形式的中国现代国画作品。

J0021873

井冈山　江西省美术创作组作

南昌　江西人民出版社　1972 年　78cm（2 开）

定价：CNY0.20

现代中国画作品。

J0021874

井冈山　李可染作

上海　上海人民出版社　1972 年　38cm（6 开）

定价：CNY0.10

现代中国画作品。

J0021875

井冈山　李可染作

上海　上海书画社　1972 年　76cm（2 开）

定价：CNY0.30

现代中国画作品。

J0021876

井冈山茅坪八角楼　（木版水印，绫裱卷轴）

宋文治作

北京　荣宝斋（印制）1972 年　定价：CNY14.00

现代中国画作品。

J0021877

拒腐蚀批黑书　如东县工农兵业余美术创作组作

南京　江苏人民出版社　1972 年　76cm（2 开）

定价：CNY0.14

现代中国画作品。

J0021878

军民保边疆　（汉、蒙文对照）张久兴绘

呼和浩特　内蒙古自治区人民出版社　1972 年

76cm（2 开）定价：CNY0.11

本作品为年画形式的中国现代国画作品。

J0021879

军民团结胜利的凯歌　（四条屏）青岛市"革命委员会"，青岛驻军桃源河英雄事迹联合宣传办公室编绘

北京　人民美术出版社　1972 年　2 张　76cm（2 开）定价：CNY0.28

本作品为年画形式的中国现代国画作品。

J0021880

军民团结守海防　夏侯新年画

济南　山东人民出版社　1972 年　76cm（2 开）

定价：CNY0.11

本作品为年画形式的中国现代国画作品。

J0021881

军民鱼水情　张素玉画

石家庄　河北人民出版社　1972 年　76cm（2 开）

定价：CNY0.12

本作品为年画形式的中国现代国画作品。作者张素玉（1944—　　），女，画家，国家一级美术师，出生于石家庄市。历任中国美术家协会会员、石家庄市政协常委、河北省美术研究所特邀研究员、石家庄市画院画师。代表作品有《山杏》《戎冠秀》。

J0021882

军民鱼水情　王炎钊画

杭州　浙江人民出版社　1972 年　76cm（2 开）

定价：CNY0.14

本作品为年画形式的中国现代国画作品。

J0021883

矿山新兵　杨之光作

上海　上海人民出版社　1972 年　38cm（6 开）

定价：CNY0.10

现代中国画作品。

J0021884

矿山新兵　（木版水印，绫裱卷轴）杨之光作

上海 上海书画社(印制) 1972 年 1 轴
 现代中国画作品。

J0021885
矿上新兵 杨之光作
北京 人民美术出版社 1972 年 53cm（4 开）
定价：CNY0.07
 现代中国画作品。

J0021886
腊梅白头翁 （木版水印，绫裱卷轴）黄幻吾作
上海 上海书画社(印制) 1972 年
 现代中国画作品。

J0021887
老户长 梁长林画
长春 吉林人民出版社 1972 年 76cm（2 开）
定价：CNY0.16
 本作品为年画形式的中国现代国画作品。

J0021888
娄山关夕阳 李可染作
天津 天津人民美术出版社东方红画店 1972 年
定价：CNY0.28
 现代中国画作品。

J0021889
绿树丛中万点红 苏州市美术创作组供稿
南京 江苏人民出版社 1972 年 53cm（4 开）
定价：CNY0.07
 现代中国画作品。

J0021890
茅坪 江西省美术创作组作
南昌 江西人民出版社 1972 年 78cm（2 开）
定价：CNY0.20
 现代中国画作品。

J0021891
梅花欢喜漫天雪
上海 上海人民出版社 1972 年 53cm（4 开）
定价：CNY0.06
 现代中国画作品。

J0021892
煤海盛开大庆花 李延生作
北京 人民美术出版社 1972 年 53cm（4 开）
定价：CNY0.07
 现代中国画作品。

J0021893
煤海盛开大庆花 李延生作
太原 山西人民出版社 1972 年 76cm（2 开）
定价：CNY0.12
 现代中国画作品。

J0021894
墨菊 （木版水印，绫裱卷轴）何香凝遗作；董
必武，郭沫若题
北京 荣宝斋(印制) 1972 年 定价：CNY26.00
 现代中国画作品。

J0021895
南湖 苏州市美术创作组供稿
南京 江苏人民出版社 1972 年 78cm（2 开）
定价：CNY0.10
 现代中国画作品。

J0021896
南湖革命纪念船 谢之光作
上海 上海人民出版社 1972 年 38cm（6 开）
定价：CNY0.10
 现代中国画作品。

J0021897
南湖晓霁 （木版水印，绫裱卷轴）钱松嵒作
北京 荣宝斋 1972 年
 现代中国画作品。作者钱松嵒(1899—
1985)，画家。江苏宜兴人。曾任江苏省国画院
院长、名誉院长，江苏省美术家协会主席、中国
美术家协会常务理事等。画作有《红岩》《延安
颂》《芙蓉湖上》《山岳颂》等。代表作品有《梅
园新村》《延安颂》《红岩》《井冈大瀑布》等。著
作《砚边点滴》。出版物《钱松嵒画集》等。

J0021898
难忘的岁月 （木版水印，绫裱卷轴）杨之光作
北京 荣宝斋(印制) 1972 年 定价：CNY152.00
 现代中国画作品。

J0021899

农业学大寨 （四条屏　汉、蒙文对照）赵维敏绘；杨啸配诗

呼和浩特　内蒙古自治区人民出版社　1972 年

4 张　78cm（2 开）定价：CNY0.28

　　本作品为年画形式的中国现代国画作品。

J0021900

劈峰截岭开山渠　陈忠义作

沈阳　辽宁人民出版社　1972 年　76cm（2 开）

定价：CNY0.12

　　现代中国画作品。

J0021901

劈峰截岭开山渠　陈忠义作

北京　人民美术出版社　1972 年　53cm（4 开）

定价：CNY0.07

　　现代中国画作品。

J0021902

贫下中农的好医生　杨海清作

长沙　湖南人民出版社　1972 年　54cm（4 开）

定价：CNY0.06

　　现代中国画作品。

J0021903

苹果丰收　陈有吉画

长春　吉林人民出版社　1972 年　76cm（2 开）

定价：CNY0.16

　　本作品为年画形式的中国现代国画作品。

J0021904

奇志　肖明作

兰州　甘肃人民出版社　1972 年　76cm（2 开）

定价：CNY0.16

　　现代中国画作品。

J0021905

千里冰封捕鱼忙　邹积范，白明洲画

长春　吉林人民出版社　1972 年　76cm（2 开）

定价：CNY0.16

　　本作品为年画形式的中国现代国画作品。

J0021906

庆丰收　韩祥画

石家庄　河北人民出版社　1972 年　76cm（2 开）

定价：CNY0.12

　　本作品为年画形式的中国现代国画作品。

J0021907

庆丰收　送公粮　王国才画

杭州　浙江人民出版社　1972 年　76cm（2 开）

定价：CNY0.14

　　本作品为年画形式的中国现代国画作品。

J0021908

瑞金云石山　（木版水印，绫裱卷轴）宋文治作

北京　荣宝斋（印制）1972 年

　　现代中国画作品。

J0021909

三湾　江西省美术创作组作

南昌　江西人民出版社　1972 年　定价：CNY0.20

　　中国现代绘画作品。

J0021910

山河新貌　河北省"一定要根治海河"组画创作组绘

石家庄　河北人民出版社　1972 年　76cm（2 开）

定价：CNY0.12

　　现代中国画作品。

J0021911

上大学之前　温承诚作

北京　人民出版社　1972 年　38cm（6 开）

定价：CNY0.10

　　现代中国画作品。

J0021912

上大学之前　温承诚作

北京　人民出版社　1972 年 ［1 张］76cm（2 开）

定价：CNY0.14

　　现代中国画作品。

J0021913

上大学之前　温承诚作

北京　人民美术出版社　1972 年 ［1 张］

53cm（4 开）定价：CNY0.07

　　现代中国画作品。

J0021914
韶山　苏州市美术创作组供稿
南京 江苏人民出版社 1972 年 1 张
78cm（2 开）定价：CNY0.10
　　现代中国画作品。

J0021915
韶山　（木版水印，绫裱卷轴）杨列章作
北京 荣宝斋（印制）1972 年 定价：CNY31.00
　　现代中国画作品。

J0021916
韶山　（木版水印，绫裱卷轴）杨列章作
上海 上海书画社（印制）1972 年
　　现代中国画作品。

J0021917
宋·马远《踏歌图》　（木版水印，绫裱卷轴）
北京 荣宝斋（印制）1972 年 定价：CNY2100.00
　　现代中国画作品。

J0021918
送来阳光暖　留下万家春　王泽焕画；慈溪
县征文办公室供稿
杭州 浙江人民出版社 1972 年 1 张 76cm（2 开）
定价：CNY0.14
　　本作品为年画形式的中国现代国画作品。

J0021919
遂川工农兵政府旧址　江西省美术创作组作
南昌 江西人民出版社 1972 年 1 张 78cm（2 开）
定价：CNY0.20
　　现代中国画作品。

J0021920
铁索桥畔　赵志华作；单应桂，王晋元移植
北京 人民美术出版社 1972 年 1 张 53cm（4 开）
定价：CNY0.07
　　现代中国画作品。

J0021921
通途劈上彩云间　桂林专业、业余美术工作
者集体创作
北京 人民美术出版社 1972 年 1 张 53cm（4 开）
定价：CNY0.07

现代中国画作品。

J0021922
我爱北京天安门　刘海志画
石家庄 河北人民出版社 1972 年 1 张 76cm（2 开）
定价：CNY0.16
　　本作品为年画形式的中国现代国画作品。

J0021923
我们的朋友遍天下　白明洲画
长春 吉林人民出版社 1972 年 1 张 76cm（2 开）
定价：CNY0.16
　　本作品为年画形式的中国现代国画作品。

J0021924
我为祖国绘新图　（甘肃省纪念毛主席《在延
安文艺座谈会上的讲话》发表三十周年美术作
品选）袁奉泰作
兰州 甘肃人民出版社 1972 年 1 张 76cm（2 开）
定价：CNY0.16
　　现代中国画作品。

J0021925
我为祖国绘新图　（甘肃省纪念毛主席《在延
安文艺座谈会上的讲话》发表三十周年美术作
品选）源奉泰作
兰州 甘肃人民出版社 1972 年 1 张 38cm（6 开）
定价：CNY0.04
　　现代中国画作品。

J0021926
无产阶级优秀战士王国福　（四条屏）北京
工农兵画院供稿
北京 人民出版社 1972 年 2 张 76cm（2 开）
定价：CNY0.28
　　本作品为年画形式的中国现代国画作品。

J0021927
细雨育新苗　陈学中，王玉珏作
北京 北京美术出版社 1972 年 1 册 53cm（4 开）
定价：CNY0.07
　　现代中国画作品。

J0021928
向阳渠　（纸裱卷轴）宋文治作

天津　天津人民美术出版社东方红画店（印制）
1972 年　1 张　定价：CNY0.28
　　　现代中国画作品。

J0021929
向阳渠畔春意浓　江苏"五·七"干校创作组作
南京　江苏人民出版社 1972 年　1 张　76cm（2 开）
定价：CNY0.14
　　　现代中国画作品。

J0021930
心声初放　张惠蓉作
北京　人民美术出版社 1972 年　1 张　53cm（4 开）
定价：CNY0.07
　　　现代中国画作品。

J0021931
修渠英雄智慧高　吴懋祥作
郑州　河南人民出版社 1972 年　1 张　76cm（2 开）
定价：CNY0.14
　　　现代中国画作品。

J0021932
延安　苏州市美术创作组供稿
南京　江苏人民出版社 1972 年　1 张　78cm（2 开）
定价：CNY0.10
　　　现代中国画作品。

J0021933
延安颂　钱松喦作
上海　上海书画出版社 1972 年　1 张　76cm（2 开）
定价：CNY0.30
　　　现代中国画作品。作者钱松喦（1899—
1985），画家。江苏宜兴人。曾任江苏省国画院
院长、名誉院长，江苏省美术家协会主席、中国
美术家协会常务理事等。画作有《红岩》《延安
颂》《芙蓉湖上》《山岳颂》等。代表作品有《梅
园新村》《延安颂》《红岩》《井冈大瀑布》等。著
作《砚边点滴》。出版物《钱松喦画集》等。

J0021934
咏梅　（纸裱卷轴）王雪涛作
天津　天津人民美术出版东方红画店 1972 年
定价：CNY0.28
　　　现代中国画作品。

J0021935
鱼满千舟　江苏省"五·七"干校创作组作
南京　江苏人民出版社 1972 年　76cm（2 开）
定价：CNY0.14
　　　现代中国画作品。

J0021936
长征第一山　魏雄才作
广州　广东人民出版社 1972 年　54cm（4 开）
定价：CNY0.10
　　　现代中国画作品。

J0021937
中国画小辑　（2）
上海　上海人民出版社 1972 年　12 幅（套）
19cm（32 开）统一书号：8171.538
定价：CNY0.40

J0021938
中国画小辑
上海　上海人民出版社 1972 年　8 张（套）
19cm（32 开）定价：CNY0.17

J0021939
中国画小辑　（2）
上海　上海人民出版社 1972 年　12 幅（套）
19cm（32 开）统一书号：8171.538 定价：CNY0.40

J0021940
重任在肩　王友农作
合肥　安徽人民出版社 1972 年　76cm（2 开）
定价：CNY0.11
　　　现代中国画作品。

J0021941
遵义　苏州市美术创作组供稿
南京　江苏人民出版社 1972 年　78cm（2 开）
定价：CNY0.10
　　　中国现代条幅年画作品

J0021942
俺社创造了打井机　张和荣，蔡旭作；山东
人民出版社供稿
北京　人民美术出版社 1973 年　1 张　76cm（2 开）
定价：CNY0.11

本作品为年画形式的中国现代国画作品。

J0021943
芭蕉猴子　（木版水印，画片）李燕作
［北京］荣宝斋印制 1973 年 53cm（4 开）
定价：CNY2.00
　　现代中国画作品。

J0021944
把好质量关　林令作
南宁 广西人民出版社 1973 年 38cm（6 开）
统一书号：8113.113 定价：CNY0.04
　　中国现代宣传画作品。

J0021945
保育　钮希文作
银川 宁夏人民出版社 1973 年 76cm（2 开）
定价：CNY0.16
　　现代中国画作品。

J0021946
采篮新茶送北京　恽振霖作
合肥 安徽人民出版社 1973 年 76cm（2 开）
定价：CNY0.11
　　现代中国画作品。

J0021947
沧海夺田　沈启鹏作
南京 江苏人民出版社 1973 年 76cm（2 开）
统一书号：8100.2.083 定价：CNY0.14
　　现代中国画作品。作者沈启鹏（1946— ），
画家。历任南通美术家协会主席、南通书画研究
院院长。代表作品《大汛》《海子牛》《二月二回
娘家》。

J0021948
草虫飞雀　（木版水印，画片）徐悲鸿作
荣宝斋印制 1973 年 26cm（16 开）
定价：CNY2.00
　　现代中国画作品。

J0021949
常备不懈　徐宁作
北京 人民美术出版社 1973 年 26cm（16 开）
定价：CNY0.05

现代中国画作品。

J0021950
初荡青波　刘长恩画
长春 吉林人民出版社 1973 年 76cm（2 开）
定价：CNY0.14
　　本作品为年画形式的中国现代国画作品。
作者刘长恩（1936—1996），吉林通榆人，吉林美
术出版社美术编辑。代表作品《咱队的好猎手》
《再请战》《巧妈妈》等。

J0021951
除虫图　许铁铮作
杭州 浙江人民出版社 1973 年 76cm（2 开）
定价：CNY0.11
　　现代中国画作品。

J0021952
传艺　方增先，吴季生合作
杭州 浙江人民出版社 1973 年 53cm（4 开）
定价：CNY0.10
　　现代中国画作品。作者方增先（1931— ），
国画家。浙江兰溪人，毕业于浙江杭州国立艺术
专科学校。历任上海美术馆馆长、中国美术家协
会常务理事。出版画集《方增先人物画》《方增
先水墨画诗意画》《方增先古装人物画集》等，专
著有《怎样画水墨人物画》《结构素描》《人物画
的造型问题》等。

J0021953
春意满深谷　姜宝林作
杭州 浙江人民出版社 1973 年 78cm（2 开）
定价：CNY0.20
　　现代中国画作品。

J0021954
打不断的线路　戴庆禄，王振贤作
北京 人民美术出版社 1973 年 26cm（16 开）
定价：CNY0.05
　　现代中国画作品。

J0021955
大队办起了图书室　徐景文作
上海 上海人民出版社 1973 年 38cm（6 开）
定价：CNY0.10

现代中国画作品。

J0021956

大庆工人无冬天 赵志田作
北京 人民美术出版社 1973 年 26cm（16 开）
定价：CNY0.05
现代中国画作品。

J0021957

大庆画集
北京 人民美术出版社［1973 年］8 幅 19×26cm

J0021958

大寨之路 （八条屏）王角等画；魏旭光，罗继长编文
北京 人民美术出版社 1973 年 53cm（4 开）
定价：CNY0.64
本作品为年画形式的中国现代国画作品。本书与山西人民出版社合作出版。作者王角（1917—1995），画家。吉林九台人，别名大珂，毕业于辽宁美专。历任《东北画报》社美术记者，人民美术出版社美术编辑、创作室创作员。作品有《花径》《金色的谷》《江姐》等。

J0021959

大寨之路 （八条屏）李济远等绘；魏旭光，罗继长编文
太原 山西人民出版社 1973 年 53cm（4 开）
定价：CNY0.44
本作品为年画形式的中国现代国画作品。本书与人民美术出版社合作出版。

J0021960

到广阔的天地去 周波作
广州 广东人民出版社 1973 年 76cm（2 开）
定价：CNY0.14
现代中国画作品。

J0021961

登门请教 李明媚作
济南 山东人民出版社 1973 年 76cm（2 开）
定价：CNY0.14
现代中国画作品。

J0021962

第一个节目 周林生画
石家庄 河北人民出版社 1973 年 76cm（2 开）
定价：CNY0.14
本作品为年画形式的中国现代国画作品。

J0021963

侗寨新声 梁荣中作
南宁 广西人民出版社 1973 年 38cm（6 开）
定价：CNY0.04
现代中国画作品。作者梁荣中（1938—1995），一级美术师。广西平南人，毕业于广西艺术学院。中国美术家协会广西分会常务理事、中国美术家协会会员。代表作品有《侗寨新声》《南盘江的早晨》《苗岭归牧》《漓江烟雨》等，出版有《碧峰翠城》《奇山秀水》《梁荣中山水画集》等。

J0021964

侗寨新声 梁荣中作
南宁 广西人民出版社 1973 年 53cm（4 开）
定价：CNY0.08
现代中国画作品。

J0021965

洞庭春色 宋文治作
南京 江苏人民出版社 1973 年 76cm（2 开）
定价：CNY0.14
现代中国画作品。

J0021966

多为农业献骏马 刘生展画
石家庄 河北人民出版社 1973 年 76cm（2 开）
定价：CNY0.14
本作品为年画形式的中国现代国画作品。作者刘生展（1938—2016），画家，一级美术师。别名塞城。内蒙古丰镇人。历任河北省张北县文化馆馆长、张家口市美协名誉主席、中国美术家协会会员、中华炎黄文化研究会会员、中日美术交流协会会员、察哈尔书画院名誉院长，作品有《草原女民兵》《赛马去》《多为农业献骏马》《草原盛会》等。出版《怎样画马》《三国志人物绘卷》《马的描法》等。

J0021967
放学之后 （木版水印，画片）王师颉作
荣宝斋印制 1973 年 38cm（6 开）定价：CNY2.00
　　现代中国画作品。

J0021968
飞雪迎春 方克林作
昆明 云南人民出版社 1973 年 76cm（2 开）
定价：CNY0.11
　　现代中国画作品。

J0021969
沸腾的山谷 秦剑铭作
南京 江苏人民出版社 1973 年 53cm（4 开）
定价：CNY0.07
　　现代中国画作品。

J0021970
丰收 卢坤峰等作
北京 人民美术出版社 1973 年 53cm（4 开）
定价：CNY0.07
　　现代中国画作品。

J0021971
丰收季节试新车 魏明画
长春 吉林人民出版社 1973 年 76cm（2 开）
定价：CNY0.14
　　本作品为年画形式的中国现代国画作品。

J0021972
父子俩 沈启鹏，吴之奎作
南京 江苏人民出版社 1973 年 76cm（2 开）
定价：CNY0.14
　　现代中国画作品。

J0021973
敢教日月换新天 北京市农机局，水利局工
人业余美术创作组作
北京 人民美术出版社 1973 年 76cm（2 开）
定价：CNY0.11
　　现代中国画作品。

J0021974
钢铁是这样炼成的 （汉、蒙文标题）刘大
为绘

呼和浩特 内蒙古人民出版社 1973 年 76cm（2 开）
定价：CNY0.11
　　现代中国画作品。

J0021975
哥哥戴上了红领巾 柳忠福画
石家庄 河北人民出版社 1973 年 76cm（2 开）
定价：CNY0.14
　　本作品为年画形式的中国现代国画作品。
作者柳忠福(1942—2014)，教授。祖籍山东，字
兰芝，号兰芝斋主，辽宁师范大学艺术系毕业。
现任中国书画家协会理事、中国收藏家协会会
员、中国国学研究会研究员、雅典艺校教授、大
连美术家协会会员、中国当代艺术协会副主席等
职位。

J0021976
"公社"的羊羔 （木版水印，绫裱立轴）宋吟可作
北京 荣宝斋（印制）1973 年 ［1 轴］
定价：CNY22.00
　　现代中国画作品。

J0021977
"公社"假日 林丰俗作
广州 广东人民出版社 1973 年 53cm（4 开）
定价：CNY0.16（铜版纸印），CNY0.08（胶版纸印）
　　现代中国画作品。

J0021978
"公社"假日 林丰俗作
北京 人民美术出版社 1973 年 53cm（4 开）
定价：CNY0.07
　　现代中国画作品。

J0021979
"公社"养鸡场 沈长城作
福州 福建人民出版社 1973 年 76cm（2 开）
定价：CNY0.14
　　现代中国画作品。

J0021980
攻读 熊兆瑞，林墉作
北京 人民美术出版社 1973 年 26cm（16 开）
定价：CNY0.05
　　现代中国画作品。

J0021981
光荣人家春更浓　张伯媛画
石家庄　河北人民出版社　1973 年　76cm（2 开）
定价：CNY0.14
　　本作品为年画形式的中国现代国画作品。

J0021982
郭庄早晨　郑伊农作
合肥　安徽人民出版社　1973 年　76cm（2 开）
定价：CNY0.11
　　现代中国画作品。

J0021983
果熟年丰　孙君良作
南京　江苏人民出版社　1973 年　76cm（2 开）
定价：CNY0.14
　　现代中国画作品。

J0021984
海河两岸尽朝晖　（中国画辑）
天津　天津人民美术出版社　1973 年　9 幅（套）
26cm（16 开）定价：CNY0.55

J0021985
海河新图　（国画）济南市美术创作组海河画
组绘
济南　山东人民出版社　1973 年　19×27cm　精装
统一书号：8099.195　定价：CNY1.80, CNY1.00
（平装）

J0021986
河深海深不如毛主席的恩情深　杨作文画
石家庄　河北人民出版社　1973 年　76cm（2 开）
定价：CNY0.14
　　本作品为年画形式的中国现代国画作品。

J0021987
红旗渠　（胶印轴画）北京画院作
天津　天津杨柳青画店　1973 年　78cm（2 开）
定价：CNY0.48
　　现代中国画作品。

J0021988
淮河两岸好风光　邵建作
合肥　安徽人民出版社　1973 年　76cm（2 开）

定价：CNY0.11
　　现代中国画作品。

J0021989
会战之后　王中琪画
长春　吉林人民出版社　1973 年　76cm（2 开）
定价：CNY0.14
　　本作品为年画形式的中国现代国画作品。

J0021990
火树银花不夜天　张桂铭等作
北京　人民美术出版社　1973 年　53cm（4 开）
定价：CNY0.07
　　现代中国画作品。

J0021991
火树银花不夜天　张桂铭等作
上海　上海人民出版社　1973 年　26cm（16 开）
定价：CNY0.05
　　现代中国画作品。

J0021992
间作套种粮棉双丰收　李洪基，张成三画
石家庄　河北人民出版社　1973 年　76cm（2 开）
定价：CNY0.14
　　本作品为年画形式的中国现代国画作品。

J0021993
江南春早　唐云，林曦明作
上海　上海书画社　1973 年　76cm（2 开）
定价：CNY0.14
　　现代中国画作品。

J0021994
金谷颗颗要归仓　区锦生作
北京　人民美术出版社　1973 年　76cm（2 开）
定价：CNY0.11
　　现代中国画作品。

J0021995
金珠玛米和我们在一起　周菱作
昆明　云南人民出版社　1973 年　76cm（2 开）
定价：CNY0.11
　　现代中国画作品。

J0021996

锦绣江南鱼米乡　钱松嵒作

南京　江苏人民出版社　1973 年　76cm（2 开）

定价：CNY0.14

　　现代中国画作品。作者钱松嵒（1899—1985），画家。江苏宜兴人。曾任江苏省国画院院长、名誉院长，江苏省美术家协会主席、中国美术家协会常务理事等。画作有《红岩》《延安颂》《芙蓉湖上》《山岳颂》等。代表作品有《梅园新村》《延安颂》《红岩》《井冈大瀑布》等。著作《砚边点滴》。出版物《钱松嵒画集》等。

J0021997

锦绣江南鱼米乡　钱松嵒作

北京　人民美术出版社　1973 年　54cm（4 开）

定价：CNY0.07

　　现代中国画作品。

J0021998

锦绣江南鱼米乡　钱松嵒作

天津　天津人民美术出版社　1973 年　76cm（2 开）

定价：CNY0.10

　　现代中国画作品。

J0021999

精打细算　孙绍全，杜显清绘

成都　四川人民出版社　1973 年　53cm（4 开）

定价：CNY0.07

　　现代中国画作品。作者杜显清（1922—2012），国画家。别名杜大石，四川三台县人。曾任四川美术学院绘画系教授、中国美术家协会会员。代表作有《小雪》《阿妈》《秋韵》《松鹰图》《簪花图》。

J0022000

井冈山　李可染作

上海　上海人民出版社　1973 年　76cm（2 开）

定价：CNY0.11

　　现代中国画作品。

J0022001

井冈山颂　（木版水印，绫裱立轴）钱松嵒作

北京　荣宝斋（印制）1973 年〔1 轴〕

定价：CNY31.00

　　现代中国画作品。

J0022002

巨大的鼓舞　乔文科画

石家庄　河北人民出版社　1973 年　76cm（2 开）

定价：CNY0.14

　　本作品为年画形式的中国现代国画作品。

J0022003

开山炮响了　荣村画

石家庄　河北人民出版社　1973 年　76cm（2 开）

定价：CNY0.14

　　本作品为年画形式的中国现代国画作品。

J0022004

科学种田催春忙　张咏作

武汉　湖北人民出版社　1973 年　76cm（2 开）

定价：CNY0.14

　　现代中国画作品。

J0022005

课余　邬邦生作

北京　人民美术出版社　1973 年　26cm（16 开）

定价：CNY0.07

　　现代中国画作品。

J0022006

课余　（木版水印，绫裱立轴）肖跳跳，王维宝作；王雪涛补景

北京　荣宝斋（印制）1973 年〔1 轴〕

定价：CNY40.00

　　现代中国画作品。

J0022007

矿山新兵　杨之光作

广州　广东人民出版社　1973 年　53cm（4 开）

定价：CNY0.08（胶版纸印），CNY0.16（铜版纸印）

　　现代中国画作品。

J0022008

老书记　刘志德作；户县文化馆供稿

西安　陕西人民出版社　1973 年　53cm（4 开）

定价：CNY0.07

　　现代中国画作品。作者刘志德（1940—　），农民画家，一级画师。陕西户县人，户县农民画代表人物。历任中国农民书画研究会副会长、中国民俗艺术研究院院士。有专著《老书记传奇》。

J0022009
漓江春色 （木版水印，绫裱立轴）李可染作
北京 荣宝斋(印制) 1973 年 ［1 轴］
定价: CNY15.00
　　现代中国画作品。

J0022010
漓江雨霁 阳太阳作
南宁 广西人民出版社 1973 年 53cm（4 开）
定价: CNY0.08
　　现代中国画作品。

J0022011
漓江雨霁 阳太阳作
南宁 广西人民出版社 1973 年 38cm（6 开）
定价: CNY0.04
　　现代中国画作品。

J0022012
练 肖桂礼, 张文瑞绘
成都 四川人民出版社 1973 年 76cm（2 开）
定价: CNY0.14
　　现代中国画作品。

J0022013
粮枣丰收 王兰芳画
济南 山东人民出版社 1973 年 76cm（2 开）
定价: CNY0.14
　　本作品为年画形式的中国现代国画作品。

J0022014
林带花香 刘绍宗作
兰州 甘肃人民出版社 1973 年 76cm（2 开）
定价: CNY0.16
　　现代中国画作品。

J0022015
林海朝晖 王庆淮作
北京 人民美术出版社 1973 年 53cm（4 开）
定价: CNY0.07
　　现代中国画作品。

J0022016
龙潭新貌 许家麟作
银川 宁夏人民出版社 1973 年 76cm（2 开）

定价: CNY0.16
　　现代中国画作品。

J0022017
庐山 钱松嵒作
南京 江苏人民出版社 1973 年 76cm（2 开）
定价: CNY0.14
　　现代中国画作品。作者钱松嵒(1899—1985),画家。江苏宜兴人。曾任江苏省国画院院长、名誉院长,江苏省美术家协会主席、中国美术家协会常务理事等。画作有《红岩》《延安颂》《芙蓉湖上》《山岳颂》等。代表作品有《梅园新村》《延安颂》《红岩》《井冈大瀑布》等。著作《砚边点滴》。出版物《钱松嵒画集》等。

J0022018
庐山 钱松嵒作
天津 天津人民美术出版社 1973 年 76cm（2 开）
定价: CNY0.14
　　现代中国画作品。

J0022019
鹿场新歌 阎洪波, 梁长林画
长春 吉林人民出版社 1973 年 76cm（2 开）
定价: CNY0.14
　　本作品为年画形式的中国现代国画作品。

J0022020
绿色长城 关山月作
广州 广东人民出版社 1973 年 76cm（2 开）
定价: CNY0.14
　　现代中国画作品。

J0022021
妈妈出海去 肖纬, 谢开基作
南宁 广西人民出版社 1973 年 38cm（6 开）
定价: CNY0.04
　　现代中国画作品。

J0022022
麦浪千里 （汉、蒙文标题）杨发旺作
呼和浩特 内蒙古人民出版社 1973 年 78cm（2 开）
定价: CNY0.09
　　现代中国画作品。

J0022023
漫山风雪满山春　薛俊一作
武汉　湖北人民出版社 1973 年　76cm（2 开）
定价：CNY0.14
　　现代中国画作品。

J0022024
密云水库　钱松嵒作
南京　江苏人民出版社 1973 年 76cm（2 开）
定价：CNY0.14
　　现代中国画作品。

J0022025
密云水库　钱松嵒作
天津　天津人民美术出版社 1973 年　76cm（2 开）
定价：CNY0.14
　　现代中国画作品。

J0022026
南湖　苏州市美术创作组供稿
南京　江苏人民出版社 1973 年　78cm（2 开）
定价：CNY0.10
　　现代中国画作品。

J0022027
女队长　段兼善作
兰州　甘肃人民出版社 1973 年 76cm（2 开）
定价：CNY0.16
　　现代中国画作品。

J0022028
蓬勃新姿　秦剑铭，姚琪作
北京　人民美术出版社 1973 年 53cm（4 开）
定价：CNY0.07
　　现代中国画作品。

J0022029
劈峰截岭开山渠　陈忠义作
天津　天津人民美术出版社 1973 年
76cm（2 开）定价：CNY0.10
　　现代中国画作品。

J0022030
平凡的岗位　潘宗和作
北京　人民美术出版社 1973 年 26cm（16 开）

定价：CNY0.05
　　现代中国画作品。

J0022031
千里行程一路春　（汉、蒙文标题）徐继先绘
呼和浩特　内蒙古人民出版社 1973 年
76cm（2 开）定价：CNY0.11
　　本作品为年画形式的中国现代国画作品。

J0022032
前程似锦　陈秉德画
石家庄　河北人民出版社 1973 年 76cm（2 开）
定价：CNY0.14
　　本作品为年画形式的中国现代国画作品。

J0022033
蜻蜓凌霄花　（木版水印，绫裱立轴）黄幻吾作
上海　上海书画社［印制］1973 年［1 轴］
　　现代中国画作品。

J0022034
全国连环画中国画展览中国画选辑　（1973）
北京　人民美术出版社 1973 年　18 幅 26cm
（16 开）统一书号：8027.5803 定价：CNY1.10

J0022035
全国美术作品展览版画选辑　（中国画）
北京　人民美术出版社 1973 年　14×19cm
统一书号：8027.5645 定价：CNY0.40

J0022036
全心全意　徐志文等作
上海　上海人民出版社 1973 年 38cm（6 开）
定价：CNY0.10
　　现代中国画作品。

J0022037
热带鱼　黄独峰作
南宁　广西人民出版社 1973 年 38cm（6 开）
定价：CNY0.04
　　现代中国画作品。

J0022038
人民的苹果　唐大禧作
北京　人民美术出版社 1973 年 26cm（16 开）

定价：CNY0.05
　　现代中国画作品。

J0022039
如果敌人从那边来　单应桂作
北京　人民美术出版社　1973 年　26cm（16 开）
定价：CNY0.05
　　现代中国画作品。

J0022040
三推婚期　（四条屏）谢伯齐编绘；黄冈县淋
山河区"革命委员会"文教小组供稿
武汉　湖北人民出版社　1973 年　2 张　76cm（2 开）
定价：CNY0.22
　　本作品为年画形式的中国现代国画作品。

J0022041
山村晚会　戈韦作
南京　江苏人民出版社　1973 年　76cm（2 开）
定价：CNY0.14
　　现代中国画作品。

J0022042
山村新貌　周兆颐，黄庚奎作
兰州　甘肃人民出版社　1973 年　76cm（2 开）
定价：CNY0.16
　　现代中国画作品。

J0022043
山村夜校红灯明　卢望明作
长沙　湖南人民出版社　1973 年　53cm（4 开）
定价：CNY0.07
　　现代中国画作品。

J0022044
山姑娘　（阿尔巴尼亚歌剧院芭蕾舞剧团访华
演出　木版水印，画片）杨之光，李克瑜作
1973 年　[1 张] 38cm（6 开）定价：CNY2.00
　　现代中国画作品。

J0022045
山区售货员　段兼善作
兰州　甘肃人民出版社　1973 年　1 张　76cm（2 开）
定价：CNY0.16
　　现代中国画作品。

J0022046
山寨教练队　姜堃作
长沙　湖南人民出版社　1973 年　53cm（4 开）
定价：CNY0.07
　　现代中国画作品。

J0022047
闪光　张培础作
上海　上海人民出版社　1973 年 [1 张] 38cm（8 开）
定价：CNY0.10
　　现代中国画作品。

J0022048
陕西国画作品选辑
西安　陕西人民出版社 [1973 年] 14×19cm
统一书号：8094.234　定价：CNY0.56

J0022049
哨　陈洞庭作
北京　人民美术出版社　1973 年　26cm（16 开）
定价：CNY0.05
　　现代中国画作品。

J0022050
申请入党　梁岩作
北京　人民美术出版社　1973 年　26cm（16 开）
定价：CNY0.05
　　现代中国画作品。

J0022051
深情厚谊寄五洲　卞家华，费正画
石家庄　河北人民出版社　1973 年　1 张
76cm（2 开）定价：CNY0.14
　　本作品为年画形式的中国现代国画作品。
作者费正（1938—　　），出生于重庆市，原籍江苏
启东。毕业于中央美术学院。曾在解放军部队
及出版部门从事美术工作。河北画院专业画家、
河北美术家协会副主席。作品有《老农》《剥蒜》
《春》等。

J0022052
深入调查到山村　罗加林等作
长沙　湖南人民出版社　1973 年　1 张　76cm（2 开）
定价：CNY0.14
　　现代中国画作品。

J0022053

深山宝藏任我取　周大正作

兰州 甘肃人民出版社 1973 年 1 张 76cm（2 开）

定价: CNY0.16

　　现代中国画作品。

J0022054

石谷新田　林丰俗作

广州 广东人民出版社 1973 年 1 张 53cm（4 开）

定价: CNY0.08

　　现代中国画作品。

J0022055

市郊新貌　陆一飞作

上海 上海人民出版社 1973 年 26cm（16 开）

定价: CNY0.05

　　现代中国画作品。作者陆一飞(1931—2005)，画家、教师。生于浙江余姚，祖籍慈溪，就读于浙江美术学院和上海画院。历任上海师范学院艺术系教师、华东化工学院兼职教授、中国河山画会秘书长。代表作品有《李白诗意山水百图》《唐宋意图》《川江橘红》等。

J0022056

书信传友谊　丁昉画

石家庄 河北人民出版社 1973 年 1 张 76cm（2 开）定价: CNY0.14

　　本作品为年画形式的中国现代国画作品。

J0022057

叔叔喝水　杨孝丽，朱理存绘

北京 人民美术出版社 1973 年 26cm（16 开）

定价: CNY0.05

　　现代中国画作品。

J0022058

叔叔喝水　杨孝丽，朱理存绘

成都 四川人民出版社 1973 年 1 张 76cm（2 开）

定价: CNY0.14

　　现代中国画作品。

J0022059

曙光　魏紫熙作

南京 江苏人民出版社 1973 年 1 张 76cm（2 开）

定价: CNY0.14

　　现代中国画作品。

J0022060

水乡　麦国雄作

广州 广东人民出版社 1973 年 1 张 76cm（2 开）

定价: CNY0.14

　　现代中国画作品。

J0022061

水笑人欢　全祝明画

石家庄 河北人民出版社 1973 年 1 张 76cm（2 开）

定价: CNY0.14

　　本作品为年画形式的中国现代国画作品。

J0022062

四季常青　王永才画

长春 吉林人民出版社 1973 年 1 张 76cm（2 开）

定价: CNY0.14

　　本作品为年画形式的中国现代国画作品。

J0022063

送走枯岗迎锦绣　高季方作

武汉 湖北人民出版社 1973 年 1 张 76cm（2 开）

定价: CNY0.14

　　现代中国画作品。

J0022064

踏遍青山　肖朗作

南宁 广西人民出版社 1973 年 1 张 38cm（6 开）

定价: CNY0.04

　　现代中国画作品。

J0022065

太湖新装　宋文治作

南京 江苏人民出版社 1973 年 1 张 76cm（2 开）

定价: CNY0.14

　　现代中国画作品。

J0022066

太湖之滨　（木版水印，绫裱立轴）宋文治作

北京 荣宝斋(印制) 1973 年［1 轴］

定价: CNY20.00

　　现代中国画作品。

J0022067
泰山顶上一青松　钱松嵒作
南京 江苏人民出版社 1973 年 1 张 76cm（2 开）
定价：CNY0.14
　　现代中国画作品。作者钱松嵒（1899—1985），画家。江苏宜兴人。曾任江苏省国画院院长、名誉院长，江苏省美术家协会主席、中国美术家协会常务理事等。画作有《红岩》《延安颂》《芙蓉湖上》《山岳颂》等。代表作品有《梅园新村》《延安颂》《红岩》《井冈大瀑布》等。著作《砚边点滴》。出版物《钱松嵒画集》等。

J0022068
唐　章怀太子墓壁画之宫女头象　（木版水印，绫裱立轴）刘凌沧摹
北京 荣宝斋（印制）1973 年 ［1 轴］
定价：CNY70.00
　　现代中国画作品。

J0022069
甜在心里　王羽画
长春 吉林人民出版社 1973 年 1 张 76cm（2 开）
定价：CNY0.14
　　本作品为年画形式的中国现代国画作品。

J0022070
万顷良田驾飞舟　禹晓荣作
武汉 湖北人民出版社 1973 年 1 张 76cm（2 开）
定价：CNY0.14
　　现代中国画作品。

J0022071
我爱北京天安门　李天松，金培庚画
济南 山东人民出版社 1973 年 1 张 76cm（2 开）
定价：CNY0.14
　　本作品为年画形式的中国现代国画作品。

J0022072
我爱山村　孙学诚画
石家庄 河北人民出版社 1973 年 1 张 76cm（2 开）
定价：CNY0.14
　　本作品为年画形式的中国现代国画作品。

J0022073
我们的朋友遍天下　何中台作
杭州 浙江人民出版社 1973 年 1 张 53cm（4 开）
定价：CNY0.08
　　现代中国画作品。

J0022074
我们的朋友遍天下　何中台作
杭州 浙江人民出版社 1973 年 1 张 76cm（2 开）
定价：CNY0.11
　　现代中国画作品。

J0022075
我们都是为人民服务的　汪焕荣，吕学勤画
济南 山东人民出版社 1973 年 1 张 76cm（2 开）定价：CNY0.11
　　本作品为年画形式的中国现代国画作品。作者吕学勤（1936—1993），画家。别名理园，山东临朐人。历任中国美术家协会理事、山东美术家协会副主席、山东省美术馆一级美术师。代表作品有《雨后江山分外明》《春风得意图》《科研小组》等。

J0022076
喜迎佳节慰亲人　王信画
石家庄 河北人民出版社 1973 年 1 张 76cm（2 开）
定价：CNY0.14
　　本作品为年画形式的中国现代国画作品。

J0022077
喜摘新棉　白逸如画
济南 山东人民出版社 1973 年 1 张 76cm（2 开）
定价：CNY0.14
　　本作品为年画形式的中国现代国画作品。作者白逸如（1932—　　），女，画家。北京人。毕业于浙江美术学院。曾任山东省文化局美工室、山东师范大学艺术系教师，天津画院专业画家。主要作品有《渔家女儿上大学》《移来南茶住北乡》《大娘的病好了》等。

J0022078
晓雾初开　王石岑作
合肥 安徽人民出版社 1973 年 1 张 76cm（2 开）
定价：CNY0.11
　　现代中国画作品。

J0022079

新的岗位　彭放原作；王晋元复制
昆明　云南人民出版社　1973 年　1 张　76cm（2 开）
定价：CNY0.11
　　现代中国画作品。

J0022080

雪夜出诊　杨剑华作
合肥　安徽人民出版社　1973 年　1 张　76cm（2 开）
定价：CNY0.11
　　现代中国画作品。

J0022081

巡医又过大娘家　林俊龙作
福州　福建人民出版社　1973 年　1 张　53cm（4 开）
定价：CNY0.07
　　现代中国画作品。

J0022082

延安　苏州市美术创作组供稿
南京　江苏人民出版社　1973 年　1 张　78cm（2 开）
定价：CNY0.10
　　现代中国画作品。

J0022083

延安颂　钱松嵒作
上海　上海人民出版社　1973 年　1 张　76cm（2 开）
定价：CNY0.11
　　现代中国画作品。作者钱松嵒（1899—
1985），画家。江苏宜兴人。曾任江苏省国画院
院长、名誉院长，江苏省美术家协会主席、中国
美术家协会常务理事等。画作有《红岩》《延安
颂》《芙蓉湖上》《山岳颂》等。代表作品有《梅
园新村》《延安颂》《红岩》《井冈大瀑布》等。著
作《砚边点滴》。出版物《钱松嵒画集》等。

J0022084

扬起黄河水　浇灌万顷田　（汉、蒙文标题）
刘友仁等绘
呼和浩特　内蒙古人民出版社　1973 年　1 张
76cm（2 开）定价：CNY0.11
　　现代中国画作品。作者刘友仁（1941—　），
画家。内蒙古托克托人，毕业于内蒙古师范大学
美术系。历任呼和浩特美协副主席、内蒙古托克
托文化馆副研究馆员。作品有《雪梅青竹》《欢

乐的草原》《草原孩子打马球》《戈壁驼道》《金
牛迎春》等。出版有《刘友仁年画》等。

J0022085

扬子江畔　宋文治作
南京　江苏人民出版社　1973 年　1 张　76cm（2 开）
定价：CNY0.14
　　现代中国画作品。

J0022086

一切为了前线　陕西省美术创作组集体创作
西安　陕西省人民出版社　1973 年　1 张　76cm（2 开）
定价：CNY0.14
　　现代中国画作品。

J0022087

义务看车员　侯杰，李延生作
北京　人民美术出版社　1973 年　1 张　26cm（16 开）
定价：CNY0.05
　　现代中国画作品。

J0022088

邕江旭日　叶侣梅作
南宁　广西人民出版社　1973 年　38cm（6 开）
定价：CNY0.04
　　现代中国画作品。

J0022089

咏梅　（木版水印，绫裱立轴）王雪涛画
北京　荣宝斋（印制）1973 年　［1 轴］
定价：CNY19.00
　　现代中国画作品。

J0022090

咏梅　王子武作
西安　陕西人民出版社　1973 年　1 张　76cm（2 开）
定价：CNY0.14
　　现代中国画作品。

J0022091

油茶之乡　覃立强作
南宁　广西人民出版社　1973 年　38cm（6 开）
定价：CNY0.04
　　现代中国画作品。

J0022092

鱼水情深　李宝峰作

兰州 甘肃人民出版社 1973 年 78cm（2 开）

定价：CNY0.11

　　　现代中国画作品。作者李宝峰（1938—2019），国画家、一级美术师。辽宁抚顺市人，就读于鲁迅美术学院附中。历任甘肃画院副院长、甘肃美协副主席、中国美术家协会会员。代表作品有《李宝峰草原风情录》《李宝峰画集》等。

J0022093

再创高产　蔚学高作

北京 人民美术出版社 1973 年 26cm（16 开）

定价：CNY0.05

　　　现代中国画作品。

J0022094

再创高产　蔚学高作

太原 山西人民出版社 1973 年 76cm（2 开）

定价：CNY0.12

　　　本作品为年画形式的中国现代国画作品。

J0022095

长城内外尽朝晖　关山月作

广州 广东人民出版社 1973 年 53cm（4 开）

定价：CNY0.08（胶版纸印），CNY0.16（铜版纸印）

　　　现代中国画作品。

J0022096

争分夺秒　亚明作

南京 江苏人民出版社 1973 年 76cm（2 开）

定价：CNY0.14

　　　现代中国画作品。

J0022097

中国画作品选辑

天津 天津人民美术出版社 1973 年 14 幅（套）19cm（32 开）定价：CNY0.46

J0022098

祖国在召唤　郑学恭作

福州 福建人民出版社 1973 年 53cm（4 开）

定价：CNY0.07

　　　现代中国画作品。

J0022099

"十大"喜讯传四海　浦江两岸尽朝晖　王永强等作

上海 上海人民出版社 1974 年 ［1 张］38cm（6 开）定价：CNY0.10

　　　现代中国画作品。

J0022100

1973 年河南省美术、书法、摄影艺术作品展览中国画作品选

郑州 河南人民出版社 1974 年 13×18cm

统一书号：8105.470 定价：CNY0.37

　　　1973 年中国现代水墨画作品画册。

J0022101

爸爸送我去边疆　赵国经作

［哈尔滨］黑龙江人民出版社 1974 年 ［1 张］76cm（2 开）定价：CNY0.14

　　　现代中国画作品。作者赵国经（1950—　），一级画师。出生于河北景县，毕业于天津美术学院绘画系。历任中国美术家协会会员、连环画艺术委员会委员、天津美术家协会副主席、天津画院、天津美术出版社美术编辑，连环画编辑室主任。年画代表作品有《烽火连三月》《做嫁衣》等。

J0022102

病号饭　赵少非作

北京 人民美术出版社 1974 年 ［1 张］38cm（6 开）

定价：CNY0.04

　　　现代中国画作品。

J0022103

不管风吹浪打　廖卓勋，汤集祥作

北京 人民美术出版社 1974 年 ［1 张］53cm（4 开）

定价：CNY0.07

　　　现代中国画作品。

J0022104

常备不懈　徐宁作

北京 人民美术出版社 1974 年 ［1 张］38cm（6 开）

定价：CNY0.04

　　　现代中国画作品。

J0022105

初踏青山　陈玉峰作

［福州］福建人民出版社 1974 年［1 张］53cm（4 开）
定价：CNY0.07
　　　现代中国画作品。

J0022106
春满石城　钱松喦作
北京 人民美术出版社 1974 年［1 张］53cm（4 开）
定价：CNY0.07
　　　现代中国画作品。

J0022107
大柏地　（木版水印，绫裱立轴）钱松喦作
上海 上海书画社 1974 年［1 轴］
　　　现代中国画作品。

J0022108
大庆工人无冬天　赵志田作
北京 人民美术出版社 1974 年［1 张］53cm（4 开）
定价：CNY0.07
　　　现代中国画作品。

J0022109
大庆工人无冬天　赵志田作
北京 人民美术出版社 1974 年［1 张］38cm（6 开）
定价：CNY0.04
　　　现代中国画作品。

J0022110
大寨新景　李济远等绘；宋明殊配诗
北京 人民美术出版社 1974 年 12 页 18×16cm
统一书号：8027.5978 定价：CNY0.24
　　　现代中国画作品。

J0022111
大寨新景　（四条屏）李济远等绘；宋明殊
配诗
北京 人民美术出版社 1974 年 2 张 76cm（2 开）
定价：CNY0.28
　　　现代中国画作品。

J0022112
锻炼　于普洁画
［济南］山东人民出版社 1974 年［1 张］
76cm（2 开）定价：CNY0.14

J0022113
夺钢前哨　张永新等作
［沈阳］辽宁人民出版社 1974 年［1 张］
53cm（4 开）定价：CNY0.07
　　　现代中国画作品。

J0022114
夺钢前哨　张永新等作
北京 人民美术出版社 1974 年［1 张］53cm（4 开）
定价：CNY0.07
　　　现代中国画作品。

J0022115
风弄新篁引鸟声　（木版水印，画片）唐云作
北京 荣宝斋 1974 年 定价：CNY2.00
　　　现代中国画作品。作者唐云（1910— ），画
家。字侠尘，别号药城、药尘、药翁等。历任中
国画研究院院务委员，上海中国画院副院长、代
院长、名誉院长等职。中国美术家协会理事、美
协上海分会副主席。

J0022116
风雪昆仑春长在　边军作
［西宁］青海人民出版社 1974 年［1 张］
76cm（2 开）定价：CNY0.11
　　　现代中国画作品。

J0022117
富春江　伍霖生作
上海 上海书画社 1974 年［1 张］76cm（2 开）
定价：CNY0.14
　　　现代中国画作品。

J0022118
富春江上运输忙　方增先等绘
上海 上海书画社 1974 年［1 张］76cm（2 开）
定价：CNY0.30
　　　现代中国画作品。作者方增先（1931— ），
国画家。浙江兰溪人，毕业于浙江杭州国立艺术
专科学校。历任上海美术馆馆长、中国美术家协
会常务理事。出版画集《方增先人物画》《方增
先水墨画诗意画》《方增先古装人物画集》等，专
著有《怎样画水墨人物画》《结构素描》《人物画
的造型问题》等。

J0022119
攻读　熊兆瑞，林墉作
北京　人民美术出版社 1974 年［1 张］
53cm（4 开）定价：CNY0.07
　　现代中国画作品。

J0022120
国画新作　（一九七三年福建省美术、摄影展
览会中国画作品选）
福州　福建人民出版社 1974 年 16 张（套）
19cm（小 32 开）定价：CNY0.50

J0022121
红日照海河　王怀琪，钟长生作
［石家庄］河北人民出版社 1974 年［1 张］
107cm（全开）定价：CNY0.28
　　现代中国画作品。作者王怀琪，著名画家。
北京人，毕业于中央美院，在石家庄河北美校任
教，历任蒋兆和创作室的成员，河北美协主席、
河北画院院长。作者钟长生（1941—　），畲族，
画家。笔名钟箫，浙江龙泉市人，毕业于浙江美
术学院中国画系。历任河北画院专职画家、一级
美术师、中国书法艺术研究院艺术委员会理事、
国际诗词艺术家联合会理事、亚洲艺术科学院院
士、河北省山水画研究会会长等职。代表作品《钟
长生画选》《钟长生画集》。

J0022122
红日照海河　王怀琪，钟长生作
［石家庄］河北人民出版社 1974 年［1 张］
76cm（2 开）定价：CNY0.14
　　现代中国画作品。

J0022123
黄河在前进　谢瑞阶作
［郑州］河南人民出版社 1974 年［1 张］
76cm（2 开）定价：CNY0.14
　　现代中国画作品。

J0022124
激扬文字　鸥洋，杨之光作
［广州］广东人民出版社 1974 年［1 张］
76cm（2 开）定价：CNY0.14
　　现代中国画作品。作者鸥洋（1937—　），女，
生于湖北武昌，原籍江西龙南，毕业于广州美术

学院，留校任教。历任广州美术学院教授、中国
美术家协会会员、中国油画学会理事、广东美术
家协会油画艺术委员会委员、广东油画学会副主
席。代表作有《女民警》《往事涌心头》《金色的
秋天》等。

J0022125
激扬文字　鸥洋，杨之光作
［广州］广东人民出版社 1975 年 53cm（4 开）
定价：CNY0.07
　　现代中国画作品。

J0022126
激扬文字　鸥洋，杨之光作
北京　北京人民美术出版社 1977 年 1 页
39cm（8 开）定价：CNY0.14
　　中国现代国画作品。

J0022127
激扬文字　鸥洋，杨之光作
上海　上海书画社 1977 年 1 页 76cm（2 开）
定价：CNY0.30
　　中国现代国画作品。

J0022128
激扬文字　（木版水印、绫裱画轴）杨之光，欧
洋合作
上海　朵云轩 1979 年［1 轴］定价：CNY35.00
　　现代中国画作品。

J0022129
坚持不懈　刘柏荣作
［沈阳］辽宁人民出版社 1974 年［1 张］
76cm（2 开）定价：CNY0.11
　　现代中国画作品。

J0022130
坚持不懈　刘柏荣作
北京　人民美术出版社 1974 年［1 张］53cm（4 开）
定价：CNY0.07
　　现代中国画作品。

J0022131
坚持不懈　刘柏荣作
上海　上海书画社 1974 年［1 张］76cm（2 开）

定价: CNY0.14

现代中国画作品。

J0022132

金色的瀑布 胡今叶, 孙建如作

[南京] 江苏人民出版社 1974 年 [1 张]

76cm (2 开) 定价: CNY0.11

现代中国画作品。

J0022133

来到第二个故乡 殷恩光, 张迪平作

上海 上海人民出版社 1974 年 [1 张] 38cm (6 开)

定价: CNY0.12

现代中国画作品。作者殷恩光, 连环画家。上海美协常务理事、国家一级美术师。连环画代表作品有《闻一多》等。

J0022134

来到第二个故乡 殷恩光, 张迪平作

上海 上海书画社 1974 年 [1 张] 76cm (2 开)

定价: CNY0.14

现代中国画作品。

J0022135

炉火正红 周小筠等作

上海 上海人民出版社 1974 年 [1 张] 38cm (6 开)

定价: CNY0.10

现代中国画作品。

J0022136

绿色长城 关山月作

北京 人民美术出版社 1974 年 [1 张] 53cm (4 开)

定价: CNY0.07

现代中国画作品。作者关山月 (1912—2000), 国画家、教育家。原名关泽霈。生于广东阳江。历任广州市艺专教授、广州美术学院教授兼院长、广东画院院长、中国美术家协会副主席、广东省美术家协会副主席等职。代表作《江山如此多娇》《俏不争春》《绿色长城》《长河颂》等。

J0022137

绿色长城 关山月作

上海 上海书画社 1974 年 [1 张] 76cm (2 开)

定价: CNY0.14

现代中国画作品。

J0022138

毛主席 韶山旧居 徐照海作

[长沙] 湖南人民出版社 1974 年 [1 张]

53cm (4 开) 定价: CNY0.07

现代中国画作品。

J0022139

毛主席 韶山旧居 徐照海作

[长沙] 湖南人民出版社 1974 年 [1 张]

76cm (2 开) 定价: CNY0.14

现代中国画作品。

J0022140

毛主席和我们在一起 孙国成作

[长沙] 湖南人民出版社 1974 年 [1 张]

76cm (2 开) 定价: CNY0.14

现代中国画作品。

J0022141

毛主席重访井冈山 王兆荣作

[南昌] 江西人民出版社 1974 年 [1 张]

76cm (2 开) 定价: CNY0.14

现代中国画作品。

J0022142

苗山新绣 张达平作

北京 人民美术出版社 1974 年 [1 张]

38cm (6 开) 定价: CNY0.04

现代中国画作品。作者张达平 (1945—), 广西博白人。师从著名岭南派画家黄独峰。曾任广西美术出版社副总编、广西书画研究会副会长、广西文物收藏家协会副会长等职。主要作品有《苗山新绣》《狼孩》《木偶奇遇记》等。

J0022143

南湖春晓 (木版水印, 画片) 李亚画

北京 荣宝斋 1974 年 定价: CNY2.00

现代中国画作品。

J0022144

南泥湾新战士 刘子泽, 李超作

北京 人民美术出版社 1974 年 [1 张] 38cm (6 开)

定价: CNY0.04

现代中国画作品。

J0022145
女支书　龙清廉作
北京 人民美术出版社 1974 年 ［1 张］
38cm（6 开）定价：CNY0.04
　　现代中国画作品。

J0022146
蓬莱渔汛　张彦青画
［济南］山东人民出版社 1974 年 ［1 张］
76cm（2 开）定价：CNY0.14
　　现代中国画作品。

J0022147
平凡的岗位　潘宗和，狄金泉作
［南京］江苏人民出版社 1974 年 ［1 张］
76cm（2 开）定价：CNY0.14
　　现代中国画作品。

J0022148
平凡的岗位　潘宗和作
北京 人民美术出版社 1974 年 ［1 张］
53cm（4 开）定价：CNY0.07
　　现代中国画作品。

J0022149
俏不争春　关山月作
北京 人民美术出版社 1974 年 ［1 张］
53cm（4 开）定价：CNY0.07
　　现代中国画作品。

J0022150
俏不争春　关山月作
北京 人民美术出版社 1974 年 ［1 张］
38cm（6 开）定价：CNY0.04
　　现代中国画作品。

J0022151
全国连环画、中国画展览　（1973 中国画图
录）天津人民美术出版社编辑
天津 天津人民美术出版社 1974 年 166 页
17×10cm 定价：CNY0.88

J0022152
全国连环画、中国画展览中国画图录
（1973）

天津 天津人民美术出版社 1974 年 17cm（32 开）
统一书号：8073.50027 定价：CNY0.88

J0022153
人民的苹果　唐大禧作
［广州］广东人民出版社 1974 年 ［1 张］
53cm（4 开）定价：CNY0.07
　　现代中国画作品。

J0022154
人民的苹果　唐大禧作
［沈阳］辽宁人民出版社 1974 年 ［1 张］
76cm（2 开）定价：CNY0.11
　　现代中国画作品。

J0022155
人民的苹果　唐大禧作
北京 人民美术出版社 1974 年 ［1 张］
53cm（4 开）定价：CNY0.07
　　现代中国画作品。

J0022156
人民的苹果　唐大禧作
天津 天津人民美术出版社 1974 年 ［1 张］
76cm（2 开）定价：CNY0.14
　　现代中国画作品。

J0022157
如果敌人从那边来　单应桂作
北京 人民美术出版社 1974 年 ［1 张］
53cm（4 开）定价：CNY0.07
　　现代中国画作品。

J0022158
如今管地又管天　杨力舟，王迎春作
北京 人民美术出版社 1974 年 ［1 张］
53cm（4 开）定价：CNY0.07
　　现代中国画作品。

J0022159
山河新装　应野平作
上海 上海人民出版社 1974 年 ［1 张］
38cm（6 开）定价：CNY0.12
　　现代中国画作品。

J0022160
闪光　张培础作
上海　上海书画社　1974 年［1 张］76cm（2 开）
定价：CNY0.14
　　现代中国画作品。

J0022161
哨　陈洞庭作
北京　人民美术出版社　1974 年［1 张］
53cm（4 开）定价：CNY0.07
　　现代中国画作品。

J0022162
哨　陈洞庭作
北京　人民美术出版社　1974 年［1 张］
38cm（6 开）定价：CNY0.04
　　现代中国画作品。

J0022163
社员需要的都带上啦　汤继民，汤济新作
［南京］江苏人民出版社　1974 年［1 张］
76cm（2 开）定价：CNY0.14
　　现代中国画作品。

J0022164
申请入党　梁岩作
［石家庄］河北人民出版社　1974 年［1 张］
76cm（2 开）定价：CNY0.14
　　现代中国画作品。

J0022165
申请入党　梁岩作
北京　人民美术出版社　1974 年［1 张］
53cm（4 开）定价：CNY0.07
　　现代中国画作品。

J0022166
深山宝藏任我取　周大正作
北京　人民美术出版社　1974 年［1 张］
53cm（4 开）定价：CNY0.07
　　现代中国画作品。

J0022167
声声催山醒　汪其忻，郑伊农作
［合肥］安徽人民出版社　1974 年［1 张］

76cm（2 开）定价：CNY0.11
　　现代中国画作品。

J0022168
十大喜讯　传四海　浦江两岸尽朝晖　谢之
光等作
北京　人民美术出版社　1974 年［1 张］
38cm（6 开）定价：CNY0.04
　　现代中国画作品。

J0022169
十大喜讯　传四海　浦江两岸尽朝晖　谢之
光等作
北京　人民美术出版社　1974 年［1 张］
53cm（4 开）定价：CNY0.07
　　现代中国画作品。

J0022170
实践中来　黄清琪作
［福州］福建人民出版社　1974 年［1 张］
76cm（2 开）定价：CNY0.14
　　现代中国画作品。

J0022171
实践中来　黄清琪作
北京　人民美术出版社　1974 年［1 张］
38cm（6 开）定价：CNY0.04
　　现代中国画作品。

J0022172
誓师会上　上海第一钢铁厂工人业余美术创
作组［作］
上海　上海人民出版社　1974 年［1 张］
38cm（6 开）定价：CNY0.10
　　现代中国画作品。

J0022173
叔叔喝水　杨孝丽，朱理存作
北京　人民美术出版社　1974 年［1 张］
53cm（4 开）定价：CNY0.07
　　现代中国画作品。

J0022174
叔叔喝水　杨孝丽，朱理存作
北京　人民美术出版社　1974 年［1 张］

38cm（6 开）定价：CNY0.04
　　　现代中国画作品。

J0022175
竖新塔　孙元吉作
［兰州］甘肃人民出版社 1974 年 ［1 张］
76cm（2 开）定价：CNY0.14
　　　现代中国画作品。

J0022176
四季青　龚文桢作
北京 人民美术出版社 1974 年 ［1 张］
38cm（6 开）定价：CNY0.04
　　　现代中国画作品。作者龚文桢（1945—　　），
画家。北京人，毕业于北京工艺美术学校。历任
中国画研究院画家、中国美术家协会会员、东方
美术交流学会会员。代表作品《山里红》《霜重
色愈浓》《山茶》等。

J0022177
太湖新歌　林曦明作
北京 人民美术出版社 1974 年 ［1 张］
53cm（4 开）定价：CNY0.07
　　　现代中国画作品。

J0022178
太湖之晨　宋文治作
北京 人民美术出版社 1974 年 ［1 张］
53cm（4 开）定价：CNY0.07
　　　现代中国画作品。

J0022179
太湖之晨　（木版水印，绫裱立轴）宋文治作
北京 荣宝斋 1974 年 ［1 轴］定价：CNY130.00
　　　本作品系一九七三年全国连环画中国画展
览会展品。

J0022180
探望　（汉、朝文标题）李富一绘
延吉 延边人民出版社 1974 年 ［1 张］
76cm（2 开）定价：CNY0.14
　　　现代中国画作品。

J0022181
天堑变通途　（木版水印，绫裱立轴）魏紫熙作

北京 荣宝斋 1974 年 ［1 轴］定价：CNY125.00
　　　一九七三年全国连环画中国画展览会展品。

J0022182
天堑通途　魏紫熙作
北京 人民美术出版社 1974 年 ［1 张］
53cm（4 开）定价：CNY0.07
　　　现代中国画作品。

J0022183
桐芦小景　（木版水印，画片）伍霖生作
北京 荣宝斋 1974 年 定价：CNY2.00
　　　现代中国画作品。

J0022184
团代会上　徐君陶作
北京 人民美术出版社 1974 年 ［1 张］
76cm（2 开）定价：CNY0.04
　　　现代中国画作品。

J0022185
挖山不让　王迎春，杨力舟作
北京 人民美术出版社 1974 年 ［1 张］
53cm（4 开）定价：CNY0.07
　　　现代中国画作品。

J0022186
挖山不让　王迎春，杨力舟作
［太原］山西人民出版社 1974 年 ［1 张］
76cm（2 开）定价：CNY0.14
　　　现代中国画作品。

J0022187
挖山不让　王迎春，杨力舟作
［成都］四川人民出版社 1974 年 ［1 张］
53cm（4 开）定价：CNY0.07
　　　现代中国画作品。

J0022188
喜听原油滚滚流　王洪涛画
［济南］山东人民出版社 1974 年 ［1 张］
76cm（2 开）定价：CNY0.14
　　　现代中国画作品。

J0022189
心红瓜甜　杨秋宝, 刘同邦作
上海　上海人民出版社　1974 年 ［1 张］
38cm（6 开）定价: CNY0.10
　　现代中国画作品。

J0022190
心明眼亮　章锡龄, 王俊生作
北京　人民美术出版社　1974 年 ［1 张］
38cm（6 开）定价: CNY0.04
　　现代中国画作品。

J0022191
羊城圣地　（绫裱卷轴）关山月作
北京　荣宝斋　1974 年 ［1 轴］
　　现代中国画作品。

J0022192
夜读　王恤珠, 潘晋拔作
［广州］广东人民出版社　1974 年 ［1 张］
53cm（4 开）定价: CNY0.07
　　现代中国画作品。作者王恤珠（1930—2015），油画家。山东烟台人，毕业于中央美术学院。曾任广东画院专业画家、一级美术师，中国美术家协会会员、广东告美术家协会理事、广东油画会理事。代表作品有《王恤珠油画选集》《王恤珠画集》等。作者潘晋拔（1939—　　），美术编审。广东兴宁市永和镇人，毕业于广州美术学院中国画系。历任广州美院中国画系、广东画院、广东省博物馆、广东省作家协会《作品》编辑部美术编审。出版有《中国电脑画》画集。

J0022193
夜归　来汶阳作
北京　人民美术出版社　1974 年 ［1 张］
53cm（4 开）定价: CNY0.07
　　现代中国画作品。

J0022194
一九七三年《全国连环画、中国画展览》中国画图录
天津　天津人民美术出版社　1974 年 19cm(小 32 开)
定价: CNY0.88

J0022195
一九七三年《全国连环画、中国画展览》中国画选集　国务院文化组美术作品征集小组编
北京　人民美术出版社　1974 年 39cm（8 开）
定价: CNY5.80

J0022196
义务看车员　侯杰, 延生作
北京　人民美术出版社　1974 年 ［1 张］
53cm（4 开）定价: CNY0.07
　　现代中国画作品。

J0022197
跃马擒敌　李惠作
北京　人民美术出版社　1974 年 ［1 张］
53cm（4 开）定价: CNY0.07
　　现代中国画作品。

J0022198
再创高产　蔚学高作
北京　人民美术出版社　1974 年 ［1 张］
53cm（4 开）定价: CNY0.07
　　现代中国画作品。

J0022199
再创高产　蔚学高作
北京　人民美术出版社　1974 年 ［1 张］
76cm（2 开）定价: CNY0.11
　　现代中国画作品。

J0022200
枣园来了秧歌队　高民生等作
北京　人民美术出版社　1974 年 ［1 张］
53cm（4 开）定价: CNY0.05
　　现代中国画作品。

J0022201
长白青松　周思聪作
北京　人民美术出版社　1974 年 ［1 张］
53cm（4 开）定价: CNY0.07
　　现代中国画作品。

J0022202
长征日记　陈衍宁作
［广州］广东人民出版社　1974 年 ［1 张］

76cm（2开）定价：CNY0.04

现代中国画作品。作者陈衍宁（1945— ），广东博罗县人。毕业于广州美术学院舞台美术大专班。中国美术家协会会员、广东画院专业画家。擅中国人物画。代表作有《母与子》《山风》《晨光》等。

J0022203

长征日记　　陈衍宁作

北京 人民美术出版社 1974年 ［1张］
38cm（6开）定价：CNY0.04

现代中国画作品。

J0022204

正副书记　　殷培华作

北京 人民美术出版社 1974年 ［1张］
38cm（6开）定价：CNY0.04

现代中国画作品。作者殷培华（1943— ），国家一级美术师。江苏常熟人。毕业于苏州工艺美术专科学校。曾任《山东民兵》美术编辑、南京军区政治部文艺创作室专职创作员等职。主要作品有《三比一》《总理和老农》《歌别图》等。

J0022205

中国画小辑　　湖北省中国画、连环画、版画、摄影艺术作品展览办公室供稿

武汉 湖北人民出版社 1974年 12幅 18cm（15开）
统一书号：8106.1457 定价：CNY0.40

J0022206

中国画新辑　　（一）上海人民出版社编辑

上海 上海人民出版社 1974年 10幅 26cm（16开）
统一书号：8171.784 定价：CNY0.80

J0022207

中国画新辑　　（二）上海人民出版社编辑

上海 上海人民出版社 1975年 12幅 26cm（16开）
统一书号：8171.1116 定价：CNY0.90

J0022208

中国画选　　（一九七三年《全国连环画、中国画展览》作品）

北京 人民美术出版社 1974年 49页 18cm（15开）
统一书号：8027.5885 定价：CNY0.55

J0022209

祖国处处是我家　　施大畏作

上海 上海书画社 1974年 ［1张］76cm（2开）
定价：CNY0.14

现代中国画作品。作者施大畏（1950— ），画家，浙江吴兴人，毕业于上海大学美术学院国画系。国家一级美术师，曾任上海国画院执行院长、中国美术家协会副主席、中国美协国画艺委会委员、上海美协国画艺委会主任、上海大学美术学院兼职教授等职。代表作《暴风骤雨》《国殇》《皖南事变》《归途——西路军妇女团纪实》。

J0022210

最后两位顾客　　赵洪武作

［沈阳］辽宁人民出版社 1974年 ［1张］
53cm（4开）定价：CNY0.07

现代中国画作品。作者赵洪武（1930— ），画家。辽宁沈阳人，笔名洪武。曾任沈阳市文化局美术服务部副主任，沈阳日报美编，沈阳市美协主席。主要作品有《永乐长寿图》《棒槌姑娘》。

J0022211

俺村又添新机床　　任尚永作

北京 人民美术出版社 1975年 ［1张］76cm（2开）
定价：CNY0.11

本作品为年画形式的中国现代国画作品。

J0022212

报捷　　胡梯林画

［长春］吉林人民出版社 1975年 ［1张］
76cm（2开）定价：CNY0.14

本作品为年画形式的中国现代国画作品。

J0022213

北京送来的礼物　　伍启中等作

［广州］广东人民出版社 1975年 38cm（6开）
定价：CNY0.07

现代中国画作品。作者伍启中（1944— ），画家，国家一级美术师。擅长国画。广东新会人。毕业于广州美术学院附中。广东画院副院长、中国美协会员、广东省美协常务理事。曾任《广东画报》美术编辑。代表作品有《康有为》《浩气长存——孙中山》，国画《心潮逐浪高》《世上无难事》《新区故地》，油画《东方欲晓》等。

J0022214

北京送来的礼物　伍启中等作
北京　人民美术出版社　1975 年　53cm（4 开）
定价：CNY0.07
　　现代中国画作品。

J0022215

北京送来的礼物　伍启中等作
北京　人民美术出版社　1975 年　38cm（6 开）
定价：CNY0.04
　　现代中国画作品。

J0022216

北京送来的礼物　伍启中等作
上海　上海人民出版社　1975 年　38cm（6 开）
定价：CNY0.10
　　现代中国画作品。

J0022217

不靠天　昔阳县业余美术创作组
上海　上海人民出版社　1975 年　［1 张］
76cm（2 开）定价：CNY0.11
　　本作品为年画形式的中国现代国画作品。

J0022218

藏水桶　孔昭平画
［长春］吉林人民出版社　1975 年　［1 张］
76cm（2 开）定价：CNY0.14
　　本作品为年画形式的中国现代国画作品。

J0022219

草原花开朵朵红　蚁美楷画
［长春］吉林人民出版社　1975 年　［1 张］
76cm（2 开）定价：CNY0.14
　　本作品为年画形式的中国现代国画作品。
作者蚁美楷（1938—　），画家。广东澄海人，毕
业于北京艺术师范学院。历任吉林艺术学院美
术系教师、广州美术学院副教授。代表作品《打
稻场上》《待鱼归》《炎黄子孙》等。

J0022220

草原民兵练武忙　李财画
［长春］吉林人民出版社　1975 年　［1 张］
76cm（2 开）定价：CNY0.14
　　本作品为年画形式的中国现代国画作品。

J0022221

初试锋芒　朱大海画
［长春］吉林人民出版社　1975 年　［1 张］
76cm（2 开）定价：CNY0.14
　　本作品为年画形式的中国现代国画作品。

J0022222

处处岗哨　戴明德作
北京　人民美术出版社　1975 年　38cm（6 开）
定价：CNY0.04
　　现代中国画作品。作者戴明德（1943—
2017），国画家，教授。生于上海，祖籍浙江宁海。
毕业于上海美术专科学校。上海大学美术学院
教授、中国美术家协会会员。作品有《憧憬》《上
冬学》《五老图》等。

J0022223

穿山引水　孟明，孔祥芬绘
北京　人民出版社　1975 年　［1 张］76cm（2 开）
定价：CNY0.14
　　本作品为年画形式的中国现代国画作品。

J0022224

春到鹿场　郭汝愚，匀文东作
［成都］四川人民出版社　1975 年　53cm（4 开）
定价：CNY0.07
　　现代中国画作品。作者郭汝愚（1941—　），
画家。字智光，号芝瑜，生于四川郫县。历任四
川省诗书画院画师、创作研究室主任，四川国际
文化交流中心中国画委员会副会长，成都花鸟画
会副会长。著有《郭汝瑜扇面画集》《佛教人物
百图》等。

J0022225

春闹葵乡　（木版水印，绫裱轴画）陈章积作
［北京］荣宝斋［印制］1975 年　［1 轴］
定价：CNY48.00
　　现代中国画作品。

J0022226

打乒乓球　张成三等画
［石家庄］河北人民出版社　1975 年　［1 张］
76cm（2 开）定价：CNY0.14
　　本作品为年画形式的中国现代国画作品。

J0022227

大变靠咱们大干　杨树有画

[长春] 吉林人民出版社 1975 年 [1 张]

76cm（2 开）定价：CNY0.14

　　本作品为年画形式的中国现代国画作品。作者杨树有，主要绘制的年画作品有《花好月圆》《湖光山色》《勤劳有余福寿来》等。

J0022228

大娘的心意　王福增画；郓城县文化馆供稿

[济南] 山东人民出版社 1975 年 [1 张]

76cm（2 开）定价：CNY0.11

　　本作品为年画形式的中国现代国画作品。作者王福增(1946—　)，满族，画家。山东郓城人，祖籍河北雄州，号山东大愚。河北省美术家协会会员、中国画研究会会员、香港国际书画中国艺术研究院理事、国家一级美术师、山东画院高级画师、曹州美协副主席。作品有《绿荫垂江》《相依》《幽林》《淀上人家》《故乡的河》等。

J0022229

大娘的心意　王福增画；郓城县文化馆供稿

天津 天津人民美术出版社 1975 年 [1 张]

76cm（2 开）定价：CNY0.11

　　本作品为年画形式的中国现代国画作品。

J0022230

大寨之路　（六条屏 胶印轴画）李济远等绘；魏旭光，罗继长编文

天津 天津杨柳青画店 1975 年 6 幅

定价：CNY1.20

　　本作品为年画形式的中国现代国画作品。

J0022231

东风万里情谊深　魏明画

[长春] 吉林人民出版社 1975 年 [1 张]

76cm（2 开）定价：CNY0.14

　　本作品为年画形式的中国现代国画作品。

J0022232

洞庭春色　宋文治作

[南京] 江苏人民出版社 1975 年 [1 张]

76cm（2 开）定价：CNY0.14

　　现代中国画作品。

J0022233

端起龙江化春雨　白文明画

[长春] 吉林人民出版社 1975 年 [1 张]

76cm（2 开）定价：CNY0.14

　　本作品为年画形式的中国现代国画作品。

J0022234

风华正茂　（四条屏）天津艺术学院绘画系工农兵学员，教师集体创作

北京 人民美术出版社 1975 年 2 张

76cm（2 开）定价：CNY0.28

　　本作品为年画形式的中国现代国画作品。

J0022235

赴会之前　宓玲，孙玉敏画

[长春] 吉林人民出版社 1975 年 [1 张]

76cm（2 开）定价：CNY0.14

　　本作品为年画形式的中国现代国画作品。

J0022236

钢铁工人评千秋　马振声作

北京 人民美术出版社 1975 年 38cm（6 开）

定价：CNY0.04

　　现代中国画作品。

J0022237

工农兵形象选　（中国画）

石家庄 河北人民出版社 1975 年 21 幅

26cm（16 开）定价：CNY0.90

J0022238

"公社"气象员　胡怀生作

[成都] 四川人民出版社 1975 年 53cm（4 开）

定价：CNY0.06

　　现代中国画作品。

J0022239

共同前进　（中国人民解放军七八五三部队）武蜀西作

[成都] 四川人民出版社 1975 年 53cm（4 开）

定价：CNY0.06

　　现代中国画作品。

J0022240

古长城畔绘新图　（木版水印，绫裱轴画）钱

松嵒作

[北京]荣宝斋[印制] 1975年 [1轴]

定价: CNY28.00

　　现代中国画作品。作者钱松嵒(1899—1985),画家。江苏宜兴人。曾任江苏省国画院院长、名誉院长,江苏省美术家协会主席、中国美术家协会常务理事等。画作有《红岩》《延安颂》《芙蓉湖上》《山岳颂》等。代表作品有《梅园新村》《延安颂》《红岩》《井冈大瀑布》等。著作《砚边点滴》。出版物《钱松嵒画集》等。

J0022241

光荣的岗位　王永才等画

[长春]吉林人民出版社 1975年 [1张]

76cm(2开) 定价: CNY0.14

　　本作品为年画形式的中国现代国画作品。

J0022242

广东中国画新作选　广东人民出版社编辑

广州 广东人民出版社 1975年 41页 38cm(6开)

统一书号: 8111.1290 定价: CNY5.00

J0022243

广阔天地　大有作为　(四条屏)李玉昌绘

北京 人民美术出版社 1975年 2张 76cm(2开)

定价: CNY0.22

　　本作品为年画形式的中国现代国画作品。

J0022244

归鹿　(木版水印,绫裱轴画)麦国雄作

[北京]荣宝斋[印制] 1975年 [1轴]

定价: CNY26.00

　　现代中国画作品。

J0022245

海燕　张思杰作

[石家庄]河北人民出版社 1975年 [1张]

76cm(2开) 定价: CNY0.14

　　本作品为年画形式的中国现代国画作品。

J0022246

红太阳照边疆　赵丁画

[长春]吉林人民出版社 1975年 [1张]

76cm(2开) 定价: CNY0.14

　　本作品为年画形式的中国现代国画作品。

J0022247

会战年代　赵志田作

[沈阳]辽宁人民出版社 1975年 [1张]

76cm(2开) 定价: CNY0.11

　　中国现代年画作品。

J0022248

会战年代　赵志田作

北京 人民美术出版社 1975年 53cm(4开)

定价: CNY0.07

　　现代中国画作品。

J0022249

会战年代　赵志田作

北京 人民美术出版社 1975年 38cm(6开)

定价: CNY0.04

　　现代中国画作品。

J0022250

家耀书画选辑　(李家耀先生作画五十五周年回顾纪念册)李家耀著

若野堂 1975年 109页 有图 26cm(16开)

　　现代中国画作品。

J0022251

碱地之花　(木版水印,绫裱轴画)曹汶作

上海 上海书画社 1975年 [1轴]

　　现代中国画作品。

J0022252

江南稻香　(木版水印,绫裱轴画)钱松嵒作

[北京]荣宝斋[印制] 1975年 [1轴]

定价: CNY16.80

　　现代中国画作品。作者钱松嵒(1899—1985),画家。江苏宜兴人。曾任江苏省国画院院长、名誉院长,江苏省美术家协会主席、中国美术家协会常务理事等。画作有《红岩》《延安颂》《芙蓉湖上》《山岳颂》等。代表作品有《梅园新村》《延安颂》《红岩》《井冈大瀑布》等。著作《砚边点滴》。出版物《钱松嵒画集》等。

J0022253

江南稻香　(木版水印,绫裱轴画)钱松嵒作

[北京]荣宝斋[印制] 1975年 [1轴]

定价: CNY16.8

现代中国画作品。

J0022254

江上宏图　（木版水印，绫裱轴画）钱松喦作
［北京］荣宝斋［印制］1975 年［1 轴］
定价：CNY28.00
　　本书是现代中国画作品。作者以老练的笔
墨、明快的色彩、巧妙的构图，尽力反映新中国
的建设面貌。本图描绘了南京长江大桥的壮丽
景色。

J0022255

姐妹俩　王遵义，殷培华作
北京　人民美术出版社 1975 年 53cm（4 开）
定价：CNY0.07
　　现代中国画作品。

J0022256

今日江南分外娇　钱松喦作
北京　人民美术出版社 1975 年 53cm（4 开）
定价：CNY0.07
　　现代中国画作品。

J0022257

快看俺家新专栏　万青力绘
北京　人民出版社 1975 年［1 张］76cm（2 开）
定价：CNY0.14
　　本作品为年画形式的中国现代国画作品。

J0022258

老队长的节目　安学贵画
［长春］吉林人民出版社 1975 年［1 张］
76cm（2 开）定价：CNY0.14
　　本作品为年画形式的中国现代国画作品。
作者安学贵（1940—　　），画家。辽宁辽阳市人。
中国同泽书画研究院书画家、吉林省通榆县文化
馆馆员、中国美术家协会会员。主要作品有《礼
物》等。

J0022259

雷锋小组　王玉珏画；黄庆云诗
［广州］广东人民出版社 1975 年 53cm（4 开）
定价：CNY0.07
　　现代中国画作品。

J0022260

理论辅导员　韦江琼作
［武汉］湖北人民出版社 1975 年 53cm（4 开）
定价：CNY0.07
　　现代中国画作品。

J0022261

连奏丰收曲　吴宇芳画
［长春］吉林人民出版社 1975 年［1 张］
76cm（2 开）定价：CNY0.14
　　本作品为年画形式的中国现代国画作品。

J0022262

母女同批《女儿经》　李壮平绘
［成都］四川人民出版社 1975 年［1 张］
76cm（2 开）定价：CNY0.11
　　本作品为年画形式的中国现代国画作品。

J0022263

母校来访　刘仁杰画
［长春］吉林人民出版社 1975 年［1 张］
76cm（2 开）定价：CNY0.14
　　本作品为年画形式的中国现代国画作品。
作者刘仁杰（1951—　　）教师。辽宁大连人，鲁
迅美术学院油画专业研究生。历任鲁迅美术学
院油画系主任、教授、第一工作室主任导师。中
国美术家协会会员、中国油画学会常务理事、辽
宁油画学会副主席、北京艺鸣盛世文化传媒有限
公司特邀艺术顾问。代表作品有《雁南飞》《风》
《绿地》《夏》。出版有《刘仁杰油画作品》。

J0022264

农村文艺宣传队　付启荣，石润兴绘
北京　人民出版社 1975 年［1 张］76cm（2 开）
定价：CNY0.14
　　本作品为年画形式的中国现代国画作品。

J0022265

谱新曲　朱理存作
［成都］四川人民出版社 1975 年 53cm（4 开）
定价：CNY0.07
　　现代中国画作品。

J0022266

千秋功罪　我们评说　延生，侯杰作

北京 人民美术出版社 1975 年 53cm（4 开）
定价：CNY0.07
　　现代中国画作品。

J0022267
俏不争春 （一九七三年全国连环画中国画展
览会展品 木版水印，绫裱轴画）关山月作
［北京］荣宝斋［印制］1975 年［1 轴］
定价：CNY90.00
　　作者关山月（1912—2000），国画家、教育
家。原名关泽霈。生于广东阳江。历任广州市
艺专教授、广州美术学院教授兼院长、广东画院
院长、中国美术家协会副主席、广东省美术家协
会副主席等职。代表作《江山如此多娇》《俏不
争春》《绿色长城》《长河颂》等。

J0022268
请老师　赵彦杰画
［长春］吉林人民出版社 1975 年［1 张］
76cm（2 开）定价：CNY0.14
　　本作品为年画形式的中国现代国画作品。

J0022269
人欢马叫 （户县农民画 木版水印，绫裱轴画）
宋厚成作
上海 上海书画社 1975 年［1 轴］

J0022270
闪光 （木版水印，绫裱轴画）张培础作
上海 上海书画社 1975 年［1 轴］
　　现代中国画作品。

J0022271
闪闪红星传万代　戈万明画
［长春］吉林人民出版社 1975 年［1 张］
76cm（2 开）定价：CNY0.11
　　本作品为年画形式的中国现代国画作品。

J0022272
生产队里气象新　李俊杰画
［长春］吉林人民出版社 1975 年［1 张］
76cm（2 开）定价：CNY0.14
　　本作品为年画形式的中国现代国画作品。

J0022273
世界大事装心中　董硕画
［长春］吉林人民出版社 1975 年［1 张］
76cm（2 开）定价：CNY0.14
　　本作品为年画形式的中国现代国画作品。

J0022274
试讲　王小明画
［长春］吉林人民出版社 1975 年［1 张］
76cm（2 开）定价：CNY0.11
　　本作品为年画形式的中国现代国画作品。

J0022275
叔叔喝水 （木版水印，绫裱轴画）杨孝丽，朱
理存作
上海 上海书画社 1975 年［1 轴］
　　现代中国画作品。

J0022276
硕果累累　吕玉玲画
［长春］吉林人民出版社 1975 年［1 张］
76cm（2 开）定价：CNY0.14
　　本作品为年画形式的中国现代国画作品。

J0022277
宋人榴枝黄鸟图 （木版水印，绫裱轴画）
［北京］荣宝斋［印制］1975 年［1 轴］
定价：CNY36.00
　　现代中国画作品。

J0022278
踏遍煤海千条巷　赵荣纪作
北京 人民美术出版社 1975 年 1 张
53cm（4 开）定价：CNY0.04
　　现代中国画作品。

J0022279
太湖新歌 （一九七三年全国连环画中国画展
览会展品 木版水印，绫裱轴画）林曦明作
［北京］荣宝斋［印制］1975 年［1 轴］
定价：CNY30.00

J0022280
太湖新歌　林曦明作
上海 上海书画社 1975 年 1 张 76cm（2 开）

定价: CNY0.30

现代中国画作品。

J0022281

体育新苗　张世强绘; 胡平开诗; 人民体育出版社编辑

北京 人民体育出版社 1975年 22页 17×18cm

统一书号: 8015.1554 定价: CNY0.28

现代中国画作品。

J0022282

天山牧歌　关山月作

[广州] 广东人民出版社 1975年 1张

53cm(4开) 定价: CNY0.07

现代中国画作品。

J0022283

铁索桥畔　(一九七二年全国美术展览会展品 木版水印, 绫裱轴画) 单应桂, 赵志华合作

[北京] 荣宝斋 [印制] 1975年 [1轴]

定价: CNY32.00

J0022284

同心协力　刘佩珩画

[长春] 吉林人民出版社 1975年 [1张]

76cm(2开) 定价: CNY0.14

本作品为年画形式的中国现代国画作品。作者刘佩珩(1954—), 画家, 研究院。别名刘山, 天津宝坻人, 毕业于东北师范大学美术系。历任吉林省通榆县文化馆副馆长、副研究员。作品有《喜迎春》《长白珍宝》《祖孙情》《长白珍奇》《趣》《关东乐》等。

J0022285

瓦洛寨　(四条屏) 凉山彝族自治州文工团, 四川人民出版社编绘

[成都] 四川人民出版社 1975年 2张

76cm(2开) 定价: CNY0.22

本作品为年画形式的中国现代国画作品。

J0022286

万紫千红　赵幼华画

[长春] 吉林人民出版社 1975年 [1张]

76cm(2开) 定价: CNY0.14

本作品为年画形式的中国现代国画作品。

作者赵幼华, 高级教师, 画家。陕西西安人, 毕业西安美院附中。河北省廊坊市三中美术教师。作品有《新圈》《暖风》《辉煌》《鹤乡》。

J0022287

往事历历　潘仁勇作

[武汉] 湖北人民出版社 1975年 1张

53cm(4开) 定价: CNY0.07

现代中国画作品。

J0022288

我爱祖国的大草原　王树仁画

[长春] 吉林人民出版社 1975年 [1张]

76cm(2开) 定价: CNY0.14

本作品为年画形式的中国现代国画作品。

J0022289

我们班里好事多　朱振芳绘

北京 人民出版社 1975年 [1张] 76cm(2开)

定价: CNY0.14

本作品为年画形式的中国现代国画作品。作者朱振芳, 国家二级美术师。河北武安人。中国美术家协会河北省分会会员。绘有连环画《朱德血战三河坝》《夺刀》《战地红缨》, 年画《我们班里好事多》。

J0022290

喜听原油滚滚流　(一九七三年全国连环画中国画展览会展品 木版水印, 绫裱轴画) 王洪涛作

[北京] 荣宝斋 [印制] 1975年 [1轴]

定价: CNY22.00

J0022291

喜迎佳节慰亲人　王信画

[石家庄] 河北人民出版社 1975年 2版 [1张]

76cm(2开) 定价: CNY0.11

本作品为年画形式的中国现代国画作品。

J0022292

小小蚕儿纺织忙　郑世魁画

[石家庄] 河北人民出版社 1975年 [1张]

76cm(2开) 定价: CNY0.14

本作品为年画形式的中国现代国画作品。

J0022293
新春　马云，叶坚作
北京 人民美术出版社 1975 年 1 张 53cm（4 开）
定价：CNY0.07
　　现代中国画作品。作者马耘（1970—　），国画家。又称马云。生于北京平谷。历任中国美术家协会会员、中国书法家协会会员、中国国家画院卢禹舜工作室画家、长春书画院特聘专业书画家。代表作品有《观物游心》《月印万川》《桃源深处》等系列，出版有《马耘山水画作品集》《马耘水墨画集》《中国国家画院卢禹舜工作室名家集·马耘卷》《水墨问道·马耘卷》

J0022294
新课堂　鸥洋作
北京 人民美术出版社 1975 年 1 张 53cm（4 开）
定价：CNY0.07
　　现代中国画作品。

J0022295
新课堂　鸥洋作
上海 上海人民出版社 1975 年 1 张 38cm（6 开）
定价：CNY0.10
　　现代中国画作品。作者鸥洋（1937—　），女，生于湖北武昌，原籍江西龙南，毕业于广州美术学院，留校任教。历任广州美术学院教授、中国美术家协会会员、中国油画学会理事、广东美术家协会油画艺术委员会委员、广东油画学会副主席。代表作有《女民警》《往事涌心头》《金色的秋天》等。

J0022296
新医班　邓子敬作
［广州］广东人民出版社 1975 年 1 张 53cm（4 开）
定价：CNY0.07
　　现代中国画作品。

J0022297
幸福渠　秦文美作
北京 人民美术出版社 1975 年 1 张 53cm（4 开）
定价：CNY0.07
　　现代中国画作品。

J0022298
幸福渠　秦文美作
北京 人民美术出版社 1975 年 1 张 53cm（4 开）
定价：CNY0.05
　　现代中国画作品。

J0022299
幸福渠　秦文美作
上海 上海人民出版社 1975 年 1 张 38cm（6 开）
定价：CNY0.10
　　现代中国画作品。

J0022300
徐悲鸿双马　（木版水印，绫裱轴画）
［北京］荣宝斋［印制］1975 年［1 轴］
定价：CNY11.00
　　现代中国画作品。

J0022301
宣讲会前　伍启中作
［哈尔滨］黑龙江人民出版社 1975 年 1 张 53cm（4 开）定价：CNY0.10
　　现代中国画作品。

J0022302
延安颂　（木版水印，绫裱轴画）钱松喦作
［北京］荣宝斋［印制］1975 年［1 轴］
定价：CNY34.00
　　现代中国画作品。作者钱松喦（1899—1985），画家。江苏宜兴人。曾任江苏省国画院院长、名誉院长，江苏省美术家协会主席、中国美术家协会常务理事等。画作有《红岩》《延安颂》《芙蓉湖上》《山岳颂》等。代表作品有《梅园新村》《延安颂》《红岩》《井冈大瀑布》等。著作《砚边点滴》。出版物《钱松喦画集》等。

J0022303
演出之后　尚涛作
北京 人民美术出版社 1975 年 1 张 53cm（4 开）
定价：CNY0.07
　　现代中国画作品。

J0022304
演出之后　（木版水印，绫裱轴画）尚涛作
［北京］荣宝斋［印制］1975 年［1 轴］
定价：CNY32.00
　　现代中国画作品。

J0022305
夜以继日　姜成楠作
北京 人民美术出版社 1975 年 1 张 38cm（6 开）
定价：CNY0.04
　　现代中国画作品。作者姜成楠（1944—　），画家。字雪父，曾用名孔羽、一南，斋号红叶居等。出生于北京，祖籍辽宁新金。历任北京军区炮兵政治部宣传处文化干事，北京军区政治部文艺创作室美术创作员、美术组长，中国书画收藏家协会艺术顾问，河北美术学院名誉院长、教授等职。著有《用笔八要》《谈墨韵》《书画气功研究》等。

J0022306
迎客松　（木版水印，绫裱轴画）应野平作
上海 上海书画社 1975 年 ［1 轴］
　　现代中国画作品。

J0022307
咏梅　赵朴初词；关山月画
［北京］荣宝斋 1975 年 76cm（2 开）
定价：CNY0.20
　　现代中国画作品。词作者赵朴初（1907—2000），佛教领袖、书法家、社会活动家。安徽太湖人，就读于苏州东吴大学。历任中国佛教协会会长、中国佛学院院长、中国藏语系高级佛学院顾问、中国宗教和平委员会主席、中国书法家协会名誉理事等。主要作品《片石集》《滴水集》等。

J0022308
咏梅　（木版水印，绫裱轴画）赵朴初词，关山月画
［北京］荣宝斋［印制］1975 年 ［1 轴］
定价：CNY9.00
　　现代中国画作品。

J0022309
用马克思主义占领农村文化阵地　（五条屏五·七农民政治学校五大员）陈明远等绘；姜连明配诗
北京 人民美术出版社 1975 年 ［1 张］
107cm（全开）定价：CNY0.28
　　本作品为年画形式的中国现代国画作品。

J0022310
战地新歌　林墉作
北京 人民美术出版社 1975 年 53cm（4 开）
定价：CNY0.07
　　现代中国画作品。

J0022311
战地新歌　林墉作
北京 人民美术出版社 1975 年 38cm（6 开）
定价：CNY0.04
　　现代中国画作品。

J0022312
长城脚下幸福渠　白雪石，侯德昌作
北京 人民美术出版社 1975 年 53cm（4 开）
定价：CNY0.07
　　现代中国画作品。作者白雪石（1915—2011），画家，教授。北京市人，斋号何须斋。自幼习画，早年师从赵梦朱，后拜梁树年为师。执教于北京师范学院、北京艺术学院、中央工艺美院。兼北京山水画研究会会长。代表作品《万壑松风》《千峰竞秀》《早春图》《漓江一曲千峰秀》等。

J0022313
长城脚下幸福渠　（胶印轴画）白雪石，侯德昌作
天津 天津杨柳青画店 1975 年 ［1 轴］78cm（2 开）
定价：CNY0.28
　　本作品为年画形式的中国现代国画作品。

J0022314
正付书记　殷培华作
北京 人民美术出版社 1975 年 53cm（4 开）
定价：CNY0.07
　　现代中国画作品。

J0022315
中国画
成都 四川人民出版社 1975 年 10 幅 19cm（32 开）
定价：CNY0.40

J0022316
中国画小辑　云南省文化局编
昆明 云南人民出版社 1975 年 16 幅 19cm（32 开）

定价: CNY0.56

J0022317
中国画选集　辽宁人民出版社编辑
沈阳 辽宁人民出版社 1975年 20幅 26cm(16开)
套装 定价: CNY0.90

J0022318
祖国处处是我家　施大畏作
上海 上海人民出版社 1975年［1张］76cm(2开)
定价: CNY0.11
　　现代中国画作品。

J0022319
宝岛归来　梁志伟, 马璟绘
北京 人民出版社 1976年 1张 76cm(2开)
定价: CNY0.14
　　本作品为年画形式的中国现代国画作品。
作者马璟(1937—　), 国画家、水彩画家。笔名
梅山, 字清源, 又号司马清源, 九峰画室主人。
山西清徐县人, 毕业于中央美术学院国画系。北
京画院专职画家、中国美术家协会会员、国家一
级美术师。代表作有《还我河山》《黄河之水天
上来》《日日夜夜》《秋爽斋》《李清照》等。

J0022320
报春图　关山月作
上海 上海书画社 1976年 78cm(2开)
定价: CNY0.11
　　中国现代国画作品。

J0022321
草原奶场风光好　(木版水印, 绫裱单片) 世
南作
［北京］荣宝斋［印制］1976年［1幅］
定价: CNY9.00
　　中国现代国画作品。

J0022322
出征　王錞作
兰州 甘肃人民出版社 1976年 1张 53cm(4开)
定价: CNY0.07
　　现代中国画作品。

J0022323
出征　王錞作
北京 人民美术出版社 1976年 1张 76cm(2开)
定价: CNY0.11
　　现代中国画作品。

J0022324
出征　王錞作
太原 山西人民出版社 1976年 1张 76cm(2开)
定价: CNY0.11
　　现代中国画作品。

J0022325
出征　王錞绘
上海 上海人民出版社 1976年 1幅 38cm(6开)
定价: CNY0.10
　　中国现代年画作品。

J0022326
出征　王錞作
上海 上海人民出版社 1976年 1张 76cm(2开)
定价: CNY0.14
　　现代中国画作品。

J0022327
春风化雨　武继仁作
沈阳 辽宁人民出版社 1976年 1张 76cm(2开)
定价: CNY0.11
　　中国现代国画作品。

J0022328
春风化雨　武继仁作
北京 人民美术出版社 1976年 1张 76cm(2开)
定价: CNY0.11
　　中国现代国画作品。

J0022329
春风化雨　武继仁作
上海 上海人民出版社 1976年 1张 76cm(2开)
定价: CNY0.11
　　中国现代国画作品。

J0022330
春满漓江　应野平作
上海 上海人民出版社 1976年 76cm(2开)

定价: CNY0.30
　　中国现代国画作品。

J0022331
大风浪里炼红心　高而颐等作
上海　上海人民出版社 1976年 1幅 38cm(6开)
定价: CNY0.10
　　中国现代年画作品

J0022332
大庆新歌　徐德民等绘
北京　人民美术出版社 1976年 2张 76cm(2开)
定价: CNY0.28
　　本作品为年画形式的中国现代国画作品。

J0022333
大学办到咱山村　洪涛绘
北京　人民出版社 1976年 1张 76cm(2开)
定价: CNY0.14
　　本作品为年画形式的中国现代国画作品。

J0022334
大寨花盛开　沈丰明作
上海　上海人民出版社 1976年 38cm(6开)
定价: CNY0.10
　　中国现代国画作品。

J0022335
大寨新貌　昔阳《大寨新貌》创作组绘
上海　上海书画社 1976年 78cm(2开)
定价: CNY0.11(双胶纸), CNY0.22(铜版纸)
　　中国现代国画作品。

J0022336
大寨组画　(木版水印, 绫裱轴画)李济远作
[北京]荣宝斋[印制] 1976年 [4幅]
定价: CNY40.00
　　中国现代国画作品。

J0022337
放排歌　(木版水印, 单片)古干画
[北京]荣宝斋[印制] 1976年 [1幅]
定价: CNY2.00
　　中国现代国画作品。作者古干(1942—),画家。中国美术家协会会员, 中国现代书画学会

会长, 世界书法家协会荣誉顾问。

J0022338
丰子恺书画集　丰子恺绘; 马骏编辑
余分色制版公司 1976年 28页 26cm(16开)
　　中国现代国画作品。作者丰子恺(1898—1975), 画家、文学家、艺术教育家。原名丰润, 又名仁、仍, 字子觊, 后改为子恺, 笔名TK, 浙江嘉兴人。作品有《缘缘堂随笔》、画集《子恺漫画》等。作者马骏(1882—1945), 回族, 晋城人。字君图。公费留学生, 留学英国牛津大学理工科深造。在英国参加同盟会。历任省教育厅长、文献委员会委员等。著作有《咏清史诗五绝三百首》附杂体诗、《历朝史诗》不分卷。

J0022339
富春江上运输忙　方增先等绘
上海　上海书画社 1976年 76cm(2开)
定价: CNY0.30
　　中国现代国画作品。作者方增先(1931—), 国画家。浙江兰溪人, 毕业于浙江杭州国立艺术专科学校。历任上海美术馆馆长、中国美术家协会常务理事。出版画集《方增先人物画》《方增先水墨画诗意画》《方增先古装人物画集》等, 专著有《怎样画水墨人物画》《结构素描》《人物画的造型问题》等。

J0022340
工人理论小组　牟敦春[绘画]执笔
济南　山东人民出版社 1976年 1张 76cm(2开)
定价: CNY0.11
　　本作品为年画形式的中国现代国画作品。

J0022341
"公社"的节日　阳云等作
上海　上海人民出版社 1976年 38cm(6开)
定价: CNY0.10
　　中国现代国画作品。

J0022342
果园之春　(木版水印, 绫裱单片)单春荣作
[北京]荣宝斋[印制] 1976年 [1幅]
定价: CNY9.00
　　中国现代国画作品。

J0022343

黄花菜丰收　（木版水印，绫裱单片）杨淑琴作
［北京］荣宝斋［印制］1976 年［1 幅］
定价：CNY9.00
　　中国现代国画作品。

J0022344

嘉陵江之晨　（木版水印，绫裱轴画）宋文治作
［北京］荣宝斋［印制］1976 年［1 轴］
定价：CNY34.00
　　本书系中国现代国画作品。作者擅以饱墨
丽彩图画祖国山河新貌，用笔严谨、构图奇巧。
此图木版水印，从一个侧面反映了新中国建设的
辉煌成就。作者宋文治（1919—1999），画家。江
苏太仓人。就读于江苏省国画院。曾任南京大
学教授、江苏美协副主席、江苏省国画院副院长
等职。代表作有《白云幽涧图》《蜀江云起》《华
岳积翠图》《水乡春暖》。著作有《宋文治画集》
《宋文治作品选集》等。

J0022345

江南春晓　（木版水印，绫裱轴画）宋文治作
［北京］荣宝斋［印制］1976 年［1 轴］
定价：CNY30.00
　　中国现代国画作品。

J0022346

姐妹俩　（木版水印，绫裱轴画）王遵义，殷培
华作
［北京］荣宝斋［印制］1976 年［1 轴］
定价：CNY20.00
　　中国现代国画作品。

J0022347

今日江南分外娇　钱松喦作
上海　上海书画社　1976 年　76cm（2 开）
　　中国现代国画作品。作者钱松喦（1899—
1985），画家。江苏宜兴人。曾任江苏省国画院
院长、名誉院长，江苏省美术家协会主席、中国
美术家协会常务理事等。画作有《红岩》《延安
颂》《芙蓉湖上》《山岳颂》等。代表作品有《梅
园新村》《延安颂》《红岩》《井冈大瀑布》等。著
作《砚边点滴》。出版物《钱松喦画集》等。

J0022348

金凤凰飞回黎家寨　鸥洋，杨之光合作
上海　上海书画社　1976 年　76cm（2 开）
定价：CNY0.30
　　中国现代国画作品。

J0022349

井冈山《茅坪》　钱松喦作
上海　上海书画社　1976 年　76cm（2 开）
定价：CNY0.30
　　中国现代国画作品。作者钱松喦（1899—
1985），画家。江苏宜兴人。曾任江苏省国画院
院长、名誉院长，江苏省美术家协会主席、中国
美术家协会常务理事等。画作有《红岩》《延安
颂》《芙蓉湖上》《山岳颂》等。代表作品有《梅
园新村》《延安颂》《红岩》《井冈大瀑布》等。著
作《砚边点滴》。出版物《钱松喦画集》等。

J0022350

开学典礼　王秦生绘
上海　上海人民出版社　1976 年　38cm（6 开）
定价：CNY0.10
　　中国现代年画作品

J0022351

雷刚(革命现代京剧《杜鹃山》人物　（木版
水印，绫裱画轴）程宝泓，刘柏荣作
上海　上海书画社　1976 年［1 轴］
　　中国现代国画作品。

J0022352

吕寿琨的世界　香港艺术馆编
香港　香港市政局　1976 年　56 页　有图
23cm（10 开）定价：HKD5.50
　　本书为海外中文图书中的中国现代画画册。
外文书名：The World of Lui Shou Kwan.

J0022353

毛主席关心咱健康　叶雄，张迪平(绘画)执笔
上海　上海人民出版社　1976 年　1 张　76cm（2 开）
定价：CNY0.11
　　本作品为年画形式的中国现代国画作品。
作者叶雄（1950—　　），连环画家。笔名夏草、古
寅，上海崇明人，毕业于上海大学美术学院国画
系专科。历任中国美术家协会上海分会会员、上

海连环画研究会理事、上海黄浦画院画师、上海
老城厢书画会常务理事。代表作品有《竹林七贤
图》《子夜》《郑板桥造像》《咆哮的黑龙江》等。

J0022354
贸易连四海　朋友遍天下　李仁杰,李金明
[绘画]执笔
广州　广东人民出版社 1976 年 1 张 76cm(2 开)
定价: CNY0.14
　　本作品为年画形式的中国现代国画作品。

J0022355
密云新景　(木版水印,绫裱轴画)铁工作
[北京]荣宝斋[印制] 1976 年 [1 轴]
定价: CNY15.00
　　中国现代国画作品。

J0022356
农村文艺宣传队　付启荣,石润兴绘
北京　人民出版社 1976 年 1 张 76cm(2 开)
定价: CNY0.14
　　本作品为年画形式的中国现代国画作品。

J0022357
千歌万曲献给党　上海航道船队工人美术组绘
上海　上海人民出版社 1976 年 1 张 76cm(2 开)
定价: CNY0.11
　　本作品为年画形式的中国现代国画作品。

J0022358
山东治淮国画选　《山东治淮国画选》创作组画
济南　山东人民出版社 1976 年 40 幅 22cm(30 开)
定价: CNY3.00
　　中国现代国画作品。

J0022359
山东治维国画选　《山东治维国画选》创作组画
济南　山东人民出版社 1976 年 26cm(16 开)
定价: CNY3.00
　　中国现代国画作品。

J0022360
山林之歌　(木版水印,绫裱轴画)杜鸿年作
[北京]荣宝斋[印制] 1976 年 [1 轴]
定价: CNY26.00

中国现代国画作品。

J0022361
社会主义好　陈宝华,吴性清(绘画)执笔
上海　上海人民出版社 1976 年 1 张 76cm(2 开)
定价: CNY0.11
　　本作品为年画形式的中国现代国画作品。

J0022362
沈耀初画集　沈耀初绘
台北　财团法人叶氏勤益文化基金会 1976 年
169 页 37cm(8 开)精装
　　外文书名: Shen Yao-Chu's Masterpieces.

J0022363
水乡大寨好风光　(木版水印,绫裱单片)黄
传尧作
[北京]荣宝斋[印制] 1976 年 [1 幅]
定价: CNY7.50
　　中国现代国画作品。

J0022364
硕果满园　王庆升绘
上海　上海人民出版社 1976 年 2 张 76cm(2 开)
定价: CNY0.22
　　本作品为年画形式的中国现代国画作品。

J0022365
四不弯腰屏　南汇县业余美术组创作组绘
上海　上海人民出版社 1976 年 2 张 76cm(2 开)
定价: CNY0.28
　　本作品为年画形式的中国现代国画作品。

J0022366
松溪两岸稻花香　(木版水印,绫裱单片)李
月小作
[北京]荣宝斋[印制] 1976 年 [1 幅]
定价: CNY9.00
　　中国现代国画作品。

J0022367
踏遍煤海千条巷　(木版水印,绫裱轴画)赵
荣纪作
[北京]荣宝斋[印制] 1976 年 [1 轴]
定价: CNY22.00

中国现代国画作品。

J0022368
特级英雄杨根思 （木版水印，绫裱画轴）于
保勋作
上海　上海书画社　1976年［1轴］
　　中国现代国画作品。

J0022369
天山牧歌　关山月作
上海　上海人民出版社　1976年　1幅　76cm（2开）
　　中国现代国画作品。

J0022370
听歌(台湾同胞我的骨肉兄弟) （木版水印，
单片）古干画
［北京］荣宝斋［印制］1976年［1幅］
定价：CNY2.00
　　中国现代国画作品。作者古干（1942—　），
画家。中国美术家协会会员、中国现代书画学会
会长、世界书法家协会荣誉顾问。

J0022371
我爱"公社"小白兔 （木版水印，绫裱单片）
薛志广作
［北京］荣宝斋［印制］1976年［1幅］
定价：CNY9.00
　　中国现代国画作品。

J0022372
我家的表叔数不清　傅琳绘
北京　人民出版社　1976年　1张　76cm（2开）
定价：CNY0.14
　　本作品为年画形式的中国现代国画作品。

J0022373
我们班里好事多　朱振芳绘
北京　人民出版社　1976年　1张　76cm（2开）
定价：CNY0.14
　　本作品为年画形式的中国现代国画作品。

J0022374
新课堂(赞教育革命新气象) （木版水印，绫
裱画轴）鸥洋作
上海　上海书画社　1976年［1轴］

中国现代国画作品。

J0022375
新生事物赞　上海人民出版社《新生事物赞》
三结合编创组编绘；芦芒配诗
上海　上海人民出版社　1976年　2张　76cm（2开）
定价：CNY0.22
　　本作品为年画形式的中国现代国画作品。

J0022376
业大更勤俭 （绫裱画轴）张林作
上海　上海书画社　1976年［1轴］
　　中国现代国画作品。

J0022377
银线横空谱新歌 （木版水印，绫裱单片）黄
传尧作
上海　上海书画社　1976年［1幅］
　　中国现代国画作品。

J0022378
用马克思主义占领农村文化阵地　陈明远
等绘；姜连明配诗
北京　人民美术出版社　1976年　1张　107cm（全开）
定价：CNY0.28
　　本作品为年画形式的中国现代国画作品。

J0022379
鱼跃图 （木版水印，绫裱轴画）陈永锵作
［北京］荣宝斋［印制］1976年［1轴］
定价：CNY28.00
　　中国现代国画作品。作者陈永锵（1948—　），
画家。生于广州，祖籍广东南海西樵，毕业于广
州美术学院国画系研究生班。历任广州市文化
局副局长兼广州画院院长、广东美术家协会副主
席、中国国家画院研究员、岭南画派纪念馆名誉
馆长等。作品有《南天开阔好纵横》《南粤雄风》
《岭南花》《雄姿英发》。

J0022380
渔港喜丰收　黄建平作
上海　上海人民出版社　1976年　38cm（6开）
定价：CNY0.10
　　中国现代国画作品。

J0022381

战地新歌 （木版水印，绫裱轴画）林墉作
［北京］荣宝斋［印制］1976 年［1 轴］
定价：CNY32.00
中国现代国画作品。

J0022382

战太行 赵益超，张明堂作
上海 上海人民出版社 1976 年 38cm（6 开）
定价：CNY0.10
作者张明堂（1941— ），画家。山西寿阳人，毕业于山西艺术学院美术系。历任山西省美术院专职画家、陕西国画院一级美术师。代表作品有《晓色初动》《战太行》《知心话儿说不尽》《东渡黄河》《月是故乡明》等。出版有连环画《吕梁英雄传》。

J0022383

长城脚下幸福渠 （木版水印，绫裱轴画）白雪石，侯德昌作
［北京］荣宝斋［印制］1976 年［1 轴］
定价：CNY34.00
中国现代国画作品。作者白雪石（1915—2011），画家，教授。北京市人，斋号何须斋。自幼习画，早年师从齐梦朱，后拜梁树年为师。执教于北京师范学院、北京艺术学院、中央工艺美院。兼北京山水画研究会会长。代表作品《万壑松风》《千峰竞秀》《早春图》《漓江一曲千峰秀》等。

J0022384

长拳 （木版水印，绫裱单片）赵世强画
［北京］荣宝斋［印制］1976 年［1 幅］
定价：CNY7.50
中国现代国画作品。

J0022385

赵勇刚（革命现代京剧《平原作战》人物）
（木版水印，绫裱画轴）
上海 上海书画社 1976 年［1 轴］
中国现代国画作品。

J0022386

知心话 刘文西作
北京 人民美术出版社 1976 年 53cm（4 开）

定价：CNY0.18
现代中国画作品。

J0022387

知心话 刘文西作
北京 人民美术出版社 1976 年 1 张
76cm（2 开）定价：CNY0.14
本作品为年画形式的中国现代国画作品。

J0022388

知心话 刘文西绘
北京 人民美术出版社 1977 年 7 页 26cm（16 开）
定价：CNY0.16
中国现代国画作品。

J0022389

知心话 刘文西作
北京 人民美术出版社 1977 年 1 页 39cm（8 开）
定价：CNY0.14
中国现代国画作品。

J0022390

中国画选辑 （庆祝中华人民共和国成立二十五周年全国美术作品展览）
北京 人民美术出版社 1976 年 16 幅 19cm（32 开）
定价：CNY0.50

J0022391

边疆盛会 （全国美展作品）杨建友等作
沈阳 辽宁人民出版社 1977 年 1 页 39cm（8 开）
定价：CNY0.08
中国现代国画作品。

J0022392

赤水春晨 秦剑铭作
南京 江苏人民出版社 1977 年 1 页 39cm（8 开）
定价：CNY0.09
中国现代国画作品。

J0022393

初荡新波 （木版水印，绫裱卷轴）刘长恩作
北京 荣宝斋 1977 年 1 幅 定价：CNY25.00
中国现代国画作品。作者刘长恩（1936—1996），吉林通榆人，吉林美术出版社美术编辑。代表作品《咱队的好猎手》《再请战》《巧妈妈》等。

J0022394
春风化雨　武继仁作
上海　上海人民出版社　1977 年　1 页　39cm（8 开）
定价：CNY0.10
　　中国现代国画作品。

J0022395
春燕　（木版水印，绫裱卷轴）郭克作
北京　荣宝斋　1977 年　1 幅　定价：CNY28.00
　　中国现代国画作品。

J0022396
大丽菊　林风眠作
上海　上海人民出版社　1977 年　1 页　39cm（8 开）
定价：CNY0.10
　　中国现代国画作品。

J0022397
大庆红旗
北京　人民美术出版社　1977 年　1 页　54cm（4 开）
定价：CNY0.07
　　中国现代国画选集。

J0022398
大寨红旗
北京　人民美术出版社　1977 年　1 页　54cm（4 开）
定价：CNY0.07
　　中国现代国画作品。

J0022399
大寨之春　（木版水印，绫裱卷轴）《大寨之春》
创作组作
北京　荣宝斋　1977 年　1 幅　定价：CNY32.00
　　中国现代国画作品。

J0022400
当代英雄　中央美术学院附中教师集体创作
北京　人民美术出版社　1977 年　1 页　39cm（8 开）
定价：CNY0.14
　　中国现代国画作品。

J0022401
蹀舞　（木版水印，单片）阿老作
北京　荣宝斋　1977 年　1 页　39cm（8 开）
定价：CNY2.00

　　中国现代国画作品。

J0022402
东海新城　刘达江，朱宗之作
上海　上海书画出版社　1977 年　1 页　78cm（2 开）
定价：CNY0.11
　　中国现代国画作品。

J0022403
翻身农奴热爱华主席　华其敏作
合肥　安徽人民出版社　1977 年　76cm（2 开）
定价：CNY0.11
　　中国现代国画作品。

J0022404
翻身农奴热爱华主席　华其敏作
武汉　湖北人民出版社　1977 年　54cm（4 开）
定价：CNY0.07
　　中国现代国画作品。

J0022405
翻身农奴热爱华主席　华其敏作
沈阳　辽宁人民出版社　1977 年　76cm（2 开）
定价：CNY0.11
　　中国现代国画作品。

J0022406
翻身农奴热爱华主席　（全国美展作品）华其
敏作
沈阳　辽宁人民出版社　1977 年　1 页　39cm（8 开）
定价：CNY0.08
　　中国现代国画作品。

J0022407
翻身农奴热爱华主席　华其敏作
北京　人民出版社　1977 年　1 页　54cm（4 开）
定价：CNY0.18
　　中国现代国画作品。

J0022408
翻身农奴热爱华主席　华其敏作
太原　山西人民出版社　1977 年　76cm（2 开）
定价：CNY0.14
　　中国现代国画作品。

J0022409

翻身农奴热爱华主席　华其敏作

上海 上海人民出版社 1977 年 76cm（2 开）

定价：CNY0.11

　　中国现代国画作品。

J0022410

纺织工人无限热爱周总理　周思聪作

郑州 河南人民出版社 1977 年 1 页 54cm（4 开）

定价：CNY0.15

　　中国现代国画作品。

J0022411

丰乐图　黄胄绘

北京 人民美术出版社 1977 年 14 页 26cm（16 开）

定价：CNY0.16

　　中国现代国画作品。

J0022412

高路入云端　伍霖生，丁战作

南京 江苏人民出版社 1977 年 1 页 78cm（2 开）

定价：CNY0.09

　　中国现代国画作品。作者丁战（1941—
2000），艺术家、国画家。原名丁楠森，江苏无锡
人，毕业于南京师范学院美术系，留校任教，曾
任江苏省国画院副院长。出版有《中国写意山水
画技法》《水墨人物画法》《长江三峡中国名山画
法研究》等。

J0022413

广阔天地大有作为　（木版水印，单片）古干画

北京 荣宝斋 1977 年 1 页 39cm（8 开）

定价：CNY2.00

　　中国现代国画作品。作者古干（1942—　　），
画家。中国美术家协会会员，中国现代书画学会
会长，世界书法家协会荣誉顾问。

J0022414

国画四条屏　王锡良等作

南昌 江西人民出版社 1977 年 2 张（套）
76cm（2 开）

　　本作品为年画形式的中国现代国画作品。

J0022415

海粟老人近作　刘海粟绘；周南编辑

李家耀自刊 1977 年 41 页 有图 38cm（6 开）

　　本书系刘海粟生平事迹及现代中国画作品。
作者刘海粟（1896—1994），画家、美术教育家。
名槃，字季芳，号海翁。江苏武进人。参与创办
上海私立美术学院。曾任华东艺术专科学校校
长、南京艺术学院院长。代表作《黄山云海奇观》
《披狐皮的女孩》《九溪十八涧》等，有画集《黄
山》《海粟老人书画集》等。

J0022416

海粟老人近作　刘海粟绘

1977 年 41 幅 38cm（6 开）精装

　　现代中国画作品。

J0022417

喝令松溪穿山过　（木版水印，绫裱卷轴）张
建明作

北京 荣宝斋 1977 年 1 幅 定价：CNY15.00

　　中国现代国画作品。

J0022418

红旗渠颂　黄润华，张凭作

上海 上海人民出版社 1977 年 1 页 39cm（8 开）

定价：CNY0.10

　　中国现代国画作品。

J0022419

红日照征途　杨之光作

北京 人民美术出版社 1977 年 1 页 39cm（8 开）

定价：CNY0.14

　　中国现代国画作品。

J0022420

红心永向华主席　（华国锋主席 1975 年视察
鞍钢）赵华胜，王基湘作

沈阳 辽宁人民出版社 1977 年 76cm（2 开）

定价：CNY0.11

　　中国现代年画作品。

J0022421

红心永向华主席　（华国锋主席一九七五年视
察鞍钢 全国美展作品）赵华胜，王基湘作

沈阳 辽宁人民出版社 1977 年 1 页 39cm（8 开）

定价：CNY0.08

　　中国现代国画作品。

J0022422

红原河畔鱼水情 （木版水印，绫裱单片）世南作

北京 荣宝斋 1977 年 1 页 54cm（4 开）

定价：CNY9.00

中国现代国画作品。

J0022423

花生丰收 （木版水印，绫裱单片）同阎魁作

北京 荣宝斋 1977 年 1 页 定价：CNY9.00

中国现代国画作品。

J0022424

华山松翠 宋文治作

南京 江苏人民出版社 1977 年 1 页 78cm（2 开）

定价：CNY0.09

中国现代国画作品。

J0022425

黄河——东平湖滞洪区 （木版水印，绫裱单片）张登堂作

上海 上海书画社 1977 年 1 页

中国现代国画作品。

J0022426

黄河儿女 陈忠志作

北京 人民美术出版社 1977 年 1 页 39cm（8 开）

定价：CNY0.14

中国现代国画作品。

J0022427

黄河——封山造林 （木版水印，绫裱单片）

刘宝纯，张登堂作

上海 上海书画社 1977 年 1 页

中国现代国画作品。

J0022428

黄河——高原春色 （木版水印，绫裱单片）

刘宝纯作

上海 上海书画社 1977 年 1 页

中国现代国画作品。

J0022429

黄河——花园口电灌站 （木版水印，绫裱单片）

刘宝纯作

上海 上海书画社 1977 年 1 页

中国现代国画作品。

J0022430

黄河——开往新工地 （木版水印，绫裱单片）

刘宝纯作

上海 上海书画社 1977 年 1 页

中国现代国画作品。

J0022431

黄河——水力发电站 （木版水印，绫裱单片）

张登堂作

上海 上海书画社 1977 年 1 页

中国现代国画作品。

J0022432

黄河——峡谷巨变 （木版水印，绫裱单片）

刘宝纯作

上海 上海书画社 1977 年 1 页

中国现代国画作品。

J0022433

黄河——沿黄稻改 （木版水印，绫裱单片）

于太昌作

上海 上海书画社 1977 年 1 页

中国现代国画作品。

J0022434

活到老 学到老 石齐作

郑州 河南人民出版社 1977 年 1 页 54cm（4 开）

定价：CNY0.15

中国现代国画作品。

J0022435

金匾献给毛主席 张冠哲，刘隶作

哈尔滨 黑龙江人民出版社 1977 年 1 页

54cm（4 开）定价：CNY0.15

中国现代国画作品。

J0022436

劲松挺翠 梅园长春 宋文治作

北京 人民美术出版社 1977 年 1 页 39cm（8 开）

定价：CNY0.14

中国现代国画作品。

J0022437
井冈山　李可染作
太原 山西人民出版社 1977 年 1 页 39cm（8 开）
定价：CNY0.12
　　中国现代国画作品。

J0022438
敬爱的周恩来总理永远和我们在一起　周
思聪作
北京 人民出版社 1977 年 1 页 78cm（2 开）
定价：CNY0.24
　　中国现代国画作品。

J0022439
决不辜负周总理的殷切期望　黄迪杞画
福州 福建人民出版社 1977 年 1 页 78cm（2 开）
定价：CNY0.10
　　中国现代国画作品。

J0022440
葵花朵朵向太阳　唐云作
北京 人民美术出版社 1977 年 1 页 39cm（8 开）
定价：CNY0.14
　　中国现代国画作品。

J0022441
历尽艰辛为人民　刘文西作
石家庄 河北人民出版社 1977 年 1 页 54cm（4 开）
定价：CNY0.15
　　中国现代国画作品。

J0022442
历尽艰辛为人民　（毛主席和周总理在转战陕
北途中 全国美展作品）刘文西、陈光健作
沈阳 辽宁人民出版社 1977 年 1 张 39cm（8 开）
定价：CNY0.08
　　中国现代国画作品。

J0022443
历尽艰辛为人民　（毛主席和周总理在转战陕
北途中）刘文西、陈光健作
北京 人民美术出版社 1977 年 1 页 39cm（8 开）
定价：CNY0.14
　　中国现代国画作品。

J0022444
毛泽东同志率领长沙泥木工人游行示威
姜堃作
北京 人民美术出版社 1977 年 1 页 39cm（8 开）
定价：CNY0.14
　　中国现代国画作品。

J0022445
毛泽东同志在工人群众中　黄粹峰作
北京 人民美术出版社 1977 年 1 页 39cm（8 开）
定价：CNY0.14
　　中国现代国画作品。

J0022446
毛泽东同志在自修大学上辅导课　黄粹峰作
北京 人民美术出版社 1977 年 1 页 39cm（8 开）
定价：CNY0.14
　　中国现代国画作品。

J0022447
毛主席指引金光道　姜堃作
北京 人民美术出版社 1977 年 1 页 39cm（8 开）
定价：CNY0.14
　　中国现代国画作品。

J0022448
毛主席重上井冈山　王兆荣等作
北京 人民美术出版社 1977 年 1 页 39cm（8 开）
定价：CNY0.14
　　中国现代国画作品。

J0022449
毛主席重上井冈山　王兆荣，马宏道作
上海 上海人民出版社 1977 年 1 页 39cm（8 开）
定价：CNY0.10
　　中国现代国画作品。

J0022450
毛主席走遍全国　李琦作
北京 人民美术出版社 1977 年 1 页 39cm（8 开）
定价：CNY0.14
　　中国现代国画作品。

J0022451
牡丹　（木版水印，绫裱卷轴）王雪涛作

北京 荣宝斋 1977 年 1 幅 定价：CNY35.00

　　作者王雪涛(1903—1982)，写意花鸟画家。原名庭钧，字晓封，号迟园。河北成安人。历任北京画院院长、中国美术家协会理事、美协北京分会副主席等职。著有《王雪涛画集》《王雪涛画辑》《王雪涛画谱》《王雪涛的花鸟画》等。

J0022452
南湖晨曦　（一九七六年七月写革命圣地嘉兴南湖）刘达江，朱宗之作
上海 上海书画出版社 1977 年 1 页 54cm（4 开）
定价：CNY0.18
　　中国现代国画作品。

J0022453
千山　沈阳市工艺美术研究所编
沈阳 沈阳市工艺美术研究所 1977 年 52 页
26cm（16 开）
　　中国现代国画画册。

J0022454
亲播火种　尚涛作
北京 人民美术出版社 1977 年 1 页 39cm（8 开）
定价：CNY0.14
　　中国现代国画作品。

J0022455
清洁工人的怀念　卢沉，周思聪作
西安 陕西人民出版社 1977 年 1 页 54cm（4 开）
定价：CNY0.18
　　中国现代国画作品。

J0022456
渠水引来满山春　王庆升作
上海 上海人民出版社 1977 年 1 页 39cm（8 开）
定价：CNY0.10
　　中国现代国画作品。

J0022457
圈洞改河夺丰收　（木版水印，绫裱卷轴）张建明作
北京 荣宝斋 1977 年 1 幅 定价：CNY15.00
　　中国现代国画作品。

J0022458
人民胜利了　王维宝作
北京 人民出版社 1977 年 1 页 54cm（4 开）
定价：CNY0.18
　　中国现代国画作品。

J0022459
人民胜利了　陈忠志作
北京 人民美术出版社 1977 年 1 页 39cm（8 开）
定价：CNY0.14
　　中国现代国画作品。

J0022460
上大学之前　（木版水印，绫裱卷轴）温承成作
上海 上海书画社 1977 年 1 幅
　　中国现代国画作品。

J0022461
世上无难事　（全国美展作品）伍启中作
沈阳 辽宁人民出版社 1977 年 1 页 39cm（8 开）
定价：CNY0.08
　　中国现代国画作品。

J0022462
松梅颂　关山月作
北京 人民美术出版社 1977 年 1 幅 39cm（8 开）
定价：CNY0.14
　　中国现代国画作品。

J0022463
孙悟空三打白骨精　刘继卣作
天津 天津人民美术出版社 1977 年 76cm（2 开）
定价：CNY0.11
　　中国现代年画作品。

J0022464
泰山松　山东省二轻局工艺美术公司，山东省工艺美术学校编
济南 山东省二轻局工艺美术公司 1977 年
26cm（16 开）定价：CNY1.60
　　中国现代国画画册。本书与山东省工艺美术学校合作出版。

J0022465
调查归来　林墉作

北京　人民美术出版社　1977 年　1 页　39cm（8 开）
定价：CNY0.14
　　中国现代国画作品。

J0022466
贴心话　（全国美展作品）白崇易等作
沈阳　辽宁人民出版社　1977 年　1 页　39cm（8 开）
定价：CNY0.08
　　中国现代国画作品。

J0022467
听歌　（台湾同胞我的骨肉兄弟　木版水印，单
片）古干画
北京　荣宝斋　1977 年　1 页　39cm（8 开）
定价：CNY2.00
　　中国现代国画作品。作者古干（1942—　），
画家。中国美术家协会会员，中国现代书画学会
会长，世界书法家协会荣誉顾问

J0022468
无限信任　韩硕作
上海　上海书画社　1977 年　1 页　76cm（2 开）
定价：CNY0.30
　　中国现代国画作品。作者韩硕（1945—　），
上海人。先后就学于浙江美术学院、上海大学美
术学院。中国美术家协会会员、中国连环画研究
会理事、上海少年儿童出版社美术编辑室副主
任。擅人物，画风清隽洒脱。主要作品有《亲人》
《汇报》《好老师》等。

J0022469
星星之火　可以燎原　吴自强等作
北京　人民美术出版社　1977 年　1 页
39cm（8 开）定价：CNY0.14
　　中国现代国画作品。

J0022470
叶副主席邓副主席在军委扩大会议上　李
宝林等作
沈阳　辽宁人民出版社　1977 年　1 页　39cm（8 开）
定价：CNY0.08
　　中国现代国画作品。

J0022471
移山造田　肖先才作

上海　上海人民出版社　1977 年　1 页　39cm（8 开）
定价：CNY0.10
　　中国现代国画作品。

J0022472
用兵如神　李超作
北京　人民美术出版社　1977 年　1 页　39cm（8 开）
定价：CNY0.14
　　中国现代国画作品。

J0022473
用兵如神　李超作
西安　陕西人民出版社　1977 年　1 页　54cm（4 开）
定价：CNY0.18
　　中国现代国画作品。

J0022474
油田朝阳　（木版水印，绫裱单片）胡梅生作
北京　荣宝斋　1977 年　1 页　54cm（4 开）
定价：CNY6.50
　　中国现代国画作品。作者胡梅生（1928—　），
教授。生于山东莒南县。哈尔滨学院美术教授，
曾任黑龙江省师范学校书法、美术教材主编，黑
龙江省老年书画研究会艺术顾问。出版有《胡梅
生国画作品精选》《柳公权玄秘塔碑集联》《汉礼
器碑集联》等。

J0022475
玉米丰收　（木版水印，绫裱单片）刘秀兰作
北京　荣宝斋　1977 年　1 页　76cm（2 开）
定价：CNY9.00
　　中国现代国画作品。

J0022476
云山新绿　邓耀华作
上海　上海人民出版社　1977 年　1 页　39cm（8 开）
定价：CNY0.10
　　中国现代国画作品。

J0022477
长城新貌　（木版水印，绫裱卷轴）李颖作
北京　荣宝斋　1977 年　1 幅　定价：CNY34.00
　　中国现代国画作品。

J0022478

峥嵘岁月　刘根生画

长春　吉林人民出版社　1977 年　1 页　54cm（4 开）

定价：CNY0.10

中国现代国画作品。

J0022479

知心话　刘文西作

沈阳　辽宁人民出版社　1977 年　76cm（2 开）

定价：CNY0.11

本作品为年画形式的中国现代国画作品。作者刘文西（1933—2019），生于浙江嵊州。曾任中国美术协会顾问、陕西省文艺界联合会顾问、陕西省美协副主席、西安美术学院名誉院长、西安美院研究院院长、延安市副市长。重要作品有《毛主席和牧羊人》《东方》《解放区的天》和巨幅系列长卷《黄土人》等近百幅。

J0022480

知心话　刘文西作

上海　上海人民出版社　1977 年　1 页　39cm（8 开）

定价：CNY0.10

中国现代国画作品。

J0022481

知心话　刘文西作

上海　上海人民出版社　1977 年　76cm（2 开）

定价：CNY0.14

本作品为年画形式的中国现代国画作品。

J0022482

植新棉　（木版水印，绫裱单片）张芳霞作

北京　荣宝斋　1977 年　1 页　76cm（2 开）

定价：CNY9.00

中国现代国画作品。

J0022483

钟山朝晖　（木版水印，绫裱卷轴）范保文，伍霖生作

上海　上海书画社　1977 年　1 幅

中国现代国画作品。作者范保文（1935—　），教授。江苏宜兴人，毕业于南京师范学院。历任南京师范大学美术系副教授、中国美术家协会会员、江苏省水彩画协会常务理事。作品有《山魂图》《一桥飞架南北天堑变通途》，编辑有《毛泽东诗词书画精品典藏》。

J0022484

周总理指挥我们唱大海航行靠舵手　黄胄作

北京　人民出版社　1977 年　1 页　39cm（8 开）

定价：CNY0.12

中国现代国画作品。

J0022485

自力更生样样有　杨胜荣作

北京　人民美术出版社　1977 年　1 页　39cm（8 开）

定价：CNY0.14

中国现代国画作品。

J0022486

白鹰　李苦禅画

天津　天津人民美术出版社　1978 年　53cm（4 开）

定价：CNY0.20

中国现代国画作品。

J0022487

白岳山中　黄宾虹作

天津　天津人民美术出版社　1978 年　53cm（4 开）

定价：CNY0.20

现代中国画作品。

J0022488

白云珠海　麦国雄作

广州　广东人民出版社　1978 年　78cm（2 开）

定价：CNY0.14

现代中国画作品。

J0022489

百岁挂帅　任率英作

北京　人民美术出版社　1978 年　76cm（2 开）

统一书号：8027.6892　定价：CNY0.14

本作品为年画形式的中国现代国画作品。作者任率英（1911—1989），画家。原名敬表，河北束鹿人。擅长工笔画、连环画、年画。历任中国美术家协会会员、中国连环画研究会顾问、北京东方书画研究社社长、北京工笔重彩画协会副会长、北京中国画研究会理事、北京工业大学书画协会顾问。代表作品《嫦娥奔月》《洛神图》《梁红玉击鼓战金山》等。

J0022490

百战新师惊贼胆 陈宁尔画

福州 福建人民出版社 1978 年 76cm（2 开）

定价：CNY0.14

　　本作品为年画形式的中国现代国画作品。

J0022491

报春 姚有信画

福州 福建人民出版社 1978 年 38cm（6 开）

定价：CNY0.10

　　现代中国画作品。

J0022492

奔驰在农业第一线 王喜庆画

济南 山东人民出版社 1978 年 76cm（2 开）

定价：CNY0.11

　　本作品为年画形式的中国现代国画作品。作者王喜庆（1934— ），画家。号唐王山人，另号东夷一夫，山东海阳人。历任山东炎黄书画院院长、山东画院高级画师、世界书画家协会理事、中国书画家协会会员。

J0022493

逼上梁山 赵丁画

长春 吉林人民出版社 1978 年 2 张（套）76cm（2 开）定价：CNY0.28

　　本作品为年画形式的中国现代国画作品。

J0022494

逼上梁山 杨家保等编画

南京 江苏人民出版社 1978 年 4 张（套）53cm（4 开）定价：CNY0.28

　　本作品为年画形式的中国现代国画作品。

J0022495

并肩战斗 施大畏，韩硕作

上海 上海书画社 1978 年 76cm（2 开）

定价：CNY0.30

　　现代中国画作品。

J0022496

承先启后　继往开来 黄迪杞绘

福州 福建人民出版社 1978 年 107cm（全开）

定价：CNY0.28

　　现代中国画作品。作者黄迪杞（1929— ），

字晴川，福建福清人。毕业于福建师范大学艺术系。历任福建人民出版社、福建画报社美术编辑，福建美术出版社美术编辑、编审，中国年画研究会理事、福州涌泉书画社社长。作品有《郑成功收复台湾》《满堂红》《丰碑》。出版《黄迪杞古典人物画辑》《黄迪杞书画集》《黄迪杞画集》等。

J0022497

承先启后　继往开来 黄迪杞绘

福州 福建人民出版社 1978 年 76cm（2 开）

定价：CNY0.14

　　现代中国画作品。

J0022498

除害 胡若思画

福州 福建人民出版社 1978 年 76cm（2 开）

定价：CNY0.14

　　本作品为年画形式的中国现代国画作品。

J0022499

春 袁运甫作

石家庄 河北人民出版社 1978 年 38cm（6 开）

定价：CNY0.08

　　现代中国画作品。作者袁运甫（1933—2017），画家、教育家。江苏南通人，毕业于中央美术学院。历任清华大学美术学院教授、博士生导师、装饰艺术研究所所长，中央工艺美术学院教授、清华大学张仃艺术研究中心主任、中国国家画院公共艺术院院长等。代表作品有《祖国大地》《江山胜揽》《晨曦》等。

J0022500

春花怒放 赵蕴玉，赵映闿作

成都 四川人民出版社 1978 年 76cm（2 开）

定价：CNY0.14

　　中国现代年画作品。

J0022501

春绿星湖 王维宝，林墉作

广州 广东人民出版社 1978 年 78cm（2 开）

定价：CNY0.14

　　现代中国画作品。

J0022502

茨菇金鱼 （木版水印 绫裱卷轴）吴作人作

北京 荣宝斋 1978 年 1 轴 定价：CNY21.00
　　现代中国画作品。

J0022503
催　李百钧画
济南 山东人民出版社 1978 年 76cm（2 开）
定价：CNY0.11
　　本作品为年画形式的中国现代国画作品。

J0022504
打渔杀家　赵彦杰画
长春 吉林人民出版社 1978 年 76cm（2 开）
定价：CNY0.14
　　本作品为年画形式的中国现代国画作品。

J0022505
大队鸡场春意浓　杨树有画
长春 吉林人民出版社 1978 年 76cm（2 开）
定价：CNY0.14
　　本作品为年画形式的中国现代国画作品。

J0022506
大队养鹿场　王言昌画
济南 山东人民出版社 1978 年 76cm（2 开）
定价：CNY0.11
　　本作品为年画形式的中国现代国画作品。

J0022507
电孵鸡　宋仁梁画
济南 山东人民出版社 1978 年 76cm（2 开）
定价：CNY0.11
　　本作品为年画形式的中国现代国画作品。

J0022508
奠基礼　（欢庆直罗大捷）刘文西作
北京 人民美术出版社 1978 年 1 张 76cm（2 开）
定价：CNY0.14

J0022509
奠基礼　（欢庆直罗大捷 中国画）刘文西绘
北京 人民美术出版社 1978 年［7］页 26cm（16 开）
统一书号：8027.6789 定价：CNY0.16

J0022510
东风浩荡梅花笑　瑞雪纷飞战旗红　谭西

方画；高兰虹书
郑州 河南人民出版社 1978 年 76cm（2 开）
定价：CNY0.11
　　本作品为年画形式的中国现代国画作品。
作者谭西方，美术编辑，河南鄢城人。作品有连
环画《中华字圣许慎》等。

J0022511
东风朱霞　郭怡孮作
北京 人民出版社 1978 年 38cm（6 开）
定价：CNY0.10
　　现代中国画作品。作者郭怡孮（1940—　），
教授。山东潍坊人。历任中央美术学院中国画
系教授、副系主任，全国美术家协会会员等职。
出版《中国画教材》《郭味蕖花鸟画技法》《白描
花卉写生》《写意花鸟画技法》《花卉写生教程》
《郭怡孮花卉集》。

J0022512
东风朱霞　郭怡孮作
北京 人民美术出版社 1978 年 76cm（2 开）
定价：CNY0.11
　　现代中国画作品。

J0022513
多彩　萧淑芳作
上海 上海人民美术出版社 1978 年 38cm（6 开）
定价：CNY0.12
　　现代中国画作品。

J0022514
朵朵红花寄深情　安学贵画
长春 吉林人民出版社 1978 年 76cm（2 开）
定价：CNY0.14
　　本作品为年画形式的中国现代国画作品。
作者安学贵（1940—　），画家。辽宁辽阳市人。
中国同泽书画研究院书画家。吉林省通榆县文
化馆馆员、中国美术家协会会员。主要作品有《礼
物》等。

J0022515
飞雪迎春　王雪涛作
南昌 江西人民出版社 1978 年 78cm（2 开）
定价：CNY0.12
　　现代中国画作品。

J0022516
夫妻同登庆功台　侯纪德画
济南　山东人民出版社　1978 年　76cm（2 开）
定价：CNY0.14
　　本作品为年画形式的中国现代国画作品。

J0022517
芙蓉国里尽朝晖　江苏省国画院赴湖南写生
南京　江苏人民出版社　1978 年　4 张（套）
76cm（2 开）定价：CNY0.56
　　本作品为年画形式的中国现代国画作品。

J0022518
傅抱石画辑　傅抱石绘
北京　人民美术出版社　1978 年　12 幅 38cm（6 开）
统一书号：8027.6840 定价：CNY1.10
　　作者傅抱石（1904—1965），画家。原名长生、
瑞麟，号抱石斋主人。生于江西南昌，祖籍江西
新余，早年留学日本。历任南京师范学院教授、
江苏国画院院长等职。代表作品有《山阴道上》
《钟馗》《屈原》《江山如此多娇》，著有《中国古
代绘画之研究》《中国绘画变迁史纲》等。

J0022519
革命的老英雄　王朝明作
沈阳　辽宁人民出版社　1978 年　53cm（4 开）
定价：CNY0.06
　　现代中国画作品。

J0022520
革命的老英雄　王朝明作
太原　山西人民出版社　1978 年　53cm（4 开）
定价：CNY0.18
　　现代中国画作品。

J0022521
工地怒潮　曹俊礼画
济南　山东人民出版社　1978 年　76cm（2 开）
定价：CNY0.11
　　本作品为年画形式的中国现代国画作品。

J0022522
关怀　宋利华画
济南　山东人民出版社　1978 年　76cm（2 开）
定价：CNY0.14

　　本作品为年画形式的中国现代国画作品。

J0022523
国画四条屏　刘继卣画
济南　山东人民出版社　1978 年　2 张（套）
76cm（2 开）定价：CNY0.22
　　本作品为年画形式的中国现代国画作品。

J0022524
海滩上　徐启雄作
杭州　浙江人民出版社　1978 年　76cm（2 开）
定价：CNY0.14
　　本作品为年画形式的中国现代国画作品。

J0022525
何香凝画辑　何香凝绘
北京　人民美术出版社　1978 年　12 幅 38cm（6 开）
统一书号：8027.6839 定价：CNY1.10
　　本书系现代中国画画册

J0022526
红岩　钱松嵒作
北京　人民美术出版社　1978 年　53cm（4 开）
定价：CNY0.14
　　现代中国画作品。

J0022527
宏伟的蓝图　赵瑞春作
杭州　浙江人民出版社　1978 年　76cm（2 开）
定价：CNY0.14
　　现代中国画作品。

J0022528
洪湖赤卫队　姚治华，姚有多画；张宝林文
天津　天津人民美术出版社　1978 年　2 张（套）
76cm（2 开）定价：CNY0.28
　　本作品为年画形式的中国现代国画作品。

J0022529
胡事新编　傅佩泽画
济南　山东人民出版社　1978 年　76cm（2 开）
定价：CNY0.11
　　本作品为年画形式的中国现代国画作品。

J0022530
华政委教我们唱《东方红》　赵幼华画
长春　吉林人民出版社　1978 年　76cm（2 开）
定价：CNY0.14
　　本作品为年画形式的中国现代国画作品。

J0022531
黄宾虹画辑　黄宾虹绘
北京　人民美术出版社　1978 年　12 幅　38cm（6 开）
套装　统一书号：8027.6834　定价：CNY1.10

J0022532
黄河儿女　陈忠志作
沈阳　辽宁人民出版社　1978 年　76cm（2 开）
定价：CNY0.11
　　本作品为年画形式的中国现代国画作品。

J0022533
黄河儿女　陈忠志作
北京　人民美术出版社　1978 年　76cm（2 开）
定价：CNY0.14
　　本作品为年画形式的中国现代国画作品。

J0022534
黄河儿女　（中国画）陈忠志作
北京　人民美术出版社　1978 年　8 页　19cm（32 开）
定价：CNY0.16
　　现代中国画作品。

J0022535
活到老学到老　石齐作
广州　广东人民出版社　1978 年　38cm（6 开）
定价：CNY0.09
　　现代中国画作品。

J0022536
假日　黄恩涛画
济南　山东人民出版社　1978 年　76cm（2 开）
定价：CNY0.11
　　本作品为年画形式的中国现代国画作品。

J0022537
江南烟雨　（木版水印　绫裱画轴）亚明作
北京　荣宝斋　1978 年　[1 轴] 定价：CNY32.00
　　本书系现代中国画作品。主要描写江南烟

雨中的村镇景色。

J0022538
节日　（木版水印　绫裱画轴）程十发作
北京　荣宝斋　1978 年　[1 轴] 定价：CNY28.00
　　现代中国画作品。作者程十发（1921—
2007），画家。出生于上海金山，毕业于上海美术
专科学校国画系。代表作品有《丽人行》《迎春图》
《列宁的故事》《孔乙己》等。出版有《程十发近
作选》《程十发花鸟习作选》《程十发作品展》。

J0022539
节日的早晨　鄂俊大画
长春　吉林人民出版社　1978 年　76cm（2 开）
定价：CNY0.11
　　本作品为年画形式的中国现代国画作品。

J0022540
今朝花更红　陈鹏同画
济南　山东人民出版社　1978 年　76cm（2 开）
定价：CNY0.11
　　本作品为年画形式的中国现代国画作品。

J0022541
金光大道　李益年画
济南　山东人民出版社　1978 年　76cm（2 开）
定价：CNY0.11
　　本作品为年画形式的中国现代国画作品。

J0022542
金鱼　（木版水印　绫裱单片）吴作人作
上海　朵云轩　1978 年　[1 幅] 定价：CNY4.00
　　现代中国画作品。

J0022543
精心饲养禽畜兴旺　刘继卣作
天津　天津人民美术出版社　1978 年　2 张（套）
76cm（2 开）定价：CNY0.28
　　中国现代年画作品。

J0022544
井冈春晓　肇玉厚画
长春　吉林人民出版社　1978 年　76cm（2 开）
定价：CNY0.14
　　本作品为年画形式的中国现代国画作品。

J0022545
井冈杜鹃红　胡献雅作
南昌 江西人民出版社 1978 年 78cm（2 开）
定价：CNY0.12
　　现代中国画作品。

J0022546
井冈杜鹃红似火　王晋元作
上海 上海人民出版社 1978 年 38cm（6 开）
定价：CNY0.12
　　中国现代国画作品。

J0022547
敬爱的周总理　顾生岳画
济南 山东人民出版社 1978 年 53cm（4 开）
定价：CNY0.18
　　现代中国画作品。作者顾生岳(1927—
2012)，画家。浙江普陀人，毕业于中央美术学院
华东分院。历任浙江美术学院中国画系主任、教
授，浙江画院副院长、杭州市美协主席、浙江人物
画研究会会长等职。著作有《顾生岳人物速写选》。

J0022548
敬爱的周总理视察三八饭店　金兰作
哈尔滨 黑龙江人民出版社 1978 年 53cm（4 开）
定价：CNY0.15
　　中国现代国画作品。

J0022549
鞠躬尽瘁为人民　顾生岳作
杭州 浙江人民出版社 1978 年 53cm（4 开）
定价：CNY0.07
　　本作品与《敬爱的周总理》是不同题名的同
一幅国画。

J0022550
菊花　于希宁画
济南 山东人民出版社 1978 年 78cm（2 开）
定价：CNY0.30，CNY0.40（镶铁边）
　　中国现代国画作品。

J0022551
炕琴画和对联　吕燕画；张克明配诗
沈阳 辽宁人民出版社 1978 年 2 张（套）
76cm（2 开）定价：CNY0.22

本作品为年画形式的中国现代国画作品。

J0022552
昆仑春晓　方济众作
北京 人民美术出版社 1978 年 53cm（4 开）
定价：CNY0.14
　　中国现代国画作品。作者方济众(1923—
1987)，国画家。号雪农，陕西勉县人。历任中
国美术家协会常务理事、美协陕西分会副主席。
代表作品有《三边塞上风光》《雪漫天山》《沙海
花》等。

J0022553
兰花　于希宁画
济南 山东人民出版社 1978 年 78cm（2 开）
定价：CNY0.30，CNY0.40（镶铁边）
　　中国现代国画作品。

J0022554
浪急情更迫　骆耀堂作
上海 上海人民美术出版社 1978 年 38cm（6 开）
定价：CNY0.12
　　中国现代国画作品.

J0022555
漓江两岸　徐悲鸿作
天津 天津人民美术出版社 1978 年 53cm（4 开）
定价：CNY0.20
　　中国现代国画作品。

J0022556
李可染画辑　李可染绘
北京 人民美术出版社 1978 年 12 幅 38cm（6 开）
统一书号：8027.6841 定价：CNY1.10
　　中国现代国画画册。

J0022557
李苦禅画辑　李苦禅绘
北京 人民美术出版社 1978 年 16 幅 38cm（6 开）
统一书号：8027.6842 定价：CNY1.10

J0022558
莲塘鱼跃　邓文欣画
长春 吉林人民出版社 1978 年 76cm（2 开）
定价：CNY0.14

本作品为年画形式的中国现代国画作品。邓实（1877—1951），晚清著名报人。字秋枚，生于上海，祖籍广东顺德。致力于珍本古籍的收藏，曾在上海创办国学保存会藏书楼，收藏大量的珍本古籍。代表作品《国粹学》。

J0022559

柳荫白鹭　陈佩秋作

北京　人民美术出版社　1978年　53cm（4开）
定价：CNY0.14

　　中国现代国画作品。作者陈佩秋（1922—　），女，现代中国画花鸟画画家。河南南阳人。字健碧，室名秋兰室、高华阁、截玉轩。毕业于国立艺术专科学校。历任上海大学美术学院兼职教授、上海中国画院画师、中国美术家协会会员。主要作品有《天目山杜鹃》《水佩风裳》《红满枝头》。

J0022560

庐山新装　（（木版水印　绫裱画轴））宋文治作

北京　荣宝斋　1978年　[1轴]定价：CNY34.00
　　中国现代国画作品。

J0022561

马　尹瘦石画

济南　山东人民出版社　1978年　78cm（2开）
定价：CNY0.30
　　中国现代国画作品。

J0022562

马下双驹　杨明智画

济南　山东人民出版社　1978年　76cm（2开）
定价：CNY0.11
　　本作品为年画形式的中国现代国画作品。

J0022563

满目青山夕照明　（敬爱的叶副主席作《八十书怀》）韩国榛作

西安　陕西人民出版社　1978年　38cm（6开）
定价：CNY0.09
　　中国现代国画作品。

J0022564

猫石图　（木版水印　绫裱画轴）徐悲鸿作

北京　荣宝斋　1978年　[1轴]定价：CNY26.00
　　中国现代国画作品。

J0022565

梅花　于希宁画

济南　山东人民出版社　1978年　78cm（2开）
定价：CNY0.30，CNY0.40（镶铁边）
　　现代中国画作品。

J0022566

梅园榴花　于希宁画

济南　山东人民出版社　1978年　78cm（2开）
定价：CNY0.30，CNY0.40（镶铁边）
　　现代中国画作品。

J0022567

美人蕉　唐云作

北京　人民美术出版社　1978年　53cm（4开）
定价：CNY0.14

　　现代中国画作品。作者唐云（1910—　），画家。字侠尘，别号药城、药尘、药翁等。历任中国画研究院院务委员，上海中国画院副院长、代院长、名誉院长等职。中国美术家协会理事、美协上海分会副主席。

J0022568

密叶疏枝鹤顶丹　崔子范作

济南　山东人民出版社　1978年　78cm（2开）
定价：CNY0.30

　　现代中国画作品。作者崔子范（1915—2011），画家。曾用名崔尚治。山东莱阳人，就读于上海美术专科学校，抗日军政大学。历任北京国画院副院长兼秘书长、中国美术家协会会员、北京市美协理事。代表作品有《麻雀枇杷》《芙蓉八哥》《金鱼》等。

J0022569

民族歌舞　李树基绘画；李秀忠配诗

沈阳　辽宁人民出版社　1978年　2张(套)
76cm（2开）定价：CNY0.22
　　本作品为年画形式的中国现代国画作品。

J0022570

牡丹　王雪涛作

北京　人民美术出版社　1978年　78cm（2开）
定价：CNY0.24
　　中国现代国画作品。

J0022571

牡丹春燕　夏荷鸳鸯　秋菊翠鸟　喜鹊冬梅　赵蕴玉，赵映闽作
成都　四川人民出版社　1978年　4张(套)
53cm(4开)　定价：CNY0.28
　　中国现代年画作品。

J0022572

盼到了　(根据扬亚萍原作)吴哲夫，李慕白改画
上海　上海人民美术出版社　1978年　76cm(2开)
定价：CNY0.11
　　本作品为年画形式的中国现代国画作品。

J0022573

盼到了　(根据扬亚萍原作)吴哲夫，李慕白改画
上海　上海人民美术出版社　1978年　53cm(4开)
定价：CNY0.06
　　本作品为年画形式的中国现代国画作品。

J0022574

瓶花　(木版水印　绫裱画轴)关良作
上海　朵云轩　1978年　[1轴]　定价：CNY13.50
　　现代中国画作品，作者关良(1900—1986)，画家。广东番禺人，毕业于东京太平洋美术学院。曾任浙江美术学院教授、上海中国画院画师。著有《关良艺事随谈》《关良回忆录》，出版《关良京戏人物水墨画》《关良油画集》等。

J0022575

葡萄丰收　张和荣，张作善画
济南　山东人民出版社　1978年　76cm(2开)
定价：CNY0.11
　　本作品为年画形式的中国现代国画作品。

J0022576

普通一兵　戈跃画
石家庄　河北人民出版社　1978年　53cm(4开)
定价：CNY0.07
　　本作品为年画形式的中国现代国画作品。

J0022577

溥心畲书画全集　(第四册　书法篇)林绿总编辑
[台北]环球书社　1978年　2版　152页　38cm(6开)

精装　定价：TWD1400.00
　　外文书名：The Complete Paintings and Calligraphy of Pu Hsin-Yu.

J0022578

齐白石画辑　齐白石绘
北京　人民美术出版社　1978年　12幅　38cm(6开)
统一书号：8027.6835　定价：CNY1.10

J0022579

牵牛花　(木版水印　绫裱画轴)朱屺瞻作
上海　朵云轩　1978年　[1轴]　定价：CNY13.50
　　中国现代花卉国画作品。

J0022580

前进，进!　刘庆孝，鹿逊理画
济南　山东人民出版社　1978年　76cm(2开)
定价：CNY0.11
　　本作品为年画形式的中国现代国画作品。

J0022581

钱济鄂南洋艺展之辑　[钱济鄂绘/书]
1978年　67页　有照片图　27cm(16开)
　　外文书名：Mr. Chien Chi-O'S Art Exhibition in Southeastern Asia.

J0022582

青竹翠鸟　(木版水印　绫裱画轴)黄幻吾作
上海　朵云轩　1978年　[1轴]　定价：CNY13.50
　　中国现代国画作品。

J0022583

清夏图　黄永玉作
北京　人民美术出版社　1978年　53cm(4开)
定价：CNY0.14
　　中国现代国画作品。

J0022584

庆祝中国人民解放军建军五十周年美术作品展览图录　(中国画)
天津　天津人民美术出版社　1978年　132幅
18cm(15开)　统一书号：8073.50102
定价：CNY1.10
　　中国现代国画作品。

J0022585
秋荷图 （木版水印 绫裱画轴）潘天寿作
北京 荣宝斋 1978 年 [1 轴] 定价: CNY34.00
　　中国现代国画作品。作者潘天寿(1897—1971)，现代著名国画家，美术教育家。字大颐，号寿者。浙江宁海县人。擅画花鸟、山水，兼善指画，亦能书法、诗词、篆刻。曾任中国文联委员，中国美术家协会副主席、浙江省文联副主席、中国美协浙江分会主席、浙江美术学院院长、教授等职。著有《中国绘画史》《听天阁画谈随笔》等。

J0022586
秋艳飞雀 李苦禅画
济南 山东人民出版社 1978 年 78cm(2 开)
定价: CNY0.30
　　中国现代国画作品。

J0022587
热带鱼 （木版水印 绫裱画轴）宋文治作
北京 荣宝斋 1978 年 [1 轴] 定价: CNY16.80
　　中国现代国画作品。

J0022588
飒爽英姿 刘楠绘，时永福配诗
北京 人民体育出版社 1978 年 2 张(套)
76cm(2 开) 定价: CNY0.22
　　本作品为年画形式的中国现代国画作品。

J0022589
山花烂漫 唐云作
上海 上海人民美术出版社 1978 年 38cm(6 开)
定价: CNY0.12
　　中国现代国画作品。

J0022590
山乡春早 于新生画
济南 山东人民出版社 1978 年 [1 张]76cm(2 开)
定价: CNY0.11
　　本作品为年画形式的中国现代国画作品。

J0022591
扇子舞 （木版水印 单片）李世南作
北京 荣宝斋 1978 年 [1 幅]53cm(4 开)
定价: CNY2.00
　　中国现代国画作品。

J0022592
韶山朝晖 （江苏省向毛主席纪念堂敬献的中国画）宋文治，金志远作
南京 江苏人民出版社 1978 年 1 张 53cm(4 开)
定价: CNY0.14
　　中国现代国画作品。

J0022593
石榴 （木版水印 绫裱画轴）王个簃作
上海 朵云轩 1978 年 [1 轴] 定价: CNY13.50
　　现代中国画作品。

J0022594
曙光 吴自强画
福州 福建人民出版社 1978 年 1 张 76cm(2 开)
定价: CNY0.14
　　本作品为年画形式的中国现代国画作品。

J0022595
水库养鱼肥 董家祥画
济南 山东人民出版社 1978 年 1 张 76cm(2 开)
定价: CNY0.11
　　本作品为年画形式的中国现代国画作品。

J0022596
水禽图 （木版水印 绫裱画轴）李苦禅作
北京 荣宝斋 1978 年 [1 轴] 定价: CNY28.00
　　本书系中国现代翎毛国画作品。

J0022597
水秀山青 白雪石作
石家庄 河北人民出版社 1978 年 38cm(6 开)
定价: CNY0.08
　　中国现代山水国画作品。作者白雪石(1915—2011)，画家，教授。北京市人，斋号何须斋。自幼习画，早年师从赵梦朱，后拜梁树年为师。执教于北京师范学院、北京艺术学院、中央工艺美院。兼北京山水画研究会会长。代表作品《万壑松风》《千峰竞秀》《早春图》《漓江一曲千峰秀》等。

J0022598
硕果累累 王举春画
济南 山东人民出版社 1978 年 1 张 76cm(2 开)
定价: CNY0.11

本作品为年画形式的中国现代国画作品。

J0022599

松柏万年青花开代代红　　齐新民画
济南　山东人民出版社 1978 年 1 张 76cm（2 开）
定价：CNY0.11
　　本作品为年画形式的中国现代国画作品。

J0022600

松高洁——陈毅同志造像　　盖茂森画
福州 福建人民出版社 1978 年 1 张 76cm（2 开）
定价：CNY0.14
　　本作品为年画形式的中国现代国画作品。

J0022601

太行浩气传千古　　杨力舟，王迎春作
北京 人民美术出版社 1978 年 1 张 76cm（2 开）
定价：CNY0.14
　　中国现代国画作品

J0022602

太行浩气传千古　（中国画）杨力舟，王迎春绘
北京 人民美术出版社 1978 年 [3]页 26cm（16 开）
统一书号：8027.6790 定价：CNY0.08
　　中国现代国画作品。

J0022603

太行浩气传千古　　王迎春，杨力舟作
太原 山西人民出版社 1978 年 1 张 53cm（4 开）
定价：CNY0.18
　　中国现代国画作品。

J0022604

太行浩气传千古　　杨力舟，王迎春作
上海 上海人民出版社 1978 年 1 张 38cm（6 开）
定价：CNY0.12
　　中国现代国画作品。

J0022605

唐阎立本步辇图（绫裱单片）
北京 文物出版社 1978 年 [1 幅]
　　故宫博物院藏，中国现代国画作品。

J0022606

天天向上　　苏耕画

济南 山东人民出版社 1978 年 1 张 76cm（2 开）
定价：CNY0.11
　　本作品为年画形式的中国现代国画作品。
作者苏耕（1943— ），画家。生于山东荣成。
原名苏永畔。威海画院专职画家，副院长、副
书记，中国美术家协会会员、国家一级美术师，
作品有《大街小巷》《铁路哨兵》《童心》《在艺
术的故乡里》等。

J0022607

万里长空且为忠魂舞　　袁丕海画
济南 山东人民出版社 1978 年 1 张 76cm（2 开）
定价：CNY0.11
　　本作品为年画形式的中国现代国画作品。

J0022608

万紫千红　　萧淑芳作
北京 人民美术出版社 1978 年 1 张 53cm（4 开）
定价：CNY0.14
　　中国现代国画作品。

J0022609

为四个现代化做贡献　　孙顺正画
济南 山东人民出版社 1978 年 2 张(套)
76cm（2 开）定价：CNY0.22
　　本作品为年画形式的中国现代国画作品。
作者孙顺正（1942— ），画家。山东济南人，
毕业于山东艺术专科学校油画专业。曾任济南
搪瓷厂技术科美术设计、山东人民出版社美术编
辑。画作有中国画《敌情》《杨柳风》《盗仙草》等，
出版有《孙顺正工笔重彩古装人物画精选》。

J0022610

我国卓越的科学家李四光　　霍达编；王为政绘
上海 上海人民美术出版社 1978 年 16 幅
26cm（16 开）统一书号：8081.11096
定价：CNY1.40
　　中国现代国画作品。作者王为政（1944— ），
教授、画家。字北辰，江苏丰县人。历任中国美
术家协会会员、中国作家协会会员、俄罗斯美术
家协会荣誉会员、北京画院艺术委员会委员、北
京齐白石艺术研究会副会长。代表作品有《听画》
《傲骨》《瑞士之旅》《王为政画集》等。

J0022611

我们画四个现代化 田林海画

济南 山东人民出版社 1978 年 1 张 76cm（2 开）
定价：CNY0.11

　　本作品为年画形式的中国现代国画作品。作者田林海（1948— ），画家。出生于浙江永康，原名田林罕，号九里山人。毕业于浙江美术学院附中，结业于中国美术学院山水研修班。曾任浙江衢州文化馆馆员、山东美术出版社编辑室主任、山东画院高级画师，（杭州）西泠书画院特聘画师、山东政协书画院画师。作品有《故园烟雨》《疏林烟雨红军桥》《秋山秋水》。

J0022612

我让祖国来挑选 白逸如画

济南 山东人民出版社 1978 年 1 张 76cm（2 开）
定价：CNY0.11

　　本作品为年画形式的中国现代国画作品。作者白逸如（1932— ），女，画家。北京人。毕业于浙江美术学院。曾任山东省文化局美工室、山东师范大学艺术系教师，天津画院专业画家。主要作品有《渔家女儿上大学》《移来南茶住北乡》《大娘的病好了》等。

J0022613

我也是民兵 刘德润画

济南 山东人民出版社 1978 年 1 张 76cm（2 开）
定价：CNY0.11

　　本作品为年画形式的中国现代国画作品。

J0022614

我也是三好 王福增画

济南 山东人民出版社 1978 年 1 张 76cm（2 开）
定价：CNY0.14

　　本作品为年画形式的中国现代国画作品。

J0022615

喜见蓓蕾满枝头 谷学忠，安学贵画

长春 吉林人民出版社 1978 年 1 张 76cm（2 开）
定价：CNY0.14

　　本作品为年画形式的中国现代国画作品。作者安学贵（1940— ），画家。辽宁辽阳市人。中国同泽书画研究院书画家。吉林省通榆县文化馆馆员，中国美术家协会会员。主要作品有《礼物》等。

J0022616

喜看荷花上山顶 吉星田画

济南 山东人民出版社 1978 年 1 张 76cm（2 开）
定价：CNY0.11

　　本作品为年画形式的中国现代国画作品。

J0022617

喜临门 高密县年画创作组

上海 上海人民美术出版社 1978 年 1 张
76cm（2 开）定价：CNY0.11

　　本作品为年画形式的中国现代国画作品。

J0022618

喜雨 白雪石作

石家庄 河北人民出版社 1978 年 1 册 38cm（6 开）
定价：CNY0.08

　　中国现代国画作品。作者白雪石（1915—2011），画家，教授。北京市人，斋号何须斋。自幼习画，早年师从赵梦朱，后拜梁树年为师。执教于北京师范学院、北京艺术学院、中央工艺美院。兼北京山水画研究会会长。代表作品《万壑松风》《千峰竞秀》《早春图》《漓江一曲千峰秀》等。

J0022619

现代中国画选 （第一辑）

北京 人民美术出版社 1978 年 16 幅 38cm（6 开）
统一书号：8027.6722 定价：CNY1.40

J0022620

向雷锋同志学习 郭文涛等画

兰州 甘肃人民出版社 1978 年 4 张（套）
76cm（2 开）定价：CNY0.56

　　本作品为年画形式的中国现代国画作品。作者郭文涛（1941— ），画家。河北交河人。毕业于西北师范大学美术系。中国美术家协会会员、甘肃省美协副主席、兰州市美协主席、兰州市文联主席、兰州市政协副主席。代表作品《军长之路》（合作）、连环画《四明传奇》、国画《夕照图》。出版有《郭文涛画集》等。

J0022621

象牙红 （木版水印 绫裱画轴）陈秋草作

上海 朵云轩 1978 年 ［1 轴］定价：CNY13.50
　　中国现代国画作品。

J0022622

欣欣向荣　仇春辉作

郑州 河南人民出版社 1978 年 1 张 78cm（2 开）

定价：CNY0.10

中国现代国画作品。

J0022623

雁荡山花　潘天寿作

北京 人民美术出版社 1978 年 1 张 53cm（4 开）

定价：CNY0.14

中国现代国画作品。作者潘天寿（1897—1971），现代著名国画家、美术教育家。字大颐，号寿者。浙江宁海县人。擅画花鸟、山水，兼善指画，亦能书法、诗词、篆刻。曾任中国文联委员、中国美术家协会副主席、浙江省文联副主席、中国美协浙江分会主席，浙江美术学院院长、教授等职。著有《中国绘画史》《听天阁画谈随笔》等。

J0022624

叶浅予画舞　叶浅予绘

南京 江苏人民出版社 1978 年 16 页 19cm（32 开）

本书收入彩色民族舞姿画 16 幅。

J0022625

饮水思源　吴作人作

北京 人民美术出版社 1978 年 1 张 78cm（2 开）

定价：CNY0.19

中国现代国画作品。

J0022626

樱桃小鸡　（木版水印 绫裱画轴）唐云作

上海 朵云轩 1978 年［1 轴］定价：CNY13.50

中国现代国画作品。

J0022627

映日荷花别样红　潘天寿作

北京 人民美术出版社 1978 年 53cm（4 开）

定价：CNY0.14

中国现代国画作品。

J0022628

渔洋春霄　刘以通绘

福州 福建人民出版社 1978 年 76cm（2 开）

定价：CNY0.11

本作品为年画形式的中国现代国画作品。

J0022629

雨霁　潘天寿作

杭州 浙江人民出版社 1978 年 78cm（2 开）

定价：CNY0.10

中国现代国画作品。

J0022630

玉兰　于非闇作

北京 人民美术出版社 1978 年 53cm（4 开）

定价：CNY0.30, CNY0.40（镶铁边）

中国现代国画作品。

J0022631

岳麓山爱晚亭　张仁芝作

北京 人民出版社 1978 年 38cm（6 开）

定价：CNY0.10

中国现代国画作品。

J0022632

枣园曙光　（江苏省向毛主席纪念堂敬献的中国画）钱松喦作

南京 江苏人民出版社 1978 年 53cm（4 开）

定价：CNY0.14

中国现代国画作品。作者钱松喦（1899—1985），画家。江苏宜兴人。曾任江苏省国画院院长、名誉院长，江苏省美术家协会主席、中国美术家协会常务理事等。画作有《红岩》《延安颂》《芙蓉湖上》《山岳颂》等。代表作品有《梅园新村》《延安颂》《红岩》《井冈大瀑布》等。著作《砚边点滴》。出版物《钱松喦画集》等。

J0022633

长鼓舞　（木版水印 单片）张士强作

北京 荣宝斋 1978 年［1 幅］定价：CNY2.00

中国现代国画作品。

J0022634

长征路上写生画集

天津 天津人民美术出版社 1978 年 101 页 24cm（26 开）统一书号：8073.50104

定价：CNY2.45

J0022635
争分夺秒　亚明作
北京 人民美术出版社 1978 年 53cm（4 开）
定价：CNY0.14
　　中国现代国画作品。

J0022636
争艳　陈正治，吴绶镐作
杭州 浙江人民出版社 1978 年 76cm（2 开）
定价：CNY0.11
　　本作品为年画形式的中国现代国画作品。

J0022637
知心话　刘文西作
哈尔滨 黑龙江人民出版社 1978 年 76cm（2 开）
定价：CNY0.11
　　本作品为年画形式的中国现代国画作品。

J0022638
中国当代名画家集　中国美术协会主编
台北 成文出版社 1978 年 121 页 39cm（4 开）
精装 定价：TWD1200.00

J0022639
中国古代四大发明　王义胜等编绘；杨仁恺
校阅、指导
沈阳 辽宁美术出版社 1978 年 2 张（套）
76cm（2 开）定价：CNY0.22
　　本作品为年画形式的中国现代国画作品。

J0022640
中国画选辑　钱松喦等绘
南京 江苏人民出版社 1978 年 16 幅 26cm（16 开）
统一书号：8100.3.176 定价：CNY0.80

J0022641
重林耸翠　赵望云作
北京 人民美术出版社 1978 年 53cm（4 开）
定价：CNY0.14
　　中国现代国画作品。

J0022642
周总理的睡衣　华克雄作
上海 上海人民美术出版社 1978 年 38cm（6 开）
定价：CNY0.12

　　中国现代国画作品。

J0022643
周总理的睡衣　华克雄作
杭州 浙江人民出版社 1978 年 53cm（4 开）
定价：CNY0.14
　　中国现代国画作品。

J0022644
竹菊　潘天寿作
北京 人民美术出版社 1978 年 53cm（4 开）
定价：CNY0.14
　　中国现代国画作品。

J0022645
紫藤双燕　诸乐三作
杭州 浙江人民出版社 1978 年 78cm（2 开）
定价：CNY0.10
　　中国现代国画作品。

J0022646
遵义颂　（江苏省向毛主席纪念堂敬献的中国
画）伍霖生，尚君砺作
南京 江苏人民出版社 1978 年 53cm（4 开）
定价：CNY0.14
　　中国现代国画作品。

J0022647
安徽国画选　康诗伟编
合肥 安徽人民出版社 1979 年 39 页 26cm（16 开）
统一书号：8102.1058 定价：CNY2.00
　　安徽现代中国水墨画画册。

J0022648
芭蕉　郭味蕖作
上海 上海人民美术出版社 1979 年 ［1 张］
38cm（6 开）定价：CNY0.12
　　现代中国画作品。作者郭味蕖（1908—
1971），画家。原名忻，后改慰劬、味蕖，曾用别
号汾阳王孙等。山东潍坊人，毕业于上海美术专
科学校。历任中央美术学院研究部和徐悲鸿纪
念馆研究员、中央美院中国画讲师、中央美术学
院国画系花鸟科主任等。著有《宋元明清画家年
表》《中国版画史略》《写意花鸟创作技法十六
讲》等。

J0022649
白孔雀　周清利，张惠蓉作
南宁 广西人民出版社 1979 年［1 张］53cm（4 开）
定价：CNY0.20
　　现代中国画作品。

J0022650
百舸争流　宋文治作
石家庄 河北人民出版社 1979 年［1 张］
78cm（2 开）定价：CNY0.10
　　现代中国画作品。

J0022651
百鸟争鸣　王一鸣作
沈阳 辽宁美术出版社 1979 年［1 张］76cm（2 开）
定价：CNY0.11
　　现代中国画作品。作者王一鸣（1945—
2009），花鸟画家。辽宁盖州人。历任辽宁盖州市
文联主席、高级工程师，中国美术家协会会员。

J0022652
搬进新居　夏元建画
济南 山东人民出版社 1979 年［1 张］76cm（2 开）
定价：CNY0.11
　　本作品为年画形式的中国现代国画作品。

J0022653
宝莲灯　戴仁画；张思聪配诗
杭州 浙江人民出版社 1979 年 2 张 76cm（2 开）
定价：CNY0.28
　　本作品为年画形式的中国现代国画作品。
作者戴仁（1934—　），浙江温州人。中国美术家
协会会员、浙江省美术家协会理事、浙江省科普
艺术协会理事。主要作品有连环画《三个勇士》
《棠棣之花》《胭脂》等。

J0022654
报春图　王道良作
合肥 安徽人民出版社 1979 年［1 张］76cm（2 开）
定价：CNY0.16
　　现代中国画作品。

J0022655
报春图　（木版水印、绫裱画轴）关山月作
上海 朵云轩 1979 年［1 轴］

现代中国画作品。

J0022656
北京中国画选　北京出版社编
北京 北京出版社 1979 年 100 页 38cm（6 开）
精装 统一书号：8071.337 定价：CNY30.00
　　现代中国画画册。

J0022657
碧海宝藏　宋仁贤作
北京 人民美术出版社 1979 年［1 张］76cm（2 开）
定价：CNY0.14
　　本作品为年画形式的中国现代国画作品。

J0022658
遍地东风春意酣　喻继高画
南京 江苏人民出版社 1979 年［1 张］76cm（2 开）
定价：CNY0.14
　　本作品为年画形式的中国现代国画作品。

J0022659
草虫　（木版水印、绫裱画轴）陈佩秋作
上海 朵云轩 1979 年［1 轴］定价：CNY9.00
　　现代中国画作品。作者陈佩秋（1922—　），
女，现代中国画花鸟画画家。河南南阳人。字健
碧，室名秋兰室、高华阁、截玉轩。毕业于国立
北平艺术专科学校。历任上海大学美术学院兼
职教授、上海中国画院画师、中国美术家协会
会员。主要作品有《天目山杜鹃》《水佩风裳》
《红满枝头》。

J0022660
草原春暖　程十发作
北京 人民美术出版社 1979 年［1 张］53cm（4 开）
　　现代中国画作品。作者程十发（1921—
2007），画家。出生于上海金山，毕业于上海美术
专科学校国画系。代表作品有《丽人行》《迎春图》
《列宁的故事》《孔乙己》等。出版有《程十发近
作选》《程十发花鸟习作选》《程十发作品展》。

J0022661
草原之子　周昌谷作
上海 上海书画出版社 1979 年［1 张］53cm（4 开）
定价：CNY0.10
　　现代中国画作品。

J0022662

陈澄波画集　雄狮美术编辑部编辑

台北　雄狮图书公司　1979 年　94 页　有图

26cm（16 开）定价：TWD250.00

（台湾美术家 2）

　　台湾画家陈澄波中国画作品画册。作者陈
澄波（1895—1947），画家。生于台湾嘉义，毕业
于台北师范学校。代表作《嘉义街外》《夏日街
景》等。

J0022663

程十发书画　（1　山水树石）[程十发绘]；一
虹编

杭州　西泠印社　1979 年　103 页　19cm（小 32 开）

统一书号：8.193.105　定价：CNY1.70

　　中国现代山水画、书法艺术作品画册。

J0022664

程十发书画　（2　翎毛花卉）[程十发绘]；一
虹编

杭州　西泠印社　1979 年　106 页　20cm（32 开）

统一书号：8193.122　定价：CNY1.70

　　中国现代花鸟画、书法艺术作品画册。

J0022665

程十发书画　（3　走兽鳞介）[程十发绘]；一
虹编

杭州　西泠印社　1980 年　105 页　19cm（32 开）

定价：CNY1.70

　　本书系现代中国画画册。

J0022666

程十发书画　（4　滇南塞北）[程十发绘]；一
虹编

杭州　西泠印社　1980 年　106 页　20cm（32 开）

定价：CNY1.70

　　本书系现代中国画画册。

J0022667

程十发书画　（5　历史人物）[程十发绘]；一
虹编

杭州　西泠印社　1980 年　105 页　20cm（32 开）

定价：CNY1.70

　　本书系中国画画册。

J0022668

程十发书画　（6　书籍插图）[程十发绘]；一
虹编

杭州　西泠印社　1981 年　115 页　19cm（32 开）

统一书号：8193.126　定价：CNY1.70

　　本书是中国画画册。

J0022669

程十发书画　（7　舞台艺术）[程十发绘]；一
虹编

杭州　西泠印社　1981 年　86 页　19cm（小 32 开）

定价：CNY1.70

J0022670

程十发书画　（8　书法篆刻）[程十发绘]；一
虹编

杭州　西泠印社　1981 年　115 页　19cm（32 开）

统一书号：8193.128　定价：CNY1.70

　　本书系现代中国书画艺术图集。

J0022671

程十发书画　（9　红楼故事）[程十发绘]；一
虹编

杭州　西泠印社　1981 年　75 页　19cm（小 32 开）

定价：CNY1.70

J0022672

出诊　黄胄作

北京　人民美术出版社　1979 年　[1 张] 53cm（4 开）

定价：CNY0.14

　　现代中国画作品。

J0022673

春　李宝峰作

兰州　甘肃人民出版社　1979 年　[1 张] 76cm（2 开）

定价：CNY0.14

　　现代中国画作品。

J0022674

春风绣宇　周彦生作

郑州　河南人民出版社　1979 年　[1 张] 76cm（2 开）

定价：CNY0.14

　　现代中国画作品。

J0022675
春江花月夜　宋吟可作
贵阳　贵州人民出版社 1979 年［1 张］53cm（4 开）
定价：CNY0.07
　　现代中国画作品。

J0022676
春满花溪　伍霖生作
上海　上海书画出版社 1979 年［1 张］53cm（4 开）
定价：CNY0.10
　　现代中国画作品。

J0022677
春意盎然　喻继高作
上海　上海书画出版社 1979 年［1 张］53cm（4 开）
定价：CNY0.10
　　现代中国画作品。

J0022678
春游鼓山　施宝霖，朱文铸画
福州　福建人民出版社 1979 年［1 张］76cm（2 开）
定价：CNY0.11
　　现代中国画作品。

J0022679
茨萍常青　宋文治作
南昌　江西人民出版社 1979 年［1 张］76cm（2 开）
定价：CNY0.14
　　现代中国画作品。

J0022680
从小爱科学　阎洪波画
长春　吉林人民出版社 1979 年［1 张］76cm（2 开）
定价：CNY0.11
　　本作品为年画形式的中国现代国画作品。

J0022681
大别山颂　张征作
郑州　河南人民出版社 1979 年［1 张］
76cm（2 开）定价：CNY0.16
　　现代中国画作品。

J0022682
大闹天宫　赵凤山画
长春　吉林人民出版社 1979 年［1 张］76cm（2 开）

定价：CNY0.14
　　本作品为年画形式的中国现代国画作品。

J0022683
大治之年新事多　侯继德画
济南　山东人民出版社 1979 年［1 张］76cm（2 开）
定价：CNY0.11
　　本作品为年画形式的中国现代国画作品。

J0022684
戴胜芙蓉　叶玉昶作
杭州　浙江人民出版社 1979 年［1 张］78cm（2 开）
定价：CNY0.12
　　现代中国画作品。作者叶玉昶（1937—　），
画家、教授。生于江苏南京市，祖籍安徽黟县，
毕业于中央美术学院华东分院中国画系（现中国
美术学院）。历任温州师范学院（现温州大学）中
国画教授、温州现代中国画研究院院长、荷兰阿
姆斯特丹高等艺术学院客座教授。代表作有花
鸟画《长寿图》《墨梅图》等。

J0022685
笛音　姚有多作
北京　人民美术出版社 1979 年［1 张］78cm（2 开）
定价：CNY0.24
　　现代中国画作品。作者姚有多（1937—
2001），画家、教授。浙江慈溪人，毕业于中央美
术学院中国画系。历任中央美术学院教授、中国
画系主任，中国美术学协会中国画艺术委员会常
务副主任。代表作品有《幸福颂歌》《新队长》《陈
胜吴广起义》《抗洪图》《牧归图》等。

J0022686
东风送暖　喻继高作
上海　上海书画出版社 1979 年［1 张］53cm（4 开）
定价：CNY0.10
　　现代中国画作品。

J0022687
东风朱霞　郭味蕖作
上海　上海人民美术出版社 1979 年［1 张］
38cm（6 开）定价：CNY0.12
　　现代中国画作品。

J0022688

董寿平画辑　董寿平绘

北京 人民美术出版社 1979 年 12 幅 38cm(6 开)

统一书号: 8027.7214 定价: CNY1.10

　　现代中国画画册。作者董寿平(1904—1997),国画家、书法家。原名揆,字谐伯,山西洪洞县人。毕业于天津南开大学。历任中国书法家协会顾问、中国美术家协会会员,北京荣宝斋顾问,全国政协书画室主任,北京中国画研究会名誉会长。出版有《董寿平画辑》《董寿平书画集》《书画大师董寿平》《董寿平谈艺录》。

J0022689

杜鹃　檀东铿画

福州 福建人民出版社 1979 年 [1 张] 53cm(4 开)

定价: CNY0.07

　　现代中国画作品。

J0022690

断桥　戴宏海画

福州 福建人民出版社 1979 年 [1 张] 76cm(2 开)

定价: CNY0.11

　　本作品为年画形式的中国现代国画作品。

J0022691

对虾 (木版水印、绫裱画轴)张大壮作

上海 朵云轩 1979 年 [1 轴] 有彩色 42×31cm

定价: CNY14.00

　　现代中国画作品。

J0022692

飞舞　肖淑芳作

北京 人民美术出版社 1979 年 [1 张] 78cm(2 开)

定价: CNY0.24

　　现代中国画作品。

J0022693

丰收乐　王永才,林百石画

长春 吉林人民出版社 1979 年 [1 张] 76cm(2 开)

定价: CNY0.14

　　本作品为年画形式的中国现代国画作品。

J0022694

丰收图　柳村作

广州 广东人民出版社 1979 年 [1 张] 76cm(2 开)

定价: CNY0.14

　　现代中国画作品。

J0022695

凤尾鱼 (木版水印、绫裱画轴)陈佩秋作

上海 朵云轩 1979 年 [1 轴] 定价: CNY9.00

　　现代中国画作品。作者陈佩秋(1922—),女,现代中国画花鸟画画家。河南南阳人。字健碧,室名秋兰室、高华阁、截玉轩。毕业于国立艺术专科学校。历任上海大学美术学院兼职教授、上海中国画院画师、中国美术家协会会员。主要作品有《天目山杜鹃》《水佩风裳》《红满枝头》。

J0022696

芙蓉国里尽朝晖 (江苏省国画院赴湖南写生作品选)

南京 江苏人民出版社 1979 年 34 页 24cm(26 开)

统一书号: 8100.3241 定价: CNY0.90

　　现代中国画写生画册。

J0022697

芙蓉双鸭图　齐白石作

上海 上海书画出版社 1979 年 [1 张] 53cm(4 开)

定价: CNY0.10

　　现代中国画作品。作者齐白石(1864—1957),近现代中国绘画大师,国画家、篆刻家。湖南湘潭人。原名纯芝,字渭青,号兰亭,后改名璜,字濒生,号白石等。历任国立北平艺术专科学校和京华美术专科学校教习、教授,中央美术学院名誉教授、中国文学艺术界联合会主席团委员、中国画研究会和中国美术家协会主席、中国画院名誉院长。代表作有《蛙声十里出山泉》《墨虾》等。著有《白石诗草》《齐白石作品集》《白石老人自述》等。

J0022698

高路入云端　唐云等作

上海 上海书画出版社 1979 年 [1 张] 53cm(4 开)

定价: CNY0.10

　　现代中国画作品。

J0022699

革命纪念地　张兴毅画

长沙 湖南人民出版社 1979 年 2 张 76cm(2 开)

定价: CNY0.28

本作品为年画形式的中国现代国画作品。

J0022700

革命纪念地写生选　唐云绘

上海 上海书画出版社 1979 年 12 幅 38cm(6 开)

统一书号: 8172.416 定价: CNY1.40

现代中国画写生画册。作者唐云(1910—　　)，画家。字侠尘，别号药城、药尘、药翁等。历任中国画研究院院务委员、上海中国画院副院长、代院长、名誉院长等职。中国美术家协会理事、美协上海分会副主席。

J0022701

"公社"荷塘　张北平画

济南 山东人民出版社 1979 年 [1 张] 76cm(2 开)

定价: CNY0.11

本作品为年画形式的中国现代国画作品。

J0022702

关山月画集　关山月绘; 广东人民出版社编辑

广州 广东人民出版社 1979 年 112 幅 38cm(6 开)

精装 统一书号: 8111.1988 定价: CNY30.00

作者关山月(1912—2000)，国画家、教育家。原名关泽霈。生于广东阳江。历任广州市艺专教授、广州美术学院教授兼院长、广东画院院长、中国美术家协会副主席、广东省美术家协会副主席等职。代表作《江山如此多娇》《俏不争春》《绿色长城》《长河颂》等。

J0022703

广东国画选　中国美术家协会广东分会编

广州 广东人民出版社 1979 年 24 幅 38cm(6 开)

统一书号: 8111.2070 定价: CNY2.30

本书系中国美术家协会广东分会编中国现代中国画画册。

J0022704

归牧图　李可染作

北京 人民美术出版社 1979 年 [1 张] 53cm(4 开)

定价: CNY0.18

现代中国画作品。

J0022705

鳜鱼　(木版水印、绫裱画轴) 程十发作

上海 朵云轩 1979 年 [1 轴] 定价: CNY9.00

现代中国画作品。作者程十发(1921—2007)，画家。出生于上海金山，毕业于上海美术专科学校国画系。代表作品有《丽人行》《迎春图》《列宁的故事》《孔乙己》等。出版有《程十发近作选》《程十发花鸟习作选》《程十发作品展》。

J0022706

郭味蕖画辑　郭味蕖绘

北京 人民美术出版社 1979 年 12 幅 38cm(6 开)

统一书号: 8027.7139 定价: CNY1.10

本书系郭味蕖绘现代中国画画册。作者郭味蕖(1908—1971)，画家。原名忻，后改慰劬、味蕖，曾用别号汾阳王孙等。山东潍坊人，毕业于上海美术专科学校。历任中央美术学院研究部和徐悲鸿纪念馆研究员、中央美院中国画讲师、中央美术学院国画系花鸟科主任等。著有《宋元明清画家年表》《中国版画史略》《写意花鸟创作技法十六讲》等。

J0022707

国画小品　程十发等绘

上海 上海书画出版社 1979 年 8 幅 19cm(32 开)

统一书号: 8172.419 定价: CNY0.35

本书系现代中国画画册。

J0022708

海底探宝　刘继成画

长春 吉林人民出版社 1979 年 [1 张] 76cm(2 开)

定价: CNY [0.11]

本作品为年画形式的中国现代国画作品。

J0022709

海底探宝　史士明画

南京 江苏人民出版社 1979 年 [1 张] 76cm(2 开)

定价: CNY0.11

作者史士明(1935—　　)，生于江苏武进。江苏美协会员、高级美术师、常州兰陵年画社副社长。

J0022710

航模又演新节目　史士明画

南京 江苏人民出版社 1979 年 [1 张] 76cm(2 开)

定价: CNY0.14

本作品为年画形式的中国现代国画作品。

J0022711

豪气常在　柳忠平作

西宁 青海人民出版社 1979年［1张］78cm（2开）

定价：CNY0.12

　　现代中国画作品。

J0022712

何香凝中国画选集　何香凝绘；广东人民出版社编

广州 广东人民出版社 1979年 26页 38cm（6开）

统一书号：8111.2078 定价：CNY6.00

（岭南名画家画丛）

　　本书所收作品是对崇高革命风格的生动写照。表达了作者对敌人的憎恨，对祖国对人民的热爱。

J0022713

横空石壁　贾克里，关真全作

石家庄 河北人民出版社 1979年［1张］

76cm（2开）定价：CNY0.14

　　现代中国画作品。作者关真全（1945— ），画家。笔名乐山，生于河北迁西县。历任中日美术交流协会会员、河北省美术家协会会员、河北省山水画研究会会员。代表作《关真全画集》。

J0022714

红灯照　王遵义画

济南 山东人民出版社 1979年［1张］

76cm（2开）定价：CNY0.11

　　本作品为年画形式的中国现代国画作品。作者王遵义（1938— ），画家。擅长油画、中国画。山东临沂人。在山东省体委、济南军区文工团，长期从事舞台美术设计工作。作品《姐妹俩》《未包扎完的绷带》《胜利之路》《甘作春泥育新苗》《爱鸟》《回天无力》。

J0022715

红楼仕女图谱　北京市工艺美术研究所编辑

北京 北京市工艺美术研究所 1979年 49页

25cm（15开）

　　本书系中国现代仕女画画册。

J0022716

葫芦菊花　（木版水印、绫裱画轴）潘天寿作

上海 朵云轩 1979年［1轴］定价：CNY28.00

　　现代中国画作品。作者潘天寿（1897—1971），现代著名国画家，美术教育家。字大颐，号寿者。浙江宁海县人。擅画花鸟、山水，兼善指画，亦能书法、诗词、篆刻。曾任中国文联委员、中国美术家协会副主席、浙江省文联副主席、中国美协浙江分会主席，浙江美术学院院长、教授等职。著有《中国绘画史》《听天阁画谈随笔》等。

J0022717

欢度泼水节　白铭洲画

长春 吉林人民出版社 1979年［1张］（2开）

定价：CNY0.11

　　本作品为年画形式的中国现代国画作品。

J0022718

欢乐的节日　邢光厚画

南京 江苏人民出版社 1979年［1张］

76cm（2开）定价：CNY0.11

　　本作品为年画形式的中国现代国画作品。

J0022719

欢庆节日　袁大仪画

济南 山东人民出版社 1979年［1张］

76cm（2开）定价：CNY0.14

　　本作品为年画形式的中国现代国画作品。

J0022720

黄宾虹画辑　黄宾虹绘

北京 外文出版社 1979年 12幅 有图 38cm（6开）

统一书号：（英）8050—1830 定价：CNY4.50

　　本书系中国画选集。外文书名：Paintings by Huang Binhong. 作者黄宾虹（1865—1955），山水画家。初名懋质，后改名质，字朴存，号宾虹，别署予向。生于浙江金华，原籍安徽歙县，代表作《山居烟雨》《新安江舟中作》等，著有《黄山画家源流考》《虹庐画谈》《画法要旨》等作品。

J0022721

黄河壶口春雷鸣　谢瑞阶作

郑州 河南人民出版社 1979年［1张］

76cm（2开）定价：CNY0.16

现代中国画作品。

J0022722
黄胄　黄胄绘
哈尔滨 黑龙江人民出版社 1979 年 168 页
38cm（6 开）统一书号：8093.533
定价：CNY18.50, CNY25.00（精装）
　　现代中国画作品。

J0022723
家庭辅导　孙爱华画
济南 山东人民出版社 1979 年［1 张］
76cm（2 开）定价：CNY0.11
　　本作品为年画形式的中国现代国画作品。

J0022724
甲午风云　刘忠仁，柳焕兴画
长春 吉林人民出版社 1979 年 2 张 76cm（2 开）
定价：CNY0.22
　　本作品为年画形式的中国现代国画作品。

J0022725
江苏国画选辑　上海人民美术出版社编辑
上海 上海人民美术出版社 1979 年 20 幅
26cm（16 开）统一书号：8081.11365
定价：CNY1.46
　　现代中国画画册。

J0022726
讲卫生　关洪福画
济南 山东人民出版社 1979 年［1 张］76cm（2 开）
定价：CNY0.11
　　本作品为年画形式的中国现代国画作品。

J0022727
姐姐吃大的　董硕画
长春 吉林人民出版社 1979 年［1 张］76cm（2 开）
定价：CNY0.11
　　本作品为年画形式的中国现代国画作品。

J0022728
姐姐枪法好　李兆虬画
济南 山东人民出版社 1979 年［1 张］
76cm（2 开）定价：CNY0.11
　　本作品为年画形式的中国现代国画作品。

J0022729
借伞　赵蕴玉作
成都 四川人民出版社 1979 年［1 张］76cm（2 开）
定价：CNY0.07
　　中国现代年画作品。

J0022730
金刚钻石献给党　孙顺正画
济南 山东人民出版社 1979 年［1 张］76cm（2 开）
定价：CNY0.11
　　本作品为年画形式的中国现代国画作品。

J0022731
金鱼　吴作人作
西安 陕西人民出版社 1979 年［1 张］53cm（4 开）
定价：CNY0.07
　　现代中国画作品。

J0022732
锦绣前程　詹庚西作
郑州 河南人民出版社 1979 年［1 张］76cm（2 开）
定价：CNY0.14
　　现代中国画作品。

J0022733
竞春　郑乃珖作
北京 人民美术出版社 1979 年［1 张］53cm（4 开）
定价：CNY0.18
　　现代中国画作品。

J0022734
橘颂　程十发作
北京 人民美术出版社 1979 年［1 张］53cm（4 开）
定价：CNY0.14
　　现代中国画作品。作者程十发（1921—2007），画家。出生于上海金山，毕业于上海美术专科学校国画系。代表作品有《丽人行》《迎春图》《列宁的故事》《孔乙己》等。出版有《程十发近作选》《程十发花鸟习作选》《程十发作品展》。

J0022735
聚精会神　黄恩涛画
济南 山东人民出版社 1979 年［1 张］76cm（2 开）
定价：CNY0.11

本作品为年画形式的中国现代国画作品。

J0022736

开发新油田　李充，李宝亮画
济南 山东人民出版社 1979年［1张］76cm（2开）
定价：CNY0.11
　　本作品为年画形式的中国现代国画作品。

J0022737

看齐白石画　王方宇，许芥昱著
台北 艺术图书公司 1979年 120页 有图
26cm（16开）精装 定价：TWD800.00
　　本书收入齐白石的国画作品46幅，印章38
枚。每幅画后有评介。外文书名：Ch'i Pai-shih's
Paintings.

J0022738

科学的春天　李俊杰画
长春 吉林人民出版社 1979年［1张］76cm（2开）
定价：CNY0.14
　　本作品为年画形式的中国现代国画作品。

J0022739

孔雀　袁晓岑作
北京 人民美术出版社 1979年［1张］76cm（2开）
定价：CNY0.14
　　现代中国画作品。

J0022740

孔雀　区丽庄作
西安 陕西人民美术出版社 1979年［1张］
76cm（2开）定价：CNY0.14
　　现代中国画作品。

J0022741

孔雀山茶　江寒汀作
上海 上海人民美术出版社 1979年［1张］
38cm（6开）定价：CNY0.12
　　现代中国画作品。

J0022742

孔雀藤萝　田世光作
北京 人民美术出版社 1979年［1张］78cm（2开）
定价：CNY0.10，CNY0.24（铜版纸）
　　现代中国画作品。

J0022743

腊梅水仙　王个簃作
上海 上海人民美术出版社 1979年［1张］
38cm（6开）定价：CNY0.12
　　现代中国画作品。

J0022744

腊梅绣眼　（木版水印、绫裱单片）陆抑非作
上海 朵云轩 1979年
　　现代中国画作品。

J0022745

来楚生画选　来楚生绘；上海人民美术出版社
编辑
上海 上海人民美术出版社 1979年 16幅
38cm（6开）统一书号：8081.11407
定价：CNY2.90
　　现代中国画画册。作者来楚生（1903—
1975），画师。浙江萧山人，原名来稷勋、号负翁，
笔名然犀室、安处楼等。曾任上海美专、新华艺
专教师，中国美术家协会会员。主要作品有《来
楚生画集》《来楚生法书集》《来楚生篆书千字
文》《来楚生草书千字文》等。

J0022746

兰花　（木版水印、绫裱画轴）陈佩秋作
上海 朵云轩 1979年［1轴］定价：CNY14.00
　　现代中国画作品。作者陈佩秋（1922— ），
女，现代中国画花鸟画画家。河南南阳人。字
健碧，室名秋兰室、高华阁、截玉轩。毕业于国
立艺术专科学校。历任上海大学美术学院兼职
教授、上海中国画院画师、中国美术家协会会
员。主要作品有《天目山杜鹃》《水佩风裳》
《红满枝头》。

J0022747

兰菊　（木版水印、绫裱画轴）潘天寿作
北京 荣宝斋 1979年［1轴］定价：CNY22.00
　　现代中国画作品。作者潘天寿（1897—
1971），现代著名国画家，美术教育家。字大颐，
号寿者。浙江宁海县人。擅画花鸟、山水，兼善
指画，亦能书法、诗词、篆刻。曾任中国文联委
员、中国美术家协会副主席、浙江省文联副主
席、中国美协浙江分会主席、浙江美术学院院
长、教授等职。著有《中国绘画史》《听天阁画谈

随笔》等。

J0022748
梨花小鸟 林风眠作
上海 上海书画出版社 1979 年［1 张］53cm（4 开）
定价：CNY0.10T
　　现代中国画作品。

J0022749
漓江春色 梁荣中作
南宁 广西人民出版社 1979 年［1 张］76cm（2 开）
定价：CNY0.14
　　现代中国画作品。

J0022750
李清照 许小峰画
济南 齐鲁书社 1979 年［1 张］78cm（2 开）
　　现代中国画作品。作者许小峰（1937— ），
女，美术师。生于山东淄博。历任济南画院高级
画师，山东美术家协会会员。

J0022751
李清照 许小峰画
济南 山东人民出版社 1979 年［1 张］78cm（2 开）
定价：CNY0.20
　　现代中国画作品。

J0022752
鲤鱼 （木版水印、绫裱画轴）吴青霞作
上海 朵云轩 1979 年［1 轴］定价：CNY16.00
　　现代中国画作品。作者吴青霞（1910—
2008），女，画家、教授。学名吴德舒，号龙城女
史，别署篆香阁主。江苏常州人。历任上海中国
画院画师，上海师范学院、上海交通大学艺术系
兼职教授。主要作品《万紫千红》《腾飞河海入
云霄》《腾飞万里》等，出版有《吴青霞画集》。

J0022753
凌霄 于希宁作
北京 人民美术出版社 1979 年［1 张］53cm（4 开）
定价：CNY0.14
　　现代中国画作品。

J0022754
刘姥姥游大观园 戴敦邦编绘

北京 人民美术出版社 1979 年 2 张 76cm（2 开）
定价：CNY0.28
　　本作品为年画形式的中国现代国画作品。
作者戴敦邦（1938— ），国画家，教授。号民间
艺人，江苏丹徒人。毕业于上海第一师范学校。
历任《中国少年报》《儿童时代》美术编辑，上海
交通大学人文学院教授等。主要作品《水浒人物
一百零八图》《戴敦邦水浒人物谱》《戴敦邦新绘
红楼梦》《戴敦邦古典文学名著画集》等；连环画
代表作品有《一支驳壳枪》《水上交通站》《大泽
烈火》《蔡文姬》等。

J0022755
龙潭 唐云作
上海 上海人民美术出版社 1979 年［1 张］
38cm（6 开）定价：CNY0.12
　　现代中国画作品。

J0022756
卢坤峰画选 卢坤峰绘
北京 人民美术出版社 1979 年 16 页 26cm（16 开）
统一书号：8027.7161 定价：CNY0.30
　　现代中国画画册。作者卢坤峰（1934—
2018），画家。又名卢毓山，山东平邑人，毕业于
浙江美术学院。浙江美术家协会理事、浙江花鸟
画研究会副会长、中国美术学院教授、山东临沂
画院名誉院长。出版有《卢坤峰画集》《卢坤峰
画选》《卢坤峰兰竹谱》《墨竹要述》《卢坤峰墨
兰说》。

J0022757
庐山 陈大羽作
上海 上海书画出版社 1979 年［1 张］53cm（4 开）
定价：CNY0.10
　　现代中国画作品。作者陈大羽（1912—
2001），画家、书法家、篆刻家。原名汉卿，更名
翔，字大羽。广东潮阳人，毕业于上海美术专业
学校中国画系。历任南京艺术学院教授、中国画
协常务理事。主要作品有《红梅公鸡》《庐山》《松
柏长青》等。出版有《陈大羽书画篆刻作品集》
《大羽画集》等。

J0022758
吕寿琨纪念画集 （1919—1975）吕寿琨绘
香港 吕梅倩萍出版社 1979 年 30cm（10 开）

精装

　　本书为中国画画册。外文书名：Lui Shou-kwan.

J0022759
绿叶小鸟　（木版水印、绫裱画轴）林风眠作
上海　朵云轩　1979 年［1 轴］
　　现代中国画作品。作者应为林风眠。

J0022760
满目青山夕照明　魏紫熙作
上海　上海人民美术出版社　1979 年［1 张］
76cm（2 开）定价：CNY0.11
　　现代中国画作品。

J0022761
猫　王小松作
杭州　浙江人民出版社　1979 年［1 张］
76cm（2 开）定价：CNY0.14
　　现代中国画作品。

J0022762
梅山即景　应野平作
上海　上海人民美术出版社　1979 年［1 张］
38cm（6 开）定价：CNY0.12
　　现代中国画作品。

J0022763
梅园新村　徐姒作
上海　上海人民美术出版社　1979 年［1 张］
76cm（2 开）定价：CNY0.14
　　现代中国画作品。

J0022764
棉花　俞致贞作
上海　上海人民美术出版社　1979 年［1 张］
38cm（6 开）定价：CNY0.12
　　现代中国画作品。

J0022765
民间舞蹈　华三川画
福州　福建人民出版社　1979 年［1 张］
78cm（2 开）定价：CNY0.10
　　现代中国画作品。作者华三川（1930—
2004），画家。浙江镇海人。中国美协会员、上
海美术家协会理事、上海少年儿童出版社专业画

家、上海市文史研究馆馆员。代表作品《华三川
仕女画集》《华三川绘新百美图》《锦瑟年华》等。

J0022766
鸣春图　黄幻吾作
上海　上海书画出版社　1979 年［1 张］
53cm（4 开）定价：CNY0.10
　　现代中国画作品。

J0022767
牡丹　（木版水印、绫裱画轴）谢稚柳作
上海　朵云轩　1979 年［1 轴］定价：CNY16.00
　　现代中国画作品。

J0022768
牡丹　于非闇作
上海　上海人民美术出版社　1979 年［1 张］
38cm（6 开）定价：CNY0.12
　　现代中国画作品。

J0022769
牡丹　张大壮作
上海　上海书画出版社　1979 年［1 张］
53cm（4 开）定价：CNY0.10
　　现代中国画作品。

J0022770
牧鹿欢歌　刘庆涛画
长春　吉林人民出版社　1979 年［1 张］
76cm（2 开）定价：CNY0.14
　　本作品为年画形式的中国现代国画作品。
作者刘庆涛，吉林永吉人，毕业于吉林省中等艺
术学校。历任吉林省吉剧团舞美设计、吉林省春
城剧场美术员、吉林省通榆县文化馆美术干部、
长春市宽城文化馆美术干部。作品有《田头阵地》
《泉水咚咚》《绿色的冬天》《周总理访问朝鲜》
《春风如意》等。

J0022771
暮归图　姚有多作
北京　人民美术出版社　1979 年［1 张］
53cm（4 开）定价：CNY0.18
　　现代中国画作品。

J0022772

宁冈砻市　钱松嵒作

上海 上海书画出版社 1979 年［1 张］

52cm（4 开）定价：CNY0.10

　　　　现代中国画作品。作者钱松嵒（1899—1985），画家。江苏宜兴人。曾任江苏省国画院院长、名誉院长，江苏省美术家协会主席、中国美术家协会常务理事等。画作有《红岩》《延安颂》《芙蓉湖上》《山岳颂》等。代表作品有《梅园新村》《延安颂》《红岩》《井冈大瀑布》等。著作《砚边点滴》。出版物《钱松嵒画集》等。

J0022773

牛浴　徐悲鸿作

北京 人民美术出版社 1979 年［1 张］

38cm（6 开）

　　　　现代中国画作品。

J0022774

农业机械化　（一至四）贾忠景画

济南 山东人民出版社 1979 年 2 张 76cm（2 开）

定价：CNY0.22

　　　　本作品为年画形式的中国现代国画作品。

J0022775

潘天寿画辑　潘天寿绘

北京 人民美术出版社 1979 年 14 幅 38cm（6 开）

统一书号：8027.6974 定价：CNY1.10

　　　　现代中国画画册。作者潘天寿（1897—1971），现代著名国画家，美术教育家。字大颐，号寿者。浙江宁海县人。擅画花鸟、山水，兼善指画，亦能书法、诗词、篆刻。曾任中国文联委员、中国美术家协会副主席、浙江省文联副主席、中国美协浙江分会主席，浙江美术学院院长、教授等职。著有《中国绘画史》《听天阁画谈随笔》等。

J0022776

潘天寿画选　潘天寿绘

上海 上海人民美术出版社 1979 年 20 幅

38cm（6 开）统一书号：8081.11209

定价：CNY3.50

　　　　现代中国画画册。

J0022777

潘天寿兰竹长青图　（木版水印、绫裱画轴）

北京 荣宝斋 1979 年［1 轴］定价：CNY28.00

　　　　现代中国画作品。

J0022778

喷药　刘泽文画

济南 山东人民出版社 1979 年［1 张］

76cm（2 开）定价：CNY0.11

　　　　本作品为年画形式的中国现代国画作品。作者刘泽文（1943—　），画家，国家一级美术师。山东即墨人，历任烟台地区新华书店担任美工，山东省出版总社烟台分社任美术编辑。代表作品《望穿碧海千层浪》，出版有《刘泽文水粉画集》。

J0022779

枇杷小鸟　黄幻吾作

上海 上海人民美术出版社 1979 年［1 张］

76cm（2 开）定价：CNY0.14

　　　　现代中国画作品。

J0022780

葡萄　（木版水印、绫裱画轴）吴玉梅作

上海 朵云轩 1979 年［1 轴］

　　　　现代中国画作品。作者吴玉梅（1940—　），女，画家。上海松江人，中国美术家协会会员、上海中国画院画师。

J0022781

葡萄　苏葆桢作

西安 陕西人民出版社 1979 年［1 张］

53cm（4 开）定价：CNY0.07

　　　　现代中国画作品。

J0022782

葡萄小鸟　黄幻吾作

广州 广东出版社 1979 年［1 张］53cm（4 开）

定价：CNY0.07

　　　　现代中国画作品。

J0022783

钱松嵒画辑　钱松嵒绘；人民美术出版社编辑室编

北京 人民美术出版社 1979 年 12 页 38cm（8 开）

统一书号：8027.7160 定价：CNY1.10

J0022784
钱松嵒画辑
北京 人民美术出版社 1979年 12张 38cm（6开）
定价：CNY1.10

J0022785
钱松嵒画辑 人民美术出版社编辑
北京 人民美术出版社 1979年 13页 38cm（8开）
定价：CNY1.10

J0022786
钱松嵒画辑 钱松嵒绘；人民美术出版社编辑
室编
北京 人民美术出版社 1979年 26cm（16开）
统一书号：8027.7160 定价：CNY1.10
　　现代中国画画册。

J0022787
秦皇岛外打渔船 （胶印画轴）赵贵德画
石家庄 河北人民出版社 1979年 ［1轴］
定价：CNY0.75
　　本作品为年画形式的中国现代国画作品。

J0022788
勤劳人家庆有余 佟金贵画
长春 吉林人民出版社 1979年［1张］76cm（2开）
定价：CNY0.14
　　本作品为年画形式的中国现代国画作品。

J0022789
青莲鸳鸯 郑乃珖画
福州 福建人民出版社 1979年［1张］76cm（2开）
定价：CNY0.14
　　现代中国画作品。

J0022790
青蛙 （木版水印、绫裱画轴）来楚生作
上海 朵云轩 1979年［1轴］
　　现代中国画作品。

J0022791
秋菊 檀东铿画
福州 福建人民出版社 1979年［1张］53cm（4开）

定价：CNY0.07
　　现代中国画作品。

J0022792
秋菊傲霜 （胶印画轴）余曾善画
上海 上海人民美术出版社 1979年［1轴］
76cm（2开）定价：CNY0.30
　　本作品为年画形式的中国现代国画作品。

J0022793
秋色烂漫 魏紫熙作
北京 人民美术出版社 1979年［1张］53cm（4开）
定价：CNY0.18
　　现代中国画作品。

J0022794
秋艳 范有信作
兰州 甘肃人民出版社 1979年［1张］76cm（2开）
定价：CNY0.14
　　现代中国画作品。

J0022795
秋雨初晴 李维康作
哈尔滨 黑龙江人民出版社 1979年［1张］
76cm（2开）定价：CNY0.14
　　现代中国画作品。

J0022796
雀墩 黄永玉作
北京 人民美术出版社 1979年［1张］78cm（2开）
定价：CNY0.19
　　现代中国画作品。

J0022797
鹊唱枝头春来早 白峰作
西宁 青海人民出版社 1979年［1张］78cm（2开）
定价：CNY0.12
　　现代中国画作品。

J0022798
群马 徐悲鸿作
北京 人民美术出版社 1979年［1张］38cm（6开）
　　现代中国画作品。

J0022799

热带鱼　黄独峰作

南宁 广西人民出版社 1979 年［1 张］38cm（6 开）

定价：CNY0.10

现代中国画作品。

J0022800

人间气象新　神州春意浓　刘之堂画

济南 山东人民出版社 1979 年［1 张］53cm（4 开）

定价：CNY0.08

本作品为年画形式的中国现代国画作品。

J0022801

人心大快　刘庆孝，鹿逊理画

济南 山东人民出版社 1979 年［1 张］76cm（2 开）

定价：CNY0.11

本作品为年画形式的中国现代国画作品。

J0022802

瑞莲鸳鸯　方小石作

贵阳 贵州人民出版社 1979 年［1 张］53cm（4 开）

定价：CNY0.07

现代中国画作品。

J0022803

山花烂漫　李可染作

石家庄 河北人民出版社 1979 年［1 张］

78cm（2 开）定价：CNY0.10

现代中国画作品。

J0022804

山花烂漫　喻继高作

上海 上海书画出版社 1979 年［1 张］53cm（4 开）

定价：CNY0.10

现代中国画作品。

J0022805

山林秋色　周兆颐作

兰州 甘肃人民出版社 1979 年［1 张］76cm（2 开）

定价：CNY0.14

现代中国画作品。

J0022806

扇面画选　张大壮等绘

上海 上海书画出版社 1979 年 20 幅 24cm（18 开）

统一书号：8172.459 定价：CNY1.30

现代中国画扇面画册。

J0022807

上海画院中国画专集　上海人民美术出版社
编辑

上海 上海人民美术出版社 1979 年 46 幅

26cm（16 开）统一书号：8081.11372

定价：CNY8.50

本书是现代中国画画册。共有 48 幅图。

J0022808

上海中国画选集　上海人民美术出版社编辑

上海 上海人民美术出版社 1979 年 105 页

38cm（6 开）精装 统一书号：8081.11441

定价：CNY24.00

本书系现代中国画画册，全面系统地介绍中
华人民共和国成立三十年来上海中国画创作的
艺术成就。共收集 87 位代表画家的 105 幅作品，
分为人物、山水、花鸟 3 部分。

J0022809

**烧火丫头　三关打焦　探双龙谷　平定边
关**　史延芹，孙顺正画

济南 山东人民出版社 1979 年 2 张 76cm（2 开）

定价：CNY0.22

本作品为年画形式的中国现代国画作品。

J0022810

深入生活到矿区　王英画

济南 山东人民出版社 1979 年［1 张］76cm（2 开）

定价：CNY0.11

本作品为年画形式的中国现代国画作品。

J0022811

神骏图　（绫裱画轴）

北京 文物出版社 1979 年 1 轴

现代中国画作品。

J0022812

寿带月季　叶玉昶作

杭州 浙江人民出版社 1979 年［1 张］78cm（2 开）

定价：CNY0.12

现代中国画作品。

J0022813

舒传曦画选　舒传曦绘

北京 人民美术出版社 1979年 21页 26cm（16开）

统一书号：8027.7162 定价：CNY0.42

　　现代中国画画册。

J0022814

双鸡　王雪涛作

石家庄 河北人民出版社 1979年［1张］

78cm（2开）定价：CNY0.10

　　现代中国画作品。

J0022815

双鸠　高奇峰作

广州 广东人民出版社 1979年［1张］78cm（2开）

定价：CNY0.25

　　现代中国画作品。

J0022816

双寿　刘金山作

南宁 广西人民出版社 1979年［1张］38cm（6开）

定价：CNY0.10

　　现代中国画作品。

J0022817

双寿图　（木版水印、绫裱画轴）齐白石作

北京 荣宝斋 1979年［1轴］定价：CNY26.00

　　现代中国画作品。作者齐白石（1864—1957），近现代中国绘画大师，国画家、篆刻家。湖南湘潭人。原名纯芝，字渭青，号兰亭，后改名璜，字濒生，号白石等。历任国立北平艺术专科学校和京华美术专科学校教习、教授，中央美术学院名誉教授、中国文学艺术界联合会主席团委员、中国画研究会和中国美术家协会主席、中国画院名誉院长。代表作有《蛙声十里出山泉》《墨虾》等。著有《白石诗草》《齐白石作品集》《白石老人自述》等。

J0022818

双虾图　齐白石作

长沙 湖南人民出版社 1979年［1张］53cm（4开）

定价：CNY0.11

　　现代中国画作品。

J0022819

双羊　（木版水印、绫裱画轴）程十发作

上海 朵云轩 1979年［1轴］定价：CNY9.00

　　现代中国画作品。作者程十发（1921—2007），画家。出生于上海金山，毕业于上海美术专科学校国画系。代表作品有《丽人行》《迎春图》《列宁的故事》《孔乙己》等。出版有《程十发近作选》《程十发花鸟习作选》《程十发作品展》。

J0022820

水禽　李苦禅作

北京 人民美术出版社 1979年［1张］38cm（6开）

　　现代中国画作品。

J0022821

水仙　（木版水印、绫裱画轴）吴玉梅作

上海 朵云轩 1979年［1轴］

　　现代中国画作品。

J0022822

水乡涉趣　（木版水印、绫裱画轴）程十发作

上海 朵云轩 1979年［1轴］

　　现代中国画作品。

J0022823

硕果丰收　喻继高作

上海 上海书画出版社 1979年［1张］53cm（4开）

定价：CNY0.10

　　现代中国画作品。

J0022824

四化快马　奔腾向前　邢光厚画

南京 江苏人民出版社 1979年［1张］76cm（2开）

定价：CNY0.11

　　本作品为年画形式的中国现代国画作品。

J0022825

四季常青　孙顺正画

济南 山东人民出版社 1979年［1张］76cm（2开）

定价：CNY0.11

　　本作品为年画形式的中国现代国画作品。

J0022826

松鹤图　白铭作

北京 人民美术出版社 1979 年［1 张］76cm（2 开）
定价：CNY0.14

　　现代中国画作品。作者白铭（1926—2002），国画家。蒙古族，内蒙古包头人。字莅堂。毕业于北京京华美术学院国画系。擅花鸟，兼作山水、人物。中国美术家协会会员，曾任内蒙古美术家协会副主席、包头师范专科学校教师、高级工艺美术设计师、主要作品有《梅雀图》《芍药》《白梅》等。

J0022827

松鹤延年　欧阳龙，薛志云作
合肥 安徽人民出版社 1979 年［1 张］107cm（全开）定价：CNY0.28

　　现代中国画作品。作者欧阳龙（1938—2000），中国书法家、美术家、当代花鸟画家。安徽萧县人，字云涛。毕业于安徽省皖南大学艺术系，曾拜李苦禅为师，专攻写意花鸟，尤擅画鹰，笔墨苍劲。徐州国画院院长、中国美术家协会江苏分会会员。代表作品有《鹏程万里图》等。

J0022828

松梅　黎雄才，关山月作
西宁 青海人民出版社 1979 年［1 张］76cm（2 开）
定价：CNY0.14

　　现代中国画作品。

J0022829

松鼠葡萄　孔小瑜等作
上海 上海书画出版社 1979 年［1 张］53cm（4 开）
定价：CNY0.10

　　现代中国画作品。

J0022830

松雉　王雪涛作
上海 上海人民美术出版社 1979 年［1 张］38cm（6 开）定价：CNY0.12

　　现代中国画作品。

J0022831

宋徽宗赵佶瑞鹤图　（绫裱画轴）
北京 文物出版社 1979 年 1 轴

　　古代中国画作品。

J0022832

宋赵佶摹虢国夫人游春图　（绫裱单片，卷轴）
北京 文物出版社 1979 年 1 轴 52×148cm

　　本作品系唐代中国画作品。主要描绘唐天宝年间杨贵妃之姊妹虢国夫人、韩国夫人坐骑游春的情景。作者宋徽宗赵佶（1082—1135），宋神宗第十一子、宋哲宗之弟，宋朝第八位皇帝。先后被封为遂宁王、端王。作者张萱，唐代中国画画家。擅长人物画，尤工仕女、婴儿画。

J0022833

送菜到码头　郭建国画
济南 山东人民出版社 1979 年［1 张］76cm（2 开）
定价：CNY0.11

　　本作品为年画形式的中国现代国画作品。

J0022834

送货上门　褚鲁平画
济南 山东人民出版社 1979 年［1 张］76cm（2 开）
定价：CNY0.11

　　本作品为年画形式的中国现代国画作品。

J0022835

塔尔寺　刘仁泉作
西宁 青海人民出版社 1979 年［1 张］76cm（2 开）
定价：CNY0.25

　　现代中国画作品。

J0022836

桃花春燕　荷塘鸳鸯　秋菊鹦鹉　红梅喜鹊　陈子毅绘
长沙 湖南人民出版社 1979 年 2 张 76cm（2 开）
定价：CNY0.28

　　本作品为年画形式的中国现代国画作品。

J0022837

桃花小鸟　（木版水印、绫裱画轴）张书旂作
上海 朵云轩 1979 年［1 轴］

　　现代中国画作品。

J0022838

蹄莲鸡雏　郑乃珖作
北京 人民美术出版社 1979 年［1 张］78cm（2 开）
定价：CNY0.24

　　现代中国画作品。

J0022839
天都峰　黄笃维作
上海 上海书画出版社 1979 年［1 张］53cm（4 开）
定价：CNY0.10
　　现代中国画作品。

J0022840
天鹅　黄永厚作
上海 上海书画出版社 1979 年［1 张］53cm（4 开）
定价：CNY0.10
　　现代中国画作品。

J0022841
天女散花　黄均作
北京 人民美术出版社 1979 年［1 张］78cm（2 开）
定价：CNY0.10，CNY0.24（铜版纸）
　　现代中国画作品。

J0022842
甜　于占德画
济南 山东人民出版社 1979 年［1 张］76cm（2 开）
定价：CNY0.11
　　本作品为年画形式的中国现代国画作品。
作者于占德（1946— ），山东武城县人。曾任中
国美术家协会会员、山东画院高级画师、德州学
院副教授等职。主要作品有《农家宝宝》《甜》《连
年有余》等。

J0022843
兔子　郑乃珧画
福州 福建人民出版社 1979 年［1 张］76cm（2 开）
定价：CNY0.14
　　现代中国画作品。

J0022844
万紫千红总是春　孙小瑜作
合肥 安徽人民出版社 1979 年［1 张］76cm（2 开）
定价：CNY0.16
　　现代中国画作品。

J0022845
为共产主义事业奋斗终身　肖玉磊，牛春
晓作
合肥 安徽人民出版社 1979 年［1 张］76cm（2 开）
定价：CNY0.14
　　现代中国画作品。

J0022846
我爱海军　刘庆孝画
济南 山东人民出版社 1979 年［1 张］76cm（2 开）
定价：CNY0.11
　　本作品为年画形式的中国现代国画作品。
作者刘庆孝（1944— ），山东艺术学院美术设计
系副教授。

J0022847
我们爱科学　孙精国画
南京 江苏人民出版社 1979 年［1 张］76cm（2 开）
定价：CNY0.14
　　本作品为年画形式的中国现代国画作品。

J0022848
我们热爱华主席　苏耕画
济南 山东人民出版社 1979 年［1 张］76cm（2 开）
定价：CNY0.14
　　本作品为年画形式的中国现代国画作品。

J0022849
我让祖国来挑选　白逸如画
上海 上海人民美术出版社 1979 年［1 张］
76cm（2 开）定价：CNY0.11
　　本作品为年画形式的中国现代国画作品。

J0022850
乌江新貌　唐云等作
上海 上海书画出版社 1979 年［1 张］53cm（4 开）
定价：CNY0.10
　　现代中国画作品。

J0022851
巫峡烟云　亚明作
北京 人民美术出版社 1979 年［1 张］53cm（4 开）
定价：CNY0.14
　　现代中国画作品。

J0022852
舞姿轻盈　（一至四）孙喜田，周洪声画
长春 吉林人民出版社 1979 年 2 张 76cm（2 开）
定价：CNY0.22
　　本作品为年画形式的中国现代国画作品。

J0022853

西海秋晴　光绍天作

西宁 青海人民出版社 1979年［1张］78cm（2开）

定价：CNY0.12

　　现代中国画作品。

J0022854

喜迎春　工铸，刘任求作

武汉 湖北人民出版社 1979年［1张］76cm（2开）

定价：CNY0.14

　　现代中国画作品。

J0022855

下班后　李战云画

济南 山东人民出版社 1979年［1张］76cm（2开）

定价：CNY0.11

　　本作品为年画形式的中国现代国画作品。

J0022856

现代航空　张成久画

长春 吉林人民出版社 1979年［1张］76cm（2开）

定价：CNY0.14

　　本作品为年画形式的中国现代国画作品。

J0022857

现代中国画选　（第二辑）

北京 人民美术出版社 1979年 16幅 38cm（6开）

统一书号：8027.6918 定价：CNY1.40

　　现代中国画作品。

J0022858

现代中国画选　（第三辑）

北京 人民美术出版社 1979年 16幅 38cm（6开）

统一书号：8027.6944 定价：CNY1.40

　　现代中国画作品。

J0022859

现代中国画选　（第四辑）

北京 人民美术出版社 1979年 16幅 38cm（6开）

统一书号：8027.7032 定价：CNY1.40

　　现代中国画画册。

J0022860

小龙湫下一角　潘天寿作

北京 人民美术出版社 1979年［1张］53cm（4开）

定价：CNY0.18

　　现代中国画作品。作者潘天寿(1897—1971)，现代著名国画家，美术教育家。字大颐，号寿者。浙江宁海县人。擅画花鸟、山水，兼善指画，亦能书法、诗词、篆刻。曾任中国文联委员、中国美术家协会副主席、浙江省文联副主席、中国美协浙江分会主席，浙江美术学院院长、教授等职。著有《中国绘画史》《听天阁画谈随笔》等。

J0022861

小学生　刘文西作

郑州 河南人民出版社 1979年［1张］76cm（2开）

定价：CNY0.16

　　现代中国画作品。

J0022862

星岩小景　钱松嵒作

上海 上海书画出版社 1979年［1张］53cm（4开）

定价：CNY0.10

　　现代中国画作品。作者钱松嵒(1899—1985)，画家。江苏宜兴人。曾任江苏省国画院院长、名誉院长，江苏省美术家协会主席、中国美术家协会常务理事等。画作有《红岩》《延安颂》《芙蓉湖上》《山岳颂》等。代表作品有《梅园新村》《延安颂》《红岩》《井冈大瀑布》等。著作《砚边点滴》。出版物《钱松嵒画集》等。

J0022863

星子一灯　陈大羽作

上海 上海书画出版社 1979年［1张］53cm（4开）

定价：CNY0.10

　　现代中国画作品。作者陈大羽(1912—2001)，画家、书法家、篆刻家。原名汉卿，更名翔，字大羽。广东潮阳人，毕业于上海美术专业学校中国画系。历任南京艺术学院教授、中国画协常务理事。主要作品有《红梅公鸡》《庐山》《松柏长青》等。出版有《陈大羽书画篆刻作品集》《大羽画集》等。

J0022864

杏林放牧　方增先作

上海 上海书画出版社 1979年［1张］53cm（4开）

定价：CNY0.10

　　现代中国画作品。

J0022865

幸福　吴自强画

福州　福建人民出版社 1979 年［1 张］76cm（2 开）

定价：CNY0.14

　　现代中国画作品。

J0022866

雄师过大江　吴凯等编绘

合肥　安徽人民出版社 1979 年 2 张 76cm（2 开）

定价：CNY0.28

　　本作品为年画形式的中国现代国画作品。

J0022867

许麟庐画辑　许麟庐绘

北京　人民美术出版社 1979 年 12 张 38cm（6 开）

统一书号：8027.7199 定价：CNY1.10

　　现代中国画作品。

J0022868

萱花　（木版水印、绫裱画轴）潘天寿作

上海　朵云轩 1979 年［1 轴］定价：CNY15.00

J0022869

演乐图　赵蕴玉作

成都　四川人民出版社 1979 年［1 张］76cm（2 开）

定价：CNY0.11

　　中国现代年画作品。作者赵蕴玉（1916—2013），画家、书法家。原名文蔚，后改名赵石，字蕴玉，四川阆中人。在成都岷云艺术专科学校任教，后入四川省博物馆专事书画鉴定和复制古字画工作。代表作《蜀宫乐伎图》。

J0022870

雁荡泉石图　陆俨少作

上海　上海人民美术出版社 1979 年［1 张］76cm（2 开）定价：CNY0.20

　　现代中国画作品。

J0022871

羊　（木版水印、绫裱画轴）程十发作

上海　朵云轩 1979 年［1 轴］定价：CNY9.00

　　现代中国画作品。作者程十发（1921—2007），画家。出生于上海金山，毕业于上海美术专科学校国画系。代表作品有《丽人行》《迎春图》《列宁的故事》《孔乙己》等。出版有《程

十发近作选》《程十发花鸟习作选》《程十发作品展》。

J0022872

殷切的期望　李元星作

郑州　河南人民出版社 1979 年［1 张］76cm（2 开）

定价：CNY0.16

　　现代中国画作品。

J0022873

莺歌燕舞　华三川画

福州　福建人民出版社 1979 年［1 张］78cm（2 开）

定价：CNY0.10

　　现代中国画作品。

J0022874

鹰　高奇峰作

广州　广东人民出版社 1979 年［1 张］78cm（2 开）

定价：CNY0.25

　　现代中国画作品。

J0022875

迎春花　（1）天津人民美术出版社编辑

天津　天津人民美术出版社 1979 年 63 页 26cm（16 开）定价：CNY1.00

（中国画丛书）

J0022876

迎春花　（2）天津人民美术出版社编辑

天津　天津人民美术出版社 1980 年 54 页 26cm（16 开）定价：CNY1.00

（中国画丛书）

J0022877

迎春花　（3）天津人民美术出版社编辑

天津　天津人民美术出版社 1980 年 59 页 26cm（32 开）统一书号：8073.50166

定价：CNY1.00

（中国画丛书）

J0022878

迎春花　（4）天津人民美术出版社编辑

天津　天津人民美术出版社 1981 年 62 页 26cm（16 开）定价：CNY1.00

（中国画丛刊）

J0022879

迎春花 （5）天津人民美术出版社编辑
天津 天津人民美术出版社 1981 年 58 页
26cm（16 开）定价：CNY1.00
（中国画丛刊）

J0022880

迎春花 （6）天津人民美术出版社编辑
天津 天津人民美术出版社 1981 年 58 页
26cm（16 开）定价：CNY1.00
（中国画丛刊）

J0022881

永不凋谢的民族之花——张志新烈士 张
广，徐希作
北京 人民美术出版社 1979 年［1 张］38cm（6 开）
定价：CNY0.09
　　现代中国画作品。

J0022882

于希宁画选 于希宁绘
济南 齐鲁书社 1979 年 16 幅 38cm（6 开）
统一书号：8206.23
　　现代中国画作品。

J0022883

鱼跃图 （木版水印、绫裱画轴）高剑父作
北京 荣宝斋 1979 年［1 轴］定价：CNY28.00
　　现代中国画作品。作者高剑父（1879—
1951），国画家、美术教育家。名仑，字剑父，后
以字行，生于广东番禺县，毕业于东京美术学
院。岭南画派创始人之一。著作有《中国现代的
绘画》《印度艺术》《国画新路向》《蛙声集》《佛
国记》等。

J0022884

俞致贞画辑 俞致贞绘
北京 人民美术出版社 1979 年 12 幅 38cm（6 开）
统一书号：8027.7227 定价：CNY1.10
　　现代中国画作品。作者俞致贞（1915—
1995），花鸟画家。字一云，北京人。历任中国美
术家协会会员、中国老年书画会顾问、中国书画
函授大学教授、北京工笔重彩画会副会长、北京
花鸟画会名誉会长等。代表作品《沙果双鹊》《荷
花》《耄耋图》等。

J0022885

雨后山村 吴冠中作
北京 人民美术出版社 1979 年［1 张］53cm（4 开）
定价：CNY0.18
　　现代中国画作品。

J0022886

雨霁鹤鸣 任素贤作
西宁 青海人民出版社 1979 年［1 张］78cm（2 开）
定价：CNY0.12
　　现代中国画作品。

J0022887

玉兰鹦哥 王凤年画
济南 山东人民出版社 1979 年［1 张］78cm（2 开）
定价：CNY0.23
　　现代中国画作品。

J0022888

玉堂富贵 齐白石作
石家庄 河北人民出版社 1979 年［1 张］
78cm（2 开）定价：CNY0.10
　　现代中国画作品。作者齐白石（1864—
1957），近现代中国绘画大师，国画家、篆刻家。
湖南湘潭人。原名纯芝，字渭青，号兰亭，后改
名璜，字濒生，号白石等。历任国立北平艺术专
科学校和京华美术专科学校教习、教授，中央美
术学院名誉教授、中国文学艺术界联合会主席团
委员、中国画研究会和中国美术家协会主席、中
国画院名誉院长。代表作有《蛙声十里出山泉》
《墨虾》等。著有《白石诗草》《齐白石作品集》《白
石老人自述》等。

J0022889

玉簪花 （木版水印、绫裱画轴）程十发作
上海 朵云轩 1979 年［1 轴］定价：CNY16.00
　　现代中国画作品。

J0022890

育雏图 张朋画
济南 山东人民出版社 1979 年［1 张］
78cm（2 开）定价：CNY0.25
　　现代中国画作品。

J0022891
月季喜鹊　王雪涛作
北京 人民美术出版社 1979 年［1 张］
53cm（4 开）定价：CNY0.18
　　现代中国画作品。

J0022892
跃峰渠　吴守明作
石家庄 河北人民出版社 1979 年［1 张］
76cm（2 开）定价：CNY0.11
　　现代中国画作品。作者吴守明（1938—　），
书画家。河北滦县人，历任中国美术家协会会员、
中国书法家协会会员、河北省山水画研究会会
长。代表作品《黄河颂》《长城进行曲》等，出版
有《山水画变革要述》《山水画构图》《吴守明画
集》等。

J0022893
张杰荷花专集　张杰绘
台北 环球书社 1979 年 148 页 38cm（6 开）
精装 定价：TWD3000.00
　　中国现代荷花花卉画册。

J0022894
长寿　（木版水印、绫裱画轴）吴作人作
北京 荣宝斋 1979 年［1 轴］定价：CNY14.00
　　现代中国画作品。

J0022895
长寿图　（木版水印、绫裱画轴）徐元清作
上海 朵云轩 1979 年［1 轴］定价：CNY9.00
　　现代中国画作品。

J0022896
赵少昂的艺术　赵少昂绘
香港 香港艺术馆 1979 年 有图照片
23cm（10 开）ISBN：962-215-015-2
定价：HKD16.00
　　现代中国画作品。

J0022897
争妍展翠　工铸作
武汉 湖北人民出版社 1979 年［1 张］
76cm（2 开）定价：CNY0.14
　　现代中国画作品。

J0022898
争艳　齐兆璠作
石家庄 河北人民出版社 1979 年［1 张］
76cm（2 开）定价：CNY0.11
　　本作品为年画形式的中国现代国画作品。
作者齐兆璠，花鸟画家。天津人，毕业于天津美
术学院。历任中国美术家协会会员、河北省沧州
师范专科学校美术系教授。专著有《鸟类画谱》。

J0022899
雉鸡杜鹃　（木版水印、绫裱画轴）王雪涛作
北京 荣宝斋 1979 年［1 轴］定价：CNY28.00
　　现代中国画作品。

J0022900
中国画小辑
郑州 河南人民出版社 1979 年 24 幅
26cm（16 开）套装 统一书号：8105.824
定价：CNY1.12

J0022901
只要主义真　许全群作
北京 人民美术出版社 1979 年［1 张］
38cm（6 开）定价：CNY0.09
　　现代中国画作品。作者许全群（1943—　），
画家。河南鲁山县人。毕业于北京艺术学院附中。
曾任职于人民美术出版社创作室，中国美术家协
会会员、吉隆坡艺术学院客座教授。出版有《许
全群画集》《许全群水墨作品精选》等。

J0022902
周昌谷画选　周昌谷绘
上海 上海书画出版社 1979 年 12 幅
25cm（小 16 开）统一书号：8172.490
定价：CNY0.78
　　现代中国画作品。作者周昌谷（1929—
1985），画家。号老谷，浙江乐清人，毕业于国立
艺术专科学校，留校任教。作品有《荔枝熟了》
《春》等，著有《意笔人物画技法探索》《妙语与
创造》《周昌谷画选》等。

J0022903
紫藤燕子　蔡鹤洲作
西安 陕西人民出版社 1979 年［1 张］
78cm（2 开）定价：CNY0.10

现代中国画作品。作者蔡鹤洲（1911—1971），画家。又名颐亨，字学亨，号狄芦令二郎，原名蔡学亨，号白羽。福建福州人。擅长中国画，兼事连环画、舞台美术设计。中国美术家协会会员。主要作品有《蜀道如今不再难》，出版有《花卉写生技法》《名家花卉画谱》《蔡鹤洲画辑》等。

J0022904
祖国之春　朱秀坤作
合肥　安徽人民出版社 1979 年［1 张］
76cm（2 开）定价：CNY0.14
　　现代中国画作品。

J0022905
白鸡牵牛　（木版水印，绫裱画轴）王雪涛作
北京　荣宝斋 1980 年［1 轴］定价：CNY28.00
　　本作品系现代中国画。

J0022906
白云明珠　黄云，杨家聪作
广州　广东人民出版社 1980 年［1 张］
76cm（2 开）定价：CNY0.50
　　本作品系现代中国画。作者杨家聪（1932—　），画家。广州市美术家协会主席、广州水彩画研究会顾问、广州诗社副社长。作品有《杨家聪画集》《杨家聪作品选》《杨家聪水彩画选》《杨家聪杨毅钢笔画集》《杨家聪文集》等。

J0022907
百鸟鸣春　胡伯祥作
成都　四川人民出版社 1980 年［1 张］
76cm（2 开）定价：CNY0.16
　　本作品系现代中国画。作者胡伯祥（1923—2010），当代著名书画家、诗人。字葭萌，四川昭化人。中国美术家协会会员。精通中国工笔画，善书，能诗，通史，鼓琴等。曾先后在四川华西大学博物馆、四川大学博物馆任职，成都画院画师、顾问。出版《胡伯祥、胡涛美术作品集》画册、《胡伯祥诗词选集》。

J0022908
斑鸠　邢津生作
石家庄　河北人民出版社 1980 年［1 张］
78cm（2 开）定价：CNY0.16
　　本作品系现代中国画。

J0022909
斑鸠梨花　（木版水印，绫裱画轴）王雪涛作
北京　荣宝斋 1980 年［1 轴］定价：CNY28.00
　　本作品系现代中国画。

J0022910
苍虬白鹰　谢稚柳作
北京　人民美术出版社 1980 年［1 张］
76cm（2 开）定价：CNY0.28
　　本作品系现代中国画。

J0022911
苍山晴日　颜地作
北京　人民美术出版社 1980 年［1 张］
53cm（4 开）定价：CNY0.14
　　本作品系现代中国画。

J0022912
朝露初过　王广才作
西宁　青海人民出版社 1980 年［1 张］
76cm（2 开）定价：CNY0.18
　　本作品系现代中国画。

J0022913
陈少梅画辑　陈少梅绘
北京　人民美术出版社 1980 年 13 幅 37cm（8 开）
统一书号：8027.7310 定价：CNY1.10
　　现代中国画画册。作者陈少梅（1909—1954），国画家。名云彰，又名云鹤，号升湖，字少梅，以字行。生于湖南衡山。曾任中国美术家协会天津分会主席、天津美术学校校长。主要作品有《江南春》《丛林远岭》等。

J0022914
赪鳞跃彩　（木版水印，绫裱画轴）来楚生作
上海　朵云轩［1980 年］［1 轴］定价：CNY23.00
　　本作品系现代中国画。

J0022915
程十发画辑　程十发绘
北京　人民美术出版社 1980 年 12 幅
19cm（32 开）套装 统一书号：8027.7241
定价：CNY1.10
　　本书系现代中国画画册。作者程十发（1921—2007），画家。出生于上海金山，毕业于

上海美术专科学校国画系。代表作品有《丽人行》《迎春图》《列宁的故事》《孔乙己》等。出版有《程十发近作选》《程十发花鸟习作选》《程十发作品展》。

J0022916
吹箫引凤　黄均作
石家庄　河北人民出版社　1980年［1］张
78cm（2开）定价：CNY0.24
　　本作品系现代中国画。

J0022917
春光烂漫　田世光等作
北京　人民美术出版社　1980年［1］张
53cm（4开）定价：CNY0.14
　　本作品系现代中国画。

J0022918
春来万壑香　董吉泉作
兰州　甘肃人民出版社　1980年［1］张　76cm（2开）
定价：CNY0.18
　　本作品系现代中国画。

J0022919
春意盎然　郭公达作
合肥　安徽人民出版社　1980年［1］张　76cm（2开）
定价：CNY0.16
　　本作品系现代中国画。作者郭公达（1931—　），画家。安徽萧县人，毕业于浙江美术学院中国画系。任教于安徽艺术学院（现为安徽大学艺术学院），历任中国美术家协会会员，安徽美术家协会副主席等职。出版有《郭公达山水画册》《郭公达画集》《郭公达山水画选集》等。

J0022920
大风堂名迹　郭威编辑
台北　雅蕴堂出版社［1980—1989年］4册　有图
38cm（6开）定价：TWD600.00

J0022921
黛玉调鹦图　黄均作
石家庄　河北人民出版社　1980年［1］张
78cm（2开）定价：CNY0.24
　　本作品系现代中国画。

J0022922
都柳江畔　宋吟可作
北京　人民美术出版社　1980年［1］张
78cm（2开）定价：CNY0.24
　　本作品系现代中国画。

J0022923
杜鹃　吴云峰作
北京　人民美术出版社　1980年［1］张
78cm（2开）定价：CNY0.24
　　本作品系现代中国画。

J0022924
繁花　王雪涛作
北京　人民美术出版社　1980年［1］张
78cm（2开）定价：CNY0.19
　　本作品系现代中国画。

J0022925
丰碑　黄迪杞绘
福州　福建人民出版社　1980年［1］张
78cm（2开）定价：CNY0.18
　　本作品系现代中国画。

J0022926
芙蓉映碧俪情深　陈子毅作
广州　广东人民出版社　1980年［1］张
76cm（2开）定价：CNY0.50
　　本作品系现代中国画。

J0022927
高原晨曲　许家麟作
银川　宁夏人民出版社　1980年［1］张
76cm（2开）定价：CNY0.13
　　本作品系现代中国画。

J0022928
关良戏剧人物画　关良绘；上海人民美术出版社编辑
上海　上海人民美术出版社　1980年　62幅
27cm（16开）精装　统一书号：8081.11609
定价：CNY12.00
　　本书所收戏剧人物画多取材于《水浒传》《三国演义》《红楼梦》等京剧传统名剧，有《鲁智深醉打山门》《赵云》《霸王别姬》等。本书收

图 62 幅。作者关良(1900—1986),画家。广东番禺人,毕业于东京太平洋美术学院。曾任浙江美术学院教授、上海中国画院画师。著有《关良艺事随谈》《关良回忆录》,出版《关良京戏人物水墨画》《关良油画集》等。

J0022929

国画作品集　山东人民出版社编辑

济南　山东人民出版社　1980年　65页　37cm(8开)

统一书号:8099.1903　定价:CNY10.00

　　本书系现代中国画画册。内收山东籍国画家李苦禅、于希宁等10多人的人物画、山水花鸟作品等65幅。作者李苦禅,现代中国画画家。

J0022930

寒食　(木版水印,单片)赵丹作

北京　荣宝斋　[1980年][1轴]53cm(4开)

定价:CNY4.00

　　本作品系现代中国画。

J0022931

浩气长存山河壮　吴自强作

天津　天津人民美术出版社　1980年　[1]张

76cm(2开)定价:CNY0.16

　　本作品系现代中国画。

J0022932

合欢　陈谋作

北京　宝文堂书店　1980年　[1]张　78cm(2开)

定价:CNY0.27

　　本作品系现代中国画。作者陈谋(1937—　),教授。北京市人,毕业于中央美术学院中国画系。中央美术学院副教授,中国美术家协会会员。代表作品《六月会上》《第一个春天》《晨牧》。

J0022933

荷花小鸟　王煜作

北京　人民美术出版社　1980年　[1]张

78cm(2开)定价:CNY0.19

　　本作品系现代中国画。

J0022934

红梅喜鹊　钱行健作

上海　上海书画出版社　1980年　[1]张

53cm(4开)定价:CNY0.10

本作品系现代中国画。作者钱行健(1935—2010),国画家。江苏无锡人。擅长中国画,专习山水、花鸟,兼文学及诗词,后致力于中国绘画理论的研究。曾任上海外国语大学艺术教研室主任、副教授,上海海外联谊会联谊书画社副社长、海墨画社社长、上海书画研究院理事等。代表作品有《碧浪》《幽涧听泉》《江月幽禽》等。

J0022935

红棉掩影翠翎舞　陈子毅作

广州　广东人民出版社　1980年　[1]张

76cm(2开)定价:CNY0.50

　　本作品系现代中国画。

J0022936

黄笃维画辑　黄笃维绘

北京　人民美术出版社　1980年　12幅

37cm(8开)套装　统一书号:8027.7149

定价:CNY1.10

J0022937

黄鹂紫椹　(木版水印,绫裱画轴)王雪涛作

北京　荣宝斋　1980年　[1轴]定价:CNY28.00

　　本作品系现代中国画。

J0022938

黄胄画选　黄胄绘

济南　山东人民出版社　1980年　32幅　26cm(16开)

统一书号:8099.1933　定价:CNY1.80

　　作者黄胄(1925—1997),画家、社会活动家、收藏家。字映斋,河北蠡县人。历任总政治部文化部创作员、中国画研究院副院长、中国美术家协会常务理事等。代表作品有《洪荒风雪》《巡逻图》等,出版有《黄胄书画论》《黄胄作品集》《黄胄谈艺术》等。

J0022939

金润民画选　金润民绘

成都　四川人民出版社　1980年　22幅　37cm(8开)

统一书号:8118.584　定价:CNY2.90

J0022940

锦绣园林图　赵蕴工作

成都　四川人民出版社　1980年　[1]张　76cm(2开)

定价:CNY0.16

中国现代年画作品。

J0022941
康藏公路　华拓作
南京　江苏人民出版社　1980年［1］张
78cm（2开）定价：CNY0.12
　　本作品系现代中国画。作者华拓（1940—　），
国家一级美术师。河北景县人，江苏省国画院山
水画研究所所长、中国美术家协会会员。出版有
《华拓画集》《华拓画选》等。

J0022942
跨虎入山　华三川作
上海　上海书画出版社　1980年［1］张
78cm（2开）定价：CNY0.13
　　本作品系现代中国画。

J0022943
老虎滩渔港　傅抱石作
北京　人民美术出版社　1980年［1］张
53cm（4开）定价：CNY0.18
　　本作品系现代中国画。

J0022944
漓江　（木版水印，绫裱画轴）白雪石作
北京　荣宝斋　1980年［1轴］定价：CNY30.00
　　本作品系现代中国画。作者白雪石（1915—
2011），画家，教授。北京市人，斋号何须斋。自
幼习画，早年师从赵梦朱，后拜梁树年为师。执
教于北京师范学院、北京艺术学院、中央工艺美
院。兼北京山水画研究会会长。代表作品《万壑
松风》《千峰竞秀》《早春图》《漓江一曲千峰
秀》等。

J0022945
李白诗意画选　江油李白纪念馆编
成都　四川人民出版社　1980年　12幅　39cm（4开）
统一书号：8118.5333　定价：CNY1.70

J0022946
李苦禅画集　李苦禅绘；上海人民美术出版社
编辑
上海　上海人民美术出版社　1980年　97幅
39cm（4开）精装　统一书号：8081.11599
定价：CNY18.50

本书收入作者花鸟画有《兰竹》《怒放图》
《英视瞵瞵卫神州》等；山水小品两幅。作者李苦
禅（1899—1983），书画家、美术教育家。山东高
唐人。原名李英杰，字励公。擅画花鸟和鹰。中
央美术学院教授、中国美术家协会理事、中国画
研究院院务委员等。代表作品有《盛荷》《群鹰
图》《兰竹》等，出版有《李苦禅画辑》。

J0022947
李苦禅画选　李苦禅作
济南　齐鲁书社　1980年　16幅　39cm（4开）
定价：CNY1.50

J0022948
李昆璞画选　李昆璞绘
天津　天津人民美术出版社　1980年　65页
25cm（15开）统一书号：8073.50127
定价：CNY2.80

J0022949
李焱、韩言松画集　（海峡两岸少年画家联展
作品选）李焱，韩言松绘
南宁　广西人民出版社　［1980—1989年］
24×27cm

J0022950
立雪台晚翠　刘海粟作
上海　上海人民美术出版社　1980年　［1］张
53cm（4开）定价：CNY0.24
　　本作品系现代中国画。

J0022951
莲池鱼跃　胡伯祥作
成都　四川人民出版社　1980年［1］张
53cm（4开）定价：CNY0.07
　　本作品系现代中国画。

J0022952
林凡画集　林凡绘
台北　李祖安　［1980—1989年］26cm（16开）

J0022953
林墉画选　林墉绘
北京　人民美术出版社　1980年　39页
26cm（16开）统一书号：8027.7497

定价：CNY1.25

　　本书系中国画人物作品。共 39 幅图。作者林墉（1942—　　），画家、国家一级美术师。广东潮州人，毕业于广州美术学院中国画系。中国美术家协会副主席、广东画院院长、美协广东分会主席、暨南大学艺术中心主任。作品有《宋庆龄访问巴基斯坦组画》，出版有《林墉作品选》《林墉访问巴基斯坦选集》《人体速写》等。

J0022954
刘奎龄画选　刘奎龄绘
天津　天津人民美术出版社 1980 年 16 幅
39cm（4 开）统一书号：8073.70008
定价：CNY2.60

J0022955
榴花双莺　钱行健作
上海　上海书画出版社 1980 年［1］张
78cm（2 开）定价：CNY0.10
　　本作品系现代中国画。作者钱行健（1935—2010），国画家。江苏无锡人。擅长中国画，专习山水、花鸟，兼文学及诗词，后致力于中国绘画理论的研究。曾任上海外国语大学艺术教研室主任、副教授，上海海外联谊会联谊书画社副社长，海墨画社社长、上海书画研究院理事等。代表作品有《碧浪》《幽涧听泉》《江月幽禽》等。

J0022956
芦蛙　（木版水印，绫裱画轴）齐白石作
北京　荣宝斋 1980 年［1 轴］定价：CNY22.00
　　本作品系现代中国画。

J0022957
陆俨少画辑　陆俨少绘
杭州　西泠印社 1980 年 1 册（17 幅）38cm（6 开）
统一书号：8.193.126 定价：CNY2.50
　　作者陆俨少（1909—1993），画家、教师。又名砥，字宛若，上海嘉定县人。毕业于无锡美术专科学校。历任上海中国画院画师、浙江美术学院教师、浙江画院院长。代表作品有《嘉陵江上》《峡江险水》《雁荡泉瀑》《溪山秋色》《黄山松云》等。

J0022958
麻姑献寿　华三川作

上海　上海书画出版社 1980 年［1］张
78cm（2 开）定价：CNY0.13
　　本作品系现代中国画。

J0022959
麻雀郁金香　唐云画
石家庄　河北人民出版社 1980 年［1］张
78cm（2 开）定价：CNY0.26
　　本作品系现代中国画。

J0022960
马寿华先生书画特展目录　台北故宫博物院编纂
台北　台北故宫博物院 1980 年 82 页
31cm（10 开）精装
　　本书系中国现代法书画册目录。

J0022961
满园春色　周彦生作
郑州　河南人民出版社 1980 年［1］张
76cm（2 开）定价：CNY0.14
　　本作品系现代中国画。

J0022962
猫石图　（木版水印，绫裱画轴）徐悲鸿作
北京　荣宝斋［1980 年］［1 轴］
　　本作品系中国年画。

J0022963
梅花　溥佐作
石家庄　河北人民出版社 1980 年［1］张
78cm（2 开）定价：CNY0.12
　　本作品系现代中国画。

J0022964
梅竹幽禽图　金振之作
北京　人民美术出版社 1980 年［1］张
78cm（2 开）定价：CNY0.24
　　本作品系现代中国画。

J0022965
米谷画辑　米谷绘
北京　人民美术出版社 1980 年 12 幅
37cm（8 开）套装 统一书号：8027.7243
定价：CNY1.10

本书为中国现代画画册。作者米谷(1918—1986)，著名漫画家。海宁斜桥人。原名朱禄庆，学名朱吾石。笔名米谷、李诚、令狐原等。毕业于上海美术专科学校洋画系。1939年与华君武在延安创办鲁迅艺术学院漫画研究班，为《前线》《文汇报》《新民晚报》等创作大量讽刺漫画。曾任香港《文汇报》漫画双周刊主编、《解放日报》编委兼艺术组长、中国美术家协会常务理事、中国美术家协会上海分会副主席、中国美术馆研究部主任。代表作品《米谷漫画选》《米谷画选》等。

J0022966
岷山之声　杨林作
兰州　甘肃人民出版社　1980年［1］张
76cm(2开) 定价：CNY0.18
　　本作品系现代中国画。

J0022967
牡丹飞燕　钱行健作
上海　上海书画出版社　1980年［1］张
53cm(4开) 定价：CNY0.10
　　本作品系现代中国画。

J0022968
牡丹小猫　任杰，窦仲化作
西安　陕西人民美术出版社　1980年［1］张
76cm(2开) 定价：CNY0.14
　　本作品系现代中国画的动物画。

J0022969
年历国画、中国画缩样　(1981)
上海　上海书画出版社［1980年］18cm(15开)
　　现代年画形式的中国画。

J0022970
弄玉吹箫　华三川作
上海　上海书画出版社　1980年［1］张
78cm(2开) 定价：CNY0.13
　　本作品系现代中国画。

J0022971
潘天寿作品集　潘天寿绘；浙江美术学院编辑
杭州　浙江人民美术出版社　1980年　120幅
37cm(8开) 精装　统一书号：8156.2

定价：CNY29.00
　　作者潘天寿(1897—1971)，现代著名国画家，美术教育家。字大颐，号寿者。浙江宁海县人。擅画花鸟、山水，兼善指画，亦能书法、诗词、篆刻。曾任中国文联委员、中国美术家协会副主席、浙江省文联副主席、中国美协浙江分会主席，浙江美术学院院长、教授等职。著有《中国绘画史》《听天阁画谈随笔》等。

J0022972
枇杷花鸟　胡伯祥作
成都　四川人民出版社　1980年［1］张
53cm(4开) 定价：CNY0.07
　　本作品系现代中国画。作者胡伯祥(1923—2010)，当代著名书画家、诗人。字葭萌，四川昭化人。中国美术家协会会员。精通中国工笔画，善书，能诗，通史，鼓琴等。曾先后在四川华西大学博物馆、四川大学博物馆任职，成都画院画师、顾问。出版《胡伯祥、胡涛美术作品集》画册、《胡伯祥诗词选集》。

J0022973
枇杷小鸟　邓长夫作
北京　人民美术出版社　1980年［1］张
13cm(60开) 定价：CNY0.14
　　本作品系现代中国画。

J0022974
瓶梅　(木版水印，绫裱画轴)黄慎作
上海　朵云轩［1980年］［1轴］定价：CNY23.00
　　本作品系现代中国画。

J0022975
七仙女思凡　华三川作
上海　上海书画出版社　1980年［1］张
78cm(2开) 定价：CNY0.13
　　本作品系现代中国画。

J0022976
齐白石画选　齐白石绘
北京　人民美术出版社　1980年　108幅
19cm(32开) 统一书号：8027.7336
定价：CNY1.20
（中国美术家丛书）
　　本书主要介绍现代国画大师齐白石的绘

画作品。共有 108 幅图。作者齐白石(1864—
1957)，近现代中国绘画大师，国画家、篆刻家。
湖南湘潭人。原名纯芝，字渭青，号兰亭，后改
名璜，字濒生，号白石等。历任国立北平艺术专
科学校和京华美术专科学校教习、教授，中央美
术学院名誉教授、中国文学艺术界联合会主席团
委员、中国画研究会和中国美术家协会主席、中
国画院名誉院长。代表作有《蛙声十里出山泉》
《墨虾》等。著有《白石诗草》《齐白石作品集》《白
石老人自述》等。

J0022977
齐白石绘画选集　齐白石绘；湖南省博物馆，
湖南美术出版社编
长沙　湖南美术出版社 1980 年 52 页
39cm(4 开) 统一书号: 8233.63
定价: CNY13.00
　　本书选入山水画 9 幅、花鸟画 46 幅。均系
湖南省博物馆所藏。

J0022978
奇松下望莲蕊峰　(木版水印，单片) 刘海
粟作
北京　荣宝斋[1980 年][1 轴] 39cm(4 开)
定价: CNY2.00
　　本作品系现代中国画。

J0022979
钱松嵒作品选集　钱松嵒绘；人民美术出版
社编辑
北京　人民美术出版社 1980 年 101 页
37cm(8 开) 精装 统一书号: 8027.6884
定价: CNY28.00
　　作者钱松嵒(1899—1985)，画家。江苏宜兴
人。曾任江苏省国画院院长、名誉院长，江苏省
美术家协会主席、中国美术家协会常务理事等。
画作有《红岩》《延安颂》《芙蓉湖上》《山岳颂》
等。代表作品有《梅园新村》《延安颂》《红岩》
《井冈大瀑布》等。著作《砚边点滴》。出版物《钱
松嵒画集》等。

J0022980
钱松嵒作品选集　钱松嵒绘；中国美术家协
会，人民美术出版社编
北京　人民美术出版社 1980 年 35cm(15 开)

精装 统一书号: 8027.6884 定价: CNY28.00
　　本画册收入作者 1962—1978 年的作品 101
幅。书签有赖少其题《只研朱墨作春山》。

J0022981
秋江间趣　吴仲康，王雪涛作
北京　人民美术出版社 1980 年[1]张
53cm(4 开) 定价: CNY0.14
　　本作品系现代中国画。

J0022982
秋禽　(木版水印，单片) 赵丹作
北京　荣宝斋[1980 年][1 轴] 53cm(4 开)
定价: CNY4.00
　　本作品系现代中国画。

J0022983
荣宝斋三十周年纪念册　(1950—1980) 荣
宝斋编辑；曹辛之美术设计
北京　荣宝斋 1980 年 106 页 15×54cm

J0022984
三顾茅庐　刘凌沧作
石家庄　河北人民出版社 1980 年[1]张
76cm(2 开) 定价: CNY0.18
　　本作品系现代中国画。

J0022985
邵灶友写生画选　邵灶友绘
北京　人民美术出版社 1980 年 56 页
13cm(60 开) 统一书号: 8027.7288
定价: CNY0.72

J0022986
佘妙枝画辑　佘妙枝绘
北京　人民美术出版社 1980 年 12 幅
37cm(8 开) 套装 统一书号: 8027.8272
定价: CNY1.10

J0022987
石鲁画辑　石鲁作
北京　人民美术出版社 1980 年 12 幅
39cm(4 开) 统一书号: 8027.7444
定价: CNY1.10
　　作者石鲁(1919—1982)，画家。原名冯亚

珩，四川仁寿人，就读于成都东方美专和陕北公学院。曾任中国美术家协会常务理事、陕西省美术家协会主席、陕西省书法家协会主席、陕西省国画院名誉院长、中国画研究院院委等职。著有《石鲁学画录》，电影剧本《暴风中的雄鹰》等。

J0022988

双骏图 （木版水印，绫裱画轴）徐悲鸿作

上海 朵云轩［1980年］［1轴］定价：CNY45.00

　　本作品系现代中国画。

J0022989

水乡　颜地作

北京 出版社人民美术 1980年［1］张

78cm（2开）定价：CNY0.14

　　本作品系现代中国画。

J0022990

水引旱垣鸭嬉来　朱焰作

太原 山西人民出版社 1980年［1］张

76cm（2开）定价：CNY0.16

　　本作品系现代中国画。

J0022991

司徒乔画集　人民美术出版社编辑

北京 人民美术出版社 1980年 106幅

38cm（6开）精装 统一书号：8027.6853

定价：CNY26.00

J0022992

司徒乔画集　（增订本）

北京 人民美术出版社 1980年 92页

38cm（6开）精装 定价：CNY26.00

　　本书是中国画画册。

J0022993

松鹤图　何庆文等作

太原 山西人民出版社 1980年［1］张

76cm（2开）定价：CNY0.18

　　本作品系现代中国画。

J0022994

松鹤图　郑乃珖作

西安 陕西人民美术出版社 1980年［1］张

107cm（全开）定价：CNY0.50

本作品系现代中国画。

J0022995

松鹤长春　张广力作

上海 上海人民美术出版社 1980年［1］张

107cm（全开）定价：CNY0.32

　　本作品系现代中国画。

J0022996

松龄鹤寿　杨立强作

兰州 甘肃人民出版社 1980年［1］张

76cm（2开）定价：CNY0.18

　　本作品系现代中国画。

J0022997

松下赏月　（木版水印，绫裱画轴）（宋）佚名作

上海 朵云轩［1980年］［1轴］定价：CNY35.00

　　本作品系现代中国画。

J0022998

宋吟可画集　宋吟可绘

北京 人民美术出版社 1980年 12幅

19cm（32开）套装 统一书号：8027.7392

定价：CNY1.10

J0022999

宋吟可画辑

北京 人民美术出版社 1980年 12张

38cm（6开）定价：CNY1.10

　　本书是中国画画册。

J0023000

宋吟可作品选集　宋吟可绘

贵阳 贵州人民出版社 1980年 64页 38cm（6开）

统一书号：8115.751 定价：CNY4.50

　　本书系中国画现代画册。共收有30幅图。其中有人物画《春江花月夜》等14幅；花鸟画《报春图》等10幅；画牛《牧牛》等3幅；山水画《蝴蝶泉》等3幅。作者宋吟可（1902—1999），江苏南京人，原名荫科。曾到上海商务印书馆学作书籍插图。擅长人物及花鸟画，兼及书法。历任中国美协第二、三届理事，贵州省国画院院长等。主要作品有《磨镰刀》等。

J0023001
苏葆桢作品选　苏葆桢绘
成都 四川人民出版社 1980年 10幅
13cm（60开）统一书号：8118.685
定价：CNY1.60
　　中国画现代画册。作者苏葆桢（1916—
1990），国画家。江苏宿迁市人，师从徐悲鸿、张
书旂、傅抱石等大家。曾任西南大学教授，硕士
生导师，重庆国画院副院长。作品有《葡萄图》
《硕果累累》《玉羽迎春》《山花烂漫》《战地花
开》等。

J0023002
苏州园林图　孙君良作
上海 上海书画出版社 1980年 12幅 36cm（6开）
套装 统一书号：8172.498
定价：CNY1.10

J0023003
太白行吟图　李效唐，贾允中作
西宁 青海人民出版社 1980年［1］张 76cm（2开）
定价：CNY0.18
　　本作品系现代中国画。

J0023004
藤萝　齐白石画
石家庄 河北人民出版社 1980年［1］张
78cm（2开）定价：CNY0.26
　　本作品系现代中国画。作者齐白石（1864—
1957），近现代中国绘画大师，国画家、篆刻家。
湖南湘潭人。原名纯芝，字渭青，号兰亭，后改
名璜，字濒生，号白石等。历任国立北平艺术专
科学校和京华美术专科学校教习、教授，中央美
术学院名誉教授、中国文学艺术界联合会主席团
委员、中国画研究会和中国美术家协会主席、中
国画院名誉院长。代表作有《蛙声十里出山泉》
《墨虾》等。著有《白石诗草》《齐白石作品集》《白
石老人自述》等。

J0023005
天门坎远眺莲花峰　（木版水印，单片）刘海
粟作
北京 荣宝斋［1980年］［1轴］39cm（4开）
定价：CNY2.00
　　本作品系现代中国画。

J0023006
听琴　王叔晖作
北京 人民美术出版社 1980年［1］张
76cm（2开）定价：CNY0.14
　　本作品系现代中国画。

J0023007
听琴　王叔晖画
济南 山东人民出版社 1980年［1］张 76cm（2开）
定价：CNY0.14
　　本作品系现代中国画。

J0023008
王叔晖画辑　王叔晖绘
北京 人民美术出版社 1980年 12幅 39cm（6开）
统一书号：8027.7297 定价：CNY1.10
　　作者王叔晖（1912—1985），女，国画家。字
郁芬，生于天津，祖籍浙江绍兴。历任出版总署
美术科员，新华书店总管理处美术室图案组组
长，人民美术出版社连环画创作组组长。代表作
《西厢记》《林黛玉》《夜宴桃李园》《杨门女
将》等。

J0023009
王伟画选　王伟绘
成都 四川人民出版社 1980年 12幅 25cm（16开）
套装 统一书号：8118.693
定价：CNY1.10

J0023010
文姬辨琴图　黄均作
北京 人民美术出版社 1980年［1］张 78cm（2开）
定价：CNY0.24
　　本作品系现代中国画。

J0023011
吴锡泽书画选　吴锡泽绘
台北 现代关系出版社 1980年 34页 有图
34cm（8开）

J0023012
武夷之春　朱文铸画
福州 福建人民出版社 1980年［1］张 76cm（2开）
定价：CNY0.18
　　本作品系现代中国画。

J0023013

西樵揽胜　梁铭添作

广州 广东人民出版社 1980 年 [1] 张 76cm(2 开)

定价: CNY0.50

　　本作品系现代中国画。作者梁铭添（1937—　），广东南海人。广东岭南美术出版社美术副编审、年画编辑室主任，中国美术家协会广东分会会员、广东年画艺术委员会副会长。代表作品有《梁铭添山水画集》。

J0023014

仙桃延寿　齐白石作

北京 人民美术出版社 1980 年 [1] 张 53cm(4 开)

定价: CNY0.18

　　本作品系现代中国画。

J0023015

湘君湘灵图　华三川作

上海 上海书画出版社 1980 年 [1] 张

78cm(2 开) 定价: CNY0.13

　　本作品系现代中国画。

J0023016

祥雄画集　林祥雄绘

台北 创新出版社 [1980—1989] 90 页

32cm(10 开) 精装 定价: SGD80.00

J0023017

肖龙士画集　肖龙士绘; 欧阳龙, 薛志云选编

合肥 安徽人民出版社 1980 年 36 页 29cm(15 开)

统一书号: 9102.1159 定价: CNY2.50

　　作者欧阳龙(1938—2000)，中国书法家、美术家、当代花鸟画家。安徽萧县人，字云涛。毕业于安徽省皖南大学艺术系，曾拜李苦禅为师，专攻写意花鸟，尤擅画膺，笔墨苍劲。徐州国画院院长、中国美术家协会江苏分会会员。代表作品有《鹏程万里图》等。

J0023018

萧龙士画集　欧阳龙, 薛志云选编

合肥 安徽人民出版社 1980 年 36 页 15×54cm

定价: CNY2.50

　　本书系中国画画册。选编花鸟画家萧龙士1942—1979 年创作的国画，所收国画均按创作年代顺序编排，以花鸟画为主，兼顾其他。共收图 36 幅。作者萧龙士(1889—1990)，花鸟画家。江苏徐州府萧县人，毕业于上海美术专科学校。历任中国美术家协会安徽分会名誉主席、安徽省书画院名誉院长、中国民盟盟员、省文史馆馆员、省人大代表和省政协常委。著有画集《萧龙士画集》《萧龙士蕙兰册》《萧龙士百寿画集》《萧龙士百寿纪念集》。

J0023019

新春　侯中曦作

北京 人民美术出版社 1980 年 [1] 张 76cm(2 开)

定价: CNY0.19

　　本作品系现代中国画。

J0023020

星湖映趣　罗国贤作

广州 广东人民出版社 1980 年 [1] 张 76cm(2 开)

定价: CNY0.14

　　本作品系现代中国画。

J0023021

萱花舞蝶　胡伯祥作

成都 四川人民出版社 1980 年 [1] 张 53cm(4 开)

定价: CNY0.08

　　本作品系现代中国画。作者胡伯祥 (1923—2010)，当代著名书画家、诗人。字葭萌，四川昭化人。中国美术家协会会员。精通中国工笔画，善书，能诗，通史，鼓琴等。曾先后在四川华西大学博物馆、四川大学博物馆任职，成都画院画师、顾问。出版《胡伯祥、胡涛美术作品集》画册、《胡伯祥诗词选集》。

J0023022

薛涛制笺图　赵蕴玉作

成都 四川人民出版社 1980 年 [1] 张 78cm(2 开)

定价: CNY0.11

　　本作品系现代中国画。

J0023023

颜地画选　颜地绘

北京 人民美术出版社 1980 年 26 页 25cm(16 开)

统一书号: 8027.7435 定价: CNY0.85

J0023024

彦涵画辑　彦涵绘

北京　人民美术出版社 1980年 12幅 39cm（8开）
统一书号：8027.7152 定价：CNY1.10
　　作者彦涵（1916—2011），版画家、美术教育
家。江苏连云港人。中央美术学院教授、中国美
术家协会艺术委员会主任。出版有《彦涵版画》
《彦涵画集》《彦涵中国画集》《文学之画》等。

J0023025
艳溢香融　王庆升作
北京　人民美术出版社 1980年 ［1］张 53cm（4开）
定价：CNY0.14
　　本作品系现代中国画。

J0023026
瑶池赴会　华三川作
上海　上海书画出版社 1980年 ［1］张 78cm（2开）
定价：CNY0.13
　　本作品系现代中国画。

J0023027
叶浅予画舞　叶浅予绘
南京　江苏人民出版社 1980年 16页 19cm（32开）
统一书号：8100.3288 定价：CNY2.20
　　本书收入彩色民族舞姿画 16 幅。

J0023028
叶桐轩画选　叶桐轩绘
郑州　河南人民出版社 1980年 21页 19cm（32开）
统一书号：8105.1000 定价：CNY0.70

J0023029
屹立傲风雨　陶一清作
北京　人民美术出版社 1980年 ［1］张 78cm（2开）
定价：CNY0.19
　　本作品系现代中国画。

J0023030
玉兰翠禽　黄幻吾作
北京　人民美术出版社 1980年 ［1］张
78cm（2开）定价：CNY0.19
　　本作品系现代中国画。

J0023031
玉兰山鹧鸟　胡伯祥作
成都　四川人民出版社 1980年 ［1］张 53cm（4开）

定价：CNY0.07
　　本作品系现代中国画。

J0023032
玉兰鹦鹉　田世光作
北京　人民美术出版社 1980年 ［1］张 78cm（2开）
定价：CNY0.19
　　本作品系现代中国画。

J0023033
玉兰鹦鹉　白铭作
上海　上海人民美术出版社 1980年 ［1］张
76cm（2开）定价：CNY0.14
　　本作品系现代中国画。作者白铭（1926—
2002），国画家。蒙古族，内蒙古包头人。字雄堂。
毕业于北京京华美术学院国画系。擅花鸟，兼作
山水、人物。中国美术家协会会员，曾任内蒙古
美术家协会副主席、包头师范专科学校教师、高
级工艺美术设计师。主要作品有《梅雀图》《芍
药》《白梅》等。

J0023034
育雏图　（木版水印，绫裱画轴）黄胄作
北京　荣宝斋［1980年］［1轴］定价：CNY28.00
　　本作品系现代中国画。

J0023035
鸳鸯　郑乃珖作
石家庄　河北人民出版社 1980年 ［1］张
78cm（2开）定价：CNY0.16
　　本作品系现代中国画。

J0023036
袁晓岑画辑　袁晓岑绘
北京　人民美术出版社 1980年 12幅 39cm（4开）
统一书号：8027.7221 定价：CNY1.10
　　作者袁晓岑（1915—2008），雕塑家、画家、
教授。贵州普定县人，毕业于云南大学。历任云
南文联创作研究部副主任，云南艺术学院系主
任、副院长，云南省画院名誉院长。出版有《袁
晓岑画辑》等。

J0023037
月是故乡明　王维宝作
石家庄　河北人民出版社 1980年 ［1］张

53cm（4开）定价：CNY0.08

现代中国画作品。

J0023038

张大千画选 （第一辑）张大千·绘

成都 四川人民出版社 1980年 有照片

38cm（6开）统一书号：8118.785

定价：CNY1.90

本书收入张大千的画作12幅。作者张大千（1899—1983），国画大师、山水画大家、书法家。四川内江人，祖籍广东番禺。代表作有《爱痕湖》《长江万里图》《四屏大荷花》《八屏西园雅集》等。

J0023039

张大千画选 （第二辑）张大千·画

成都 四川人民出版社 1980—1987年

25cm（15开）统一书号：8118.916

定价：CNY1.90（2）

J0023040

张大千画选 （第三辑）张大千·绘

成都 四川人民出版社 1982年 有照片

38cm（6开）统一书号：8118.1071

定价：CNY2.50

本书是中国画画册，收入画家的画作16幅。

J0023041

张大千画选 （第四辑）张大千·绘

成都 四川人民出版社 1983年 18张 有照片

38cm（6开）统一书号：8118.1229

定价：CNY3.00

收入画家中国画的画作19幅。

J0023042

张大千画选 （第五辑）张大千·绘

成都 四川人民出版社 1981年 有照片

38cm（6开）统一书号：8118.978

定价：CNY2.80

本书系中国现代中国画画册。收入画家作品16幅。

J0023043

张大千画选 （第六辑）张大千·画

成都 四川人民出版社 1981年 25cm（15开）

统一书号：8118.280 定价：CNY6.00（6）

J0023044

张大千画选 （第七辑）张大千·画

成都 四川人民出版社 1982年 25cm（15开）

统一书号：8118.199 定价：CNY8.90（7）

J0023045

张大千画选 （第八辑）张大千·画

成都 四川人民出版社 1986年 25cm（15开）

统一书号：8373663 定价：CNY7.40

J0023046

张大千画选 （第九辑）张大千·画

成都 四川人民出版社 1987年 25cm（15开）

统一书号：8373.1096 定价：CNY8.70

J0023047

张大千画选 （第十辑）张大千·画

成都 四川人民出版社 1986年 25cm（15开）

统一书号：8373.1097 定价：CNY8.90（10）

J0023048

张大千画选 （第十一辑）张大千·画

成都 四川人民出版社 1980—1987年

25cm（15开）统一书号：8118.1154

定价：CNY8.00（11）

J0023049

张杲画选 张杲·绘

北京 人民美术出版社 1980年 17页

25cm（小16开）统一书号：8027.7225

定价：CNY0.81

J0023050

张朋画辑 张朋·绘

北京 人民美术出版社 1980年 29幅

25cm（小16开）统一书号：8027.7145

定价：CNY2.00

J0023051

长城万里风光无限 （木版水印，绫裱画轴）

钱松喦·画

北京 荣宝斋 ［1980年］［1轴］

作者钱松喦（1899—1985），画家。江苏宜兴人。曾任江苏省国画院院长、名誉院长，江苏省美术家协会主席、中国美术家协会常务理事等。画作有《红岩》《延安颂》《芙蓉湖上》《山岳颂》等。代表作品有《梅园新村》《延安颂》《红岩》《井冈大瀑布》等。著作《砚边点滴》。出版物《钱松嵒画集》等。

J0023052

长沙——毛主席《沁园春》词意　傅抱石作
北京　人民美术出版社 1980 年［1］张 53cm（4 开）
定价：CNY0.18
　　本作品系现代中国画。

J0023053

赵蕴玉作品选　赵蕴玉绘
成都　四川人民出版社 1980 年 12 幅 37cm（8 开）
统一书号：8118.686 定价：CNY1.60

J0023054

争艳　（中堂画轴）齐兆璠作
石家庄　河北人民出版社 1980 年［1］轴
76cm（2 开）定价：CNY0.75
　　本作品为年画形式的中国现代国画作品。

J0023055

郑善禧画集　郑善禧绘著
台北　艺术图书公司 1980 年 168 页
25cm（小 16 开）精装 定价：TWD800.00
　　外文书名：Selected Paintings of Cheng Shan-hsi.

J0023056

中国画汇刊　上海人民美术出版社编
上海　上海人民美术出版社 1980 年 70 幅
37cm（8 开）塑面 统一书号：8081.11750
定价：CNY20.00
　　本书为 1978 年中央文化部组织中国画创作组，邀请 17 个省市 80 多位有代表性的画家创作了 4000 多幅作品，本册从中精选 61 幅编印而成。其中有吴作人的《展翅》、李可染《山村飞瀑》、关山月《山水》、白雪石《漓江清碧》、陆俨少《山深水急》等。

J0023057

中国画头像选　陈忠志等绘

银川　宁夏人民出版社 1980 年 20 张
25cm（小 16 开）定价：CNY1.80

J0023058

中秋联句　刘旦宅作
北京　人民美术出版社 1980 年［1］张
76cm（2 开）定价：CNY0.28
　　本作品系现代中国画。

J0023059

周韶华国画选　周韶华绘
成都　四川人民出版社 1980 年 16 页 19cm（32 开）
统一书号：8118.1073 定价：CNY1.50
　　作者周韶华（1929— ），画家。山东荣城人，毕业于中原大学美术系。历任湖北省美术院院长、湖北省文联主席、中国国家画院院务委员等职。代表作品有《茶山之歌》《渤海湾的晨光》《黄河魂》等，出版有《大河寻源画集》《周韶华画选》《周韶华六十年艺术探索画集》《中国近现代名家画集－周韶华》。

J0023060

朱屺瞻画集　朱屺瞻绘
上海　上海人民美术出版社 1980 年 99 幅
39cm（4 开）精装 统一书号：8081.1161
定价：CNY24.00
　　本书为中国画专集，收录花鸟画有《灿若丹霞》《老少年》《香飞洛浦》等；山水画有《雨后斜阳》《秋晴》等。另收有反映作者深寓哲理的《浮想小写》册，计 12 幅山水画，由林同济写小序，并以每幅画配以七言绝句一首，画题为《宇宙》《理想》《突破》等。

J0023061

竹丛飞禽图　（木版水印，绫裱画轴）卢坤峰作
北京　荣宝斋 1980 年［1 轴］定价：CNY32.00
　　本作品系现代中国画。

J0023062

祝大年画选　祝大年绘
北京　人民美术出版社 1980 年 13 页
25cm（小 16 开）统一书号：8027.7451
定价：CNY0.80

J0023063

庄树鸿指画选　庄树鸿绘

北京　人民美术出版社　1980 年　21 页

25cm（小 16 开）统一书号：8027.7414

定价：CNY0.84

J0023064

《长江》中国画选辑　长江航运管理局编

上海　上海人民美术出版社　1981 年　16 幅 38cm

（6 开）统一书号：8081.12033　定价：CNY2.90

　　本书系中国现代以长江全流域壮丽风景和名胜古迹为主题的水墨画作品画册。内收 70 多位画家山水画作品 85 幅。

J0023065

白石画稿　齐白石绘；中国艺术研究院美术研究所编

北京　文化艺术出版社　1981 年　25 幅 37cm（8 开）

统一书号：8228.010　定价：CNY18.00

　　本书系中国现代中国画大师齐白石的画稿集。作者齐白石（1864—1957），近现代中国绘画大师，国画家、篆刻家。湖南湘潭人。原名纯芝，字渭青，号兰亭，后改名璜，字濒生，号白石等。历任国立北平艺术专科学校和京华美术专科学校教习、教授，中央美术学院名誉教授、中国文学艺术界联合会主席团委员、中国画研究会和中国美术家协会主席、中国画院名誉院长。代表作有《蛙声十里出山泉》《墨虾》等。著有《白石诗草》《齐白石作品集》《白石老人自述》等。

J0023066

百花齐放　（中国画）王雪涛作

北京　人民美术出版社　1981 年　78cm（2 开）

定价：CNY0.22

　　本书是中国画画册。

J0023067

碧桃飞燕　王叔晖，田世光作

北京　人民美术出版社　1981 年　78cm（2 开）

定价：CNY0.16

　　本书是中国画画册。

J0023068

苍青集　（管桦墨竹画册）管桦著

长沙　湖南美术出版社　1981 年　33 幅 25cm（15 开）

统一书号：8233.60　定价：CNY2.80

J0023069

苍松流水万年长　应野平作

上海　上海人民美术出版社　1981 年　108cm（全开）

定价：CNY0.30

J0023070

苍岩胜境　李东旭作

石家庄　河北人民出版社　1981 年　76cm（2 开）

定价：CNY0.16

　　本书是中国画画册。

J0023071

草虫花鸟画谱　伍揖青绘著

台北　艺术图书公司　1981 年　216 页

有肖像摹真 29cm（16 开）

　　外文书名：Ng Yi-ching's Flower and Insect Paintings.

J0023072

潮汕国画家选集　汕头画苑编辑

香港　汕头画苑　1981 年　有图 37cm（8 开）精装

J0023073

陈其宽画集　（1940—1980）陈其宽（ChenChiKwan）著

台北　艺术图书公司　1981 年　128 页　25×25cm

定价：TWD800.00

　　外文书名：Chen Chi Kwan Paintings 1940—1980.

J0023074

陈子庄作品选　陈子庄绘

成都　四川人民出版社　1981 年　90 幅 38cm（6 开）

统一书号：8118.493　定价：CNY10.00

　　本书是中国画画册。作者陈子庄（1913—1976），画家。号南原，又号石壶。出生于四川荣昌县。历任四川省文史馆研究员、四川省政协委员。代表作有《山深林密》《秋山如醉》《溪岸图》等。著有《石壶论画语要》。

J0023075

程十发近作选　程十发绘

北京　人民美术出版社　1981 年　100 页 39cm（4 开）

精装 统一书号：8027.7267
定价：CNY30.00

　　本书系中国画画册。所收均为画家70年代后期的作品。作者程十发，当代中国画家。擅长写意人物，兼工动物、花鸟、山水画。作者程十发（1921—2007），画家。出生于上海金山，毕业于上海美术专科学校国画系。代表作品有《丽人行》《迎春图》《列宁的故事》《孔乙己》等。出版有《程十发近作选》《程十发花鸟习作选》《程十发作品展》。

J0023076
春风　王道中作
哈尔滨 黑龙江人民出版社 1981 年 76cm（2 开）
定价：CNY0.16

J0023077
春光灿烂　喻继高作
南京 江苏科学技术出版社 1981 年 76cm（2 开）
定价：CNY0.18

J0023078
翠岗清泉　糜耕云作
上海 上海书画出版社 1981 年 78cm（2 开）
定价：CNY0.12

J0023079
滴翠亭宝钗嬉粉蝶　王叔晖作
北京 人民美术出版社 1981 年 76cm（2 开）
定价：CNY0.16

J0023080
吊兰　陈伯希作
兰州 甘肃人民出版社 1981 年 78cm（2 开）
定价：CNY0.12

J0023081
东岳泰山　（四条屏）赵文发作
石家庄 河北人民出版社 1981 年 2 张 76cm（2 开）
统一书号：8086.1427 定价：CNY0.32
　　本作品是现代中国画中的山水画。

J0023082
董双成　华三川作
上海 上海书画出版社 1981 年 78cm（2 开）

定价：CNY0.15

J0023083
洞天清晓　申石伽作
上海 上海书画出版社 1981 年 78cm（2 开）
定价：CNY0.12

　　作者申石伽（1906—2001），画家，教育家。笔名"西泠石伽"，浙江杭州人，出生书画世家，祖父为晚清著名山水画家申宜轩。长期任教于上海工艺美术学校，历任上海美协会员、上海市文史馆馆员、浙江文史研究馆名誉馆员。著有《山水画基础技法》《墨竹析览》等。

J0023084
方济众画册　方济众绘
西安 陕西人民出版社 1981 年 48页 25cm（15 开）
统一书号：8199.332 定价：CNY4.10

　　作者方济众（1923—1987），国画家。号雪农，陕西勉县人。历任中国美术家协会常务理事、美协陕西分会副主席。代表作品有《三边塞上风光》《雪漫天山》《沙海花》等。

J0023085
方济众画集　方济众绘
西安 陕西人民美术出版社 1981 年 48 页
定价：CNY4.10

　　本书收辑作者写意山水画。内容多是陕南山村、陕北窑洞、秦岭群峰等，共48幅。

J0023086
飞燕鸳鸯　（中国画）陈之佛作
北京 人民美术出版社 1981 年 78cm（2 开）
定价：CNY0.22

　　作者陈之佛（1896—1962），画家、工艺美术家。又名陈绍本、陈杰，号雪翁。毕业于浙江省工业专门学校染织科机织专业，曾留学日本入东京美术学校工艺图案科。曾任教于上海美术专科学校及中央大学艺术系，任南京大学、南京师范学院教授、江苏美协副主席、南京艺术学院副院长、中国美术家协会理事等职。代表作品有《瑞安名胜古诗选》《旅美纪行》《江村集》等。

J0023087
枫叶鹦鹉　贺伯英作
北京 人民美术出版社 1981 年 78cm（2 开）

定价: CNY0.12

J0023088

芙蓉 （木版水印 绫裱立轴）黄宾虹作
上海 朵云轩 1981 年 定价: CNY26.00

J0023089

芙蓉鸳鸯 于锦生, 高士良作
天津 杨柳青画店 1981 年 76cm（2 开）
定价: CNY0.16

J0023090

傅抱石画集 傅抱石绘; 金陵书画社编辑
南京 南京金陵书画社 1981 年 100页 38cm（6 开）
精装 统一书号: 8100.3.403
定价: CNY30.00
　　本书是中国画画册。作者傅抱石（1904—
1965）, 画家。原名长生、瑞麟, 号抱石斋主人。
生于江西南昌, 祖籍江西新余, 早年留学日本。
历任南京师范学院教授、江苏国画院院长等职。
代表作品有《山阴道上》《钟馗》《屈原》《江山如
此多娇》, 著有《中国古代绘画之研究》《中国绘
画变迁史纲》等。

J0023091

高希舜画集 高希舜绘
长沙 湖南美术出版社 1981 年 56页 38cm（6 开）
精装 统一书号: 8233.130
定价: CNY20.00
　　本书为中国画画册。

J0023092

顾坤伯画选 顾坤伯绘
杭州 浙江人民美术出版社 1981 年 21 幅
37cm（8 开）套装 统一书号: 8156.60
定价: CNY2.20
　　本书系现代中国画画册。收作者代表作21
件。多数为山川名胜的写生, 如黄山、雁荡山、
兴安岭、富春江等地的自然风光, 也有劈山采石
等劳动场景。作者顾坤伯（1905—1970）, 画家、
美术教育家。曾名乙, 字景峰, 号二泉居士, 江
苏无锡人。代表作品有《山川浑厚草木华滋》《江
山多娇》。

J0023093

广文画册 （甲编）广文画廊辑; 阮廷瑜编
台北 广文书局 1981 年 2 册 有图 38cm（6 开）
精装 定价: TWD1760.00
　　本书系现代中国画画册。

J0023094

广文画册 （乙编）广文画廊辑; 阮廷瑜编
台北 广文书局 1981 年 3 册 有图 38cm（6 开）
精装 定价: TWD3360.00
　　本书是现代中国画作品。

J0023095

贵妃醉酒图 姚有信作
上海 上海书画出版社 1981 年 76cm（2 开）
定价: CNY0.16
　　作者姚有信（1935—1997）, 画家。浙江湖州
人。上海华东美术出版社专业画家, 在浙江美术
学院国画系师从潘天寿, 后又师从程十发攻连环
画创作。连环画作品有《伤逝》《刘胡兰小时候
的故事》《刘胡兰小时候的故事》《戊达吉和她的
父亲》《聂耳》等。

J0023096

国画四条屏 宋文治作
南京 江苏人民出版社 1981 年 4 张 76cm（2 开）
定价: CNY0.72
　　本作品为年画形式的中国现代国画作品。
作者宋文治（1919—1999）, 画家。江苏太仓人。
就读于江苏省国画院。曾任南京大学教授、江苏
美协副主席、江苏省国画院副院长等职。代表作
有《白云幽涧图》《蜀江云起》《华岳积翠图》《水
乡春暖》。著作有《宋文治画集》《宋文治作品选
集》等。

J0023097

国泰美术馆选集 （第九辑 溥心畬书画选集）
蔡辰男编著
台北 国泰美术馆 1981 年 再版 99 页
34cm（10 开）
　　作者蔡辰男（1940—　　）, 台北人。中兴大学
毕业, 留学美国并获商学硕士、名誉商学博士。
喜爱美术、音乐, 著名收藏家。

J0023098
韩秋岩画选　韩秋岩绘
西安　陕西人民美术出版社　1981 年　16 幅
19cm（32 开）统一书号：8199.227
定价：CNY0.78
　　本书系现代中国画画册。

J0023099
汉明妃　（中国画）王叔晖作
北京　人民美术出版社　1981 年　54cm（4 开）
定价：CNY0.16

J0023100
红梅迎春　王成喜作
合肥　安徽人民出版社　1981 年　76cm（2 开）
定价：CNY0.16
　　作者王成喜（1940—　），画家。生于河南尉
氏县，毕业于中央工艺美术学院。历任北京燕京
书画社副总经理、中国书法家协会会员、全国政
协书画室副主任、国家一级美术师。代表作《王
成喜画梅辑》《王成喜百梅辑》《中国画家王成
喜》等。

J0023101
红叶八哥　黄幻吾作
上海　上海书画出版社　1981 年　54cm（4 开）
定价：CNY0.11

J0023102
红叶白头　谢稚柳作
上海　上海书画出版社　1981 年　76cm（2 开）
定价：CNY0.16

J0023103
红叶山禽　（木版水印　绫裱立轴）俞致贞作
北京　荣宝斋　1981 年　定价：CNY36.00
　　此幅纵 83cm、横 42cm 的作品系中国现代花
鸟画。木版水印。

J0023104
胡献雅画选　胡献雅绘
南昌　江西人民出版社　1981 年　17 页
25cm（小 16 开）统一书号：8110.423
定价：CNY0.40
　　本书是现代中国画画册。

J0023105
湖山积雪　（木版水印　绫裱立轴）
上海　朵云轩　1981 年　定价：CNY34.00

J0023106
虎瀑图虎啸图　柴祖舜作
杭州　浙江人民美术出版社　1981 年　76cm（2 开）
定价：CNY0.16
　　作者柴祖舜（1935—　），国家一级美术师。
浙江杭州人，毕业于上海华东艺术专科学校。历
任上海戏剧学院舞台美术系副教授、上海美术家
协会会员、世界书画家协会绘画理论研究部常务
理事。油画作品有《毛主席 1919 年在上海》《周
总理在上钢》《刘伯承将军》《孙中山》等。著作
有《怎样画素描头像》《走兽画技法》等。

J0023107
花开春暖　陈贞馥作
广州　岭南美术出版社　1981 年　78cm（2 开）
定价：CNY0.11

J0023108
花长好　春长在　刘力上，俞致贞作
武汉　湖北人民出版社　1981 年　78cm（2 开）
定价：CNY0.11

J0023109
黄独峰画集　广西艺术学院美术系编辑
香港　颂风书苑　1981 年　128 页　有照片
28cm（26 开）定价：HKD55.00，TWD65.00（精装）
　　本书收入作者水墨画作 124 幅。

J0023110
黄幻吾画辑　黄幻吾绘
上海　上海书画出版社　1981 年　26 幅
37cm（8 开）统一书号：8172.548 定价：CNY1.85
　　本书收入画家的中国水墨画作 26 幅。作者
黄独峰（1913—1998），画家。名山，号榕园，又
号五岭老人。广东揭阳人。历任广西艺术学院
副院长、教授；中国美术家协会会员、理事，广
西美协主席等。代表作品有《百鹤图》《漓江百
里图》《富贵寿》等，著有《明清写梅画人传略》
《中国之花鸟画》《独峰画集》。

J0023111

黄鹂翠竹　田凯作
北京　人民美术出版社　1981年　76cm（2开）
定价：CNY0.13

J0023112

黄胄画选　黄胄绘
北京　人民美术出版社　1981年　105页
19cm（32开）统一书号：8027.7850
定价：CNY1.30
（中国美术家丛书）

　　本书系介绍现代国画家黄胄的绘画作品，主
要是中国画人物画和动物画，另收部分速写作
品。作者黄胄（1925—1997），画家、社会活动家、
收藏家。字映斋，河北蠡县人。历任总政治部文
化部创作员、中国画研究院副院长、中国美术家
协会常务理事等。代表作品有《洪荒风雪》《巡
逻图》等，出版有《黄胄书画论》《黄胄作品集》
《黄胄谈艺术》等。

J0023113

黄胄新作选　黄胄绘
石家庄　河北人民出版社　1981年　36页
27cm（16开）统一书号：8086.1487
定价：CNY2.50

　　本书是中国画画册。

J0023114

家在青山绿丛中　潘真作
石家庄　河北人民出版社　1981年　76cm（2开）
定价：CNY0.16

　　作者潘真（1929—　　），别名慕莼，河北交河
人。历任河北美术出版社美编及编辑室主任、副
编审。作品有《小憩林阴下》《秋收场上》《斗杀
西门庆》清风十里展画屏》等。出版有《潘真山
水画集》。

J0023115

贾宝玉奇缘识金锁　戴敦邦编绘
北京　人民美术出版社　1981年　2张　76cm（2开）
定价：CNY0.32

　　本作品为年画形式的中国现代国画作品。
作者戴敦邦（1938—　　），国画家，教授。号民间
艺人，江苏丹徒人。毕业于上海第一师范学校。
历任《中国少年报》《儿童时代》美术编辑，上海

交通大学人文学院教授等。主要作品《水浒人物
一百零八图》《戴敦邦水浒人物谱》《戴敦邦新绘
红楼梦》《戴敦邦古典文学名著画集》等；连环画
代表作品有《一支驳壳枪》《水上交通站》《大泽
烈火》《蔡文姬》等。

J0023116

驾鹤飞天　任梦龙作
北京　人民美术出版社　1981年　78cm（2开）
定价：CNY0.22

　　作者任梦龙（1942—1989），教师。河北束鹿
人，北京工艺美术学校高级讲师，中国工艺美术
协会会员等。代表作有《蔡文姬》《杨宗保与穆
桂英》《窃符救赵》等。

J0023117

江山千古秀　郭公达作
合肥　安徽人民出版社　1981年　76cm（2开）
定价：CNY0.16

　　作者郭公达（1931—　　），画家。安徽萧县人，
毕业于浙江美术学院中国画系。任教于安徽艺
术学院（现为安徽大学艺术学院），历任中国美术
家协会会员、安徽美术家协会副主席等职。出版
有《郭公达山水画册》《郭公达画集》《郭公达山
水画选集》等。

J0023118

金陵书画　陈景涌编辑
南京　金陵书画社　1981年　102页　26cm（16开）
精装　定价：CNY12.00

J0023119

金陵书画　南京友谊商店书画部编辑
南京　南京金陵书画社　1981年　102页
25cm（小16开）精装　统一书号：8234.3.004

J0023120

锦鸡　朱修立作
合肥　安徽人民出版社　1981年　76cm（2开）
定价：CNY0.16

J0023121

锦绣山河　朱修立作
合肥　安徽人民出版社　1981年　108cm（全开）
定价：CNY0.32

J0023122

静物　雨新作

太原　山西人民出版社　1981 年　54cm（4 开）

定价：CNY0.08

J0023123

孔雀　郑乃珖作

西安　陕西人民美术出版社　1981 年　108cm（全开）

定价：CNY0.50

J0023124

孔雀紫荆　梁纪作

广州　岭南美术出版社　1981 年　76cm（2 开）

定价：CNY0.50

J0023125

苦禅画选　李苦禅绘；上海人民美术出版社编辑

上海　上海人民美术出版社　1981 年　15 幅

39cm（4 开）套装　统一书号：8081.11600

定价：CNY2.90

J0023126

梨花春雨　姜宝林作

北京　人民美术出版社　1981 年　54cm（4 开）

定价：CNY0.16

J0023127

漓江天下秀　吴宠明作

石家庄　河北人民出版社　1981 年　76cm（2 开）

定价：CNY0.16

J0023128

李白妇女诗集绘　潘絜兹绘

上海　上海人民美术出版社　1981 年　60 幅

19cm（32 开）统一书号：8081.12038

定价：CNY8.00

　　本画集共六十首诗配画。作者国画家潘絜兹在 1977—1978 年间为李白妇女诗配画 100 幅。

J0023129

李苦禅画集　李苦禅绘；山东人民出版社编

济南　山东人民出版社　1981 年　76 页

39cm（4 开）精装　统一书号：8099.2014

定价：CNY15.00

　　本书收选李苦禅 20 世纪 60 年代以来水墨画之精品 76 幅。

J0023130

李凭弹箜篌图　（木版水印　绫裱立轴）程十发作

北京　荣宝斋　1981 年　定价：CNY40.00

　　本书画李凭弹箜篌，题李贺长诗等文人雅兴。作者程十发，中国现代国画家。善山水、人物、牛马、驼鹿等。作者程十发（1921—2007），画家。出生于上海金山，毕业于上海美术专科学校国画系。代表作品有《丽人行》《迎春图》《列宁的故事》《孔乙己》等。出版有《程十发近作选》《程十发花鸟习作选》《程十发作品展》。

J0023131

李清照　戴宏海作

成都　四川人民出版社　1981 年　76cm（2 开）

定价：CNY0.16

J0023132

李文信作品选　李文信绘

成都　四川人民出版社　1981 年　14 幅　37cm（8 开）

统一书号：8118.608　定价：CNY1.80

　　本书是中国画画册。

J0023133

刘继卣画集　刘继卣绘

济南　山东人民出版社　1981 年　73 页

39cm（4 开）精装　统一书号：8099.2027

定价：CNY18.00

　　本书是中国画画册。收有《孙悟空大闹天宫》《武松打虎》等工笔画，狮、虎、兔、猫、雉、鸡等飞禽走兽和古典仕女、现代人物画等。共 73 幅图。作者刘继卣（1918—1983），画家。天津人。就读于天津市立美术馆西画系。曾任职于文化部艺术局、人民美术出版社，中国美术家协会理事、北京市工笔人物画研究会副会长、北京市花鸟画研究会副会长。代表作品有《大闹天宫》《雄狮图》《孔雀开屏》《鸡毛信》等。

J0023134

刘寄踪画辑　刘寄踪绘

长沙　湖南美术出版社　1981 年　25cm（15 开）

统一书号：8233.163　定价：CNY1.90

本书是中国画画册。

J0023135
娄师白画辑 娄师白绘
北京 人民美术出版社 1981年 12幅 37cm（8开）
套装 统一书号：8027.7557
定价：CNY1.10
　　本书是中国画画册。

J0023136
卢光照画辑 卢光照绘
北京 人民美术出版社 1981年 13幅 19cm（32开）
套装 统一书号：8027.7735
定价：CNY1.10
　　本书是中国画画册，书中仅12幅画。作者卢光照（1914—2001），河南汲县（今卫辉市）人，毕业于北平艺术专科学校。历任人民美术出版社编辑、北京齐白石艺术函授学院名誉院长、北京花鸟画研究会名誉会长、中央文史馆馆员。代表作品《大展鸿图》《松鹰》《鸡冠花雄鸡》。

J0023137
麻姑献寿图 董淑嫔作
北京 宝文堂书店 1981年 [1张] 76cm（2开）
定价：CNY0.13
　　本作品为年画形式的中国现代国画作品。

J0023138
马 徐悲鸿作
北京 人民美术出版社 1981年 78cm（2开）
定价：CNY0.22

J0023139
猫蝶同春 曾昭咏作
长沙 湖南美术出版社 1981年 76cm（2开）
定价：CNY0.16

J0023140
猫蝶图 曹克黉作
北京 人民美术出版社 1981年 54cm（4开）
定价：CNY0.16

J0023141
梅 董寿平作
太原 山西人民出版社 1981年 76cm（2开）

定价：CNY0.16
　　作者董寿平（1904—1997），国画家、书法家。原名揆，字谐伯，山西洪洞县人。毕业于天津南开大学。历任中国书法家协会顾问、中国美术家协会会员、北京荣宝斋顾问、全国政协书画室主任、北京中国画研究会名誉会长。出版有《董寿平画辑》《董寿平书画集》《书画大师董寿平》《董寿平谈艺录》。

J0023142
梅雀争春 张大千，于非闇作
北京 人民美术出版社 1981年 78cm（2开）
定价：CNY0.22

J0023143
梅竹图 （中国画）梅健鹰作
北京 人民美术出版社 1981年 78cm（2开）
定价：CNY0.22

J0023144
牡丹 周彦生作
广州 岭南美术出版社 1981年 76cm（2开）
定价：CNY0.16

J0023145
牡丹蝴蝶 王叔晖作
北京 人民美术出版社 1981年 54cm（4开）
定价：CNY0.16

J0023146
牡丹蝴蝶 白铭作
上海 上海书画出版社 1981年 76cm（2开）
定价：CNY0.16
　　作者白铭（1926—2002），国画家。蒙古族，内蒙古包头人。字旌堂。毕业于北京京华美术学院国画系。擅花鸟，兼作山水、人物。中国美术家协会会员，曾任内蒙古美术家协会副主席、包头师范专科学校教师、高级工艺美术设计师。主要作品有《梅雀图》《芍药》《白梅》等。

J0023147
木兰 华三川作
上海 上海书画出版社 1981年 78cm（2开）
定价：CNY0.15

J0023148
南国春　尚涛作
北京　人民美术出版社 1981 年 76cm（2 开）
定价：CNY0.22

J0023149
南国风光　江宏苇作
南京　江苏人民出版社 1981 年 76cm（2 开）
定价：CNY0.18

J0023150
年历国画·中国画　（1982）
上海　上海书画出版社［1981 年］13×19cm
　　现代年画形式的中国画。

J0023151
琵琶行　王叔晖作
北京　人民美术出版社 1981 年 78cm（2 开）
定价：CNY0.22

J0023152
扑萤图　陈谋作
北京　人民美术出版社 1981 年 78cm（2 开）
定价：CNY0.11
　　作者陈谋（1937—　），教授。北京市人，毕业于中央美术学院中国画系。中央美术学院副教授，中国美术家协会会员。代表作品有《六月会上》《第一个春天》《晨牧》。

J0023153
葡萄小鸟　王兰若作
北京　人民美术出版社 1981 年 78cm（2 开）
定价：CNY0.22

J0023154
葡萄燕子　黄幻吾作
上海　上海书画出版社 1981 年 54cm（4 开）
定价：CNY0.11

J0023155
溥心畬画集　溥心畬绘
台北　历史博物馆 1981 年 再版 118 页
有图 28cm（大 16 开）精装
　　外文书名：The Paintings of P'u Hsin-Yu. 作者溥心畬（1896—1972），画家，收藏家。名儒，

字心畬，号羲皇上人，又号西山逸士。生于北京，毕业于北京法政大学青岛威廉帝国研修院，留学德国。曾在台湾师范大学及东海大学任教。代表作品《雪中访友图》，著有《四书经义集证》《毛诗经义集证》《尔雅释言经证》等。

J0023156
溥心畬画集　溥心畬绘
台北　历史博物馆［1981 年］119 页 有照片
28cm（大 16 开）精装

J0023157
齐白石绘画选集　齐白石绘；湖南省博物馆，湖南美术出版社编
长沙　湖南美术出版社 1981 年 54 幅 39cm（4开）
精装 统一书号：8233.63 定价：CNY13.00
　　本书选入山水画 9 幅、花鸟画 46 幅。均系湖南省博物馆所藏。作者齐白石（1864—1957），近现代中国绘画大师，国画家、篆刻家。湖南湘潭人。原名纯芝，字渭青，号兰亭，后改名璜，字濒生，号白石等。历任国立北平艺术专科学校和京华美术专科学校教习、教授，中央美术学院名誉教授、中国文学艺术界联合会主席团委员、中国画研究会和中国美术家协会主席、中国画院名誉院长。代表作有《蛙声十里出山泉》《墨虾》等。著有《白石诗草》《齐白石作品集》《白石老人自述》等。

J0023158
千里江陵一日还　宋文治作
南京　江苏人民出版社 1981 年 76cm（2 开）
定价：CNY0.18

J0023159
钱塘观湖　（木版水印 绫裱立轴）
上海　朵云轩 1981 年 定价：CNY34.00

J0023160
青竹飞雀　黄幻吾作
上海　上海书画出版社 1981 年 54cm（4 开）
定价：CNY0.11

J0023161
清漓新颜　白雪石作
北京　人民美术出版社 1981 年 78cm（2 开）

定价: CNY0.22

　　作者白雪石(1915—2011), 画家, 教授。北京市人, 斋号何须斋。自幼习画, 早年师从赵梦朱, 后拜梁树年为师。执教于北京师范学院、北京艺术学院、中央工艺美院。兼北京山水画研究会会长。代表作品《万壑松风》《千峰竞秀》《早春图》《漓江一曲千峰秀》等。

J0023162
秋艳　李小白作
南京　江苏人民出版社 1981 年　76cm(2 开)
定价: CNY0.18

J0023163
曲鹰飞花　华三川作
上海　上海书画出版社 1981 年　78cm(2 开)
定价: CNY0.15

J0023164
瑞鹤图　喻继高作
南京　江苏科学技术出版社 1981 年　76cm(2 开)
定价: CNY0.18

J0023165
塞上新湖　贾克里, 关真全作
石家庄　河北人民出版社 1981 年　76cm(2 开)
定价: CNY0.16
　　作者关真全(1945—　　), 画家。笔名乐山, 生于河北迁西县。历任中日美术交流协会会员、河北省美术家协会会员、河北省山水画研究会会员。代表作《关真全画集》。

J0023166
三马图　(中国画)徐悲鸿作
北京　人民美术出版社 1981 年　78cm(2 开)
定价: CNY0.22

J0023167
山东革命纪念地画册　张彦青等著
济南　山东人民出版社 1981 年　62 幅
27cm(16 开) 套装 统一书号: 8099.2088
定价: CNY4.00
　　作者张彦青(1917—2017), 原名焕, 字剑进, 号抚愠斋主。山东临清市人。毕业于北平辅仁大学美术系和重庆中央大学艺术系国画专业。

历任中国美术家协会山东分会常务理事、山东老年书画研究会副会长。代表作品有《张彦青国画选》《山东革命纪念册》《张彦青山水写生集》。

J0023168
山东革命纪念地画册　张彦青等著
济南　山东人民出版社 1981 年　62 张 30cm(12 开)
定价: CNY5.50 (甲种本), CNY4.00 (乙种本)

J0023169
上山虎　光元鲲作
合肥　安徽人民出版社 1981 年　76cm(2 开)
定价: CNY0.16
　　作者光元鲲(1907—1974), 画家。名德需, 安徽桐城人, 毕业于上海新华艺术大学绘画系。曾任皖南大学(今安徽师范大学)艺术科、合肥师范学院艺术系中国画教师。作品有《柳塘清趣》《荷塘清趣》《松鹤延年》《虎啸》等。

J0023170
邵一萍画辑　邵一萍绘
长沙　湖南美术出版社 1981 年　26cm(16 开)
统一书号: 8233.164 定价: CNY1.80
(湖南画家画丛)
　　本书系中国画画册, 收入画家现实主义遗作共 25 幅, 其中彩色 17 幅。作者邵一萍(1910—1965), 女, 画家。原名慧卿, 号浙东女史, 别号萍庐主人、紫溪馆主。浙江东阳人。曾任湖南省湘绣一厂一级技工、湖南省工艺美术研究所技工。作品有《萱花》《高粱》《梅竹》等。

J0023171
寿桃万年青　唐云作
上海　上海人民美术出版社 1981 年　108cm(全开)
定价: CNY0.30

J0023172
寿桃万年青　唐云作
上海　上海人民美术出版社 1981 年　76cm(2 开)
定价: CNY0.16

J0023173
双鹤图　陈正治作
南宁　广西人民出版社 1981 年　76cm(2 开)
定价: CNY0.18

J0023174
双虎图　莫建成作
兰州 甘肃人民出版社 1981 年 76cm（2 开）
定价：CNY0.18

J0023175
双虎图　吴寿谷作
上海 上海人民美术出版社 1981 年 108cm（全开）
定价：CNY0.30

J0023176
双虎图　张善孖作
上海 上海书画出版社 1981 年 108cm（全开）
定价：CNY0.28
　　作者张善孖（1882—1940），画家、教授。四川内江人。名泽，字善孖，一作善子，又作善之，号虎痴。张大千之二兄，少年从母学画，曾投李瑞清门下。曾任上海美术专科学校教授。善画走兽、山水、花卉。传世代表作品有《雄狮图》《正气歌》等。

J0023177
双狸图　（木版水印 绫裱立轴）徐悲鸿作
北京 荣宝斋 1981 年 定价：CNY12.00

J0023178
双猫　孙菊生作
北京 人民美术出版社 1981 年 78cm（2 开）
定价：CNY0.22

J0023179
双雄图　陈永锵作
广州 岭南美术出版社 1981 年 76cm（2 开）
定价：CNY0.16
　　作者陈永锵（1948—　），画家。生于广州，祖籍广东南海西樵，毕业于广州美术学院国画系研究生班。历任广州市文化局副局长兼广州画院院长、广东美术家协会副主席、中国国家画院研究员、岭南画派纪念馆名誉馆长等。作品有《南天开阔好纵横》《南粤雄风》《岭南花》《雄姿英发》。

J0023180
霜叶红于二月花　郑伊农作
合肥 安徽人民出版社 1981 年 76cm（2 开）
定价：CNY0.16

J0023181
霜重色犹浓　王天一作
兰州 甘肃人民出版社 1981 年 76cm（2 开）
定价：CNY0.18

J0023182
四喜图　徐悲鸿作
北京 人民美术出版社 1981 年 54cm（4 开）
定价：CNY0.16
　　本作品为年画形式的中国现代国画作品。

J0023183
松鹤鹿　（中堂画）董吉泉作
兰州 甘肃人民出版社 1981 年 108cm（全开）
定价：CNY0.36

J0023184
松鹤图　姜湛山作
合肥 安徽人民出版社 1981 年 76cm（2 开）
定价：CNY0.16

J0023185
松鹤图　叶德昌作
武汉 湖北人民出版社 1981 年 76cm（2 开）
定价：CNY0.18

J0023186
松鹤图　白铭作
北京 人民美术出版社 1981 年 78cm（2 开）
定价：CNY0.22
　　作者白铭（1926—2002），国画家。蒙古族，内蒙古包头人。字莸堂。毕业于北京京华美术学院国画系。擅花鸟，兼作山水、人物。中国美术家协会会员，曾任内蒙古美术家协会副主席，包头师范专科学校教师，高级工艺美术设计师。主要作品有《梅雀图》《芍药》《白梅》等。

J0023187
松鹤延年　关品修作
南宁 漓江出版社 1981 年 ［1 张］76cm（2 开）
定价：CNY0.16

J0023188

松排山面千重秀　郑伊农作

合肥　安徽人民出版社　1981 年　76cm（2 开）

定价：CNY0.16

J0023189

苏州狮子林　童中焘作

杭州　浙江人民美术出版社　1981 年　76cm（2 开）

定价：CNY0.16

J0023190

岁寒三友　张建中作

合肥　安徽人民出版社　1981 年　108cm（全开）

定价：CNY0.32

J0023191

唐人游猎图　汪大文作

上海　上海书画出版社　1981 年　76cm（2 开）

定价：CNY0.16

J0023192

螳螂　（木版水印）赵少昂作

北京　荣宝斋　1981 年　54cm（4 开）

定价：CNY4.00

J0023193

桃花鸽子　黎葛民作

广州　岭南美术出版社　1981 年　76cm（2 开）

定价：CNY0.16

J0023194

田辛甫画选　田辛甫绘

石家庄　河北人民出版社　1981 年　1 册

25cm（16 开）统一书号：8086.1546

定价：CNY0.50

　　本书是中国画画册。

J0023195

童雪鸿书画选　童雪鸿作

北京　人民美术出版社　1981 年　16 页　25cm（16 开）

统一书号：8027.7722　定价：CNY0.48

J0023196

王个簃画集　王个簃绘

上海　上海人民美术出版社　1981 年　90 幅

39cm（4 开）精装　统一书号：8081.12115

定价：CNY27.00

　　本书是中国画画册。

J0023197

王个簃画集　王个簃绘

上海　上海人民美术出版社　1981 年　1 册

38cm（6 开）精装　统一书号：8081.12115

定价：CNY27.00

　　本画册收画家绘画 81 件，书法 8 件；另有篆刻 29 件。作者王个簃（1897—1988），教育家、诗人、书画艺术大师。原名能贤，后改名贤，字启之，号个簃，以号行等。出生于江苏海门。曾任上海画院副院长、名誉院长，中国美术家协会理事、美术家协会和书法家协会上海分会副主席、西泠印社副社长等职。著作有《王个簃随想录》《个簃印存》《王个簃画集》。

J0023198

王庆淮画辑　王庆淮绘

北京　人民美术出版社　1981 年　12 幅　36cm（6 开）

套装　统一书号：8027.7590

定价：CNY1.10

　　本书是中国画画册。

J0023199

王霞宙画集　王霞宙绘

武汉　湖北人民出版社　1981 年　1 册 39cm（6 开）

统一书号：8106.2126　定价：CNY6.00

　　本书是中国画画册。作者王霞宙（1902—1976），教授、画家。自号怀约室主，湖北枣阳人。毕业于南京美术专科学校。历任华中师范学院、湖北艺术学院副教授，中国美术家协会武汉分会副主席等职。

J0023200

翁文炜白描汉中兴名将画像集　翁文炜著

台北　电视公司出版部　1981 年　95 页

有图 28cm（16 开）

　　本书是中国现代连环画、人物像之一。

J0023201

武当胜境　肖采洲作

武汉　湖北人民出版社　1981 年　76cm（2 开）

定价：CNY0.18

J0023202

喜上眉梢　（纸裱卷轴）许丛慎画
南京　金陵书画社　1981 年　附对联一副
定价：CNY5.00

J0023203

霞光万里松鹤延年　万一作；肖劳撰；主遐
举书
北京　人民美术出版社　1981 年　107cm（全开）
定价：CNY0.36

J0023204

霞光万里松鹤延年　（中国画）万弍作
北京　人民美术出版社　1981 年　76cm（2 开）
定价：CNY0.32

J0023205

现代中国画集粹　朝华出版社编辑
北京　朝华出版社　1981 年　112 页　19cm（32 开）
精装　定价：CNY35.00

　　本书是中国山水画家宋文治的藏画。有轴
画、册页惠扇面。用工、写、勾勒、没骨等技法
画成人物、山水、花鸟、走兽等画作。共 73 幅。
作者宋文治（1919—1999），画家。江苏太仓人。
就读于江苏省国画院。曾任南京大学教授、江苏
美协副主席、江苏省国画院副院长等职。代表作
有《白云幽涧图》《蜀江云起》《华岳积翠图》《水
乡春暖》。著作有《宋文治画集》《宋文治作品选
集》等。

J0023206

献寿图　任梦龙作
北京　人民美术出版社　1981 年　78cm（2 开）
定价：CNY0.12

　　现代中国画作品。作者任梦龙（1942—
1989），教师。河北束鹿人，北京工艺美术学校高
级讲师，中国工艺美术协会会员等。代表作有《蔡
文姬》《杨宗保与穆桂英》《窃符救赵》等。

J0023207

香永在　刘力上，俞致贞作
武汉　湖北人民出版社　1981 年　78cm（2 开）
定价：CNY0.11

J0023208

笑迎春风　贺志伊作
郑州　中州书画社　1981 年　54cm（4 开）
定价：CNY0.09

J0023209

谢稚柳画集　谢稚柳绘
上海　上海美术出版社　1981 年　1 册　37cm（8 开）
精装　统一书号：8081.11916
定价：CNY27.00

　　本书收入作者 1948—1979 年间的代表作品，
分为山水、花鸟、书法三部分。

J0023210

徐悲鸿彩墨画　徐悲鸿绘；人民美术出版社
编辑
北京　人民美术出版社　1981 年　1 册　19cm（32 开）
统一书号：8027.7651　定价：CNY1.40
（中国美术家丛书）

　　本书介绍画家徐悲鸿的彩墨画作品。共有
121 幅图。作者徐悲鸿（1895—1953），著名画家、
美术教育家。原名徐寿康，江苏宜兴市屺亭镇人，
毕业于巴黎国立美术学校。曾任教于国立中央
大学艺术系、北平大学艺术学院和北平艺专，后
任中央美术学院院长。代表作品《愚公移山图》
《八骏图》《负伤之狮》《田横五百士》等。

J0023211

徐希画选　徐希绘；美术家出版社编辑
香港　博雅艺术公司　1981 年　48 页　25cm（小 16 开）
　　本书介绍画家徐希的中国画作品及部分炭
笔素描作品。

J0023212

许鹤卿画集　许鹤卿绘
香港　香港许民艺苑　1981 年　189 页　29cm（10 开）

J0023213

雁荡灵峰　孔仲起作
杭州　浙江人民美术出版社　1981 年　76cm（2 开）
定价：CNY0.16

　　作者孔仲起（1934—2015），画家、教授。名
庆福，字仲起，浙江慈溪人，毕业于浙江美术学
院中国画系。历任中国美术学院教授、中国美术
家协会会员。著有《孔仲起山水画集》《孔仲起

画云水》《山水画技法概要》《孔仲起山水写生法》等。

J0023214
杨柳斑鸠　黄幻吾作
上海　上海书画出版社　1981年　54cm（4开）
定价：CNY0.11

J0023215
叶浅予画辑　叶浅予著
北京　人民美术出版社　1981年　17页　19cm（32开）
统一书号：8027.7718　定价：CNY1.10

J0023216
鹰雀图　万一作
北京　人民美术出版社　1981年　78cm（2开）
定价：CNY0.22

J0023217
游鱼　吴青霞作
北京　人民美术出版社　1981年　54cm（4开）
定价：CNY0.16

J0023218
友谊花开万里香　齐兆璠作
石家庄　河北人民出版社　1981年　76cm（2开）
定价：CNY0.16
　　作者齐兆璠，花鸟画家。天津人，毕业于天津美术学院。历任中国美术家协会会员，河北省沧州师范专科学校美术系教授，专著有《鸟类画谱》。

J0023219
鱼跃图　吴青霞作
上海　上海人民美术出版社　1981年　108cm（全开）
定价：CNY0.30

J0023220
俞剑华画集　俞剑华绘
济南　山东人民出版社　1981年　77页　37cm（8开）
精装　统一书号：8099.2068
定价：CNY15.00
　　本书是中国现代中国画画册。选辑作者作品77幅。作者俞剑华（1895—1979），绘画史论家、画家、美术教育家。原名俞昆，曾用名俞德，字

剑华，以字行。生于山东济南，毕业于北京高等师范手工图画专修科。先后执教于北京美术学校、山东美术学校、上海美术专科学校、暨南大学等。出版有《中国绘画史》《中国画论类编》《立体图案法》等。

J0023221
玉兰鹦鹉　王雪涛作
北京　人民美术出版社　1981年　78cm（2开）
定价：CNY0.22

J0023222
鸳鸯芙蓉　马晞作
兰州　甘肃人民出版社　1981年　76cm（2开）
定价：CNY0.18

J0023223
在祖国的大地上　靳尚谊作
兰州　中州书画社　1981年　54cm（4开）
定价：CNY0.09

J0023224
张大千画集　（第三辑）张大千绘
成都　四川人民出版社　1982年　16张　38cm（6开）
定价：CNY2.50
　　本辑收翎毛花卉作品共16幅。

J0023225
张大千画集　（第五辑）张大千绘
成都　四川人民出版社　1981年　15幅　34cm（10开）
定价：CNY2.80

J0023226
张大千画集　（第六辑）张大千绘
成都　四川美术出版社　1985年　24幅　38cm（6开）
统一书号：8373.280　定价：CNY6.00
　　本书系现代中国画画册。作者张大千（1899—1983），国画大师。名爰、又名季爰、季，字大千，别号大千居士。

J0023227
张大千画集　（第七辑）张大千绘
成都　四川美术出版社　1986年　26页　有照片　38cm（6开）统一书号：8373.199
定价：CNY8.90

J0023228

张大千画集 （第八辑）张大千绘

成都 四川美术出版社 1986 年 24 页 有照片

38cm（6 开）统一书号：8373.663

定价：CNY7.40

J0023229

张大千画集 （第九辑）张大千绘

成都 四川美术出版社 1987 年 38cm（6 开）

定价：CNY8.70

J0023230

张大千画集 （第十辑）张大千绘

成都 四川美术出版社 1987 年 22 页 有照片

38cm（6 开）统一书号：8373.1097

定价：CNY8.70

　　中国现代国画作品。

J0023231

张大千画集 （第十一辑 长江万里图）张大千绘

成都 四川美术出版社 1987 年 38cm（6 开）

统一书号：8373.1154 ISBN：7-5410-0104-X

定价：CNY8.00

J0023232

张大千书画集 （第一集）张大千绘

台北 历史博物馆 1981 年 再版 146 页

有图 30cm（12 开）精装

　　外文书名：The Paintings and Calligraphy of
Chang Dai-chien, vol.1. 作者张大千（1899—
1983），国画大师、山水画大家、书法家。四川
内江人，祖籍广东番禺。代表作有《爱痕湖》《长
江万里图》《四屏大荷花》《八屏西园雅集》等。

J0023233

张大千书画集 （第二集）张大千绘

台北 历史博物馆 1985 年 再版 130 页

有图 30cm（10 开）精装

　　外文书名：The Paintings and Calligraphy of
Chang Dai-chien, vol.2.

J0023234

张大千书画集 （第三集）张大千绘

台北 历史博物馆 1982 年 128 页

有图 30cm（10 开）精装

　　外文书名：The Paintings and Calligraphy of
Chang Dai-chien, vol.3.

J0023235

张大千书画集 （第四集）张大千绘

台北 历史博物馆 1983 年 143 页 有图

30cm（10 开）精装

　　外文书名：The Paintings and Calligraphy of
Chang Dai-chien, vol.4.

J0023236

张大千书画集 （第五集）张大千绘

台北 历史博物馆 1983 年 152 页 有图

30cm（10 开）精装

　　外文书名：The Paintings and Calligraphy of
Chang Dai-chien, vol.5.

J0023237

张大千书画集 （第六集）张大千绘

台北 历史博物馆 1983 年 162 页 有图

30cm（12 开）精装

　　外文书名：The Paintings and Calligraphy of
Chang Dai-chien, vol.6.

J0023238

张大千作品选集 张大千绘

台北 历史博物馆 1981 年 3 版 134 页

有图 30cm（10 开）精装

J0023239

张大壮画集 张大壮绘

上海 上海书画出版社 1981 年 41 幅

25cm（小 16 开）统一书号：8172.560

定价：CNY0.40

J0023240

张肇铭画集 张肇铭绘；中国美术家协会武汉
分会编

武汉 湖北人民出版社 1981 年 42 幅

25cm（小 16 开）统一书号：8106.2124

定价：CNY6.00

J0023241

张肇铭画集 张肇铭绘；中国美术家协会武汉

分会编
武汉　湖北人民出版社　1981 年　42 幅　38cm（6 开）
统一书号：8106.2124　定价：CNY6.00

J0023242
争飞跃　（纸裱卷轴）潘觐缋画
南京　金陵书画社　1981 年　附对联一副
定价：CNY5.00

J0023243
郑乃珖工笔画选　郑乃珖绘
西安　陕西人民美术出版社　1981 年
25cm（小 16 开）统一书号：8199.163
定价：CNY2.95
　　本书收入描绘人们生活中常见的花果、野
蔬、茎苗、水鲜、禽鸟、博古静物的工笔重彩 40
幅。作者郑乃珖（1911—2005），生于福建省福州
市，号璧寿翁。精山水、人物、花卉、翎毛、走兽、
青铜器皿、蔬果时鲜等；能工擅写，工写并用。
代表作品有《水乡春色》等。

J0023244
中国画　人民美术出版社编辑室编辑
北京　人民美术出版社　1981 年　40 页
25cm（小 16 开）统一书号：8027.7550
定价：CNY1.80

J0023245
钟馗　林少丹画
福州　福建人民出版社　1981 年　78cm（2 开）
定价：CNY0.13
　　作者林少丹（1919—1993），画家。福建东山
县人。曾在漳州龙溪艺校美术科任教。代表作
品有《红军战士》《前哨归渔》《修堤防汛》等。

J0023246
周昌谷画集　周昌谷绘；西泠印社编辑
杭州　西泠印社　1981 年　60 幅　27cm（16 开）
统一书号：8191.138　定价：CNY12.00
　　本画集共收作品 60 幅，全部彩色精印。作
者周昌谷（1929—1985），画家。号老谷，浙江
乐清人。作品有《荔枝熟了》《春》等，著有《意
笔人物画技法探索》《妙语与创造》《周昌谷画
选》等。

J0023247
周韶华画辑　周韶华绘
北京　人民美术出版社　1981 年　12 页　19cm（32 开）
统一书号：8027.7567　定价：CNY1.10

J0023248
竹子花鸟　（木版水印）唐云作
北京　荣宝斋　1981 年　39cm（4 开）
定价：CNY2.00

J0023249
"十二大"春风暖万家　张家纯作
哈尔滨　黑龙江人民出版社　1982 年［1 幅］
76cm（2 开）定价：CNY0.16
　　本作品为年画形式的中国现代国画作品。

J0023250
《霓裳》舞曲·笛子　王仲清，吴性清作
上海　上海书画出版社　1982 年［1 幅］78cm（2 开）
定价：CNY0.12
　　本作品是现代中国画作品。作者王仲清
（1924—　），画家、教授。生于四川成都，毕业
于省立成都师范美师科。历任上海人民美术出
版社创作员、上海戏剧学院中国画教师、中国美
术家协会会员、中国禅画研究院名誉院长。作品
有中国画《小三峡》《胡笳十八拍》，连环画《阿
诗玛》等。出版有《王仲清画集》等。作者吴性
清（1933—　），女，编审。生于江苏泰州，毕业
于中央美术学院华东分院油画系。历任上海人
民美术出版社任创作员、中国美术家协会会员。
作品有《我们热爱毛主席》《胡笳十八拍图卷》
《关汉卿名剧选》等。

J0023251
《霓裳》舞曲·独舞　王仲清，吴性清作
上海　上海书画出版社　1982 年［1 幅］
78cm（2 开）定价：CNY0.12
　　本作品是现代中国画作品。

J0023252
《霓裳》舞曲·琵琶　王仲清，吴性清作
上海　上海书画出版社　1982 年［1 幅］
78cm（2 开）定价：CNY0.12
　　本作品是现代中国画作品。

J0023253

《霓裳》舞曲·檀板　王仲清，吴性清作

上海　上海书画出版社　1982 年［1 幅］

78cm（2 开）定价：CNY0.12

　　本作品是现代中国画作品。

J0023254

《霓裳》舞曲·铜钹　王仲清，吴性清作

上海　上海书画出版社　1982 年［1 张］78cm（2 开）

定价：CNY0.12

　　本作品是现代中国画。

J0023255

《霓裳》舞曲·献花　王仲清，吴性清作

上海　上海书画出版社　1982 年［1 张］78cm（2 开）

定价：CNY0.12

　　本作品是现代中国画作品。

J0023256

阿福　（柯明水墨画选）柯明绘

南京　江苏人民出版社　1982 年　12 幅　27cm（16 开）

统一书号：8100.006　定价：CNY1.50

　　本书收入木版年画、剪刻纸、皮影、泥塑等。作者柯明（1922—2014），画家。就读于国立杭州艺术专科学校西画科。历任《新华日报》美术编辑、江苏人民出版社高级美术编审、中国美术家协会理事、少儿美术艺委会委员、中国出版工作者协会装帧艺术研究会常务理事。水墨画作品《阿福》《荷花灯》等。

J0023257

爱清洁讲卫生　苏耕，王克玲画

济南　山东人民出版社　1982 年［1 张］

76cm（2 开）定价：CNY0.16

　　本作品为年画形式的中国现代国画作品。

J0023258

八仙过海　王福增画

济南　山东人民出版社　1982 年　76cm（2 开）

定价：CNY0.13

　　本作品为年画形式的中国现代国画作品。

J0023259

白石画选　齐白石绘

北京　人民美术出版社　1982 年　12 幅　39cm（4 开）

统一书号：8027.8112　定价：CNY1.10

　　本书所收集齐白石的作品，均为北京画院收藏，从未发表过。作者齐白石（1864—1957），近现代中国绘画大师，国画家、篆刻家。湖南湘潭人。原名纯芝，字渭青，号兰亭，后改名璜，字濒生，号白石等。历任国立北平艺术专科学校和京华美术专科学校教习、教授，中央美术学院名誉教授、中国文学艺术界联合会主席团委员、中国画研究会和中国美术家协会主席、中国画院名誉院长。代表作有《蛙声十里出山泉》《墨虾》等。著有《白石诗草》《齐白石作品集》《白石老人自述》等。

J0023260

白寿章书画选　白寿章绘

石家庄　河北美术出版社　1982 年　29 幅

27cm（16 开）统一书号：8087.185

定价：CNY2.40

　　本书选收作者的花鸟画 20 件，书法 7 件。

J0023261

白头富贵　阿尧作

广州　岭南美术出版社　1982 年　76cm（2 开）

定价：CNY0.50

　　本书是现代中国画作品。

J0023262

百宝下山　刘吉厚，姚孝法画

长春　吉林人民出版社　1982 年　76cm（2 开）

定价：CNY0.16

　　本作品为年画形式的中国现代国画作品。作者刘吉厚（1942—2011），满族，画家。辽宁宽甸人。历任辽宁美术出版社编辑，外联部编审，辽宁形象传播研究会常务副会长、秘书长。作品有《鸿福满堂》《春满人间》，出版有《刘吉厚作品选集》等。

J0023263

帮助小同学　李宝亮画

济南　山东人民出版社　1982 年　76cm（2 开）

定价：CNY0.16

　　本作品为年画形式的中国现代国画作品。

J0023264

北京画院展览作品选　（深圳展出纪念册）北

京画院,深圳展览馆编辑

香港 香港博雅艺术公司 1982年 48页

28cm(16开)

本书是中国画画册,收入王雪涛、贾浩义、庄言、潘絜兹、尹瘦石等48人的彩墨、水墨中国画48幅。

J0023265

北京画院中国画选集　北京画院编

北京 人民美术出版社 1982年 120页

39cm(4开)精装 统一书号:8027.8033

定价:CNY30.00

本画册共收入齐白石于非闇等百余大画家的国画作品102幅,书末附有画家简历。

J0023266

碧玉映辉　郑邦裕作

北京 人民美术出版社 1982年 78cm(2开)

定价:CNY0.22

本书是中国画作品。

J0023267

采石胜景图　胡华令作

合肥 安徽人民出版社 1982年 107cm(全开)

定价:CNY0.32

本书是现代中国画。

J0023268

采石胜景图　(胶印画轴)胡华令作

合肥 安徽人民出版社 1982年 1轴 附对联

(全开)定价:CNY1.50

本作品是中国现代年画。

J0023269

彩珠飞舞　成砺志作

北京 人民美术出版社 1982年 76cm(2开)

定价:CNY0.13

本作品为年画形式的中国现代国画作品。作者成砺志(1954—),江苏扬州人。国家一级美术师,中国美术家协会会员。主要作品《六老图·邓小平》《我为祖国争光》《春暖万家》等。

J0023270

踩球舞　任率英作

北京 人民美术出版社 1982年 76cm(2开)

定价:CNY0.16

本作品为年画形式的中国现代国画作品。作者任率英(1911—1989),画家。原名散表,河北束鹿人。擅长工笔画、连环画、年画。历任中国美术家协会会员、中国连环画研究会顾问、北京东方书画研究社社长、北京工笔重彩画协会副会长、北京中国画研究会理事、北京工业大学书画协会顾问。代表作品《嫦娥奔月》《洛神图》《梁红玉击鼓战金山》等。

J0023271

插上幻想的翅膀　刘称奇作

北京 人民美术出版社 1982年 76cm(2开)

定价:CNY0.13

本作品为年画形式的中国现代国画作品。

J0023272

嫦娥奔月　孙公照画

济南 山东人民出版社 1982年 76cm(2开)

定价:CNY0.16

本作品为年画形式的中国现代国画作品。

J0023273

陈大羽画选　陈大羽绘

上海 上海人民美术出版社 1982年 12幅

37cm(8开)精装 统一书号:8081.12707

定价:CNY2.30

本画册所收的12幅作品,均选自1981年在上海举办的《大羽画展》。作者陈大羽(1912—2001),画家、书法家、篆刻家。原名汉卿,更名翱,字大羽。广东潮阳人,毕业于上海美术专业学校中国画系。历任南京艺术学院教授、中国画协常务理事。主要作品有《红梅公鸡》《庐山》《松柏长青》等。出版有《陈大羽书画篆刻作品集》《大羽画集》等。

J0023274

陈子庄作品选　陈子庄绘

成都 四川人民出版社 1982年 38cm(6开)

定价:CNY10.00

本书是中国画画册。作者陈子庄(1913—1976),画家。号南原,又号石壶。出生于四川荣昌县。历任四川省文史馆研究员、四川省政协委员。代表作有《山深林密》《秋山如醉》《溪岸图》等。著有《石壶论画语要》。

J0023275
春　赵准旺作
北京 中国旅游出版社 1982 年 76cm（2 开）
定价：CNY0.18
　　本书是现代中国画作品。

J0023276
春草闯堂　于新生画
济南 山东人民出版社 1982 年 2 张 76cm（2 开）
定价：CNY0.32
　　本作品为年画形式的中国现代国画作品。

J0023277
春光烂漫
北京 人民美术出版社 1982 年 78cm（2 开）
定价：CNY0.22
　　本书是中国画作品。

J0023278
春酣　宋吟作
贵阳 贵州人民出版社 1982 年 39cm（4 开）
定价：CNY0.09
　　本作品是中国画。

J0023279
春回大地·国富民强　苏西映画；唐玉润书
郑州 中州书画社 1982 年 76cm（2 开）
定价：CNY0.13
　　本作品为年画形式的中国现代国画作品。
作者苏西映（1940—　），河南光山人。曾任光山
县文化馆美术师、河南省美术家协会会员、大别
山书画研究院名誉院长。作品有《深山古树》《荷
花舞》《玉莲公主》《中华魂》等。出版有《唐伯
虎智圆梅花梦》《玉蜻蜓》。

J0023280
春艳　王克印作
郑州 中州书画社 1982 年 76cm（2 开）
定价：CNY0.18
　　本作品是中国画。作者王克印（1932—
2003），工笔花鸟画家、美术教育家、高级设计
师。河南登封人，笔名石山。毕业于河南艺术学
校大专班。中国美术家协会会员，曾任平顶山市
美术家协会副主席、中国少林书画院高级顾问、
河南省中国画院画师、中南书画研究院常年理事

等职。主要作品有《白露秋水》《春秋配》《塘边》。

J0023281
翠竹鸣禽图　叶玉昶作
上海 上海人民美术出版社 1982 年 76cm（2 开）
定价：CNY0.16
　　本作品是现代中国画。

J0023282
大观园　陈珠龙作
杭州 浙江人民美术出版社 1982 年 107cm（全开）
定价：CNY0.36
　　本作品是现代中国画。

J0023283
待月西厢下　苏耕画
济南 山东人民出版社 1982 年 76cm（2 开）
定价：CNY0.16
　　本作品为年画形式的中国现代国画作品。

J0023284
丹霞春色　单剑锋作
广州 岭南美术出版社 1982 年 76cm（2 开）
定价：CNY0.50
　　本作品是现代中国画。作者单剑锋
（1934—　），画家。湖南衡山县人，毕业于广州
美术学院中国画系。历任岭南美术出版社副编
审、广东美术家协会会员、齐白石纪念馆特聘画
家、海南大学艺术学院客座教授等。主要作品有
《九曲黄河》《荒原月》《我是一片云》《独钓寒
江》《长河落日》等。

J0023285
范曾画辑　范曾绘
北京 人民美术出版社 1982 年 12 幅 37cm（8 开）
套装 统一书号：8027.7896 定价：CNY1.10
　　本画辑收入人物画作品 12 幅。作者范曾
（1938—　），画家、学者。字十翼，别署抱冲斋
主，江苏南通人。毕业于中央美术学院中国画系。
历任中央工艺美术学院讲师、副教授，南开大学
东方艺术系教授、博士生导师，中国艺术研究院
终身研究员等。代表作品有《庄子显灵记》《范
曾自述》《老子出关》《钟馗神威》等。

J0023286
方楚雄画选　方楚雄绘
广州　岭南美术出版社 1982 年 18 页 25cm（15 开）
统一书号：8260.0314 定价：CNY1.20
　　本书收入 24 幅图。作者方楚雄（1950—　），广东普宁人。毕业于广州美术学院并留校任教。中国美术家协会会员。主要作品有《牧鸭》《水禽》《翠蝶兰》等。出版《方楚雄画选》《方楚雄画集》等。

J0023287
方济众画集　方济众绘
西安　陕西人民美术出版社 1982 年 48 页 30cm（16 开）定价：CNY4.10, CNY5.80（精装）
　　本书是中国画画册。作者方济众（1923—1987），国画家。号雪农，陕西勉县人。历任中国美术家协会常务理事、美协陕西分会副主席。代表作品有《三边塞上风光》《雪漫天山》《沙海花》等。

J0023288
飞流直下三千尺　郭公达作
合肥　安徽人民出版社 1982 年 76cm（2 开）
定价：CNY0.16
　　本作品是现代中国画。

J0023289
飞霞叠翠　梁铭添作
广州　岭南美术出版社 1982 年 76cm（2 开）
定价：CNY0.50
　　本作品是现代中国画。

J0023290
丰收乐　刘熹奇画
南昌　江西人民出版社［1982 年］107cm（全开）
定价：CNY0.36
　　本作品为年画形式的中国现代国画作品。作者刘熹奇（1948—　），生于江西安福。历任江西美术出版社第一编辑室主任、副编审。作品有《祖国啊，母亲》《在希望的田野上》《开国元勋》等。

J0023291
扶老携幼　姚铭画
长春　吉林人民出版社 1982 年 76cm（2 开）

定价：CNY0.16
　　本作品为年画形式的中国现代国画作品。

J0023292
芙蓉芦雁　郑邦裕作
北京　人民美术出版社 1982 年 78cm（2 开）
定价：CNY0.22
　　本作品是现代中国画。

J0023293
福寿延年　宋仁贤画
济南　山东人民出版社 1982 年 107cm（全开）
定价：CNY0.28
　　本作品为年画形式的中国现代国画作品。

J0023294
福祥图　王莹，言师中画
济南　山东人民出版社 1982 年 76cm（2 开）
定价：CNY0.16
　　本作品为年画形式的中国现代国画作品。

J0023295
富春江图　徐英槐作
杭州　浙江人民美术出版社 1982 年 76cm（2 开）
定价：CNY0.20
　　本书是中国画画册。

J0023296
富贵平安　陆抑非作
上海　上海人民美术出版社 1982 年 78cm（2 开）
定价：CNY0.12
　　本书是中国画作品。

J0023297
高洁清晖　卢坤峰作
济南　山东人民出版社 1982 年 76cm（2 开）
定价：CNY0.18
　　本作品是现代中国画。

J0023298
古代人物画线描稿　杨德树著
天津　天津人民美术出版社 1982 年
2 册（16 张 +15 张）37cm（8 开）
统一书号：8037.70026 定价：CNY1.40（全 2 册）
　　本书系现代中国画。第 1 集内容有《列女

传》《送子天王图》《文苑图》等；第2集收入了
五代、宋、明、清时期的作品，其中有《桓野王》
《八十七神仙卷》《韩熙载夜宴图》等。

J0023299

光荣人家 王福增画
济南 山东人民出版社 1982年 76cm（2开）
定价：CNY0.16
　　本作品为年画形式的中国现代国画作品。

J0023300

国富人寿 陈年作
上海 上海书画出版社 1982年 107cm（全开）
定价：CNY0.40
　　本作品是现代中国画。作者陈年（1876—
1970），画家。字半丁，浙江山阴（今绍兴）人。
曾任中国美术家协会理事、北京画院副院长、中
国画研究会会长。代表作品有《卢橘夏熟》《高
枝带雨压雕栏》《惟有黄花是故人》等。

J0023301

国富人寿 （胶印画轴）陈年作
上海 上海书画出版社 1982年 1轴 附对联
107cm（全开） 定价：CNY2.90
　　本作品是中国现代年画。

J0023302

国画舞蹈 陈光健绘
成都 四川人民出版社 1982年 10幅 25cm（15开）
套装 统一书号：8118.1119 定价：CNY1.00
　　本作品系现代中国画，精选彩色写意国画
10幅，内容着重描写舞蹈人物的各种生动姿态。
作者陈光健（1936— ），女，四川荣昌人。毕业
于浙江美术学院，并留校工作，后调入西安美术
学院任教。中国美术家协会会员、当代工笔画会
会员、陕西省国画院画师。主要作品有《在社员
家里》《自习》《老师》等。

J0023303

何香凝诗画集 何香凝绘；人民美术出版社编
北京 人民美术出版社 1982年 19cm（32开）精装
统一书号：8027.7301 定价：CNY38.00
　　本书收入国画88幅，诗词36篇。作者何香
凝（1878—1972），女，现代中国画画家。

J0023304

贺天健画集 贺天健绘
上海 上海人民美术出版社 1982年 92幅
37cm（8开）精装 统一书号：8081.12219
定价：CNY27.00
　　本画册选编了山水画家贺天健各个时期的
92幅代表作品。有水墨、浅绛、青绿、金碧等技
法，反映出作者艺术创作的全貌。作者贺天健
（1891—1977），国画家、书法家。原名贺骏，又
名贺炳南，字健叟，阿难等。江苏无锡人，毕业
于西安美术学院。书法作品有《东风吹到好江
山》，出版有《贺天健画集》《贺天健山水册》《学
山水画过程自述》等。

J0023305

贺新春 刘贺，孙顺正画
济南 山东人民出版社 1982年 76cm（2开）
定价：CNY0.18
　　本作品为年画形式的中国现代国画作品。
作者孙顺正（1942— ），画家。山东济南人，
毕业于山东艺术专科学校油画专业。曾任济南
搪瓷厂技术科美术设计、山东人民出版社美术编
辑。画作有中国画《敌情》《杨柳风》《盗仙草》等，
出版有《孙顺正工笔重彩古装人物画精选》。

J0023306

虎啸惊百兽 （胶印画轴）胡爽盦作
长沙 湖南美术出版社 1982年［1轴］76cm（2开）
定价：CNY1.20
　　本作品为中国画。

J0023307

花长好春长在 （胶印画轴）刘力上，愈致贞作
武汉 湖北人民出版社［1982年］［1轴］
54cm（4开）定价：CNY0.22

J0023308

黄安仁画选 黄安仁绘
广州 岭南美术出版社 1982年 24幅 25cm（15开）
统一书号：8260.0352 定价：CNY1.20
　　本书共收入作品24幅。作者黄安仁（1924—
2018），书画家。广东阳江人，广州健力宝海日书
画会、广州友声诗书画会、广州离退休美术家协
会会长。代表作品有《大地新弦》等。出版有《黄
安仁画选》《黄安仁速写集》《美加写生集》《北

美风情录》等。

J0023309
黄独峰画辑　黄独峰绘
北京　人民美术出版社　1982年　12幅　37cm（8开）
套装　统一书号：8027.7789　定价：CNY1.10
　　本画辑选编岭南画派国画家黄独峰的近作
12幅。作者黄独峰（1913—1998），画家。名山，
号榕园，又号五岭老人。广东揭阳人。历任广西
艺术学院副院长、教授；中国美术家协会会员、
理事，广西美协主席等。代表作品有《百鹤图》
《漓江百里图》《富贵寿》等，著有《明清写梅画
人传略》《中国之花鸟画》《独峰画集》。

J0023310
黄笃维画选　黄笃维绘
广州　岭南美术出版社　1982年　25幅　26cm（16开）
统一书号：8260.0315　定价：CNY1.20

J0023311
黄幻吾画集　黄幻吾绘
长沙　湖南美术出版社　1982年　92幅
37cm（8开）精装　统一书号：8233.259
定价：CNY22.00
　　本作品共收集花鸟画或山水画92幅，作品
表现了明媚清新的景物和时代精神。

J0023312
寄畅春雨　杨云青作
南京　江苏人民出版社　1982年　76cm（2开）
定价：CNY0.18
　　本作品是中国画。

J0023313
健康长寿　成砺志画
济南　山东人民出版社　1982年　76cm（2开）
定价：CNY0.16
　　本作品为年画形式的中国现代国画作品。
作者成砺志（1954—　），江苏扬州人。国家一级
美术师、中国美术家协会会员。主要作品《六老
图·邓小平》《我为祖国争光》《春暖万家》等。

J0023314
借伞　金步松，孙恒俊画
济南　山东人民出版社　1982年　76cm（2开）

定价：CNY0.16
　　本作品为年画形式的中国现代国画作品。

J0023315
金鸡牡丹　牟桑画
济南　山东人民出版社　1982年　76cm（2开）
定价：CNY0.18
　　本作品为年画形式的中国现代国画作品。
作者牟桑（1942—　），教授。生于山东日照，毕
业于山东师范学院艺术系。历任中国美术家协
会会员，山东建筑大学艺术系教研室主任、教
授。作品有《举士奇创》《农林益鸟》《林黛玉魁
夺菊花诗》，专集有《花卉写生集》《中国太湖石
写生集》。主编《全国高校建筑学科教师美术作
品集》。

J0023316
金鱼满堂　赵幼华画
长春　吉林人民出版社　1982年　76cm（2开）
定价：CNY0.16
　　本作品为年画形式的中国现代国画作品。

J0023317
锦鸡菊花　张玉廉作
北京　人民美术出版社　1982年　76cm（2开）
定价：CNY0.18
　　本作品是中国画。

J0023318
锦江晓雾　黄安仁作
广州　岭南美术出版社　1982年　54cm（4开）
定价：CNY0.11
　　本作品系中国画。

J0023319
锦上添花　阿尧作
广州　岭南美术出版社　1982年　76cm（2开）
定价：CNY0.50
　　本作品是中国画。

J0023320
锦绣春光　刘实公作
北京　人民美术出版社　1982年　78cm（2开）
定价：CNY0.22
　　本作品是中国画。

J0023321
锦绣前程　陈世中作
上海　上海书画出版社　1982 年　78cm（2 开）
定价：CNY0.12
　　本作品是中国画。作者陈世中（1944—　　），
江苏武进人。中国美术家协会会员、上海书画院
副院长、海墨画社副社长、上海美育学会常务理
事。著有《陈世中花鸟画册》《怎样画紫藤》及《当
代美术家画库陈世中专集》等。

J0023322
锦玉前程　李凤君画
长春　吉林人民出版社　1982 年　76cm（2 开）
定价：CNY0.14
　　本作品为年画形式的中国现代国画作品。

J0023323
聚宝盆　王英画
济南　山东人民出版社　1982 年　76cm（2 开）
定价：CNY0.18
　　本作品为年画形式的中国现代国画作品。

J0023324
孔雀牡丹　张玉廉作
北京　人民美术出版社　1982 年　76cm（2 开）
定价：CNY0.18
　　本作品现代中国画。

J0023325
雷锋精神照我心　孙公照画
济南　山东人民出版社　1982 年　76cm（2 开）
定价：CNY0.18
　　本作品为年画形式的中国现代国画作品。

J0023326
黎雄才画选　黎雄才绘
广州　岭南美术出版社　1982 年　24 幅　37cm（8 开）
套装　统一书号：8260.0232　定价：CNY4.00
　　现代中国画画册，收入了作者各个时期的作
品 24 幅。外文书名：Collection of Paintings by Li
Xiongcai.

J0023327
李苦禅画选　李苦禅绘
北京　人民美术出版社　1982 年　99 幅　19cm（32 开）

统一书号：8027.7801　定价：CNY1.20
　　本画册选入花鸟画和书法作品 99 幅。

J0023328
李山新疆画集　李山绘；新疆人民出版社编辑
乌鲁木齐　新疆人民出版社　1982 年　43 幅
22cm（30 开）　统一书号：M8098.507
定价：CNY2.50
　　本画册选收反映新疆生活的作品 43 幅。

J0023329
莲池鱼跃　邹积范画
长春　吉林人民出版社　1982 年　76cm（2 开）
定价：CNY0.16
　　本作品为年画形式的中国现代国画作品。

J0023330
莲塘戏鸭　喻继高作
上海　上海人民美术出版社　1982 年　76cm（2 开）
定价：CNY0.16
　　本书是中国现代连环画。

J0023331
林丰俗画选　林丰俗绘
广州　岭南美术出版社　1982 年　24 幅　26cm（16 开）
统一书号：8260.0230　定价：CNY1.00
　　本画册选入山水画作品 24 幅。作者林丰俗
（1939—2017），画家。广东潮安县人，毕业于广
州美术学院中国画系。历任广州美术学院教授、
硕士生导师，广东画院聘请画家、中国美术家协
会会员、广东美术家协会常务理事、广东省文史
研究馆馆员。作品有《公社假日》《石谷新田》等，
出版有《林丰俗画选》《林丰俗花鸟画集》等。

J0023332
林锴画选　林锴著
北京　人民美术出版社　1982 年　34 页　26cm（16 开）
统一书号：8027.8036　定价：CNY1.30
　　本书收入山水、人物、花鸟以及书法、篆刻
等作品 37 幅。作者林锴（1924—2006），著名书
画家、篆刻家、诗人、国家一级美术师。福建福
州人，毕业于国立艺专（现中国美术学院）。人民
美术出版社专业画家。出版有《林锴画选》《墨
花集》《苕文集》（诗集）等。

J0023333
林散之书画集 林散之绘
上海 上海书画出版社 1982年 64页 37cm（8开）
统一书号：8172.670 定价：CNY4.50
　　本书系中国画画册，其中山水画28件，书法作品36件。作者林散之（1898—1989），山水画家、书法家。名霖，又名以霖，字散之，号三痴、左耳等。生于江苏江浦县，祖籍安徽和县。历任南京书画院名誉院长、江苏省书法家协会名誉主席。代表作有《许瑶诗论怀素草书》《自作诗论书一首》《李白草书歌行》等。

J0023334
刘文西画选 刘文西绘
哈尔滨 黑龙江人民出版社 1982年 103幅 39cm（4开）统一书号：8093.716
定价：CNY12.00
　　本画册精选了画家描绘各族人物风貌和祖国各地风光的国画作品103幅。

J0023335
柳毅传书 （邓会光编文）张冠哲，高群画
郑州 中州书画社 1982年 2张 76cm（2开）
定价：CNY0.36
　　本作品为年画形式的中国现代国画作品。

J0023336
卢坤峰水墨花鸟册 卢坤峰绘
北京 荣宝斋 1982年 8张 38cm（6开）
定价：CNY25.00
　　本书是中国画画册。

J0023337
陆维钊书画选 陆维钊，章秋农绘
杭州 浙江人民美术出版社 1982年 20幅 37cm（8开）套装 统一书号：8156.190
定价：CNY2.40
　　本书选编了书法、绘画作品20幅。作者陆维钊（1899—1980），书画家、教授。原名子平，字微昭，晚年自署劭翁。浙江平湖人。南京高等师范文史地部毕业。浙江美术学院教授、中国美术家协会浙江分会理事。代表作有《中国书法》《全清词钞》等。章秋农（1937— ），生于浙江绍兴，一名章祖安。毕业于杭州大学中文系。曾任浙江美术学院（现中国美术学院）中国画系陆维

钊先生助教。中国美术学院书法系教授、博士生导师。

J0023338
鸳凤和鸣幸福多 刘庆涛画
长春 吉林人民出版社 1982年 76cm（2开）
定价：CNY0.16
　　本作品为年画形式的中国现代国画作品。作者刘庆涛，吉林永吉人，毕业于吉林省中等艺术学校。历任吉林省吉剧团舞美设计、吉林省春城剧场美术员、吉林省通榆县文化馆美术干部、长春市宽城文化馆美术干部。作品有《田头阵地》《泉水咚咚》《绿色的冬天》《周总理访问朝鲜》《春风如意》等。

J0023339
梅 王成喜作
北京 中国旅游出版社 1982年 76cm（2开）
定价：CNY0.18
　　本作品是现代中国画。

J0023340
鸣禽迎春 沈雪生作
上海 上海书画出版社 1982年 78cm（2开）
定价：CNY0.12
　　作者沈雪生（1941— ），画家。江苏吴县人，毕业于南京师范大学美术系。上海美术家协会会员、上海黄浦画院画师、杭州西泠书画院等兼职画师。出版有《沈雪生画集》《沈雪生的牡丹画特色》等。

J0023341
牡丹 马晞作
兰州 甘肃人民出版社 1982年 76cm（2开）
定价：CNY0.16
　　本作品是现代中国画。

J0023342
牡丹祝寿 何佳，韩敏作
上海 上海人民美术出版社 1982年 76cm（2开）
定价：CNY0.16
　　本作品系现代中国画。

J0023343
闹花灯 安学贵画

长春 吉林人民出版社 1982 年 76cm（2 开）
定价：CNY0.16

　　本作品为年画形式的中国现代国画作品。作者安学贵（1940— ），画家。辽宁辽阳市人。中国同泽书画研究院书画家。吉林省通榆县文化馆馆员、中国美术家协会会员。主要作品有《礼物》等。

J0023344
年年有余 李宝祥画
长春 吉林人民出版社 1982 年 76cm（2 开）
定价：CNY0.16

　　本作品为年画形式的中国现代国画作品。

J0023345
鸟语花香 詹庚西作
福州 福建人民出版社 1982 年 76cm（2 开）
定价：CNY0.20

　　本作品是现代中国画。

J0023346
潘天寿国画小品 潘天寿绘
北京 外文出版社 1982 年 12 张 19cm（小 32 开）
定价：CNY0.90

　　本书是中国画画册。作者潘天寿（1897—1971），现代著名国画家，美术教育家。字大颐，号寿者。浙江宁海县人。擅画花鸟、山水，兼善指画，亦能书法、诗词、篆刻。曾任中国文联委员、中国美术家协会副主席、浙江省文联副主席、中国美协浙江分会主席，浙江美术学院院长、教授等职。著有《中国绘画史》《听天阁画谈随笔》等。

J0023347
潘天寿书画集 潘天寿绘；王靖宪，李蒂编
北京 人民美术出版社 1982 年 2 册 19cm（32 开）
统一书号：8027.7642 定价：CNY4.00

J0023348
劈山救母 霍允庆画
济南 山东人民出版社 1982 年 76cm（2 开）
定价：CNY0.18

　　本作品为年画形式的中国现代国画作品。

J0023349
扑蝶 程实画
福州 福建人民出版社 1982 年 76cm（2 开）
定价：CNY0.16

　　本作品为年画形式的中国现代国画作品。

J0023350
齐白石画集 齐白石作；郭轫编辑
台北 国华书画出版社 1982 年 34cm（10 开）

　　本书是中国画画册。

J0023351
祁连新貌 方之南作
西宁 青海人民出版社 1982 年 76cm（2 开）
定价：CNY0.18

　　本作品是中国画。作者方之南（1911—1990），画家。青海西宁人，原名方泰兴，别署指南。毕业于青海师范、上海美专国画系、国立北平艺专。历任青海省文联美术组组长、青海美协理事、青海省文联副主席、青海省美协主席、中国美协理事等。代表作《巍巍祁连》《收听藏语广播》《百花争艳》《孤亭背岭开》，出版有《柴达木写生选集》。

J0023352
秦仲文画选 秦仲文绘
北京 人民美术出版社 1982 年 23 页 19cm（32 开）
统一书号：8027.7820 定价：CNY0.90

　　作者秦仲文（1896—1974），画家、美术家。原名秦裕荣，号仲文，后又以秦裕为笔名，别署梁子河村人，画室名群峰扶翠之居。河北遵化县人。毕业于北京大学。代表作品有《沙丰路上写生》《岷山遇雨》《岳阳楼》《乌江天险》等。

J0023353
青崖滴翠 （胶印画轴）杨应修作
长沙 湖南美术出版社 1982 年 ［1 轴］76cm（2 开）
定价：CNY1.20

　　本作品是现代中国画。

J0023354
请你吃糖 杨树有画
长春 吉林人民出版社 1982 年 76cm（2 开）
定价：CNY0.14

　　本作品为年画形式的中国现代国画作品。

J0023355

琼轩鹦戏图　雷永锡作

成都　四川人民出版社　1982年　76cm（2开）

定价：CNY0.16

　　本作品是现代中国画。

J0023356

秋风吹下红雨来　（木版水印，绫裱卷轴）傅抱石作

北京　荣宝斋［1982年］［1轴］定价：CNY16.80

J0023357

秋菊花猫　谷守山作

乌鲁木齐　新疆人民出版社　1982年　54cm（4开）

定价：CNY0.10

　　本作品是现代中国画。

J0023358

秋泉　郭公达作

合肥　安徽人民出版社　1982年　76cm（2开）

定价：CNY0.16

　　本作品是现代中国画。作者郭公达（1931—　），画家。安徽萧县人，毕业于浙江美术学院中国画系。任教于安徽艺术学院（现为安徽大学艺术学院），历任中国美术家协会会员、安徽美术家协会副主席等职。出版有《郭公达山水画册》《郭公达画集》《郭公达山水画选集》等。

J0023359

泉鸣虎啸　（胶印画轴）沈启鹏画

南京　江苏人民出版社　1982年　1轴　附对联107cm（全开）定价：CNY1.50

　　本作品为年画形式的中国现代国画作品。作者沈启鹏（1946—　），画家。历任南通美术家协会主席、南通书画研究院院长。代表作品《大汛》《海子牛》《二月二回娘家》。

J0023360

鹊喜迎风舞　（胶印画轴）陆抑非画

杭州　西泠印社　1982年　1轴　附对联107cm（全开）定价：CNY1.50

　　本作品为年画形式的中国现代国画作品。

J0023361

群鹊戏秋　史秉有作

太原　山西人民出版社　1982年　76cm（2开）

定价：CNY0.18

　　本书是现代中国画作品。

J0023362

三国演义　景启民画；岫石编文

沈阳　辽宁美术出版社　1982年　2张　76cm（2开）

定价：CNY0.26

　　本作品为年画形式的中国现代国画作品。作者景启民（1931—2005），连环画家。辽宁沈阳人。就读于东北鲁艺（现鲁迅美院前身），任职于东北画报社。连环画作品有《浑河水》《过草地》《绿色的矿山》等。作者岫石，主要改编的连环画作品有《陈真传》《上海滩》《带枪的新娘》等。

J0023363

山高林茂水秀长流　张大昕作

上海　上海人民美术出版社　1982年　107cm（全开）

定价：CNY0.32

　　本作品是现代中国画。

J0023364

山间春色　王维宝作

广州　岭南美术出版社　1982年　1张　76cm（2开）

定价：CNY0.16

　　本作品是现代中国画。

J0023365

山居图　（木版水印，绫裱卷轴）齐白石作

北京　荣宝斋［1982年］［1轴］定价：CNY19.60

J0023366

山乡美如画　潘真作

天津　天津人民美术出版社　1982年　［1张］76cm（2开）定价：CNY0.18

　　本作品是现代中国画。

J0023367

赏花仕女图　宋德风画

济南　山东人民出版社　1982年　［1张］76cm（2开）定价：CNY0.16

　　本作品为年画形式的中国现代国画作品。作者宋德风（1941—　），画家。山东荣成人。毕业于山东艺专国画专业。中国人才研究会艺术家学部委员会一级书画艺术委员，国家人事部人

才所、中国书画人才资格审定委员会特邀研究员，国际美术家联合会中国中南执委会常务理事。作品有连环画《海燕劲飞》，工笔年画《武松打虎》《名山大川》《三国故事》等。

J0023368

深山虎戏　刘继承画

长春　吉林人民出版社　1982年　1张　76cm（2开）

定价：CNY0.16

　　本作品为年画形式的中国现代国画作品。

J0023369

狮子舞　丁建东画

济南　山东人民出版社　1982年　1张　76cm（2开）

定价：CNY0.16

　　本作品为年画形式的中国现代国画作品。

J0023370

双虎　光之鲲作

西宁　青海人民出版社　1982年　1张　107cm（全开）

定价：CNY0.36

　　本作品是现代中国画。

J0023371

双清诗画集　廖仲恺，何香凝著

北京　人民美术出版社　1982年　13cm（60开）精装

统一书号：8027.8381　定价：CNY55.00

　　本画集为廖仲恺、何香凝所作诗词、绘画合集。包括廖仲恺诗词31首，何香凝的诗词39首，绘画102幅。

J0023372

双鹊图　徐悲鸿作

北京　北京人民美术出版社　1982年　1张　78cm（2开）　定价：CNY0.22

　　本作品是现代中国画。

J0023373

双鱼吉庆　王玉萍，宋仁贤画

济南　山东人民出版社　1982年　1张　76cm（2开）

定价：CNY0.18

　　本作品为年画形式的中国现代国画作品。

J0023374

双珠凤　何晓峰，孟宪斌作

兰州　甘肃人民出版社　1982年　1张　76cm（2开）

定价：CNY0.18

　　本作品是现代中国画。

J0023375

四季平安　邓文欣画

长春　吉林人民出版社　1982年　2张　76cm（2开）

定价：CNY0.28

　　本作品为年画形式的中国现代国画作品。作者邓文欣（1936—　），书画家。字子鹤，号那立闪人，辽宁阜新人。任四平市书画院院长、中国美术家协会会员。作品有《松鹤迎春》《路漫漫》《征程》，出版画集《山水花鸟画谱》《3D文欣仙鹤画集》《文欣画鹤》等。

J0023376

四喜图　张宝元画

济南　山东人民出版社　1982年　1张　76cm（2开）

定价：CNY0.18

　　本作品为年画形式的中国现代国画作品。作者张宝元（1941—　），山东青岛人。毕业于山东艺术专科学校。曾任山东美术家协会会员、潍坊市美术家协会第一届副主席等职。主要作品有《梅鹤图》《鸣春图》《群鹤飞鸣》等。

J0023377

松鹤朝阳　邓文欣作

长春　吉林人民出版社　1982年　1张　76cm（2开）

定价：CNY0.16

　　本作品是现代中国画。

J0023378

松鹤年图　（中国画）刘西古画

北京　中国旅游出版社　1982年　1张　附对联　107cm（全开）　定价：CNY0.36

J0023379

松鹤图　喻继高作

合肥　安徽人民出版社　1982年　1张　107cm（全开）

定价：CNY0.32

　　本作品是现代中国画。

J0023380

松鹤延年　林振声作

石家庄　河北美术出版社　1982年　［1张］

76cm（2开）定价：CNY0.16

　　本作品是现代中国画。

J0023381

松鹤延年　乔玉川作

西安　陕西人民美术出版社　1982年［1张］

107cm（全开）定价：CNY0.36

　　本作品是现代中国画。作者乔玉川（1938—　），毕业于西安美术学院中国画系。历任中国美术家协会会员、中央文史馆书画研究员，陕西省美术家协会顾问、终身艺术委员会委员。出版专著有《乔玉川画集》《乔玉川栾川写生集》《乔玉川人物画集》《乔玉川栾川山水画集》等。

J0023382

松龄鹤寿　（胶印画轴）刘德伦画

成都　四川人民出版社　1982年　1轴　附对联

107cm（全开）定价：CNY1.50

　　本作品为年画形式的中国现代国画作品。

J0023383

松龄鹤寿　（胶印画轴）常炳辉画

郑州　中州书画社　1982年　1轴　附对联

107cm（全开）定价：CNY1.50

　　本作品为年画形式的中国现代国画作品。

J0023384

松竹梅图　（胶印画轴）梁占峰画

广州　岭南美术出版社　1982年［1轴］附联

107cm（全开）定价：CNY1.90

　　本作品为年画形式的中国现代国画作品。

J0023385

送凤冠　李宝亮画

济南　山东人民出版社　1982年　1张　76cm（2开）

定价：CNY0.16

　　本作品为年画形式的中国现代国画作品。

J0023386

岁寒三友图　方楚雄作

广州　岭南美术出版社　1982年　1张　76cm（2开）

定价：CNY0.18

　　作者方楚雄（1950—　），广东普宁人。毕业于广州美术学院并留校任教。中国美术家协会会员。主要作品有《牧鸭》《水禽》《翠蝶兰》等。

出版《方楚雄画选》《方楚雄画集》等。

J0023387

泰山日出　张广力作

上海　上海人民美术出版社　1982年　1张

107cm（全开）定价：CNY0.32

　　本作品是现代中国画。

J0023388

泰山新貌　沈迈士作

上海　上海书画出版社　1982年　1张　78cm（2开）

定价：CNY0.12

　　本作品是现代中国画。作者沈迈士（1891—1986），画家，教师。名祖德，号宽斋，以字行。浙江湖州人，毕业于上海震旦大学。曾任上海中国画院画师、北京大学文科讲师、北京古物陈列所副所长、上海市文献委员会副主任委员等职。代表作《沈迈士画集》。

J0023389

桃花源里桃花观　（胶印画轴）徐照海作

湖南　湖南美术出版社　1982年［1轴］76cm（2开）

定价：CNY1.20

　　本作品是现代中国画。

J0023390

陶一清画辑　陶一清绘

北京　人民美术出版社　1982年　14幅　37cm（8开）

统一书号：8027.7785　定价：CNY1.10

　　本书是中国画作品选集，选收作品12张。

J0023391

天安门广场　《中南海》画册编辑委员会供稿

北京　中国旅游出版社　1982年　1张　76cm（2开）

定价：CNY0.18

　　本作品为年画形式的中国现代国画作品。

J0023392

天山南北集　徐庶之绘；新疆人民出版社编辑

乌鲁木齐　新疆人民出版社　1982年　76幅

39cm（8开）统一书号：8098.469

定价：CNY6.80

　　本书是一本表现新疆山水风貌及少数民族人物的中国画集，共收入76幅作品。作者徐庶之（1922—2002），国画家、一级美术师。生于河南省光山县。历任中国美术家协会新疆分会副主席、中国老年书画研究会顾问、新疆画院名誉院长、人民日报神州书画院顾问等。

J0023393
同心合力　杨树有画
长春　吉林人民出版社　1982 年　1 张　76cm（2 开）
定价：CNY0.16
　　本作品为年画形式的中国现代国画作品。

J0023394
娃娃壮　魏廷宾画
济南　山东人民出版社　1982 年　1 张　76cm（2 开）
定价：CNY0.16
　　本作品为年画形式的中国现代国画作品。

J0023395
万壑争流图　傅二石作
南京　江苏人民出版社　1982 年　1 张　76cm（2 开）
定价：CNY0.18
　　本作品是现代中国画。作者傅二石（1936—2017），画家。生于江西南昌。历任江苏省国画院一级画师、傅抱石纪念馆名誉馆长、中国美术家协会会员，出版有《傅二石画集》等。

J0023396
王雪涛花鸟画选　王雪涛绘
石家庄　河北美术出版社　1982 年　32 页
39cm（8 开）统一书号：8087.239
定价：CNY2.10
　　本书选收画家的 32 幅作品。作者王雪涛（1903—1982），写意花鸟画家。原名庭钧，字晓封，号迟园。河北成安人。历任北京画院院长、中国美术家协会理事、美协北京分会副主席等职。著有《王雪涛画集》《王雪涛画辑》《王雪涛画谱》《王雪涛的花鸟画》等。

J0023397
威震山谷　黄子曦作
兰州　甘肃人民出版社　1982 年　1 张　107cm（全开）
定价：CNY0.36
　　本作品是现代中国画。

J0023398
文成公主过日月山　崔振国作

西宁　青海人民出版社　1982 年　1 张　76cm（2 开）
定价：CNY0.18
　　本作品是现代中国画。

J0023399
乌鸡葵花　徐悲鸿作
北京　人民美术出版社　1982 年　1 张　78cm（2 开）
定价：CNY0.22
　　本作品是现代中国画。

J0023400
吴朏之画选　吴朏之绘
杭州　浙江人民出版社　1982 年　25 幅　37cm（8 开）
套装　统一书号：8156.195　定价：CNY2.60
　　本书是中国画画册。

J0023401
吴朏之画选　吴朏之绘
杭州　浙江人民美术出版社　1982 年　20 张
38cm（8 开）定价：CNY2.60
　　本书收入作品 25 幅。其中彩色版 14 幅，黑白版 11 幅。作者吴朏之，早年学清代蒋廷锡，后功吴昌硕、陈淳、徐渭、八大、石涛诸家，融会贯通，形成自己的独特风格。

J0023402
吴冠中国画选　吴冠中绘
成都　四川人民出版社　1982 年　19 幅　37cm（8 开）
套装　统一书号：8118.850　定价：CNY2.60
　　本书系中国画画册。作者吴冠中（1919—2010），著名画家、美术教育家。江苏宜兴人，毕业于国立杭州艺术专科学校。中央工艺美术学院教授。代表作品《长江三峡》《鲁迅的故乡》《春雪》《长城》；油画代表作有《长江三峡》《北国风光》《小鸟天堂》《黄山松》《鲁迅的故乡》等；个人文集有《吴冠中谈艺集》《吴冠中散文选》《美丑缘》等。

J0023403
吴山明水黄舞墨人物速写　吴山明绘
天津　天津人民美术出版社　1982 年　72 页
19cm（32 开）定价：CNY1.30
　　本书是中国画画册。作者吴山明（1941—　　），画家。生于浙江浦江县，毕业于中国美术学院中国画系人物专业。历任中国美术学院学术委员会委员，中国画系教授、博士生导师，造型艺术学部主任。代表作品有《意笔人物画选》等，著作有《吴山明意笔人物线描集》《吴山明画集》等。

J0023404
吴作人、萧淑芳画选　（汉英对照）吴作人，萧淑芳绘
北京　朝华出版社　1982 年　109 页　38cm（6 开）
精装
　　本书是现代中国画画册。

J0023405
五谷丰登·连年有余　李百钧画
济南　山东人民出版社　1982 年　1 张　76cm（2 开）
定价：CNY0.13
　　本作品为年画形式的中国现代国画作品。

J0023406
五泉山秀　董吉泉作
兰州　甘肃人民出版社　1982 年　1 张　107cm（全开）
定价：CNY0.36
　　本作品是现代中国画。

J0023407
五喜登海　张琪作
天津　天津人民美术出版社　1982 年　1 张
76cm（2 开）定价：CNY0.18
　　本作品是现代中国画。作者张琪（1954—　　），画家。江苏苏州市人，毕业于苏州工艺美术职工大学。历任人民日报神州书画院特约画师、苏州书画院副院长、苏州市美术家协会副秘书长、苏州市园林艺术顾问。代表作品有《张琪花鸟画集》《张琪画集》。

J0023408
西海春色　曾道宗作
西宁　青海人民出版社　1982 年　1 张　76cm（2 开）
定价：CNY0.18
　　本作品是现代中国画。

J0023409
喜上眉梢　王少卿作
兰州　甘肃人民出版社　1982 年　1 张　76cm（2 开）
定价：CNY0.16

　　本作品是现代中国画。

J0023410
现代中国画集　（第一辑）戴元来，杨兆平编写
上海　上海外语教育出版社　1982 年　45 页
25cm（16 开）统一书号：8218.002
定价：CNY0.65
　　本书系中国画画册，选收上海 45 位中国画画家的 45 幅作品，其内容有人物、有山水、有花鸟，各具特色。

J0023411
香永在　（胶印画轴）刘力上，俞致贞作
武汉　湖北人民出版社［1982 年］［1 轴］
54cm（4 开）定价：CNY0.22

J0023412
小猫捕蝶　谷守山作
乌鲁木齐　新疆人民出版社　1982 年　1 张
54cm（4 开）定价：CNY0.10
　　本作品是现代中国画。

J0023413
谢海若、刘昌潮、王兰若中国画选　谢海若等绘
广州　岭南美术出版社　1982 年　26 幅　25cm（16 开）
统一书号：8260.0229　定价：CNY1.00
　　本画册选收三位岭东画家的中国画作品 26 幅。

J0023414
谢瑞阶画选　谢瑞阶绘
郑州　中州书画社　1982 年　64 页　27cm（16 开）
统一书号：8219.249　定价：CNY3.00
　　本画选收入中国画画家的山水、人物作品 63 幅。

J0023415
雄威震河山　（胶印画轴）曾昭咏作
长沙　湖南美术出版社　1982 年［1 轴］
107cm（全开）定价：CNY1.40
　　本作品是现代中国画。

J0023416
熊猫图　张锦标作
上海　上海书画出版社　1982 年　1 张　76cm（2 开）

定价：CNY0.16

　　本作品是现代中国画。

J0023417

玄中寺冬景　　祝涛作

太原 山西人民出版社 1982年 1张 76cm（2开）

定价：CNY0.16

　　本作品是现代中国画。

J0023418

亚明画集　　亚明绘

南京 金陵书画社 1982年 40幅 25cm（16开）

精装 统一书号：8234.013 定价：CNY19.80

　　本书是中国画画册。收录作者20世纪70
年代至80年代的作品40幅。作者亚明（1924—
2002），画家、教授。原姓叶，名家炳，号敬植，
后改名亚明。安徽合肥人。历任无锡市美协主席、
江苏省美术工作室主任、江苏省国画院副院长、
中国美协常务理事、香港《文汇报》中国画版主
编。出版有《访苏画辑》《亚明作品选集》《亚明
画集》《三湘四水集》等。

J0023419

杨应修画辑　　杨应修绘

长沙 湖南美术出版社 1982年 1册 25cm（16开）

统一书号：8233.255 定价：CNY2.20

（湖南画家画丛）

　　本书是中国画画册，选入画家的20余幅作品。

J0023420

杨之光水墨写生集　　杨之光绘

上海 上海人民美术出版社 1982年 62幅

19cm（32开）统一书号：8081.12601

定价：CNY2.20

　　本书系中国画画册，收作者写生作品62幅，
大部分为水墨人物画。作者杨之光（1930—　　），
画家。又名焘甫，广东揭西人，毕业于北京中央
美术学院绘画系。历任广州美术学院教授、副院
长，广州画院国画系教授、副院长，美协广东分
会理事、岭南美术专修学院院长等职。代表作品
有《毛泽东主办广东农民运动讲习所》《浴日图》
《矿山新兵》，著作有《中国画人物画法》《杨之光
画集》《杨之光书法集》等。

J0023421

杨之光西北写生　　杨之光绘

广州 岭南美术出版社 1982年 22页 25cm（16开）

统一书号：8260.0266 定价：CNY1.20

　　本书共收录作者写生作品32帧，大部分为
彩墨写生，少量为毛笔速写。其作品刻画了藏族
男女牧民、运动员、放映员、乐手、学生和老者
等不同的人物形象，以简约的笔墨和敏锐快速的
速写形式传达了西北人民的生活气息和淳朴的
情感。

J0023422

以介眉寿　　吴涛作

北京 人民美术出版社 1982年 1张 78cm（2开）

定价：CNY0.22

　　本作品是现代中国画。

J0023423

银鸡　　朱修立作

合肥 安徽人民出版社 1982年 1张 76cm（2开）

定价：CNY0.16

　　本作品是现代中国画。

J0023424

永寿图　　莫建成作

兰州 甘肃人民出版社 1982年 76cm（2开）

定价：CNY0.18

　　本作品是现代中国画。

J0023425

玉兰锦鸡　　乔木作

上海 上海书画出版社 1982年 76cm（2开）

定价：CNY0.16

　　本作品是现代中国画。作者乔木（1920—
2002），教授。字大年，河北深县人。上海大学美
术学院教授、中国美术家协会会员等。主要作品
有《迎春梅花》《彩霞迎春》《姹紫嫣红》等。著
有《花鸟画基础技法》《怎样画蔬果》等。

J0023426

喻仲林画集　　喻仲林编绘

台北 艺术图书公司 1982年 再版 218页

26cm（16开）精装 定价：TWD1000.00

　　外文书名：The Flowers and Birds Paintings by
Yu Chung-lin.

J0023427

袁金塔 （1982）袁金塔著
［台北］1982年　25×26cm
　　外文书名：Ruan Chin Taa Paintings, 1982.

J0023428

月色虎啸 葛茂柱，葛茂桐作
合肥　安徽人民出版社　1982年　76cm（2开）
定价：CNY0.16
　　本作品是现代中国画。

J0023429

云瀑图 （木版水印，绫裱卷轴）陆俨少作
北京　荣宝斋［1982年］［1轴］定价：CNY38.00
　　本作品为木版水印图，画心纵105cm、横34cm。作者陆俨少（1909—1993），画家、教师。又名砥，字宛若，上海嘉定县人。毕业于无锡美术专科学校。历任上海中国画院画师、浙江美术学院教师、浙江画院院长。代表作品有《嘉陵江上》《峡江险水》《雁荡泉瀑》《溪山秋色》《黄山松云》等。

J0023430

载歌行 （汉、维吾文对照）黄胄绘
乌鲁木齐　新疆人民出版社　1982年　27cm（16开）
统一书号：80098.457 定价：CNY1.40
　　本书系中国画画册，选收作者20世纪50年代至70年代表现新疆题材的一部分较有影响的作品。其中有《育羔图》《巴扎归来》《草原逐戏图》等。作者黄胄（1925—1997），画家、社会活动家、收藏家。字映斋，河北蠡县人。历任总政治部文化部创作员、中国画研究院副院长、中国美术家协会常务理事等。代表作品有《洪荒风雪》《巡逻图》等，出版有《黄胄书画论》《黄胄作品集》《黄胄谈艺》等。

J0023431

张大千画 张大千绘
台北　华正书局　1982年　116页　30cm（10开）
精装　定价：TWD800.00
　　本书是现代中国画。外文书名：Chinese Painting with the Original Paintings ＆ Discourses on Chinese Art by Professor Chang Da-chien.

J0023432

张大壮画集 张大壮绘
上海　上海人民美术出版社　1982年　77幅
25cm（小16开）精装 统一书号：8081.12107
定价：CNY25.00
　　本书系中国画画册，选收了作者的作品《鱼乐图》等77幅。作者张大壮（1903—1980），书画鉴定家、画家。原名颐，又名心源，字养初，号养卢，别署富春山人。浙江杭州人。曾任中国美术家协会会员、上海国画院画师。出版《张大壮画集》《张大壮画集二》等。

J0023433

张涤尘作品选 张涤尘绘
北京　人民美术出版社　1982年　50幅 19cm（32开）
统一书号：8027.8288 定价：CNY1.90
　　本画册选收作者作品50幅。作者张涤尘（1935—　　），美术设计。吉林人。擅长装饰画、工艺美术设计。历任北京纺织科学院研究所美术设计、轻工业部轻工业出版社编辑、中央工艺美术学院染织美术系讲师。作品有《漓江水绿》《漓江晴雨》。出版有《张涤尘作品选》等。

J0023434

张善孖国画选 张善子绘
成都　四川人民出版社　1982年　25cm（小16开）
套装 统一书号：8118.1069 定价：CNY3.20
　　作者张善孖（1882—1940），著名画家。原名张正兰，更名张仲、张泽，字善孖、善之，号虎痴，别署虎公、榕骏斋主，堂号大风堂。四川内江人。著名国画大师张大千二兄。

J0023435

张一尊画辑 张一尊绘
长沙　湖南美术出版社　1982年　24幅
25cm（小16开）统一书号：8233.311
定价：CNY1.90
（湖南画家丛）
　　本书共收国画24幅。

J0023436

赵丹画辑 赵丹绘
天津　天津人民美术出版社　1982年　16幅
25cm（小16开）套装 统一书号：8073.70042
定价：CNY1.90

本作品是现代中国画。

J0023437

赵少昂画辑　赵少昂绘

北京 人民美术出版社 1982年 12幅 39cm（4开）
套装 统一书号：8027.8277 定价：CNY1.10

　　本书系中国画画册。作者赵少昂（1905—
1998），画家、教授。字叔仪，原籍广东番禺。"岭
南派"著名画家，历任广州市立美术学校中国画
系主任、广州大学美术科教授。出版有《少昂
近作集》《少昂画集》《赵少昂画集》《实用绘
画学》。

J0023438

郑曼青先生书画特展目录　郑曼青绘；台北
故宫博物院编辑委员会编辑

台北 台北故宫博物院 1982年 有图版
30cm（10开）精装

　　本书系中国画册。外文书名：Special Exhibition
of the Paintings &Calligraphic Works by Cheng Man-
ching.

J0023439

中国名家书画展览特辑　博雅艺术公司编辑

香港 九龙集古斋 1982年 26cm（16开）

J0023440

中日合同美术展画集　北京画院，日本南画
院编

北京 北京画院 1982年 附《中日合同美术展画
集追录》1册 26×28cm

　　本书收入中国画50幅，日本画家创作的水
墨画95幅。

J0023441

诸乐三画辑　诸乐三绘

北京 人民美术出版社 1982年 12幅 39cm（4开）
统一书号：8027.8024 定价：CNY1.10

　　本书是中国画画册。

J0023442

祝寿图　张迪平作

上海 上海书画出版社 1982年 76cm（2开）
定价：CNY0.16

　　本作品是现代中国画。

J0023443

邹雅画集　邹雅绘

北京 人民美术出版社 1982年 124页
27cm（16开）统一书号：8027.7783
定价：CNY16.00，CNY22.50（精装）

　　本书选收邹雅山水画124幅，其中有色彩的
48幅。作者邹雅（1916—1974），版画家、山水画
家。江苏无锡市，毕业于延安鲁迅艺术学院。历
任人民美术出版社副社长、副总编辑，北京画院
院长。出版有《邹雅画集》。

J0023444

"凤凰"飞到我的家　莫伯华作

武汉 湖北人民出版社 1983年 [1幅] 77×53cm
定价：CNY0.16

　　本作品为年画形式的中国现代国画作品。

J0023445

阿姨请坐　秦永春，单绘生合作

沈阳 辽宁美术出版社 1983年 [1张] 76cm（2开）
定价：CNY0.13

　　本作品为年画形式的中国现代国画作品。
作者秦永春（1936—　　），高级美术师。历任中国
美术家协会会员、中国电影家协会会员、沈阳市
美术家协会副主席、沈阳市美术家协会顾问。作
品《丰收忙》《蝙蝠》《天云山传奇》，出版有《中
国当代美术家精品集——秦永春》。

J0023446

阿姨为我选好书　朱希煌绘

长沙 湖南美术出版社 1983年 [1张] 76cm（2开）
定价：CNY0.16

　　本作品为年画形式的中国现代国画作品。
作者朱希煌（1940—　　）著名画家、书法家。江
西九江人。历任江西省美术家协会会员，中国书
画家协会理事。书法作品《赤壁赋》《闻鸡起舞》
《鲤鱼跳龙门》等。

J0023447

八仙过海各显神通　张德俊画

福州 福建人民出版社 1983年 107cm（全开）
定价：CNY0.36

　　本作品为年画形式的中国现代国画作品。
作者张德俊（1946—　　），画家。江苏海安人。毕
业于南京艺术学院美术系。曾任常州市刘海粟

美术馆馆长、中国美协年画艺委会委员等职。主要作品有《凤仪亭》《天翻地覆慨而慷》《紫金山顶的瑰宝》等。

J0023448

白芙蓉　周彦生作
广州　岭南美术出版社　1983 年　76cm（2 开）
定价：CNY0.22
　　本作品是现代中国画。作者周彦生（1942—　），画家、教授。河南人，毕业于广州美术学院中国画系花鸟画科研究生班。广州美术学院教授、中国美协会员、中国当代工笔画学会理事、广东美协理事、广东画院特聘画家。代表作品有《满园春色》《牡丹孔雀》等。

J0023449

白芙蓉　（胶印画轴）周彦生作
广州　岭南美术出版社　1983 年　76cm（2 开）
定价：CNY0.70
　　本作品是现代中国画。

J0023450

白梅山茶　周彦生作
广州　岭南美术出版社　1983 年　76cm（2 开）
定价：CNY0.22
　　本作品是现代中国画。

J0023451

白梅山茶　（胶印画轴）周彦生作
广州　岭南美术出版社　1983 年　76cm（2 开）
定价：CNY0.70
　　本作品是现代中国画。

J0023452

白石老人　（齐白石册页）齐白石绘；上海人民美术出版社编辑
上海　上海人民美术出版社　1983 年　12 幅
37cm（8 开）套装　统一书号：8081.13112
定价：CNY3.80
　　本作品是现代中国画画册。作者齐白石（1864—1957），近现代中国绘画大师，国画家、篆刻家。湖南湘潭人。原名纯芝，字渭青，号兰亭，后改名璜，字濒生，号白石等。历任国立北平艺术专科学校和京华美术专科学校教习、教授、中央美术学院名誉教授、中国文学艺术界联

合会主席团委员、中国画研究会和中国美术家协会主席、中国画院名誉院长。代表作有《蛙声十里出山泉》《墨虾》等。著有《白石诗草》《齐白石作品集》《白石老人自述》等。

J0023453

帮阿姨　侯纪德画
济南　山东人民出版社　1983 年　76cm（2 开）
定价：CNY0.16
　　本作品为年画形式的中国现代国画作品。

J0023454

报春图　贾克德作
北京　人民美术出版社　1983 年　76cm（2 开）
定价：CNY0.13
　　本作品为年画形式的中国现代国画作品。

J0023455

比美　王新福画
济南　山东人民出版社　1983 年　76cm（2 开）
定价：CNY0.16
　　本作品为年画形式的中国现代国画作品。

J0023456

碧空彩珠　刘泽文画
济南　山东人民出版社　1983 年　76cm（2 开）
定价：CNY0.16
　　本作品为年画形式的中国现代国画作品。作者刘泽文（1943—　），画家，国家一级美术师。山东即墨人，历任烟台地区新华书店美工、山东省出版总社烟台分社美术编辑。代表作品《望穿碧海千层浪》，出版有《刘泽文水粉画集》。

J0023457

碧莲峰里住人家　阳太阳画，朱培钧书
南宁　漓江出版社　1983 年　26×54cm
定价：CNY0.27
　　本作品是现代中国画。

J0023458

碧桃牡丹　周彦生作
广州　岭南美术出版社　1983 年　76cm（2 开）
定价：CNY0.22
　　本作品是现代中国画。

J0023459
碧桃牡丹　（胶印画轴）周彦生作
广州 岭南美术出版社 1983 年 76cm（2 开）
定价：CNY0.70
　　本作品是现代中国画。

J0023460
采芝图　华三川作
上海 上海书画出版社 1983 年 78cm（3 开）
定价：CNY0.12
　　本作品是现代中国画。

J0023461
岑学恭国画选　岑学恭绘
成都 四川人民出版社 1983 年 22 幅 38cm（6 开）
统一书号：8118.1364 定价：CNY3.50
　　本书是中国画画册。作者岑学恭（1917—
2009），满族。画家，一级美术师。内蒙古呼和浩
特人，毕业于国立中央大学艺术系。历任中国美
术家协会会员、中国诗书画研究院院士、北京大
学东方书画家协会常务理事、人民日报神州书画
院顾问、白书画研究会顾问、满族书画家联谊会
顾问、四川省政协书画研究院院长等职。国画作
品有《巫山云》《三峡》《秋林群鹿》等。

J0023462
菖兰　邵华作
西宁 青海人民出版社 1983 年 76cm（2 开）
定价：CNY0.18
　　本作品是中国画。作者邵华（1938—2008），
女，毛岸青夫人。湖南常德石门县人，毕业于北
京大学中文系。历任中国人民解放军军事科学
院百科部副部长、中国女摄影家协会主席、中国
花卉协会名誉副会长等职。摄有《海之南：邵华
将军风光摄影集》《百花争妍》等。

J0023463
嫦娥奔月　张凤仪，宁大明画；木也配诗
石家庄 河北美术出版社 1983 年 2 张 76cm（2 开）
定价：CNY0.32
　　本作品为年画形式的中国现代国画作品。作
者宁大明（1943—　），画家，教授。河北乐亭人。
毕业于天津美术学院。历任石家庄丝弦剧团舞台
美术设计、河北师范大学美术系教师、中国美术
家协会会员、河北书装研究会常务理事。作品有

中国画《高风亮节》《先驱》，年画《领袖和人民》。

J0023464
陈金章画选　陈金章绘
广州 岭南美术出版社 1983 年 21 页
25cm（小 16 开）统一书号：8206.0689
定价：CNY1.65
　　本书是中国画画册。作者陈金章（1929—　），
教授。广东化州县人。广州美术学院教授，硕士
生导师。中国美术家协会会员、岭南画派纪念馆
馆长。代表作品有《南方的森林》《秋声》《春晓》。
出版有《中国当代名家·陈金章》。

J0023465
陈少梅画集　陈少梅绘
长沙 湖南美术出版社 1983 年 53 页 27cm（16 开）
统一书号：8233.456 定价：CNY6.60
　　本画集收有作者代表作《江南春》《浴牛图》
《丛林远岭》等。作者陈少梅（1909—1954），国画
家。名云彰，又名云鹄，号升湖，字少梅，以字
行。生于湖南衡山。曾任中国美术家协会天津
分会主席、天津美术学校校长。主要作品有《江
南春》《丛林远岭》等。

J0023466
陈政明国画选　陈政明绘
广州 岭南美术出版社 1983 年 20 页 26cm（16 开）
统一书号：8260.0717 定价：CNY1.65
　　本书是中国画画册。作者陈政明（1941—　），
画家。广东普宁人，毕业于汕头市师范学校。历
任中国美术家协会理事、广东美协中国画艺术委
员会副主任、汕头市美术家协会主席、汕头中国
画院院长、国家一级美术师。代表作《南海晨曲》
《特区姑娘》《夕阳红》等，出版有《陈政明画集》
《陈政明国外写生画集》等。

J0023467
冲风斗雪见精神　（中国女排荣获世界冠军王
个簃诗画辑）王个簃绘
上海 上海书画出版社 1983 年 16 幅 25cm（16 开）
套装 统一书号：8172.1041 定价：CNY1.10
　　本书是现代中国画画册。

J0023468
楚游　赖少其绘

长沙 湖南美术出版社 1983 年 19cm（32 开）
统一书号：8233.443 定价：CNY5.80

本书是中国画画册。收入作者 1982 年到湖南写生的 3 帧长卷《韶山冲》《桃花源》《张家界画卷》，以及漆书诗《张家界放歌》。共有 4 幅图。作者赖少其（1915—2000），艺术家。斋号木石斋，广东普宁市人。毕业于广州美术专科学校。历任上海美协副主席、中共安徽省委宣传部副部长、广州市美术家协会名誉主席、中国版画家协会副主席。

J0023469
春风 郭桐凤，胡建蓉作
成都 四川人民出版社 1983 年 76cm（2 开）
定价：CNY0.16
本作品是现代中国画。

J0023470
春风送暖 雨新，方工作
太原 山西人民出版社 1983 年 107cm（全开）
定价：CNY0.36
本作品是现代中国画。作者雨新（1927— ），画家。本名王宗光，北京顺义人。曾任荣宝斋咨询委员会委员、中国老年书画研究会创作员。主要作品有《怎样画蝴蝶》《怎样画草虫》《怎样画牡丹花石》等。作者方工，女，画家。原名王振芳。擅画猫。与其父合作绘著并出版《画猫技法基础》《百猫百蝶图》等。

J0023471
春姑娘 徐万蓉画
济南 山东人民出版社 1983 年 76cm（2 开）
定价：CNY0.16
本作品为年画形式的中国现代国画作品。

J0023472
春花争艳 张玉清作
北京 人民美术出版社 1983 年 76cm（2 开）
定价：CNY0.16
本作品是现代中国画。

J0023473
春回天彭 朱佩君等作
成都 四川人民出版社 1983 年 76cm（2 开）
定价：CNY0.16
本作品是现代中国画。

J0023474
春香传 姜学哲画
长春 吉林人民出版社 1983 年 76cm（2 开）
定价：CNY0.16
本作品为年画形式的中国现代国画作品。

J0023475
春艳 祁祯，永黛作
北京 人民美术出版社 1983 年 76cm（2 开）
定价：CNY0.13
本作品是现代中国画。

J0023476
春意浓 刘祥集作
沈阳 辽宁美术出版社 1983 年 76cm（2 开）
定价：CNY0.13
本作品是现代中国画。

J0023477
从小爱劳动 付鲁佩画
济南 山东人民出版社 1983 年 76cm（2 开）
定价：CNY0.16
本作品为年画形式的中国现代国画作品。

J0023478
翠华秀色 梁荃贵作
西安 陕西人民美术出版社 1983 年 108cm（全开）
定价：CNY0.12
本作品是现代中国画。

J0023479
翠松寿鸟 陈世中作
上海 上海书画出版社 1983 年 76cm（2 开）
定价：CNY0.16
本作品是现代中国画。作者陈世中（1944— ），江苏武进人。中国美术家协会会员、上海书画院副院长、海墨画社副社长、上海美育学会常务理事。著有《陈世中花鸟画册》《怎样画紫藤》及《当代美术家画库陈世中专集》等。

J0023480
村风寸图 （胶印画轴）于锦声作
天津 天津杨柳青画店 1983 年 76cm（2 开）
定价：CNY0.60
本作品是现代中国画。作者于锦声

（1940— ），河北黄骅县人。天津市美术家协会理事，天津书法家协会会员、艺友书画会画师。出版有《于锦声画集》等。

J0023481
大的给你 李战云画
济南 山东人民出版社 1983 年 76cm（2 开）
定价：CNY0.16
　　本作品为年画形式的中国现代国画作品。

J0023482
大地同春 曹之明作
上海 上海书画出版社 1983 年 76cm（2 开）
定价：CNY0.16
　　本作品是现代中国画。

J0023483
大风堂遗赠名迹特展图录 台北故宫博物院编辑委员会编辑
台北 台北故宫博物院出版社 1983 年 126 页有图版 30cm（15 开）精装

J0023484
大西瓜 郑学信画
济南 山东人民出版社 1983 年 76cm（2 开）
定价：CNY0.16
　　本作品为年画形式的中国现代国画作品。

J0023485
钓鱼 王克玲画
济南 山东人民出版社 1983 年［1 张］76cm（2 开）
定价：CNY0.16
　　本作品为年画形式的中国现代国画作品。

J0023486
东岭朝霞 吴守明作
太原 山西人民出版社 1983 年 76cm（2 开）
定价：CNY0.18
　　本作品是现代中国画。

J0023487
多寿 齐良芷画
福州 福建人民出版社 1983 年 76cm（2 开）
定价：CNY0.20
　　本作品为年画形式的中国现代国画作品。

J0023488
儿童乐园 李燕画
长春 吉林人民出版社 1983 年 76cm（2 开）
定价：CNY0.16
　　本作品为年画形式的中国现代国画作品。

J0023489
繁花似锦 檀东铿作
上海 上海书画出版社 1983 年 76cm（2 开）
定价：CNY0.16
　　本作品是现代中国画。

J0023490
方人定画集 方人定绘；广东画院主编
广州 岭南美术出版社 1983 年 26×39cm 精装
统一书号：8260.0612 定价：CNY27.50

J0023491
飞虹映秋 孙里人作
太原 山西人民出版社 1983 年 76cm（2 开）
定价：CNY0.18
　　本作品是现代中国画。作者孙里人（1941— ），画家。原名孙礼仁，浙江绍兴人，毕业于浙江美术学院。山西省文联一级美术师、山西省黄河画院副院长、山西省美术公司经理、中国美术家协会会员。作品有《矿工的儿子》《峡谷新城》《巍巍太岳山》等。

J0023492
飞向蓝天 刘恩斌画
北京 中国少年儿童出版社 1983 年 76cm（2 开）
定价：CNY0.13
　　本作品为年画形式的中国现代国画作品。

J0023493
丰碑 黄迪杞作画
福州 福建人民出版社 1983 年 附对联
107cm（全开）定价：CNY0.50
　　本作品系现代中国画。

J0023494
丰收的喜悦 徐福根画
北京 中国少年儿童出版社 1983 年 76cm（2 开）
定价：CNY0.13
　　本作品为年画形式的中国现代国画作品。

作者徐福根(1941—　　),别名夫耕,出生于浙江肖山。擅长年画。曾任江西人民出版社美术编辑、江西美术出版社副编审等职。作品有《雷锋与红领巾》《孙中山与宋庆龄》《让世界充满爱》《春从燕翅归》等。

J0023495

丰收乐　　王英画

济南　山东人民出版社　1983 年　76cm(2 开)

定价:CNY0.18

　　本作品为年画形式的中国现代国画作品。

J0023496

冯建吴画选　　冯建吴绘

成都　四川人民出版社　1983 年　24 幅　39cm(4开)

套装　统一书号:8118.1205　定价:CNY4.00

　　本书是中国现代中国画画册。作者冯建吴(1910—1989),书画家。字太虞,别字游。四川美术学院教授、中国美术家协会四川分会理事、中国书法家协会理事、重庆国画院副院长、成都画院顾问。作品有《黄山猴子观海》《月涌大江流》等。

J0023497

冯凭画选　　冯凭画

济南　山东人民出版社　1983 年　16 幅　25cm(15 开)

套装　统一书号:8099.2637　定价:CNY1.90

　　本书是中国现代中国画画册。作者冯凭(1910—2013),书画家、美术教育家。山东莱阳人。别名冯寄禅、冯子祥,号展公。历任中国美术家协会会员、山东画院名誉院长、青岛画院名誉院长、青岛工艺美术学校教授兼副校长等。代表作品有《百花谱》《诗忆画印》《冯凭书画集》等。

J0023498

凤鸣朝阳　　钱行健作

上海　上海书画出版社　1983 年　107cm(全开)

定价:CNY0.32

　　作者钱行健(1935—2010),国画家。江苏无锡人。擅长中国画,专习山水、花鸟,兼文学及诗词,后致力于中国绘画理论的研究。曾任上海外国语大学艺术教研室主任、副教授,上海海外联谊会联谊书画社副社长、海墨画社社长、上海书画研究院理事等。代表作品有《碧浪》《幽涧听泉》《江月幽禽》等。

J0023499

福寿康乐　　孙公照画

济南　山东人民出版社　1983 年　76cm(2 开)

定价:CNY0.18

　　本作品为年画形式的中国现代国画作品。

J0023500

福寿如意　　郭抱湘,徐万蓉画

济南　山东人民出版社　1983 年 [1 张]76cm(2 开)

定价:CNY0.13

　　本作品为年画形式的中国现代国画作品。

J0023501

福寿图　　倪辰生画

济南　山东人民出版社　1983 年　76cm(2 开)

定价:CNY0.18

　　本作品为年画形式的中国现代国画作品。

J0023502

傅抱石画选　　傅抱石绘

北京　人民美术出版社　1983 年　146 幅

19cm(32 开)　统一书号:8027.8613

定价:CNY1.30

(中国美术家丛书)

　　本画集选印画家的国画山水及人物作品,共146 幅。

J0023503

富春山居新图　　(叶浅予的山水长卷)叶浅予作

长沙　湖南美术出版社　1983 年　19×33cm

统一书号:8233.431

定价:CNY5.10,CNY8.00(精装)

　　本书是中国现代画画册。原画高 1 尺,长30 尺,从杭州六和塔画起,到梅城终结,数百里江山精华,尽收卷内。

J0023504

富贵长寿　　(胶印轴画)张琪画

石家庄　河北美术出版社　1983 年　1 轴　附对联107cm(全开)　定价:CNY1.50

　　本作品为年画形式的中国现代国画作品。

J0023505

赶年集　　刘贺画

济南　山东人民出版社　1983 年　76cm(2 开)

定价：CNY0.16

　　本作品为年画形式的中国现代国画作品。

J0023506

高台雅集　郭德森作

上海　上海书画出版社　1983 年　78cm（2 开）

定价：CNY0.12

　　本作品是现代中国画。

J0023507

高瞻图　孙其峰，孙智谱作

太原　山西人民出版社　1983 年　107cm（全开）

定价：CNY0.36

　　本作品是现代中国画。

J0023508

恭贺新春　李宝亮画

济南　山东人民出版社　1983 年　76cm（2 开）

定价：CNY0.16

　　本作品为年画形式的中国现代国画作品。

J0023509

恭贺新禧　邓文欣画

长春　吉林人民出版社　1983 年　76cm（2 开）

定价：CNY0.16

　　本作品为年画形式的中国现代国画作品。作者邓文欣（1936—　　），书画家。字子鹤，号那立闪人，辽宁阜新人。任四平市书画院院长、中国美术家协会会员。作品有《松鹤迎春》《路漫漫》《征程》，出版画集《山水花鸟画谱》《3D 文欣仙鹤画集》《文欣画鹤》等。

J0023510

古代体育　葛青，赵承鑫画；刘英民配诗

石家庄　河北美术出版社　1983 年　2 张　76cm（2 开）

定价：CNY0.32

　　本作品为年画形式的中国现代国画作品。

J0023511

龟兹壁画线描集　潘丁丁等绘

乌鲁木齐　新疆人民出版社　1983 年　137 页

20cm（32 开）定价：CNY1.20

　　本书选收潘丁丁、龚建新、祁协玉先后在位于"丝绸之路"北道的龟兹（即天山南麓以西的库车、拜城县一带）石窟群描绘的一部分壁画的线描稿，共 137 幅。作者潘丁丁（1936—1999），画师。广东南海人。毕业于西安美院油画系，后在中央美术学院铜版画工作室进修。擅长水粉画、中国画。历任新疆军区创作组美术创作员、新疆画院一级画师。作品有《走亲戚》《沙路》等。出版有《潘丁丁画册》《潘丁丁新疆速写集》《龟兹线描集》《丝路华彩画集》。

J0023512

国色天香　丁楼辰作

南京　江苏人民出版社　1983 年　107cm（全开）

定价：CNY0.45

　　本作品是现代中国画。

J0023513

国色天香　丁楼辰画

南京　江苏人民出版社　1983 年　107cm（全开）

定价：CNY0.75

　　本作品是现代画中国。

J0023514

国色天香　（胶印画轴）丁楼辰作

南京　江苏人民出版社　1983 年　107cm（全开）

定价：CNY0.75

　　本作品是现代中国画。

J0023515

国泰美术馆选集　（第十辑　吴昌硕、齐白石、傅抱石三石书画选集）蔡辰男编著

台北　国泰美术馆　1983 年　3 版　83 页　有图

34cm（10 开）

定价：TWD600.00，HKD85.00，USD18.00

　　作者蔡辰男（1940—　　），台北人。中兴大学毕业，留学美国并获商学硕士、名誉商学博士。喜爱美术、音乐，著名收藏家。

J0023516

国之瑰宝　吴忠民作

银川　宁夏人民出版社　1983 年　76cm（2 开）

定价：CNY0.18

　　本书是现代中国画。

J0023517

韩不言画集　韩不言绘

长沙　湖南美术出版社　1983 年　49 页 25cm（16 开）

统一书号：8233.420　定价：CNY4.00
（中国近现代名家画集）
　　本书系现代中国画画册。有 77 幅图。作者韩不言（1921—1996），画家。原名韩致忠。北京人，齐白石入室弟子。历任甘肃书法家协会理事、甘肃省聋哑人协会常务理事、兰州市美术家协会顾问。出版有《韩不言画集》。

J0023518
和合同庆大喜年　徐福根画；尹承志书
南昌　江西人民出版社［1983 年］76cm（2 开）
定价：CNY0.36
　　本作品为年画形式的中国现代国画作品。

J0023519
和合长寿　（胶印画轴）刘德能画
成都　四川人民出版社 1983 年 1 轴 附对联 107cm（全开）定价：CNY1.70
　　本作品为年画形式的中国现代国画作品。

J0023520
和顺满门添百福·平安二字值千金　陈伟明画；招仕波书
广州　岭南美术出版社 1983 年 76cm（2 开）
定价：CNY0.18
　　本作品为年画形式的中国现代国画作品。

J0023521
河山胜揽图　廉宽宏作
石家庄　河北美术出版社 1983 年 76cm（2 开）
定价：CNY0.16
　　作者廉宽宏（1945—　），画家、国家一级美术师。笔名老廉，生于哈尔滨，河北安平人。毕业于天津美术学院。中国美术家协会会员、中日美术交流协会会员、沧州美协副主席。作品有《一竿撑出绿波来》《苍岩毓秀》《淀上曲》等。

J0023522
荷花鸳鸯　江德悦画
济南　山东人民出版社 1983 年 76cm（2 开）
定价：CNY0.16
　　本作品为年画形式的中国现代国画作品。

J0023523
贺志伊画选　贺志伊绘

郑州　中州书画社 1983 年 28 幅 25cm（15 开）
统一书号：8219.357　定价：CNY2.50
　　本书系现代中国画画册。

J0023524
赫保真画选　赫保真绘
济南　山东人民出版社 1983 年 18 幅 25cm（15 开）
统一书号：8099.2636　定价：CNY1.90
　　本书系现代中国画画册。

J0023525
鹤鹿同春　苏耕画
济南　山东人民出版社 1983 年 76cm（2 开）
定价：CNY0.16
　　本作品为年画形式的中国现代国画作品。作者苏耕（1943—　），画家。生于山东荣成。原名苏永畔。毕业于山东艺专，后结业于中央美院。威海画院专职画家，副院长、副书记，中国美术家协会会员、国家一级美术师。作品有《大街小巷》《铁路哨兵》《童心》《在艺术的故乡里》等。

J0023526
红叶喜鹊　孙悟音作
上海　上海书画出版社 1983 年 76cm（2 开）
定价：CNY0.16
　　本作品是现代中国画。

J0023527
忽如一夜春风来　（胶印画轴）周韶华作
武汉　长江文艺出版社 1983 年 76cm（2 开）
定价：CNY0.80

J0023528
互相帮助　姚重庆画
北京　中国少年儿童出版社 1983 年 76cm（2 开）
定价：CNY0.13
　　本作品为年画形式的中国现代国画作品。作者姚重庆（1943—　），山东济南人。毕业于中央美术学院附中。擅长油画、连环画、年画。曾任天津人民美术出版社美术编审、中国出版社工作部协会年画艺术委员会秘书长。主要作品《彭大将军》《油画展厅》《周恩来的青少年时代》等。

J0023529

花墙会　霍允庆画

济南　山东人民出版社　1983 年　76cm（2 开）

定价：CNY0.16

　　本作品为年画形式的中国现代国画作品。作者霍允庆（1944—　　），笔名静轩，山东龙口人。擅长年画、中国画。曾在龙口文化馆从事美术工作，二级美术师。作品有《丰收时节》《劈山救母》《年方八八》等。

J0023530

欢乐的童年　田林海画

长春　吉林人民出版社　1983 年　76cm（2 开）

定价：CNY0.16

　　本作品为年画形式的中国现代国画作品。

J0023531

黄宾虹蜀游画选　黄宾虹绘

成都　四川人民出版社　1983 年　24 幅 37cm（8 开）

统一书号：8118.1498b 套装 定价：CNY4.00

　　本书是作者游历四川的画作。作者黄宾虹（1865—1955），山水画家。初名懋质，后改名质，字朴存，号宾虹，别署予向。生于浙江金华，原籍安徽歙县，代表作《山居烟雨》《新安江舟中作》等，著有《黄山画家源流考》《虹庐画谈》《画法要旨》等作品。

J0023532

黄胄册页选　黄胄绘

天津　天津人民美术出版社　1983 年　16 幅 37cm（8 开）统一书号：8073.70049

定价：CNY2.00

J0023533

黄胄画辑　黄胄绘

北京　人民美术出版社　1983 年　12 幅 37cm（8 开）套装 统一书号：8027.8511 定价：CNY1.10

J0023534

会当凌绝顶　刘鲁生作

济南　山东人民出版社　1983 年　78cm（3 开）

定价：CNY0.30

　　本作品是现代中国画。

J0023535

击鞠图　刘旦宅作

上海　上海书画出版社　1983 年　78cm（3 开）

定价：CNY0.12

　　本作品是现代中国画。

J0023536

吉庆有余　王福增画

济南　山东人民出版社　1983 年　76cm（2 开）

定价：CNY0.13

　　中国现代工艺美术年画作品，现代中国画。

J0023537

纪念辛亥革命七十周年书画展品集　中国国民党革命委员会中央宣传部编

北京　文物出版社　1983 年　275+26 页 26cm（16 开）

统一书号：8068.1170 定价：CNY12.00，CNY16.00（精装）

　　本书共收入书法、绘画、拓片、篆刻 275 件。书后附有"书法、拓片、篆刻录文"和"作者简介"。

J0023538

家家都在欢乐中　周洪生画

长春　吉林人民出版社　1983 年　76cm（2 开）

定价：CNY0.16

　　本作品为年画形式的中国现代国画作品。作者周洪生（1938—　　），画家。吉林梨树人，毕业于吉林艺术专科学校美术系和吉林艺术学校国画系。历任四平群众艺术馆副研究馆员，梨树文化馆美术组工作人员。作品有《献给我们的教师》《我心中的歌》。

J0023539

家乡来的小客人　樊运琪画

济南　山东人民出版社　1983 年　76cm（2 开）

定价：CNY0.16

　　本作品为年画形式的中国现代国画作品。

J0023540

健康长寿　邓文欣画

长春　吉林人民出版社　1983 年　76cm（2 开）

定价：CNY0.16

　　本作品为年画形式的中国现代国画作品。作者邓文欣（1936—　　），书画家。字子鹤，号那立闪人，辽宁阜新人。任四平市书画院院长、中国美术家协会会员。作品有《松鹤迎春》《路漫漫》《征程》,出版画集《山水花鸟画谱》《3D文欣仙鹤画集》《文欣画鹤》等。

J0023541

江山多娇　孙信一作
上海　上海书画出版社 1983 年 107cm(全开)
定价:CNY0.40
　　本作品是现代中国画。作者孙信一(1947—　　),画家。生于上海川沙县,毕业于日本多摩美术大学研究生学业。历任阳光法亚文化协会会长、上海书画院特聘画师、陆俨少艺术研究会会长、雪堂书画研究会特邀顾问等。

J0023542

金鱼嬉游　(胶印画轴)徐成智作
武汉　湖北人民出版社 1983 年 76cm(2 开)
定价:CNY0.48
　　作者徐成智(1937—　　),江苏金坛人。曾任武汉画院画师、湖北省美术家协会会员、湖北省连环画研究会首届副会长等职。代表作品有《友谊之花》《丰收歌舞》《情寓西厢》《体操王子》等。

J0023543

金志远　徐朮画选　金志远,徐朮绘
南京　江苏人民出版社 1983 年 18 幅 27cm(16 开)
统一书号:8100.6.009 定价:CNY2.50
　　本画选内容为山河、花草等,反映祖国壮丽的风光和欣欣向荣的面貌。

J0023544

锦绣漓江　苏春生作
上海　上海书画出版社 1983 年 76cm(2 开)
定价:CNY0.16
　　本作品是中国画。

J0023545

劲松画集　余白墅编
上海　上海书画出版社 1983 年 46 幅 27cm(16 开)
统一书号:8172.585 定价:CNY3.60
　　本画集是编著搜集 1974 年之前国画家为宾馆和饭店作的布置画、出口画,以及作者赠送友人的作品,并将其汇集成册。

J0023546

劲松图　杨夏林作
上海　上海书画出版社 1983 年 76cm(2 开)
定价:CNY0.16
　　本作品是中国画。

J0023547

敬长图　(胶印画轴)索朗群培,桑阿作
拉萨　西藏人民出版社 1983 年 107cm(全开)
定价:CNY1.10
　　本作品是现代中国画。

J0023548

九华山万寿寺　刘庸作
太原　山西人民出版社 1983 年 76cm(2 开)
定价:CNY0.18
　　本作品是现代中国画。

J0023549

卷丹　王霞宙作
武汉　长江文艺出版社 1983 年 76cm(2 开)
定价:CNY0.50
　　本作品是现代中国画。

J0023550

骏马奔腾　胡伯翔作
上海　上海书画出版社 1983 年 76cm(2 开)
定价:CNY0.16
　　本作品是现代中国画。

J0023551

骏马图　(胶印画轴)
石家庄　河北美术出版社 1983 年 107cm(全开)
定价:CNY1.40
　　本作品是现代中国画。

J0023552

骏马图　郭广业作
杭州　浙江人民美术出版社 1983 年 76cm(2 开)
定价:CNY0.23
　　本作品是现代中国画。

J0023553

看谁套得准　刘泽文画
济南　山东人民出版社 1983 年 76cm(2 开)

定价：CNY0.16

　　本作品为年画形式的中国现代国画作品。作者刘泽文（1943—　），画家，国家一级美术师。山东即墨人，历任烟台地区新华书店美工、山东省出版总社烟台分社美术编辑。代表作品《望穿碧海千层浪》，出版有《刘泽文水粉画集》。

J0023554

看谁游的快　刘佩珩画

长春 吉林人民出版社 1983 年 76cm（2 开）

定价：CNY0.16

　　本作品为年画形式的中国现代国画作品。作者刘佩珩（1954—　），画家，研究院。别名刘山，天津宝坻人，毕业于东北师范大学美术系。历任吉林省通榆县文化馆副馆长、副研究员。作品有《喜迎春》《长白珍宝》《祖孙情》《长白珍奇》《趣》《关东乐》等。

J0023555

看我洗得干净吗　刘乃勇画

济南 山东人民出版社 1983 年 76cm（2 开）

定价：CNY0.16

　　本作品为年画形式的中国现代国画作品。

J0023556

孔雀　朱竹庄作

西安 陕西人民美术出版社 1983 年 ［78cm］（3 开）定价：CNY0.12

　　本作品是现代中国画。

J0023557

孔雀　陈晔作

成都 四川省新闻图片社 ［1983 年］76cm（2 开）

定价：CNY0.28

J0023558

孔雀　周彦生作

郑州 中州书画社 1983 年 76cm（2 开）

定价：CNY0.18

　　本作品是现代中国画。

J0023559

孔雀牡丹　（胶印画轴）王一鸣画

济南 山东人民出版社 1983 年 1 轴 附对联 107cm（全开）定价：CNY1.50

　　本作品为年画形式的中国现代国画作品。

J0023560

孔雀牡丹　乔玉川作

西安 陕西人民美术出版社 1983 年 ［78cm］（3 开）定价：CNY0.12

　　本作品是现代中国画。

J0023561

孔雀牡丹　宫兴福作

昆明 云南人民出版社 1983 年 76cm（2 开）

定价：CNY0.18

　　本作品是现代中国画。作者宫兴福（1936—　），教授。黑龙江密山人。毕业于鲁迅美术学院中国画系，后留校任教。作品《豆花香》《听泉》《天女木兰》。发表论文有《图新·求美·思变》《意念·意象·以形写神》等。

J0023562

快乐的"六一"节　蒋昌一画

上海 上海教育出版社 1983 年 76cm（2 开）

定价：CNY0.18

　　本作品为年画形式的中国现代国画作品。作者蒋昌一（1943—　），画家、国家一级美术师。湖南湘乡人，毕业于南京艺术学院美术系。历任上海美术设计公司干部、上海油画雕塑院院长、中国美协会员、上海美协常务理事、上海美协绘画艺术委员会主任。代表作品《团结》《国旗象太阳一样红》《革命风雨催我长》等。

J0023563

赖少其画集　赖少其绘

北京 人民美术出版社 1983 年 39cm（4 开）

精装 统一书号：8027.8441 定价：CNY37.00

　　本书系中国画画册。共收画家作品110幅。作者赖少其（1915—2000），艺术家。斋号木石斋，广东普宁市人。毕业于广州美术专科学校。历任上海美协副主席、中共安徽省委宣传部副部长、广州市美术家协会名誉主席、中国版画家协会副主席。

J0023564

赖少其作品选集　赖少其绘

上海 上海人民美术出版社 1983 年 64 幅 39cm（4 开）精装 统一书号：8081.13062

定价: CNY20.00

本画集共收录 64 幅中国画

J0023565

劳动多福　邓文欣画

长春 吉林人民出版社 1983 年 76cm（2 开）

定价: CNY0.16

本作品为年画形式的中国现代国画作品。作者邓文欣（1936—　　），书画家。字子鹤，号那立闪人，辽宁阜新人。任四平市书画院院长、中国美术家协会会员。作品有《松鹤迎春》《路漫漫》《征程》，出版画集《山水花鸟画谱》《3D 文欣仙鹤画集》《文欣画鹤》等。

J0023566

劳动致富　范恩树画

长春 吉林人民出版社 1983 年 76cm（2 开）

定价: CNY0.16

本作品为年画形式的中国现代国画作品。作者范恩树（1946—　　），吉林梨树县人。吉林省美术家协会会员，曾任梨树县美协副主席兼秘书长。作品有《献给老师》《春满神州》《吉庆有余》等。

J0023567

乐寿图　赵幼华画

长春 吉林人民出版社 1983 年 76cm（2 开）

定价: CNY0.16

本作品为年画形式的中国现代国画作品。

J0023568

乐在其中　孙公照画

济南 山东人民出版社 1983 年 76cm（2 开）

定价: CNY0.16

本作品为年画形式的中国现代国画作品。

J0023569

漓江秀色　华拓作

合肥 安徽人民出版社 1983 年 76cm（2 开）

定价: CNY0.16

本作品是现代中国画。

J0023570

李耕画录　（第一辑 仙游）

福州 中国美术家协会福建分会 1983 年

17×18cm

本书是中国画画册。画家李耕（1885—1964），字砚农，原名李实坚，号一琴道人、大帽山人等，堂号菜根精舍。福建仙游县人。曾任福建省美协副主席、省政协委员、文史馆员等。出版有《李耕画集》《仙游画家》《李耕画录》《五百罗汉图》等画集。

J0023571

李清照　邱丽娟作

广州 岭南美术出版社 1983 年 76cm（2 开）

定价: CNY0.18

本作品是现代中国画。

J0023572

力求严肃认真思考的札记　黄永玉［著］

香港 生活·读书·新知三联书店香港分店

1983 年 135 页 有图 19cm（32 开）

ISBN: 962-04-0302-9 定价: HKD20.00

（永玉三记 2）

J0023573

荔枝小鸟　梁纪作

上海 上海人民美术出版社 1983 年

［78cm］（3 开）定价: CNY0.11

本作品是现代中国画。

J0023574

梁树年画辑　梁树年绘

北京 人民美术出版社 1983 年 12 幅 39cm（4 开）

套装 统一书号: 8027.8774 定价: CNY1.10

本书是中国画画册。

J0023575

林镜秋国画展览纪念册　中共广东省委老干部局编辑

［中共广东省委老干部局］1983 年 137 页

37cm（8 开）精装

J0023576

刘海粟中国画选集　刘海粟绘

上海 上海人民美术出版社 1983 年 96 幅

39cm（4 开）精装 统一书号: 8081.12488

定价: CNY30.00

本书收入作者 1924—1980 年间的代表作品，展示了其水墨、淡彩、重彩、泼墨、泼彩等不同技法，其中有绘画作品《言子墓》《秋江饮马》等；书法作品《草书轴》《归去来辞》等；另附志煌辑《海粟老人画语摘录》。共有 96 幅图。

J0023577

刘海粟作品选集　刘海粟作

北京　人民美术出版社 1983 年 39cm（4 开）

精装 统一书号：8027.7417 定价：CNY42.00

　　本书是中国画画册。

J0023578

刘文西新作　刘文西绘

郑州　中州书画社 1983 年 38 幅 25cm（15 开）

统一书号：8219.214 定价：CNY1.70

　　本书为中国画画册。作者刘文西（1933—2019），生于浙江嵊州。曾任中国美术协会顾问、陕西省文艺界联合会顾问、陕西省美协副主席、西安美术学院名誉院长、西安美院研究院院长、延安市副市长。重要作品有《毛主席和牧羊人》《东方》《解放区的天》和巨幅系列长卷《黄土人》等近百幅。

J0023579

流民图　蒋兆和绘

北京　人民美术出版社 1983 年 25cm（15 开）

统一书号：8027.7895 定价：CNY0.60

　　本作品分全图和局部图印出，共有 29 幅图。

J0023580

六长寿　（汉藏文对照）桑阿，索朗群培作

拉萨　西藏人民出版社 1983 年 76cm（2 开）

定价：CNY0.36

　　本作品是中国现代年画。

J0023581

六长寿　（胶印画轴）桑阿，索朗群培作

拉萨　西藏人民出版社 1983 年 107cm（全开）

定价：CNY1.10

　　本作品是现代中国画。

J0023582

龙门图　黄景涛作

太原　山西人民出版社 1983 年 76cm（2 开）

定价：CNY0.18

　　本作品是现代中国画。

J0023583

庐山香炉峰　华拓作

合肥　安徽人民出版社 1983 年 76cm（2 开）

定价：CNY0.16

J0023584

陆俨少画辑　陆俨少绘

北京　人民美术出版社 1983 年 12 幅 37cm（8 开）

套装 统一书号：8027.8510 定价：CNY1.10

　　本书是现代中国画画册。

J0023585

鸾凤和鸣　刘庸作

上海　上海书画出版社 1983 年 76cm（2 开）

定价：CNY0.16

　　本作品是现代中国画。

J0023586

罗浮胜景　单剑锋作

广州　岭南美术出版社 1983 年 76cm（2 开）

定价：CNY0.16

　　本作品是现代中国画。作者单剑锋（1934—　　），画家。湖南衡山县人，毕业于广州美术学院中国画系。历任岭南美术出版社副编审、广东美术家协会会员、齐白石纪念馆特聘画家、海南大学艺术学院客座教授等。主要作品有《九曲黄河》《荒原月》《我是一片云》《独钓寒江》《长河落日》等。

J0023587

妈妈先进我光荣　翟盛礼画

长春　吉林人民出版社 1983 年 76cm（2 开）

定价：CNY0.16

　　本作品为年画形式的中国现代国画作品。

J0023588

马龙青画选　马龙青绘

济南　山东人民出版社 1983 年 16 幅 25cm（15 开）

套装 统一书号：8099.2639 定价：CNY1.90

　　本书系中国现代画画册。作者马龙青（1911—1998），国画家。别名龙青，室名竹林斋，山东莱阳人。历任青岛画院名誉院长、山东青岛市文化局局长、美协山东分会顾问。作品有《葡萄》《枇杷》《鸭戏》等，出版有《马龙青画集》等。

J0023589

猫 （胶印画轴）王雪涛等作

石家庄　河北美术出版社　1983 年　76cm（2 开）

定价：CNY0.50

　　本作品是现代中国画。

J0023590

毛泽东诗意画选　龚继先等作

上海　上海人民美术出版社　1983 年　12 幅

29cm（16 开）统一书号：8081.13669

定价：CNY2.30

　　本书系中国现代画画册。作者龚继先

（1939—　　），画家。北京人，毕业于中央美术学

院。历任上海人民美术出版社总编辑、上海中国

画院兼职画师、中国美术家协会会员等。代表作

品有《指墨瓶花图》等

J0023591

梅花　应中逸作

兰州　甘肃人民出版社　1983 年　76cm（2 开）

定价：CNY0.25

　　本作品是现代中国画中的花卉画。

J0023592

梅花报春　黄幻吾作

上海　上海书画出版社　1983 年　76cm（2 开）

定价：CNY0.16

　　本作品是现代中国画中的花卉画。

J0023593

梅开雪霁　（木版水印　绫裱卷轴）齐白石作

北京　荣宝斋［1983 年］［1 轴］定价：CNY16.50

　　本书系中国花鸟画，描绘的是古瓶插梅。作

者齐白石，现代中国画大师。

J0023594

美景良辰迎吉日·和风甘雨兆丰年　陈伟明画

广州　岭南美术出版社　1983 年　76cm（2 开）

定价：CNY0.18

　　本作品为年画形式的中国现代国画作品。

J0023595

鸣春图　张宝元画

济南　山东人民出版社　1983 年　76cm（2 开）

定价：CNY0.18

　　本作品为年画形式的中国现代国画作品。

J0023596

牡丹　（胶印画轴）王雪涛作

石家庄　河北美术出版社　1983 年　76cm（2 开）

定价：CNY0.50

　　本作品是现代中国画。

J0023597

牡丹　白铭作

沈阳　辽宁美术出版社　1983 年［78cm］（3 开）

定价：CNY0.27

　　本作品是现代中国画。作者白铭（1926—

2002），国画家。蒙古族，内蒙古包头人。字荘堂。

毕业于北京京华美术学院国画系。擅花鸟，兼作

山水、人物。中国美术家协会会员，曾任内蒙古

美术家协会副主席、包头师范专科学校教师、高

级工艺美术设计师。主要作品有《梅雀图》《芍

药》《白梅》等。

J0023598

牡丹锦鸡　贺伯英画

北京　中国旅游出版社　1983 年　107cm（全开）

定价：CNY0.36

　　本作品为年画形式的中国现代国画作品。

J0023599

牡丹亭　孟宪滨，何晓峰作

兰州　甘肃人民出版社　1983 年　76cm（2 开）

定价：CNY0.16

　　本作品是现代中国画。

J0023600

木兰换装　冯庆国作

贵阳　贵州人民出版社　1983 年　76cm（2 开）

定价：CNY0.16

　　本作品是现代中国画。

J0023601

木寿高节　叶永昶作

天津　天津人民美术出版社　1983 年　76cm（2 开）

定价：CNY0.18

　　本作品是现代中国画。

J0023602
鸟语花香　张琪作
合肥　安徽人民出版社　1983 年　107cm（全开）
定价：CNY0.32
　　现代中国画作品。

J0023603
鸟语花香　（胶印画轴）薛长山作
广州　岭南美术出版社　1983 年［2 轴］76cm（2 开）
定价：CNY1.30
　　现代中国画作品。作者薛长山，擅长年画。主要作品有《四季花鸟》《四季吉祥》《四季平安》等。

J0023604
潘君诺花虫小品集　潘君诺绘
上海　上海人民美术出版社　1983 年　66 幅
19cm（32 开）统一书号：8081.12966
定价：CNY7.00
　　本书系现代花鸟画、草虫画画册。作者潘君诺（1907—1981），画家。江苏镇江人，名然，晚年号然翁，作品有《荔枝蝉鸣图》《鸡虫得失》等。出版有《潘君诺画花鸟草虫小画集》。

J0023605
盘径寻幽上九宵　梁铭添作
广州　岭南美术出版社　1983 年　76cm（2 开）
定价：CNY0.22
　　本作品是现代中国画。

J0023606
盘径寻幽上九宵　（胶印画轴）梁铭添作
广州　岭南美术出版社　1983 年　76cm（2 开）
定价：CNY0.65
　　本作品是现代中国画。

J0023607
炮竹声声除旧岁·梅花点点报新春　陈伟明画；黄子厚书
广州　岭南美术出版社　1983 年　76cm（2 开）
定价：CNY0.18
　　本作品为年画形式的中国现代国画作品。作者黄子厚（1918—1998），书法家。广东开平人，曾任广东省书法家协会常务理事，广州市文史研究馆馆员，中国书法家协会会员。出版有《黄子厚行草书册》。

J0023608
葡萄熟了　王洪俊画
长春　吉林人民出版社　1983 年　76cm（2 开）
定价：CNY0.16
　　本作品为年画形式的中国现代国画作品。

J0023609
气壮山河　杨石朗作
南昌　江西人民出版社［1983 年］76cm（2 开）
定价：CNY0.13

J0023610
千秋佳丽　（胶印画轴）方工，雨新作
武汉　湖北人民出版社　1983 年　78cm（2 开）
定价：CNY0.40
　　本作品是现代中国画。作者方工，女，画家。原名王振芳。擅画猫。与其父合作绘著并出版《画猫技法基础》《百猫百蝶图》等。

J0023611
千秋颂　王伟成作
上海　上海人民美术出版社　1983 年　76cm（全开）
定价：CNY0.36
　　本作品是现代中国画。作者王伟成，曾任上海人民美术出版社年画、宣传画编辑室主任。

J0023612
千姿万态破朝霞　王雪涛作
沈阳　辽宁美术出版社　1983 年［78cm］（3 开）
定价：CNY0.27
　　本作品是现代中国画。

J0023613
钱松嵒八旬后指画集　钱松嵒绘
上海　上海人民美术出版社　1983 年　48 幅
22cm（32 开）统一书号：8081.12931
定价：CNY5.20
　　本画集大部分是实景写生，一部分为花鸟画。作者钱松嵒（1899—1985），画家。江苏宜兴人。曾任江苏省国画院院长、名誉院长，江苏省美术家协会主席、中国美术家协会常务理事等。画作有《红岩》《延安颂》《芙蓉湖上》《山岳颂》等。代表作品有《梅园新村》《延安颂》《红岩》《井冈大瀑布》等。著作《砚边点滴》。出版物《钱松嵒画集》等。

J0023614
且听龙吟　华拓作
福州　福建人民出版社　1983 年　76cm（2 开）
定价：CNY0.20
　　本作品是现代中国画。

J0023615
秦古柳画辑　秦古柳绘
南京　江苏人民出版社　1983 年　12 页　25×26cm
统一书号：8100.6.015　定价：CNY1.50
　　本书是中国画画册。

J0023616
勤俭致富　邓文欣画
长春　吉林人民出版社　1983 年　76cm（2 开）
定价：CNY0.16
　　本作品为年画形式的中国现代国画作品。作者邓文欣（1936—　），书画家。字子鹤，号那立闪人，辽宁阜新人。任四平市书画院院长，中国美术家协会会员。作品有《松鹤迎春》《路漫漫》《征程》，出版画集《山水花鸟画谱》《3D 文欣仙鹤画集》《文欣画鹤》等。

J0023617
勤劳篇　徐文山画；刘仲武配诗
石家庄　河北美术出版社　1983 年　2 张　76cm（2 开）
定价：CNY0.32
　　本作品为年画形式的中国现代国画作品。作者刘仲武（1945—　），河北霸县（现霸州市）人。历任中国戏曲表演学会常务理事、原河北省戏剧家协会副主席，现任河北省戏剧家协会顾问、艺术指导委员会委员、河北省京剧票友协会副主席兼秘书长。

J0023618
勤劳有余福寿来　杨树有画
长春　吉林人民出版社　1983 年　76cm（2 开）
定价：CNY0.16
　　本作品为年画形式的中国现代国画作品。

J0023619
青城春晓图　李金远作
成都　四川人民出版社　1983 年　76cm（2 开）
定价：CNY0.16
　　本作品是现代中国画。作者李金远

（1945—　），画家、美术教育家。四川成都人。历任四川师范大学艺术系高级美术师、中国美术家协会会员、中华美学学会会员。出版有《李金远画集》《李金远作品集——从四川到南比利牛斯》《李金远南比利牛斯作品集》等。

J0023620
青春放光华　孙公照画
济南　山东人民出版社　1983 年　76cm（2 开）
定价：CNY0.16
　　本作品为年画形式的中国现代国画作品。

J0023621
青山叠翠　王顺兴画
石家庄　河北美术出版社　1983 年　76cm（2 开）
定价：CNY0.16
　　本作品是现代中国画。

J0023622
青山颂　许家麟作
银川　宁夏人民出版社　1983 年　76cm（2 开）
定价：CNY0.18
　　本作品是现代中国画。

J0023623
清秋声色　胡伯祥作
成都　四川人民出版社　1983 年　53cm（4 开）
定价：CNY0.08
　　本作品是现代中国画。

J0023624
清影翠华　（胶印画轴）卢坤峰画
济南　山东人民出版社　1983 年　1 轴　附对联
107cm（全开）　定价：CNY1.50
　　本作品为年画形式的中国现代国画作品。

J0023625
秋草画集　陈秋草绘
上海　上海人民美术出版社　1983 年　83 幅
39cm（8 开）精装　统一书号：8081.12932
定价：CNY25.00
　　作者陈秋草，善于从日常生活中摄取题材，推陈出新，如静物花卉、玩具、爆仗等物皆可入画。其作品特色是融合中西绘画之长，设色近似水彩画法。

J0023626

秋山红叶　宋雨桂作

沈阳　辽宁美术出版社　1983 年　53cm（4 开）

定价：CNY0.20

　　本作品是现代中国画。

J0023627

秋水群嬉　黄芗作

上海　上海书画出版社　1983 年　58cm（3 开）

定价：CNY0.12

　　本作品是现代中国画。

J0023628

群马　徐悲鸿作

北京　北京出版社　1983 年　76cm（2 开）

定价：CNY0.18

　　本作品是现代中国画。

J0023629

群马　（胶印画轴）徐悲鸿作

武汉　长江文艺出版社　1983 年　107cm（全开）

定价：CNY0.80

　　本作品是现代中国画。

J0023630

让她先玩　姚中玉画

北京　中国少年儿童出版社　1983 年　76cm（2 开）

定价：CNY0.13

　　本作品为年画形式的中国现代国画作品。作者姚中玉，画家。曾任湖南省艺术家书画院会员、长沙市书法家协会会员等职。主要作品有《迎风燕舞》《向天歌》《一唱雄鸡天下白》《春情》《富贵吉祥》等。

J0023631

人欢鱼跃　陈明画

济南　山东人民出版社　1983 年　76cm（2 开）

定价：CNY0.16

　　本作品为年画形式的中国现代国画作品。

J0023632

人民功臣　张秀时，李林祥作

沈阳　辽宁美术出版社　1983 年　53cm（4 开）

定价：CNY0.20

　　本作品是现代中国画。作者张秀时

（1938—　），辽宁辽中人，毕业于鲁迅美术学院中国画系。历任中国美协辽宁分会创作员，辽宁人民出版社美术图片编辑室负责人，辽宁美术出版社美编室主任、美术创作室主任、总编室主任兼社长助理、副社长、副总编辑，《美术大观》主编等。国画作品有《工人学哲学》《让洼塘变富仓》《场院上》。年画有《人民功臣》《祖国万岁》等。

J0023633

人民功臣　李林祥，张秀时作

北京　人民美术出版社　1983 年　76cm（2 开）

定价：CNY0.18

　　本作品是现代中国画。

J0023634

人人守纪律　余小仪画

北京　中国少年儿童出版社　1983 年　76cm（2 开）

定价：CNY0.13

　　本作品为年画形式的中国现代国画作品。作者余小仪（1949—　），油画家。生于上海，毕业于上海纺专美术系（现上海东华大学美术系），后又分别就读于纽约美格埃弗斯学院和杜鲁大学。中央美术学院、厦门大学艺术学院客座教授，美国肖像画家协会会员。主要作品有《爱祖国爱海洋》《变戏法》《沉香扇》等。

J0023635

人寿年丰·万象更新　（胶印画轴）成砺志画

郑州　中州书画社　1983 年　1 轴　附对联

107cm（全开）定价：CNY1.40

　　本作品为年画形式的中国现代国画作品。作者成砺志（1954—　），江苏扬州人。国家一级美术师，中国美术家协会会员。主要作品《六老图·邓小平》《我为祖国争光》《春暖万家》等。

J0023636

三宝为民造福多　王善生画

长春　吉林人民出版社　1983 年　76cm（2 开）

定价：CNY0.16

　　本作品为年画形式的中国现代国画作品。

J0023637

三唱春晓　朴英珊作

沈阳　辽宁美术出版社　1983 年　76cm（2 开）

定价：CNY0.18

本作品是现代中国画。

J0023638
三顾茅庐　赵贵德画；刘仲武配诗
石家庄　河北美术出版社　1983年　2张　76cm（2开）
定价：CNY0.32
　　本作品为年画形式的中国现代国画作品。作者赵贵德（1937— ），满族、国家一级美术师。生于北京。历任中国美术家协会理事、河北省美术家协会名誉主席。代表作品有《激流》《春潮》《大风歌》《神骏图》等，著有《怎样才能画好速写》。作者刘仲武（1945— ），河北霸县（现霸州市）人。历任中国戏曲表演学会常务理事、原河北省戏剧家协会副主席、现任河北省戏剧家协会顾问、艺术指导委员会委员、河北省京剧票友协会副主席兼秘书长。

J0023639
三请梨花　赵彦杰画
长春　吉林人民出版社　1983年　76cm（2开）
定价：CNY0.16
　　本作品为年画形式的中国现代国画作品。作者赵彦杰（1937— ），国家二级美术师。出生在东北，毕业于师范学校。作品有《农忙十二月》《泥土芳香》《大观园》《忠烈千秋》《血染白山》等。

J0023640
三友图　杨建候作
南京　江苏人民出版社　1983年　76cm（2开）
定价：CNY0.18
　　本作品是现代中国画。

J0023641
桑园峡　董吉泉作
兰州　甘肃人民出版社　1983年　107cm（全开）
定价：CNY0.32
　　本作品是现代中国画。

J0023642
山东老国画家画选　中国美术家协会山东分会编
济南　山东人民出版社　1983年　24幅　19cm（32开）
统一书号：8099.2668　定价：CNY2.95
　　本画集是从"山东省老国画家画展"中精选

了24位60岁以上的老画家的作品编辑成册的，其中有山水、人物、动物、花鸟虫鱼等。

J0023643
山谷春深　张德泉作
南京　江苏人民出版社　1983年　［1张］76cm（2开）
定价：CNY0.18
　　本作品是现代中国画。

J0023644
山清水秀　董吉泉作
兰州　甘肃人民出版社　1983年　1张　76cm（2开）
定价：CNY0.25
　　本作品是现代中国画。

J0023645
山水　萧俊贤作
太原　山西人民出版社　1983年　［1张］76cm（2开）
定价：CNY0.18
　　本作品是现代中国山水画。

J0023646
山水　黄宾虹作
杭州　西泠印社　1983年　［1张］76cm（2开）
定价：CNY0.39
　　本作品是现代中国山水画。

J0023647
山水花鸟画选
济南　山东人民出版社　1983年　28幅　26cm（16开）
统一书号：8099.2493　定价：CNY1.50
　　本画集选收了丁宁源、王本城、尹燕新、宋磊、杨文仁、李冰奇等人的山水花鸟作品28幅。

J0023648
少林寺　赵文发作
石家庄　河北美术出版社　1983年　1张　76cm（2开）
定价：CNY0.16

J0023649
神女跨虎入山图　华三川作
上海　上海书画出版社　1983年　1张　85cm（3开）
定价：CNY0.12

J0023650
诗情画意　田云鹏，尹德年画；赵兴华书
石家庄 河北美术出版社 1983 年 1 张
153cm（2 全开）定价：CNY0.64
　　本作品为年画形式的中国现代国画作品。

J0023651
诗人画册　刘旦宅绘
北京 人民美术出版社 1983 年 101 页
25cm（16 开）统一书号：8027.7942
定价：CNY6.80
　　作者刘旦宅（1931—2011），教授、画家。原
名浑，又名小粟，后改名旦宅，别名海云生。浙
江温州人。曾在上海市大中国图书局、上海教育
出版社、上海人民美术出版社绘画、上海师范大
学美术系主任。代表作品《曹血雪芹生平》《琵
琶行》《刘旦宅聊斋百图》《石头记人物画册》等。

J0023652
十驴图　（胶印画轴）黄胄作
石家庄 河北美术出版社 1983 年 ［1 轴］
78cm（2 开）定价：CNY0.50

J0023653
石榴图　齐白石作
北京 文物出版社 1983 年 1 张 85cm（3 开）
定价：CNY0.27

J0023654
寿桃　王遵义画
济南 山东人民出版社 1983 年 1 张 76cm（2 开）
定价：CNY0.16
　　本作品为年画形式的中国现代国画作品。

J0023655
双虎　李墨作
天津 天津杨柳青画店 1983 年 1 张 76cm（2 开）
定价：CNY0.16

J0023656
双骏图　（胶印画轴）徐悲鸿作
南昌 江西人民出版社［1983 年］1 轴
107cm（全开）定价：CNY2.00

J0023657
双马图　徐悲鸿作
北京 文物出版社 1983 年 1 张［78cm］（2 开）
定价：CNY0.27

J0023658
双喜　黄玉英画
济南 山东人民出版社 1983 年 1 张 76cm（2 开）
定价：CNY0.16
　　本作品为年画形式的中国现代国画作品。

J0023659
双喜迎春　何佳，韩敏作
昆明 云南人民出版社 1983 年 1 张 76cm（2 开）
定价：CNY0.18

J0023660
水甜心更美　王英画
福州 福建人民出版社 1983 年 1 张 76cm（2 开）
定价：CNY0.16
　　本作品为年画形式的中国现代国画作品。

J0023661
松风人语入流霞　李泉作
广州 岭南美术出版社 1983 年 1 张 76cm（2 开）
定价：CNY0.22

J0023662
松风人语入流霞　（胶印画轴）李泉作
广州 岭南美术出版社 1983 年 1 轴 76cm（2 开）
定价：CNY0.65

J0023663
松鹤延年　（胶印画轴）贺伯英画
南宁 广西人民出版社 1983 年［1 轴］
107cm（全开）定价：CNY0.40
　　本作品为年画形式的中国现代国画作品。

J0023664
松鹤延年　（胶印画轴）贺伯英画；陈政书
南京 漓江出版社 1983 年 1 轴 附对联
107cm（全开）定价：CNY1.90
　　本作品为年画形式的中国现代国画作品。
作者陈政（1919—2002），书法家。广东新会侨乡
人，毕业于中山大学。中国书法家协会会员、广

西文史馆员、中国国际文化交流中心广西分会理事等。作品有《中学生作文选》《学生字帖》《字源谈趣》。

J0023665
松鹰图 （胶印画轴）黄胄作
石家庄 河北美术出版社 1983年 1张 76cm（2开）
定价：CNY0.50

J0023666
宋振庭画集 宋振庭绘
长春 吉林人民出版社 1983年 15幅 19cm（32开）
统一书号：8091.1350 定价：CNY2.70

J0023667
孙其峰画辑 孙其峰绘
北京 人民美术出版社 1983年 12幅 39cm（8开）
统一书号：8027.8834 定价：CNY1.10

J0023668
台湾同胞爱国怀乡诗意画选集
北京 友谊出版公司 1983年 60页 39cm（8开）
精装 统一书号：8309.3 定价：CNY30.00

J0023669
太空喜相逢 王福增画
济南 山东人民出版社 1983年 1张 76cm（2开）
定价：CNY0.16
　　本作品为年画形式的中国现代国画作品。

J0023670
泰岱雄姿 汪稼华作
济南 山东人民出版社 1983年 1张
［78cm］（2开）定价：CNY0.30

J0023671
天真可爱 陈松林画
福州 福建人民出版社 1983年 1张 76cm（2开）
定价：CNY0.16
　　本作品为年画形式的中国现代国画作品。

J0023672
娃娃逗猫 魏延滨画
济南 山东人民出版社 1983年 1张 76cm（2开）
定价：CNY0.16

本作品为年画形式的中国现代国画作品。

J0023673
娃娃嬉鱼 宋明远画
长春 吉林人民出版社 1983年 1张 76cm（2开）
定价：CNY0.16
　　本作品为年画形式的中国现代国画作品。作者宋明远（1938—　　），画家。出生于辽宁瓦房店。字月元，曾于广州美院国画系山水科进修。中国美术家协会会员、中国版画家协会会员、新加坡南洋画院院长、北京市狮城南洋画院院长等职。代表作有《与海共鸣》《激情澎湃》《红日出海》等。

J0023674
娃娃壮 樊运琪画
济南 山东人民出版社 1983年 1张 76cm（2开）
定价：CNY0.16
　　本作品为年画形式的中国现代国画作品。

J0023675
万紫千红 孙吉斌作
贵阳 贵州人民出版社 1983年 1张 76cm（2开）
定价：CNY0.16

J0023676
万紫千红 施立华作
上海 上海书画出版社 1983年 1张 76cm（2开）
定价：CNY0.16
　　作者施立华（1940—　　），上海人，毕业于浙江美术学院国画系。历任日本秋田市水墨画研究会顾问、上海师范大学艺术系教师。出版有《施立华画册》等。

J0023677
汪慎生画辑 汪慎生绘
北京 人民美术出版社 1983年 16幅 37cm（8开）
统一书号：8027.8612 定价：CNY1.10
　　作者汪慎生（1896—1972），艺术家。名溶，号满川村人，安徽歙县人。任中央美术学院民族美术研究所研究员、中国美术家协会会员。主要作品《番茄丰收》。

J0023678
王超画选 王超绘

天津 天津人民美术出版社 1983 年 56 页
25cm（16 开）统一书号：8073.50285
定价：CNY2.90

J0023679
王季迁山水图 （一）王季迁作
上海 上海书画出版社 1983 年 1 张 76cm（2 开）
定价：CNY0.22

J0023680
王季迁山水图 （二）王季迁作
上海 上海书画出版社 1983 年 1 张 76cm（2 开）
定价：CNY0.22

J0023681
王维宝画集 王维宝绘
哈尔滨 黑龙江人民出版社 1983 年 39 页 有照片
39cm（6 开）统一书号：8093.787 定价：CNY3.50
　　作者王维宝（1942—　），画家。福建晋江人，
毕业于广州美术学院附中。历任中国美术家协
会会员、广东美术家协会常务理事、广东画院专
业画家等。代表作品《捉麻雀》《霞染渔村》《女
炮班》等。

J0023682
威震山岗 梁邹画
济南 山东人民出版社 1983 年 1 张 76cm（2 开）
定价：CNY0.16
　　本作品为年画形式的中国现代国画作品。

J0023683
巍巍太岳山 孙里人，尹向前作
北京 人民美术出版社 1983 年 1 张 76cm（2 开）
定价：CNY0.16

J0023684
为您服务 王善生画
长春 吉林人民出版社 1983 年 1 张 76cm（2 开）
定价：CNY0.16
　　本作品为年画形式的中国现代国画作品。

J0023685
我爱环境美 谷学忠画
长春 吉林人民出版社 1983 年 1 张 76cm（2 开）
定价：CNY0.16

本作品为年画形式的中国现代国画作品。

J0023686
我戴上了红领巾 刘庆涛画
长春 吉林人民出版社 1983 年 1 张 76cm（2 开）
定价：CNY0.16
　　本作品为年画形式的中国现代国画作品。
作者刘庆涛，吉林永吉人，毕业于吉林省中等艺
术学校。历任吉林省吉剧团舞美设计、吉林省春
城剧场美术员、吉林省通榆县文化馆美术干部、
长春市宽城文化馆美术干部。作品有《田头阵地》
《泉水咚咚》《绿色的冬天》《周总理访问朝鲜》
《春风如意》等。

J0023687
我戴上了红领巾 邹起奎画
北京 中国少年儿童出版社 1983 年 1 张
76cm（2 开）定价：CNY0.13
　　本作品为年画形式的中国现代国画作品。
作者邹起奎（1948—　），画家。笔名加贝，辽宁
省盖州人，毕业于鲁迅美术学院附中。天津杨柳
青画社集绘画、摄影、编辑、出版于一身的专家。
中国美术家协会会员。代表作品有《毛泽东主
席》正面标准像等。

J0023688
我给阿姨照张像 刘佩珩画
长春 吉林人民出版社 1983 年 1 张 76cm（2 开）
定价：CNY0.16
　　本作品为年画形式的中国现代国画作品。
作者刘佩珩（1954—　），画家，研究院。别名刘
山，天津宝坻人，毕业于东北师范大学美术系。
历任吉林省通榆县文化馆副馆长、副研究员。作
品有《喜迎春》《长白珍宝》《祖孙情》《长白珍
奇》《趣》《关东乐》等。

J0023689
我给布娃做新衣 王曰新画
济南 山东人民出版社 1983 年 1 张 76cm（2 开）
定价：CNY0.16
　　本作品为年画形式的中国现代国画作品。

J0023690
我给军属送鲜菜 朱家安画
长春 吉林人民出版社 1983 年 1 张 76cm（2 开）

定价：CNY0.16
　　本作品为年画形式的中国现代国画作品。

J0023691
我们的好老师　魏志刚画
北京 中国少年儿童出版社 1983 年 1 张
76cm（2 开）定价：CNY0.13
　　本作品为年画形式的中国现代国画作品。
作者魏志刚（1950— ），生于河北省保定市。毕
业于天津美术学院。中国美术家协会会员、中国
油画学会会员、天津美术家协会会员、天津人民
美术出版社编审。画作有《野火烧不尽》《犬漠
孤灵》《满月》《大漠组画》等。主要著作有《魏
志刚油画作品选》《风景油画全程训练》《水粉风
景—原野遗韵》。

J0023692
我们的饲养小组　王美芳画
北京 中国少年儿童出版社 1983 年 1 张
76cm（2 开）定价：CNY0.13
　　本作品为年画形式的中国现代国画作品。
作者王美芳（1949— ），女，高级画师。北京人。
毕业于中央美术学院附中。天津工艺美术设计
院高级画师、天津画院院外画家。擅长中国画。
作品有《蒙山腊月》《王贵与李香香》《做嫁衣》
《正月》《太阳、雪山和我》。

J0023693
我们的愿望　宗万华画
北京 中国少年儿童出版社 1983 年 1 张
76cm（2 开）定价：CNY0.13
　　本作品为年画形式的中国现代国画作品。
作者宗万华（1946— ），毕业于天津工艺美院，
中国美术家协会会员、天津杨柳青画社美术编
审、中国民俗艺术研究院特约研究员、中共中央
机关工委紫光阁画院院士。出版有《宗万华画虎》
《工笔画虎技法》《拓临工笔画范本》《虎》《风虎
云龙》等十余种。

J0023694
我们胜利了　侯纪德画
济南 山东人民出版社 1983 年 1 张 76cm（2 开）
定价：CNY0.16
　　本作品为年画形式的中国现代国画作品。

J0023695
我们也来管天　周建志画
北京 中国少年儿童出版社 1983 年 1 张
76cm（2 开）定价：CNY0.13
　　本作品为年画形式的中国现代国画作品。

J0023696
我去台湾接外婆　刘泳画
福州 福建人民出版社 1983 年 1 张 76cm（2 开）
定价：CNY0.16
　　本作品为年画形式的中国现代国画作品。

J0023697
吴青霞画集　吴青霞绘
上海 上海人民美术出版社 1983 年 90 幅
37cm（8 开）精装 统一书号：8081.13246
定价：CNY25.00

J0023698
吴一峰国画选　吴一峰绘
成都 四川人民出版社 1983 年 16 幅 38cm（6 开）
定价：CNY3.00

J0023699
五好家庭　孙爱华画
济南 山东人民出版社 1983 年 1 张 76cm（2 开）
定价：CNY0.16
　　本作品为年画形式的中国现代国画作品。

J0023700
武戏屏　刘冰画；晓鹏配诗
石家庄 河北美术出版社 1983 年 2 张 76cm（2 开）
定价：CNY0.32
　　本作品为年画形式的中国现代国画作品。

J0023701
武戏屏　刘冰画；晓鹏配诗
石家庄 河北美术出版社 1983 年 2 张 76cm（2 开）
定价：CNY0.64
　　本作品为年画形式的中国现代国画作品。

J0023702
武戏屏　刘泳画；晓鹏配诗
石家庄 河北美术出版社 1983 年 2 张 76cm（2 开）
定价：CNY1.40

本作品为年画形式的中国现代国画作品。

J0023703
溪桥雨烟　吴石仙作
太原 山西人民出版社 1983 年 1 张 76cm（2 开）
定价: CNY0.18

J0023704
嬉猫图　程宗元作
北京 人民美术出版社 1983 年 1 张 76cm（2 开）
定价: CNY0.18

J0023705
嬉鱼　刘志深画
长春 吉林人民出版社 1983 年 1 张 76cm（2 开）
定价: CNY0.16
　　本作品为年画形式的中国现代国画作品。

J0023706
嬉鱼　郭淑玉画
济南 山东人民出版社 1983 年 1 张 76cm（2 开）
定价: CNY0.16
　　本作品为年画形式的中国现代国画作品。

J0023707
喜报春来　胡伯祥作
成都 四川人民出版社 1983 年 1 张 53cm（4 开）
定价: CNY0.08

J0023708
喜事新办　韩景琦画
长春 吉林人民出版社 1983 年 1 张 76cm（2 开）
定价: CNY0.16
　　本作品为年画形式的中国现代国画作品。

J0023709
喜事新办　董振中画
济南 山东人民出版社 1983 年 1 张 76cm（2 开）
定价: CNY0.16
　　本作品为年画形式的中国现代国画作品。
作者董振中（1945—　），画家。山东人。字子午,
号老草。毕业于浙江美术学院国画系。中国美
术家协会会员、国家一级美术师、邹城市美术家
协会主席、邹城市画院院长。山版《董振中画集》
《孟子圣迹图》《孔子圣迹图》等。

J0023710
喜寿图　宋仁贤画
济南 山东人民出版社 1983 年 1 张 76cm（2 开）
定价: CNY0.16
　　本作品为年画形式的中国现代国画作品。

J0023711
喜讯传给台湾小朋友　程实画
福州 福建人民出版社 1983 年 1 张 76cm（2 开）
定价: CNY0.16
　　本作品为年画形式的中国现代国画作品。

J0023712
戏曲屏　赵笑岩画
长春 吉林人民出版社 1983 年 2 张 76cm（2 开）
定价: CNY0.35
　　本作品为年画形式的中国现代国画作品。

J0023713
献给五好家庭　侯纪德画
济南 山东人民出版社 1983 年 1 张 76cm（2 开）
定价: CNY0.16
　　本作品为年画形式的中国现代国画作品。

J0023714
像不像　李晓春画
长春 吉林人民出版社 1983 年 1 张 76cm（2 开）
定价: CNY0.16
　　本作品为年画形式的中国现代国画作品。

J0023715
小动物名信片　韩美林画
长沙 湖南少年儿童出版社 1983 年 10 张
［17cm］（44 开）定价: CNY0.60

J0023716
小手巧绣四化图　程实画
福州 福建人民出版社 1983 年 1 张 76cm（2 开）
定价: CNY0.16
　　本作品为年画形式的中国现代国画作品。

J0023717
醒狮　柴祖舜作
上海 上海书画出版社 1983 年 1 张 76cm（2 开）
定价: CNY0.16

本作品是现代中国画。作者柴祖舜（1935—　），国家一级美术师。浙江杭州人，毕业于上海华东艺术专科学校。历任上海戏剧学院舞台美术系副教授、上海美术家协会会员、世界书画家协会绘画理论研究部常务理事。油画作品有《毛主席 1919 年在上海》《周总理在上钢》《刘伯承将军》《孙中山》等。著作有《怎样画素描头像》《走兽画技法》等。

J0023718
兴安岭之晨　赵文贤作
沈阳　辽宁美术出版社 1983 年 1 张 53cm（4 开）
定价：CNY0.20
　　本作品是现代中国画。

J0023719
熊猫宴　张锦标作
上海　上海书画出版社 1983 年 1 张 76cm（2 开）
定价：CNY0.16
　　本作品是现代中国画。

J0023720
许麟庐画选　许麟庐绘
济南　山东人民出版社 1983 年 13 幅 25cm（16 开）
套装　统一书号：8099.2703　定价：CNY1.60
　　本书是中国画画册。

J0023721
艳阳　喻继高，唐原道作
上海　上海人民美术出版社 1983 年 1 张
［78cm］（2 开）定价：CNY0.11
　　本作品是现代中国画。

J0023722
燕飞鹂鸣　李敬仕作
北京　人民美术出版社 1983 年 1 张 76cm（2 开）
定价：CNY0.16
　　本作品是现代中国画。

J0023723
一品江　于希宁画
济南　山东人民出版社 1983 年 1 张
［78cm］（3 开）定价：CNY0.30
　　本作品是现代中国画。

J0023724
饮马图　徐悲鸿作
太原　山西人民出版社 1983 年 1 张
［78cm］（3 开）定价：CNY0.12
　　本作品是现代中国画。

J0023725
樱花春燕　陈修范作
上海　上海书画出版社 1983 年 76cm（2 开）
定价：CNY0.16
　　本作品是现代中国画。

J0023726
樱林小栖　张德泉作
南京　江苏人民出版社 1983 年 76cm（2 开）
定价：CNY0.18
　　本作品是现代中国画。

J0023727
鹦鹉海棠　叶玉昶作
上海　上海书画出版社 1983 年 76cm（2 开）
定价：CNY0.16
　　本作品是现代中国画。

J0023728
鹦鹉牡丹　王一鸣作
沈阳　辽宁美术出版社 1983 年 76cm（2 开）
定价：CNY0.13
　　本作品是现代中国画。

J0023729
迎春　（胶印画轴）袁颖一作
天津　天津杨柳青画店 1983 年 76cm（2 开）
定价：CNY0.60
　　本作品是现代中国画。

J0023730
咏梅图　刘海粟作
上海　上海书画出版社 1983 年 76cm（2 开）
定价：CNY0.16
　　本作品是现代中国画。

J0023731
幽壑雄风　周明安作
成都　四川人民出版社 1983 年 76cm（2 开）

定价: CNY0.16

本作品是现代中国画。作者周明安（1949—　），国家二级美术师。生于广东广州，祖籍山西河曲。历任四川省诗书画院专业画师、编辑室主任，四川省美术家协会会员、四川省书法家协会会员、成都市美术家协会理事。主要作品有《花鸟动物画》《双雄图》《偕趣》《松岩灵鹫》等。

J0023732

于希宁画辑　于希宁绘

北京　人民美术出版社　1983年　13幅　39cm（4开）

套装　统一书号：8027.8193　定价: CNY1.10

本书是中国画画册。作者于希宁（1913—2007），教授、画家。山东潍坊人，毕业于上海新华艺术专科学校国画系。曾任山东艺术学院教授、名誉院长、中国画研究院院委，山东画院院长等职。主要作品《北魏石窟拓片选》《殷周青铜花纹演变初探》《论画梅》《写意画花》等。

J0023733

鱼乐图　许士骐作

上海　上海书画出版社　1983年　76cm（2开）

定价: CNY0.16

本作品是现代中国画。作者许士骐（1900—1993），教授。安徽歙县人，毕业于上海美专，留学法国巴黎美术学院。历任南京中央大学艺术系、建筑系教授，南京师范学院美术系、教育系教授。作品有《鱼乐图》《黄岳松峰》等。著有《人体解剖与造型美术之研究》等。

J0023734

雨后青山分外青　杨启屿作

福州　福建人民出版社　1983年　76cm（2开）

定价: CNY0.16

本作品是现代中国画。

J0023735

鸳鸯戏水　刘庸作

上海　上海书画出版社　1983年　76cm（2开）

定价: CNY0.16

本作品是现代中国画。

J0023736

月色　汤文选作

武汉　长江文艺出版社　1983年　76cm（2开）

定价: CNY0.80

本作品是现代中国画。

J0023737

早春图　郑鹍作

上海　上海书画出版社　1983年　76cm（2开）

定价: CNY0.16

本作品是现代中国画。

J0023738

詹忠效线描画选　詹忠效绘

南京　江苏人民出版社　1983年　108页

19cm（32开）统一书号：310006013

定价: CNY1.40

本书是现代中国画画册。

J0023739

张建中画册　朱秀坤选编

合肥　安徽人民出版社　1983年　79页　38cm（6开）

定价: CNY8.00

本书系中国画画册。共有78幅图。选编作者以黄山为题材的山水画，以及少量以竹木花草为素材的画。作者朱秀坤（1945—　），编审。别名竹颖。安徽砀山县人。历任安徽美术出版社编审、社长兼总编辑，安徽美术出版社总编辑、中国美术家协会会员、安徽省美协副主席，中国年画艺术研究会理事、中国装帧艺术研究会会员，安徽省工笔、年画研究会会长。作品有《福寿图》《四君子珍禽图》《九如戏春图》，著有《怎样画芙蓉》《白描花鸟构图资料集》《朱秀坤画集》等。

J0023740

张朋画选　张朋绘

济南　山东人民出版社　1983年　16幅

25cm（小16开）套装　统一书号：8099.2638

定价: CNY1.90

本书是中国画画册。

J0023741

张振铎画集　张振铎绘；中国美术家协会湖北分会编

武汉　湖北人民出版社　1983年　42幅

25cm（小16开）统一书号：8106.2205

定价: CNY6.00

本书是中国画画册。

J0023742

长松奔马图　（木版水印　绫裱卷轴）徐悲鸿作
北京　荣宝斋　1983年［1轴］定价：CNY28.00
　　本作品是现代中国画。

J0023743

赵丹书画选　赵丹绘；中国电影出版社编辑
北京　中国电影出版社　1983年　66+10页
39cm（4开）精装　统一书号：8061.1907
定价：CNY30.00
　　本书系中国书画画册。其中绘画作品66幅，
书法作品10幅。绘画作品以山水题材居多，且
结构严谨，花鸟画简洁明快，颇富情趣；书法为
行草书。

J0023744

赵梦朱作品选集　赵梦朱绘
沈阳　辽宁美术出版社　1983年　27幅　37cm（8开）
精装　统一书号：8161.0104　定价：CNY22.00
　　本书系中国画画册。画集从仅存的80余幅
作品中，选择完整的27幅编辑成册。作者赵梦
朱（1892—1985），工笔花鸟画家。河北雄县人，
原名恩熹，号明湖。工笔、写意、没骨、勾填、重
彩、水墨无所不能，以工笔兼小意为主。曾任京
华美术学院、华北艺专教授，中国美术家协会会
员等。

J0023745

赵望云画辑　赵望云绘
北京　人民美术出版社　1983年　12幅　37cm（8开）
套装　统一书号：8027.8882　定价：CNY1.10
　　本书是中国画画册。

J0023746

志在云霄　（胶印画轴）江淮春作
广州　岭南美术出版社　1983年　1轴　附对联
107cm（全开）定价：CNY2.70
　　本作品为年画形式的中国现代国画作品。

J0023747

中国画新作选　（2）
天津　天津人民美术出版社　1983年　25cm（小16开）
统一书号：8073.50341　定价：CNY2.00（2）

J0023748

中国画新作选
天津　天津人民美术出版社　1983年　2册
25cm（小16开）统一书号：8073.50266（1）
定价：CNY1.20
　　本书是现代中国画画册。

J0023749

中国书画　（5　法书）王壮为编著
台北　光复书局股份有限公司　1983年　再版
143页　有图　29cm（16开）
（中华艺术丛书　2）
　　外文书名：Chinese Painting.

J0023750

周昌谷画选　周昌谷绘
杭州　浙江人民美术出版社　1983年　16幅
37cm（8开）套装　统一书号：8156.272
定价：CNY2.60
　　本书共收人物画10件、花卉画6件。作者
周昌谷（1929—1985），画家。号老谷，浙江乐清
人，毕业于国立艺术专科学校，留校任教。作品
有《荔枝熟了》《春》等，著有《意笔人物画技法
探索》《妙语与创造》《周昌谷画选》等。

J0023751

朱佩君国画选　朱佩君绘
成都　四川人民出版社　1983年　18幅　38cm（6开）
统一书号：8118.1272　定价：CNY3.20
　　本书收有作者《芙蓉鲤鱼》《菊花》《山茶红
艳樱花娇》等作品。作者朱佩君（1920—1995），
女，画家。四川成都人。成都画院院长。作品有
《芙蓉鲤鱼》《菊花》《山茶红艳樱花娇》等。

J0023752

朱屺瞻画选　朱屺瞻绘
上海　上海人民美术出版社　1983年　16幅
39cm（4开）套装　统一书号：8081.11662
定价：CNY2.90
　　作者朱屺瞻（1892—1996），国画家。历任
上海美术专科学校教授、上海新华艺术专科学校
绘画研究所主任、中国美术家协会顾问、中国书
法家协会理事、上海美术家协会常务理事、上海

中国画院画师、上海师范大学艺术系教授等职。代表作品《朱屺瞻画集》《癖斯居画谈》《朱屺瞻画选》。

J0023753
醉露天香　胡伯祥作
成都 四川人民出版社 1983 年 53cm（4 开）
定价：CNY0.08
　　本作品是现代中国画。作者胡伯祥（1923—2010），当代著名书画家、诗人。字葭萌，四川昭化人。中国美术家协会会员。精通中国工笔画，善书，能诗，通史，鼓琴等。曾先后在四川华西大学博物馆、四川大学博物馆任职，成都画院画师、顾问。出版《胡伯祥、胡涛美术作品集》画册、《胡伯祥诗词选集》。

J0023754
"福"字　张文潜作
石家庄 河北美术出版社 1984 年［1 幅］
76cm（2 开）定价：CNY0.16
　　本作品为年画形式的中国现代国画作品。

J0023755
阿姨辛苦了　郑学信画
济南 山东美术出版社 1984 年［1 张］76cm（2 开）
定价：CNY0.16
　　本作品为年画形式的中国现代国画作品。

J0023756
八大锤　刘星池画
济南 山东美术出版社 1984 年［1 张］76cm（2 开）
定价：CNY0.16
　　本作品为年画形式的中国现代国画作品。

J0023757
八骏　马秋岩作
天津 天津杨柳青画社 1984 年 107cm（全开）
定价：CNY0.60
　　本作品为现代画家胶印轴画式的中国画。

J0023758
八骏图　（胶印轴画）张宪昌画
济南 山东美术出版社 1984 年 3 轴 附对联
108cm（全开）定价：CNY1.50
　　本作品为年画形式的中国现代国画作品。

J0023759
百蝶图
北京 人民美术出版社 1984 年 35 页 19cm（32 开）
统一书号：8027.9043 定价：CNY1.30

J0023760
百鸟朝凤　赵雨树作
成都 四川人民出版社 1984 年 76cm（2 开）
定价：CNY0.16
　　本作品是现代中国画中的花鸟画。

J0023761
拜师学艺　苏耕作
北京 人民美术出版社 1984 年 76cm（2 开）
定价：CNY0.13
　　本作品为年画形式的中国现代国画作品。

J0023762
帮妈妈　于占德画
济南 山东美术出版社 1984 年 76cm（2 开）
定价：CNY0.18
　　本作品为年画形式的中国现代国画作品。

J0023763
榜样　崔森林画
济南 山东美术出版社 1984 年 76cm（2 开）
定价：CNY0.16
　　本作品为年画形式的中国现代国画作品。作者崔森林（1943— ），美术编辑。笔名黎恩、李恩。生于山东济南，毕业于济南艺术学校。任山东美术出版社副编审。作品有《省里送来显微镜》《黄河》《第一面八一军旗的诞生》《毛主席视察北园》等，小说《不屈的昆仑》插图。

J0023764
包公赶驴　赵丁画
长春 吉林人民出版社 1984 年 2 张 76cm（2 开）
定价：CNY0.32
　　本作品为年画形式的中国现代国画作品。

J0023765
宝宝爱飞机　刘田军画
长春 吉林人民出版社 1984 年 76cm（2 开）
定价：CNY0.16
　　本作品为年画形式的中国现代国画作品。

J0023766
保护青蛙　杨树有画
长春 吉林人民出版社 1984 年 76cm（2 开）
定价：CNY0.16
　　本作品为年画形式的中国现代国画作品。

J0023767
报春图　何水法作
上海 上海书画出版社 1984 年 76cm（2 开）
定价：CNY0.16
　　本作品是现代中国画中的花鸟画。作者何水法（1946—　），画家。浙江绍兴人。浙江画院高级美术师、中国美术家学会会员、浙江省美协理事。作品有《凌寒怒放》《春菜图》《翠蔓凌霄》《灼灼红芳》，出版有《何水法花鸟画集》等。

J0023768
报新春　董振中画
济南 山东美术出版社 1984 年 76cm（2 开）
定价：CNY0.16
　　本作品为年画形式的中国现代国画作品。作者董振中（1945—　），画家。山东人。字子午，号老草。毕业于浙江美术学院国画系。中国美术家协会会员、国家一级美术师、邹城市美术家协会主席、邹城市画院院长。出版《董振中画集》《孟子圣迹图》《孔子圣迹图》等。

J0023769
北京故宫　章育青作
上海 上海人民美术出版社 1984 年 76cm（2 开）
定价：CNY0.16
　　本作品是中国现代年画。作者章育青（1909—1993），画家。浙江慈溪人。上海人民美术出版社年画专业画家。作品《上海大世界》《元宵灯》《上海外滩》《南京长江大桥》等。

J0023770
北京之秋　王宝康作
北京 农村读物出版社 1984 年 76cm（2 开）
定价：CNY0.18
　　本作品是现代中国画中的花鸟画。

J0023771
北岳悬空寺　孙里人作
太原 山西人民出版社 1984 年 76cm（2 开）

定价：CNY0.18
　　本作品是现代中国画中的山水画。作者孙里人（1941—　），画家。原名孙礼仁，浙江绍兴人，毕业于浙江美术学院。山西省文联一级美术师、山西省黄河画院副院长、山西省美术公司经理、中国美术家协会会员。作品有《矿工的儿子》《峡谷新城》《巍巍太岳山》等。

J0023772
奔马图　（胶印轴画）徐悲鸿作
上海 上海书画出版社 1984 年 76cm（2 开）
定价：CNY0.85
　　现代中国画作品。

J0023773
比花灯　毛云之画
济南 山东美术出版社 1984 年 76cm（2 开）
定价：CNY0.16
　　本作品为年画形式的中国现代国画作品。

J0023774
比谁大　安学贵画
长春 吉林人民出版社 1984 年 76cm（2 开）
定价：CNY0.16
　　本作品为年画形式的中国现代国画作品。作者安学贵（1940—　），画家。辽宁辽阳人。中国同泽书画研究院书画家。吉林省通榆县文化馆馆员、中国美术家协会会员。主要作品有《礼物》等。

J0023775
比翼双飞　王言昌画
济南 山东美术出版社 1984 年 76cm（2 开）
定价：CNY0.16
　　本作品为年画形式的中国现代国画作品。

J0023776
冰上舞蹈　龚景充画
福州 福建人民出版社 1984 年 76cm（2 开）
定价：CNY0.18
　　本作品为年画形式的中国现代国画作品。

J0023777
彩凤展翅　王法堂画
济南 山东美术出版社 1984 年 76cm（2 开）

定价：CNY0.18

　　本作品为年画形式的中国现代国画作品。作者王法堂（1943—　），画家。山东潍坊人。结业于山东艺术学院美术系。山东画院高级画师、中国美术家协会会员、潍坊市美术家协会副主席、诸城市文化馆副研究馆员、副馆长。作品有《春华秋实》《正月里》《人勤奶香》《骑虎不下》，出版有《王法堂作品集》等。

J0023778

蔡鹤汀画辑　蔡鹤汀著

北京　人民美术出版社　1984年　37cm（8开）

统一书号：8027.9120　定价：CNY1.10

　　本书是现代中国画画册，12幅。作者蔡鹤汀（1909—1976），国画家。原名蔡颐元，号枕石散人，出生于福州台江。曾任陕西省戏剧研究院艺委会委员、西安美协分会常务理事。绘画作品有《铁骨冰心》《月季》《崔跃》《池塘小憩》等。出版有《荻芦盒画册》《花卉写生技法》《名家花卉画谱》。

J0023779

蔡鹤洲画辑　蔡鹤洲绘

北京　人民美术出版社　1984年　12幅　37cm（8开）

统一书号：8027.9121　定价：CNY1.10

　　本书是现代中国画画册。作者蔡鹤洲（1911—1971），画家。又名颐亨，字学亨，号狄芦令二郎，原名蔡学亨，号白羽。福建福州人。擅长中国画，兼事连环画、舞台美术设计。中国美术家协会会员。主要作品有《蜀道如今不再难》，出版有《花卉写生技法》《名家花卉画谱》《蔡鹤洲画辑》等。

J0023780

参籽红艳艳　王善生画

长春　吉林人民出版社　1984年　76cm（2开）

定价：CNY0.16

　　本作品为年画形式的中国现代国画作品。

J0023781

苍松雄鹰　姜惠超作

石家庄　河北美术出版社　1984年　76cm（2开）

定价：CNY0.18

　　本作品是现代中国画中的花鸟画画册。

J0023782

曹冲称象　倪辰生画

济南　山东美术出版社　1984年　76cm（2开）

定价：CNY0.16

　　本作品为年画形式的中国现代国画作品。

J0023783

草原春暖　刘继卤作

北京　北京美术摄影出版社　1984年　78cm（2开）

定价：CNY0.24

　　本作品是现代中国画。

J0023784

曾杏绯花卉作品选　宁夏人民出版社编

银川　宁夏人民出版社　1984年　40页　25cm（16开）

定价：CNY2.60

　　本画册精选作者的代表作品50幅。作者曾杏绯（1911—2013），女，回族。美术家。江苏常州市人。原名曾瑜。曾任中国美术家协会理事、中国美术家协会宁夏分会主席、宁夏文史馆名誉馆员、宁夏书画院名誉院长等职。代表作品有《工笔牡丹》《万紫千红》《牡丹蝴蝶》等。

J0023785

柴郎成亲　宁大明，张风仪画；刘英民配诗

石家庄　河北美术出版社　1984年　2张　76cm（2开）

定价：CNY0.36

　　本作品为年画形式的中国现代国画作品。作者宁大明（1943—　），画家，教授。河北乐亭人。毕业于天津美术学院。历任石家庄丝弦剧团舞台美术设计、河北师范大学美术系教师、中国美术家协会会员、河北书装研究会常务理事。作品有中国画《高风亮节》《先驱》，年画《领袖和人民》。

J0023786

朝辉遍地　莫建成作

兰州　甘肃人民出版社　1984年　107cm（全开）

　　本作品是现代中国画中的山水画画册。

J0023787

陈子毅画选　陈子毅绘

广州　岭南美术出版社　1984年　21幅　25cm（小16开）统一书号：8260.0758

定价：CNY1.70

本作品是现代中国画画册。

J0023788
陈宗瑞彩墨画集　陈宗瑞著
［香港］南风美术社［1984年］143页　有图
34cm（10开）ISBN：9971-83-374-5
　　外文书名：The Paintings of Chen Chong Swee.

J0023789
春　田云鹏作
北京　人民美术出版社　1984年　76cm（2开）
定价：CNY0.18
　　本作品是现代中国画。作者田云鹏
（1946—　　），画家，一级美术师。生于河北黄骅。
北京画院高研班进修，师承画家王庆生先生。沧
州画院画家、中国美协会员、北京工笔重彩画会
副主席、河北书画院副院长、沧州市美协名誉主
席。作品有《庭院飘香》《欣欣向荣》《晓露》等。

J0023790
春风得意　王克印作
郑州　河南人民出版社　1984年　76cm（2开）
定价：CNY0.18
　　本作品是现代中国画。

J0023791
春明翠羽　姚景卿作
天津　天津杨柳青画社　1984年　107cm（全开）
定价：CNY0.60
　　本作品是现代胶印轴画式中国画。

J0023792
崔子范作品选集　崔子范绘
天津　天津人民美术出版社　1984年　66幅
37cm（8开）精装　统一书号：8073.50276
定价：CNY15.00
　　本书系现代中国画画册。辑录画家代表作
《玉兰八哥》《春风杨柳》《秋色佳》等。作者崔
子范（1915—2011），画家。曾用名崔尚治。山东
莱阳人，就读于上海美术专科学校、抗日军政大
学。历任北京国画院副院长兼秘书长、中国美术
家协会会员、北京市美协理事。代表作品有《麻
雀枇杷》《芙蓉八哥》《金鱼》等。

J0023793
翠染太行祥云飞　王顺兴作
石家庄　河北美术出版社　1984年　76cm（2开）
定价：CNY0.16
　　本作品是现代中国画中的山水画。

J0023794
翠嶂晓云　陈青野作
上海　上海书画出版社　1984年　76cm（2开）
定价：CNY0.16
　　本作品是现代中国画中的山水画。

J0023795
翠竹呈秀　张宝元画
济南　山东美术出版社　1984年　76cm（2开）
定价：CNY0.16
　　本作品是现代的中国画中的花鸟画。

J0023796
大地回春　李凤君画
长春　吉林人民出版社　1984年　76cm（2开）
定价：CNY0.16
　　本作品为年画形式的中国现代国画作品。

J0023797
丹霞朝翠　黄安仁作
广州　岭南美术出版社　1984年　76cm（2开）
定价：CNY0.25
　　本作品是现代中国画中的花鸟画。

J0023798
单柏钦画集　单柏钦绘
广州　岭南美术出版社　1984年　22幅　25cm（15开）
统一书号：8260.0757　定价：CNY1.65
　　本书是现代中国画画册。

J0023799
当代美人画选　何恭上主编；陈长华撰文
台北　艺术图书公司　1984年　160页　28cm（16开）
精装　定价：TWD650.00
（彩色美人画选丛书　2）
　　本作品是现代中国画中的人物画。外文书名：
Selected Contemporary Paintings of Beautiful Women.

J0023800

得利图 江南春作

上海 上海人民美术出版社 1984 年 107cm（全开）

定价：CNY0.32

本作品是现代中国画。

J0023801

东岳泰山 李东旭作

天津 天津人民美术出版社 1984 年 76cm（2 开）

定价：CNY0.18

本作品是现代中国画中的山水画。

J0023802

洞庭春晓 宋文治作

南京 江苏美术出版社 1984 年 76cm（2 开）

定价：CNY0.20

本作品是现代中国画中的山水画。

J0023803

独生娃娃幸福多 田林海画

长春 吉林人民出版社 1984 年 76cm（2 开）

定价：CNY0.16

本作品为年画形式的中国现代国画作品。

J0023804

多福多寿 李增吉画

福州 福建人民出版社 1984 年 76cm（2 开）

定价：CNY0.18

本作品为年画形式的中国现代国画作品。

J0023805

多福多寿 李增吉画

福州 福建人民出版社 1984 年 108cm（全开）

定价：CNY0.50

本作品为年画形式的中国现代国画作品。

J0023806

峨眉天下秀 黄仲新作

重庆 重庆出版社 1984 年 76cm（2 开）

定价：CNY0.40

本作品是现代中国画中的山水画。

J0023807

范曾画集 范曾绘；湖南美术出版社编辑

长沙 湖南美术出版社 1984 年 56 页 25cm（15 开）

统一书号：8233.632 定价：CNY15.00（平装），CNY19.00（精装）

本书收入作者中国画近 60 幅。有表现古代科学家、文学家的；有表现古代民间神话人物及文学名著中的人物造像的，如《隐者》《海宴年丰图》《神童宠犬》等。作者范曾（1938— ），画家、学者。字十翼，别署抱冲斋主，江苏南通人。毕业于中央美术学院中国画系。历任中央工艺美术学院讲师、副教授，南开大学东方艺术系教授、博士生导师，中国艺术研究院终身研究员等。代表作品有《庄子显灵记》《范曾自述》《老子出关》《钟馗神威》等。

J0023808

方济众画集 方济众绘

天津 天津人民美术出版社 1984 年 80 幅 39cm（4 开）精装 统一书号：8073.50283 定价：CNY17.00

本书系现代中国画画册，精选作者中国山水画作品 80 幅。作者方济众（1923—1987），国画家。号雪农，陕西勉县人。历任中国美术家协会常务理事、美协陕西分会副主席。代表作品有《三边塞上风光》《雪漫天山》《沙海花》等。

J0023809

方济众画辑 方济众绘

北京 人民美术出版社 1984 年 12 张 39cm（4 开）套装 统一书号：8027.9119 定价：CNY1.10

本辑选编的 15 幅作品，为方济众 20 世纪80 年代所作。

J0023810

方小石画辑 方小石绘

贵阳 贵阳市文联、贵阳市美协 1984 年 34 页38cm（6 开）

（贵阳艺苑）

本书是中国现代国画作品选辑。

J0023811

飞马献艺 魏延滨画

济南 山东美术出版社 1984 年 2 张 76cm（2 开）

定价：CNY0.32

本作品为年画形式的中国现代国画作品。

J0023812

丰登图 田云鹏作

石家庄 河北美术出版社 1984年 2张 76cm（2开）
定价：CNY0.32

　　本作品为年画形式的中国现代国画作品。

J0023813
丰收 霍允庆画
济南 山东美术出版社 1984年 76cm（2开）
定价：CNY0.16

　　本作品为年画形式的中国现代国画作品。作者霍允庆（1944—　），笔名静轩，山东龙口人。擅长年画、中国画。曾在龙口文化馆从事美术工作，二级美术师。作品有《丰收时节》《劈山救母》《年方八八》等。

J0023814
风流千古 李乐玉画
济南 山东美术出版社 1984年 76cm（2开）
定价：CNY0.16

　　本作品为年画形式的中国现代国画作品。

J0023815
风调雨顺 范恩树画
长春 吉林人民出版社 1984年 76cm（2开）
定价：CNY0.16

　　本作品为年画形式的中国现代国画作品。作者范恩树（1946—　），吉林梨树县人。吉林省美术家协会会员、曾任梨树县美协副主席兼秘书长。作品有《献给老师》《春满神州》《吉庆有余》等。

J0023816
福富双临 赵希强画
长春 吉林人民出版社 1984年 78cm（2开）
定价：CNY0.12

　　本作品为年画形式的中国现代国画作品。

J0023817
福满门 杨树有画
长春 吉林人民出版社 1984年 76cm（2开）
定价：CNY0.16

　　本作品为年画形式的中国现代国画作品。

J0023818
福寿临门 李凤君画
长春 吉林人民出版社 1984年 76cm（2开）
定价：CNY0.16

　　本作品为年画形式的中国现代国画作品。

J0023819
福寿图 （胶印画轴）冯杰画
南昌 江西人民出版社 ［1984年］3轴 附对联 108cm（全开）定价：CNY3.80

　　本作品为年画形式的中国现代国画作品。

J0023820
福寿图 （胶印画轴）杨云清绘
上海 上海书画出版社 1984年 3轴 附对联 108cm（全开）定价：CNY2.30

　　本作品为年画形式的中国现代国画作品。

J0023821
福寿万年 陈晓敏画
长春 吉林人民出版社 1984年 108cm（全开）
定价：CNY0.40

　　本作品为年画形式的中国现代国画作品。

J0023822
福寿万年 陈晓敏画
长春 吉林人民出版社 1984年 76cm（2开）
定价：CNY0.16

　　本作品为年画形式的中国现代国画作品。

J0023823
福字 徐万荣画
济南 山东美术出版社 1984年 108cm（全开）
定价：CNY0.32

　　本作品为年画形式的中国现代国画作品。

J0023824
富字到我家 周洪生画
长春 吉林人民出版社 1984年 76cm（2开）
定价：CNY0.16

　　本作品为年画形式的中国现代国画作品。

J0023825
高逸鸿书画选 高逸鸿绘
台北 艺术图书公司 1984年 159页 28cm（16开）
精装 定价：TWD800.00

　　外文书名：A Brush to Nature by Kao Yi-hung.

J0023826

告诉妈妈好消息　季乃仓画

济南 山东美术出版社 1984 年 76cm（2 开）

定价：CNY0.16

　　本作品为年画形式的中国现代国画作品。

J0023827

歌声荡漾　王洪俊画

长春 吉林人民出版社 1984 年 76cm（2 开）

定价：CNY0.16

　　本作品为年画形式的中国现代国画作品。

J0023828

恭贺新春　王英画

济南 山东美术出版社 1984 年 76cm（2 开）

定价：CNY0.16

　　本作品为年画形式的中国现代国画作品。

J0023829

古诗今画　刘海粟绘；王从仁，汤本选注

上海 少年儿童出版社 1984 年 27cm（16 开）

精装 统一书号：8024.57 定价：CNY17.00

　　本书系刘海粟绘，王从仁、汤本选注的中国现代中国画画册。

J0023830

观潮图　赵文发作

天津 天津人民美术出版社 1984 年 76cm（2 开）

定价：CNY0.18

　　本作品系现代中国画。作者赵文发（1933—　），教师。别名晓文 ，河北泊头人，毕业于西安美术学院国画系。历任西安美术学院国画系教师、河北交河县文化馆美术干部、河北泊头市文化馆美术组组长等。

J0023831

广州鹅潭新景　黄树德作

广州 岭南美术出版社 1984 年 76cm（2 开）

定价：CNY0.25

　　本作品为年画形式的中国现代国画作品。作者黄树德（1931—　），版画家。广东南海人，曾进修于广州美术学院油画系。历任海军南海舰队美术创作组组长、部队专职画家，广东水彩画研究会副会长、广东岭南美术出版社社长兼总编辑、中国美术家协会会员、中国版画家协会理事。出版有《黄树德版画集》《海之歌——黄树德水彩版画集》等。

J0023832

广州鹅潭新景　（中国画）黄树德作

广州 岭南美术出版社 1984 年 54cm（4 开）

定价：CNY0.30

　　本作品系现代中国画。

J0023833

郭味蕖画集　郭味蕖绘

北京 人民美术出版社 1984 年 112 页 36×27cm

统一书号：8027.8334 定价：CNY36.00

　　本书系中国现代花鸟画画册。共收 130 幅图。作者郭味蕖（1908—1971），画家。原名忻，后改慰劬、味蕖，曾用别号汾阳王孙等。山东潍坊人，毕业于上海美术专科学校。历任中央美术学院研究部和徐悲鸿纪念馆研究员、中央美院中国画讲师、中央美术学院国画系花鸟科主任等。著有《宋元明清画家年表》《中国版画史略》《写意花鸟创作技法十六讲》等。

J0023834

郭味蕖画选　郭味蕖绘

北京 人民美术出版社 1984 年 110 页 39cm（4 开）

精装 统一书号：8027.8334 定价：CNY36.00

　　本书系画家所绘中国画画册。

J0023835

国画四条屏　卢星堂等作

南京 江苏美术出版社 1984 年 4 张 78cm（2 开）

定价：CNY0.52

　　本作品为年画形式的中国现代国画作品。

J0023836

还我河山　龚景充画

福州 福建人民出版社 1984 年 107cm（全开）

定价：CNY0.50

　　本作品为年画形式的中国现代国画作品。

J0023837

合堂欢乐　吴末画

长春 吉林人民出版社 1984 年 76cm（2 开）

定价：CNY0.16

　　本作品为年画形式的中国现代国画作品。

J0023838

何海霞画辑　何海霞绘

北京　人民美术出版社 1984年 12幅 38cm（6开）

统一书号：8027.8746 定价：CNY1.10

　　本书系现代中国画画册。

J0023839

和睦家庭幸福多　鲁鸿恩画

济南　山东美术出版社 1984年 76cm（2开）

定价：CNY0.16

　　本作品为年画形式的中国现代国画作品。

J0023840

荷塘戏水　刘庆涛画

长春　吉林人民出版社 1984年 76cm（2开）

定价：CNY0.16

　　本作品为年画形式的中国现代国画作品。作者刘庆涛，吉林永吉人，毕业于吉林省中等艺术学校。历任吉林省吉剧团舞美设计、吉林省春城剧场美术员、吉林省通榆县文化馆美术干部、长春市宽城文化馆美术干部。作品有《田头阵地》《泉水咚咚》《绿色的冬天》《周总理访问朝鲜》《春风如意》等。

J0023841

鹤乡曲　刘长恩画

长春　吉林人民出版社 1984年 76cm（2开）

定价：CNY0.16

　　本作品为年画形式的中国现代国画作品。作者刘长恩（1936—1996），吉林通榆人，吉林美术出版社美术编辑。代表作品《咱队的好猎手》《再请战》《巧妈妈》等。

J0023842

黑白龙画选　黑白龙绘

济南　山东美术出版社 1984年 16幅 26cm（16开）

套装 统一书号：8332.170 定价：CNY1.90

　　本书系现代中国画画册。

J0023843

红梅公鸡　陈大羽作

武汉　长江文艺出版社 1984年 76cm（2开）

定价：CNY1.30

　　作者陈大羽（1912—2001），画家、书法家、篆刻家。原名汉卿，更名翔，字大羽。广东潮阳人，毕业于上海美术专业学校中国画系。历任南京艺术学院教授、中国画协常务理事。主要作品有《红梅公鸡》《庐山》《松柏长青》等。出版有《陈大羽书画篆刻作品集》《大羽画集》等。

J0023844

红梅山雀图　诸涵作

上海　上海书画出版社 1984年 78cm（3开）

定价：CNY0.12

　　本作品系画家所绘现代中国画花鸟画。

J0023845

侯北人画集　侯北人绘

北京　中国友谊出版社 1984年 61页 39cm（4开）

统一书号：8309.4 定价：CNY16.00

　　本书系画家所绘现代中国画画册。

J0023846

呼延庆打擂　郭富贵画；刘英民配诗

石家庄　河北美术出版社 1984年 2张 76cm（2开）

定价：CNY0.32

　　本作品为年画形式的中国现代国画作品。

J0023847

湖南工笔画选　陈白一等绘；人民美术出版社编

北京　人民美术出版社 1984年 63页 12cm（60开）

统一书号：8027.8977 定价：CNY18.00

　　作者陈白一（1926—2014），美术师。湖南邵阳人，毕业于华中艺专。历任湖南书画研究院院长、中国当代工笔画学会副会长、湖南省美术家协会顾问、湖南师范大学艺术学院客座教授。代表作品《小港堵口图》《听壁脚》《喜丰收》《工农联盟》等。

J0023848

花果图　王新福画

济南　山东美术出版社 1984年 76cm（2开）

定价：CNY0.16

　　本作品为年画形式的中国现代国画作品。

J0023849

划小船　马敏画

济南　山东美术出版社 1984年 76cm（2开）

定价：CNY0.16

本作品为年画形式的中国现代国画作品。

J0023850
欢欢喜喜迎新春　魏瀛洲画
长春　吉林人民出版社　1984 年　76cm（2 开）
定价：CNY0.16
　　本作品为年画形式的中国现代国画作品。作者魏瀛洲，海派年画、宣传画家。中华人民共和国成立初期被称为月份牌画家。作品有《国庆节的早晨》《欢腾的农机站》《在幸福的时代》等。

J0023851
欢乐的节日　孙公照画
济南　山东美术出版社　1984 年　76cm（2 开）
定价：CNY0.16
　　本作品为年画形式的中国现代国画作品。

J0023852
欢庆佳节　邢树荃画
石家庄　河北美术出版社　1984 年　2 张　76cm（2 开）
定价：CNY0.32
　　本作品为年画形式的中国现代国画作品。作者邢树荃（1941—　），河北沧州市人，毕业于河北泊头师范学校美术专业。曾任河北省美术家协会会员、沧县美协主席等职。代表作品有《故乡月》《春到苍岩》《山乡月》《江山锦秀》等。

J0023853
黄君璧书画集　黄君璧绘；历史博物馆编辑委员会编辑
台北　历史博物馆［1984—1987 年］
3 册　30cm（12 开）精装
　　外文书名：The Paintings of Huang Chun-Pi.

J0023854
回标记　刘长恩画
长春　吉林人民出版社　1984 年　76cm（2 开）
定价：CNY0.32
　　本作品为年画形式的中国现代国画作品。作者刘长恩（1936—1996），吉林通榆人，吉林美术出版社美术编辑。代表作品《咱队的好猎手》《再请战》《巧妈妈》等。

J0023855
吉庆年丰　杨植建画

长春　吉林人民出版社　1984 年　76cm（2 开）
定价：CNY0.16
　　本作品为年画形式的中国现代国画作品。

J0023856
吉庆有余　陆廷画
福州　福建人民出版社　1984 年　76cm（2 开）
定价：CNY0.18
　　本作品为年画形式的中国现代国画作品。作者陆廷（1956—　），美术编辑。生于上海，毕业于上海美术学院。任上海人民美术出版社专职创作员和美术编辑。有《老故事》《老曲调》《老对象》等系列作品。

J0023857
吉庆有余　白逸如画
济南　山东美术出版社　1984 年　107cm（全开）
定价：CNY0.32
　　本作品为年画形式的中国现代国画作品。作者白逸如（1932—　），女，画家。北京人。毕业于浙江美术学院。曾任山东省文化局美工室、山东师范大学艺术系教师，天津画院专业画家。主要作品有《渔家女儿上大学》《移来南茶住北乡》《大娘的病好了》等。

J0023858
吉喜图　郭建国画
济南　山东美术出版社　1984 年　76cm（2 开）
定价：CNY0.18
　　本作品为年画形式的中国现代国画作品。

J0023859
剑门天下险　吴一峰作
重庆　重庆出版社　1984 年　76cm（2 开）
定价：CNY0.40
　　本作品系现代中国画山水画。

J0023860
舰船图　金谷绘
合肥　安徽科学技术出版社　1984 年　76cm（2 开）
定价：CNY0.18
　　本作品为年画形式的中国现代国画作品。

J0023861
江山如画　张温纯作

合肥 安徽人民出版社 1984年 107cm（全开）
定价：CNY0.32
　　本作品系现代中国画山水画。

J0023862
江山胜境　廉宽宏作
石家庄 河北美术出版社 1984年 107cm（全开）
定价：CNY0.32
　　本作品系现代中国画山水画。作者廉宽宏（1945— ），画家、国家一级美术师。笔名老廉，生于哈尔滨，河北安平人。毕业于天津美术学院。中国美术家协会会员、中日美术交流协会会员、沧州美协副主席。作品有《一竿撑出绿波来》《苍岩毓秀》《淀上曲》等。

J0023863
江山胜境　廉宽宏作
石家庄 河北美术出版社 1984年 107cm（全开）
定价：CNY0.64
　　本作品系现代中国画山水画。

J0023864
讲卫生　王功学画
长春 吉林人民出版社 1984年 76cm（2开）
定价：CNY0.16
　　本作品为年画形式的中国现代国画作品。

J0023865
蕉荫飞禽图　闵姚恩作
上海 上海书画出版社 1984年 76cm（2开）
定价：CNY0.16
　　本作品系现代中国画花鸟画。

J0023866
教子图　（一～四）赵笑言画
长春 吉林人民出版社 1984年 2张 76cm（2开）
定价：CNY0.32
　　本作品为年画形式的中国现代国画作品。

J0023867
接寿星爷爷到人间　史士明画
福州 福建人民出版社 1984年 76cm（2开）
定价：CNY0.18
　　本作品为年画形式的中国现代国画作品。作者史士明（1935— ），生于江苏武进。江

苏美协会员、高级美术师、常州兰陵年画社副社长。

J0023868
金鸡报春　李静仕作
杭州 浙江人民美术出版社 1984年 76cm（2开）
定价：CNY0.16
　　本作品系现代中国画花鸟画。

J0023869
金鸡报晓　张琪作
石家庄 河北美术出版社 1984年 76cm（2开）
定价：CNY0.18
　　本作品系现代中国画花鸟画。

J0023870
金龙飞腾　高维新画
济南 山东美术出版社 1984年 76cm（2开）
定价：CNY0.18
　　本作品为年画形式的中国现代国画作品。

J0023871
金牛迎来丰收年　刘继成画
长春 吉林人民出版社 1984年 76cm（2开）
定价：CNY0.16
　　本作品为年画形式的中国现代国画作品。

J0023872
金色的海蝶　万桂香，南运生画；马保超配诗
石家庄 河北美术出版社 1984年 2张 76cm（2开）
定价：CNY0.36
　　本作品为年画形式的中国现代国画作品。

J0023873
金余满堂　于占德画
福州 福建人民出版社 1984年 76cm（2开）
定价：CNY0.18
　　本作品为年画形式的中国现代国画作品。

J0023874
锦绣春光图　金鸿钧作
北京 农村读物出版社 1984年 76cm（2开）
定价：CNY0.18
　　本作品系现代中国画花鸟画。作者金鸿钧（1937— ），教授、画家。别名爱新觉罗鸿钧，

生于北京。历任中央美术学院中国画系教授、中国美术家协会会员、北京工笔重彩画会副会长。代表作品《生生不已》《石壁榕根》《叶落归根》《枝繁花盛》，出版有《牡丹画谱》《工笔花鸟画技法》《金鸿钧画集》等。

J0023875

锦绣春色　叶玉昶作
杭州　浙江人民美术出版社　1984 年　76cm（2 开）
定价：CNY0.23
　　本作品系现代中国画花鸟画。

J0023876

锦绣河山　杭青石作
上海　上海书画出版社　1984 年　76cm（2 开）
定价：CNY0.16
　　本作品系现代中国画山水画。作者杭青石（1941—　），画家、高级工艺美术师。原名金寿，自号石头先生。江苏无锡人，就读于浙江美术学院（现中国美院）。历任江苏美术家协会会员、民革中央画院理事、苏州中山书画院院长。代表作品有《湖山秋远》《秋实图》《鹤归图》等。

J0023877

锦绣前程　莫树滋作
南京　江苏美术出版社　1984 年　107cm（全开）
定价：CNY0.55
　　本作品系现代中国画。作者莫树滋（1941—　），画家、国家一级美术师。江苏常州人，毕业于南京师范学院美术系。中国美术家协会会员。代表作品有《理想》《花香鸟语处处香》《路——瞿秋白造像》《三杰图》，出版有《莫树滋画集》。

J0023878

锦绣异彩　王克印作
郑州　河南人民出版社　1984 年　76cm（2 开）
定价：CNY0.18
　　本作品系现代中国画山水画。

J0023879

荆钗记　崔晓云画
长春　吉林人民出版社　1984 年　2 张　76cm（2 开）
定价：CNY0.32
　　本作品为年画形式的中国现代国画作品。

J0023880

井冈山　关山月作
北京　人民美术出版社　1984 年　16 页
25cm（小 16 开）统一书号：8027.7837
定价：CNY2.20
　　本书是中国画的山水画画册。作者关山月（1912—2000），国画家、教育家。原名关泽霈。生于广东阳江。历任广州市艺专教授、广州美术学院教授兼院长、广东画院院长、中国美术家协会副主席、广东省美术家协会副主席等职。代表作《江山如此多娇》《俏不争春》《绿色长城》《长河颂》等。

J0023881

竞艳图　郭桐凤作
成都　四川人民出版社　1984 年　76cm（2 开）
定价：CNY0.16
　　本作品是中国画的花鸟画。

J0023882

九华胜景　张广力作
广州　岭南美术出版社　1984 年　76cm（2 开）
定价：CNY0.25
　　本作品是中国画的山水画。作者张广力，连环画艺术家。绘有卡通漫画《神奇的种子》，连环画《铡郭槐》等。

J0023883

旧京风俗百图　王羽仪画；端木蕻良诗
香港　三联书店（香港）分店　1984 年　171 页
29cm（16 开）精装　ISBN：962-04-0316-9
定价：HKD200.00
　　外文书名：Old Beijing in Genre Paintings.

J0023884

菊　齐兆璠作
天津　天津人民美术出版社　1984 年　76cm（2 开）
定价：CNY0.18
　　本画集收入现代的菊花画作。

J0023885

开屏迎春　周洪全作
沈阳　辽宁美术出版社　1984 年　76cm（2 开）
定价：CNY0.16
　　本作品收入现代中国画花鸟画作。作者周

洪全，工艺美术师。艺名沙金、雪鸿，室名长乐轩。毕业于鲁迅美术学院染织专业。历任辽宁美术家协会会员、国营熊岳印染厂高级工艺美术师。代表作品有《四季花开》《孔雀牡丹》《玉堂富贵》《繁花益鸟屏》等。

J0023886

康乐幸福 王利锁画

长春 吉林人民出版社 1984 年 76cm（2 开）

定价：CNY0.16

　　本作品为年画形式的中国现代国画作品。

J0023887

箜篌传情 赵殿玉画

济南 山东美术出版社 1984 年 76cm（2 开）

定价：CNY0.16

　　本作品为年画形式的中国现代国画作品。

J0023888

孔雀蝴蝶图 刘庸作

上海 上海书画出版社 1984 年 ［78cm］（3 开）

定价：CNY0.12

　　本作品收入现代中国画花鸟画作。

J0023889

孔雀开屏 徐世钦，李勤作

天津 天津人民美术出版社 1984 年 76cm（2 开）

定价：CNY0.36

　　本作品收入现代中国画花鸟画作。

J0023890

孔雀牡丹 （胶印画轴）邹传安画

长沙 湖南美术出版社 1984 年 3 轴 附对联 108cm（全开）定价：CNY2.10

　　本作品为年画形式的中国现代国画作品。

J0023891

孔雀松鹤 柳金燕画

济南 山东美术出版社 1984 年 107cm（全开）

定价：CNY0.32

　　本作品为年画形式的中国现代国画作品。

J0023892

寇准背靴 赵彦杰画

长春 吉林人民出版社 1984 年 76cm（2 开）

定价：CNY0.16

　　本作品为年画形式的中国现代国画作品。

J0023893

跨虎入山 张敏杰画

石家庄 河北美术出版社 1984 年 76cm（2 开）

定价：CNY0.18

　　本作品为年画形式的中国现代国画作品。

J0023894

赖深如国画选 赖深如编著

成都 四川人民出版社 1984 年 15 幅 39cm（4 开）

套装 统一书号：8118.1204 定价：CNY3.20

　　本书是中国画画册。

J0023895

兰 米春茂作

天津 天津人民美术出版社 1984 年 76cm（2 开）

定价：CNY0.18

　　本作品是中国现代花鸟画中之兰花。作者米春茂（1938—　），一级美术师。生于河北省霸州。历任沧州市文联专业画家、中国美术家协会会员、美协河北分会会员、河北省工艺美术学会常务理事、沧州市美协理事长。代表作品有《米春茂画集》《中国画自学丛书——怎样画小动物》。

J0023896

劳动致富多光荣 谷学忠画

长春 吉林人民出版社 1984 年 76cm（2 开）

定价：CNY0.16

　　本作品为年画形式的中国现代国画作品。

J0023897

漓江春晨 张大昕作

上海 上海书画出版社 1984 年 107cm（全开）

定价：CNY0.40

　　本作品是中国现代山水画。

J0023898

漓江胜景 顾国治作

天津 天津人民美术出版社 1984 年 76cm（2 开）

定价：CNY0.18

　　本作品是中国现代山水画。作者顾国治（1938—　），画家。江苏太仓人。毕业于南京艺术学院美术系、现为中国美术家协会会员、常州书画院画师。主要作品有《秋实图》《幽境》《春满人间》等。

J0023899
李苦禅画册　李苦禅绘
北京 荣宝斋 1984 年 38cm（6 开）精装
　　本书系现代中国画画册。收有画家晚年松鹰、水禽、兰竹、梅花等佳作 8 幅。

J0023900
李曼峰画集　李曼峰绘
台北 艺术图书公司 1984 年 有图 38cm（6 开）精装
　　外文书名：The Oil Paintings of Lee Man-fong.

J0023901
李逸民画选　李逸民绘
成都 四川人民出版社 1984 年 39cm（4 开）
统一书号：8118.1546 定价：CNY7.50
　　本书是现代中国画画册。

J0023902
立大志　攀高峰　刘启文画
石家庄 河北美术出版社 1984 年 2 张 76cm（2 开）
定价：CNY0.32
　　本作品为年画形式的中国现代国画作品。作者刘启文（1940—　），国家一级美术师。原名刘起文，河北石家庄人，祖籍保定。历任河北美协会员、石门画院院长。

J0023903
连环计　王学明画；刘仲武配诗
石家庄 河北美术出版社 1984 年 2 张 76cm（2 开）
定价：CNY0.32
　　本作品为年画形式的中国现代国画作品。

J0023904
连环计四条屏　王学明画；刘仲武配诗
石家庄 河北美术出版社 1984 年 4 张 76cm（2 开）
定价：CNY1.40
　　本作品为年画形式的中国现代国画作品。

J0023905
莲池鱼肥　李光远画
长春 吉林人民出版社 1984 年 76cm（2 开）

定价：CNY0.16
　　本作品为年画形式的中国现代国画作品。

J0023906
林曦明国画选　林曦明绘
成都 四川人民出版社 1984 年 20 幅 37cm（8 开）
统一书号：8118.1758 定价：CNY4.50
　　本书是现代中国画画册。

J0023907
林曦明画选　林曦明著
上海 上海人民美术出版社 1984 年 26cm（16 开）
统一书号：8081.1364 定价：CNY3.20
　　本画册选收作者作品 62 幅，写生 15 幅，有《宾翁笔意》《山泉有声》《山乡之秋》等，并附伍蠡甫先生撰写的《探索、发现、创造》一文。作者林曦明（1925—　），画家。原名正熙，号乌牛。浙江永嘉人。历任上海戏剧学院美术系教师、上海中国画院一级画师、中国美术家协会会员、现代书画研究会会长。代表作品有《红梅时节》《水满鱼肥》《太湖之歌》《漓江雨后》《故乡》等。

J0023908
刘国松画辑　刘国松绘
北京 人民美术出版社 1984 年 12 幅 39cm（4 开）
统一书号：8027.8911 定价：CNY1.10
　　本书是现代中国画画册。

J0023909
刘鲁生画选　刘鲁生绘
济南 山东美术出版社 1984 年 1 册（16 张）
25cm（15 开）套装 统一书号：8332.169
定价：CNY1.90
　　本书是现代中国画画册。

J0023910
柳子谷画选　柳子谷绘
济南 山东美术出版社 1984 年 16 幅
25cm（小 16 开）套装 统一书号：8332.182
定价：CNY1.90
　　本书是现代中国画画册。作者柳子谷（1901—1986），国画家、美术教育家。名习斌，号怀玉山人，堂号双翔阁。江西玉山人。代表作品有《雪中从军图》《抗美援朝战争画卷》《后湖印象》等。

J0023911

六和同春　王善生画

长春　吉林人民出版社　1984年　76cm（2开）

定价：CNY0.16

　　本作品为年画形式的中国现代国画作品。

J0023912

龙凤呈祥　赵彦杰画

长春　吉林人民出版社　1984年　76cm（2开）

定价：CNY0.16

　　本作品为年画形式的中国现代国画作品。

J0023913

卢坤峰画集　卢坤峰绘

天津　天津人民美术出版社　1984年　73幅　19cm（32开）统一书号：8073.50286　定价：CNY17.00

　　本书系现代中国画画册。共辑录中国花鸟画作品73幅。作者卢坤峰（1934—2018），画家。又名卢毓山，山东平邑人，毕业于浙江美术学院。浙江美术家协会理事、浙江花鸟画研究会副会长、中国美术学院教授、山东临沂画院名誉院长。出版有《卢坤峰画集》《卢坤峰画选》《卢坤峰兰竹谱》《墨竹要述》《卢坤峰墨兰说》。

J0023914

马振声朱理存国画选　马振声，朱理存绘

成都　四川人民出版社　1984年　20幅　39cm（4开）套装　统一书号：8118.1768　定价：CNY4.50

　　本书系现代中国画画册。

J0023915

满园春色　徐元清作

上海　上海书画出版社　1984年　76cm（2开）

定价：CNY0.16

　　现代中国画花鸟画作品。

J0023916

梅　张琪作

天津　天津人民美术出版社　1984年　76cm（2开）定价：CNY0.18

　　现代中国画花鸟画作品中之梅花。

J0023917

美满幸福　宋端午画

济南　山东美术出版社　1984年　76cm（2开）

定价：CNY0.16

　　本作品为年画形式的中国现代国画作品。

J0023918

孟光涛画辑　孟光涛绘

贵州　贵阳艺苑　1984年　45页　37cm（8开）

　　本书为现代中国画画册。作者孟光涛（1917—1987），著名山水画家。贵州仁怀人。任职于贵州中国画院。代表作品《松溪图》《清溪秋艳》《巫山神女峰》。

J0023919

弭菊田画选　弭菊田绘

济南　山东人民出版社　1984年　16幅　25cm（小16开）统一书号：8332.173

定价：CNY1.90

　　本书为现代中国画画册。

J0023920

苗苗快长　樊运琪画

济南　山东美术出版社　1984年　76cm（2开）

定价：CNY0.16

　　本作品为年画形式的中国现代国画作品。

J0023921

鸣春图　张玉民作

兰州　甘肃人民出版社　1984年　76cm（2开）

定价：CNY0.18

　　本作品为现代中国画花鸟画。作者张玉民（1941—　），画家、国家一级美术师。陕西富平人。历任西安中国画院高级画师、西安美协国画研究室研究员。出版有《张玉民画集》。

J0023922

母子虎　陈增胜画

济南　山东美术出版社　1984年　76cm（2开）

定价：CNY0.18

　　本作品为现代中国翎毛走兽画。作者陈增胜（1941—　），山东招远县人。曾先后深造于天津美术学院、北京画院。山东省美术家协会会员、山东省书画艺术促进会理事、威海海洋画院画师。主要著作有《怎样画猫》《陈增胜猫画选》《百猫谱》等。

J0023923

母子图　沈高仁作

杭州　浙江人民美术出版社　1984年　76cm（2开）

定价：CNY0.23

　　本作品为现代中国画人物画。作者沈高仁
（1935—2010），画家。浙江永康人，毕业于衢州
师范专科学校，后进修于浙江美术学院。曾任浙
江永康县文化馆美术干部、中国美协会员、中国
版画协会会员。作品有《小花猫》《虎啸图》《鹏
程万里》等。著有《怎样画虎》等。

J0023924

牡丹　邵仲节作

成都　四川人民出版社　1984年　76cm（2开）

定价：CNY0.16

　　本作品为现代中国画花鸟画中之牡丹花。
作者邵仲节（1926— ），花鸟画家。山西夏县人。
毕业于山西省运城师范学校。四川省文史研究
馆馆员、中国美术家协会会员、中国文联牡丹艺
术委员会副会长，西南民族学院客座教授。代表
作品《写意牡丹技法》《邵仲节国画集》《邵仲节
写意牡丹作品选》等。

J0023925

牡丹双鸽　张琪作

成都　四川人民出版社　1984年　76cm（2开）

定价：CNY0.16

　　本作品为现代中国画花鸟画中之牡丹花与
鸽子。

J0023926

牡丹双稚　赵月琪作

太原　山西人民出版社　1984年　76cm（2开）

定价：CNY0.18

　　本作品为现代中国画花鸟画中之牡丹花。

J0023927

奶茶飘香　阎凤成画

长春　吉林人民出版社　1984年　76cm（2开）

定价：CNY0.16

　　本作品为年画形式的中国现代国画作品。
作者阎凤成（1942— ），画家。吉林大安人。任
吉林市丰满区教师进修学院教研员。代表作品
有《愁》《瓜香时节》《礼物》《洛花有意》等。

J0023928

鸟语花香　张琪作

成都　四川人民出版社　1984年　76cm（2开）

定价：CNY0.16

　　本作品为现代中国画花鸟画。

J0023929

鸟语花香　牛忠元作

昆明　云南人民出版社　1984年　［78cm］（3开）

定价：CNY0.15

　　本作品为现代中国画花鸟画。

J0023930

农家乐　白银录画，张丽燕配文

石家庄　河北美术出版社　1984年　2张　76cm（2开）

定价：CNY0.32

　　本作品为年画形式的中国现代国画作品。

J0023931

欧豪年彩墨画　欧豪年绘编

台北　艺术图书公司　1984年　128页　25cm（12开）

精装　定价：TWD800.00

　　外文书名：Ink and Colour Paintings of Au
Ho-nien. 作者欧豪年（1935— ），画家、教授。
广东茂名人，毕业于岭南学院。中国文化大学美
术学系、艺术研究所专任教授，岭南美术馆荣誉
馆长、欧豪年文化基金会董事长等。代表作品《荷
花》《五虎图》《海鹰图》。

J0023932

拍鼓舞龙图　华三川作

上海　上海书画出版社　1984年　76cm（2开）

定价：CNY0.16

　　本作品为现代中国画人物画。

J0023933

潘天寿册页选　潘天寿绘

杭州　浙江人民美术出版社　1984年　16幅　37cm
（8开）统一书号：8155.434　定价：CNY2.10

　　本书系现代中国画册页，共选收作者代表作
16幅。全部原色印制。内容为花鸟、虫草。作
者潘天寿（1897—1971），现代著名国画家，美术
教育家。字大颐，号寿者。浙江宁海县人。擅画
花鸟、山水，兼善指画，亦能书法、诗词、篆刻。
曾任中国文联委员、中国美术家协会副主席、浙

江省文联副主席、中国美协浙江分会主席，浙江美术学院院长、教授等职。著有《中国绘画史》《听天阁画谈随笔》等。

J0023934
鹏程万里　沈高仁作
杭州　浙江人民美术出版社　1984 年　76cm（2 开）
定价：CNY0.16
　　本作品为现代中国画。

J0023935
鹏程万里　沈高仁作
杭州　浙江人民美术出版社　1984 年　107cm（全开）
定价：CNY0.60
　　本作品为现代中国画。

J0023936
婆媳和睦娃娃乖　王福增画
济南　山东美术出版社　1984 年　76cm（2 开）
定价：CNY0.16
　　本作品为年画形式的中国现代国画作品。

J0023937
扑蝶图　米春茂作
石家庄　河北美术出版社　1984 年　76cm（2 开）
定价：CNY0.18
　　本作品为现代中国画花鸟画。

J0023938
齐心协力　何丽等画
济南　山东美术出版社　1984 年　76cm（2 开）
定价：CNY0.16
　　本作品为年画形式的中国现代国画作品。作者何丽，女，山东昌潍师专美术系主任、副教授，中国美术家协会会员。著有《当代工笔人物画谭概》等。

J0023939
气象万千　魏群画
长春　吉林人民出版社　1984 年　107cm（全开）
定价：CNY0.30
　　本作品为年画形式的中国现代国画作品。

J0023940
千里送京娘　宋德风画

上海　上海人民美术出版社　1984 年　76cm（2 开）
定价：CNY0.16
　　本作品为年画形式的中国现代国画作品。

J0023941
钱瘦铁画集　钱瘦铁绘
上海　上海人民美术出版社　1984 年　105 页
有照片 38cm（6 开）精装　统一书号：8081.13012
定价：CNY27.00
　　本书共收录 105 幅图，其中作品有山水、花鸟、人物、书法和篆刻等。钱瘦铁（1897—1967），现代书画家、篆刻家。名厓，又字叔厓，别号数青峰馆主，天池龙湫斋斋主。晚年自号淞滨病叟。江苏无锡人。郑文焯弟子。出版有《钱瘦铁楷书千字文册》《钱瘦铁画集》。

J0023942
钱松喦画选　钱松喦绘
北京　人民美术出版社　1984 年　120 页
19cm（32 开）统一书号：8027.7160
定价：CNY1.30
（中国美术家丛书）
　　本书收入山水及花鸟画作品 102 幅。书前有赖少其写的评介文章。作者钱松喦（1899—1985），画家。江苏宜兴人。曾任江苏省国画院院长、名誉院长，江苏省美术家协会主席、中国美术家协会常务理事等。画作有《红岩》《延安颂》《芙蓉湖上》《山岳颂》等。代表作品有《梅园新村》《延安颂》《红岩》《井冈大瀑布》等。著作《砚边点滴》。出版物《钱松喦画集》等。

J0023943
钱松喦近作选　钱松喦绘
南京　江苏美术出版社　1984 年　20 张 38cm（6 开）
定价：CNY3.80
　　本书为现代中国画画册。

J0023944
琴棋书画　徐文山画；刘仲武配诗
石家庄　河北美术出版社　1984 年　2 张 76cm（2 开）
定价：CNY0.36
　　本作品为年画形式的中国现代国画作品。作者刘仲武（1945—　　），河北霸县（现霸州市）人。历任中国戏曲表演学会常务理事、原河北省戏剧家协会副主席，现任河北省戏剧家协会顾

问、艺术指导委员会委员、河北省京剧票友协会
副主席兼秘书长。

J0023945
勤劳致富　连年有余　于新生画
济南　山东美术出版社　1984 年　76cm（2 开）
定价：CNY0.16
　　本作品为年画形式的中国现代国画作品。

J0023946
勤为摇钱树　俭是聚宝盆　邱米吩绘；靳选
之书
郑州　河南人民出版社　1984 年　76cm（2 开）
定价：CNY0.16
　　本作品为年画形式的中国现代国画作品。

J0023947
青城天下幽　李文信作
重庆　重庆出版社　1984 年　76cm（2 开）
定价：CNY0.40
　　本作品为现代中国画。

J0023948
青山飞泉　王利华作
杭州　浙江人民美术出版社　1984 年　76cm（2 开）
定价：CNY0.23
　　本作品为现代中国画山水画。作者王利华
（1942— ），画家。浙江奉化人，笔名王山佳，
进修于浙江美术学院。历任奉化市文化馆副馆
长、奉化市文化广播电视局副局长、奉化市文联
主席、宁波书画院副院长。出版有《王利华画集》，
画作有《松石万年》《林添新绿人添寿》《云山劲
松》《林海晨曲》等。

J0023949
青松高洁　杜玉曦作
北京　人民美术出版社　1984 年　52cm（4 开）
定价：CNY0.20
　　本作品为现代中国画花鸟画。

J0023950
清影翠华　（胶印画轴）卢坤峰画
济南　山东人民出版社　1984 年　3 轴　附对联
108cm（全开）定价：CNY1.50
　　本作品为年画形式的中国现代国画作品。

J0023951
晴岚春满　孙金祥作
上海　上海书画出版社　1984 年　76cm（2 开）
定价：CNY0.16
　　本作品为现代中国画花鸟画。

J0023952
秋高寿长　林英珊作
南昌　江西人民出版社［1984 年］76cm（2 开）
定价：CNY0.18

J0023953
秋菊　刘新华作
天津　天津杨柳青画社　1984 年　107cm（全开）
定价：CNY0.60

J0023954
秋菊　王伟君作
北京　中国戏剧出版社　1984 年　78cm（2 开）
定价：CNY0.27
　　本作品为现代中国画花鸟画。

J0023955
去太空旅行　谭尚仁画
福州　福建人民出版社　1984 年　76cm（2 开）
定价：CNY0.18
　　本作品为年画形式的中国现代国画作品。

J0023956
全家福　（胶印画轴）洪植煌画
长沙　湖南美术出版社　1984 年　3 轴　附对联
108cm（全开）定价：CNY2.10
　　本作品为年画形式的中国现代国画作品。

J0023957
全家福　徐中立，王连城画
济南　山东美术出版社　1984 年　76cm（2 开）
定价：CNY0.16
　　本作品为年画形式的中国现代国画作品。
　　作者王连城（1943— ），画家。生于山东胶
州，毕业于曲师大美术教育专业，结业于山东艺
术学院油画系、中国美院花鸟进修班。山东诸城
市文化馆副研究馆员、中国美术家协会会员、山
东美术家协会会员、山东书画研究院特聘教授。
出版有《画家王连城自选作品集》，画作有《荸荠

新婚》《亲人在前方》《风筝之一》等。

J0023958
全家乐　王举春画
济南 山东美术出版社 1984 年 76cm（2 开）
定价: CNY0.16
　　本作品为年画形式的中国现代国画作品。

J0023959
群峰竞秀　康金城作
兰州 甘肃人民出版社 1984 年 76cm（2 开）
定价: CNY0.18
　　本作品为现代中国画山水画。

J0023960
群峰竞秀　康金城作
兰州 甘肃人民出版社［1984 年］76cm（2 开）
定价: CNY0.40

J0023961
群鸽图　李生民作
西宁 青海出版社 1984 年 76cm（2 开）
定价: CNY0.16
　　本作品为现代中国画花鸟画。

J0023962
群鹤图　曹之友作
合肥 安徽人民出版社 1984 年 76cm（2 开）
定价: CNY0.16
　　本作品为现代中国画花鸟画。

J0023963
群马　徐悲鸿作
南昌 江西人民出版社［1984 年］76cm（2 开）
定价: CNY0.80

J0023964
群马奔驰　殷梓湘作
上海 上海书画出版社 1984 年 85cm（3 开）
定价: CNY0.12
　　本作品为现代中国画翎毛走兽画。

J0023965
让桃　孙公照画
福州 福建人民出版社 1984 年 76cm（2 开）

定价: CNY0.18
　　本作品为年画形式的中国现代国画作品。

J0023966
如今山村喜事多　高志华画
长春 吉林人民出版社 1984 年 76cm（2 开）
定价: CNY0.16
　　本作品为年画形式的中国现代国画作品。

J0023967
入学　王振羽, 高俊锋画
长春 吉林人民出版社 1984 年 76cm（2 开）
定价: CNY0.16
　　本作品为年画形式的中国现代国画作品。
作者王振羽（1946— ）, 画家。吉林人。毕业于
辽宁艺术师范美术科, 结业于鲁迅美术学院油画
进修班。曾任舞美设计、抚顺市人民影院美工。
擅长油画。作品有油画《寄信母校报丰收》, 年画
《桃李芬芳》, 水彩画《北方十月》等。

J0023968
瑞雪　李宝亮画
济南 山东美术出版社 1984 年 76cm（2 开）
定价: CNY0.16
　　本作品为年画形式的中国现代国画作品。

J0023969
撒满人间幸福花　韩永利画
长春 吉林人民出版社 1984 年 76cm（2 开）
定价: CNY0.16
　　本作品为年画形式的中国现代国画作品。

J0023970
三峡天下雄　谭学楷作
重庆 重庆出版社 1984 年 76cm（2 开）
定价: CNY0.40
　　现代中国画山水画集。

J0023971
山高水长　乐震文作
上海 上海书画出版社 1984 年 76cm（2 开）
定价: CNY0.16
　　现代中国画山水画集。

J0023972
山泉清音图　阳日作
南宁 漓江出版社 1984 年 53cm（4 开）
定价：CNY0.20
　　现代中国画山水画集。

J0023973
少林寺　郝双良画；黄玉忠配诗
石家庄 河北美术出版社 1984 年 2 张 76cm（2 开）
定价：CNY0.36
　　本作品为年画形式的中国现代国画作品。

J0023974
少林武术　徐进画
福州 福建人民出版社 1984 年 1 张 76cm（2 开）
定价：CNY0.18
　　本作品为年画形式的中国现代国画作品。作者徐进（1960— ），工笔画家。北京人。徐悲鸿第三代入室弟子。曾任中央美术学院教授、美国哥伦比亚大学客座教授。代表作品有《贵妃赏花》《黛玉初进大观园》等，出版《徐进画集》。

J0023975
少林武艺　李慕白，金雪尘画
福州 福建人民出版社 1984 年 1 张 76cm（2 开）
定价：CNY0.18
　　本作品为年画形式的中国现代国画作品。

J0023976
佘妙枝画集　佘妙枝绘；人民美术出版社编辑
北京 人民美术出版社 1984 年 86 页 19cm（32 开）
精装 统一书号：8027.9017 定价：CNY30.60
　　现代中国画画集。

J0023977
神仙鱼　梁占峰作
广州 岭南美术出版社 1984 年 1 张 76cm（2 开）
定价：CNY1.30
　　现代胶印轴画式中国画。

J0023978
胜似春光　梁邹画
济南 山东美术出版社 1984 年 1 张 76cm（2 开）
定价：CNY0.16
　　本作品为年画形式的中国现代国画作品。

J0023979
十二金钗　张慧敏作
天津 天津人民美术出版社 1984 年 1 张
76cm（2 开）定价：CNY0.18
　　现代中国画之仕女画。

J0023980
石榴　陈玉圃作
南宁 漓江出版社 1984 年 1 张 53cm（4 开）
定价：CNY0.20
　　现代中国画之花鸟画。作者陈玉圃（1946— ），国画家。又名陈玉璞。山东历城人，就读于广西艺术学院。曾任广西艺术学院美术系教授，天津南开大学东方艺术系教授、硕士生导师，中国美术家协会会员。代表作《唐人诗意》《苏东诗意》《放鹤亭图》。

J0023981
石鲁作品选集　石鲁作
北京 人民美术出版社 1984 年 112 页 有照片
38cm（6 开）精装 统一书号：8027.7991
定价：CNY37.50
　　本书选编作者 1946—1979 年所作书画共116 幅，包括中国画 74 幅、木刻 6 幅、书法 36 幅。作者石鲁（1919—1982），画家。原名冯亚珩，四川仁寿人，就读于成都东方美专和陕北公学院。曾任中国美术家协会常务理事、陕西省美术家协会主席、陕西省书法家协会主席、陕西省国画院名誉院长、中国画研究院院委等职。著有《石鲁学画录》，电影剧本《暴风中的雄鹰》等。

J0023982
仕女图谱　何月桂等绘
北京 轻工业部工艺美术公司 ［1984 年］64 页
26cm（16 开）

J0023983
市场　向新元作
成都 四川民族出版社 1984 年 1 张 76cm（2 开）
定价：CNY0.16
　　现代中国画之人物画。

J0023984
似兰斯馨　朱培均［作］
南宁 漓江出版社 1984 年 1 张 85cm（3 开）

定价: CNY0.27

　　现代中国画之花鸟画。

J0023985
寿桃　齐白石作
北京 中国戏剧出版社 1984 年 1 张 76cm（2 开）
定价: CNY0.80

　　现代胶印轴画式中国画之花鸟画。作者齐白石（1864—1957），近现代中国绘画大师，国画家、篆刻家。湖南湘潭人。原名纯芝，字渭青，号兰亭，后改名璜，字濒生，号白石等。历任国立北平艺术专科学校和京华美术专科学校教习、教授，中央美术学院名誉教授、中国文学艺术界联合会主席团委员、中国画研究会和中国美术家协会主席、中国画院名誉院长。代表作有《蛙声十里出山泉》《墨虾》等。著有《白石诗草》《齐白石作品集》《白石老人自述》等。

J0023986
双虎　吴勋画
福州 福建人民出版社 1984 年 1 张 76cm（2 开）
定价: CNY0.18

　　本作品是现代中国画之翎毛鸟兽画。

J0023987
双猫戏花蝶　朱秀坤作
上海 上海书画出版社 1984 年 1 张 76cm（2 开）
定价: CNY0.16

　　本作品是现代中国画之翎毛鸟兽画。

J0023988
双狮图　柴祖舜作
上海 上海书画出版社 1984 年 1 张 76cm（2 开）
定价: CNY0.16

　　本作品是现代中国画之翎毛鸟兽画。作者柴祖舜（1935—　　），国家一级美术师。浙江杭州人，毕业于上海华东艺术专科学校。历任上海戏剧学院舞台美术系副教授、上海美术家协会会员、世界书画家协会绘画理论研究部常务理事。油画作品有《毛主席 1919 年在上海》《周总理在上钢》《刘伯承将军》《孙中山》等。著作有《怎样画素描头像》《走兽画技法》等。

J0023989
双狮图

上海 上海书画出版社［1984年］1 张 76cm（2 开）
定价: CNY0.95

J0023990
双喜　王一鸣画
济南 山东美术出版社 1984 年 1 张 107cm（全开）
定价: CNY0.32

　　本作品为年画形式的中国现代国画作品。

J0023991
双喜　王一鸣画
济南 山东美术出版社 1984 年 1 张 76cm（2 开）
定价: CNY0.16

　　本作品为年画形式的中国现代国画作品。

J0023992
双喜图　晓勇画
福州 福建人民出版社 1984 年 1 张 76cm（2 开）
定价: CNY0.18

　　本作品为年画形式的中国现代国画作品。

J0023993
双喜图　王建德画
长春 吉林人民出版社 1984 年 1 张 76cm（2 开）
定价: CNY0.16

　　本作品为年画形式的中国现代国画作品。

J0023994
谁的劲大　卢炳戌画
济南 山东美术出版社 1984 年 1 张 76cm（2 开）
定价: CNY0.16

　　本作品为年画形式的中国现代国画作品。

J0023995
松龄鹤寿　杨鸿书画
石家庄 河北美术出版社 1984 年 1 张 76cm（2 开）
定价: CNY0.16

　　本作品为年画形式的中国现代国画作品。

J0023996
松瀑图　郑午昌作
上海 上海书画出版社 1984 年 1 张［78cm］（2 开）
定价: CNY0.12

　　本作品是现代中国画之翎山水画。

J0023997

松鹰图 （胶印轴画）关青山画

石家庄 河北美术出版社 1984 年 1 张

108cm（全开）定价：CNY1.20

　　本作品为年画形式的中国现代国画作品。

J0023998

松鹰图 姜惠超作

郑州 河南人民出版社 1984 年 1 张 107cm（全开）

定价：CNY0.80

J0023999

松鹰图 李士海作

成都 四川人民出版社 1984 年 1 张 76cm（2 开）

定价：CNY0.16

J0024000

松竹兰梅 宋仁贤画

济南 山东美术出版社 1984 年 1 张 107cm（全开）

定价：CNY0.32

　　本作品为年画形式的中国现代国画作品。

J0024001

宋新涛画辑 宋新涛绘

北京 人民美术出版社 1984 年 11 幅 19cm（32 开）

套装 统一书号：8027.8945 定价：CNY1.10

　　本书是现代中国画画册。作者宋新涛

（1930—1998），画家，教授。山东莱阳人。历任

青岛画院院长、青岛市美术家协会主席、中国美

术家协会会员，山东美术家协会顾问。代表作《宋

新涛画辑》《宋新涛画选》《宋新涛画集》。

J0024002

宋新涛画选 宋新涛绘

济南 山东美术出版社 1984 年 16 幅 25cm（16 开）

套装 统一书号：8332.199 定价：CNY1.90

　　本书是现代中国画画册。

J0024003

送红灯 刘泽文画

济南 山东美术出版社 1984 年 1 张 76cm（2 开）

定价：CNY0.16

　　本作品为年画形式的中国现代国画作品。

作者刘泽文（1943 - ），画家，国家一级美术

师。山东即墨人，历任烟台地区新华书店美工、

山东省出版总社烟台分社美术编辑。代表作品

《望穿碧海千层浪》，出版有《刘泽文水粉画集》。

J0024004

隋易夫画辑 隋易夫绘

北京 人民美术出版社 1984 年 12 幅 19cm（32 开）

统一书号：8027.8760 定价：CNY1.10

　　本书是现代中国画画册。作者隋易夫

（1923— ），国家一家美术师。原名隋述先，山东

海阳人。青岛市文学艺术界联合会名誉主席、一

级美术师、青岛画院名誉院长、中国美术家协会

会员。代表作品《墨荷白鹭》《白鹭清风》《春光

好》《红莲翠鸟》，出版有《隋易夫画集》《隋易夫

画辑》。

J0024005

岁寒三友图 谢稚柳作

上海 上海出版社 1984 年 1 张 76cm（2 开）

定价：CNY0.16

　　本作品是现代中国画画花鸟。

J0024006

岁寒四友 钱行健作

上海 上海书画出版社 1984 年 1 张 76cm（2 开）

定价：CNY0.16

　　本作品是现代中国画花鸟画。作者钱行健

（1935—2010），国画家。江苏无锡人。擅长中国

画，专习山水、花鸟，兼文学及诗词，后致力于

中国绘画理论的研究。曾任上海外国语大学艺

术教研室主任、副教授，上海海外联谊会联谊书

画社副社长、海墨画社社长、上海书画研究院理

事等。代表作品有《碧浪》《幽涧听泉》《江月幽

禽》等。

J0024007

孙克纲画集 孙克纲绘

天津 天津人民美术出版社 1984 年 119 页

39cm（4 开）精装 统一书号：8073.50294

定价：CNY19.00

　　本书系现代中国画画册。精选作者中国山

水画作品 119 幅，有《黄山秋林》《青城山色》等。

作者孙克纲（1923—2007），天津画院一级画师。

天津人，师承刘子久。曾任中国美术家协会理事、

天津市文学艺术界联合会委员、天津市国画研究

会副会长。代表作品有《太行十月》《秦岭烟云》

《峨眉天下秀》等。

J0024008

孙其峰画集　孙其峰绘

石家庄　河北美术出版社　1984年　56页

39cm（8开）统一书号：8087.594

定价：12.00（平装），28.00（精装）

　　本书共收入绘画作品56幅。作者孙其峰（1920—　），教授，艺术家。原名奇峰，曾用名琪峰，山东招远人。历任天津美术学院教授、中国书法家协会理事、中国美术家协会理事、北京铁路局文协美术工作者、北京美协会员。代表作品《花鸟画谱》《孙其峰画辑》《孙其峰扇面选集》等。

J0024009

台湾怀乡诗意画　山东人民出版社编辑

济南　山东人民出版社［1984年］16幅

19cm（32开）统一书号：8099.2696

定价：CNY0.90

　　本作品是山水、人物和花卉画，共50幅图。

J0024010

泰山颂　杭青石作

上海　上海书画出版社　1984年　1张　76cm（2开）

定价：CNY0.16

　　本作品是现代中国画山水画。作者杭青石（1941—　），画家、高级工艺美术师。原名金寿，自号石头先生。江苏无锡人，就读于浙江美术学院（现中国美院）。历任江苏美术家协会会员、民革中央画院理事、苏州中山书画院院长。代表作品有《湖山秋远》《秋实图》《鹤归图》等。

J0024011

泰山旭日　顾国治作

南京　江苏美术出版社　1984年　1张　76cm（2开）

定价：CNY0.18

　　本作品是现代中国画山水画。作者顾国治（1938—　），画家。江苏太仓人。毕业于南京艺术学院美术系，现为中国美术家协会会员、常州书画院画师。主要作品有《秋实图》《幽境》《春满人间》等。

J0024012

汤泉胜境　单剑锋作

广州　岭南美术出版社　1984年　1张　76cm（2开）

定价：CNY0.18

　　本作品是现代中国画山水画。作者单剑锋（1934—　），画家。湖南衡山县人，毕业于广州美术学院中国画系。历任岭南美术出版社副编审、广东美术家协会会员、齐白石纪念馆特聘画家、海南大学艺术学院客座教授等。主要作品有《九曲黄河》《荒原月》《我是一片云》《独钓寒江》《长河落日》等。

J0024013

汤文选画辑　汤文选绘

北京　人民美术出版社　1984年　12幅　39cm（8开）

套装　统一书号：8027.9039　定价：CNY1.10

　　本书是现代中国画画册。

J0024014

桃鲜果甜　邓文欣画

长春　吉林人民出版社　1984年　1张　76cm（2开）

定价：CNY0.16

　　本作品为年画形式的中国现代国画作品。作者邓文欣（1936—　），书画家。字子鹤，号那立闪人，辽宁阜新人。任四平市书画院院长、中国美术家协会会员。作品有《松鹤迎春》《路漫漫》《征程》，出版画集《山水花鸟画谱》《3D文欣仙鹤画集》《文欣画鹤》等。

J0024015

天府胜览图　赵映宝作

重庆　重庆出版社　1984年　1张　76cm（2开）

定价：CNY0.40

　　本作品是现代中国画之花鸟画。

J0024016

天南地北　吴冠中著

上海　上海文艺出版社　1984年　103页　19cm（32开）

定价：CNY1.80

（画人行脚丛书）

　　本书收入作者在万里行脚、深入生活的过程中，以对美特有的敏感和丰富的联想写下的20篇散文和几十幅画页。

J0024017

天子山胜景　黄铁山画

长沙　湖南美术出版社　1984年　1张　107cm（全开）

定价: CNY1.10

本作品是胶印轴画式的现代中国画之山水画。作者黄铁山(1939—　)，画家。湖南洞口人，毕业于湖北艺术学院。历任湖南省美协主席、湖南省文联副主席。代表作品有《黄铁山水彩画》《圣彼得堡》《开春》等。

J0024018

甜蜜蜜　孙公照画

济南　山东美术出版社　1984年　1张　76cm(2开)
定价: CNY0.16

本作品为年画形式的中国现代国画作品。作者孙公照(1943—　)，画家。山东青岛人。山东美术家协会会员、德州美术家协会名誉主席。擅长油画、水粉画、年画，尤精于风景画。油画作品有《波涌夕阳》等。

J0024019

甜蜜幸福　秦永春，单绘生作

北京　人民美术出版社　1984年　1张　76cm(2开)
定价: CNY0.16

本作品为年画形式的中国现代国画作品。

J0024020

跳龙门　李明山画

长春　吉林人民出版社　1984年　1张　76cm(2开)
定价: CNY0.16

本作品为年画形式的中国现代国画作品。

J0024021

汪稼华画选　汪稼华绘

济南　山东美术出版社　1984年　16幅　25cm(16开)
套装　统一书号: 8332.186　定价: CNY1.90

本书是中国画画册。作者汪稼华(1940—　)，画家、教授。山东烟台人。又名六升，号湛上台主、南村画史。历任青岛画院画家、副教授。

J0024022

王勃作序图　罗文华作

上海　上海书画出版社　1984年　1张　76cm(2开)
定价: CNY0.16

本作品是中国画。

J0024023

王凤年画选　王凤年绘

济南　山东美术出版社　1984年　16幅　26cm(16开)
统一书号: 8332.174　定价: CNY1.90

本书是中国画画册。作者王凤年(1915—　)，画家。字小珊，原字筱山、晓珊。山东济南人，祖籍浙江省绍兴，就读于北平美术学院中国画系和北平京华美术学院。历任中国美术家协会会员、美术家协会山东分会名誉理事等。主要作品有《三打白骨精》《群仙祝寿》《抄检大观园》等。

J0024024

王凤年画选　王凤年绘

济南　山东人民出版社　1984年　16张　26cm(16开)
定价: CNY1.90

本画册收入工笔画作品16幅。

J0024025

王晋元画选　王晋元绘

北京　人民美术出版社　1984年　1册　25cm(16开)
统一书号: 8027.8829　定价: CNY1.80

本画册介绍写意花鸟画作品，共选入画作34幅。作者王晋元(1939—2001)，国画家。生于河北乐亭，毕业于中央美术学院中国画系，师承叶浅予、李苦禅、郭味蕖、田世光教授。曾任云南省美术家协会主席、文联副主席、云南画院院长、中国美术家协会理事兼中国画艺委会委员、中国画研究院院务委员等职务。作品有《井冈杜鹃红似火》《猎》《舞龙蛇》，出版有《王晋元画选》等。

J0024026

王企华画选　王企华绘

济南　山东美术出版社　1984年　16幅　26cm(16开)
统一书号: 8332.252　定价: CNY1.90

作者王企华(1912—2001)，画家。江苏苏州人，毕业于日本东京图案专门学校。历任山东艺术学院教授、中国美术家协会会员、齐鲁书画研究院院长。出版有《图案》《王企华画选》《王企华书法选》等。

J0024027

王森然画辑　王森然绘

北京　人民美术出版社　1984年　15幅　39cm(8开)
套装　统一书号: 8027.9174　定价: CNY1.10

本书是中国画画册。作者王森然(1895—1984)，国画家、美术教育家。原名王樾，字森然，号杏岩等。河北定县人，就读于北京大学。任教于北京中央美术学院。主要作品有《松鹤朝阳》《群鹰图》《长寿图》等，著有《文学新论》《近代二十家评论》等。

J0024028
王天池画选 王天池绘
济南 山东美术出版社 1984年 16幅 25cm(16开)
套装 统一书号: 8332.172 定价: CNY1.90
　　本画选收有作者16幅国画。

J0024029
威震中原 周鹤苓画
石家庄 河北美术出版社 1984年 1张 76cm(2开)
定价: CNY0.16
　　本作品为年画形式的中国现代国画作品。

J0024030
我爱妈妈 孙公照画
济南 山东美术出版社 1984年 1张 76cm(2开)
定价: CNY0.16
　　本作品为年画形式的中国现代国画作品。

J0024031
我爱小鹿 于占德画
济南 山东美术出版社 1984年 1张 76cm(2开)
定价: CNY0.16
　　本作品为年画形式的中国现代国画作品。

J0024032
我爱益鸟 彭海清画
济南 山东美术出版社 1984年 1张 76cm(2开)
定价: CNY0.16
　　本作品为年画形式的中国现代国画作品。

J0024033
我的力气大 郑学信画
济南 山东美术出版社 1984年 1张 76cm(2开)
定价: CNY0.16
　　本作品为年画形式的中国现代国画作品。

J0024034
我家瓜儿甜又大 邹积凡画
长春 吉林人民出版社 1984年 1张 76cm(2开)
定价: CNY0.16

本作品为年画形式的中国现代国画作品。

J0024035
我家买了新嘟嘟 聂立柱画
石家庄 河北美术出版社 1984年 1张 76cm(2开)
定价: CNY0.16
　　本作品为年画形式的中国现代国画作品。

J0024036
我们都是神枪手 张万臣画
长春 吉林人民出版社 1984年 1张 76cm(2开)
定价: CNY0.16
　　本作品为年画形式的中国现代国画作品。作者张万臣(1962—)，满族，军旅书画家。河北丰宁人，毕业于首都师范大学美术系。历任中国美术家协会会员、中国国际书画艺术研究会理事、中国人民解放军总装备部专职画家。出版有《张万臣画集》。

J0024037
我是铁路工 苏勇画
济南 山东美术出版社 1984年 1张 76cm(2开)
定价: CNY0.16
　　本作品为年画形式的中国现代国画作品。

J0024038
我喂大公鸡 李晓春画
长春 吉林人民出版社 1984年 1张 76cm(2开)
定价: CNY0.16
　　本作品为年画形式的中国现代国画作品。

J0024039
卧龙求凤 王德力画
济南 山东美术出版社 1984年 1张 76cm(2开)
定价: CNY0.16
　　本作品为年画形式的中国现代国画作品。

J0024040
吴冠中国画选 (第二辑)吴冠中绘
成都 四川人民出版社 1984年 20张 38cm(6开)
定价: CNY4.80
　　现代中国画绘画画册。

J0024041
吴山明画选 吴山明绘

上海 上海人民美术出版社 1984 年 62 幅 25cm
（16 开）统一书号：8081.13628 定价：CNY3.20
　　本书收入中国现代画作品 62 幅。

J0024042
吴悦石画集　吴悦石绘
哈尔滨 黑龙江人民出版社 1984 年 39 幅
27cm（16 开）统一书号：8093.955
定价：CNY4.70
　　现代中国画绘画画册。

J0024043
五雄图　慕凌飞作
天津 天津杨柳青画社 1984 年 1 张 107cm（全开）
定价：CNY0.60
　　现代胶印轴画式中国画。

J0024044
五业兴旺　刘景龙画
石家庄 河北美术出版社 1984 年 1 张 76cm（2 开）
定价：CNY0.16
　　本作品为年画形式的中国现代国画作品。
作者刘景龙（1949—　）一级书法师。字子正。
号智龙居士，龙梅阁主。黑龙江肇东市人。历任
中国书法美术家协会理事、中国书法美术家协会
甘肃分会副主席、为中国艺术家协会理事、中国
书画研究院创作委员、东方书画院名誉院长、中
国书协甘肃分会会员、甘肃省书画研究委员会创
作委员、兰州书画院院长等。

J0024045
伍揖青工笔画集　伍揖青编绘
台北 艺术图书公司 1984 年 132 页 26cm（16 开）
　　外文书名：Ng Yi-ching's Selected Fine-line
Paintings of Flowers and Birds.

J0024046
武夷晨雾　张大昕作
上海 上海人民美术出版社 1984 年 1 张
107cm（全开）定价：CNY0.32
　　现代中国画之山水画。

J0024047
武夷春汛　顾国治作
南京 江苏美术出版社 1984 年 1 张 107cm（全开）

定价：CNY0.80
　　现代中国画之山水画。

J0024048
武夷胜景　糜耕云作
上海 上海书画出版社 1984 年 1 张 76cm（2 开）
定价：CNY0.16
　　现代中国画之山水画。

J0024049
西北行　黄胄绘
兰州 甘肃人民出版社 1984 年 1 册 17cm（32 开）
统一书号：8096.1042 定价：CNY2.80
　　本书所收入的 51 幅作品，精选了作者到甘
肃深入藏区草原，穿越河西走廊，奔走在牧场、
毡房之间的几百幅作品。

J0024050
希望　姜衍波画
济南 山东美术出版社 1984 年 1 张 76cm（2 开）
定价：CNY0.18
　　本作品为年画形式的中国现代国画作品。

J0024051
喜临门　姜学哲画
长春 吉林人民出版社 1984 年 1 张 76cm（2 开）
定价：CNY0.16
　　本作品为年画形式的中国现代国画作品。

J0024052
喜忙年　袁大仪画
济南 山东美术出版社 1984 年 1 张 76cm（2 开）
定价：CNY0.16
　　本作品为年画形式的中国现代国画作品。

J0024053
喜庆丰收　范树恩画
长春 吉林人民出版社 1984 年 1 张 76cm（2 开）
定价：CNY0.18
　　本作品为年画形式的中国现代国画作品。

J0024054
喜鹊登梅图　许上骐作
上海 上海书画出版社 1984 年 1 张 76cm（2 开）
定价：CNY0.16

本作品是现代中国画之花鸟画。

J0024055
喜上眉梢　秦大虎画
济南　山东美术出版社　1984年　1张　76cm（2开）
定价：CNY0.16
　　本作品为年画形式的中国现代国画作品。作者秦大虎（1938—　），教授。历任中国美术学院油画系教授、中国美协会员、中国油画家协会理事、浙江美协常务理事、浙江美协常务理事等职。作品有《在战斗中成长》《老将》《田喜嫂》等。出版有《秦大虎油画选》《秦大虎的绘画世界》和《油画创作》等。

J0024056
喜上梅梢　刘志深画
长春　吉林人民出版社　1984年　1张　76cm（2开）
定价：CNY0.16
　　本作品为年画形式的中国现代国画作品。

J0024057
喜迎春　刘佩珩画
长春　吉林人民出版社　1984年　1张　76cm（2开）
定价：CNY0.16
　　本作品为年画形式的中国现代国画作品。作者刘佩珩（1954—　），画家，研究院。别名刘山，天津宝坻人，毕业于东北师范大学美术系。历任吉林省通榆县文化馆副馆长、副研究员。作品有《喜迎春》《长白珍宝》《祖孙情》《长白珍奇》《趣》《关东乐》等。

J0024058
峡江秋色　梁铭添，李泉作
广州　岭南出版社　1984年　1张　76cm（2开）
定价：CNY0.70
　　本作品是现代胶印轴画式的中国画之山水画。

J0024059
峡江秋艳　梁铭添，李泉作
广州　岭南美术出版社　1984年　1张　76cm（2开）
定价：CNY0.25
　　本作品是现代中国画之山水画。

J0024060
献寿图　孙公照，孙公旭画

福州　福建人民出版社　1984年　1张　76cm（2开）
定价：CNY0.18
　　本作品为年画形式的中国现代国画作品。

J0024061
潇湘图　邓辉楚画
长沙　湖南美术出版社　1984年　1张　107cm（全开）
定价：CNY1.10
　　本作品是现代胶印轴画式的中国画之山水画。
　　作者邓辉楚（1944—　），画家。湖南新邵人，毕业于湖南师范大学。历任湖南书画研究院特聘画师、湖南少年儿童出版社副编审、湖南湘风书画艺术院院长、北京恒辉书画艺术院院长、中国美术家协会会员。代表作品《山顶人家》《张家界》《雾漫苗山》等。出版《邓辉楚山水画集》等。

J0024062
潇湘烟雨　陈贯时作
杭州　浙江人民美术出版社　1984年　1张 76cm（2开）定价：CNY1.30
　　作者陈贯时（1928—　），画家。浙江温州人。又名灌丁、亦壶。毕业于浙江美术学院中国画系，并留校任教。主要作品有《雨霁》《斑竹》《梅石图》等。

J0024063
潇湘烟雨　陈贯时作
杭州　浙江人民美术出版社　1984年　1张 76cm（2开）定价：CNY0.23
　　本作品是现代中国画之山水画。

J0024064
笑迎东风　胡伯祥作
成都　四川人民出版社　1984年　1张　53cm（4开）
定价：CNY0.08
　　本作品是现代中国画。

J0024065
雄峙　肖纯园作
上海　上海书画出版社　1984年　1张　76cm（2开）
定价：CNY0.16
　　本作品是现代中国画之山水画。

J0024066
徐希画选　徐希绘
北京 人民美术出版社 1984年 46幅 25cm（16开）
统一书号：8027.8912 定价：CNY1.90
　　现代中国画画册。作者徐希（1940—2015），画家。曾用名徐振武，浙江绍兴人。毕业于浙江美术学院。曾任人民美术出版社编辑、一级美术师、中国美术家协会会员。代表作品《长城》《布达拉宫》《湖上晨曲》《江南喜雨》等。

J0024067
徐希画选　徐希绘
北京 人民美术出版社 1984年 46幅 25cm（16开）
统一书号：8027.8912 定价：CNY1.90
　　本书介绍中国画作品及部分炭笔素描作品。

J0024068
徐照海界画选　徐照海绘
长沙 湖南美术出版社 1984年 26幅 25cm（16开）
统一书号：8233.602 定价：CNY2.90
　　界画是我国古老的传统绘画艺术之一，又称"宫室"和"屋术"。本书选收作者的界画作品26幅。本书另有一本定价为3.90元。

J0024069
旭日青松　黄景涛作
太原 山西人民出版社 1984年 1张 76cm（2开）
定价：CNY0.18
　　本作品是现代中国画。

J0024070
玄中胜景　济远等作
太原 山西人民出版社 1984年 1张 76cm（2开）
定价：CNY0.18
　　本作品是现代中国画。

J0024071
阳光普照满乾坤　徐根荣作
上海 上海书画出版社 1984年 1张 76cm（2开）
定价：CNY0.16
　　本作品是现代中国画。

J0024072
杨富明国画选　杨富明绘
成都 四川人民出版社 1984年 1册（12张）

37cm（8开）统一书号：8118.1215
定价：CNY2.80
　　本书是现代中国画画册。

J0024073
饮马　徐悲鸿作
天津 天津杨柳青画社 1984年 1册 107cm（全开）
定价：CNY0.60
　　本作品是胶印轴画式的现代中国画翎毛走兽画。

J0024074
鹦鹉玉兰　陈正治作
上海 上海书画出版社 1984年 76cm（2开）
定价：CNY0.16
　　本作品是现代中国画之花鸟画。

J0024075
迎春　吴东奋作
广州 岭南美术出版社 1984年 76cm（2开）
定价：CNY0.25
　　本作品是现代中国画之花鸟画。作者吴东奋（1943—　　），国画家。福建福州人。历任福州工艺美术学校高级讲师、中国美术家协会会员、福建省美术家协会常务理事、福建省工笔画家学会秘书长，国家友好画院、江苏国画院特聘画师。出版有《吴东奋中国画精选》《中国花鸟画技法》《吴东奋水墨工笔花鸟画研究》等。

J0024076
迎客松　侯德昌作
合肥 安徽人民出版社 1984年 ［1张］
107cm（全开）定价：CNY0.32
　　本作品是现代中国画之花鸟画。

J0024077
迎客松　徐英槐作
杭州 浙江人民美术出版社 1984年 ［1张］
76cm（2开）定价：CNY0.23
　　本作品是现代中国画之花鸟画。

J0024078
咏梅　（武仲奇书法）于锦卢画
天津 天津人民美术出版社 1984年 76cm（2开）
定价：CNY0.18

本作品是现代中国画之花鸟画。

J0024079
咏梅图　周兆颐作
兰州　甘肃人民出版社 1984 年　76cm（2 开）
定价：CNY0.18
　　本作品是现代中国画之花鸟画。

J0024080
幽兰　张振铎作
武汉　长江文艺出版社 1984 年　76cm（2 开）
定价：CNY1.30

J0024081
于希宁画选　于希宁绘
济南　山东美术出版社 1984 年　16 幅
25cm（小 16 开）统一书号：8332.195
定价：CNY1.90
　　本作品是现代中国画。

J0024082
玉兰黄鹂　张琪，来通作
成都　四川人民出版社 1984 年　76cm（2 开）
定价：CNY0.16
　　本作品是现代中国画之花鸟画。

J0024083
鸳鸯喜鹊　钱行健作
上海　上海书画出版社 1984 年　76cm（2 开）
定价：CNY0.16
　　本作品是现代中国画之花鸟画。作者钱行健（1935—2010），国画家。江苏无锡人。擅长中国画，专习山水、花鸟，兼文学及诗词，后致力于中国绘画理论的研究。曾任上海外国语大学艺术教研室主任、副教授，上海海外联谊会联谊书画社副社长、海墨画社社长、上海书画研究院理事等。代表作品有《碧浪》《幽涧听泉》《江月幽禽》等。

J0024084
月月锦绣　叶玉昶作
上海　上海书画出版社 1984 年 ［78cm］（3 开）
定价：CNY0.12
　　本作品是现代中国画之花鸟画。

J0024085
云南国画选
昆明　云南人民出版社 1984 年 34 页 26cm（16 开）
统一书号：8116.1197 定价：CNY2.10
　　本书是中国画画册。

J0024086
乍启典画选　乍启典绘
济南　山东美术出版社 1984 年 16 幅
25cm（小 16 开）套装 统一书号：8332.171
定价：CNY1.90
　　本书是中国画画册。

J0024087
张大千画选　张大千绘
北京　人民美术出版社 1984 年 141 页 有肖像
19cm（32 开）统一书号：8027.3976
定价：CNY1.65
（中国美术家丛书）
　　本书系中国画画册，主要介绍现代画家张大千的国画山水及花卉作品。有 141 幅图。

J0024088
张大千画选　张大千绘
北京 人民美术出版社 1984 年 141 页 19cm（32 开）
统一书号：8027.8976 定价：CNY1.65
（中国美术家丛书）
　　本辑为现代中国画画册。作者张大千（1899—1983），画家。

J0024089
张大千画选　张大千绘
北京 人民美术出版社 1986 年 2 版 有肖像
19cm（32 开）定价：CNY1.95
（中国美术家丛书）

J0024090
张大千画选　张大千绘
北京 人民美术出版社 1989 年 2 版 141 页
有照片 19cm（32 开）ISBN：7-102-00097-9
定价：CNY5.30
（中国美术家丛书）
　　作者张大千（1899—1983），国画大师、山水画大家、书法家。四川内江人，祖籍广东番禺。代表作有《爱痕湖》《长江万里图》《四屏大荷花》

《八屏西园雅集》等。

J0024091
张大千作品选　张大千绘
天津　天津人民美术出版社　1984 年　78 幅
25cm（小 16 开）精装　统一书号：8073.50259
定价：CNY19.00
　　本书是中国画画册。

J0024092
张仃焦墨画选　张仃绘
成都　四川人民出版社　1984 年　24 幅　26cm（16 开）
套装　统一书号：8118.1735
定价：CNY4.20
　　本书是中国画画册。

J0024093
张广画选　张广绘
北京　人民美术出版社　1984 年　40 幅　20cm（32 开）
统一书号：8027.9168　定价：CNY2.20
　　本书共收作者 42 幅国画，其中有《拉萨河畔》《牧童》《携手日通行》《饮》《牧羊人》《出诊》《阳光下的小狗》《捻毛线的牧女》等作品。

J0024094
张立辰画集　张立辰绘
天津　天津人民美术出版社　1984 年　51 页　有肖像
26cm（16 开）统一书号：8073.50295　定价：CNY4.60
　　本书包括彩画 30 余幅，黑白画 20 余幅。

J0024095
张其翼画集　张其翼绘
石家庄　河北美术出版社　1984 年　56 幅
25cm（小 16 开）统一书号：8087.593
定价：CNY12.00
（平装），CNY28.00（精装）
　　本书介绍了画家的工笔画 56 幅，其中有《秋山集兽》《鸟语花香》《荷塘风雨》等。作者张其翼（1915—1968），教授、花鸟画家。字君振，号鸿飞楼主。北京人，祖籍福建闽侯。曾任教于河北艺术师范学校和天津美术学院。代表作品《九寿朝阳图》《玉兰绶带》《池塘雨露》《雪鹤芭蕉》。

J0024096
张书旂画集　张书旂绘；张纪恩编
北京　人民美术出版社　1984 年　60 幅
25cm（小 16 开）精装　统一书号：8027.8067
定价：CNY22.00
　　本画集选收作者 1939—1957 年的花鸟画 60 幅。作者张书旂（1900—1957），花鸟画家。原名世忠，字书旂，号南京晓庄、七炉居。室名小松山庄。浙江浦江人。曾任南京中央大学教授。出版有《书旂花鸟集》《书旂近作》《翎毛集》《书旂画册》《张书旂花鸟册》。

J0024097
长城春晓　项宪文作
沈阳　辽宁美术出版社　1984 年　76cm（2 开）
定价：CNY0.16
　　本作品是中国画之山水画。

J0024098
赵少昂小品选集　赵少昂绘
北京　中国友谊出版公司　1984 年　30 幅
27cm（16 开）统一书号：8309.10
定价：CNY6.00
　　本书是中国画画册。

J0024099
赵松泉画集　赵松泉绘
台北　艺术图书公司　1984 年　再版　176 页
28cm（大 16 开）精装　定价：TWD800.00
　　外文书名：Chao Sung-ch'uan's Paintings.

J0024100
知音　赵殿玉画
济南　山东美术出版社　1984 年　76cm（2 开）
定价：CNY0.16
　　本作品为年画形式的中国现代国画作品。

J0024101
钟道泉国画选　钟道泉绘
成都　四川人民出版社　1984 年　20 幅　37cm（8 开）
套装　统一书号：8118.1742　定价：CNY4.20
　　本书是中国画画册。

J0024102
钟馗神威图　范曾画

福州 福建人民出版社 1984 年 107cm（全开）
定价：CNY0.50

　　本作品是现代中国画之人物画。作者范曾（1938— ），画家、学者。字十翼，别署抱冲斋主，江苏南通人。毕业于中央美术学院中国画系。历任中央工艺美术学院讲师、副教授，南开大学东方艺术系教授、博士生导师，中国艺术研究院终身研究员等。代表作品有《庄子显灵记》《范曾自述》《老子出关》《钟馗神威》等。

J0024103
周霖画集 周霖绘
昆明 云南人民出版社 1984 年 38 页 19cm（32 开）
统一书号：8116.1196 定价：CNY2.10

　　本书收入花鸟、山水作品 38 件。作者周霖（1902—1977），国画家、诗人。云南丽江玉龙石鼓镇人，字慰苍，纳西族。自幼酷爱画画，后主要从事发掘丽江民间文化艺术遗产、培养古城书画艺术人才等。一生创作了大量反映彩云之南、玉龙山下各族人民的作品。

J0024104
诸乐三画选 诸乐三绘
杭州 浙江人民美术出版社 1984 年 16 幅 39cm（4 开）套装 统一书号：8156.391
定价：CNY2.10

　　本画辑选收花鸟画 16 幅，均为彩版。作者诸乐三（1902—1984），当代书画篆刻家、艺术教育家。

J0024105
祝寿图 余致贞，刘力上作
北京 北京美术摄影出版社 1984 年 76cm（2 开）
定价：CNY0.13

　　本作品是现代中国画。

J0024106
八大锤 辛国，燕平作；尚武文
天津 天津人民美术出版社 1985 年 4 幅（卷轴）76cm（2 开）定价：CNY1.60

　　中国现代水墨画作品。

J0024107
百蝶争艳 蒋汉中，顾青蛟作
南京 江苏美术出版社 1985 年 1 张 76cm（2 开）

定价：CNY0.23

　　现代中国画。作者顾青蛟（1948— ），江苏苏州人。毕业于苏州工艺美术学院。中国美术家协会会员、江苏省花鸟画研究会副会长、江苏省中国画学会理事、无锡花鸟画研究会会长、无锡市政协书画社顾问、无锡市美术家协会艺术顾问、无锡市书画院国家一级美术师。代表作品《丝绸之路》《动物通景》《江南桑帛情》等。

J0024108
毕昇 吴永良画
杭州 浙江教育出版社 1985 年 1 张 76cm（2 开）
定价：CNY0.30

　　现代中国画。

J0024109
卜孝怀画辑 卜孝怀绘
北京 人民美术出版社 1985 年 12 页 36cm（6 开）
统一书号：8027.9609 定价：CNY1.80

　　现代中国画画册。作者卜孝怀（1904—1969），画家。河北安国人，又名卜宪中、卜广中，毕业于北京大学艺术学院。曾任人民美术出版社创作室创作员、中国画院兼职画家、中国美术家协会会员等。代表作品有连环画《刘巧团圆》《水浒》《闹江州》等。

J0024110
蔡天涛画集 蔡天涛绘
广州 岭南美术出版社 1985 年 26cm（16 开）
统一书号：8260.1695 定价：CNY2.10

　　现代中国画画册。

J0024111
曹雪芹 吴山明画
杭州 浙江教育出版社 1985 年 1 张 76cm（2 开）
定价：CNY0.30

　　现代中国画。

J0024112
草船借箭 张文学作
石家庄 河北美术出版社 1985 年 2 张 76cm（2 开）
定价：CNY0.44

　　本作品系现代中国画。作者张文学（1928—2005），书画家。甘肃天水人。毕业于汉中青职电讯科高级部无线电专业。曾任教于天水市二中。出版有《张文学草书大观》。

J0024113
春光图 孙韬成作
杭州 浙江人民美术出版社 1985 年 2 张
76cm（2 开）定价：CNY0.36

J0024114
春光长照新宅第，幸福常临勤俭家 陈伟
民画；黄子厚书
广州 岭南美术出版社 1985 年 1 张 76cm（2 开）
定价：CNY0.22
　　本作品为年画形式的中国现代国画作品。

J0024115
春回大地国强家富，喜满人间人寿年丰 陈
衡画；梁铭添书
广州 岭南美术出版社 1985 年 1 张 76cm（2 开）
定价：CNY0.22
　　本作品为年画形式的中国现代国画作品。

J0024116
春江拥翠 刘本海作
郑州 河南美术出版社 1985 年 1 张（卷轴）
107cm（全开）定价：CNY1.00
　　现代中国画。

J0024117
春山晴霭图 吴湖帆作
上海 上海书画出版社 1985 年 1 张 78cm（3 开）
定价：CNY0.34
　　现代中国画。

J0024118
春晓 赵准旺绘
北京 人民美术出版社 1985 年 26cm（16 开）
统一书号：8027.9602 定价：CNY0.40
（新美术画库 10）
　　现代中国画画册。

J0024119
春雨 黄独峰作
桂林 漓江出版社 1985 年 1 张 78cm（3 开）
定价：CNY0.40
　　现代中国画。

J0024120
戴敦邦水浒叶子 戴敦邦绘
南京 江苏美术出版社 1985 年 108 页
18cm（15 开）统一书号：8353.6030
定价：CNY3.40
　　现代中国画之人物画画册。作者戴敦邦
（1938— ），国画家，教授。号民间艺人，江苏丹
徒人。毕业于上海第一师范学校。历任《中国少
年报》《儿童时代》美术编辑，上海交通大学人文
学院教授等。主要作品《水浒人物一百零八图》
《戴敦邦水浒人物谱》《戴敦邦新绘红楼梦》《戴
敦邦古典文学名著画集》等；连环画代表作品有
《一支驳壳枪》《水上交通站》《大泽烈火》《蔡文
姬》等。

J0024121
第一届辽宁国画展图录 （1983）
沈阳 辽宁美术出版社 1985 年 200 页
19cm（32 开）统一书号：8161.0517
定价：CNY4.00
　　现代中国画画册。

J0024122
叼羊图 黄胄作
北京 人民美术出版社 1985 年 1 张 76cm（2 开）
定价：CNY0.25
　　现代中国画。

J0024123
东方朔 （绫裱卷轴）齐白石作
北京 荣宝斋 1985 年 ［1 轴］
　　现代中国画。

J0024124
东来紫气西来福，南进祥光北进财 陈衡
画；梁铭添书
广州 岭南美术出版社 1985 年 1 张 76cm（2 开）
定价：CNY0.22
　　本作品为年画形式的中国现代国画作品。

J0024125
东岳泰山 房玉宾，宋兆钦作
济南 山东美术出版社 1985 年 1 张（卷轴）
附对联 1 副 107cm（全开）定价：CNY2.20
　　本作品是现代中国画中的山水画。

J0024126

多福·多寿·多禄·多喜　叶玉昶作
杭州 浙江人民美术出版社 1985 年 4 张
78cm（3 开）定价：CNY0.50

J0024127

访霜红龛诗意　王朝瑞作
太原 山西人民出版社 1985 年 1 张 76cm（2 开）
定价：CNY0.40
　　现代中国画。

J0024128

奋进　（绫裱卷轴）吴作人作
北京 荣宝斋［1985 年］［1 轴］定价：CNY42.00

J0024129

风　王铁牛作
沈阳 辽宁美术出版社 1985 年 1 张 53cm（4 开）
定价：CNY0.25
　　现代中国画。

J0024130

芙蓉锦鸡图　陈贞馥作
上海 上海书画出版社 1985 年 1 张 76cm（2 开）
定价：CNY0.20
　　现代中国画。

J0024131

福寿康乐　薛长山作
济南 山东美术出版社 1985 年 2 张 76cm（2 开）
定价：CNY0.40

J0024132

傅抱石画集　傅抱石绘
南京 江苏美术出版社 1985 年 100 页 38cm（6 开）
精装 ISBN：7-5344-0013-9 定价：CNY65.00
　　本书收录作者 1925—1965 年间的代表作品
100 幅，赵朴初题写书名。其中与关山月合作之
《江山如此多娇》为其成熟期的代表作。

J0024133

富春大岭图　（绫裱卷轴）
上海 朵云轩［1985 年］［1 轴］

J0024134

富贵寿禧　薛长山作
西安 陕西人民美术出版社 1985 年 2 张
76cm（2 开）定价：CNY0.50

J0024135

富裕茂盛　王雪涛作
北京 中国戏剧出版社［1985 年］1 张（卷轴）
附对联 1 副 107cm（全开）定价：CNY1.50

J0024136

高一峰画集　高一峰绘
台北 艺术图书公司 1985 年 120 页 有图
28cm（16 开）精装 定价：TWD600.00
　　本书系现代中国画。外文书名：Kao Yifeng
Collected Paintings.

J0024137

古柏百图　李方玉，车天德绘
北京 知识出版社 1985 年 62 页 26cm（16 开）
统一书号：8214.30 定价：CNY1.20
　　本书系现代中国画画册。

J0024138

龟兹壁画线描集　潘丁丁，龚建新，祁协玉绘
乌鲁木齐 新疆人民出版社 1985 年 2 版 137 页
19cm（32 开）统一书号：8098.167 定价：CNY1.80
　　本书是三位作者在龟兹地区石窟所描绘的
一部分壁画的线描稿。有佛教故事、伎乐、飞天
和供养人中的个别场面或人物动态等。作者潘
丁丁（1936—1999），画师。广东南海人。毕业
于西安美院油画系，后在中央美术学院铜版画工
作室进修。擅长水粉画、中国画。历任新疆军区
创作组美术创作员、新疆画院一级画师。作品有
《走亲戚》《沙路》等。出版有《潘丁丁画册》《潘
丁丁新疆速写集》《龟兹线描集》《丝路华彩画
集》。作者祁协玉，新疆美术摄影出版社总编辑、
编审。

J0024139

海为龙世界，云是鹤家乡　王朝明作
南昌 江西人民出版社 1985 年 1 张（卷轴）
附对联 1 副 107cm（全开）定价：CNY4.00
　　本作品是现代中国画。

J0024140

合美如意　林瑛珊作

沈阳　辽宁美术出版社 1985 年 1 张 78cm（3 开）

定价：CNY0.20

　　本作品是现代中国画。作者林瑛珊（1940—　）笔名砚春，号步云居士，辽宁省盖州市人。1965 年毕业于鲁迅美术学院，为赵梦朱、郭西河先生入室弟子，又拜师著名国画大师崔子范先生。辽宁美术出版社社长兼总编辑。出版有《林瑛珊画集》《砚春花鸟画集锦》《砚春国画小品》等。

J0024141

河北中国画人物选集　河北美术出版社编

石家庄　河北美术出版社 1985 年 72 页 26cm（16 开）统一书号：8087.876

定价：CNY10.00

　　本画集收入河北籍人物画画家的作品74幅，其中有《高洁颂》《驼铃》《早春图》《淝水之战》《荀灌娘》等。

J0024142

红莲盗龙珠　万桂香，南运生画

石家庄　河北美术出版社 1985 年 2 张 76cm（2 开）

定价：CNY0.44

　　本作品为年画形式的中国现代国画作品。作者万桂香（1944—　），女，画家。辽宁丹东人，毕业于哈尔滨师范大学艺术系。曾在黑龙江省鸡西市文化馆、河北省内丘县文化馆从事美术工作。历任河北省电影公司《河北银幕》编辑、河北省电影发行公司宣传科科长、河北省电影宣传画画会会长。代表作品《戎奶奶佳节到我家》《女驸马》《花为媒》等。作者南运生（1944—　），一级美术师。别名南恽笙，河北任丘人，毕业于哈尔滨师范大学艺术系美术专业。历任任河北省艺术馆馆长，河北画报社社长、总编，中国美术家协会、河北省美术家协会副主席，河北省画院院长。年画作品有《花好月圆》《艺苑新秀》《吉庆有余》等。

J0024143

红梅青鸟　张琪作

南京　江苏美术出版社 1985 年 1 张 76cm（2 开）

定价：CNY0.23

　　本作品是现代中国画之花鸟画。

J0024144

红叶鹦鹉　白铭作

沈阳　辽宁美术出版社 1985 年 1 张 76cm（2 开）

定价：CNY0.20

　　本作品是现代中国画之花鸟画。作者白铭（1926—2002），国画家。蒙古族，内蒙古包头人。字祺堂。毕业于北京京华美术学院国画系。擅花鸟，兼作山水、人物。中国美术家协会会员，曾任内蒙古美术家协会副主席、包头师范专科学校教师、高级工艺美术设计师。主要作品有《梅雀图》《芍药》《白梅》等。

J0024145

花卉知了图　傅儒作

北京　文物出版社 1985 年 1 张 78cm（3 开）

定价：CNY0.30

　　本作品是现代中国画之花鸟画。

J0024146

华岳高秋　张雄作

南京　江苏美术出版社 1985 年 1 张 78cm（3 开）

定价：CNY0.15

　　本作品是现代中国画之山水画。作者张熊（1803—1886），字子祥、寿甫，号西厢客、鸳湖老人、祥翁。浙江嘉兴人。代表作品《题画集》《银藤花馆诗钞》。

J0024147

欢乐　怀仁绘

北京　人民美术出版社 1985 年 26cm（16 开）

统一书号：8027.9438 定价：CNY0.40

（新美术画库 5）

　　本作品是现代中国画画册。作者怀仁，唐朝长安弘福寺僧人。

J0024148

黄宾虹画集　黄宾虹绘

上海　上海人民美术出版社 1985 年 114 页 38cm（6 开）精装 统一书号：8081.13118

定价：CNY42.00

　　本画册收入作者山水画作品95幅、花卉作品12幅、画稿20幅。并附黄宾虹年谱。本书与上海人民美术出版社合作出版。作者黄宾虹（1865—1955），山水画家。初名懋质，后改名质，字朴存，号宾虹，别署予向。生于浙江金华，原籍安徽歙县，代表作《山居烟雨》《新安江舟中作》等，著有《黄山画家源流考》《虹庐画谈》《画法要旨》等作品。

J0024149

黄纯尧画选　黄纯尧绘

重庆　重庆出版社　1985 年　38cm（6 开）

统一书号：8114.322　定价：CNY3.00

　　本书是现代中国画画册。作者黄纯尧（1925—2007），画家。四川成都人。曾任南京师范大学美术系教授，任教于四川教育学院、四川大学。代表作品有《银线横空谱新歌》《此日铁龙渡关山》等。

J0024150

黄独峰画集　黄独峰绘

桂林　漓江出版社　1985 年　60 页　有肖像

25cm（15 开）精装　统一书号：8256.186

定价：CNY16.70

　　本画集收入作者不同时期的作品 63 幅。有巨幅长卷《漓江百里图》（局部）和《蕉下蛙声》《菊残犹有傲霜枝》，以及创作于印尼的长卷《丹崖碧湖》等。作者黄独峰（1913—1998），画家。名山，号榕园，又号五岭老人。广东揭阳人。历任广西艺术学院副院长、教授，中国美术家协会会员、理事，广西美协主席等。代表作品有《百鹤图》《漓江百里图》《富贵寿》等，著有《明清写梅画人传略》《中国之花鸟画》《独峰画集》。

J0024151

黄山北海　吴守明作

石家庄　河北美术出版社　1985 年　1 张　76cm（2 开）

定价：CNY0.20

　　本作品为年画形式的中国现代国画作品。

J0024152

火烧赤壁　郭富贵作；刘仲武配诗

石家庄　河北美术出版社　1985 年　2 张　76cm（2 开）

定价：CNY0.44

　　作者刘仲武（1945—　），河北霸县（现霸州市）人。历任中国戏曲表演学会常务理事、原河北省戏剧家协会副主席、现任河北省戏剧家协会顾问、艺术指导委员会委员、河北省京剧票友协会副主席兼秘书长。

J0024153

鸡竹图　黄胄作

太原　山西人民出版社　1985 年　1 张　76cm（2 开）

定价：CNY0.21

　　现代中国画作品。

J0024154

贾又福画集　贾又福绘

石家庄　河北美术出版社　1985 年　53 页

25cm（16 开）统一书号：8087.1225

定价：CNY9.90

　　本画集收入《太行丰碑》《山野交响曲》《夕照太行》等作品 50 幅。作者贾又福（1942—　），画家。河北省肃宁县人，毕业于中央美术学院。历任中央美术学院教授、博士生导师。代表作品《贾又福谈画篇》《贾又福集：苦修集、怀乡集、观化集》等。

J0024155

健康长寿　何逸梅作

上海　上海人民美术出版社　1985 年　1 张（卷轴）

附对联 1 副　107cm（全开）定价：CNY2.60

　　现代中国画作品。作者何逸梅（1894—1972），画家。号明斋。江苏吴县（今属苏州）人。上海商务印书馆图画部第一批练习生之一。主要从事月份牌画创作，兼作工商装潢美术设计。

J0024156

江南小景　（绫裱卷轴）吴冠中作

北京　荣宝斋　[1985 年]　[1 轴] 49×29cm

定价：CNY28.00

　　本作品描绘了江南水乡的景色。

J0024157

江文湛画选　（花鸟）江文湛绘

西安　陕西人民美术出版社　1985 年　50 幅

26cm（16 开）统一书号：8199.832

定价：CNY2.70

　　本画集选收花鸟画作品 50 幅。作者江文湛（1940—　），长安画派画家、一级美术师。山东郯城人。毕业于西安美术学院研究生班。擅长中国画。西安中国画院副院长、中国美术家协会会员。主要作品有《江文湛花鸟画集》《江文湛评传》《浅谈笔墨抽象美》等。

J0024158
江轸光书画辑　江轸光绘
扬州　江苏广陵古籍刻印社　1985 年　16 页
38cm（6 开）统一书号：8354（广）.012
定价：CNY2.60
　　本画辑共收入作者晚年的绘画作品 14 件，
书法作品 4 件。

J0024159
君子塘　杜炳申作
石家庄　河北美术出版社　1985 年　1 张（卷轴）
附对联 1 副　107cm（全开）定价：CNY1.80
　　本作品是现代中国画。

J0024160
空谷虎啸　房虎卿作
上海　上海书画出版社　1985 年　1 张（卷轴）
附对联 1 副　107cm（全开）定价：CNY3.30
　　本作品是现代中国画。

J0024161
夔门雄姿　张大昕作
上海　上海人民美术出版社　1985 年　1 张（卷轴）
附对联 1 副　107cm（全开）定价：CNY2.60
　　本作品是现代中国画。

J0024162
赖少其山水画选集　赖少其绘
合肥　安徽美术出版社　1985 年　12 幅　52cm（4 开）
套装　统一书号：8381.125 定价：CNY6.50
　　本书是中国画的山水画画册。

J0024163
兰
杭州　西泠书社　1985 年　74 页　26cm（16 开）
定价：CNY1.60
　　现代中国画之花鸟画中的兰花册。

J0024164
兰竹石图　王晋元作
昆明　云南人民出版社　1985 年　1 张　76cm（2 开）
定价：CNY0.25
　　中国花鸟画。

J0024165
老当益壮　（绫裱卷轴）齐白石作
上海　朵云轩［1985 年］［1 轴］

J0024166
乐饮爱趣　王为政作
杭州　浙江人民美术出版社　1985 年　4 张
［78cm］（3 开）定价：CNY0.50
　　现代中国画作品。

J0024167
漓江春晨　张大昕作
上海　上海人民美术出版社　1985 年　1 张
107cm（全开）定价：CNY0.40
　　中国画的山水画。

J0024168
漓江放牧图　梁荣中作
桂林　漓江出版社　1985 年　1 张　78cm（3 开）
定价：CNY0.40
　　现代中国画的山水画。

J0024169
漓江情　子南作
沈阳　辽宁美术出版社　1985 年　1 张（卷轴）
［78cm］（3 开）定价：CNY0.20
　　现代中国画的山水画。

J0024170
漓江胜境图　高顺康作
扬州　江苏广陵古籍刻印社　1985 年　1 张（卷轴）
107cm（全开）定价：CNY2.50
　　现代中国画的山水画。

J0024171
漓江秀色　梁荣中作
桂林　漓江出版社　1985 年　1 张［78cm］（3 开）
定价：CNY0.40
　　现代中国画的山水画。

J0024172
漓江云壑图　阳太阳作
桂林　漓江出版社　1985 年　1 张［78cm］（3 开）
定价：CNY0.40
　　现代中国画的山水画。

J0024173

黎雄才画集　黎雄才绘

广州 岭南美术出版社 1985年 280页 35cm(15开)
精装 统一书号：8260.1403 定价：CNY50.00

　　本书收入作者有代表性的作品104件。作者黎雄才(1910—2001)，国画家、美术教育家。广东肇庆人，毕业于广州烈风美术学校，曾留日习画。历任广州美术学院副院长兼国画系主任、教授，中国美术家协会理事、广州美术学院教授、岭南画派纪念馆馆长。代表作品有《武汉防汛图卷》等，出版有《黎雄才山水画谱》《黎雄才画选》《黎雄才作品欣赏》等画集。

J0024174

李琼久国画选　李琼久绘

成都 四川美术出版社 1985年 84页 38cm(6开)
统一书号：8373.360 定价：CNY15.00

　　现代中国画画册。

J0024175

李时珍　(1518—1593)展一工画

杭州 浙江教育出版社 1985年 1张 76cm(2开)
定价：CNY0.30

　　现代中国画。

J0024176

李左泉画选　李左泉绘

济南 山东美术出版社 1985年 26cm(16开)
统一书号：8332.507 定价：CNY2.20

　　现代中国画画册。

J0024177

历代名家名将画谱　颜梅华绘

北京 农村读物出版社 1985年 46页 22cm(30开)
统一书号：8267.87 定价：CNY4.50

　　现代中国画之人物画画册。作者颜梅华(1927—)，国画家。号雪庵，斋号琴斋。浙江乐清人。代表作品有《比目鱼》《白秋练》《白蛇传》《风云初记》等。

J0024178

梁长林画集　梁长林绘

北京 人民美术出版社 1985年 有照片 26×23cm
统一书号：8027.9383 定价：CNY14.80

　　本画集共收入作者作品89幅。分为水墨画、素描与速写两部分。作者梁长林(1951—1983)，人物画画家。吉林白城人。主要作品有《故乡行》《春雨》《板桥小像》《吕梁游击队》《荷花淀》等。

J0024179

林散之诗书画选集　林散之著；邵念慈，李冬生选注

合肥 黄山书社 1985年 260页 有图 20cm(32开)
统一书号：8379.5 定价：CNY2.92

　　本书是诗歌、书法、中国画的综合画册。作者林散之(1898—1989)，山水画家、书法家。名霖，又名以霖，字散之，号三痴、左耳等。生于江苏江浦县，祖籍安徽和县。历任南京书画院名誉院长、江苏省书法家协会名誉主席。代表作有《许瑶诗论怀素草书》《自作诗论书一首》《李白草书歌行》等。

J0024180

林中乐　骆振龙作

杭州 浙江人民美术出版社 1985年 1张
76cm(2开) 定价：CNY0.26

　　作者骆振龙(1955—)，浙江富阳人，毕业于中国美术学院油画系，历任中国美协会员，著名画家，新四军书画院院长。现为浙江美术出版社副社长、编审，绍兴文理学院教授。

J0024181

岭南风物传说画笺　卢延光绘；孙锦常撰文

广州 岭南美术出版社 1985年 90页 26cm(16开)
统一书号：8260.1416 定价：CNY3.50

　　本书为现代中国画画册，介绍了广东优美的风物传说，可作艺术欣赏，可供携卷导游。作者孙锦常(1935—)，笔名南雁。浙江宁波人。毕业于复旦大学新闻系。曾任岭南美术出版社总编室主任、副总编辑，广东省新闻出版局机关刊物《书报刊》主编、广东作协会员。编撰出版《岭南风物传说画笺》等。

J0024182

刘昌潮画集　刘昌潮绘

广州 岭南美术出版社 1985年 77页 25cm(15开)
统一书号：8260.1413 定价：CNY11.00

　　本画册共收入作者中国画作品70幅。作者刘昌潮(1907—1997)，画家。室名不烦斋，广东揭阳人。入上海美专，受教于刘海粟、黄宾虹、

潘天寿诸先生。曾任中国美术家协会会员、中国
吴昌硕艺术研究会会员、中国石涛研究会会员、
中国手指画研究会顾问、广东省汕头画院名誉院
长。代表作有《百鹤图》《漓江百里图》等。

J0024183
刘国松画选　刘国松绘
北京 中国友谊出版公司 1985 年 50 页
25cm（15 开）统一书号：8309.13
定价：CNY7.00
　　　现代中国画画册。

J0024184
刘既明画册　刘既明作
成都 四川美术出版社 1985 年 38×26cm
　　　现代中国画画册。

J0024185
刘继卤中国画选　刘继卤著
济南 山东美术出版社 1985 年 有彩图 38cm（8 开）
　　　本书共收入作者 1950—1983 年间的 137 幅
作品。其中有《大闹天宫》《武松打虎》等。全
书文字部分为中英文对照。作者刘继卤（1918—
1983），中国画家、连环画家。天津市人。曾入读
天津市立美术馆西画系，系统学习素描、速写、
水彩、油画等。曾任职于文化部艺术局、人民美
术出版社。代表作品有连环画《东郭先生》《大
闹天宫》《鸡毛信》《朝阳沟》等。

J0024186
刘凌沧画集　刘凌沧绘
北京 人民美术出版社 1985 年 12 幅 38cm（6 开）
统一书号：8027.9348 定价：CNY1.50
　　　现代中国画画册。作者刘凌沧（1908—
1989），画家、美术教育家。名恩涵，字凌沧，河
北固安人。就读于北平艺术专科学校。北京工
笔重彩画会名誉会长、中国美术家协会会员、中
央美术学院教授。代表作品有《赤眉军起义图》
《淝水之战》《文成公主》等。

J0024187
柳牛　（绫裱卷轴）齐白石作
北京 荣宝斋［1985 年］［1 轴］定价：CNY40.00

J0024188
柳鹰　（绫裱卷轴）张书旂作
北京 荣宝斋［1985 年］［1 轴］

J0024189
龙凤呈祥　张瑞恒作
天津 天津人民美术出版社 1985 年 1 张（卷轴）
附对联 1 副 107cm（全开）定价：CNY1.80
　　　现代中国画。

J0024190
龙门激流　黄景涛作
太原 山西人民出版社 1985 年 1 张 76cm（2 开）
定价：CNY0.21
　　　现代中国画。

J0024191
龙腾虎跃　熊庚息作
上海 上海书画出版社 1985 年 1 张 76cm（2 开）
定价：CNY0.20
　　　现代中国画。

J0024192
芦雪双鸟图　郭方颐作
武汉 湖北美术出版社 1985 年 1 张（卷轴）
76cm（2 开）定价：CNY1.50
　　　现代中国画中的花鸟画。

J0024193
罗鹤鸣画集　（第一辑）罗鹤鸣著
香港 高明出版社 1985 年 48 页 有图
28cm（大 16 开）ISBN：962-252-013-8
定价：HKD38.00
　　　本书为海外中文图书中的现代中国画画册。
外文书名：The Paintings of Law Hok-ming.

J0024194
马　徐悲鸿作
天津 天津人民美术出版社 1985 年 1 张
76cm（2 开）定价：CNY0.20
　　　现代中国画之翎毛走兽画。

J0024195
麦积山雄姿　李西民作
兰州 甘肃人民出版社 1985 年 1 张 76cm（2 开）

定价：CNY0.20

　　现代中国画之山水画。

J0024196
梅　（绫裱卷轴）何香凝作
北京　荣宝斋　［1985年］［1轴］定价：CNY38.00

J0024197
梅竹图　黎振欧作
桂林　漓江出版社　1985年　1张［78cm］（3开）
定价：CNY0.40
　　现代中国画之花鸟画。作者黎振欧
（1925—　），画家。别署晓光，生于广西阳朔
县，历任阳朔县文化局副局长、广西美术家协会
会员、广西书法家协会会员、中国老年书画研究
会会员、阳朔画院名誉院长、桂林漓江画会副会
长。代表作品《墨竹红梅》《劲松》《竹》等。

J0024198
鸣春图　肖朗等作
武汉　湖北美术出版社　1985年　1张（卷轴）
附对联1副　107cm（全开）定价：CNY2.40
　　现代中国画之花鸟画。

J0024199
墨荷图　张大千作
北京　文物出版社　1985年　1张［78cm］（3开）
定价：CNY0.30
　　现代中国画之花鸟画。

J0024200
墨竹　莲溪作
天津　天津人民美术出版社　1985年　1张
76cm（2开）定价：CNY0.20
　　现代中国画之花鸟画。

J0024201
墨竹图　杨应修作
长沙　湖南美术出版社　1985年　1张（卷轴）
附对联1副　107cm（全开）定价：CNY2.30
　　现代中国画之花鸟画。

J0024202
牡丹花　刘海粟作
桂林　漓江出版社　1985年　1张［78cm］（3开）

定价：CNY0.40

　　现代中国画之花鸟画。

J0024203
穆柯寨　杨作文作
石家庄　河北美术出版社　1985年　1轴　附对联
1副　107cm（全开）定价：CNY1.80
　　现代中国画，卷轴装。作者杨作文（1936—　），
画家。出生于河北威县。任中国书画研究院高
级美术师、中国国画家协会理事、冀南画院名誉
院长等职。代表作品有《迎春图》《海河工地英
雄多》等。

J0024204
鸟语花香　车来通作
乌鲁木齐　新疆人民出版社　1985年　1张
76cm（2开）定价：CNY0.40
　　本作品为现代中国画之花鸟画。作者车来
通（1956—　），画家。河北高阳县人。号净心。
任教于渤海石油职业学院美术系。中国工笔画
协会会员、河北美术家协会会员、中华画院院
长。发表花鸟画作品数百幅。出版个人画册、技
法丛书等。

J0024205
祁连松雪　康金城作
兰州　甘肃人民出版社　1985年　1张76cm（2开）
定价：CNY0.25
　　现代中国画之山水画。

J0024206
棋魂　高贵山编绘
北京　人民体育出版社　1985年　2张76cm（2开）
定价：CNY0.40
　　本作品为年画形式的中国现代国画作品。

J0024207
千岛圣湖　胡承炳作
杭州　浙江人民美术出版社　1985年　1张
76cm（2开）定价：CNY0.26
　　现代中国画之山水画。

J0024208
千山覆翠　魏守志作
沈阳　辽宁美术出版社　1985年　1张（卷轴）

附对联 1 副 107cm（全开）定价：CNY1.80
　　现代中国画之山水画。

J0024209
青山积翠图　张渊作
上海 上海书画出版社 1985 年 1 张 76cm（2 开）
定价：CNY0.20
　　现代中国画之山水画。作者张渊（1943—　），
女，画家。上海交通大学人文学院艺术系教授、
上海市政协委员。编著有《从自然到创作——中
国花鸟画技法》。

J0024210
清香　端木斌庚作
郑州 河南美术出版社 1985 年 1 张 107cm（全开）
定价：CNY3.30
　　现代中国画之花鸟画。

J0024211
清香　端木斌庚作
郑州 河南美术出版社 1985 年 1 张（卷轴）
附对联 1 副 107cm（全开）定价：CNY3.30
　　现代中国画之花鸟画。

J0024212
秋虫菊石图　（绫裱卷轴）齐白石作
上海 朵云轩［1985 年］［1 轴］

J0024213
秋趣图　齐兆璠作
石家庄 河北美术出版社 1985 年 1 张（卷轴）
107cm（全开）定价：CNY1.80
　　现代中国画之花鸟画。

J0024214
秋收　龙瑞绘
北京 人民美术出版社 1985 年 26cm（16 开）
统一书号：8027.9601 定价：CNY0.40
（新美术画库 9）
　　现代中国画画册。

J0024215
群马　徐悲鸿作
南京 江苏美术出版社 1985 年 1 张（卷轴）
107cm（全开）定价：CNY1.00

现代中国画之走兽画。

J0024216
人寿年丰千家乐，竹报平安永康宁　陈伟
民画；符象贤书
广州 岭南美术出版社 1985 年 1 张 76cm（2 开）
定价：CNY0.22
　　本作品为年画形式的中国现代国画作品。

J0024217
人物　张大千作
天津 天津人民出版社 1985 年 1 张（卷轴）
107cm（全开）定价：CNY0.80
　　现代中国画之人物画。

J0024218
山村清夏　陆抑非作
上海 上海书画出版社 1985 年 1 张 76cm（2 开）
定价：CNY0.20
　　现代中国画山水画。

J0024219
山空无人听落花　侯北人作
太原 山西人民出版社 1985 年 1 张 76cm（2 开）
定价：CNY0.21
　　现代中国画。

J0024220
山明水雾春光艳，鸟语花香景色新　陈衡
画；招仕波书
广州 岭南美术出版社 1985 年 1 张 76cm（2 开）
定价：CNY0.22
　　本作品为年画形式的中国现代国画作品。

J0024221
邵幼轩画集　邵幼轩绘
台北 艺术图书公司 1985 年 128 页 有图
30cm（15 开）精装 定价：TWD800.00
　　外文书名：Shao Yu-shuan: Collected Paintings.

J0024222
沈括　（1031—1095）展一工画
杭州 浙江教育出版社 1985 年 1 张 76cm（2 开）
定价：CNY0.30
　　现代中国画之人物画画册。

J0024223

沈迈士画集　沈迈士绘

上海　上海人民美术出版社　1985 年　67 页

38cm（6 开）精装　统一书号：8081.13937

定价：CNY30.00

　　本画集收入作者 1959—1983 年间的作品。其中有绘画《云峰深秀》《黄山云海》《武夷九曲》等 63 幅；书法《题画菊诗》《静观》等 4 幅。作者沈迈士（1891—1986），浙江湖州下昂乡竹墩村人，名祖德，号宽斋，以字行。擅书画。曾任上海中国画院画师、北京大学文科讲师、北京古物陈列所副所长等。

J0024224

胜似春光·国色天香·万紫千红·霜天艳照

李小白作

南京　江苏美术出版社　1985 年　4 张 76cm（2 开）

定价：CNY1.00

　　现代中国画。

J0024225

诗画屏　冯英杰，梁铭添作

广州　岭南美术出版社　1985 年　4 轴 76cm（2 开）

定价：CNY2.80

　　现代中国画作品，卷轴装。

J0024226

石虎画选　石虎绘

西安　陕西人民美术出版社　1985 年　26cm（16 开）

统一书号：8199.772　定价：CNY4.00

　　本画集选收作品 30 余幅。作者石虎（1942—　），画家。出生于河北徐水县，就读于北京工艺美术学校和浙江美术学院。任职于人民美术出版社创作室。出版有《石虎画集》。

J0024227

石鲁书画选集　石鲁绘

长沙　湖南美术出版社　1985 年　38cm（6 开）

精装　统一书号：8233.718　定价：CNY23.00

　　本书收录国画 63 幅，书法 13 幅，速写 16 幅。作者石鲁（1919—1982），画家。原名冯亚珩，四川仁寿人，就读于成都东方美专和陕北公学院。曾任中国美术家协会常务理事、陕西省美术家协会主席、陕西省书法家协会主席、陕西省国画院名誉院长、中国画研究院院委等职。著有《石鲁

学画录》，电影剧本《暴风中的雄鹰》等。

J0024228

石齐画集　石齐绘

福州　福建美术出版社　1985 年　62 页 34cm（10 开）

统一书号：8421.129　定价：CNY11.60

　　本画册收入国画作品 62 幅，题材有人物、山水、花鸟、走兽。作者石齐（1939—　），画家。福建福清人，毕业于厦门工艺美术学院。北京画院专业画家、中国美术家协会会员、北京美协理事。代表作品有《金秋时节》《养鸡图》《泼水节》。出版有《石齐画集》等。

J0024229

双虎图　米春茂作

郑州　河南美术出版社　1985 年　1 张（卷轴）

附对联 1 副 107cm（全开）定价：CNY1.80

　　现代中国画之翎毛走兽画。作者米春茂（1938—　），一级美术师。生于河北省霸州。历任沧州市文联专业画家、中国美术家协会会员、美协河北分会会员、河北省工艺美术学会常务理事、沧州市美协理事长。代表作品有《米春茂画集》《中国画自学丛书——怎样画小动物》。

J0024230

双清图　（木版水印，绫裱立轴）（清）石涛作

北京　荣宝斋　1985 年　[1 轴] 39 × 129cm

　　此图为作者的存世作品。

J0024231

双遇良缘　宗万华作

天津　天津人民美术出版社　1985 年　1 张（卷轴）

附对联 1 副 107cm（全开）定价：CNY1.80

　　现代中国画之人物画。

J0024232

水乡　（杨明义中国画作品）杨明义绘

北京　人民美术出版社　1985 年　26cm（16 开）

统一书号：8027.9603　定价：CNY0.40

（新美术画库 11）

　　现代中国画画册。

J0024233

四时和乐　牛忠元作

南宁　广西人民出版社　1985 年　2 张 76cm（2 开）

定价：CNY0.36

　　现代中国画。作者牛忠元（1955—　），画家。河北霸州人，就读于河北师大美术系、中国北京画院工笔花鸟研修班和中央美术学院。中国画研究院著名工笔花鸟画专家。作品有《春光似锦》《风韵》《戈壁早春》《版纳深处》等。

J0024234

四喜图　胡嘉梁，赵思温作
石家庄 河北美术出版社 1985 年 1 张 76cm（2 开）
定价：CNY0.20
　　现代中国画。

J0024235

四喜图　胡嘉梁，赵思温作
石家庄 河北美术出版社 1985 年 1 张（卷轴）
附对联 1 副 107cm（全开）定价：CNY1.80
　　现代中国画。

J0024236

四喜图　于照作
北京 文物出版社 1985 年 1 张 ［78cm］（3 开）
定价：CNY0.30
　　现代中国画。

J0024237

松鹤同春　黄墨林作
济南 山东美术出版社 1985 年 1 张（卷轴）
附对联 1 副 107cm（全开）定价：CNY1.90
　　现代中国画。作者黄墨林（1939—　），书画家。山东平原县人。历任泰山学院美术系主任、教授，中国美协会员，山东省美术教研会常委，省政协书画联谊画院画家，山东画院高级画师，泰山国画研究院艺术顾问等。出版有《黄墨林山水画集》。

J0024238

松鹤图　刘启文作
石家庄 河北美术出版社 1985 年 1 张（卷轴）
附对联 1 副 107cm（全开）定价：CNY1.80
　　现代中国画。作者刘启文（1940—　），国家一级美术师。原名刘起文，河北石家庄人，祖籍保定。历任河北美协会员，石门画院院长。

J0024239

松鹤长春　乔玉川作
西安 陕西人民美术出版社 1985 年 1 张（卷轴）
附对联 1 副 107cm（全开）定价：CNY2.80
　　现代中国画。作者乔玉川（1938—　），毕业于西安美术学院中国画系。历任中国美术家协会会员，中央文史馆书画研究员，陕西省美术家协会顾问、终身艺术委员会委员。出版专著有《乔玉川画集》《乔玉川栾川写生集》《乔玉川人物画集》《乔玉川栾川山水画集》等。

J0024240

松龄鹤寿　爱新觉罗·溥佐，戴世隆作
武汉 湖北美术出版社 1985 年 1 张（卷轴）
附对联 1 副 107cm（全开）定价：CNY4.00
　　现代中国画。作者爱新觉罗·溥佐（1918—2001），中国画画家。满族，北京人，清宣统帝爱新觉罗·溥仪之堂弟。曾任教于河北艺术师范学院、天津美术学院等，天津河北艺术师范学院国画讲师、中国民主同盟盟员、第六届全国政协委员等。主要作品《松鹰图》。

J0024241

松鹰图　黄胄作
石家庄 河北美术出版社 1985 年 1 张（卷轴）
107cm（全开）定价：CNY1.20
　　现代中国画。

J0024242

岁寒三友　米春茂作
石家庄 河北美术出版社 1985 年 1 张（卷轴）
107cm（全开）定价：CNY1.80
　　现代中国画之花鸟画。

J0024243

岁寒三友图　张琪作
重庆 重庆出版社 1985 年 1 张 76cm（2 开）
定价：CNY0.40
　　现代中国画之花鸟画。

J0024244

岁寒四友　钱行健作
上海 上海书画出版社 1985 年 1 张 76cm（2 开）
定价：CNY0.20
　　现代中国画之花鸟画。作者钱行健（1935—

2010），国画家。江苏无锡人。擅长中国画，专习山水、花鸟，兼文学及诗词，后致力于中国绘画理论的研究。曾任上海外国语大学艺术教研室主任、副教授，上海海外联谊会联谊书画社副社长，海墨画社社长、上海书画研究院理事等。代表作品有《碧浪》《幽涧听泉》《江月幽禽》等。

J0024245
孙竹筠画选　孙竹筠作
成都　四川美术出版社　1985年　38×26cm
　　现代中国画画册。

J0024246
唐云画集　唐云绘
上海　上海人民美术出版社　1985年　95页
38cm（8开）精装　统一书号：8081.13826
定价：CNY36.00
　　本画集共收录95幅图，主要为作者1943—1982年间的代表作品，有花鸟、山水、人物等。作者唐云（1910—　），画家。字侠尘，别号药城、药尘、药翁等。历任中国画研究院院务委员，上海中国画院副院长、代院长、名誉院长等职。中国美术家协会理事、美协上海分会副主席。

J0024247
天女散花　光宇作
北京　荣宝斋［1985年］1张　53cm（4开）
定价：CNY8.00

J0024248
天香翠羽　张宝元作
济南　山东美术出版社　1985年　1张　76cm（2开）
定价：CNY0.18
　　现代中国画。

J0024249
天柱山雷公瀑秋色　徐志文作
上海　上海书画出版社　1985年　1张　76cm（2开）
定价：CNY0.20
　　现代中国画之山水画。

J0024250
天子山云海　郑伯萍作
上海　上海书画出版社　1985年　1张　76cm（2开）
定价：CNY0.20

　　现代中国画山水画。

J0024251
万紫千红　吴东奋作
上海　上海人民美术出版社　1985年　4张（卷轴）
76cm（2开）定价：CNY2.90
　　现代中国画。

J0024252
万紫千红总是春　沈雪生作
上海　上海书画出版社　1985年　1张　76cm（2开）
定价：CNY0.20
　　现代中国画。

J0024253
王昌杰画集　王昌杰绘
台北　艺术图书公司　1985年　112页　有图
28cm（16开）精装　定价：TWD700.00
　　外文书名：Wang ch, ang–chieh Collected Paintings.

J0024254
王道中画辑　王道中绘
北京　人民美术出版社　1985年　12页　36cm（6开）
统一书号：8027.9608　定价：CNY1.80
　　现代中国画画册。

J0024255
王兰若画集　王兰若绘
广州　岭南美术出版社　1985年　77页　有肖像
12cm（50开）定价：CNY11.00
　　现代中国画画册。

J0024256
无雨山常润　周绪琛作
桂林　漓江出版社　1985年　1张［78cm］（2开）
定价：CNY0.40
　　现代中国画之山水画。

J0024257
吴冠中国画选　（第三辑）吴冠中绘
成都　四川美术出版社　1985年　20幅　38cm（6开）
定价：CNY5.50
　　吴冠中的中国画绘画画册。

J0024258
吴冠中国画选　吴冠中绘
成都　四川美术出版社 1985 年 1 册 38cm（6 开）
统一书号：8373.293 定价：CNY5.50

J0024259
吴永良画集　吴永良绘
济南　山东美术出版社 1985 年 ［16 叶］
19cm（32 开）统一书号：8332.522 定价：CNY1.35
　　现代中国画画册。作者吴永良（1937—　），
画家、教授。浙江鄞县人，毕业于浙江美术学院
中国画系人物画科。历任中国美术家协会会员、
浙江美术学院教授。代表作品有《鲁迅肖像》《水
乡集市》《华夏颂》《潘天寿肖像》《西泠印
踪》等。

J0024260
吴作人、萧淑芳画选　（汉英对照）吴作人，
萧淑芳作
北京　朝华出版社 1985 年 2 版 109 页 38cm（6 开）
精装 定价：CNY49.00
　　本书是现代中国画画册，第一版为 1982 年。

J0024261
五岳三山·今古风情　（中国画十五人联展作
品选集）香港美术家出版社编辑
香港　香港集古斋公司 1985 年 60 页 有图
26cm（16 开）

J0024262
西樵胜迹　单剑锋作
广州　岭南美术出版社 1985 年 1 张 76cm（2 开）
定价：CNY0.20
　　现代中国画之山水画。作者单剑锋
（1934—　），画家。湖南衡山县人，毕业于广州
美术学院中国画系。历任岭南美术出版社副编
审、广东美术家协会会员、齐白石纪念馆特聘画
家、海南大学艺术学院客座教授等。主要作品有
《九曲黄河》《荒原月》《我是一片云》《独钓寒
江》《长河落日》等。

J0024263
峡江晴云　张大昕作
上海　上海书画出版社 1985 年 1 张 107cm（全开）
定价：CNY0.48

现代中国画之山水画。

J0024264
仙游画家　李霞等作；沈文编辑
福州　福建人民出版社 1985 年 1 册 39cm（8 开）
精装 统一书号：8173.1052 定价：CNY95.00
　　本画集选入中国现代传统写意人物画家李
霞、李耕、黄羲的代表作品 86 幅。其中李霞 30
幅；李耕 31 幅；黄羲 25 幅。本书与福建美术出
版社合作出版。

J0024265
乡情　杨炳湘绘
北京　人民美术出版社 1985 年 1 册 26cm（16 开）
统一书号：8027.9600 定价：CNY0.40（ⅲ）
（新美术画库 8）
　　现代中国画画册。

J0024266
萧勤个展　（气的系列）张景熊策划
香港　香港中华文化促进中心 1985 年 1 册
24×25cm
　　外文书名：Hsiao Chin a Neo–Taoist Approach
to Painting.

J0024267
啸卷松涛　房英魁作
沈阳　辽宁美术出版社 1985 年 1 张（卷轴）
附对联 1 副 107cm（全开）定价：CNY1.80
　　现代中国画之山水画。

J0024268
幸福长寿　徐朝龙作
武汉　湖北美术出版社 1985 年 1 张（卷轴）
附对联 1 副 107cm（全开）定价：CNY4.40
　　现代中国画。作者徐朝龙（1957—　），四川
成都人，曾为日本京大交响乐团成员。

J0024269
雄鸡　徐悲鸿作
济南　山东美术出版社 1985 年 1 张 ［78cm］（2 开）
定价：CNY0.13
　　现代中国画之花鸟画。

J0024270

徐霞客 （1586—1641）吴自强画
杭州 浙江教育出版社 1985 年 1 张 76cm（2 开）
定价：CNY0.30
　　现代中国画之人物画。

J0024271

亚明近作选集 亚明绘
福州 福建人民出版社 1985 年 72 页 有图
38cm（6 开）精装 统一书号：8173.1034
定价：CNY39.00
　　本书共收入国画山水、人物作品 72 幅。与
福建美术出版社合作出版。作者亚明（1924—
2002），画家、教授。原姓叶，名家炳，号敬植，
后改名亚明。安徽合肥人。历任无锡市美协主席、
江苏省美术工作室主任、江苏省国画院副院长、
中国美协常务理事、香港《文汇报》中国画版主
编。出版有《访苏画辑》《亚明作品选集》《亚明
画集》《三湘四水集》等。

J0024272

杨沙画选 杨沙绘
北京 人民美术出版社 1985 年 12 页 26cm（16 开）
统一书号：8027.9444 定价：CNY0.66
　　现代中国画画册。作者杨沙（1940—1990），
曾任教于深圳大学艺术中心。中国美术家协会
会员。

J0024273

鹰 王明立作
沈阳 辽宁美术出版社 1985 年 1 张
［78cm］（3 开）定价：CNY0.34
　　现代中国画之花鸟画画册。

J0024274

迎春图 （绫裱卷轴）李可染作
北京 荣宝斋［1985 年］［1 轴］

J0024275

迎客松 黄迪杞作
福州 福建美术出版社［1985 年］1 张（卷轴）
附对联 1 副 107cm（全开）定价：CNY2.50
　　作者黄迪杞（1929—　　），字晴川，福建福清
人。毕业于福建师范大学艺术系。历任福建人
民出版社、福建画报社美术编辑，福建美术出版

社美术编辑、编审，福建省美协常务理事、理事、
中国年画研究会理事、福州涌泉书画社社长。中
国美术家协会会员。作品有《郑成功收复台湾》
《满堂红》《丰碑》。出版《黄迪杞古典人物画辑》、
《黄迪杞书画集》《黄迪杞画集》等。

J0024276

应野平画辑 应野平绘
上海 上海人民美术出版社 1985 年 38cm（6 开）
统一书号：8081.13900 定价：CNY3.50
　　本书选辑作者 1979—1983 年间的部分作
品。其中山水画 12 幅，花卉画 4 幅。作者应野
平（1910—1990），教授。曾名野萍、野苹。浙江
宁海人。历任新华艺术专科学校教授、上海人民
美术出版社编辑室副主任、上海美术专科学校和
上海大学美术学院教授。代表作有《应野平山
水画集》《应野平山水画辑》《应野平山水画册》。

J0024277

袁金塔 （1982—1985）袁金塔著
［台北］袁金塔 1985 年 48 页 25×26cm
　　外文书名：Ruan Chin Taa Paintings 1982—
1985.

J0024278

云峰耸翠 黄景涛作
福州 福建美术出版社 1985 年 1 张 76cm（2 开）
定价：CNY0.28
　　现代中国画山水画。

J0024279

张伯驹潘素书画集 张伯驹，潘素绘
北京 人民美术出版社 1985 年 有照片
36cm（6 开）精装 统一书号：8027.9166
定价：CNY43.50
　　现代中国画画册。作者张伯驹（1898—
1982），鉴赏家、书画家、诗词学家、京剧艺术研
究家。原名张家骐，字家骐，号丛碧，别号游春
主人、好好先生，河南项城人。历任中央文史研
究馆馆员、北京戏曲研究所研究员、北京中国画
研究会名誉会长等职。主要著作有《丛碧词》《春
游词》《雾中词》《无名词》《续断词》等。作者
潘素（1915—　　），女，江苏省苏州市人，字慧素。
吉林省艺术学院美术系教授、北京中国画研究会
理事等。

J0024280

张步画集　张步绘

石家庄 河北美术出版社 1985 年 50 页

30cm（10 开）统一书号：8087.1208

定价：CNY10.80（平装），CNY18.00（精）

　　本画集收入作品 58 幅。有表现北方雄伟壮丽景色的《山舞银蛇》《林海雪皎》等；有表现南国秀丽景色的《幽翠图》《山村竹翠图》等；还有在罗马尼亚时所创作的《罗马尼亚之春》《异国眷情》等。作者张步(1934—　)，画家。河北丰润县人，毕业于中央美术学院中国画系。历任工人日报社美术编辑、光明日报社美术编辑组长、北京画院一级美术师、北京画院副院长、中国河山画会第一任会长。代表作品《生命之歌》《金色豫南》《神农架秋色》《丝绸之路》等。

J0024281

张大千遗作选　张大千绘

成都 四川美术出版社 1985 年 81 页 有图

39cm（4 开）精装 统一书号：8373.365

定价：CNY30.00

　　本画册收入作者 1925—1982 年所作山水、花鸟、人物等国画作品 82 幅，原件均为大陆各地所收藏。作者张大千(1899—1983)，山水画家、书法家。四川内江人，祖籍广东省番禺。代表作品有《爱痕湖》《长江万里图》《四屏大荷花》等。

J0024282

张善孖国画选　（第二集）张善孖绘

成都 四川美术出版社 1985 年 26 幅 38cm（6开）

统一书号：8373.37 定价：CNY5.50

　　现代中国画画册。

J0024283

张彦青画选　张彦青绘

济南 山东美术出版社 1985 年 16 幅 26cm（16 开）

统一书号：8332.255 定价：CNY2.20

　　现代中国画画册。作者张彦青(1917—2017)，原名焕，字剑进，号抚愠斋主。山东临清市人。毕业于北平辅仁大学美术系和重庆中央大学艺术系国画专业。历任中国美术家协会山东分会常务理事、山东老年书画研究会副会长。代表作品有《张彦青国画选》《山东革命纪念册》《张彦青山水写生集》。

J0024284

张正宇书画选集　张正宇书绘

北京 人民美术出版社 1985 年 73 页 36cm（6 开）

精装 统一书号：8027.8944 定价：CNY33.00

　　本画集选编了中国画和书法作品 95 幅。作者张正宇(1904—1976)，江苏无锡人。历任《申报》画刊主编，中国青年艺术剧院舞台美术设计总顾问，兼任《人民画报》《美术》《戏剧报》编委等。合作创作大型动画片《大闹天宫》，代表作品《舞台美术小语》等。

J0024285

张正字书画选集　张正宇书绘

北京 人民美术出版社 1985 年 73 页 36cm（15 开）

精装 定价：CNY33.00

J0024286

长恨歌五十七图　（唐）白居易诗；孟庆江绘；徐淦改编

南宁 广西人民出版社 1985 年 57 页 17×18cm

　　现代中国画画册。作者孟庆江(1937—　)，画家。浙江温州人。毕业于中央美术学院国画系。曾任《连环画报》主编，《中国艺术》副主编，北京功毕重彩画绘副会长。代表作品《刘胡兰》《蔡文姬》《长恨歌》等。

J0024287

赵少昂画集　赵少昂绘

北京 人民美术出版社 1985 年 105 页 36cm（6 开）

精装 统一书号：8027.8925 定价：CNY48.00

　　本画册收入作者 20 世纪 40-80 年代所作中国画 60 幅，包括人物、山水、花鸟、草虫、走兽等多种题材。作者赵少昂(1905—1998)，画家、教授。字叔仪，原籍广东番禺。"岭南派"著名画家，历任广州市立美术学校中国画系主任、广州大学美术科教授。出版有《少昂近作集》《少昂画集》《赵少昂画集》《实用绘画学》。

J0024288

赵少昂画集　赵少昂绘

台北 艺术图书公司 1985 年 180 页 有图

30cm（10 开）精装 定价：TWD1800.00

　　外文书名：Paintings by Chao Shao-ang.

J0024289

赵少昂小品选集　赵少昂作

台北　艺术图书公司　1985 年　160 页　有彩图
31cm（10 开）精装　定价：TWD1800.00

外文书名：Album Paintings by Chao Shao-ang.

J0024290

赵望云画集　赵望云绘

北京　人民美术出版社　1985 年　37cm（8 开）
精装　统一书号：8027.9249　定价：CNY44.00

本画集共收入中国画作品 129 幅，其中有
《雪天驮运》《幽谷新村》《重林耸翠》等。作者
赵望云（1906—1977），画家。河北束鹿人。曾任
西北军政委员会文化部文物处处长、中国美术家
协会常务理事、陕西省美术家协会首任主席、陕
西省文化局副局长等职。主要作品有《农村写生
集》《西北旅行画集》《埃及写生画集》《赵望云
画集》等。

J0024291

郑和　（1371—1435）黄侃画

杭州　浙江教育出版社　1985 年　1 张　76cm（2 开）
定价：CNY0.30

本作品是现代中国画。

J0024292

**中国古代文学名著：红楼梦；西游记；水
浒；三国演义**　张晓飞作

南京　江苏美术出版社　1985 年　4 张（卷轴）
76cm（2 开）定价：CNY2.50

J0024293

中国画研究院作品选　（第一集　中国画研究
院第一届展览会部分作品）中国画研究院编

北京　人民美术出版社　1985 年　159 页　38cm（6 开）
精装　统一书号：8027.9006　定价：CNY58.00

J0024294

中南海迎春书画展作品选　（选自国务院机
关部分部委老同志书画展）国务院办公厅老干
部处编

北京　人民美术出版社　1985 年　122 页　26cm（16 开）
统一书号：8027.9654　定价：CNY6.00

J0024295

钟馗神威图　范曾作

福州　福建美术出版社　1985 年　1 张　107cm（全开）
定价：CNY0.56

本作品是现代中国画。作者范曾（1938—　），
画家、学者。字十翼，别署抱冲斋主，江苏南通
人。毕业于中央美术学院中国画系。历任中央
工艺美术学院讲师、副教授，南开大学东方艺术
系教授、博士生导师，中国艺术研究院终身研究
员等。代表作品有《庄子显灵记》《范曾自述》《老
子出关》《钟馗神威》等。

J0024296

钟馗神威图　黄迪杞作

重庆　重庆出版社　1985 年　1 张　107cm（全开）
定价：CNY0.70

本作品是现代中国画。

J0024297

周达书画辑　周达书绘

长沙　湖南美术出版社　1985 年　22 页　26cm（16 开）
统一书号：8233.799　定价：CNY1.90

本书是中国画画册。

J0024298

朱志元画辑　朱志元绘

长沙　湖南美术出版社　1985 年　30 页　26cm（16 开）
统一书号：8233.782　定价：CNY1.90

本作品是现代中国画。

J0024299

诸乐三书画篆刻集　诸乐三著

北京　人民美术出版社　1985 年　36cm（6 开）
精装　统一书号：8027.8951　定价：CNY46.50

现代书法、篆刻、中国画画册。

J0024300

竹乡清霄　张锦标作

上海　上海书画出版社　1985 年　1 张　76cm（2 开）
定价：CNY0.20

现代中国画作品。作者张锦标（1935—　），
编审。浙江嵊州人，毕业于浙江美术学院中国
画系。历任上海书画出版社编辑、副编审。代表
作品有《熊猫宴》《宠爱》《迎千年曙光》《任伯年
群仙祝寿图》。著作有《怎样画大熊猫》。

J0024301
祝寿图　李慕白，庞卡作
北京 中国戏剧出版社 1985 年 1 张（卷轴）
附对联 1 副 107cm（全开）定价：CNY1.60
　　现代中国画。

J0024302
八骏图　张辛国画
石家庄 河北美术出版社 1986 年 1 张 76cm（2 开）
定价：CNY0.20
　　本作品为年画形式的中国现代国画作品。

J0024303
白描画选　高桂珍，曹建顺编绘
北京 中国展望出版社 1986 年 200 页 10cm（64 开）
统一书号：8271.043 定价：CNY3.75

J0024304
百蝶图　李松柴绘
上海 上海人民美术出版社 1986 年 26cm（16 开）
统一书号：8081.14167 定价：CNY1.60
　　现代中国画作品。作者李松柴（1933—
2007），教授。生于湖北武汉市，毕业于中央工艺
美术学院陶瓷美术系。中国美术学院教授。

J0024305
百虎图　阴衍江作
哈尔滨 黑龙江美术出版社 1986 年 18 张
20×38cm
　　现代中国画。作者阴衍江（1940—2011），画
家。中国美术家协会会员、一级画师、黑龙江美
术出版社专业画家、黑龙江文史馆馆员。

J0024306
北京风光国画选　万青力画
北京 人民美术出版社 1986 年 44 页 18cm（15 开）
统一书号：8027.9618 定价：CNY2.50

J0024307
陈少梅画集　陈少梅绘
天津 天津人民美术出版社 1986 年 92 页
34cm（5 开）精装 统一书号：8073.50318
定价：CNY49.00
　　本画集共辑录作者创作的中国画作品 90 幅。
书前有启功撰序并书，书后附作者常用印 21 方。

作者陈少梅（1909—1954），国画家。名云彰，又
名云鹤，号升湖，字少梅，以字行。生于湖南衡
山。曾任中国美术家协会天津分会主席、天津美术
学校校长。主要作品有《江南春》《丛林远岭》等。

J0024308
陈永锵画选　陈永锵绘
香港 威信企业 1986 年 53 页 20cm（32 开）
　　外文书名：Chen Yongqiang Selected Paintings.
　　作者陈永锵（1948—　），画家。生于广州，
祖籍广东南海西樵，毕业于广州美术学院国画系
研究生班。历任广州市文化局副局长兼广州画
院院长、广东美术家协会副主席、中国国家画院
研究员、岭南画派纪念馆名誉馆长等。作品有
《南天开阔好纵横》《南粤雄风》《岭南花》《雄
姿英发》。

J0024309
陈子庄写生稿　［陈子庄绘］
成都 四川美术出版社 1986 年 51 页 有图
19×26cm 统一书号：8373.698 定价：CNY4.00

J0024310
楚雨湘烟入画图　汤文选作
武汉 长江文艺出版社 1986 年 1 张（卷轴）
76cm（2 开）定价：CNY2.00
　　现代中国画作品。

J0024311
春满园　路如恒作
石家庄 河北美术出版社 1986 年 1 张（卷轴）
107cm（全开）定价：CNY1.80
　　现代中国画作品。

J0024312
春趣图　邓履萍作
昆明 云南人民出版社 1986 年 1 张（卷轴）
107cm（全开）定价：CNY0.40
　　现代中国画作品。

J0024313
春山积翠　孙金祥作
上海 上海书画出版社 1986 年 1 张 78cm（3 开）
定价：CNY0.14
　　现代中国画作品。

J0024314
春晓　陈贯时作
杭州　浙江人民出版社 1986 年 1 张 76cm（2 开）
定价：CNY0.30
　　现代中国画作品。作者陈贯时（1928—　），画家。浙江温州人。又名灌丁、亦壶。毕业于浙江美术学院中国画系，并留校任教。主要作品有《雨霁》《斑竹》《梅石图》等。

J0024315
大寿星　龚景充画
福州　福建美术出版社 1986 年 1 张 107cm（全开）
定价：CNY0.06
　　本作品为年画形式的中国现代国画作品。

J0024316
单应桂国画选　单应桂作
济南　山东美术出版社 1986 年 16 张 26cm（16 开）
定价：CNY1.35

J0024317
当代中国画名作选　何海霞等绘
合肥　安徽美术出版社 1986 年 51cm（6 开）
统一书号：8381.258 定价：CNY9.50
　　作者何海霞（1908—1998），满族，北京人。初名何福海，字瀛，又字登瀛。曾任陕西国画院副院长及名誉院长、中国国画研究院研究员等职。代表作品《看山还看祖国山》《何海霞画集》《何海霞画册·山水部分》等。

J0024318
当代中国绘画　朱屺瞻等绘
香港　中文大学出版社 1986 年 143 页 31cm（10 开）
精装　ISBN：962-201-363-5
　　外文书名：Contemporary Chinese Painting.

J0024319
丁衍庸画集　丁衍庸绘；陈焜旺编；李泽文，陈恺令译
香港　丁衍庸画会 1986 年 160 页 有图 31cm（10 开）精装
　　外文书名：Professor Ting Yen Yung Works.

J0024320
东方宾馆藏画　俞长嘉，李洪华主编
北京　人民美术出版社 1986 年 143 页 29cm（15 开）
精装 统一书号：8027.9613 定价：CNY35.00

J0024321
多福多寿　李增吉画
福州　福建美术出版社 1986 年 1 张 107cm（全开）
定价：CNY0.60
　　本作品为年画形式的中国现代国画作品。

J0024322
多福多寿　李增吉画
福州　福建美术出版社 1986 年 1 张 76cm（2 开）
定价：CNY0.22
　　本作品为年画形式的中国现代国画作品。

J0024323
繁花似锦　丁楼辰作
杭州　浙江人民美术出版社 1986 年 1 张 76cm（2 开）定价：CNY0.20
　　现代中国画作品。

J0024324
方增先画集　方增先绘
北京　人民美术出版社 1986 年 101 幅 25cm（16 开）
精装 统一书号：8027.9209 定价：CNY30.50
　　本画集选编人物画作品 110 幅，题材包括工人、战士、儿童等。作者方增先（1931—　），国画家。浙江兰溪人，毕业于浙江杭州国立艺术专科学校。历任上海美术馆馆长、中国美术家协会常务理事。出版画集《方增先人物画》《方增先水墨画诗意画》《方增先古装人物画集》等，专著有《怎样画水墨人物画》《结构素描》《人物画的造型问题》等。

J0024325
方召麐书画选集　方召麐绘编
上海　上海人民美术出版社 1986 年 80 页 34cm（10 开）统一书号：8081.14051
定价：CNY42.00
　　外文书名：The Paintings and Calligraph of Fang Zhaolin. 作者方召麐（1914—2006），女，画家。出生于江苏无锡，毕业于曼彻斯特大学、香港大学、牛津大学。曾居香港，复居伦敦。代表作品《船民图》《长江忆写图》《香港回归纪念碑》等。

J0024326
凤仙促读　王举春画
济南 山东美术出版社 1986年 1张 76cm(2开)
定价：CNY0.21
　　本作品为年画形式的中国现代国画作品。

J0024327
芙蓉　彭超真作
武汉 长江文艺出版社 1986年 1张(卷轴)
定价：CNY2.00
　　现代中国画作品。

J0024328
芙蓉图　王天池作
济南 山东美术出版社 1986年 1张(卷轴)
107cm(全开) 定价：CNY1.30
　　现代中国画作品。

J0024329
芙蓉鸳鸯　王树珩画
石家庄 河北美术出版社 1986年 1张 76cm(2开)
定价：CNY0.22
　　本作品为年画形式的中国现代国画作品。

J0024330
福灯高照　臧恒望画
济南 山东美术出版社 1986年 1张 76cm(2开)
定价：CNY0.21
　　本作品为年画形式的中国现代国画作品。

J0024331
福禄寿喜　李增吉画
福州 福建美术出版社 1986年 1张(卷轴)
107cm(全开) 定价：CNY2.25
　　本作品为年画形式的中国现代国画作品。

J0024332
福星高照　魏延滨画
济南 山东美术出版社 1986年 2张 76cm(2开)
定价：CNY0.42
　　本作品为年画形式的中国现代国画作品。

J0024333
福字金牌到咱家　陈明画
济南 山东美术出版社 1986年 1张 76cm(2开)

定价：CNY0.21
　　本作品为年画形式的中国现代国画作品。

J0024334
高节图　李自强作
郑州 河南美术出版社 1986年 1张(卷轴)
76cm(2开) 定价：CNY1.00
　　现代中国画作品。

J0024335
歌吹是扬州　扬州日报社编
北京 人民美术出版社 1986年 78页 26cm(16开)
统一书号：8027.10332 定价：CNY24.50
　　中国现代书画集。

J0024336
工笔花鸟画册　金鸿钧等绘
北京 荣宝斋 1986年 42页 有图 30cm(10开)
定价：CNY4.20

J0024337
工笔人物新画　赵益超等绘；谢志高编
西安 陕西人民美术出版社 1986年 26cm(16开)
统一书号：10199.12 定价：CNY4.50
　　作者谢志高(1942—)，画家、国家一级美
术师。生于上海，研究生毕业于中央美术学院，
后留校任教。曾任中国画研究院创作研究部主
任。代表作品《水墨仕女画技法》《战海河》《欢
欢喜喜过个年》《春蚕》等。

J0024338
恭喜发财；万事如意　秦文画
兰州 甘肃人民出版社 1986年 1张 53cm(4开)
定价：CNY0.11
　　本作品为年画形式的中国现代国画作品。

J0024339
姑苏秀色　邢树荃作
石家庄 河北美术出版社 1986年 1张 76cm(2开)
定价：CNY0.44
　　现代中国画作品。

J0024340
古诗画意　徐英槐作
杭州 浙江人民出版社 1986年 2张 76cm(2开)

定价: CNY0.40

中国现代年画作品。

J0024341

桂承平指画　桂承平绘著

台北　艺术图书公司　1986 年　36 页　26cm（16 开）

定价: TWD400.00

外文书名: Kwei Chin Pen Finger-Painting.

J0024342

郭公达山水画册　郭公达绘

南京　江苏美术出版社　1986 年　25cm（15 开）

统一书号: 8353.6.041　定价: CNY4.20

作者郭公达（1931— ），画家。安徽萧县人，毕业于浙江美术学院中国画系。任教于安徽艺术学院（现为安徽大学艺术学院），中国美术家协会会员，安徽美术家协会副主席等职。出版有《郭公达山水画册》《郭公达画集》《郭公达山水画选集》等。

J0024343

国华竞芳菲　林瑛珊作

沈阳　辽宁美术出版社　1986 年　1 张　76cm（2 开）

定价: CNY0.20

现代中国画作品。

J0024344

国华竞芳菲　林瑛珊作

沈阳　辽宁美术出版社　1986 年　1 张（卷轴）

附对联 1 副　107cm（全开）定价: CNY1.80

中国现代中国画作品。

J0024345

国画书法选　甘肃人民出版社编

兰州　甘肃人民出版社　1986 年　36cm（6 开）

统一书号: 8096.1226　定价: CNY6.50

J0024346

国色康寿　赵天楼作

济南　山东美术出版社　1986 年　1 张（卷轴）

76cm（2 开）定价: CNY0.55

现代中国画作品。

J0024347

何南燕作品选　何南燕绘

合肥　安徽美术出版社　1986 年　37cm（8 开）

本画集选入中国画作品 50 幅。作者何南燕（1954— ），女，画家。毕业于中央美术学院。安徽省书画院专业画家、国家二级美术师。

J0024348

和美幸福　孙卫国画

南京　江苏美术出版社　1986 年　1 张（卷轴）

附对联 1 副　107cm（全开）定价: CNY2.70

本作品为年画形式的中国现代国画作品。

J0024349

和平之春　齐兆璠作

天津　天津人民美术出版社　1986 年　1 张

107cm（全开）定价: CNY0.90

现代中国画作品。

J0024350

和顺满门添百福·平安二字值千金　陆旋，欧绍华画; 周树坚书

广州　岭南美术出版社　1986 年　1 张　76cm（2 开）

定价: CNY0.25

本作品为年画形式的中国现代国画作品。

J0024351

和顺满门添百福·平安二字值千金　陆旋，欧绍华画; 周树坚书

广州　岭南美术出版社　1986 年　1 张　53cm（4 开）

定价: CNY0.13

本作品为年画形式的中国现代国画作品。

J0024352

红梅报喜　杨作文画

石家庄　河北美术出版社　1986 年　2 张　76cm（2 开）

定价: CNY0.44

本作品为年画形式的中国现代国画作品。

J0024353

花光已到十分春　许从慎作

南京　江苏古籍出版社　1986 年　1 张　107cm（全开）

定价: CNY2.20

现代中国画作品。

J0024354

花好月圆　高云升画

济南　山东美术出版社　1986 年　1 张　76cm（2 开）
定价：CNY0.21
　　本作品为年画形式的中国现代国画作品。

J0024355
花好月圆；和睦幸福　赵雨树作
成都　四川美术出版社　1986 年　2 张　78cm（2 开）
定价：CNY0.45
　　现代中国画作品。

J0024356
花香四季　薛长山画
济南　山东美术出版社　1986 年　1 张　76cm（2 开）
定价：CNY0.56
　　本作品为年画形式的中国现代国画作品。

J0024357
划龙舟　侯纪德画
济南　山东美术出版社　1986 年　1 张　76cm（2 开）
定价：CNY0.21
　　本作品为年画形式的中国现代国画作品。

J0024358
画家李可染　黎朗编著
北京　中国文联出版公司　1986 年　24 页　有图
20cm（32 开）定价：CNY0.87

J0024359
激情　（张克让的美术作品）张克让绘
北京　人民美术出版社　1986 年　10cm（64 开）
统一书号：8027.9677　定价：CNY0.45
（新美术画库 16）
　　现代中国画作品。

J0024360
吉祥富贵　张选之画
济南　山东美术出版社　1986 年　1 张　76cm（2 开）
定价：CNY0.27
　　本作品为年画形式的中国现代国画作品。

J0024361
吉祥如意　李英画
福州　福建美术出版社　1986 年　1 张　76cm（2 开）
定价：CNY0.22
　　本作品为年画形式的中国现代国画作品。

J0024362
吉祥如意　李书成画；严勇书
广州　岭南美术出版社　1986 年　1 张　76cm（2 开）
定价：CNY0.25
　　本作品为年画形式的中国现代国画作品。

J0024363
吉祥如意　李书成画；严勇书
广州　岭南美术出版社　1986 年　1 张　53cm（4 开）
定价：CNY0.13
　　本作品为年画形式的中国现代国画作品。

J0024364
吉祥如意　宋仁贤画
济南　山东美术出版社　1986 年　1 张　107cm（全开）
定价：CNY0.42
　　本作品为年画形式的中国现代国画作品。
作者宋仁贤（1939—　　），画家。山东荣城人。艺
号牧云渔翁，自品斋，堂号闭门堂。师承顾生岳、
周沧米、舒传熹等。烟台画院专业画家、国家一
级美术师、中国美术家协会会员、山东书法家协
会会员、山东省画院高级画师。画作有《试验田》
《海岛民兵师》《海上劳模》等，出版有《宋仁贤
画选》。

J0024365
吉星高照　王克印作
郑州　河南美术出版社　1986 年　1 张（卷轴）
107cm（全开）定价：CNY1.00
　　现代中国画作品。

J0024366
吉星高照平安宅；福曜常临勤俭家　陈伟
明画；梁量书
广州　岭南美术出版社　1986 年　1 张　76cm（2 开）
定价：CNY0.25
　　本作品为年画形式的中国现代国画作品。

J0024367
**纪念孙中山先生诞辰一百二十周年书画
册**　广东省纪念孙中山先生诞辰一百二十周年
筹备处编
香港　香港汉荣书局有限公司　1986 年　157 页
29cm（16 开）

J0024368

江南翠滴图　李海陆作

南京　江苏美术出版社 1986 年　1 张（卷轴）
107cm（全开）定价：CNY1.00

　　现代中国画作品。

J0024369

节日　（蒲国昌作品）蒲国昌绘

北京　人民美术出版社 1986 年　10cm（64 开）
统一书号：8027.9675 定价：CNY0.45

　　现代中国画作品。作者蒲国昌（1937—　），
教授。四川成都人，毕业于中央美术学院。擅长
版画、中国画，现为贵州大学艺术学院教授、硕
士生导师。作品有《节日》《召唤》《机器时代》
系列，《石榴》列，《人—人》系列等。

J0024370

金鸡鸣富　樊运琪画

济南　山东美术出版社 1986 年　1 张　76cm（2 开）
定价：CNY0.21

　　本作品为年画形式的中国现代国画作品。

J0024371

金鸡长鸣　张宝元, 彭海清画

福州　福建美术出版社 1986 年　1 张　76cm（2 开）
定价：CNY0.21

　　本作品为年画形式的中国现代国画作品。

J0024372

金枝玉叶　申同景画

石家庄　河北美术出版社 1986 年　1 张　76cm（2 开）
定价：CNY0.20

　　本作品为年画形式的中国现代国画作品。

J0024373

锦上添花　顾国志作

南京　江苏美术出版社 1986 年　1 张（卷轴）
107cm（全开）定价：CNY1.00

　　现代中国画作品。

J0024374

锦绣前程　邱丽娟画

广州　岭南美术出版社 1986 年　1 轴（卷轴）
附对联 1 副　107cm（全开）定价：CNY2.70

　　本作品为年画形式的中国现代国画作品。

J0024375

锦绣前程　邱丽娟画

广州　岭南美术出版社 1986 年　1 张　附对联 1 副
76cm（2 开）定价：CNY2.70

　　本作品为年画形式的中国现代国画作品。

J0024376

荆钗记　（1-4）刘喜春编绘

沈阳　辽宁美术出版社 1986 年　2 张　76cm（2 开）
定价：CNY0.42

　　本作品为年画形式的中国现代国画作品。

J0024377

九华佳境　王玉池画

石家庄　河北美术出版社 1986 年　3 张　76cm（1 张）
（3 开（2 张））定价：CNY0.44

　　现代中国画作品。作者王玉池（1931—　），
研究员。出生于河北束鹿县，毕业于中央工艺美
术学院。历任中国艺术研究院美术研究所研究
员、中国书法家协会学术委员会委员、中国书画
函授大学教授、中国美术家协会会员。专著有《钟
繇》《王羲之》《书法瑰宝谭》等。

J0024378

九秋图　齐白石作

北京　荣宝斋 1986 年　1 张　30×168cm

　　本手卷为木版水印，有画款"白石老人齐璜
昏眼"。

J0024379

崆峒四月　蒋志鑫画

兰州　甘肃人民出版社 1986 年　1 张　76cm（2 开）
定价：CNY0.25

　　本作品为年画形式的中国现代国画作品。

J0024380

兰竹清品　孙韬成作

杭州　浙江人民美术出版社 1986 年　1 张
76cm（2 开）定价：CNY0.30

　　现代中国画作品。

J0024381

漓江春　李树人作

沈阳　辽宁美术出版社 1986 年　1 张
[78cm]（3 开）定价：CNY0.12

现代中国画作品。

J0024382

漓江风帆　张大昕作

上海　上海人民美术出版社　1986 年　1 张
107cm（全开）定价：CNY0.40

现代中国画作品。

J0024383

漓江揽胜　陈玉圃作

南宁　广西人民出版社　1986 年　1 张　76cm（2 开）
定价：CNY0.26

现代中国画作品。作者陈玉圃（1946—　），
国画家。又名陈玉璞。山东历城人，就读于广西
艺术学院。曾任广西艺术学院美术系教授、天津
南开大学东方艺术系教授、硕士生导师，中国美
术家协会会员。代表作《唐人诗意》《苏东诗意》
《放鹤亭图》。

J0024384

漓江秀色　汤万清，王健美作

长沙　湖南美术出版社　1986 年　1 张　76cm（2 开）
定价：CNY0.25

现代中国画作品。作者汤万清（1932—　），
画家。笔名水一，湖南醴陵人。历任武汉中国画
画院高级画师、中国工艺美术学会高级会员、湖
北省美术家协会会员。

J0024385

漓江雨霁　帅立功作

南宁　广西人民出版社　1986 年　1 张　76cm（2 开）
定价：CNY0.23

现代中国画作品。

J0024386

李斛画集　李斛绘

北京　人民美术出版社　1986 年　116 页 18cm（15 开）
精装 统一书号：8027.9620 定价：CNY34.50

作者李斛（1919—1975），画家、美术教育
家。四川大竹县人，号柏风，毕业于四川省立成
都师范学校和中央大学艺术系。任教于中央美
术学院国画系、中央工艺美术学院装潢系。代表
作品《侦察》《广州起义》《披红斗篷的老人》《关
汉卿像》《齐白石像》等。

J0024387

李可染中国画　李可染绘

北京　荣宝斋　1986 年　10 张　有图 15cm（40 开）
定价：CNY1.16

现代中国画作品集。

J0024388

李苦禅画选　李苦禅绘

北京　人民美术出版社 1986 年 99 页 19cm（32 开）
统一书号：8027.7801 定价：CNY1.45
（中国美术家丛书）

现代中国画作品选集。作者李苦禅（1899—
1983），书画家、美术教育家。山东高唐人。原名
李英杰，字励公。擅画花鸟和鹰。历任中央美
术学院教授、中国美术家协会理事、中国画研究院
院务委员等。代表作品有《盛荷》《群鹰图》《兰
竹》等，出版有《李苦禅画辑》。

J0024389

李山画选　李山绘

南京　江苏美术出版社　1986 年　26cm（16 开）
统一书号：8353.6.046 定价：CNY3.80

J0024390

李世南画集　（李世南艺术跋涉的一个截面）
李世南绘

北京　工人出版社　1986 年　60 页 25cm（15 开）
统一书号：8007.33 定价：CNY15.00

本集选收作品 57 幅，展现作者的艺术探索和
艺术风格转变的过程。作者李世南（1940—　），
画家。生于上海，祖籍浙江绍兴。历任中国美术
家协会会员、国家一级美术师、中国国家画院特
聘研究员、陕西国画院名誉院长、深圳书院专业
画家。代表作《开采光明的人》《长安的思念》《南
京大屠杀 48 周年祭》等。

J0024391

历代著名诗人咏黄鹤楼　华其敏作

武汉　长江文艺出版社　1986 年　1 张（卷轴）
定价：CNY1.50

现代中国画作品。作者华其敏（1953—　），
画家、教授。别名田乔、果然、沙月。上海人，
毕业于中央美术学院中国画系研究生班。中央
美术学院教授、中国美术家协会会员。代表作品
有《夸父图》《西门豹除巫》《安祥的艺术》等。

J0024392
梁世雄画选　梁世雄绘
广州　岭南美术出版社　1986 年　有照片
26×18cm　统一书号：8260.1730
定价：CNY4.35
　　作者梁世雄（1933—　），画家。广东南海人，就读于广东省立艺术专科学校，毕业于华南文艺学院美术系。中国美术家协会会员、岭南画派研究室主任、岭南画派纪念馆副董事长、广东省美术家协会常务理事。代表作品有《归渔》《椰林秋晓》《不尽长江滚滚流》等。

J0024393
林锴书画　林锴绘
桂林　漓江出版社　1986 年　39 页　26cm（16 开）
统一书号：8256.232　定价：CNY3.50

J0024394
岭南画派　王礼溥编著
台湾　艺术图书公司　1986 年　再版　144 页　有图
28cm（16 开）精装　定价：TWD600.00

J0024395
刘海粟中国画近作选　刘海粟绘
南京　江苏美术出版社　1986 年　20 幅　36cm（6 开）
统一书号：8353.6.037　定价：CNY4.20

J0024396
龙凤双喜　晓牛画
福州　福建美术出版社　1986 年　1 张　107cm（全开）
定价：CNY0.60
　　本作品为年画形式的中国现代国画作品。

J0024397
龙腾江陵图　胡振郎作
上海　上海书画出版社　1986 年　1 张　76cm（2 开）
定价：CNY0.20
　　现代中国画作品。作者胡振郎（1938—　），国家一级美术师。浙江永康县人，毕业于浙江美术学院。历任中国美术家协会上海分会理事、上海市黄浦画院院长、上海市文史研究馆馆员、上海中国画院画师。代表作品有《功》《一生难忘1976》《峥嵘岁月》《百年沧桑》《白求恩》，出版有《胡振郎画集》《胡振郎山水画集》《怎样画水墨山水》等。

J0024398
鸾凤和鸣　张弓画
石家庄　河北美术出版社　1986 年　2 张　76cm（2 开）
定价：CNY0.44
　　本作品为年画形式的中国现代国画作品。

J0024399
绿云画艺　周绿云绘
香港　香港大学冯平山博物馆　1986 年　123 页
30cm（10 开）精装
　　现代中国画作品。外文书名：Chinese Painting by Irene Chou.

J0024400
梅花　王宝镛作
西安　三秦出版社　1986 年　1 张（卷轴）76cm（2 开）
定价：CNY1.00
　　现代中国画作品。

J0024401
梅竹图　王邦作
南宁　广西人民出版社　1986 年　1 张　76cm（2 开）
定价：CNY0.26
　　现代中国画作品。

J0024402
苗岭春辉　（贵州国画院作品选）宋吟可等绘
上海　上海人民美术出版社　1986 年　20cm（32 开）
定价：CNY7.40
　　作者宋吟可（1902—1999），画家。原名荫科。江苏南京人。曾任中国美协第二、三届理事，美协贵州分会主席、贵州省国画院院长、桂林美术专科学校中国画讲师等。代表作品《妈妈您看我在开拖拉机》《打蒺衣迎春耕》《磨镰刀》。

J0024403
明媚春色　檀东铿作
上海　上海人民美术出版社　1986 年　1 张
［78cm］（3 开）定价：CNY0.14
　　现代中国画作品。

J0024404
明月　（刘光夏的中国画作品）刘光夏绘
北京　人民美术出版社　1986 年　10cm（64 开）
统一书号：8027.9676　定价：CNY0.45

J0024405

墨竹　盛寿藻作

太原　山西人民出版社 1986 年 1 张 76cm（2 开）

定价：CNY0.23

现代中国画作品。

J0024406

鸟语花香　牛忠元作

成都　四川美术出版社 1986 年 1 张 76cm（2 开）

定价：CNY0.22

现代中国画作品。作者牛忠元（1955—　），画家。河北霸州人，就读于河北师大美术系、中国北京画院工笔花鸟画研修班和中央美术学院。中国画研究院著名工笔花鸟画专家。作品有《春光似锦》《风韵》《戈壁早春》《版纳深处》等。

J0024407

盘丝洞　林明画；梅文文

哈尔滨　黑龙江美术出版社 1986 年 2 张 76cm（2 开）定价：CNY0.42

本作品为年画形式的中国现代国画作品。

J0024408

鹏程万里　梁占峰画

广州　岭南美术出版社 1986 年 1 张 附对联 1 副 76cm（2 开）定价：CNY2.70

本作品为年画形式的中国现代国画作品。

J0024409

鹏程万里　李云龙画

成都　四川美术出版社 1986 年 1 张 76cm（2 开）

定价：CNY0.20

本作品为年画形式的中国现代国画作品。

J0024410

平沙落雁　傅抱石作

上海　朵云轩 1986 年 1 张（绫裱卷轴）

现代中国画作品。

J0024411

溥佐画集　溥佐作

石家庄　河北美术出版社 1986 年 57 幅 36cm（6 开）

定价：CNY15.00

本画集收入作者 1986 年以前的作品 65 幅，其中以马为题材的 12 幅，花鸟画 32 幅，山水画 21 幅。以马最为擅长。作者爱新觉罗·溥佐（1918—2001），中国画画家。满族，北京人，清宣统帝爱新觉罗·溥仪之堂弟。曾任教于河北艺术师范学院、天津美术学院等、天津河北艺术师范学院国画讲师、中国民主同盟盟员、第六届全国政协委员等。主要作品《松鹰图》。

J0024412

齐白石彩色精选　齐白石绘

台北　艺术图书公司 1986 年 220 页 有图肖像 30cm（10 开）精装 定价：TWD800.00

外文书名：The Paintings of Ch'i Pai-shih. 作者齐白石（1864—1957），近现代中国绘画大师，国画家、篆刻家。湖南湘潭人。原名纯芝，字渭青，号兰亭，后改名璜，字濒生，号白石等。历任国立北平艺术专科学校和京华美术专科学校教习、教授，中央美术学院名誉教授、中国文学艺术界联合会主席团委员、中国画研究会和中国美术家协会主席、中国画院名誉院长。代表作有《蛙声十里出山泉》《墨虾》等。著有《白石诗草》《齐白石作品集》《白石老人自述》等。

J0024413

齐白石画集　齐白石绘；严欣强，金岩编

北京　外文出版社 1986 年 194 页 38cm（8 开）

本画集收入齐白石 1883—1957 年间的代表作品 150 幅。附有齐白石的生平和艺术活动年表。

J0024414

齐白石书画集　（北京市文物商店藏品）齐白石著

北京　人民美术出版社 1986 年 200 页 有照片 19cm（32 开）统一书号：8027.9684 定价：CNY3.45

J0024415

气壮山河　何远明作

成都　四川美术出版社 1986 年 1 张 76cm（2 开）

定价：CNY0.20

现代中国画作品。

J0024416

千峰竞秀　刘晨奇画

南昌　江西人民出版社 1986 年 1 张（卷轴）附对联 1 副 107cm（全开）定价：CNY4.00

本作品为年画形式的中国现代国画作品。

J0024417
千峰流翠　王顺兴画
石家庄　河北美术出版社　1986 年　1 张　76cm（2 开）
定价：CNY0.20
　　现代中国画作品。

J0024418
千里嘉陵图卷　杨鸿坤作
北京　人民美术出版社　1986 年　47 页　10cm（64 开）
统一书号：8027.9640　定价：CNY6.40
　　现代中国画作品。

J0024419
千岩竞秀　姚耕耘作
哈尔滨　黑龙江美术出版社　1986 年　1 张
［78cm］（3 开）定价：CNY0.38
　　现代中国画作品。

J0024420
千岩竞秀　王利华作
杭州　浙江人民美术出版社　1986 年　1 张（卷轴）
107cm（全开）定价：CNY1.70
　　现代中国画作品。

J0024421
千岩竞秀　王利华作
杭州　浙江人民美术出版社　1986 年　1 张
76cm（2 开）定价：CNY0.30
　　现代中国画作品。

J0024422
钱松嵒近作选　钱松嵒绘
南京　江苏美术出版社　1986 年　38cm（6 开）
定价：CNY3.80
　　作者钱松嵒（1899—1985），画家。江苏宜兴
人。曾任江苏省国画院院长、名誉院长，江苏省
美术家协会主席、中国美术家协会常务理事等。
画作有《红岩》《延安颂》《芙蓉湖上》《山岳颂》
等。代表作品有《梅园新村》《延安颂》《红岩》
《井冈大瀑布》等。著作《砚边点滴》。出版物《钱
松嵒画集》等。

J0024423
青霭过春山　乐震文作
上海　上海书画出版社　1986 年　1 张（卷轴）

107cm（全开）定价：CNY2.70
　　现代中国画作品。

J0024424
清香　端木斌庭画
郑州　河南美术出版社　1986 年　1 张（卷轴）
附对联 1 副　107cm（全开）定价：CNY3.40
　　本作品为年画形式的中国现代国画作品。

J0024425
庆祝中华人民共和国计量法颁布书画集
计永佑编
北京　对外贸易教育出版社　1986 年　84cm（2 开）
定价：CNY45.00

J0024426
群马图　叶良玉作
上海　上海书画出版社　1986 年　1 张　85cm（3 开）
定价：CNY0.14
　　现代中国画作品。

J0024427
群仙图　姜堃作
长沙　湖南美术出版社　1986 年　1 张（卷轴）
76cm（2 开）定价：CNY0.25
　　现代中国画作品。

J0024428
群仙图　姜堃作
长沙　湖南美术出版社　1986 年　1 张（卷轴）
定价：CNY1.70
　　现代中国画作品。

J0024429
人杰地灵　华三川作
上海　上海书画出版社　1986 年　1 张
［78cm］（3 开）定价：CNY0.14
　　现代中国画作品。

J0024430
三峡胜览图　宋治平作
上海　上海书画出版社　1986 年　1 张　76cm（2 开）
定价：CNY0.20
　　现代中国画作品。

J0024431
三友图　赵蕴玉作
成都　四川美术出版社 1986 年 1 张 76cm（2 开）
定价：CNY0.20
　　现代中国画作品。

J0024432
山河壮丽　李树人作
沈阳　沈阳美术出版社 1986 年 1 张 76cm（2 开）
定价：CNY0.16
　　现代中国画作品。

J0024433
山花烂漫艳银妆　王庆生作
上海　上海人民美术出版社 1986 年 1 张
107cm（全开）定价：CNY0.40
　　现代中国画作品。作者王庆生（1943— ），
记者、编辑。江苏南京人，从事报社编辑和记者
工作。

J0024434
山水　张大千作
太原　山西人民出版社 1986 年 1 张 76cm（2 开）
定价：CNY0.23
　　现代中国画作品。

J0024435
山水图　张大千画
济南　山东美术出版社 1986 年 1 张（卷轴）
107cm（全开）定价：CNY1.30
　　现代中国画作品。

J0024436
射雕英雄　韩喜增画
石家庄　河北美术出版社 1986 年 1 张 76cm（2 开）
定价：CNY0.20
　　本作品为年画形式的中国现代国画作品。
作者韩喜增（1942— ），河北邢台人。毕业于中
央美术学院年画、连环画系研究生班，受教于冯
真教授、杨先让教授。擅长连环画、年画。中国
美术家协会会员、国家一级美术师。曾任河北省
美术家协会副主席、邢台市文联副主席、邢台市
美术家协会主席。代表作品《人民的好总理》《虎
子》《雄狮》。

J0024437
沈子丞书画集　沈子丞作
上海　上海人民美术出版社 1986 年 20 幅 有照片
38cm（6 开）统一书号：8081.14913 定价：CNY4.20
　　本书选收包括《采莲曲》《宋人词意》《寿
星》等沈氏中年以后的书画作品21幅。作者沈
子丞（1904—1996），画家。浙江嘉兴人。原名德
坚，别名之淳，号听蛙翁。曾为上海市文史研究
馆馆员、上海中国画院画师。代表作品有《花仕
女图》《围棋图》等。出版有《历代论画名著汇编》
《沈子丞书画集》等。

J0024438
笙声凤舞　华三川作
南昌　江西人民出版社 1986 年 1 张（卷轴）
76cm（2 开）定价：CNY1.20
　　现代中国画作品。

J0024439
诗意　（黄永玉画集）（土家）黄永玉绘
香港　明窗出版社 1986 年 102 页 有图
26cm（16 开）定价：HKD45.00
　　作者黄永玉（1924— ），土家族，教授。历
任中央美术学院教授、全国政协委员，中国美术
家协会常务理事、副主席。作品有《春潮》《百花》
《人民总理人民爱》《阿诗玛》等。出版有《黄永
玉木刻集》《黄永玉画集》。

J0024440
石鲁绘画书法　人民美术出版社编
北京　人民美术出版社 1986 年 112 页 19cm（32 开）
统一书号：8027.9680 定价：CNY1.80

J0024441
石钟山胜景图　王忠年作
沈阳　辽宁美术出版社 1986 年 1 张 76cm（2 开）
定价：CNY0.20
　　现代中国画作品。作者王忠年（1942— ），
满族，画家。辽宁凤城人，别名王中年。毕业于
鲁迅美术学院附中。曾任本溪市平山区文化馆
美术组长、代馆长。擅长中国画。作品有国画《飞
流直下》《秋》《初春》《林海雪原》《峡江图》等，
论文有《写生之道》《从古人入，从造物出》等。

J0024442
仕女图 张大千作
上海 朵云轩 1986 年 1 张(绫裱卷轴)
现代中国画作品。

J0024443
曙光普照乾坤 刘海粟作
上海 上海书画出版社 1986 年 1 张 76cm(2 开)
定价: CNY0.20
现代中国画作品。

J0024444
双鹤舞梅 刘启文画
石家庄 河北美术出版社 1986 年 1 张 76cm(2 开)
定价: CNY0.20
本作品为年画形式的中国现代国画作品。
作者刘启文(1940—),国家一级美术师。原名
刘起文,河北石家庄人,祖籍保定。历任河北美
协会员,石门画院院长。

J0024445
双将图 朱云飞画
兰州 甘肃人民出版社 1986 年 1 张 53cm(4 开)
定价: CNY0.11
本作品为年画形式的中国现代国画作品。

J0024446
四季歌 郭鸿勋画
石家庄 河北美术出版社 1986 年 2 张 76cm(2 开)
定价: CNY0.14
本作品为年画形式的中国现代国画作品。

J0024447
松鹤 叶景蓁画
济南 山东美术出版社 1986 年 2 张 76cm(2 开)
定价: CNY1.80
本作品为年画形式的中国现代国画作品。

J0024448
松鹤图 贺伯英画
广州 岭南美术出版社 1986 年 1 张(卷轴)
附对联 1 副 107cm(全开)定价: CNY2.70
本作品为年画形式的中国现代国画作品。

J0024449
松鹤延年 张玉画
济南 山东美术出版社 1986 年 1 张(卷轴)
附对联 1 副 107cm(全开)定价: CNY2.20
本作品为年画形式的中国现代国画作品。

J0024450
松龄鹤寿 张玉画作
济南 山东美术出版社 1986 年 1 张 107cm(全开)
定价: CNY0.45
本作品为年画形式的中国现代国画作品。

J0024451
送子图 华三川作
南昌 江西人民出版社 1986 年 1 张(卷轴)
76cm(2 开)定价: CNY1.20
现代中国画作品。

J0024452
瘦西湖一览图 许从慎作
南京 江苏古籍出版社 1986 年 1 张(卷轴)
76cm(2 开)定价: CNY1.60
现代中国画作品。

J0024453
苏葆桢画集 苏葆桢绘
重庆 西南师范大学出版社 1986 年 38cm(8 开)
统一书号: 8405.2 定价: CNY1.60
本书共收集花鸟画、白描花卉、工笔花卉作
品 80 幅,包括:《川西三月》《红霞万朵春意闹》
等。作者苏葆桢(1916—1990),国画家。江苏
宿迁市人,师从徐悲鸿、张书旂、傅抱石等大家。
曾任西南大学教授、硕士生导师,重庆国画院副
院长。作品有《葡萄图》《硕果累累》《玉羽迎春》
《山花烂漫》《战地花开》等。

J0024454
苏州建城二千五百年纪念 苏州市纪念苏州
建城二千五百年筹备委员会编
1986 年 76 页 26cm(16 开)精装
现代中国画作品。

J0024455
岁寒三友 米春茂作
石家庄 河北美术出版社 1986 年 1 张

107cm（全开）定价：CNY1.10

　　现代中国画作品。作者米春茂（1938—　），一级美术师。生于河北省霸州。历任沧州市文联专业画家、中国美术家协会会员、美协河北分会会员、河北省工艺美术学会常务理事、沧州市美协理事长。代表作品有《米春茂画集》《中国画自学丛书——怎样画小动物》。

J0024456
藤花摇曳群燕飞　　孙韬成作
杭州　浙江人民美术出版社　1986 年　1 张
76cm（2 开）定价：CNY0.30
　　现代中国画作品。

J0024457
天香福荣　　赵天楼作
济南　山东美术出版社　1986 年　1 张（卷轴）
76cm（2 开）定价：CNY0.55
　　现代中国画作品。

J0024458
天涯芳草　　薛浚一作
武汉　长江文艺出版社　1986 年　1 张（卷轴）
定价：CNY2.00
　　现代中国画作品。

J0024459
天柱山胜境　　吴明耀作
上海　上海书画出版社　1986 年　1 张　76cm（2 开）
定价：CNY0.20
　　现代中国画作品。

J0024460
甜蜜的果儿　　季乃仓画
济南　山东美术出版社　1986 年　1 张　76cm（2 开）
定价：CNY0.21
　　本作品为年画形式的中国现代国画作品。

J0024461
万古长青　　王利华作
杭州　浙江人民美术出版社　1986 年　1 张
107cm（全开）定价：CNY0.90
　　现代中国画作品。

J0024462
万古长青　　王利华作
杭州　浙江人民美术出版社　1986 年　1 张
76cm（2 开）定价：CNY0.20
　　现代中国画作品。

J0024463
万古长青　　王利华作
杭州　浙江人民美术出版社　1986 年　1 张（卷轴）
附对联 1 副　107cm（全开）定价：CNY3.20
　　现代中国画作品。

J0024464
万里长城山海关古建复原图　　常开愚作
北京　北京出版社　1986 年　1 张　53cm（4 开）
定价：CNY0.30
　　现代中国画作品。

J0024465
万事腾飞图　　华三川作
南昌　江西人民出版社　1986 年　1 张（卷轴）
76cm（2 开）定价：CNY1.20
　　现代中国画作品。

J0024466
王颂余书画选　　王颂余绘书
天津　天津人民美术出版社　1986 年　1 册
37cm（8 开）精装　统一书号：8073.50357
定价：CNY29.50
　　作者王颂余（1910—2005），书法家、山水画家。出生于天津。天津美术学院任教。代表作品《把余粮卖给国家》《凯歌黄金路》《滦水清兮清且甘》等。

J0024467
王为政画选　　王为政绘；上海人民美术出版社编
上海　上海人民美术出版社　1986 年　16 幅
26cm（16 开）统一书号：8081.14680
定价：CNY3.70
　　作者王为政（1944—　），教授、画家。字北辰，江苏丰县人。历任中国美术家协会会员、中国作家协会会员、俄罗斯美术家协会荣誉会员、北京画院艺术委员会委员、北京齐白石艺术研究会副会长。代表作品有《听画》《傲骨》《瑞士之旅》《王为政画集》等。

J0024468
王子武画集　王子武编绘
北京 工人出版社 1986年 75页 25cm（16开）
统一书号：8007.32 定价：CNY16.00
　　本画集收录作者绘画作品73幅，书法作品
若干。作者王子武（1936—　），画家。生于陕西
西安，毕业于西安美术学院中国画系。中国美术
家协会陕西分会从事专业创作、中国美术家协会
会员、广东省美协常务理事、中国画研究院院委
等。作品有《平型关大捷》《悼红轩主像》《壮怀
激烈》《黄陵古柏》《白石山翁》等。

J0024469
威震山河　齐山作
北京 人民美术出版社 1986年 2张 76cm（2开）
定价：CNY0.48
　　现代中国画作品。

J0024470
吴冠中画册　吴冠中绘
北京 轻工业出版社 1986年 76页 19cm（32开）
统一书号：8042.002 定价：CNY1.85

J0024471
五风十雨农家福；万紫千红大地春　陈克
玲画；张广修书
郑州 河南美术出版社 1986年 1张 76cm（2开）
定价：CNY0.22
　　本作品为年画形式的中国现代国画作品。

J0024472
五风十雨农家福；万紫千红大地春　陈克
玲画；张广修书
郑州 河南美术出版社 1986年 1张 53cm（4开）
定价：CNY0.11
　　本作品为年画形式的中国现代国画作品。

J0024473
武夷晨曦　张大昕作
上海 上海书画出版社 1986年 1张
［78cm］（2开）定价：CNY0.14
　　现代中国画作品。作者张大昕（1917—　），
画家。艺名张逸，别号玄化居士。出生于上海。

毕业于上海美术专科学校。曾在上海人民美术
出版社从事年画、国画创作。代表作品有《咯咯
鸡》《串木珠》《宝宝看画报》《锦绣河山》等。

J0024474
西湖丽人行　黄秋园作
南昌 江西人民出版社 1986年 1张
［78cm］（2开）定价：CNY0.23
　　现代中国画作品。

J0024475
溪山万里图　何延喆作
郑州 河南美术出版社 1986年 1张（卷轴）
76cm（2开）定价：CNY1.00
　　现代中国画作品。

J0024476
喜报春来　王少卿作
郑州 河南美术出版社 1986年 1张（卷轴）
76cm（2开）定价：CNY1.00
　　现代中国画作品。

J0024477
喜鹊登梅　李耀华，李宗森画作
石家庄 河北美术出版社 1986年 1张 76cm（2开）
定价：CNY0.20
　　本作品为年画形式的中国现代国画作品。

J0024478
喜上眉梢　永身，严国作
西安 三秦出版社 1986年 1张（卷轴）
107cm（全开）定价：CNY2.70
　　现代中国画作品。

J0024479
戏剧集　齐大鹏画
石家庄 河北美术出版社 1986年 1张 76cm（2开）
定价：CNY0.22
　　本作品为年画形式的中国现代国画作品。
作者齐大鹏（1940—　），生于河北省沧州市，天
津美院干部训练班结业。历任中国书画艺术家
协会会员、河北省美协会员、沧州画院画师。作
品有《整装待发》《准时开车》《杨家将》《准时开
车》等。

J0024480

现代工笔画 集古斋公司编辑
香港 集古斋公司 1986年 1册 有图 25cm(16开)

J0024481

现代扇画选集 荣宝斋编
北京 荣宝斋 1986年 54页 26cm(16开)
统一书号：8030.1456 定价：CNY4.10
　　本书共选编现代名画家谢稚柳、崔子范、黄永玉、王雪涛等人的扇面绘画54幅，题材包括山水、花鸟为主，工笔写意等，展现了各家各派在绘画方面的不同风貌与艺术特色。

J0024482

献寿图 王英画
济南 山东美术出版社 1986年 1张 76cm(2开)
定价：CNY0.21
　　本作品为年画形式的中国现代国画作品。

J0024483

谢孝思画集 谢孝思绘；贵州美术出版社，贵阳市文化局编
贵阳 贵州美术出版社 1986年 40页 25cm(16开)
统一书号：8396.0074 定价：CNY12.00
　　本书共收入国画39幅，分为工笔花鸟画、山水画和人物画。其中有《秋艳图》《菊》《牡丹》《黄山烟云》等。作者谢孝思(1905—2008)，国画艺术家。字仲谋，出生于贵州贵阳。曾任达德中学校长。代表作有《盆菊》《梅花》《太湖之夏》《峨嵋金顶》《黄山松谱》等。

J0024484

欣宾画集 董欣宾画
南京 江苏美术出版社 1986年 23页 25cm(16开)
统一书号：8353.6.052 定价：CNY3.80

J0024485

新四军重建军部纪念馆藏书画选 江苏人民出版社编
南京 江苏人民出版社 1986年 1册 17×18cm
统一书号：8100.102.6

J0024486

醒狮 张荫华作
杭州 浙江人民美术出版社 1986年 1张

76cm(2开) 定价：CNY0.30
　　现代中国画作品。

J0024487

徐冬冬诗画集 徐冬冬编绘
北京 中国文联出版公司 1986年 1册 34cm(8开)
精装 统一书号：8355.796 定价：CNY52.00

J0024488

宣道平画集 宣道平作
石家庄 河北美术出版社 1986年 24页
25cm(16开) 定价：CNY4.80
　　本画集选入作者代表作品30幅。其中有《新柳雏鸡》《荷花》《夹竹桃》《柳荫鸣蝉》等。作者宣道平(1915—1984)，书法教师。原名宣泰和，曾用名孔文，河北滦县人。毕业于北平国立艺专国画系。历任河北省立唐山中学任美术教师，唐山八中、河北轻工学校美术书法教师。

J0024489

选堂书画展（饶宗颐教授从事艺术学术活动五十周年纪念七十大寿书画展）饶宗颐绘
香港 香港中华文化促进中心 1986年 1张
28cm(16开)
　　作者饶宗颐(1917—2018)，著名史学家、语文学家、画家。生于广东潮安，祖籍广东潮州。字固庵、伯濂、伯子，号选堂。曾任香港中文大学中文系荣休讲座教授，香港大学、北京大学、南京大学等校名誉教授。代表作品《敦煌书法丛刊》《殷代贞卜人物通考》《词集考》等。

J0024490

阳太阳画集 阳太阳绘
桂林 漓江出版社 1986年 60页 有照片
26cm(16开) 精装 统一书号：8256.288
定价：CNY16.70
　　作者阳太阳(1909—2009)，画家、艺术教育家。又名阳雪坞，晚号芦笛山翁。广西桂林人，毕业于上海艺专。代表作品有《漓江烟雨》《碧莲峰下》《塔山朝晖》《象山朝晖》等，出版《阳太阳绘画全集》《荣宝斋画谱·阳太阳山水部分》《中国近现代名家－阳太阳》《阳太阳艺术文集》等。

J0024491

杨善深画集　杨善深绘；何恭上主编

台北 艺术图书公司 1986年 180页 有图肖像 31cm（15开）精装

　　外文书名：Paintingd by Yang Shen-sun. 作者杨善深（19136—2004），国画家。字柳斋，广东台山县人。曾留学日本美术专科学校。作品有《秋山旅行》等，出版有《杨善深画集》等。

J0024492

叶浅予画集　叶浅予绘编

北京 人民美术出版社 1986年 103页 34cm（8开）统一书号：88027.9167 定价：CNY38.00

　　本画集选编作者1943—1981年所作各种题材国画作品78幅。作者叶浅予（1907—1995），教授、画家。浙江桐庐人。历任中国美协副主席、中国画研究院副院长、中央美院教授。曾为茅盾小说《子夜》、老舍剧本《茶馆》等书插图。作品有长篇漫画《王先生》《小陈留京外史》《天堂记》等。著有《画馀记画》《十年恶梦录》等。

J0024493

叶浅予画选　叶浅予绘

北京 人民美术出版社 1986年 19cm（32开）统一书号：8027.9279 定价：CNY2.15（中国美术家丛书）

J0024494

一江春色　蔡传隆作

杭州 浙江人民美术出版社 1986年 1张 76cm（2开）定价：CNY0.30

　　现代中国画作品。作者蔡传隆，国画家。主要作品有《一江春色》《四季平安》等。

J0024495

饮中八仙　汪伊虹作

太原 山西人民出版社 1986年 1张 107cm（全开）定价：CNY0.47

　　现代中国画作品。

J0024496

英姿雄风　胡嘉梁作

石家庄 河北美术出版社 1986年 1张 76cm（2开）定价：CNY0.20

　　现代中国画作品。

J0024497

鹰击长空　吴作人作

北京 荣宝斋 1986年 1张（卷轴）定价：CNY75.00

　　现代中国画作品。作者吴作人（1908—1997），著名画家、教授。生于江苏苏州，祖籍安徽泾县，先后就读于苏州工业专科学校建筑系、上海艺术大学、南国艺术学院美术系及南京中央大学艺术系。曾任中央美术学院院长、中国美术家协会主席等。出版有《吴作人》《吴作人艺术馆藏品集》《吴作人画传》等。

J0024498

迎客松　黄迪杞画

福州 福建美术出版社 1986年 1张 107cm（全开）定价：CNY0.60

　　现代中国画作品。

J0024499

迎客松　徐英槐作

杭州 浙江人民美术出版社 1986年 1张（卷轴）107cm（全开）定价：CNY1.70

　　现代中国画作品。作者徐英槐（1937—　），山水画家。浙江宁波人，毕业于浙江美术学院，浙江画院专业画家。代表作品有《黄山迎客松》《杨柳山晓风残月》等。

J0024500

迎客松　徐英槐作

杭州 浙江人民美术出版社 1986年 1张 76cm（2开）定价：CNY0.30

　　现代中国画作品。

J0024501

月圆花香　华三川作

上海 上海书画出版社 1986年 1张 ［78cm］（3开）定价：CNY0.14

　　现代中国画作品。

J0024502

云峰苍鹰图　叶仿樵作

西安 三秦出版社 1986年 1张（卷轴）76cm（2开）定价：CNY1.00

J0024503

长江明珠图　宋桂雨作

沈阳 辽宁美术出版社 1986年 1张 76cm(2开)
定价：CNY0.16

J0024504
赵绪成画集　赵绪成绘
南京 江苏美术出版社 1986年 25cm(小16开)
统一书号：8353.6.048 定价：CNY3.80

J0024505
征途纪行　(武石画选) 武石绘；鄂豫边区革
命史编辑部主编
北京 人民美术出版社 1986年 30页 36cm(6开)
统一书号：8399.446 定价：CNY8.00

J0024506
知鱼堂藏扇　齐白石等作；荣宝斋编
北京 荣宝斋 1986年 53页 26cm(16开)
统一书号：8030.1431 定价：CNY3.70
　　知鱼堂是画家郭味蕖珍藏书画、研究绘事
的室名。本书收录的53幅扇面作品，为各名家
为郭味蕖所绘，其中有齐白石、黄宾虹、傅抱石、
王雪涛等人。

J0024507
知鱼堂藏扇　齐白石等作；荣宝斋编
北京 荣宝斋 1994年 2版 53页 26×38cm
ISBN：7-5003-0263-0 定价：CNY14.80

J0024508
知鱼堂藏扇　齐白石等作；荣宝斋编
北京 荣宝斋 1996年 3版 53页 26×38cm
ISBN：7-5003-0263-0 定价：CNY14.80

J0024509
中国当代绘画艺术　吴作人等绘
北京 中国对外翻译出版公司 1986年 有照片
36cm(11开) 精装 ISBN：7-5001-0089-2
定价：CNY100.00
　　本书介绍了中国当代画家的82幅画作。全
书分为花鸟、山水、人物分三部分，文字以英文
为主，作者姓名及画名附有中文。书中有韩素音
写的前言。

J0024510
钟馗　马振声作

成都 四川美术出版社 1986年 1张 76cm(2开)
定价：CNY0.20
　　作者马振声(1939—)，国家一级美术师。
北京人，毕业于中央美术学院中国画系。历任中
国美术家协会会员、四川省美术家协会专业美
术创作员、重庆国画院名誉院长、中央文史研究
馆馆员。作品有《爱国诗人陆游》《酒歌图》《逢
场》等。

J0024511
重庆中国画院作品选　人民美术出版社编辑
北京 人民美术出版社 1986年 31页 26cm(16开)
统一书号：8027.9606 定价：CNY1.95

J0024512
朱屺瞻陆俨少国画精选　朱屺瞻，陆俨少绘
北京 荣宝斋 1986年 62页 35cm(15开)
定价：CNY15.00

J0024513
朱修立画集　集古斋公司编辑
香港 集古斋公司 1986年 46页 有图
25cm(小16开)
　　外文书名：Chinese Paintings by Zhu Xiuli. 作
者朱修立(1938—)，画家。上海人，毕业于南
京艺术学院美术系。中国美术家协会会员、安徽
美术家协会常务理事、安徽省书画院一级画师。
作品有《艳阳秋》《松魂》《山水长卷》等，出版
有《朱修立画集》《朱修立扇面画集》等。

J0024514
紫绶金章　华三川作
上海 上海书画出版社 1986年 1张
[78cm](3开) 定价：CNY0.14
　　现代中国画作品。

J0024515
八骏屏　王子学画
石家庄 河北美术出版社 1987年 2张 76cm(2开)
统一书号：8087.1697 定价：CNY0.62
　　本作品为年画形式的中国现代国画作品。

J0024516
八仙庆寿　韩敏作
南京 江苏古籍出版社 1987年 1轴 107cm(全开)

定价：CNY2.30

　　现代中国画作品，卷轴装。作者韩敏（1929—　），连环画、年画画家。浙江杭州人。历任上海人民美术出版社创作员、上海书画研究院院长、中国美术家协会委员、上海市美术家协会理事、上海文史馆馆员。代表作品有《郑板桥》等。

J0024517

白描集　周菱，周苹绘

天津　天津人民美术出版社 1987 年 95 页 有照片
26cm（16 开）统一书号：8073.50394
ISBN：7-5305-0072-4 定价：CNY3.20

J0024518

白描五谷花果　冀学闻编绘

北京　朝花美术出版社 1987 年 60 页 13cm（60 开）
统一书号：8028.2368 定价：CNY0.46

　　作者冀学闻（1935—2005），美术家。山东青州人。历任潍坊教育学院副教授、中国美协山东分会会员、青州市美协副主席。代表作品有《黄山晴云》《黄山云涌》等。

J0024519

宝黛初会　高景波作

北京　人民美术出版社 1987 年 1 张 76cm（2 开）
定价：CNY0.25

　　本作品为年画形式的中国现代国画作品。作者高景波（1946—　），山东掖县人。擅长年画、水彩画。大庆市群众艺术馆美术部主任、二级美术师、大庆市美术家协会副主席。主要作品：水粉组画《采油新工艺》，年画《一路春风喜盈归》，水彩画《倾国恨》。

J0024520

北京图书馆纪念书画集　北京图书馆编

北京　书目文献出版社 1987 年 155 页 38cm（6 开）
精装 统一书号：8201.73

　　本书附"书画家简历"1 册。

J0024521

奔马图　徐悲鸿作

上海　上海书画出版社［1987 年］1 轴（卷轴）
76cm（2 开）定价：CNY1.35

J0024522

碧波四仙　徐凌画

石家庄　河北美术出版社 1987 年 2 张 76cm（2 开）
定价：CNY0.54

　　本作品为年画形式的中国现代国画作品。

J0024523

画辑　陈白一绘

长沙　湖南美术出版社 1987 年 有照片
25cm（15 开）ISBN：7-5356-0032-8
定价：CNY22.00

　　本画集共收入现代中国工笔人物画 59 幅，包括《三月三》《迎春图》等。作者陈白一（1926—2014），美术师。湖南邵阳人，毕业于华中艺专。历任湖南书画研究院院长、中国当代工笔画学会副会长、湖南省美术家协会顾问、湖南师范大学艺术学院客座教授。代表作品《小港堵口图》《听壁脚》《喜丰收》《工农联盟》等。

J0024524

陈子庄画集　陈子庄绘

北京　荣宝斋 1987 年 42 页 25cm（小 16 开）
定价：CNY4.50

　　本书共选编作者的小品画 42 幅，题材包括山水、花卉、静物等。作者陈子庄（1913—1976），画家。号南原，又号石壶。出生于四川荣昌县。历任四川省文史馆研究员、四川省政协委员。代表作有《山深林密》《秋山如醉》《溪岸图》等。著有《石壶论画语要》。

J0024525

程亚军画选　程亚君绘

北京　人民美术出版社 1987 年 18 页 26cm（16 开）
统一书号：8027.9701 定价：CNY1.30

J0024526

传统图案白描画精选　祁华编绘

北京　北京燕山出版社 1987 年 75 页 26cm（16 开）
统一书号：8439.16 定价：CNY1.80

J0024527

崔如琢画辑　崔如琢绘

北京　人民美术出版社 1987 年 1 册（12 页）
36cm（6 开）统一书号：8027.10407
定价：CNY3.50

J0024528
大吉图 宋仁贤画
济南 山东美术出版社 1987 年 2 张 76cm（2 开）
定价：CNY0.56
　　本作品为年画形式的中国现代国画作品。

J0024529
大江东去 廉宽宏作
石家庄 河北美术出版社 1987 年 1 张 76cm（2 开）
定价：CNY0.30
　　现代中国画作品。作者廉宽宏（1945— ），
画家、国家一级美术师。笔名老廉，生于哈尔滨，
河北安平人。毕业于天津美术学院。中国美术
家协会会员、中日美术交流协会会员、沧州美协
副主席。作品有《一竿撑出绿波来》《苍岩毓秀》
《淀上曲》等。

J0024530
大江东去 廉宽宏作
石家庄 河北美术出版社 1987 年 1 轴（卷轴）
附对联 1 副 107cm（全开）定价：CNY3.50
　　现代中国画作品。

J0024531
当代书画选
北京 北京体育学院 1987 年 18×26cm
统一书号：8451.49 定价：CNY2.80

J0024532
东方美术交流学会中国画集 人民美术出版
社编
北京 人民美术出版社 1987 年 54+12 页
26cm（12 开）ISBN：7-102-00061-8
定价：CNY22.00
　　本书介绍了东方美术交流学会画家的创作
活动，收入学会成立后举办的东方美术交流学会
首届年展中的中国画作品 54 幅，另附有 54 位画
家的照片及简介。

J0024533
东方水墨 徐嘉炀编辑
香港 广雅社 1987 年 116 页 有图 29cm（15 开）
定价：HKD128.00
　　本书系现代中国画作品。外文书名：Oriental
Ink Painting.

J0024534
东坡诗意 （周华君画选）周华君绘；李颜华
编辑
北京 紫禁城出版社 1987 年 57 页 26cm（16 开）
ISBN：7-80047-014-8 定价：CNY3.60
　　本书是为纪念苏东坡诞辰九百五十周年而
编的现代中国画作品集。作者周华君（1963— ），
画家、国家二级美术师。生于四川眉山，毕业于
四川美术学院。历任中国美术家协会会员，眉山
地区文联副主席、美术家协会主席，东坡画院院
长。作品有《高山流水曲高和寡》《劝君更饮一
杯酒》《易羊图》等。

J0024535
杜显清国画选 杜显清绘
成都 四川美术出版社 1987 年 32 页 有肖像
37cm（8 开）定价：CNY8.00
　　作者杜显清（1922—2012），国画家。别名杜
大石，四川三台县人。曾任四川美术学院绘画系
教授、中国美术家协会会员。代表作有《小雪》
《阿妈》《秋韵》《松鹰图》《簪花图》。

J0024536
方增先画集 方增先绘
济南 山东美术出版社 1987 年 70 页 26cm（16 开）
精装 ISBN：7-5330-0049-8 定价：CNY25.00
　　本书收入作者 70-80 年代的人物画作 70 余
幅，其中有古诗意图 30 幅，其余题材为现代工
人、战士、儿童等。

J0024537
费晓楼摹古百美图 费晓楼编绘
上海 上海书画出版社 1987 年 46 页 26cm（16 开）
统一书号：8172.1948 定价：CNY0.85

J0024538
风云际会 江南春，徐自生画
广州 岭南美术出版社 1987 年 1 轴（卷轴）
附对联 1 副 107cm（全开）定价：CNY3.90
　　本作品为年画形式的中国现代国画作品。

J0024539
凤凰山 忠年作
沈阳 辽宁美术出版社 1987 年 1 张 76cm（2 开）
定价：CNY0.22

现代中国画作品。

J0024540
芙蓉鸳鸯　（绫表单片）刘海粟作
上海　朵云轩［1987年］1张　53cm（4开）

J0024541
福寿图　刘福泰画
广州　岭南美术出版社　1987年　1轴（卷轴）
附对联1副　107cm（全开）定价：CNY3.80
　　本作品为年画形式的中国现代国画作品。

J0024542
福寿万年　高孝慈绘；洗尘书
沈阳　辽宁美术出版社　1987年　1张　76cm（2开）
定价：CNY0.35
　　本作品为年画形式的中国现代国画作品。

J0024543
岗上雄居图　曾成金作
杭州　浙江人民美术出版社　1987年　1张
107cm（全开）定价：CNY0.95
　　现代中国画作品。作者曾成金（1947—　），
画家。浙江平阳县人。毕业于浙江美术学院附中，
后考入浙江美术学院中国画系进修学习。中国
美术家协会会员、浙江省美术家协会会员、平阳
县美协主席。主要作品有《南雁荡山水古诗画意
百图》《曾成金中国画小品系列》《百子新图》等。

J0024544
岗上雄居图　曾成金作
杭州　浙江人民美术出版社　1987年　1张
76cm（2开）定价：CNY0.40
　　现代中国画作品。

J0024545
古诗意山水屏　谈绮芬作
南京　江苏美术出版社　1987年　4轴（卷轴）
76cm（2开）定价：CNY3.50
　　现代中国画作品。

J0024546
观瀑图　胡嘉梁作
石家庄　河北美术出版社　1987年　1张　76cm（2开）
定价：CNY0.25

中国现代年画作品。

J0024547
观瀑图　胡嘉梁画
石家庄　河北美术出版社　1987年　1轴（卷轴）
附对联1副　107cm（全开）定价：CNY2.50
　　中国现代年画作品。

J0024548
光荣人家喜事多　于占德画
济南　山东美术出版社　1987年　1张　76cm（2开）
定价：CNY0.27
　　本作品为年画形式的中国现代国画作品。

J0024549
郭大维画集　郭大维绘
北京　人民美术出版社　1987年　26cm（16开）
统一书号：8027.10134　定价：CNY7.80
　　作者郭大维，画家。获美国东西大学文学硕
士和纽约大学艺术系哲学博士。曾在美国和台
湾地区大学教授美术。

J0024550
郭味蕖画集　郭味蕖绘
济南　山东美术出版社　1987年　40页　有照片
37cm（8开）ISBN：7–5330–0019–6　定价：CNY18.00
　　作者郭味蕖（1908—1971），画家。原名忻，
后改慰劬、味蕖，曾用别号汾阳王孙等。山东潍
坊人，毕业于上海美术专科学校。历任中央美术
学院研究部和徐悲鸿纪念馆研究员、中央美院中
国画讲师、中央美术学院国画系花鸟科主任等。
著有《宋元明清画家年表》《中国版画史略》《写
意花鸟创作技法十六讲》等。

J0024551
海滨朝晖　郭善平作
石家庄　河北美术出版社　1987年　1张　76cm（2开）
定价：CNY0.40
　　现代中国画作品。

J0024552
海角　（周永家国画作品）周永家绘
北京　人民美术出版社　1987年　26cm（16开）
折叠装　定价：CNY0.45
（新美术画库17）

J0024553

海峡书画集　福建省人大常委书画室等编
福州 福建美术出版社 1987 年 104 页 26cm（16 开）
ISBN：7-5393-0011-6 定价：CNY20.00
　　本书选收 1987 年春节福建省人大书画室与福建省政协画室联合举办的"海峡书画展"中的书画作品 115 幅。外文书名：The Strait Album of Painting and Calligraphy.

J0024554

寒梅清韵　王成喜书画
郑州 河南美术出版社 1987 年 1 轴（卷轴）
附对联 1 副 107cm（全开）定价：CNY6.60
　　本作品为年画形式的中国现代国画作品。

J0024555

何海霞画集　何海霞绘
石家庄 河北美术出版社 1987 年 95 页 有图 37cm（8 开）定价：CNY45.00
　　本书收入作者 1986 年在中国画研究院举办的个人画展上的作品 96 幅，其中有《东方巨龙》《看山还看祖国山》《舟过小三峡》等。作者何海霞（1908—1998），满族，北京人。初名何福海，字瀛，又字登瀛。曾任陕西国画院副院长及名誉院长、中国国画研究院研究员等职。代表作品《看山还看祖国山》《何海霞画集》《何海霞画册·山水部分》等。

J0024556

和气生财　侯武荣画
贵阳 贵州美术出版社［1987 年］1 张 76cm（2 开）
定价：CNY0.28
　　本作品为年画形式的中国现代国画作品。

J0024557

和气生财　侯武荣画
贵阳 贵州美术出版社［1987 年］1 张 53cm（4 开）
定价：CNY0.14
　　本作品为年画形式的中国现代国画作品。

J0024558

河北省离休老干部书画展作品选　中共河北省委老干部局编
石家庄 河北美术出版社 1987 年 97 页 26cm（16 开）ISBN：7-5310-0041-5

定价：CNY6.00

J0024559

鹤翔仙境　张延奎画
济南 山东美术出版社 1987 年 1 张 76cm（2 开）
定价：CNY0.27
　　本作品为年画形式的中国现代国画作品。

J0024560

红楼谐趣图　原儒玉画；刘仲武配诗
石家庄 河北美术出版社 1987 年 2 张 76cm（2 开）
定价：CNY0.62
　　本作品为年画形式的中国现代国画作品。作者刘仲武（1945— ），河北霸县（现霸州市）人。历任中国戏曲表演学会常务理事、原河北省戏剧家协会副主席，现任河北省戏剧家协会顾问、艺术指导委员会委员、河北省京剧票友协会副主席兼秘书长。

J0024561

花繁人增福　朱守聚画
济南 山东美术出版社 1987 年 1 张 76cm（2 开）
定价：CNY0.27
　　本作品为年画形式的中国现代国画作品。

J0024562

花中情　徐文山画；刘仲武诗
石家庄 河北美术出版社 1987 年 2 张 76cm（2 开）
定价：CNY0.54
　　本作品为年画形式的中国现代国画作品。

J0024563

黄宾虹墨竹　黄宾虹绘
重庆 重庆出版社 1987 年 26cm（16 开）
统一书号：8114.639 ISBN：7-5366-0219-7
定价：CNY1.60
　　本画集收入的墨竹作品，汇集作者有关画技方面的重要内容，是研究作者艺术风格的第一手资料，具有一定学术参考价值。作者黄宾虹（1865—1955），山水画家。初名懋质，后改名质，字朴存，号宾虹，别署予向。生于浙江金华，原籍安徽歙县，代表作《山居烟雨》《新安江舟中作》等，著有《黄山画家源流考》《虹庐画谈》《画法要旨》等作品。

J0024564
黄幻吾作品集　黄幻吾绘
上海　上海人民美术出版社　1987年　84页
37×26cm　精装　ISBN：7-5322-0119-8
定价：CNY51.00
　　本书选入黄幻吾散藏各地的早、中、晚时期的代表作84幅，包括《百花图》《岭南春光》《寒猿啼月》《闹枝》等作品。结集时均经画家本人鉴定，杨涵作序，吴景泽作跋。

J0024565
黄均画辑　黄均编
北京　人民美术出版社　1987年　1册（12幅）
36cm（6开）定价：CNY1.80
　　作者黄均（1914—2011），教授。字懋忱，北京人，祖籍台湾淡水。历任中央美术学院国画系教授、中国美术家协会会员、中国美术家协会会员、北京工笔重彩画会副会长、东方书画社顾问、诗书画社顾问。

J0024566
黄君璧百叶画集　黄君璧绘著
台北　刘埔出版社　1987年　112页　30cm（15开）
精装
　　外文书名：One Hundred Paintings by Master Jun-bi Huang.

J0024567
黄君璧画集　何恭上主编；黄君璧绘著
台北　艺术图书公司　1987年　180页　30cm（12开）
精装　定价：TWD1800.00

J0024568
黄磊生画集　黄磊生绘著
台北　艺术图书公司　1987年　129页　25cm（15开）
精装　定价：TWD800.00

J0024569
黄秋园画辑　黄秋园绘
北京　人民美术出版社　1987年　37cm（8开）
定价：CNY3.50
　　现代中国画作品。作者黄秋园（1914—1979），国画家。生于江西南昌市，毕业于南昌剑声中学。独创了有别于历代名家的皴法新技法"秋园皴"，代表作品有《庐山梦游图卷》《秋山幽居图》《中国山水画传统技法》等。著有《中国山水画传统技法》。

J0024570
吉庆有余四季平安　王法堂画
济南　山东美术出版社　1987年　1张　107cm（全开）
定价：CNY0.56
　　本作品为年画形式的中国现代国画作品。

J0024571
吉祥如意增福寿　宋仁贤画
济南　山东美术出版社　1987年　1张　76cm（2开）
定价：CNY0.27
　　本作品为年画形式的中国现代国画作品。

J0024572
吉星高照　恭喜发财　彭海清画
济南　山东美术出版社　1987年　1张　76cm（2开）
定价：CNY0.27
　　本作品为年画形式的中国现代国画作品。作者彭海清（1943— ），国家一级美术师，生于山东淄博，历任中国美术家协会会员、国际美术家联合会会员、中国国画家协会理事、环球书画艺术研究院客座教授、山东河津书画院名誉院长。出版有《彭海清画集》。

J0024573
健康成长　郑学信画
济南　山东美术出版社　1987年　1张　76cm（2开）
定价：CNY0.27
　　本作品为年画形式的中国现代国画作品。

J0024574
江苏省国画院作品选集　人民美术出版社编辑
北京　人民美术出版社　1987年　114页　20cm（32开）
统一书号：8027.10427　定价：CNY74.00
　　本画集收入江苏省国画院收藏的69位画家的山水画、人物画、工笔重彩花鸟画作品114幅图。其中包括傅抱石的《西风吹下红雨来》、陈之佛的《月雁图》、钱松喦的《光明万年》、亚明的《天问》等。书后附有画家照片和简介。外文书名：The Selected Works from Jiangsu Academy of Traditional Chinese Painting.

J0024575
金石书画
北京 荣宝斋 1987年 63页 有肖像 26cm（16开）
ISBN：7-5003-0008-5 定价：CNY2.40
（荣宝斋丛书）

J0024576
靳及群画选　靳及群绘
太原 山西人民出版社 1987年 16幅 26cm（16开）
统一书号：CN8088.2315 定价：CNY1.50
　　作者靳及群（1925— ），画家。毕业于国立北平艺术专科学校国画系。历任中国美协会员、太原市美术家协会名誉主席、山西省老年书画会副会长、太原画院院长。作品《汾河湾》《仙客来》《靳及群画选》。

J0024577
静悟　（龚继先中国画作品）龚继先绘
北京 人民美术出版社 1987年 26cm（16开）
折装 定价：CNY0.55
（新美术库 28）
　　作者龚继先（1939— ），画家。北京人，毕业于中央美术学院。历任上海人民美术出版社总编辑、上海中国画院兼职画师、中国美术家协会会员等。代表作品有《指墨瓶花图》等。

J0024578
九龙戏珠图　华三川作
上海 上海书画出版社 1987年 1张 107cm（全开）
定价：CNY0.58
　　现代中国画作品。

J0024579
菊展　章育青作
上海 上海人民美术出版社 1987年 1张
76cm（2开）定价：CNY0.28
　　现代中国画作品。

J0024580
巨龙腾飞　沈高仁作
杭州 浙江人民美术出版社 1987年 1张
107cm（全开）定价：CNY1.40
　　现代中国画作品。作者沈高仁（1935—2010），画家。浙江永康人，毕业于衢州师范专科学校，后进修于浙江美术学院。曾任浙江永康县

文化馆美术干部、中国美协会员、中国版画协会会员。作品有《小花猫》《虎啸图》《鹏程万里》等。著有《怎样画虎》等。

J0024581
苦禅小品　（李苦禅画展）李苦禅绘
香港 香港大学冯平山博物馆 1987年 63页 有图
29cm（16开）
　　现代中国画作品。外文书名：Paintings by Li Kuchan.

J0024582
兰色的哈纳斯　黄建新画
乌鲁木齐 新疆人民出版社 1987年 1张
76cm（2开）定价：CNY0.60
　　本作品为年画形式的中国现代国画作品。

J0024583
兰竹图　赵思温作
石家庄 河北美术出版社 1987年 1张 76cm（2开）
定价：CNY0.30
　　现代中国画作品。作者赵思温（1940— ），国家一级美术师。甘肃省民乐县人，毕业入中央民族大学艺术系学习。历任河北省廊坊市群艺馆馆员、廊坊画院院长、中国美术家协会河北分会理事、河北省花鸟画研究会副会长、河北省廊坊画院常务副院长、文化部民族文化基金会常务理事、河北廊坊市美协副主席。代表作品有《高风亮节》《双鹰图》《高鸣图》《国色天香》等。

J0024584
漓江百里图卷　黄格胜绘
南宁 广西人民出版社 1987年 1函
21×38cm（10开）折装 ISBN：7-219-00109-6
定价：CNY79.00
　　本作品系完整表现桂林漓江山水的长卷全景图。作者黄格胜（1950— ），壮族，广西武宣人。毕业于广西艺术学院美术系研究生班。历任广西书画院副院长、广西民族书画院院长、广西艺术学院副院长、广西美术家协会副主席。代表作品有《漓江百里图》《侗乡月》《我的中国心》等。

J0024585
漓江山水·绿树重阴　（缀表单片）刘海粟作

上海　朵云轩［1987年］1张　53cm（4开）

J0024586
漓江山水·天际归舟　（绫表单片）刘海粟作
上海　朵云轩［1987年］1张　53cm（4开）

J0024587
漓江秀色　房玉宾画
济南　山东美术出版社 1987年 1张 53cm（4开）
定价：CNY0.33
　　现代中国画作品。

J0024588
李际科国画选　李际科绘
成都　四川美术出版社 1987年 30页 有照片
37cm（8开）ISBN：7-5410-0009-4 定价：CNY6.15

J0024589
李魁正画选　李魁正绘
北京　人民美术出版社 1987年 26cm（16开）
统一书号：8027.10143 定价：CNY3.40

J0024590
李亚如画辑　李亚如绘
北京　人民美术出版社 1987年 26cm（16开）
　　作者李亚如（1918—2003），书画家、一级美术师。江苏扬州人。历任《泰州报》社副社长、扬州专署文化局长、扬州市副市长、扬州市国画院名誉院长、中国书法家协会会员等。专著有《李亚如画辑》《中国园林的美》《扬州园林》等。

J0024591
鲤鱼荷花　赵宇敏画
兰州　甘肃人民出版社 1987年 1张 76cm（2开）
定价：CNY0.24
　　本作品为年画形式的中国现代国画作品。

J0024592
连年有余　娄晓曦摄
天津　天津人民美术出版社 1987年 1张
76cm（2开）定价：CNY0.30
　　中国现代年画，现代国画的摄影作品。作者娄晓曦，摄影家。主要作品有《重庆长江大桥》《雪》《思念》等。

J0024593
林因姐妹画册　林因，林增绘
［台北］台湾文道出版事业公司 1987年
30cm（15开）

J0024594
刘文西画集　刘文西绘；荣宝斋编辑
北京　荣宝斋 1987年 44页 25cm（15开）
ISBN：7-5003-0021-2 定价：CNY4.30
　　本画集选收作者速写及水墨写生代表作品44幅。其作品多表现陕北人民的生活，形象生动，富有真实感。作者刘文西（1933—2019），生于浙江嵊州。曾任中国美术协会顾问、陕西省文艺界联合会顾问、陕西省美协副主席、西安美术学院名誉院长、西安美院研究院院长、延安市副市长。重要作品有《毛主席和牧羊人》《东方》《解放区的天》和巨幅系列长卷《黄土人》等近百幅。

J0024595
柳塘情趣　吴冠中作
北京　荣宝斋［1987年］［1轴］（卷轴）
定价：CNY42.00

J0024596
龙的传人　李水画
兰州　甘肃人民出版社 1987年 1张 76cm（2开）
定价：CNY0.22
　　本作品为年画形式的中国现代国画作品。

J0024597
龙凤呈祥喜满门　宋仁贤画
济南　山东美术出版社 1987年 1张 76cm（2开）
定价：CNY0.27
　　本作品为年画形式的中国现代国画作品。

J0024598
龙凤花烛　王言昌画
济南　山东美术出版社 1987年 1张 76cm（2开）
定价：CNY0.27
　　本作品为年画形式的中国现代国画作品。

J0024599
龙凤双喜　刘景龙画
石家庄　河北美术出版社 1987年 1张 76cm（2开）
定价：CNY0.30

本作品为年画形式的中国现代国画作品。作者刘景龙(1949—　)，一级书法师。字子正。号智龙居士，龙梅阁主。黑龙江肇东市人。历任中国书法美术家协会理事、中国书法美术家协会甘肃分会副主席、中国艺术家协会理事、中国书画研究院创作委员、东方书画院名誉院长、中国书协甘肃分会会员、甘肃省书画研究委员会创作委员、兰州书画院院长等。

J0024600

龙年如意　于占德画

济南　山东美术出版社　1987年　1张　76cm（2开）

定价：CNY0.27

　　本作品为年画形式的中国现代国画作品。

J0024601

绿竹红梅　张泽蕊作

天津　天津人民美术出版社　1987年　1轴（卷轴）

76cm（2开）定价：CNY0.65

　　现代中国画作品。

J0024602

绿竹红梅　刘玉华，张泽蕊作

天津　天津人民美术出版社　1987年　1张

76cm（2开）定价：CNY0.30

　　中国现代年画作品。

J0024603

猫蝶图　马光军作

上海　上海书画出版社　1987年　1张

76cm（2开）

定价：CNY0.28

　　现代中国画作品。

J0024604

猛虎图　姜亚洲作

上海　上海书画出版社　1987年　1张

76cm（2开）

定价：CNY0.28

　　现代中国画作品。

J0024605

墨竹　蒙子军画

兰州　甘肃人民出版社　1987年　1张　76cm（2开）

定价：CNY0.28

现代中国画作品。蒙子军(1939—　)，中国花鸟画家。生于陕西泾阳。毕业于西安美术学院附中。中国书法家协会理事、中国美术家协会会员、甘肃省书法家协会副主席兼创作评审委员会委员。代表作品《小河涨水》《蒙子军书画》等。

J0024606

乃珖画选　郑乃珖绘

石家庄　河北美术出版社　1987年　40页　有照片

26cm（16开）ISBN：7-5310-0000-8

定价：CNY10.00

　　郑乃珖(1912—　)，现代画家，号沙堤璞夫，璧寿翁。

J0024607

乃珖画选　郑乃珖绘

石家庄　河北美术出版社　1987年　40页

30cm（10开）定价：CNY10.00

　　本书选收入作品40幅。有《妙香》《山鸡》《荷花双鸭》《白雪碧玉》等。作者郑乃珖(1911—2005)，国家一级美术师。生于福建省福州市，号璧寿翁。曾任中国画研究院院务委员、西安美术学院教授、福州画院院长等。出版有30余册画集，代表作品有《水乡春色》《荷萍》《灵山秀水育新苗》等。

J0024608

楠溪秀色　陈珠龙作

杭州　浙江人民美术出版社　1987年　1张

76cm（2开）定价：CNY0.40

　　现代中国画作品。

J0024609

年年丰收岁岁如意　田林海画

济南　山东美术出版社　1987年　1张　76cm（2开）

定价：CNY0.27

　　本作品为年画形式的中国现代国画作品。

J0024610

年年有余　秦永春，单绘生作

北京　人民美术出版社　1987年　1张　76cm（2开）

定价：CNY0.25

　　本作品为年画形式的中国现代国画作品。

J0024611
鹏程万里　梁占峰画
广州　岭南美术出版社 1987 年　1 轴（卷轴）
附对联 1 副　107cm（全开）定价：CNY2.70
　　本作品为年画形式的中国现代国画作品。

J0024612
平安幸福　全祝明画
石家庄　河北美术出版社 1987 年　1 张 76cm（2 开）
定价：CNY0.30
　　本作品为年画形式的中国现代国画作品。

J0024613
平安幸福　全祝明画
石家庄　河北美术出版社 1987 年　1 张 53cm（4 开）
定价：CNY0.15
　　本作品为年画形式的中国现代国画作品。

J0024614
七曲山大庙　龚学渊画
成都　四川美术出版社 1987 年　1 张　有图
76cm（2 开）定价：CNY0.26
　　现代中国画作品。

J0024615
齐白石九秋图卷　齐白石作
北京　荣宝斋［1987 年］1 轴　定价：CNY800.00
　　现代中国画作品，卷轴装。

J0024616
钱松嵒画集　（汉英对照版）钱松嵒绘；朝华
出版社编
北京　朝华出版社 1987 年　110 页 37cm（8 开）
精装 ISBN：7-5054-0069-X 定价：CNY59.00
　　本画集收入作者 20 世纪 50-80 年代的中
国画作品 80 幅，如《万世长春》《菊》《古塞驼
铃》等。外文书名：Longing for Home Paintings of
Qian Songyan. 作者钱松嵒（1899—1985），画家。
江苏宜兴人。曾任江苏省国画院院长、名誉院长，
江苏省美术家协会主席、中国美术家协会常务理
事等。画作有《红岩》《延安颂》《芙蓉湖上》《山
岳颂》等。代表作品有《梅园新村》《延安颂》《红
岩》《井冈大瀑布》等。著作《砚边点滴》。出版
物《钱松嵒画集》等。

J0024617
勤劳致富　华夫绘；董文，务本书
沈阳　辽宁美术出版社 1987 年　1 张 76cm（2 开）
定价：CNY0.35
　　本作品为年画形式的中国现代国画作品。
作者董文（1946—　　），教授、书法家。别署大风
堂主人，辽宁沈阳市人。历任中国书法家协会理
事，沈阳师范学院书法艺术研究所所长、教授，
辽宁省高等院校书协副主席，辽宁省书法家协会
副主席。出版《董文艺术论》《董文艺术论》《董
文书法作品集》。

J0024618
青松飞瀑　朱子容作
上海　上海书画出版社 1987 年　1 张 76cm（2 开）
定价：CNY0.28
　　现代中国画作品。作者朱子容，编审。浙江
永康人。浙江人民美术出版社副编审。代表作
品有木刻《来帮忙》。编著《江山多娇》《面向未
来》《鹏程万里》《边陲小花》《花香千里》等。

J0024619
青松双鸟图　顾全兴作
上海　上海书画出版社 1987 年　1 张 76cm（2 开）
定价：CNY0.28
　　现代中国画作品。

J0024620
清风飞翠　李自强作
天津　天津人民美术出版社 1987 年　1 张
76cm（2 开）定价：CNY0.28
　　现代中国画作品。

J0024621
秋雨　（唐绪祥的中国画作品）唐绪祥绘
北京　人民美术出版社 1987 年　26cm（16 开）
折装　统一书号：CN802710418 定价：CNY0.55
（新美术画库 24）
　　唐绪祥（1955—　　），四川人民美术出版社美
术编辑。

J0024622
群峰拥翠　王祖德作
南京　江苏古籍出版社 1987 年　1 轴（卷轴）
107cm（全开）定价：CNY2.30

现代中国画作品。

J0024623

日丽鹤舞　吕丁作

上海　上海书画出版社 1987 年 1 张 76cm（2 开）

定价：CNY0.28

　　现代中国画作品。

J0024624

三寿图　齐白石作

北京　荣宝斋［1987 年］1 轴　定价：CNY84.00

　　现代中国画作品，卷轴装。

J0024625

三星图　詹文发画

广州　岭南美术出版社 1987 年 1 轴（卷轴）

附对联 1 副 107cm（全开）定价：CNY3.20

　　本作品为年画形式的中国现代国画作品。

J0024626

厦门书画　张晓寒等绘

厦门　鹭江出版社 1987 年 132 页 25cm（16 开）

精装 ISBN：7-80533-040-9 定价：CNY35.00

　　本书选收厦门市 58 位中国书画家的作品 79 件。

J0024627

山村小景　（绫裱卷轴）吴冠中作

北京　荣宝斋 1987 年 1 轴 108cm（全开）

　　本作品为木版水印画，作者通过画中点、线、面的交织，表现了山村的诗情画意。作者吴冠中（1919—2010），著名画家、美术教育家。江苏宜兴人，毕业于国立杭州艺术专科学校。中央工艺美术学院教授。代表作品《长江三峡》《鲁迅的故乡》《春雪》《长城》；油画代表作有《长江三峡》《北国风光》《小鸟天堂》《黄山松》《鲁迅的故乡》等；个人文集有《吴冠中谈艺集》《吴冠中散文选》《美丑缘》等。。

J0024628

山高水长

杭州　西泠印社 1987 年 1 张 107cm（全开）

定价：CNY1.00

　　现代中国画作品。

J0024629

山高松青水长流　张清作

上海　上海书画出版社 1987 年 1 张 85cm（3 开）

定价：CNY0.20

　　现代中国画作品。

J0024630

山河秀色　苏春生作

上海　上海书画出版社 1987 年 1 张 85cm（3 开）

定价：CNY0.20

　　现代中国画作品。

J0024631

陕西国画院作品选　方济众等作

西安　陕西人民美术出版社 1987 年 72 页

26cm（16 开）定价：CNY7.80

　　本书汇集了陕西画家的中国画作品，收录陕西国画院成立之后的作品。

J0024632

汕头书院作品选　海林编

深圳　海天出版社 1987 年 65 页 25×25cm

统一书号：8382.011 定价：CNY14.00

（中国画院丛书）

　　现代中国画作品。

J0024633

深山访友　关尚卿画

石家庄　河北美术出版社 1987 年 1 轴（卷轴）

附对联 1 副 107cm（全开）定价：CNY2.90

　　本作品为年画形式的中国现代国画作品。

J0024634

神火将魏定国·圣水将单廷珪　侯世武等画

贵阳　贵州美术出版社［1987 年］1 张 76cm（2 开）

定价：CNY0.28

　　本作品为年画形式的中国现代国画作品。作者侯世武（1938—　），四川绵竹人。结业于四川美院进修班。绵竹年画博物馆馆长、副研究馆员。作品有《献寿图》《四川儿歌》《看外孙》等。

J0024635

施南池名胜纪游画集　施南池绘；杜建成编

北京　华夏出版社 1987 年 55 页 有肖像

29cm（15 开）ISBN：7-80053-077-9

定价: CNY12.00

作者施南池(1908—2003),著名诗、书、画家。名翀鹏,上海崇明人,毕业于上海美术专科学校艺术教育系。曾任上海交通大学文艺系教授、上海市文史研究馆馆员、上海诗词学会理事、上海美协会员。出版有《中国名画观摩记》《中国山水画》《诗词浅学》等。

J0024636
石壶画集　陈子庄绘
天津　天津人民美术出版社 1987 年 66 页 有照片 38cm(6 开) 精装 ISBN: 7-5305-0022-8
定价: CNY40.00
　　本画集共收入作品 108 幅。作者陈子庄(1913—1976),画家。号南原,又号石壶。出生于四川荣昌县。历任四川省文史馆研究员、四川省政协委员。代表作有《山深林密》《秋山如醉》《溪岸图》等。著有《石壶论画语要》。

J0024637
石榴　(绫表单片)刘海粟作
上海　朵云轩[1987 年]1 张 53cm(4 开)

J0024638
双清图　孙韬成作
杭州　浙江人民美术出版社 1987 年 1 张 107cm(全开) 定价: CNY0.95
　　现代中国画作品。

J0024639
双鹊红梅　正惠画
上海　上海书画出版社[1987 年]1 轴(卷轴) 76cm(2 开) 定价: CNY1.35
　　本作品为年画形式的中国现代国画作品。

J0024640
松鹤图　贺伯英画
广州　岭南美术出版社 1987 年 1 轴(卷轴) 附对联 1 副 107cm(全开) 定价: CNY2.70
　　本作品为年画形式的中国现代国画作品。

J0024641
松鹤万古春　黄树德画
广州　岭南美术出版社 1987 年 1 张 76cm(2 开) 定价: CNY1.20

本作品为年画形式的中国现代国画作品。

J0024642
松凌千峰　王茂彬作
太原　山西人民出版社 1987 年 1 张 107cm(全开)
定价: CNY0.55
　　现代中国画作品。

J0024643
宋玉麟画集　宋玉麟绘
北京　荣宝斋 1987 年 24 页 有照片 24cm(16 开)
ISBN: 7-5003-0029-8 定价: CNY3.95

J0024644
岁岁平安　秦永春,单绘生作
北京　人民美术出版社 1987 年 1 张 76cm(2 开)
定价: CNY0.25
　　本作品为年画形式的中国现代国画作品。作者秦永春(1936—),高级美术师。历任中国美术家协会会员、中国电影家协会会员、沈阳市美术家协会副主席、沈阳市美术家协会顾问。作品《丰收忙》《蝙蝠》《天云山传奇》,出版有《中国当代美术家精品集——秦永春》。

J0024645
岁岁甜　彭海涛画
兰州　甘肃人民出版社 1987 年 1 张 76cm(2 开)
定价: CNY0.24
　　本作品为年画形式的中国现代国画作品。

J0024646
泰山新姿　房玉宾画
济南　山东美术出版社 1987 年 1 张 53cm(4 开)
定价: CNY0.33
　　现代中国画作品。

J0024647
谭学楷国画选　谭学楷绘
成都　四川美术出版社 1987 年 62 页 有照片 36cm(6 开) ISBN: 7-5410-0022-1 定价: CNY17.50

J0024648
汤东结布　格桑益西,洛松向秋绘
成都　四川民族出版社 1987 年 1 张 76cm(2 开)
定价: CNY1.00

本作品为年画形式的中国现代国画作品。

J0024649

唐人诗意图　车鹏飞作
郑州 河南美术出版社 1987 年 1 张 76cm（2 开）
定价：CNY0.33
　　现代中国画作品。

J0024650

天津杨柳青画社藏画集　天津杨柳青画社编辑
天津 天津杨柳青画社 1987 年 107 页
29cm（16 开）精装 ISBN：7-80503-010-3
定价：CNY34.10
　　本画集收有清代、现代 19 位画家和 3 位天
津籍中国画画家的 107 幅图。近代中国画画家有
李鱓、郑燮、何绍基、康有为、任颐、齐白石、张
大千、吴昌硕等，3 位天津籍画家即徐世昌、刘
奎龄及其子刘继卣。

J0024651

天王　吴培秀画
兰州 甘肃人民出版社 1987 年 1 张 53cm（4 开）
定价：CNY0.11
　　本作品为年画形式的中国现代国画作品。

J0024652

童心天趣　（王剑歌画选）王剑歌绘；雁翼配诗
成都 四川美术出版社 1987 年 36 页 18cm（32 开）
ISBN：7-5410-0143-0 定价：CNY3.45
　　现代儿童中国画作品。

J0024653

娃娃壮　林琳画
济南 山东美术出版社 1987 年 1 张 76cm（2 开）
定价：CNY0.27
　　本作品为年画形式的中国现代国画作品。

J0024654

万壑松云图　宋文治作
南京 江苏美术出版社 1987 年 1 轴 76cm（2 开）
定价：CNY0.90
　　现代中国画，卷轴装。

J0024655

万事腾飞图　华三川作

南昌 江西人民出版社［1987 年］1 张 76cm（2 开）
定价：CNY0.23

J0024656

万象更新　徐中立画
济南 山东美术出版社 1987 年 1 张 76cm（2 开）
定价：CNY0.27
　　本作品为年画形式的中国现代国画作品。

J0024657

王板哉画辑　王板哉绘
北京 人民美术出版社 1987 年 1 册 37cm（8 开）
定价：CNY3.50

J0024658

王乃壮画集　王乃壮绘
上海 上海人民美术出版社 1987 年 1 册（49 幅）
26cm（16 开）统一书号：8081.13671
定价：CNY29.00
　　本画集共收 49 幅作品，其中花卉 19 幅，禽
鸟 19 幅，风景 6 幅以及佛像 5 幅。作者王乃壮
（1929— ），画家、书法家。又名王洲，号静敛斋
主，寒山稚子。浙江杭州人。曾在上海美专学西
画，后就读于中央美术学院。历任清华大学美术
学院教授、中国美术家协会理事、中国现代书法
学会艺术顾问、中央书画社高级顾问。出版有《王
乃壮花鸟》《王乃壮画集》等。

J0024659

王维宝访日写生　王维宝绘
广州 岭南美术出版社 1987 年 20 页 26cm（16 开）
统一书号：CN8260.0719 定价：CNY3.50

J0024660

威震寰宇　牛德光画
济南 山东美术出版社 1987 年 4 张 76cm（2 开）
定价：CNY1.20
　　本作品为年画形式的中国现代国画作品。

J0024661

威震群山　沈高仁作
重庆 重庆出版社 1987 年 1 轴（卷轴）
107cm（全开）定价：CNY2.20
　　现代中国画作品。

J0024662

魏紫熙画集　魏紫熙绘

南京 江苏美术出版社 1987年 65页 37cm（8开）

精装 定价：CNY20.00

本书收录作品40幅。作者魏紫熙（1915—2002），画家。河南遂平县人，河南艺术师范学院毕业。历任河南艺术师范学校教师、河南大学讲师、江苏省国画院画师、徐州市国画院名誉院长等。代表作品《黄洋界》《温课》《巡逻》《同劳动同协商》《魏紫熙画集》。

J0024663

吴冠中国画选　（第四辑）吴冠中绘

成都 四川美术出版社 1987年 1册 38cm（6开）

定价：CNY7.50

吴冠中的中国画绘画画册。

J0024664

吴湖帆画集　吴湖帆绘

上海 上海人民美术出版社 1987年 109页 有肖像 38cm（6开）精装 ISBN：7-5322-0014-0

定价：CNY55.00

本书共收作品109幅，有山水、花卉、书法等。技法有水墨、浅绛、青绿、没骨等。这些作品较全面地反映了作者在绘画和书法艺术上的成就。

J0024665

五谷丰登；百业兴旺　张振英绘；宋孝慈书

郑州 河南美术出版社 1987年 1张 53cm（4开）

定价：CNY0.14

本作品为年画形式的中国现代国画作品。

J0024666

伍揖青工笔画集　伍揖青编绘

台北 艺术图书公司 1987年 2版 131页 26cm（16开）精装 定价：TWD600.00

外文书名：Ng Yi-ching's Selected Fine-line Paintings of Flowers and Birds.

J0024667

武夷九曲　张大昕作

上海 上海人民美术出版社 1987年 1张 107cm（全开）定价：CNY0.58

现代中国画作品。

J0024668

舞雄千里　田林海画

济南 山东美术出版社 1987年 1张 76cm（2开）

定价：CNY0.27

本作品为年画形式的中国现代国画作品。

J0024669

夕阳　（梁洪涛中国画作品）梁洪涛绘

北京 人民美术出版社 1987年 26cm（16开）

折装 统一书号：CN8027.10417 定价：CNY0.55

（新美术画库 23）

J0024670

喜报春来　张琪作

石家庄 河北美术出版社 1987年 1张 76cm（2开）

定价：CNY0.40

现代中国画作品。

J0024671

戏剧条屏　刘铁良画

兰州 甘肃人民出版社 1987年 4张 53cm（4开）

定价：CNY0.44

本作品为年画形式的中国现代国画作品。

J0024672

峡江朝晖　徐一轩作

上海 上海书画出版社 1987年 1张 ［78cm］（2开）定价：CNY0.20

现代中国画作品。作者徐一轩（1941— ），上海市华山美术职业学校高级教师。

J0024673

霞帔珠光　马志丰作

石家庄 河北美术出版社 1987年 1张 76cm（2开）

定价：CNY0.25

现代中国画作品。

J0024674

夏荫　（叶维的中国画作品）叶维绘

北京 人民美术出版社 1987年 26cm（16开）

折装 统一书号：CN8027.10415 定价：CNY0.55

（新美术画库 21）

作者叶维（1940— ），画家。江苏常熟人。毕业于南京师范大学美术系，受教于傅抱石、杨建侯诸大师。历任江苏美术出版社编辑室主任、副编审，中国美术家协会会员。代表作品《峡江晨曦》《碧玉留江南》《莫愁湖畔》。

J0024675

现代中国画选粹　荣宝斋编辑
香港 万海语言出版社 1987 年 86 页
25×26cm（12 开）ISBN：962-297-0099
定价：HKD28.00

J0024676

萧龙士百寿画集　萧龙士绘
1987 年 76 页 36cm（8 开）统一书号：85398.344
定价：CNY19.00，CNY25.00（精装）
　　本书收入作者 100 岁生涯中不同时期、不同风格的中国画和书法作品 107 幅。

J0024677

阎松父国画选　阎磊绘
成都 四川美术出版社 1987 年 18 页 有肖像
38cm（6 开）ISBN：7-5410-0018-3 定价：CNY6.50

J0024678

杨善深作品集　杨善深绘
香港 大业公司 1987 年 181 页 有图 29cm（16 开）
ISBN：962-7239-20-8
　　现代中国画作品。外文书名：Yang Shen Sum's Paintings.

J0024679

姚鸿发画集　（汉英德文对照）姚鸿发绘；周大光编辑
北京 外文出版社 1987 年 16 张 38cm（6 开）
定价：CNY12.00
　　作者姚鸿发（1940—2003），画家。生于浙江宁波。历任辽宁出版社、辽宁美术出版社、辽宁人民出版社任美术创作员及美术编辑，辽宁少年儿童出版社综合编辑室主任，中国美术家协会会员。出版有《姚鸿发画集》等。

J0024680

姚治华画选　［姚治华］
北京 中国摄影出版社 1987 年 39 页 有图
25×26cm（12 开）统一书号：8226.0146
定价：CNY5.60
　　作者姚治华（1932— ），画家、教授。湖北

孝感人，毕业于中央美术学院中国画系。历任中央美术学院中国画系教授，中国美术家协会会员，中国美术艺术家协会主席，中华英才艺术研究院院长。出版有《人民艺术家——走进中国当代艺坛巨匠·姚治华》。

J0024681

叶浅予绘画小品　叶浅予绘；郭振华编
石家庄 河北美术出版社 1987 年 49 页 有照片
25cm（16 开）定价：CNY9.50

J0024682

英雄结义　陈丹闽作
杭州 西泠印社 1987 年 1 轴 附卷轴对联 1 副
107cm（全开）定价：CNY2.90
　　现代中国画（中堂）作品。

J0024683

鹰击长空　许志彬作
成都 四川美术出版社 1987 年 1 张 76cm（2 开）
定价：CNY0.26
　　现代中国画作品。

J0024684

迎客松　莽苍作
长沙 湖南美术出版社 1987 年 1 张 107cm（全开）
定价：CNY0.80
　　现代中国画作品。

J0024685

迎客松　华国璋作
上海 上海人民美术出版社 1987 年 1 张
76cm（2 开）定价：CNY1.80
　　现代中国画作品。

J0024686

迎客松　朱子容作
重庆 重庆出版社 1987 年 1 轴（卷轴）
107cm（全开）定价：CNY2.20
　　现代中国画作品。

J0024687

园林随处　童中焘作
杭州 浙江人民美术出版社 1987 年 1 张
107cm（全开）定价：CNY0.95

现代中国画作品。作者童中焘(1939—　)，画家。出生于浙江鄞县，毕业于中国美术学院中国画系，并留校任教。历任中国美术家协会会员、李可染基金会艺委会委员、中国美术学院教授等。出版有《童中焘画集》《山水速写——搜尽奇峰打草稿》《童中焘国画解析》《童中焘山水画选》等。

J0024688

云山秋艳　申石伽作

上海　上海书画出版社　1987年　1张　76cm（2开）

定价：CNY0.28

　　现代中国画作品。

J0024689

张大千先生遗作敦煌壁画摹本　张大千绘；台北故宫博物院编辑委员会编辑

台北　台北故宫博物院　1987年　再版　169幅

说明2册　42cm（8开）

J0024690

张仁芝画集　张仁芝绘

天津　天津人民美术出版社　1987年　53页

26cm（16开）ISBN：7-5305-0099-6

定价：CNY14.50

J0024691

长白瀑布　傅抱石作

北京　荣宝斋［1987年］1轴　定价：CNY78.00

　　现代中国画作品，卷轴装。

J0024692

长城诗书画　卿云诗书画联谊社，延庆县八达岭特区管理处编

北京　测绘出版社　1987年　26cm（16开）

精装　ISBN：7-5030-0062-7　定价：CNY20.00

J0024693

长城诗书画　卿云诗书画联谊社，延庆县八达岭特区管理处编

北京　测绘出版社　1987年　25×26cm

ISBN：7-5030-0063-5　定价：CNY13.00

J0024694

长治久安图　沈雪生作

上海　上海书画出版社　1987年　1张［78cm］（3开）

定价：CNY0.20

　　现代中国画作品。作者沈雪生(1941—　)，画家。江苏吴县人，毕业于南京师范大学美术系。上海美术家协会会员、上海黄浦画院画师、杭州西泠书画院等兼职画师。出版有《沈雪生画集》《沈雪生的牡丹画特色》等。

J0024695

赵少昂　黎雄才　关山月　杨善深合作画选　赵少昂等绘

广州　岭南美术出版社　1987年　132页

38cm（6开）精装　ISBN：7-5362-0130-3

定价：CNY98.00

　　本画选共收入4位画家的作品70幅，局部图20幅，书法15幅。

J0024696

郑乃珧花鸟山水画集　郑乃珧绘

北京　荣宝斋　1987年　44页　有照片　26cm（16开）

ISBN：7-5003-0023-9　定价：CNY4.60

J0024697

中国当代研究生国画选　李少文等绘

长沙　湖南美术出版社　1987年　［110］页

25cm（16开）ISBN：7-5356-0011-5

定价：CNY24.00

　　本画选收入全国各高等美术学院的34位国画研究生的人物、山水和花鸟画共96幅。